国家出版基金项目
NATIONAL PUBLICATION FOUNDATION

艺术卷

16

中国历代图书总目

李致忠 主编

北京国图书店有限责任公司
北京广臻文化艺术有限公司 编纂

文物出版社

第十六分册目录

摄影艺术

中国摄影艺术作品

中国摄影年历

中国摄影年历
——动物、植物摄影

J0129570
水仙花 （摄影 1990 年农历庚午年年历）游振国摄影
北京 人民美术出版社 1989 年 1 张 54cm（4 开）
定价：CNY0.50

J0129571
仙人花 （摄影 1990 年年历）王小平摄影
太原 山西人民出版社 1989 年 1 张 54cm（4 开）
定价：CNY0.55

J0129572
小白猫 （摄影 1990 年农历庚午年年历）周屹摄影
北京 朝花美术出版社 [1989 年] 1 张 54cm（4 开）
定价：CNY0.50

J0129573
小草 （摄影 1990 年年历）吉先敏摄影

天津 天津人民美术出版社 1989 年 1 张 54cm（4 开）定价：CNY0.50

J0129574
小花 （摄影 1990 年年历）虹虹摄影
上海 上海人民美术出版社 1989 年 1 张 54cm（4 开）定价：CNY0.50

J0129575
小老虎 （摄影 1990 年年历）金铎摄影
沈阳 辽宁美术出版社 1989 年 1 张 54cm（4 开）定价：CNY0.55

J0129576
樱花时节 （摄影 1990 年年历）谭尚忍摄影
上海 上海人民美术出版社 1989 年 1 张 54cm（4 开）定价：CNY0.50
　　作者谭尚忍（1940— ），上海人。上海美术家协会和上海摄影家协会会员，上海人民美术出版社副编审。作品有《儿童武书》《民族英雄岳飞》等。

J0129577
迎客松 （摄影 1990 年农历庚午年年历）陈健摄影
武汉 长江文艺出版社 1989 年 1 张 78cm（2 开）定价：CNY0.60

J0129578
郁金香 （摄影 1990 年农历庚午年年历）林伟新摄影
石家庄 河北美术出版社 1989 年 1 张 78cm（2 开）

定价：CNY0.65

J0129579
郁金香 （摄影 1990 年年历）程全归摄影
沈阳 辽宁画报社 1989 年 1 张 54cm（4 开）
定价：CNY0.55

J0129580
月季·牡丹 刘云摄影
兰州 甘肃人民出版社［1989 年］10 张
15cm（40 开）定价：CNY2.00

J0129581
1991：姹紫嫣红 （摄影挂历）周勇摄
兰州 甘肃人民美术出版社 1990 年 76cm（2 开）
定价：CNY17.50

J0129582
1991：芬芳世界 （摄影挂历）张宝声摄
上海 上海书画出版社 1990 年 76cm（2 开）
定价：CNY16.80

J0129583
1991：凤舞莺鸣 （摄影挂历）丁宇光等摄
天津 天津人民美术出版社 1990 年 78cm（3 开）
定价：CNY11.00

J0129584
1991：芙蓉新姿 （摄影挂历）林日雄等摄
石家庄 河北美术出版社 1990 年 76cm（2 开）
定价：CNY17.00

J0129585
1991：恭贺新禧 （花卉摄影挂历）
福州 福建美术出版社 1990 年 76cm（2 开）
定价：CNY13.50

J0129586
1991：含芳 （摄影挂历）卞志武等摄
天津 天津杨柳青画社 1990 年 107cm（全开）
定价：CNY18.00
　　作者卞志武，摄影家。擅长风光摄影、纪实摄影和建筑摄影。专注拍摄中国西部壮美的高原风光、名寺古刹和独特的宗教文化。

J0129587
1991：花朵 （摄影挂历）谢新发等摄
天津 天津人民美术出版社 1990 年 76cm（2 开）
定价：CNY16.80

J0129588
1991：花卉装饰 （摄影挂历）林伟新摄
上海 上海书画出版社 1990 年 76cm（2 开）
定价：CNY19.00

J0129589
1991：花香吐翠 （摄影挂历）卞志武，牛嵩林摄
天津 天津杨柳青画社 1990 年 78cm（3 开）
定价：CNY12.00
　　作者牛嵩林（1925— ），记者、摄影师。大连庄河市人。历任解放军报社高级记者，中国旅游出版社编辑室主任，中国摄影家协会会员，中国老摄影家协会理事。作品有《伟人的瞬间画册》《周恩来总理纪念册》《民兵画册》《领袖风采》《共和国十大将》等画册。

J0129590
1991：花影婆娑 （摄影挂历）周屹摄
北京 朝花美术出版社 1990 年 76cm（2 开）
定价：CNY22.50

J0129591
1991：花之魅 （摄影挂历）
太原 山西人民出版社 1990 年 76cm（2 开）
定价：CNY17.80

J0129592
1991：花之舞 （摄影挂历）
上海 文汇出版社 1990 年 76cm（2 开）
定价：CNY16.80

J0129593
1991：花中君子 （摄影挂历）金宝源摄
南昌 江西人民出版社 1990 年 76cm（2 开）
定价：CNY17.80

J0129594
1991：佳骑 （摄影挂历）
天津 天津人民美术出版社 1990 年 76cm（2 开）

定价：CNY16.80

J0129595
1991：竞芳 （摄影挂历）谢新发摄
乌鲁木齐　新疆人民出版社　1990 年　78cm（3 开）
定价：CNY9.50

J0129596
1991：可爱宠物 （摄影挂历）
广州　广东科技出版社　1990 年　76cm（2 开）
定价：CNY15.50

J0129597
1991：可爱宠物 （摄影挂历）
长春　吉林美术出版社　1990 年　76cm（2 开）
定价：CNY16.50

J0129598
1991：可爱的动物 （摄影挂历）
西安　陕西人民出版社　1990 年　76cm（2 开）
定价：CNY16.00

J0129599
1991：凌波仙子 （摄影挂历）
福州　福建美术出版社　1990 年　76cm（2 开）
定价：CNY9.50

J0129600
1991：咪咪 （摄影挂历）
南京　江苏人民出版社　1990 年　76cm（2 开）
定价：CNY16.50

J0129601
1991：咪咪 （摄影挂历）
上海　上海人民美术出版社　1990 年　76cm（2 开）
定价：CNY13.30

J0129602
1991：咪咪 （摄影挂历）
北京　中国连环画出版社　1990 年　76cm（2 开）
定价：CNY18.50

J0129603
1991：鸟语花香 （摄影挂历）丹青等摄
上海　上海书画出版社　1990 年　78cm（3 开）

定价：CNY13.00

J0129604
1991：凝香 （摄影挂历）张鹏飞摄
天津　天津杨柳青画社　1990 年　76cm（2 开）
定价：CNY16.80

J0129605
1991：群芳争艳 （摄影挂历）陈振戈等摄
乌鲁木齐　新疆人民出版社　1990 年　76cm（2 开）
定价：CNY15.00

J0129606
1991：万紫千红 （花卉摄影挂历）
昆明　云南民族出版社　1990 年　76cm（2 开）
定价：CNY15.50

J0129607
1991：小宠物 （摄影挂历）
广州　岭南美术出版社　1990 年　76cm（2 开）
定价：CNY15.50

J0129608
1991：苑芳 （摄影挂历）周俊彦摄
济南　山东友谊书社　1990 年　76cm（2 开）
定价：CNY17.80
　　作者周俊彦，作有年画《插花艺术 5》《影视新星谭小燕》《年画／宣传画：万事如意——青年演员谭小燕》等。

J0129609
1991：争奇斗艳 （摄影挂历）陈春轩等摄
天津　天津人民美术出版社　1990 年　78cm（3 开）
定价：CNY11.00

J0129610
碧水丽葩 （摄影 1991 年年历）新发摄
南京　江苏美术出版社　1990 年　1 张　76cm（2 开）
定价：CNY1.00

J0129611
杜鹃 （摄影 1991 年年历）林瑛珊摄
沈阳　辽宁美术出版社　1990 年　1 张　53cm（4 开）
定价：CNY0.55
　　作者林瑛珊（1940—　　）笔名砚春，号步云居士，辽宁省盖州市人。毕业于鲁迅美术学院，为赵梦朱、郭西河先生入室弟子，又拜师著名国画大师崔子范先生。辽宁美术出版社社长兼总编辑。出版有《林瑛珊画集》《砚春花鸟画集锦》《砚春国画小品》等。

J0129612
芬芳　（摄影　1991 年年历）
长沙　湖南美术出版社　1990 年　1 张（2 开）
定价：CNY0.90

J0129613
芬芳　（摄影　1991 年年历）林伟新摄
上海　上海书画出版社　1990 年　1 张（4 开）
定价：CNY0.50

J0129614
芬芳　（摄影　1991 年年历）林伟新摄
天津　天津杨柳青画社　1990 年　1 张　53cm（4 开）
定价：CNY0.50

J0129615
荷花　（摄影　1991 年年历）郭志国摄
沈阳　辽宁美术出版社　1990 年　1 张　53cm（4 开）
定价：CNY0.55

J0129616
鹤寿图　钱豫强摄
杭州　浙江人民美术出版社　1990 年　1 轴（卷轴）
对联 1 副　定价：CNY6.00
　　作者钱豫强（1944—　），浙江嘉善人，历任浙江美术出版社副编审，浙江赛丽美术馆执行馆长。

J0129617
花卉·礼品　（摄影　1991 年年历）
昆明　云南人民出版社　1990 年　6 张　53cm（4 开）
定价：CNY3.60

J0129618
花卉礼品　（摄影　1991 年年历）
昆明　云南人民出版社　1990 年　6 张　76cm（2 开）
定价：CNY7.20

J0129619
花卉装饰　（一　花艳映日红　摄影　1991 年年历）林伟新摄
上海　上海书画出版社　1990 年　1 张（2 开）
定价：CNY1.30

J0129620
花卉装饰　（二　夕阳落春栏　摄影　1991 年年历）林伟新摄
上海　上海书画出版社　1990 年　1 张（2 开）
定价：CNY1.30

J0129621
花卉装饰　（三　乘风千帆竞　摄影　1991 年年历）林伟新摄
上海　上海书画出版社　1990 年　1 张（2 开）
定价：CNY1.30

J0129622
花卉装饰　（四　伊甸园之夜　摄影　1991 年年历）林伟新摄
上海　上海书画出版社　1990 年　1 张（2 开）
定价：CNY1.30

J0129623
花卉装饰　（五　碧湖溶倩影　摄影　1991 年年历）林伟新摄
上海　上海书画出版社　1990 年　1 张（2 开）
定价：CNY1.30

J0129624
花卉装饰　（六　芬芳的韵律　摄影　1991 年年历）林伟新摄
上海　上海书画出版社　1990 年　1 张（2 开）
定价：CNY1.30

J0129625
花开时节　（摄影　1991 年年历）钱豫强摄
杭州　浙江人民美术出版社　1990 年　1 张
53cm（4 开）定价：CNY0.50

J0129626
花篮中　（摄影　1991 年年历）李如海摄
天津　天津杨柳青画社　1990 年　1 张　53cm（4 开）
定价：CNY0.50

J0129627
花团锦簇 （摄影 1991 年年历）王强摄
武汉 湖北美术出版社 1990 年 1 张（2 开）
定价：CNY0.50

J0129628
欢欢 （摄影 1991 年年历）程荣章，李基摄
石家庄 河北美术出版社 1990 年 1 张 78cm（2 开）
定价：CNY0.75

J0129629
菊 （摄影 1991 年年历）
呼和浩特 内蒙古人民出版社 1990 年 1 张
53cm（4 开）定价：CNY0.55

J0129630
菊 （摄影 1991 年年历）孙肃显摄
济南 山东美术出版社 1990 年 1 张 53cm（4 开）
定价：CNY0.50

J0129631
猫嬉图系列单片 （摄影 1991 年年历）王荣绘
上海 上海人民美术出版社 1990 年 1 张
53cm（4 开）定价：CNY0.50
　　作者王荣，山西大同人。字云石，号云中山人。就读于中央美术学院壁画系研究生班。国家一级美术师，中国书画艺术研究院副院长，山西省美术家协会会员，中国山水画协会会员。作品有国画《疾风》《青山浮动雨来初》《草原情》等。

J0129632
玫瑰 （摄影 1991 年年历）
呼和浩特 内蒙古人民出版社 1990 年 1 张
定价：CNY0.55

J0129633
咪咪 （摄影 1991 年年历）
沈阳 辽宁美术出版社 1990 年 1 张 53cm（4 开）
定价：CNY0.55

J0129634
咪咪 （摄影 1991 年年历）
上海 上海人民美术出版社 1990 年 6 张
定价：CNY7.80

J0129635
咪咪 （摄影 1991 年年历）贾育平摄
天津 天津人民美术出版社 1990 年 6 张
76cm（2 开）定价：CNY7.80

J0129636
咪咪照影 （摄影 1991 年年历）王志强摄
杭州 浙江人民美术出版社 1990 年 1 张
78cm（2 开）定价：CNY0.75

J0129637
鸟语花香 （摄影 1991 年年历）丹青等摄
上海 上海书画出版社 1990 年 6 张
定价：CNY6.00

J0129638
蔷薇花开 （摄影 1991 年年历）豫强摄
杭州 浙江人民美术出版社 1990 年 1 张
76cm（2 开）定价：CNY1.00

J0129639
双猫 （摄影 1991 年年历）丁定摄
上海 上海人民美术出版社 1990 年 1 张
53cm（4 开）定价：CNY0.40

J0129640
水仙 （摄影 1991 年年历）辰雨摄
北京 人民美术出版社 1990 年 1 张 53cm（4 开）
定价：CNY0.50

J0129641
睡莲 （摄影 1991 年年历）刘崑峰摄
沈阳 辽宁美术出版社 1990 年 1 张 53cm（4 开）
定价：CNY0.55

J0129642
甜葡萄 （摄影 1991 年年历）
沈阳 辽宁美术出版社 1990 年 1 张 53cm（4 开）
定价：CNY0.55

J0129643
夏卉 （摄影 1991 年年历）天鹰摄
南京 江苏美术出版社 1990 年 1 张 78cm（2 开）
定价：CNY0.80

J0129644
鲜花 （摄影 1991 年年历）谭荣摄
天津 天津人民美术出版社 1990 年 1 张
53cm（4 开）定价：CNY0.50

J0129645
小花 （摄影 1991 年年历）谢将摄
北京 人民美术出版社 1990 年 2 张 53cm（4 开）
定价：CNY0.50

J0129646
小花 （摄影 1991 年年历）潘文龙摄
济南 山东美术出版社 1990 年 1 张 53cm（4 开）

J0129647
小花 （摄影 1991 年年历）杨中俭摄
上海 上海书画出版社 1990 年 1 张（4 开）
定价：CNY0.50

J0129648
小花 （摄影 1991 年年历）张成摄
天津 天津杨柳青画社 1990 年 1 张 53cm（4 开）
定价：CNY0.50
　　作者张成，擅长摄影。主要年历作品有《致敬》《夏日》《对旗下》等。

J0129649
小猫 （摄影 1991 年年历）周屹摄
北京 朝花美术出版社 1990 年 1 张 53cm（4 开）
定价：CNY0.50

J0129650
小猫 （摄影 1991 年年历）
西安 陕西人民美术出版社 1990 年 1 张
53cm（4 开）定价：CNY0.45

J0129651
小咪咪 （摄影 1991 年年历）沈福庆摄
西安 陕西人民美术出版社 1990 年 1 张
76cm（2 开）定价：CNY1.10

J0129652
小羊咩咩 （摄影 1991 年年历）刘海发摄
上海 上海人民美术出版社 1990 年 1 张（2 开）
定价：CNY0.75

J0129653
鸭鸭 （摄影 1991 年年历）王志强摄
天津 天津人民美术出版社 1990 年 1 张
76cm（2 开）定价：CNY0.50

J0129654
阳朔大榕树 （摄影 1991 年年历）田捷民摄
天津 天津人民美术出版社 1990 年 1 张
76cm（2 开）定价：CNY1.00

J0129655
郁金香 （摄影 1991 年年历）
沈阳 辽宁美术出版社 1990 年 1 张 53cm（4 开）
定价：CNY0.55

J0129656
郁金香园 （摄影 1991 年年历）
沈阳 辽宁美术出版社 1990 年 1 张 53cm（4 开）
定价：CNY0.55

J0129657
赵粉——牡丹名花 （摄影 1991 年年历）董
瑞成摄
石家庄 河北美术出版社 1990 年 1 张 53cm（4 开）
定价：CNY0.50

J0129658
竹 （摄影 1991 年年历）刘复汉摄
西安 陕西人民美术出版社 1990 年 1 张
76cm（2 开）定价：CNY1.30

J0129659
竹 （摄影 1991 年年历）刘震摄
天津 天津人民美术出版社 1990 年 1 张
76cm（2 开）定价：CNY1.00

J0129660
紫罗兰 （摄影 1991 年年历）黄正雄摄
杭州 浙江人民美术出版社 1990 年 1 张
53cm（4 开）定价：CNY0.50

J0129661
1992：蓓蕾 （挂历）辽宁画报社编
沈阳 辽宁美术出版社 1991 年 76cm（2 开）
定价：CNY17.80

J0129662

1992：**传神** （挂历）轻浮摄

北京 农村读物出版社［1991 年］76cm（2 开）

定价：CNY21.80

J0129663

1992：**春花** （摄影挂历）

北京 中国连环画出版社 1991 年 76cm（2 开）

定价：CNY18.50

J0129664

1992：**蝶恋花** （挂历）林伟新等摄

郑州 河南美术出版社 1991 年 76cm（2 开）

定价：CNY20.00

J0129665

1992：**蝶恋花** （挂历）风华摄

天津 天津杨柳青画社 1991 年 76cm（2 开）

定价：CNY17.80

J0129666

1992：**飞翔的歌** （摄影挂历）

福州 福建美术出版社［1991 年］76cm（2 开）

定价：CNY25.00

J0129667

1992：**芬芳** （摄影挂历）林伟新摄

天津 天津杨柳青画社 1991 年 76cm（2 开）

ISBN：7-80503-867-9 定价：CNY17.80

J0129668

1992：**花卉** （摄影挂历）

昆明 云南人民出版社［1991 年］76cm（2 开）

定价：CNY18.50

J0129669

1992：**花明星集锦** （摄影挂历）刘红燕摄

北京 中国电影出版社［1991 年］76cm（2 开）

定价：CNY18.50

J0129670

1992：**花姿** （摄影挂历）

福州 海潮摄影艺术出版社［1991 年］76cm（2 开）

ISBN：7-80562-86-5 定价：CNY18.50

J0129671

1992：**花姿** （摄影挂历）

福州 海潮摄影艺术出版社［1991 年］76cm（2 开）

ISBN：7-80562-88-1 定价：CNY19.20

J0129672

1992：**欢欢** （摄影挂历）胡长水，薛月生编

济南 山东美术出版社 1991 年 76cm（2 开）

定价：CNY17.80

J0129673

1992：**锦上添花** （挂历）崔顺才等摄

天津 天津杨柳青画社 1991 年 76cm（2 开）

定价：CNY19.00

　　　作者崔顺才（1950—　），河北献县人。任职于天津市群众艺术馆。中国摄影家协会会员。作品有《仙客来》《瓜棚小景》等。

J0129674

1992：**菊** （挂历）桑榆摄

上海 上海人民美术出版社［1991 年］76cm（2 开）

定价：CNY22.50

J0129675

1992：**可爱的宠物** （摄影挂历）

天津 天津人民美术出版社 1991 年 76cm（2 开）

定价：CNY22.50

J0129676

1992：**可爱的宠物"猫"** （摄影挂历）

福州 海潮摄影艺术出版社［1991 年］76cm（2 开）

ISBN：7-80562-123-3 定价：CNY15.00

J0129677

1992：**可爱的咪咪** （摄影挂历）

济南 山东友谊书社 1991 年 76cm（2 开）

定价：CNY19.00

J0129678

1992：**可爱猫咪** （摄影挂历）

南京 江苏美术出版社 1991 年 76cm（2 开）

定价：CNY15.50

J0129679

1992：**满园春色** （摄影挂历）高峰等摄

石家庄 河北美术出版社 1991 年 76cm（2 开）

J0129680
1992：猫的遐想 （摄影挂历）刘世昭摄
北京 朝花美术出版社 1991 年 76cm（2 开）
定价：CNY18.50
　　作者刘世昭（1948— ），摄影家。四川省成都市人。作品《神境幽声》《归来的羊群》，摄影集有《徒步三峡》。

J0129681
1992：猫咪 （摄影挂历）
北京 朝花美术出版社 1991 年 76cm（2 开）
定价：CNY18.00

J0129682
1992：猫戏蝶 （挂历）赵淑琪等摄
济南 山东美术出版社 1991 年 76cm（2 开）
定价：CNY17.80

J0129683
1992：梦之花 （挂历）李静波等摄
沈阳 辽宁美术出版社 1991 年 76cm（2 开）
定价：CNY26.80

J0129684
1992：咪咪 （挂历）丁定等摄
上海 上海人民美术出版社 1991 年 76cm（2 开）
定价：CNY13.50

J0129685
1992：咪咪世界 （挂历）梅生摄
长春 吉林美术出版社 1991 年 76cm（2 开）
定价：CNY21.00

J0129686
1992：鸟语花香 （摄影挂历）丹青摄
昆明 云南民族出版社［1991 年］76cm（2 开）
定价：CNY15.50

J0129687
1992：鸟语花香 （摄影挂历）方永熙摄
杭州 浙江人民美术出版社［1991 年］76cm（2 开）
定价：CNY19.90

J0129688
1992：飘香花四季 （挂历）
广州 岭南美术出版社 1991 年 76cm（2 开）
定价：CNY17.50

J0129689
1992：齐开隽秀 （挂历）朗水龙等摄
天津 天津人民美术出版社 1991 年 76cm（2 开）
定价：CNY19.00

J0129690
1992：奇葩异卉 （摄影挂历）方永熙摄
济南 山东友谊书社［1991 年］76cm（2 开）
定价：CNY22.00

J0129691
1992：群芳吐艳 （挂历）陈春轩摄
石家庄 河北美术出版社 1991 年 76cm（2 开）

J0129692
1992：群芳争艳 （挂历）
天津 天津杨柳青画社 1991 年 76cm（2 开）
ISBN：7-80503-373-7 定价：CNY19.00

J0129693
1992：水仙花 （摄影挂历）
福州 海潮摄影艺术出版社［1991 年］76cm（2 开）
ISBN：7-80562-083-0 定价：CNY15.00

J0129694
1992：水仙花艺术 （挂历）
福州 福建美术出版社［1991 年］76cm（2 开）
定价：CNY15.00

J0129695
1992：新年快乐“猫” （挂历）
北京 中国旅游出版社［1991 年］76cm（2 开）
定价：CNY19.00

J0129696
1992：艳冠群芳 （挂历）
沈阳 辽宁美术出版社 1991 年 76cm（2 开）
定价：CNY17.80

J0129697

1992：友谊之花 （摄影挂历）

上海 上海书画出版社 ［1991 年］76cm（2 开）

定价：CNY17.80

J0129698

1992：争艳 （摄影挂历）谢新发等摄

石家庄 河北美术出版社 1991 年 76cm（2 开）

J0129699

1992：争艳 （摄影挂历）

上海 上海人民美术出版社 ［1991 年］76cm（2 开）

定价：CNY17.80

J0129700

出污泥而不染 （摄影 1992 年年历）常春摄

上海 上海人民美术出版社 ［1991 年］1 张

53cm（4 开）定价：CNY0.60

　作者常春（1933— ），河北阜城人。原名李凤楼。先后任《解放日报》记者、上海人美社编辑室主任等职，并兼任《摄影家》杂志主编。中国摄协上海分会会员。主要作品有《出击》《横跨激流》《上工》等。

J0129701

春花 （1992 年年历）钱豫强，谢新发摄

天津 天津人民美术出版社 1991 年 1 张

53cm（4 开）ISBN：7-5305-8122-3

定价：CNY0.60

J0129702

春花秋实 （摄影 1992 年年历）

沈阳 辽宁美术出版社 ［1991 年］1 张 53cm（4 开）

ISBN：7-5314-0661 定价：CNY0.70

J0129703

春华 （1992 年年历）金光远摄

杭州 浙江人民美术出版社 ［1991 年］1 张

53cm（4 开）定价：CNY0.60

J0129704

大熊猫 （摄影 明信片）蒲涛摄影

北京 中国林业出版社 ［1991 年］10 张

15cm（64 开）ISBN：7-5038-0718-0

定价：CNY2.40

本套明信片由中国林业出版社和奥林匹克出版社联合出版。

J0129705

蝶恋花 （摄影 1992 年年历）孙阳摄

沈阳 辽宁美术出版社 1991 年 1 张 53cm（4 开）

ISBN：7-5314-1533 定价：CNY0.70

J0129706

繁花似锦 （摄影 1992 年年历）月木摄

上海 上海人民美术出版社 ［1991 年］1 张

53cm（4 开）定价：CNY0.40

J0129707

寒梅迎春 （摄影 1992 年年历）

上海 上海人民美术出版社 1991 年 1 张

［40cm］（6 开）定价：CNY0.40

J0129708

鹤寿图 （1992 年年历）浦江绘

杭州 浙江人民美术出版社 1991 年 1 张 85cm

定价：CNY0.80

J0129709

花开时节 （1992 年年历）王毅摄

西安 陕西人民美术出版社 ［1991 年］1 张

53cm（4 开）定价：CNY0.68

J0129710

花香四溢 （摄影 1992 年年历）

沈阳 辽宁美术出版社 1991 年 1 张 53cm（4 开）

ISBN：7-5314-1543 定价：CNY0.70

J0129711

酒美花香 （摄影 1992 年年历）

沈阳 辽宁美术出版社 1991 年 1 张 53cm（4 开）

ISBN：7-5314-1563 定价：CNY0.70

J0129712

兰花 （摄影 1992 年年历）

沈阳 辽宁美术出版社 ［1991 年］1 张 53cm（4 开）

ISBN：7-5314-0651 定价：CNY0.70

J0129713

老虎 （摄影 1992 年年历）张词祖，郭卫华摄

天津 天津人民美术出版社 1991 年 1 张
53cm（4 开）ISBN：7-5305-8118-3
定价：CNY0.60

J0129714
丽花飘香 （摄影 1992 年年历）元丁摄
沈阳 辽宁美术出版社 1991 年 1 张 53cm（4 开）
ISBN：7-5314-0682 定价：CNY0.70

J0129715
莲 （摄影 1992 年年历）枫狂摄
沈阳 辽宁美术出版社 1991 年 1 张 53cm（4 开）
ISBN：7-5314-0699 定价：CNY0.70

J0129716
龙潭碧桃 （摄影 1992 年年历）刘震摄
天津 天津人民美术出版社 1991 年 1 张
76cm（2 开）ISBN：7-5305-81236
定价：CNY1.10

J0129717
猫咪 （摄影）王志强摄
天津 天津人民美术出版社 1991 年 1 张
76cm（2 开）ISBN：7-5305-2204-6
定价：CNY0.55

J0129718
猫嬉图 （摄影 1992 年年历）
上海 上海人民美术出版社 1991 年 1 张
［40cm］（6 开）价：CNY0.40

J0129719
咪咪 （摄影 1992 年年历）
沈阳 辽宁美术出版社［1991 年］1 张 53cm（4 开）
ISBN：7-5314-0656 定价：CNY0.70

J0129720
咪咪 （摄影 1992 年年历 一～六）
上海 上海人民美术出版社［1991 年］4 张
76cm（2 开）定价：CNY8.40

J0129721
咪咪 （摄影 1992 年年历）
上海 上海人民美术出版社［1991 年］1 张
76cm（2 开）定价：CNY1.40

J0129722
咪咪 （摄影 1992 年年历）
北京 中国电影出版社［1991 年］1 张 76cm（2 开）
定价：CNY1.00

J0129723
桃李报春图 （摄影 1992 年年历）谢懿旅摄
天津 天津人民美术出版社 1991 年 1 张
78cm（2 开）ISBN：7-5305-8134-6
定价：CNY0.80

J0129724
汪汪 （摄影 1992 年年历）
沈阳 辽宁美术出版社 1991 年 1 张 53cm（4 开）
ISBN：7-5314-1513 定价：CNY0.70

J0129725
鲜花 （摄影 1992 年年历）吉吉摄
沈阳 辽宁美术出版社 1991 年 1 张 53cm（4 开）
ISBN：7-5314-1559 定价：CNY0.70

J0129726
鲜花 （摄影 1992 年年历）常春摄
北京 人民美术出版社 1991 年 1 张 76cm（2 开）
定价：CNY1.20
　　作者常春（1933— ），河北阜城人。原名李
凤楼。先后任《解放日报》记者、上海人美社编
辑室主任等职，并兼任《摄影家》杂志主编。中
国摄协上海分会会员。主要作品有《出击》《横
跨激流》《上工》等。

J0129727
小馋猫 （摄影 1992 年年历）
沈阳 辽宁美术出版社 1991 年 1 张 53cm（4 开）
ISBN：7-5314-1566 定价：CNY0.70

J0129728
小猫 （摄影 1992 年年历）王志强摄
北京 人民美术出版社 1991 年 1 张 53cm（4 开）
定价：CNY0.60

J0129729
小猫 （摄影 1992 年年历）王嘉杨摄
天津 天津人民美术出版社 1991 年 1 张
53cm（4 开）ISBN：7-5305-81200

定价：CNY0.60

J0129730
鹦鹉 （1992 年年历）郭继成摄
西安 陕西人民美术出版社［1991 年］1 张
53cm（4 开）定价：CNY0.65

J0129731
幽兰花香 （摄影 1992 年年历）
沈阳 辽宁美术出版社［1991 年］1 张 76cm（2 开）
ISBN：7-5314-0669 定价：CNY1.40

J0129732
玉簪花 （摄影 1992 年年历）
北京 中国电影出版社［1991 年］1 张 76cm（2 开）
定价：CNY1.00

J0129733
郁金香 （摄影 1992 年年历）叶舟摄
南京 江苏美术出版社 1991 年 1 张 76cm（2 开）
定价：CNY1.20

J0129734
竹 （摄影 1992 年年历）乐生摄
西安 陕西人民美术出版社［1991 年］1 张
53cm（4 开）定价：CNY0.65

J0129735
1993：蝶彩溢香 （挂历）
天津 天津杨柳青画社 1992 年 77cm（2 开）
ISBN：7-80503-415-0 定价：CNY21.00

J0129736
1993：蝶恋花 （挂历）
广州 岭南美术出版社 1992 年 77cm（2 开）
定价：CNY19.20

J0129737
1993：金鸡报晓 （摄影挂历）
西宁 青海人民出版社［1992 年］77cm（2 开）
定价：CNY27.00

J0129738
1993：群芳谱 （挂历）
天津 天津人民美术出版社 1992 年 77cm（2 开）

ISBN：7-5305-8157-0 定价：CNY18.80

J0129739
宠物 （1993 年年历）陈小平摄
上海 上海人民美术出版社 1992 年 1 张
39cm（6 开）定价：CNY0.40
　　动物摄影作品。

J0129740
红玫瑰 （1993 年年历）张鸿保摄
沈阳 辽宁美术出版社［1992 年］1 张
77×53cm 定价：CNY1.48

J0129741
花季 （1993 年年历）桑榆摄
上海 上海人民美术出版社 1992 年 1 张
53×38cm 定价：CNY0.70

J0129742
花蕾 （1993 年年历）马建国摄
长沙 湖南美术出版社 1992 年 1 张 77×53cm
定价：CNY1.25

J0129743
菊花 （1993 年年历）刘传炎摄
天津 天津人民美术出版社 1992 年 1 张
38cm（4 开）ISBN：7-5305-8156-6
定价：CNY0.35

J0129744
咪咪 （1993 年年历）
北京 中国电影出版社［1992 年］1 张
77×53cm
定价：CNY1.10

J0129745
咪咪乐 （1993 年年历）
北京 中国电影出版社［1992 年］1 张 53cm（4 开）
定价：CNY0.60

J0129746
咪咪系列 （1993 年年历）
上海 上海人民美术出版社 1992 年 1 张
77×53cm 定价：CNY1.40

J0129747
咪咪之家 （1993 年年历）
上海 上海人民美术出版社［1992 年］1 张
77×53cm 定价：CNY6.80

J0129748
牡丹 （1993 年年历）
天津 天津人民美术出版社 1992 年 1 张
53×38cm ISBN：7–5305–8154–3 定价：CNY0.65

J0129749
奇花珍宝 （一 1993 年年历）
沈阳 辽宁美术出版社 1992 年 1 张 53×38cm
定价：CNY0.76

J0129750
奇花珍宝 （二 1993 年年历）
沈阳 辽宁美术出版社 1992 年 1 张 53×38cm
定价：CNY0.76

J0129751
我爱大熊猫 （1993 年年历）刘海发摄
天津 天津人民美术出版社 1992 年 1 张
53×38cm ISBN：7–5305–8154–6 定价：CNY0.65

J0129752
珍禽火仙鹤 （1993 年年历）
沈阳 辽宁美术出版社 1992 年 1 张 53×38cm
定价：CNY0.76

J0129753
1994、1995：咪咪情 （摄影挂历）
北京 中国旅游出版社［1993 年］77×53cm
定价：CNY26.80

J0129754
1994：［宠物］（摄影挂历）
北京 中国旅游出版社［1993 年］77×53cm
定价：CNY31.80

J0129755
1994：爱犬 （摄影挂历）
武汉 湖北美术出版社［1993 年］76×53cm
定价：CNY32.80

J0129756
1994：宠物 （摄影挂历）
西安 陕西人民美术出版社［1993 年］76×53cm
定价：CNY28.00

J0129757
1994：宠物 （摄影挂历）
成都 四川民族出版社［1993 年］76×53cm
定价：CNY26.50

J0129758
1994：宠物 （摄影挂历）
北京 中国旅游出版社［1993 年］77×53cm
定价：CNY17.50

J0129759
1994：垂蕊清露 （摄影挂历）
北京 中国旅游出版社［1993 年］77×53cm
定价：CNY28.80

J0129760
1994：芬芳 （摄影挂历）
南京 江苏美术出版社 1993 年 76×53cm
定价：CNY18.80

J0129761
1994：富贵猫 （摄影挂历）
济南 山东友谊书社 1993 年 76×53cm

J0129762
1994：馥 （摄影挂历）
北京 中国旅游出版社［1993 年］77×53cm
定价：CNY25.60

J0129763
1994：荷 （摄影挂历）
西安 陕西人民美术出版社［1993 年］76×53cm
定价：CNY32.00

J0129764
1994：花团锦簇 （摄影挂历）
上海 上海人民美术出版社［1993 年］76×53cm
定价：CNY32.00

J0129765
1994：花韵 （摄影挂历）廉志军摄
北京 中国旅游出版社［1993 年］77×53cm
定价：CNY35.80

J0129766
1994：花枝俏 （摄影挂历）
南昌 江西美术出版社［1993 年］12 页
76×53cm 定价：CNY27.80

J0129767
1994：开心宠物 （摄影挂历）
南京 江苏人民出版社 1993 年 76×53cm
定价：CNY28.00

J0129768
1994：可爱的小宠物 （摄影挂历）
上海 上海人民美术出版社［1993 年］76×53cm
定价：CNY32.00

J0129769
1994：猎咪 （摄影挂历）
郑州 河南美术出版社 1993 年 76×53cm
定价：CNY32.80

J0129770
1994：猫趣 （摄影挂历）
武汉 湖北美术出版社［1993 年］93×74cm
定价：CNY38.00

J0129771
1994：咪咪 （摄影挂历）
天津 天津人民美术出版社［1993 年］76×53cm
定价：CNY29.80

J0129772
1994：名贵宠物 （摄影挂历）
北京 中国旅游出版社［1993 年］77×53cm
定价：CNY32.80

J0129773
1994：名犬家族 （摄影挂历）
北京 中国旅游出版社［1993 年］77×53cm
定价：CNY31.80

J0129774
1994：鸟语花香 （摄影挂历）
沈阳 辽宁美术出版社 1993 年 76×53cm
定价：CNY33.80

J0129775
1994：松梅玉赞 （摄影挂历）
西安 陕西人民美术出版社［1993 年］76×53cm
定价：CNY29.80

J0129776
1994：汪汪与咪咪 （摄影挂历）
杭州 西泠印社［1993 年］76×53cm
定价：CNY32.00

J0129777
1994：毋忘我 （摄影挂历）
西安 陕西人民美术出版社［1993 年］76×53cm
定价：CNY28.00

J0129778
1994：幸运狗 （摄影挂历）
福州 福建美术出版社［1993 年］76×53cm
定价：CNY32.00

J0129779
1994：鱼趣横生 （摄影挂历）
北京 美术出版社［1993 年］77×53cm
定价：CNY31.80

J0129780
1994：珍禽宠物 （摄影挂历）
北京 中国电影出版社［1993 年］77×53cm
定价：CNY28.50

J0129781
爱我，爱我的猫 （摄影 1994 年年历）
沈阳 辽宁美术出版社 1993 年 1 张 53×38cm
定价：CNY0.98

J0129782
并蒂莲 （摄影 1994 年年历）
沈阳 辽宁美术出版社 1993 年 1 张 38×53cm
定价：CNY0.98

J0129783
大丽花 （摄影　1994 年年历）吴成槐摄
沈阳　辽宁美术出版社　1993 年　1 张　38×53cm
定价：CNY0.98

J0129784
蝶恋花 （摄影　1994 年年历）华安摄
沈阳　辽宁美术出版社　1993 年　1 张　53×38cm
定价：CNY0.98

J0129785
芳菲 （摄影　1994 年年历）伍京生摄
南京　江苏美术出版社　1993 年　1 张　68×38cm
定价：CNY1.05

J0129786
芳香 （摄影　1994 年年历）兆欣摄
南京　江苏美术出版社　1993 年　1 张　68×38cm
定价：CNY1.05

J0129787
红玫瑰 （摄影　1994 年年历）力扬摄
上海　上海人民美术出版社　1993 年　1 张
51×34cm　定价：CNY0.85

J0129788
红玫瑰 （摄影　1994 年年历）钱豫强摄
杭州　浙江人民美术出版社　1993 年　1 张
68×38cm　定价：CNY1.10
　　作者钱豫强(1944—　)，浙江嘉善人，历任
浙江美术出版社副编审，浙江赛丽美术馆执行
馆长。

J0129789
花团锦簇 （一　1994 年年历）
上海　上海人民美术出版社 ［1993 年］1 张
77×53cm　定价：CNY1.90

J0129790
花团锦簇 （二　1994 年年历）
上海　上海人民美术出版社 ［1993 年］1 张
77×53cm　定价：CNY1.90

J0129791
花团锦簇 （三　1994 年年历）
上海　上海人民美术出版社 ［1993 年］1 张
77×53cm　定价：CNY1.90

J0129792
花团锦簇 （四　1994 年年历）
上海　上海人民美术出版社 ［1993 年］1 张
77×53cm　定价：CNY1.90

J0129793
黄玫瑰 （摄影　1994 年年历）力扬摄
上海　上海人民美术出版社　1993 年　1 张
51×34cm　定价：CNY0.85

J0129794
金桂飘香 （摄影　1994 年年历）张英军摄
上海　上海人民美术出版社　1993 年　1 张
77×53cm　定价：CNY1.65

J0129795
菊花 （摄影　1994 年年历）吴成槐摄
沈阳　辽宁美术出版社　1993 年　1 张　53×38cm
定价：CNY0.98
　　作者吴成槐(1943—　)，满族，编辑。辽宁
沈阳人。辽宁民族出版社社长兼总编辑，辽宁美
术家协会、辽宁摄影家协会会员。连环画作品有
《南下路上》《大桥争夺战》，编辑设计图书《海外
藏明清绘画珍品——沈周卷》《20 世纪中国摄影
文献》。

J0129796
可爱的小宠物 （一　摄影　1994 年年历）
上海　上海人民美术出版社 ［1993 年］1 张
77×53cm　定价：CNY1.90

J0129797
可爱的小宠物 （二　摄影　1994 年年历）
上海　上海人民美术出版社 ［1993 年］1 张
77×53cm　定价：CNY1.90

J0129798
可爱的小宠物 （三　摄影　1994 年年历）
上海　上海人民美术出版社 ［1993 年］1 张
77×53cm　定价：CNY1.90

J0129799
可爱的小宠物 （四 摄影 1994 年年历）
上海 上海人民美术出版社［1993 年］1 张
77×53cm 定价：CNY1.90

J0129800
可爱的小宠物 （五 摄影 1994 年年历）
上海 上海人民美术出版社［1993 年］1 张
77×53cm 定价：CNY1.90

J0129801
可爱的小宠物 （六 摄影 1994 年年历）
上海 上海人民美术出版社［1993 年］1 张
77×53cm 定价：CNY1.90

J0129802
蓝色的花 （摄影 1994 年年历）李文摄
沈阳 辽宁美术出版社 1993 年 1 张 53×38cm
定价：CNY0.98

J0129803
恋花 （摄影 1994 年年历）雪莹摄
沈阳 辽宁美术出版社 1993 年 1 张 53×38cm
定价：CNY0.98

J0129804
猫与花 （摄影 1994 年年历）杨中俭摄
北京 中国旅游出版社［1993 年］1 张
77×53cm
定价：CNY1.60

J0129805
咪咪 （二 摄影 1994 年年历）杨中俭摄
南京 江苏美术出版社 1993 年 1 张 77×53cm
定价：CNY1.95
　　作者杨中俭，擅长摄影。主要年历作品有
《花好人妍》《上海外滩》《喜庆临门》等。

J0129806
咪咪 （一 摄影 1994 年年历）
北京 中国旅游出版社［1993 年］1 张
77×53cm
定价：CNY1.95

J0129807
咪咪 （二 摄影 1994 年年历）
北京 中国旅游出版社［1993 年］1 张
77×53cm
定价：CNY1.95

J0129808
咪咪 （三 摄影 1994 年年历）
北京 中国旅游出版社［1993 年］1 张
77×53cm
定价：CNY1.95

J0129809
咪咪 （四 摄影 1994 年年历）
北京 中国旅游出版社［1993 年］1 张
77×53cm
定价：CNY1.95

J0129810
南极小主人 （摄影 1994 年年历）
沈阳 辽宁美术出版社 1993 年 1 张 38×53cm
定价：CNY0.98

J0129811
秋菊 （摄影 1994 年年历）
沈阳 辽宁美术出版社 1993 年 1 张 53×38cm
定价：CNY0.98

J0129812
双猫图 （摄影 1994 年年历）志忠摄
上海 上海人民美术出版社 1993 年 1 张
34×35cm 定价：CNY0.65

J0129813
喜上梅梢 （摄影 1994 年年历）云花等作
杭州 浙江人民美术出版社 1993 年 1 张
53×38cm 定价：CNY1.10

J0129814
野百合 （摄影 1994 年年历）
沈阳 辽宁美术出版社 1993 年 1 张 38×53cm
定价：CNY0.98

J0129815
幽香 （摄影 1994 年年历）伍京生摄

南京 江苏美术出版社 1993 年 1 张 68×38cm
定价：CNY1.05

J0129816
玉簪花 （摄影 1994 年年历）
北京 中国电影出版社［1993 年］1 张
77×53cm
定价：CNY1.30

J0129817
月季花 （摄影 1994 年年历）王振杰摄
沈阳 辽宁美术出版社 1993 年 1 张 53×38cm
定价：CNY0.98

J0129818
1995：动物世界 （摄影挂历）
武汉 湖北美术出版社 1994 年 有图 77×53cm
定价：CNY40.80

J0129819
1995：繁花似锦 （摄影挂历）
沈阳 辽宁美术出版社 1994 年 有图 77×53cm
定价：CNY39.80

J0129820
1995：富贵猫 （摄影挂历）
武汉 湖北美术出版社 1994 年 有图 59×43cm
定价：CNY38.80

J0129821
1995：花之魅 （摄影挂历）
北京 中国电影出版社 1994 年 有图 77×53cm
定价：CNY39.80

J0129822
1995：吉祥花 （摄影挂历）
南京 江苏人民出版社 1994 年 有图 77×53cm
定价：CNY37.00

J0129823
1995：猫趣 （摄影挂历）
武汉 湖北美术出版社 1994 年 有图 95x66cm
定价：CNY48.00

J0129824
1995：猫神 （摄影挂历）山东美术出版社编
济南 山东美术出版社 1994 年 有图 77×53cm
定价：CNY36.80

J0129825
1995：咪咪 （摄影挂历）谢新发等摄
上海 上海人民美术出版社 1994 年 有图
77×53cm 定价：CNY39.00

J0129826
1995：鸣翠 （摄影挂历）
天津 天津人民美术出版社 1994 年 有图
95×66cm 定价：CNY48.50

J0129827
1995：小猫咪 （摄影挂历）河北美术出版社编
石家庄 河北美术出版社 1994 年 有图 74×48cm
定价：CNY41.80

J0129828
1995：熊猫 （摄影挂历）张词祖等摄
天津 天津人民美术出版社 1994 年 有图
77×53cm 定价：CNY33.50

J0129829
1995：中国名菊 （摄影挂历）王潮等摄
上海 上海人民美术出版社 1994 年 有图
77×53cm 定价：CNY42.00

J0129830
蓓蕾 （摄影 1995 年年历）年华祖摄
上海 上海人民美术出版社 1994 年 1 张
68×37cm 定价：CNY1.40

J0129831
茶花 （摄影 1995 年年历）韩德洲摄
北京 中国连环画出版社 1994 年 1 张
77×53cm 定价：CNY2.20

J0129832
富贵猫 （系列画二 摄影 1995 年年历）年华
祖摄
上海 上海人民美术出版社 1994 年 1 张
77×53cm 定价：CNY3.00

J0129833
富贵猫 （系列画一 摄影 1995 年年历）年华
祖摄
上海 上海人民美术出版社 1994 年 1 张
77×53cm 定价：CNY3.00

J0129834
红月季 （摄影 1995 年年历）姜维朴摄
北京 中国连环画出版社 1994 年 1 张
38×53cm 定价：CNY1.10

J0129835
金鱼 （摄影 1995 年年历）
上海 上海人民美术出版社 1994 年 1 张
77×53cm 定价：CNY2.00

J0129836
金鱼 （摄影 1995 年年历）高明义摄
北京 中国连环画出版社 1994 年 1 张
38×53cm 定价：CNY1.10

J0129837
菊 （摄影 1995 年年历）刘臣摄
北京 中国连环画出版社 1994 年 1 张
77×53cm 定价：CNY2.20

J0129838
令箭荷花 （摄影 1995 年年历）姜维朴摄
北京 中国连环画出版社 1994 年 1 张
38×53cm 定价：CNY1.10
　　作者姜维朴(1926—2019)，编辑。山东黄县
人，毕业于山东大学文艺系。历任人民美术出版
社《连环画报》编辑室主任、副主编，中国连环画
出版社总编辑等。代表作品有《鲁迅论连环画》
《要摄取事物的本质》《连环画艺术论》等。

J0129839
梅园春晓 （1995 年年历）张德俊作
南京 江苏美术出版社 1994 年 1 张 77×53cm
定价：CNY1.80
　　作者张德俊(1946—　　)，画家。江苏海安人。
毕业于南京艺术学院美术系。曾任常州市刘海
粟美术馆馆长、中国美协年画艺委会委员等职。
主要作品有《凤仪亭》《天翻地覆慨而慷》《紫金
山顶的瑰宝》等。

J0129840
咪咪 （摄影 1995 年年历 一）
上海 上海人民美术出版社 1994 年 1 张
77×53cm 定价：CNY2.20

J0129841
咪咪 （摄影 1995 年年历 二）
上海 上海人民美术出版社 1994 年 1 张
77×53cm 定价：CNY2.20

J0129842
咪咪 （摄影 1995 年年历 三）
上海 上海人民美术出版社 1994 年 1 张
77×53cm 定价：CNY2.20

J0129843
咪咪 （摄影 1995 年年历 四）
上海 上海人民美术出版社 1994 年 1 张
77×53cm 定价：CNY2.20

J0129844
咪咪 （摄影 1995 年年历 五）
上海 上海人民美术出版社 1994 年 1 张
77×53cm 定价：CNY2.20

J0129845
咪咪 （摄影 1995 年年历 六）
上海 上海人民美术出版社 1994 年 1 张
77×53cm 定价：CNY2.20

J0129846
咪咪 （摄影 1995 年年历）李杰摄影
北京 中国旅游出版社 1994 年 1 张 53×38cm
定价：CNY1.00

J0129847
石斛兰 （摄影 1995 年年历）李英敏摄
北京 中国连环画出版社 1994 年 1 张
38×53cm 定价：CNY1.10

J0129848
睡莲 （摄影 1995 年年历）高明义摄
北京 中国连环画出版社 1994 年 1 张
38×53cm 定价：CNY1.10

J0129849

万紫千红 （摄影 1995 年年历）
杭州 浙江人民美术出版社 1994 年 1 张
77×53cm 定价：CNY2.50

J0129850

小宠物 （摄影 1995 年年历）谢新发，宋士诚摄
上海 上海人民美术出版社 1994 年 1 张
77×53cm 定价：CNY2.00

J0129851

小虎 （摄影 1995 年年历）
杭州 浙江人民美术出版社 1994 年 1 张
53×38cm 定价：CNY1.30

J0129852

小猫咪 （摄影 1995 年年历）谢新发，宋士诚摄
上海 上海人民美术出版社 1994 年 1 张
77×53cm 定价：CNY2.00

J0129853

玉簪花 （摄影 1995 年年历）
北京 中国电影出版社 1994 年 1 张 77×53cm
定价：CNY1.80

J0129854

郁金香 （一 摄影 1995 年年历）石之摄
北京 中国连环画出版社 1994 年 1 张
77×53cm 定价：CNY2.20

J0129855

郁金香 （二 摄影 1995 年年历）石之摄
北京 中国连环画出版社 1994 年 1 张
77×53cm 定价：CNY2.20

J0129856

中国金鱼 （摄影 1995 年年历）张克庆摄影
北京 中国旅游出版社 1994 年 1 张 38×53cm
定价：CNY1.00

J0129857

珠顶红 （摄影 1995 年年历）姜维朴摄
北京 中国连环画出版社 1994 年 1 张
38×53cm 定价：CNY1.10
　　作者姜维朴（1926—2019），编辑。山东黄县

人，毕业于山东大学文艺系。历任人民美术出版
社《连环画报》编辑室主任、副主编，中国连环画
出版社总编辑等。代表作品有《鲁迅论连环画》
《要摄取事物的本质》《连环画艺术论》等。

J0129858

紫玉兰 （摄影 1995 年年历）高明义摄
北京 中国连环画出版社 1994 年 1 张
77×53cm 定价：CNY2.20

J0129859

1996：傲骨 （摄影挂历）宗万华摄
天津 天津人民美术出版社 1995 年 77×53cm
ISBN：7-5305-0500-9 定价：CNY25.00

J0129860

1996：百猫图 （摄影挂历）冯力等摄
石家庄 河北美术出版社 1995 年 77×53cm
ISBN：7-5310-0704-5 定价：CNY25.00

J0129861

1996：荷花鸳鸯 （香木壁挂）江苏美术出版
社编
南京 江苏美术出版社 1995 年 1 幅 85×35cm
盒装

J0129862

1996：红玫瑰 （摄影挂历）高盛奎摄
杭州 浙江人民美术出版社 1995 年 77×53cm
ISBN：7-5340-0576-0 定价：CNY25.00

J0129863

1996：花开富贵 （摄影挂历）一乐摄
西安 陕西人民美术出版社 1995 年 74×58cm
ISBN：7-5368-0753-8 定价：CNY25.00

J0129864

1996：花之韵 （摄影挂历）秦风摄
北京 中国连环画出版社 1995 年 77×53cm
ISBN：7-5061-0652-3 定价：CNY25.00

J0129865

1996：娇艳 （摄影挂历）陕西人民美术出版
社编
西安 陕西人民美术出版社 1995 年 77×53cm

ISBN：7-5368-0762-7　定价：CNY24.80

J0129866
1996：可爱的宠物　（摄影挂历）谢新发摄
上海　上海人民美术出版社　1995 年　74×48cm
定价：CNY24.00

J0129867
1996：猫　（摄影挂历）天津人民美术出版社编
天津　天津人民美术出版社　1995 年　77×53cm
ISBN：7-5305-0512-2　定价：CNY23.00

J0129868
1996：猫蝶富贵　（摄影挂历）杨柳摄
天津　天津杨柳青画社　1995 年　74×48cm
ISBN：7-80503-275-0　定价：CNY23.00

J0129869
1996：鸣翠　（摄影挂历）倪炎，沈樱摄
天津　天津人民美术出版社　1995 年　96×66cm
ISBN：7-5305-0511-4　定价：CNY27.00

J0129870
1996：鸟语花香　（摄影挂历）天津人民美术
出版社编
天津　天津人民美术出版社　1995 年　77×53cm
ISBN：7-5305-0505-X　定价：CNY25.00

J0129871
1996：瓶兰　（高级艺术壁挂）江苏美术出版
社编
南京　江苏美术出版社　1995 年　85×35cm
盒装

J0129872
1996：奇卉呈祥　（摄影挂历）人民体育出版
社编
北京　人民体育出版社　1995 年　74×48cm
ISBN：7-5009-1206-4　定价：CNY23.80

J0129873
1996：山花烂漫　（摄影挂历）黑星正片公司
供稿
北京　中国连环画出版社　1995 年　96×66cm
ISBN：7-5061-0653-1　定价：CNY23.80

J0129874
1996：雾里看花　（摄影挂历）冯进，步铁
力摄
西安　陕西人民美术出版社　1995 年　86×58cm
ISBN：7-5368-0764-3　定价：CNY25.00

J0129875
1996：小花咪　（摄影挂历）重庆出版社编
重庆　重庆出版社　1995 年　12 页　75×42cm
ISBN：5366.864

J0129876
百花争艳　（摄影 1996 年年历）夏辰摄
沈阳　辽宁美术出版社　1995 年　1 张　38×53cm
定价：CNY1.30

J0129877
垂丝海棠　（摄影 1996 年年历）陈春轩摄
上海　上海人民美术出版社　1995 年　1 张
35×38cm　定价：CNY0.90

J0129878
含芳　（摄影 1996 年年历）江苏美术出版社编
南京　江苏美术出版社　1995 年　1 张　77×35cm
定价：CNY1.60

J0129879
和平使者　（摄影 1996 年年历）
西安　陕西人民美术出版社　1995 年　1 张
77×53cm　定价：CNY2.60

J0129880
金菊如画　（摄影 1996 年年历）登峰摄
北京　中国连环画出版社　1995 年　1 张
77×53cm　定价：CNY2.90

J0129881
菊艳蟹肥　（摄影 1996 年年历）姚中玉摄
上海　上海人民美术出版社　1995 年　1 张
35×38cm　定价：CNY0.90
　　作者姚中玉，画家。曾任湖南省艺术家书画
院会员、长沙市书法家协会会员等职。主要作品
有《迎风燕舞》《向天歌》《一唱雄鸡天下白》《春
情》《富贵吉祥》等。

J0129882
可爱宠物 （一 摄影 1996 年年历）
上海 上海人民美术出版社 1995 年 1 张
77×53cm 定价：CNY2.50

J0129883
可爱宠物 （二 摄影 1996 年年历）
上海 上海人民美术出版社 1995 年 1 张
77×53cm 定价：CNY2.50

J0129884
可爱宠物 （三 摄影 1996 年年历）
上海 上海人民美术出版社 1995 年 1 张
77×53cm 定价：CNY2.50

J0129885
可爱宠物 （四 摄影 1996 年年历）
上海 上海人民美术出版社 1995 年 1 张
77×53cm 定价：CNY2.50

J0129886
可爱宠物 （五 摄影 1996 年年历）
上海 上海人民美术出版社 1995 年 1 张
77×53cm 定价：CNY2.50

J0129887
可爱宠物 （六 摄影 1996 年年历）
上海 上海人民美术出版社 1995 年 1 张
77×53cm 定价：CNY2.50

J0129888
猫来福到 （摄影 1996 年年历）
西安 陕西人民美术出版社 1995 年 1 张
77×53cm 定价：CNY2.60

J0129889
群花飘香 （摄影 1996 年年历）郭志国摄
沈阳 辽宁美术出版社 1995 年 1 张 38×53cm
定价：CNY1.30

J0129890
盛放——君子兰 （摄影 1996 年年历）姜维
朴摄
北京 中国连环画出版社 1995 年 1 张
37×53cm 定价：CNY1.45

作者姜维朴（1926—2019），编辑。山东黄县
人，毕业于山东大学文艺系。历任人民美术出版
社《连环画报》编辑室主任、副主编，中国连环画
出版社总编辑等。代表作品有《鲁迅论连环画》
《要摄取事物的本质》《连环画艺术论》等。

J0129891
睡莲 （摄影 1996 年年历）高明义摄
北京 中国连环画出版社 1995 年 1 张
37×53cm 定价：CNY1.45

J0129892
四美争艳 （摄影 1996 年年历）梅林摄
北京 中国连环画出版社 1995 年 1 张
53×37cm 定价：CNY1.45

作者赵梅林（1943— ），字维泰，生于江
苏。历任国家高级美术师，江苏省美术家协会会
员，南京印社社员，江苏省花鸟画研究会理事，
文化部华夏文化遗产中国画院艺术委员会委员，
故宫紫禁城书画艺术协会理事等。出版有《中国
近现代名家画集——赵梅林》。

J0129893
天鹅 （摄影 1996 年年历）高志孝摄
沈阳 辽宁美术出版社 1995 年 1 张 38×53cm
定价：CNY1.30

J0129894
小白鸽 （摄影 1996 年年历）年华祖摄
上海 上海人民美术出版社 1995 年 1 张
68×37cm 定价：CNY1.60

J0129895
小咪咪 （摄影 1996 年年历）邢延生，接祖
华摄
北京 中国连环画出版社 1995 年 1 张
77×53cm 定价：CNY2.90

作者邢延生，擅长摄影。主要作品有《苗苗》
《花儿朵朵》《景山牡丹》等。

J0129896
馨香 （摄影 1996 年年历）陈春轩摄
上海 上海人民美术出版社 1995 年 1 张
77×53cm 定价：CNY2.40

J0129897
郁金香 （一 摄影 1996 年年历）石之摄
北京 中国连环画出版社 1995 年 1 张
77×53cm 定价：CNY2.90

J0129898
郁金香 （二 摄影 1996 年年历）石之摄
北京 中国连环画出版社 1995 年 1 张
77×53cm 定价：CNY2.90

J0129899
郁金香 （摄影 1996 年年历）张惠芬摄
北京 中国连环画出版社 1995 年 1 张
37×53cm 定价：CNY1.45

J0129900
郁金香 （摄影 1996 年年历）张克庆摄
北京 中国旅游出版社 1995 年 1 张 53×38cm
定价：CNY1.30

J0129901
1997：**百合花** （摄影挂历）新疆美术摄影出
版社编
乌鲁木齐 新疆美术摄影出版社 1996 年
86×57cm ISBN：7-80547-423-0 定价：CNY45.00

J0129902
1997：**发财猫** （摄影挂历）福建美术出版社编
福州 福建美术出版社 1996 年 77×53cm
ISBN：7-5393-0490-1 定价：CNY16.00

J0129903
1997：**发财猫** （摄影挂历）杨中俭摄
西安 陕西人民美术出版社 1996 年 74×58cm
ISBN：7-5368-0831-3 定价：CNY27.50

J0129904
1997：**富贵猫** （摄影挂历）福建美术出版社编
福州 福建美术出版社 1996 年 77×53cm
ISBN：7-5393-0436-7 定价：CNY26.80

J0129905
1997：**鹤寿富贵** （摄影挂历）杨柳摄
天津 天津杨柳青画社 1996 年 77×53cm
ISBN：7-80503-295-5 定价：CNY25.80

J0129906
1997：**花之韵** （摄影挂历）
长沙 湖南美术出版社 1996 年 74×51cm
ISBN：7-5356-0818-3 定价：CNY27.50

J0129907
1997：**吉祥宠物** （摄影挂历）福建美术出版
社编
福州 福建美术出版社 1996 年 106×77cm
ISBN：7-5393-0408-1 定价：CNY30.00

J0129908
1997：**金秋菊韵** （摄影挂历）福建美术出版
社编
福州 福建美术出版社 1996 年 86×57cm
ISBN：7-5393-0451-0 定价：CNY38.00

J0129909
1997：**金鱼** （年历画）高明义摄
北京 中国连环画出版社 1996 年 1 张
38×52cm ISBN：85061.94041 定价：CNY1.60

J0129910
1997：**菊** （年历画）刘臣摄
北京 中国连环画出版社 1996 年 1 张
76×52cm ISBN：85061.94030 定价：CNY3.20

J0129911
1997：**可爱宠物** （摄影挂历）江苏美术出版
社编
南京 江苏美术出版社 1996 年 77×53cm
ISBN：7-5344-0525-4 定价：CNY26.00

J0129912
1997：**猫咪** （摄影挂历）大叶供稿
南京 江苏美术出版社 1996 年 77×53cm
ISBN：7-5344-0515-7 定价：CNY27.50

J0129913
1997：**牵牛花** （年历画）辛晓摄
北京 中国连环画出版社 1996 年 1 张
52×38cm ISBN：85061.96011 定价：CNY1.60

J0129914
1997：**石斛兰** （年历画）李英敏摄

北京 中国连环画出版社 1996 年 1 张
38×52cm ISBN：85061.94036 定价：CNY1.60

J0129915
1997：世界名犬 （摄影挂历）海南国际新闻
出版中心编
海口 海南国际新闻出版中心 1996 年 77×53cm
ISBN：7-80609-370-2 定价：CNY27.50

J0129916
1997：四君图 （摄影挂历）杨柳摄
天津 天津杨柳青画社 1996 年 77×53cm
ISBN：7-80503-297-1 定价：CNY27.00

J0129917
1997：天骄宠物 （摄影挂历）
长沙 湖南美术出版社 1996 年 74×51cm
ISBN：7-5356-0873-6 定价：CNY26.80

J0129918
1997：映山红 （年历画）高明义摄
北京 中国连环画出版社 1996 年 1 张
52×76cm ISBN：85061.96005 定价：CNY3.20

J0129919
1997：郁金香 （一 年历画）石之摄
北京 中国连环画出版社 1996 年 1 张
76×52cm ISBN：85061.94027 定价：CNY3.20

J0129920
1997：郁金香 （二 年历画）石之摄
北京 中国连环画出版社 1996 年 1 张
76×52cm ISBN：85061.94028 定价：CNY3.20

J0129921
1997：月季花 （年历画）朱恩光摄
北京 中国连环画出版社 1996 年 1 张
38×52cm ISBN：85061.96010 定价：CNY1.60

J0129922
1997：竹韵春风 （摄影挂历）池士潭等摄
天津 天津杨柳青画社 1996 年 77×53cm
ISBN：7-80503-318-8 定价：CNY27.00

J0129923
彩蝶纷飞 （摄影 1997 年年历）陈春轩摄
上海 上海人民美术出版社 1996 年 1 张
77×53cm 定价：CNY2.80

J0129924
梅竹图 （摄影年画）宗万华摄
天津 天津人民美术出版社 1996 年 1 轴
附对联一副 105×76cm ISBN：85305.211
定价：CNY15.80
　　中国现代植物摄影年画作品。作者宗万华
（1946— ），毕业于天津工艺美院，中国美术家
协会会员，天津杨柳青画社美术编审，中国民俗
艺术研究院特约研究员，中共中央机关工委紫光
阁画院院士。出版有《宗万华画虎》《工笔画虎
技法》《拓临工笔画范本》《虎》《风虎云龙》等十
余种。

J0129925
郁金香 （摄影 1997 年年历）忻丁诚摄
上海 上海人民美术出版社 1996 年 1 张
66×37cm 定价：CNY1.90

J0129926
1997：猫来富贵 （摄影挂历）高盛奎摄
长春 吉林摄影出版社 1997 年 76×52cm
ISBN：7-80606-073-1 定价：CNY26.00

J0129927
1998：白牡丹 （摄影挂历）高盛奎摄
北京 中国戏剧出版社 1997 年 76×52cm
ISBN：7-104-00857-8 定价：CNY31.00

J0129928
1998：宠物 （摄影挂历）四川人民出版社编
成都 四川人民出版社 1997 年 76×52cm
ISBN：7-220-03769-4 定价：CNY27.50

J0129929
1998：蝶恋名花 （摄影挂历）张泉摄
南京 江苏人民出版社 1997 年 76×52cm
ISBN：7-214-01981-7 定价：CNY27.50

J0129930
1998：东方猫王 （蔚道安百猫精品选 国画

挂历）蔚道安绘
天津　天津杨柳青画社　1997 年　76×52cm
ISBN：7-80503-350-1 定价：CNY27.00

J0129931
1998：动物世界 （摄影挂历）福建美术出版
社编
福州　福建美术出版社　1997 年　57×43cm
ISBN：7-5393-0570-3 定价：CNY26.00

J0129932
1998：动物世界 （摄影挂历）张祠祖等摄
上海　上海人民美术出版社　1997 年　76×52cm
ISBN：7-5322-1702-7 定价：CNY27.50

J0129933
1998：动物天地 （摄影挂历）岭南美术出版
社编
广州　岭南美术出版社　1997 年　100×70cm
ISBN：7-5362-1681-5 定价：CNY38.00

J0129934
1998：荷花之美 （摄影挂历）上海书画出版
社编
上海　上海书画出版社　1997 年　76×52cm
ISBN：7-80635-082-9 定价：CNY27.50

J0129935
1998：虎 （摄影挂历）木易摄
北京　中国画报出版社　1997 年　106×75cm
ISBN：7-80024-400-8 定价：CNY27.50

J0129936
1998：虎妞 （摄影挂历）高盛奎摄
天津　天津杨柳青画社　1997 年　12 页　75×42cm
ISBN：7-80503-341-2 定价：CNY27.50

J0129937
1998：虎妞 （摄影挂历）黄正雄等摄
杭州　中国美术学院出版社　1997 年
12 页　75×52cm　ISBN：7-81019-573-5
定价：CNY27.50

J0129938
1998：花蝶 （摄影挂历）林伟新摄

福州　海潮摄影艺术出版社　1997 年　76×52cm
ISBN：7-80562-434-8 定价：CNY27.50

J0129939
1998：花开富贵 （摄影挂历）夏至摄影
沈阳　辽宁画报出版社　1997 年　77×53cm
ISBN：7-80601-151-X 定价：CNY27.50

J0129940
1998：花开富贵 （摄影挂历）何小芳摄
广州　岭南美术出版社　1997 年　87×68cm
ISBN：7-5362-1597-5 定价：CNY30.00

J0129941
1998：花开富贵 （摄影挂历）黄振雄摄
杭州　西泠印社　1997 年　86×57cm
ISBN：7-80517-234-X 定价：CNY32.00

J0129942
1998：花影 （摄影年历）王伟，石强摄
南京　江苏美术出版社　1997 年　1 张　72×100cm
定价：CNY6.00

J0129943
1998：花影 （摄影挂历）黑星供稿；杨正秋
设计
成都　四川美术出版社　1997 年　12 页　75×42cm
定价：CNY26.80

J0129944
1998：花月 （摄影挂历）奥林匹克出版社编
北京　奥林匹克出版社　1997 年　76×52cm
ISBN：7-80067-335-9 定价：CNY27.50

J0129945
1998：花韵芬芳 （摄影挂历）黄明摄
沈阳　辽宁画报出版社　1997 年　76×52cm
ISBN：7-80601-113-7 定价：CNY27.50

J0129946
1998：花中王 （摄影挂历）
呼和浩特　内蒙古人民出版社　1997 年
77×53cm　ISBN：7-204-03467-8 定价：CNY27.50

J0129947
1998：花竹影 （摄影挂历）王伟等摄
南京 江苏美术出版社 1997年 100×70cm
ISBN：7-5344-0669-2 定价：CNY80.00

J0129948
1998：欢欢咪咪 （摄影挂历）正贵著译
海口 海南出版社 1997年 12页 75×42cm
ISBN：7-80617-888-0 定价：CNY27.50

J0129949
1998：环球珍禽 （摄影挂历）黄明摄
沈阳 辽宁画报出版社 1997年 76×52cm
ISBN：7-80601-120-X 定价：CNY27.50

J0129950
1998：吉祥猫 （摄影挂历）全景摄
成都 四川美术出版社 1997年 12页 75×42cm
ISBN：7-5410-1288-2 定价：CNY26.80

J0129951
1998：金达莱 （摄影挂历）高盛奎摄影
呼和浩特 内蒙古人民出版社 1997年
77×53cm ISBN：7-204-03469-4 定价：CNY27.50

J0129952
1998：可爱宠物 （摄影挂历）王英等摄
沈阳 辽宁画报出版社 1997年 76×52cm
ISBN：7-80601-125-0 定价：CNY27.50

J0129953
1998：兰 （摄影挂历）黄明摄
沈阳 辽宁画报出版社 1997年 76×52cm
ISBN：7-80601-114-5 定价：CNY27.50

J0129954
1998：兰花 （摄影挂历）
广州 广东人民出版社 1997年 86×58cm
ISBN：7-218-02552-8 定价：CNY31.00

J0129955
1998：绿苑鹤鸣 （摄影挂历）张祠祖等摄
上海 上海人民美术出版社 1997年 76×52cm
ISBN：7-5322-1691-8 定价：CNY27.50

J0129956
1998：绿苑鹤鸣 （摄影挂历）张祠祖等摄
上海 上海人民美术出版社 1997年 76×52cm
ISBN：7-5322-1750-7 定价：CNY35.20

J0129957
1998：猫咪 （摄影挂历）董庆摄
北京 知识出版社 1997年 76×52cm
ISBN：7-5015-1546-8 定价：CNY27.00

J0129958
1998：猫趣 （摄影挂历）奥林匹克出版社编
北京 奥林匹克出版社 1997年 76×52cm
ISBN：7-80067-332-4 定价：CNY29.80

J0129959
1998：玫瑰秀 （摄影挂历）申文广摄
上海 上海人民美术出版社 1997年 76×52cm
ISBN：7-5322-1699-3

J0129960
1998：咪咪 （摄影挂历）杭志忠摄影
苏州 古吴轩出版社 1997年 77×53cm
ISBN：7-80574-267-7 定价：CNY27.50

J0129961
1998：咪咪情 （摄影挂历）内蒙古人民出版社编
呼和浩特 内蒙古人民出版社 1997年
96×53cm ISBN：7-204-03470-8 定价：CNY27.50

J0129962
1998：名骏 （摄影挂历）内蒙古人民出版社编
呼和浩特 内蒙古人民出版社 1997年
69×95cm ISBN：7-204-03731-6 定价：CNY40.00

J0129963
1998：名犬 （摄影挂历）刘海发摄
西宁 青海人民出版社 1997年 76×52cm
ISBN：7-225-01353-X 定价：CNY32.80

J0129964
1998：名犬图 （摄影年历）田捷民摄
北京 中国旅游出版社 1997年 1张 37×35cm
定价：CNY1.20

作者田捷民(1954—　　), 浙江人。重庆市新闻图片社主任记者。历任四川省摄影家协会副主席、中国摄影家协会理事、重庆市文联委员、重庆市摄影家协会驻会副主席兼秘书长等。代表作有《影人史进》《重担在肩》《照野皑皑融雪》等。

J0129965
1998：鸟语花香　　（摄影挂历）林源等摄影
沈阳　辽宁画报出版社　1997 年　86×58cm
ISBN：7-80601-121-8　定价：CNY36.80

J0129966
1998：奇花异卉　　（摄影挂历）恋蝶等摄
上海　上海人民美术出版社　1997 年　67×38cm
ISBN：7-5322-1727-2　定价：CNY23.50

J0129967
1998：世界名猫　　（摄影挂历）刘海发摄
北京　中国旅游出版社　1997 年　12 页　75×52cm
ISBN：7-5032-1469-4　定价：CNY27.00

J0129968
1998：世界名犬　　（摄影挂历）上海书画出版社编
上海　上海书画出版社　1997 年　76×52cm
ISBN：7-80635-075-6　定价：CNY27.50

J0129969
1998：兽中之王　　（摄影挂历）刘震, 振声摄
南京　江苏美术出版社　1997 年　75×63cm
ISBN：7-5344-0671-4　定价：CNY27.50

J0129970
1998：四君子　　（摄影挂历）仁意等摄
北京　中国戏剧出版社　1997 年　76×52cm
ISBN：7-104-00850-0　定价：CNY27.00

J0129971
1998：仙鹤　　（摄影挂历）游云谷, 郑筱云摄
福州　海潮摄影艺术出版社　1997 年　76×52cm
ISBN：7-80562-433-X　定价：CNY27.50

J0129972
1998：小猫咪　　（摄影挂历）海潮摄影艺术出版社编
南京　江苏美术出版社　1997 年　75×63cm
ISBN：7-5344-0718-4　定价：CNY27.50

J0129973
1998：小咪咪　　（摄影挂历）上海人民美术出版社编
上海　上海人民美术出版社　1997 年　76×52cm
ISBN：7-5322-1726-4　定价：CNY26.00

J0129974
1998：野生动物　　（摄影挂历）
北京　中信出版社　1997 年　77×53cm
ISBN：7-80073-157-X　定价：CNY39.00

J0129975
1998：郁金香　　（摄影挂历）刘海发摄
福州　海潮摄影艺术出版社　1997 年　76×52cm
ISBN：7-80562-435-6　定价：CNY27.50

J0129976
1998：郁金香　　（摄影挂历）高盛磊摄
杭州　杭州出版社　1997 年　76×52cm
ISBN：7-80633-048-8　定价：CNY27.50

J0129977
1998：紫罗兰　　（摄影挂历）盛奎摄
杭州　浙江人民美术出版社　1997 年　76×52cm
ISBN：7-5340-0694-5　定价：CNY27.50

J0129978
虎威　（摄影 1998 年年历）刘震摄影
南京　江苏美术出版社　1997 年　1 张　77×53cm
定价：CNY2.80

J0129979
花弄影　（摄影 1998 年年历）王伟摄影
南京　江苏美术出版社　1997 年　1 张　53×78cm
定价：CNY2.80

J0129980
花族影　（摄影 1998 年年历）志恒摄影
南京　江苏美术出版社　1997 年　1 张　77×53cm
定价：CNY2.80

J0129981
猫趣 （摄影 1998 年年历）中俭摄影
南京 江苏美术出版社 1997 年 1 张 77×53cm
定价：CNY2.80

J0129982
水仙花 （摄影年历）鄂毅摄
北京 中国旅游出版社 1997 年 1 张 37×52cm
定价：CNY1.70
　　　作者鄂毅（1941— ），摄影家。毕业于中央
工艺美术学院。曾任北京出版社美术编辑、中国
旅游出版社摄影编辑室主任。中国摄影家协会
会员、中国出版摄影艺术委员会副主任。主要作
品《晨歌》《姐妹松》《苍岩毓秀》等，著有《风光
摄影的理论与实践》。

J0129983
天雨花 （摄影年历）志恒摄
南京 江苏美术出版社 1997 年 1 张 72×100cm
定价：CNY6.00

J0129984
郁金香 （二 摄影 1998 年年历）石之摄影
北京 中国连环画出版社 1997 年 1 张
76×51cm 定价：CNY3.20

J0129985
1999：并蒂莲 （摄影年历画）袁学军摄
重庆 重庆出版社 1998 年 1 张 53×38cm
定价：CNY1.50

J0129986
1999：宠物 （摄影挂历）
杭州 西泠印社 1998 年 76×52cm
ISBN：7-80517-250-1 定价：CNY27.50

J0129987
1999：宠物名车 （摄影挂历）全美供稿
长沙 湖南美术出版社 1998 年 76×52cm
ISBN：7-53563-1136-2 定价：CNY26.50

J0129988
1999：繁花 （摄影年历画）王传等摄
南京 江苏美术出版社 1998 年 1 张 77×54cm
定价：CNY2.80

J0129989
1999：公鸡 （摄影年历画）
南京 江苏美术出版社 1998 年 1 张 37×27cm
定价：CNY1.60

J0129990
1999：红梅翠竹 （摄影年历画）启奎摄
重庆 重庆出版社 1998 年 1 张 77×53cm
定价：CNY2.70

J0129991
1999：火烈鸟 （摄影年历画）袁学军摄
重庆 重庆出版社 1998 年 1 张 53×38cm
定价：CNY1.50
　　　作者袁学军（1950— ），四川成都人，解放
军画报社主任记者。作品有《我们劳动去》《二
重奏》《印象·青藏高原》等

J0129992
1999：猫趣 （摄影挂历）刘海发摄
苏州 古吴轩出版社 1998 年 77×53cm
ISBN：7-80874-329-0 定价：CNY27.50

J0129993
1999：猫趣 （摄影挂历）江苏图片社编
南京 江苏美术出版社 1998 年 76×53cm
ISBN：7-5344-0797-4 定价：CNY27.50

J0129994
1999：梅兰竹菊 （摄影挂历）董永跃摄
天津 天津杨柳青画社 1998 年 87×57cm
ISBN：7-80503-389-7 定价：CNY52.00

J0129995
1999：梦玫瑰 （摄影挂历）钱豫强摄
苏州 古吴轩出版社 1998 年 77×53cm
ISBN：7-80574-332-0 定价：CNY27.50

J0129996
1999：咪咪 （摄影挂历）谢新发等摄
上海 上海画报出版社 1998 年 76×52cm
ISBN：7-80530-342-8 定价：CNY18.00

J0129997
1999：名犬世界 （摄影挂历）林伟新，张雄编

上海 上海书画出版社 1998 年 76×52cm
ISBN：7-80635-195-7 定价：CNY27.50

J0129998
1999：**鸟世界** （摄影挂历）
北京 中国画报出版社 1998 年 75×51cm
ISBN：7-80024-451-2 定价：CNY26.50

J0129999
1999：**沁香** （摄影挂历）朱清摄
呼和浩特 内蒙古人民出版社 1998 年
75×52cm ISBN：7-204-04357-X 定价：CNY35.00

J0130000
1999：**清竹风雅** （摄影挂历）
天津 天津人民美术出版社 1998 年 72×48cm
ISBN：7-5305-0873-3 定价：CNY27.50

J0130001
1999：**神犬** （摄影挂历）北京千目图片有限
公司供稿
天津 天津杨柳青画社 1998 年 75×52cm
ISBN：7-80503-408-7 定价：CNY27.50

J0130002
1999：**世界名狗** （摄影挂历）
长春 吉林摄影出版社 1998 年 76×53cm
ISBN：7-80606-247-5 定价：CNY27.50

J0130003
1999：**向日葵** （摄影挂历）秀洲，绿荫摄
南京 江苏人民出版社 1998 年 77×52cm
ISBN：7-214-02141-2 定价：CNY27.50

J0130004
1999：**馨香** （摄影年历画）方红林供稿
南京 江苏美术出版社 1998 年 1 张 39×53cm
定价：CNY2.50

J0130005
1999：**雅室兰香** （摄影挂历）全景供稿
西安 陕西人民美术出版社 1998 年 70×100cm
ISBN：7-5368-1057-1 定价：CNY33.00

J0130006
1999：**野生动物** （我们的朋友 摄影挂历）
古景摄
济南 山东美术出版社 1998 年 39×34cm
ISBN：7-5330-1173-2 定价：CNY25.80

J0130007
1999：**虞美人** （摄影挂历）张甦妍等摄
济南 山东美术出版社 1998 年 76×52cm
ISBN：7-5330-1168-6 定价：CNY27.50

J0130008
1999：**玉兔仙风** （摄影挂历）全景供稿
天津 天津人民美术出版社 1998 年 76×51cm
ISBN：7-5305-0870-9 定价：CNY27.50

J0130009
1999：**郁金香** （摄影挂历）穆青摄
郑州 河南美术出版社 1998 年 77×53cm
ISBN：7-5401-0743-X 定价：CNY27.50

J0130010
1999：**郁金香** （摄影年历画）袁学军摄
重庆 重庆出版社 1998 年 1 张 38×53cm
定价：CNY1.50

J0130011
1999：**珍禽** （摄影挂历）曾孝濂绘
昆明 云南人民出版社 1998 年 38×34cm
ISBN：7-222-02477-8 定价：CNY18.00

J0130012
1999：**竹情诗意** （摄影挂历）起奎供稿
石家庄 河北美术出版社 1998 年 88×58cm
ISBN：7-5310-1121-2 定价：CNY46.00

J0130013
百兽图 （1999）沈钧编撰
上海 上海文化出版社 1998 年 26×36cm
ISBN：7-80511-963-5 定价：CNY20.00

J0130014
2000：**宠物** （摄影挂历）伟冬供稿
南京 江苏美术出版社 1999 年 58×43cm
ISBN：7-5344-0936-5 定价：CNY22.60

J0130015
2000：宠物 （摄影挂历）纤目，美好供稿
上海　上海文艺出版社　1999 年　77×52cm
ISBN：7-5321-1939-4　定价：CNY27.50

J0130016
2000：国色天香 （摄影挂历）
福州　福建美术出版社　1999 年　27×37cm
定价：CNY70.00

J0130017
2000：国色天香 （摄影挂历）
长春　吉林摄影出版社　1999 年　81×56cm
ISBN：7-80606-318-8　定价：CNY58.00

J0130018
2000：花彩 （摄影挂历）枭榆摄
上海　上海人民美术出版社　1999 年　76×52cm
ISBN：7-5322-2159-8　定价：CNY35.20

J0130019
2000：花开盛世 （摄影挂历）
海口　海南出版社　1999 年　77×52cm
ISBN：7-80645-539-6　定价：CNY27.80

J0130020
2000：花开新世纪 （摄影挂历）王守平，雷宇供稿
西安　陕西人民美术出版社　1999 年　76×52cm
ISBN：7-5368-1186-1　定价：CNY27.80

J0130021
2000：花之俏 （摄影挂历）欧美图片公司供稿
长沙　湖南美术出版社　1999 年　58×43cm
ISBN：7-5356-1344-6　定价：CNY45.00

J0130022
2000：花之艺 （摄影挂历）骆君摄
成都　四川美术出版社　1999 年　77×52cm
ISBN：7-5410-1583-0　定价：CNY27.50

J0130023
2000：欢乐宠物 （摄影挂历）裘家康等摄
上海　上海画报出版社　1999 年　76×52cm

ISBN：7-80530-471-8　定价：CNY27.50

J0130024
2000：兰 （摄影挂历）太平洋供稿
福州　福建美术出版社　1999 年　76×52cm
ISBN：7-5393-0833-8　定价：CNY26.80

J0130025
2000：兰 （摄影挂历）千目图片供稿
成都　四川美术出版社　1999 年　76×52cm
ISBN：7-5410-1598-9　定价：CNY27.50

J0130026
2000：兰韵 （摄影挂历）王富弟绘
成都　四川美术出版社　1999 年　76×52cm
ISBN：7-5410-1613-6　定价：CNY27.50

J0130027
2000：满园春色 （摄影挂历）陈春轩等摄
上海　上海人民美术出版社　1999 年　76×52cm
ISBN：7-5322-2158-X　定价：CN27.50

J0130028
2000：猫来富 （摄影挂历）徐端文摄
福州　海潮摄影艺术出版社　1999 年　76×52cm
ISBN：7-80562-597-2　定价：CN27.50

J0130029
2000：猫咪 （摄影挂历）华顿等供稿
苏州　古吴轩出版社　1999 年　76×52cm
ISBN：7-80574-408-4　定价：CN27.50

J0130030
2000：玫瑰情 （摄影挂历）全景美景图片公司供稿
长沙　湖南美术出版社　1999 年　76×52cm
ISBN：7-5356-1335-7　定价：CN26.50

J0130031
2000：咪咪世界 （摄影挂历）学章摄
广州　广东科技出版社　1999 年　57×42cm
ISBN：7-5359-2326-7　定价：CNY36.00

J0130032
2000：趣味猫 （摄影挂历）黄梵，志飞供稿

北京　中国画报出版社　1999 年　76×52cm
ISBN：7-80024-526-8　定价：CNY27.50

J0130033
2000：世纪花香　（摄影挂历）徐端文摄
福州　海潮摄影艺术出版社　1999 年　76×52cm
ISBN：7-80562-596-4　定价：CNY27.50

J0130034
2000：世界珍禽　（摄影挂历）雷宇供稿
西安　陕西人民美术出版社　1999 年　75×56cm
ISBN：7-5368-1184-5　定价：CNY27.50

J0130035
2000：野生动物园　（摄影挂历）
上海　上海画报出版社　1999 年　76×52cm
ISBN：7-80530-486-6　定价：CNY27.50

J0130036
2000：幽梦花香　（摄影挂历）雪原摄
成都　四川美术出版社　1999 年　76×52cm
ISBN：7-5410-1611-X　定价：CNY27.50

J0130037
2000：郁金香　（摄影挂历）全景供稿
上海　上海人民美术出版社　1999 年　76×52cm
ISBN：7-5322-2156-3　定价：CNY27.50

J0130038
2000：竹风花语　（摄影挂历）王伟等摄
南京　江苏美术出版社　1999 年　77×52cm
ISBN：7-5344-0929-2　定价：CNY27.50

中国摄影年历

——专题摄影等

J0130039
长春市胜利公园　刘凤鸣摄
长春　吉林人民出版社　1964 年　［1 张］
13cm（64 开）定价：CNY0.06

J0130040
井冈山　（明信片）

北京　人民美术出版社　1967 年　13 张　13cm（64 开）
定价：CNY0.70

J0130041
1971 年月历　（古田会议永放光芒）
北京　中国人民解放军海军政治部［印］1970 年
1 张　54cm（4 开）

J0130042
［一九七二年摄影《毛主席旧居》］
［济南］山东人民出版社　1971 年　［1］张
53cm（4 开）定价：CNY0.07

J0130043
革命圣地延安　（摄影 1972 年年历）
北京　人民出版社　1971 年　［1］张　53cm（4 开）
定价：CNY0.08

J0130044
革命圣地——延安　（摄影 1972〈农历壬子年〉）
天津　天津人民美术出版社　1971 年　［1］张
53cm（4 开）定价：CNY0.08

J0130045
革命圣地——延安　（摄影 1972 年年历）
［石家庄］河北人民出版社　1971 年　［1］张
53cm（4 开）定价：CNY0.15

J0130046
古田会议会址　（摄影 1972 年年历）
［石家庄］河北人民出版社　1971 年　［1］张
53cm（4 开）定价：CNY0.09

J0130047
光辉的历程　（我国革命纪念地介绍　摄影集）
西安　陕西人民出版社　1971 年　20 页　19cm（32 开）
统一书号：8094.118　定价：CNY0.30
　　本书系中国共产党的建设摄影集。融史实
性和观赏性于一体，真实生动地再现了党伟大而
光辉的历史征程。

J0130048
井冈山黄洋界哨口　（摄影 1972 年年历）
［石家庄］河北人民出版社　1971 年　［1］张
53cm（4 开）定价：CNY0.15

J0130049
井冈山黄洋界哨口 （摄影 1972〈农历壬子年〉）
天津 天津人民美术出版社 1971 年［1］张
53cm（4 开）定价：CNY0.08

J0130050
韶山毛主席旧居 （摄影 1972〈农历壬子年〉）
天津 天津人民美术出版社 1971 年［1］张
53cm（4 开）定价：CNY0.08

J0130051
遵义会议会址 （摄影 1972 年年历）
［石家庄］河北人民出版社 1971 年［1］张
53cm（4 开）定价：CNY0.15

J0130052
遵义会议会址 （摄影 1972〈农历壬子年〉）
天津 天津人民美术出版社 1971 年［1］张
53cm（4 开）定价：CNY0.08

J0130053
北海公园 （摄影 1973 年年历）
［杭州］浙江人民出版社 1972 年 25cm（15 开）
定价：CNY0.04

J0130054
北京北海公园 （摄影 1973〈农历癸丑年〉年历）
［太原］山西人民出版社 1972 年 39cm（4 开）
定价：CNY0.04

J0130055
党的"一大"在浙江嘉兴南湖开会时乘用的船 （摄影 1972 年年历）
沈阳 辽宁人民出版社 1972 年［1 张］38cm（6 开）
定价：CNY0.06

J0130056
革命纪念地韶山 （摄影 1972〈农历壬子年〉年历）
天津 天津人民美术出版社东方红画店 1972 年
［1 幅］54cm（4 开）镶铜边 定价：CNY0.20

J0130057
革命纪念地延安 （摄影 1972〈农历壬子年〉
年历）
天津 天津人民美术出版社东方红画店 1972 年
［1 幅］54cm（4 开）镶铜边 定价：CNY0.20

J0130058
革命圣地延安 （明信片）毛主席在延安领导
中国革命纪念馆编
西安 陕西人民出版社 1972 年 15cm（40 开）
统一书号：8094.195 定价：CNY0.40

J0130059
革命圣地——延安 （摄影 1972 年年历）
哈尔滨 黑龙江人民出版社 1972 年［1 张］
54cm（4 开）定价：CNY0.08

J0130060
革命圣地——延安 （摄影 1973 年年历）
哈尔滨 黑龙江人民出版社 1972 年 54cm（4 开）
定价：CNY0.08

J0130061
红军长征时抢渡的大渡河铁索桥 （1973 年
年历）齐学进摄影
哈尔滨 黑龙江人民出版社 1972 年 54cm（4 开）
定价：CNY0.08

J0130062
红军长征时抢渡的大渡河铁索桥 （摄影
1972 年年历）
哈尔滨 黑龙江人民出版社 1972 年［1 张］
54cm（4 开）定价：CNY0.08

J0130063
红太阳升起的地方——韶山 （摄影 1972
〈农历壬子年〉年历）
天津 天津人民美术出版社东方红画店 1972 年
［1 幅］54cm（4 开）镶铜边 定价：CNY0.20

J0130064
吉林市北山公园 （1973〈农历癸丑年〉年历）
郎琦摄影
［长春］吉林人民出版社 1972 年 54cm（4 开）
定价：CNY0.08
　　作者郎琦，满族，摄影家。曾用名魁琦，吉
林珲春人。中国摄影家协会会员、中国艺术摄影家协会理事。作品有《中国人民解放军入北平仪式》《踏雪送医》《林海银鹰》等。

J0130065
柳州钢铁厂 （摄影 1972〈农历壬子年〉年历）
南宁 广西人民出版社 1972年 [1张] 38cm（6开）
定价：CNY0.06

J0130066
郑州"二七"大罢工纪念塔 （摄影 1973〈农历癸丑年〉年历）
郑州 河南人民出版社 1972年 39cm（4开）
定价：CNY0.05

J0130067
中国共产党第一次全国代表大会会址 （摄影 1972年年历）
沈阳 辽宁人民出版社 1972年 [1张] 38cm（6开）
定价：CNY0.06

J0130068
遵义会议会址 （摄影 1973〈农历癸丑年〉年历）
[贵阳] 贵州人民出版社 1972年 54cm（4开）
定价：CNY0.07

J0130069
遵义会议会址 （摄影 1972年年历）
哈尔滨 黑龙江人民出版社 1972年 [1张] 54cm（4开）定价：CNY0.08

J0130070
遵义会议会址 （摄影 1973年年历）
[哈尔滨] 黑龙江人民出版社 1972年 54cm（4开）
定价：CNY0.08

J0130071
牧业生产景象 （摄影 1974〈农历甲寅年〉年历）
农业出版社 1973年 53cm（4开）定价：CNY0.08

J0130072
南京石油化工厂 （摄影 1974年年历）
南京 江苏人民出版社 1973年 53cm（4开）
定价：CNY0.05

J0130073
农机试耕 （摄影 1974〈农历甲寅年〉年历）
刘杰摄
福州 福建人民出版社 1973年 53cm（4开）
定价：CNY0.07

J0130074
农业生产景象 （摄影 1974〈农历甲寅年〉年历）
农业出版社 1973年 53cm（4开）定价：CNY0.08

J0130075
渔业生产景象 （摄影 1974〈农历甲寅年〉年历）
农业出版社 1973年 53cm（4开）定价：CNY0.08

J0130076
遵义会议会址 （摄影 1974年年历）李平康摄
贵阳 贵州人民出版社 1973年 53cm（4开）
定价：CNY0.07

J0130077
阿里甲岗牧场 （摄影 1975年年历 汉、藏文标题对照）
[拉萨] 西藏人民出版社 1974年 53cm（4开）
定价：CNY0.15

J0130078
保卫领空——永兴岛 （摄影 1975年年历）
伍振超摄
[广州] 广东人民出版社 1974年 38cm（6开）
定价：CNY0.04

J0130079
大庆炼油厂 （摄影 1975〈农历乙卯年〉年历）
[哈尔滨] 黑龙江人民出版社 1974年 38cm（6开）
定价：CNY0.04

J0130080
革命纪念地——延安 （彩色明信片辑）董岩青摄
天津 天津人民美术出版社 1974年 12张（套）15cm（64开）定价：CNY0.55
　　作者董岩青（1925— ），山东蓬莱人。笔名冬山，别名董宝珊。中国摄影家协会会员，天津摄影家协会理事、顾问。作品有《我为祖国献石油》《早班车》《古街新雪》等。

J0130081

革命战争摄影作品选集 （抗日战争和解放战争部分）《革命战争摄影作品选集》编辑小组编
北京　人民美术出版社　1974 年　118 页
19cm（32 开）精装　统一书号：8027.5736
定价：CNY7.20

　　本书通过 118 幅摄影作品，反映了抗日战争和解放战争时期的历史画面和人民英雄形象；歌颂了毛泽东人民战争光辉思想。照片内容包括：《挺近敌后》《人民自卫军》《减租减息》《白求恩大夫》《张思德同志》《淮海战场一角》《进军西藏》等。

J0130082

拉萨七一农机厂 （摄影　1975 年年历　汉、藏文标题对照）
［拉萨］西藏人民出版社　1974 年　53cm（4 开）
定价：CNY0.15

J0130083

毛泽东同志主办农民运动讲习所旧址 （摄影　1975 年年历）林鸿平作
［广州］广东人民出版社　1974 年　53cm（4 开）
定价：CNY0.07

J0130084

硕果累累 （摄影　1975〈农历乙卯年〉年历）
王世龙摄
［郑州］河南人民出版社　1974 年　53cm（4 开）
定价：CNY0.07

　　作者王世龙（1930—　　），摄影家。河南平舆人，曾用名于一。曾任中国人民解放军军报随军摄影记者，河南新乡日报社摄影美术组长，河南日报社摄影记者，河南人民出版社摄影编辑、编辑室主任、编审委员等职。中国摄影家协会常务理事。作品有《秋收完毕》《山里俏》《山村在欢唱》等。

J0130085

新港造船厂 （摄影　1975 年年历）
天津　天津人民美术出版社　1974 年　53cm（4 开）
定价：CNY0.10

J0130086

安顺场——当年红军抢渡大渡河的地方

（摄影　1976〈农历丙辰年〉年历）张艺学摄
［成都］四川人民出版社　1975 年　53cm（4 开）
定价：CNY0.06

J0130087

保卫祖国海疆 （摄影　1976 年年历）郭道义摄
［杭州］浙江人民出版社　1975 年　53cm（4 开）
定价：CNY0.10

J0130088

革命圣地放光芒 （摄影　1976 年年历）
［西安］陕西人民出版社　1975 年　53cm（4 开）
定价：CNY0.15

J0130089

迎新春 （静物摄影　1976 年年历）张应铭摄
［西安］陕西人民出版社　1975 年　53cm（4 开）
定价：CNY0.15

J0130090

云南民族学院 （摄影　1976〈农历丙辰年〉年历）
［昆明］云南人民出版社　1975 年　53cm（4 开）
定价：CNY0.12

J0130091

海防线上 （摄影　1978 年年历）江志顺摄
上海　上海人民出版社　1977 年　［1 张］54cm（4 开）
定价：CNY0.19

J0130092

枫叶 （摄影　1979〈农历己未年〉年历）
哈尔滨　黑龙江人民出版社　1978 年　1 张
53cm（4 开）定价：CNY0.15

J0130093

哈尔滨儿童公园 （摄影〈农历己未年〉年历）
哈尔滨　黑龙江人民出版社　1978 年　1 张
53cm（4 开）定价：CNY0.15

J0130094

劳动公园 （摄影　1979 年年历）曹世玺摄
长春　吉林人民出版社　1978 年　1 张　53cm（4 开）
定价：CNY0.15

J0130095
水上练兵 （摄影 1979 年年历）祝英培摄
南昌 江西人民出版社 1978 年 1 张 53cm（4 开）
定价：CNY0.18

J0130096
静物 （摄影 1980 年年历）金宝源摄
上海 上海人民美术出版社 1979 年 ［1 张］
53cm（4 开）定价：CNY0.19

J0130097
静物 （摄影 1983 年年历）金宝源摄影
上海 上海人民美术出版社 1982 年 54cm（4 开）
定价：CNY0.16

J0130098
陕西省博物馆 （摄影图片 汉英文对照）陕
西省博物馆编；罗忠民摄影
西安 陕西人民美术出版社 1980 年 ［1 张］
53cm（4 开）定价：CNY0.45

J0130099
沈阳故宫 （摄影明信片辑 汉英文对照）
沈阳 辽宁美术出版社 1980 年 10 张（套）
13cm（64 开）定价：CNY0.70

J0130100
沈阳故宫博物馆工艺品选 （摄影明信片辑
汉英文对照）
沈阳 辽宁美术出版社 1980 年 10 张（套）
15cm（64 开）定价：CNY0.65

J0130101
天津水上公园 （摄影明信片辑 汉英文对照）
天津 天津人民美术出版社 1980 年 10 张（套）
13cm（64 开）定价：CNY0.55

J0130102
香橙 （摄影 1981 年年历）张洛摄
广州 广东人民出版社 1980 年 39cm（8 开）
定价：CNY0.14

J0130103
北海公园 （1982 年年历）姜景全摄
济南 山东人民出版社 1981 年 54cm（4 开）

定价：CNY0.10

J0130104
公园一角 （1982 年年历）刘振清摄
济南 山东人民出版社 1981 年 54cm（4 开）
定价：CNY0.10

J0130105
新年快乐 （1982 年年历）尹福康，王全享摄
长沙 湖南美术出版社 1981 年 54cm（4 开）
定价：CNY0.20

J0130106
飞天 （1983 年年历）石如摄影
杭州 浙江人民美术出版社 1982 年 54cm（4 开）
定价：CNY0.19

J0130107
故宫御花园 （摄影 1983 年年历）鄂毅摄影
成都 四川人民出版社 1982 年 54cm（4 开）
铜版纸 定价：CNY0.18，CNY0.08（胶版纸）

J0130108
鲜果 （摄影 1983 年年历）金铎摄影
沈阳 辽宁美术出版社 1982 年 1 张 54cm（4 开）
定价：CNY0.18

J0130109
鲜果 （摄影 1984 年年历）金铎摄影
沈阳 辽宁美术出版社 1983 年 1 张 38cm（6 开）
定价：CNY0.10

J0130110
北海公园 （摄影 1984 年年历）于天为摄影
南昌 江西人民出版社 ［1983 年］54cm（4 开）
定价：CNY0.19

J0130111
欢乐的节日 （摄影 1984 年年历）浪花摄影
南昌 江西人民出版社 ［1983 年］54cm（4 开）
定价：CNY0.19

J0130112
静物 （摄影 1984〈农历甲子年〉年历）谭云
森摄影

北京 人民美术出版社 1983 年 54cm（4 开）
定价：CNY0.20

J0130113

静物 （摄影 1985 年年历）潭云森摄影
北京 人民美术出版社 1984 年 54cm（4 开）
定价：CNY0.20

J0130114

石榴 （摄影 1984〈农历甲子年〉年历）李福
堂摄影
武汉 湖北人民出版社 1983 年 1 张 39cm（4 开）
定价：CNY0.14

J0130115

玩具 （摄影 1984 年年历）连广摄影
成都 四川人民出版社 1983 年 1 张 54cm（4 开）
铜版纸 定价：CNY0.18，CNY0.08（胶版纸）

J0130116

潍坊十笏园 （摄影 1984 年年历）姜伟摄影
济南 山东人民出版社 1983 年 1 张 54cm（4 开）
定价：CNY0.20

　　作者姜伟（1932—　 ），摄影家。江苏涟水
人。山东人民出版社从事摄影工作，中国摄影家
协会、中华全国新闻工作者协会会员。

J0130117

北海公园 （摄影 1985 年年历）牛嵩林摄影
呼和浩特 内蒙古人民出版社 1984 年 78cm（2 开）
定价：CNY0.24

J0130118

北京北海公园 （摄影 1985 年年历）葛立英
摄影
济南 山东美术出版社 1984 年 54cm（4 开）
定价：CNY0.20

J0130119

哈尔滨冰灯 （汉英文对照）
哈尔滨 黑龙江美术出版社 ［1984 年］10 张
15cm（64 开）定价：CNY0.60

J0130120

哈尔滨工业大学 （汉英文对照）

哈尔滨 哈尔滨工业大学出版社 ［1984 年］
10 张 15cm（64 开）
　　明信片。

J0130121

火把节 （摄影 1985 年农历乙丑年年历）笪建
华摄影
成都 四川省新闻图片社 ［1984 年］54cm（4 开）
定价：CNY0.20

J0130122

栗子 （摄影 1985 年年历）联心摄影
郑州 河南人民出版社 1984 年 54cm（4 开）
定价：CNY0.18

J0130123

水果 （摄影 1985 年年历）金铎摄影
沈阳 辽宁美术出版社 1984 年 1 张 39cm（8 开）
定价：CNY0.14

J0130124

硕果丰盈 （摄影 1985 年农历乙丑年年历）
周祖贻摄影
重庆 重庆出版社 1984 年 1 张 54cm（4 开）
定价：CNY0.20

　　作者周祖贻，连环画艺术家。摄影的年画有
《红装》《菊颂》《硕果丰盈》等。

J0130125

小花球 （摄影 1985 年年历）李少白摄影
北京 人民美术出版社 1984 年 1 张 54cm（4 开）
定价：CNY0.20

　　作者李少白（1942—　 ），著名摄影家。生于
重庆。先后任《大众摄影》《中国摄影》等杂志编
委，《中国国家地理》《文明》等杂志签约摄影师。
出版有《李少白摄影作品选》《神秘的紫禁城》
《伟大的长城》《走进故宫》等。

J0130126

小桔子 （摄影 1985 年年历）周必云摄影
福州 福建人民出版社 1984 年 1 张 54cm（4 开）
定价：CNY0.20

　　作者周必云，摄影连环画有《晚婚、晚育、
少生、优生年画——福建省计划生育委员会》
《南国姑娘》《快乐》《池畔倩影》等。

J0130127
竹杯 （摄影 1985 年年历）初小青摄影
济南 山东美术出版社 1984 年 54cm（4 开）
定价：CNY0.20

J0130128
1986：布娃娃的春夏秋冬 邵黎阳摄
上海 上海人民美术出版社 1985 年 13cm（60 开）
折叠装 定价：CNY0.25
　　作者邵黎阳(1942—)，画家。浙江镇海人。历任《解放军报》美术编辑，上海人民美术出版编辑部主任。作品有版画《山高攀》《胜利的旗帜》《航标灯》，油画《房东》《马石山十勇士》《天福山起义》等。著有《藏书票入门》。

J0130129
1986：风暴 钱炜等摄影
南京 江苏教育出版社 1985 年 85cm（3 开）
定价：CNY5.20

J0130130
草莓 （摄影 1986 年年历）谢韶摄影
南京 江苏科学技术出版社 1985 年 1 张
54cm（4 开）定价：CNY0.24

J0130131
公园小景 （摄影 1986 年年历）张沅生摄影
天津 天津人民美术出版社 1985 年 1 张
53cm（4 开）定价：CNY0.25

J0130132
果实累累 （摄影 1986 年年历）群力摄影
西安 陕西人民出版社 1985 年 1 张 76cm（2 开）
定价：CNY0.50

J0130133
哈尔滨冰灯 （汉英对照）张金祥等摄影
哈尔滨 黑龙江美术出版社 1985 年 10 张
19cm（32 开）定价：CNY0.85

J0130134
哈尔滨冰灯 （汉英对照）宋辉等摄影
哈尔滨 黑龙江美术出版社 1985 年 10 张
19cm（32 开）定价：CNY0.85

J0130135
哈尔滨冰灯 （汉英对照）张金祥等摄影
哈尔滨 黑龙江美术出版社 1985 年 10 张
13cm（60 开）定价：CNY0.80

J0130136
哈尔滨冰灯 （一 英汉对照）张金祥等摄影
哈尔滨 黑龙江美术出版社 1986 年 10 张
定价：CNY0.95

J0130137
加拿大温哥华公园 （摄影 1986 年年历）吕相友摄影
沈阳 辽宁美术出版社 1985 年 1 张 53cm（4 开）
定价：CNY0.25

J0130138
静物 （摄影 1986 年农历丙寅年年历）夏书亮摄影
成都 四川省新闻图片社［1985 年］1 张
54cm（4 开）定价：CNY0.23

J0130139
深圳沙河湾游乐场 （摄影 1986 年农历丙寅年年历）韦明摄影
广州 岭南美术出版社 1985 年 1 张 39cm（8 开）
定价：CNY0.20

J0130140
深圳游乐场 （摄影 1986 年年历）天鹰摄影
杭州 浙江人民美术出版社 1985 年 1 张
54cm（4 开）定价：CNY0.24

J0130141
同济大学校景 （英汉对照）上海同济大学出版社
上海 上海同济大学出版社 1985 年 10 张
13cm（60 开）定价：CNY1.10

J0130142
西南交通大学 （汉英对照）四川人民出版社
成都 四川人民出版社 1985 年 10 张 15cm（40 开）
定价：CNY1.45

J0130143

中山市长江游乐场 （摄影 1986 年年历）牛嵩林摄影

重庆 重庆出版社 1985 年 1 张 53cm（4 开）

定价：CNY0.20

J0130144

北京北海公园 （摄影 1987 年年历）牛嵩林摄影

郑州 河南美术出版社 1986 年 1 张 76cm（2 开）

定价：CNY0.50

J0130145

儿童乐园 （摄影 1987 年年历）袁学军摄影

北京 人民美术出版社 1986 年 1 张 53cm（4 开）

定价：CNY0.24

　　作者袁学军（1950— ），四川成都人，解放军画报社主任记者。作品有《我们劳动去》《二重奏》《印象·青藏高原》等。

J0130146

儿童乐园 （摄影 1987 年年历）袁学军摄影

北京 人民美术出版社 1986 年 1 张 76cm（2 开）

定价：CNY0.48

J0130147

丰硕 （摄影 1987 年年历）李国方摄影

西安 陕西人民美术出版社 1986 年 1 张 53cm（4 开）定价：CNY0.24

J0130148

哈尔滨冰灯 （英汉对照）德振等摄影

哈尔滨 黑龙江美术出版社 1986 年 10 张

定价：CNY0.95

J0130149

花艳果香 （摄影 1987 年年历）谭尚忍摄影

上海 上海人民美术出版社 1986 年 1 张 76cm（2 开）定价：CNY0.48

J0130150

花艳果香 （摄影 1987 年年历）谭尚忍摄影

上海 上海人民美术出版社 1986 年 1 张 53cm（4 开）定价：CNY0.37

J0130151

静物 （摄影 1987 年年历）彤庆摄影

北京 人民美术出版社 1986 年 1 张 76cm（2 开）

定价：CNY0.78

J0130152

荔枝 （摄影 1987 年年历）李旺才摄影

南宁 广西人民出版社 1986 年 1 张 53cm（4 开）

定价：CNY0.24

J0130153

青岛小鱼山公园 （摄影 1987 年年历）赵淑琪摄影

济南 山东美术出版社 1986 年 1 张 78cm（2 开）

定价：CNY0.35

J0130154

三军雄姿 （摄影 1987 年年历）思曦摄影

武汉 湖北美术出版社 1986 年 1 张 78cm（2 开）

定价：CNY0.32

J0130155

三军仪仗队 （摄影 1987 年年历）孙振宇摄影

成都 四川省新闻图片社 1986 年 1 张 53cm（4 开）

定价：CNY0.24

J0130156

硕果累累 （摄影 1987 年年历）方永熙，林伟新摄影

杭州 浙江人民美术出版社 1986 年 1 张 78cm（2 开）定价：CNY0.35

J0130157

苏州网师园 （摄影 1987 年年历）沈锡锡摄影

沈阳 辽宁美术出版社 1986 年 1 张 53cm（4 开）

定价：CNY0.25

J0130158

苏州网师园 （摄影 1987 年年历）谢新发摄影

济南 山东美术出版社 1986 年 1 张 53cm（4 开）

定价：CNY0.25

　　作者谢新发，擅长年画摄影。主要作品有《节日欢舞》《风光摄影》《怎样拍摄夜景》等。

J0130159
鲜果 （摄影　1987 年年历）
南京　江苏人民出版社　1986 年　1 张　53cm（4 开）
定价：CNY0.25

J0130160
新年快乐 （摄影　1987 年年历）
武汉　湖北美术出版社　1986 年　1 张　53cm（4 开）
定价：CNY0.24

J0130161
1988：国际和平年全国青年摄影大奖赛作品选 （挂历）
济南　山东科学技术出版社　1987 年（2 开）
定价：CNY13.00

J0130162
1988：静物摄影 （挂历）
沈阳　辽宁美术出版社　1987 年（3 开）
定价：CNY6.50

J0130163
1988：静物摄影 （挂历）
上海　上海人民美术出版社　1987 年（3 开）
定价：CNY6.30

J0130164
1988：世界帆船 （摄影挂历）
武汉　湖北科学技术出版社　1987 年（2 开）
定价：CNY6.70

J0130165
1988：鲜果 （摄影挂历）
上海　上海人民美术出版社　1987 年（2 开）
定价：CNY6.00

J0130166
1988：中国历代发型 （摄影挂历）
北京　新华出版社［1987 年］76cm（2 开）
定价：CNY9.50

J0130167
北京景山公园 （摄影　1988 年年历）肖顺权摄影
北京　人民美术出版社　1987 年　1 张　53cm（4 开）
定价：CNY0.28
　　作者肖顺权（1934—　），曾用名肖顺泉、肖舜权。河北博野人。曾任人民美术出版社总编办公室副主任、摄影部副主任等职。主要作品有《唐永泰公主墓壁画集》《故宫》《元明清雕塑》等。

J0130168
大观园 （摄影　1988 年年历）之硕、长富摄影
北京　人民美术出版社　1987 年　1 张　53cm（4 开）
定价：CNY0.28

J0130169
儿童游乐动物园 （摄影　1988 年年历）彭年生摄影
武汉　湖北少年儿童出版社　1987 年　1 张
53cm（4 开）定价：CNY0.30
　　作者彭年生（1955—　），美术摄影编辑。生于湖北武汉市，毕业于武汉大学新闻系艺术摄影专业。历任长江文艺出版社副社长，湖北美术出版社副社长，中国摄影家协会会员等职。出版有《思想者——彭年生摄影作品集》《性格肖像——彭年生摄影作品集》等。

J0130170
伏虎罗汉 （摄影　1988 年年历）林华摄影
上海　上海人民美术出版社　1987 年　1 张（4 开）
定价：CNY0.30
　　作者林华（1942—　），作曲家、音乐理论家。毕业于上海音乐学院作曲系。历任上海歌剧院创作员，上海音乐学院教授。著有《复调音乐教程》《音乐审美心理学教程》。

J0130171
河北煤炭建筑工程学校 （献给校庆十周年：1978—1988 汉英对照）马计斌摄影
石家庄　河北美术出版社　1987 年　10 张
定价：CNY1.20

J0130172
花艳果香 （摄影　1988 年年历）
上海　上海人民美术出版社［1987 年］1 张（4 开）
定价：CNY0.43

J0130173
吉庆有余 （摄影 1988 年年历）乔天富摄影
成都 四川美术出版社 1987 年 1 张
定价：CNY0.28

　　作者乔天富（1954— ），高级记者，四川绵竹市人。历任解放军报高级记者，中国摄影家协会理事，中国新闻摄影学会常务理事。代表作品《中国人民解放军驻香港部队》《大阅兵》《军中姐妹》。

J0130174
静物 （摄影 1988 年年历）林伟新摄影
沈阳 辽宁美术出版社 1987 年 1 张（4 开）
定价：CNY0.30

J0130175
静物 （摄影 1988 年年历）（美）杨超尘摄影
上海 上海人民美术出版社 1987 年 1 张（2 开）
定价：CNY0.60

J0130176
静物 （摄影 1988 年年历）（美）杨超尘摄影
上海 上海人民美术出版社 1987 年 1 张（4 开）
定价：CNY0.34

J0130177
空军导弹学院 （汉英对照）王文超摄影
西安 陕西人民美术出版社［1987 年］8 张

J0130178
硕果 （摄影 1988 年年历）
成都 四川美术出版社 1987 年 1 张 54cm（4 开）
定价：CNY0.28

J0130179
苏州网师园 （摄影 1988 年年历）肖顺权摄影
北京 人民美术出版社 1987 年 1 张（2 开）
定价：CNY0.42

　　作者肖顺权（1934— ），曾用名肖顺泉、肖舜权。河北博野人。曾任人民美术出版社总编办公室副主任、摄影部副主任等职。主要作品有《唐永泰公主墓壁画集》《故宫》《元明清雕塑》等。

J0130180
苏州网师园 （摄影 1988 年年历）牛嵩林摄影
天津 天津人民美术出版社 1987 年 1 张（2 开）
定价：CNY0.60

　　作者牛嵩林（1925— ），记者、摄影师。大连庄河市人。历任解放军报社高级记者，中国旅游出版社编辑室主任，中国摄影家协会会员，中国老摄影家协会理事。作品有《伟人的瞬间画册》《周恩来总理纪念册》《民兵画册》《领袖风采》《共和国十大将》等画册。

J0130181
天津水上公园 （摄影 1988 年年历）春光摄影
上海 上海人民美术出版社 1987 年 1 张
76cm（2 开）定价：CNY0.60

J0130182
万紫千红 （邮票集锦 摄影 1988 年年历）历一飞摄影
杭州 西泠印社 1987 年 1 张 76cm（2 开）
定价：CNY0.20

J0130183
香港海洋公司游乐场 （摄影 1988 年年历）
史力军摄影
天津 天津人民美术出版社 1987 年 1 张
53cm（4 开）定价：CNY0.30

J0130184
新年快乐 （摄影 1988 年年历）谭尚忍摄影
天津 天津人民美术出版社 1987 年 1 张（2 开）
定价：CNY0.60

　　作者谭尚忍（1940— ），上海人。上海美术家协会和上海摄影家协会会员，上海人民美术出版社副编审。作品有《儿童武书》《民族英雄岳飞》等。

J0130185
徐州碑园 （摄影 1988 年年历）牛嵩林摄影
石家庄 河北美术出版社 1987 年 1 张（2 开）
定价：CNY0.38

J0130186
延安 （汉英对照）蒙紫，吕大千编辑；张德祥摄影

北京 中国旅游出版社 1987年 10张
定价：CNY1.20

作者蒙紫（1933— ），摄影家。历任解放军画报记者，中国摄影家协会理事，中国旅游出版社编辑室主任、编委会副主任、高级记者、编审等。出版了《美丽的桂林》《故宫》《紫禁城》《炎黄故里》等画册。

J0130187
云南翠湖公园 （摄影 1988年年历）陈书帛摄
郑州 河南美术出版社 1987年 1张 53cm（4开）
定价：CNY0.33

J0130188
中山公园桃花坞 （摄影 1988年年历）牛嵩林摄
石家庄 河北美术出版社 1987年 1张 ［78cm］（3开）定价：CNY0.38

J0130189
中山公园桃花坞 （摄影 1988年年历）肖顺权摄
北京 人民美术出版社 1987年 1张 ［78cm］（3开）
定价：CNY0.42

J0130190
珠海市珍珠港游乐场 （摄影 1988年年历）牛嵩林摄
重庆 重庆出版社 1987年 1张 54cm（4开）
定价：CNY0.30

J0130191
1989：春华秋实 （摄影挂历）
杭州 浙江人民美术出版社 1988年 78cm（3开）
定价：CNY4.80

J0130192
1989：摩登家庭 （摄影挂历）
济南 山东美术出版社 1988年 78cm（3开）
定价：CNY7.80

J0130193
1989：摩登家庭 （摄影挂历）
济南 山东美术出版社 1988年 76cm（2开）

定价：CNY11.50

J0130194
1989：玩具 （摄影挂历）
昆明 云南人民出版社 1988年 54cm（4开）
定价：CNY6.50

J0130195
1989：玩具 （摄影挂历）
昆明 云南人民出版社 1988年 39cm（6开）
定价：CNY3.50

J0130196
1989：新疆瓜果 （摄影挂历）
乌鲁木齐 新疆人民出版社 1988年 76cm（2开）
定价：CNY12.50

J0130197
北京石景山游乐场 （摄影 1989年年历）胡维标摄
郑州 河南美术出版社 1988年 1张 76cm（2开）
定价：CNY0.70

作者胡维标（1939— ），著名风光摄影家。江苏镇江市人。毕业于中国人民解放军防化学兵工程指挥学院新闻系。中国摄影家协会会员。摄影作品以旅游风光、古今建筑、文物为主。主要作品有《长城风光》《北京风光荟萃》《故宫》《天安门》。

J0130198
北京石景山游乐场 （摄影 1989年年历）张仁东摄
济南 山东美术出版社 1988年 1张 54cm（4开）
定价：CNY0.40

J0130199
大西瓜 （摄影 1989年年历）邵黎扬摄
北京 人民美术出版社 1988年 1张 54cm（4开）
定价：CNY0.40

J0130200
法国巴黎亚历山大三世桥桥头堡雕塑 （摄影 1989年年历）鲍加摄
南京 江苏美术出版社 1988年 1张 78cm（2开）
定价：CNY0.55

作者鲍加(1933—)，一级美术师，擅长油画。祖籍安徽歙县，生于湖北武汉市。曾在中央美术学院油画系进修。中国美术家协会常务理事、中国美术家协会安徽分会主席等。油画作品有《淮海大捷》《激流》《大漠千里》等。出版有《自然流韵》《山川情怀》《鲍加画集》等。

J0130201

法国公园雕塑 （摄影 1989 年年历）唐禹民摄

天津 天津人民美术出版社 1988 年 1 张

54cm（4 开）定价：CNY0.40

作者唐禹民(1940—)，记者。出生于辽宁朝阳市。历任国家体育总局中国体育杂志社摄影部主任，中国体育记者协会理事，中国体育摄影学会副主席兼秘书长等。著有《抹不掉的记忆》《体育摄影理论与实践》等。

J0130202

风浴艳裳 （摄影 1989 年农历己巳年年历）陈振戈摄

广州 岭南美术出版社 1988 年 1 张 54cm（4 开）

定价：CNY0.40

J0130203

公园里 （摄影 1989 年年历）刘克成摄影

福州 福建美术出版社［1988 年］1 张 54cm（4 开）

定价：CNY0.40

J0130204

果实累累 （摄影 1989 年年历）

杭州 浙江人民美术出版社［1988 年］1 张

108cm（全开）定价：CNY1.35

J0130205

济南黑虎泉公园 （摄影 1989 年年历）葛立英摄

济南 山东美术出版社 1988 年 1 张 54cm（4 开）

定价：CNY0.40

J0130206

静物 （摄影 1989 年年历）江小铎摄

上海 上海人民美术出版社 1988 年 1 张

54cm（4 开）定价：CNY0.40

J0130207

厦门万石岩公园 （摄影 1989 年年历）王志强摄

西安 陕西人民美术出版社 1988 年 1 张

54cm（4 开）定价：CNY0.45

J0130208

苏州网师园 （摄影 1989 年年历）

成都 四川省新闻图片社［1988 年］1 张

54cm（4 开）定价：CNY0.35

J0130209

苏州网师园 （摄影 1989 年年历）谢新发摄

天津 天津人民美术出版社 1988 年 1 张

54cm（4 开）定价：CNY0.40

J0130210

唐三彩与苹果 （摄影 1989 年年历）李德铭，郭誉城摄

上海 上海人民美术出版社 1988 年 1 张

54cm（4 开）定价：CNY0.40

J0130211

糖心菠萝 （摄影 1989 年农历己巳年年历）梁伟摄

广州 岭南美术出版社 1988 年 1 张 54cm（4 开）

定价：CNY0.40

J0130212

无锡寄畅园 （摄影 1989 年年历）牛嵩林摄

重庆 重庆出版社 1988 年 1 张 54cm（4 开）

定价：CNY0.35

J0130213

象上公园 （摄影 1989 年年历）聂雨摄

石家庄 河北美术出版社 1988 年 1 张 54cm（4 开）

定价：CNY0.54

J0130214

秀丽的园林 （摄影 1989 年年历）

西安 陕西人民美术出版社 1988 年 1 张

76cm（2 开）定价：CNY0.96

J0130215

怡园 （摄影 1989 年年历）张玉同摄

沈阳　辽宁美术出版社 1988 年　1 张　78cm（2 开）
定价：CNY0.60

J0130216
云南大学 （英汉对照）云南大学校长办公室
供稿
昆明　云南大学出版社 1988 年　10 张
［17cm］（44 开）定价：CNY1.70

J0130217
珠海珍珠乐园 （摄影 1989 年年历）孙肃
显摄
北京　人民美术出版社 1988 年　1 张　78cm（2 开）
定价：CNY0.54

J0130218
1990：花与果 （摄影挂历）
西安　陕西人民美术出版社 1989 年　76cm（2 开）
定价：CNY14.50

J0130219
1990：流行家具新潮 （摄影挂历）
上海　上海人民美术出版社［1989 年］78cm（3 开）
定价：CNY10.20

J0130220
1990：美容美发新潮 （摄影挂历）
上海　上海人民美术出版社［1989 年］78cm（3 开）
定价：CNY10.20

J0130221
1990：世界货币集锦 （摄影挂历）
南昌　江西人民出版社 1989 年　76cm（2 开）
定价：CNY18.60

J0130222
1990：中国园林艺术 （摄影挂历）
南京　江苏美术出版社 1989 年　76cm（2 开）
定价：CNY16.00

J0130223
1990 年装饰摄影挂历
广州　广东人民出版社 1989 年　54cm（4 开）
定价：CNY14.00

J0130224
北海公园小西天 （摄影 1990 年年历）王秉
龙摄影
天津　天津人民美术出版社 1989 年　1 张
76cm（2 开）定价：CNY1.00

　　作者王秉龙（1943—　），生于山西祁县。中
国戏剧家协会会员，北京美术家协会会员。擅长
楷书、魏碑、行书。出版《科学发明家故事》《明
史演义》等多部连环画册；改编拍摄并出版了几
百种传统戏曲年画，被称为中国戏曲年画摄影第
一人。

J0130225
北京北海公园静心斋 （摄影 1990 年年历）
崔汉平摄影
广州　岭南美术出版社 1989 年　1 张　39cm（4 开）
定价：CNY0.36

J0130226
北京石景山游乐园 （摄影 1990 年农历庚午
年年历）田捷民摄影
北京　人民美术出版社 1989 年　1 张　76cm（2 开）
定价：CNY1.00

　　作者田捷民（1954—　），浙江人。重庆市新
闻图片社主任记者。历任四川省摄影家协会副
主席、中国摄影家协会理事、重庆市文联委员、
重庆市摄影家协会驻会副主席兼秘书长等。代
表作有《影人史进》《重担在肩》《照野皑皑融
雪》等。

J0130227
果甜花香 （摄影 1990 年年历）
沈阳　辽宁美术出版社 1989 年　1 张　54cm（4 开）
定价：CNY0.55

J0130228
静物 （摄影 1990 年年历）谭尚忍摄影
长春　吉林人民出版社［1989 年］1 张　78cm（2 开）
定价：CNY0.80

J0130229
静物 （摄影 1990 年年历）双山摄影
沈阳　辽宁美术出版社 1989 年　1 张　54cm（4 开）
定价：CNY0.55

J0130230
静物
杭州 浙江摄影出版社 ［1989 年］10 张
15cm（40 开）定价：CNY2.70

J0130231
热带植物园 （摄影 1990 年年历）唐世龙摄影
重庆 重庆出版社 1989 年 1 张 54cm（4 开）
定价：CNY0.45

J0130232
水果 （摄影 1990 年年历）倪炎摄影
天津 天津人民美术出版社 1989 年 1 张
54cm（4 开）定价：CNY0.50

J0130233
硕果 （摄影 1990 年年历）岷山摄影
重庆 重庆出版社 1989 年 1 张 54cm（4 开）
定价：CNY0.45

J0130234
泰国玫瑰花园 （摄影 1990 年年历）何沛行
摄影
广州 岭南美术出版社 1989 年 1 张 54cm（4 开）
定价：CNY0.55

J0130235
鲜果 （摄影 1990 年年历）光荣摄影
上海 上海人民美术出版社 1989 年 1 张
39cm（8 开）定价：CNY0.35

J0130236
新年好 （摄影 1990 年年历）豫强摄影
杭州 浙江人民美术出版社 1989 年 1 张
76cm（2 开）定价：CNY1.15

J0130237
一帆风顺 （摄影 1990 年年历）
上海 上海人民美术出版社 1989 年 1 张
39cm（8 开）定价：CNY0.35

J0130238
1991：恭贺新喜 （摄影挂历）
南京 江苏美术出版社 1990 年 76cm（2 开）
定价：CNY16.00

J0130239
1991：恭贺新禧 （摄影挂历）
武汉 湖北美术出版社 1990 年 76cm（2 开）
定价：CNY15.60

J0130240
1991：恭贺新禧 （摄影挂历）
桂林 漓江出版社 1990 年 76cm（2 开）

J0130241
1991：恭贺新禧 （摄影挂历）
西安 陕西人民美术出版社 1990 年 76cm（2 开）
定价：CNY9.80

J0130242
1991：恭贺新禧 （摄影挂历）
乌鲁木齐 新疆人民出版社 1990 年 78cm（3 开）
定价：CNY10.00

J0130243
1991：瓜果飘香 （摄影双月历）麦粒摄
乌鲁木齐 新疆人民出版社 1990 年 76cm（2 开）
定价：CNY3.50

J0130244
1991：瓜果飘香 （摄影月历）麦粒等摄
乌鲁木齐 新疆人民出版社 1990 年 76cm（2 开）
定价：CNY14.50

J0130245
1991：花卉·礼品 （摄影挂历）
昆明 云南人民出版社 1990 年 76cm（2 开）
定价：CNY14.50

J0130246
1991：吉祥如意 （摄影挂历）黄继贤摄
西安 陕西人民美术出版社 1990 年 76cm（2 开）
定价：CNY16.80

J0130247
1991：锦车情深 （摄影挂历）陈春轩等摄
上海 上海人民美术出版社 1990 年 76cm（2 开）
定价：CNY16.80

J0130248
1991：精选游艇 （摄影挂历）
广州 广东科技出版社 1990 年 76cm（2 开）
定价：CNY15.50

J0130249
1991：静物 （摄影挂历）
厦门 鹭江出版社 1990 年 76cm（2 开）
定价：CNY14.00

J0130250
1991：靓妆 （摄影挂历）许多摄
呼和浩特 内蒙古人民出版社 1990 年 76cm（2 开）
定价：CNY17.50

J0130251
1991：美发美容 （摄影挂历）吴百魁等摄
上海 上海人民美术出版社 1990 年 76cm（2 开）
定价：CNY16.80

J0130252
1991：名牌轿车 （摄影挂历）
广州 广东科技出版社 1990 年 76cm（2 开）
定价：CNY15.50

J0130253
1991：现代家电 （摄影挂历）邵黎阳等摄
上海 上海人民美术出版社 1990 年 76cm（2 开）
定价：CNY17.00
　　作者邵黎阳（1942—　），画家。浙江镇海人。历任《解放军报》美术编辑，上海人民美术出版编辑部主任。作品有版画《山高攀》《胜利的旗帜》《航标灯》，油画《房东》《马石山十勇士》《天福山起义》等。著有《藏书票入门》。

J0130254
1991：新春乐 （摄影挂历）钱豫强等摄
杭州 浙江人民美术出版社 1990 年 78cm（3 开）
定价：CNY10.60
　　作者钱豫强（1944—　），浙江嘉善人，历任浙江美术出版社副编审，浙江赛丽美术馆执行馆长。

J0130255
1991：新年快乐 （摄影挂历）

兰州 甘肃人民美术出版社 1990 年 76cm（2 开）
定价：CNY16.80

J0130256
1991：新年祝福 （摄影挂历）钱豫强等摄
杭州 浙江人民美术出版社 1990 年 78cm（3 开）
定价：CNY10.60

J0130257
1991：艺术花篮 （摄影挂历）丁安，邵华安摄
上海 上海人民美术出版社 1990 年 76cm（2 开）
定价：CNY16.40

J0130258
1991：异彩纷呈——流行饰品 （摄影挂历）桑榆摄
上海 上海人民美术出版社 1990 年 76cm（2 开）
定价：CNY17.00

J0130259
1991：园林 （摄影挂历）
上海 上海人民美术出版社 1990 年 76cm（2 开）
定价：CNY18.50

J0130260
北京北海公园 （摄影 1991 年年历）鄂毅摄
天津 天津人民美术出版社 1990 年 1 张
53cm（4 开）定价：CNY0.50

J0130261
北京龙潭公园 （摄影 1991 年年历）董瑞成摄
石家庄 河北美术出版社 1990 年 1 张 53cm（4 开）
定价：CNY0.50

J0130262
静物 （摄影 1991 年年历）包于飞摄
天津 天津人民美术出版社 1990 年 1 张
53cm（4 开）定价：CNY0.50

J0130263
女性世界 （摄影 1991 年年历）伍亚华等摄
上海 上海书画出版社 1990 年 10 张
定价：CNY10.00

J0130264

硕果累累 （摄影 1991 年年历）苏伯群绘
天津 天津人民美术出版社 1990 年 1 张
78cm（2 开）定价：CNY0.75

　　作者苏伯群(1920—)，高级美术师。生
于山东烟台。任山东画院高级画师、国家一级美
术师职称，中国老年书画研究会顾问、中国工艺
美术协会高级会员、山东省工艺美术学会理事中
国工艺美术学会会员、山东工艺美术学会理事
等职。

J0130265

天津水上公园 （摄影 1991 年年历）廉敬宜摄
上海 上海书画出版社 1990 年 1 张（4 开）
定价：CNY0.50

J0130266

天津水上公园 （摄影 1991 年年历）崔顺才摄
天津 天津人民美术出版社 1990 年 1 张
76cm（2 开）定价：CNY1.00

　　作者崔顺才(1950—)，河北献县人。任
职于天津市群众艺术馆。中国摄影家协会会员。
作品有《仙客来》《瓜棚小景》等。

J0130267

甜果果 （摄影 1991 年年历）钱豫强摄
杭州 浙江人民美术出版社 1990 年 1 张
53cm（4 开）定价：CNY0.50

J0130268

小花伞 （摄影 1991 年年历）张成摄
天津 天津杨柳青画社 1990 年 1 张 53cm（4 开）
定价：CNY0.50

　　作者张成，擅长摄影。主要年历作品有《致
敬》《夏日》《对旗下》等。

J0130269

新春快乐 （摄影 1991 年年历）
沈阳 辽宁美术出版社 1990 年 1 张 53cm（4 开）
定价：CNY0.55

J0130270

新年快乐 （摄影 1991 年年历）张诚摄
石家庄 河北美术出版社 1990 年 1 张 78cm（2 开）
定价：CNY0.75

J0130271

洋娃娃 （摄影 1991 年年历）杨春轩摄
西安 陕西人民美术出版社 1990 年 1 张
78cm（2 开）定价：CNY0.78

J0130272

园林艺术 （摄影 1991 年年历）
上海 上海人民美术出版社 1990 年 4 张
76cm（2 开）定价：CNY5.20

J0130273

1992：百花园 （挂历）陈春轩等摄
上海 上海人民美术出版社［1991 年］76cm（2 开）
定价：CNY22.50

J0130274

1992：大观园 （摄影挂历）
北京 中国连环画出版社 1991 年 76cm（2 开）
定价：CNY18.50

J0130275

1992：瓜果香甜 （摄影挂历）梁枫等摄
乌鲁木齐 新疆人民出版社 1991 年 76cm（2 开）
定价：CNY17.80

J0130276

1992：豪华游艇 （摄影挂历）
广州 广东科技出版社［1991 年］76cm（2 开）
定价：CNY16.00

J0130277

1992：靓女名车 （摄影挂历）
福州 海潮摄影艺术出版社［1991 年］76cm（2 开）
ISBN：7-80562-121-7 定价：CNY15.00

J0130278

1992：民族风采 （摄影挂历）杨茵等摄
北京 中国旅游出版社［1991 年］76cm（2 开）
定价：CNY19.50

　　作者杨茵，擅长摄影。主要的年历作品有
《颐和园》《华堂瓢香》《楠溪江晨曲》等。

J0130279

1992：名船美女 （摄影挂历）
广州 岭南美术出版社 1991 年 76cm（2 开）

定价: CNY16.00

J0130280
1992: 汽车 （摄影挂历）
广州 岭南美术出版社 1991 年 53cm（4 开）
定价: CNY15.00

J0130281
1992: 庭园小景 （摄影挂历）周仁德等摄
上海 上海人民美术出版社［1991 年］76cm（2 开）
定价: CNY18.00

J0130282
1992: 五彩缤纷·伞 （摄影挂历）崔顺才
等摄
天津 天津杨柳青画社 1991 年 76cm（2 开）
定价: CNY19.00

J0130283
1992: 新春如意 （挂历）林伟新, 杨加友摄
天津 天津杨柳青画社 1991 年 76cm（2 开）
定价: CNY17.80

J0130284
1992: 中国佳果 （摄影挂历）
石家庄 河北美术出版社 1991 年 76cm（2 开）

J0130285
1992: 中国名园 （挂历）王思远摄
广州 岭南美术出版社 1991 年 76cm（2 开）
定价: CNY17.50

J0130286
北京游乐园 （摄影 1992 年年历）鄂毅摄
北京 人民美术出版社 1991 年 1 张 78cm（2 开）
定价: CNY0.95

J0130287
国外轻武器图集: 冲锋枪精粹 （摄影 明信片）
北京 兵器工业出版社 1991 年 10 张 13cm（64 开）
ISBN: 7-80038-375-X 定价: CNY3.00

J0130288
国外轻武器图集: 左轮手枪和手枪集锦
（摄影 明信片）

北京 兵器工业出版社 1991 年 10 张 13cm（64 开）
ISBN: 7-80038-403-9 定价: CNY3.00

J0130289
果香 （1992 年年历）杭邵摄
南京 江苏美术出版社 1991 年 1 张 78cm（2 开）
定价: CNY0.85

J0130290
静物 （摄影 1992 年年历）
上海 上海人民美术出版社 1991 年 1 张
78cm（2 开）定价: CNY0.80

J0130291
美发图 （摄影 1992 年年历）宋士诚摄
上海 上海人民美术出版社 1991 年 4 张
76cm（2 开）定价: CNY4.40

J0130292
美酒 （摄影 1992 年年历）
沈阳 辽宁美术出版社 1991 年 1 张 53cm（4 开）
ISBN: 7-5314-1515 定价: CNY0.70

J0130293
秋实 （摄影 1992 年年历）
沈阳 辽宁美术出版社 1991 年 1 张 53cm（4 开）
ISBN: 7-5314-1570 定价: CNY0.70

J0130294
硕果 （1992 年年历）乐生摄
西安 陕西人民美术出版社 1991 年 1 张
78cm（2 开）定价: CNY0.78

J0130295
苏州网师园 （摄影 1992 年年历）张玉同摄
沈阳 辽宁美术出版社 1991 年 1 张 53cm（4 开）
ISBN: 7-5314-1520 定价: CNY0.70
　　作者张玉同, 摄影有年画《千山之春》, 编著
有《暗室技术问答》。

J0130296
鲜果 （摄影 1992 年年历）邵华安摄
沈阳 辽宁美术出版社 1991 年 1 张 53cm（4 开）
ISBN: 7-5314-1592 定价: CNY0.70

J0130297
新年好 （摄影 1992 年年历）白雪摄
沈阳 辽宁美术出版社 ［1991 年］1 张 53cm（4 开）
ISBN：7-5314-1528 定价：CNY0.70

J0130298
新年快乐 （摄影 1992 年年历）
沈阳 辽宁美术出版社 1991 年 1 张 53cm（4 开）
ISBN：7-5314-1527 定价：CNY0.70

J0130299
云南大学 （摄影 明信片）
昆明 云南大学出版社 1991 年 2 版 10 张
15cm（64 开）ISBN：7-81025-000-0
定价：CNY2.10

J0130300
1993：满汉全席 （挂历）
上海 上海人民美术出版社 1992 年 77cm（2 开）
定价：CNY20.50

J0130301
1993：名车佳丽 （挂历）
海拉尔 内蒙古文化出版社 1992 年 77cm（2 开）
定价：CNY26.50

J0130302
1993：名车靓女 （挂历）
石家庄 河北美术出版社 1992 年 77cm（2 开）
定价：CNY20.50

J0130303
1993：名车美女 （挂历）
广州 岭南美术出版社 ［1992 年］77cm（2 开）
定价：CNY19.20

J0130304
1993：名车美人 （挂历）
广州 广东科技出版社 ［1992 年］77cm（2 开）
定价：CNY16.00

J0130305
1993：汽车女郎 （挂历）
广州 岭南美术出版社 ［1992 年］1 张 77cm（2 开）
定价：CNY16.00

J0130306
1993：鲜美 （摄影挂历）
北京 中国连环画出版社 1992 年 77cm（2 开）
定价：CNY19.50

J0130307
花好果香 （1993 年年历）
北京 中国电影出版社 ［1992 年］1 张
77×53cm
定价：CNY1.10

J0130308
静物 （1993 年年历）
北京 中国电影出版社 ［1992 年］1 张
77×53cm
定价：CNY1.10

J0130309
静物 （1993 年年历）
北京 中国电影出版社 ［1992 年］1 张 53cm（4 开）
定价：CNY0.60

J0130310
憩园
杭州 浙江摄影出版社 ［1992 年］10 张
17cm（40 开）定价：CNY2.90

J0130311
圣诞夜 （1993 年年历）程勤摄
杭州 浙江人民美术出版社 1992 年 1 张
68×38cm 定价：CNY1.00

J0130312
宣武艺园 （1993 年年历）姜玉嵩摄
天津 天津人民美术出版社 1992 年 1 张
53cm（4 开）ISBN：7-5305-8155-5
定价：CNY0.65

J0130313
1994：春浓茗香 （摄影挂历）
北京 中国旅游出版社 ［1993 年］77×53cm
定价：CNY26.80

J0130314
1994：恭贺新喜 （摄影挂历）

武汉 湖北美术出版社［1993 年］95×73cm
定价：CNY36.00

J0130315
1994：恭贺新喜 （摄影挂历）
武汉 湖北人民出版社 1993 年 76×53cm
定价：CNY29.80

J0130316
1994：恭贺新喜 （摄影挂历）
沈阳 辽宁美术出版社 1993 年 76×53cm
定价：CNY35.00

J0130317
1994：恭贺新喜 （摄影挂历）
广州 岭南美术出版社［1993 年］76×53cm
定价：CNY31.80

J0130318
1994：恭贺新喜 （摄影挂历）
北京 中国旅游出版社［1993 年］77×53cm
定价：CNY21.00

J0130319
1994：名园佳景 （摄影挂历）
沈阳 辽宁美术出版社［1993 年］76×53cm
定价：CNY26.80

J0130320
1994：年年有余 （摄影挂历）周屹摄
北京 中国旅游出版社［1993 年］77×53cm
定价：CNY29.80

J0130321
1994：泼水节 （摄影挂历）
昆明 云南民族出版社［1993 年］76×53cm
定价：CNY4.00

J0130322
1994：日本料理 （摄影挂历）
北京 中国旅游出版社［1993 年］77×53cm
定价：CNY31.80

J0130323
1994：水晶世界 （摄影挂历）

沈阳 辽宁美术出版社 1993 年 76×53cm
定价：CNY33.80

J0130324
1994：新春如意 （摄影挂历）
南昌 江西美术出版社［1993 年］12 页
76×53cm 定价：CNY27.80

J0130325
1994：园林大观 （摄影挂历）
石家庄 河北美术出版社 1993 年 76×53cm
定价：CNY28.00

J0130326
1994：中国瓜果 （摄影挂历）
乌鲁木齐 新疆人民出版社 1993 年 76×53cm
定价：CNY26.00

J0130327
1994：中国佳果 （摄影挂历）
石家庄 河北美术出版社 1993 年 2 版
76×53cm 定价：CNY30.80

J0130328
东京迪尼斯 （摄影 1994 年年历）马野摄
沈阳 辽宁美术出版社 1993 年 1 张 53×38cm
定价：CNY0.98

J0130329
黄气球 （摄影 1994 年年历）李为摄
沈阳 辽宁美术出版社 1993 年 1 张 53×38cm
定价：CNY0.98

J0130330
静物 （摄影 1994 年年历）
沈阳 辽宁美术出版社 1993 年 1 张 53×38cm
定价：CNY0.98

J0130331
静物——菊黄蟹肥 （摄影 1994 年年历）倪
炎摄
上海 上海人民美术出版社 1993 年 1 张
77×53cm 定价：CNY1.65

J0130332
静物——情思 （摄影 1994 年年历）杨中俭摄
上海　上海人民美术出版社 1993 年　1 张
77×53cm　定价：CNY1.65
　　作者杨中俭，擅长摄影。主要年历作品有
《花好人妍》《上海外滩》《喜庆临门》等。

J0130333
雨丝 （一 摄影 1994 年年历）力扬摄
上海　上海人民美术出版社 1993 年　1 张
77×53cm　定价：CNY1.65

J0130334
雨丝 （二 摄影 1994 年年历）力扬摄
上海　上海人民美术出版社 1993 年　1 张
77×53cm　定价：CNY1.65

J0130335
雨丝 （三 摄影 1994 年年历）力扬摄
上海　上海人民美术出版社 1993 年　1 张
77×53cm　定价：CNY1.65

J0130336
雨丝 （四 摄影 1994 年年历）力扬摄
上海　上海人民美术出版社 1993 年　1 张
77×53cm　定价：CNY1.65

J0130337
1995：碧玉瑰宝 （摄影挂历）陈春轩，方永
熙摄
天津　天津人民美术出版社 1994 年　77×53cm
定价：CNY33.50

J0130338
1995：豪华摩托 （摄影挂历）
广州　广东科技出版社 1994 年　有图　77×53cm
定价：CNY19.50

J0130339
1995：名车霸王 （摄影挂历）
南昌　江西美术出版社 1994 年　有图　77×53cm
定价：CNY36.80

J0130340
1995：名画邮票 （摄影挂历）
广州　广东科技出版社 1994 年　有图　77×53cm
定价：CNY19.50

J0130341
1995：清竹风雅 （摄影挂历）
天津　天津人民美术出版社 1994 年　有图
77×53cm　定价：CNY39.80

J0130342
1995：新年快乐 （摄影挂历）
武汉　长江文艺出版社 1994 年　有图　77×53cm
定价：CNY46.00

J0130343
1995：园林情 （摄影挂历）牛嵩林等摄
石家庄　河北美术出版社 1994 年　有图
77×53cm　定价：CNY36.80

J0130344
北京世界公园 （摄影 1-4）胡维标摄影
北京　中国旅游出版社 1994 年　2 张　77×53cm
定价：CNY3.60
　　作者胡维标(1939—　　)，著名风光摄影家。
江苏镇江市人。毕业于中国人民解放军防化学
兵工程指挥学院新闻系。中国摄影家协会会员。
摄影作品以旅游风光、古今建筑、文物为主。主
要作品有《长城风光》《北京风光荟萃》《故宫》
《天安门》。

J0130345
北京世界公园 （摄影 3-4）胡维标摄影
北京　中国旅游出版社 1994 年　2 张　77×53cm
定价：CNY3.60

J0130346
北京世界公园 （莫斯科红场 摄影 1995 年年
历）胡维标摄影
北京　中国旅游出版社 1994 年　1 张　77×53cm
定价：CNY1.90

J0130347
北京世界公园 （意大利台地园 摄影 1995 年
年历）胡维标摄影
北京　中国旅游出版社 1994 年　1 张　77×53cm
定价：CNY1.90

作者胡维标(1939—　)，著名风光摄影家。江苏镇江市人。毕业于中国人民解放军防化学兵工程指挥学院新闻系。中国摄影家协会会员。摄影作品以旅游风光、古今建筑、文物为主。主要作品有《长城风光》《北京风光荟萃》《故宫》《天安门》。

J0130348
北京炎黄艺术馆 （摄影 1995 年年历）梅林摄
北京 中国连环画出版社 1994 年 1 张
77×53cm
定价：CNY2.20
作者赵梅林(1943—　)，字维泰，生于江苏。历任国家高级美术师，江苏省美术家协会会员，南京印社社员，江苏省花鸟画研究会理事，文化部华夏文化遗产中国画院艺术委员会委员，故宫紫禁城书画艺术协会理事等。出版有《中国近现代名家画集——赵梅林》。

J0130349
精品屋 （一 摄影 1995 年年历）
上海 上海人民美术出版社 1994 年 1 张
77×53cm 定价：CNY2.20

J0130350
精品屋 （二 摄影 1995 年年历）
上海 上海人民美术出版社 1994 年 1 张
77×53cm 定价：CNY2.20

J0130351
精品屋 （三 摄影 1995 年年历）
上海 上海人民美术出版社 1994 年 1 张
77×53cm 定价：CNY2.20

J0130352
精品屋 （四 摄影 1995 年年历）
上海 上海人民美术出版社 1994 年 1 张
77×53cm 定价：CNY2.20

J0130353
精品屋 （五 摄影 1995 年年历）
上海 上海人民美术出版社 1994 年 1 张
77×53cm 定价：CNY2.20

J0130354
精品屋 （六 摄影 1995 年年历）
上海 上海人民美术出版社 1994 年 1 张
77×53cm 定价：CNY2.20

J0130355
泰国古城公园 （摄影 1995 年年历）高明义摄
北京 中国连环画出版社 1994 年 1 张
77×53cm 定价：CNY2.20

J0130356
雪裹红珠 （摄影 1995 年年历）姜维朴摄
北京 中国连环画出版社 1994 年 1 张
38×53cm 定价：CNY1.10
作者姜维朴(1926—2019)，编辑。山东黄县人，毕业于山东大学文艺系。历任人民美术出版社《连环画报》编辑室主任、副主编，中国连环画出版社总编辑等。代表作品有《鲁迅论连环画》《要摄取事物的本质》《连环画艺术论》等。

J0130357
中国工艺美术馆 （摄影 1995 年年历）梅林摄
北京 中国连环画出版社 1994 年 1 张
77×53cm 定价：CNY2.20

J0130358
1996：恭贺新喜 （摄影挂历）吴伟雄绘
广州 岭南美术出版社 1995 年 74×51cm
ISBN：7-5362-1280-1 定价：CNY23.00

J0130359
1996：恭贺新禧 （摄影挂历）岭南美术出版社编
广州 岭南美术出版社 1995 年 75×63cm
ISBN：7-5362-1266-6 定价：CNY15.00

J0130360
1996：恭贺新禧 （摄影挂历）岭南美术出版社编
广州 岭南美术出版社 1995 年 56×43cm
ISBN：7-5362-1267-4 定价：CNY11.80

J0130361
1996：凝香 （摄影挂历）天津人民美术出版社编

天津　天津人民美术出版社　1995 年　74×48cm
ISBN：7-5305-0506-8　定价：CNY24.00

J0130362
1996：飘香　（摄影挂历）豫强摄
杭州　浙江人民美术出版社　1995 年　58×42cm
ISBN：7-5340-0615-5　定价：CNY18.00

J0130363
1996：世界名车　（摄影挂历）何小芳摄
广州　广东科技出版社　1995 年　87×58cm
ISBN：7-5359-1527-2　定价：CNY25.00

J0130364
1996：新春如意　（摄影挂历）王勇摄
西安　陕西人民美术出版社　1995 年　74×58cm
ISBN：7-5368-0754-6　定价：CNY25.00

J0130365
1996：扬帆世界　（摄影挂历）光远等摄
杭州　浙江人民美术出版社　1995 年　77×53cm
ISBN：7-5340-0611-2　定价：CNY24.50

J0130366
北京明苑　（摄影　1996 年年历）
北京　中国旅游出版社　1995 年　1 张　38×53cm
定价：CNY1.30

J0130367
春到蠡园　（摄影　1996 年年历）胡维标摄
北京　中国旅游出版社　1995 年　1 张　53×38cm
定价：CNY1.30

J0130368
公园佳景　（摄影　1996 年年历）鲁风摄
沈阳　辽宁美术出版社　1995 年　1 张　38×53cm
定价：CNY1.30
　　作者鲁风（1939—　），国家一级美术师。本
名杨守森，山东郓城人，毕业于贵州大学艺术
系。曾任贵州画院专职创作人员，贵州新闻图片
社社长，中国美术家协会会员，贵州美术家协会
副主席，贵州花鸟画研究会会长，山东曹州书画
院名誉院长，代表作品《鲁风花鸟画集》《鲁风写
意花鸟画集》。

J0130369
恭喜发财　（摄影　1996 年年历）年华祖摄
上海　上海人民美术出版社　1995 年　1 张
77×53cm　定价：CNY2.40

J0130370
海洋公园　（摄影　1996 年年历）孙成义摄
沈阳　辽宁美术出版社　1995 年　1 张　38×53cm
定价：CNY1.30

J0130371
欢庆的十月　（摄影　1996 年年历）姜维朴摄
北京　中国连环画出版社　1995 年　1 张
53×77cm　定价：CNY2.90

J0130372
昆明翠湖公园　（摄影　1996 年年历）张董芬摄
北京　中国连环画出版社　1995 年　1 张
77×53cm　定价：CNY2.90

J0130373
世界公园　（摄影　1996 年年历）岫石摄
沈阳　辽宁美术出版社　1995 年　1 张　38×53cm
定价：CNY1.30

J0130374
硕果　（摄影　1996 年年历）
西安　陕西人民美术出版社　1995 年　1 张
77×53cm　定价：CNY2.60

J0130375
硕果　（摄影　1996 年年历）陈春轩摄
上海　上海人民美术出版社　1995 年　1 张
77×53cm　定价：CNY2.40

J0130376
云南热带植物园　（摄影　1996 年年历）吕大
千摄
北京　中国旅游出版社　1995 年　1 张　38×53cm
定价：CNY1.30

J0130377
1997：海南东坡书院　（年历画）高明义摄
北京　中国连环画出版社　1996 年　1 张
76×52cm　ISBN：85061.94017　定价：CNY3.20

J0130378
1997：红樱桃 （摄影挂历）高盛奎摄
天津 天津杨柳青画社 1996 年 77×53cm
ISBN：7-80503-321-8 定价：CNY27.00

J0130379
1997：皇家园林 （摄影挂历）书帛等摄
南京 江苏美术出版社 1996 年 86×57cm
ISBN：7-5344-0527-0 定价：CNY34.00

J0130380
1997：名车集锦 （摄影挂历）郝远征摄
通辽 内蒙古少年儿童出版社 1996 年 68×100cm
ISBN：7-5312-0579-3 定价：CNY38.00

J0130381
1997：名车集锦 （摄影挂历）上海人民美术
出版社编
上海 上海人民美术出版社 1996 年 77×53cm
ISBN：7-5322-1568-7 定价：CNY26.00

J0130382
1997：名车佳人 （摄影挂历）福建美术出版
社编
福州 福建美术出版社 1996 年 29×42cm
ISBN：7-5393-0447-2 定价：CNY27.50

J0130383
1997：名车丽人 （摄影挂历）福建美术出版
社编
福州 福建美术出版社 1996 年 53×77cm
ISBN：7-5393-0440-5 定价：CNY19.00

J0130384
1997：名流家俱 （摄影挂历）林伟新摄
天津 天津杨柳青画社 1996 年 86×57cm
ISBN：7-80503-324-2 定价：CNY30.80

J0130385
1997：摩托之旅 （摄影挂历）陈建国等摄
南京 江苏美术出版社 1996 年 77×53cm
ISBN：7-5344-0516-5 定价：CNY26.80

J0130386
1997：世界车王 （摄影挂历）陶臻平摄

西安 陕西人民美术出版社 1996 年 84×57cm
ISBN：7-5368-0863-1 定价：CNY22.50

J0130387
1997：世界车王 （摄影挂历）新疆美术摄影
出版社编
乌鲁木齐 新疆美术摄影出版社 1996 年
86×58cm ISBN：7-80547-385-4
定价：CNY36.00

J0130388
1997：世界十大名车 （摄影挂历）崇艺摄
长沙 湖南美术出版社 1996 年 74×51cm
ISBN：7-5356-0852-3 定价：CNY26.80

J0130389
北京的胡同 （汉英日文对照）沈延太，王长
青摄
北京 外文出版社 1996 年 10 张 11×15cm
ISBN：7-119-01810-8 定价：CNY18.00

J0130390
日本皇家公园 （摄影年画）张仰林摄
上海 上海人民美术出版社 1996 年 1 张
53×77cm 定价：CNY2.80

J0130391
硕果累累 （摄影 1997 年年历）陈春轩摄
上海 上海人民美术出版社 1996 年 1 张
77×53cm 定价：CNY2.80

J0130392
1997：神杯 （摄影挂历）孙甲摄
长春 吉林摄影出版社 1997 年 76×52cm
ISBN：7-80606-095-2 定价：CNY27.50

J0130393
1998：澳门邮票精品 （摄影挂历）江苏美术
出版社编
南京 江苏美术出版社 1997 年 28×29cm
ISBN：7-5344-0733-8 定价：CNY18.80

J0130394
1998：奔驰 （摄影挂历）高盛奎摄
福州 海潮摄影艺术出版社 1997 年 75×63cm

ISBN：7-80562-440-2 定价：CNY27.50

J0130395
1998：超级赛车 （摄影挂历）人民交通出版社编
北京 人民交通出版社 1997年 72×96cm
ISBN：7-114-02708-7 定价：CNY35.00

J0130396
1998：恭贺新喜 （摄影挂历）中国电影出版社编
北京 中国电影出版社 1997年 76×52cm
ISBN：7-106-01196-7 定价：CNY26.00

J0130397
1998：恭贺新禧 （摄影挂历）海潮摄影艺术出版社编
福州 海潮摄影艺术出版社 1997年 76×52cm
ISBN：7-80562-462-3 定价：CNY16.00

J0130398
1998：瓜果飘香 （摄影挂历）苏茂春，高光明摄影
乌鲁木齐 新疆美术摄影出版社 1997年
77×53cm ISBN：7-80547-604-7 定价：CNY18.00
　　作者苏茂春(1940—　　)，回族，副编审。甘肃静宁县人。新疆美术摄影出版社摄影部副主任、新疆摄影家协会常务理事。

J0130399
1998：海港神韵 （摄影挂历）容兄摄
广州 岭南美术出版社 1997年 76×52cm
ISBN：7-5362-1607-6 定价：CNY27.50

J0130400
1998：豪车 （摄影挂历）甘肃人民美术出版社编
兰州 甘肃人民美术出版社 1997年 35×37cm
ISBN：7-80588-174-X 定价：CNY27.50

J0130401
1998：豪车别墅 （摄影挂历）朝花美术出版社编
北京 朝花美术出版社 1997年 66×72cm
ISBN：7-5056-0281-0 定价：CNY36.00

J0130402
1998：豪华靓车 （摄影挂历）荣根良摄影
沈阳 辽宁画报出版社 1997年 77×53cm
ISBN：7-80601-112-9 定价：CNY27.50

J0130403
1998：豪华名车 （摄影挂历）天津杨柳青画社编
天津 天津杨柳青画社 1997年 12页 75×42cm
ISBN：7-80503-344-7 定价：CNY27.00

J0130404
1998：豪居名车 （摄影挂历）永新摄影
沈阳 辽宁画报出版社 1997年 86×58cm
ISBN：7-80601-110-2 定价：CNY36.80

J0130405
1998：红苹果 （摄影挂历）宝胜摄
沈阳 辽宁画报出版社 1997年 76×52cm
ISBN：7-80601-115-3 定价：CNY27.50

J0130406
1998：华夏园林 （摄影挂历）伟新等摄
上海 上海书画出版社 1997年 76×52cm
ISBN：7-80635-086-1 定价：CNY27.50

J0130407
1998：黄河石 （摄影挂历）吴平关摄
兰州 甘肃人民美术出版社 1997年 76×52cm
ISBN：7-80588-209-6 定价：CNY28.00

J0130408
1998：静物 （摄影挂历）时代文艺出版社编
长春 时代文艺出版社 1997年 76×47cm
ISBN：7-5387-1138-4 定价：CNY25.80

J0130409
1998：流水妙韵 （摄影挂历）内蒙古人民出版社编
呼和浩特 内蒙古人民出版社 1997年
77×53cm ISBN：7-204-03565-8 定价：CNY27.50

J0130410
1998：美景靓车 （摄影挂历）内蒙古人民出版社编

呼和浩特 内蒙古人民出版社 1997 年
76×54cm ISBN：7-204-03559-3 定价：CNY32.80

J0130411
1998：美酒飘香 （摄影年历）鄂毅摄
北京 中国旅游出版社 1997 年 1 张 52×76cm
定价：CNY3.40

J0130412
1998：名车 （摄影挂历）李颖摄影
北京 新华出版社 1997 年 56×86cm
ISBN：7-5011-3705-6 定价：CNY32.80

J0130413
1998：名车 （摄影挂历）李小红摄
北京 中国画报出版社 1997 年 76×52cm
ISBN：7-80024-378-8 定价：CNY27.00

J0130414
1998：名人邮票 （摄影挂历）
苏州 古吴轩出版社 1997 年 77×53cm
ISBN：7-50574-271-5 定价：CNY29.50

J0130415
1998：年年有余 （摄影挂历）杨柳摄
天津 天津杨柳青画社 1997 年 75×42cm
ISBN：7-80503-359-5 定价：CNY27.00

J0130416
1998：世界名车 （摄影挂历）向艺摄
乌鲁木齐 新疆科技卫生出版社 1997 年
68×98cm ISBN：7-5372-2028-X 定价：CNY33.80

J0130417
1998：庭院 （摄影挂历）郑可俊等摄影
苏州 古吴轩出版社 1997 年 77×53cm
ISBN：7-80574-270-7 定价：CNY27.50

J0130418
1998：中国集邮 （摄影挂历）
广州 岭南美术出版社 1997 年 76×52cm
ISBN：7-5362-1684-X 定价：CNY16.80

J0130419
1998：中国铁路 （摄影挂历）中国铁道出版
社编
北京 中国铁道出版社 1997 年 12 页 75×52cm
ISBN：7-113-02475-0 定价：CNY27.50

J0130420
1998：中国邮票 （摄影挂历）安徽科学技术
出版社编
合肥 安徽科学技术出版社 1997 年 76×52cm
ISBN：7-5337-1559-4 定价：CNY27.50

J0130421
1998 周历：世界名车集锦 （摄影挂历）中
国文联出版公司编
北京 中国文联出版公司 1997 年 53×38cm
ISBN：7-5059-2726-4 定价：CNY68.00

J0130422
新年好 （摄影 1998 年年历）萧璐摄影
北京 中国连环画出版社 1997 年 1 张
76×51cm 定价：CNY3.20

J0130423
1998：经典名车 （摄影挂历）吉真摄
兰州 甘肃人民美术出版社 1998 年 35×49cm
ISBN：7-80588-186-3 定价：CNY52.00

J0130424
1999：'99《同庆》澳门邮票精品 （摄影年
历画）殷嘉才剪纸
南京 江苏文艺出版社 1998 年 29×29cm
ISBN：7-5399-1274-X 定价：CNY20.00

J0130425
1999：澳门邮票精品 （摄影挂历）古景摄
天津 天津杨柳青画社 1998 年 35×35cm
ISBN：7-80503-411-7 定价：CNY36.00

J0130426
1999：超豪摩托 （摄影挂历）
海口 海南出版社 1998 年 1 张 70×97cm
ISBN：7-80645-181-1 定价：CNY33.80

J0130427
1999：瓜果飘香 （摄影年历画）袁学军摄
重庆 重庆出版社 1998 年 1 张 53×77cm

定价：CNY2.70

　　作者袁学军(1950—　　)，四川成都人，解放军画报社主任记者。作品有《我们劳动去》《二重奏》《印象·青藏高原》等。

J0130428
1999：名车极品 （摄影挂历）全美供稿
长沙　湖南美术出版社　1998年　76×52cm
ISBN：7-5356-1129-X　定价：CNY26.50

J0130429
1999：名车美景 （摄影挂历）余仁志供稿
上海　上海人民美术出版社　1998年　101×70cm
ISBN：7-5322-1907-0　定价：CNY34.00

J0130430
1999：名车望族 （摄影挂历）徐俊卿，张森森摄
长春　吉林摄影出版社　1998年　75×52cm
ISBN：7-80606-223-8　定价：CNY27.50

J0130431
1999：名城靓车 （摄影挂历）陈国富摄
呼和浩特　内蒙古人民出版社　1998年
75×52cm　ISBN：7-204-04355-3　定价：CNY35.00

J0130432
1999：名城名车 （摄影挂历）陆奕供稿
福州　海潮摄影艺术出版社　1998年　75×51cm
ISBN：7-80562-482-8　定价：CNY27.50

J0130433
1999：名园流芳 （摄影挂历）郑可俊等编
苏州　古吴轩出版社　1998年　76×34cm
ISBN：7-80574-326-6

J0130434
1999：名园美景 （摄影挂历）林伟新，张雄编
上海　上海书画出版社　1998年　76×53cm
ISBN：7-80635-193-0　定价：CNY27.50

J0130435
1999：摩托世界 （摄影挂历）全美供稿
长沙　湖南美术出版社　1998年　76×51cm
ISBN：7-5356-1135-4　定价：CNY26.50

J0130436
1999：葡萄美酒 （摄影年历画）袁学军摄
重庆　重庆出版社　1998年　1张　53×38cm
定价：CNY1.50

J0130437
1999：青春美发 （摄影挂历）陆奕摄
福州　海潮摄影艺术出版社　1998年　77×53cm
ISBN：7-80562-484-4　定价：CNY27.50

J0130438
1999：情浓艺术馆 （摄影挂历）芊目图片社供稿
南京　江苏美术出版社　1998年　76×53cm
ISBN：7-5344-0810-5　定价：CNY27.50

J0130439
1999：世纪名车 （摄影挂历）裘家康，陈悦供稿
上海　上海画报出版社　1998年　76×52cm
ISBN：7-80530-336-3　定价：CNY27.50

J0130440
1999：世界名车 （摄影挂历）北京全景图片公司供稿
西安　陕西旅游出版社　1998年　70×100cm
ISBN：7-5418-1569-1　定价：CNY35.00

J0130441
1999：世界现代兵器 （摄影挂历）
上海　上海文化出版社　1998年　26×37cm
ISBN：7-80511-995-3　定价：CNY20.00

J0130442
1999：苏州园林 （摄影挂历）郑可俊摄
苏州　古吴轩出版社　1998年　77×53cm
ISBN：7-80574-325-8　定价：CNY27.50

J0130443
1999：新概念——迷你车 （摄影挂历）全景供稿
福州　福建美术出版社　1998年　98×70cm
ISBN：7-5393-0667-X　定价：CNY34.00

J0130444
1999：新年好 （摄影挂历）
呼和浩特 内蒙古人民出版社 1998 年
97×68cm ISBN：7-204-04175-5 定价：CNY33.00

J0130445
1999：新年快乐 （摄影挂历）何小芳供稿
广州 岭南美术出版社 1998 年 76×51cm
ISBN：7-5362-1789-7 定价：CNY12.00

J0130446
1999：新年快乐 （摄影挂历）何小芳供稿
广州 岭南美术出版社 1998 年 97×58cm
ISBN：7-5362-1790-0 定价：CNY12.00

J0130447
1999：园林锦绣 （摄影挂历）牛嵩林摄
石家庄 河北美术出版社 1998 年 75×52cm
ISBN：7-5310-1092-5 定价：CNY26.80

J0130448
1999：至尊名车 （摄影挂历）全景摄
长沙 湖南美术出版社 1998 年 70×97cm
ISBN：7-5356-1174-5 定价：CNY33.80

J0130449
1999：中国邮票精选图录 （摄影挂历）
郑州 河南美术出版社 1998 年 77×53cm
ISBN：7-5401-0739-1 定价：CNY27.50

J0130450
2000：2000 时速 （摄影挂历）刘海发摄
长春 吉林摄影出版社 1999 年 76×52cm
ISBN：7-80606-298-X 定价：CNY27.50

J0130451
2000：车魂 （摄影挂历）骆君摄
成都 四川美术出版社 1999 年 77×52cm
ISBN：7-5410-1581-4 定价：CNY27.50

J0130452
2000：车王 （摄影挂历）谷静供稿
南京 江苏美术出版社 1999 年 86×57cm
ISBN：7-5344-0925-X 定价：CNY28.00

J0130453
2000：车之光 （摄影挂历）
成都 四川美术出版社 1999 年 76×52cm
ISBN：7-5410-1618-7 定价：CNY27.50

J0130454
2000：大都名车 （摄影挂历）徐俊卿摄
广州 岭南美术出版社 1999 年 76×52cm
ISBN：7-5362-1954-7 定价：CNY27.50

J0130455
2000：花信风——国外静物艺术摄影 （摄影挂历）钟建明等摄
南京 江苏美术出版社 1999 年 53×52cm
ISBN：7-5344-0928-4 定价：CNY48.00

J0130456
2000：美在世博园 （摄影挂历）王守平，雷宇供稿
西安 陕西人民美术出版社 1999 年 100×70cm
ISBN：7-5368-1179-9 定价：CNY33.00

J0130457
2000：名车世界 （摄影挂历）达志供稿
北京 中国画报出版社 1999 年 70×100cm
ISBN：7-80024-558-6 定价：CNY34.00

J0130458
2000：世界遗产在中国 （摄影挂历）
北京 中国旅游出版社 1999 年 50×76cm
ISBN：7-5032-1676-X

J0130459
2000：世界园艺 （摄影挂历）王守平，雷宇供稿
西安 陕西人民美术出版社 1999 年 100×70cm
ISBN：7-5368-1183-7 定价：CNY33.00

J0130460
2000：世界园艺博览 （摄影挂历）王新生摄
北京 中国戏剧出版社 1999 年 69×97cm
ISBN：7-104-01050-5 定价：CNY50.00
　　作者王新生(1952—)，河北霸县人，河北省工艺美术学校室内设计教研室主任，中国工业设计协会、展示协会会员。

J0130461

2000：世界园艺博览园 （摄影挂历）骆一
清供稿

福州　海潮摄影艺术出版社　1999 年　99×70cm

ISBN：7-80562-638-3　定价：CNY34.00

J0130462

2000：世界之窗 （摄影挂历）雪原摄

成都　四川美术出版社　1999 年　76×52cm

ISBN：7-5410-1615-2　定价：CNY27.50

J0130463

2000：台湾四季珍果 （摄影挂历）太平洋
供稿

福州　福建美术出版社　1999 年　76×58cm

ISBN：7-5393-0834-6　定价：CNY26.80

J0130464

2000：太空行 （摄影挂历）全景美景图片公
司供稿

长沙　湖南美术出版社　1999 年　76×52cm

ISBN：7-5356-1332-2　定价：CNY26.80

J0130465

2000：现代名车 （摄影挂历）美好景象图片
公司供稿

福州　海潮摄影艺术出版社　1999 年　76×52cm

ISBN：7-80562-625-1　定价：CNY27.50

J0130466

2000：中国红木家俱 （摄影挂历）

杭州　中国美术学院出版社　1999 年　29×42cm

ISBN：7-81019-784-3　定价：CNY23.00

J0130467

2000：中国园林 （摄影挂历）郎龙等摄

杭州　中国美术学院出版社　1999 年　58×42cm

ISBN：7-81019-786-X　定价：CNY26.00

J0130468

2000：中国园艺 （摄影挂历）王守平，雷宇
供稿

西安　陕西人民美术出版社　1999 年　100×70cm

ISBN：7-5368-1182-9　定价：CNY33.00

各国摄影艺术作品

J0130469

西洋女性曲线美　　Marcel Meys 摄

上海　良友图书印刷公司［民国］［46］页
21cm（32 开）

　　本书收照片 23 幅。

J0130470

世界奇观　　梁深编

上海　良友图书印刷公司　1932 年　182 页
27cm（16 开）精装

　　本书是摄影集，包括：风俗怪状、天然异象、
动物生趣、现代生活、科学竞新、美术好奇、爱
美观念、无奇不有 8 类。

J0130471

裸体园

上海　良友图书公司　1935 年　18cm（15 开）

定价：大洋三角

（万有画库 13）

　　本书是世界现代人像摄影集。

J0130472

生死之间 （良友图书公司）编

上海　良友图书印刷公司　1935 年　18cm（32 开）

定价：大洋三角

（万有画库 17）

　　本书收 62 幅照片，反映世界各地人们受人
为和自然灾难和死亡的威胁下艰难选择。

J0130473

西班牙斗牛记　　良友图书公司编

上海　良友图书印刷公司　1935 年［77］页
19cm（32 开）

（万有画库 16）

　　本书收斗牛照片 62 幅，有说明文字。书前
有《西班牙斗牛记》一文。

J0130474

回到自然 （照片）良友图书公司编

上海　良友图书印刷公司　1936 年［66］页
19cm（32 开）

（万有画库 37）

　　本书收录反映德国青年人在海滨度假的照片 60 余幅。书前有《回到自然》一文。

J0130475
世界的公园　良友图书印刷公司编
上海 良友图书印刷公司 1936 年［72］页
19cm（32 开）
（万有画库 34）
　　本书收瑞士风景照片 60 余幅。书前有《世界的公园》一文。

J0130476
世界人体摄影名作　邵无斋等编辑
上海 唯美社 1936 年 77 页 27cm（16 开）
　　本书是世界各国人体摄影作品 87 幅。

J0130477
上海万国摄影艺术展览会　（1937）上海摄影研究会编
上海 上海摄影研究会 1937 年 18 页 21cm（16 开）
　　本书为世界摄影展览会目录，内分日人组、中国人组、西人组 3 组。该展览会于 1937 年 5 月 15 日 –19 日在上海举办。

J0130478
世界摄影年鉴　（1935—1936）良友图画杂志社编辑
上海 上海良友图书印刷公司［1937 年］96 页
26cm（16 开）定价：一元二角
（良友图画丛书）

J0130479
世界摄影名作选集　陈怀德编辑
上海 中国摄影出版社［1938 年］44 页
18cm（32 开）
（中国摄影丛书）
　　本书收照片 45 幅。作者陈怀德（1915—？），江苏溧阳人。曾任中国摄影学会常务理事长。英国皇家摄影学会会员。主要摄影作品有《同心合力》《黄山之晨》《嘉陵江畔》等。

J0130480
时事摄影珍选
［1950—1959 年］26cm（16 开）

J0130481
苏联的集体农场
北京 人民美术出版社 1950 年［16cm］（26 开）
定价：CNY0.30
（工农画册）

J0130482
苏联的农业研究
北京 人民美术出版社 1950 年 16cm（26 开）
定价：CNY0.19
（工农画册）

J0130483
"美国生活方式"　人民画报社编
［北京］人民画报社 1951 年 40 页 有照片
18cm（小 32 开）定价：CNY0.40

J0130484
顿巴斯矿工　中苏友好协会总会编
北京 人民美术出版社 1951 年 定价：CNY0.15
（中苏友好画库 第 4 辑）

J0130485
共产主义建设工程中的新机械　中苏友好协会总会编
北京 人民美术出版社 1951 年 定价：CNY0.15
（中苏友好画库 第 3 辑）

J0130486
光荣的基洛夫工厂　中苏友好协会总会编
北京 人民美术出版社 1951 年 定价：CNY0.15
（中苏友好画库 第 2 辑）

J0130487
纳粹杀人工厂——奥斯威辛　巴金编
［上海］平明出版社 1951 年 有图 17cm（40 开）
定价：CNY0.22

J0130488
十月革命　中苏友好协会总会编
北京 人民美术出版社 1951 年 定价：CNY0.15
（中苏友好画库 第 1 辑）

J0130489
布琼尼集体农庄　山西省中苏友好协会编

［太原］山西人民出版社 1952 年 定价：CNY0.15

J0130490
红都莫斯科　之英编
［上海］新美术出版社 1952 年 定价：CNY0.26

J0130491
艰苦斗争中的日本人民　阚文编
北京 人民美术出版社 1952 年 有照片
19cm（小 32 开）定价：CNY0.22

J0130492
捷克斯洛伐克的重工业
北京 人民美术出版社 1952 年 定价：CNY0.24
（工农画册）

J0130493
列宁工厂　山西省中苏友好协会编
［太原］山西人民出版社 1952 年 定价：CNY0.14

J0130494
美帝国主义在朝鲜的暴行　战友社编
北京 人民美术出版社 1952 年 定价：CNY0.20
（工农画册）

J0130495
前进中的蒙古人民共和国
北京 人民美术出版社 1952 年 定价：CNY0.21
（工农画册）

J0130496
世界上最大的水电站　中苏友好协会总会编
北京 人民美术出版社 1952 年 定价：CNY0.15
（中苏友好画库 第 6 辑）

J0130497
苏联的棉花丰产经验　中苏友好协会总会编
北京 人民美术出版社 1952 年 定价：CNY0.15
（中苏友好画库 第 9 辑）

J0130498
苏联的农业机械化　中苏友好协会总会编
北京 人民美术出版社 1952 年 定价：CNY0.15
（中苏友好画库 第 7 辑）

J0130499
苏联工业生产建设图片　山西省中苏友好协
会编
［太原］山西人民出版社 1952 年 定价：CNY0.22

J0130500
苏联集体农庄　华北人民出版社编
［天津］华北人民出版社 1952 年 16cm（26 开）
定价：CNY0.25
（工农画册）

J0130501
苏联农业图片集　中南中苏友好协会编
中南文艺出版社 1952 年 定价：CNY0.60

J0130502
幸福的匈牙利儿童
北京 人民美术出版社 1952 年 定价：CNY0.24
（工农画册）

J0130503
走苏联集体农庄的道路　江西省中苏友好协
会编
［南昌］江西通俗读物出版社 1952 年
定价：CNY0.13

J0130504
今日的斯大林格勒　中苏友好协会总会编
北京 人民美术出版社 1953 年 定价：CNY0.15
（中苏友好画库 第 16 辑）

J0130505
列宁运河　中苏友好协会总会编
北京 人民美术出版社 1953 年 定价：CNY0.10
（中苏友好画库 第 14 辑）

J0130506
农业集体化给苏联人民带来了幸福生活
中苏友好协会总会编
北京 人民美术出版社 1953 年 定价：CNY0.15
（中苏友好画库 第 17 辑）

J0130507
苏联的体育运动　上海市中苏友好协会编
上海 上海人民美术出版社 1953 年

定价：CNY0.34

J0130508
苏联的选举　东北中苏友好协会编
东北人民出版社 1953 年 定价：CNY0.22

J0130509
苏联的选举制度　中苏友好协会总会编
北京 人民美术出版社 1953 年 定价：CNY0.15
（中苏友好画库 第 15 辑）

J0130510
苏联第五个五年计划对人民生活的提高
中苏友好协会总会编
北京 人民美术出版社 1953 年 定价：CNY0.10
（中苏友好画库 第 13 辑）

J0130511
苏联第五个五年计划中的工业　中苏友好
协会总会编
北京 人民美术出版社 1953 年 定价：CNY0.15
（中苏友好画库 第 11 辑）

J0130512
苏联第五个五年计划中的农业　中苏友好
协会总会编
北京 人民美术出版社 1953 年 定价：CNY0.15
（中苏友好画库 第 12 辑）

J0130513
苏联妇女——共产主义的积极建设者　中
苏友好协会总会编
北京 人民美术出版社 1953 年 定价：CNY0.15
（中苏友好画库 第 10 辑）

J0130514
苏联农民的幸福生活　东北人民出版社编
东北人民出版社 1953 年 定价：CNY0.36

J0130515
幸福的苏联农民　上海市中苏友好协会编
上海 上海人民美术出版社 1953 年 有照片
15cm（64 开）定价：CNY0.43

J0130516
阿塞拜疆苏维埃社会主义共和国　上海市
中苏友好协会编
上海 上海人民美术出版社 1954 年 有照片
15cm（64 开）定价：CNY0.18
（苏联十六个加盟共和国 7）

J0130517
爱沙尼亚苏维埃社会主义共和国　上海市
中苏友好协会编
上海 上海人民美术出版社 1954 年 有照片
15cm（64 开）定价：CNY0.18
（苏联十六个加盟共和国 15）

J0130518
白俄罗斯苏维埃社会主义共和国　上海市
中苏友好协会编
上海 上海人民美术出版社 1954 年 有照片
15cm（64 开）定价：CNY0.18
（苏联十六个加盟共和国 3）

J0130519
俄罗斯苏维埃社会主义共和国　上海市中
苏友好协会编
上海 上海人民美术出版社 1954 年 有照片
15cm（64 开）定价：CNY0.18
（苏联十六个加盟共和国 1）

J0130520
格鲁吉亚苏维埃社会主义共和国　上海市
中苏友好协会编
上海 上海人民美术出版社 1954 年 有照片
15cm（64 开）定价：CNY0.18
（苏联十六个加盟共和国 6）

J0130521
哈萨克苏维埃社会主义共和国　上海市中
苏友好协会编
上海 上海人民美术出版社 1954 年 有照片
15cm（64 开）定价：CNY0.18
（苏联十六个加盟共和国 5）

J0130522
吉尔吉斯苏维埃社会主义共和国　上海市
中苏友好协会编

上海　上海人民美术出版社　1954 年　有照片
15cm（64 开）定价：CNY0.18
（苏联十六个加盟共和国　11）

J0130523
拉脱维亚苏维埃社会主义共和国　上海市
中苏友好协会编
上海　上海人民美术出版社　1954 年　有照片
15cm（64 开）定价：CNY0.18
（苏联十六个加盟共和国　10）

J0130524
立陶宛苏维埃社会主义共和国　上海市中
苏友好协会编
上海　上海人民美术出版社　1954 年　有照片
15cm（64 开）定价：CNY0.18
（苏联十六个加盟共和国　8）

J0130525
摩尔达维亚苏维埃社会主义共和国　上海
市中苏友好协会编
上海　上海人民美术出版社　1954 年　有照片
15cm（64 开）定价：CNY0.18
（苏联十六个加盟共和国　9）

J0130526
苏军卫国战争画史　上海市中苏友好协会编
上海　上海人民美术出版社　1954 年
定价：CNY0.24

J0130527
苏联的纺织工厂　上海市中苏友好协会编
上海　上海人民美术出版社　1954 年
定价：CNY0.18

J0130528
苏联的高速切削能手　上海市中苏友好协会编
上海　上海人民美术出版社　1954 年
定价：CNY0.18

J0130529
苏联的机器拖拉机站　上海市中苏友好协会编
上海　上海人民美术出版社　1954 年
定价：CNY0.18

J0130530
苏联的建筑工人　中苏友好协会总会编
［北京］朝花出版社　1954 年　定价：CNY0.30

J0130531
苏联的一个国营谷物农场　上海市中苏友好
协会编
上海　上海人民美术出版社　1954 年　有照片
15cm（64 开）定价：CNY0.18

J0130532
苏联工人的业余艺术活动　上海市中苏友好
协会编
上海　上海人民美术出版社　1954 年
定价：CNY0.18

J0130533
苏联工人怎样创造了幸福生活　上海市中
苏友好协会编
上海　上海人民美术出版社　1954 年
定价：CNY0.21

J0130534
苏联集体农庄的好处说不完　上海市中苏友
好协会编
上海　上海人民美术出版社　1954 年
定价：CNY0.25

J0130535
苏联人民的疗养生活　上海市中苏友好协会编
上海　上海人民美术出版社　1954 年
定价：CNY0.18

J0130536
苏联摄影选集　傅鹤鸣译；陈怀德编辑
上海　中国摄影出版社　1954 年　影印本
18cm（32 开）定价：旧币 17,500 元

J0130537
苏联十六个加盟共和国　上海市中苏友好协
会编
上海　上海人民美术出版社　1954 年［16 册］
［15cm］定价：CNY2.95

J0130538

塔吉克苏维埃社会主义共和国　上海市中苏友好协会编

上海　上海人民美术出版社　1954年　有照片

15cm（64开）定价：CNY0.18

（苏联十六个加盟共和国　12）

J0130539

土库曼苏维埃社会主义共和国　上海市中苏友好协会编

上海　上海人民美术出版社　1954年　有照片

15cm（64开）定价：CNY0.18

（苏联十六个加盟共和国　14）

J0130540

乌克兰苏维埃社会主义共和国　上海市中苏友好协会编

上海　上海人民美术出版社　1954年　有照片

15cm（64开）定价：CNY0.18

（苏联十六个加盟共和国　2）

J0130541

乌兹别克苏维埃社会主义共和国　上海市中苏友好协会编

上海　上海人民美术出版社　1954年　有照片

15cm（64开）定价：CNY0.18

（苏联十六个加盟共和国　4）

J0130542

幸福的苏联儿童　上海市中苏友好协会编

上海　上海人民美术出版社　1954年　有照片

15cm（64开）定价：CNY0.24

J0130543

亚美尼亚苏维埃社会主义共和国　上海市中苏友好协会编

上海　上海人民美术出版社　1954年　有照片

15cm（64开）定价：CNY0.18

（苏联十六个加盟共和国　13）

J0130544

中国工农业展览会在莫斯科　上海市中苏友好协会编

上海　上海人民美术出版社　1954年

定价：CNY0.28

J0130545

匈牙利摄影艺术展览

北京　1955年　1册　21cm（32开）

J0130546

匈牙利摄影艺术展览

南京　1956年　1册　18cm（32开）

J0130547

埃及　冯之丹著文；陈伯坚等摄影

北京　解放军画报社　1956年　定价：CNY0.45

（解放军画报丛刊）

J0130548

北极探险记　（摄影画册）上海市中苏友好协会编

上海　上海人民美术出版社　1956年

定价：CNY0.40

J0130549

波兰艺术摄影作品选集　上海人民美术出版社编辑

上海　上海人民美术出版社　1956年　影印本

70页　21cm（32开）统一书号：8081.0867

定价：CNY1.15

J0130550

共产主义建设的宏伟纲领　（苏联发展国民经济第六个五年计划）解放军画报社编辑

［北京］解放军画报社　1956年　定价：CNY0.40

（解放军画报丛刊）

J0130551

列宁莫斯科地下电车道　上海市中苏友好协会编

上海　上海人民美术出版社　1956年

定价：CNY0.40

J0130552

莫斯科风光　（摄影画册）上海市中苏友好协会编

上海　上海人民美术出版社　1956年

定价：CNY0.40

J0130553

苏联集体农庄的幸福生活　黑龙江省中苏友好协会宣传部编

［哈尔滨］黑龙江人民出版社 1956 年

定价：CNY0.25

J0130554

苏联山区农民幸福生活的道路　四川省中苏友好协会编

［成都］四川人民出版社 1956 年

定价：CNY0.13

J0130555

苏联社会主义工业化给农民带来的好处

（摄影画册）上海市中苏友好协会编

上海　上海人民美术出版社 1956 年

定价：CNY0.40

J0130556

苏联体育的光辉成就　（摄影画册）上海市中苏友好协会编

上海　上海人民美术出版社 1956 年

定价：CNY0.51

J0130557

向荒地进攻　（照片集）辽宁省中苏友好协会筹备委员会编

［沈阳］辽宁人民出版社 1956 年　定价：CNY0.18

J0130558

印度名摄影家沙尔玛作品展览　（印度）沙尔玛（P.N.Sharma）摄

北京　中印友好协会 1956 年　1 册 19cm（32 开）

J0130559

在苏联拉脱维亚的农村里　（照片集）辽宁省中苏友好协会筹备委员会编

［沈阳］辽宁人民出版社 1956 年　定价：CNY0.20

J0130560

走苏联农民的道路　（画册）北京市中苏友好协会宣传部编

［北京］北京大众出版社 1956 年　定价：CNY0.18

J0130561

风景摄影　（苏）谢·库·伊凡诺夫—阿里鲁也夫（С.К.Иванов-Аллилуев）著；袁苓，虞孝宽译

上海　上海人民美术出版社 1957 年　39 页

有插图 21cm（32 开）统一书号：T8081.2171

定价：CNY0.70

（摄影知识丛书）

J0130562

匈牙利摄影艺术选集　上海人民美术出版社编辑

上海　上海人民美术出版社 1957 年　影印本

96 页 21cm（32 开）统一书号：T8081.2682

定价：CNY2.00

J0130563

德意志民主共和国"约翰·哈特菲尔德"摄影剪辑艺术展览会　（德）哈特菲尔德作

北京　对外文化联络委员会 1958 年 21cm（32 开）

J0130564

苏联摄影艺术作品选集　中苏友好协会总会，中国摄影学会编

北京　人民美术出版社 1958 年 46 页 24cm（16 开）

统一书号：8027.1648　定价：CNY1.10

J0130565

波兰摄影艺术展鉴会　对外文化联络委员会编

北京　对外文化联络委员会 1960 年 20cm（32 开）

J0130566

舒曼纪念图片　音乐出版社编辑

［北京］音乐出版社 1960 年 24 张（套）

定价：CNY1.00

J0130567

肖邦纪念图片　音乐出版社编辑

［北京］音乐出版社 1960 年 24 张（套）

定价：CNY1.00（铜版纸本），CNY1.00（道林纸本）

J0130568

风景摄影　（苏）伊凡诺夫－阿里鲁也夫 C.K. 著；程一虹译

北京　中国电影出版社 1961 年 48+30 页 有图表

19cm（32 开）统一书号：15061.88 定价：CNY0.60

　　本书是苏联风光摄影集，据 1958 年俄文版译出。

J0130569
中国古文物 （捷）威纳·富尔曼, 贝得利希·富尔曼摄影；人民美术出版社编辑
北京　人民美术出版社 1962 年　30cm（10 开）
精装 定价：CNY48.00

J0130570
加拿大摄影艺术
上海　上海人民美术出版社 1979 年　10 幅
38cm（6 开）统一书号：8081.11540
定价：CNY2.10

J0130571
周恩来总理 〔意大利〕焦尔焦·洛蒂摄影
北京　文物出版社 1979 年　[1 张] 53cm（4 开）
定价：CNY0.28

J0130572
1981 年台历 （外国摄影作品）江苏人民出版社, 江苏科学技术出版社编辑
南京　江苏人民出版社 1980 年　15cm（64 开）
定价：CNY0.90
　　本书由江苏人民出版社和江苏科学技术出版社联合出版。

J0130573
葡萄牙当代摄影展 尹清仪, 苏中强摄影
[澳门]澳门市政厅 [1980—1999 年] 29cm（16 开）
　　外　文　书　名：Ciclo de Fotografia Portuguesa Contemporanea.

J0130574
世界人体艺术摄影集锦 波义斯等著
台北　培琳出版社 [1980—1989 年] 173 页
30cm（15 开）

J0130575
[1982 年美术挂历] （外国摄影）
南京　江苏人民出版社 1981 年　54cm（4 开）
定价：CNY3.50

J0130576
第一届国际摄影艺术展览作品集 （亚洲）
中国摄影出版社编辑
北京　中国摄影出版社 1981 年　25cm（15 开）
统一书号：8226.8 定价：CNY1.60

J0130577
世界摄影设计全集 （1）《世界摄影设计全集》编辑委员会编
台北　长旭图书公司 1981 年　212 页 26cm（16 开）
精装 定价：TWD1200.00

J0130578
人类一家 徐政夫总编；崔蕙萍译
台北　众文图书股份有限公司 1982 年　195 页
26cm（16 开）定价：CNY50.05
（众文摄影经典丛书 2）

J0130579
世界的儿童 徐政夫编辑
台北　众文图书股份有限公司 1982 年　192 页
26cm（16 开）定价：CNY3.50

J0130580
专业摄影精华 张博治编译
台北　雪山图书公司出版部 1982 年　57 页 有图
28cm（大 16 开）精装 定价：TWD350.00

J0130581
本世纪名摄影家 （三十五位著名的摄影家及其杰作）格鲁伯著；林道生译
台北　志文出版社 1983 年　243 页 有图
21cm（32 开）精装 定价：TWD160.00
（新潮艺术丛书 3）

J0130582
赤道彩虹 （东南亚摄影家佳作选）方学辉等选编
北京　友谊出版公司 1983 年　124 页 19cm（32 开）
统一书号：8309.2 定价：CNY22.00，CNY28.00（精装）
　　本集汇编了东南亚五国 26 位摄影家的 99 幅佳作。

J0130583
第二届国际摄影艺术展览作品集 （汉英文对照）邓历耕等编辑
北京 中国摄影出版社 1983年 76页 26cm（16开）
统一书号：8226.20
　　本书由中国摄影出版社和夏图广告设计有限公司联合出版联合出版。

J0130584
日本摄影家作品选　张宗尧编辑
北京 中国摄影出版社 1983年 84页 19cm（32开）
统一书号：8226.21 定价：CNY2.00
　　本书选收日本摄影师秋山庄太郎、白川义员、林忠彦、土门拳、大竹省二、三木淳、稻越功一的作品，并附评介。

J0130585
1985：国外艺术摄影
杭州 西湖摄影艺术出版社［1984年］54cm（4开）

J0130586
1985：外国摄影艺术作品集锦　（台历）
天津 天津人民美术出版社 1984年 19cm（32开）
定价：CNY2.50

J0130587
国际摄影艺术展览作品选　上海画报社编
上海 上海人民美术出版社［1984年］15页
17cm（40开）统一书号：8081.13871
定价：CNY0.65
　　本作品集包括苏联、美国、比利时、联邦德国、挪威等国家以及中国香港、澳门的15幅作品。

J0130588
西风残照故中国　（德）柏希曼（Boerschmann,
E.）摄影；翁万戈校释；罗智成译
台北 时报文化出版事业公司 1984年 237页
有图 21cm（32开）精装 定价：TWD320.00
（时报书系 576）

J0130589
1986：摄影挂历　《国际摄影》编辑部编
北京 中国摄影出版社［1985年］53cm（4开）
定价：CNY4.20

J0130590
1986：世界影星
北京 世界知识出版社 1985年 53cm（4开）

J0130591
1986：世界影星
北京 印刷工业出版社 1985年 53cm（4开）

J0130592
1986：外国电影明星
石家庄 河北美术出版社 1985年 53cm（4开）
定价：CNY1.50

J0130593
1986：外国电影明星
石家庄 河北美术出版社 1985年 85cm（3开）
定价：CNY2.90

J0130594
1986：外国艺术摄影
杭州 西湖摄影艺术出版社 1985年 2版
53cm（4开）定价：CNY4.00

J0130595
1986年外国摄影精选台历　陕西人民美术出版社编
西安 陕西人民美术出版社 1985年 19cm（32开）
定价：CNY2.00

J0130596
安塞尔·亚当斯摄影作品选　（美）亚当斯
（Adams, A.）摄；上海人民美术出版社编辑
上海 上海人民美术出版社 1985年 74页
20cm（32开）统一书号：8081.14309
定价：CNY1.80
　　本书选入美国著名风景摄影家安塞尔·亚当斯的70幅摄影作品。作者亚当斯（1902—1984），美国艺术摄影家，摄影教育家。

J0130597
国外摄影广告　李巍，黄明元编
桂林 漓江出版社 1985年 110页 18cm（15开）
统一书号：8256.204 定价：CNY5.30

J0130598

目击世界 （世界新闻摄影比赛作品选）中国新闻摄影学会编

沈阳 辽宁美术出版社 1985年 79页 19cm（32开）

定价：CNY3.60

　　本画册选辑了"世界新闻摄影荷兰基金会"所举办的世界新闻摄影比赛中获奖的和刊入年鉴的部分新闻照片。

J0130599

目击世界 （世界新闻摄影比赛作品选 Ⅱ）中国新闻摄影学会编

沈阳 辽宁美术出版社 1987年 114页 18×17cm

定价：CNY2.40

　　本选辑的作品在表现手法上具有的特点：1、直率地揭露事实真相；2、把事情的本质含义隐藏在画面之中；3、抒情；4、强烈对比；5、发现新角度，捕捉新形式。

J0130600

目击世界 （世界新闻摄影比赛作品选 Ⅲ）中国新闻摄影学会编

沈阳 辽宁美术出版社 1990年 166页 有照片 19cm（32开） ISBN：7-5314-0240-8

定价：CNY20.00

　　本书介绍1986年举行的第29届、1987年举行的第30届、1988年举行的第31届和1989年举行的第32届获奖作品共204幅

J0130601

年轻女孩 （David Hamilton 摄影集）（英）汉弥尔顿（Hamilton, D.）摄影；陈磔华撰文

台北 皇冠杂志社 1985年 26cm（16开）

精装 定价：TWD250.00（HKD50.00）

（皇冠丛书 1076 皇冠美的系列 1）

J0130602

摄影名家名作 龙髫祖，米家庆编著

北京 知识出版社 1985年 235页 19cm（32开）

统一书号：8214.33 定价：CNY2.00

J0130603

世界新闻得奖年鉴 （1986）

台北 时报出版公司 1986年 128页 有图 30cm（15开）定价：TWD300.00

外文书名：World Press Photo 1986.

J0130604

世界新闻摄影得奖年鉴 （1985）

台北 时报文化出版公司 1985年 112页 有图 30cm（15开）

外文书名：World Press Photo 1985.

J0130605

世界新闻摄影得奖年鉴 （1987）

台北 时报文化出版公司 1987年 128页 有照片 30cm（15开）定价：TWD300.00

外文书名：World Press Photo 1987.

J0130606

世界新闻摄影得奖年鉴 （1988）

台北 时报文化出版公司 1988年 128页 有照片 30cm（16开）定价：TWD300.00

外文书名：World Press Photo 1988.

J0130607

世界新闻摄影得奖年鉴 （1989）

台北 时报文化出版公司 1989年 128页 有照片 30cm（16开）定价：TWD300.00

外文书名：World Press Photo 1989.

J0130608

瞬间的摄影 廖大伟编译

台中 大藏文化书业公司 1985年 143页 有彩照 21cm（32开）精装 定价：TWD270.00

（摄影丛书 h5）

J0130609

外国摄影名家名作 龙熹祖，米家庆编著

北京 知识出版社 1985年 234页 19cm（32开）

统一书号：8214.33 定价：CNY2.00

　　本书精选了在摄影艺术史上不同艺术流派、倾向的有影响的28位外国著名摄影家和他们的最有代表性的90幅作品。

J0130610

外国摄影艺术作品集锦：1986 宫正编

天津 天津人民美术出版社 1985年 19cm（32开）

定价：CNY2.50

J0130611

小猫咪 （日）本多信男摄

台北 艺术图书公司 1985 年 92 页 有图

21cm（32 开）定价：TWD120.00

（精致生活丛书 2）

　　外文书名：Kitty.

J0130612

小猫族 （日）本多信男摄

台北 艺术图书公司 1985 年 93 页 有彩照

21cm（32 开）定价：TWD120.00

（精致生活丛书 3）

　　外文书名：The Kitty Family.

J0130613

幽默新闻摄影 （美）J. 费伯选编；高学余译

北京 中国展望出版社 1985 年 122 页

20cm（32 开）定价：CNY1.10

　　本书是一本幽默新闻作品的集子，共收有作品 57 幅，作品后均附有简要文字说明。

J0130614

中国北京第六届国际摄影艺术展览作品集 （汉英对照）中国摄影出版社编

北京 中国摄影出版社［1992 年］78 页

29cm（16 开）ISBN：7-80007-096-4

J0130615

中国北京第四届国际摄影艺术展览作品集 邓历耕等编辑

北京 中国摄影出版社 1987 年 79 页 26cm（16 开）

ISBN：7-80007-012-3

　　外文书名：Works from Fourth International Photographic Art Exhibition Beijing China.

J0130616

中国第八届国际摄影艺术展览作品集 刘榜主编

北京 中国摄影出版社 1998 年 107 页

29cm（16 开）ISBN：7-80007-290-8

定价：CNY65.00

　　外文书名：Works from 8th International Photographic Art Exhibition.

J0130617

中华人民共和国第三届国际摄影艺术展览作品集 张宗尧等编辑

北京 中国摄影出版社 1985 年 75 页 26cm（16 开）

　　本画册共包括 400 余幅作品，其中荣获金、银、铜牌奖的作品 30 幅。这些作品是从来自 50 多个国家、地区的 2300 多位作者的 9000 多幅作品中评选出来的。外文书名：Works from Third International Photographic Art Exhibition People's Republic of China.

J0130618

1987：国外风情 （摄影挂历）

沈阳 辽宁美术出版社 1986 年 53cm（4 开）

定价：CNY5.50

J0130619

国际瞭望 江苏美术出版社编

南京 江苏美术出版社 1986 年 1 张 76cm（2 开）

定价：CNY0.46

J0130620

国外时装摄影艺术

杭州 西湖摄影艺术出版社［1986 年］18 张

［18cm］（36 开）定价：CNY0.80

J0130621

国外优秀摄影广告选 张树贤编

杭州 西湖摄影艺术出版社 1986 年 78 页

21cm（32 开）统一书号：8364.9 定价：CNY7.00

J0130622

世界摄影艺术流派图谱 任一权编著

杭州 西湖摄影艺术出版社 1986 年 152 页

19cm（32 开）统一书号：8364.16 定价：CNY1.95

　　本书选编 19 世纪中叶以后，欧、美、日本在摄影艺术史上有影响的 11 个主要流派的代表作品 120 余幅，入选作品在创作倾向和艺术特色上均有代表性。全书以图为主，并对各摄影艺术流派作了简略的介绍。作者任一权（1934—　　），编审、理论评论家。笔名黄岩、一荃。生于江苏南京，祖籍浙江黄岩县。任大连市群众艺术馆摄影。出版有《摄影艺术论文集》《当代中国摄影艺术史》《世界摄影艺术流派图谱》。

J0130623

中国——长征　安东尼·布赖恩等摄影
北京 中国出版对外贸易总公司 1986 年 320 页
38cm（6 开）精装

J0130624

封面摄影与设计　陈之川，王小钢编
杭州 西湖摄影艺术出版社 1987 年 78 页
21cm（32 开）统一书号：8364.163
ISBN：7–80536–005–7 定价：CNY8.50

J0130625

目击者　（世界新闻摄影获奖作品年鉴 1987）
郝国庆译；刘庆云著文；中国摄影出版社编辑
北京 中国摄影出版社 1987 年 110 页
26cm（16 开）ISBN：7–80007–014–X
定价：CNY6.20

J0130626

瑞士风光　左珍玲编
上海 上海人民美术出版社 1987 年 1 张
76cm（2 开）定价：CNY0.28

J0130627

少女熠星布鲁克·希尔兹　　江明编译
杭州 西湖摄影艺术出版社 1987 年 111 页
19cm（32 开）
（世界影星摄影画库·少女熠星）

J0130628

摄影史话　邓明编著
上海 上海人民美术出版社 1987 年 108 页
有照片 19cm（32 开）ISBN：7–5322–0023–X
定价：CNY0.86
（摄影自学丛书）
　　本书从摄影技术发展和摄影艺术发展史两
个方面，介绍摄影史的基本知识，主要内容分为
摄影术的诞生与发展和摄影的风格与流派两个
部分，其中有 39 幅图。

J0130629

世界广告摄影名作选　沙人文，张宗尧编
北京 中国摄影出版社 1987 年 128 页
26cm（16 开）ISBN：7–80007–017–4
定价：CNY19.50

　　外 文 书 名：The World's Best Advertising
Photographs.

J0130630

世界名家摄影专集　（1）新形象出版公司编
辑部编
台北 新形象出版事业公司 1987 年 有照片
35cm（6 开）精装 定价：TWD650.00
　　外文书名：Photography.

J0130631

世界摄影广告
成都 四川美术出版社 1987 年 79 页 24cm（16 开）
统一书号：8373.1025 ISBN：7–5410–0003–5
定价：CNY12.00

J0130632

世界足球明星
北京 人民体育出版社 1987 年 2 张 76cm（2 开）
定价：CNY0.60

J0130633

外国广告摄影　王小滨，钟建明编著
南京 江苏美术出版社 1987 年 72 页 19cm（32 开）
统一书号：8353.6073 定价：CNY4.95

J0130634

外国广告摄影 350 例　江苏美术出版社编
南京 江苏美术出版社 1987 年 72 页 19cm（32 开）
统一书号：8353.6.073 定价：CNY4.95

J0130635

意大利风光　平宇编
济南 山东美术出版社 1987 年 2 张 76cm（2 开）
定价：CNY0.56

J0130636

中国摄影家罗小韵作品集　罗小韵摄；杨恩编
北京 人民美术出版社 1987 年 30cm（16 开）
定价：CNY26.00
　　本摄影画册收入作者个人摄影作品 82 幅。
作者罗小韵（1953— ），女，摄影家。湖南桂
东县人，生于北京，毕业于中国人民大学摄影
专业，获美国纽约大学摄影硕士。出版有《大西
北纪行》《自然与人文的交响诗——三江并流》

《我看美国》《边疆之旅》《中国摄影家罗小韵作品集》。

J0130637

1989：国外摄影艺术 （挂历）

沈阳 辽宁人民出版社 1988 年 78cm（3 开）

定价：CNY8.00

J0130638

陈立诚摄影艺术 （新加坡）陈立诚摄；山东大学摄影学会编辑

徐州 中国矿业大学出版社 1988 年 105 页 20cm（32 开）ISBN：7-81021-064-5

　　作者陈立诚（1942—　　），新加坡摄影家。出生于新加坡，祖籍广东汕头澄海港口。

J0130639

亨利·卡蒂埃·布勒松摄影作品 黑龙江画报社编辑

哈尔滨 黑龙江人民出版社 1988 年 158 页 19cm（小 32 开）ISBN：7-207-00194-0

定价：CNY4.80

J0130640

魅态摄影 朱枢编译

成都 四川人民出版社 1988 年 82 页 19cm（32 开）

ISBN：7-220-00453-2 定价：CNY9.50

J0130641

女子闲暇时装 黄世厚编

成都 四川人民出版社 1988 年 94 页 有照片 26cm（16 开）ISBN：7-220-00461-3

定价：CNY14.50

J0130642

摄影 （第一期）盛二龙主编；王苗等编

杭州 浙江摄影出版社 1988 年 80 页 26cm（16 开）

ISBN：7-80536-027-8 定价：CNY8.60

　　主编盛二龙（1948—　　），广东中山人，毕业于浙江美术学院附中。历任浙江人民美术出版社美术编辑、浙江摄影出版社社长，《浙江画报》社社长兼主编。作品有《红孩子、红队长、红爷爷》《山姑娘》（合作）《江山多娇》。作者王苗（1951—　　），摄影家。北京人。历任中国新闻社摄影记者、香港中国旅游出版社副社长、总编

辑，中国摄影家协会理事。出版摄影集有《敦煌飞天》《西藏神秘的高原》等。

J0130643

摄影 （第二期 纪实摄影专辑）盛二龙主编；王苗等编

杭州 浙江摄影出版社 1989 年 96 页 26cm（16 开）

ISBN：7-80536-041-3 定价：CNY8.60

J0130644

摄影 （第三期 阿尔勒 88 专辑）盛二龙主编；王苗等编

杭州 浙江摄影出版社 1989 年 96 页 26cm（16 开）

ISBN：7-80536-047-2 定价：CNY8.60

J0130645

摄影人体艺术 茅小浪等编

南京 江苏美术出版社 1988 年 25cm（16 开）

ISBN：7-5344-0055-4 定价：CNY28.50

　　外文书名：Photographical Art of Human Body.

J0130646

世界广告摄影 尚飞，韩博编

北京 中国星星出版公司 1988 年 74 页 21cm（32 开）ISBN：7-80039-075-6

定价：CNY9.80

　　本书由中国星星出版公司和华艺出版社联合出版。

J0130647

世界华侨华人摄影家作品集 周毅主编；中国华侨摄影学会编辑

广州 花城出版社 1988 年 107 页 29cm（15 开）

ISBN：7-5360-0374-9 定价：CNY28.00

　　本作品集选入世界各地 98 位华侨华人摄影家的 107 幅佳作。外文书名：Selected Works of Photographers of the Overseas Chinese and Chinese Descendents Throughout the World.

J0130648

世界人体摄影

上海 上海人民美术出版社 1988 年 93 页 28cm（15 开）ISBN：7-5322-0452-9

定价：CNY33.00

　　本摄影集共收入世界著名摄影家的人体摄

影作品 85 幅，按时代先后和风格流派编排。其格调健康高雅，反映了世界人体摄影艺术在一个世纪的主要成就。

J0130649

世界人体摄影艺术精华赏析　罗简，河汉编著
北京　文化艺术出版社　1988 年　104 页　17×19cm
ISBN：7-5039-0321-X　定价：CNY13.00

J0130650

世界新闻摄影比赛作品选　（Ⅱ）中国新闻摄影学会编
沈阳　辽宁美术出版社　1988 年　114 页　有照片
17×19cm　ISBN：7-5314-0032-4　定价：CNY3.85

J0130651

世界新闻摄影比赛作品选　中国新闻摄影学会编
沈阳　辽宁美术出版社　1988 年　79 页　有照片
19cm（32 开）ISBN：7-5314-0033-2
定价：CNY3.10

J0130652

世界新闻摄影作品选评　徐国兴主编；中国人民大学新闻系新闻摄影专业 1985 级本科学生撰稿
北京　长城出版社　1988 年　263 页　19cm（32 开）
ISBN：7-80017-059-4　定价：CNY2.30

J0130653

第五届国际摄影艺术展览作品集　中国摄影出版社编
北京　中国摄影出版社　1989 年　79 页
28cm（大 16 开）ISBN：7-80007-048-4

　　本书又名《北京第五届国际摄影艺术展览作品集》。本书由中国摄影出版社和大道文化有限公司联合出版。外文书名：Works from Fifth International Photographic Art Exhibition.

J0130654

儿童—生命的初步　杨小彦，杨石友编
广州　岭南美术出版社　1989 年 94 页 20cm（32 开）
ISBN：7-5362-0349-7　定价：CNY12.60
（专题摄影系列）

J0130655

法伯摄影集　钟锋译；良凉编
南宁　广西人民出版社　1989 年　26cm（16 开）
精装　ISBN：7-219-01067-2
定价：CNY25.00，CNY18.00（平装）

J0130656

法伯摄影集　良凉编；钟峰译
南宁　广西人民出版社　1989 年　82 页　26cm（16 开）
ISBN：7-219-01068-0　定价：CNY18.00

J0130657

国际超级歌后玛多娜　（摄影）江苏美术出版社编
南京　江苏美术出版社　1989 年　1 张　53cm（4 开）
定价：CNY0.53

J0130658

国际人体艺术摄影赏析　（苏）理曼塔斯·吉哈维乔斯摄；霍天达编译
海口　南海出版公司　1989 年　67 页　26cm（16 开）
定价：CNY12.50

J0130659

国际体育摄影选集　马晓宁等编
北京　工人出版社　1989 年　156 页　有照片
18×17cm　ISBN：7-5008-0329-X　定价：CNY9.00
（外国摄影赏析丛书）

　　本摄影集选入各国摄影家的体育摄影作品 156 幅，其中不少为国际影展上的获奖作品。这些作品表现出的新闻纪录性、现场性、竞技性和真实性，展示了比赛的激烈程度和典型瞬间特点。同时体现出拍摄方法中的高速快门法、低速快门法、追随拍摄等。

J0130660

国际肖像摄影选集　马晓宁等编
北京　工人出版社　1989 年　154 页　19cm（32 开）
ISBN：7-5008-0330-3　定价：CNY9.00
（外国摄影赏析丛书）

　　本书通过世界著名摄影师的肖像摄影作品 154 幅，不仅可以从中领略世界知名政治家、科学家、艺术家、体育明星的风采，还可了解摄影家们是如何理解与表现对象的。他们为达到理想的效果，在光线的运用、构图与角度的设计、

瞬间的选择、环境的处理上匠心独运。

J0130661

国外人体摄影艺术观摩展首展作品集　林路等编

南宁　广西人民出版社　1989 年　104 页
26cm（16 开）精装　ISBN：7-219-01103-2
定价：CNY25.00

J0130662

国外人体摄影艺术精品　林路编

福州　海潮摄影艺术出版社　1989 年　108 页
26cm（16 开）定价：CNY36.00

J0130663

国外人体艺术摄影　孙肃显编

郑州　河南美术出版社　1989 年　80 页　26cm（16 开）
ISBN：7-5401-0073-7　定价：CNY22.00

J0130664

国外人体艺术摄影选　河川编

天津　天津人民美术出版社　1989 年　19cm（32 开）
定价：CNY11.50

　　本书由天津人民美术出版社和百花文艺出版社联合出版。

J0130665

国外室内装饰之一　（摄影　1990 年农历庚午年年历）

北京　人民美术出版社　1989 年　1 张　76cm（2 开）
定价：CNY1.00

J0130666

国外室内装饰之二　（摄影　1990 年农历庚午年年历）

北京　人民美术出版社　1989 年　1 张　76cm（2 开）
定价：CNY1.00

J0130667

国外室内装饰之三　（摄影　1990 年农历庚午年年历）

北京　人民美术出版社　1989 年　1 张　76cm（2 开）
定价：CNY1.00

J0130668

国外室内装饰之四　（摄影　1990 年农历庚午年年历）

北京　人民美术出版社　1989 年　1 张　76cm（2 开）
定价：CNY1.00

J0130669

红与黑　（摄影　1990 年农历庚午年年历）（美）李小镜摄影

石家庄　河北美术出版社　1989 年　1 张　78cm（2 开）
定价：CNY0.65

J0130670

侯登科摄影作品集　侯登科摄

杭州　浙江摄影出版社　1989 年　27×19cm

　　本书选录作者有关农民现实生活的个人摄影作品集，收有摄影作品 44 幅。作者侯登科（1950—2003），纪实摄影家。陕西凤翔人，代表作品有《麦客》《黄土地上的女人》《四方城》等。

J0130671

花中之花　（摄影集）（苏）基哈维丘斯摄

北京　中外文化出版公司　1989 年　26cm（16 开）
ISBN：7-80042-057-4　定价：CNY25.00

J0130672

画意的创造　杨小彦，杨石友编

广州　岭南美术出版社　1989 年　94 页　19cm（32 开）
ISBN：7-5362-0353-5　定价：CNY12.80
（专题摄影系列）

J0130673

卡蒂埃 - 布勒松摄影作品选　（法）卡蒂埃 - 布勒松摄

上海　上海人民美术出版社　1989 年　74 页
21cm（32 开）ISBN：7-5322-0430-8
定价：CNY2.80

　　本书精选作者 70 幅摄影作品，其中有《让·保尔·萨特》《告密者》《国民党反动派统治的末日》《穆夫塔尔大街》等。

J0130674

美的写照　（世界摄影名家人物作品辑）J·斯哥费尔德等著；孙平，冯展编译

长沙　湖南美术出版社　1989 年　58 页　26cm（16 开）

ISBN：7-5356-0326-2 定价：CNY13.00

J0130675
美丽的大自然　杨小彦，杨石友编
广州 岭南美术出版社 1989年 94页 19cm（32开）
ISBN：7-5362-0352-7 定价：CNY14.75
（专题摄影系列）

J0130676
人体摄影艺术名作　（国外100位著名摄影家
作品选）大舰，曾胡编
北京 朝花美术出版社 1989年 120页
26cm（16开）ISBN：7-5056-0100-8
定价：CNY24.00
　　外文书名：The Famous Photographic Works
of Nude.

J0130677
人体艺术摄影
沈阳 辽宁美术出版社 1989年 88页 26cm（16开）
ISBN：7-5314-0226-2 定价：CNY23.00

J0130678
人体——永恒的美　张海凡等编
广州 岭南美术出版社 1989年 94页 19cm（32开）
ISBN：7-5362-0354-3 定价：CNY15.00
（专题摄影系列）

J0130679
人体——永恒的美　张海凡等编
广州 岭南美术出版社 1989年 94页 20cm（32开）
定价：CNY15.00
（专题摄影系列）

J0130680
日本纹身艺术　（日）藤井秀树，小林照子摄影
海口 南海出版公司 1989年 26cm（16开）
定价：CNY22.00

J0130681
商业摄影　潘雷编
广州 岭南美术出版社 1989年 73页 19×21cm
定价：CNY8.85
（现代艺术画丛）

J0130682
世界超级影星史泰隆　（摄影）
南京 江苏美术出版社 1989年 1张 53cm（4开）
定价：CNY2.00

J0130683
世界华人摄影作品选　方学辉，葛骞选编
北京 中国友谊出版公司 1989年 122页
25cm（15开）ISBN：7-5057-0157-6
定价：CNY40.00
　　本书收入旅居美国、法国、加拿大、泰国、
新加坡、马来西亚、印尼及中国台港澳等国家和
地区的78位华侨华人摄影家的122幅作品。作
品内容有：人物肖像、山水风光、海外华人生活
风貌。外文书名：Selected Works of Photography
by Chinese Over the World.

J0130684
世界女性人体艺术摄影　朱枢编
长沙 湖南文艺出版社 1989年 100页 17×18cm
ISBN：7-5404-0401-9 定价：CNY22.00

J0130685
世界人体摄影技艺　董学军等编译
北京 中国青年出版社 1989年 168页
26cm（16开）ISBN：7-5006-0501-3
定价：CNY28.00

J0130686
世界人体摄影艺术　董学军等编译
北京 中国青年出版社 1989年 168页
26cm（16开）定价：CNY28.00

J0130687
世界著名摄影家人体摄影艺术　冯汉纪等
选编
杭州 浙江摄影出版社 1989年 105页
26cm（16开）ISBN：7-80536-046-4
定价：CNY37.00

J0130688
世界著名影星凯茜·史密斯　（摄影）
南京 江苏美术出版社 1989年 1张 53cm（4开）
定价：CNY2.00

J0130689

世界著名影星凯茜·史密斯　（摄影）
南京　江苏美术出版社　1989 年　1 张　53cm（4 开）
定价：CNY0.53

J0130690

外国人体摄影艺术　南京图书馆选编；翟墨
著文配诗
北京　中国广播电视出版社　1989 年　80 页
26cm（16 开）ISBN：7-5043-0216-3
定价：CNY24.00

　　作者翟墨（1941—2009），编辑。原名翟葆艺，
河南尉氏人。毕业于郑州大学中文系和中国艺
术研究院研究生部美术系。历任《郑州晚报》记
者，《中国美术报》副主编，《美术观察》杂志副主
编，中国艺术研究院中国文化研究室研究员，东
方美术交流学会理事等。作品有《艺术家的美学》
《绘画美》等。

J0130691

现代人体艺术摄影鉴赏　金石编
呼和浩特　内蒙古人民出版社　1989 年　94 页
26cm（16 开）定价：CNY30.00

J0130692

肖像——时代的写照　杨小彦，杨石友编
广州　岭南美术出版社　1989 年　94 页　24cm（16 开）
ISBN：7-5362-0351-9　定价：CNY10.80
（专题摄影系列）

J0130693

新潮与梦幻　杨小彦，杨石友编
广州　岭南美术出版社　1989 年　94 页　24cm（16 开）
ISBN：7-5362-0350-0　定价：CNY11.50
（专题摄影系列）

J0130694

阳光下的中国人体　张华铭等摄
贵阳　贵州美术出版社　1989 年　26cm（16 开）
定价：CNY23.00

　　本书为中国人体艺术摄影画册，收有女性
人体照片 117 幅。画册有刘海粟序，并摘录了
达·芬奇、菲狄亚斯、丹纳、米开朗基罗等艺术家
有关人体艺术的论述。作者张华铭，摄影家。著
有《自然之花，中国人体艺术摄影》，与陈耀武合

作《有阳光下的中国人体》。

J0130695

中外人体摄影艺术欣赏　花城出版社，广州
美术学院美术研究所编辑
广州　花城出版社　1989 年　101 页　29cm（16 开）
ISBN：7-5360-0443-5　定价：CNY34.00

　　外文书名：Appreciation of the Art of Nude
Photography.

J0130696

中外人体摄影艺术欣赏　花城出版社，广州
美术学院美术研究所编辑
广州　花城出版社　1989 年　101 页　27cm（16 开）
定价：CNY24.00

　　本书集中选编了美国的戈登、瑞士的沃格
特，日本的富吉等摄影家的人体艺术摄影的代表
作品。

J0130697

1991：国际摄影艺术欣赏　（挂历）朱家实
选编
天津　天津人民美术出版社　1990 年　76cm（2 开）
定价：CNY18.80

J0130698

情诗与梦幻　（世界大诗人爱情名诗与现代摄
影精选）北河编
成都　四川文艺出版社　1990 年　63 页　有彩照
19cm（32 开）ISBN：7-5411-0661-5
定价：CNY4.80

J0130699

人体摄影艺术　杨恩编；田村编；字琦译
北京　朝花美术出版社　1990 年　116 页
28cm（16 开）ISBN：7-5056-0106-7
定价：CNY35.00

　　本书汇集国际百位摄影家人体摄影艺术作
品，选编时侧重东方女性。作品包含户外、室内、
灯光、自然光和红外线摄影、多次曝光等摄影技
巧的运用，以及写实、写意、印象等流派的表现
手法。作品大部分选自外国人体摄影艺术大赛
和年鉴的精品，反映了当前世界人体摄影艺术的
水准。共有摄影作品 110 幅。

J0130700

摄影文化名人肖像　木甬等编
杭州　浙江摄影出版社　1990 年　203 页
20cm（32 开）ISBN：7-80536-095-2
定价：CNY9.80
　　本摄影集收入拿达尔、卡休、哈斯曼、丹肯等一批著名摄影家拍摄的与摄影家同时代文化名人的肖像作品 100 幅。

J0130701

世界华侨华人摄影佳作选　中国华侨摄影学会编辑
北京　中国华侨出版公司　1990 年　29cm（15 开）
ISBN：7-80074-314-4　定价：CNY65.00
　　本摄影集作品是从第二届世界华侨华人摄影作品展览的 200 多幅作品中遴选出来的优秀摄影作品选。

J0130702

世界十大球星
南京　江苏人民出版社　1990 年　10 张　15cm（40 开）
定价：CNY2.20

J0130703

世界艺术摄影图库　何雪峰等编选
杭州　浙江摄影出版社　1990 年　139 页
27cm（16 开）定价：CNY17.00

J0130704

世界艺术摄影图库　何雪峰等编选
杭州　浙江摄影出版社　1992 年　26cm（16 开）
精装　ISBN：7-80536-170-3　定价：CNY48.00
　　外文书名：The Pictorial Anthology of World's Photographic Art.

J0130705

世界艺术摄影图库　何雪峰，傅新生，郎水龙编选
杭州　浙江摄影出版社　1997 年　重印本
26cm（16 开）ISBN：7-80536-170-3
定价：CNY48.00
　　外文书名：The Pictorial Anthology of World's Photographic Art.

J0130706

亚洲风情　（亚洲摄影艺术优秀作品选）朱家实主编
北京　国际文化出版公司　1990 年　106 页　有彩图
26cm（16 开）ISBN：7-80049-628-7
定价：CNY27.00
　　本摄影集选入联合国教科文组织亚洲文化中心举办的亚太地区摄影比赛第 1 至第 14 届获奖作品 205 幅，通过照片反映了亚洲人民的多彩生活、风俗民情、自然风光和社会现状，展现亚洲各国人民的精神风貌。

J0130707

影星戴安娜·莱恩
天津　天津人民美术出版社　1990 年　1 张
53cm（4 开）定价：CNY0.30

J0130708

1992：国际摄影艺术欣赏　（挂历）
天津　天津人民美术出版社［1991 年］76cm（2 开）
定价：CNY18.80

J0130709

冬天的日出　（摄影）（美）亚当斯摄
南京　江苏美术出版社　1991 年　1 张　53m（4 开）
定价：CNY0.95
　　作者亚当斯（1902—1984），美国艺术摄影家，摄影教育家。

J0130710

广告摄影　（泰国）陈达瑜摄
杭州　浙江人民美术出版社　1991 年　91 页
17×19cm　ISBN：7-5340-0301-6　定价：CNY19.00
　　本书阐述了广告公司的概念；广告动片与静片的区别与特点；广告摄影的基本条件、主要工具和构思、设计及其制作的一般方法。并以 28 幅彩色静片广告摄影作品和 6 组彩色动片广告摄影作品为实例，对每幅作品的创意构思、道具安排、布光方法及一些特殊效果的制作窍门作了简要的说明。作者陈达瑜，泰籍华裔，著名专业广告摄影家。

J0130711

海湾战争新闻摄影集　（1）《世界知识画报》编辑部编

北京 世界知识出版社 1991 年 47 页 有照片
26cm（16 开）ISBN：7-5012-0379-2
定价：CNY3.60

J0130712
李小镜摄影集 （广告专辑）（美）李小镜摄
石家庄 河北美术出版社 1991 年 67 页
20cm（32 开）ISBN：7-5310-0223-X
定价：CNY17.00
　　本书选入作者在美国多年从事广告摄影工
作所积累的优秀作品，其中彩色图片 48 幅，黑
白图片 16 幅。文字部分介绍作者从事广告摄影
工作的缘由、广告摄影创作、广告摄影所积累的
创作经验和表现手法。

J0130713
玛丽莲·梦露 （摄影）
杭州 浙江人民美术出版社 1991 年 1 张
107cm（全开）定价：CNY4.00

J0130714
群星灿烂：外国电影明星剧照精选 （1）
南京 江苏美术出版社 1991 年 72 页
27cm（大 16 开）ISBN：7-5344-0191-7
定价：CNY6.80
　　本套书收辑了 20 世纪 30、60 年代外国著名
女影星的剧照近 300 幅，并对一些主要演员作了
简单介绍。

J0130715
群星灿烂：外国电影明星剧照精选 （2）
南京 江苏美术出版社 1991 年 64 页
27cm（大 16 开）ISBN：7-5344-0192-5
定价：CNY6.20

J0130716
世界风光 （摄影四条屏）
北京 人民美术出版社 1991 年 2 张 76cm（2 开）
定价：CNY1.20

J0130717
世界风光 （摄影四条屏）易明供稿
西安 陕西人民美术出版社 1991 年 2 张
76cm（2 开）定价：CNY1.20

J0130718
世界风光 （摄影四条屏）
上海 上海人民美术出版社 1991 年 4 张
76cm（2 开）定价：CNY4.40

J0130719
世界揽胜 胡建瑜摄
天津 天津人民美术出版社 1991 年 2 张
76cm（2 开）ISBN：7-5305-2197-6
定价：CNY1.20

J0130720
世界一瞬间 （[摄影集]）张海潮，张海军编译
北京 国际文化出版公司 1991 年 92 页
26cm（16 开）ISBN：7-80049-695-3
定价：CNY7.00

J0130721
瞬间 （普利策摄影奖获奖作品（1942—1982））
（美）利克利，（美）利克利编；王景堂编译
北京 中国摄影出版社 1991 年 169 页 有照片
20cm（32 开）定价：CNY5.20
（摄影家参考丛书）
　　本书收集了 1942 年到 1982 年间的获奖照
片 55（幅、组），共计 125 幅，以及有关历史背
景及拍摄经过等介绍性文字 4 万字。外文书名：
Moments：The Pulitzer Prize Photographs.

J0130722
小人大幽默 （摄影集）彭子诚，张新奇编
海口 三环出版社 1991 年 80 页 20cm（32 开）
ISBN：7-80564-579-5 定价：CNY4.80

J0130723
月亮和半圆山 （摄影）（美）亚当斯摄
南京 江苏美术出版社 1991 年 1 张 53m（4 开）
定价：CNY0.95
　　作者亚当斯（1902—1984），美国艺术摄影
家，摄影教育家。

J0130724
国外优秀广告摄影荟萃 文生等选编
福州 海潮摄影艺术出版社 1992 年 64 页
26cm（16 开）ISBN：7-80562-190-X
定价：CNY18.90

J0130725

好莱坞红艳影星 （摄影画册）叶音主编

南宁 广西美术出版社 1992 年 32 页 26cm（16 开）
ISBN：7-80582-109-7 定价：CNY5.50

J0130726

酒井法子水瓶座写真集 （日）酒井法子作

新店［台湾］尖端出版公司 1992 年 有照片
30cm（10 开）精装 定价：TWD250.00

J0130727

历史的瞬间与瞬间的历史 蒋齐生主编

北京 长城出版社 1992 年 276 页 有照片
19cm（小 32 开）ISBN：7-80017-167-1
定价：CNY4.50

　　本书选取 101 幅中外摄影名作，并介绍其产
生的历史背景。作者蒋齐生（1917—1997），新闻
摄影理论家、高级编辑。陕西户县人。曾任新华
通讯社新闻摄影编辑部副主任、新闻摄影家协会
常务理事、中国新闻摄影学会会长等。作品有《老
舍》《肖三》《郭沫若》《吴晗》等，出版《新闻摄
影论集》《新闻摄影一百四十年》《新闻摄影的价
值与规律》《摄影史记》等。

J0130728

世界摄影 150 年 （奉献给 21 世纪的映像数
据库）

杭州 浙江人民美术出版社 1992 年 295 页
26cm（16 开）精装 ISBN：7-5340-0338-5
定价：CNY69.50

　　本摄影集精选 400 余幅世界著名摄影作品，
内容分为艺术、肖像、新闻、人体、纪实、科学、
都市、风光、时装、广告、新潮等。外文书名：
150 Year of Photography Worldwide.

J0130729

世界著名摄影大师哈尔斯曼摄影艺术

（美）哈尔斯曼（Halsman, Philippe）摄；陈颐等
编译

北京 人民美术出版社 1992 年 176 页 17×18cm
ISBN：7-102-01025-7 定价：CNY14.00

　　本画册精选哈尔斯曼的肖像名作 100 余幅，
还附有哈尔斯曼自传和他的摄影札记。作者菲
利普·哈尔斯曼（Phillipe Halsman, 1906—1979），
美国著名摄影家。生于欧洲的拉脱维亚首府里

加市。曾任美国杂志摄影家协会第一任主席。
代表作品有《哈尔斯曼的透视眼光》《菲利普·哈
尔斯曼论摄影意念的产生》。

J0130730

艺用人体摄影图谱 原野等编

呼和浩特 内蒙古人民出版社 1992 年 152 页
26cm（16 开）ISBN：7-204-00791-3
定价：CNY30.00

J0130731

1994：国际摄影艺术欣赏 （摄影挂历）

天津 天津人民美术出版社［1993 年］76×53cm
定价：CNY26.80

J0130732

工藤静香写真集 （日）堤あおい摄影

台北 东贩公司 1993 年 有照片 31cm（10 开）

J0130733

蓝色伊甸·马尔地夫 （简荣泰摄影集）简荣
泰摄

台北 淑馨出版社 1993 年 72 页 有照片
20×21cm 精装 ISBN：957-531-314-3
定价：TWD500.00

　　外文书名：Blue Eden: the Maldives, Photographs
of Jung-Tai Chien.

J0130734

美の丝 （摄影艺术画册 摄影集）

武汉 湖北科技出版社 1993 年 26cm（16 开）
ISBN：7-5352-1029-5 定价：CNY12.80

J0130735

世界摄影广告 山华等编

南宁 广西美术出版社 1993 年 127 页
26cm（16 开）ISBN：7-80582-656-0
定价：CNY18.00

J0130736

想你台北 Shinin Rum （酒井法子写真集）
井ノ元浩二摄

台北 东贩公司 1993 年 有照片 31cm（10 开）
精装 ISBN：957-643-031-3 定价：TWD350.00

　　外 文 书 名：Noriko Sakai Photographys in

Taiwan.

J0130737
印度的音符 （沙漠之邦拉贾斯坦 1992 随笔）
萧国坤摄
台北 淑馨出版社 1993 年 25×26cm 精装
ISBN：957-531-294-5 定价：TWD600.00
　　外文书名：The Rhythm of India.

J0130738
1995：国际摄影艺术欣赏 （摄影挂历）（美）
道格拉斯，柯克兰等摄
天津 天津人民美术出版社 1994 年 有图
77×53cm 定价：CNY33.50

J0130739
95 年度写真精选年鉴
新店［台湾］尖端出版公司 1994 年 有照片
27cm（大 16 开）精装 定价：TWD199.00
（Best Show 1）

J0130740
法国巴黎埃菲尔铁塔 （摄影）
北京 中国电影出版社 1994 年 1 张 77×53cm
定价：CNY1.80

J0130741
法国皇家花园 （勒诺特尔庭园设计作品）麦
克勒（Mackler, J.B.）摄；史库利（Scully, V.）文
台北 地景企业公司 1994 年 144 页 有照片
21×30cm ISBN：957-8976-06-2
定价：TWD400.00

J0130742
费雯丽 （摄影）
北京 中国电影出版社 1994 年 1 张 107×74cm
定价：CNY4.20

J0130743
伏尔加河之旅 （中英俄文本 俄罗斯文化艺
术掠影）张桐胜摄影，编著
北京 中国摄影出版社 1994 年 328 页
36cm（15 开）ISBN：7-80007-152-9
定价：CNY800.00（USD98.00）
　　本书以《莫斯科》《圣彼得堡》《迷人的世

界》《伏尔加河》等 10 个专题的摄影作品，展现
了俄罗斯的文化艺术。

J0130744
高桥由美子写真集 细野晋司摄
台北 东贩公司 1994 年 31cm（10 开）
精装 ISBN：957-643-090-9 定价：TWD400.00

J0130745
卡希人像摄影选集 （加）尤索福·卡希
（YousufKarsh）原著；杨嘉华编；范佳毅译
上海 上海画报出版社 1994 年 187 页 25×26cm
精装 ISBN：7-80530-122-0 定价：CNY128.00
　　外文书名：Karsh Portrait Photograph Selected
Volume.

J0130746
玛丽莲·梦露 （摄影）
北京 中国电影出版社 1994 年 1 张 107×74cm
定价：CNY4.20

J0130747
迷人的东南亚 （摄影）范云兴撰文；鄂毅摄影
北京 中国旅游出版社 1994 年 2 张 77×53cm
定价：CNY3.60
　　作者鄂毅（1941—　　），摄影家。毕业于中央
工艺美术学院。曾任北京出版社美术编辑、中国
旅游出版社摄影编辑室主任。中国摄影家协会
会员、中国出版摄影艺术委员会副主任。主要作
品《晨歌》《姐妹松》《苍岩毓秀》等，著有《风光
摄影的理论与实践》。

J0130748
欧陆旅情 程大利摄
南京 江苏美术出版社 1994 年 2 张 77×53cm
定价：CNY2.80
　　作者程大利（1945—　　），书画家、编辑出
版家、美术理论家。江苏徐州人。历任江苏美
术出版社社长兼总编辑、副编审，中国美术家协
会会员，江苏省国画院特邀画师，中国年画研究
会常务理事等。主要作品有《曲尽箫笙息》《风
云际会时》《闲云》《太行岂止铁壁高》《汉风流
宕》等。

J0130749

石田光写真集　（日）渡边达生摄

台北　尖端出版公司　1994 年　27cm（大 16 开）

精装　ISBN：957-712-635-9　定价：TWD350.00

J0130750

世界风光　（摄影）刘亚湖摄影

北京　中国旅游出版社　1994 年　2 张　77×53cm

定价：CNY3.60

J0130751

苏姐萝　（旅人省思的镜头）徐小虎编；陆美珍译

台北　艺术家出版社　1994 年　79 页　有照片

30cm（10 开）ISBN：957-9500-61-4

定价：TWD350.00

　　　外文书名：The Roving Lense of Sue Darlow.

J0130752

泰国文化村　（摄影）胡维标摄

北京　中国旅游出版社　1994 年　1 张　38×106cm

定价：CNY1.90

　　　作者胡维标（1939— ），著名风光摄影家。江苏镇江市人。毕业于中国人民解放军防化学兵工程指挥学院新闻系。中国摄影家协会会员。摄影作品以旅游风光、古今建筑、文物为主。主要作品有《长城风光》《北京风光荟萃》《故宫》《天安门》。

J0130753

突发事件　（1906—1972 美联社优秀新闻摄影作品集）李志昭编；刘定寰译

上海　上海画报出版社　1994 年　134 页

26cm（16 开）精装　ISBN：7-80530-117-4

定价：CNY30.00

　　　外文书名：The Instant it Happened.

J0130754

我爱美人鱼　（日）

台北　万盛出版公司　1994 年　有照片

30cm（10 开）精装　ISBN：957-628-743-X

定价：TWD350.00

J0130755

夏娃·莎塔娜写真集

台北　尖端出版社　1994 年　有照片　29cm（16 开）

定价：TWD220.00

（漂亮宝贝系列 3）

J0130756

一个美国人难忘的云南印象　（1943—1994 英汉对照）（美）克拉夫奇克（Krawczyk，B.A.）著；中国云南国际文化交流中心编

昆明　云南美术出版社　1994 年　111 页　有照片

29×21cm　ISBN：7-80586-065-3　定价：CNY76.00

J0130757

一色纱英首次写真集　井之元浩二摄

新店［台湾］尖端出版公司　1994 年

27cm（大 16 开）精装　ISBN：957-712-592-1

定价：TWD350.00

J0130758

异国风情　建瑜，建华摄

南京　江苏美术出版社　1994 年　2 张　106×38cm

定价：CNY6.20

J0130759

音乐之城　（维也纳　摄影）叶维摄影撰文

南京　江苏美术出版社　1994 年　2 张　77×53cm

定价：CNY2.80

　　　作者叶维（1940— ），画家。江苏常熟人。毕业于南京师范大学美术系，受教于傅抱石、杨建侯诸大师。历任江苏美术出版社编辑室主任、副编审，中国美术家协会会员。代表作品《峡江晨曦》《碧玉留江南》《莫愁湖畔》。

J0130760

英格丽·褒曼　（摄影）

北京　中国电影出版社　1994 年　1 张　107×74cm

定价：CNY4.20

J0130761

1996：国际摄影艺术欣赏　（摄影挂历）天津人民美术出版社编

天津　天津人民美术出版社　1995 年　77×53cm

ISBN：7-5305-0498-3　定价：CNY25.00

J0130762

观月亚里沙写真集　［日］久保田昭人摄

台北 东贩公司 1995 年 重印本
31cm（10 开）精装 ISBN：957-643-043-7
定价：TWD450.00

J0130763
酒井法子　in　Greece　（日）山内顺仁摄
台北 尖端出版公司 1995 年 有照片
31cm（10 开）精装 ISBN：957-10-0004-3
定价：TWD450.00

J0130764
历史的沉吟　（国外突发事件新闻摄影作品选）
王毓国编译
北京 中国摄影出版社 1995 年 131 页
20cm（32 开）ISBN：7-80007-157-X
定价：CNY11.60

J0130765
世界风光　（摄影四条屏）杨茵，王文波摄
北京 中国旅游出版社 1995 年 2 张 77×53cm
定价：CNY5.20
　　作者杨茵，擅长摄影。主要的年历作品有
《颐和园》《华堂飘香》《楠溪江晨曲》等。

J0130766
世界风光揽胜　（摄影四条屏）王世明摄
北京 中国旅游出版社 1995 年 2 张 77×53cm
定价：CNY5.20

J0130767
中野良子
北京 中国青年出版社 1995 年 42 页 25×26cm
ISBN：7-5006-1999-5 定价：CNY35.00

J0130768
1997：世界风情　（摄影挂历）全景图片公司
等供稿
上海 上海人民美术出版社 1996 年 77×53cm
ISBN：7-5322-1538-5 定价：CNY27.50

J0130769
坂木优子写真集　［日］平田友二摄
台北 尖端出版社 1996 年 30cm（10 开）
ISBN：957-10-0101-5 定价：TWD280.00
　　外文书名：Stroke.

J0130770
抽象彩色摄影集　（中英文本）（美）阿瑟·格
诺斯曼（Arthur Grossman）摄；张明勤英文翻译
昆明 云南美术出版社 1996 年 48 页 有彩图
25×27cm ISBN：7-80586-300-8 定价：CNY55.00
　　外文书名：Abstract Color Photographs.

J0130771
饭岛直子写真集　（NAO 的方舟）山岸伸摄
台北县 尖端出版公司 1996 年 31cm（10 开）
ISBN：957-10-0102-3 定价：TWD280.00

J0130772
黑白巴黎　张耀摄
台北 时报文化出版企业公司 1996 年 254 页
有照片 26cm（16 开）ISBN：957-13-2115-X
定价：TWD350.00
（人间丛书 239）

J0130773
老山东　（威廉·史密斯的第二故乡 中英文本）
（加）Gerald B.Sperling（施吉利），宋家珩编
济南 山东美术出版社 1996 年 ［86］页 有照片
25cm（小 16 开）ISBN：7-5330-0993-2
定价：CNY68.00
　　外文书名：Old Shandong: Reverend William
A. Smith's Shandong.

J0130774
人体摄影艺术　杨克林等编
上海 上海画报出版社 1996 年 重印本 130 页
26cm（16 开）ISBN：7-80530-007-0
定价：CNY44.00
　　本书选用自 1853 年至今欧、美、亚洲人体
摄影照片共 126 幅，其中彩色 38 幅，部分照片为
各国人体摄影家的原作。作者杨克林，擅长摄影。
主要作品有年历《时装·女东方衫》《怒放》《漫
游太空》等。

J0130775
世界摄影艺术名作纵览　任一权编著
北京 中国摄影出版社 1996 年 21+18+638 页
21cm（32 开）ISBN：7-80007-214-2
定价：CNY95.00
　　作者任一权（1934—　），编审、理论评论

家。笔名黄岩、一荃。生于江苏南京，祖籍浙江
黄岩县。任大连市群众艺术馆摄影。出版有《摄
影艺术论文集》《当代中国摄影艺术史》《世界摄
影艺术流派图谱》。

J0130776

世界现代广告摄影经典
南京　江苏美术出版社　1996 年　29cm（16 开）
ISBN：7-5344-0610-2　定价：CNY78.00

J0130777

摘取世界新闻摄影大赛桂冠成功之路　刘
庆云著
北京　中国摄影出版社　1996 年　190 页
21cm（32 开）ISBN：7-80007-147-2
定价：CNY14.80
　　本书包括了关于世界新闻摄影比赛、分
WPP 人物介绍、附录一世界新闻摄影比赛统计
表、附录二 1995 年第 38 届世界新闻摄影比赛章
程等具体的详细内容。

J0130778

震撼世界的影像　（战争与和平·灾难与希望）
中国摄影家杂志社编译
北京　国际文化出版公司　1996 年　64 页
29cm（12 开）ISBN：7-80105-518-7
定价：CNY38.00

J0130779

大峡谷奇观风光摄影精选　（美）（比恩）Tom
Bean 等摄影
广州　世界图书出版公司　1997 年　126 页
30×41cm　精装　ISBN：7-5062-3258-8
定价：CNY280.00
　　外文书名：The Grand Canyon.

J0130780

大自然景观　（风光·动物摄影集　英文）（美）
[T.D. 曼格尔森] Thomas D.Mangelsen 摄
广州　广东世界图书出版公司　1997 年　232 页
有彩照 31cm（10 开）精装
ISBN：7-5062-3257-X　定价：CNY280.00

J0130781

加拿大名胜　禾木，木子摄

南京　江苏美术出版社　1997 年　2 张　76×52cm
定价：CNY4.30
　　　　作者木子（1956—　），本名李惠民，艺名木
子，生于浙江湖州。历任浙江省美术家协会会员，
浙江省油画家协会会员。代表作有《皖南》《暖
色小镇》《阳光》《墨荷系列：中国画》。

J0130782

美国掠影　少忠等摄
南京　江苏美术出版社　1997 年　2 张　76×52cm
定价：CNY4.30

J0130783

美国山河风光摄影佳作　（美）（比恩）Tom
Bean 等摄影
广州　广东世界图书出版公司　1997 年　重印本
132 页　30×41cm　精装　ISBN：7-5062-3259-6
定价：CNY280.00

J0130784

商业摄影广告　（食品、生活用品类）林松编撰
杭州　浙江摄影出版社　1997 年　259 页
26cm（16 开）ISBN：7-80536-339-0
定价：CNY98.00

J0130785

世界自然奇观　（自然界 100 个壮丽奇观）汤
建中译
上海　上海人民出版社　1997 年　207 页
30cm（10 开）ISBN：7-208-02568-1
定价：CNY160.00

J0130786

亚洲风情　少忠，廉夫摄
南京　江苏美术出版社　1997 年　2 张　76×52cm
定价：CNY4.30

J0130787

80 年代热镜头　柏文华编译
天津　百花文艺出版社　1998 年　314 页
20cm（32 开）ISBN：7-5306-2733-3
定价：CNY22.50

J0130788

90 年代热镜头　（和平　发展　恐惧　希望　灾难

生存 摄影集）柏文华编译
天津 百花文艺出版社 1998年 318页
20cm（32开）ISBN：7-5306-2729-5
定价：CNY22.50

J0130789
百年写真 （800经典照片）苏莉等编
长春 长春出版社 1998年 3册（275；275；275页）
20cm（32开）ISBN：7-80604-743-3
定价：CNY48.00（全3册）

J0130790
彩色罗马 张耀文；张耀摄
台北 时报文化出版企业公司 1998年 263页
有照片 26cm（16开）ISBN：957-13-2735-2
定价：TWD499.00
（新人间特区 004）

J0130791
动物世界写真 （马）（英）斯特瑞［著］；樊拥
军译
天津 天津人民美术出版社 1998年 78页
33×26cm 精装 ISBN：7-5305-0973-X
定价：CNY85.00

J0130792
风景摄影 （美）艾伦·罗卡奇（Allen Rokach），
（美）安妮·米尔曼（Anne Millman）著；张明敏译
杭州 浙江摄影出版社 1998年 127页
26cm（16开）ISBN：7-80536-477-X
定价：CNY70.00
（摄影现场指导系列）

J0130793
核世纪 （人类灭绝性武器的真实故事）洛晋
编著
北京 中国民族摄影艺术出版社 1998年
2册（628页）20cm（32开）
ISBN：7-80069-238-8 定价：CNY40.00

J0130794
黑镜头 （西方摄影记者眼中的世界风云）黄
利编译
北京 中国文史出版社 1998年 2册（616页）
20cm（32开）ISBN：7-5034-0930-4

定价：CNY42.80
　　本套书以大量的镜头记录了20世纪的最难
忘的瞬间。它来自不同的方面：可能是战争，可
能是一场运动，可能是一次异想天开的科学实
验等。

J0130795
黑镜头 （3-4）阿夏编译
北京 中国文史出版社 1998年 2册（296；296页）
20cm（32开）ISBN：7-5034-0945-2
定价：CNY46.80

J0130796
黑镜头 （5-6）阿夏编译
北京 中国文史出版社 1998年 2册（261+335页）
20cm（32开）ISBN：7-5034-0953-3
定价：CNY46.80

J0130797
黑镜头 （7-8）阿夏编译
北京 中国文史出版社 1999年 2册（302+303页）
20cm（32开）ISBN：7-5034-1014-0
定价：CNY46.80

J0130798
黑镜头 （9、10 世界新闻摄影比赛大奖 世界
单幅新闻摄影经典作品）阿夏，肖桐编译
北京 中国文史出版社 1999年 2册（290+306页）
20cm（32开）ISBN：7-5034-1054-X
定价：CNY48.80
　　外文书名：Immortal Moment by Great Pho-
tographers.

J0130799
黑镜头 （11）阿夏编译
西安 陕西师范大学出版社 1999年 358页
20cm（32开）ISBN：7-5613-2038-8
定价：CNY26.00

J0130800
环球婚纱摄影 应立国［摄］
北京 人民美术出版社 1998年 72页 26cm（16开）
精装 ISBN：7-102-01939-4 定价：CNY99.00

J0130801

健美写真集　郭豫斌编

呼和浩特　内蒙古人民出版社　1998 年

26cm（16 开）　ISBN：7-204-04423-1

定价：CNY24.80

J0130802

杰米·菲利蒲斯商业摄影　（美）杰米·菲利蒲

斯（Jamie Phillips）摄

杭州　浙江人民美术出版社 ［1998 年］74 页

29cm（16 开）ISBN：7-5340-0437-3

定价：CNY75.00

J0130803

苦孩子　（人类受难儿童的苦镜头）黄顿编译

延吉　延边大学出版社　1998 年　2 册（16+448 页）

20cm（32 开）ISBN：7-5634-1047-3

定价：CNY40.00

J0130804

模特·结构·动态　（摄影集）李欣，金横林主编

哈尔滨　黑龙江美术出版社　1999 年　401 页

29cm（16 开）ISBN：7-5318-0594-4

定价：CNY98.00

J0130805

模特·结构·姿态　（摄影集）李欣主编

哈尔滨　黑龙江美术出版社　1998 年

2 册（246；251 页）29cm（16 开）

ISBN：7-5318-0517-0　定价：CNY168.00

J0130806

人类的记忆　（首届中国国际民俗摄影《人类

贡献奖》年赛获奖作品选　中英文本）沈澈主编

北京　北京大学出版社　1998 年　259 页

29cm（16 开）ISBN：7-301-03997-2

定价：CNY240.00

外文书名：Memories of the Mankind.

J0130807

人体圣经　（二十世纪人体作品摄影集）（美）

威廉·艾温（William A.Ewing）著；邱琼瑶译

台北　耶鲁国际文化事业公司　1998 年　432 页

21cm（32 开）ISBN：957-8323-03-4

定价：TWD699.00

（思想生活屋）

J0130808

摄影大师—500 经典巨作　PhaidonPress-

Limited 编著

济南　山东画报出版社　1998 年　512 页

29cm（16 开）精装　ISBN：7-80603-232-0

定价：CNY480.00

J0130809

世界摄影大师——瑞茨　（替世界塑造"偶像"

的大师）（美）H. 瑞茨（Herb Ritts）［摄］；狄源

沧编

南京　江苏美术出版社　1998 年　32 页 26cm（16 开）

（世界经典摄影大师系列丛书）

　　本书收有美国青年摄影师瑞茨的《麦当娜》

《坐着的娜俄米》《高调女模特像》《马赛依妇女

及其女》等 30 余幅人像作品。作者狄源沧（1926—

2003），摄影家、摄影评论家。江苏太仓县人。字

公望。毕业于北京大学历史系。中国摄影家协

会会员。主要摄影作品有《睡莲》《白菊》《知春

亭》。出版著作有《摄影佳作欣赏》《世界摄影佳

作欣赏》等。

J0130810

世界最新摄影构成与平面设计精品集　海

涛，海洋编

合肥　安徽美术出版社　1998 年　130 页

26cm（16 开）ISBN：7-5398-0667-2

定价：CNY68.00

外文书名：A Selection of the Best Contempo-

rary International Photographic and Graphic Design.

J0130811

特镜头　石磊编

北京　中国社会出版社　1998 年　10+300 页　有照片

20cm（32 开）ISBN：7-80146-118-5

定价：CNY22.60

J0130812

外国老照片　汪丽主编

北京　中国民族摄影艺术出版社　1998 年　234 页

19cm（小 32 开）ISBN：7-80069-181-0

定价：CNY16.80

J0130813
心灵交响诗 （日本池田大作摄影诗集）（日）
池田大作著；赵琼译
北京 世界图书出版公司 1998 年 32 页
26cm（16 开）精装 ISBN：7-5062-2677-4
定价：CNY280.00

J0130814
心灵交响诗 （池田大作摄影诗集）（日）池田
大作著；赵琼译
西安 世界图书出版公司西安分公司 1998 年
95 页 29cm（16 开）精装 ISBN：7-5062-2677-4
定价：CNY280.00

J0130815
2000：世界摄影巨匠亚当斯作品选 （摄影
挂历）上海书画出版社编
上海 上海书画出版社 1999 年 43×49cm
ISBN：7-80635-393-3 定价：CNY98.00

J0130816
2000：外国摄影精品 （摄影挂历）上海书画
出版社编
上海 上海书画出版社 1999 年 43×49cm
ISBN：7-80635-392-5 定价：CNY98.00

J0130817
20 世纪国外人体摄影艺术 狄源沧编著
南昌 江西美术出版社 1999 年 99 页 29cm（16 开）

J0130818
20 世纪黑镜头 （1900—1999）聂义峰编著
北京 当代世界出版社 1999 年 3 册（52+1668 页）
29cm（16 开）精装 ISBN：7-80115-195-X
定价：CNY980.00

J0130819
阿威顿 （诚实的摄影 赤裸的时装）（美）R. 阿
威顿（Richard Avedon）摄；狄源沧编
南京 江苏美术出版社 1999 年 32 页
28cm（大 16 开）ISBN：7-5344-0895-4
定价：CNY18.00
（世界摄影大师）

J0130820
边境·近境 （日）松村映三，（日）村上春树著；
夏朵译
台北 时报文化出版企业公司 1999 年 150 页
20×21cm ISBN：957-13-2862-6 定价：TWD280.00
（新人间特区 6）

J0130821
大地采风 （《大地地理杂志》十年摄影精选）
丁卫国［等］摄影
台北 大地地理出版事业股份有限公司 1999 年
160 页 29cm（16 开）精装
ISBN：957-8236-03-4 定价：TWD1500.00

J0130822
动物形态写真 张泽编
沈阳 辽宁美术出版社 1999 年 70 页 24×26cm
ISBN：7-5314-2069-4 定价：CNY40.00
（艺用系列图片集）

J0130823
风景摄影高级教程 （美）约翰·菲尔德（John
Fielder）著；易秋，考兴译
杭州 浙江摄影出版社 1999 年 192 页 有图
27×27cm 精装 ISBN：7-80536-626-8
定价：CNY180.00

J0130824
国外商业摄影集萃 宋子龙主编
合肥 安徽美术出版社 1999 年 116 页 18×21cm
ISBN：7-5398-0671-0 定价：CNY28.00
（世界实用美术精品屋）

J0130825
哈尔斯曼 （超现实主义的人像摄影怪杰）（美）
P. 哈尔斯曼（Phillipe Halsman）摄；狄源沧编
南京 江苏美术出版社 1999 年 32 页
28cm（大 16 开）ISBN：7-5344-0891-1
定价：CNY18.00
（世界摄影大师）

J0130826
黑白幽默 （世界著名幽默摄影及故事）阿伟
编译
呼和浩特 内蒙古人民出版社 1999 年 14+294 页

20cm（32 开）ISBN：7-204-04645-5

定价：CNY25.80

（二十世纪新视点丛书）

J0130827

黑镜头 （1500 张照片中的 100 年　西方摄影记者眼中的 20 世纪）黄利主编

北京　中国文史出版社　1999 年　6 册　20cm（32 开）

精装　ISBN：7-5034-0974-6　定价：CNY148.00

J0130828

黑镜头 （西方摄影记者眼中的 20 世纪 1900—1999）黄利主编

北京　中国文史出版社　1999 年　6 册　有照片

20cm（32 开）ISBN：7-5034-0974-6

定价：CNY148.80

J0130829

花卉形态写真　周迅编

沈阳　辽宁美术出版社　1999 年　70 页　24×26cm

ISBN：7-5314-2068-6　定价：CNY40.00

（艺用系列图片集）

J0130830

纪实摄影 （美）亚瑟·罗特施坦（ArthurRoth-stein）著；李文吉译

台北　远流出版事业公司　1999 年　163 页　有照片

21cm（32 开）ISBN：957-32-1940-9

定价：TWD200.00

（艺术馆 15）

　　外文书名：Documentary Photography.

J0130831

卡什 （专拍时代脸孔的巨匠）（加）Y.卡什（YousufKarsh）摄；狄源沧编

南京　江苏美术出版社　1999 年　32 页

28cm（大 16 开）ISBN：7-5344-0894-6

定价：CNY18.00

（世界摄影大师）

J0130832

乐凯摄影　杜昌焘，刘榜主编

北京　中国摄影出版社　1999 年　148 页　29×27cm

ISBN：7-80007-328-9

定价：CNY108.00，CNY160.00（精装）

本册中的摄影作品共 145 幅，大部分选自 1986 年以来第一届至第七届乐凯摄影艺术大奖赛的优秀作品，还有一部分是从国内外著名摄影家的作品中选出，所有作品使用乐凯胶卷拍摄。

J0130833

鸟、昆虫形态写真　王晓晓编

沈阳　辽宁美术出版社　1999 年　70 页　24×26cm

ISBN：7-5314-2070-8　定价：CNY40.00

（艺用系列图片集）

J0130834

女性艺术摄影赏析　荒原主编；旭日撰文

长春　吉林摄影出版社　1999 年　102 页

21cm（32 开）ISBN：7-80606-326-9

定价：CNY49.80

本书以风情篇和人体篇，展示给读者赏心悦目，创意独具匠心的摄影作品，从不同角度与层面展现了女性之美。

J0130835

萨尔加多 （与苦难者呼吸同一口空气的人）（巴西）S. 萨尔加多（Sebastiao Salgado）摄；狄源沧编

南京　江苏美术出版社　1999 年　32 页

28cm（大 16 开）ISBN：7-5344-0892-X

定价：CNY18.00

（世界摄影大师）

　　作者狄源沧（1926—2003），摄影家、摄影评论家。江苏太仓县人。字公望。毕业于北京大学历史系。中国摄影家协会会员。主要摄影作品有《睡莲》《白菊》《知春亭》。出版著作有《摄影佳作欣赏》《世界摄影佳作欣赏》等。

J0130836

摄影家 （丛书　第一辑）

杭州　浙江摄影出版社　1999 年　140 页

30cm（16 开）ISBN：7-80536-617-9

定价：CNY135.00

　　中英文本，外文书名：Photographers.

J0130837

摄影家 （丛书　第二辑）

杭州　浙江摄影出版社　1999 年　142 页

30cm（16 开）ISBN：7-80536-618-7

定价：CNY135.00

　　中英文本，外文书名：Photographers

J0130838

摄影家 （丛书 第三辑）
杭州 浙江摄影出版社 1999 年 141 页
30cm（16 开）ISBN：7-80536-619-5
定价：CNY135.00

　　中英文本，外文书名：Photographers.

J0130839

摄影家 （丛书 第四辑）
杭州 浙江摄影出版社 1999 年 141 页
30cm（16 开）ISBN：7-80536-620-9
定价：CNY135.00

　　中英文本，外文书名：Photographers.

J0130840

世界名人私人相册　李雪季等编
北京 中国文联出版公司 1999 年 4 册
28cm（大 16 开）精装 ISBN：7-5059-3331-0
定价：CNY1495.00

J0130841

世界人体摄影艺术 （东方卷）海潮摄影艺术
出版社编
福州 海潮摄影艺术出版社 1999 年 88 页
29cm（13 开）ISBN：7-80562-578-6
定价：CNY48.00

J0130842

世界人体摄影艺术 （西方卷）海潮摄影艺术
出版社编
福州 海潮摄影艺术出版社 1999 年 88 页
29cm（13 开）ISBN：7-80562-579-4
定价：CNY48.00

J0130843

威尼斯进行式　张耀摄
台北 时报文化出版企业公司 1999 年 222 页
有照片 26cm（16 开）ISBN：957-13-2878-2
定价：TWD490.00
（新人间特区 7）

J0130844

微妙世界　江荣先摄影·编著
北京 中国建筑工业出版社 1999 年 180 页
20cm（32 开）ISBN：7-112-03822-7
定价：CNY50.00
（美在自然丛书）

J0130845

艺术·人体·动势 （意）马克·爱德华·史密斯摄
沈阳 辽宁美术出版社 1999 年 159 页
29cm（16 开）ISBN：7-5314-2147-X
定价：CNY49.50
（艺术家手册）

J0130846

永恒的瞬间 （1912—1913）法国阿尔贝·肯
恩博物馆著
北京 中国林业出版社 1999 年 12 页
27cm（大 16 开）ISBN：7-5038-2421-2

J0130847

造型艺术 （人体与绘画）高盛奎撰文 / 摄影
杭州 西泠印社 1999 年 2 册（91+91 页）
29cm（16 开）ISBN：7-80517-441-5
定价：CNY98.00

　　本书内容包括姿态造型基础、名画与模特造型、光影造型、局部造型、摄影艺术造型、静物与人体六部分讲述造型艺术。

J0130848

长镜头 （世纪末的隐秘）胡坦编译
北京 昆仑出版社 1999 年 346 页 20cm（32 开）
ISBN：7-80040-389-0 定价：CNY22.80

各国摄影年历

J0130849

澳大利亚悉尼 （摄影 1983 年年历）
北京 人民美术出版社 1982 年［1 张］54cm（4 开）
定价：CNY0.20

J0130850

希腊雅典 （摄影 1983 年年历）

北京　人民美术出版社 1982 年　1 张　54cm（4 开）
定价：CNY0.20

J0130851
美国三蕃市屋兰桥　（摄影　1984〈农历甲子
年〉年历）
北京　人民美术出版社 1983 年　54cm（4 开）
定价：CNY0.20

J0130852
意大利威尼斯　（摄影　1984〈农历甲子年〉
年历）
北京　人民美术出版社 1983 年　1 张　54cm（4 开）
定价：CNY0.20

J0130853
英国泰晤士河畔西敏寺　（摄影　1984〈农历
甲子年〉年历）
北京　人民美术出版社 1983 年　54cm（4 开）
定价：CNY0.20

J0130854
1985：美国风光　（摄影挂历）
杭州　西泠印社 1984 年　54cm（4 开）
定价：CNY3.30

J0130855
奥地利风光　（摄影 1985 年年历）
北京　人民美术出版社 1984 年［1 张］54cm（4 开）
定价：CNY0.20

J0130856
澳大利亚悉尼　（摄影 1985 年年历）
北京　人民美术出版社 1984 年［1 张］54cm（4 开）
定价：CNY0.20

J0130857
比利时风光　（摄影 1985 年年历）
南京　江苏美术出版社 1984 年　78cm（2 开）
定价：CNY0.28

J0130858
挪威风光　（摄影 1985 年年历）
北京　人民美术出版社 1984 年　54cm（4 开）
定价：CNY0.20

J0130859
日本风景　（摄影　1985 年年历）
杭州　西泠印社 1984 年　54cm（4 开）
定价：CNY0.40

J0130860
山口百惠·三浦友和　（摄影 1985 年年历）
南京　江苏美术出版社 1984 年　76cm（2 开）
定价：CNY0.50

J0130861
威尼斯水港　（摄影 1985 年年历）
济南　山东美术出版社 1984 年　1 张　54cm（4 开）
定价：CNY0.20

J0130862
夏威夷风光　（摄影 1985 年年历）
北京　人民美术出版社 1984 年　1 张　54cm（4 开）
定价：CNY0.20

J0130863
1985—1986：摄影·世界风光
天津　天津杨柳青画社 1985 年　78cm（3 开）
定价：CNY4.30

J0130864
1986：巴黎时装
武汉　湖北美术出版社 1985 年　53cm（4 开）
定价：CNY4.20

J0130865
1986：世界风光摄影
天津　天津人民美术出版社 1985 年　76cm（2 开）
定价：CNY4.50

J0130866
1986：外国风光摄影
北京　中国旅游出版社 1985 年　53cm（4 开）

J0130867
1986：外国人像摄影
杭州　西湖摄影艺术出版社 1985 年　54cm（4 开）
定价：CNY4.00

J0130868
1986：外国时装荟萃
重庆 重庆出版社 1985 年 53cm（4 开）
定价：CNY3.00

J0130869
1986：外国影星
银川 宁夏人民出版社 1985 年 53cm（4 开）
定价：CNY4.00

J0130870
1986 年国外风光月历　摄影丛刊编辑部编
上海 上海人民美术出版社 1985 年 53cm（4 开）
定价：CNY4.00

J0130871
1987：国外人像摄影艺术集锦
重庆 重庆出版社 1985 年 19cm（32 开）
定价：CNY2.50

J0130872
巴西圣保罗　（摄影 1986 年年历）
北京 中国摄影出版社［1985 年］1 张 53cm（4 开）
定价：CNY0.30

J0130873
姐妹　（摄影 1986 年年历）（联邦德国）斯·帕
尔柯摄影
北京 中国电影出版社［1985 年］1 张 54cm（4 开）
定价：CNY0.35

J0130874
美国影星波姬小丝　（摄影 1986 年年历）上
海画报出版社编辑
上海 上海画报出版社 1985 年 1 张 54cm（4 开）
定价：CNY0.28

J0130875
美国影星戈蒂·霍恩　（摄影 1986 年年历）
上海画报出版社编辑
上海 上海画报出版社［1985 年］1 张 54cm（4 开）
定价：CNY0.28

J0130876
美国影星海伦·丝莲特　（摄影 1986 年年历）

上海画报出版社编辑
上海 上海画报出版社［1985 年］1 张 54cm（4 开）
定价：CNY0.28

J0130877
美国著名影星波姬小丝　（摄影 1986 年年历）
北京 中国摄影出版社［1985 年］1 张 54cm（4 开）
定价：CNY0.30

J0130878
母与子　（摄影 1986 年年历）（联邦德国）
汉·密勒作
长沙 湖南美术出版社 1985 年 1 张 76cm（2 开）
定价：CNY0.48

J0130879
日本影星池上季富子　（摄影 1986 年年历）
太原 山西人民出版社 1985 年 1 张 85cm（3 开）
定价：CNY0.33

J0130880
日本影星饭千惠子等　（摄影 1986 年年历）
上海画报出版社编辑
上海 上海画报出版社［1985 年］1 张 53cm（4 开）
定价：CNY0.28

J0130881
日本影星——高仓美贵　（摄影 1986 年年历）
杭州 浙江人民美术出版社 1985 年 1 张
53cm（4 开）定价：CNY0.24

J0130882
日本影星古手川佑子　（摄影 1986 年年历）
太原 山西人民出版社［1985 年］1 张 85cm（3 开）
定价：CNY0.33

J0130883
日本影星——古手川佑子　（摄影 1986 年
年历）
银川 宁夏人民出版社 1985 年 1 张 85cm（3 开）
定价：CNY0.23

J0130884
日本影星——古手川佑子　（摄影 1986 年
年历）

杭州　浙江人民美术出版社　1985 年　1 张
85cm（3 开）定价：CNY0.24

J0130885
日本影星里见奈保　（摄影　1986 年年历）
太原　山西人民出版社［1985 年］1 张　85cm（3 开）
定价：CNY0.33

J0130886
日本影星栗原小卷　（摄影　1986 年年历）
太原　山西人民出版社［1985 年］1 张　85cm（3 开）
定价：CNY0.33

J0130887
日本影星名取裕子　（摄影　1986 年年历）
郑州　河南人民出版社［1985 年］1 张　85cm（3 开）
定价：CNY0.33

J0130888
日本影星山口百惠　（摄影　1986 年年历）
太原　山西人民出版社［1985 年］1 张　85cm（3 开）
定价：CNY0.33

J0130889
日本影星田中好子　（摄影　1986 年年历）上
海画报出版社编辑
上海　上海画报出版社［1985 年］1 张　53cm（4 开）
定价：CNY0.28

J0130890
日本影星由美馨　（摄影　1986 年年历）上海
画报出版社编辑
上海　上海画报出版社［1985 年］1 张　53cm（4 开）
定价：CNY0.28

J0130891
世界风光　（摄影　1986 年年历）
南昌　江西人民出版社［1985 年］1 张　76cm（2 开）
定价：CNY0.48

J0130892
外国风光人物　（摄影　1986 年年历）
南昌　江西人民出版社［1985 年］1 张　53cm（4 开）
定价：CNY0.24

J0130893
一九八六：巴黎时装
杭州　浙江科学技术出版社　1985 年　1 张
53cm（4 开）定价：CNY4.00

J0130894
一九八六：日本影星　顾棣，高金禄编
太原　山西人民出版社　1985 年　1 张　78cm（3 开）
定价：CNY5.50

J0130895
一九八六：外国影星月历　上海画报出版社编
上海　上海画报出版社　1985 年　1 张　53cm（4 开）
定价：CNY4.30

J0130896
一九八六：影星　山口百惠［著］
合肥　安徽美术出版社　1985 年　1 张　53cm（4 开）
定价：CNY4.30

J0130897
1987：国外风光　（摄影挂历）
成都　四川美术出版社　1986 年　53cm（4 开）
定价：CNY4.80

J0130898
1987：国外风光　（摄影挂历）
北京　新华出版社［1986 年］76cm（2 开）
定价：CNY8.50

J0130899
1987：国外风光摄影佳作选　（挂历）
成都　四川美术出版社　1986 年　53cm（4 开）
定价：CNY4.20

J0130900
1987：世界风光　（摄影挂历）
北京　北京体育学院出版社　1986 年　76cm（2 开）
定价：CNY8.20

J0130901
1987：世界风光　（摄影挂历）
石家庄　河北美术出版社　1986 年　53cm（4 开）
定价：CNY4.20

J0130902
1987：世界风光 （摄影挂历）
哈尔滨 黑龙江美术出版社 1986 年 78cm（2 开）
定价：CNY5.60

J0130903
1987：世界风光 （摄影挂历）
武汉 湖北少年儿童出版社 1986 年 53cm（4 开）
定价：CNY4.50

J0130904
1987：世界风光 （摄影挂历）
沈阳 辽宁美术出版社 1986 年 76cm（2 开）
定价：CNY8.00

J0130905
1987：世界风光 （摄影挂历）
广州 岭南美术出版社 1986 年 53cm（4 开）
定价：CNY4.20

J0130906
1987：世界风光 （摄影挂历）
通辽 内蒙古少年儿童出版社 ［1986 年］
78cm（3 开）定价：CNY5.50

J0130907
1987：世界风光 （摄影挂历）
济南 山东人民出版社 1986 年 76cm（2 开）
定价：CNY8.00

J0130908
1987：世界风光 （摄影挂历）山东友谊书社编
济南 山东人民出版社 1986 年 78cm（2 开）
定价：CNY5.50

J0130909
1987：世界风光 （摄影挂历）
太原 山西人民出版社 1986 年 76cm（2 开）
定价：CNY8.00

J0130910
1987：世界风光 （摄影挂历）
天津 天津人民美术出版社 1986 年 38cm（6 开）
定价：CNY5.20

J0130911
1987：世界现代建筑风光 （摄影挂历）
上海 上海同济大学出版社 ［1986 年］54cm（4 开）
定价：CNY4.50

J0130912
1987：外国风情 （摄影挂历）
天津 天津人民美术出版社 1986 年 53cm（4 开）
定价：CNY4.20

J0130913
1987：外国季装集锦 （摄影挂历）
合肥 安徽美术出版社 1986 年 78cm（2 开）
定价：CNY5.60

J0130914
波姬·小斯 （摄影 1987 年年历）
广州 岭南美术出版社 1986 年 1 张 53cm（4 开）
定价：CNY0.30

J0130915
电影明星波姬小丝 （摄影 1987 年年历）
昆明 云南人民出版社 1986 年 1 张 53cm（4 开）
定价：CNY0.22

J0130916
古手川佑子 （摄影 1987 年年历）
天津 天津人民美术出版社 1986 年 1 张
76cm（2 开）定价：CNY0.45

J0130917
国外建筑风光 （摄影 1987 年年历）
乌鲁木齐 新疆人民出版社 1986 年 1 张
53cm（4 开）定价：CNY0.20

J0130918
美国影星波姬·小丝 （摄影 1987 年年历）
郑州 河南美术出版社 1986 年 1 张 76cm（2 开）
定价：CNY0.50

J0130919
美国影星斯泰隆 （摄影 1987 年年历）
杭州 西湖摄影艺术出版社 1986 年 1 张
53cm（4 开）定价：CNY0.25

J0130920
美国影星伊莎贝拉·阿加尼 （摄影 1987 年年历）
郑州 河南美术出版社 1986 年 1 张 76cm（2 开）
定价：CNY0.50

J0130921
日本电影新星 （摄影 1987 年年历）
郑州 河南美术出版社 1986 年 1 张 76cm（2 开）
定价：CNY0.50

J0130922
日本女人 （摄影 1987 年年历）
杭州 西湖摄影艺术出版社 1986 年 1 张
76cm（2 开）定价：CNY0.50

J0130923
日本影视明星山口百惠 （摄影 1987 年年历）
长沙 湖南美术出版社 1986 年 1 张 78cm（2 开）
定价：CNY0.38

J0130924
日本影星 （摄影 1987 年年历）
郑州 河南美术出版社 1986 年 1 张 76cm（2 开）
定价：CNY0.50

J0130925
日本影星高仓健 （摄影 1987 年年历）
长沙 湖南美术出版社 1986 年 1 张 53cm（4 开）
定价：CNY0.26

J0130926
日本影星栗原小卷 （摄影 1987 年年历）
天津 天津人民美术出版社 1986 年 1 张
53cm（4 开）定价：CNY0.25

J0130927
日本影星山口百惠 （摄影 1987 年年历）
天津 天津人民美术出版社 1986 年 1 张
53cm（4 开）定价：CNY0.25

J0130928
日本影星松田圣子 （摄影 1987 年年历）
杭州 西湖摄影艺术出版社 1986 年 1 张
53cm（4 开）定价：CNY0.25

J0130929
日本影星沢口靖子 （摄影 1987 年年历）
杭州 西湖摄影艺术出版社 1986 年 1 张
53cm（4 开）定价：CNY0.25

J0130930
世界风光 （一）
杭州 西湖摄影艺术出版社 1986 年 10 张
定价：CNY1.20

J0130931
一九八七：法国风光 （摄影挂历）
成都 四川省新闻图片社 1986 年 53cm（4 开）
定价：CNY4.50

J0130932
一九八七：国外流行时装 （挂历）
成都 四川美术出版社 1986 年 78cm（2 开）
定价：CNY5.50

J0130933
一九八七：世界风光 （摄影挂历）
太原 山西科学教育出版社 1986 年 78cm（2 开）
定价：CNY5.50

J0130934
1988：世界风光 （摄影挂历）
广州 广东旅游出版社 ［1987 年］（2 开）
定价：CNY14.00

J0130935
1988：世界风光 （摄影挂历）
深圳 海天出版社 1987 年 （2 开）

J0130936
1988：世界风光 （摄影挂历）
南京 江苏美术出版社 ［1987 年］（2 开）
定价：CNY9.80

J0130937
1988：世界风光 （摄影挂历）
南昌 江西人民出版社 ［1987 年］（3 开）
定价：CNY6.70

J0130938
1988：世界风光 （摄影挂历）
沈阳 辽宁美术出版社 1987 年（2 开）
定价：CNY9.00

J0130939
1988：世界风光 （摄影挂历）
沈阳 辽宁民族出版社［1987 年］（2 开）
定价：CNY9.00

J0130940
1988：世界风光 （摄影挂历）
广州 岭南美术出版社［1987 年］（2 开）

J0130941
1988：世界风光 （摄影挂历）
太原 山西科学教育出版社 1987 年（2 开）
定价：CNY9.50

J0130942
1988：世界风光 （摄影挂历）
西安 陕西人民美术出版社 1987 年（2 开）

J0130943
1988：世界风光 （摄影挂历）
西安 陕西人民美术出版社 1987 年（4 开）
定价：CNY5.60

J0130944
1988：世界风光 （摄影挂历）
上海 上海人民美术出版社 1987 年（2 开）
定价：CNY7.20

J0130945
1988：世界风光 （摄影挂历）
上海 上海人民美术出版社 1987 年（3 开）
定价：CNY6.30

J0130946
1988：世界风光 （摄影挂历）
上海 上海人民美术出版社 1987 年（4 开）
定价：CNY5.00

J0130947
1988：世界风光 （摄影挂历）

上海 上海三联书店［1987 年］（3 开）
定价：CNY6.50

J0130948
1988：世界风光 （摄影挂历）
北京 新华出版社［1987 年］76cm（2 开）
定价：CNY11.60

J0130949
1988：世界风光 （摄影挂历）
北京 印刷工业出版社［1987 年］76cm（2 开）
定价：CNY10.00

J0130950
1988：中外影星 （挂历）《电影评介》编辑部编
长沙 湖南美术出版社 1987 年（2 开）
定价：CNY9.50

J0130951
巴黎埃菲尔铁塔 （摄影 1988 年年历）
北京 人民美术出版社 1987 年 1 张 53cm（4 开）
统一书号：8027.10245 定价：CNY0.28

J0130952
波姬小丝 （摄影 1988 年年历）
太原 北岳文艺出版社 1987 年 1 张 76cm（2 开）
定价：CNY0.75

J0130953
电影明星波姬小丝 （摄影 1988 年年历）
昆明 云南人民美术出版社 1987 年 1 张
53cm（4 开）

J0130954
红云 （摄影 1988 年年历）（菲律宾）张国梁摄影
北京 中国摄影出版社［1987 年］1 张
定价：CNY0.55

J0130955
加拿大多伦多市 （摄影 1988 年年历）（美）梅建文摄影
北京 朝花美术出版社 1987 年 1 张（4 开）
定价：CNY0.28

J0130956
美国旧金山金门大桥 （摄影 1988 年年历）
（美）梅建文摄影
北京 朝花美术出版社 1987 年 1 张 54cm（4 开）
定价：CNY0.28

J0130957
外国体育明星
北京 人民体育出版社 1987 年 9 张
定价：CNY1.80

J0130958
意大利秋景 （摄影 1988 年年历）
北京 人民体育出版社 1987 年 1 张（4 开）
定价：CNY0.30

J0130959
意大利之秋 （摄影 1988 年年历）
太原 山西人民出版社 1987 年 1 张（2 开）
定价：CNY0.58

J0130960
［1989 年世界风光］（摄影挂历）
大连 大连出版社［1988 年］76cm（2 开）
定价：CNY12.00

J0130961
1989：国外风光 （摄影挂历）
哈尔滨 黑龙江科学技术出版社［1988 年］
76cm（2 开）定价：CNY12.50

J0130962
1989：国外风光 （摄影挂历）
南京 江苏人民出版社 1988 年 76cm（2 开）
定价：CNY10.00

J0130963
1989：国外风光 （摄影挂历）
北京 中国戏剧出版社 1988 年 76cm（2 开）
定价：CNY11.50

J0130964
1989：国外现代风光 （摄影挂历）
南京 江苏美术出版社 1988 年 78cm（3 开）
定价：CNY7.90

J0130965
1989：日本影星 （摄影挂历）
济南 齐鲁书社 1988 年 76cm（2 开）
定价：CNY11.00

J0130966
1989：世界风光 （摄影挂历）
福州 福建美术出版社［1988 年］78cm（3 开）
定价：CNY7.80

J0130967
1989：世界风光 （摄影挂历）
西安 三秦出版社 1988 年 76cm（2 开）
定价：CNY13.00

J0130968
1989：世界风光 （摄影挂历）
西安 陕西人民美术出版社［1988 年］76cm（2 开）
定价：CNY14.50

J0130969
1989：外国人物摄影 （挂历）
南京 江苏美术出版社 1988 年 76cm（2 开）
定价：CNY14.50

J0130970
1989：外国影星 （摄影挂历）
南京 江苏科学技术出版社 1988 年 78cm（3 开）
定价：CNY7.90

J0130971
荷兰风光 （摄影 1989 年年历）
北京 人民美术出版社 1988 年 1 张 54cm（4 开）
定价：CNY0.40

J0130972
日本影星山口百惠 （摄影 1989 年年历）
北京 北京美术摄影出版社 1988 年 1 张
54cm（4 开）定价：CNY0.36

J0130973
日本影星斋藤庆子 （摄影 1989 年年历）
北京 北京美术摄影出版社 1988 年 1
54cm（4 开）定价：CNY0.36

J0130974
外国艺术人像封面 （摄影 1989 年年历）
南昌 江西人民出版社［1988 年］1 张 78cm（2 开）
定价：CNY0.40

J0130975
外国艺术人像之三 （摄影 1989 年年历）
南昌 江西人民出版社［1988 年］1 张 78cm（2 开）
定价：CNY0.40

J0130976
外国艺术人像之十一 （摄影 1989 年年历）
南昌 江西人民出版社［1988 年］1 张 78cm（2 开）
定价：CNY0.40

J0130977
1990：奥地利·德国风光 （摄影挂历）
太原 山西人民出版社 1989 年 76cm（2 开）
定价：CNY16.00

J0130978
1990：美国风情 （摄影挂历）
上海 百家出版社［1989 年］76cm（2 开）
定价：CNY11.00

J0130979
1990：世界风光 （摄影挂历）
上海 百家出版社［1989 年］76cm（2 开）
定价：CNY17.00

J0130980
1990：世界风光 （摄影挂历）
哈尔滨 黑龙江美术出版社 1989 年 76cm（2 开）
定价：CNY16.50

J0130981
1990：世界风光 （摄影挂历）
沈阳 辽宁画报社 1989 年 76cm（2 开）
定价：CNY15.80

J0130982
1990：世界风光 （摄影挂历）
沈阳 辽宁民族出版社 1989 年 76cm（2 开）
定价：CNY15.80

J0130983
1990：世界风光 （摄影挂历）
广州 岭南美术出版社 1989 年 76cm（2 开）
定价：CNY16.00

J0130984
1990：世界风光 （摄影挂历）
北京 轻工业出版社［1989 年］76cm（2 开）
定价：CNY19.00

J0130985
1990：世界风光 （摄影挂历）荣宝斋编
北京 荣宝斋［1989 年］76cm（2 开）
定价：CNY16.50

J0130986
1990：世界风光 （摄影挂历）
太原 山西科学教育出版社 1989 年 76cm（2 开）
定价：CNY16.50

J0130987
1990：世界风光 （摄影挂历）
太原 山西人民出版社 1989 年 76cm（2 开）
定价：CNY16.00

J0130988
1990：世界风光 （摄影挂历）
上海 上海人民美术出版社［1989 年］76cm（2 开）
定价：CNY18.20

J0130989
1990：世界风光 （摄影挂历）
上海 上海书画出版社 1989 年 76cm（2 开）
定价：CNY12.80

J0130990
1990：世界风光自然美景 （摄影挂历）
北京 轻工业出版社［1989 年］76cm（2 开）
定价：CNY17.00

J0130991
1990：世界风景 （摄影挂历）
上海 百家出版社［1989 年］76cm（2 开）
定价：CNY16.90

J0130992
1990：世界景观 （摄影挂历）
呼和浩特 内蒙古人民出版社 1989 年 76cm（2 开）
定价：CNY15.00

J0130993
1990：世界"巨星" （摄影挂历）
南京 江苏美术出版社 1989 年 78cm（3 开）
定价：CNY9.80

J0130994
1990：世界名都 （摄影挂历）
济南 山东美术出版社 1989 年 76cm（2 开）
定价：CNY15.00

J0130995
1990：外国儿童 （摄影挂历）
杭州 浙江人民美术出版社［1989 年］76cm（2 开）
定价：CNY17.00

J0130996
1990：外国发型 （摄影挂历）
长沙 湖南美术出版社 1989 年 54cm（4 开）
定价：CNY6.50

J0130997
1990：外国发型 （摄影挂历）
太原 山西人民出版社 1989 年 78cm（3 开）
定价：CNY12.00

J0130998
1990：外国人物 （摄影挂历）
北京 朝花美术出版社 1989 年 76cm（2 开）
定价：CNY15.00

J0130999
1990：外国人物 （摄影挂历）
福州 鹭江出版社［1989 年］78cm（3 开）
定价：CNY10.00

J0131000
1990：外国人物摄影 （挂历）
沈阳 辽宁民族出版社 1989 年 76cm（2 开）
定价：CNY15.80

J0131001
1990：外国田园风光 （摄影挂历）
南京 江苏科学技术出版社 1989 年
定价：CNY12.00

J0131002
1990：外国影星 （摄影挂历）
武汉 长江文艺出版社 1989 年 76cm（2 开）
定价：CNY9.00

J0131003
1990：夏威夷之花 （摄影挂历）
广州 岭南美术出版社 1989 年 76cm（2 开）
定价：CNY16.00

J0131004
1990：异国风姿 （摄影挂历）
长沙 湖南美术出版社 1989 年 78cm（3 开）
定价：CNY9.50

J0131005
艾丽莎·米拉诺专集
南京 江苏美术出版社［1989 年］8 张
15cm（40 开）统一书号：5344.4.380
　　艾丽莎·米拉诺，美国电影明星。

J0131006
芳香的一瞬　　席慕蓉诗；前田真三摄影
福州 福建少年儿童出版社［1989 年］10 张
15cm（40 开）定价：CNY2.00
　　作者席慕蓉（1943—　　），女，蒙古族，画家、
诗人、散文家。祖籍内蒙古察哈尔部，毕业于台
湾师范大学美术系和比利时布鲁塞尔皇家艺术
学院。代表作品有《前尘·昨夜·此刻》《七里香》
《有一首歌》《心灵的探索》《时光九篇》。

J0131007
好莱坞明星
上海 上海人民美术出版社 1989 年 12 张
16cm（44 开）定价：CNY1.70

J0131008
花中之花　　（苏）李曼塔·迪卡维茨摄影
北京 中国文联出版公司 1989 年 10 张
15cm（40 开）定价：CNY2.50

J0131009
加拿大劳斯湖 （摄影 1990 年年历）
上海 上海书画出版社 1989 年 1 张 76cm（2 开）
定价：CNY1.30

J0131010
瑞士风光 （摄影 1990 年年历）
南京 江苏美术出版社 1989 年 1 张 76cm（2 开）
定价：CNY1.05

J0131011
世界电影明星特集 （硬派枪手）
南京 江苏美术出版社［1989 年］8 张
15cm（40 开）

J0131012
世界风光 （1）《摄影家》编辑部编
上海 上海人民美术出版社 1989 年 10 张
15cm（40 开）定价：CNY1.80
（摄影家系列明信片 2）

J0131013
世界风光 （2）《摄影家》编辑部编
上海 上海人民美术出版社 1989 年 10 张
15cm（40 开）定价：CNY1.80
（摄影家系列明信片 3）

J0131014
西德活力小姐玛丽亚 （摄影 1990 年年历）
北京 北京美术摄影出版社 1989 年 1 张
54cm（4 开）定价：CNY0.50

J0131015
耶路撒冷岩石圆顶清真寺 （摄影 1990 年
年历）
昆明 云南民族出版社［1989 年］1 张 54cm（4 开）
定价：CNY0.90

J0131016
1991：法国时装新潮 （摄影挂历）
北京 朝花美术出版社 1990 年 76cm（2 开）
定价：CNY18.00

J0131017
1991：恭贺新禧 （各国风光摄影挂历）

广州 岭南美术出版社 1990 年 76cm（2 开）
定价：CNY15.50

J0131018
1991：国际影星艺术摄影 （挂历）
南京 江苏美术出版社 1990 年 76cm（2 开）
定价：CNY18.80

J0131019
1991：世界儿童 （摄影挂历）
武汉 湖北美术出版社 1990 年 76cm（2 开）
定价：CNY17.50

J0131020
1991：世界儿童 （摄影挂历）
太原 山西人民出版社 1990 年 76cm（2 开）
定价：CNY19.00

J0131021
1991：世界风光 （摄影挂历）
北京 北京体育学院出版社 1990 年 76cm（2 开）
定价：CNY16.50

J0131022
1991：世界风光 （摄影挂历）甘肃人民美术
出版社编
兰州 甘肃人民美术出版社 1990 年 76cm（2 开）
定价：CNY17.00

J0131023
1991：世界风光 （摄影挂历）
广州 广东科技出版社 1990 年 76cm（2 开）
定价：CNY16.00

J0131024
1991：世界风光 （摄影挂历）
哈尔滨 黑龙江美术出版社 1990 年 76cm（2 开）
定价：CNY17.40

J0131025
1991：世界风光 （摄影挂历）吉林画报社编辑
长春 吉林美术出版社 1990 年 76cm（2 开）
定价：CNY10.00

J0131026
1991：世界风光 （摄影挂历）
呼和浩特 内蒙古人民出版社 1990 年 76cm（2 开）
定价：CNY17.50

J0131027
1991：世界风光 （摄影挂历）
济南 山东友谊书社 1990 年 76cm（2 开）
定价：CNY18.20

J0131028
1991：世界风光 （摄影挂历）
上海 上海文艺出版社 1990 年 76cm（2 开）
定价：CNY13.50

J0131029
1991：世界风光 （摄影挂历）
昆明 云南民族出版社 1990 年 76cm（2 开）
定价：CNY15.50

J0131030
1991：世界漫游 （风光摄影挂历）
南京 江苏美术出版社 1990 年 76cm（2 开）
定价：CNY16.00

J0131031
1991：外国风光 （摄影挂历）
兰州 甘肃人民美术出版社 1990 年 76cm（2 开）
定价：CNY17.50

J0131032
1991：外国模特 （摄影挂历）辽宁画报社编
沈阳 辽宁美术出版社 1990 年 76cm（2 开）
定价：CNY28.00

J0131033
1991：外国幼儿世界 （摄影挂历）浙江人民
美术出版社
杭州 浙江人民美术出版社 1990 年 76cm（2 开）
定价：CNY17.00

J0131034
1991：夏威夷之花 （风光摄影挂历）
广州 岭南美术出版社 1990 年 76cm（2 开）
定价：CNY15.50

J0131035
1992：世界风光 （摄影挂历）
上海 文汇出版社 1990 年 76cm（2 开）
定价：CNY16.80

J0131036
玛丽莲·梦露 （摄影 1991 年年历）
南京 江苏美术出版社 1990 年 2 张 76cm（2 开）
定价：CNY0.55

J0131037
日本风光 （摄影 1991 年年历）
西安 陕西人民美术出版社 1990 年 1 张
53cm（4 开）定价：CNY0.58

J0131038
瑞士风光 （摄影 1991 年年历）山东美术出
版社编
济南 山东美术出版社 1990 年 1 张 76cm（2 开）

J0131039
新西兰风光 （摄影 1991 年年历）山东美术
出版社编
济南 山东美术出版社 1990 年 1 张 76cm（2 开）

J0131040
意大利风光 （摄影 1991 年年历）山东美术
出版社编
济南 山东美术出版社 1990 年 1 张 76cm（2 开）

J0131041
1992：国外风光 （摄影挂历）辽宁画报社编
沈阳 辽宁美术出版社 1991 年 76cm（2 开）
定价：CNY17.80

J0131042
1992：好莱坞影星 （摄影挂历）
福州 海潮摄影艺术出版社 [1991 年] 76cm（2 开）
ISBN：7-80562-067-9 定价：CNY19.20

J0131043
1992：好莱坞影星 （摄影挂历）
南京 江苏美术出版社 1991 年 76cm（2 开）
定价：CNY19.80

J0131044
1992：好莱坞之星 （摄影挂历）
海口 海南摄影美术出版社［1991年］76cm（2开）
定价：CNY20.00

J0131045
1992："巨星"梦露 （摄影挂历）
北京 朝花美术出版社［1991年］76cm（2开）
定价：CNY18.50

J0131046
1992：日本的庭园建筑 （摄影挂历）
昆明 云南人民出版社［1991年］76cm（2开）
定价：CNY18.50

J0131047
1992：世界儿童 （摄影挂历）
福州 海潮摄影艺术出版社［1991年］76cm（2开）
ISBN：7-80562-010-5 定价：CNY17.90

J0131048
1992：世界风光 （摄影挂历）
北京 朝花美术出版社［1991年］76cm（2开）
定价：CNY18.00

J0131049
1992：世界风光 （摄影挂历）
福州 福建美术出版社［1991年］76cm（2开）
定价：CNY15.00

J0131050
1992：世界风光 （摄影挂历）
兰州 甘肃人民美术出版社［1991年］76cm（2开）
定价：CNY18.50

J0131051
1992：世界风光 （摄影挂历）
石家庄 河北美术出版社［1991年］76cm（2开）

J0131052
1992：世界风光 （摄影挂历）
北京 解放军文艺出版社［1991年］76cm（2开）
定价：CNY18.50

J0131053
1992：世界风光 （摄影挂历）
昆明 云南人民美术出版社［1991年］76cm（2开）
定价：CNY18.50

J0131054
1992：世界风光 （摄影挂历）
昆明 云南人民美术出版社［1991年］76cm（2开）
定价：CNY15.50

J0131055
1992：世界风光 （摄影挂历）
杭州 浙江人民美术出版社 1991年 76cm（2开）
定价：CNY21.00

J0131056
1992：世界风光 （摄影挂历）
北京 中国旅游出版社［1991年］76cm（2开）
定价：CNY18.50

J0131057
1992：世界揽胜 （摄影挂历）
北京 中国旅游出版社［1991年］76cm（2开）
定价：CNY16.50

J0131058
1992：世界美景 （摄影挂历）
南京 江苏美术出版社 1991年 76cm（2开）
定价：CNY18.90

J0131059
1992：世界著名模特 （摄影挂历）
南京 江苏美术出版社 1991年 107cm（全开）
定价：CNY25.00

J0131060
1992：世界自然风光 （摄影挂历）
天津 天津人民美术出版社 1991年 76cm（2开）
ISBN：7-5305-8137-7 定价：CNY19.50

J0131061
1992：外国风光 （摄影挂历）
北京 中国连环画出版社 1991年 76cm（2开）
定价：CNY18.50

J0131062
1992：外国皇宫 （摄影挂历）
南京 江苏美术出版社 1991 年 76cm（2 开）
定价：CNY15.50

J0131063
1992：外国模特儿摄影艺术 （挂历）
南京 江苏美术出版社 1991 年 76cm（2 开）
定价：CNY18.90

J0131064
1992：异国风光 （摄影挂历）
呼和浩特 内蒙古人民出版社［1991 年］
76cm（2 开）定价：CNY24.50

J0131065
1992：中外钞票集锦 （摄影挂历）郑卫摄
南京 江苏美术出版社 1991 年 76cm（2 开）
定价：CNY18.00

J0131066
海外胜景 （摄影 1992 年年历 一〜五）
上海 上海人民美术出版社［1991 年］5 张
76cm（2 开）定价：CNY7.00

J0131067
世界掠影 （一、二 1992 年年历）
上海 上海人民美术出版社［1991 年］1 张
76cm（2 开）定价：CNY2.80

J0131068
世界影星玛丽莲·梦露 （摄影 1992 年年历）
沈阳 辽宁美术出版社 1991 年 1 张 53cm（4 开）
ISBN：7-5314-0645 定价：CNY0.70

J0131069
1993：国际人像摄影艺术欣赏 （挂历）
天津 天津人民美术出版社 1992 年 77cm（2 开）
ISBN：7-5305-8149-6 定价：CNY20.50

J0131070
1993：好莱坞明星 （挂历）
广州 岭南美术出版社［1992 年］77cm（2 开）
定价：CNY19.80

J0131071
1993：漫游名胜 （挂历）
长春 吉林美术出版社 1992 年 77cm（2 开）
定价：CNY21.00

J0131072
1993：漫游世界 （挂历）
沈阳 辽宁美术出版社 1992 年 77cm（2 开）
定价：CNY20.80

J0131073
1993：世界风光装饰挂历 （挂历）
西安 陕西人民美术出版社［1992 年］77×106cm
定价：CNY28.00

J0131074
新娘肖像 （1993 年年历）（加拿大）阿尔·盖伯特摄
天津 天津人民美术出版社 1992 年 1 张
53cm（4 开）ISBN：7-5305-2223-8
定价：CNY0.35

J0131075
1994：国际影侣 （摄影挂历）
武汉 湖北美术出版社［1993 年］76×53cm
定价：CNY26.80

J0131076
1994：国际影星 （摄影挂历）
石家庄 河北美术出版社 1993 年 76×53cm
定价：CNY28.00

J0131077
1994：国外乡村别墅 （摄影挂历）
北京 中国旅游出版社［1993 年］77×53cm
定价：CNY19.00

J0131078
1994：好莱坞"巨星" （摄影挂历）
杭州 浙江人民美术出版社 1993 年 76×53cm
定价：CNY27.00

J0131079
1994：好莱坞影星 （摄影挂历）
沈阳 辽宁美术出版社［1993 年］76×53cm

定价：CNY26.80

J0131080
1994：好莱坞之星 （摄影挂历）
南京 江苏人民出版社 1993 年 76×53cm
定价：CNY28.00

J0131081
1994：环球旅行 （摄影挂历）
上海 上海人民美术出版社 ［1993 年］76×53cm
定价：CNY32.00

J0131082
1994：世界风光 （摄影挂历）
石家庄 河北美术出版社 1993 年 76×53cm
定价：CNY27.00

J0131083
1994：世界风光 （摄影挂历）
武汉 湖北美术出版社 ［1993 年］76×53cm
定价：CNY32.80

J0131084
1994：世界风光 （摄影挂历）
沈阳 辽宁美术出版社 1993 年 76×53cm
定价：CNY33.80

J0131085
1994：世界风光 （摄影挂历）
西宁 青海人民出版社 ［1993 年］76×53cm
定价：CNY29.80

J0131086
1994：世界风光 （摄影挂历）
天津 天津人民美术出版社 ［1993 年］83×56cm
定价：CNY28.80

J0131087
好莱坞著名影星 （摄影 1994 年年历）
沈阳 辽宁美术出版社 1993 年 1 张 77×53cm
定价：CNY1.96

J0131088
英国园林 （摄影 1994 年年历）
沈阳 辽宁美术出版社 1993 年 1 张 38×53cm

定价：CNY0.98

J0131089
1995：国外都市风光 （摄影挂历）河北美术
出版社编
石家庄 河北美术出版社 1994 年 有图
74×48cm 定价：CNY41.80

J0131090
1995：豪装玉影 （摄影挂历）
南京 江苏美术出版社 1994 年 有图 102×72cm
定价：CNY59.00

J0131091
1995：好莱坞艳星 （摄影挂历）
南昌 江西美术出版社 1994 年 有图 77×53cm
定价：CNY34.80

J0131092
1995：好莱坞"影后" （摄影挂历） 斯科
特·魏尔布原著；魏尔布等摄
武汉 湖北美术出版社 1994 年 有图 77×53cm
定价：CNY38.00

J0131093
1995：好莱坞之星 （摄影挂历）
北京 中国电影出版社 1994 年 有图 95×66cm
定价：CNY33.80

J0131094
1995：皇室公主 （摄影挂历）河北美术出版
社编
石家庄 河北美术出版社 1994 年 有图
77×53cm 定价：CNY36.80

J0131095
1995：世界风光 （摄影挂历）湖北美术出版
社编
武汉 湖北美术出版社 1994 年 有图 74×48cm
定价：CNY40.00

J0131096
1995：世界风光 （大都市 摄影挂历）
南昌 江西美术出版社 1994 年 有图 77×53cm
定价：CNY36.80

J0131097
1995：世界风景 （摄影挂历）
武汉 长江文艺出版社 1994 年 有图 77×53cm
定价：CNY38.00

J0131098
外国影星 （一 摄影 1995 年年历）
北京 中国电影出版社 1994 年 1 张 106×75cm
定价：CNY4.20

J0131099
外国影星 （二 摄影 1995 年年历）
北京 中国电影出版社 1994 年 1 张 106×75cm
定价：CNY4.20

J0131100
1996：国外自然风光 （摄影挂历）河北美术
出版社编
石家庄 河北美术出版社 1995 年 74×48cm
ISBN：7-5310-0706-1 定价：CNY24.00

J0131101
1996：好莱坞 （摄影挂历）
广州 岭南美术出版社 1995 年 76×52cm
ISBN：7-5362-1235-6 定价：CNY23.80

J0131102
1996：环球览胜 （摄影挂历）青海人民出版
社编
西宁 青海人民出版社 1995 年 77×53cm
ISBN：7-225-01042-5 定价：CNY24.80

J0131103
1996："巨星"风采 （摄影挂历）岭南美术出
版社编
广州 岭南美术出版社 1995 年 87×68cm
ISBN：7-5362-1302-6 定价：CNY20.00

J0131104
1996："巨星"风韵 （摄影挂历）湖北美术出
版社编
武汉 湖北美术出版社 1995 年 105×76cm
ISBN：7-5394-0568-6 定价：CNY52.00

J0131105
1996：梦归好莱坞 （摄影挂历）湖北美术出
版社编
武汉 湖北美术出版社 1995 年 77×53cm
ISBN：7-5394-0567-8 定价：CNY25.00

J0131106
1996：牛仔风采 （摄影挂历）善安供稿
北京 中国旅游出版社 1995 年 77×53cm
ISBN：7-5032-1180-6 定价：CNY25.00

J0131107
1996：世界殿堂艺术 （摄影挂历）全录图片
公司供稿
哈尔滨 黑龙江美术出版社 1995 年 95×65cm
ISBN：7-5318-0288-0 定价：CNY46.80

J0131108
1996：世界风光 （摄影挂历）山东美术出版
社编
济南 山东美术出版社 1995 年 77×53cm
ISBN：7-5330-0876-6 定价：CNY25.00

J0131109
1996：世界宫殿 （摄影挂历）
济南 山东美术出版社 1995 年 77×53cm
ISBN：7-5330-0877-4 定价：CNY25.00

J0131110
1996：世界名车 （摄影挂历）河北美术出版
社编
石家庄 河北美术出版社 1995 年 2 版
74×48cm ISBN：7-5310-0725-8 定价：CNY24.00

J0131111
1997：世界大观 （摄影挂历）福建美术出版
社编
福州 福建美术出版社 1996 年 77×53cm
ISBN：7-5393-0443-X 定价：CNY26.00

J0131112
1997：世界风情 （摄影挂历）全景图片公司
等供稿
上海 上海人民美术出版社 1996 年 77×53cm
ISBN：7-5322-1611-X 定价：CNY35.20

J0131113

1997：异国景观 （摄影挂历）福建美术出版社编

福州 福建美术出版社 1996 年 106×77cm

ISBN：7-5393-0444-8 定价：CNY33.00

J0131114

1998：国外时装 （摄影挂历）贵州出版社编

贵阳 贵州民族出版社 1997 年 12 页 75×42cm

ISBN：7-5412-0748-9 定价：CNY27.50

J0131115

1998：好莱坞"巨星" （摄影挂历）

北京 中国文联出版公司 1997 年 92×66cm

ISBN：7-5059-2791 定价：CNY28.00

J0131116

1998：好莱坞影星 （摄影挂历）岭南美术出版社编

广州 岭南美术出版社 1997 年 100×70cm

ISBN：7-5362-1688-2 定价：CNY40.00

J0131117

1998：好莱坞影星 （摄影挂历）人民美术出版社编

北京 人民美术出版社 1997 年 104×74cm

ISBN：7-102-01703-0 定价：CNY45.00

J0131118

1998：好莱坞影星 （摄影挂历）人民美术出版社编

北京 人民美术出版社 1997 年 76×52cm

ISBN：7-102-01704-9 定价：CNY27.50

J0131119

1998：美丽的新加坡 （摄影挂历）上海书画出版社编

上海 上海书画出版社 1997 年 77×53cm

ISBN：7-80635-073-X 定价：CNY27.50

J0131120

1998：名车丽景 （摄影挂历）

哈尔滨 哈尔滨出版社 1997 年 75×50cm

ISBN：7-80639-010-3 定价：CNY27.50

J0131121

1998：名车胜景 （摄影挂历）上海人民美术出版社编

上海 上海人民美术出版社 1997 年 97×70cm

ISBN：7-5322-1753-1 定价：CNY55.80

J0131122

1998：世界风光 （摄影挂历）

苏州 古吴轩出版社 1997 年 77×53cm

ISBN：7-80574-211-1 定价：CNY27.50

J0131123

1998：世界风光 （摄影挂历）山东人民出版社编

济南 山东人民出版社 1997 年 12 页 100×76cm

ISBN：7-209-02084-5 定价：CNY30.00

J0131124

1998：世界风光 （摄影挂历）

北京 中国电影出版社 1997 年 76×52cm

ISBN：7-106-01191-6 定价：CNY27.50

J0131125

1998：世界建筑艺术 （摄影挂历）朝花美术出版社编

北京 朝花美术出版社 1997 年 76×52cm

ISBN：7-5056-0274-8 定价：CNY27.50

J0131126

1998：世界名车 （摄影挂历）岭南美术出版社编

广州 岭南美术出版社 1997 年 68×100cm

ISBN：7-5362-1679-3 定价：CNY34.00

J0131127

1998：世界名狗 （摄影挂历）辽宁画报出版社编

沈阳 辽宁画报出版社 1997 年 86×58cm

ISBN：7-80601-111-0 定价：CNY36.80

J0131128

1998：世界名胜 （摄影挂历）岭南美术出版社编

广州 岭南美术出版社 1997 年 100×70cm

ISBN：7-5362-1678-5 定价：CNY38.00

J0131129
1998：世界体坛"巨星"（摄影挂历）海峰著译
海口　海南出版社　1997 年　12 页　75×51cm
ISBN：7-80617-882-1　定价：CNY27.50

J0131130
1998：世界珍希邮票　（摄影挂历）上海文化
出版社编
上海　上海文化出版社　1997 年　26×36cm
ISBN：7-80511-740-3　定价：CNY20.00

J0131131
1998：世界之窗　（摄影台历）
福州　福建美术出版社　1997 年　11×32cm
ISBN：85393.1370　定价：CNY50.00

J0131132
1998：万国邮珍　（摄影挂历）江苏美术出版
社编
南京　江苏美术出版社　1997 年　75×63cm
ISBN：7-5344-0685-4　定价：CNY27.50

J0131133
1998：异域古风　（欧洲古典风光　摄影挂历）
海潮摄影艺术出版社编
福州　海潮摄影艺术出版社　1997 年　75×63cm
ISBN：7-80562-453-4　定价：CNY27.50

J0131134
1999：美丽俄罗斯　（摄影挂历）张雄编
上海　上海书画出版社　1998 年　77×53cm
ISBN：7-80635-252-X　定价：CNY35.20

J0131135
1999：欧美风光　（摄影挂历）全景供稿
西安　陕西人民美术出版社　1998 年　70×100cm
ISBN：7-5368-1056-3　定价：CNY33.00

J0131136
1999：世界大都会　（摄影挂历）彩虹供稿
福州　福建美术出版社　1998 年　70×49cm
ISBN：7-5393-0718-8　定价：CNY27.50

J0131137
1999：世界风光　（摄影挂历）

北京　中国画报出版社　1998 年　70×100cm
ISBN：7-80024-459-8　定价：CNY33.00

J0131138
1999：世界壮观　（摄影挂历）徐端文编
福州　海潮摄影艺术出版社　1998 年　77×53cm
ISBN：7-80562-487-9　定价：CNY27.50

J0131139
1999：亚当斯黑白摄影艺术　（摄影挂历）
亚当斯（Adams, A.）摄
南京　江苏美术出版社　1998 年　52×56cm
ISBN：7-5344-0833-4　定价：CNY56.00

J0131140
1999：艳鹰　（摄影挂历）
长春　吉林摄影出版社　1998 年　76×50cm
ISBN：7-80606-217-3　定价：CNY32.80

J0131141
1999：异国风光　（摄影挂历）全景供稿
福州　福建美术出版社　1998 年　96×70cm
ISBN：7-5393-0663-7　定价：CNY33.00

J0131142
世界珍藏邮票　古栋，叶榛编撰
上海　上海文化出版社　1998 年　26×36cm
ISBN：7-80511-958-9　定价：CNY20.00

J0131143
2000：海外名犬　（摄影挂历）上海书画出版
社编
上海　上海书画出版社　1999 年　76×53cm
ISBN：7-80635-372-0　定价：CNY27.50

J0131144
2000：环球览胜　（摄影挂历）
兰州　甘肃人民美术出版社　1999 年　76×52cm
ISBN：7-80588-285-1　定价：CNY27.50

J0131145
2000：激情车王　（摄影挂历）东方图片公司
供稿
杭州　中国美术学院出版社　1999 年　76×52cm
ISBN：7-81019-785-1　定价：CNY27.50

J0131146

2000：经典名车　（摄影挂历）芊目图片社供稿

南京　江苏美术出版社　1999 年　85×57cm

ISBN：7-5344-0924-1　定价：CNY35.00

J0131147

2000：欧美胜景　（摄影挂历）上海书画出版社编

上海　上海书画出版社　1999 年　77×52cm

ISBN：7-80635-365-8　定价：CNY27.50

工艺美术

工艺美术、工艺美术理论

J0131148

民国女子工艺学校征信录　民国女子工艺学校编

上海　民国女子工艺学校［1916 年］20 页
有照片 23cm（10 开）

J0131149

一家言居室器玩部　（一卷）（清）李渔撰
北平　中国营造学社　民国二十年［1931］有图
16 开（16 开）线装

　　作者李渔（1611—约 1679），清代戏曲理论家、作家。字笠鸿、谪凡，号笠翁，浙江兰溪人。代表作品《闲情偶寄》《笠翁十种曲》《无声戏》《十二楼》《笠翁对韵》《肉蒲团》等。

J0131150

近代工艺美术　张光宇著
上海　中国美术刊行社　1932 年　192 页
27cm（16 开）精装

　　本书收有关近代建筑、室内装饰、小工艺、染织工艺、商业绘画、装订艺术、商业摄影、舞台工艺图案画，内有彩色画多幅。作者张光宇（1900—1965），画家、教授。江苏无锡人。现代中国装饰艺术的奠基者之一，执教于中央美术学院、中央工艺美术学院，中国美术家协会理事。著有《张光宇插图集》，创作设计动画影片《大闹天宫》。

J0131151

小学劳作教育　杭州师范学校推广教育处编辑
杭州　师范学校总务处　1933 年［186］页
21cm（32 开）定价：大洋二角
（师范教育学术讲演集　2）

J0131152

小学教师应用工艺　何明斋，俞子龄编著
上海　世界书局　1934 年　340 页　有图
20cm（32 开）定价：洋一元三角

J0131153

工艺美术技法讲话　雷圭元著
南京　正中书局　1936 年　201 页　有图
22cm（20 开）精装　定价：国币一元
（艺术丛书）

　　本书内容包括：蜡染技法讲话、夹板及缝纹染技法讲话、三种型纸印染法、天然漆与人工漆的装饰技法讲话、嵌玻璃窗饰装饰技法等。作者雷圭元（1906—1988），教育家、书画家。字悦轩，上海松江人。毕业于国立北平艺专，留校任教。代表作品《工艺美术技法讲话》《新图案学》《新图案的理论和作法》等。

J0131154

剪贴美术　（第一集）薛珍编
上海　商务印书馆　1936 年　24 叶　19×27cm
定价：国币六角

　　本套书为师范学校美术教材，供师范生及中学生练习剪贴美术之用。

J0131155
剪贴美术　（第二集）薛珍编
上海　商务印书馆　1936 年　24 叶　19×27cm
定价：国币六角

J0131156
工艺意匠　李洁冰编译；华国章，施伯朱校
上海　商务印书馆　1938 年　278 页　19cm（32 开）
定价：国币八角五分
（工学小丛书）
　　本书从理论、材料、经济等方面论述工艺美术从纯艺术工艺转入实用工艺，进而大众化的演变过程。

J0131157
劳作　（工艺　第 3 册）潘淡明编
昆明　中华书局　1940 年　138 页　有图　19cm（32 开）
定价：国币三角五分

J0131158
劳作　（工艺　第 3、5 册）朱稣典等编
上海　中华书局　1941 年　再版　2 册（138+92 页）
［13×19cm］

J0131159
劳作　（工艺　第 1 册）何明斋编
上海　商务印书馆　1946 年　再版　194 页　有图
18cm（15 开）定价：国币六角
　　本书具体讲解竹材工艺、木材工艺、金属工艺及建筑设计等。

J0131160
实用美术讲话　邱陵编撰
上海　教育书店　1951 年　90 页　有图　15×18cm
定价：旧币 5,500 元
（美术工作丛书　二）

J0131161
实用美术讲话　邱陵编著
上海　新鲁书店　1953 年　影印本　157 页　有图
15×18cm　定价：旧币 8,000 元
（美术工作丛书　二）

J0131162
实用美术讲话　邱陵编著
上海　四联出版社　1955 年　新 1 版　影印本　124 页
15×18cm　定价：旧币 6,000 元

J0131163
实用美术手册　胡文青编绘
上海　新亚书店　1951 年　80 页　19cm（32 开）
定价：旧币 5,500 元

J0131164
实用美术手册　王企华，张鹤云编
济南　山东人民出版社　1955 年　影印本　99 页
14×18cm　定价：旧币 7,500 元
　　本书介绍了实用美术及工艺美术品的制作方法及参考资料。内容包括：旗帜的制作、领袖像的绘制、会场布置、美术字书写及剪贴、统计图表的绘制、报头的绘制、花边的制作，以及各种纸花、玩具的制作方法，并有各种装饰纹样的介绍以及与实用美术有密切关系的色彩配合方法等。作者王企华（1912—2001），画家。江苏苏州人，毕业于日本东京图案专门学校。历任山东艺术学院教授，中国美术家协会会员，齐鲁书画研究院院长。出版有《图案》《王企华画选》《王企华书法选》等。

J0131165
怎样做美工　（苏）姆·格尔辛宗著；江鸟译
上海　北新书局　1953 年　70 页　有图　18cm（15 开）
定价：旧币 3,600 元
（新劳作丛书）

J0131166
列宁格勒　（建筑艺术简史）（苏）H.Ф.霍穆切茨基著；城市建设部译
［北京］城市建设出版社　1956 年　定价：CNY1.20

J0131167
工艺美术工作经验介绍　轻工业部工艺美术局编
北京　轻工业出版社　1958 年　62 页　19cm（32 开）
统一书号：15042.322　定价：CNY0.30

J0131168
美丽的中国工艺　韦蔷编著
香港　香港中华书局　1958 年　40 页　有图
18cm（15 开）定价：HKD0.40

（中华通俗文库）

J0131169

巧夺天工　　中华全国手工业合作总社编
北京　轻工业出版社　1958 年　198 页　有图
19cm（32 开）统一书号：15042.347 定价：CNY0.87

J0131170

龙凤艺术　　沈从文著
［北京］作家出版社　1960 年　精装　定价：CNY0.78
　　本书收录有关文物研究的论文 48 篇，包括：
《文史研究必需结合文物》《从〈不怕鬼的故事〉
注谈到文献与文物相结合问题》《从文物来谈谈
古人的胡子问题》等。

J0131171

工艺美术论文选　　吴劳编
北京　中央工艺美术学院资料室　1963 年　210 页
有图　26cm（16 开）定价：CNY1.60

J0131172

江南园林志　　童寯著
北京　中国工业出版社　1963 年　27cm（大 16 开）
定价：CNY3.40
　　本书内容包括文字和图片两部分：文字部分
分造园、假山、沿革、现况、杂识五章；图片部分
包括版画、照片、平面图等。

J0131173

农村实用美术　　上海人民美术出版社编著
上海　上海人民美术出版社　1964 年　69 页　有图
19cm（32 开）统一书号：T8081.5450
定价：CNY0.16
（工农通俗文库）

J0131174

农村应用美术　　上海人民出版社编辑
上海　上海人民出版社　1975 年　148 页　有图
19cm（32 开）定价：CNY0.50

J0131175

农村应用美术　　上海人民出版社编辑
上海　上海人民出版社　1977 年　2 版　修订本
155 页　19cm（32 开）定价：CNY0.31

J0131176

实用美术　　（1）上海人民美术出版社编辑
上海　上海人民美术出版社　1979 年　48 页
26cm（16 开）统一书号：8081.11442
定价：CNY1.80
　　本书收录《看得远一点做的好一点》（蔡振
华）、《新材料与设计新》（顾世朋）、《谈美术设计
和包装材料、印刷工艺》（刘维亚）、《纸盒的造型
与结构》（柯烈）等 11 篇文章。

J0131177

实用美术　　（2）上海人民美术出版社编辑
上海　上海人民美术出版社　1979 年　48 页
26cm（16 开）统一书号：8081.11787
定价：CNY1.50

J0131178

实用美术　　（3）上海人民美术出版社编辑
上海　上海人民美术出版社　1980 年　48 页
26cm（16 开）定价：CNY1.50
　　本书收录《实用美术在工业现代化中的作
用》（蔡振华）、《实用美术笔谈大众化与美》（黄
可）、《日用器皿设计要注意造型》（应鹤光等）、
《从玩具设计谈起》（艺兵）、《形象思维和笔墨》
（谢稚柳）等。

J0131179

实用美术　　（4）上海人民美术出版社编辑
上海　上海人民美术出版社　1980 年　48 页
26cm（16 开）定价：CNY1.50

J0131180

实用美术　　（5）上海人民美术出版社编辑
上海　上海人民美术出版社　1980 年　48 页
26cm（16 开）定价：CNY1.50

J0131181

实用美术　　（6）上海人民美术出版社编辑
上海　上海人民美术出版社　1981 年　48 页
26cm（16 开）统一书号：8081.12232
定价：CNY1.50

J0131182

实用美术　　（7）上海人民美术出版社编辑
上海　上海人民美术出版社　1981 年　48 页

26cm（16 开）统一书号：8081.12605
定价：CNY1.50

J0131183
实用美术 （8）上海人民美术出版社编辑
上海　上海人民美术出版社　1982 年　48 页
26cm（16 开）定价：CNY1.50

J0131184
实用美术 （9）上海人民美术出版社编辑
上海　上海人民美术出版社　1982 年　48 页
26cm（16 开）定价：CNY1.50

J0131185
实用美术 （10）上海人民美术出版社编辑
上海　上海人民美术出版社　1982 年　48 页
26cm（16 开）定价：CNY1.50

J0131186
实用美术 （11）上海人民美术出版社编辑
上海　上海人民美术出版社　1982 年　48 页
26cm（16 开）定价：CNY1.50

J0131187
实用美术 （12）上海人民美术出版社编辑
上海　上海人民美术出版社　1983 年　48 页
26cm（16 开）定价：CNY1.50

J0131188
实用美术 （13）上海人民美术出版社编辑
上海　上海人民美术出版社　1983 年　48 页
26cm（16 开）定价：CNY1.50

J0131189
实用美术 （14）上海人民美术出版社编辑
上海　上海人民美术出版社　1983 年　48 页
26cm（16 开）定价：CNY1.50

J0131190
实用美术 （15）上海人民美术出版社编辑
上海　上海人民美术出版社　1984 年　48 页
26cm（16 开）定价：CNY1.50

J0131191
实用美术 （16）上海人民美术出版社编辑

上海　上海人民美术出版社　1984 年　48 页
26cm（16 开）定价：CNY1.50

J0131192
实用美术 （17）上海人民美术出版社编辑
上海　上海人民美术出版社　1984 年　48 页
26cm（16 开）定价：CNY1.50

J0131193
实用美术 （18）上海人民美术出版社编辑
上海　上海人民美术出版社　1984 年　48 页
26cm（16 开）定价：CNY1.50

J0131194
实用美术 （装饰色彩基础专辑）黄国松著
上海　上海人民美术出版社　1984 年　32 页
26cm（16 开）定价：CNY1.50

J0131195
实用美术 （19）上海人民美术出版社编辑
上海　上海人民美术出版社　1985 年　48 页
26cm（16 开）统一书号：8081.14457
定价：CNY1.80

J0131196
实用美术 （20）上海人民美术出版社编辑
上海　上海人民美术出版社　1985 年　32 页
26cm（16 开）统一书号：8081.14222
定价：CNY1.80

J0131197
实用美术 （21）上海人民美术出版社编辑
上海　上海人民美术出版社　1985年　26cm（16开）
统一书号：8081.14735　定价：CNY1.80

J0131198
实用美术 （国外邮票专辑）
上海　上海人民美术出版社　1982 年　15 页
26cm（16 开）定价：CNY2.00

J0131199
实用美术 （国外邮票专辑续编）
上海　上海人民美术出版社　1985年　26cm（16开）
统一书号：8081.14599　定价：CNY2.40

J0131200

实用美术 （国外卷烟装潢专辑）张家伟提供
上海 上海人民美术出版社 1986年 26cm（16开）
统一书号：8081.14762 定价：CNY2.40

作者张家伟（1941— ），烟盒收藏家。上海人，苏州民俗博物馆任职。

J0131201

四川省工艺美术艺人创作设计人员代表大会资料汇编 四川省第二轻工业局［编］
［成都］［四川省第二轻工业局］1979年 176页
有照片 26cm（16开）

J0131202

应用美术初步 王福曾编著
兰州 甘肃人民出版社 1979年 144页 有图
20cm（32开）统一书号：8096.630 定价：CNY0.78

作者王福曾（1931— ），教授。河北怀来人，毕业于西北师范学院艺术系美术专业，留校任教。作品有《北方的冬菜》，出版有《应用美术初步》《有趣的折纸游戏》等。

J0131203

装饰 （1980年第1辑）装饰编辑委员会编
北京 人民美术出版社 1980年 60页 25cm（15开）
定价：CNY1.80
（工艺美术丛刊）

J0131204

装饰 （1980年第2辑）装饰编辑委员会编辑
北京 人民美术出版社 1980年 60页 26cm（15开）
定价：CNY1.80
（工艺美术丛刊）

J0131205

装饰 （1980年第3辑）装饰编辑委员会编辑
北京 人民美术出版社 1980年 60页 26cm（15开）
定价：CNY1.80
（工艺美术丛刊）

J0131206

装饰 （工艺美术季刊 1980年第8辑）装饰编辑委员会编辑
北京 人民美术出版社 1980年 54页 26cm（15开）
定价：CNY1.80

（工艺美术丛刊）

J0131207

装饰 （1981年第3辑）装饰编辑委员会编
北京 人民美术出版社 1981年 60页 有照片
25cm（15开）定价：CNY1.80
（工艺美术丛刊）

J0131208

装饰 （1982年第4辑）装饰编辑委员会编辑
北京 人民美术出版社 1982年 60页 29cm（15开）
定价：CNY1.80
（工艺美术丛刊 4）

J0131209

装饰 （1983年第5辑）装饰编辑委员会编辑
北京 人民美术出版社 1983年 60页 26cm（15开）
定价：CNY1.80
（工艺美术丛刊 4）

J0131210

装饰 （1983年第6辑）装饰编辑委员会编
北京 人民美术出版社 1983年 60页
25cm（小16开）定价：CNY1.80
（工艺美术丛刊）

J0131211

装饰 （1983年第7辑）装饰编辑委员会编
北京 人民美术出版社 1983年 60页 25cm（15开）
定价：CNY1.80
（工艺美术丛刊）

J0131212

装饰 （1983年第8辑）装饰编辑委员会编
北京 人民美术出版社 1983年 52页 25cm（15开）
定价：CNY1.20
（工艺美术丛刊）

J0131213

北京工艺美术学会年会论文汇编
1981年 26cm（16开）

J0131214

工艺美术论丛 （第1辑）工艺美术论丛编辑部编辑

北京 人民美术出版社 1981 年 68 页 26cm（16 开）
定价：CNY0.65

J0131215
工艺美术论丛 （第 2 辑）工艺美术论丛编辑
部编辑
北京 人民美术出版社 1982 年 68 页 26cm（16 开）
定价：CNY0.65

J0131216
工艺美术论丛 （第 3 辑）工艺美术论丛编辑
部编辑
北京 人民美术出版社 1982 年 68 页 26cm（16 开）
定价：CNY0.65

J0131217
工业品造型设计 王宝臣等编著
天津 天津科学技术出版社 1982 年 154 页
26cm（16 开）定价：CNY1.20
　　本书对工业品造型设计的要素和基本原则、
美学法则及其应用、设计程序、以及设计中常
用的透视图法、效果图、色彩问题等，分别作了
阐述。

J0131218
群众实用美术 姚敏奇编
太原 山西人民出版社 1982 年 221 页
19cm（32 开）统一书号：8088.1489 定价：CNY0.62
（群众文艺辅导丛书）
　　本书由图案设计基础、怎样搞小型展览、怎
样布置会场、美术字、幻灯、黑板报 6 部分组成。

J0131219
工艺美术论文选 （二）江西省工艺美术学
会，江西省工艺美术研究所编
南京 江苏省工艺美术学会 1983 年 72 页
有照片 26cm（16 开）
　　本书由江苏省工艺美术学会和江苏省工艺
美术研究所联合出版。

J0131220
视错觉在设计上的应用 张福昌编著
北京 轻工业出版社 1983 年 196 页 19cm（32 开）
统一书号：15042.1692 定价：CNY0.83
　　本书对工艺美术、包装装潢、工程建筑、

交通运输工具，设计以及摄影和生活等各方面
遇到的视觉中出现的问题，以及如何有效地利
用视错觉为设计服务，作了论述。作者张福昌
（1943— ），教授。江苏无锡人，毕业于无锡轻
工业学院。历任无锡轻工业学院工业设计系主
任、教授，中国室内装饰协会常务理事。出版《视
错觉在设计上的应用》《设计概论》《工业设计全
书》等。

J0131221
手工 （试用本）全国中等师范学校美术教材
编委会编
北京 人民美术出版社 1983 年 56 页 有彩图
25cm（16 开）ISBN：7-102-00133-9
定价：CNY2.75
（中等师范学校美术课本）

J0131222
现代工艺概论 张长杰著
台北 东大图书公司 1983 年 4 版 261 页
有照片 21cm（32 开）定价：旧台币 2.67
（沧海丛刊）

J0131223
工业美术设计基础 吴祖慈编著
北京 轻工业出版社 1985 年 247 页 有图
20cm（32 开）统一书号：15042.1967
定价：CNY2.05
　　作者吴祖慈（1937— ），教师。别名吴文，
浙江湖州人，毕业中央工艺美术学院。历任中国
工业设计协会理事，美协会员，上海轻工业专科
学校装潢美术系副主任、副教授。作品有色釉陶
瓷壁画《阳光·大地·生命》，壁画《双狮图》，专著
有《工业美术设计基础》等。

J0131224
工业美术设计基础 潘坤柔编著
北京 轻工业出版社 1988 年 195 页 有图
26cm（16 开）ISBN：978-7-5019-0454-9
定价：CNY4.15
　　本书主要介绍了工业美术设计制图的基本
知识；几何作图；正投影的基本规律；立体的正
投影；用正投影图表达形体的基本方法；造型体
的表面交线及其画法；轴测投影图；造型体的表
面展开图及透视图。

J0131225

工业美术新潮　工业美术新潮编辑部编
上海　工业美术新潮编辑部 1985年 26cm（16开）
定价：CNY2.32

J0131226

英汉汉英工艺美术造型艺术词汇　吴达志，
张荣生编
北京　轻工业出版社 1985年 618页 13cm（60开）
统一书号：15042.1863 定价：CNY3.30
　　本书搜集了有关工艺美术、造型艺术、技法
理论和美术史论等方面的词汇和词组1000条。
作者吴达志（1925— ），教授。贵州绥阳人。毕
业于中央美术学院。先后在中央美术学院、中
央工艺美术学院讲授西方艺术史。论文有《艺术
和时代》，出版译著《德拉克洛瓦》《米勒传》等。
作者张荣生（1932— ），教授。别名荣升，辽宁
营口人，毕业于哈尔滨外国语学院。任中央美术
学院俄语老师、编译，共同课教研室主任、教授。
编著有《非洲岩石艺术》《柯罗——艺术家·人》
《非洲雕刻》《俄汉对照美术专业常用词汇编》等。

J0131227

错觉和视觉美术　（美）瑟斯顿著；方振兴译；
周峰整理
上海　上海人民美术出版社 1986年 114页
20cm（32开）统一书号：8081.14670
定价：CNY2.30
（现代设计丛书）
　　本书有178幅图。选用的作品主题涉及建
筑、室内装饰、舞台装置、服饰设计、包装装潢、
动物等领域。还收集了一些饶有趣味的古代作
品。最后一章汇总了有关错视用语及基本的错
视图形。

J0131228

工业美学及造型设计　黄积荣等编译
北京　新时代出版社 1986年 435页 26cm（16开）
定价：CNY5.60
　　本书分两大部分，分别介绍工业美学及造型
设计的基础理论和工业产品造型设计的实践。

J0131229

工艺美术论集　张道一著
西安　陕西人民美术出版社 1986年 435页

有照片及图版 20cm（32开）统一书号：10199.5
定价：CNY3.20
　　作者张道一（1932— ），教授。生于山东齐
东县，就读于华东大学文艺系和山东大学艺术系
学习。历任东南大学艺术学教授、博士生导师，
苏州大学艺术学院院长。出版有《张道一文集》。

J0131230

工艺美术文选　北京工艺美术出版社编
北京　北京工艺美术出版社 1986年 541页
19cm（32开）统一书号：8473.07 定价：CNY4.80

J0131231

庞薰琹工艺美术文集　庞薰琹著
北京　轻工业出版社 1986年 174页 20cm（32
开）统一书号：8042.007 定价：CNY1.50
　　作者庞薰琹（1906—1985），画家、工艺美术
教育家。生于江苏常熟，字虞铉，笔名鼓轩。曾
任中央工艺美术学院第一副院长。代表作品有
《地之子》《路》《贵州山民图卷》《瓶花》等。著
有《薰琹随笔》。

J0131232

庞薰琹工艺美术文集　庞薰琹著
北京　轻工业出版社 1986年 174页 21cm（32开）
统一书号：8042.007 定价：CNY6.00
　　本书编选作者50年代至70年代后期的有
关工艺美术的文章。主要文章有：《论工艺美术
和工艺美术教育》《论实用美术》《我热爱工艺美
术教育》《应该重视工艺美术设计人才的培养》
《工艺美术事业中的几个问题》等等。

J0131233

实用美术集锦　子页，曾友兴收集编辑
杭州　浙江人民出版社 1986年 114页
20cm（32开）统一书号：8103.571 定价：CNY1.35

J0131234

实用美术设计基础　（平面·构成·设计）姜凡著
长春　东北师范大学出版社 1986年 201页
有图 20cm（32开）统一书号：8334.6
定价：CNY1.65

J0131235

彩色摄影与美术设计　白文明，朱景辉编绘

沈阳 辽宁美术出版社 1987年 94页 26cm（16开）
统一书号：8161.1155 ISBN：7-5314-0000-6
定价：CNY13.00
（工艺美术丛书）

J0131236
工艺概论　王铭显著
永和 新形象出版事业公司 1987年 152页
有图 26cm（16开）定价：TWD240.00

J0131237
构成艺术　赵殿泽编著
沈阳 辽宁美术出版社 1987年 302页 有插图
17cm（36开）定价：CNY5.30
（工艺美术丛书）
　　本书结合大量图例，具体地介绍了平面构成
要素点、线、面各自的特点、性质及在平面中的
相互关系和构成规律。作者赵殿泽（1931—　），
教授。辽宁海城人，毕业于鲁迅美术学院。曾任
鲁迅美术学院工艺系教授、辽宁华海专修学院副
院长、辽宁省装帧艺术研究会常务理事。著有《构
成艺术》《色彩构成》《立体构成》。

J0131238
美工艺术辞典　韩宁安主编
台北 五洲出版社 1987年 300页 22cm（30开）
精装 定价：TWD300.00

J0131239
设计艺术　姜今，姜慧慧著
长沙 湖南美术出版社 1987年 218页 有彩图
26cm（16开）ISBN：7-5356-0004-2
定价：CNY6.00
　　本书有黑白插图195幅。内容包括从设计
的原始意识到现代的设计概念、规律、技法等。

J0131240
手工　陈普，李华编著
天津 天津教育出版社 1987年 43页 有图
19cm（32开）ISBN：7-5309-0175-3
定价：CNY0.55
（少年宫美术教材丛书）

J0131241
秩序感　（装饰艺术的心理学研究）（英）贡布

里希（Gombrich, E.H.）著；杨思梁，徐一维译
杭州 浙江摄影出版社 1987年 645页 有肖像
20cm（32开）统一书号：8364.145
ISBN：7-80536-020-0
定价：CNY6.90，CNY8.90（精装）
　　本书分3部分，共10章。第一部分论述了
维多利亚时代英国人对装饰的；批评，对淳朴自
然风格的崇尚以及对设计的争论；第二部分考察
了视觉秩序的知觉及其效果；第三部分讨论了心
理学与历史之间的关系。附录有《引用书名全称》
《图版目录》和《索引》等。外文书名：The Sense
of Order.

J0131242
秩序感　（装饰艺术的心理学研究）（英）贡布
里希（Gombrich, E.H.）著；杨思梁，徐一维译
杭州 浙江摄影出版社［1991年］645页 有图版
20cm（32开）ISBN：7-80536-020-0
定价：CNY6.90
　　外文书名：The Sense of Order: A Study in the
Psychology of Decorative Art. 作者 E.H. 贡布里希
（1909—2001），美学家和艺术史家。英国人，出
生于奥地利首都维也纳。代表作品有《艺术与人
文科学》《理想与偶像》等。

J0131243
中国民间美术研究　中国艺术研究院美术研
究所编
贵阳 贵州美术出版社 1987年 642页 有图
19cm（32开）ISBN：7-5413-0004-7
定价：CNY3.50

J0131244
工业实用美术设计　高敏编著
重庆 重庆大学出版社 1988年 186页 有插图
26cm（16开）ISBN：7-5624-0073-3
定价：CNY2.00
　　本书内容包括：概论、平面构成、字体设计、
产品样本设计，书末附有各种图形标志的附录。
主要介绍现代工业实用美术设计的理论与技法。

J0131245
工艺美术辞典　中央工艺美术学院编著
哈尔滨 黑龙江人民出版社 1988年 428页
19cm（32开）精装 定价：CNY7.10

J0131246

工艺美术高考指南　朱铭著

济南　山东美术出版社　1988 年　82 页　有彩图

19cm（32 开）ISBN：7-5330-0095-1

定价：CNY1.20

J0131247

工艺美术手册　张金庚主编

济南　山东科学技术出版社　1988 年　1000 页

20cm（32 开）精装　ISBN：7-5331-0258-4

定价：CNY15.00

本手册共分为 7 章，包括：综述、品类、题材、技艺、作品、人物、著述。收词近 3000 条，内容涉及机械工业、纺织印染工业、手工业、出版业、环保建筑业、商业、外贸等有关行业，以及生产、销售、设计、新材料新品种开发、物流、信息、科技、工艺实验等一系列工作。

J0131248

工艺美术研究　（第一集　1987）张道一主编

南京　江苏美术出版社　1988 年　260 页

20cm（32 开）ISBN：7-5344-0037-6

定价：CNY2.65

J0131249

实用美术技法　（丛书　第 1 辑）北京市美术公司《实用美术技法》编辑部编

北京　朝花美术出版社　1988 年　107 页

ISBN：7-5056-0010-9　定价：CNY2.25

J0131250

实用美术技法　（丛书　第 2 辑）北京市美术公司《实用美术技法》编辑部编辑

北京　朝花美术出版社　1989 年　107 页　有彩图

18cm（32 开）ISBN：7-5056-0098-2

定价：CNY3.80

J0131251

手工　（全一册）人民教育出版社幼儿教育室编

北京　人民教育出版社　1988 年　重印本　40 页

26cm（16 开）ISBN：7-107-09043-7

定价：CNY1.15

本书为幼儿师范学校课本。内容包括：概述、规律、成型实践 3 部分，以讲述手工的基本知识和基本技能为主。

J0131252

现代设计艺术　王晓勇等编著

西安　陕西人民出版社　1988 年　273 页

20cm（32 开）ISBN：7-224-00097-3

定价：CNY12.60

全书分 5 章，内容包括：第 1 章构成设计，第 2 章插画·标志，第 3 章广告·书籍装帖·室内装饰，第 4 章包装装潢，第 5 章中外文美术字。外文书名：Modern Design Art. 作者王晓勇（1955—　），陕西人民出版社美术编辑，中国美术家协会会员。

J0131253

应用美术　周淑兰主编

济南　山东美术出版社　1988 年　49 页　有图

26cm（16 开）ISBN：7-5330-0091-9

定价：CNY2.10

本书内容包括：概述、图案的三要素、图案的描绘技法、应用美术设计知识四部分，并收有 71 幅图。

J0131254

版面设计实用手册　（日）内田广由纪编；祖秉和，张希广译

北京　文化艺术出版社　1989 年　439 页

26cm（16 开）精装　定价：CNY30.00

J0131255

工艺美术报考指南　邱承德编

桂林　漓江出版社　1989 年　92 页　有彩图

26cm（16 开）ISBN：7-5407-0475-6

定价：CNY11.40

J0131256

设计　（科学与艺术的结晶）朱铭编著

济南　山东美术出版社　1989 年　218 页

20cm（32 开）ISBN：7-5330-0175-3

定价：CNY6.00

（新世纪美术设计丛书）

J0131257

陶瓷美学与中国陶瓷审美的民族特征　熊寥著

杭州　浙江美术学院出版社　1989 年　214 页

有图　20cm（32 开）ISBN：7-81019-058-X

定价: CNY7.90

这是一部从美学角度探讨中国陶瓷艺术发生、发展及其内在规律的专著。该文从马克思历史唯物主义方法论出发，以大量出土陶瓷实物和历史文献为依据，结合哲学、文学、史学、画论、画史以及工艺美术，提出并论证了陶瓷美学的特征及其基本内涵，深入研究了中国陶瓷审美的民族特征，并对艺术界风行一时的"艺术源于'图腾'"和"艺术起源同人类起源同步"的观点进行了驳正。作者熊寥(1943—　)，著名陶瓷学家、教授。江西景德镇人。中国美术学院教授。撰有《中国陶瓷美术史》《欧洲瓷器史》等。

J0131258

造物的艺术论　张道一著

福州　福建美术出版社　1989 年　432 页　有照片

20cm（32 开）ISBN：7-5393-0031-0

定价: CNY5.20

本书收有论文 53 篇。主要论述了工艺美术品的时代特点、美学特征、创作要领及其新领域的开拓，同时也涉及一般美术问题。作者张道一（1932—　），教授。生于山东齐东县，就读于华东大学文艺和山东大学艺术系学习。历任东南大学艺术学教授、博士生导师，苏州大学艺术学院院长。出版有《张道一文集》。

J0131259

国外轻工产品外观设计精选　关力，于华夫主编

哈尔滨　黑龙江人民出版社　1990 年　232 页

有彩照　26cm（16 开）精装

ISBN：7-207-01335-3　定价: CNY75.00

J0131260

鞠萍姐姐折纸　（折纸）鞠萍编

北京　中国妇女出版社　1990 年　60 页　有插图

26cm（16 开）ISBN：7-80016-210-9

定价: CNY2.40

J0131261

妻子的杰作　尹君选编；谢桂芳，秦晶译

北京　中国经济出版社　1990 年　27cm（大 16 开）

定价: CNY10.00

J0131262

巧夺天工　（中外工艺艺术鉴赏）黄幼钧著

南宁　广西人民出版社　1990 年　234 页　有彩照

19cm（32 开）ISBN：7-219-01643-3

定价: CNY4.20

（青年艺术鉴赏丛书）

本书共分 10 章。主要内容介绍古今中外工艺美术的历史、种类和著名作品；对中国传统工艺、特种工艺、民间工艺、少数民族工艺、敦煌莫高窟的装饰艺术、传统纹样、现代工艺美术等进行详尽的赏析；非洲面具、印第安人陶器、希腊陶器、阿拉伯纹样、罗马银器、拜占庭工艺、法国工艺、日本装饰等；对欧洲现代工艺设计进行了欣赏和品评。书前附有各种工艺品图片 62 幅。

J0131263

实用美术技法　（丛书　第 3 辑）北京市美术公司《实用美术技法》编辑部编辑

北京　人民美术出版社　1990 年　108 页　有彩图

18cm（32 开）ISBN：7-5056-0130-X

定价: CNY3.80

J0131264

现代设计与构成　徐兵编著

合肥　安徽美术出版社　1990 年　168 页

26cm（16 开）ISBN：7-5398-0122-0

定价: CNY15.90

作者徐兵（1963—　），安徽建筑工业学院美术教研室副主任。

J0131265

艺苑奇葩录　唐安国编著

南京　南京出版社　1990 年　144 页　19cm（32 开）

ISBN：7-80560-289-1　定价: CNY1.40

本书介绍各地方的手工艺品的制作方法和工艺，知识性、科学性都很强。

J0131266

装饰色彩　朱敏芳编

长沙　湖南教育出版社　1990 年　63 页　有图

19cm（32 开）ISBN：7-5355-1103-1

定价: CNY1.70

J0131267

标志设计技法　刘砚秋著

天津　天津人民美术出版社　1991 年　216 页
26cm（16 开）ISBN：7-5305-0260-3

定价：CNY10.70

（美术技法系列丛书）

　　本书概述了商业性标志和非商业性标志两
大类，介绍了有关标志设计的技巧和表现手段及
有关标志的色彩、标志的设计规范等问题。

J0131268

产品形态学　吴祖慈著

南京　江苏科学技术出版社　1991 年　246 页
有彩图　26cm（16 开）ISBN：7-5345-1214-X

定价：CNY16.00

　　本书从三个方面论述了产品形态构成理论、
形态心理、形态美学、色彩设计、材料运用、现
代设计、抽象艺术和产品创新方方面面进行了分
析研究。附有产品形态图 100 多幅。作者吴祖
慈（1937—　　），教师。别名吴文，浙江湖州人，
毕业中央工艺美术学院。历任中国工业设计协
会理事，美协会员，上海轻工业专科学校装潢美
术系副主任、副教授。作品有色釉陶瓷壁画《阳
光·大地·生命》，壁画《双狮图》，专著有《工业美
术设计基础》等。

J0131269

大地集　（实用美术论文选）梁任生著

合肥　安徽美术出版社　1991 年　255 页　有照片
19cm（32 开）ISBN：7-5398-0209-X

定价：CNY3.40

J0131270

飞禽天地　（折纸）张维，杜桂英编

太原　山西教育出版社　1991 年　98 页
19cm（小 32 开）ISBN：7-80578-417-5

定价：CNY3.80

J0131271

工艺美术概论　李砚祖著

长春　吉林美术出版社　1991 年　386 页　有图
21cm（32 开）ISBN：7-5386-0202-X

定价：CNY7.00

　　本书内容包括：造物的文化与艺术；工艺
美术的起源；工艺美术的形态范畴；材料、工艺

技术与艺术；工艺与装饰；工艺设计；工艺美
学；工艺美术经济学；作为社会文化的工艺美
术；工艺美术教育、研究与未来等。外文书名：
General Introduction to Arts and Crafts. 作者李砚
祖（1954—　　），教授。江苏泰兴人，中央工艺美
术学院博士毕业。清华大学美术学院美术学教
授，博士生导师。出版有《工艺美术概论》《创造
精致》《造型艺术欣赏》《中国工艺美术学研究》
《装饰之道》等。

J0131272

工艺美术概论　田自秉著

上海　知识出版社　1991 年　170 页　20cm（32 开）
精装　ISBN：7-5015-5491-9　定价：CNY5.50

　　本书是阐述工艺美术基本原理和基础知识
的专著。内容包括：工艺美术特性、工艺美术的
历史和现状、工艺美学、工艺思维和工艺美术功
能等。作者田自秉，教授、博士生导师。湖南人，
中央工艺美术学院任教。

J0131273

工艺美术概论　李砚祖著

北京　中国轻工业出版社　1999 年　243 页　有图
26cm（16 开）ISBN：7-5019-2294-2

定价：CNY34.00

J0131274

工艺文化　（日）柳宗悦著；徐艺乙译

北京　中国轻工业出版社　1991 年　210 页　有照片
19cm（小 32 开）ISBN：7-5019-0614-9

定价：CNY11.10

　　本书主要论述了工艺问题、艺术的分类、美
术与工艺、手工艺、机械工艺、工艺之成立、美
的目标、工艺美的特色、美的境界与工艺等。作
者柳宗悦（1889—1961），日本著名民艺理论家、
美学家，日本民艺运动的主要倡导者。出生于东
京。出版有《柳宗悦全集》《工匠自我修养》《工
艺文化》等。

J0131275

红楼梦艺术与珍奇　李一之著

北京　文津出版社　1991 年　311 页　20cm（32 开）
ISBN：7-80554-116-7　定价：CNY5.60

　　本书系对《红楼梦》的文学和艺术研究，
并介绍书中提到的手工艺品。作者李一之

（1943—　　），漆艺家。字半解，祖籍湖南。历任北京市首饰厂厂长，中国工艺美术学会理事，北京漆艺研究会名誉会长。出版有《北京雕漆》《工艺美术创新概论》《中国雕漆简史》等。

J0131276

活动玩具　谢佑春设计绘画
南宁　接力出版社　1991年　10张　19cm（小32开）
ISBN：7-80581-210-1　定价：CNY1.50

J0131277

教学实用美术　李德庆等编绘
沈阳　辽宁人民出版社　1991年　109页　19×26cm
ISBN：7-205-01793-9　定价：CNY3.80

J0131278

可爱的动物折纸　韩芝润等编
北京　中国妇女出版社　1991年　107页
21cm（32开）　ISBN：7-80016-287-7
定价：CNY1.80

J0131279

论工艺美　（张道一言论辑录）丁涛，郭廉夫编
天津　天津杨柳青画社　1991年　185页　有照片
19cm（小32开）　ISBN：7-80503-039-1
定价：CNY6.10

　　本书按工艺美术的性质和功能、设计和产销、历史和发展、研究和教育等专题，摘编著者有关论著的语段。

J0131280

巧夺天工　程立夫作
福州　福建少年儿童出版社　1991年　20cm（32开）
（爱我福建丛书）

　　本书收有20多篇短文，全面介绍工艺美术中的脱胎漆器、寿山石雕、软木画、绸花、纸伞、贝雕、贝雕木雕、建白瓷、抽纱、剪纸、木偶、头雕等。

J0131281

实用美术技法　（丛书　第2辑）北京市美术公司《实用美术技法》编辑部编辑
北京　朝花美术出版社　1991年　重印本　107页
有彩图　18cm（32开）　ISBN：7-5056-0098-2
定价：CNY3.80

J0131282

实用美术技法　（丛书　第4辑）北京市美术公司《实用美术技法》编辑部编辑
北京　朝花美术出版社　1991年　106页　有彩图
18×17cm　ISBN：7-5056-0141-5　定价：CNY3.80

J0131283

实用美术技法　（丛书　第5辑）北京市美术公司《实用美术技法》编辑部编辑
北京　朝花美术出版社　1991年　107页　有彩图
18×17cm　ISBN：7-5056-0152-0　定价：CNY3.80

J0131284

世界工艺　赵萌等编著
长沙　湖南少年儿童出版社　1991年　100+10页
23×26cm　ISBN：7-5358-0535-3　定价：CNY9.40
（世界美术欣赏丛书）

　　本书选编工艺图片100幅，图文并茂地对中国、外国部分工艺品进行了展现。

J0131285

五彩世界　（折纸）张维，杜桂英编
太原　山西教育出版社　1991年　78页
19cm（小32开）　ISBN：7-80578-418-3
定价：CNY3.50

J0131286

现代设计表现技法　董赤著
长春　长春出版社　1991年　有彩图　26cm（16开）
ISBN：7-80573-610-3　定价：CNY18.20

　　本书介绍了建筑、室内设计和工业造型方面的表现原理及各种表现技法。作者董赤（1963—　　），教授。历任吉林艺术学院设计学院副院长，硕士生导师，国际CIID设计师协会A级景观设计师，吉林省建筑装饰协会副会长，吉林省美学学会副会长。

J0131287

现代设计的特殊技巧　刘亚中编著
济南　山东美术出版社　1991年　62页　有彩图
19cm（小32开）　ISBN：7-5330-0191-5
定价：CNY6.20

J0131288

应用美术　余乐孝编著

北京 高等教育出版社 1991 年 141 页
26cm（16 开）ISBN：7-04-003334-8
定价：CNY9.20

J0131289

植物彩色折纸　施国富，陈志明编绘
上海 上海科学普及出版社 1991 年 78 页
19cm（小 32 开）ISBN：7-5427-0500-8
定价：CNY1.80

J0131290

凉山彝族民间美术　凉山州文化局选编
成都 四川民族出版社 1992 年 180 页 有彩照
及图 19×34cm ISBN：7-5409-0964-1
定价：CNY33.00

　　本书内容包括：漆器艺术、服饰挑花刺绣艺
术、雕刻艺术、绘画艺术、镶嵌艺术、实物和生
活照片 6 部分。外文书名：The Popular Fine Arts
of the LiangShan Yi Nationality.

J0131291

美术设计基础　岳昕等编著
沈阳 辽宁美术出版社 1992 年 191 页 有图表
21cm（32 开）ISBN：7-5314-0934-8
定价：CNY14.00
（现代设计表现技法丛书 2）

　　本书内容包括：字体设计、商业插图表
现技法、黑白画、商标标志设计。作者岳昕
（1957—　），北京人，中央工艺美术学院装潢系
任教。

J0131292

美术长短录　张道一编
济南 山东美术出版社 1992 年 480 页
19cm（小 32 开）ISBN：7-5330-0437-X
定价：CNY12.00

　　本书收录作者文章 51 篇，有美术理论的，
有探索美术史的，而更多的则是分门别类，从工
艺到绘画，从欣赏谈到批评，从专业美术谈到了
民间美术。

J0131293

现代工业设计表现图技法　揭湘沅著
长沙 湖南美术出版社 1992 年 98 页 有彩图
26cm（16 开）ISBN：978-7-5356-0522-1

定价：CNY21.50

　　本书主要内容包括：概述工业设计的范
畴、设计表现的职责、设计表现图的绘制；设
计草图的绘制技法；效果图表现技法等。外文
书名：Industrial ＆Exhibition Design. 作者揭湘沅
（1951—　），教师。生于湖南长沙，原籍江西南
丰，后定居美国亚特兰大。历任湖南大学工业设
计系教师、中国工业设计协会会员，湖南省壁画
及漆画艺委会委员。出版专著《工业设计表现图
技法》《当代平面设计名家名作》《世界著名美术
馆 - 纽约大都会美术馆》等。

J0131294

应用美术教程　贾京生著
南宁 广西美术出版社 1992 年 167 页 有图
26cm（16 开）ISBN：7-80582-307-3
定价：CNY12.00

　　本书内容包括：应用美术与图案的概述、应
用美术中的图案在历史上的运用、图案形式美
的规律及法则、图案的写生及设计等 6 部分。作
者贾京生（1957—　），教授。江苏南京人，毕业
于中央工艺美术学院。清华大学美术学院教授、
硕士生导师、印染实验室主任，中国工业设计协
会、中国工艺美术协会会员。出版有《应用美术
教程》《古希腊陶瓶画》《色彩画教程》《中国现
代民间手工蜡染工艺文化研究》等。

J0131295

中国民间美术工艺学　潘鲁生著
南京 江苏美术出版社 1992 年 328 页 有图
20cm（32 开）ISBN：7-5344-0250-6
定价：CNY7.20
（中国民间美术基础理论丛书）

　　本书阐述了民间美术工艺科学及工艺行
为的理论，民间美术的工艺技术及材料、流
程、技法、经验、艺人等方面内容。作者潘鲁生
（1962—　），艺术学博士，教授，博士生导师。
山东曹县人。毕业于南京艺术学院。任中国文
联副主席、山东省文联主席、山东工艺美术学院
院长、中国民间文艺家协会主席、中国艺术研究
院中国设计艺术院院长、中国美术家协会工艺美
术艺委会主任等。代表作品《零的突破》《匠心
独运》等。主要著述有《论中国民间美术》《中国
民间美术工艺学》等。

J0131296
中国民间美术观念　吕品田著
南京　江苏美术出版社 1992 年 273 页 有图
20cm（32 开）ISBN：7-5344-0249-2
定价：CNY5.80
（中国民间美术基础理论丛书）
　　本书包括主题与观念、观念的内涵、观念的
基础、观念的流变、观念的特性、观念与审美创
造心智等 9 章。作者吕品田（1959—　），江西丰
城人，毕业于景德镇陶瓷学院美术系和中国艺术
研究院研究生部美术系。中国艺术研究院美术
研究所助理研究员。著作有《中国民间美术观念》
《中国民间美术全集·玩具卷》《社火卷》《中国传
统工艺》等。

J0131297
工艺美学　柳宗悦著
台北　地景企业公司 1993 年 286 页 有图
21cm（32 开）ISBN：957-9580-74-X
定价：TWD250.00
　　作者柳宗悦（1889—1961），日本著名民艺理
论家、美学家，日本民艺运动的主要倡导者。出
生于东京。出版有《柳宗悦全集》《工匠自我修
养》《工艺文化》等。

J0131298
工艺文化研究　（第一辑）中国工艺美术学会
理论研究会编
济南　山东美术出版社 1993 年 437 页
20cm（32 开）ISBN：7-5330-0651-8
定价：CNY12.00
　　本书收录《论工艺美术的辩证观》《现代社
会民间工艺取向》《我对中国漆艺的几点思考》
等 39 篇论文。

J0131299
美术工艺概论　黄郁生编著
台北　正文书局 1993 年 206 页 有图 26cm（16 开）
ISBN：957-40-0102-4 定价：TWD350.00
（美术工艺系列 25）

J0131300
美在乡土　（艺术随笔）黄可著
台北　正中书局 1993 年 台初版 205 页 有彩图
21cm（32 开）ISBN：957-09-0759-2

定价：TWD315.00

J0131301
棉纸撕画　（1）陈子琳编著
台北　新高出版社 1993 年 96 页 26cm（16 开）
定价：TWD250.00

J0131302
实用美术技法　（9）薄贯休主编；北京市百
花美术用品公司《实用美术技法》丛书编辑部编
北京　中国书籍出版社 1993 年 107 页 有彩照
18×16cm ISBN：7-5068-0163-9 定价：CNY4.20
　　本册内容包括：文物与复制、古籍修补技
术、现代壁画设计与制作、现代多功能家具设
计等。

J0131303
实用美术技法　（10）薄贯休主编；北京市百
花美术用品公司《实用美术技法》丛书编辑部编
北京　中国书籍出版社 1993 年 107 页 有彩照
18×16cm ISBN：7-5068-0174-4 定价：CNY4.20
　　本册内容包括：商品展示设计、标志与字
体、设计、河北蔚县民间剪低、树叶装饰画制
作等。

J0131304
实用美术技法　（11）薄贯休主编；北京市百
花美术用品公司《实用美术技法》丛书编辑部编
北京　中国书籍出版社 1993 年 107 页 有彩照
18×16cm ISBN：7-5068-0175-2 定价：CNY4.20
　　本册内容包括：布娃娃的做法、古代青铜剑
的修复、橱窗艺术设计精要等。

J0131305
实用美术技法　（12）薄贯休主编；北京市百
花美术用品公司《实用美术技法》丛书编辑部编
北京　中国书籍出版社 1993 年 107 页 有彩照
18×16cm ISBN：7-5068-0214-7 定价：CNY4.50
　　本册内容包括：北京补花、手工印染技法、
毛巾印花设计、烫画技法、手工编织艺术等。

J0131306
实用美术技法　（13）薄贯休主编；北京市百花
美术用品公司《实用美术技法》丛书编辑部编辑
北京　中国书籍出版社 1994 年 重印本 107 页

有图　18×16cm　ISBN：7-5068-0243-0
定价：CNY4.50

　　本书内容包括：海报的设计与制作、纸版画的特殊技法、来自北京的实用美术新技法等。

J0131307

实用美术技法　（14）薄贯休主编；北京市百花美术用品公司《实用美术技法》丛书编辑部编辑
北京　中国书籍出版社　1994年　重印本　103页
有图　18×16cm　ISBN：7-5068-0295-3
定价：CNY4.50

　　本书内容包括：电脑美术、土家织锦、三彩陶报画的制作、手工编织等。

J0131308

实用美术技法　（15）薄贯休主编；北京市百花美术用品公司《实用美术技法》丛书编辑部编
北京　中国书籍出版社　1994年　107页　18×17cm
ISBN：7-5068-0083-7　定价：CNY4.50

J0131309

实用美术技法　（16）薄贯休主编；北京市百花美术用品公司编
北京　国际文化出版公司　1995年　92页　有彩图
26cm（16开）　ISBN：7-80105-211-0
定价：CNY9.00

　　本书收录《装饰雕塑》《蝴蝶画》《手工编织》等文章。

J0131310

中国民艺学研究　（第二届民间美术研讨会文集）杨先让主编；中国民间美术学会，徐州民间美术学会编
北京　北京工艺美术出版社　1993年　298页
20cm（32开）　ISBN：7-80526-108-3
定价：CNY15.00

　　本文集包括24篇文章，分为民艺理论探讨、民艺与传统文化、民艺美学研究、民艺专项考查等6部分。主编杨先让（1930—　　），画家、教授。生于山东牟平，毕业于中央美术学院绘画系。历任人民美术出版社编辑和创作员，中央美术学院民间美术系主任、教授，中国民间美术学会常务副会长等职务。代表作有《晌午》《渔村》《杨先让木刻选集》《黄河十四走民艺考》等。

J0131311

中国西部民间美术论　（根性文化与文化生态）王宁宇著
西宁　青海人民出版社　1993年　311页　有照片
20cm（32开）　ISBN：7-225-00639-8
定价：CNY1.00
（中国西部文艺研究丛书）

　　作者王宁宇（1945—　　），美术史研究员。河南孟津人，毕业于西安美术学院。曾在陕西省工艺美术公司、陕西省群众艺术馆、陕西省文化厅群众文化处工作。曾任陕西雕塑院艺术委员会副主任、研究员，中国美术家协会会员。编著有《陕西民间美术研究》等。

J0131312

储蓄实用美术　丁雷国等绘
西安　陕西人民美术　1994年　165页　12×26cm
ISBN：7-5368-0640-X　定价：CNY7.00

　　本书选有全国各地200位作者的1000余幅作品，分为创头、尾花、美术学等各类美术作品。
外文书名：Saving Applied Arts.

J0131313

工艺美术　杨玉萍编
太原　山西人民出版社　1994年　29页　26cm（16开）
ISBN：7-203-03153-5　定价：CNY7.00

J0131314

工艺美术　周刚著
南昌　21世纪出版社　1994年　85页　有图
19cm（小32开）　ISBN：7-5391-0785-5
定价：CNY4.50
（红领巾书架　美术少年宫丛书）

　　作者周刚（1961—　　），山东人，中国美术学院讲师，中国水彩画家协会副秘书长等

J0131315

美术设计师手册　（装潢卷）孙明，姚凤林主编；鲁迅美术学院编著
哈尔滨　黑龙江美术出版社　1994年　655页
29cm（12开）　精装　ISBN：7-5318-0276-7
定价：CNY198.00

　　作者姚凤林，鲁迅美术学院装潢设计系任教。

J0131316

炎黄花地　王国征著

西安　陕西人民美术出版社 1994 年 205 页

有彩照 19cm（小 32 开）ISBN：7-5368-0638-8

定价：CNY6.00

（当代中国美术家丛书）

　　本书分民美篇、书画、影视三部分对陕西民间美术进行了具体的剖析，分析了其中的审美价值，展示了民俗艺术的各种风采。

J0131317

中国工艺美学思想史　杭间著

太原　北岳文艺出版社 1994 年 206+26 页

有图 20cm（32 开）ISBN：7-5378-1425-2

定价：CNY13.50

　　作者杭间（1961—　），艺术史学者、批评家。浙江义乌人，毕业于中央工艺美术学院。历任《装饰》杂志主编、清华大学美术学院艺术史论系主任、汕头大学长江艺术与设计学院常务副院长、清华大学美术学院副院长等职。代表作品《设计的善意》《手艺的思想》《中国工艺美学史》等。

J0131318

工艺美术　（图集）莫迎武编著

长沙　湖南美术出版社 1995 年 48 页 26cm（16 开）

ISBN：7-5356-0739-X 定价：CNY13.00

（儿童美术辅导丛书）

J0131319

设计策划　沈祝华著

济南　山东美术出版社 1995 年

221 页＋彩图［16 页］有图 26cm（16 开）

ISBN：7-5330-0923-1 定价：CNY40.00

（设计家丛书）

　　本书分为八章，介绍了设计的内涵，设计领域，设计要素，设计原则，设计思维，设计实践，设计简史，设计教育等内容。

J0131320

设计过程与方法　沈祝华，米海妹编著

济南　山东美术出版社 1995 年 228 页 有图

26cm（16 开）ISBN：7-5330-0825-1

定价：CNY38.00

（设计家丛书）

　　本书分 6 章，内容包括：设计方法与方法论流派、设计过程、设计要素与过程、设计方法与过程、现代设计方法等。

J0131321

设计——现代主义之后　（英）约翰·沙克拉（JohnThackara）编；卢杰，朱国勤译

上海　上海人民美术出版社 1995 年 255 页

20cm（32 开）ISBN：7-5322-0868-0

定价：CNY8.10

　　外文书名：Design After Modernism.

J0131322

师范生实用美术　《师范生实用美术》编写组编写

重庆　西南师范大学出版社 1995 年 155 页

26cm（16 开）ISBN：7-5621-1374-2

定价：CNY11.90

J0131323

现代设计表现技法　（7 效果图设计）张程编著

沈阳　辽宁美术出版社 1995 年 119 页

26cm（16 开）ISBN：7-5314-1378-7

定价：CNY38.00

J0131324

现代设计表现技法　（8 三维设计表现图技巧）姚宁著

沈阳　辽宁美术出版社 1995 年 121 页 有图

26cm（16 开）ISBN：7-5314-1376-0

定价：CNY38.00

J0131325

现代设计表现技法　（9 实用工业造型设计技法）阎启文，雷光编著

沈阳　辽宁美术出版社 1995 年 110 页 有图

26cm（16 开）ISBN：7-5314-1377-9

定价：CNY35.00

J0131326

现代实用商业美术　纪丽丽，史彤林编

哈尔滨　黑龙江教育出版社 1995 年 255 页

有图 19cm（小 32 开）ISBN：7-5316-2859-7

定价：CNY10.00

J0131327
新工艺文化论 （人类造物观念大趋势）方李莉著
北京 清华大学出版社 1995年 288页 有图
20cm（32开）ISBN：7-302-02026-4
定价：CNY16.50

　　本书是中国现代文艺理论文集。作者方李莉（1956—　），女，研究员。江西都昌人。中央工艺美术学院博士生。历任中国艺术研究院艺术人类学研究所所长、博士生导师、研究员，中国艺术研究院学术委员会委员。兼任中国艺术人类学学会会长，国家非物质文化遗产专家委员会委员。代表作品有《中国陶瓷史》《传统与变迁——景德镇新旧民窑业考察》等。

J0131328
新一代设计师手册 阿拉斯脱尔·康贝尔（AlastairCampbell）著；士会中译
台北 珠海出版公司 1995年 199页 有图
24cm（26开）精装 ISBN：957-657-168-5
定价：TWD680.00

　　外文书名：The New Designer's Handbook.

J0131329
造型基础 辛华泉著
西安 陕西人民美术出版社 1995年 137页
有彩图 26cm（16开）ISBN：7-5368-0748-1
定价：CNY18.00
（工艺美术成人高等教育丛书）

　　本书内容包括：1、明确揭示出造型设计的体系。2、系统研讨以这个体系为基础的设计要素之造型性。3、始终贯穿以设计原理为基础的构思展开方法。4、从平面、图形、色彩向立体和空间循序展开。作者辛华泉（1936—　），教授。河北人，毕业于中央工艺美术学院。历任中央工艺美术学院副教授、中国书画函授大学兼任教授、中国美术家协会会员。译著有《设计基础》，论文有《设计形态创造的科学依据》《论构成》等。

J0131330
中国民间美术社会学 王海霞著
南京 江苏美术出版社 1995年 241页
20cm（32开）ISBN：7-5344-0547-5
定价：CNY10.00

（中国民间美术基础理论丛书）

J0131331
中央工艺美术学院高考指南 中央工艺美术学院基础部著
哈尔滨 黑龙江美术出版社 1995年 110页
26cm（16开）ISBN：7-5318-0275-9
定价：CNY22.00

J0131332
装饰色彩 朱敏芳编
长沙 湖南科学技术出版社 1995年 63页
17×18cm ISBN：7-5357-1952-X 定价：CNY5.20

J0131333
安尚秀 （图集）安尚秀设计；王序主编
北京 中国青年出版社 1996年 141页 20×21cm
ISBN：7-5006-2428-X 定价：CNY80.00
（平面设计师之设计历程）

J0131334
工业设计 王明旨等编著
西安 陕西人民美术出版社 1996年 117页
有彩照 26cm（16开）ISBN：7-5368-0824-0
定价：CNY25.00
（工艺美术成人高等教育丛书）

　　作者王明旨（1944—　），工艺美术师。辽宁人，毕业于北京市工艺美术学院。历任中央工艺美术学院工业设计系教师，清华大学美术学院院长。代表作品有《演出之前》《少数民族服饰资料》。

J0131335
工艺美术教程 （1 自然色彩）邢庆华主编；莫雄编著
沈阳 辽宁美术出版社 1996年 121页
26cm（16开）ISBN：7-5314-1516-X
定价：CNY45.00

　　主编邢庆华（1952—　），教授。江苏高淳人，南京艺术学院讲师，江苏省美术家协会会员，中国工艺美术学会会员等。著有《邢庆华装饰线描艺术》《装饰图案设计的理论-技法-表现》《几何图案》等。

J0131336
工艺美术教程 （2　理性色彩）邢庆华主编；
袁熙旸编著
沈阳　辽宁美术出版社　1996年　103页
26cm（16开）ISBN：7-5314-1515-1
定价：CNY43.00

J0131337
工艺美术教程 （3　借鉴色彩）邢庆华主编；
吕凤显编著
沈阳　辽宁美术出版社　1996年　114页
26cm（16开）ISBN：7-5314-1517-8
定价：CNY43.00

J0131338
工艺美术教程 （4　创意色彩）邢庆华主编
沈阳　辽宁美术出版社　1996年　112页
26cm（16开）ISBN：7-5314-1457-0
定价：CNY43.00

J0131339
工艺美术欣赏　李砚祖，张孟常著
太原　山西教育出版社　1996年　294页　有照片
19cm（小32开）ISBN：7-5440-0804-5
定价：CNY10.70
（美育丛书·美术系列）
　　作者李砚祖（1954—　　），教授。江苏泰兴
人，中央工艺美术学院博士毕业。清华大学美
术学院美术学教授，博士生导师。出版有《工艺
美术概论》《创造精致》《造型艺术欣赏》《中国
工艺美术学研究》《装饰之道》等。作者张孟常
（1953—　　），女，湖南湘乡人，湖南工艺美术学
院任教。

J0131340
靳祈岛 （图集）靳祈岛设计；王序主编
北京　中国青年出版社　1996年　142页　20×21cm
ISBN：7-5006-2430-1　定价：CNY80.00
（平面设计师之设计历程）
　　主编王序（1955—　　），教授、设计师。生于
广东潮安，广州美术学院设计系毕业。湖南大学
设计艺术学院教授，广东美术馆设计总监，香港
设计师协会执行委员。创建王序设计公司任创
意总监。国际平面设计联盟、美国平面艺术协会
会员。主编出版有《设计交流》《薪火》《平面设

计师之设计历程》等。

J0131341
米雪布维 （图集）米雪布维设计；王序主编
北京　中国青年出版社　1996年　141页　20×21cm
ISBN：7-5006-2431-X　定价：CNY80.00
（平面设计师之设计历程）

J0131342
棉纸撕画自己作 （日）佐藤秀石编著
台北　培琳出版社　1996年　95页　有照片
26cm（16开）ISBN：957-577-092-7
定价：TWD300.00
（手艺　7）

J0131343
设计艺术教育方法论　范凯熹编著
广州　岭南美术出版社　1996年　247页　有图
20cm（32开）ISBN：7-5362-1458-8
定价：CNY16.80
　　作者范凯熹，教授。中国美术学院上海设
计学院副院长、教授、硕士生导师，兼任中国设
计师协会理事、国际商业美术师协会特聘专家等
职。出版有《设计艺术教育方法论》《包装设计
教程》。

J0131344
设计指导　张廷禄主编
长春　长春出版社　1996年　154页　有插图
17×19cm　ISBN：7-80604-446-9　定价：CNY19.00

J0131345
松井桂三 （图集）松井桂三设计；王序主编
北京　中国青年出版社　1996年　141页　20×21cm
ISBN：7-5006-2429-8　定价：CNY80.00
（平面设计师之设计历程）

J0131346
应用美术　毛延亨，钱伟明编绘
南京　江苏美术出版社　1996年　164页
19cm（32开）ISBN：7-5344-0578-5
定价：CNY8.15
（跨世纪农村书库　求知求乐篇）

J0131347

甬上工巧拾萃　吴滨，赵维扬著
宁波　宁波出版社　1996 年　94 页　19cm（小 32 开）
ISBN：7-80602-081-0　定价：CNY5.80

J0131348

中央工艺美术学院艺术设计论集　杨永善
主编
北京　北京工艺美术出版社　1996 年　692 页
20cm（32 开）ISBN：7-80526-192-X
定价：CNY46.00
　　外文书名：The Artistic Design Thesis Collection
of the Central Academy of Arts and Design. 主编杨
永善（1938—　　），陶瓷设计家、教授。山东莱州
人，毕业于中央工艺美术学院陶瓷美术系。清华
大学美术学院博士生导师，中国工艺美术学会副
理事长。陶艺作品《结环》《晨曲》《渔趣》等，出
版有《陶瓷造型基础》《中国的陶瓷》《民间陶瓷》
《说陶论艺集》等，主编《中国现代美术全集·陶
瓷卷》。

J0131349

创造性思维与视觉传播设计　韩晓芳，王亚
非编译
沈阳　辽宁美术出版社　1997 年　138 页　有照片
26cm（16 开）ISBN：7-5314-1645-X
定价：CNY45.00
　　外文书名：Creative Thinking and Visual
Communcation Design.

J0131350

打散构成　姜今著
长沙　湖南美术出版社　1997 年　22+195 页
有图　26cm（16 开）ISBN：7-5356-0907-4
定价：CNY32.00
（工艺美术设计丛书）

J0131351

工艺　刘彦勇，沈山岭编著
郑州　河南美术出版社　1997 年　46 页 26cm（16 开）
ISBN：7-5401-0572-0　定价：CNY14.00
（中等美术学校考生指导丛书）

J0131352

平面设计师之设计历程　（奥村靫正　图集）

（日）奥村靫正设计
北京　中国青年出版社　1997 年　141 页　20×21cm
ISBN：7-5006-2811-0　定价：CNY80.00

J0131353

商业实用美术基础　张德忠编
北京　中国商业出版社　1997 年　186 页　有插图
19×26cm ISBN：7-5044-3487-6 定价：CNY19.80

J0131354

设计·文明·生存　（张森论设计）张森著
郑州　河南美术出版社　1997 年　145 页　有彩图
20cm（32 开）ISBN：7-5401-0617-4
定价：CNY38.00

J0131355

设计艺术形态学　林华著
石家庄　河北美术出版社　1997 年　103 页　有图
26cm（16 开）ISBN：7-5310-1020-8
定价：CNY24.00
（现代设计艺术丛书）

J0131356

设计与工艺　高师《设计与工艺》教材编写组编
北京　高等教育出版社　1997 年　235+31 页
有彩图 26cm（16 开）ISBN：7-04-006047-7
定价：CNY31.80
　　本书系高师专科美术教育专业必修课教材，
由广东、四川、陕西、山东、河南、江西、新疆等
美术院校艺术专业的教师联合编制的。

J0131357

实用美术基础　李英学等编
天津　天津人民美术出版社　1997 年　重印本 82 页
有图 26cm（16 开）ISBN：7-5305-0051-1
定价：CNY8.30
（美术技法系列丛书）

J0131358

世界现代设计　王受之著
台北　艺术家出版社　1997 年　519 页　有照片
26cm（16 开）ISBN：957-9530-49-1
定价：TWD800.00
　　作者王受之（1946—　　），教授。广东广州
人，毕业于武汉大学研究生院。历任美国洛杉矶

艺术中心设计学院理论系和研究生院教授、北京
中央美术学院、中央工艺美术学院客座教授。著
有《世界现代平面设计史 1800—1998》《世界现
代设计史 1864—1996》《中国工业设计史》等。

J0131359

应用美术　曾俊，王芃编著

重庆　西南师范大学出版社　1997 年　145 页
有图　26cm（16 开）ISBN：7-5621-1314-9
定价：CNY46.00

J0131360

斋藤诚　（图集）（日）斋藤诚设计

北京　中国青年出版社　1997 年　141 页　20×21cm
ISBN：7-5006-2658-4　定价：CNY80.00
（平面设计师之设计历程）

J0131361

中国古代工艺珍品　朱家溍，曹者祉主编

上海　上海文化出版社　1997 年　437 页　有照片
20cm（32 开）精装　ISBN：7-80511-895-7
定价：CNY40.00

J0131362

登贝设计　（图集）（荷）格尔·登贝（GertDum-
bar）设计

北京　中国青年出版社　1998 年　201 页　25×25cm
ISBN：7-5006-2889-7　定价：CNY160.00
（平面设计师之设计历程）

J0131363

斐露丝　（图集）（美）斐露丝（Louise Fili）设计；
王序主编

北京　中国青年出版社　1998 年　111 页
29cm（16 开）ISBN：7-5006-3060-3
定价：CNY80.00
（平面设计师之设计历程）

J0131364

靳埭强　（图集）靳埭强（Kantai-keung）［作］
成都　四川美术出版社　1998 年　47 页　29cm（13 开）
ISBN：7-5410-1515-6　定价：CNY38.00
（当代世界设计精品集）

J0131365

马万高　（图集）［美］马万高（MichaelMabry）
设计

北京　中国青年出版社　1998 年　141 页　20×21cm
ISBN：7-5006-2864-1　定价：CNY80.00
（平面设计师之设计历程）

J0131366

麦翠丝　（图集）［美］麦翠丝（MarqoChase）设计

北京　中国青年出版社　1998 年　140 页　25×25cm
ISBN：7-5006-2746-7　定价：CNY80.00
（平面设计师之设计历程）

J0131367

民艺学论纲　潘鲁生著

北京　北京工艺美术出版社　1998 年　404 页
有照片及图　20cm（32 开）ISBN：7-80526-353-1
定价：CNY35.00

作者潘鲁生（1962—　），艺术学博士，教
授，博士生导师。山东曹县人。毕业于南京艺术
学院。任中国文联副主席、山东省文联主席、山
东工艺美术学院院长、中国民间文艺家协会主
席、中国艺术研究院中国设计艺术院院长、中国
美术家协会工艺美术艺委会主任等。代表作品
《零的突破》《匠心独运》等。主要著述有《论中
国民间美术》《中国民间美术工艺学》等。

J0131368

帕雷特　（图集）［西］帕雷特（Peret）设计

北京　中国青年出版社　1998 年　141 页　20×21cm
ISBN：7-5006-2657-6　定价：CNY80.00
（平面设计师之设计历程）

J0131369

全安德　王序主编

北京　中国青年出版社　1998 年　144 页
29cm（16 开）ISBN：7-5006-3224-X
定价：CNY100.00
（平面设计师之设计历程）

主编王序（1955—　），教授、设计师。生于
广东潮安，广州美术学院设计系毕业。湖南大学
设计艺术学院教授，广东美术馆设计总监，香港
设计师协会执行委员。创建王序设计公司任创
意总监。国际平面设计联盟、美国平面艺术协会
会员。主编出版有《设计交流》《薪火》《平面设

计师之设计历程》等。

J0131370
设计艺术学研究 （第一辑 中央工艺美术学院工艺美术学系建系 15 周年文集）李砚祖主编；中央工艺美术学院工艺美术学系编
北京 北京工艺美术出版社 1998 年 431 页
20cm（32 开）ISBN：7–80526–311–6
定价：CNY32.00

J0131371
施德明 （图集）[美] 施德明（Stefan Sagmeister）设计；王序主编
北京 中国青年出版社 1998 年 143 页
29cm（16 开）ISBN：7–5006–3062–X
定价：CNY100.00
（平面设计师之设计历程）

J0131372
实用美术集 张维新编绘
昆明 云南美术出版社 1998 年 110 页 18×26cm
ISBN：7–80586–533–7 定价：CNY16.80

J0131373
台湾传统工艺 庄伯和著
台北 汉光文化事业公司 1998 年 128 页 有照片
21cm（32 开）ISBN：957–629–304–9
定价：TWD220.00
（传统艺术概说 2）

J0131374
现代设计美学 （广告设计美学）郑应杰等著
哈尔滨 黑龙江科学技术出版社 1998 年
134+32 页 有图 26cm（16 开）
ISBN：7–5388–3331–5 定价：CNY28.50

J0131375
现代设计美学 章利国著
郑州 河南美术出版社 1999 年 16+396 页
有彩图 20cm（32 开）ISBN：7–5401–0750–2
定价：CNY24.00
　　作者章利国（1947—　　），教授。浙江安吉人。历任中国美术学院教授、硕士生导师，中国美术家协会会员，中华美学学会会员。著有《希腊罗马美术史话》《造型艺术美学导论》《现代设计美

学》等。

J0131376
薛博兰 （图集）[美] 薛博兰（Paula Scher）设计
北京 中国青年出版社 1998 年 140 页 20×21cm
ISBN：7–5006–2656–8 定价：CNY80.00
（平面设计师之设计历程）

J0131377
造物之门 （艺术设计与文化研究文集）许平著
西安 陕西人民美术出版社 1998 年 605 页
有插图 20cm（32 开）ISBN：7–5368–1017–2
定价：CNY36.00
　　作者许平（1953—　　），南京艺术学院教授，《中国民间工艺》杂志副主编，中国民俗学会会员。

J0131378
詹士维多 （图集）[美] 詹士维多（James Victore）设计
北京 中国青年出版社 1998 年 141 页 20×21cm
ISBN：7–5006–2812–9 定价：CNY80.00
（平面设计师之设计历程）

J0131379
中央工艺美术学院入学考试专业试卷评析 （素描 色彩 专业设计基础）张廷禄主编
沈阳 辽宁美术出版社 1998 年 189 页
26cm（16 开）ISBN：7–5314–1849–5
定价：CNY49.00

J0131380
标志设计技法 刘砚秋著
天津 天津人民美术出版社 1999 年 2 版 216 页
有图 26cm（16 开）ISBN：7–5305–0260–3
定价：CNY13.90

J0131381
产品设计 王明旨主编
杭州 中国美术学院出版社 1999 年 194 页 有图
26cm（16 开）ISBN：7–81019–746–0
定价：CNY34.00
（中国艺术教育大系 Fine arts series）
　　外文书名：China Academy of Art Press. 作者王明旨（1944—　　），工艺美术师。辽宁人，毕业

于北京市工艺美术学院。历任中央工艺美术学院工业设计系教师，清华大学美术学院院长。代表作品有《演出之前》《少数民族服饰资料》。

J0131382
成器之路 （先秦工艺造物思想研究）徐飚著
南京 南京师范大学出版社 1999年 291页
20cm（32开）ISBN：7-81047-413-8
定价：CNY18.00

J0131383
广东省设计师作品选 （1994—1999）李向荣主编
广州 广东人民出版社 1999年 269页
29cm（16开）ISBN：7-218-03055-6
定价：CNY190.00

J0131384
简明美工实用手册 汪新主编；于淑荣等绘
北京 中国工人出版社 1999年 244页
26cm（16开）ISBN：7-5008-2231-6
定价：CNY28.00

J0131385
靳埭强 （图集）靳埭强设计
北京 中国青年出版社 1999年 192页
29cm（13开）ISBN：7-5006-3380-7
定价：CNY130.00
（平面设计师之设计历程）

J0131386
军人实用美术知识 陈玉先，仓小宝编著
北京 解放军文艺出版社 1999年 233页
19cm（小32开）ISBN：7-5033-1099-5
定价：CNY10.00
（军人实用丛书）

J0131387
麦恩齐的设计笔记 麦恩齐编著
台北 博硕文化公司 1999年 237页 有图
光盘1片 26cm（16开）ISBN：957-527-196-3
定价：TWD720.00

J0131388
潘伍德 （图集）（美）潘伍德（Woody Pirtle）设计

北京 中国青年出版社 1999年 176页
29cm（16开）ISBN：7-5006-3379-3
定价：CNY120.00
（平面设计师之设计历程）

J0131389
设计基础训练100例图解 尹传荣著
沈阳 辽宁美术出版社 1999年 120页
26cm（16开）ISBN：7-5314-2176-3
定价：CNY22.00
作者尹传荣（1956— ），辽宁东港人。丹东师范学校任教，丹东美协会员，全国优秀教师。

J0131390
设计之外 （中外优秀设计个案分析）周琮凯，秦榛著
成都 四川美术出版社 1999年 58页 20cm（32开）
ISBN：7-5410-1685-3 定价：CNY20.00
（名案典析丛书 第一期）

J0131391
石汉瑞 石汉瑞（Henry Steiner）设计；王序主编
北京 中国青年出版社 1999年 192页
29cm（16开）ISBN：7-5006-3479-X
定价：CNY130.00
（平面设计师之设计历程）
美国现代平面设计造型设计美术作品与美术评论选集。作者石汉瑞（Henry Steiner），设计师。生于奥地利维也纳，毕业于耶鲁大学。曾任国际平面设计联合会（AGI）主席等职。著有《跨文化设计：沟通全球化市场》等。主编王序（1955— ），教授、设计师。生于广东潮安，广州美术学院设计系毕业。湖南大学设计艺术学院教授，广东美术馆设计总监，香港设计师协会执行委员。创建王序设计公司任创意总监。国际平面设计联盟、美国平面艺术协会会员。主编出版有《设计交流》《薪火》《平面设计师之设计历程》等。

J0131392
实用美术ABC 关尚卿等著
北京 朝华出版社 1999年 154页 26cm（16开）
ISBN：7-5054-0581-0 定价：CNY48.00
本书包括：染织艺术图案设计、展示设计、环境艺术设计、工业设计、装潢、陶瓷艺术设计

等内容。

J0131393

现代西方设计概论　　钱凤根编著

重庆　西南师范大学出版社　1999 年　116 页

有图　26cm（16 开）ISBN：7-5621-2158-3

定价：CNY23.00

（21 世纪美术教育丛书）

　　作者钱凤根（1961—　　），汕头大学文学院
任教。

J0131394

应用美术设计　　张继晓著

济南　黄河出版社　1999 年　151 页　有图

26cm（16 开）ISBN：7-80152-093-9

定价：CNY26.00

（美术教育丛书）

J0131395

幼儿园实用美术　　周光荣，李霞英编著

北京　教育科学出版社　1999 年　392 页

26cm（16 开）ISBN：7-5041-1902-4

定价：CNY35.00

J0131396

秩序感　　（装饰艺术的心理学研究）（英）E.H. 贡
布里希著；范景中等译

长沙　湖南科学技术出版社　1999 年　437 页

有图　26cm（16 开）ISBN：7-5357-2564-3

定价：CNY54.00

（SJXCS 设计学丛书　第一批）

　　作者 E.H. 贡布里希（1909—2001），美学家
和艺术史家。英国人，出生于奥地利首都维也
纳。代表作品有《艺术与人文科学》《理想与偶
像》等。

J0131397

装饰画创作与赏析　　周苹著

哈尔滨　黑龙江美术出版社　1999 年　126 页

25×26cm　ISBN：7-5318-0642-8　定价：CNY45.00

J0131398

装饰画技法基础入门　　天佑等编绘

北京　中国画报出版社　1999 年　44 页　26cm（16 开）

ISBN：7-80024-504-7　定价：CNY14.00

J0131399

装饰画设计　　赵松青著

济南　山东美术出版社　1999 年　76 页　有图

29cm（16 开）ISBN：7-5330-1340-9

定价：CNY19.80

（美术设计教与学丛书）

　　本书由装饰画的概念及其特征；装饰画与现
代艺术；装饰画设计的基本规律；装饰画设计作
品欣赏四部分组成。作者赵松青（1957—　　），女，
山东艺术学院美术设计系任教。

J0131400

卓思乐　　（图集）王序设计、主编

北京　中国青年出版社　1999 年　192 页

28cm（大 16 开）ISBN：7-5006-3437-4　定价：

CNY130.00

（平面设计师之设计历程）

　　本书介绍了瑞士杰出的设计师——卓思乐，
他的作品大部分是爵士乐海报，在国际赛事中屡
获大奖。

工艺美术史

J0131401

桂海器志　　（一卷）（宋）范成大撰

明　刻本

（唐宋丛书）

　　明末刻说郭及说郭续重编印本。《桂海虞衡
志》13 篇，名为《志山》《志金石》《志香》《志酒》
《志器》《志禽》《志兽》《志虫鱼》《志花》《志
果》《志草木》《志杂》《志蛮》。约在明代，各篇
已分别单行。《志器》篇即题曰《桂海器志》，记
南方器用之具。

J0131402

集古考图　　（一卷）（元）朱德润撰

茅一相　明万历八年［1580］刻本

（欣赏编）

J0131403

器物杂录　　（不分卷）□□撰

［清］稿本

J0131404
直隶工艺志初编 （二卷）工艺总局编
上海 北洋官报局 清光绪 铅印本

J0131405
中国青瓷史略 陈万里著
上海 上海人民出版社 1956年 60页 有图
18cm（15开）定价：CNY0.32
　　本书内容包括4部分：什么是青瓷？、青瓷
烧造的开始及其发展、传说中的几处瓷窑、青瓷
的对外输出。其中第2部分内容包括：青釉器物
在浙江开始烧造、唐代越器的盛行以及其他地区
的青釉器、五代钱氏的越窑、南方的龙泉窑、北
方的青釉器是怎样发展起来的？、官窑器是什
么？、异军突起的钧窑、景德镇窑的仿烧青瓷、
闽粤方面烧造青釉器的新发现。

J0131406
中国青瓷史略 陈万里著
上海 上海人民出版社 1962年 2版 67页
有图 19cm（32开）统一书号：11074.47
定价：CNY0.38

J0131407
中国瓷器史论丛 童书业，史学通著
上海 上海人民出版社 1958年 132页
19cm（32开）统一书号：11074.154
定价：CNY0.40

J0131408
在农村组织工艺美术生产的经验 轻工业
部工艺美术局编
北京 轻工业出版社 1959年 34页 20cm（32开）
统一书号：15042.538 定价：CNY0.17

J0131409
广东枫溪通花雕塑 广东省轻工业厅枫溪陶
瓷研究所编
北京 轻工业出版社 1960年 20页 有图
19cm（32开）统一书号：15042.946
定价：CNY0.16

J0131410
**中华人民共和国明清工艺美术展览会在日
本展出** （第1247号）新华社稿

[北京] 1974年 1幅 11×15cm 定价：CNY1.00

J0131411
海蚌舞 （选自影片《哪吒》）
北京 中国电影出版社 1983年 76cm（2开）

J0131412
陶瓷谱录 （清）梁同书等撰
台北 世界书局 1983年 5版 影印本 2册
15cm（40开）精装 定价：旧台币4.60
（中国学术名著 第五辑 艺术丛编 第33-34册）
　　本书收录《古窑器考》《南窑笔记》《浮梁窑
政志》《景镇旧事》《阳羡名窑录》《陶说》《窑器
说》《景德镇陶录》等。

J0131413
中国工艺美术 刘良佑著
台北 艺术家出版社 1983年 200页 有照片
21cm（32开）定价：TWD180.00
（艺术家丛刊 28）

J0131414
中国工艺美术简史 中央工艺美术学院编著
北京 人民美术出版社 1983年 133页 有彩图
21cm（32开）统一书号：8027.7371 定价：CNY2.10
　　本书内容包括：原始社会的工艺美术、奴隶
社会的工艺美术、封建社会的工艺美术、近百年
的工艺美术、新中国的工艺美术。重点介绍工艺
美术品种的特点、成就和它们的传承关系。书中
附图172幅，表6页。

J0131415
当代中国的工艺美术 当代中国丛书编辑部
编辑
北京 中国社会科学出版社 1984年 650页
21cm（32开）统一书号：71190.041
定价：CNY10.70
（当代中国丛书）
　　本书比较全面地记录中国工艺美术34年的
光辉历程和成就，比较系统地总结正反两方面的
经验和教训，比较详细地介绍和论述我国工艺美
术的行业、品类、人物、分布、历史渊源和风格
特点。

J0131416

当代中国的工艺美术　季龙主编
北京　中国社会科学出版社　1984 年　10+650 页
+［96］页图版　21cm（32 开）精装
统一书号：17190.042　定价：CNY12.40
（当代中国丛书）

J0131417

中国工艺美术简史　龙宗鑫著
西安　陕西人民美术出版社　1985 年　402 页
有图　20cm（32 开）统一书号：8199.721
定价：CNY3.40
　　本书共 9 章，作者对历代不同品类的工艺
品作了较详细的介绍，并叙述其制作的技术与过
程；对于不同时代的工艺成就均给予恰当的评
价。正文有插图，书后插页附图 75 幅。

J0131418

中国工艺美术史　田自秉著
上海　东方出版中心　1985 年　17+384 页　有图
20cm（32 开）
（中国工艺美术丛书）
　　本书系统地阐述了我国工艺美术的历史沿
革和发展，分析了各个历史时期工艺美术演变、
发展的过程、制作工艺及其艺术特点等。

J0131419

中国工艺美术史　龙宗鑫著
西安　陕西人民美术出版社　1985 年　402 页
有照片　20cm（32 开）统一书号：8199.721
定价：CNY3.40
　　本书内容包括：1、原始社会的工艺美术；
2、商周时期工艺美术；3、秦汉时期工艺美术；
4、两晋南北朝工艺美术；5、隋唐五代工艺美术；
6、宋元时期工艺美术；7、明代工艺美术；8、清
代工艺美术；9、新中国工艺美术事业的蓬勃发
展和巨大成就。

J0131420

中国工艺美术史　田自秉著
上海　知识出版社　1985 年　384 页　有图版
20cm（32 开）精装　统一书号：8214.1002
定价：CNY3.50
（中国工艺美术丛书）
　　本书详尽、系统地汇集和整理我国古今工艺

美术史料，阐述我国各种工艺美术的历史沿革和
发展，分析艺术特色，是介绍制作工艺的第一本
史论著作。

J0131421

中国青瓷史略　陈万里著
香港　中华书局香港分局　1985 年　重印本　60 页
有照片　19cm（32 开）ISBN：962–231–522–4

J0131422

漫谈中国剪纸　吴润令编
沈阳　辽宁美术出版社　1986 年　70 页　19cm（32 开）
统一书号：8161.0902　定价：CNY0.80
　　本书作者将自己多年深入群众收集积累的
资料汇集成册，大体勾勒出了中国剪纸艺术的发
生、发展过程的轮廓。

J0131423

欧洲工艺美术史纲　张少侠编著
西安　陕西人民美术出版社　1986 年　153 页
有图版　20cm（32 开）统一书号：10199.21
定价：CNY2.90
　　本书系欧洲工艺美术史研究的专著。内容
共有 9 章，包括原始时期；爱琴文化时期；古希
腊、罗马时期；中世纪、文艺复兴时期；巴罗克、
罗可可时期；18 世纪后与 19 世纪前半期及现代
工艺设计等。附有图片。

J0131424

四川工艺美术史话　何鸿志著
成都　四川人民出版社　1986 年　72 页　19cm（32 开）
定价：CNY0.38
（祖国的四川丛书）

J0131425

古典工艺菁华　索予明著
台北　文化建设委员会　1987 年
再版　63 页　有彩照　21cm（32 开）
定价：TWD60.00（工本费）
（文化资产丛书 14）

J0131426

湖北民间美术探源　湖北省群众艺术馆编
武汉　湖北美术出版社　1987 年　248 页　有图
19cm（32 开）ISBN：7–5394–0027–7

定价：CNY1.30

　　本书编入文章 30 多篇，并配有民间美术作品插图。

J0131427
世界工业设计史略　王受之编著
上海　上海人民美术出版社 1987 年　有照片
18cm（24 开）统一书号：8081.14918
定价：CNY4.80
（现代设计丛书）

　　本书主要内容包括：工业设计的定义；工业设计思想萌芽以前的状况；设计思想的萌芽；摩里斯与英国工艺美术运动；欧洲大陆设计运动的兴起；工业技术的发展与现代主义的萌芽；国际现代主义的兴起；包豪斯；工业设计在美国的兴起发展和现状；英国工业设计发展的方式——政府扶持型；战后工业设计体系与程序的完善；战后日本工业设计的发展；战后工业设计在风格上的演变与各国工业设计状况；60 年代以来的世界工业设计状况等。

J0131428
世界书籍艺术流派　余秉楠编著
广州　花城出版社 1987 年 98 页 26cm（16 开）
定价：CNY14.00

　　作者余秉楠（1933—　），平面设计师。上海人，毕业于民主德国莱比锡版画与书籍艺术高等学校。历任中央工艺美术学院书籍艺术系主任、教授，国际商标标识双年奖国际评委。装帧设计有《我们与艺术》《小丑汉斯》等，著有《装潢设计》。

J0131429
新中国的工艺美术　陈旗海编著
北京　人民出版社 1987 年 246 页　有图
19cm（32 开）统一书号：8001.179 定价：CNY1.10
（祖国丛书）

J0131430
中国民间工艺史话　李苍彦编著
北京　轻工业出版社 1987 年 139页 19cm（32 开）
统一书号：13042.070 定价：CNY0.93

　　作者李苍彦（1941—　），高级工艺美术师。北京人。历任中国民间文艺家协会会员，北京市美术家协会会员，北京博物馆学会理事，中国工

艺美术家协会会员等职。代表作品《手工艺品制作技法》《工艺品制作》等。

J0131431
中国印染史略　张道一著
南京　江苏美术出版社 1987 年 54 页 20cm（32 开）
统一书号：CN83537.024 定价：CNY0.55

J0131432
辽宁工艺美术　潘溪浔编著
沈阳　辽宁人民出版社 1988 年 204 页　有照片
19cm（32 开）ISBN：7-205-00817-4
定价：CNY2.65

J0131433
美洲民间美术　朱培初编著
西安　陕西人民美术出版社 1988 年 231 页
有图 19cm（32 开）定价：CNY3.50

J0131434
设计运动 100 年　（日）胜见胜著；吴静芳译
西安　陕西人民美术出版社 1988 年 154 页
有照片 19cm（32 开）ISBN：7-5368-0075-4
定价：CNY1.95

J0131435
二十世纪视觉传达设计史　（美）梅格斯著；柴常佩译
武汉　湖北美术出版社 1989 年 262 页　有照片
20cm（32 开）ISBN：7-5394-0044-7
定价：CNY3.80
（现代设计艺术理论丛书）
　　外文书名： A History of Graphic Design.

J0131436
二十世纪视觉传达设计史　（美）梅格斯著；柴常佩译
武汉　湖北美术出版社 1994 年 262 页　有照片
20cm（32 开）ISBN：7-5394-0044-7
定价：CNY6.00
（现代设计艺术理论丛书）
　　外文书名： A History of Graphic Design.

J0131437
京都一绝　鄢钢著

北京 北京旅游出版社 1989 年 114 页
19cm（32 开）ISBN：7-80500-037-9
定价：CNY1.60
（北京工艺美术丛书）

本书介绍了王树森、葡萄常等 11 位工艺美术世家及其艺术珍品。

J0131438
秦汉工艺史　盖瑞忠编著
台北 博物馆出版部 1989 年 283 页
有图 26cm（16 开）定价：TWD330.00
（博物馆人文科学丛书）

J0131439
隋唐工艺史　盖瑞忠撰著
台北 博物馆出版部 1989 年 232 页
有照片图 26cm（16 开）定价：TWD330.00
（博物馆人文科学丛书）

J0131440
扬州玉器厂志　扬州玉器厂志编写组［编］
［扬州］［扬州玉器厂志编写组］1989 年 油印本
277 页 有图 26cm（16 开）

J0131441
中国工艺美术简史　田自秉著
杭州 浙江美术学院出版社 1989 年 36 页
有图版 26cm（16 开）ISBN：7-81019-048-2
定价：CNY5.30
（设计教材丛书）

作者田自秉，教授、博士生导师。湖南人，中央工艺美术学院任教。

J0131442
《红楼梦》中的工艺品　都一兵著
北京 北京工艺美术出版社 1990 年 134 页
19cm（32 开）ISBN：7-80526-016-8
定价：CNY2.00

本书对《红楼梦》中所述及的丝绸、毡毯、木雕、染织、金属工艺等中国传统工艺美术水平的历史发展作了分析和研究。

J0131443
工艺美术与工艺美术教育　李绵璐著
北京 人民美术出版社［1990 年］148 页

有照片 20cm（32 开）ISBN：7-102-00604-7
定价：CNY4.60

本书收集了 1960 年至 1988 年期间，我国工艺美术、现代工艺美术的发展史、工艺美术基础理论、外国工艺美术教育考察等 16 篇文章，并附有 86 幅图。

J0131444
苏鲁豫皖工艺美术荟萃　王文正，张振华著
北京 中国文史出版社 1990 年 268 页 有彩照
19cm（32 开）ISBN：7-5034-0264-4
定价：CNY6.80

作者张振华，江苏省徐州市人。毕业南京艺术学院中国画专业，留校任教，教授中国画。作品有《冬树》《冬景》。

J0131445
亚洲工艺美术史　张少侠编著
西安 陕西人民美术出版社 1990 年 187 页
有图版 20cm（32 开）ISBN：7-5368-0114-9
定价：CNY3.75

本书介绍了除中国以外的亚洲各主要国家、地区和民族的工艺美术发展、演变历史等。作者张少侠，教授。江苏人，毕业于南京师范大学美术系和南京艺术学院美术系研究生班。历任中国美术家协会会员。著有《欧洲美术史》《欧洲工艺美术史纲》《亚洲工艺美术史》《非洲和美洲工艺美术》《中国现代绘画史》等。

J0131446
中国丝绸纹样史　回顾著
哈尔滨 黑龙江美术出版社 1990 年 238 页
有图 20cm（32 开）ISBN：7-5318-0095-0
定价：CNY18.00

本书是关于中国丝绸纹样史的专著。以 12 章的篇幅论述了上起新石器时期，下至现代数千年中国丝绸及其纹样发生、发展和演变的历史。采用了文献记载与出土文物相互印证，以丝绸实物研究为主的方法撰写而成。外文书名：History of China Silk Pattern.

J0131447
蜀锦谱　费著撰
北京 中华书局 1991 年 19cm（32 开）
ISBN：7-101-00894-1

（丛书集成初编 1842）

本书由《蜀锦谱》费著撰、《野服考》方凤篡、《深衣考》黄宗羲撰合订。

J0131448

中国古代民间工艺　王冠英编

北京　中共中央党校出版社 1991 年 115 页

有彩图 18cm（32 开）ISBN：7-5035-0473-0

定价：CNY2.00

（中国文化史知识丛书）

本书内容包括：民间工艺的内容和分类，古代实用性的民间工艺，古代观赏、玩赏性的民间工艺。

J0131449

拼贴艺术之历史　Wolfram, E. 著；傅嘉珲译

台北　远流出版事业公司 1992 年 300 页 有图

21cm（32 开）ISBN：957-32-1530-6

定价：TWD360.00

（艺术馆 9）

外文书名：History of Collage.

J0131450

丝绸艺术史　赵丰著

杭州　浙江美术学院出版社 1992 年 220 页

有彩照 26cm（16 开）ISBN：7-81019-175-6

定价：CNY25.00

本书包括丝绸工艺美术史中的技法、品种、图案 3 大内容。外文书名：A History of Silk Art. 作者赵丰（1961—　），浙江海宁人，中国丝绸博物馆副馆长，中国古代服饰研究会理事。

J0131451

扬州工艺美术　陈忠南，张幼荣著

北京　北京工艺美术出版社 1992 年 296 页

19cm（小 32 开）ISBN：7-80526-081-8

定价：CNY3.80

本书内容包括：扬州工艺美术品 20 种、62 篇文稿、包括扬州漆器、玉器、剪纸、刺绣、面塑等。

J0131452

源远流长的甘肃工艺美术　朱玉厚主编；杨家祺等编写

兰州　兰州大学出版社 1992 年 136 页

19cm（小 32 开）ISBN：7-311-00549-3

定价：CNY3.27

J0131453

中国民间美术发展史　刘道广著

南京　江苏美术出版社 1992 年 263 页

20cm（32 开）ISBN：7-5344-0231-X

定价：CNY4.50

（中国民间美术基础理论丛书）

本书结合中国民间节令风俗、生活用品、用具、生活环境，研究了民间美术史的产生、发展史。

J0131454

中国民间玩具简史　王连海著

北京　北京工艺美术出版社 1992 年　重印本

193 页 有图 20cm（32 开）

ISBN：7-80526-072-9 定价：CNY5.80

（中国民俗艺术·工艺文化丛书）

本书内容包括：民间玩具的起源、分类及研究意义，泥玩具，风筝，益智玩具，音响玩具等。作者王连海（1952—　），研究员。北京人。中央工艺美术学院副研究员、图书馆常务副馆长。著有《中国民间玩具简史》《泥人》《外国民间玩具集》等。

J0131455

中国漆艺美术史　沈福文编著

北京　人民美术出版社 1992 年 148 页 有彩图

26cm（16 开）ISBN：7-102-00792-2

定价：CNY17.00

本书内容包括：1、介绍漆的生产及其性能；2、新石器时代的漆艺；3、秦汉三国漆器工艺概况；4、两晋南北朝漆器工艺；5、隋唐五代漆器工艺；6、宋元髹漆工艺；7、明清漆艺美术；8、现代各地区的漆艺。收各个时期漆器版 135 幅图。外文书名：The history of the Traditional Chinese Lacquer Art.

J0131456

工艺美术创新概论　李一之著

北京　文津出版社 1993 年 354 页 20cm（32 开）

ISBN：7-80554-203-1 定价：CNY6.60

作者李一之（1943—　），漆艺家。字半解，祖籍湖南。历任北京市首饰厂厂长，中国工艺美

术学会理事，北京漆艺研究会名誉会长。出版有
《北京雕漆》《工艺美术创新概论》《中国雕漆简
史》等。

J0131457
岭南民间百艺　　林明体著
广州　广东人民出版社　1993 年　412 页　有彩照
20cm（32 开）ISBN：7–218–01329–5
定价：CNY12.00，CNY18.00（精装）
（岭南文库）
　　本书记述岭南民间美术中 200 多个品种的
萌生、发展、演变过程、工艺水平、表现方法、代
表作品和艺人以及现状等。

J0131458
趣味工艺美术　　阮文辉，阮琦著
兰州　甘肃人民出版社　1993 年　334 页
20cm（32 开）ISBN：7–226–01108–5
定价：CNY7.00
　　本书论述了我国的工艺美术史，并介绍了工
艺画、蛋壳、剪纸、趣味小品等的技艺。

J0131459
陕西工艺美术史　　吴敬贤编著
西安　陕西人民美术出版社　1993 年　341 页
有彩照　20cm（32 开）ISBN：7–5368–0606–X
定价：CNY12.80
　　本书介绍了陕西地区传统的工艺品及出土
有关工艺美术品文物的历史演变和中华人民共和
国建立后工艺美术工厂及民间工艺美术生产的兴
衰变化，时间上自 6000 年前，下至 1992 年底。

J0131460
世界工艺史　（手工艺人在社会中的作用）
（英）卢西 – 史密斯（Lucie-Smith, Edward）著；
朱淳译
杭州　浙江美术学院出版社　1993 年　323 页
有彩图　26cm（16 开）精装
ISBN：7–81019–199–3　定价：CNY47.00
　　本书论述了上迄 50 万年前，下至 20 世纪
70 年代末世界范围内工艺发展的历史，阐述了
各个历史时期手工艺家的社会地位、作用和手工
艺风格、观念变迁等。作者爱德华·卢西·史密斯
（Edward Lucie-Smith, 1933—　），著名诗人、记
者及广播撰稿人。生于牙买加金斯敦市，1946 年

移居英国，著有《法兰西绘画简史》等。

J0131461
扬州工艺美术志　　朱从信主编；扬州市工艺
美术工业局编
南京　江苏科学技术出版社　1993 年　211 页
有彩图　26cm（16 开）ISBN：7–5345–1665–X
定价：CNY25.00，CNY28.00（精装）
　　本志收录江苏省扬州市和县（市）属以上企
业及部分乡镇工艺美术企业共 50 余家，记述年
代上限不限，下限年代原则上截至 1987 年。

J0131462
中国工艺美术简史　　赵玉晶主编；黑龙江省
教育学院编
北京　高等教育出版社　1993 年　112 页　有图
19cm（32 开）ISBN：7–04–004108–1
定价：CNY1.95
　　本书论述了原始社会至新中国各个不同历
史时期的工艺美术发展情况。

J0131463
中国工艺美术史　　田自秉，杨伯达著
台北　文津出版社　1993 年　346 页　有彩图
21cm（32 开）ISBN：957–668–123–5
定价：TWD300.00
（中国文化史丛书 7）
　　作者杨伯达（1927—　），研究馆员。生于
辽宁旅顺，祖籍山东蓬莱，毕业于华北大学美术
系。历任故宫博物院副院长、中国博物馆学会副
理事长。编著有《中国金银器、玻璃器、珐琅器
全集》《中国玉器全集补遗》等。

J0131464
中国工艺美术史　　田自秉，杨伯达著
台北　文津出版社　1993 年　346 页　有照片
21cm（32 开）精装　ISBN：957–668–122–7
定价：TWD360.00
（中国文化史丛书 7）

J0131465
中国工艺美术史　　卜宗舜等著
北京　中国轻工业出版社　1993 年　392 页　有照片
20cm（32 开）ISBN：7–5019–1430–3
定价：CNY15.00

本书介绍了各个历史时期工艺美术的发展以及各工艺品种特点、民族风格和艺术价值，并附有各时期出土的工艺美术精品实物照片290幅。

J0131466
中国古代民间工艺　王冠英著
台北　商务印书馆　1993年　135页　有图
19cm（32开）ISBN：957-05-0796-9
定价：TWD140.00
（中国文化史知识丛书 20）

J0131467
中国陶瓷美术史　熊寥著
北京　紫禁城出版社　1993年　345页　有彩图
20cm（32开）ISBN：7-80047-144-6
定价：CNY15.00
作者熊寥（1943—　），著名陶瓷学家、教授。江西景德镇人。中国美术学院教授。撰有《中国陶瓷美术史》《欧洲瓷器史》等。

J0131468
中国传统工艺　吕品田，徐雯［撰写］
北京　京华出版社　1994年　112页　18cm（小32开）
ISBN：7-80600-045-3　定价：CNY40.00（本系列）
（中华全景百卷书·瑰宝系列）

J0131469
中国工艺美术史　王家树著
北京　文化艺术出版社　1994年　430页　有彩图
20cm（32开）ISBN：7-5039-0569-7
定价：CNY13.00

J0131470
中国工艺美术史图录　田自秉，吴淑生编
上海　上海人民美术出版社　1994年　2册（1174页）
26cm（16开）精装　ISBN：7-5322-1092-8
定价：CNY98.00

J0131471
简明世界设计史　（工业设计卷）刘发全编著
沈阳　辽宁大学出版社　1995年　185页　有照片
19cm（小32开）ISBN：7-5610-2964-0
定价：CNY12.00

J0131472
流光溢彩的民族瑰宝　（中国工艺美术）崔延子，丁沙铃编著
北京　高等教育出版社　1995年　211页　有彩图
20cm（32开）ISBN：7-04-005095-1
定价：CNY8.20
（高等教育艺术丛书）

J0131473
世界室内装饰史百图　陈增慧编
北京　中国城市出版社　1995年　100页　19×21cm
ISBN：7-5074-0700-4　定价：CNY39.80
（世界建筑与环境艺术百图系列）

J0131474
世界陶瓷艺术史　陈进海编著
哈尔滨　黑龙江美术出版社　1995年　12+578页
有图片　20cm（32开）ISBN：7-5318-0274-0
定价：CNY52.00
作者陈进海（1946—　），教授。北京人，毕业于中央工艺美术学院。历任中央工艺美术学院陶瓷艺术设计系副教授、副主任，曾在山东济南瓷用花纸厂设计室工作。著作有《世界陶瓷艺术史》《陶艺观念谈》《世界陶瓷通鉴》等。

J0131475
世界现代设计史　（1864—1996）王受之著
广州　新世纪出版社　1995年　335页　有彩图
26cm（16开）ISBN：7-5405-1245-8
定价：CNY150.00，CNY180.00（签名本）
（王受之设计丛书 1）
外文书名：A History of Modern Design.

J0131476
扬州漆器史　张燕著
南京　江苏科学技术出版社　1995年　293页
有彩图　20cm（32开）ISBN：7-5345-1997-7
定价：CNY23.00

J0131477
广西工艺文化　郑超雄著
南宁　广西人民出版社　1996年　162页
19cm（小32开）ISBN：7-219-03472-5
定价：CNY6.00
（广西文化历史丛书）

作者郑超雄(1951—　)，副研究员，中国古陶瓷研究学会会员、广西文物考古学会理事。

J0131478

中国工艺美术简史　田自秉著

杭州　浙江美术学院出版社 1996 年　重印本 36 页＋［30］页图版 26cm（16 开）

ISBN：7-81019-048-2　定价：CNY12.00

（设计教材丛书）

　　作者田自秉，教授、博士生导师。湖南人，中央工艺美术学院任教。

J0131479

中国工艺美术史　　田自秉著

上海　东方出版中心 1996 年　重印本 17＋384 页 有图 20cm（32 开）精装 ISBN：7-5015-5708-X

定价：CNY18.00

（中国工艺美术丛书）

J0131480

中国工艺美术史纲　　李翎，王孔刚编著

沈阳　辽宁美术出版社 1996 年　402 页 有照片 20cm（32 开）精装 ISBN：7-5314-1401-5

定价：CNY29.80

　　外文书名：History Outline of Chinese Arts and Crafts.

J0131481

中国面具史　　顾朴光著

贵阳　贵州民族出版社 1996 年　476 页 有彩照 21cm（32 开）精装 ISBN：7-5412-0531-1

定价：CNY36.00

　　外文书名：The History of Chinese Masks. 作者顾朴光(1942—　)，生于贵州贵阳市，籍贯江苏崇明县(今属上海市)。历任贵州民族学院教授，学报副主编。代表作品有《中国面具史》《中国民间面具》。

J0131482

中国民间陶瓷艺术　　（图集）远宏，刘祥波著

哈尔滨　黑龙江美术出版社 1996 年　166 页 29cm（16 开）ISBN：7-5318-0369-0

定价：CNY68.00

　　作者远宏(1964—　)，教授。山东诸城人，毕业于中央工艺美术学院陶艺系。历任山东艺

术学院美术设计系教师，山东艺术学院设计学院教授、硕士研究生导师、副院长，中国美术家协会会员，中国美术家协会陶艺委员会委员。

J0131483

中国陶瓷简史　　（图集）李知宴，程雯著

北京　外文出版社 1996 年　218 页 30cm（10 开）

精装 ISBN：7-119-01247-9　定价：CNY249.00

（中国传统文化艺术丛书）

J0131484

西域装饰艺术　　万新君著

乌鲁木齐　新疆人民出版社 1997 年　122 页 有图 20cm（32 开）ISBN：7-228-04309-X

定价：CNY28.00

J0131485

中国古代民间工艺　　王冠英［编著］

北京　商务印书馆 1997 年　232 页　有彩照 19cm（32 开）ISBN：7-100-02234-7

定价：CNY14.50

（中国文化史知识丛书）

J0131486

中国古代装饰艺术　　田少鹏编著

武汉　湖北美术出版社 1997 年　316 页 26cm（16 开）ISBN：7-5394-0643-7

定价：CNY30.00

J0131487

1945 年以来的设计　　（英）彼得·多默（Peter Dormer）著；梁梅译

成都　四川人民出版社 1998 年　284 页 20cm（32 开）ISBN：7-220-04254-X

定价：CNY18.00

（美学·设计·艺术教育丛书）

　　外文书名：Design Since 1945.

J0131488

昌化石志　　姚宾谟编

北京　中华书局 1998 年　118 页　有图 26cm（16 开）精装 ISBN：7-101-01903-X

定价：CNY260.00

J0131489

唐代工艺美术史　尚刚著
杭州　浙江文艺出版社　1998 年　403 页　有图
20cm（32 开）ISBN：7-5339-1098-2
定价：CNY18.00

J0131490

风格问题　（装饰艺术史的基础）（奥）阿洛
瓦·里格尔著；刘景联，李薇蔓译
长沙　湖南科学技术出版社　1999 年　201 页
有图　26cm（16 开）ISBN：7-5357-2594-5
定价：CNY25.50
（SJXCS 设计学丛书　第一批）

J0131491

青藏民族工艺美术　马建设编著
西宁　青海人民出版社　1999 年　270 页
20cm（32 开）ISBN：7-225-01696-2
定价：CNY23.80

J0131492

世界现代平面设计史　（1800—1998）王受
之著
广州　新世纪出版社　1999 年　361 页　有图
26cm（16 开）ISBN：7-5405-1902-9
定价：CNY150.00
（王受之设计丛书　2）

外 文 书 名：A History of Modern Graphic
Design. 作者王受之（1946—　　），教授。广东广州
人，毕业于武汉大学研究生院。历任美国洛杉矶
艺术中心设计学院理论系和研究生院教授、北京
中央美术学院、中央工艺美术学院客座教授。著
有《世界现代平面设计史 1800—1998》《世界现
代设计史 1864—1996》《中国工业设计史》等。

J0131493

外国工艺美术史　张夫也著
北京　中央编译出版社　1999 年　10+603 页
有彩图　20cm（32 开）ISBN：7-80109-311-9
定价：CNY54.00

J0131494

新编中国工艺美术史　华梅，要彬著
天津　天津人民美术出版社　1999 年　194 页
有图　26cm（16 开）ISBN：7-5305-0927-6

定价：CNY49.00

J0131495

元代工艺美术研究　尚刚著
沈阳　辽宁教育出版社　1999 年　16+355 页
有图　20cm（32 开）ISBN：7-5382-5164-2
定价：CNY20.00

图案设计

J0131496

**国立北京工业大学校三四年级机科机织科实
用工艺图案画法讲义**　国立北京工业大学编
[北京]　国立北京工业大学 [民国]　有图
26cm（16 开）精装

本书内分总论、古代工艺图案（工艺图谱）
研究的源流、美术工艺史略论、图案画准备的器
具及净写描画法等 10 章。书末有大量参考图案。

J0131497

图案法 ABC　陈之佛著
上海　ABC 丛书社　1930 年　136 页　有图
19cm（32 开）定价：五角，六角（精装）
（ABC 丛书）

本书内分 9 章，讲述美的原则、图案与实用、
研究图案的方针、模样分类、平面模样组织法、
图案色彩等。书末附《善于图案制作上的种种手
续》。作者陈之佛（1896—1962），画家、工艺美
术家。又名陈绍本、陈杰，号雪翁。毕业于浙江
省工业专门学校染织科机织专业，曾留学日本入
东京美术学校工艺图案科。曾任教于上海美术
专科学校及中央大学艺术系，任南京大学、南京
师范学院教授、江苏美协副主席、南京艺术学院
副院长、中国美术家协会理事等职。代表作品有
《瑞安名胜古诗选》《旅美纪行》《江村集》等。

J0131498

表号图案　陈之佛编
上海　天马书店　1934 年 [18]+204+10 页　有图
21cm（32 开）定价：大洋一元，大洋一元五角
（精装）

本书为表号图案，即具有象征性寓意性的图

案画。全书分章讲述象征表号、基督教艺术的象征表号、用作表号的色、近世的表号、审美表号、西洋的种种表号、中国的表号图案及其意义、中国之寓意的画题等各种表号图案。书中附有大量图案。

J0131499
基本图案学　傅抱石编译
上海 商务印书馆 1936 年 162 页 有图
18cm（15 开）定价：国币六角
　　本书为职业学校教科书，据日本金子清次所著的《基本图案学》一书节译改编，内容包括要素与资料、写生与变化、美的感觉、构成形式的原理与法则、要素配列上的调和法、单独模样、统觉与错觉、立体美的要件、成形法、器体面的装饰等 13 章。书前有"总说图案之体系"。作者傅抱石（1904—1965），画家。原名长生、瑞麟，号抱石斋主人。生于江西南昌，祖籍江西新余，早年留学日本。历任南京师范学院教授、江苏国画院院长等职。代表作品有《山阴道上》《钟馗》《屈原》《江山如此多娇》，著有《中国古代绘画之研究》《中国绘画变迁史纲》等。

J0131500
基本图案学　傅抱石编译
上海 商务印书馆 1936 年 3 版 162 页 有图
18cm（15 开）定价：国币三角五分
　　本书为职业学校教科书，内容包括：要素与资料、写生与变化、美的感觉、构成形式的原理与法则、要素配列上的调和法、单独模样、统觉与错觉、立体美的要件、成形法、器体面的装饰等 13 章。书前有"总说图案之体系"。

J0131501
基本图案学　傅抱石编译
［上海］商务印书馆 民国二十九年［1940］4 版
162 页 有图 20cm（32 开）
定价：国币一元三角五分

J0131502
图案画法　朱西一编
上海 中华书局 1936 年 64 页 有图 19cm（32 开）
（初中学生文库）

J0131503
图案画法　朱西一编
上海 中华书局 1936 年 再版 64 页 有图
19cm（32 开）
（初中学生文库）
　　本书内容包括：总说、资料和变化、平面图案画法、立体图案画法。

J0131504
图案画法　朱西一编
上海 中华书局 1947 年 64 页 有图 19cm（32 开）
（中华文库 初中 第 1 集）

J0131505
图案教材　方炳潮著
上海 上海美术专门学校 1936 年 74 页
25cm（15 开）定价：大洋八角

J0131506
图案之构成法　陈浩雄编
上海 商务印书馆 1936 年 203 页 有图
26cm（16 开）精装 定价：国币一元四角
　　本书为职业学校教科书，分总说、图案构成的各要项、各项基本的构成例、各种图案的构成例、器物图案的构成例、参考资料等 6 章，有大量图例。

J0131507
图案之构成法　陈浩雄编著
上海 商务印书馆 1950 年 7 版 203 页
26cm（16 开）统一书号：76334 定价：12.00

J0131508
应用图案讲话　郑川谷著
上海 大江书局 1936 年 104 页 有图 21cm（32 开）
定价：三角
（实用技术讲座 1）
　　本书内分 4 章，讲述图案的意义、目的、种别，研究的态度，图案构成上的诸原则，图案构成法、色彩等。此书侧重讲平面图案。书末附图案制作上之手续、图案资料集成。

J0131509
图案构成法　陈之佛编
上海 开明书店 1937 年 294 页 有图 19cm（32 开）

定价：国币一元

本书内分图案的意义、图案法的理论、图案资料、色彩法、平面图案法、立体图案等 8 章。

J0131510
基本工艺图案法　傅抱石编译

长沙　商务印书馆 1939 年 192 页 有图 18cm（15 开）定价：国币一元

本书据日本山形宽氏的有关讲义编译，内分绪论、器体的组成、器体的装饰等三大部分。

J0131511
基本工艺图案法　傅抱石编译

[长沙] 商务印书馆 民国二十九年 [1940] 再版 192 页 有图 20cm（32 开）定价：国币一元

本书分为三个部分，内容包括绪论、器体之组成、器体的装饰。作者傅抱石（1904—1965），画家。原名长生、瑞麟，号抱石斋主人。生于江西南昌，祖籍江西新余，早年留学日本。历任南京师范学院教授、江苏国画院院长等职。代表作品有《山阴道上》《钟馗》《屈原》《江山如此多娇》，著有《中国古代绘画之研究》《中国绘画变迁史纲》等。

J0131512
图案　赵岷泉编绘

长沙　商务印书馆 1939 年 302 页 有图 19cm（32 开）精装 定价：国币一元一角

本书介绍图案的一般知识和画法。分 8 章。书前有王云五的"编印职业教科书缘起"，书末附"图案制作手续"。

J0131513
图案　赵岷泉编绘

长沙　商务印书馆 1947 年 5 版 302 页 有图 19cm（32 开）定价：国币五元五角

J0131514
新图案学　雷圭元著

南京　国立编译馆 1947 年 242 页 有图 20cm（32 开）定价：国币六元

本书分 7 章，论述图案与人生，图案的源、内容、形式、构成、格式、事业等。末附参考图多幅。作者雷圭元（1906—1988），教育家、书画家。字悦轩，上海松江人。毕业于国立北平艺专，

留校任教。代表作品《工艺美术技法讲话》《新图案学》《新图案的理论和作法》等。

J0131515
新图案学　雷圭元著

[上海] 商务印书馆 1947 年 定价：CNY1.40（大学丛书）

J0131516
新图案学　雷圭元著

上海　商务印书馆 1949 年 再版 242 页 21cm（32 开）定价：六元

J0131517
新图案学　雷圭元著

上海　商务印书馆 1950 年 3 版 242 页 21cm（32 开）定价：CNY14.00（大学丛书）

J0131518
标志图案新编　王汝临编

香港　万里书店 1949 年 93 页 19cm（小 32 开）

J0131519
新图案的理论和作法　（上卷）雷圭元撰

上海　万叶书店 1950 年 190 页 19cm（32 开）定价：十二元

J0131520
新图案的理论和作法　（下卷）雷圭元撰

上海　万叶书店 1950 年 220 页 19cm（32 开）定价：十四元

J0131521
应用图案及美术字　张维振编

上海　万叶书店 1951 年 80 页 15×18cm 定价：五元五角

J0131522
应用图案及美术字　张维振编

上海　万叶书店 1951 年 11 版 修订版 81 页 15×18cm 定价：旧币 [5500.00]

本书内容包括：人像、人物、报头、广告、封面、会场教室应用图案、机械、动物及自然现象等。

J0131523
应用图案讲话　郑川谷著
上海　上海杂志公司 1951 年 4 版 104 页 有图
21cm（32 开）定价：旧币 5,800 元

J0131524
图案问题的研究　庞薰琹撰
上海　大东书局 1953 年 197 页 有图 20cm（32 开）
定价：旧币 10,500 元
　　作者庞薰琹（1906—1985），画家、工艺美术
教育家。生于江苏常熟，字虞铉，笔名鼓轩。曾
任中央工艺美术学院第一副院长。代表作品有
《地之子》《路》《贵州山民图卷》《瓶花》等。著
有《薰琹随笔》。

J0131525
新图案讲话　田自秉编撰
上海　万叶书店 1953 年 61 页 有图
15×17cm（30 开）定价：旧币 4,500 元
　　作者田自秉，教授、博士生导师。湖南人，
中央工艺美术学院任教。

J0131526
怎样画图案　王端编绘
上海　北新书局 1953 年 影印本 121 页 14×18cm
定价：旧币 6,200 元

J0131527
怎样画图案　王端编
上海　四联出版社 1953 年 重印本 121 页
14×18cm 定价：CNY0.62

J0131528
新图案讲话　田自秉编绘
上海　四联出版社 1954 年 新 1 版 65 页 有图
15×18cm（30 开）定价：旧币 4,000 元

J0131529
怎样美化黑板报　心音编
[上海] 四联出版社 1954 年 定价：CNY0.55

J0131530
怎样美化黑板报　心音作
上海　上海文化出版社 1956 年 定价：CNY0.38

J0131531
几何图案的组织　程尚仁编著
北京　人民美术出版社 1958 年 有图 20cm（32 开）
统一书号：T8027.1439 定价：CNY1.40

J0131532
几何图案的组织　程尚仁编著
北京　人民美术出版社 1979 年 2 版 192 页
19cm（32 开）统一书号：8027.1439 定价：CNY0.66

J0131533
图案画初步　陆星晨编绘
天津　天津美术出版社 1958 年 影印本 150 页
13×18cm（36 开）统一书号：8073.903
定价：CNY0.60

J0131534
花窗　江苏省文物管理委员会编
北京　建筑工程出版社 1959 年 定价：CNY0.35

J0131535
基础图案画法　李贤编著
石家庄　河北人民美术出版社 1959 年 278 页
有图 19cm（32 开）统一书号：8087.585
定价：CNY0.80

J0131536
基础图案画法　李肾编著
石家庄　河北人民美术出版社 1959 年 278 页
有图 19cm（32 开）统一书号：T8087.585
定价：CNY0.80

J0131537
怎样编排黑板报　方际青，齐力合编
上海　上海人民美术出版社 1959 年
定价：CNY0.17
（工农兵业余美术自学丛书）

J0131538
怎样画图案　中央工艺美术学院染织系编
北京　人民美术出版社 1959 年 44 页 有图
19cm（32 开）统一书号：T8027.2115
定价：CNY0.26

J0131539
怎样画图案　雷圭元编；时彩舟绘图
北京　人民美术出版社　1982年　2版　57页
19cm（32开）统一书号：8027.2115　定价：CNY0.33
　　本书介绍了画图案的而六个步骤：写生、变
形、换色、排列组织、构图、设色。还论述了图
案产生、变化以及抽象提高过程。附有24幅图
片。作者雷圭元（1906—1988），教育家、书画家。
字悦轩，上海松江人。毕业于国立北平艺专，留
校任教。代表作品《工艺美术技法讲话》《新图
案学》《新图案的理论和作法》等。

J0131540
图案基础　雷圭元编写；李骐助理编辑
北京　人民美术出版社　1963年　267页　有图
24cm（16开）统一书号：8027.4037　定价：CNY3.10

J0131541
基本图案学　（1970年4月版）
香港　太平书局　1970年　162页　19cm（小32开）

J0131542
美术设计123　高山岚编著
台北　艺术图书公司　1972年　391页　20cm（32开）

J0131543
黑白彩色图案设计　梁荫本［编］
香港　香港进修出版社　1973年　197页
19cm（小32开）

J0131544
基础图案技法　浙江美术学院图案教材编写
组编
北京　人民美术出版社　1977年　57页　19cm（32开）
定价：CNY0.73

J0131545
基础图案技法　浙江美术学院图案教材编写
组编
北京　人民美术出版社　1988年　43页　有图
19cm（32开）ISBN：7-102-00325-0
定价：CNY1.65

J0131546
花边图案设计　南京艺术学院美术系编

北京　轻工业出版社　1978年　176页　26cm（16开）
统一书号：15042.1458　定价：CNY0.91

J0131547
中国古代图案设计　现代丛刊编辑委员会编著
台北　设计家文化出版事业有限公司　1978年
351页　20cm（32开）定价：TWD100.00
（现代设计丛刊 1）

J0131548
标志图案新编　王汝临编著
台北　华联出版社　1979年　93页　19cm（小32开）

J0131549
基础图案　陈圣谋编著
南昌　江西人民出版社　1979年　214页
20cm（32开）统一书号：8110.290　定价：CNY1.66

J0131550
美术设计基础　（平面构成与立体构成）简君
山编译
台北　艺术图书公司　1979年　2版　93页
20cm（32开）定价：TWD70.00

J0131551
实用装饰构图　刘明光编
香港　万里书店　1980年　72页　有图　21cm（32开）
定价：HKD5.00

J0131552
图案基础　黄钦康，杨乾钊编著
西安　陕西人民美术出版社　1980年　148页
25cm（16开）统一书号：8199.90　定价：CNY1.55
（美术丛书）

J0131553
西洋徽饰图案集　习嘉编
香港　万里书店　1980年　243页　26cm（16开）

J0131554
怎样画图案　胡丹苓著
上海　上海人民美术出版社　1980年　62页
25cm（小16开）统一书号：8081.11791
定价：CNY0.30
（工农兵美术技法丛书）

J0131555

怎样画图案　胡丹苓编著

上海　上海人民美术出版社 1986 年 2 版
修订本 73+8 页 有图 19cm（32 开）
统一书号：8081.11791 定价：CNY0.88

J0131556

装饰图案基础　保彬编著

南京　江苏人民出版社 1980 年 180+39 页
19cm（32 开）统一书号：8100.3.344
定价：CNY0.88

　　作者保彬（1936—　　），蒙古族，国画家。江
苏南通人。毕业于南京艺术学院美术系并留校
任教。南京艺术学院院长，中国美术家协会会员，
江苏美术家协会理事等。主要作品有《鹤寿图》
《华夏魂》《嫦娥奔月》等。专著有《纵横挥洒》《保
彬画集》《黄山奇松》。

J0131557

动物图案技法　尹武松编绘

天津　天津人民美术出版社 1981 年 94 页
19cm（32 开）统一书号：8073.50188
定价：CNY0.55

J0131558

基础设计之研究　游象平，王锡贤编著

台北　文霖堂出版社 1981 年 152 页 26cm（16 开）
定价：TWD300.00
（美术设计丛书）

J0131559

创新图案设计　陈占森编著

香港　香港得利书局 1982 年 137 页 26cm（16 开）
定价：HKD24.00

J0131560

花的装饰技法　崔栋良编

天津　天津人民美术出版社 1982 年 106 页
25cm（15 开）统一书号：8073.50216
定价：CNY3.20

　　作者崔栋良（1935—　　），教授，美术设计
师。河北文安人，毕业于中央工艺美术学院染织
美术系。历任中央工艺美术学院副教授，中国书
画函授大学实用美术系教授，中国美术家协会、
中国工艺美术学会会员等。出版有《花的装饰技

法》《花卉黑白画》《图案的基本组织》《动物的
写生与变形》《风景装饰画法》等。

J0131561

平面设计基础　王无邪，梁巨廷著

香港　商务印书馆香港分馆 1982 年 151 页
有插画 21×19cm ISBN：962-07-6006-9
定价：HKD40.00
（美术设计丛书 1）

J0131562

图案　（试用本）全国中等师范学校美术教材
编委会编

北京　人民美术出版社 1983 年 69 页 25cm（16 开）
统一书号：8027.8514 定价：CNY1.45
（中等师范学校美术课本）

J0131563

基础图案技法　崔毅编著

合肥　安徽人民出版社 1984 年 156 页 有彩图
19cm（32 开）统一书号：8102.1433 定价：CNY1.90

　　本书主要介绍图案的应用范围、特点、种
类；图案形象、构成、构图等形式法则；图案色
彩表现技法。

J0131564

风景装饰画法　崔栋良编著

北京　轻工业出版社 1985 年 25cm（15 开）
统一书号：15042.2023 定价：CNY1.60

　　本书是作者依据教学积累的画稿，并收集
了国内外有关资料和学生作业，经整理编绘而
成的。

J0131565

工艺美术制图　阎环著

沈阳　辽宁美术出版社 1985 年 204 页
26cm（16 开）定价：CNY4.60
（工艺美术丛书）

　　本书主要内容包括：对平面几何画法及平面
几何图案构成设计；立体投影画法；设计常用的
视图及表示法；工业美术立体造型设计；从点、
线、面规律及其求法，到这些点、线、面组合及
其应用到实际的设计图；设计图形的色彩运用等
做了论述。书后附有完整的设计图百余幅。

J0131566

几何形图案的构成和应用　吴山编著

北京　人民美术出版社　1985 年　174 页

19cm（32 开）统一书号：8027.8145 定价：CNY1.50

J0131567

图案设计构成研究　（日）青木正夫著；郑丽译

北京　人民美术出版社　1985 年　26cm（16 开）

统一书号：8027.8583 定价：CNY2.15

　　本书作者用新的平面构成概念对现代的设计进行了分析说明；从美的要素到形体与深度的认识；从色彩的调和到以各种型式为基础的构成等；多角度地加以阐述。收有图片 270 幅。

J0131568

现代图形设计　励忠发编著

沈阳　辽宁美术出版社　1985 年　205 页　有图

17cm（32 开）统一书号：8161.0838 定价：CNY5.60

　　作者励忠发，成都美术学院教师。

J0131569

艺术·设计的平面构成　（日）朝仓直巳著；吕清夫译

台北　梵谷图书出版事业公司　1985 年　287 页

有图　26cm（16 开）精装　定价：TWD380.00

（梵谷设计丛书）

　　外文书名：Fundamental Problems of Creating in the Two-dimensional Space.

J0131570

黑白构成图案　李贤编著

贵阳　贵州美术出版社　1986 年　156 幅

20cm（24 开）统一书号：8396.0077 定价：CNY3.10

　　本书论述了装饰图案基础构成法则和技术理论，配有 156 幅技法图，包括装饰风景、装饰动物、装饰花卉等内容。

J0131571

基础图案　陈圣谋编著

北京　轻工业出版社　1986 年　138 页 26cm（16 开）

统一书号：8042.003 定价：CNY2.00

J0131572

视幻图案应用参考　邵瞿昌编绘

武汉　湖北美术出版社　1986 年　136 页

18cm（32 开）统一书号：88399.329 定价：CNY2.25

J0131573

图案设计基础　吴淑生主编

北京　人民美术出版社　1986 年　393 页

10cm（64 开）统一书号：8027.8899 定价：CNY7.70

　　主编吴淑生（1925—　），女，教师。江苏盐城人，毕业于杭州国立艺术专科学校。历任中央美术学院教师，北京工艺美术学校副教授。作品有《花卉头巾围巾》《瓜蝶台布》，主编有《图案设计基础》等。

J0131574

网格构成　（瑞士）贝·施塔克等著；余秉楠编译

天津　天津人民美术出版社　1986 年　39 页

26cm（16 开）统一书号：8073.50298

定价：CNY3.20

J0131575

装潢设计　余秉楠著

北京　解放军出版社　1986 年　94 页　有照片

19cm（32 开）统一书号：8185.7 定价：CNY2.00

（培养军地两用人才技术丛书）

　　本书介绍各种装潢设计的方法。内容包括：包装装潢设计的方法和制版稿的画法；包装造型设计的功能、基本要求、原理和方法；标志设计的功能、要求、表现形式；商品招贴广告设计的要求、构思、艺术手段等。附有大量插图，其中有 120 余幅精美彩图，展示中外优秀的设计作品，具有借鉴和欣赏价值。作者余秉楠（1933—　），平面设计师。上海人，毕业于民主德国莱比锡版画与书籍艺术高等学校。历任中央工艺美术学院书籍艺术系主任、教授，国际商标标识双年奖国际评委。装帧设计有《我们与艺术》《小丑汉斯》等，著有《装潢设计》。

J0131576

装饰人物技法　许思源编著

济南　山东美术出版社　1986 年　87 页 18cm（15 开）

统一书号：8332.815 定价：CNY0.98

J0131577

装饰图案构成　李贤，时彩舟著

长春　吉林美术出版社　1986 年　350 页　有图

20cm（32 开）定价：CNY3.90

本书对写生变化及单独纹样、适合纹样、二方连续，四方连续等各种样式的图案，以及动物、风景、几何等不同题材图案的技法作了翔实的论述，全面、系统地阐述了装饰图案的产生、发展、演变过程。并附有图例和大量参考图。

J0131578

论工艺美术　庞薰琹著

北京　轻工业出版社　1987年　143页　19cm（32开）

统一书号：8042.023　定价：CNY1.25

　　本书论述工艺美术相关理论，并附有图案问题的研究一文。作者庞薰琹（1906—1985），画家、工艺美术教育家。生于江苏常熟，字虞弦，笔名鼓轩。曾任中央工艺美术学院第一副院长。代表作品有《地之子》《路》《贵州山民图卷》《瓶花》等。著有《薰琹随笔》。

J0131579

平面构成　张愉，杨艾强编著

贵阳　贵州美术出版社　1987年　124页　有彩图

19×17cm　ISBN：7-5413-0023-3　定价：CNY2.90

　　本书内容是工艺美术造型设计知识和技巧。

J0131580

平面设计之基础构成　叶国松，张辉明编著

台北　艺风堂出版社　1987年　3版　134页　有图

26cm（16开）精装　定价：TWD300.00

（现代美工丛书 9）

J0131581

图案基础　（美术挂图）黄午生编著

南京　江苏美术出版社　1987年　6张　76cm（2开）

定价：CNY2.40

（高考教学辅导自学之友）

J0131582

图案基础　胡国瑞著

南京　江苏美术出版社　1993年　82页　26cm（16开）

ISBN：7-5344-0283-2　定价：CNY4.60

（中级美术自学丛书　美术家之路）

　　全书共6讲，内容包括：基础知识、形式美、图案造型、图案纹样的组织、图案设色与描绘技法等。作者胡国瑞，美术教师。

J0131583

图案造型设计　林永蓁编著

新北三重［台湾］小豆芽出版社　1987年

最新版　影印本　189页　有图　21cm（32开）

定价：TWD100.00

　　外文书名：Patterns Designing.

J0131584

纹样设计　张风编著

广州　岭南美术出版社　1987年　152页

26cm（16开）统一书号：8260.1790

ISBN：7-5362-0064-1　定价：CNY4.95

　　本书收入115幅图。作者阐述了纹样设计的内容和性质，并向读者介绍了纹样设计造型领域和表现手法的知识。作者张风（1955—　　　），教授。生于海南海口市，毕业于广州美术学院。海南大学艺术学院院长。著有《立体设计基础》《现代装饰设计》等。

J0131585

艺术·设计的平面构成　（日）朝仓直巳著；吕清夫译

上海　上海人民美术出版社　1987年　285页

有图　26cm（16开）统一书号：8081.15212

定价：CNY8.90

　　本书附图669幅，共5章：平面构成的目的，造形的要素，造形文法A（构图），造形文法B（幻像的创造），技巧的开始。

J0131586

几何图案构成　李宗禹等编著

天津　天津人民美术出版社　1988年　234页

26cm（16开）ISBN：7-5305-0134-8

定价：CNY12.00

J0131587

平面构成基础　耿永森编

呼和浩特　内蒙古教育出版社　1988年　93页

19cm（32开）ISBN：7-5311-0665-5

定价：CNY2.60

J0131588

平面设计构成研究　（日）青木正夫编著

香港　香港书城公司　1988年　158页　有图

21cm（32开）定价：HKD45.00

（美术陶艺丛书 49）

J0131589
图案 魏诗国编著
成都 四川教育出版社 1988 年 69 页 有图版
26cm（16 开）定价：CNY6.75

　　作者魏诗国（1942— ），美术教师。生于四
川成都，毕业于西南示范学院。历任中国职教美
术研究会、中国美术教育专业委员会职教分会秘
书长。代表作品有《秋阳》《春雨》《老磨》等。

J0131590
图案基础画法 石裕纯编著
上海 上海人民美术出版社 1988 年 84 页
有图版 19cm（32 开）ISBN：7-5322-0136-8
定价：CNY3.20
（初级美术技法丛书）

J0131591
图像的威力 于格著；钱凤根译
成都 四川美术出版社 1988 年 244 页 有图
20cm（32 开）ISBN：7-5410-0215-1
定价：CNY3.50
（现代美术理论翻译系列）

　　本书从美术心理学、美术史和美学的角度，
揭示了美术发展的基本因素，阐明了正是在美术
提供的富有启示的图像中，才能见出人们不断探
索和努力的意义。

J0131592
装饰画绘制技法 董显仁，纪丽编绘
香港 万里书店 1988 年 239 页 有图 21cm（32 开）
ISBN：962-14-0358-8 定价：HKD35.00
（新美术丛书 13）
　　外文书名：Decorative Drawing Techniques.

J0131593
底纹运用 （1）康熙美术企划室编
台北 康熙出版社 1989 年 87 页 26cm（16 开）
ISBN：957-9529-06-X 定价：TWD200.00
（美术图书馆 C1）

J0131594
工艺图案设计 张省著
南京 南京出版社 1989 年 46 页 19cm（32 开）

定价：CNY5.00

J0131595
构成应用 陈海鱼编著
长沙 湖南美术出版社 1989 年 236 页
17cm（40 开）ISBN：7-5356-0346-7
定价：CNY6.50

　　本书主要内容为平面设计的构思、肌理、错
视空间、平面设计的构图。

J0131596
平面构成图案 王树功编绘
北京 朝花美术出版社 1989 年 120 页 13×19cm
ISBN：7-5056-0099-0 定价：CNY2.10

J0131597
图案 第 12 辑 （浙江美术学院工艺系专辑）
《图案》编辑部编
北京 轻工业出版社 ［1989 年］56 页 26cm（16 开）
定价：CNY2.45

J0131598
装饰色彩基础技法 董显仁，纪丽编著
香港 万里书店 1989 年 204 页 有图 21cm（32 开）
ISBN：962-14-0395-2 定价：HKD58.00
（新美术丛书 14）
　　外文书名：Decorative Colouring Techniques.

J0131599
常用图案作法 徐乃湘编著
北京 轻工业出版社 1990 年 19cm（32 开）
ISBN：7-5019-0656-4 定价：CNY5.20
（实用美术小丛书）

J0131600
基础图案步骤范图 张占甫等编绘
天津 天津杨柳青画社 1990 年 9 张
39cm（1 张）（4 开）定价：CNY7.40

J0131601
几何形拼摆图案构成 宋浩霖著
合肥 安徽美术出版社 1990 年 139 页 有图
17×18cm（24 开）ISBN：7-5398-0107-7
定价：CNY5.20
　　本书内容包括：拼摆构成法则、几何形体分

割、拼摆形象、传统图案形象构成特征等。作者宋浩霖（1932—　），教授。出生于浙江绍兴，毕业于中央工艺美术学院。历任浙江美术学院副教授，浙江民间美术研究会副会长兼秘书长。出版有《基础图案技法》《几何形拼摆图案构成》《宋浩霖画龙画册》等。

J0131602
商业黑白画　吴华先绘
北京　朝花美术出版社　1990 年　27cm（大 16 开）
定价：CNY2.20
（美术技法画库 20）

J0131603
设计基础平面构成　雷印凯编著
沈阳　辽宁美术出版社　1990 年　262 页
25cm（15 开）ISBN：7–5314–0682–9
定价：CNY17.00
（鲁迅美术学院函授部教材丛书）

J0131604
设计基础平面构成　雷印凯编著
沈阳　辽宁美术出版社　1991 年　162 页
30cm（12 开）ISBN：7–5314–0682–9
定价：CNY17.00

J0131605
设计基础平面构成　雷印凯编著
沈阳　辽宁美术出版社　1999 年　重印本　162 页
25×26cm ISBN：7–5314–0682–9 定价：CNY22.00
（鲁迅美术学院函授部教材丛书）

J0131606
实用装饰图案设计　虞刚，虞亮编著
石家庄　河北美术出版社　1990 年　125 页
有图 26cm（16 开）ISBN：7–5310–0246–9
定价：CNY13.50
　　本书内容包括：装饰图案的艺术特性、图案设计艺术的自身规律、图案设计的构成元素以及图案的基本形态和特征等，并附有 335 幅图。

J0131607
世界人物装饰画艺术　（技法、图集）朱刚编著
上海　上海书画出版社　1990 年　164 页
19cm（32 开）ISBN：7–80512–429–9

定价：CNY4.80
（实用美术资料丛书）

J0131608
图案丛书　（13 南京艺术学院工艺美术作品集）《图案》编辑部编
北京　轻工业出版社［1990 年］56 页
27cm（大 16 开）定价：CNY2.45

J0131609
图案家　（2）《图案家》编辑部编
北京　文化艺术出版社［199—？年］108 页
有图 26cm（16 开）ISBN：7–5039–0992–7
定价：CNY8.40
　　本辑收入图案设计原理和学科建设，图案创造和教学以及纹样史等方面论文 17 篇，收入山东 6 院校陶艺、建筑美术设计、室内美术设计等作品近 400 幅。

J0131610
图案设计　（日）佐口七郎著；艺风堂出版社编译
台北　艺风堂出版社　1990 年　126 页
27cm（16 开）精装　ISBN：957–9394–29–6
定价：TWD250.00
（现代设计丛书 8）

J0131611
装饰纹样构成法　李景凯著
太原　山西人民出版社　1990 年　229 页　有图版
20cm（32 开）ISBN：7–203–01747–8
定价：CNY4.50
　　本书分为综述、装饰纹样构成法、现代东方纹样描绘技法及装饰纹样的色彩四个部分。

J0131612
装饰与人类文化　（日）海野弘著；陈进海编译
济南　山东美术出版社　1990 年　227 页　有图
20cm（32 开）ISBN：7–5330–0221–0
定价：CNY5.00
　　本书重点阐述有关装饰的基本理论，分析了绳结纹、雷纹、阿拉伯图案、卷草纹等在世界装饰中有代表性的各类纹样，论述了它们各自的形态特征，阐明了各类装饰近似的结构特点等。

J0131613

风俗图案设计　宁田，郑春龙绘

北京 解放军出版社 1991 年 120 页 17×19cm
ISBN：7-5065-1646-2 定价：CNY7.50

　　本书内容包括：大地；春夏秋冬；水乡；田园；军旅人物和刊头 6 部分。

J0131614

美术设计作品文论　田振国主编

北京 文化艺术出版社 1991 年 108 页 有插图
26cm（16 开）ISBN：7-5039-0890-4
定价：CNY8.40
（图案家丛书 1）

J0131615

平面构成　黄刚著

杭州 浙江美术学院出版社 1991 年 132 页
26cm（16 开）ISBN：7-81019-092-X
定价：CNY7.00
（设计教材丛书）

J0131616

图案设计基础　（图册）祝韵琴编绘

济南 山东美术出版社 1991 年 108 页 有照片
18×19cm ISBN：7-5330-0426-4 定价：CNY6.95

　　本书介绍了花卉写生和变化的方法及少部分动物装饰纹样的创作方法。作者祝韵琴（1937—　　），女，满族，教师。北京人，毕业于中央工艺美术学院染织美术系，留校任教。中国美术家协会会员，中央工艺美术学院染织服装设计系副教授。作品有漆画《根深叶茂》，出版有《花卉技法》《动物速写》《图案设计技法》等。

J0131617

图案设计原理　诸葛铠著

南京 江苏美术出版社 1991 年 288 页 有图
20cm（32 开）ISBN：7-5344-0205-0
定价：CNY7.50

　　本书探讨图案设计，由起源到流变，由功能到装饰，由形态到本质的原理。论述设计形态的关系质，设计构成的时空要素与规律；直觉思维，视知觉的整体性和组织能力，视觉动态，悖论图形，深度知觉和视错觉，设计思想的三种模式，设计的一般方法，创造性思维等。含图240 幅。

J0131618

图案设计原理　诸葛铠著

南京 江苏美术出版社 1999 年 增订本 305 页
有图 20cm（32 开）ISBN：7-5344-0205-0
定价：CNY24.00

　　作者诸葛铠（1941—2012），教授。浙江人，苏州大学教授、博士生导师。著有《图案设计原理》《中国纹样辞典》《墨朱流韵－中国古代漆器艺术》《敦煌石窟装饰图案》等。

J0131619

国 际 图 形 设 计　（瑞 士）别 赛 勒（Igildo，G·Biesele）编；劳诚烈译

杭州 浙江美术学院出版社 1992 年 190 页
26×26cm 精装 ISBN：7-81019-210-8
定价：CNY60.00

　　外文书名：Graphic Design International.

J0131620

黑白装饰画技法 800 例　段世俊，吴惠良编绘

武汉 武汉测绘科技大学出版社 1992 年
154 页 13×19cm ISBN：7-81030-199-3
定价：CNY4.00

J0131621

雷圭元论图案艺术　雷圭元著；杨成寅，林文霞记录整理

杭州 浙江美术学院出版社 1992 年 259 页
有彩图 20cm（32 开）精装
ISBN：7-81019-174-8 定价：CNY15.00

　　本书主要内容有图案的基本原理、中国传统图案、中国传统纹样述略，书中附有黑白插图 174 幅，彩色图版 6 幅。作者杨成寅（1926—2016），美术理论家、雕塑家。河南南阳市人，毕业于中央美院研究生班并留校任教。曾任《美术理论资料》《美术译丛》等刊物编辑，中国美术学院教授，中国美术家协会会员。雕塑作品有《晨读》《汤显祖像》《谢文锦像》等。

J0131622

平面设计手册　（电脑制作增订版）钟锦荣编著

香港 广告制作公司 1992 年 增订版 440 页
有图 27cm（大 16 开）精装
ISBN：962-7065-03-X 定价：HKD280.00

　　外文书名：The Graphicat.

J0131623
黑白画技法 李曙光编著
北京 北京工艺美术出版社 1993 年 54 页 有图
19cm（小 32 开） ISBN：7-80526-099-0
定价：CNY3.50
（装饰艺术丛书）

J0131624
黑白画技法分析 田旭桐著
贵阳 贵州人民出版社 1993 年 128 页 17×19cm
ISBN：7-221-02631-9 定价：CNY6.00
　　作者田旭桐（1962— ），教师。北京人，毕
业于中央工艺美术学院。清华美院教授、硕士生
导师。作品有《天街连晓雾》《隔溪烟雨》《一池
清水泛鱼苗》等。

J0131625
黑与白的魅力 （装饰画技法范本）陆广雄著
福州 福建美术出版社 1993 年 106 页 17×19cm
ISBN：7-5393-0212-7 定价：CNY8.50
　　作者陆广雄（1959— ），广东人，毕业于福
建师大美术系。历任《福建文学》美术编辑，中
国装帧艺术研究会会员，中国美术家协会福建分
会会员。代表作品有《当代中国画名家陆广雄山
水集》《当代中国画名家陆广雄彩墨画集》等。。

J0131626
基础图案 丁煌主编；江苏省教委职教处编
北京 高等教育出版社 1993 年 87 页 有彩图
26cm（16 开） ISBN：7-04-004240-1
定价：CNY5.80

J0131627
基础图案 刘彦勇编著
开封 河南大学出版社 1993 年 155 页 有图
19×22cm 定价：CNY13.50
　　本书对图案的构成特点、形式美的法则、组
合规律以及面对生活原型，如何写生变化等问题
进行了讲解。

J0131628
设计基础图案 （动物变化）回顾等编著
沈阳 辽宁美术出版社 1993 年 有图 17×19cm
ISBN：7-5314-1027-3 定价：CNY12.00
　　本系列图书分为：花卉变化、动物变化、风

景变化、人物变化 4 册。作者回顾（1953— ），
教授。辽宁人。鲁迅美术学院副教授。编著有《世
界装饰图案全集》《中国丝绸纹样史》《花卉图案
设计》等。

J0131629
设计基础图案 （风景变化）回顾等编著
沈阳 辽宁美术出版社 1993 年 有图 17×19cm
ISBN：7-5314-1027-3 定价：CNY12.00

J0131630
黑白装饰画技法 戚福光著
沈阳 辽宁美术出版社 1994 年 202 页 17×19cm
ISBN：7-5314-1233-0 定价：CNY14.50
　　作者戚福光，上海美术家协会会员。

J0131631
美术字与黑白画 陈东山，徐振金编
北京 中国物资出版社 1994 年 159 页 有图
22×18cm ISBN：7-5047-0942-5 定价：CNY11.00
　　本书从字体历史的发展，以美术字与黑白画
的结合，讲授了如何绘写美术字和黑白画及灵活
运用等知识。

J0131632
平面视觉传达设计 吴国欣编著
长沙 湖南美术出版社 1994 年 228 页 17×18cm
ISBN：7-5356-0652-0 定价：CNY12.80
　　本书包括：设计要素、插图的黑白设计、文
字设计、文字编排设计、CI 设计等 7 部分。

J0131633
图案 苏宝礼编著
天津 新蕾出版社 1994 年 39 页 26cm（16 开）
ISBN：7-5307-1524-0 定价：CNY12.00
（小画家丛书）

J0131634
图案基础 王宴俊编
长沙 湖南教育出版社 1994 年 重印本 88 页
有彩图插图 17×18cm（24 开）
ISBN：7-5355-1202-X 定价：CNY4.00

J0131635
图案入门 李松柴编绘

杭州　中国美术学院出版社　1994 年　60 页
26cm（16 开）ISBN：7-81019-381-3
定价：CNY15.00
（家庭美术教师画库）

J0131636
图案设计基础　张美荣著
石家庄　河北美术出版社　1994 年　31 页
25×26cm　ISBN：7-5310-0606-5　定价：CNY17.00

J0131637
现代图案变化技巧　（基础篇）王抗生主编；
许亮，唐英编著
北京　中国轻工业出版社　1994 年　156 页
26cm（16 开）ISBN：7-5019-1633-0
定价：CNY19.50
　　本书 4 部分：图案概述；图案构成的规律、
原理与法则；图案的写生与变化；图案的构成与
组织形式。

J0131638
黑白设计　陈雅丹编著
昆明　云南美术出版社　1995 年　110 页　有图
26cm（16 开）ISBN：7-80586-212-5
定价：CNY30.00
　　本书从画面构成的三大基本要素：色、形、
结构三方面讲授黑白的艺术规律、黑白的表现
手段。

J0131639
平面设计基础　王无邪，梁巨廷著
台北　艺术家出版社　1995 年　再版　151 页
有插画　21×19cm　ISBN：957-9530-09-2
定价：TWD200.00
（美术设计丛书 1）

J0131640
平面设计实践　靳埭强著
台北　艺术家出版社　1995 年　再版　163 页
有插画　21×19cm　ISBN：957-9530-02-5
定价：TWD240.00
（美术设计丛书 艺术家丛刊 2）
　　外文书名：Applied Two-Dimensional Design.

J0131641
图案基础　王宴俊编
长沙　湖南科学技术出版社　1995 年　新 1 版
88 页　17×19cm　ISBN：7-5357-1953-8
定价：CNY6.00

J0131642
图案设计技法　江冰主编
北京　中国标准出版社　1995 年　327 页
30cm（10 开）ISBN：7-5066-0977-0
定价：CNY21.00

J0131643
图形设计　翟祖华著
合肥　安徽教育出版社　1995 年　106 页　20×21cm
ISBN：7-5336-1758-4　定价：CNY10.00
　　作者翟祖华（1947—　），教授。上海人，毕
业于上海轻工业高等专科学校。上海应用技术
学院艺术设计专业副教授。陶瓷壁画有《豫国春
色》，漆画有《天华秋实》《星辰之梦》《满目青山
夕照明》，丙烯壁画有《人间遍种自由花》。

J0131644
现代图案构成技巧　（植物·风景·立体构成）
钟茂兰等编著
北京　中国轻工业出版社　1995 年　163 页
26cm（16 开）ISBN：7-5019-1780-9
定价：CNY19.50
　　作者钟茂兰（1937—　），女，教授。四川成
都人，毕业于四川美术学院，留校任教。四川美
术学院教授、系主任、硕士生导师，中国工艺美
术委员会副主任委员。主编有《民间染织美术》
《中国少数民族装饰》《装饰色彩写生》等。

J0131645
现代图案造型技巧　（动物·人物造型构成）
张涤尘等编著
北京　中国轻工业出版社　1995 年　163 页
26cm（16 开）ISBN：7-5019-1781-7
定价：CNY19.50
　　作者张涤尘（1935—　），教师。吉林人。历
任北京纺织科学院研究所美术设计，轻工业部轻
工业出版社编辑，中央工艺美术学院染织美术系
讲师。作品有《漓江水绿》《漓江晴雨》，出版有
《张涤尘作品选》等。

J0131646
装潢设计 （A 造型基础·素描·色彩专集）周正等主编
杭州 中国美术学院出版社 1995 年 76 页
29cm（16 开）精装 ISBN：7-81019-463-1
定价：CNY45.00

外文书名：Graphic. 作者周正（1934— ），油画家、艺术理论家。江苏苏州人，毕业于西北艺术学院美术系。陕西师范大学教授、艺术系主任，中国美术家协会会员，陕西省美术家协会常务理事、艺术美学学会常务理事。出版有《油画技法》《绘画色彩学概要》《简明外国美术史》《绘画构图原理》《周正油画集》。

J0131647
装潢设计 （B 构成基础·平面·色彩·立体构成专集）刘乙秀，毛德宝主编；冯罗铮等[编著]
杭州 中国美术学院出版社 1995 年 76 页
29cm（16 开）精装 ISBN：7-81019-464-X
定价：CNY45.00

外文书名：Graphic. 主编刘乙秀，中国美术学院教授。主编毛德宝，教授、美术编辑。毕业于浙江美院工艺系装潢设计专业。历任浙江省出版工作者协会装帧艺术研究会委员，浙江省工艺美术学会会员，中国美院平面设计系教授。专著有《装帧设计》《字体设计》《书籍设计》《装潢设计》等。

J0131648
装潢设计 （C 装饰基础·花卉风景·人物动物图案专集）刘乙秀，毛德宝主编；许恩源等[编著]
杭州 中国美术学院出版社 1995 年 76 页
29cm（16 开）精装 ISBN：7-81019-465-8
定价：CNY45.00

外文书名：Graphic.

J0131649
装潢设计 （D 设计基础·字体设计·印刷工艺专集）刘乙秀，毛德宝主编
杭州 中国美术学院出版社 1995 年 76 页
29cm（16 开）精装 ISBN：7-81019-466-6
定价：CNY45.00

外文书名：Graphic.

J0131650
装潢设计 （E 设计基础·商业摄影·逼真画·插图专集）刘乙秀，毛德宝主编；柯烈等[编著]
杭州 中国美术学院出版社 1995 年 76 页
29cm（16 开）精装 ISBN：7-81019-467-4
定价：CNY45.00

外文书名：Graphic. 作者柯烈，上海柯烈创意设计中心高级美术设计师。

J0131651
装潢设计 （F 专业设计·标志·CI 设计专集）刘乙秀，毛德宝主编；王凤仪，俞斌浩[编著]
杭州 中国美术学院出版社 1995 年 76 页
29cm（16 开）精装 ISBN：7-81019-468-2
定价：CNY45.00

外文书名：Graphic. 作者王凤仪（1918—1991），设计教育家。江苏金坛人。毕业于杭州国立艺专应用美术系。历任浙江美术学院任工艺美术系教研组长，中国工业设计协会全国高校工业设计学会常务理事。作者俞斌浩（1963— ），教师。生于浙江杭州，毕业于中国美术学院。先后执教于浙江大学、杭州师范大学美术学院，任副教授、硕士生导师。代表作品《夏木鱼虫》等。

J0131652
装潢设计 （G 专业设计·包装设计专集）刘乙秀，毛德宝主编；袁维青等[编著]
杭州 中国美术学院出版社 1995 年 76 页
29cm（16 开）精装 ISBN：7-81019-469-0
定价：CNY45.00

外文书名：Graphic. 作者刘乙秀，中国美术学院教授。作者袁维青，苏州轻工职工大学副教授。

J0131653
装潢设计 （H 专业设计·广告设计专集）陈梁，袁维青主编
杭州 中国美术学院出版社 1995 年 76 页
29cm（16 开）精装 ISBN：7-81019-470-4
定价：CNY45.00

外文书名：Graphic. 作者陈梁，高级工艺美术设计师，《中国广告》杂志主编。

J0131654
装潢设计 （I 专业设计·装帧设计·编排设

计·电脑美术专集）刘乙秀，毛德宝主编
杭州　中国美术学院出版社　1995年　76页
29cm（16开）精装　ISBN：7-81019-471-2
定价：CNY45.00

　　外文书名：Graphic. 主编刘乙秀，中国美术
学院教授。主编毛德宝，教授、美术编辑。毕业
于浙江美院工艺系装潢设计专业。历任浙江省
出版工作者协会装帧艺术研究会委员，浙江省工
艺美术学会会员，中国美院平面设计系教授。专
著有《装帧设计》《字体设计》《书籍设计》《装潢
设计》等。

J0131655
装潢设计 （J　设计欣赏·世界著名平面设计家
专集）刘乙秀，毛德宝主编；赵星编译
杭州　中国美术学院出版社　1995年　76页
29cm（16开）精装　ISBN：7-81019-472-0
定价：CNY45.00

　　外文书名：Graphic. 作者赵星，中国美术学
院馆员。

J0131656
广告·策划·设计·印刷　张跃起，孙世圃主编
天津　天津科技翻译出版公司　1996年　269页
26cm（16开）精装　ISBN：7-5433-0757-X
定价：CNY68.00

J0131657
黑白画技法　华健心编著
哈尔滨　黑龙江美术出版社　1996年　129页
26cm（16开）ISBN：7-5318-0348-8
定价：CNY19.80
（中央工艺美术学院装潢设计艺术系教材丛书）

　　作者华健心（1957—　　），女，教师。毕业于
中央工艺美术学院装潢系。中央工艺美术学院
任教。主要作品有《专业黑白画技法》《标志设
计与包装设计》《平面设计》等。

J0131658
基础图案入门 （图册）陆红阳著
南宁　广西美术出版社　1996年　48页　26cm（16开）
ISBN：7-80625-085-9　定价：CNY10.00
（设计基础入门丛书）

J0131659
平面设计在中国96　平面设计在中国' 96展
执行委员会编辑
广州　岭南美术出版社　1996年　31cm（12开）
ISBN：7-5362-1528-2
定价：CNY280.00, CNY350.00（精装）

J0131660
**全国美术院校基础图案设计学生作品点
评**　李当岐等编
石家庄　河北美术出版社　1996年　80页
26cm（16开）ISBN：7-5310-0830-0
定价：CNY28.00
（全国美术院校点评系列丛书　图案）

J0131661
设计从这里开始 （图集　现代实用图形·构
想·表现）阎启文，雷光编著
沈阳　辽宁美术出版社　1996年　175页
29cm（15开）精装　ISBN：7-5314-1522-4
定价：CNY86.00
（流行设计丛书　2）

J0131662
设计从这里开始 （图集　装饰图案设计的理
论·技法·表现）邢庆华著
沈阳　辽宁美术出版社　1996年　191页
29cm（15开）精装　ISBN：7-5314-1424-4
定价：CNY89.00
（流行设计丛书　1）

　　作者邢庆华（1952—　　），教授。江苏高淳人，
南京艺术学院讲师，江苏省美术家协会会员，中
国工艺美术学会会员等。著有《邢庆华装饰线描
艺术》《装饰图案设计的理论-技法-表现》《几
何图案》等。

J0131663
设计从这里开始 （图册　写生色彩·装饰色
彩·建筑表现色彩及技法）吴晓云编著
沈阳　辽宁美术出版社　1997年　119页
29cm（15开）精装　ISBN：7-5314-1514-3
定价：CNY70.00
（流行设计丛书　3）

J0131664
设计从这里开始　（图集　时装流行设计·风格与创意）曲江月编著
沈阳　辽宁美术出版社　1997年　144页　有照片
29cm（15开）精装　ISBN：7-5314-1609-3
定价：CNY82.00
（流行设计丛书　4）

J0131665
设计从这里开始　（图集　室内设计的表现·工作程序及实技）王治君著
沈阳　辽宁美术出版社　1997年　156页
29cm（15开）精装　ISBN：7-5314-1720-0
定价：CNY79.00
（流行设计丛书　5）

J0131666
实用图案设计　陈以忠编绘
南宁　广西美术出版社　1996年　108页
26cm（16开）ISBN：7-80625-064-6
定价：CNY13.00

　　作者陈以忠（1940—　　），编辑。广东化州人，毕业于广西艺术学院美术系。历任《广西日报》高级编辑，漓江画院副院长，中国人才研究会艺术家学部委员会委员，中国美术家协会广西分会常务理事等职。出版有《报刊美编学》《实用图案设计》。

J0131667
图案　魏诗国编著
成都　四川美术出版社　1996年　83页　有图
19cm（小32开）ISBN：7-5410-1111-8
定价：CNY12.00
（青少年美术技法丛书）
　　作者魏诗国（1942—　　），美术教师。生于四川成都，毕业于西南示范学院。历任中国职教美术研究会、中国美术教育专业委员会职教分会秘书长。代表作品有《秋阳》《春雨》《老磨》等。

J0131668
图案　崔栋良编著
北京　中国纺织出版社　1996年　154页
26cm（16开）ISBN：7-5064-1221-7
定价：CNY16.00

J0131669
图案　孟振林等编著
南京　江苏美术出版社　1999年　16页　43cm
ISBN：7-5344-0943-8　定价：CNY16.00
（美术教学示范作品）
　　作者孟振林，南京艺术学院设计艺术系任教。

J0131670
图案画构成技法　（附192例系列彩图例）袁曙声［编］
南京　东南大学出版社　1996年　76页　有彩图
19×21cm　ISBN：7-81050-003-1　定价：CNY30.00

J0131671
图案设计　魏宪军编著
石家庄　河北少年儿童出版社　1996年　198页
有图　26cm（16开）ISBN：7-5376-1250-1
定价：CNY11.00
（美术基础系列训练）

J0131672
图案与装潢　戴伯乐著
杭州　浙江摄影出版社　1996年　200页
26cm（16开）ISBN：7-80536-376-5
定价：CNY28.00

J0131673
图形设计　（图册）何洁，詹凯著
长春　吉林美术出版社　1996年　76页　26cm（16开）
ISBN：7-5386-0575-4　定价：CNY14.00
（现代艺术设计丛书）

J0131674
现代黑白挂盘艺术　（图集）卢清著
福州　海峡文艺出版社　1996年　192页　19×20cm
ISBN：7-80534-927-4　定价：CNY29.80
　　作者卢清（1963—　　），海峡文艺出版社美术编辑，中国美术家协会福建分会会员。

J0131675
徽标艺术　王凤仪编著
合肥　安徽美术出版社　1997年　610页　有插图
26cm（16开）精装　ISBN：7-5398-0495-5
定价：CNY98.00

作者王凤仪（1918—1991），设计教育家。江苏金坛人。毕业于杭州国立艺专应用美术系。历任浙江美术学院任工艺美术系教研组长，中国工业设计协会全国高校工业设计学会常务理事。

J0131676
基础图案教程　鲁迅美术学院染织美术设计系著
沈阳　辽宁美术出版社 1997 年 223 页
28cm（大 16 开）ISBN：7-5314-1652-2
定价：CNY39.00
（《高等美术院校考生必读》系列丛书 4）

J0131677
建筑·交通工具·树木装饰　郑军，李海英绘编
哈尔滨　黑龙江美术出版社 1997 年 194 页
19×21cm ISBN：7-5318-0397-6 定价：CNY22.80
（美术设计丛书）

J0131678
节庆日黑板报创意设计　方舟主编
北京　中国友谊出版公司 1997 年 215 页
13×18cm ISBN：7-5057-1384-1 定价：CNY9.50

J0131679
马万高平面设计师之设计历程　王序主编
北京　中国青年出版社 1997 年 141 页 20×20cm
ISBN：7-5006-2864-1 定价：CNY80.00
（平民设计师之设计历程）

J0131680
帕雷特平面设计师之设计历程　王序主编
北京　中国青年出版社 1997 年 141 页 20×20cm
ISBN：7-5006-2657-6 定价：CNY80.00
（平面设计师之设计历程）

J0131681
设计概论　荆雷编著
石家庄　河北美术出版社 1997 年 124 页
有图 26cm（16 开）ISBN：7-5310-0981-1
定价：CNY36.00
（中国高等艺术院校设计学科教学丛书）

J0131682
图案基础设计　田旭桐，陈立编著

南宁　广西美术出版社 1997 年 150 页
26cm（16 开）ISBN：7-80625-315-7
定价：CNY19.80

J0131683
图案色彩技法　王瑛编著
天津　天津人民美术出版社 1997 年 46 页
26cm（16 开）ISBN：7-5305-0633-1
定价：CNY13.00
（美术基础技法丛书）

J0131684
图形创意　（图集）周琮凯编著
重庆　西南师范大学出版社 1997 年 128 页
26cm（16 开）ISBN：7-5621-1554-0
定价：CNY55.00
（二十一世纪设计家丛书 装潢系列）

J0131685
现代平面设计表现图技法　（图集）熊玉心等编著
长沙　湖南美术出版社 1997 年 178 页
26cm（16 开）ISBN：7-5356-0962-7
定价：CNY39.50
（设计表现技法丛书）

J0131686
现代图形设计　杨伟等编著
郑州　河南美术出版社 1997 年 64 页 有图
26cm（16 开）ISBN：7-5401-0645-X
定价：CNY32.00

J0131687
新图案技法　陈达林编绘
上海　上海书画出版社 1991 年 149 页
19cm（小 32 开）ISBN：7-80512-503-1
定价：CNY5.00
（实用美术资料丛书）

J0131688
中国图案美　雷圭元著；雷圭元图案研究会编
长沙　湖南美术出版社 1997 年 108 页 有图
26cm（16 开）ISBN：7-5356-0943-0
定价：CNY17.00
（工艺美术设计丛书）

J0131689
自然·想象·设计 （1 装饰植物篇）聂跃华主编
沈阳 辽宁美术出版社 1997 年 191 页 24×26cm
ISBN：7-5314-1751-0 定价：CNY45.00
（中央工艺美术学院设计基础教学丛书）

J0131690
自然·想象·设计 （2 装饰动物篇）赵茂生主编
沈阳 辽宁美术出版社 1997 年 105 页 24×26cm
ISBN：7-5314-1752-9 定价：CNY28.00
（中央工艺美术学院设计基础教学丛书）

J0131691
自然·想象·设计 （3 装饰风景篇）陈辉主编
沈阳 辽宁美术出版社 1998 年 119 页 24×26cm
ISBN：7-5314-1903-3 定价：CNY34.00
（中央工艺美术学院设计基础教学丛书）

J0131692
自然·想象·设计 （4 装饰人物篇）张歌明主编
沈阳 辽宁美术出版社 1998 年 143 页 24×26cm
ISBN：7-5314-1902-5 定价：CNY38.00
（中央工艺美术学院设计基础教学丛书）

J0131693
自然·想象·设计 （5 色彩构成篇）苏华编著
沈阳 辽宁美术出版社 1999 年 148 页 24×26cm
ISBN：7-5314-2328-6 定价：CNY70.00
（中央工艺美术学院设计基础教学丛书）
　　作者苏华（1953— ），女，生于河北省石家庄市，中央工艺美术学院副教授。编著有《自然·想象·设计——色彩构成篇》。

J0131694
板报图案设计指南 王琳绘编
通辽 内蒙古少年儿童出版社 1998 年 188 页
13×19cm ISBN：7-5312-0875-X 定价：CNY8.80
（板报设计资料系列丛书）

J0131695
陈幼坚平面设计师之设计历程 王序主编
北京 中国青年出版社 1998 年 176 页 有彩图
28cm（大 16 开）ISBN：7-5006-3335-1
定价：CNY120.00
　　主编王序（1955— ），教授、设计师。生于

广东潮安，广州美术学院设计系毕业。湖南大学设计艺术学院教授，广东美术馆设计总监，香港设计师协会执行委员。创建王序设计公司任创意总监。国际平面设计联盟、美国平面艺术协会会员。主编出版有《设计交流》《薪火》《平面设计师之设计历程》等。

J0131696
动物图案设计 刘仪鸿著
广州 岭南美术出版社 1998 年 107 页
26cm（16 开）ISBN：7-5362-1869-9
定价：CNY18.00

J0131697
非常生肖非常图典 星狐出版社编辑部编著
台北 星狐出版社 1998 年 150 页 26cm（16 开）
ISBN：957-99445-8-X 定价：TWD320.00
（图典系列丛书 1）

J0131698
非常星座非常图典 星狐出版社编辑部编著
台北 星狐出版社 1998 年 150 页 26cm（16 开）
ISBN：957-99445-7-1 定价：TWD340.00
（图典系列丛书 3）

J0131699
风景图案设计初步 陈君编著
杭州 浙江人民美术出版社 1998 年 78 页
26cm（16 开）ISBN：7-5340-0878-6
定价：CNY26.00
（青少年美术辅导教材）

J0131700
平面构成 （美术院校考生教学辅导临本）李连志著
石家庄 河北美术出版社 1998 年 56 页
37cm（8 开）袋装 ISBN：7-5310-1115-8
定价：CNY24.00

J0131701
平面设计创意 张建辛编著
哈尔滨 黑龙江美术出版社 1998 年 482 页
26cm（16 开）ISBN：7-5318-0473-5
定价：CNY118.00
　　作者张建辛（1954— ），教师。山东济南人，

山东艺术学院美术设计系任教。

J0131702
设计关键 （基础设计）雷光，闫启文著
沈阳 辽宁美术出版社 1998年 82页 有图
29cm（16开）ISBN：7–5314–1979–3
定价：CNY28.00

J0131703
图案基础技法 赵茂生编绘
北京 人民美术出版社 1998年 40页 26cm（16开）
ISBN：7–102–01919–X 定价：CNY14.80
（美术技法丛书）

J0131704
图案技法 吴余青编著
乌鲁木齐 新疆青少年出版社 1998年 40页
26cm（16开）ISBN：7–5371–3005–1
定价：CNY7.60
（美术技法丛书 5）

J0131705
图案设计基础 武梅编著
北京 中国社会出版社 1998年 82页 有图
26cm（16开）ISBN：7–80146–051–0
定价：CNY13.00
（美术与设计基础丛书）

J0131706
图形设计 童燕康，王建伟编著
南宁 广西美术出版社 1998年 124页
26cm（16开）ISBN：7–80625–481–1
定价：CNY32.00

J0131707
图形设计实用技巧 （美）［R. 兰达］Robin-
Landa 著；高晶译
北京 中国水利水电出版社 1998年 273页
有图 26cm（16开）ISBN：7–80124–678–0
定价：CNY45.00
（万水电脑彩色与平面设计丛书）

J0131708
纹样设计 张风编著
广州 岭南美术出版社 1998年 重印本

152页 26cm（16开）ISBN：7–5362–1735–8
定价：CNY18.00
　　本书选入 115 幅图。作者阐述了纹样设计
的内容和性质，并向读者介绍了纹样设计造型领
域和表现手法的知识。

J0131709
现代基础图案设计教程 （创意图案）邢庆
华主编；邢庆华编著
沈阳 辽宁美术出版社 1998年 159页 有插图
26cm（16开）ISBN：7–5314–1860–6
定价：CNY39.00
　　作者邢庆华（1952—　　），教授。江苏高淳人，
南京艺术学院讲师，江苏省美术家协会会员，中
国工艺美术学会会员等。著有《邢庆华装饰线描
艺术》《装饰图案设计的理论–技法–表现》《几
何图案》等。

J0131710
现代基础图案设计教程 （几何图案）邢庆
华主编；邢庆华编著
沈阳 辽宁美术出版社 1998年 153页 有插图
26cm（16开）ISBN：7–5314–1863–0
定价：CNY49.00

J0131711
现代基础图案设计教程 （具象图案）邢庆
华主编；邢庆华，孙慧编著
沈阳 辽宁美术出版社 1998年 160页 有彩图
26cm（16开）ISBN：7–5314–1858–4
定价：CNY38.00

J0131712
现代基础图案设计教程 （应用图案）邢庆
华主编；袁熙阳编著
沈阳 辽宁美术出版社 1998年 154页 有彩图
26cm（16开）ISBN：7–5314–1859–2
定价：CNY40.00

J0131713
现代基础图案设计教程 （装饰图案）邢庆
华主编；邢庆华，孙慧编著
沈阳 辽宁美术出版社 1998年 160页 有插图
26cm（16开）ISBN：7–5314–1857–6
定价：CNY50.00

J0131714
现代图案教学 马高骧，王兴竹编著
长沙 湖南美术出版社 1998 年 220 页 有图
26cm（16 开）ISBN：7–5356–1021–8
定价：CNY42.00
（工艺美术设计丛书）

J0131715
现代图案设计表现技法 （图册）梁昭华编著
长沙 湖南美术出版社 1998 年 102 页
26cm（16 开）ISBN：7–5356–1046–3
定价：CNY34.50
（设计表现技法丛书）

J0131716
怎样画图案画 王祥华，沈福根编
上海 上海人民美术出版社 1998 年 53 页 有图
19cm（小 32 开）ISBN：7–5322–1996–8
定价：CNY5.00
（芳草地初级绘画技法丛书）

J0131717
装饰人物 陈之川著
杭州 中国美术学院出版社 1998 年 96 页
26cm（16 开）ISBN：7–81019–617–0
定价：CNY22.00
（设计教材丛书）
　　作者陈之川（1940—　　），女，作家。浙江瑞
安人，毕业于北京大学历史系。中国美术学院副
教授。创作小说《天亮以后说分手》《瑞安名胜
古诗选》。

J0131718
装饰图案设计与应用 宋德昌等著
沈阳 辽宁美术出版社 1998 年 187 页
29cm（16 开）ISBN：7–5314–1852–5
定价：CNY44.00

J0131719
最新实用图案设计 江冰主编
北京 民主与建设出版社 1998 年 257 页
26cm（16 开）ISBN：7–80112–145–7
定价：CNY38.00

J0131720
磁州窑纹样 张利亚编绘
石家庄 河北美术出版社 1999 年 181 页
17×19cm ISBN：7–5310–1272–3 定价：CNY18.00

J0131721
动物　植物　卡通画图案设计 胡长海等
绘画
延吉 延边人民出版社 1999 年 122 页 13×19cm
ISBN：7–80648–237–7 定价：CNY16.00
（最新现代美术设计资料丛书）

J0131722
动物图案设计 庄子平，任凭编著
沈阳 辽宁美术出版社 1999 年 183 页 17×19cm
ISBN：7–5314–2014–7 定价：CNY22.00
（图案基础教程）

J0131723
动物图案设计 胡长海等绘画
延吉 延边人民出版社 1999 年 122 页 13×19cm
ISBN：7–80648–237–7 定价：CNY16.00
（最新现代美术设计资料丛书）

J0131724
动物图案设计初步 王凡编著
杭州 浙江人民美术出版社 1999 年 77 页
26cm（16 开）ISBN：7–5340–0494–2
定价：CNY26.00

J0131725
非常花语非常图典 星狐出版社编辑部编著
台北 星狐出版社 1999 年 144 页 26cm（16 开）
ISBN：957–99445–9–8 定价：TWD360.00
（图典系列丛书 5）

J0131726
风景图案设计 回顾，王鹏编著
沈阳 辽宁美术出版社 1999 年 198 页 17×19cm
ISBN：7–5314–1993–9 定价：CNY26.00
（图案基础教程）

J0131727
黑白·图案·艺术 陈辉编著
合肥 安徽美术出版社 1999 年 114 页

28cm（大 16 开）ISBN：7-5398-0707-5
定价：CNY18.50
（中央工艺美术学院基础教学技法丛书）

J0131728
黑白画法　崔栋良，崔齐编著
北京　中国纺织出版社 1999 年　212 页
26cm（16 开）ISBN：7-5064-1590-9
定价：CNY30.00
（装潢广告设计技法）
　　本书介绍了黑白画的定义、应用范围、功能
与作用，讲述了具体作画的步骤与方法，并选择
不同内容与形式的图例加以说明。

J0131729
黑白艺术　（黑白画教程）何永坤编著
昆明　云南美术出版社 1999 年　105 页
26cm（16 开）ISBN：7-80586-568-X
定价：CNY36.00
　　作者何永坤（1953—　），教授。出生于昆明，
祖籍浙江鄞县，云南艺术学院工艺美术系任教。
作品有《山果》《青草地》等。

J0131730
黑白装饰构成表现技法　（黑白·超然·欣赏）
王云英编著
沈阳　辽宁美术出版社 1999 年 80 页 26cm（16 开）
ISBN：7-5314-2071-6　定价：CNY15.00
（绘画技法研究）

J0131731
花卉图案设计　回顾等编著
沈阳　辽宁美术出版社 1999 年　246 页　17×19cm
ISBN：7-5314-2015-5　定价：CNY29.00
（图案基础教程）

J0131732
花卉图案设计　胡长海等绘画
延吉　延边人民出版社 1999 年 122 页 13×19cm
ISBN：7-80648-237-7　定价：CNY16.00
（最新现代美术设计资料丛书）

J0131733
美术设计解误法　（色彩构成）周永红著
沈阳　辽宁美术出版社 1999 年 32 页 29cm（16 开）

（21 世纪技法系列丛书）

J0131734
美术设计解误法　（花卉变化）庄子平编著
沈阳　辽宁美术出版社 1999 年 95 页 29cm（16 开）
（21 世纪技法系列丛书）

J0131735
鸟鱼虫图案设计　胡长海等绘画
延吉　延边人民出版社 1999 年 122 页 13×19cm
ISBN：7-80648-237-7　定价：CNY16.00
（最新现代美术设计资料丛书）

J0131736
色彩·图案·艺术　李家骝编著
合肥　安徽美术出版社 1999 年 90 页
28cm（大 16 开）ISBN：7-5398-0729-6
定价：CNY38.00
（中央工艺美术学院基础教学技法丛书）

J0131737
设计绘画技法　（铅笔/签字笔构想草图速绘
表现）张台璧著
台北　全华科技图书公司 1999 年 166 页 有插图
26cm（16 开）ISBN：957-21-2645-8
定价：TWD290.00
　　外文书名：The Techniques of Design Drawing.

J0131738
图案　王先云主编；全国中等职业学校实用美
术类专业教材编写组编
北京　高等教育出版社 1999 年 91 页 有图
26cm（16 开）ISBN：7-04-007173-8
定价：CNY14.40

J0131739
图案·快速设计　王庆珍编著
沈阳　辽宁美术出版社 1999 年 43 页 29cm（16 开）
（21 世纪技法系列丛书）

J0131740
图案基础技法　崔唯主编
合肥　安徽美术出版社 1999 年 92 页 有图
26cm（16 开）ISBN：7-5398-0757-1
定价：CNY15.00

作者崔唯(1963—　)，教授。毕业于中央工艺美术学院。历任北京服装学院图案教师、中国工业设计学会会员。著作有《色彩构成》《当代欧洲色彩设计》《现代色彩设计技法》《色彩环境设计》等。

J0131741
图案设计　远宏等著
济南　山东美术出版社　1999 年　60 页　有图
26cm（16 开）ISBN：7-5330-1355-7
定价：CNY19.80
（美术设计教与学丛书）

本书内容包括：图案的特点；图案的写生；图案的变形手法；图案的组织形式；图案的构图形式；图案的表现技法；图案的色彩；图案设计作品欣赏。作者远宏(1964—　)，教授。山东诸城人，毕业于中央工艺美术学院陶艺系。历任山东艺术学院美术设计系教师，山东艺术学院设计学院教授、硕士研究生导师、副院长，中国美术家协会会员，中国美术家协会陶艺委员会委员。

J0131742
图形创意　林家阳著
哈尔滨　黑龙江美术出版社　1999 年　168 页
26cm（16 开）ISBN：7-5318-0738-6
定价：CNY32.00
（交点视觉设计丛书）

本书包括设计基本元素和形的视觉训练；单形元素的视觉想象；特定元素的视觉想象；正负形、影子、同构图形；异变图形；元素的代替；图形实践。作者林家阳(1955—　)，教授。生于浙江温岭市，毕业于江南大学和柏林艺术大学。历任无锡轻工大学设计学院院长，同济大学传播与艺术学院院长。著有《图形创意》。

J0131743
现代图案设计　赖小娟，林旭编著
郑州　河南美术出版社　1999 年　110 页　有图
29cm（16 开）ISBN：7-5401-0779-0
定价：CNY22.50
（实用美术丛书）

J0131744
线描装饰画画法　田旭桐著
长沙　湖南美术出版社　1999 年 75 页 26cm（16 开）

ISBN：7-5356-1180-X　定价：CNY15.00

J0131745
新视点超现实构形设计引导　田旭桐著
沈阳　辽宁美术出版社　1999 年　110 页
26cm（16 开）ISBN：7-5314-2010-4
定价：CNY18.00

J0131746
应用美术　余乐孝编著
北京　高等教育出版社　1999 年　2 版（修订版）
171 页　26cm（16 开）ISBN：7-04-007178-9
定价：CNY17.70

J0131747
装饰画教学创意应用　（图集）周嘉勋著
沈阳　辽宁美术出版社　1999 年　121 页
26cm（16 开）ISBN：7-5314-2023-6
定价：CNY28.00

J0131748
装饰绘画　张一民主编
济南　山东美术出版社　1999 年　210 页　有图
26cm（16 开）ISBN：7-5330-1153-8
定价：CNY49.80
（设计艺术系列）

本书介绍了装饰画的概念、风格，装饰画的构图设计、造型设计、色彩设计，并对器物装饰画、传统壁画、民间装饰画、外国装饰画等作了介绍。主编张一民(1943—　)，美术家、教育家。山东滨州市人，毕业于中央工艺美术学院。历任山东工艺美术学院院长，中国壁画学会副会长，山东省美术家协会名誉主席，山东壁画艺术研究院院长。大型壁画《舜耕历山》，重彩画《岁月》，奥运壁画《古代赛艇》等。

中国工艺美术

J0131749
陶情百友谱　（不分卷）（清）王泽博撰
［清］手稿本

J0131750
人像剪影法 黄初俊［编］
香港 大光出版社 1954 年 59 页 19cm（小 32 开）

J0131751
美术工艺展览目录 安徽省博物馆筹备处编
合肥 安徽省博物馆筹备处 1955 年 20 页 有图
18cm（15 开）定价：CNY0.30

J0131752
工艺美术的方向问题 中央手工业管理局编
北京 财政经济出版社 1958 年 56 页 19cm（32 开）
统一书号：4005.375 定价：CNY0.17
　　本书是全国工艺美术艺人代表会议文件
汇编。

J0131753
庆丰收 吴跃林作
成都 四川人民出版社 1960 年 13cm（64 开）
定价：CNY0.09

J0131754
潘秉衡琢玉画稿 潘秉衡绘；北京市工艺美
术研究所编
北京 朝花美术出版社 1963 年 57 幅 19cm（32 开）
统一书号：T8028.1892 定价：CNY0.40
　　作者潘秉衡（1912—1970），玉器艺术家，直
隶（今河北）固安人。30 年代致力于薄胎玉器的
研究，并发明了套料取材法。研究成功玉器薄胎
压金银丝嵌宝石技艺"金镶玉"。代表作品有《珊
瑚龙凤壶》《白玉蕃作薄胎炉》。

J0131755
我国工艺美术新作 （编号 1200）新华社记
者摄
［北京］1972 年 20 幅 12×15cm 定价：CNY20.00

J0131756
我国工艺美术新作品 （编号 0147）新华社
记者摄
［北京］1972 年 7 幅 12×15cm 定价：CNY7.00

J0131757
中国工艺美术 《中国工艺美术》编委会编
北京 轻工业出版社 1973 年 222 幅 38cm（6 开）

精装 定价：CNY40.00
　　本书收有 222 幅图。分 7 大类：雕塑工艺、
陶瓷工艺、织绣工艺、漆器工艺、金属工艺、编
织工艺和其他工艺。有现代题材的作品，也有
传统题材的作品；有艺术欣赏品，也有实用工艺
品。本书与外文出版社合作出版。

J0131758
中国工艺美术 （中文版）《中国工艺美术》编
委会编
北京 轻工业出版社 1973 年 38cm（6 开）
精装 定价：CNY40.00
　　本书由轻工业出版社和外文出版社联合
出版。

J0131759
花卉装饰图案 南京市一轻局美术设计室编
南京 南京市一轻局美术设计室 1977 年 172 页
26cm（16 开）定价：CNY1.80

J0131760
传统工艺题材一百例 海艺编写
武汉 武汉市工艺美术公司研究所 1978 年
28 页 26cm（16 开）

J0131761
上海工艺美术 上海人民美术出版社编辑
上海 上海人民美术出版社 1978 年 11 张
18cm（32 开）定价：CNY0.59

J0131762
中国工艺美术 （丛刊）《中国工艺美术》编辑
部编
北京 人民美术出版社 1984 年 48 页 26cm（16 开）
定价：CNY0.58

J0131763
工艺美术院校高考指南 吴承钧编著
郑州 河南人民出版社 1987 年 175 页
19cm（32 开）统一书号：8105.1130
定价：CNY1.70

J0131764
漫话中国工艺美术 王悟生编著
上海 上海教育出版社 1987 年 236 页 有照片

19cm（32 开）定价：CNY1.15

（中学生文库）

　　本书着重介绍中国民族、民间的传统手工艺，如彩陶、青铜、漆器、丝绸等，并扼要讲述有关历史，穿插一些有关的神话传说和民间故事。除专门介绍工艺美术有关专业品种外，还介绍了龙、凤等传统图案，技艺美和材质美等。

J0131765

天孙巧织话锦绣　索予明著

台北　文化建设委员会 1989 年

64 页 有图 21cm（32 开）定价：TWD60.00

（文化资产丛书 39）

J0131766

中国工艺美术大辞典　吴山主编

南京　江苏美术出版社 1989 年 1494 页

27cm（16 开）ISBN：7-5344-0083-X

定价：CNY37.50

　　本辞典共收辞条 11875 条，插图 3100 余幅，后有附录。

J0131767

中国工艺美术大辞典　吴山主编

南京　江苏美术出版社 1999 年 2 版 118+1385 页

有图 26cm（16 开）精装 ISBN：7-5344-0804-0

定价：CNY150.00

J0131768

现代实用美术丛书

南宁　广西民族出版社 1990 年 19cm（32 开）

J0131769

90 年代家庭美饰新潮　（图集）致荣，秋石编

沈阳　辽宁科学技术出版社 1991 年

27cm（大 16 开）ISBN：7-5381-0914-5

定价：CNY13.00

J0131770

报考指南　苏豫等编著

合肥　安徽美术出版社 1991 年 35 页 有彩图

26cm（16 开）ISBN：7-5398-0220-0

定价：CNY6.00

（工艺美术专业高考指导丛书）

　　本书内容包括：报考须知、素描、色彩、工艺美术专业基本情况介绍、全国部分院校工艺美术专业设置情况和图例。

J0131771

废物变成新玩具　广西美术出版社编

南宁　广西美术出版社 1991 年 32 页

27cm（大 16 开）ISBN：7-80582-160-7

定价：CNY2.60

（少儿利废小设计）

J0131772

工艺美术专业考生辅导　陈国梁主编

北京　纺织工业出版社 1991 年 60 页 30cm（12 开）

ISBN：7-5064-0616-0 定价：CNY18.00

J0131773

实用美术　张四维著

北京　中国商业出版社 1991 年 115+164 页

有插图 19cm（32 开）ISBN：7-5044-0564-7

定价：CNY5.95

　　本书内容包括：从中国古代器物看图案的发展；实用美术也要吸收民族传统；图案的重要性；图案纹样设计；图案花边设计；工商业广告等。并附插图 164 幅。作者张四维（1910—？），原名维谦，又名张罗，辽宁法库县人。毕业于辽宁艺术专科学校西画系。北京美术公司从事美术设计工作，兼任北京市青年艺术实习学校书法、西画教员，北京中国书画研究会会员，京华美术研究会会员，中国老年书画研究会会员。出版有《橱窗设计》《绝句律诗基本知识》等。

J0131774

饰物编折　徐枫编；甘林等摄影

广州　广东科技出版社 1991 年 61 页

19cm（小 32 开）ISBN：7-5359-0799-7

定价：CNY3.60

　　作者徐枫（1932—　），摄影记者。江苏徐州人，徐州日报主任记者，中国摄影家协会会员、江苏省摄影家协会常务理事。著有《舞蹈概论》《人体律动的诗篇——舞蹈》《中国舞剧史纲》《舞蹈艺术概论》等。

J0131775

饰物制作　黄强，陈秀华编

上海　上海科技教育出版社 1991 年 91 页

27cm（大 16 开）ISBN：7-5428-0485-5

J0131776

王少丰现代纸刻画选　王少丰作

贵阳 贵州人民出版社 1991 年 112 页

19cm（小 32 开）ISBN：7-221-02493-6

定价：CNY6.00

J0131777

小小礼物的制作　广西美术出版社编

南宁 广西美术出版社 1991 年 22 页

27cm（大 16 开）ISBN：7-80582-161-5

定价：CNY2.40

（少儿利废小设计）

J0131778

圆圆的世界　（动手剪拼画）于小虎编译；叶

露柯，傅诗基画面复制

上海 上海翻译出版公司 1991 年 27cm（大 16 开）

ISBN：7-80514-609-8 定价：CNY2.70

J0131779

中国工艺美术辞典　吴山主编

台北 雄狮图书公司 1991 年 1311 页

27cm（大 16 开）精装 ISBN：957-9420-70-X

（雄狮美术辞典大系）

J0131780

中国民间美术图说　王树村著；张承谟英文

翻译

杭州 浙江文艺出版社 1992 年 234 页 29×29cm

精装 ISBN：7-5339-0609-8 定价：CNY250.00

　　本书介绍中国民间美术之大型图录。全书

分 7 大类，列实物图 200 多幅，大多是首次刊

出的清代以前的传世珍品。7 个门类为："木版

年画"，包括门画、历画、窗画、斗方、灶神、条

屏、中堂画、炕围画等多种形式。外文书名：A

Pictorial Album of Chinese Folk Art. 作者王树村

（1923—2009），画家。天津人，毕业于华北大

学美术科。曾在中国美术研究所、中国艺术研

究院从事创作、编辑、研究工作，任中国民间美

术协会副会长，中国民俗学会理事、顾问、研究

员。主要著作《杨柳青年画资料集》《中国美术

全集·石刻线画、民间年画》。

J0131781

广东设计年鉴　广东设计年鉴编辑部编

广州 岭南美术出版社 1993 年 26cm（16 开）

精装 ISBN：7-5362-0822-7 定价：CNY320.00

J0131782

现代造型　潘先纲编绘

乌鲁木齐 新疆青少年出版社 1993 年 140 页

13×19cm ISBN：7-5371-1624-5 定价：CNY5.00

J0131783

工艺之光　（设计）胡鸿著

北京 中国美术学院出版社 1994 年 263 页

有彩照 19cm（小 32 开）ISBN：7-81019-351-1

定价：CNY14.00

（艺术迷宫指南丛书）

　　本书内容包括：中国手工艺时代的设计、从

手工艺设计向现代设计的过渡、现代设计时期

等。本书与蓝鲸艺术图书发展公司合作出版。

J0131784

家庭工艺美术实用技法指南　尹武松著

北京 北京工艺美术出版社 1994 年 164 页

有图 20cm（32 开）ISBN：7-80526-103-2

定价：CNY6.00

　　本书介绍了陶瓷、金属、石木雕、面人等制

作技术。

J0131785

家庭工艺美术实用技法指南　尹武松著

北京 北京工艺美术出版社 1998 年 2 版 164 页

有图 20cm（32 开）ISBN：7-80526-195-4

定价：CNY8.50

J0131786

上海博物馆中国少数民族工艺馆　（中英文

本）上海博物馆编

上海 上海博物馆 1996 年 32 页 29cm（16 开）

定价：CNY25.00

　　外 文 书 名：Chinese Ethnic Groups' Art

Shanghai Museum.

J0131787

设计集　（1）中国美术学院出版社图书编辑

部编

杭州 中国美术学院出版社 1996 年 42cm（8 开）

ISBN：7-81019-519-0 定价：CNY18.00

　　外文书名：Design Selected.

J0131788

设计集 （3）中国美术学院出版社图书编辑
部编

杭州 中国美术学院出版社 1996 年 42cm（8 开）

ISBN：7-81019-519-0 定价：CNY18.00

　　外文书名：Design Selected.

J0131789

设计集 （2）毛德宝编

杭州 中国美术学院出版社 1997 年 42cm（8 开）

ISBN：7-81019-557-3 定价：CNY18.00

（设计作品示范系列）

　　作者毛德宝，教授、美术编辑。毕业于浙江
美院工艺系装潢设计专业。历任浙江省出版工
作者协会装帧艺术研究会委员，浙江省工艺美术
学会会员，中国美院平面设计系教授。专著有
《装帧设计》《字体设计》《书籍设计》《装潢设
计》等。

J0131790

设计集 （4）毛德宝编

杭州 中国美术学院出版社 1997 年 42cm（8 开）

ISBN：7-81019-550-6 定价：CNY18.00

（设计作品示范系列）

J0131791

设计集 （5）毛德宝编；《设计集》编委会编

杭州 中国美术学院出版社 1997 年 42cm（8 开）

ISBN：7-81019-416-X 定价：CNY18.00

（设计作品示范系列）

J0131792

小学生自绘报头集 陈莉等编绘

上海 上海书画出版社 1999 年 62 页 13cm（64 开）

ISBN：7-80635-500-6 定价：CNY3.00

J0131793

中学生自绘报头集 李贺等编绘

上海 上海书画出版社 1999 年 62 页 13cm（64 开）

ISBN：7-80635-501-4 定价：CNY3.00

中国工艺美术作品综合集

J0131794

金珠宝石细毛绸纱等谱 （不分卷）□□辑

清 抄本

J0131795

中国美术工艺 徐蔚南编

上海 中华书局 1940 年 180 页 有图 22cm（30 开）

定价：国币一元二角

　　本书收文 20 篇，概述玉器、瓷器、宜兴茶壶、
景泰蓝、剔红、刺绣、地毯、竹刻等美术工艺。

J0131796

四川省工艺美术资料汇编 四川省文化局，
四川省手工业管理局编

成都 四川省文化局 1957 年 130 页 19cm（32 开）

　　本书由四川省文化局和四川省手工业管理
局联合出版。

J0131797

北京工艺品 北京市工艺美术研究所编

北京 人民美术出版社 1958 年 ［44］页

20cm（32 开）统一书号：8027.2300 定价：CNY1.60

J0131798

中国古代工艺美术 （上册 陶瓷和青铜器）
詹惠娟编

北京 人民美术出版社 1958 年 ［21］页

18cm（15 开）统一书号：T8027.1434

定价：CNY0.16

（群众美术画库）

J0131799

北京工艺美术 （照片集）北京出版社编

北京 北京出版社 1959 年 8 幅（套）16cm（25 开）

统一书号：8071.100 定价：CNY0.50

J0131800

福建工艺美术选集 福建省轻工业厅手工业
局供稿

福州 福建人民出版社 1959 年 108 幅

25cm（15 开）统一书号：8104.217 定价：CNY15.00

　　本书收入福建各类工艺美术品 150 余件。包括福州脱胎漆器、德化瓷塑、泉州与漳州木偶雕刻、寿山石刻、惠安青石雕、厦门漆线雕塑、莆田黄杨木雕、福州软木画、永春漆篮、古田与漳平竹编、莆田藤编、通草花工艺、彩扎工艺，以及机绣工艺品等。

J0131801
贵州的手工艺品　杨奇昌编写
［贵阳］贵州人民出版社 1959 年 定价：CNY0.08
　　本书介绍贵州著名的手工艺品 10 余种，包括玉屏箫笛、大方漆器、织金石砚、荔波凉蓆等。简述了每一种手工艺品的生产、发展情况，工艺过程及其特点。

J0131802
湖南民间工艺美术　（图片）
长沙 湖南人民出版社 1959 年 1 套 10 幅
17cm（40 开）统一书号：8109.432 定价：CNY0.40

J0131803
湖南省首届美展工艺美术选集　湖南省首届美术作品展览会，湖南人民出版社编
长沙 湖南人民出版社 1959 年 67 页 26cm（16 开）
统一书号：8109.241 定价：CNY0.85

J0131804
湖南省首届美展工艺美术选集　湖南省首届美术作品展览会编
长沙 湖南人民出版社 1959 年 62 幅 26cm（16 开）
统一书号：8109.422 定价：CNY1.20

J0131805
江苏美术工艺品选集　江苏省轻工业厅汇集
南京 江苏文艺出版社 1959 年 52 幅 27cm（16 开）
精装 统一书号：8141.634 定价：CNY18.00
　　本书为摄影画册。内容包括：苏州刺绣、檀香扇、雕刻、扬州漆器、绒花、无锡泥人、陶瓷和剪纸、通草花等江苏优秀工艺品。所选作品曾参加 1959 年全国装帧插图展览和莱比锡图书博览会。

J0131806
四川工艺美术选集　沈福文，郭生编

成都 四川人民出版社 1959 年 69 页 19cm（32 开）
统一书号：8118.156 定价：CNY1.90

J0131807
中国工艺美术　"中国工艺美术"编辑委员会编辑
北京 中华全国手工业合作总社 1959 年
258+18 页 有图 33cm（5 开）精装

J0131808
北京手工艺品　北京工艺美术研究所编
北京 外文出版社 1960 年 12 幅 11cm（80 开）
统一书号：8050-423 定价：CNY0.60

J0131809
北京手工艺品　北京工艺美术研究所编
［北京］外文出版社 1961 年

J0131810
工艺美术作品选　（3）许宝英作
上海 上海人民美术出版社 1960 年 1 套（12 幅）
17cm（40 开）统一书号：T8081.8100
定价：CNY0.48

J0131811
工艺美术作品选　（4）叶润周雕刻
上海 上海人民美术出版社 1961 年 8 张（套）
定价：CNY0.32

J0131812
吉林省工艺品集锦　郑捷摄影
长春 吉林人民出版社 1961 年 定价：CNY0.20
　　作者郑捷，摄影家。摄影宣传画有《优生优育茁壮成长（1984 年）》，编有《安徒生童话》等。

J0131813
江苏工艺美术品选辑　江苏省博物馆编
［北京］朝花美术出版社 1962 年 8 张（套）
13cm（64 开）定价：CNY0.50

J0131814
苏州工艺美术　苏州市工艺美术研究所编
苏州 苏州市工艺美术研究所 1963 年 433 页
有图表 19cm（32 开）

J0131815

中国美术工艺 （1）

北京 人民美术出版社 1963年 10页 14cm（64开）

统一书号：8027.4083 定价：CNY0.80

J0131816

中国美术工艺 （2）

北京 人民美术出版社 1963年 10张（套）

15cm（64开）定价：CNY0.80

J0131817

1968年月历

北京 人民美术出版社 1967年 38cm（6开）

　中国工艺美术作品历书。

J0131818

全国工艺美术展览作品选　全国工艺美术展

览会编

［北京］轻工业出版社 1972年 16张（套）

17cm（35开）定价：CNY0.75

J0131819

全国工艺美术展览作品选　轻工业部，对外

贸易部编辑

［北京］轻工业出版社［1972年］1套（16幅）

18cm（32开）统一书号：15042.1303

定价：CNY0.70

J0131820

故宫博物院藏工艺品选　故宫博物院编辑

北京 文物出版社 1974年 100幅 29cm（16开）

精装 统一书号：8068.4 定价：CNY28.00

J0131821

故宫博物院藏工艺品选 （一）故宫博物院编

北京 文物出版社 1978年 10幅 定价：CNY0.55

J0131822

故宫博物院藏工艺品选 （二）故宫博物院编

北京 文物出版社 1978年 10幅 定价：CNY0.55

J0131823

故宫博物院藏工艺品选 （三）故宫博物院编

北京 文物出版社 1978年 10幅 定价：CNY0.55

J0131824

我国送给联合国总部的两项礼品 （「长城」

壁毯和「成昆铁路」牙雕 编号1342）新华社记

者摄

［北京］1974年 2幅 10×21cm 定价：CNY4.00

J0131825

台湾特产品工艺品图鉴　五洲出版社编辑

台北 五洲出版社 1976年 393页 有彩照

28cm（16开）精装 定价：TWD1500.00

　外文书名：The Key Photo of Taiwan Hand-

icrafts and Novelties

J0131826

台湾特产工艺品图鉴

泰运贸易有限公司 1976年 393页 26cm（16开）

精装 定价：TWD1500.00

J0131827

广东工艺美术新作选

广州 广东人民出版社 1978年 16幅 26cm（16开）

统一书号：8111.1915 定价：CNY1.00

J0131828

全国工艺美术展览资料选编　赵崎等编

南京 南京工艺美术工艺公司 1978年 219页

26cm（16开）

J0131829

韶山纪念品美术设计汇编　湖南省韶山区商

业局，长沙市轻纺工业研究所编辑

湖南省韶山区商业局 1978年 20cm（32开）

　本书由湖南省韶山区商业局和长沙市轻纺

工业研究所联合出版。

J0131830

浙江工艺美术

杭州 浙江人民出版社 1978年 12幅 18cm（15开）

统一书号：8103.250 定价：CNY0.60

J0131831

浙江工艺美术 （一九八四年 第二期 总期

十九）浙江工艺美术编辑部编

浙江省工艺美术研究所 1984年 60页 有图

26cm（16开）定价：CNY0.30

本书由浙江省工艺美术研究所和浙江省工艺美术学会联合出版。

J0131832
北京工艺美术　（1978）北京市特种工艺工业公司编辑
北京　北京市特种工艺工业公司　1979年　167页　38cm（6开）

J0131833
北京工艺美术　（1978）铉绪秦，刘春田撰文；鲍载禄摄影
北京　北京市特种工艺工业公司　1979年
有彩照　33cm（10开）精装
本画册是向中华人民共和国成立30周年的献礼。

J0131834
江苏工艺品　（彩色明信片）
南京　江苏人民出版社　1979年　8张　15cm（64开）
定价：CNY0.44

J0131835
上海工艺美术作品选　上海人民美术出版社编辑
上海　上海人民美术出版社　1979年　92页
25cm（16开）统一书号：8081.11355
定价：CNY11.00

J0131836
中国玩艺儿　张迅齐编译
台北　常春树书坊　1979年　233页　有图
19cm（32开）定价：TWD20.00
（中国人的书 C70）

J0131837
天津工艺品　中国轻工业进出口公司天津工艺品分公司编
天津　中国轻工业进出口公司天津工艺品分公司［1980—1989年］26cm（16开）

J0131838
北京工艺美术集　王绎，王明石主编
北京　北京出版社　1983年　163页　有照片
19cm（32开）统一书号：8071.470　定价：CNY0.72

本书逐一地介绍了北京工艺美术35个行业的历史和精美技艺，既有所谓"宫廷艺术"中的特种手工艺，又有泥土气息浓郁的民间工艺。

J0131839
韩美林工艺美术作品选　韩美林作
济南　山东美术出版社　1985年　有图　18cm（15开）
统一书号：8332.448　定价：CNY7.80
本书包括挂盘、瓷塑、布玩具、壁挂、草编等几个部分。作者韩美林（1936— ），画家、艺术家、国家一级美术师。山东人。清华大学美术学院教授，中央文史馆研究员。代表作品有《北京奥运会吉祥物福娃》《国航航徽》等。出版有《山花烂漫》《美林》《韩美林自选雕塑集》《韩美林自选绘画集》。

J0131840
从传统中创新　（当代艺术尝试展）［台北］故宫博物院编辑委员会编辑
台北［台北］故宫博物院编辑委员会　1986年
有照片　25cm（小16开）
中国工艺美术作品选集。外文书名：Creating from Tradition.

J0131841
绚丽多彩的浙江工艺美术　浙江省工艺美术研究所编
北京　轻工业出版社　1986年　114页　20cm（32开）
定价：CNY0.85

J0131842
中国高等美术学院设计作品集　（中央工艺美术学院分卷　壁画）李绵璐主编
长沙　湖南美术出版社　1986年　37cm（8开）
定价：CNY8.10

J0131843
中国高等美术学院设计作品集　（中央工艺美术学院分卷　美术作品）李绵璐主编
长沙　湖南美术出版社　1986年　37cm（8开）
统一书号：8233.1069　定价：CNY8.10

J0131844
中国高等美术学院设计作品集　（中央工艺美术学院分卷　染织·服装）李绵璐主编

长沙　湖南美术出版社　1986 年　37cm（8 开）
统一书号：8233.1064　定价：CNY11.00

J0131845
中国高等美术学院设计作品集　（中央工艺
美术学院分卷　陶瓷）李绵璐主编
长沙　湖南美术出版社　1986 年　36cm（6 开）
统一书号：8233.1063　定价：CNY8.10

J0131846
中国高等美术学院设计作品集　（中央工艺
美术学院分卷　装潢·书籍装帧）李绵璐主编
长沙　湖南美术出版社　1986 年　37cm（8 开）
定价：CNY15.50

J0131847
中国高等美术学院设计作品集　（中央工艺
美术学院分卷　装饰画、漆画、装饰雕塑、金工）
李绵璐主编
长沙　湖南美术出版社　1986 年　37cm（8 开）
统一书号：823.1067　定价：CNY8.10

J0131848
中国高等美术学院设计作品集　（中央工艺
美术学院作品集美术作品）李绵璐主编
长沙　湖南美术出版社　1986 年　37cm（8 开）
统一书号：8233.1065　定价：CNY5.80

J0131849
中国高等美术学院设计作品集　（四川美术
学院分卷）李巍主编
长沙　湖南美术出版社　1989 年　38cm（6 开）
ISBN：7-5356-0252-5　定价：CNY8.30
（中国高等美术学院作品全集　设计作品集）

J0131850
中国高等美术学院设计作品集　（湖北美术
学院分卷）李泽霖主编
长沙　湖南美术出版社　1989 年　38cm（6 开）
ISBN：7-5356-0253-3　定价：CNY11.30
（中国高等美术学院作品全集　设计作品集）

J0131851
中国高等美术学院设计作品集　（鲁迅美术
学院分卷）乌密风主编

长沙　湖南美术出版社　1989 年　38cm（6 开）
ISBN：7-5356-0249-5　定价：CNY14.80
（中国高等美术学院作品全集　设计作品集）
　　主编乌密风（1920—2004），女，工艺美术
家。浙江杭州人，毕业于杭州国立艺专图案系。
历任鲁迅美术学院工艺美术系主任、副院长、染
织专业教授，鲁美学术委员会委员、荣誉终身教
授。出版有《敦煌藻井图案》《花卉图案集》《乌
密风画集》《乌密风水彩精品集》等。

J0131852
中国高等美术学院设计作品集　（天津美术
学院分卷）李家旭主编
长沙　湖南美术出版社　1989 年　38cm（6 开）
ISBN：7-5356-0248-7　定价：CNY11.30
（中国高等美术学院作品全集　设计作品集）

J0131853
中国高等美术学院设计作品集　（西安美术
学院分卷）赵建科主编
长沙　湖南美术出版社　1989 年　38cm（6 开）
ISBN：7-5356-0251-7　定价：CNY9.30
（中国高等美术学院作品全集　设计作品集）

J0131854
中国高等美术学院设计作品集　（浙江美术
学院分卷）李元志主编
长沙　湖南美术出版社　1989 年　38cm（6 开）
ISBN：7-5356-0250-9　定价：CNY14.80
（中国高等美术学院作品全集　设计作品集）

J0131855
中央工艺美术学院设计作品选　（1956—
1986）中央工艺美术学院学术委员会《中央工
艺美术学院设计作品选》编委会编
北京　北京工艺美术出版社　1986 年　150 页
10cm（64 开）定价：CNY58.00

J0131856
中国工艺美术　之硕，长富供稿
北京　人民美术出版社　1987 年　2 张　76cm（2 开）
定价：CNY0.54

J0131857
广东工艺美术史料　林明体主编；广东省工

艺美术工业公司, 广东省工艺美术学会编
1988 年 857 页 有照片 20cm（32 开）

J0131858
美的设计 （山东工艺美术学院学生设计作品选）山东美术出版社编
济南 山东美术出版社 1989 年 90 页 有图 26cm（16 开）ISBN：7-5330-0201-6
定价：CNY30.00

J0131859
工艺薪传 左羊执行编辑
彰化县 彰化县文化中心 1990 年
196 页 有彩图像 30cm（10 开）

J0131860
1992：胜景玉饰 （摄影挂历）
天津 天津人民美术出版社 1991 年 76cm（2 开）
ISBN：7-5305-8115-5 定价：CNY18.80

J0131861
香港设计师协会会员作品集 叶伟珊主编
香港 香港设计师协会 1991 年 48 页 有照片 28cm（大 16 开）定价：HKD80.00

J0131862
艺苑精华 （一～六 1992 年年历）
上海 上海人民美术出版社 ［1991 年］6 张
78cm（2 开）定价：CNY9.00

J0131863
中国工艺美术馆馆藏珍品 （图集）朱仙油主编
北京 长城出版社 1991 年 204 页 30cm（10 开）
精装 ISBN：7-80017-156-6 定价：CNY120.00
　　本画册选编了中国工艺美术馆全部珍藏品图片 180 余幅, 其中有：玉器、象牙雕刻、木雕、陶瓷工艺品、漆器、刺绣等。外文书名：The Collections of China Arts ＆ Crafts Museum.

J0131864
当代中国工艺美术品大观 （上篇）凡奇, 共工编著
北京 北京工艺美术出版社 1993 年 558 页
有图 20cm（32 开）ISBN：7-80526-102-4

定价：CNY16.00
　　本套书从历史格言、产地品种、材料工艺、风格流派等方面, 介绍了 76 类、675 种当代中国著名的工艺美术品。

J0131865
当代中国工艺美术品大观 （下篇）凡奇, 共工编著
北京 北京工艺美术出版社 1993 年 517 页
20cm（32 开）ISBN：7-80526-102-4
定价：CNY15.00

J0131866
当代中国工艺美术品大观 （上篇）凡奇, 共工编著
北京 北京工艺美术出版社 1994 年 558 页
有图 20cm（32 开）ISBN：7-80526-120-2
定价：CNY15.00

J0131867
当代中国工艺美术品大观 （下篇）凡奇, 共工编著
北京 北京工艺美术出版社 1994 年 517 页
20cm（32 开）ISBN：7-80526-120-2
定价：CNY15.00

J0131868
黑白构成 （中国美术学院首届装潢设计成人大专班学生作品选）李松柴, 金玲编
杭州 中国美术学院出版社 1993 年 136 页
17×19cm ISBN：7-81019-336-8 定价：CNY14.00

J0131869
设计九三暨学员作品展 尹清仪, 招灿, 黎长荣摄影
澳门 澳门市政厅 1993 年 有图 28cm（大 16 开）

J0131870
福建工艺美术 （摄影集）郑礼阔主编；《福建工艺美术》编委会编
厦门 鹭江出版社 1994 年 375 页 26cm（16 开）
精装 ISBN：7-80610-040-7 定价：CNY360.00
（福建大观系列画册）
　　主编郑礼阔, 历任福建省第二轻工业厅厅长、福建省美术家协会副主席、福建省工艺美术

学会理事长。

J0131871

柯鸿图作品集 （文化与自然）柯鸿图著
台北 雄狮图书公司 1995 年 159 页 30cm（16 开）
ISBN：957-8980-28-0 定价：TWD1000.00
（雄狮丛书 设计家系列 11-015）
外文书名：The Works of Hung-tu Ko.

J0131872

柯鸿图作品集 柯鸿图著
哈尔滨 黑龙江科学技术出版社 1999 年 159 页
29cm（16 开）ISBN：7-5388-3566-0
定价：CNY120.00
（当代设计家档案）

本书为柯鸿图的设计作品集，内容包括：设计层次的提升、疑惑哲学、包装设计的未来、文化接枝、再生纸的本色和原味、布花设计的回想等。

J0131873

闽台工艺美术家采风 林荫煊主编
福州 福建人民出版社 1996 年 187 页
19cm（小 32 开）ISBN：7-211-02747-9
定价：CNY45.00

J0131874

中国工艺美术图典 田自秉，吴淑生编著
长沙 湖南美术出版社 1996 年 615 页
15cm（25 开）精装 ISBN：7-5356-1200-8
定价：CNY78.00

作者田自秉，教授、博士生导师。湖南人，中央工艺美术学院任教。作者吴淑生（1925— ），女，教师。江苏盐城人，毕业于杭州国立艺术专科学校。历任中央美术学院教师，北京工艺美术学校副教授。作品有《花卉头巾围巾》《瓜蝶台布》，主编有《图案设计基础》等。

J0131875

1998：琳琅珠玉 （摄影挂历）苏茂春摄影
乌鲁木齐 新疆美术摄影出版社 1997 年
77×53cm ISBN：7-80547-605-5 定价：CNY18.00

作者苏茂春（1940— ），回族，副编审。甘肃静宁县人。新疆美术摄影出版社摄影部副主任、新疆摄影家协会常务理事。

J0131876

北京工艺美术图录 （汉英对照）北京工艺美术出版社编
北京 北京工艺美术出版社 1997 年 64 页
29cm（16 开）ISBN：7-80526-299-3
定价：CNY150.00

J0131877

美术设计·作品集 （山东省青岛工艺美术学校建校 35 周年）山东省青岛工艺美术学校编
北京 中国轻工业出版社 1997 年 56 页
28cm（大 16 开）ISBN：7-5019-2146-6
定价：CNY40.00

J0131878

深圳高等职业技术学院学生优秀设计作品集 （1996 届、1997 届毕业生作品）深圳高等职业技术学院教务处·工艺美术学部编
深圳 海天出版社 1997 年 117 页
29cm（18 开）ISBN：7-80615-632-1
定价：CNY68.00，CNY88.00（精装）
（深圳高等职业技术学院科研丛书）

J0131879

台湾工艺之美 （民族工艺大展图录）民俗艺术基金会，林明德主编
台北 文化建设委员会 1997 年 301 页
有图 29cm（16 开）ISBN：957-00-8625-4

J0131880

现代构形艺术 吕品田编著
南昌 江西美术出版社 1997 年 117 页
26cm（16 开）精装 ISBN：7-80580-444-3
定价：CNY80.00

作者吕品田（1959— ），江西丰城人，毕业于景德镇陶瓷学院美术系和中国艺术研究院研究生部美术系。中国艺术研究院美术研究所助理研究员。著作有《中国民间美术观念》《中国民间美术全集·玩具卷》《社火卷》《中国传统工艺》等。

J0131881

肖红设计艺术作品集 肖红绘
郑州 河南美术出版社 1997 年 76 页 有照片及图
29cm（16 开）精装 ISBN：7-5401-0605-0

定价：CNY97.00

外文书名：Collection of Xiao Hong's Works of Design Art.

J0131882

中国当代高等设计教学优秀作品集　陶纯孝主编

杭州　中国美术学院出版社　1997年　212页

29cm（16开）精装　ISBN：7-81019-582-4

定价：CNY120.00

外 文 书 名：Selected Works of China Contemporary Advanced Design Education.

J0131883

1999：巧夺天工　（摄影挂历）

北京　中国画报出版社　1998年　77×53cm

ISBN：7-80024-466-0　定价：CNY27.50

J0131884

构成艺术资料精选　赵殿泽等编

沈阳　辽宁美术出版社　1998年　215页　17×19cm

ISBN：7-5314-1870-3　定价：CNY19.00

作者赵殿泽（1931—　），教授。辽宁海城人，毕业于鲁迅美术学院。曾任鲁迅美术学院工艺系教授、辽宁华海专修学院副院长、辽宁省装帧艺术研究会常务理事。著有《构成艺术》《色彩构成》《立体构成》。

J0131885

台湾传统美术工艺　陈奕恺著

台北　东华书局股份有限公司儿童部

1998年　196页　有图　30cm（10开）

ISBN：957-636-848-0　定价：TWD500.00

（学习乡土艺术百科）

J0131886

传统工艺奖作品集　（第二届　1999）柯基良总编辑

台北　传统艺术中心筹备处　1999年

123页　29cm（16开）ISBN：957-02-1484-8

J0131887

庞薰琹工艺美术设计　庞薰琹绘

北京　人民美术出版社　1999年　83页　29cm（16开）

精装　ISBN：7-102-01997-1　定价：CNY92.00

作者庞薰琹（1906—1985），画家、工艺美术教育家。生于江苏常熟，字虞铉，笔名鼓轩。曾任中央工艺美术学院第一副院长。代表作品有《地之子》《路》《贵州山民图卷》《瓶花》等。著有《薰琹随笔》。

J0131888

首届中国设计艺术大展作品集　邓嘉德，钱竹主编

成都　四川美术出版社　1999年　144页

29cm（16开）ISBN：7-5410-1564-4

定价：CNY100.00

J0131889

彝族美术　（黔西北民间工艺美术辑　汉、彝、英文对照）贵州省毕节地区民族宗教事务局，贵州省毕节地区彝文翻译组编

贵阳　贵州教育出版社　1999年　215页

28cm（大16开）ISBN：7-80650-039-1　定价：CNY198.00

本辑选用衣食住行的装饰作品550余件（幅）、作品跨度2000余年，包括西汉时的祭祖擂钵铸纹、明代铜钟纹及近现代服饰。

J0131890

中央工艺美术学院99届设计作品集　（a 染织·服装艺术设计系）中央工艺美术学院编

南宁　广西美术出版社　1999年　29cm（15开）

ISBN：7-80625-667-9　定价：CNY29.80

J0131891

中央工艺美术学院99届设计作品集　（b 陶瓷艺术系）中央工艺美术学院编

南宁　广西美术出版社　1999年　47页29cm（15开）

ISBN：7-80625-667-9　定价：CNY29.80

J0131892

中央工艺美术学院99届设计作品集　（c 装璜艺术设计系）中央工艺美术学院编

南宁　广西美术出版社　1999年　29cm（15开）

ISBN：7-80625-667-9　定价：CNY29.80

J0131893

中央工艺美术学院99届设计作品集　（d 工业设计系）中央工艺美术学院编

南宁 广西美术出版社 1999 年 47 页 29cm（15 开）
ISBN：7-80625-667-9 定价：CNY29.80

J0131894
中央工艺美术学院 99 届设计作品集 （e
环境艺术设计系）中央工艺美术学院编
南宁 广西美术出版社 1999 年 29cm（15 开）
ISBN：7-80625-667-9 定价：CNY29.80

J0131895
中央工艺美术学院 99 届设计作品集 （f
装饰艺术设计系）中央工艺美术学院编
南宁 广西美术出版社 1999 年 48 页 29cm（15 开）
ISBN：7-80625-667-9 定价：CNY29.80

J0131896
祖先·灵魂·生命 苏启明主编
台北 历史博物馆 1999 年 127 页 有照片图版
30cm（10 开）ISBN：957-02-3405-9
　　外文书名：Ancestors， Souls and Life.

中国工艺美术图案集

J0131897
体育运动 （1）
［民国］晒印本 27cm（16 开）定价：CNY1.00

J0131898
体育运动 （2）
［民国］晒印本 27cm（16 开）定价：CNY1.00

J0131899
图案教材 （第一辑）须戒已编绘
上海 商务印书馆 1919 年 30 页 15×23cm（23 开）
定价：大洋三角
　　本套书为图册，包括相角、带形、连续、几
何应用等 6 种图案。

J0131900
图案教材 （第二辑）须戒已编绘
上海 商务印书馆 1919 年 31-50 页
15×23cm（23 开）定价：大洋三角

J0131901
图案 （第 1 集）陈之佛编
上海 开明书局 1929 年 46 页 有图 38cm（6 开）
精装
　　本书收平面图案画 23 幅。

J0131902
之佛图案集 （第一集）陈之佛作
上海 开明书店 1929 年 20 叶 26cm（16 开）
定价：大洋九角
　　本书收平面图案画 20 幅。书前有作者的序
言。作者陈之佛（1896—1962），画家、工艺美术
家。又名陈绍本、陈杰，号雪翁。毕业于浙江省
工业专门学校染织科机织专业，曾留学日本入东
京美术学校工艺图案科。曾任教于上海美术专
科学校及中央大学艺术系，任南京大学、南京师
范学院教授、江苏美协副主席、南京艺术学院副
院长、中国美术家协会理事等职。代表作品有《瑞
安名胜古诗选》《旅美纪行》《江村集》等。

J0131903
最新工艺图案集 丁振编
上海 商务印书馆 1929 年 有图 19×27cm
定价：大洋一元六角
　　本书内分染织、刺绣、编织、磁器、金工、
木工、应用适合图案等 8 类，共 40 余种、100 多
幅图案。卷首分条论述图案，有图案之起源、图
案之价值、图案与图画之异点、图案之画法及手
续等。

J0131904
国亮书画集 马国亮著
上海 良友图书公司［1930—1939 年］90 页
23cm（10 开）
　　本书为图案画集。包括抒情画、装饰画、图
案字 3 部分。

J0131905
图案 （第 1 集）陈之佛编
上海 开明书局 1931 年 再版 46 页 有图
38cm（6 开）

J0131906
中西图案图集 何明斋编绘
上海 世界书局 1931 年 石印本 ［112］页 有图

22×26cm 函装

本书收图案画及中西美术字 112 幅。

J0131907

实用图案画　叶元珪编绘

上海 大东书局 1932 年 石印本 24 页 有图

15×24cm 定价：大洋四角

本书收图案画 20 幅。书前有作者简介，叶正度、王复的序各一篇及编绘者序言。

J0131908

美术图案画　朱凤竹编绘；洪方竹助编

上海 形象艺术社 1933 年 石印本 三版

2 册（23；20 页）有图 13×19cm 定价：大洋七角

本书内收有三角形、方形、椭圆形、几何带形、飞禽带形、走兽带形、花边、连续纹工等 18 种图案，共 40 幅。

J0131909

实用装饰图案　顾庆祺编绘

上海 形象艺术社 1933 年 石印本 ［86］页

有图 17×26cm 定价：大洋一元

J0131910

现代工艺图案构成法　楼子尘编

上海 形象艺术社 1933 年 3 册（32；32；40 页）

有图 19×26cm（16 开）定价：一元八角

本书分三编，第一编为图案总说，第二编为平面图案，第三编为立体图案，书中收有 110 幅插图。

J0131911

应用图案　马公愚，李善静编

上海 中华书局 1933 年 有图 30cm（10 开）

定价：银一元二角

（中华学艺社丛书）

本书汇集各种日常应用的图案，包括人像、动物、美术字等，分类编排。

J0131912

中国图画案集　何明齐编绘

上海 世界书局 1933 年 石印本 19×26cm

J0131913

彩色图案集　宋松声编著；陈之佛校

上海 形象艺术社 1934 年 石印本 40 页

17×26cm 定价：一元

本书收图案 40 种，每种前有文字说明。书前有编者的《配色法大意》。

J0131914

中西图案画法　孙蔚民选辑

上海 大众书局 1934 年 3 版 264 页 有图

25cm（小 16 开）定价：银二元

本书为图案集。分单位模样、文字图案、绘画图案、竹器、木器、漆器、中国建筑、西洋建筑等十八部分。书前有《卷头的话》，简介基本知识。

J0131915

美术工艺两用教材　（贴符细工美术图案）孙钰主编

［北京］香山慈幼院小学 1935 年 15×21cm

定价：五角

（香山慈幼院小学丛书）

J0131916

应用模样集　（第一集 线纹）王子均编绘；朱凤竹校订

上海 形象艺术社 1935 年 石印本 32 页 有图

19cm（32 开）定价：二角

本书共 12 册，分线纹、花边、四方、镶角、文字、植物、昆虫、水族、飞禽、走兽、风景、人物等 12 类。作者朱凤竹，画家，苏州人，曾加入南京中国美术会、上海中国画会。

J0131917

应用模样集　（第二集 花边）王子均编绘；朱凤竹校订

上海 形象艺术社 1935 年 石印本 32 页 有图

19cm（32 开）定价：二角

J0131918

应用模样集　（第三集 四方）王子均编绘；朱凤竹校订

上海 形象艺术社 1935 年 石印本 32 页 有图

19cm（32 开）定价：二角

J0131919

应用模样集　（第四集 镶角）王子均编绘；朱凤竹校订

上海 形象艺术社 1935 年 石印本 32 页 有图
19cm（32 开）定价：二角

J0131920
应用模样集 （第五集 文字）王子均编绘；朱
凤竹校订
上海 形象艺术社 1935 年 石印本 32 页 有图
19cm（32 开）定价：二角

J0131921
应用模样集 （第六集 植物）王子均编绘；朱
凤竹校订
上海 形象艺术社 1935 年 石印本 32 页 有图
19cm（32 开）定价：二角

J0131922
应用模样集 （第七集 昆虫）王子均编绘；朱
凤竹校订
上海 形象艺术社 1935 年 石印本 32 页 有图
19cm（32 开）定价：二角

J0131923
应用模样集 （第八集 水族）王子均编绘；朱
凤竹校订
上海 形象艺术社 1935 年 石印本 32 页 有图
19cm（32 开）定价：二角

J0131924
应用模样集 （第九集 飞禽）王子均编绘；朱
凤竹校订
上海 形象艺术社 1935 年 石印本 32 页 有图
19cm（32 开）定价：二角

J0131925
应用模样集 （第十集 走兽）王子均编绘；朱
凤竹校订
上海 形象艺术社 1935 年 石印本 32 页 有图
19cm（32 开）定价：二角

J0131926
应用模样集 （第十一集 风景）王子均编绘；
朱凤竹校订
上海 形象艺术社 1935 年 石印本 32 页 有图
19cm（32 开）定价：二角

J0131927
应用模样集 （第十二集 人物）王子均编绘；
朱凤竹校订
上海 形象艺术社 1935 年 石印本 32 页 有图
19cm（32 开）定价：二角

J0131928
应用图案集   中华图案研究会编绘
上海 大众书局 1936 年 有图 26cm（16 开）
精装 定价：二角五分
　　本书包括：人物、动物、植物、建筑风景、机
械科学等 6 部分。

J0131929
图案百种
全国青年会军人服务部 1942 年 24 页
18cm（32 开）
（军人训练丛书 9）

J0131930
图案百种 （续集）
全国基督教青年会军人服务部 1942 年 24 页
18cm（32 开）
（军人训练丛书 12）

J0131931
绘画图案 （抗战之部）叶零绘
重庆 新生命书局 [1943 年] 15+41 页
20cm（32 开）

J0131932
现代实用图案画   柏乐受编绘
桂林 万象艺术社 1943 年 [15]页 有图
[19cm]（32 开）

J0131933
实用图案画手册   山东新华书店编辑部编绘
济南 山东新华书店 1950 年 38 页 13×17cm
定价：2.10

J0131934
树木图案   倪南山编
香港 香港南山出版社 [1950—1983 年] 98 页
有图 19cm（32 开）定价：HKD9.00
（图案新编 7）

外文书名：New Designs Trees.

J0131935
装饰画资料　倪南山编绘
香港　南山出版社［1950—1986年］217页
18cm（15开）定价：HKD2.50

J0131936
绘画手册　（第一辑）河北省美术工作者协会
筹委会编
［保定］河北省人民出版社 1951年 44页 有图
13×19cm 定价：旧币4,000元
　　本书选辑各种用具、武器、建筑、农作物、
树木和动物的绘画，并对绘画的一些基本知识进
行了简单的说明。

J0131937
活页图案选集　（第一辑）中央美术学院实用
美术系研究室编
北京　人民美术出版社 1951年 定价：CNY0.60

J0131938
活页图案选集　（第二辑）中央美术学院实用
美术系研究室编
北京　人民美术出版社 1951年 定价：CNY0.60

J0131939
美术图案画　谢慕连编绘
上海　国光书店 1951年 再版 影印本 52页
13×18cm 定价：旧币2,500元

J0131940
图案新编　（第二集）石涛编绘
上海　春明书店 1951年 再版 影印本 76页
18cm（32开）定价：旧币5,000元

J0131941
图案新编　石涛编
上海　春明书店 1951年 9版 66+12页
18cm（32开）定价：旧币4,400元

J0131942
新图案与美术字　邹邦彦编绘
上海　新亚书店 1951年 106页 19cm（32开）
定价：旧币7,000元

J0131943
黑板报报头图案　王静等撰
上海　火花出版社 1952年 68页 18cm（15开）
定价：旧币4,000元

J0131944
新编人物图案　张令涛编绘
上海　大众书局 1952年 影印本 18页
26cm（16开）定价：旧币4,500元
　　作者张令涛（1903—1988），连环画艺术家。
浙江宁波人，毕业于上海美专。历任上海文史馆
馆员，中国美术家协会会员，商务印书馆编辑所
担任美术编辑，代表作品有《杨家将》《红楼梦》
《猎虎记》《三国归晋》《女娲补天》《东周列国
志》等。

J0131945
新图案　庞渔艇编绘
上海　春明出版社 1952年 影印本 84页
19cm（32开）定价：旧币4,800元

J0131946
应用美术　（图案编）陈之佛编绘
上海　万叶书店 1952年 影印本 80页
20cm（32开）定价：旧币6,000元

J0131947
报头选辑　珂珥辑
上海　教育书店 1953年 影印本 69页
16cm（25开）定价：旧币3,400元
（美术工作丛书 五）

J0131948
敦煌图案选　许良工选辑；许良工等摹绘
上海　万叶书店 1953年 影印本 61页
17cm（40开）定价：旧币5,000元

J0131949
敦煌藻井图案　中央美术学院实用美术系研
究室辑
北京　人民美术出版社 1953年 影印本 20幅
52cm（4开）活页精装 定价：旧币100,000元

J0131950
封面图案集　傅天奇编绘

上海　春明出版社　1953 年　影印本　100 页
19cm（32 开）定价：旧币 8,000 元

J0131951

古代装饰花纹选集　西北历史博物馆辑
西安　西北人民出版社　1953 年　影印本　78 页
21cm（32 开）定价：旧币 20,000 元

J0131952

农村公园　陈封坏著
上海　永祥印书馆　1953 年　38 页　18cm（小 32 开）
定价：CNY0.27
　　本书是中国农村建筑艺术图集。

J0131953

应用图案及美术字续编　费新我，李贤编绘
上海　万叶书店　1953 年　5 版　84 页　14×17cm
定价：旧币 5,500 元
　　作者费新我（1903—1992），书法家、画家。
学名斯恩，原字省吾，字立千、号立斋，后改名
新我，湖州南浔双林镇人。毕业于上海白鹅绘画
学校。代表作品有《怎样画毛笔画》《怎样学书
法》《楷书初阶》《怎样画铅笔画》。

J0131954

应用新图画　王柳影编
上海　武陵书局　1953 年　影印本　80 页
19cm（32 开）定价：旧币 4,500 元
　　作者王柳影（1917—　　），画家。浙江湖州人。
曾任苏州美术专科学校沪校国画专修科教授，上
海市美术家协会会员，上海市文史研究馆馆员。
擅长人物、山水、走兽、花鸟等。作品有《杨贵
妃·沉香亭》《九如图》《螺祖育蚕图》（与友人合
作）等。

J0131955

中国各民族民间图案集　王端辑
上海　北新书局　1953 年　影印本　75 页
14×18cm　定价：旧币 4,300 元

J0131956

中国古代图案　华东戏曲研究院艺术室整理；
苏石风编绘
上海　兴华书局　1953 年　影印本　42 页
13×18cm　定价：旧币 4,200 元

J0131957

中国锦缎图案　中央美术学院实用美术系辑
北京　人民美术出版社　1953 年　影印本　24 幅
37cm（8 开）活页精装　定价：旧币 60,000 元

J0131958

中国图案参考资料　陈之佛，吴山辑
北京　人民美术出版社　1953 年　影印本　455 页
有图 22cm（30 开）精装　定价：旧币 30,000 元

J0131959

中国图案参考资料　杨仲英编
上海　新鲁书店　1953 年　影印本　100 页
15cm（40 开）定价：旧币 6,000 元
（美术工作丛书　六）

J0131960

中国图案集　王端编
上海　北新书局　1953 年　3 版　影印本　225 页
14×18cm　定价：旧币 15,000 元

J0131961

中国图案集　王端编
上海　北新书局　1953 年　影印本　226 页
14×18cm　定价：旧币 15,000 元

J0131962

中国图案集　（修订本）王端编
上海　北新书局　1953 年　再版　影印本　225 页
14×18cm　定价：旧币 15,000 元

J0131963

古铜鼓图录　闻宥编
上海　上海出版公司　1954 年　定价：CNY23.00

J0131964

黑白画的参考资料　王端编绘
上海　正气书局　1954 年　影印本　125 页
18cm（15 开）定价：旧币 6,000 元

J0131965

黑板报、墙报美术资料　方际青编绘
上海　大众书局　1954 年　影印本　70 页
15×21cm　定价：旧币 5,000 元

J0131966
黑影图案画　傅天奇编绘
上海　大众书局　1954 年　影印本　91 页
13×19cm　定价：旧币 5,000 元

J0131967
绘画手册　河北省人民政府文化事业管理局
美术工作室编绘
保定　河北人民出版社　1954 年　2 版　修订本
43 页　12×18cm　定价：旧币 2,000 元

J0131968
美术花边集　杨墨编绘
上海　春明出版社　1954 年　影印本　146 页
26cm（16 开）定价：旧币 11,000 元

J0131969
图案参考资料　肖彦，熊飞编
上海　大众书局　1954 年　影印本　56 页　有图
17×25cm（16 开）定价：旧币 5,500 元

J0131970
图案选集　吴逢吉编绘
石家庄　大众美术社　1954 年　影印本　84 页
13×18cm（36 开）定价：旧币 3,900 元

J0131971
图案选集　吴逢吉编绘
石家庄　河北人民出版社　1954 年　影印本　84 页
13×18cm（36 开）定价：CNY0.39

J0131972
纹样集　王端编绘
石家庄　大众美术社　1954 年　影印本　127 页
14×18cm（27 开）定价：旧币 8,200 元

J0131973
西南少数民族图案集　沈福文等编辑；西南
美术专科学校实用美术系编
北京　人民美术出版社　1954 年　影印本　103 页
26cm（16 开）定价：旧币 43,000 元

J0131974
新编人物图案　（增订本）张令涛编绘
上海　大众书局　1954 年　2 版　影印本　36 页

26cm（16 开）定价：旧币 3,500 元
　　作者张令涛（1903—1988），连环画艺术家。
浙江宁波人，毕业于上海美专。历任上海文史馆
馆员，中国美术家协会会员，商务印书馆编辑所
担任美术编辑，代表作品有《杨家将》《红楼梦》
《猎虎记》《三国归晋》《女娲补天》《东周列国
志》等。

J0131975
应用图案资料集　王端，董承合编
上海　四联出版社　1954 年　影印本　147 页
14×18cm　定价：旧币 7,000 元

J0131976
中国古代图案选　王志英编绘
上海　大众书局　1954 年　影印本　108 页
17×22cm　定价：旧币 9,000 元

J0131977
中国建筑彩画图案　北京文物整理委员会编
北京　人民美术出版社　1954 年　定价：CNY15.00

J0131978
中国建筑参考图集窗格　建筑工程部设计总
局工业及城市建筑设计院编绘
北京　工程设计出版社　1954 年　284 页　有图
26cm（16 开）定价：CNY2.95，CNY5.70（精装）

J0131979
中国建筑图案集　蔡均，王志英编
［上海］四联出版社　1954 年　定价：CNY0.75

J0131980
中国图案集　王端辑
上海　四联出版社　1954 年　新 1 版　影印本
223 页　14×18cm　定价：旧币 15,000 元

J0131981
中国图案集　王端辑
上海　四联出版社　1955 年　重印本　105 页
14×18cm　定价：一元二角

J0131982
中国图案续集　王端编
上海　四联出版社　1954 年　影印本　186 页

14×18cm 定价：旧币 12,000 元

J0131983
敦煌图案 东北美术专科学校图案系教研室辑
北京 朝花美术出版社 1955 年 影印本 20 页
18×26cm 定价：CNY3.60

J0131984
古代装饰花纹选集 西北历史博物馆辑
西安 陕西人民出版社 1955 年 2 版 修订本
77 页 26cm（16 开）精装 定价：CNY2.60

J0131985
古锦图案集 王端编
上海 四联出版社 1955 年 影印本 55 幅
26cm（16 开）定价：旧币 18,000 元

J0131986
图案的组织 （牡丹花的写生和应用举例）中
央美术学院工艺美术研究室编
北京 朝花美术出版社 1955 年 影印本 90 页
有图 21cm（32 开）定价：旧币 16,000 元

J0131987
中国建筑彩画图案 北京文物整理委员会编
北京 人民美术出版社 1955 年 定价：CNY50.00

J0131988
中南少数民族染织图案选集 喻侠夫等绘
汉口 湖北人民出版社 1955 年 影印本
26cm（16 开）定价：CNY2.30

J0131989
古纹新样集 （应用美术）戴苍奇编绘
上海 美术读物出版社 1956 年 102 页
15cm（40 开）定价：CNY0.36

J0131990
古纹新样集 戴苍奇编绘
上海 上海人民美术出版社 1956 年
定价：CNY0.36

J0131991
广西少数民族图案选集 余武章等搜集；广
西人民出版社编辑
南宁 广西人民出版社 1956 年 影印本 90 页
18×20cm 定价：CNY3.00，CNY4.00（精装）

　　本书收辑我国壮、瑶、苗、侗等少数民族日
常服饰、生活用具图案，其中有铜鼓纹样、染织
图案、银器装饰、剪纸图案等 4 部分，附有图片
89 幅。

J0131992
贵州少数民族蜡染图案 贵州省文化局美术
工作室研究组编
北京 人民美术出版社 1956 年 影印本 38 页
26cm（16 开）定价：CNY1.20

J0131993
民间彩印花布图案 林汉杰编
北京 人民美术出版社 1956 年 定价：CNY1.20

J0131994
工艺图案集 许良工，刘玉英编绘
上海 上海人民美术出版社 1957 年 影印本
109 页 26cm（16 开）统一书号：T8081.2615
定价：CNY2.80

J0131995
贵州少数民族图案选集 贵州省群众艺术馆编
贵阳 贵州人民出版社 1957 年 影印本 47 页
26cm（16 开）统一书号：8115.97 定价：CNY2.00

J0131996
湖南少数民族图案集 湖南省民族事务委员
会编
长沙 湖南人民出版社 1957 年 57 页 26cm（16开）
统一书号：8109.24 定价：CNY2.00

J0131997
图案习作选集 东北美术专科学校工艺美术
系编
沈阳 辽宁画报社 1957 年 38 页 26cm（16 开）
统一书号：T8117.489 定价：CNY1.50

J0131998
新图案参考资料 徐凤嘤，蔡雄编绘
上海 上海人民美术出版社 1957 年 95 页
13×19cm（32 开）统一书号：T8081.2112
定价：CNY0.34

J0131999

中国丝绸图案　王家树，李月华绘

北京 中国古典艺术出版社 1957年 影印本

27页 38cm（6开）活页精装 定价：CNY15.00

J0132000

中国戏曲服装图案　东北戏曲研究院研究室

编；夏阳等绘

北京 人民美术出版社 1957年 73幅 50cm（6开）

定价：CNY32.00

　　本书编选的中国传统戏曲服装图案是由东
北戏曲研究院舞台美术工作者到全国各地体验
生活的过程中收集摹绘的。所辑作品多是从旧
有的戏曲服装和民间刺绣图案及个别画家创作
中选择出来的。附有73幅图。

J0132001

报头题眉选辑　荣和编

上海 上海文化出版社 1958年 50页 13×18cm

统一书号：8077.179 定价：CNY0.15

J0132002

报头图案选集　吴之峰等编绘

杭州 东海文艺出版社 1958年 88页 15×19cm

统一书号：8125.44 定价：CNY0.38

J0132003

动物图案纹样集　王端编

天津 天津美术出版社 1958年 影印本 102页

有图 20cm（32开）统一书号：8073.977

定价：CNY0.75

J0132004

花草纹样集　王端编

天津 天津美术出版社 1958年 94页 有图

20cm（32开）统一书号：8073.947 定价：CNY0.65

J0132005

染纸图案　陈文贵编著

上海 上海人民美术出版社 1958年 19页

有图 18cm（15开）统一书号：T8081.3758

定价：CNY1.50

（工艺美术丛书）

J0132006

中国建筑彩画图案　（明式彩画）古代建筑修

整所编；金荣等摹绘

北京 古典艺术出版社 1958年 定价：CNY33.00

J0132007

"和平鸽"图案集　贺宗循编选

沈阳 辽宁美术出版社 1959年 60页 13×18cm

统一书号：T8117.1200 定价：CNY0.24

J0132008

报刊题头选辑　蔡玉琦等搜集

郑州 河南人民出版社 1959年 85页 13×19cm

统一书号：T8105.218 定价：CNY0.35

J0132009

报刊杂志栏头图案　郑艺编

北京 人民美术出版社 1959年 63页 13×19cm

统一书号：8027.2401 定价：CNY0.25

J0132010

敦煌唐代图案选　敦煌文物研究所编

北京 人民美术出版社 1959年 54幅 39cm（4开）

精装 统一书号：8027.1268 定价：CNY46.00

　　本书选编敦煌石窟图案54幅，包括：藻井、
边饰、项光、龛顶华盖等。

J0132011

广西各民族民间图案选集　广西僮族自治区

人民出版社编

南宁 广西僮族自治区人民出版社 1959年

52页 27cm（16开）精装 统一书号：8113.38

定价：CNY5.00

J0132012

花边设计　贺宗循编绘

天津 天津美术出版社 1959年 127页 12×17cm

统一书号：T8073.1702 定价：CNY0.35

J0132013

花纹图案资料集　周荣富编绘

西安 西安人民出版社 1959年 80页 21cm（32开）

统一书号：10154.1 定价：CNY0.55

J0132014

农村黑板报美术参考资料　赵殿泽等绘图
沈阳　辽宁画报社　1959 年　50 页　13×18cm
统一书号：T8117.1186　定价：CNY0.20

作者赵殿泽（1931— ），教授。辽宁海城人，毕业于鲁迅美术学院。曾任鲁迅美术学院工艺系教授、辽宁华海专修学院副院长、辽宁省装帧艺术研究会常务理事。著有《构成艺术》《色彩构成》《立体构成》。

J0132015

西北少数民族图案选集　陕西省博物馆编
西安　长安美术出版社 1959 年　41 幅 27cm（16 开）
精装　统一书号：8094.174　定价：CNY7.00

J0132016

云岗图案　刘玉英编
太原　山西人民出版社 1959 年　27 页 21cm（32 开）
统一书号：8088.51　定价：CNY2.50

J0132017

云锦图案　南京市云锦研究所编绘
北京　中国古典艺术出版社　1959 年　40 幅
37cm（8 开）统一书号：8029.26　定价：CNY13.00

本书有 40 幅图。云锦，相传已有 600 多年的历史，是中国染织 工艺品中具有很高的艺术价值的一种。本书选编云锦传统纹样 40 种。包括粧花纹样 18 种、库锦纹样 16 种、库缎纹样 6 种。文中还就云锦图案的设计方法、制作过程、造形特点以及色彩的运用进行了论述。

J0132018

报刊美术装饰　顾孟平绘
天津　天津美术出版社 1960 年　86 页　13×18cm
统一书号：8073.1703　定价：CNY0.60

J0132019

报头图案集　孙福山编
哈尔滨　黑龙江美术出版社 1960 年　128 页
13×18cm　定价：CNY0.40

J0132020

北京景泰蓝图案　北京市工艺美术研究所编
北京　人民美术出版社　1960 年　111 页
15cm（40 开）统一书号：8027.3216 定价：CNY0.40

J0132021

敦煌唐代藻井图案　人民美术人民出版社编印
北京　人民美术出版社 1960 年　1 套 10 幅
15cm（40 开）统一书号：8027.1840　定价：CNY0.50

J0132022

合肥挑花　（图集）张志编
上海　上海人民美术出版社 1960 年　81 页
18cm（15 开）统一书号：T8081.4656
定价：CNY0.36
（工艺美术丛书）

J0132023

花边图案汇编　甘士编
香港　万里书店 1960 年　106 页　14×19cm
定价：HKD1.10

J0132024

历代动物纹样参考　陈炎编
上海　上海人民美术出版社 1960 年　144 页
15×18cm 统一书号：T8081.4651 定价：CNY0.58

J0132025

内蒙古民间图案选集　内蒙古自治区文化局编
呼和浩特　内蒙古人民出版社 1960 年　影印本
71 页 26cm（16 开）精装 统一书号：8089.30
定价：CNY4.30

本书选入民间图案 109 幅。有建筑装饰、庙宇装饰、五福捧寿图案、云形、草纹、草龙图案，摔跤手套裤图案，器皿纹样、帐棚图案、边饰图案、衣边花纹、橱柜图案、八瓣莲花纹样、指纹图案、马鞍、鞍具图案、蒙古族男女鞋靴图案等。

J0132026

报头图案　吉争今编
南昌　江西人民出版社 1961 年　205 页　有图
13×18cm 统一书号：T8110.300 定价：CNY1.02

J0132027

报头图案集　陆星晨等作
上海　上海人民美术出版社 1962 年　89 页
18cm（15 开）统一书号：T8081.5196
定价：CNY0.30

J0132028
蝴蝶图案　柳维和编绘
上海　上海人民美术出版社　1962 年　120 页
26cm（16 开）统一书号：T8081.4897
定价：CNY3.60

J0132029
美术字与版头图案集　林白桦编写
广州　广东人民出版社　1962 年　84 页　13×19cm
统一书号：T8111.415　定价：CNY0.26

J0132030
新报头图案选集　贺宗循等编绘
南京　江苏人民出版社　1962 年　80 页
13×18cm（36 开）统一书号：8100.742
定价：CNY0.26

J0132031
百花图案集　贺宗循，胡世德编绘
哈尔滨　黑龙江美术出版社　1963 年　114 页
13×19cm　统一书号：8.115　定价：CNY0.40

J0132032
黑板报装饰图案集　贺宗循编绘
济南　山东人民出版社　1963 年　88 页　13×19cm
统一书号：8099.450　定价：CNY0.40

J0132033
建筑装饰图案资料　徐非编
北京　朝花美术出版社　1963 年　94 页　15cm（40 开）
统一书号：8028.1880　定价：CNY0.50

J0132034
内蒙古蒙古族民间图案集　（蒙、汉文对照）
阿格旺编绘
呼和浩特　内蒙古人民出版社　1963 年　62 幅
27cm（16 开）精装　统一书号：M8089.95
定价：CNY28.00
　　本书选入彩色图案 99 幅。主要是察哈尔地
区蒙古民族中的服饰和日常生活用具上的图案。

J0132035
维吾尔哈萨克族图案选集　（维吾尔、哈萨
克、汉文对照）刘定陵编绘
乌鲁木齐　新疆青年出版社　1963 年　20cm（32 开）

定价：CNY1.50

J0132036
维吾尔族哈萨克族图案选集　刘定陵编
乌鲁木齐　新疆青年出版社　1963 年　144 页
24cm（16 开）统一书号：MT8124.50
定价：CNY1.50

J0132037
卫生刊头选集　（第 1 集）江西卫生防疫站主编
［南昌］［福建江西广东广西安徽五省（区）卫生
宣传工作协作区］［1963 年］69 页
13×19cm（36 开）
　　本书收集卫生刊头、题花、尾花和装饰画及
如何排版和内容选择。

J0132038
新疆维吾尔自治区民间建筑图案　新疆维
吾尔自治区文化厅编
北京　人民美术出版社　1963 年　27cm（大 16 开）
精装本　定价：CNY4.30

J0132039
报头图案参考资料　人民美术出版社编辑室编
北京　人民美术出版社　1965 年　88 页　19cm（32 开）
统一书号：T8027.4528　定价：CNY0.26

J0132040
动物图案集　叶应燧编绘
杭州　浙江人民美术出版社　1965 年　168 页
13×18cm　统一书号：T8156.309　定价：CNY0.60

J0132041
贵州少数民族服饰图案选　贵州省群众艺术
馆编
上海　上海人民美术出版社　1965 年　1 函 25 幅
30cm（15 开）统一书号：T8081.5446
定价：CNY8.00

J0132042
贵州少数民族服饰图案选　贵州省群众艺术
馆编
上海　上海人民美术出版社　1965 年　28 张
28cm（大 16 开）定价：CNY8.00

J0132043

黑板报报头　上海人民美术出版社编辑

上海　上海人民美术出版社　1965 年　78 页

13×18cm　统一书号：T8081.5559

定价：CNY0.28

J0132044

农村俱乐部美术参考资料　董岩青等编绘

天津　天津美术出版社　1965 年　72 页　有图

18cm（15 开）统一书号：8073.50002

定价：CNY0.20

（工农兵美术丛书）

　　作者董岩青（1925—　　），山东蓬莱人。笔名
冬山，别名董宝珊。中国摄影家协会会员，天津
摄影家协会理事、顾问。作品有《我为祖国献石
油》《早班车》《古街新雪》等。

J0132045

图案的组织　雷圭元等编辑；中央美术学院工
艺美术研究室编

北京　人民美术出版社　1965 年　重印本　90 页

20cm（32 开）统一书号：8027.2457　定价：CNY1.60

J0132046

纹样资料　戴苍奇编绘

上海　上海人民美术出版社　1965 年　新 1 版

135 页　15cm（40 开）统一书号：T8081.5412

定价：CNY0.42

J0132047

黑板报参考资料　上海人民美术出版社编辑

上海　上海人民美术出版社　1966 年　96 页

有图　13×18cm　统一书号：T8081.5583

定价：CNY0.30

J0132048

交通运输工具参考资料　上海人民美术出版
社编辑

上海　上海人民美术出版社　1966 年　86 页

12×18cm　统一书号：T8081.5625

定价：CNY0.26

J0132049

报头美术集　浙江人民美术出版社编绘

杭州　浙江人民美术出版社　1970 年　92 页

14cm（64 开）统一书号：8086.108　定价：CNY0.24

J0132050

毛泽东思想宣传栏　（报头资料）工人《报头
资料》编绘组编

上海　上海人民出版社　1970 年　1 张　32cm（10 开）

定价：CNY0.29

J0132051

毛泽东思想宣传栏　报头资料　工人《报头
资料》编绘组编

上海　上海市出版"革命组"1970 年　119 页

13×19cm　统一书号：8.3.10　定价：CNY0.35

J0132052

色彩与设计　李保菁编著

香港　艺美图书公司　1970 年　38 页　17cm（40 开）

精装

J0132053

报刊美术集　南昌市文艺工作站编绘

[南昌] 江西人民出版社　1971 年　13cm（64 开）

定价：CNY0.34

J0132054

报刊美术集　贵州人民出版社编辑

贵阳　贵州人民出版社　1973 年　76 页　13×19cm

统一书号：8115.563　定价：CNY0.25

J0132055

报头刊头资料　（1）

长春　吉林人民出版社　1971 年　48 页　13×18cm

统一书号：8091.540　定价：CNY0.23

J0132056

报头资料选　（1）天津人民美术出版社编辑

天津　天津人民美术出版社　1971 年　92 页

19cm（32 开）统一书号：8073.50001

定价：CNY0.16

J0132057

报头资料选　（2）天津人民美术出版社编辑

天津　天津人民美术出版社　1971 年　92 页

19cm（32 开）统一书号：8073.50002

定价：CNY0.16

J0132058
报头资料选 （3）天津人民美术出版社编辑
天津　天津人民美术出版社　1971 年　92 页
14cm（64 开）统一书号：8073.50003
定价：CNY0.16

J0132059
毛泽东思想宣传栏 （报头资料）延边人民出
版社编辑
延吉　延边人民出版社　1971 年　123 页　13×19cm
统一书号：3136.369　定价：CNY0.35

J0132060
美术参考资料 （报头选辑　1）人民美术出版
社编辑
北京　人民美术出版社　1971 年　62 页　13×19cm
定价：CNY0.16

J0132061
世界图案资料集成 （人物　动物　植物）高铭
盘编译
台南　正言出版社　1971 年　再版　207 页　有图
22cm（30 开）精装　定价：TWD90.00

J0132062
报矿　江苏省“五·七”干校创作组作
南京　江苏人民出版社　1972 年　76cm（2 开）
定价：CNY0.14
　　中国现代宣传画作品。

J0132063
报头美术资料集　湖北省群众文化处编
武汉　湖北人民出版社　1972 年　13×19cm
统一书号：8106.1335　定价：CNY0.16

J0132064
报头图案集　上海人民出版社编辑
上海　上海人民出版社　1972 年　90 页　14cm（64 开）
统一书号：8.3.485　定价：CNY0.20

J0132065
“红小兵”报头画选　楚红华编绘
广州　广东人民出版社　1972 年　15cm（64 开）
统一书号：8111.328　定价：CNY0.09

J0132066
美术参考资料 （报头选辑　2）人民美术出版
社编辑
北京　人民美术出版社　1972 年　61 页　13×19cm
统一书号：8027.5457　定价：CNY0.16

J0132067
报头图案集　宁夏日报美术组编
银川　宁夏人民出版社　1973 年　46 页　13×19cm
统一书号：8157.216　定价：CNY0.18

J0132068
报头图案选　吕景富编绘
哈尔滨　黑龙江人民出版社　1973 年　58 页
13×18cm　统一书号：8093.157　定价：CNY0.26

J0132069
报头图案资料　梁紫冰编绘
郑州　河南人民出版社　1973 年　91 页　19cm（32 开）
统一书号：8105.379　定价：CNY0.33

J0132070
动物画参考资料　何进，任伯宏等绘
上海　上海人民出版社　1973 年　82 页　13×18cm
统一书号：8171.579　定价：CNY0.20
　　本书主要收集的是家禽家畜和常见的动物
资料。有些是写生而成，有些是从美术作品中选
画而成，供参考之用，不能代替美术创作中必要
的写生。

J0132071
工艺美术参考资料 （二集　白描花卉）湖南
省轻工专业情报中心站陶瓷分站，湖南省醴陵
陶瓷研究所情报资料室编
［长沙］湖南省轻工专业情报中心站陶瓷分站
1973 年　52 页　27×38cm　定价：CNY1.50
　　本书由湖南省轻工专业情报中心站陶瓷
分站和湖南省醴陵陶瓷研究所情报资料室联合
出版。

J0132072
工艺美术参考资料 （初集　白描花卉）湖南
省轻工专业情报中心站陶瓷分站，湖南省醴陵
陶瓷研究所情报资料室编
［长沙］湖南省轻工专业情报中心站陶瓷分站

1973 年　44 页　27×38cm

　　本书由湖南省轻工专业情报中心站陶瓷分站和湖南省醴陵陶瓷研究所情报资料室联合出版。

J0132073

工艺美术参考资料　（三集　白描花卉）湖南省轻工专业情报中心站陶瓷分站，湖南省醴陵陶瓷研究所情报资料室编

长沙　湖南省轻工专业情报中心站陶瓷分站 1977 年　70 幅　27×38cm　定价：CNY1.50

　　本书由湖南省轻工专业情报中心站陶瓷分站和湖南省醴陵陶瓷研究所情报资料室联合出版。

J0132074

工艺美术图案资料选编　河北省第二轻工业局工艺美术公司编

1973 年　275 页　27cm（16 开）

J0132075

"红小兵" 报头选　《"红小兵" 报》社编

上海　上海人民出版社 1973 年　39 页　13×15cm 统一书号：R8171.626 定价：CNY0.13

J0132076

实用美术参考资料　（二　报头图案）王少凡，杨文春编

西宁　青海人民出版社 1973 年　62 页　13×19cm 统一书号：8097.341 定价：CNY0.21

J0132077

报头活页资料　（1）上海市工人文化宫等供稿

上海　上海人民出版社 1974 年　39cm（8 开）

定价：CNY0.03

J0132078

报头活页资料　（2）江南造船厂等绘制

上海　上海人民出版社 1974 年　39cm（8 开）

定价：CNY0.03

J0132079

报头活页资料　（3）蔡振华等供稿

上海　上海人民出版社 1974 年　4 页　38×26cm

定价：CNY0.03

J0132080

报头活页资料　（4）蔡振华等供稿

上海　上海人民出版社 1975 年　4 页　38×26cm

定价：CNY0.03

J0132081

报头活页资料　（5）蔡振华等供稿

上海　上海人民出版社 1975 年　4 页　38×26cm

定价：CNY0.03

J0132082

报头活页资料　（6）蔡振华等供稿

上海　上海人民出版社 1976 年　4 页　38×26cm

定价：CNY0.03

J0132083

报头活页资料　（7）蔡振华等供稿

上海　上海人民出版社 1976 年　4 页　38×26cm

定价：CNY0.03

J0132084

报头活页资料　（8）蔡振华等供稿

上海　上海人民出版社 1976 年　4 页　38×26cm

定价：CNY0.03

J0132085

报头活页资料　（9）蔡振华等供稿

上海　上海人民出版社 1977 年　4 页　26cm（16 开）

定价：CNY0.03

J0132086

报头活页资料　（10）蔡振华等供稿

上海　上海人民出版社 1977 年　4 页　26cm（16 开）

定价：CNY0.03

J0132087

报头活页资料　（11）上海人民美术出版社编辑

上海　上海人民美术出版社 1978 年　14 页 19cm（32 开）统一书号：8081.11094

定价：CNY0.08

J0132088

报头集　黑龙江生产建设兵团政治部编；方大伟等作

哈尔滨　黑龙江人民出版社 1974 年　15cm（40开）

定价：CNY0.58

J0132089
报头图案、美术字 （农村版图书）人民美术出版社编辑
北京 人民美术出版社 1974年 93页 18cm（15开）
统一书号：8027.5758 定价：CNY0.25

J0132090
报头图案资料 梁紫冰编绘
郑州 河南人民出版社 1974年 2版
19cm（小32开）定价：CNY0.33

J0132091
花边图案集 王德民编绘
哈尔滨 黑龙江人民出版社 1974年 68页
13×18cm 统一书号：8093.199 定价：CNY0.27

J0132092
花边图案集 王德民编绘
哈尔滨 黑龙江人民出版社 1982年 116页
19cm（32开）统一书号：8093.797 定价：CNY0.45

J0132093
农村黑板报报头资料 上海人民出版社编辑
上海 上海人民出版社 1974年 88页 19cm（32开）
定价：CNY0.20

J0132094
报头图案集 山东人民出版社集体编绘
济南 山东人民出版社 1975年 133页
19cm（32开）统一书号：8099.362 定价：CNY0.42

J0132095
报头资料选 （3）天津市工艺美术设计院编绘
天津 天津人民美术出版社 1975年 修订本
92页 18cm（15开）统一书号：8073.50003
定价：CNY0.16

J0132096
动物图案资料 北京纺织科学研究所编
北京 北京纺织科学研究所 1975年 164页
26cm（16开）

J0132097
动物图案资料 天津艺术学院工艺美术系编
天津 天津人民美术出版社 1975年 78页
17×18cm 定价：CNY0.33

J0132098
工厂黑板报报头资料 上海市沪东工人文化宫编
上海 上海人民出版社 1975年 90页 19cm（32开）
统一书号：8171.1325 定价：CNY0.21

J0132099
蝴蝶图案 北京市特种工艺工业公司研究室［编］
北京 北京市特种工艺工业公司 1975年 34页
26cm（16开）

J0132100
花卉参考资料 北京市特种工艺工业公司研究室编
北京 北京市特种工艺工业公司研究室 1975年
75页 26cm（16开）定价：CNY0.50

J0132101
连队实用美术资料 南京部队政治部宣传部编
南京 江苏人民出版社 1975年 19cm（32开）
统一书号：8100.3.070 定价：CNY0.59

J0132102
版头图案资料选页 （1976 第一期）广东人民出版社编辑
广州 广东人民出版社 1976年 25cm（15开）
定价：CNY0.07

J0132103
"红小兵"报头集 郭文涛等编绘
兰州 甘肃人民出版社 1976年 ［88页］
19cm（32开）统一书号：8096.442 定价：CNY0.32
　　作者郭文涛（1941— ），画家。河北交河人。毕业于西北师范大学美术系。中国美术家协会会员，甘肃省美协副主席，兰州市美协主席，兰州市文联主席，兰州市政协副主席。代表作品《军长之路》（合作）、连环画《四明传奇》、国画《夕照图》。出版有《郭文涛画集》等。

J0132104

美术宣传员手册 （1 报头图案·美术字）天津艺术学院工艺系美术宣传员手册编绘组编绘
天津 天津人民美术出版社 1976年 120页
19cm（32开） 定价：CNY0.44

J0132105

农业学大寨报头选 （1）
北京 人民出版社 ［1976年］8页 12×18cm
统一书号：8071.188 定价：CNY0.03

J0132106

体育刊头集 人民体育出版社编辑
北京 人民体育出版社 1976年 92页 19cm（32开）
统一书号：7015.1540 定价：CNY0.37

J0132107

图案纹样参考资料 北京特种工艺工业公司研究室编
北京 北京特种工艺工业公司研究室 1976年
53页 26cm（16开） 定价：CNY1.00

J0132108

怎样设计黑板报 吴树勋编写
北京 人民美术出版社 1976年 46页 18cm（15开）
统一书号：8027.6118 定价：CNY0.10

J0132109

中国器物艺术 刘良佑著
台北 雄狮图书股份有限公司 1976年 206页
有彩图 21cm（32开）

J0132110

报头图案 （活页资料 5）
杭州 浙江人民出版社 1977年 4页 26cm（16开）
定价：CNY0.03

J0132111

黑白图案集 苏州丝绸工学院编
苏州 苏州丝绸工学院 1977年 126页
26cm（16开）

J0132112

花卉图案 中央工艺美术学院染织美术系编
北京 中央工艺美术学院染织美术系 1977年

106页 26cm（16开）

J0132113

菊花牡丹 陕西省纺织材料公司编辑
西安 陕西省纺织材料公司 1977年 38cm（6开）

J0132114

刊头图案参考资料 （2）中国人民解放军
81021部队编
沈阳 辽宁人民出版社 1977年 4页 26cm（16开）
定价：CNY0.04

J0132115

山花烂漫 （花草纹样集）［韩美林编绘］
广州 广东省工艺美术包装装璜工业公司
1977年 202页 有图 18×19cm
　　作者韩美林（1936—　），画家、艺术家、国家一级美术师。山东人。清华大学美术学院教授，中央文史馆研究员。代表作品有《北京奥运会吉祥物福娃》《国航航徽》等。出版有《山花烂漫》《美林》《韩美林自选雕塑集》《韩美林自选绘画集》。

J0132116

实用图案画典 陈少波编
香港 万里书店 1977年 93页 有图 13×18cm
定价：HKD2.00

J0132117

综合图案汇编 张伯熙编
香港 万里书店 1977年 120页 有图 13×18cm
定价：HKd1.80
　　外文书名：A Collection of Pictorial Designs.

J0132118

报头集 黑龙江国营农场管理总局政治部编
哈尔滨 黑龙江人民出版社 1978年 2版
220页 24cm（40开）统一书号：8093.236
定价：CNY0.72

J0132119

报头美术集 湘潭地区文艺工作室编
长沙 湖南人民出版社 1978年 84页 19cm（32开）
统一书号：8109.1130 定价：CNY0.49

J0132120

部队黑板报报头资料　上海人民美术出版社编辑

上海　上海人民美术出版社　1978 年　92 页
19cm（32 开）统一书号：8081.11058
定价：CNY0.27

J0132121

大庆图案集　哈尔滨市工艺美术研究所，大庆采油一部编

哈尔滨　黑龙江人民出版社　1978 年　121 页
18cm（15 开）统一书号：8093.480 定价：CNY0.64

J0132122

动物图案　吕孟祥编绘

沈阳　辽宁人民出版社　1978 年　108 页
26cm（16 开）统一书号：8090.1134 定价：CNY0.75
（工艺美术丛书）

J0132123

花卉图案　乌密风编绘

沈阳　辽宁人民出版社 1978 年 92 页 26cm（16 开）
统一书号：8090.1156 定价：CNY1.20
（工艺美术丛书）

　　作者乌密风（1920—2004），女，工艺美术家。浙江杭州人，毕业于杭州国立艺专图案系。历任鲁迅美术学院工艺美术系主任、副院长、染织专业教授、鲁美学术委员会委员、荣誉终身教授。出版有《敦煌藻井图案》《花卉图案集》《乌密风画集》《乌密风水彩精品集》等

J0132124

花卉图案资料　张振群，李存伟编绘

天津　天津人民美术出版社　1978 年　92 页
20cm（32 开）统一书号：8073.50109
定价：CNY0.24

　　作者张振群，连环画艺术家。作有《长寿富贵》《芙蓉鸳鸯》《花好月圆对对双双》《梅兰竹菊》等。

J0132125

花卉植物图案　叶应燮编绘

上海　上海人民美术出版社　1978 年　216 页
19cm（32 开）统一书号：8081.11112
定价：CNY0.57

J0132126

题花参考　向继纯编绘

成都　四川人民出版社 1978 年 108 页
19cm（32 开）统一书号：8118.446 定价：CNY0.45

J0132127

题花集　上海人民美术出版社编辑

上海　上海人民美术出版社　1978 年　92 页
19cm（32 开）统一书号：8081.11286
定价：CNY0.27

J0132128

卫生宣传刊头集　辽宁省卫生防疫站编绘

沈阳　辽宁省卫生科学教育所 1978 年 64 页
19cm（32 开）

J0132129

卫生宣传美术资料　浙江省卫生防疫站，杭州市卫生防疫站编绘

北京　人民卫生出版社　1978 年　107 页
19cm（32 开）统一书号：14048.3599
定价：CNY0.70

J0132130

装饰画资料　李景扬编绘

郑州　河南人民出版社　1978 年　118 页
18cm（15 开）统一书号：8105.818 定价：CNY0.24

J0132131

报头图案　陆星辰编绘

北京　人民美术出版社 1979 年 61 页 19cm（32 开）
统一书号：8027.7064 定价：CNY0.22

J0132132

报头图案集　韦君琳编绘

合肥　安徽人民出版社 1979 年 92 页 19cm（32 开）
统一书号：8102.1053 定价：CNY0.60

J0132133

动物图案　沈绍岚，桂根宝编绘

广州　广东人民出版社　1979 年　116 页
24cm（26 开）统一书号：8111.1953 定价：CNY0.54

J0132134

动物图案集　王正非编绘

石家庄　河北人民出版社　1979 年　110 页
19cm（32 开）统一书号：8086.1026 定价：CNY0.27

J0132135
动物图案资料　朱枫，郑惠民编绘
济南　山东人民出版社　1979 年　86 页　19cm（32 开）
统一书号：8099.1826 定价：CNY0.30

J0132136
儿童报头资料
天津　天津人民美术出版社　1979 年　18cm（15 开）
统一书号：8073.50124 定价：CNY0.32

J0132137
服装用品服饰图案　爱兰编
香港　百泉出版社　1979 年　110 页　26cm（16 开）
定价：HKD10.00

J0132138
古建筑图案　田兆琪编绘
济南　山东人民出版社　1979 年　123 页
19cm（小 32 开）定价：CNY0.84

J0132139
海洋美术图案
北京　海洋出版社　1979 年　94 页　19cm（32 开）
定价：CNY0.40

J0132140
海洋图案
北京　海洋出版社　1979 年　94 页　19cm（32 开）
统一书号：7193.0006 定价：CNY0.40

J0132141
花边图案　梁冰潜，梁紫冰编绘
郑州　河南人民出版社　1979 年　78 页　19cm（32 开）
统一书号：8105.825 定价：CNY0.35

J0132142
花朵纹样集　王端绘
天津　天津人民美术出版社　1979 年　137 页
20cm（32 开）统一书号：8073.51029
定价：CNY1.15

J0132143
花卉单项纹样构成　雷印凯，栾禄璋编绘
沈阳　辽宁美术出版社　1979 年　112 页
26cm（16 开）统一书号：8117.1648 定价：CNY1.50
（工艺美术丛书）

J0132144
花卉图案　韦君琳编绘
北京　北京出版社　1979 年　114 页　20cm（32 开）
统一书号：8071.329 定价：CNY0.80

J0132145
花卉装饰　白渠绘
上海　上海人民美术出版社　1979 年　54 页
18cm（15 开）定价：CNY0.42
　　　作者白渠（1939—　　），画家，国家高级美术师。祖籍江苏，定居上海。字源卿，号天泷，笔名萍、笑白等。擅长国画、油画、水彩、水粉、金石。曾任上海东方书画院一级画师、上海书画院名誉院长、无锡民族书画院名誉院长。出版有《白渠画集》《白渠图案花卉集》《水粉画范本》等。

J0132146
菊花装饰图案　孙磊绘
郑州　河南人民出版社　1979 年　58 页　18cm（15 开）
统一书号：8105.915 定价：CNY0.25

J0132147
刊头新作　方大伟编绘
北京　人民美术出版社　1979 年　117 页
18cm（15 开）统一书号：8027.7195 定价：CNY0.30

J0132148
科技图案资料　栾润田编绘
济南　山东人民出版社　1979 年　97 页　19cm（32 开）
统一书号：8099.1906 定价：CNY0.48

J0132149
连队美术参考资料　任有名等编绘
沈阳　辽宁美术出版社　1979 年　86 页　19cm（32 开）
统一书号：8117.1605 定价：CNY0.54

J0132150
连队墙报美术资料　中国人民解放军总参谋部通信部政治部宣传部编

北京　人民美术出版社　1979 年　157 页
19cm（32 开）统一书号：8027.6798 定价：CNY0.60

J0132151
农林牧副渔美术参考资料　上海人民美术出
版社编辑
上海　上海人民美术出版社　1979 年　116 页
19cm（32 开）统一书号：8081.11435
定价：CNY0.32

J0132152
染织图案基础　程尚仁，温练昌编著
上海　上海人民美术出版社　1979 年　187 页
26cm（16 开）统一书号：8081.11248
定价：CNY3.00
　　本书内容是染织图案的基本知识，介绍的
染织图案有：民间蓝印花布、印花丝绸、蜡染、
绣花、地毯、历代服饰等 10 种。作者温练昌
（1927—　　），教授。广东梅县人，历任中央美术
学院助教，中央工艺美术学院教授、染织美术系
主任，参加北京民族文化宫、人民大会堂等建筑
装饰、室内装饰美术设计。中国工艺美术学院教
授，中国美术家协会会员。专著有《花的变化》
《染织图案基础》等。

J0132153
山花烂漫　（花草纹样集 第一集）韩美林绘
济南　山东人民出版社　1979 年　208 页
20cm（32 开）平装 统一书号：8099.1829
定价：CNY1.25，CNY3.00（精装）

J0132154
山花烂漫　（花草纹样集 第一集）韩美林画
济南　山东人民出版社　1983 年　2 版　208 页
19cm（32 开）统一书号：8099.1829 定价：CNY1.95

J0132155
少年儿童报头集　梁冰潜等绘
郑州　河南人民出版社　1979 年　38 页 18cm（32 开）
统一书号：8105.841 定价：CNY0.13

J0132156
四川民间挑花图案　四川美术学院工艺美术
系编
成都　四川人民出版社　1979 年　40 页 26cm（16 开）

统一书号：8118.454 定价：CNY1.20

J0132157
题花　向际纯编绘
成都　四川人民出版社　1979 年　19cm（32 开）
统一书号：8118.637 定价：CNY0.50
　　作者向际纯（1942—　　），教授、编辑。出生
于四川武胜。历任《科幻世界》美术副编审，四
川音乐美术学院客座教授、成都蓝谷电脑艺术学
校校长。

J0132158
题花　向际纯编绘
成都　四川人民出版社　1980 年　72 页
19cm（小 32 开）定价：CNY0.50

J0132159
体育装饰　鹿逊理，刘庆孝绘
北京　人民体育出版社　1979 年　48 页 20cm（32 开）
定价：CNY1.20

J0132160
图案基础知识　天津工艺美术设计院编
天津　天津人民美术出版社　1979 年　126 页
20cm（32 开）统一书号：8073.50015
定价：CNY0.80

J0132161
艺用兵器资料　王晋泰编绘
沈阳　辽宁美术出版社　1979 年　349 页
20cm（32 开）统一书号：8117.1705 定价：CNY2.00

J0132162
鱼形图案　梁工，梁冰编绘
郑州　河南人民出版社　1979 年　[124] 页
19cm（32 开）统一书号：8105.929 定价：CNY0.30

J0132163
中国古代图案　北京纺织科学研究所编
北京　人民美术出版社　1979 年　129 页
20cm（32 开）统一书号：8027.7057 定价：CNY1.05
　　本书选入 540 幅图案。共收集历代纹样 500
多幅，并按年代以陶器、铜器、玉器、砖瓦石刻、
漆器、织绣和其他图案分类。

J0132164
中国图案作法初探　雷圭元著
上海　上海人民美术出版社　1979 年　117 页
26cm（16 开）统一书号：8081.11223
定价：CNY0.80
　　本书共 7 章，内容包括：1、中国图案语言是
朴素、单纯、富有生趣的；2、中国图案语言的夸
张特征；3、中国图案的意境表现；4、中国图案
结构中的太极图形；5、中国图案中的同形图案
画面；6、中国立体图案中的比例与权衡；7、中
国图案中的"经营位置"。作者雷圭元（1906—
1988），教育家、书画家。字悦轩，上海松江人。
毕业于国立北平艺专，留校任教。代表作品《工
艺美术技法讲话》《新图案学》《新图案的理论和
作法》等。

J0132165
装饰　桂林市第一轻化工业局编
南宁　广西人民出版社　1979 年　93 页
19cm（小 32 开）统一书号：8113.446　定价：
CNY1.65

J0132166
装饰动物　田少鹏编绘
武汉　湖北人民出版社　1979 年　102 页
20cm（32 开）统一书号：8106.1947 定价：CNY0.41

J0132167
装饰画　樊文江画
西安　陕西人民美术出版社　1979 年　12 张
19cm（32 开）定价：CNY0.40

J0132168
彩纹百科精选　超然制作群编辑
台北　设计家文化出版事业公司　1980 年　1 盒
23cm　定价：TDW2000.00（盒装）

J0132169
插图汇粹　（美）沙柏著；徐云涛译
台南　大孚书局　1980 年　262 页　26cm（16 开）
定价：TWD200.00
　　本书是美工、建筑、室内设计用书。

J0132170
创新视觉图案精选　春华编

香港　大方图书公司［1980—1989 年］160 页
21cm（32 开）定价：HKD12.00

J0132171
动物图案　叶应燧编绘
杭州　浙江人民出版社　1980 年　116 页
19cm（32 开）统一书号：8156.9 定价：CNY0.47

J0132172
动物图案参考资料　朱红编绘
南京　江苏人民出版社　1980 年　186 页
19cm（32 开）统一书号：8100.3.307　定价：
CNY0.52

J0132173
动物装饰　朱维熊等绘；上海人民美术出版
社编
上海　上海人民美术出版社　1980 年　142 页
19cm（32 开）统一书号：8081.12117
定价：CNY0.57

J0132174
儿童装饰画资料　勃玉明，杨本荣编
石家庄　河北人民出版社　1980 年　70 页　19cm
（32 开）统一书号：8086.1343 定价：CNY0.44

J0132175
贵州少数民族服饰资料　（苗族部分）蒋志
伊绘
贵阳　贵州人民出版社　1980 年　16 幅 25cm（15 开）
套装　统一书号：8115.726 定价：CNY0.80

J0132176
贵州少数民族服饰资料　（布依族）乔德珑
等绘
贵阳　贵州人民出版社　1983 年　16 幅 26cm（16 开）
定价：CNY1.00

J0132177
哈萨克民间图案集　新疆伊犁哈萨克自治州
《哈萨克民间图案集》编辑委员会编
乌鲁木齐　新疆人民出版社　1980 年［184 页］
有图 29cm（15 开）精装 统一书号：M8098.323
定价：CNY30.00
　　本书选入哈萨克族人民衣、食、住、行 4 方

面的装饰图案 184 幅。图案纹样继承历史传统
而又不因袭陈套，结构严谨、色彩瑰丽、线条粗
犷、造型大方。

J0132178
蝴蝶图案　柳维和编绘
上海　上海人民美术出版社　1980 年　2 版
128 页　25cm（小 16 开）统一书号：8081.4897
定价：CNY2.25

J0132179
花的图案　杨守年编绘
成都　四川人民出版社 1980 年 99 页 19cm（32 开）
统一书号：8118.0638　定价：CNY0.50

J0132180
花的图案画集
［1980—1989 年］影印本　221 页　21cm（32 开）

J0132181
科技报头图案选　韦君琳编绘
广州　科学普及出版社广州分社　1980 年　78 页
19cm（32 开）统一书号：8051.60012
定价：CNY0.32

J0132182
科技报头资料　王永杰，李绍刚编绘
北京　人民美术出版社　1980 年　125 页
19cm（32 开）统一书号：8027.7298　定价：CNY0.40

J0132183
科技图案新编　马世云，宋子龙编绘
合肥　安徽科学技术出版社　1980 年　70 页
20cm（32 开）统一书号：8200.2　定价：CNY0.40

J0132184
羌族挑绣图案　罗次冰，廖正芬收集整理
成都　四川人民出版社 1980 年 53 页 26cm（16 开）
定价：CNY2.00
　　本书由四川人民出版社和四川民族出版社
联合出版。

J0132185
设计家宝库　（特殊底纹 1-6）
台北　地球出版社　［1980—1989 年］6 册　有图

29cm（15 开）精装

J0132186
设计家宝库　（装饰花边）
台北　地球出版社 ［1980—1989 年］有图
29cm（15 开）精装
（设计高手系列）

J0132187
设计家宝库　（图案花边）
台北　殿堂出版社 ［1980—1989 年］有图
29cm（15 开）精装
（设计高手系列）

J0132188
适合纹样集　国营五四一厂技校美术教研室编
北京　人民美术出版社 1980 年 69 页 16cm（26 开）
统一书号：8027.7501　定价：CNY0.66

J0132189
水中之花——水中生物图案资料选辑
卢济珍编绘
贵阳　贵州人民出版社 1980 年 89 页 19cm（32 开）
统一书号：8115.760　定价：CNY1.40

J0132190
题花　张润秀编绘
兰州　甘肃人民出版社　1980 年　142 页
19cm（32 开）统一书号：8096.750　定价：CNY0.85

J0132191
题花图案集　葛文衡编绘
上海　上海人民美术出版社　1980 年　142 页
19cm（32 开）统一书号：8081.11872
定价：CNY0.38

J0132192
现代科技图案选　张博智，杨庆英编绘
北京　科学普及出版社　1980 年　124 页
19cm（32 开）统一书号：13051.1074
定价：CNY0.31

J0132193
枕套花样　张振群著
天津　天津人民美术出版社　1980 年　16 张

37cm（8开）统一书号：8037.70019

定价：CNY0.40

　　作者张振群，连环画艺术家。作有《长寿富贵》《芙蓉鸳鸯》《花好月圆对对双双》《梅兰竹菊》等。

J0132194

植物图案资料　尹定帮编

天津　天津人民美术出版社　1980年　98页

19cm（32开）统一书号：8073.50144

定价：CNY0.70

J0132195

中国古代图案选　张道一编选；保彬等摹绘

南京　江苏人民出版社　1980年　217页

25cm（小16开）统一书号：8100.3.297

定价：CNY2.20　CNY6.50（精装）

　　本书收录中国古代图案200幅，跨度为6000年。分为彩陶、青铜器、琢玉、髹漆、金银器、瓷器、织绣印染、石刻、建筑砖瓦、建筑彩画10类。作者张道一（1932—　），教授。生于山东齐东县，就读于华东大学文艺系和山东大学艺术系学习。历任东南大学艺术学教授、博士生导师，苏州大学艺术学院院长。出版有《张道一文集》。作者保彬（1936—　），蒙古族，国画家。江苏南通人。毕业于南京艺术学院美术系并留校任教。南京艺术学院院长，中国美术家协会会员，江苏美术家协会理事等。主要作品有《鹤寿图》《华夏魂》《嫦娥奔月》等。专著有《纵横挥洒》《保彬画集》《黄山奇松》。

J0132196

中国历代图案汇编　王端编

香港　宏图出版社　1980年　118页　26cm（16开）

J0132197

中国器物艺术　刘良佑著

台北　雄狮图书股份有限公司　1980年　4版

206页　有彩图　21cm（32开）

定价：TWD120.00，TWD150.00（精装）

J0132198

装饰图例　谭忠萍，代享来编绘

武汉　湖北人民出版社　1980年　104页

19cm（32开）统一书号：8106.2092　定价：CNY0.77

J0132199

最新花边图案精选　春华编

香港　大方图书公司［1980—1989年］159页

21cm（32开）

J0132200

报头饰花集　赵丕涛编绘

广州　岭南美术出版社　1981年　176页

22cm（32开）统一书号：8260.0138　定价：CNY1.10

J0132201

兵器图例　前召，焕宇编

西安　陕西人民美术出版社　1981年　254页

19cm（32开）统一书号：8199.307　定价：CNY1.00

J0132202

草原装饰画　刘英海，若希编绘

呼和浩特　内蒙古人民出版社　1981年

19cm（32开）统一书号：8089.103　定价：CNY0.48

　　本书是报纸创作的装饰画，以黑白装饰画为主，结合蒙古族民族民间图案和美术字，通过点、线、面的疏密、黑白对比构图形式多样，具有鲜明的民族特色。

J0132203

动物图案　雷敬权编绘

北京　北京出版社　1981年　142页　19cm（32开）

统一书号：8071.364　定价：CNY0.56

J0132204

工艺美术设计　庞薰琹作

北京　人民美术出版社　1981年　24页　20cm（32开）

统一书号：8027.7627　定价：CNY1.10

　　作者庞薰琹（1906—1985），画家、工艺美术教育家。生于江苏常熟，字虞铉，笔名鼓轩。曾任中央工艺美术学院第一副院长。代表作品有《地之子》《路》《贵州山民图卷》《瓶花》等。著有《薰琹随笔》。

J0132205

科技报头图案　赵克绘

石家庄　河北人民出版社　1981年　73页

19cm（32开）统一书号：8086.1548　定价：CNY0.23

J0132206
科技图案 曹义俊等编
南京 江苏科学技术出版社 1981 年 122 页
19cm（32 开）统一书号：8196.002 定价：CNY0.30

J0132207
尚在人间 （动物纹样集）韩美林作
济南 山东人民出版社 1981 年 200 页
19cm（32 开）统一书号：8099.2021 定价：CNY1.20

J0132208
世界装饰画插图精品集 陈镇芬［编］
台北 逸群图书公司 1981 年 2 册 有图
21cm（32 开）
（逸群丛书）

J0132209
图案纹样集 田兆琪编绘
济南 山东人民出版社 1981 年 158 页
19cm（32 开）统一书号：8099.2195 定价：CNY0.64

J0132210
中国古典艺术设计画典 沈龙光主编
新店［台北］常春树书坊 1981 年 800 页 有图
19×27cm 精装 定价：TWD2000.00
　　外文书名：The Guide to Chinese Classic Art
Design.

J0132211
装饰风景 高潮编绘
北京 人民美术出版社 1981 年 68 页 19cm（32 开）
统一书号：8027.7625 定价：CNY0.70

J0132212
装饰图案集 孔宪林绘
长沙 湖南美术出版社 1981 年 92 页 19cm（32 开）
统一书号：8233.119 定价：CNY0.70

J0132213
装饰纹样 周天民编绘
天津 天津杨柳青画社 1981 年 126 页
25cm（小 16 开）定价：CNY1.20
　　作者周天民（1919—1984），国画家。字凝，
号醒吾，江苏苏州人。

J0132214
百花图案集 吴峻编绘
天津 天津人民美术出版社 1982 年 138 页
19cm（32 开）统一书号：8073.50234
定价：CNY0.95
　　本书是一本花卉图案专集，选收 100 多种花
卉图案。

J0132215
报头题花集锦 刘业宁，陈日雄编绘
南宁 广西人民出版社 1982 年 94 页 19cm（32 开）
统一书号：8113.746 定价：CNY0.64

J0132216
北京风光图案 北京纺织科学研究所编绘
北京 北京出版社 1982 年 127 页 25cm（15 开）
统一书号：8071.381 定价：CNY0.50
　　本书编绘了北京风光图案 600 多幅，包括
北京的风景名胜、古迹文物、革命胜地等各个
方面。

J0132217
传统图案
香港 中流出版社有限公司 1982 年 121 页
20cm（32 开）定价：HKD24.00
（传统工艺美术资料）

J0132218
地图花边 地图出版社美工组编制
北京 地图出版社 1982 年 52 页 26cm（16 开）
定价：CNY1.00
　　本书为整饰地图所使用的花边，它是地图出
版社在长期地图制作中设计出来的部分花边汇
集，共 250 余种。

J0132219
动物图案资料 （画册）北京纺织科学研究所编
北京 人民美术出版社 1982 年 106 页
19cm（32 开）统一书号：8027.8031 定价：CNY0.95
　　本书包括动物图案画法和动物画图案资料
两个部分。

J0132220
黑白图案 缪良云绘
上海 上海人民美术出版社 1982 年 126 页

25cm（15开）统一书号：8081.12779
定价：CNY0.70

本书收有风景、人物、花卉、几何形构成的大小图案1000多个。

J0132221
蝴蝶图案　郑健编绘
济南　山东人民出版社　1982年　84页　19cm（32开）
统一书号：8099.2304　定价：CNY0.68

本书选入黑白纹样的蝴蝶图案130幅，彩色图案6幅。构图比较新颖，手法多样。

J0132222
花边装饰　梁敬泗编绘
济南　山东人民出版社　1982年　156页
19cm（32开）统一书号：8099.2285　定价：CNY0.63

本书介绍了花边图案的内容和制作方法。

J0132223
花草图案集　葛春学绘画
上海　上海人民美术出版社　1982年　231页
19cm（32开）统一书号：8081.12568
定价：CNY0.90

本集收花草纹样千余种。图案的完整性较强，花、苞、枝、叶均能独立存在，作者根据花卉本身的特性，运用现代装饰纹样进行装饰变形，使图案较有新意。作者葛春学（1938—2002），教授。山东潍坊人，毕业于中央工艺美术学院。历任上海美术电影制片厂设计，上海大学美术学院教授，中国漆画研究会理事，上海环境艺术研究会会长，现代美术设计家协会理事。出版有《葛春学画集》《葛春学装饰艺术集》《装饰艺术》等。

J0132224
花卉装饰　彭金林绘
郑州　中州书画社　1982年　94页　19cm（32开）
统一书号：8219.202　定价：CNY0.45

本书收集花卉装饰图案数百例。

J0132225
军事图案题花　刚刚编
广州　岭南美术出版社　1982年　154页
19cm（24开）统一书号：8260.0265　定价：CNY0.66

J0132226
刊头题花图案　江胜全编绘
重庆　重庆出版社　1982年　96页　19cm（32开）
统一书号：8114.6　定价：CNY0.49

J0132227
科技图案　樊文江编绘
西安　陕西人民美术出版社　1982年　128页
19cm（32开）统一书号：8199.378　定价：CNY0.80

J0132228
农村报头图案　叶应燧编绘
杭州　浙江人民美术出版社　1982年　58页
19cm（32开）统一书号：8156.203　定价：CNY0.50

本书收有450个黑白装饰图案，可分政治经济、科学文化、市场贸易、农业生产等。

J0132229
日用生活图案　韦君琳编
北京　北京出版社　1982年　142页　19cm（32开）
统一书号：8071.469　定价：CNY0.66

本书共收图样近500种，包括领花、胸花、裙边花、鞋头花、枕套花、桌布花等。

J0132230
陕南挑花　黄钦康编著
西安　陕西人民美术出版社　1982年　26cm（16开）
统一书号：8199.312　定价：CNY1.40
（陕西民间美术丛书）

J0132231
树形图案　保彬著
北京　北京出版社　1982年　166页　19cm（32开）
统一书号：8071.392　定价：CNY0.62

本书主要绘制了松、杉、柏、槐、桑、银杏、梧桐、枫、杨、棕榈、铁树、椰子桃、梅、竹等树种的图案。作者保彬（1936—　），蒙古族，国画家。江苏南通人。毕业于南京艺术学院美术系并留校任教。南京艺术学院院长，中国美术家协会会员，江苏美术家协会理事等。主要作品有《鹤寿图》《华夏魂》《嫦娥奔月》等。专著有《纵横挥洒》《保彬画集》《黄山奇松》。

J0132232
唐代图案集　故宫博物院陈列设计组编绘

北京　人民美术出版社　1982 年　104 页
19cm（32 开）统一书号：8027.7734　定价：CNY1.10

　　本书编入的唐代图案原系当代的金银器、铜镜、玉器、瓷器、织锦等工艺品上的装饰，多属"适合图案"一类。有 104 幅图。

J0132233

题花　向际纯绘

沈阳　辽宁人民出版社　1982 年　144 页
19cm（32 开）统一书号：8090.1210　定价：CNY0.76

　　本书内容是中国现代报刊图案与题花。

J0132234

题头尾花集锦　黄维中设计

天津　天津人民美术出版社　1982 年　95 页
19cm（32 开）统一书号：8073.50250
定价：CNY0.28

J0132235

艺用飞机资料　朱连生编绘

沈阳　辽宁美术出版社　1982 年　376 页
19cm（32 开）统一书号：8161.0097　定价：CNY2.70
（艺用资料丛书）

　　本书编绘了自最早的飞机至当代的航天飞机，共计 700 余种，1500 余图。每图均有生产国和型号，书末附有各国军徽、各国航徽和参考文献。

J0132236

板报刊头图案　宋文龙编绘

南宁　广西人民出版社　1983 年　102 页
16cm（25 开）统一书号：8113.879　定价：CNY0.55

J0132237

板报墙报设计资料　何华编绘

呼和浩特　内蒙古人民出版社　1983 年
19cm（32 开）统一书号：8089.141　定价：CNY0.24

J0132238

报头画集锦　洪广文编

上海　上海人民美术出版社　1983 年　93 页
19cm（32 开）统一书号：8081.13437
定价：CNY0.44

J0132239

报头题花图案集锦　方大才编绘

北京　文化艺术出版社　1983 年　126 页
19cm（32 开）统一书号：8228.051　定价：CNY0.40

　　本书收集报头、刊头、题花 1055 幅。

J0132240

彩色花卉图案　董显仁等编著

郑州　中州书画社　1983 年　38 页　19cm（32 开）
统一书号：8219.395　定价：CNY1.60

J0132241

动物手工图样　吴鑫华等编绘

天津　天津人民美术出版社　1983 年　30 页
19cm（32 开）定价：CNY0.18

J0132242

动物写生变形　祝韵琴，崔栋良编绘；天津柳青画社编辑

天津　天津杨柳青画社　1983 年　95 页　25cm（15 开）
统一书号：7174.022　定价：CNY1.30

　　本书是依据图案设计的"写生——变化"原则，从大量中外动物装饰资料中选编而成。作者祝韵琴（1937—　　），女，满族，教师。北京人，毕业于中央工艺美术学院染织美术系，留校任教。中国美术家协会会员，中央工艺美术学院染织服装设计系副教授。作品有漆画《根深叶茂》，出版有《花卉技法》《动物速写》《图案设计技法》等。

J0132243

风景名胜图案　北京纺织科学研究所编

北京　人民美术出版社　1983 年　196 页
19cm（32 开）统一书号：8027.8193　定价：CNY1.8

　　本书分为两部分：第一部分有文字和插图，简要介绍风景图案的画法；第二部分是风景图案资料，包括北京及各地风景名胜等。有 500 幅图。

J0132244

风景图案　陆星辰编

北京　朝花美术出版社　1983 年　92 页　19cm（32 开）
统一书号：8028.1928　定价：CNY0.42

　　本图案集主要取材于我国各地著名的风景名胜和建设新貌，以及部分外国风光。

J0132245

风景图案集　雷敬权画

长沙　湖南美术出版社　1983 年　94 页　19cm（32 开）
统一书号：8233.421　定价：CNY0.80

J0132246

黑白装饰人物画　胡永凯绘

天津　天津人民美术出版社　1983 年　114 页
19cm（32 开）统一书号：8073.50290
定价：CNY0.95

　　本书包括音乐、舞蹈、戏剧、体育、儿童、妇
女、少数民族、历史故事、外国风情等各种不同
类型人物的装饰变形。作者胡永凯（1945—　），
画家。生于北京。历任中国美术家协会会员，中
国国家画院研究员，中央文史研究馆书画院艺术
委员会委员，文化部国韵文华书画院艺委会副主
席，中国人民对外友好协会艺术交流院研究员，
香港新美术学会创始会长。代表作品有《消夏》
《荷韵》《小米碗》《雪狮子》等。

J0132247

交通工具　乾钊，焕宇编绘

西安　陕西人民美术出版社　1983 年　246 页
13×19cm　统一书号：8199.571　定价：CNY0.96

J0132248

科技图案集　王文祥编绘

哈尔滨　黑龙江科学技术出版社　1983 年　192 页
19cm（32 开）统一书号：8217.022　定价：CNY1.20

J0132249

孔雀的变形　王成礼绘

长春　吉林人民出版社　1983 年 66 页 19cm（32 开）
定价：CNY0.90

J0132250

孔雀图案　郑健编

济南　山东美术出版社　1983 年　107 页
24cm（26 开）统一书号：8332.154　定价：CNY1.10

　　本书是以孔雀为设计主体的黑白图案，共
172 幅。分为变形图案、写实图案、适合纹样、
视幻图案和应用纹样 5 个部分。

J0132251

蒙古族民间图案　白音那编绘

呼和浩特　内蒙古人民出版社　1983 年　124 页
19cm（32 开）统一书号：8089.132 定价：CNY0.70

　　本书包括建筑图案、几何形图案、角隅图
案、边缘图案、园形图案等适合纹样和连续图案
共 629 幅。作者白音那（1948—　），内蒙古人民
出版社美术编辑，内蒙古美术家协会会员。

J0132252

苗族侗族服饰图案　汪禄收集整理

成都　四川人民出版社　1983 年　52 页
25cm（小 16 开）统一书号：8118.1202
定价：CNY3.20

　　本书所搜集的服饰图案，在苗族和侗族中
广泛流传并具有独特的民族风格和浓郁的地方
色彩。

J0132253

纳天为画　（动物图案集）韩美林作

济南　山东美术出版社　1983 年　152 页
19cm（32 开）统一书号：8332.152
定价：CNY5.00（精装），CNY1.75（平装）

　　作者韩美林（1936—　），画家、艺术家、国
家一级美术师。山东人。清华大学美术学院教
授，中央文史馆研究员。代表作品有《北京奥运
会吉祥物福娃》《国航航徽》等。出版有《山花烂
漫》《美林》《韩美林自选雕塑集》《韩美林自选
绘画集》。

J0132254

实用体育美术　人民体育出版社编；陈培荣
等绘

北京　人民体育出版社　1983 年 80 页 19cm（32 开）
统一书号：8015-108　定价：CNY2.95

　　这是一本描绘体育运动的图案。它运用装
饰变形手法，把体育运动的力、节奏、韵律的美，
形象地表现出来。作者陈培荣（1941—　），著名
画家、设计家、教育家。生于上海，毕业于上海
轻工业专科学校。中国布面水彩画及新意象画
派创始人。历任上海轻专美术系主任、上海工程
技术大学广告系主任、上海理工大学艺术设计学
院院长、教授。代表作有油画《烟云乡情》《都市
掠影》系列，水彩画《花之韵》系列。

J0132255

世界风光图案　马世云，宋子龙绘

天津 天津人民美术出版社 1983 年 157 页
16cm（25 开）统一书号：8073.50297
定价：CNY0.48
　　本书选编的是中外名胜古迹的装饰图案
作品。

J0132256
树形图案集 葛春学著
上海 上海人民美术出版社 1983 年 232 页
19cm（32 开）统一书号：8081.1349 定价：CNY0.90

J0132257
新编图案集 长恒等编绘
西宁 青海人民出版社 1983 年 158 页
19cm（32 开）统一书号：8097.495 定价：CNY0.50
　　本图案集包括：各地风光、风物、花卉、动物、装饰花边、报头题眉、美术字。

J0132258
新疆维吾尔民间花帽图案集 （汉，维吾尔文对照）；张亨德搜集整理
乌鲁木齐 新疆人民出版社 1983 年 151 页
19cm（32 开）定价：CNY3.95
　　本书共收录维吾尔族民间花帽图案 205 幅。针对新疆地域辽阔、民族习俗各异、各地花帽所具有的明显的地方民族特色，配以文字说明，纹样造型收有新疆各种花卉、果实、禽鸟、昆虫及多样的几何纹样，保持和继承了维吾尔民族的传统风格，吸收了其他民族和地区的优秀纹样。

J0132259
新疆维吾尔民间花帽图案集 （汉英文对照）
乌鲁木齐 新疆人民出版社 1983 年 152 页
19cm（小 32 开）

J0132260
植物图案集 （花卉装饰纹样）张占甫绘
天津 天津杨柳青画社 1983 年 96 页 21×19cm
统一书号：7174.026 定价：CNY0.80

J0132261
中国传统动物纹样 李学英，刘静宜编
郑州 中州书画社 1983 年 198 页 19cm（32 开）
统一书号：8219.303 定价：CNY0.98
　　本书按动物类别分为 12 个部分，计 700 余

个纹样。作者刘静宜（1936—　），女，教授。天津美术学院教授，中国工艺美术学会高级会员，中国美术家协会会员。

J0132262
装饰风景 高潮画
济南 山东人民出版社 1983 年 90 页 19cm（32 开）
统一书号：8099.2704 定价：CNY0.90

J0132263
装饰集锦 宝克孝编
郑州 中州书画社 1983 年 94 页 19cm（32 开）
统一书号：8219.376 定价：CNY1.30
　　本书荟集了各种表现方法和多样风格的装饰图画 300 多个，分风景、动物、花卉、人物。作者宝克孝，美术设计师、画家。祖籍辽宁辽阳，生于山东济南，满族。1968 年毕业于北京艺术设计学院，后供职于海洋出版社，从事美术编辑工作。出版有《黑白装饰画》《动物平面造型设计》《儿童装饰艺术》等书。

J0132264
装饰图案 潘吾华，邱承德编
上海 上海人民美术出版社 1983 年 114 页
19cm（32 开）统一书号：8081.13179
定价：CNY0.48
　　作者潘吾华（1938—　），女，满族，教授。吉林人，毕业于中央工艺美术学院。中央工艺美院任教。作品有《春》《韵律》《孕育》《春夏秋冬》等。

J0132265
装饰图案集 吴湘麟绘
贵阳 贵州人民出版社 1983 年 125 页
19cm（32 开）统一书号：8115.888 定价：CNY2.00
　　本图案集包括人物、动物、花卉、风景、树玉部分。

J0132266
装饰纹样 戴苍奇绘著
上海 上海人民美术出版社 1983 年 172 页
19cm（32 开）统一书号：8081.13143
定价：CNY0.45

J0132267

走兽图谱　冀申等编绘

西安　陕西人民出版社 1983 年 318 页

19cm（32 开）统一书号：8199.543 定价：CNY1.25

（美术参考资料）

J0132268

百花资料集　李元志绘

合肥　安徽人民出版社 1984 年 254 页

19cm（32 开）统一书号：8102.1494 定价：CNY1.80

　　中国现代花卉图案画册。收入 254 幅图。主要以白描的手法绘出各种花卉的形状、姿态。书中对每种花卉附有文字说明，介绍花卉的种类、花期、花瓣数、颜色、花的形态及特性等。作者李元志（1940—　　），美术家、美术教育家。浙江美术学院工艺系副主任、副教授。

J0132269

报刊图案集　殷维国编绘

呼和浩特　内蒙古人民出版社 1984 年 118 页

19cm（32 开）统一书号：8089.182 定价：CNY0.52

J0132270

报头题图资料　雷敬权编绘

郑州　河南人民出版社 1984 年 118 页

16cm（25 开）统一书号：8105.1289 定价：CNY0.63

J0132271

标志·图案　刁成易等搜集整理

北京　长城出版社 1984 年 227 页 19cm（32 开）

统一书号：8269.35 定价：CNY2.90

　　本书收集中、外及编者创作的标志、图案 3000 个，分工业、人物、动物、植物及其它几部分。

J0132272

动物图案　骆富文编绘

成都　四川人民出版社 1984 年 121 页

19cm（32 开）统一书号：8118.1757 定价：CNY0.88

J0132273

凤鸟图案研究　顾方松编著

杭州　浙江人民美术出版社 1984 年 246 页

21cm（32 开）统一书号：8156.466 定价：CNY1.80

　　本书包括文字和图案两部分。文字部分主

要是分析、介绍历代凤鸣图案的风格特点和艺术成就；图案部分汇集整理了中国古代和近现代近千种的凤鸟图案资料。

J0132274

海洋动物图案　赵立奇编绘

北京　人民美术出版社 1984 年 117 页

16cm（25 开）统一书号：2027.8652 定价：CNY0.37

J0132275

黑白花卉图案　王革新绘画

福州　福建人民出版社 1984 年 94 页

19cm（小 32 开）定价：CNY0.55

J0132276

蝴蝶图案资料　喜野编绘

北京　人民美术出版社 1984 年 134 页

19cm（32 开）统一书号：8027.8140 定价：CNY1.20

　　本书收 1404 幅图。分两部分：一部分是蝴蝶图案资料。包括从历代藏品上临摹下来的、从民间收集的，以及作者绘制的蝴蝶图案；另一部分是蝴蝶图案的应用图。两部分共汇编蝴蝶图案千余个。

J0132277

花卉图案　杜海涛编绘

北京　朝花美术出版社 1984 年 125 页

19cm（32 开）统一书号：8028.1926 定价：CNY0.50

J0132278

青铜装饰纹样选　邵大地编

天津　天津人民美术出版社 1984 年 90 页

19cm（32 开）统一书号：8073.50288

定价：CNY1.30

J0132279

人物动物图案集　蔡本坤主编

西宁　青海人民出版社 1984 年 245 页

19cm（32 开）统一书号：8097.533 定价：CNY1.50

J0132280

山石云水美术资料　葛春学编绘

北京　朝花美术出版社 1984 年 156 页

19cm（32 开）统一书号：8028.1927 定价：CNY0.66

J0132281
实用花边百科 （高雅花型边纹　一）吕绍鄂，简志忠著
台北　平常心出版股份有限公司　1984年　有图
26cm（16开）定价：TWD200.00

J0132282
实用花边百科 （高雅花型边纹　二）吕绍鄂，简志忠著
台北　平常心出版股份有限公司　1984年　有图
26cm（16开）定价：TWD200.00

J0132283
实用花边百科 （艺术边框　一）吕绍鄂，简志忠著
台北　平常心出版股份有限公司　1984年　有图
26cm（16开）定价：TWD200.00

J0132284
实用花边百科 （艺术边框　二）吕绍鄂，简志忠著
台北　平常心出版股份有限公司　1984年　有图
26cm（16开）定价：TWD200.00

J0132285
实用花边百科 （底纹网点）吕绍鄂，简志忠著
台北　平常心出版股份有限公司　1984年　有图
26cm（16开）定价：TWD200.00

J0132286
实用花边百科 （古典风格花边）吕绍鄂，简志忠著
台北　平常心出版股份有限公司　1984年　有图
26cm（16开）定价：TWD200.00

J0132287
实用花边百科 （基本边框）吕绍鄂，简志忠著
台北　平常心出版股份有限公司　1984年　有图
26cm（16开）定价：TWD200.00

J0132288
实用花边百科 （基本花边）吕绍鄂，简志忠著
台北　平常心出版股份有限公司　1984年　有图
26cm（16开）定价：TWD200.00

J0132289
实用花边百科 （节庆装饰图案）吕绍鄂，简志忠著
台北　平常心出版股份有限公司　1984年　有图
26cm（16开）定价：TWD200.00

J0132290
实用花边百科 （欧式造型花边）吕绍鄂，简志忠著
台北　平常心出版股份有限公司　1984年　有图
26cm（16开）定价：TWD200.00

J0132291
实用花边百科 （线条组合与花边）吕绍鄂，简志忠著
台北　平常心出版股份有限公司　1984年　有图
26cm（16开）定价：TWD200.00

J0132292
实用美术资料剪贴集 （花纹与网纹）曾铁强编
香港　文泉社　1984年　有图　26cm（16开）
定价：HKD20.00
　　外文书名：A Collection of Pictorial Designs.

J0132293
四川民间挑花图案　　邓钦编绘
重庆　重庆出版社　1984年　95页　20cm（32开）
统一书号：8114.178　定价：CNY1.00

J0132294
题图插花资料　　吴哲辉等编绘
乌鲁木齐　新疆人民出版社　1984年　有图
20cm（32开）统一书号：8098.202　定价：CNY1.10

J0132295
图形图案　　贺宗循绘
上海　上海人民美术出版社　1984年　92页
18cm（小32开）定价：CNY0.48

J0132296
卫生科普宣传图案集　《卫生与健康》报编辑部编
济南《卫生与健康》报编辑部　1984年　1册
12×18cm（36开）

J0132297

新观念图案设计　钟淑贞著
台北　武陵出版社　1984 年　190 页　有图
20cm（32 开）定价：TWD100.00

　　外文书名：The Catalog of Idea Set Now.

J0132298

新疆维吾尔族建筑图案　刘定陵等编绘
北京　人民美术出版社　1984 年　209 页
19cm（小 32 开）定价：CNY1.90

J0132299

新疆维吾尔族建筑图案　刘定陵等编绘
北京　人民美术出版社　1984 年　209 页
19cm（32 开）统一书号：8027.8425　定价：CNY1.90

J0132300

艺用动物资料　栾禄璋著
沈阳　辽宁美术出版社　1984 年　520 页
19cm（32 开）统一书号：8711.0294　定价：CNY3.40
（艺用资料丛书）

　　本书搜集常见及经常应用的动物画 40 余种，
分为写实、装饰变化、动漫画三大类三千余图，
并对每种动物均加以文字简介。

J0132301

艺用风景资料　唐德荣编绘
沈阳　辽宁美术出版社　1984 年　328 页
20cm（32 开）统一书号：8161.0428　定价：CNY2.90

　　本资料包括树形、山石、水云、亭台楼阁、
装饰小品等共千余图，并附有装饰风景色图
小品。

J0132302

艺用刊头资料　方大伟绘
沈阳　辽宁美术出版社　1984 年　311 页
12cm（50 开）统一书号：8161.0430　定价：CNY2.50
（艺用资料丛书）

　　本资料包括时事政治、文化艺术、科学技
术、自学与教育、风土人情、装饰图案等共绘制
千余图。

J0132303

鱼形艺术　高国柱，王德鹏编绘
长春　吉林人民出版社　1984 年　224 页　有彩图

19cm（32 开）统一书号：8091.1623　定价：CNY0.92

　　本鱼形图案集根据年代和风格分为古代、民
间、外国及现代几个部分。

J0132304

园林木雕图案　周爱国，李小非编绘
重庆　重庆出版社　1984 年　128 页　20cm（32 开）
定价：CNY1.60

J0132305

圆形图案　贺宗循绘
上海　上海人民美术出版社　1984 年　92 页
18cm（32 开）统一书号：8081.13488
定价：CNY0.48

J0132306

中国动物图案　黄能馥编
长沙　湖南美术出版社　1984 年　20cm（32 开）
统一书号：8233.689　定价：CNY0.90

　　作者黄能馥（1927—　），教授。浙江义乌人。
毕业于中央美术学院实用美术系。历任中央工
艺美术学院教授，中国书法函授大学副校长，中
国服饰艺术博物馆总顾问。著有《中国服饰艺术
源流》《中华服饰七千年》。

J0132307

中国历代装饰资料选　葛春学编绘
南京　江苏美术出版社　1984 年　298 页
19cm（32 开）统一书号：8353.6.009
定价：CNY2.65

J0132308

装饰工艺　张长杰著
台北　东大图书公司　1984 年　311 页　有图照片
22cm（30 开）精装　定价：TWD4.44
（沧海丛刊）

　　全书共 15 章，分别介绍建筑、服装、印染、
漆器、蜡烛、珐琅、玻璃、首饰、宝石、嵌镶、灯、
皮雕、人造花、珊瑚等物品的装饰工艺。

J0132309

装饰纹样　陆荣官编绘
南宁　广西人民出版社　1984 年　158 页
19cm（32 开）统一书号：8113.948　定价：CNY1.50
　　本书收辑装饰纹样图案 500 多个，分单独、

花边、角花、边框、窗格、地纹、栅栏、衣饰，被褥、摆设10篇。还介绍了装饰纹样的一些基本设计方法。

J0132310

装饰小品集　胡连江绘
天津　天津人民美术出版社　1984 年　140 页
19cm（32 开）统一书号：8073.50315
定价：CNY0.80

J0132311

报头集　人民美术出版社编辑
北京　人民美术出版社　1985 年　69 页　18cm（15 开）
统一书号：8027.9253　定价：CNY0.72

J0132312

地震美术宣传画册　福建省地震局科技监测设计处，福州市地震办公室编
北京　地震出版社　1985 年　90 页　19cm（32 开）
统一书号：13180.304　定价：CNY0.60

　　本画册是从城乡地震宣传网的"百花园"中，收集到作者近期创作的部分刊头、题图、报尾、花边、尾饰等小品，加以整理而成。

J0132313

动物头饰　励艺夫设计；吴鑫麟绘画
合肥　安徽少年儿童出版社　1985 年　27cm（16 开）
折叠装　定价：CNY0.84

J0132314

动物图案资料　韦君琳编绘
北京　中国文联出版公司　1985 年　114 页
17cm（40 开）统一书号：8355.446　定价：CNY1.40

J0132315

动物造型集锦　吴湘麟，于锦珠编绘
哈尔滨　黑龙江美术出版社　1985 年　192 页
18cm（15 开）统一书号：8358.153　定价：CNY1.10

J0132316

风景装饰画　张占甫编绘
呼和浩特　内蒙古人民出版社　1985 年
20cm（32 开）定价：CNY0.45

J0132317

风景装饰画资料　董显仁，纪丽编绘
太原　山西人民出版社　1985 年　130 页
18cm（15 开）统一书号：8088.2020 定价：CNY1.73

J0132318

古建筑砖木雕刻图案　叶平安编绘
北京　人民美术出版社　1985 年　96 页　20cm（32 开）
定价：CNY1.10

　　本书是作者从故宫博物院墙上装饰的砖雕图案中整理的 130 余幅图案和从安徽九华山寺庙的木雕图案中整理的近 40 幅图案合编而成。

J0132319

黑白装饰画　潘岱予，魏林编绘
石家庄　河北美术出版社　1985 年　150 页
18cm（15 开）统一书号：8087.1193 定价：CNY1.30

J0132320

黑白装饰画　唐振铎绘；中国青年出版社编
北京　中国青年出版社　1985 年　112 页
17cm（40 开）统一书号：8009.45　定价：CNY1.00

J0132321

花苑　（题图·栏花·尾花集锦）陈玉先等作
北京　解放军出版社　1985 年　262 页　17×18cm
统一书号：8185.4　定价：CNY3.70

J0132322

计划生育图案集　理逍编绘
哈尔滨　黑龙江美术出版社　1985 年　108 页
19cm（32 开）定价：CNY1.20

J0132323

建筑花格图案集　魏加勤编绘
杭州　浙江科学技术出版社　1985 年　177 页
20cm（32 开）统一书号：15221.83 定价：CNY0.90

　　本集以动物、花卉、几何图形，以及一些象征性的图案编绘而成。全书分水泥花格的运用与组合、水泥花格、铁木花格及砖瓦花格等 4 个部分，共介绍了 600 多个花格图案。

J0132324

刊头题花设计艺术　何永健编绘
武汉　湖北美术出版社　1985 年　141 页

18cm（15开）统一书号：8399.120 定价：CNY1.60

J0132325

柯尔克孜民间图案集 （柯、英、汉文对照）
新疆人民出版社编辑
乌鲁木齐 新疆人民出版社 1985 年
25cm（小 16 开）精装 统一书号：M8098.732
定价：CNY60.00

　　本图案集的资料大部分搜集于新疆阿图什、
乌恰、阿合奇、阿克陶等地区。本书精选出不同
地区各种风格中具有代表性的图案 200 余幅，按
衣、食、住、行的顺序分类编辑成册。

J0132326

科技报头图案 赵克绘
石家庄 河北美术出版社 1985 年 73 页
38cm（6 开）统一书号：8087.1247 定价：CNY0.25

J0132327

科普美术资料 上海市科普创作协会编
上海 上海科学技术出版社 1985 年 132 页
13cm（60 开）统一书号：17119.59 定价：CNY0.65

　　本书内容包括：航天、航空、航海、铁路车
辆、汽车、工程机械、医疗器材、农业机械和微
电脑九部分，共有图稿 470 余幅。

J0132328

孔雀图案资料集 庞芙蓉编绘
太原 山西人民出版社 1985 年 98 页 12cm（60 开）
统一书号：8088.2019 定价：CNY0.85

　　本书收集作者加工整理的孔雀变化纹样
420 幅。

J0132329

美的生灵 （动物图案选）高云编绘
南京 江苏科学技术出版社 1985 年 98 页
19cm（32 开）统一书号：8196.056 定价：CNY1.00

　　本书包括近 40 种动物的各种变化造型。作
者用高度夸张的手法，简洁、概括地表现了这些
大自然生灵们的美。作者高云（1956— ），国家
一级美术师。毕业于南京艺术学院中国画专业。
历任中国美术家协会理事、中国画艺委会委员、
全国美术馆专委会副主任、江苏省美协副主席、
江苏省美术馆馆长、南京艺术学院客座教授。

J0132330

平面构成 （浙江美术学院工艺系学生习作选）
佟燕编
杭州 浙江人民美术出版社 1985 年 16 页
有图 26cm（16 开）统一书号：8156.1057
定价：CNY0.30

J0132331

趣味图案大全 （儿童、汽车、动物、建筑物、
太空园地……等图案集成）黄慧甄主编
台北 武陵出版社 1985 年 141 页 有图
19cm（32 开）定价：TWD70.00

J0132332

人物图案集 湖南美术出版社编
长沙 湖南美术出版社 1985 年 94 页 19×17cm
统一书号：8233.783 定价：CNY0.90

J0132333

人物图案集 湖南美术出版社编
长沙 湖南美术出版社 1988 年 重印本 94 页
19×17cm 统一书号：8233.783
ISBN：7-5356-0143-X 定价：CNY1.20

　　本书按春花、夏花、秋花、冬花四季分类，
共编绘百余种常见花卉，并附有花卉样资料 500
余图。

J0132334

实用美术 （全国金融实用美术征稿选）中国
工商银行储蓄部主编
北京 中国金融出版社 1985 年 20cm（32 开）
统一书号：4058.153 定价：CNY1.90

J0132335

世界装饰画插图精品集 逸群图书公司编辑
台北 逸群图书公司 1985 年 2 册 有图
21cm（32 开）定价：TWD220.00
（逸群美术丛书）

J0132336

室内装饰花漏图案选 哈尔滨市房屋开发建
筑公司编；刘亚川，刘德新绘
哈尔滨 黑龙江科学技术出版社 1985 年 180 页
30cm（15 开）定价：CNY9.00

J0132337

素描插画图案手册　任东明主编
台北　武陵出版社　1985 年　184 页　有图
19cm（32 开）定价：TWD80.00

J0132338

图案画范本　杨永义编
台南　综合出版社　1985 年　124 页　有图
18cm（32 开）定价：TWD80.00
（美术丛书）

J0132339

图案画资料　杨永义编
台南　综合出版社　1985 年　116 页　有图
18cm（32 开）定价：TWD80.00
（美术丛书）

J0132340

图案小品　徐立功编绘
成都　四川人民出版社　1985 年　41 页　19cm（32 开）
统一书号：8118.1419　定价：CNY1.50

J0132341

现代平面构成图集　屠亮编
福州　福建人民出版社　1985 年　164 页
21cm（32 开）统一书号：8173.1051　定价：CNY3.50
　　本书荟萃了 400 余幅图案作品。平面构成
图案是以现代工艺与材料，依靠精密制图工具、
电脑绘图仪及摄影暗室等特种技法，充运用点线
面体的组合关系，生产了近似、渐变、发射、特
异、密集、对比、肌理等画面效果。

J0132342

艺用鱼形资料　赵燕，龙宝章编绘
沈阳　辽宁美术出版社　1985 年　329 页
26cm（16 开）统一书号：8161.0831　定价：CNY3.40
　　本书是按鱼的形态、装饰变形及资料三大部
分编绘的 400 余种鱼类，各种姿态千图，并注有
鱼类名称。作者龙宝章（1935—　），教授。河北
昌黎人，毕业于中央工艺美术学院染织系。历任
山东工艺美术学院染织系主任、副教授，中国美
术家协会会员。出版有《艺用鱼纹资料》《火柴
商标设计集锦》《现代印染图案设计》《中国莲花
图案》《中国鱼形装饰艺术》等。

J0132343

艺用植物资料　王一鸣编绘
沈阳　辽宁美术出版社　1985 年　377 页
26cm（16 开）统一书号：8161.0725　定价：CNY3.80
　　本书按植物分类，共编绘百余种常见植物，
千余图，并附有植物图案变化及色图。作者王一
鸣（1945—2009），花鸟画家。辽宁盖州人。历任
辽宁盖州市文联主席、高级工程师，中国美术家
协会会员。

J0132344

鱼图案　孔宪林绘
济南　山东美术出版社　1985 年　111 页
19cm（32 开）统一书号：833.2486　定价：CNY1.32

J0132345

云南彝族图案　云南群众艺术馆，云南人民
出版社编
昆明　云南人民出版社　1985 年　96 页
25cm（小 16 开）精装　统一书号：8116.1400
定价：CNY18.00
　　本画册选自 14 个彝族支系，共有服饰图案
152 幅，大多用毛笔描绘，基本上保留原物图案
纹样和色彩。

J0132346

中国历代鸟纹图案　濮安国编绘
北京　轻工业出版社　1985 年　250 页　26cm（16 开）
统一书号：15042.2004　定价：CNY3.90
　　本书共搜集我国各个历史时期的鸟纹一千
多例，按时代顺序，以陶瓷、玉器、青铜器、漆
器、金银器、首饰、织绣品，以及建筑装饰物等
各类分别编排。

J0132347

装饰画集　刘岘作
成都　四川美术出版社　1985 年　103 页
19cm（32 开）统一书号：8373.367　定价：CNY0.70
　　作者刘岘（1915—1990），版画家。河南兰封
县人（现为兰考县）。毕业于日本东京美术学校学
习。历任人民文学出版社美术编审，中国美术馆
研究部主任。出版《阿 Q 正传画集》《怒吼吧中
国之图》《罪与罚图》《子夜之图》《刘岘木刻选
集》等。

J0132348
装饰集锦　蔡其中绘
南京 广西人民出版社 1985年 80页 15cm（40开）
定价：CNY0.70

J0132349
装饰人物画　（浙江美术学院工艺系学生习作
选）许欣等绘
杭州 浙江人民美术出版社 1985年 32页
26cm（16开）定价：CNY0.54
　　本书汇编130幅装饰人物画。作品具有鲜
明的形式美和装饰效果。

J0132350
装饰小品集　李正明作
武汉 湖北教育出版社 1985年 180页
17cm（40开）统一书号：8306.14 定价：CNY2.10

J0132351
最新壁报画　李得雄著
台南 西北出版社 1985年 275页 20cm（32开）
定价：TWD100.00

J0132352
百花图案　董显仁绘
济南 山东美术出版社 1986年 120页
19cm（32开）统一书号：8332.782 定价：CNY0.80

J0132353
百花装饰　陈勇成编绘
广州 岭南美术出版社 1986年 78页 19cm（32开）
统一书号：8260.1770 定价：CNY1.00

J0132354
百鸟图案　吴湘麟，于锦珠编
南宁 广西人民出版社 1986年 139页
18cm（15开）统一书号：8113.1188 定价：CNY2.85

J0132355
版头图案新编　盛元富编绘
广州 岭南美术出版社 1986年 105页
19cm（32开）统一书号：8260.1733 定价：CNY1.15
　　作者盛元富，美术高级编辑，创作有《浙江
人民革命斗争故事》《野妹子》《红衣女侠》《夜
袭阳明堡》等。

J0132356
版头图案新编　盛元富编绘
广州 岭南美术出版社 1996年 105页 13×18cm
ISBN：7-5362-0611-9 定价：CNY5.00

J0132357
报花图案集　（人物、动物、花卉、风景）马树
河编绘
西安 陕西人民出版社 1986年 158页
19cm（32开）统一书号：8199.1137 定价：CNY0.85

J0132358
报刊题图插图选　徐克弘，徐扣根编
北京 工艺美术出版社 1986年 112页
10cm（64开）统一书号：8473.09 定价：CNY1.60

J0132359
报头题花　方大才编绘
北京 朝花美术出版社 1986年 117页 19×12cm
统一书号：8028.2318 定价：CNY0.59

J0132360
报头资料选编　上海书画出版社资料室编选
上海 上海书画出版社 1986年 102页
19cm（30开）统一书号：7172.1467 定价：CNY0.52
（大世界画库 实用美术编）

J0132361
陈之佛染织图案　陈有光，陈修范编
上海 上海人民美术出版社 1986年 54页
20cm（32开）统一书号：8081.15064
定价：CNY3.60
　　陈之佛是中国当代著名画家、工艺美术家、
美术教育家、染织图案设计的开拓者。20世纪
20年代，他从日本东京美术学校工艺图案科毕
业归国后，为厂家设计大量的图案纹样，本画册
从这些图案纹样中选择彩色图版16幅、黑白图
版92幅，共108幅。陈之佛在1962年逝世前曾
撰写《谈工艺美术设计的几个问题》1篇，作为本
画册代前言。

J0132362
电影题花图案　刘忠举编绘
北京 中国电影出版社 1986年 96页 13cm（60开）
统一书号：8061.3106 定价：CNY1.10

J0132363

动物装饰画集　福建美术出版社编辑
福州　福建美术出版社　1986 年　105 页
定价：CNY1.80

J0132364

敦煌纹样拾零　欧阳琳编绘
天津　天津杨柳青画社　1986 年　111 页
18cm（15 开）统一书号：7174.028 定价：CNY1.21

J0132365

风景图案　周绍淼著
沈阳　辽宁美术出版社　1986 年　106 页
10cm（64 开）统一书号：8161.0839 定价：CNY6.50

J0132366

故宫博物院陈列辅助图案　梁德娸编绘
北京　紫禁城出版社　1986 年　133 页　19cm（32 开）
统一书号：8314.039 定价：CNY2.50
　　本书包括各种图案四百多幅。另有专文一
篇，反映了博物馆工作的一个重要侧面。

J0132367

广西民间布帖图案　罗茜编著
桂林　漓江出版社　1986 年　73 页　25cm（15 开）
统一书号：8256.231 定价：CNY8.00
　　本书收有壮、苗、彝、侗、瑶、毛南族、土家
族等民族的布贴图案 73 种。布贴是广西壮族人
民传统的工艺美术，用各种不同颜色的碎布，拼
剪成各种图案，再用刺绣的方法，对其进行细部
加工而成。其图案色彩丰富（大块设色）、对比强
烈，多为牡丹、莲花、凤凰、蝴蝶等吉祥之物，图
案结构上下左右对称，极富装饰韵味。

J0132368

广西少数民族织锦图案选集　包日全编绘
桂林　漓江出版社　1986 年　有彩图
25cm（15 开）ISBN：7-5407-0299-0
定价：CNY9.50，CNY13.00（精装）
　　本书收入壮锦、苗锦、瑶锦、侗锦和毛南族
织锦图案 80 幅。这些风格独具、技艺精湛，且
具有审美意义的实用工艺品图案，取材广泛、纹
样精美、色彩艳丽，为进行民族艺术探索、比较、
研究和借鉴提供了珍贵材料。

J0132369

河南古代图案　李绍翰编绘
郑州　河南美术出版社　1986 年　235 页
17cm（40 开）统一书号：8386.449 定价：CNY3.95

J0132370

黑白风景图集　卢德辉，庄丽凤编绘
天津　天津杨柳青画社　1986 年　162 页　17×18cm
定价：CNY2.70

J0132371

黑白装饰　李景扬编绘
天津　天津杨柳青画社　1986 年　86 页　17×19cm
统一书号：7174.036 定价：CNY0.76

J0132372

黑白装饰风景集　张啸谷编绘
西宁　青海人民出版社　1986 年　198 页
26cm（16 开）定价：CNY2.90
　　作者张啸谷（1950—　），画家。安徽合肥
人。历任中国美术家协会安徽分会会员，徽科普
美术协会会员，淮南科普美协副理事长。黑白
装饰图案作品有《风景》《动物》《建筑》《人物》
《鱼形》。

J0132373

黑白装饰画　秦勇等绘
合肥　安徽美术出版社　1986 年 92 页 20cm（32 开）
统一书号：8381.150 定价：CNY1.75
（现代装潢设计丛书　一）

J0132374

黑白装饰画集　潘岱予，魏林编绘
长沙　湖南少年儿童出版社　1986 年　113 页
18cm（15 开）统一书号：8280.223 定价：CNY1.10

J0132375

黑板报头图案集　礼忠言编
北京　长城出版社　1986 年　126 页　19cm（32 开）
统一书号：8269.104 定价：CNY2.10

J0132376

花卉图案资料　胡连江编绘
北京　中国文联出版公司　1986 年　70 页
18cm（15 开）统一书号：8355.227 定价：CNY1.00

J0132377
吉祥图案
北京 中国书店 1986 年 399 页 19cm（32 开）
定价：CNY2.60

J0132378
吉祥图案
北京 中国书店 1996 年 重印本 15+399 页
19cm（32 开）ISBN：7-80568-356-5
定价：CNY15.00

J0132379
交通运输工具参考资料　上海人民美术出版
社编
上海 上海人民美术出版社 1986 年 114 页
19cm（32 开）统一书号：8081.5625 定价：CNY0.70

J0132380
刊头精作　盛元富，金仲柏作
北京 中国展望出版社 1986 年 118 页
18cm（15 开）统一书号：8271.051 定价：CNY1.65
　　作者盛元富，美术高级编辑，创作有《浙江
人民革命斗争故事》《野妹子》《红衣女侠》《夜
袭阳明堡》等。

J0132381
科技题花　邓禄新收集整理
成都 四川美术出版社 1986 年 100 页 13×18cm
统一书号：8373.756 定价：CNY1.15

J0132382
腊染画　蔡天定等著
台北 艺术图书公司 1986 年 128 页 有图
21cm（32 开）定价：TWD180.00
（现代工艺丛书 1）

J0132383
历代动物纹样　黄能馥编绘
天津 天津杨柳青画社 1986 年 140 页
26cm（16 开）统一书号：7174.043 定价：CNY2.80
　　作者黄能馥（1927—　　），教授。浙江义乌人。
毕业于中央美术学院实用美术系。历任中央工
艺美术学院教授，中国书法函授大学副校长，中
国服饰艺术博物馆总顾问。著有《中国服饰艺术
源流》《中华服饰七千年》。

J0132384
龙凤图集　黄能馥绘
天津 天津杨柳青画社 1986 年 109 页
10cm（64 开）统一书号：7174.33 定价：CNY1.43

J0132385
青海民族图案集　张巍媛，张丕余编绘
西宁 青海人民出版社 1986 年 260 页
19cm（32 开）统一书号：8097.600 定价：CNY2.30
　　本书选入图案 1000 幅。其中包括：藏族图
案、土族图案、蒙古族图案、回族图案、哈萨克
族图案等。

J0132386
人物·景物图饰　陈勇成编绘
桂林 漓江出版社 1986 年 114 页 15cm（40 开）
统一书号：8256.221 定价：CNY1.20

J0132387
山山水水图案集　王革新绘
北京 中国青年出版社 1986 年 94 页 19cm（32 开）
统一书号：8009.54 定价：CNY0.72

J0132388
实用黑板报报头　汪新编绘
上海 上海书画出版社 1986 年 142 页
19cm（32 开）统一书号：8172.1673 定价：CNY0.96
（大世界画库实用美术篇）

J0132389
实用装饰图案手册　钱震之编
上海 上海翻译出版公司 1986 年 230 页
18cm（32 开）统一书号：8311.36 定价：CNY2.00
　　作者钱震之，美术编辑。江苏常州人。曾
任上海印刷技术研究所所长、中国美术家协会会
员、上海翻译出版公司高级美术顾问等。著有《实
用装饰图案手册》《实用外文字体设计手册》《国
外书籍封面设计选》等。

J0132390
食品图案资料集　张军等编著
北京 中国食品出版社 1986 年 90 页 18cm（32 开）
统一书号：8392.043 定价：CNY1.20

J0132391
视幻图案　戴天河, 郑赞文编著
合肥　安徽美术出版社　1986年　112页
26cm（16开）定价: CNY4.50
　　本书选编2000余幅有代表性的图例, 介绍
视觉设计的基本知识、视觉语言的选用、形象创
造的研究、形象的各种排列法则等。

J0132392
苏州园林　戴云贵编绘
天津　天津杨柳青画社　1986年　90页　17×19cm
统一书号: 7174.032　定价: CNY0.69

J0132393
唐代图案集　丹青艺丛编委会编绘
台北　丹青图书有限公司　1986年　104页
21cm（32开）定价: TWD90.00
（丹青艺术丛书）

J0132394
题图尾花　张鑫绘
济南　山东美术出版社　1986年　111页
18cm（32开）统一书号: 8332.784　定价: CNY1.00

J0132395
体育美术资料　高祥杰编绘
沈阳　辽宁科学技术出版社　1986年　94页
13×19cm　统一书号: CN8288.12　定价: CNY0.74
　　本画册是体育运动美术图案的汇编集成,
它包括田径、球类、体操、游泳、冰上、水上、射
击、竞技、军体、民族等各项体育运动项目, 或
写实或装饰。

J0132396
铜镜图案　周世荣编
北京　人民美术出版社　1986年　135页
19cm（小32开）定价: CNY1.95
　　作者周世荣（1931—2017）, 考古学家、陶瓷
研究专家。湖南祁阳县人, 毕业于吉林大学古文
字教师班。历任湖南省文物考古研究所研究员,
马王堆医书研究会副会长, 湖南省文物考古研究
所研究员、教授等职。出版有《铜镜图案: 湖南
出土历代铜镜》《马王堆养生气功》《马王堆导引
术》《长江漆文化》等。

J0132397
现代百花装饰画　胡连江编绘
北京　北京燕山出版社　1986年　100页
18cm（32开）统一书号: 8436.10　定价: CNY2.15

J0132398
现代百兽装饰画　胡连江编绘
北京　北京燕山出版社　1986年　100页
18cm（32开）统一书号: 8436.11　定价: CNY2.15

J0132399
现代几何形图案　施琪美编著
南京　江苏美术出版社　1986年　223页
21cm（32开）定价: CNY4.80

J0132400
现代装饰图案集　胡连江编绘
北京　文化艺术出版社　1986年　94页　18cm（32开）
统一书号: 8228.086　定价: CNY1.00

J0132401
现代装饰小品　郭予群作
郑州　河南美术出版社　1986年　128页
19cm（32开）统一书号: 8386.437　定价: CNY1.80

J0132402
湘西民间纹样集　田顺新绘编
长沙　湖南美术出版社　1986年　106页
18cm（32开）统一书号: 8233.967　定价: CNY3.50
　　本书分蓝印花布、凿花剪纸、十字挑花、苗
族花带、刺绣描稿、土家织锦6个部分。

J0132403
校园报头选　马世云编绘
合肥　安徽美术出版社　1986年　70页　17cm（32开）
统一书号: 8381.411　定价: CNY1.40
　　本书搜集适合学校墙报、黑板报用的题头和
尾花近500枚。

J0132404
校园图案集　郑亚龙编绘
济南　山东教育出版社　1986年　126页
19cm（32开）统一书号: 8275.4　定价: CNY1.10

J0132405

新编报头图案集　洪广文编

南京　江苏人民出版社　1986年　87页　19cm（32开）

统一书号：8100.092　定价：CNY1.40

J0132406

学习园地装饰画　（甲）

重庆　重庆出版社　1986年　1张　76cm（2开）

定价：CNY0.25

J0132407

学习园地装饰画　（乙）

重庆　重庆出版社　1986年　1张　76cm（2开）

定价：CNY0.25

J0132408

学习园地装饰画　（丙）

重庆　重庆出版社　1986年　1张　76cm（2开）

定价：CNY0.25

J0132409

中国传统图案　孔宪林等编绘

济南　山东美术出版社　1986年　145页

19cm（32开）统一书号：8332.824　定价：CNY1.50

J0132410

中国古建彩绘纹样　田兆琪绘；山东友谊书

社编

济南　山东人民出版社　1986年　140页

19cm（32开）统一书号：8099.2784　定价：CNY0.95

J0132411

装饰1000例　徐逸涛等编绘

上海　上海书画出版社　1986年　130页

19cm（32开）统一书号：8172.1659　定价：CNY1.80

（实用美术资料丛书）

J0132412

装饰动物　浙江画报社编辑

杭州　西湖摄影艺术出版社　1986年　93页

20cm（32开）定价：CNY1.00

J0132413

装饰动物集　张向东绘

石家庄　河北美术出版社　1986年　87页

19cm（32开）统一书号：8087.1647　定价：CNY1.30

　　本书所收作品采用了现代设计构成中的表现形式，对动物造型进行简约夸张处理，并借助花卉图案、几何图案等表现方法，进而产生了更强烈的装饰效果。

J0132414

装饰风景画　陆应江编绘

石家庄　河北美术出版社　1986年　89页　18cm（15开）统一书号：8087.1448　定价：CNY1.30

　　本书选入黑白装饰风景画数百幅，其中有优美的农村风光；有现代化的城市和工厂的景色等。

J0132415

装饰风景图案　朱铭等编绘

济南　山东美术出版社　1986年　89页　20cm（32开）

定价：CNY0.80

　　作者朱铭（1937—2011），教授。江苏泰州人，毕业山东师范大学艺术系。历任山东艺术学院教授，中国美术家协会会员，山东美协理事，山东省广告协会副会长。

J0132416

百鸟装饰画　胡连江编绘

北京　朝花美术出版社　1987年　124页

13cm（60开）统一书号：8028.2282　定价：CNY0.80

J0132417

报刊美术资料　陈玉先等编译

西安　未来出版社　1987年　156页　13×18cm

定价：CNY0.85

　　作者陈玉先（1944—　　），国画家、美术家。安徽淮南人。历任《解放军报》副主编，中国美术家协会艺术委员会副主任。代表作品《井冈山斗争》《红灯记》《红色娘子军》《草原儿女》。专著《速写技法》《陈玉先插图作品选》《陈玉先中国画》。

J0132418

报头资料选编　（二）上海书画出版社资料室编

上海　上海书画出版社　1987年　141页

19cm（32开）

（大世界画库 实用美术编）

J0132419
报纸题花汇编 钟知一编
成都 四川美术出版社 1987年 206页 17×18cm
统一书号：8373.794 定价：CNY2.90

J0132420
动物图集 马承祥编绘
北京 朝花美术出版社 1987年 184页
19cm（32开）统一书号：8028.2348 定价：CNY2.00

J0132421
风景装饰画 董显仁等绘
上海 上海人民美术出版社 1987年 94页
18cm（15开）统一书号：8081.15619
定价：CNY1.90

J0132422
故宫砖刻图案集 李学英编绘
太原 山西人民出版社 1987年 220页
17cm（40开）统一书号：8088.2390 定价：CNY2.50

J0132423
海洋动物装饰 董显仁，红丽编绘
上海 上海人民美术出版社 1987年 142页
17cm（40开）定价：CNY1.20

J0132424
黑白装饰画 陆涌绘
成都 四川美术出版社 1987年 17cm（40开）
统一书号：8373.1050 ISBN：7-5410-0012-4
定价：CNY2.20

J0132425
黑白装饰画 夏德武绘
北京 中国商业出版社 1987年 212页
20cm（32开）定价：CNY3.50

J0132426
黑白装饰小品 王虎鸣绘
呼和浩特 内蒙古教育出版社 1987年 90页
19cm（24开）ISBN：7-5311-0220-X
定价：CNY1.25
　　本书选入黑白画400余幅。

J0132427
黑白装饰小品集 魏刚，潘书佳编绘
长春 吉林美术出版社 1987年 [112]页
17cm（40开）ISBN：7-5386-0046-9
定价：CNY1.95
　　本画册荟集了装饰人物画、装饰风景画、装饰动物画近500幅。

J0132428
黑板报美化技法 （图册）黄建法编绘
上海 上海书画出版社 1987年 100页
19cm（32开）ISBN：7-80512-077-3
定价：CNY0.84
（大世界画库 实用美术编）

J0132429
蝴蝶装饰图案 王默根编绘
北京 中国文联出版公司 1987年 17×19cm
统一书号：8355.1011 ISBN：7-5059-0011-0
定价：CNY2.75

J0132430
花边花框花角 南华编
福州 福建美术出版社 1987年 126页
13cm（60开）统一书号：8421.428
ISBN：7-5393-0007-8 定价：CNY1.58

J0132431
花草图案集 董伯信作
北京 人民美术出版社 1987年 90页 18cm（15开）
统一书号：8027.9734 定价：CNY1.60

J0132432
花加花框花角 南华编
福州 福建美术出版社 1987年 126页
13cm（60开）ISBN：7-5393-0007-8
定价：CNY1.58

J0132433
鸡形装饰 董显仁，纪丽绘
太原 山西人民出版社 1987年 117页 17×18cm
统一书号：8088.2405 定价：CNY1.70

J0132434
吉祥图案 王立导编绘

北京 朝花美术出版社 1987 年 64 页 18cm（15 开）
统一书号：8028.2421 ISBN：7-5056-0000-1
定价：CNY0.78

J0132435
建筑装饰花格选　杜骏侯编绘
哈尔滨 黑龙江科学技术出版社 1987 年
146 页 26cm（16 开）ISBN：7-5388-0485-4
定价：CNY2.20

J0132436
卷曲线装饰纹样　董耀星编绘
成都 四川美术出版社 1987 年 117 页 13×19cm
统一书号：8373.1072 ISBN：7-5410-0031-0
定价：CNY1.65

J0132437
蜡染艺术　黄志超著
台北 艺术图书公司 1987 年 111 页 有图
21cm（32 开）定价：TWD90.00
（美术入门丛书 5）

J0132438
龙纹艺术　吴湘麟等编绘
北京 中国文联出版公司 1987 年［152］页
18cm（15 开）ISBN：7-5059-0138-9
定价：CNY2.95

J0132439
鹿羚　（动物图案资料）严瑜仲，全燕云编绘
太原 山西人民出版社 1987 年 127 页 有图
17cm（40 开）统一书号：8088.2404 定价：CNY1.65

J0132440
美术图案　蒋可文编绘
台南 大孚书局 1987 年 414 页 有图 21cm（32 开）
定价：TWD120.00
（美术系列）

J0132441
蒙古盘肠图案选　（蒙、汉文对照）白音那搜
集整理
乌鲁木齐 新疆人民出版社 1987 年 198 页
13×19cm 统一书号：M8098.863 定价：CNY1.50
　　盘肠图案在蒙古民族民间图案艺术中有重要

地位，具有高度的形式美感和实用的装饰效果，
流传广泛。本书中的盘肠纹样有以下特点：一、
结构严谨。二、节奏明快。三、变化多样。附有蒙、
汉文对照说明。作者白音那（1948—　），内蒙古
人民出版社美术编辑，内蒙古美术家协会会员。

J0132442
苗族装饰艺术　麻明进编绘
长沙 湖南美术出版社 1987 年 66 页
25cm（小 16 开）ISBN：7-5356-0034-4
定价：CNY5.80
　　本书通过广泛搜集整理和绘制，比较系统地
介绍了以湘西、黔东和川南地区为主的苗族装饰
艺术——苗族刺绣。并简明介绍了苗族刺绣的
工艺流程。

J0132443
泥模艺术　（图案汇集 华非选集）
天津 天津杨柳青画社 1987 年 113 页
17cm（40 开）ISBN：7-80503-014-6
定价：CNY2.43
　　本书的泥模艺术与汉砖瓦当一样，都很有艺
术价值。它们都注重变形，奇谲而瑰丽，雄浑而
质朴，但泥模是为儿童制作的，因而着力体现了
天真和情趣。本书泥模拓片，汇集鸟兽花卉、生
活事物、戏剧人物 3 大类。共有 199 幅图。

J0132444
人物装饰画法　于明，刘之芳著
沈阳 辽宁美术出版社 1987 年 199 页 有图
26cm（16 开）定价：CNY6.30
（工艺美术丛书）

J0132445
十二属相图谱　苍彦等编绘
北京 中国文联出版公司 1987 年 126 页
26cm（16 开）统一书号：8355.832 定价：CNY2.30

J0132446
实用花卉图案　王杰绘
济南 山东美术出版社 1987 年 75 页 14×19cm
ISBN：7-5330-0017-X 定价：CNY0.98

J0132447
题花集　徐立新等绘

长沙 湖南美术出版社 1987年 128 页
13cm（60 开）ISBN：7-5356-0045-X
定价：CNY1.30

J0132448
题图、栏花 廖宗怡等编
南宁 广西人民出版社 1987年 118 页
17cm（32 开）ISBN：7-219-00219-X
定价：CNY2.35

J0132449
题图尾花 赵崇光，何芳桂编绘
北京 北京体育学院出版社 1987年 93 页
13×18cm 统一书号：8451.38 定价：CNY0.85

J0132450
体育造型装饰画 彭裕汉编绘
贵阳 贵州美术出版社［1987年］86 页 17cm（32 开）
ISBN：7-5413-0002-0 定价：CNY1.80

J0132451
铁路图案刊头集 刘景山主编
北京 中国铁道出版社 1987年 115 页
19cm（32 开）ISBN：7-113-00198-X
定价：CNY2.15

J0132452
铜镜图案 （湖南出土历代铜镜）周世荣编
长沙 湖南美术出版社 1987年 235 页 有图
17cm（24 开）ISBN：7-5356-0001-8
定价：CNY5.20
　　本书收自新石器时代至清代的陶瓷作品 100
图，每图附有文字说明其时代、名称，并详细介
绍其烧制特点、造型特色、艺术风格，以及相关
窑址发展的来龙去脉。

J0132453
童装装饰图案 高大莉编绘
北京 纺织工业出版社 1987年 100 页 有彩照
18×26cm（16 开）ISBN：7-5064-0028-6
定价：CNY1.85

J0132454
图案百科 湖南文艺出版社装帧室编
长沙 湖南美术出版社 1987年［60］页

26cm（16 开）ISBN：7-5356-0026-3
定价：CNY2.80

J0132455
卫生刊头装饰画集 龚智煌编绘
北京 人民卫生出版社 1987年 116 页
17cm（32 开）ISBN：7-117-00444-4
定价：CNY2.05

J0132456
五台山图案 姚敏奇编绘
太原 山西人民出版社 1987年 141 页
17cm（32 开）ISBN：7-203-00226-9
定价：CNY2.10

J0132457
现代百古兽装饰画 胡连江编绘
北京 北京燕山出版社 1987年 100 页
20cm（32 开）ISBN：7-5402-0059-6
定价：CNY2.15

J0132458
现代百国人物装饰画 胡连江编绘
北京 北京燕山出版社 1987年 100 页
21cm（32 开）ISBN：7-5402-0060-X
定价：CNY2.15

J0132459
现代构成图案选 山东轻工业学院工艺美术
分院编
济南 山东美术出版社 1987年 20 页 19cm（32 开）
ISBN：7-5330-0061-7 定价：CNY1.80

J0132460
现代新科技图案集 邢占魁等著
北京 北京科学技术出版社 1987年 126 页
13×18cm（36 开）统一书号：8274.003
定价：CNY1.00

J0132461
现代装饰 郑勋，陈孝生绘
北京 地震出版社 1987年 70 页 有图
17cm（32 开）ISBN：7-5028-0031-X
定价：CNY1.00

J0132462
现代装饰图案　于锦珠等编绘
郑州　河南美术出版社 1987 年 110 页
17cm（32 开）ISBN：7-5401-0033-8
定价：CNY2.45

J0132463
校园美术　卢兆祥编绘
西安　陕西人民美术出版社 1987 年 119 页
有彩照 19cm（32 开）ISBN：7-5368-0004-5
定价：CNY1.35

　　作者卢兆祥（1943—　），研究员。生于陕西
洋县，毕业于西安美术学院。历任陕西省书法教
育研究会会长，西安美术学院研究院研究员，陕
西省高等学校艺术教育研究会会长，中国美术教
育研究会会员，陕西美术出版社特邀编审等职。
出版有《装饰风景》《校园美术》《书法艺术》《卢
兆祥画集》等。

J0132464
学生小画典　天津人民美术出版社编辑
天津　天津人民美术出版社 1987 年 214 页
15×13cm（40 开）平装 ISBN：7-5305-3054-2
定价：CNY1.55，CNY2.10（塑套装）

J0132465
鱼纹图案集锦　吴湘麟等编绘
北京　中国文联出版公司 1987 年 150 页
17×19cm ISBN：7-5059-0029-3 定价：CNY2.45

J0132466
鱼形装饰　董显仕，纪丽绘
太原　山西人民出版社 [1987 年] 130 页
17cm（40 开）统一书号：8088.2191 定价：CNY1.60

J0132467
云南少数民族织绣纹样　云南省民族研究所
民族艺术研究室编
北京　文物出版社 1987 年 38 页 有图版
26cm（16 开）统一书号：8068.1448
定价：CNY15.00

J0132468
怎样打扮您的孩子　张寿华编著
上海　上海书画出版社 1987 年 19cm（32 开）

（大世界画库 实用美术编）

J0132469
中国凤纹图集　濮安国编著
香港　万里书店 1987 年 195 页 28cm（大 16 开）
ISBN：962-14-0322-7 定价：HKD60.00
（中国传统图案系列）

　　外文书名：The Chinese Phoenix Patterns. 本
书由万里书店和轻工业出版社联合出版。

J0132470
中国龙纹图集　黄能馥，陈娟娟编著
香港　万里书店 1987 年 183 页 29cm（16 开）
ISBN：962-14-0307-3 定价：HKD60.00
（中国传统图案系列 第一辑）

　　本书收集中国自原始社会时期至现代龙纹
图案图形 300 余幅。选自历代出土文物、器具、
建筑以及石刻、壁画、服饰上的精细临摹等。每
一图例皆附年代、出处以及简短文字说明，书前
有专题性文章论述，探讨有关龙的起源、演变及
龙纹在实用美术装饰领域中的应用。由万里书
店和轻工业出版社联合出版。

J0132471
中国十二生肖图集　濮安国，于会编著
香港　万里书店 1987 年 162 页 29cm（16 开）
ISBN：962-14-0315-4 定价：HKD60.00
（中国传统图案系列 第三辑）

　　本书收集中国历代十二生肖图纹 100 余组，
主要是石刻、画像石、画像砖、墓志装饰以及各
种器皿雕刻的拓印，还包括各种雕塑、剪纸、手
工制品、邮票设计等的十二生肖图形。每个图例
均注明其年代、出处并附简短文字说明。书前
附专题性文章，探讨有关十二生肖的起源、文化
内涵及演变等内容。本书与轻工业出版社合作
出版。

J0132472
中国纹饰　（1-2）辅仁大学织品服装学系编绘
台北　南天书局 1987 年 2 册（466 页）30cm（10 开）
精装 定价：TWD800.00

J0132473
中国纹饰　（3）辅仁大学织品服装学系编绘
台北　南天书局 1987 年 有图 30cm（10 开）

ISBN：957-638-051-0 精装 定价：TWD1000.00
　　外文书名：Chinese Decorative Design.

J0132474
中国纹饰 （4）辅仁大学织品服装学系编绘
台北 南天书局 1987年 有图及照片
30cm（10开）ISBN：957-638-053-7 精装
定价：TWD1200.00
　　外文书名：Chinese Decorative Design.

J0132475
中国纹饰 （1）辅仁大学织品服装学系编绘
台北 南天书局 1991年 有图及照片
30cm（10开）ISBN：957-638-046-4 精装
定价：TWD600.00
　　外文书名：Chinese Decorative Design.

J0132476
中国纹饰 （2）辅仁大学织品服装学系编绘；
李春芳主编
台北 南天书局 1991年 有图 30cm（10开）
ISBN：957-638-048-0 精装 定价：TWD600.00
　　外文书名：Chinese Decorative Design.

J0132477
中国纹饰 （3）何兆华主编；赖丽榕编辑绘图
台北 南天书局 1991年 有图 30cm（10开）
ISBN：957-638-050-2 精装 定价：TWD600.00
　　外文书名：Chinese Decorative Design.

J0132478
中国纹饰 （4）辅仁大学织品服装学系编委会
编绘
台北 南天书局 1991年 有图 30cm（10开）
ISBN：957-638-052-9 精装 定价：TWD600.00

J0132479
中国纹样 （日）高桥宣治编译
台北 艺术图书公司 1987年 165页 有图
21cm（32开）定价：TWD250.00
（精致生活丛书 18）

J0132480
中国纹样 （日）高桥宣治编译
台北 艺术图书公司 1991年 再版 165页

有图 21cm（32开）ISBN：957-9045-80-1
定价：TWD280.00
（精致生活丛书 18）

J0132481
中外娃娃图案集 周萍编
上海 上海书画出版社 1987年 126页
19cm（32开）ISBN：7-80512-015-3
定价：CNY0.86
（大世界画库·实用美术编）

J0132482
装饰画集 林晓绘
北京 北京美术摄影出版社 1987年 [142]页
18cm（15开）定价：CNY5.00

J0132483
装饰画集趣 翁震航编绘
杭州 西湖摄影艺术出版社 1987年 106页
19cm（32开）定价：CNY1.35
　　作者翁震航，画家。长于黑白装饰画。代表
作《远方的家》。

J0132484
装饰图案小集 杨茂时编绘
北京 朝花美术出版社 1987年 77页 15cm（40开）
ISBN：7-5056-0001-X 定价：CNY0.48

J0132485
壮族苗族侗族织锦 （图册）钟茂兰编
成都 四川美术出版社 1987年 40页 26cm（16开）
统一书号：8373.153 ISBN：7-5410-0027-2
定价：CNY5.50
　　作者钟茂兰(1937—)，女，教授。四川成
都人，毕业于四川美术学院，留校任教。四川美
术学院教授、系主任、硕士生导师，中国工艺美
术委员会副主任委员。主编有《民间染织美术》
《中国少数民族装饰》《装饰色彩写生》等。

J0132486
报刊美术图案总汇 文杰主编；朱天纯等绘编
北京 中国城市经济社会出版社 1988年 166页
18cm（15开）ISBN：7-5074-0116-2
定价：CNY5.10

J0132487
报刊装饰新作　吴湘麟等绘
南京　江苏美术出版社　1988 年　116 页
19cm（32 开）ISBN：7-5344-0050-3
定价：CNY2.20

J0132488
报头题花集　金立昊编绘
上海　上海书画出版社　1988 年　109 页
19cm（32 开）ISBN：7-80512-193-1
定价：CNY1.15
（大世界画库 实用美术编）

J0132489
报头题图装饰选　周志坚编绘
天津　天津人民美术出版社　1988 年　116 页
17×19cm　ISBN：7-5305-0104-6　定价：CNY1.60

J0132490
变形动物 550 例　吴大宪绘
济南　山东美术出版社　1988 年　80 页　19cm（32 开）
ISBN：7-5330-0139-7　定价：CNY3.30

J0132491
部队生活题花集　毛汉城，余少国编绘
武汉　湖北人民出版社　1988 年　70 页　17cm（40开）
ISBN：7-216-00240-7　定价：CNY1.40

J0132492
彩色动物图案　葛春学绘
上海　上海翻译出版公司　1988 年　38 页
26cm（16 开）ISBN：7-80514-067-7
定价：CNY3.50

J0132493
动物花卉图案集　柳维和绘
北京　轻工业出版社　1988 年　195 页　有照片
19cm（32 开）ISBN：7-5019-0250-X
定价：CNY4.60

J0132494
黑白装饰　陆荣官等编绘
南宁　广西教育出版社　1988 年　105 页
19cm（小 32 开）ISBN：7-5435-0413-8
定价：CNY1.25

J0132495
黑白装饰变形　冯大海编
北京　长城出版社　1988 年　17×18cm
ISBN：7-80017-044-6　定价：CNY2.60

J0132496
黑白装饰画　翁震航绘
福州　福建美术出版社　1988 年　21cm（32 开）
ISBN：7-5393-0009-4　定价：CNY1.98
　　本书选入作者黑白装饰画作品 700 多帧。
作者翁震航，画家。长于黑白装饰画。代表作《远
方的家》。

J0132497
黑板报墙报版式资料　沈培椿等编绘
上海　上海书画出版社　1988 年　187 页
19cm（32 开）ISBN：7-80512-184-2
定价：CNY1.88
（大世界画库 实用美术编）

J0132498
黑板报墙报编排与装饰资料　荣明礼等编
太原　希望出版社　1988 年　68 页　19cm（32 开）
ISBN：7-5379-0354-9　定价：CNY1.80

J0132499
吉祥图案题解　周进编译；刘志远，金研整编
北京　知识出版社　1988 年　609 页　有图
19cm（32 开）ISBN：7-5015-0191-2
定价：CNY4.80

J0132500
节日装饰题花　李国成编绘
成都　四川美术出版社　1988 年　5 版　124 页
18×18cm　ISBN：7-5410-0057-4　定价：CNY2.80

J0132501
科技美术图案集　杨庆英，张博智，张艺军编绘
北京　电子工业出版社　1988 年　107 页　17×19cm
ISBN：7-5053-0165-9　定价：CNY2.20

J0132502
龙的艺术　（图集）杨新等主编
香港　商务印书馆香港分馆　1988 年　214 页
29cm（16 开）精装　ISBN：962-07-5063-2

定价：HKD210.00

本书用大量彩色照片介绍了中国龙和龙纹艺术的发展。外文书名：The Art of the Dragon. 本书由商务印书馆香港分馆和紫禁城出版社联合出版。杨新（1940—　），书法家。湖南湘阴人，毕业于中央美术学院。历任故宫博物院副院长、研究员，中国书法家协会会员、北京市博物馆学会副理事长。出版有《杨新美术论文集》《扬州八怪》《中国传统线描人物画》《中国绘画三千年》等。

J0132503

龙凤图案　王大有编绘

北京 朝花美术出版社 1988 年 178 页 17 × 18cm ISBN：7-5056-0012-5 定价：CNY3.10

J0132504

龙图 400 例　濮安国，袁振洪编著

北京 轻工业出版社 1988 年 185 页 有图 26cm（16 开）ISBN：7-5019-0254-2 定价：CNY4.50

J0132505

骆驼图案　富丰玉编绘

兰州 甘肃人民出版社 1988 年 17 × 19cm ISBN：7-226-00254-X 定价：CNY1.50

J0132506

美术画典　（童装图案）夏鸣等编绘

天津 天津人民美术出版社 1988 年 200 页 19cm（32 开）ISBN：7-5305-0151-8 定价：CNY3.45

（美术画典）

J0132507

民间实用图案　（绣花、漆画、工艺雕花、儿童服饰）陈培亮等绘画

福州 福建少年儿童出版社 1988 年 88 页 有图 26 × 28cm ISBN：7-5395-0180-4 定价：CNY5.20

J0132508

人物装饰画　孙彤辉，柯和根绘

北京 朝花美术出版社 1988 年 139 页 19cm（32 开）ISBN：7-5056-0070-2

定价：CNY2.30

作者孙彤辉（1953—　），女，上海人，景德镇陶瓷学院美术系基础教研室任教，江西省美协会员。

J0132509

实用视幻图案集锦　朱天明编

上海 上海书画出版社 1988 年 270 页 19cm（32 开）ISBN：7-80512-255-5 定价：CNY5.96

（实用美术资料丛书）

J0132510

实用图案手册　张文宗，杨正全编

台北 东门出版社 1988 年 4 版 311 页 19cm（32 开）定价：TWD100.00

（美术图书）

J0132511

外国黑白装饰画　姚延林等编绘

成都 四川美术出版社 1988 年 1 册 19cm（32 开）ISBN：7-5410-0205-4 定价：CNY3.10

作者姚延林，主要绘制的连环画作品有《霸王别姬》《养牛的人》《河神娶媳妇》等。

J0132512

文娱题花装饰　邹家政等编绘

北京 朝花美术出版社 1988 年 189 页 13 × 19cm（32 开）ISBN：7-5056-0014-1 定价：CNY1.60

J0132513

现代视幻图案集锦　朱天明编著

天津 天津杨柳青画社 1988 年 215 页 20 × 18cm ISBN：7-80503-051-2 定价：CNY6.10

J0132514

现代艺术装饰画　丁金界作

西安 三秦出版社 1988 年 129 页 17 × 19cm（24 开）ISBN：7-80546-090-6 定价：CNY3.80

J0132515

校园生活刊头画　魏诗国，黄念儒编

成都 四川少年儿童出版社 1988 年 124 页

13×18cm（36 开）ISBN：7-5365-0191-9

定价：CNY1.36

作者魏诗国（1942—   ），美术教师。生于四川成都，毕业于西南示范学院。历任中国职教美术研究会、中国美术教育专业委员会职教分会秘书长。代表作品有《秋阳》《春雨》《老磨》等。

J0132516

艺用汽车资料　彭维国，何建恩编绘

沈阳 辽宁美术出版社 1988 年 241 页 有图

26cm（16 开）ISBN：7-5314-0009-1

定价：CNY4.00

（艺用资料丛书）

J0132517

中国的龙　徐华铛编著

北京 轻工业出版社 1988 年 220 页 有图

26cm（16 开）ISBN：7-5019-0289-5

定价：CNY5.15

本书内容包括：龙的起源；龙的历代演变和艺术特色；龙的种类和形成；龙在历代器皿、建筑、刺绣织锦上的装饰风格以及龙的简易画法等。

J0132518

中国凤凰　徐华铛编著

北京 轻工业出版社 1988 年 188 页 有图

26cm（16 开）ISBN：7-5019-0345-X

定价：CNY4.35

本书内容包括：凤凰的起源、沿革和艺术风格，并介绍了凤凰的画法、种类和它在工艺上的应用。

J0132519

中国古代石刻纹样　张广立编绘

北京 人民美术出版社 1988 年 182 页

19cm（小 32 开）定价：CNY2.50

本书选入 182 幅图。选印商代、战国、汉代、南北朝、隋、唐、五代、宋、辽、元、明、清各个历史时期的石刻纹样。图案有人物、山水、花鸟、走兽等。

J0132520

中国古代图案选　张道一编选；保彬等摹绘

南京 江苏美术出版社 1988 年 重印本 217 页

25cm（16 开）ISBN：7-5344-0010-4

定价：CNY9.20

J0132521

中国古典手艺图典　洪光地编著

台北县 常春树书坊 1988 年 703 页 有图

22cm（30 开）精装 定价：TWD700.00

（书香经典）

J0132522

中国花边图案　袁振洪，袁宇编著

台北 南天书局 1988 年 186 页 29cm（16 开）

ISBN：957-638-161-4 定价：TWD320.00

（中国传统图案系列 4）

外文书名：Chinese Border Patterns.

J0132523

中国花边图案　袁振洪，袁宇编著

香港 万里书店 1988 年 186 页 29cm（16 开）

ISBN：962-14-0355-3 定价：HKD60.00

（中国传统图案系列 第八辑）

本书收集远古至今保存的各种花边图案 500 余幅。选自历代出土文物、陶瓷器、石刻、漆器、建筑及少数民族民间服饰上的精细摹绘。图例按朝代顺序编排，每图附简要文字说明，注明其出处、年代等。书前有专题性文章，论述花边图案的历史起源和艺术特色等。由万里书店和轻工业出版社联合出版。

J0132524

中国花卉图案　王抗生编著

台北 南天书局 1988 年 244 页 29cm（16 开）

ISBN：957-638-160-6 定价：TWD320.00

（中国传统图案系列 3）

外文书名：Chinese Flowers Patterns.

J0132525

中国花卉图案　王抗生编著

香港 万里书店 1988 年 244 页 28cm（大 16 开）

ISBN：962-14-0343-X 定价：HKD60.00

（中国传统图案系列 第五辑）

本书收集中国自原始社会时期至现代的花卉图案 600 余幅。这些花卉图案主要来自历代出土文物、器具、建筑、印染织绣以及石刻、壁画、藻井、服饰上的精细临摹。每一图例皆注明

其年代、出处以及简要文 字说明，讲解有关花卉图案的托情寓意手法、律动感的表现以及独特的造型法则等。书前有专题性文章论述，探讨花卉图案与中华文化之渊源关系及种种艺术手法的表现。由万里书店和轻工业出版社联合出版。

J0132526

中国吉祥图案　李苍彦编著
台北　南天书局　1988 年　182 页　29cm（16 开）
ISBN：957-638-118-5　定价：TWD320.00
（中国传统图案系列 1）
　　外文书名：Chinese Propitious Patterns.

J0132527

中国吉祥图案　李苍彦编
香港　万里书店　1988 年　182 页　28cm（大 16 开）
ISBN：962-14-0324-3　定价：HKD60.00
（中国传统图案系列）
　　本书收集历代流传至今的吉祥图案和图画200 余幅，配以吉祥语汇。图例按吉祥语首字的笔划多少顺序编排而成，每一条吉祥语汇都作了详细的文字注释和讲解。由万里书店和轻工业出版社联合出版。

J0132528

中国吉祥图案集　张宇编
哈尔滨　黑龙江科学技术出版社　1988 年　163 页
18cm（28 开）ISBN：7-5388-0487-0
定价：CNY4.80

J0132529

中国历代装饰纹样　（第一册　新石器时代、商、西周、春秋）吴山编
北京　人民美术出版社　1988 年　417 页
20cm（32 开）定价：CNY8.45

J0132530

中国历代装饰纹样　（第二册　战国、秦代、汉代）吴山编
北京　人民美术出版社　1988 年　593 页
20cm（32 开）定价：CNY10.60

J0132531

中国历代装饰纹样　（第三册　三国、魏、晋、南北朝、隋、唐、五代、宋）吴山编

北京　人民美术出版社　1988 年　585 页
20cm（32 开）定价：CNY10.55

J0132532

中小学生墙报刊头资料集　秦廷光等绘
重庆　重庆出版社　1988 年　72 页　17×19cm
ISBN：7-5366-0580-3　定价：CNY1.10

J0132533

装饰·变化　宋德昌等编
沈阳　辽宁美术出版社　1988 年　71 页　有图
19cm（32 开）ISBN：7-5314-0021-7
定价：CNY2.50

J0132534

装饰·图案　周志坚，董郁芬编绘
广州　岭南美术出版社　1988 年　106 页　13×18cm
ISBN：7-5362-0206-7　定价：CNY2.60

J0132535

装饰图案 500 例　（人物动物风景花卉）李勇编绘
成都　四川美术出版社　1988 年　19cm（32 开）
ISBN：7-5410-0204-6　定价：CNY3.00

J0132536

装饰图案选　李洪林画
济南　山东美术出版社　1988 年　124 页
19cm（32 开）ISBN：7-5330-0146-X
定价：CNY1.50

J0132537

10000 种插画、图案大百科　众文图书公司编著
台北　众文图书公司　1989 年　391 页　26cm（16 开）
精装　定价：TWD250.00

J0132538

报头装饰画集锦　赵康，荣章编
南京　江苏人民出版社　1989 年　92 页　19cm（32 开）
ISBN：7-214-00282-5　定价：CNY2.50

J0132539

报头资料选编　（三）孔繁春编
上海　上海书画出版社　1989 年　141 页

19cm（32 开）ISBN：7-80512-307-1
定价：CNY1.85
（大世界画库 实用美术编）

J0132540
补花图案　颜小玉绘
太原 山西人民出版社 1989 年 95 页 18cm（15 开）
ISBN：7-203-01150-X 定价：CNY3.50

J0132541
彩色图案临摹画帖　王衍，梁百庚编绘
济南 山东美术出版社 1989 年 12 页 26cm（16 开）
ISBN：7-5330-0180-X 定价：CNY3.20

J0132542
当代报刊美术资料集　陈玉先等编著
北京 长城出版社 1989 年 188 页 17cm（40 开）
ISBN：7-80017-077-2 定价：CNY5.20

J0132543
动物图案荟萃　吴湘麟等编绘
南宁 广西人民出版社 1989 年 176 页
19cm（32 开）ISBN：7-219-01076-1
定价：CNY5.60

J0132544
动物图案全集　葛春学绘
上海 上海人民美术出版社 1989 年
3 册（300+222+105 页）19cm（32 开）
ISBN：7-5322-0371-9 定价：CNY18.00
　　本书选收 3730 幅图。外文书名：Collection of Animal Patterns. 作者葛春学（1938—2002），教授。山东潍坊人，毕业于中央工艺美术学院。历任上海美术电影制片厂设计，上海大学美术学院教授，中国漆画研究会理事，上海环境艺术研究会会长，现代美术设计家协会理事。出版有《葛春学画集》《葛春学装饰艺术集》《装饰艺术》等。

J0132545
动物装饰图案　张啸谷编绘
广州 岭南美术出版社 1989 年 106 页
18cm（15 开）ISBN：7-5462-0382-9
定价：CNY3.60
　　本书选收以各种动物绘制成的装饰图案 106 幅。作者张啸谷（1950—　　），画家。安徽合肥

人。历任中国美术家协会安徽分会会员，徽科普美术协会会员，淮南科普美协副理事长。黑白装饰图案作品有《风景》《动物》《建筑》《人物》《鱼形》。

J0132546
法制宣传美术资料　叶祥光等绘
福州 福建美术出版社 1989 年［70 页］
18cm（15 开）ISBN：7-5393-0043-4
定价：CNY2.50

J0132547
风景装饰集　张占甫绘
天津 天津杨柳青画社 1989 年 154 页
21cm（32 开）ISBN：7-80503-081-2
定价：CNY4.90

J0132548
古代器型纹样精选　徐思民编
南京 江苏美术出版社 1989 年 278 页
19cm（32 开）ISBN：7-5344-0067-8
定价：CNY5.50

J0132549
古汉字黑白装饰画　张瑞林绘
合肥 安徽美术出版社 1989 年 204 页
17cm（40 开）ISBN：7-5398-0051-6
定价：CNY5.90
　　本书作者通过对古汉字的潜心研究，突出了象形的因素，使古汉字更为形象化、图案化。一个字即是一幅画，每幅画作者都有简单的注释，阐述了象形文字的结构和寓意。作者对黑、白两色的理解犹深。每幅画中黑、白、灰的处理巧妙，展示出中华民族古老文化的悠久、灿烂和古汉字的结构之美、立意之神。

J0132550
汉代图案选　王磊义编绘
北京 文物出版社 1989 年 214 页 26cm（16 开）
定价：CNY17.50

J0132551
黑白人体装饰画　吴湘麟等编绘
北京 朝花美术出版社 1989 年 123 页 有图
19cm（32 开）ISBN：7-5056-0065-6

定价：CNY2.25

J0132552

黑白装饰画集　陆应江等绘
石家庄　河北美术出版社　1989年　92页
19cm（32开）ISBN：7-5310-0279-5
定价：CNY3.60
　　本书选入画家陆应江、杜凤海、李宝鸿、高
彦慧的人物、风景、花卉、动物等黑白装饰画作
品数十幅。

J0132553

黑白装饰艺术　（浙江美术学院工艺美术系学
生作品选）安徽美术出版社编
合肥　安徽美术出版社　1989年　17cm（40开）
ISBN：7-5398-0035-6　定价：CNY3.90

J0132554

黑板报报头资料　汪新编绘
天津　天津人民美术出版社　1989年　136页
12×19cm　ISBN：7-5305-0174-7　定价：CNY1.80

J0132555

黑板报实用艺术　邹一兵主编；上海市总工
会宣传教育部编
上海　上海书画出版社　1989年　192页　19×17cm
ISBN：7-80512-407-8　定价：CNY4.70
（实用美术资料丛书）

J0132556

蝴蝶艺术图案　学增，惠存编绘
石家庄　河北美术出版社　1989年　184页
19×26cm　ISBN：7-5310-0220-5　定价：CNY10.90
　　本书包括蝴蝶的形态与构造，蝴蝶写生
（110只）、蝴蝶变形（165只）、蝴蝶装饰（136只）、
蝴蝶剪纸（102只）、蝴蝶风筝（95只）、蝴蝶图案
（52幅）、少数民族蝴蝶图案（75幅）、中国古代蝴
蝶图案（121只）等9部分，850多只（幅）蝴蝶。
变形部分以民族传统的纹样为主；图案部分以适
合纹样、单独纹样为主，也有二方连续，四方连
续纹样，在少数民族图案部分，以满族、蒙古族
的为主，另外还有苗族、达斡尔族、水族、裕固
族、白族的。在中国古代蝴蝶图案中，以清代、
明代的为主，另外还有宋代、唐代、商代的。最
后，附有14张80余只蝴蝶的彩色照片。

J0132557

绘画变形　（风景·人物）柯和根，孙彤辉绘
上海　上海人民美术出版社　1989年　106页
19cm（32开）ISBN：7-5322-0505-3
定价：CNY2.15
　　作者柯和根（1953—　），生于福建龙海，毕
业于景德镇陶瓷学院美术系。历任上海师范大
学美术学院陶研所副所长、教授、硕士生导师、
中国美术家协会会员。作品有《静观：书法作品
展》《心象：山水画作品展》。

J0132558

绘画变形　（花卉·动物）贾夏荔，柯和根绘
上海　上海人民美术出版社　1989年　90页
有图　19cm（32开）ISBN：7-5322-0506-1
定价：CNY1.90

J0132559

吉祥图案题解　周进编译；刘志远，金研整编
台北　中华书局股份有限公司　1989年
608页　20cm（32开）ISBN：957-43-0006-4
定价：TWD5.00

J0132560

吉祥图案资料　姚元龙编著
上海　上海书画出版社　1989年　115页
19cm（32开）ISBN：7-80512-379-8
定价：CNY6.00
（大世界画库　实用美术编）

J0132561

科技图案资料　何永平编
上海　上海书画出版社　1989年　133页
19cm（32开）ISBN：7-80512-306-3
定价：CNY2.17
（大世界画库　实用美术编）

J0132562

美工剪贴图谱　（广告装饰）林本，贺青编
北京　电子工业出版社　1989年　32页　26cm（16开）
ISBN：7-5053-0637-5　定价：CNY8.90

J0132563

美工剪贴图谱　（花卉图案）林本，贺青编
北京　电子工业出版社　1989年　32页　26cm（16开）

ISBN：7-5053-0631-6 定价：CNY8.90

J0132564

美工剪贴图谱 （剪影）林本，贺青编
北京 电子工业出版社 1989 年 32 页 26cm（16 开）
ISBN：7-5053-0636-7 定价：CNY8.90

J0132565

美工剪贴图谱 （旅游）林本，贺青编
北京 电子工业出版社 1989 年 32 页 26cm（16 开）
ISBN：7-5053-0635-9 定价：CNY8.90

J0132566

美工剪贴图谱 （男人）林本，贺青编
北京 电子工业出版社 1989 年 32 页 26cm（16 开）
ISBN：7-5053-0629-4 定价：CNY8.90

J0132567

美工剪贴图谱 （女人）林本，贺青编
北京 电子工业出版社 1989 年 32 页 19cm（32 开）
ISBN：7-5053-0630-8 定价：CNY8.90

J0132568

美工剪贴图谱 （食品和饮料）林本，贺青编
北京 电子工业出版社 1989 年 32 页 26cm（16 开）
ISBN：7-5053-0634-0 定价：CNY8.90

J0132569

美工剪贴图谱 （装饰边框）林本，贺青编
北京 电子工业出版社 1989 年 32 页 26cm（16 开）
ISBN：7-5053-0638-3 定价：CNY8.90

J0132570

美工剪贴图谱 （装饰字母）林本，贺青编
北京 电子工业出版社 1989 年 32 页 26cm（16 开）
ISBN：7-5053-0632-4 定价：CNY8.90

J0132571

美工剪贴图谱 （装饰角花）林本，贺青编
北京 电子工业出版社 1989 年 32 页 26cm（16 开）
ISBN：7-5053-0633-2 定价：CNY8.90

J0132572

苗族装饰艺术 李小非，周爱国编
重庆 重庆出版社 1989 年 123 页 20cm（32 开）

ISBN：7-5366-0826-8 定价：CNY7.35
（中国民间美术丛书 1）

J0132573

人体黑白画集 唐振铎绘
北京 轻工业出版社 1989 年 138 页 19cm（32 开）
ISBN：7-5019-0523-1 定价：CNY3.00

J0132574

人体图案 吴湘麟等编绘
天津 天津人民美术出版社 1989 年 128 页
17cm（32 开）ISBN：7-5305-0170-4
定价：CNY2.25

J0132575

日用生活花卉图案 梁季兰，马龙绘
太原 山西人民出版社 1989 年 96 页 18×20cm
ISBN：7-203-00689-1 定价：CNY5.50

J0132576

实用报头·尾花 陆应江，陈宝鸿绘
北京 长城出版社 1989 年 125 页 13×19cm
ISBN：7-80017-083-7 定价：CNY3.30

J0132577

实用图案剪贴集 王若芳编
北京 经济日报出版社 1989 年 91 页 26cm（16 开）
ISBN：7-80036-212-4 定价：CNY6.80

J0132578

实用图案手册 唐忠等编著
上海 上海文化出版社 1989 年 303 页
17cm（32 开）ISBN：7-80511-239-8
定价：CNY4.75
　　本书精选古今中外大量图案共 2100 多幅，
分为古代图案、人物图案、动物图案、植物图案、
建筑图案、风光图案、交通运输图案、其他图案
等 8 个部分。

J0132579

实用装饰图案集 刘有迎编绘
北京 华夏出版社 1989 年 130 页 17cm（32 开）
ISBN：7-80053-323-9 定价：CNY4.40
　　本书分新时期、法制园地、社会家庭、工农
新貌、市场信息、港澳之窗、科学世界、学习修

养、文艺百花、报刊文摘、读者之声、体育健康及世界之窗 13 部分。

J0132580
体育装饰画　董郁芬，周志坚绘
天津　天津杨柳青画社　1989 年　134 页
19cm（32 开）ISBN：7-80503-091-X
定价：CNY4.50

J0132581
维吾尔民间图案纹样集　刘定陵编绘
乌鲁木齐　新疆人民出版社　1989 年　206 页
19×26cm（16 开）ISBN：7-228-01039-6
定价：CNY4.00

J0132582
现代报刊实用图案　樊玉民，常君选编绘
西安　陕西人民教育出版社　1989 年　104 页
21cm（32 开）定价：CNY2.65

J0132583
现代多变图案集　陆柯编绘
上海　上海书画出版社　1989 年　86 页　19cm（32 开）
ISBN：7-80512-233-4　定价：CNY2.20
（大世界画库 实用美术编）

J0132584
现代黑白装饰画精选　刘巨德等绘
太原　希望出版社　1989 年　58 页　17cm（32 开）
ISBN：7-5379-0539-8　定价：CNY2.20
　　本书系统地阐述黑白画的形成、发展及对人们思维观念的影响。作者刘巨德（1946— ），蒙古族、画家、美术理论家。内蒙古商都人，硕士毕业于中央工艺美术学院并留校任教。清华大学美术学院绘画系教授、副院长、博士生导师、学术委员会主席、清华大学吴冠中艺术研究中心主任，中国美术家协会理事，北京市美术家协会理事。代表作品有《鱼》《面对形象》《图形想象》《刘巨德素描集》等。

J0132585
现代人体装饰画　胡连江编绘
天津　天津杨柳青画社　1989 年　139 页
20cm（24 开）ISBN：7-80503-084-7
定价：CNY5.60

J0132586
新派图案　柯和根，孙彤辉编绘
郑州　河南美术出版社　1989 年　128 页
17×19cm（24 开）ISBN：7-5401-0102-4
定价：CNY3.50
　　作者孙彤辉（1953— ），女，上海人，景德镇陶瓷学院美术系基础教研室任教，江西省美协会员。

J0132587
徐昌酩动物装饰画集　徐昌酩绘
上海　上海书画出版社　1989 年　116 页　有肖像
19cm（32 开）ISBN：7-80512-310-1
定价：CNY5.98
（实用美术资料丛书）
　　作者徐昌酩（1929—2018），美术师。浙江桐乡人。上海市美术家协会秘书长、常务副主席。出版有《徐昌酩装饰画》《徐昌酩动物装饰画集》《徐昌酩漫画集》等。

J0132588
艺术装饰小品资料　文集，朴晓卉编绘
沈阳　辽宁美术出版社　1989 年　264 页
19cm（32 开）定价：CNY9.00

J0132589
艺用装饰小品资料　文集，朴晓卉编绘
沈阳　辽宁美术出版社　1989 年　264 页
26×13cm（24 开）ISBN：7-5314-0220-3
定价：CNY9.00

J0132590
鹰形装饰　李民，章晓严绘
太原　山西人民出版社　1989 年　116 页　17×19cm
ISBN：7-203-00690-5　定价：CNY4.50

J0132591
中、小学美术图案集锦 5000 例　（小画家速成指南）保琨，晓丽编
北京　中国文史出版社　1989 年　364 页
19cm（32 开）ISBN：7-5034-0072-2
定价：CNY4.85

J0132592
中、小学墙报、黑板报报头图案集　李立

群，王小宁编绘
南京 江苏少年儿童出版社 1989 年 94 页
17cm（40 开）ISBN：7-5346-0310-2
定价：CNY2.00

J0132593
中国传统吉祥图案 李祖定主编
上海 上海科学普及出版社 1989 年 216 页
25cm（小 16 开）ISBN：7-5427-0194-0
定价：CNY8.90

　　本书收集、整理并重新编绘在中国广为流传
的各种吉祥图案，包括动物类、植物类、器物类、
文物类、文字图形类和建筑图形类等 6 大主题的
图案计 200 多种（300 余幅）。用中英文同时介绍
每一种图案的涵义和典故。外文书名：Chinese
Traditional Auspicious Patterns.

J0132594
中国佛教图案 叶兆信，潘鲁生编著
台北 南天书局 1989 年 204 页 29cm（16 开）
ISBN：957-638-099-5 定价：TWD350.00
（中国传统图案系列 5）

　　外文书名：Chinese Buddhistic Patterns. 作者
潘鲁生（1962— ），艺术学博士，教授，博士师
导师。山东曹县人。毕业于南京艺术学院。任
中国文联副主席、山东省文联主席、山东工艺美
术学院院长、中国民间文艺家协会主席、中国艺
术研究院中国设计艺术院院长、中国美术家协会
工艺美术艺委会主任等。代表作品《零的突破》
《匠心独运》等。主要著述有《论中国民间美术》
《中国民间美术工艺学》等。

J0132595
中国佛教图案 叶兆信，潘鲁生编著
香港 万里书店 1989 年 204 页 29cm（12 开）
ISBN：962-14-0366-9 定价：CNY69.70
（中国传统图案系列）

　　本书收集、整理历代佛像及佛教图案 300 余
幅，包括各种佛像及壁画、藻井、石窟装饰、器
皿纹饰及佛经故事图画等。每幅图附简短文字
说明，注明其出处、年代等，书前附专题性文章，
论述佛教文化与图案艺术的渊源关系等。由万
里书店和轻工业出版社联合出版。

J0132596
中国历代陶瓷饰纹 邓白，曾协泰主编
台北 南天书局 1989 年 228 页 29cm（16 开）
ISBN：957-9482-08-X 定价：TWD450.00
（中国传统图案系列 8）

　　外文书名：Chinese Ceramics Ornaments.

J0132597
中国历代陶瓷饰纹 邓白主编
香港 万里书店 1989 年 228 页 有图 29cm（16 开）
ISBN：962-14-0383-9 定价：HKD98.00
（中国传统图案系列）

　　外文书名：Chinese Ceramics Ornaments. 本书
万里书店和上海科学技术出版社联合出版。作
者邓白（1906—2003），画家，美术教育家。号
白叟，别字曙光。广东东莞人，就读于广州市立
美术学校和中央大学艺术系。历任中央美术学
院华东分院工艺美术系副教授，浙江美术学院
院长，中国美术家协会理事等。代表作品有《和
平春色》《岭南丹荔》《罗岗香雪》等。出版有
《中国画论初探》《图画见闻志注释》《徐熙与黄
筌》等。

J0132598
中国历代装饰纹样 （第四册 辽、金、元、
明、清）吴山编
北京 人民美术出版社 1989 年 437 页
20cm（32 开）ISBN：7-102-00259-9
定价：CNY8.60

J0132599
中国少数民族妇女头饰 唐忠朴，源泉编辑
北京 中国电影出版社 1989 年 122 页 有彩图
26cm（16 开）精装 ISBN：7-106-00302-6
定价：CNY60.00

　　本书收集了 55 个少数民族及一些未识别民
族头饰近 300 种，并介绍了头饰与婚姻状况、宗
教信仰、图腾崇拜等诸多方面的关系。

J0132600
装饰动物图案集 廖军等编绘
北京 纺织工业出版社 1989 年 153 页
26cm（16 开）ISBN：7-5064-0407-9
定价：CNY5.30

J0132601
装饰花卉　赵茂生著
杭州　浙江美术学院出版社　1989年　26cm（16开）
ISBN：7-81019-049-0　定价：CNY7.90
（设计教材丛书）

J0132602
装饰画的形式美　康冉，何宝森编著
北京　对外贸易教育出版社　1989年　56页
26cm（16开）ISBN：7-81000-289-9
定价：CNY7.50

J0132603
装饰图案五百例　许沛，集美编绘
南宁　广西民族出版社　1989年　114页
19cm（32开）ISBN：7-5363-0621-0
定价：CNY4.55

J0132604
报刊题花集　庄征编绘
武汉　湖北人民出版社　1990年　72页　19cm（32开）
ISBN：7-216-00644-5　定价：CNY2.00
　　作者庄征（1941—　　），一级美术师。原名庄
贞富，又名真。广东潮州人，毕业于广州美术学
院雕塑系。天津画院一级美术师，中国美术协会
会员，天津市城市雕塑艺术委员会委员。雕塑作
品有《高山仰止》《探海姑娘》《青春旋律》《冰上
之舞》等。

J0132605
报头设计手册　肖贝，郁娴编绘
北京　长城出版社　1990年　188页　有图
17×18cm　ISBN：7-80017-112-4　定价：CNY5.90
　　本书根据图案造型的规律，按图案类型，中
外文美术字的写法，点、线、面在图案中的运用
以及各种形式的有机结合进行科学编排。

J0132606
东方文样艺术　张丰荣编译
台北　瑞昇出版社　1990年　167+190页　有图部
分彩图　21cm（32开）ISBN：957-526-134-8
定价：TWD140.00
（美工设计）

J0132607
动物器皿造型800图　徐华铛，张立人编绘
北京　轻工业出版社　1990年　154页　19cm（32开）
ISBN：7-5019-0757-9　定价：CNY5.55
　　本书精选了古今中外有典型意义的动物器
皿造型图800例，内容涉及到陶瓷、金属、料器、
漆器、编织等类别。作者徐华铛（1944—　　），工
艺美术师。生于浙江嵊县。历任工艺竹编厂研
究所，中国民间文艺家协会，中国工艺美术研究
会会员。著有《中国竹艺术》《中国的龙》《佛国
造像艺术》《中国古塔》等。

J0132608
动物图案变化技法　梁敬泗著
济南　山东美术出版社　1990年　90页
19cm（小32开）定价：CNY4.20

J0132609
动物图案集　（鹤）李景阳绘
太原　山西人民出版社　1990年　100页
17cm（40开）ISBN：7-203-00691-3
定价：CNY4.30

J0132610
动物图案集　（蝴蝶）杨本荣编绘
太原　山西人民出版社　1990年　118页
17cm（40开）ISBN：7-203-01746-X
定价：CNY4.50

J0132611
动物图案集　（狮）施本铭，孙敏绘
太原　山西人民出版社　1990年　94页　17cm（32开）
ISBN：7-203-01742-7　定价：CNY4.40

J0132612
动物图案集　（水禽）吴誉等编绘
太原　山西人民出版社　1990年　154页
18cm（15开）ISBN：7-203-01745-1
定价：CNY5.50

J0132613
动物图案集　（熊）李家旭等绘
太原　山西人民出版社　1990年　130页
19cm（32开）ISBN：7-203-01744-3
定价：CNY4.80

J0132614
动物图案集 （猿猴）郝玉明绘
太原 山西人民出版社 1990 年 118 页 17×19cm
ISBN：7-203-01743-5 定价：CNY4.50

J0132615
动物图案集 （狗）严玉仲绘
太原 山西人民出版社 1992 年 120 页 17×19cm
ISBN：7-203-02403-2 定价：CNY5.00

J0132616
动物图案集 （羊）谢成，贾震文绘
太原 山西人民出版社 1992 年 106 页 17×19cm
ISBN：7-203-02404-0 定价：CNY4.80

J0132617
动物图集 马承祥编绘
北京 朝花美术出版社 1990 年 184 页
19cm（32 开）ISBN：7-5056-0023-0
定价：CNY2.70

J0132618
儿童绘画示范图三千例 徐文，王萍主编
长春 吉林美术出版社 1990 年 255 页
20cm（32 开）ISBN：7-5386-0187-2
定价：CNY4.20
　　本书汇集了房屋、动物、人物等绘画图案造
型 3000 余例。

J0132619
儿童家庭智力装饰画 飞龙编
成都 成都出版社 1990 年 4 张 54cm（4 开）
定价：CNY5.40

J0132620
飞机船舶汽车绘画参考资料 孙聿修编绘
石家庄 河北美术出版社 1990 年 141 页
19cm（32 开）ISBN：7-5310-0303-1
定价：CNY4.20
　　本书收集古今中外各种汽车、轮船、飞机、
摩托车的外形图样 400 余种。其中包括各种军
用飞机、民用飞机、客轮、货轮、军舰、各类小轿
车、大中型客车、各类卡车、摩托车及各类专业
用车。图案均用白描的形式绘出。

J0132621
黑白花卉 李松柴编著
杭州 浙江美术学院出版社 1990 年 140 页
17×19cm ISBN：7-81019-102-0 定价：CNY5.20
　　外文书名：Flowers in Black and White.

J0132622
黑白装饰 300 例 常志明绘
南京 南京大学出版社 1990 年 104 页
ISBN：7-305-00726-9 定价：CNY3.00
　　作者常志明，江苏版画作者，江苏新华日报
社从事美术工作。

J0132623
黑白装饰风景 崔兵绘
成都 四川美术出版社 1990 年 96 页 17cm（40 开）
ISBN：7-5410-0537-1 定价：CNY3.50

J0132624
黑白装饰画 杨长生作
西安 陕西人民美术出版社 1990 年 17cm（40开）
ISBN：7-5368-0247-1 定价：CNY3.50

J0132625
黑板报编绘指南 凡章，小冈编著
福州 福建美术出版社 1990 年 17×19cm
ISBN：7-5393-0136-8 定价：CNY3.20

J0132626
花的图案画集
［1990—1999 年］影印本 221 页 有图 21cm（32 开）

J0132627
今日报头 周瑞文主编；方学等绘
杭州 浙江人民美术出版社 1990 年 103 页
17×20cm ISBN：7-5340-0238-9 定价：CNY3.80
（今日系列丛书）

J0132628
柯尔克孜族图案集 刘定陵编绘
北京 民族出版社 1990 年 204 页 19cm（32 开）
ISBN：7-105-01116-5 定价：CNY5.50
（中国少数民族图案系列丛书）

J0132629

可爱简笔想像画　江静山译

台南　信宏出版社　1990年　203页　21cm（32开）

定价：TWD110.00

（美术 58）

J0132630

美术图案选编　（优生·婚姻·人口）赵裕丰编

北京　中国人口出版社　1990年　17×19cm

ISBN：7-80079-008-8　定价：CNY3.00

J0132631

模特装饰　诸葛志刚绘

天津　天津杨柳青画社　1990年　60页　17cm（40开）

ISBN：7-80503-120-7　定价：CNY2.00

　　本书为模特儿服饰图案专著。收入60幅图。商业时装模特实体造型画集。用简炼的素描线条，通过变形，给予现代意识再创作，形成全新的黑白人物绘画。现实生活缤纷的色彩感觉，在这种黑白绘画里并未减少，而更加丰富，表现出动人的艺术魅力。

J0132632

人体·动物装饰　吴湘麟等编绘

上海　上海人民美术出版社　1990年　142页

有图　17×18cm　ISBN：7-5322-0649-1

定价：CNY3.30

J0132633

人体黑白装饰画　田黎明等绘

成都　四川美术出版社　1990年　78页　19cm（32开）

ISBN：7-5410-0280-1　定价：CNY3.70

　　作者田黎明（1955—　），画家。生于北京，祖籍安徽合肥。中国艺术研究院博士生导师，中国艺术研究院副院长、研究生院院长、中央美术学院学术委员、中国画艺委会委员、北京市美协理事。代表作品有《自然的阳光》《正午的阳光》等。

J0132634

人体装饰　张伟杰绘

天津　天津人民美术出版社　1990年　146页

18×17cm　ISBN：7-5305-0227-1　定价：CNY6.60

J0132635

实用报头集　陈玉先等著

北京　海洋出版社　1990年　116页　17cm（32开）

ISBN：7-5027-0864-2　定价：CNY4.85

J0132636

实用装饰小品集　沈雪江绘编

上海　上海科学技术文献出版社　1990年　170页

17cm（32开）　ISBN：7-80513-621-1

定价：CNY3.80

J0132637

实用装饰新报头　方大才，汪新编绘

上海　上海科学技术文献出版社　1990年　166页

17×18cm　ISBN：7-80513-477-4　定价：CNY3.20

J0132638

适形花卉图案　崔栋良编绘

石家庄　河北美术出版社　1990年　88页

19cm（32开）　ISBN：7-5310-0359-7

定价：CNY4.10

　　本书共收88幅图。包括花卉的写生、花卉的变化、适形花卉图案构成、装饰色彩4部分。

J0132639

题图装饰画集　姬俊尧等绘；陈侃编辑

天津　天津杨柳青画社　1990年　151页

19cm（32开）　ISBN：7-80503-101-0

定价：CNY5.60

J0132640

外国童装贴花　王国梁等编绘

上海　少年儿童出版社　1990年　71页　19cm（32开）

ISBN：7-5324-0855-8　定价：CNY2.10

　　作者王国梁（1943—　），教授。生于浙江湖州市，毕业于东南大学建筑系。历任东南大学建筑系主任、教授，中国美术家协会江苏分会会员，江苏省水彩画会常务理事。

J0132641

维吾尔建筑艺术图案集　刘定陵编绘

北京　民族出版社　1990年　270页　20cm（32开）

ISBN：7-105-01117-3　定价：CNY6.80

（中国少数民族图案系列丛书）

J0132642

舞蹈人物装饰　胡连江编绘

天津　天津人民美术出版社 1990 年 150 页

19cm（32 开）ISBN：7-5305-0180-1

定价：CNY3.30

J0132643

校园报头集　陈玉先等编绘

郑州　海燕出版社 1990 年 238 页

13×19cm（32 开）ISBN：7-5350-0606-X

定价：CNY3.05

J0132644

艺用刊头尾花资料　吴永志等绘

沈阳　辽宁美术出版社 1990 年 279 页

26×13cm（24 开）ISBN：7-5314-0865-1

定价：CNY6.50

　　本书包括时事政治、文化、艺术、科学技术、
体育娱乐、装饰图形、点缀纹样等 2000 余幅，变
化手法多样，绘制方法新颖，是美术工作者和美
术爱好者常用的参考资料书。

J0132645

优生优育报头选编　中国人民解放军总参谋
部计划生育领导小组办公室编

北京　中国广播电视出版社 1990 年 178 页

19×26cm ISBN：7-5043-0282-1 定价：CNY6.00

　　本书按优生、优育、优教、人口形势、国防
科技、山水花卉、外文、数字和办报实例的顺序
编排的。

J0132646

云南风情黑白装饰画　何志本，向际纯绘

昆明　云南人民出版社 1990 年 212 页 19×17cm

ISBN：7-222-00663-X 定价：CNY5.50

　　本书由民族服饰、生产生活、风情民俗、文
体活动、风光名胜、文物、动植物 6 个部分组成。
以黑白装饰画的形式，描绘云南各兄弟民族的风
土人情。作者何志本（1950—　），工艺美术设
计师。四川南充人，毕业于中国书画函授大学大
专班。历任南充市工艺美术专业技术委员会中
级职务评审委员会委员，中国工业设计协会展示
委员会会员，南充市美协会员等职。作者向际纯
（1942—　），教授、编辑。出生于四川武胜。历
任《科幻世界》美术副编审，四川音乐美术学院

客座教授、成都蓝谷电脑艺术学校校长。

J0132647

张一民人物装饰画　张一民绘

济南　山东美术出版社 1990 年 10 页 26×24cm

ISBN：7-5330-0299-7 定价：CNY3.90

　　作者张一民（1943—　），美术家、教育家。
山东滨州市人，毕业于中央工艺美术学院。历任
山东工艺美术学院院长，中国壁画学会副会长，
山东省美术家协会名誉主席，山东壁画艺术研究
院院长。大型壁画《舜耕历山》，重彩画《岁月》，
奥运壁画《古代赛艇》等。

J0132648

中国古建筑图案　陈绶祥，吕品晶编著

台北　南天书局 1990 年 193 页 29cm（16 开）

ISBN：957-9482-23-3 定价：TWD350.00

（中国传统图案系列 9）

　　外　文　书　名：Chinese Traditional Building
Ornament.

J0132649

中国瑞兽图案　王抗生编著

台北　南天书局 1990 年 227 页 29cm（16 开）

ISBN：957-638-045-6 定价：TWD360.00

（中国传统图案系列 12）

　　外文书名：Chinese Auspicious Animals Pat-
terns.

J0132650

中国瑞兽图案　王抗生编著

香港　万里书店 1990 年 227 页 29cm（16 开）

ISBN：962-14-0449-5 定价：HKD80.00

（中国传统图案系列 第十二辑）

　　本书收集中国历代祥禽瑞兽图案及实物图
片 700 余幅，选自历代的建筑石窟、器具、服饰
织绣以及民间工艺品等。图例按年代顺序及瑞
兽类别分类排编。每图附简要文字说明，较详细
地介绍瑞兽的起源、演变及年代出处与艺术风
格等；书前有专题性文章，探讨中国古代瑞兽图
案与古代文化的渊源关系以及与西方动物图案
艺术的比较。由万里书店和轻工业出版社联合
出版。

J0132651

中国少数民族头饰　田顺新编绘

北京　博文书社　1990 年　102 页　17cm（40 开）

ISBN：7-5055-0006-6　定价：CNY7.50

　　本书共收录全国 55 个少数民族的头饰397 种

J0132652

中国少数民族图案系列丛书

北京　民族出版社　1990 年　20cm（32 开）

J0132653

中国十二生肖图集　濮安国，于会编著

台北　南天书局　1990 年　162 页　29cm（16 开）

ISBN：957-638-027-8　定价：TWD320.00

（中国传统图案系列 7）

　　外文书名：Patterns of the Twelve Animals.

J0132654

中国仕女图集　刘辉煌编著

台北　南天书局　1990 年　187 页　29cm（16 开）

ISBN：957-638-044-8　定价：TWD360.00

（中国传统图案系列 11）

　　外 文 书 名：Traditional Figures of Chinese Ladies.

J0132655

中国仕女图集　刘辉煌编著

香港　万里书店　1990 年　29cm（15 开）

ISBN：962-14-0435-5　定价：HKD80.00

（中国传统图案系列）

　　本书收集由战国以来历代美术家描绘的古代女性绘画和装饰图案 400 多幅，既按作品出现时代的先后排列，又将取材相同而作者年代不同的作品并列，让读者可以比较不同时代仕女画的不同风格。每幅图附有较为详细的文字说明，简要介绍主人公的历史背景及有关传说故事等。书前附专题性文章，简述中国仕女绘画及图案的历史发展及艺术特色等。由万里书店和轻工业出版社联合出版。

J0132656

中国喜庆吉祥图锦　张西秋等编绘

天津　天津人民美术出版社　1990 年　206 页

19cm（32 开）ISBN：7-5305-0150-X

定价：CNY4.20

J0132657

中小学板报报头画集　刘金成编绘

石家庄　河北美术出版社　1990 年　93 页

14×20cm　ISBN：7-5310-0372-4　定价：CNY2.50

　　作者刘金成（1947—　　），河北大名人，河北邯郸市幼儿师范学校美术讲师。

J0132658

中小学实用板报图案集　傅廷煦，周洪编绘

南昌　21 世纪出版社　1990 年　64 页　19cm（32 开）

ISBN：7-5391-0353-1　定价：CNY1.30

J0132659

中小学实用黑板报　（黑板报设计与报头插图集锦）温桂春等编绘

长春　长春出版社　1990 年　66 页　13×18cm

ISBN：7-80573-311-2　定价：CNY1.70

　　本书对黑板报的编排、报头设计、简单美术字的写法、插图、花边等作了介绍。

J0132660

装饰风景　卢兆祥绘

西安　陕西科学技术出版社　1990 年　122 页

13×19cm　ISBN：7-5369-0602-1　定价：CNY2.00

　　作者卢兆祥（1943—　　），研究员。生于陕西洋县，毕业于西安美术学院。历任陕西省书法教育研究会会长，西安美术学院研究院研究员，陕西省高等学校艺术教育研究会会长，中国美术教育研究会会员，陕西美术出版社特邀编审等职。出版有《装饰风景》《校园美术》《书法艺术》《卢兆祥画集》等。

J0132661

装饰花卉　孟新明等编绘

西安　陕西人民美术出版社　1990 年　282 页

19cm（32 开）定价：CNY4.20

　　全书共有花卉品种 100 多种，装饰花卉纹样1800 多个，并按大致开花季节前后顺序排列。

J0132662

装饰画　维仁等编绘

南宁　广西民族出版社　1990 年　132 页

19cm（32 开）ISBN：7-5363-0868-X

定价：CNY6.00
（现代实用美术丛书）

J0132663
装饰画技法　李家旭，刘静宜著
杭州　浙江美术学院出版社　1990年　有图版
26cm（16开）ISBN：7-81019-059-8
定价：CNY7.40
　　　作者刘静宜（1936—　），女，教授。天津美术学院教授，中国工艺美术学会高级会员，中国美术家协会会员。

J0132664
装饰人物艺术　许恩源编绘
济南　山东美术出版社　1990年　183页　25×24cm
ISBN：7-5330-0315-2　定价：CNY11.00
　　　作者许恩源（1940—　），教授。历任上海中国纺织大学服装系副教授、中国美术家协会上海分会会员。编著有《时装画技法研究》《论装饰图案艺术》《学习时装画入门》《时装画技法研究》等。

J0132665
最新卡通装饰图案集（一　动物天堂）刘荫茹绘
北京　海洋出版社　1990年
ISBN：7-5027-1004-3　定价：CNY3.80

J0132666
最新卡通装饰图案集（二　狗王国）刘荫茹绘
北京　海洋出版社　1990年
ISBN：7-5027-1004-3　定价：CNY3.90

J0132667
最新童装图案　陶秀莲等编绘
天津　天津科技翻译出版公司　1990年　127页
19×26cm　ISBN：7-5433-0132-6　定价：CNY3.90

J0132668
《七一》刊头集　周瑞文编
杭州　浙江人民美术出版社　1991年　32页
20cm（32开）ISBN：7-5340-0267-2
定价：CNY0.95
　　　本书为庆祝中国共产党成立70周年而编。收各类刊头80幅。

J0132669
100花图案写生变化（上）杨乾钊等绘
长沙　湖南美术出版社　1991年　100页　17×18cm
ISBN：7-5356-0434-X　定价：CNY5.50
　　　作者杨乾钊（1939—　），教授。曾用笔名杨前，重庆巴县人。西安美术学院教授，西安水彩画学会副会长，中国美术家协会会员等。《杨乾钊水彩画集》《美术家杨乾钊》《中国当代高等美术院校实力派教师色彩教学对话》等。

J0132670
100花图案写生变化（下）杨乾钊等绘
长沙　湖南美术出版社　1991年　101~200页
17×18cm　ISBN：7-5356-0435-8　定价：CNY5.50

J0132671
板报设计集锦　向纯香主编；江志凌编绘；阎建玲编文
北京　中国人口出版社　1991年　125页　18×26cm
ISBN：7-80079-086-X　定价：CNY5.90
　　　本书分报头图案，黑板报版面设计，宣传文字资料三部分。内容是专门为宣传人口与计划生育政策而设计的。

J0132672
板报设计手册　肖贝，郁娴编绘
北京　中国和平出版社　1991年　187页　13×19cm
ISBN：7-80037-607-9　定价：CNY3.80

J0132673
报刊实用图案　刘守熙编
北京　海洋出版社　1991年　135页　18×26cm
ISBN：7-5027-1565-7　定价：CNY9.50
　　　本书共收集各类尾花、题花、图案1400余幅。

J0132674
报头板报题图精选　陈玉先等绘
南宁　广西美术出版社　1991年　118页　17×18cm
ISBN：7-80582-197-6　定价：CNY3.50

J0132675
报头花边尾花和字体　印刷工业出版社编绘
北京　印刷工业出版社　1991年　92页　17×19cm
ISBN：7-80000-072-9　定价：CNY3.80

J0132676
报头新作　汪新等编绘
北京　朝花美术出版社 1991 年 117 页 18×19cm
ISBN：7-5056-0143-1 定价：CNY2.30
　　本书选印美化报刊所需要的报头、题花及各种装饰图案 660 余幅。

J0132677
常用黑板报报头资料　汪新等编绘
天津　天津人民美术出版社 1991 年 140 页
17cm（36 开）ISBN：7-5305-0250-6
定价：CNY4.50

J0132678
陈玉先报刊美术精选　（报头、题图、插图、速写）陈玉先绘
北京　长城出版社 1991 年 192 页 有照片
17cm（40 开）ISBN：7-80017-135-3
定价：CNY5.90
　　作者陈玉先（1944—　　），国画家、美术家。安徽淮南人。历任《解放军报》副主编，中国美术家协会艺术委员会副主任。代表作品《井冈山斗争》《红灯记》《红色娘子军》《草原儿女》。专著《速写技法》《陈玉先插图作品选》《陈玉先中国画》。

J0132679
动物装饰造型　李家旭等编绘
石家庄　河北美术出版社 1991 年 128 页
17×19cm ISBN：7-5310-0400-3 定价：CNY4.90
（装饰图案丛书）
　　本书收集马 116 匹（幅）、猴 80 只（幅）、熊百余只（幅）、猪 112 只（幅）、翠鸟、大雁、鹅、鹈鹕、鸳鸯、鹤等 92 只（幅），蝴蝶 70 只（幅），均采用变形的表现手法。

J0132680
风景图案 2000 幅　骆恒光编绘
杭州　浙江美术学院出版社 1991 年 188 页
17×19cm ISBN：7-81019-109-8 定价：CNY5.30
　　作者骆恒光（1943—　　），书法家。号翼之，浙江诸暨人。毕业于浙江美术学院。历任浙江教育出版社美术编辑，中国硬笔书法家协会副主席、中国书法家协会会员、浙江分会理事，浙江省书法理论研究会副会长兼秘书长。著有《骆

恒光论书》《行书法图说》《王羲之圣教序及其笔法》。

J0132681
古风图案　缪良云编
合肥　安徽美术出版社 1991 年 17×19cm
ISBN：7-5398-0180-8 定价：CNY4.60

J0132682
海洋奇观图集　胡连江编绘
北京　朝花美术出版社 1991 年 285 页 17×18cm
ISBN：7-5056-0150-4 定价：CNY9.90
　　本书编选描绘海洋世界各方面景象的装饰画约 1300 余图。

J0132683
黑白美术 800 例　单晓报绘
上海　上海科学技术文献出版社 1991 年 198 页
24cm（24 开）ISBN：7-80513-804-4
定价：CNY4.50

J0132684
花边图案手册　黄美芳等编绘
上海　上海文化出版社 1991 年 200 页
19cm（小 32 开）ISBN：7-80511-443-9
定价：CNY7.45

J0132685
建筑陶瓷装饰纹样选　中国建筑卫生陶瓷协会编
上海　上海人民美术出版社 1991 年 154 页
17×19cm ISBN：7-5322-0952-0 定价：CNY3.80

J0132686
舰连黑板报艺术　张秋民，孙文华编绘
北京　海潮出版社 1991 年 179 页 19cm（小 32 开）
ISBN：7-80054-258-0 定价：CNY6.00
　　本书选入 800 幅图。为帮助舰连官兵、文化骨干了解、掌握、运用黑板报实用美术技法知识，办好舰连黑板报参考、使用的工具书。

J0132687
精美学生黑板报墙报图案集　海南摄影美术出版社编
海口　海南摄影美术出版社 1991 年 95 页

13×18cm ISBN：7-80571-085-6 定价：CNY1.80

J0132688
楷模人物报头集　上海市总工会宣教部编；
鸣达等绘
上海 上海书画出版社 1991年 194页 有图
17×19cm ISBN：7-80512-525-2 定价：CNY6.80

J0132689
美术宣传实用手册　林发荣等编绘
贵阳 贵州人民出版社 1991年 188页 有图
17×18cm ISBN：7-221-02430-8 定价：CNY6.00

J0132690
蒙古族图案集　白音那编绘
北京 朝花美术出版社 1991年 87页 17×18cm
ISBN：7-5056-0145-8 定价：CNY2.40
　　本书搜集了大量蒙古族服饰、生活用具等丰
富多彩的图案装饰，这些图案表现蒙古族人民独
特的传统风格。作者白音那(1948—)，内蒙古
人民出版社美术编辑，内蒙古美术家协会会员。

J0132691
人口·家庭装饰画集　张万德绘
合肥 安徽美术出版社 1991年 17×19cm
ISBN：7-5398-0048-8 定价：CNY3.40

J0132692
山水云石图案集　葛春学，潘华编绘
上海 上海书店 1991年 245页 17×18cm
ISBN：7-80569-437-0 定价：CNY7.50
（中国传统图案丛书）

J0132693
十二生肖装饰画集　郑军编绘
上海 上海书画出版社 1991年 124页 19×17cm
ISBN：7-80512-522-8 定价：CNY5.50
（实用美术资料丛书）
　　作者郑军(1965—)，教授。生于山东诸城，
毕业于无锡轻工业学院。山东艺术学院设计学
院教授。著有《中国民间装饰艺术》《女性装饰
画集》等。

J0132694
实用刊头资料集　张再中编绘

长春 吉林美术出版社 1991年 116页 26×13cm
ISBN：7-5386-0200-3 定价：CNY5.50

J0132695
实用轻工美术资料800图　蔡宏生等编绘
北京 中国文联出版公司 1991年 187页 有图
19×26cm ISBN：7-5059-1498-7 定价：CNY11.30
　　本书选择了山水、花鸟、人物、动物、禽、
鸟、杂虫、龙、凤、水纹、云纹、博古、青铜器等
种类的图案共800余种。

J0132696
实用手绣机绣图案集　柏翠编著
郑州 河南科学技术出版社 1991年 146页
38cm（6开） ISBN：7-5349-0549-4
定价：CNY9.50

J0132697
实用装饰风景集　冀学闻，冀福海编绘
上海 上海书画出版社 1991年 142页
19cm（32开） ISBN：7-80512-493-0
定价：CNY2.70
（大世界画库 实用美术编）
　　本书通过各种艺术手法组合成风景装饰画
800幅。分山水情、乡野趣、树姿韵3大类，内
容包括风景名胜、城市建设、山乡风光、田野树
木等。

J0132698
题图·栏花集　陈玉先等绘
广州 岭南美术出版社 1991年 164页 17×18cm
ISBN：7-5362-0629-1 定价：CNY4.70

J0132699
网纹报头图案集　仓小宝编绘
北京 长城出版社 1991年 188页 17cm（40开）
ISBN：7-80017-134-5 定价：CNY5.90

J0132700
现代室内装饰画集　丁松江，徐先堂绘
北京 轻工业出版社 1991年 176页 17×19cm
ISBN：7-5019-1009-X 定价：CNY7.90
　　本画集是现代派风格的独幅装饰画集锦。
由江南风彩、鱼舟曲、北国风情、丛林鸟语、山
村晨光、金沙行舟6部分组成。

J0132701
校园实用美术 唐国文编绘
长沙 湖南美术出版社 1991年 110页 有图
13×19cm ISBN：7-5356-0492-7 定价：CNY2.80
　　作者唐国文（1949—　　），教师。湖南宁乡人，
湖南省艺术学校讲师，中国舞台美术学会、美术
家协会湖南分会会员。

J0132702
新编刊头设计艺术 吴惠良等编绘
武汉 武汉测绘科技大学出版社 1991年 148页
13×19cm ISBN：7-81030-117-9 定价：CNY2.95

J0132703
绚丽的舞姿 （装饰舞蹈图案）马晓林，谢小
红绘
贵阳 贵州人民出版社 1991年 116页 17×19cm
ISBN：7-221-02185-6 定价：CNY4.10

J0132704
艺用刊头插画集 （调查报告·谚语·市场百
态）葛德夫等编
乌鲁木齐 新疆青少年出版社 1991年
19cm（小32开）ISBN：7-5371-0940-0
定价：CNY3.90

J0132705
中国吉祥图案 （日）野崎诚近著；古亭书屋
编译
台北 众文图书公司 1991年 671页
21cm（32开）精装 ISBN：957-532-091-3
定价：TWD400.00
（中国风俗研究 一）

J0132706
中国民俗吉祥图案 苍彦主编
北京 中国文联出版公司 1991年 276页 有照片
19cm（小32开）ISBN：7-5059-0216-4
定价：CNY8.20
　　本书所选编的200幅图案及78篇分类解析
文章，详尽地表达了中国民俗吉祥图案的使用场
合、运用范围，以及各自的含意和出处，从而使
我们对其有更全面、更深刻的了解。

J0132707
中国民族图案艺术 （图册）何燕明主编
长春 吉林科学技术出版社 1991年 311页
26×27cm 精装 ISBN：7-5384-0713-8
定价：CNY203.00
　　本书共收50个民族的612幅图案作品，多
以文化艺术较为发达的苗族、彝族、白族、藏族、
维吾尔族、汉族等为主。图案作品均配有中英
文对照注释。外文书名：National Pattern Arts of
China.

J0132708
装饰绘画作品集 田喜庆作
沈阳 辽宁美术出版社 1991年 17×19cm
ISBN：7-5314-0887-2 定价：CNY13.00
　　作者田喜庆（1954—　　），教授。生于辽宁庄
河，毕业于鲁迅美术学院装潢系。历任鲁迅美术
学院装潢系教授，北京艺鸣盛世文化传媒有限公
司特邀设计顾问。著有《装饰绘画作品集》《设
计基础图案、动物变化》《面形艺术博览》《风景
装饰技法与应用》等。

J0132709
装饰美术实用手册 周志坚，董郁芬编绘
北京 中国工人出版社 1991年 116页 有图
18cm（小32开）ISBN：7-5008-0811-9
定价：CNY4.90

J0132710
装饰图案集 戚福光编绘
上海 上海书店 1991年 210页 19×17cm
ISBN：7-80569-440-0 定价：CNY6.00
　　作者戚福光，上海美术家协会会员。

J0132711
最新黑板报头资料集 陈玉先等编
北京 中国华侨出版公司 1991年 126页
13×19cm ISBN：7-80074-473-6 定价：CNY3.50

J0132712
版面设计与装饰艺术 明健飞，王剑平编著
长沙 湖南美术出版社 1992年 122页 13×19cm
ISBN：7-5356-0530-3 定价：CNY4.50

J0132713

报刊黑板报题图集 吴永福，吴永中绘

北京 中国轻工业出版社 1992 年 93 页 有图

17×18cm ISBN：7-5019-1158-4 定价：CNY4.40

　　作者吴永中（1963— ），画家。山东荣成人，毕业于山东青岛科技大学艺术学院。历任山东烟台纺织中专学校美术教师、山东研讨美术家协会会员、山东烟台工业美术设计协会会员。

J0132714

报刊题图尾花集 王成礼，韩丽绘

长春 时代文艺出版社 1992 年 93 页 14×16cm

ISBN：7-5387-0463-9 定价：CNY4.90

J0132715

报头题花 方大才编绘

北京 朝花美术出版社 1992 年 117 页 19×12cm

ISBN：7-5056-0028-1 定价：CNY1.60

J0132716

报头网纹装饰 仓小宝编绘

北京 长城出版社 1992 年 187 页 16×18cm

ISBN：7-80017-207-4 定价：CNY5.90

J0132717

彩纹百科精选 美工图书社编

台北 邯郸出版社 1992 年 269 页 有图

30cm（12 开）定价：TWD450.00

J0132718

电影　电视　戏剧　工艺美术图谱 马强等编绘

石家庄 河北美术出版社 1992 年 419 页

26cm（16 开）ISBN：7-5310-0431-3

定价：CNY25.00

　　本书包括民俗、戏曲、兵器等基础图案。作者马强（1928—1989），舞台美术家、古典戏曲艺术研究专家。字英秋，山东安丘人。

J0132719

动物世界 （豹 曹林绘图案集）曹林绘

北京 北京工艺美术出版社 1992 年 184 页

有照片 17×18cm ISBN：7-80526-095-8

定价：CNY9.30

　　外文书名：Animal World Leopards. 作者曹林

（1965— ），教授。毕业于中央工艺美术学院、中国艺术研究院。中国戏曲学院舞台美术系副主任。著作有《装饰艺术源流》《戏·瓷》《曹林画集》等。

J0132720

动物世界 （骆驼 曹林绘图案集）曹林绘

北京 北京工艺美术出版社 1992 年 185 页

有照片 17×18cm ISBN：7-80526-095-8

定价：CNY9.30

　　外文书名：Animal World Camels.

J0132721

动物世界图集 温纯等绘

天津 天津杨柳青画社 1992 年 108 页 18×21cm

ISBN：7-80503-154-1 定价：CNY6.00

J0132722

动物艺术造型 2000 陈兰等编绘

上海 上海交通大学出版社 1992 年 194 页

18×21cm ISBN：7-313-00131-2 定价：CNY6.20

　　本书收集动物形象图案二千多例，涉及动物一百余种。

J0132723

古代人物图像资料 王常平，王常树编

北京 人民美术出版社 1992 年 231 页 17×18cm

ISBN：7-102-00904-6 定价：CNY5.85

　　本书编绘了从新石器时代至清代的人物图像 4000 余个，充分表现了古代不同时期的人物造型；服饰及与其相关的建筑；道具；动、植物等。

J0132724

黑白装饰画 徐咏菊编绘

济南 山东美术出版社 1992 年 92 页

18×19cm ISBN：7-5330-0526-0 定价：CNY4.50

J0132725

黑白装饰艺术 崔兵绘

成都 四川美术出版社 1992 年 120 页 有照片

17×19cm ISBN：7-5410-0767-6 定价：CNY5.70

　　作者崔兵（1959— ），四川省美术家协会和成都市美术家协会会员。

J0132726
黑板报版式汇编　李湘森主编
北京　国防大学出版社　1992 年　有图　13×26cm
ISBN：7-5626-0360-X　定价：CNY4.20

J0132727
黑板报报头图案　徐文等编绘
济南　山东美术出版社　1992 年　92 页　19×17cm
ISBN：7-5330-0498-1　定价：CNY3.50

J0132728
黑板报资料手册　童行侃编
郑州河南美术出版社　1992 年　220 页　13×19cm
ISBN：7-5401-0264-0　定价：CNY4.50

J0132729
花卉装饰　陈开勋绘
苏州　古吴轩出版社　1992 年　18×26cm
ISBN：7-80574-040-2　定价：CNY8.00
　　作者陈开勋(1945—　)，教授。四川三台人。
历任绵阳市美术家协会三台分会常务理事，梓丹
画院画师。

J0132730
环境保护宣传美术图册　朱胜利，胡若佳编绘
北京　中国环境科学出版社　1992 年　重印本
123 页　17×18cm　ISBN：7-80010-893-7
定价：CNY4.20

J0132731
交通工具美术图谱　梁渠河，张建康编绘
广州　岭南美术出版社　1992 年　250 页
19cm(小 32 开)　ISBN：7-5362-0583-X
定价：CNY6.80

J0132732
节日实用图案　久康等编绘
海口　海南摄影美术出版社　1992 年　156 页
13×19cm　ISBN：7-80571-194-1　定价：CNY3.85

J0132733
景泰蓝图案　张向东编绘
石家庄　河北美术出版社　1992 年　133 页
16×18cm　ISBN：7-5310-0451-8　定价：CNY5.50
　　本书分景泰蓝整体器型图案设计与纹样设

计两大部分。介绍景泰蓝的历史、景泰蓝的艺术
特点。

J0132734
刊头尾花资料　王伯俊等收集编辑
太原　希望出版社　1992 年　重印本　52 页
19×17cm　ISBN：7-5379-0307-7　定价：CNY2.00

J0132735
美术实用图谱　(兵器图例)前召，焕宇编绘
西安　陕西人民美术出版社　1992 年　254 页
13×19cm　ISBN：7-5368-0358-3　定价：CNY5.10

J0132736
美术实用图谱　(古今器皿)晓林，湘渭编绘
西安　陕西人民美术出版社　1992 年　190 页
13×19cm　ISBN：7-5368-0359-1　定价：CNY3.90

J0132737
美术实用图谱　(花卉图谱)前召，蜀玉编绘
西安　陕西人民美术出版社　1992 年　190 页
13×19cm　ISBN：7-5368-0360-5　定价：CNY3.90

J0132738
美术实用图谱　(交通工具)乾钊，焕宇编绘
西安　陕西人民美术出版社　1992 年　222 页
13×19cm　ISBN：7-5368-0361-3　定价：CNY4.50

J0132739
美术实用图谱　(名人形象)湘渭，严妮绘；
马旌文
西安　陕西人民美术出版社　1992 年　189 页
13×19cm　ISBN：7-5368-0364-8　定价：CNY3.90
(美术实用图谱)

J0132740
美术实用图谱　(室内陈设)王铮编绘
西安　陕西人民美术出版社　1992 年　190 页
13×19cm　ISBN：7-5368-0357-5　定价：CNY3.90
(美术实用图谱)

J0132741
美术实用图谱　(外国装饰艺术选)曲渊编绘
西安　陕西人民美术出版社　1992 年　190 页
13×19cm　ISBN：7-5368-0354-0　定价：CNY3.90

J0132742

美术实用图谱 （外文美术字）文郁等编绘
西安 陕西人民美术出版社 1992 年 190 页
13×19cm ISBN：7-5368-0363-X 定价：CNY3.90

J0132743

美术实用图谱 （古今建筑）王铮编绘
西安 陕西人民美术出版社 1997 年 重印本
187 页 13×19cm ISBN：7-5368-0356-7
定价：CNY5.80

J0132744

美术实用图谱 （禽鸟图谱）冀申等编绘
西安 陕西人民美术出版社 1997 年 重印本
190 页 13×19cm ISBN：7-5368-0355-9
定价：CNY5.80

J0132745

人体黑白画 （续集）唐振铎绘
北京 中国轻工业出版社 1992 年 165 页
17×18cm ISBN：7-5019-1273-4 定价：CNY8.50
　　本画集收有男女人体黑白画 300 余幅。

J0132746

十二生肖图案集 贾夏荔编绘
上海 上海书店 1992 年 256 页 有插图
17×19cm ISBN：7-80569-486-9 定价：CNY8.40
（中国传统图案丛书）

J0132747

实用报头参考 陈玉先等编
北京 长城出版社 1992 年 188 页 16×18cm
ISBN：7-80017-206-6 定价：CNY5.90
　　作者陈玉先（1944— ），国画家、美术家。
安徽淮南人。历任《解放军报》副主编、中国美
术家协会艺术委员会副主任。代表作品《井冈山
斗争》《红灯记》《红色娘子军》《草原儿女》。专
著《速写技法》《陈玉先插图作品选》《陈玉先中
国画》。

J0132748

实用报头图案选 王杰等绘
济南 山东美术出版社 1992 年 140 页 14×16cm
ISBN：7-5330-0433-7 定价：CNY4.20

J0132749

实用黑板报、壁报装饰集萃 陆应江等绘制
北京 教育科学出版社 1992 年 94 页 17×18cm
ISBN：7-5041-0770-0 定价：CNY3.60

J0132750

实用黑板报题图尾花 吴言等编绘
北京 中国华侨出版社 1992 年 125 页 有图
13×19cm ISBN：7-80074-624-0 定价：CNY3.50
　　本书选绘近 800 幅黑板报题图、尾花，是作
者运用线条、色块构成的自然、社会千姿百态的
图案。

J0132751

实用美术装饰图案集 方宾，业宁编绘
南宁 广西美术出版社 1992 年 150 页 13×19cm
ISBN：7-80582-196-8 定价：CNY3.90

J0132752

书法与装饰风景画 700 例 齐卫国绘；杨再
春书
北京 北京体育学院出版社 1992 年 160 页
26cm（16 开）ISBN：7-81003-598-3
定价：CNY9.50
　　本书融书法与风景画为一体，包括 700 余
幅风景画，160 幅书法，精选古今中外佳句诗
词，隶、行、草、楷诸体书法兼有。作者杨再春
（1943— ），书法家。河北唐山人，毕业于北京
体育大学。历任北京体育大学出版社社长兼总
编，中国摄影著作权协会副总干事长，中国书画
函授大学教授。代表作品有《行草章法》《墨迹
章法通览》等。

J0132753

唐代墓志纹饰选编 张鸿修主编；陕西历史
博物馆编
西安 陕西人民美术出版社 1992 年 123 页
24×26cm ISBN：7-5368-0317-6 定价：CNY70.00
　　外文书名：Highlights of Decorative Designs on
the Memorial Tablets of the Tang Dynasty. 作者张鸿
修，陕西历史博物馆任职。

J0132754

题图、尾花集锦 杨仁毅等编
北京 中国文联出版公司 1992 年 118 页 有图

18×17cm ISBN：7-5059-1496-0 定价：CNY5.90

本书选编了科技、文教、工业、农业、军事、交通、人物、动物、风景、花卉等报头、题图、尾花近千幅。

J0132755
贴绣图案　于锦珠等绘图
上海　上海人民美术出版社　1992年　174页
17×19cm ISBN：7-5322-1009-X 定价：CNY3.90

J0132756
童饰趣味装饰画　高洪润编绘
海口　南海出版公司　1992年　132页　17×19cm
ISBN：7-80570-484-8 定价：CNY4.40

J0132757
图案构成　叶淑兰等编绘
石家庄　河北美术出版社　1992年　106页
有彩图　17×18cm ISBN：7-5310-0464-X
定价：CNY6.60
（装饰图案丛书）

本图册为河北工艺美校师生的作品集。从单独构成、适合构成、角隅构成、二方连续构成、综合构成等几个方面阐述图案构成原理。图案构成理论应用广泛，如藻井、民间蜡染、扎染、建筑装饰、地毯、纺织品、刺绣、陶瓷、景泰蓝等方面都有广泛应用。并配有大量图案。

J0132758
图案设计全集　陈彦君编
台南　世峰出版社　1992年　270页　21cm（32开）
ISBN：957-9696-37-3 定价：TWD100.00
（美术丛书 7）

J0132759
图案艺术精品集　蔡俊兴编绘
广州　岭南美术出版社　1992年　143页　有照片
26cm（16开）ISBN：7-5362-0917-7
定价：CNY28.00

本图案集包括：自由图案、草尾图案、花边图案、角形方块图案、集锦图案等。外文书名：The Pick of Artistic Pattern.

J0132760
王新华报头图案集　王新华绘

济南　山东美术出版社　1992年　68页　17×19cm
ISBN：7-5330-0461-2 定价：CNY3.30

作者王新华（1953—），山东莒县人，山东费县计划委员会工作。

J0132761
维吾尔民间图案集　中国美术家协会新疆分会编
乌鲁木齐　新疆美术摄影出版社　1992年
29cm（20开）ISBN：7-80547-095-2
定价：CNY180.00，CNY220.00（精装）

本画册收集了来自维吾尔族的花帽、首饰、服装、靴鞋、巾单、地毯、坑毡、线毯、壁挂、枕头、丝绸、花布、袋兜、褡裢、刀具、器皿、乐器、床柜、套具以及门窗建筑等图案301幅。

J0132762
现代报头刊尾图案集锦　战勇等编绘
天津　天津科技翻译出版公司　1992年　128页
17×19cm ISBN：7-5433-0232-2 定价：CNY4.50

J0132763
现代报头装饰图案　苏勇编绘
天津　天津杨柳青画社　1992年　113页　16×19cm
ISBN：7-80503-165-7 定价：CNY5.50

J0132764
现代变形装饰　刘华明，俞文云著
北京　北京美术摄影出版社　1992年　149页
16×18cm ISBN：7-80501-131-1 定价：CNY5.00

J0132765
校园报头集　朱国勤等作
上海　上海书画出版社　1992年　154页　有图
18×17cm ISBN：7-80512-619-4 定价：CNY5.20
（实用美术资料丛书）

J0132766
新编刊头画　愚君等编绘
北京　农村读物出版社　1992年　157页　13×19cm
ISBN：7-5048-1927-1 定价：CNY4.10

J0132767
新编美术图案集　季深业绘
牡丹江　黑龙江朝鲜民族出版社　1992年　158页

13×19cm ISBN：7-5389-0425-5 定价：CNY5.50

作者季深业（1954— ），书画家。号和艺，山东蓬莱人。长春市青年美术家协会会员，辽宁省海城市美术工作者协会会员。出版有《新编美术图案集》《装饰图案集》《美术字设计精作》等。

J0132768

新潮装饰 1000 例　　柯和根，孙彤辉编绘

上海 上海书画出版社 1992 年 212 页 18×17cm ISBN：7-80512-574-0 定价：CNY9.00

作者孙彤辉（1953— ），女，上海人，景德镇陶瓷学院美术系基础教研室任教，江西省美协会员。作者柯和根（1953— ），生于福建龙海，毕业于景德镇陶瓷学院美术系。历任上海师范大学美术学院陶研所副所长、教授、硕士生导师，中国美术家协会会员。作品有《静观：书法作品展》《心象：山水画作品展》。

J0132769

新黑板报报头图案选　　刘菁慧，王宇生编

北京 朝华出版社 1992 年 166 页 17×18cm ISBN：7-5054-0145-9 定价：CNY4.70

J0132770

学校板报设计与装饰 （节日活动图样序列）吴树勋等编绘

北京 北京教育出版社 1992 年 87 页 17×18cm ISBN：7-5303-0337-6 定价：CNY4.00

J0132771

中国传统图案赏析　　李学英，舒彤编著

石家庄 河北美术出版社 1992 年 388 页 26cm（16 开）ISBN：7-5310-0452-6 定价：CNY27.00

本书包括从新石器时代的彩陶、殷周时代的青铜刻玉，及至明清时代的木漆、丝织等各种门类工艺美术、民间美术的传统图案 1000 余幅，并附题材含义、时代风格、艺术特征的文字解释。

J0132772

中国吉祥符　　陈辉主编

海口 海南出版社 1992 年 268 页 19cm（小 32 开）ISBN：7-80590-399-9 定价：CNY5.80

吉祥符，或称符瑞，或称吉利画，是中国人用具象的画样来表征抽象的理想、意愿和情感的一种独特的艺术手法。本书收近 300 种符样，并加以阐释注释。

J0132773

中国吉祥图集成　　王树村编著

石家庄 河北人民出版社 1992 年 26cm（16 开）精装 ISBN：7-202-01159-X 定价：CNY150.00

本书包括吉祥题材的绘画、石刻线画、民间版画、剪纸、卦钱等作品 200 余件。作者王树村（1923—2009），画家。天津人，毕业于华北大学美术科。曾在中国美术研究所、中国艺术研究院从事创作、编辑、研究工作，任中国民间美术协会副会长，中国民俗学会理事、顾问、研究员。主要著作《杨柳青青画资料集》《中国美术全集·石刻线画、民间年画》。

J0132774

中国龙纹图集　　黄能馥，陈娟娟编著

台北 南天书局 1992 年 重印本 183 页 29cm（13 开）ISBN：957-638-090-1 定价：TWD320.00

（中国传统图案系列 6）

作者黄能馥（1927— ），教授。浙江义乌人。毕业于中央美术学院实用美术系。历任中央工艺美术学院教授，中国书法函授大学副校长，中国服饰艺术博物馆总顾问。著有《中国服饰艺术源流》《中华服饰七千年》。作者陈娟娟（1936—2003），女，研究员。历任故宫博物院研究员，国家文物鉴定委员会委员，中华服饰艺术研究会研究员，苏州丝绸博物馆、南京云锦研究所顾问。著作有《中国丝绸艺术》《故宫博物院学术文库——中国织绣服饰论集》《中国丝绸科技艺术七千年》等。

J0132775

重大节日刊头·题花　　沈英东绘

北京 中国文联出版公司 1992 年 92 页 13×19cm ISBN：7-5059-1554-1 定价：CNY3.40

J0132776

祝您健康美术资料　　陈志敏编绘

北京 朝花美术出版社 1992 年 156 有图 12×18cm ISBN：7-5056-0158-X 定价：CNY2.95

J0132777

装饰百花　苏勇编绘

北京　朝花美术出版社　1992 年　93 页　18×17cm

ISBN：7-5056-0174-1　定价：CNY2.00

J0132778

装饰基础技法　季鑫焕编绘

济南　山东美术出版社　1992 年　163 页　有图

18×19cm　ISBN：7-5330-0462-0　定价：CNY9.80

　　本书为黑白装饰基础技法，试图就认知方法、思维方式、形式语言等诸方面，作较为全面探讨。作者季鑫焕（1943—　），教授。生于江苏南通，毕业于无锡轻工业大学设计学院。历任山东纺织工学院实用美术系教师，青岛大学实用美术系副主任、教授，中国美术家协会山东分会会员。代表作《当代连环画精品集·季鑫焕》。

J0132779

装饰题花集　多尔加等编绘

成都　成都科技大学出版社　1992 年　358 页

17×18cm　ISBN：7-5616-0904-3　定价：CNY9.80

（实用美术装饰丛书　1）

J0132780

装饰图案选集　陆涌等编绘

上海　上海书画出版社　1992 年　154 页　有图

17×18cm　ISBN：7-80512-618-6　定价：CNY5.20

（实用美术资料丛书）

J0132781

最新报刊装饰图案　沈涛，李萍编绘

济南　山东美术出版社　1992 年　140 页　17×19cm

ISBN：7-5330-0495-7　定价：CNY4.90

　　作者沈涛（1915—　），画家，教师。原名沈雪华，出生于浙江临安县，就读于杭州国立艺术专科学校、上海新华艺术专科学校，师承潘天寿、汪亚尘、朱屺瞻等。曾在华东艺术专科学校绘画系、南京艺术学院工作。作品有《龙岗冬色》《烽烟满眼不胜愁》等。

J0132782

最新报头图案集　马雅利等编；左娜等绘

北京　警官教育出版社　1992 年　108 页　有图

17×19cm　ISBN：7-81027-104-0　定价：CNY4.80

J0132783

最新报头图案选　菁慧，宁生编

北京　学苑出版社　1992 年　198 页　18×21cm

ISBN：7-80060-204-4　定价：CNY4.90

J0132784

最新黑板报头精选集　仓小宝编绘

北京　中国画报出版社　1992 年　126 页　13×19cm

ISBN：7-80024-119-X　定价：CNY4.20

J0132785

百花变形图集　冀学闻，冀福海编绘

上海　上海书画出版社　1993 年　126 页　17×18cm

ISBN：7-80512-706-9　定价：CNY6.00

J0132786

板报墙报设计指南　黄宗湖主编；宗海等绘画

南宁　广西美术出版社　1993 年　236+16 页

26cm（16 开）　ISBN：7-80582-607-2

定价：CNY18.00

J0132787

报花图案集　秋野编绘

西安　陕西人民美术出版社　1993 年　100 页

13×19cm　ISBN：7-5368-0394-X　定价：CNY2.25

J0132788

报刊美术指南　严瑜仲等编著

北京　气象出版社　1993 年　188 页　17×19cm

ISBN：7-5029-1288-6　定价：CNY8.50

J0132789

报头画　刘金成著

石家庄　河北美术出版社　1993 年　94 页

14×20cm　ISBN：7-5310-0372-4　定价：CNY3.60

（儿童美术大全）

　　作者刘金成（1947—　），河北大名人，河北邯郸市幼儿师范学校美术讲师。

J0132790

报头图案集　（港澳台报头选辑）范力今，孟庆谷编

上海　上海人民美术出版社　1993 年　104 页

18×18cm　ISBN：7-5322-1247-5　定价：CNY3.00

J0132791

彩色立体壁报设计精选　徐敏等设计
昆明　云南美术出版社　1993 年　80 页　20×18cm
ISBN：7-80586-026-2　定价：CNY12.00

J0132792

陈亦逊题图尾花集　陈亦逊绘
北京　解放军文艺出版社　1993 年　162 页
17×19cm　ISBN：7-5033-0379-4　定价：CNY6.00
　　本集选入题图尾花 900 余幅。作者陈亦逊
（1940—　），画家，编辑。原名陈翼荪，浙江慈
溪人，毕业于浙江美术学院。历任解放军文艺出
版社副编审，中国美术家协会会员，中国出版工
作者协会装帧艺术研究会理事。绘画作品《园林
工人》《一家亲》，书籍装帧有《光荣的战地》《白
羽论稿》《爱·生·死》《百战将星》等。初出版有
《陈亦逊题图尾花集》。

J0132793

电影　电视　戏剧　工艺美术图谱　马强
等编绘
石家庄　河北美术出版社　1993 年　重印本
419 页　26cm（16 开）　ISBN：7-5310-0431-3
定价：CNY36.00
　　本书包括民俗、戏曲、兵器等基础图案。

J0132794

动物 36 变　郑赞文编绘
合肥　安徽美术出版社　1993 年　234 页
26cm（16 开）　ISBN：7-5398-0254-5
定价：CNY12.00
（美术资料丛书）
　　本书探讨了动物图案变化的规律，编入古今
中外 40 余种表现手法，精选了国内外上百种动
物的千余个图形。

J0132795

动物百态荟萃　李白涛绘
南京　南京出版社　1993 年　250 页　14×21cm
ISBN：7-80560-942-X　定价：CNY9.60

J0132796

动物装饰图集　湘麟等编绘
上海　上海书店　1993 年　254 页　18×17cm
ISBN：7-80569-915-1　定价：CNY12.00

J0132797

福寿吉祥图案　黄跃东绘
长春　吉林美术出版社　1993 年　215 页　18×21cm
ISBN：7-5386-0349-2　定价：CNY17.00

J0132798

黑白人物图集　邓广庆绘画
北京　团结出版社　1993 年　188 页　18×21cm
ISBN：7-80061-655-X　定价：CNY9.50

J0132799

黑白人物装饰画集　戚福光编绘
上海　上海书店　1993 年　207 页　18×19cm
ISBN：7-80569-743-4　定价：CNY7.50
　　作者戚福光，上海美术家协会会员。

J0132800

黑白装饰画　李玉成绘
长春　吉林美术出版社　1993 年　90 页　17×18cm
ISBN：7-5386-0303-4　定价：CNY5.00
　　作者李玉成（1962—　），吉林白城人，专攻
黑白装饰画。

J0132801

黑板报设计艺术　戚明等编绘
天津　天津杨柳青画社　1993 年　118 页　17×18cm
ISBN：7-80503-203-3　定价：CNY5.60

J0132802

黑板报头图案集　礼忠言等编
北京　长城出版社　1993 年　重印本　126 页
有图　13×18cm　ISBN：7-80017-037-3
定价：CNY4.40

J0132803

环境装饰画册　张强，边策编绘
北京　中国环境科学出版社　1993 年
112 页　17×19cm　ISBN：7-80093-382-2
定价：CNY5.20
　　作者张强，环境保护宣传教育美术工作者。
作者边策，环境保护宣传教育美术工作者。

J0132804

节日常用题图尾花　郭存善等绘
北京　中国画报出版社　1993 年　120 页　13×18cm

ISBN：7-80024-169-6 定价：CNY4.95

J0132805
精美装饰线描　陆涌著
南宁 广西美术出版社 1993年 85页 19×17cm
ISBN：7-80582-664-1
定价：CNY4.30，CNY11.00（精装）

J0132806
刊头设计漫话　李赵生著
成都 成都科技大学出版社 1993年 68页
17×19cm ISBN：7-5616-1371-7 定价：CNY2.50
　　本书集作者近年设计的400副刊头和题花。

J0132807
刊头题花图案集　张伟良编绘
上海 上海书店 1993年 170页 17×19cm
ISBN：7-80569-744-2 定价：CNY6.50
　　作者张伟良，上海劳动报社美术编辑。

J0132808
脸形装饰图案集　李大宪编绘
上海 上海书店 1993年 179页 17×19cm
ISBN：7-80569-704-3 定价：CNY8.00

J0132809
龙凤装饰艺术集　郑军编绘
广州 岭南美术出版社 1993年 192页 有图
17×18cm ISBN：7-5362-0969-X 定价：CNY10.80
　　作者郑军（1965— ），教授。生于山东诸城，
毕业于无锡轻工业学院。山东艺术学院设计学
院教授。著有《中国民间装饰艺术》《女性装饰
画集》等。

J0132810
漫画动物2000例　冯杰等绘
上海 文汇出版社 1993年 193页 17×19cm
ISBN：7-80531-208-7 定价：CNY6.80

J0132811
美术字·图案大成　童品国主编
长春 吉林美术出版社 1993年 819页
26cm（16开）精装 ISBN：7-5386-0294-1
定价：CNY50.00
　　本书编入数千个美术字、拉丁字母、阿拉

伯字母的多种字体及数千幅底纹图案、花边、商
标等。

J0132812
民间喜庆节日图案　台金，苗璧编绘
上海 中国纺织大学出版社 1993年 236页
17×19cm ISBN：7-81038-017-6 定价：CNY7.80
　　本书以民间节日为主，编绘了圣诞节、春
节、情人节、风筝节等节日的吉庆图案，并附有
祝词。

J0132813
女性装饰画集　郑军绘编
广州 岭南美术出版社 1993年 136页 19×19cm
ISBN：7-5362-0918-5 定价：CNY8.00

J0132814
设计基础图案　（花卉变化）回顾等编著
沈阳 辽宁美术出版社 1993年 4册 17×19cm
ISBN：7-5314-1027-3 定价：CNY12.00
　　作者回顾（1953— ），教授。辽宁人。鲁迅
美术学院副教授。编著有《世界装饰图案全集》
《中国丝绸纹样史》《花卉图案设计》等。

J0132815
设计基础图案　（人物变化）回顾等编著
沈阳 辽宁美术出版社 1993年 有图 17×19cm
ISBN：7-5314-1027-3 定价：CNY14.00
（四大变化 2）

J0132816
实用报头美术字　杨毅编
北京 北京师范大学出版社 1993年 138页
17×18cm ISBN：7-303-02816-1 定价：CNY5.80

J0132817
实用动物资料集　张吉成主编
长春 时代文艺出版社 1993年 106页 17×19cm
ISBN：7-5387-0736-0 定价：CNY5.80

J0132818
实用刊头尾花精选　常桦，夏天绘编
南宁 广西美术出版社 1993年 94页 有画
17×19cm ISBN：7-80582-611-0 定价：CNY4.68

J0132819

实用农村宣传广告装饰荟萃　木移主编；王四海等供稿

北京　北京师范大学出版社　1993 年　132 页

17×19cm　ISBN：7-303-03222-3　定价：CNY6.20

J0132820

实用图案与底纹集　孙玉书等编绘

北京　印刷工业出版社　1993 年　92 页　13×19cm

ISBN：7-80000-106-7　定价：CNY2.95

J0132821

实用装饰图集　张衣杰绘

杭州　西泠印社　1993 年　19×21cm

ISBN：7-80517-121-1　定价：CNY9.50

　　外　文　书　名：Practical Ornamental Design Collection.

J0132822

外国纺织纹样　王一迁编绘

上海　上海人民美术出版社　1993 年　87 页

17×19cm　ISBN：7-5322-1272-6　定价：CNY4.60

　　本书据外国纺织品的纹样资料重新加工绘制（黑白勾描，有整片和局部），主要资料是"佩斯利纹样"（PAISILEY）。

J0132823

王立宝报刊美术作品集　王立宝绘

合肥　安徽美术出版社　1993 年　177 页　17×18cm

ISBN：7-5398-0308-8　定价：CNY9.50

J0132824

尾花集　栾仁梅等绘

北京　经济科学出版社　1993 年　125 页　14×19cm

ISBN：7-5058-0595-9　定价：CNY6.50

J0132825

尾花集粹　杨永德绘编

北京　团结出版社　1993 年　165 页　17×18cm

ISBN：7-80061-973-7　定价：CNY6.80

J0132826

卫生板报与橱窗设计　陈公白，林政编著

北京　中国医药科技出版社　1993 年　114 页

17×19cm　ISBN：7-5067-1031-5　定价：CNY5.20

J0132827

现代报头图案精选　夏茫编

北京　金城出版社　1993 年　158 页　13×19cm

ISBN：7-80084-020-4　定价：CNY4.20

J0132828

现代刊头设计　滕达主编

长春　长春出版社　1993 年　184 页　17×19cm

ISBN：7-80604-028-5　定价：CNY6.80

J0132829

现代刊图装饰设计手册　杨增玲编绘

北京　中国物资出版社　1993 年　140 页　17×18cm

ISBN：7-5047-0049-5　定价：CNY7.00

J0132830

现代人体装饰画　吴湘麟等编绘

南宁　广西美术出版社　1993 年　142 页　18×19cm

ISBN：7-80582-541-6　定价：CNY6.00

（现代设计家丛书）

J0132831

现代实用报头尾花设计集锦　花花，草草编

北京　中国物资出版社　1993 年　90 页　13×18cm

ISBN：7-5047-0801-1　定价：CNY5.20

J0132832

现代装饰艺术作品集　张仕森著

北京　华艺出版社　1993 年　17×18cm

ISBN：7-80039-795-5　定价：CNY5.50

J0132833

校园常用黑板报头图案集　郭存善绘

北京　中国画报出版社　1993 年　120 页　13×19cm

ISBN：7-80024-171-8　定价：CNY4.95

J0132834

新编报头题图精选　吴湘麟等编绘

南宁　广西美术出版社　1993 年　118 页　13×19cm

ISBN：7-80582-670-6　定价：CNY4.20

J0132835

新编实用报头设计手册　存谦，郭怡芳泓绘

北京　中国画报出版社　1993 年　120 页　13×19cm

ISBN：7-80024-177-7　定价：CNY4.95

J0132836
新潮图案集锦　吴湘麟，于锦珠编绘
上海　上海书店　1993 年　233 页　17×18cm
ISBN：7-80569-775-2　定价：CNY8.80

J0132837
邢庆华装饰线描艺术　邢庆华［绘］
南京　南京出版社　1993 年　237 页　19×20cm
ISBN：7-80560-780-X　定价：CNY13.80
　　本画册分为人物人体、动物、花卉、风景 4
部分，每部分前有画法的提示和简述。主编邢
庆华（1952— ），教授。江苏高淳人，南京艺
术学院讲师，江苏省美术家协会会员，中国工艺
美术学会会员等。著有《邢庆华装饰线描艺术》
《装饰图案设计的理论－技法－表现》《几何图
案》等。

J0132838
应用图案 1000 例　方大才编绘
上海　上海书画出版社　1993 年　162 页　18×17cm
ISBN：7-80512-712-3　定价：CNY9.00
（实用美术资料丛书）

J0132839
鱼的图案　张啸谷绘
合肥　安徽美术出版社　1993 年　重印本　92 页
17×19cm　ISBN：7-5398-0149-2　定价：CNY3.90
　　作者张啸谷（1950— ），画家。安徽合肥
人。历任中国美术家协会安徽分会会员，微科普
美术协会会员，淮南科普美协副理事长。黑白
装饰图案作品有《风景》《动物》《建筑》《人物》
《鱼形》。

J0132840
中国吉祥图案　伍小东编著
南宁　广西美术出版社　1993 年　133 页　17×19cm
ISBN：7-80582-612-9　定价：CNY6.00

J0132841
中国莲花图案　龙宝章编著
北京　中国轻工业出版社　1993 年　234 页
26cm（16 开）ISBN：7-5019-1435-4
定价：CNY18.00
　　作者龙宝章（1935— ），教授。河北昌黎人，
毕业于中央工艺美术学院染织系。历任山东工

艺美术学院染织系主任、副教授，中国美术家协
会会员。出版有《艺用鱼纹资料》《火柴商标设
计集锦》《现代印染图案设计》《中国莲花图案》
《中国鱼形装饰艺术》等。

J0132842
中国青铜器图案集　周泗阳，万山编绘
上海　上海书店出版社　1993 年　263 页　17×18cm
ISBN：7-80569-916-X　定价：CNY12.80
（中国传统图案丛书）
　　本图集分为：兽面纹、龙纹、动物纹、火纹、
几何纹等 20 部分。

J0132843
中国少数民族地区报纸美术作品精选　陈
玉先，若希主编
北京　长城出版社　1993 年　227 页　17×18cm
ISBN：7-80017-238-4　定价：CNY7.90
　　本书精选少数民族地区报纸美术作品
174 幅。

J0132844
中国图案大系　（一）张道一主编
济南　山东美术出版社　1993 年　620 页
26cm（16 开）精装　ISBN：7-5330-0610-0
定价：CNY105.00
　　作者张道一（1932— ），教授。生于山东齐
东县，就读于华东大学文艺系和山东大学艺术系
学习。历任东南大学艺术学教授、博士生导师，
苏州大学艺术学院院长。出版有《张道一文集》。

J0132845
中国图案大系　（二）张抒编
济南　山东美术出版社　1993 年　620 页　有图
26cm（16 开）精装　ISBN：7-5330-0681-X
定价：CNY105.00

J0132846
中国图案大系　（三）倪建林编
济南　山东美术出版社　1993 年　620 页　有图
26cm（16 开）精装　ISBN：7-5330-0693-3
定价：CNY105.00

J0132847
中国图案大系　（四）张抒编

济南　山东美术出版社　1993年　620页　有图
26cm（16开）精装　ISBN：7-5330-0715-8
定价：CNY105.00

J0132848
中国图案大系　（五）陈同纲，倪建林编
济南　山东美术出版社　1993年　620页　有图
26cm（16开）精装　ISBN：7-5330-0812-X
定价：CNY105.00

J0132849
中国图案大系　（六）潘鲁生编
济南　山东美术出版社　1993年　620页　有图
26cm（16开）精装　ISBN：7-5330-0817-0
定价：CNY105.00
　　作者潘鲁生（1962—　　），艺术学博士，教
授，博士师导师。山东曹县人。毕业于南京艺术
学院。任中国文联副主席、山东省文联主席、山
东工艺美术学院院长、中国民间文艺家协会主
席、中国艺术研究院中国设计艺术院院长、中国
美术家协会工艺美术艺委会主任等。代表作品
《零的突破》《匠心独运》等。主要著述有《论中
国民间美术》《中国民间美术工艺学》等。

J0132850
中国图案大系　（第五卷）张道一主编
济南　山东美术出版社　1994年　620页
26cm（16开）精装　ISBN：7-5330-0812-X
定价：CNY105.00

J0132851
中国图案大系　（第六卷）张道一主编
济南　山东美术出版社　1994年　620页
26cm（16开）精装　ISBN：7-5330-0817-0
定价：CNY105.00

J0132852
中国诸神图集　叶兆信编著
台北　南天书局　1993年　116页　29cm（16开）
ISBN：957-638-165-7　定价：TWD360.00
（中国传统图案系列 14）
　　外文书名：Chinese Immortals Patterns.

J0132853
中国诸神图集　叶兆信编著

香港　万里书店　1993年　176页　29cm（16开）
ISBN：962-14-0748-6　定价：HKD78.00
（中国传统图案系列 14）
　　外文书名：Chinese Immortals Patterns. 本书由
万里书店和轻工业出版社联合出版。

J0132854
中国装饰吉祥图案　成嘉文，张凯编绘
重庆　西南师范大学出版社　1993年　48页
有图　26cm（16开）ISBN：7-5621-0887-0
定价：CNY8.80
　　本书汇集300多张有代表性的吉祥动物、
植物、日常用具和传说人物的图案。外文书名：
Decorative Auspicious Patterns of China.

J0132855
中外节日图案集　张瑞邦，白云，张濂编
上海　上海书画出版社　1993年　238页
19cm（小32开）ISBN：7-80512-759-X
定价：CNY14.00
　　本书收录了元旦、春节、情人节、国际儿
童节、端午节、中秋节等中外节日主题的绘画
图案。

J0132856
中小学板报图案集　季深业绘
延吉　东北朝鲜民族教育出版社　1993年　158页
13×18cm　ISBN：7-5437-1579-1　定价：CNY5.80

J0132857
中小学生板报图案集　湘麟等编绘
西安　未来出版社　1993年　125页　13×19cm
ISBN：7-5417-0644-2　定价：CNY2.30

J0132858
装饰报头　黄耀东绘
长春　吉林美术出版社　1993年　139页　17×18cm
ISBN：7-5386-0304-2　定价：CNY7.00

J0132859
装饰人体　王造星，顾振君编绘
沈阳　辽宁美术出版社　1993年　179页　17×18cm
ISBN：7-5314-0972-0　定价：CNY7.90
　　本画册为中国现代人体画装饰美术图案。
作者王造星（1943—　　），美术编辑。吉林柳河人。

历任抚顺市社会科学研究所美术编辑，辽宁省美术家协会会员，抚顺市美术家协会副主席。作者顾振君（1941—　　），研究员。辽宁沈阳人。历任抚顺市群众艺术馆副研究馆员，辽宁省美术家协会会员，辽宁省年画学会常务理事。

J0132860

装饰图案　邹君文编绘

沈阳　辽宁美术出版社　1993 年　236 页　17×18cm

ISBN：7-5314-1036-2　定价：CNY16.80

　　作者邹君文（1944—　　），辽宁科学技术出版社美术摄影编辑室主任。

J0132861

装饰图案集　王杰编绘

北京　朝花美术出版社　1993 年　77 页　13×19cm

ISBN：7-5056-0181-4　定价：CNY1.40

J0132862

最新报头图案集　百广人编

沈阳　辽沈书社　1993 年　142 页　14×20cm

ISBN：7-80507-126-8　定价：CNY4.80

J0132863

最新实用黑板报头图案集　郭存善等编绘

北京　中国画报出版社　1993 年　108 页　13×18cm

ISBN：7-80024-168-8　定价：CNY4.90

J0132864

最新实用美术引导　江宏，小山编绘

南宁　广西民族出版社　1993 年　99 页　19×17cm

ISBN：7-5363-2174-0　定价：CNY6.80

（现代实用美术丛书）

　　本书由民族风情、海的情怀、汉代遗风、随心所欲、杂画汇览 5 部分组成。

J0132865

最新实用装饰画集　张衣杰作

北京　长城出版社　1993 年　160 页　17×18cm

ISBN：7-80017-230-9　定价：CNY6.80

J0132866

1000 种插画·图案大百科　众文编辑部编著

北京　世界图书出版公司　1994 年　391 页

26cm（16 开）ISBN：7-5062-1799-6

定价：CNY24.80

J0132867

百花百变　（图集）李元志绘

合肥　安徽文艺出版社　1994 年　310 页

26cm（16 开）ISBN：7-5398-0378-9

定价：CNY19.80

（美术资料丛书）

J0132868

板报装饰 1000 例　徐炳兴主编；汪新等编绘

上海　上海画报出版社　1994 年　163 页　17×19cm

ISBN：7-80530-090-9　定价：CNY4.80

（知识画库）

　　本书包括：人物、山村小景、科技生活等 7 个部分。

J0132869

版面编辑设计美术手册　许峰，陈鹏先主编

桂林　广西师范大学出版社　1994 年　235 页

有图　20cm（32 开）ISBN：7-5633-1806-2

定价：CNY6.80

J0132870

版面编辑设计美术手册　许峰，陈鹏先主编

桂林　广西师范大学出版社　1996 年　重印本

235 页　有图　20cm（32 开）

ISBN：7-5633-1805-4　定价：CNY9.70

J0132871

报头精选　汪新等编绘

北京　朝花美术出版社　1994 年　117 页　有图

17×19cm　ISBN：7-5056-0242-X　定价：CNY3.00

J0132872

报头题花插图图案　季深业绘

北京　中国林业出版社　1994 年　144 页　17×19cm

ISBN：7-5038-1217-6　定价：CNY5.70

（新世纪图案设计丛书）

　　作者季深业（1954—　　），书画家。号和艺，山东蓬莱人。长春市青年美术家协会会员，辽宁省海城市美术工作者协会会员。出版有《新编美术图案集》《装饰图案集》《美术字设计精作》等。

J0132873

彩色地纹 （广告·设计·印刷专用 1）陈新等编
深圳 海天出版社 1994 年 21×29cm
ISBN：7-80615-080-3 定价：CNY348.00

J0132874

电影　电视　戏剧　工艺美术图谱 马强
等编绘
石家庄 河北美术出版社 1994 年 重印本
419 页 26cm（16 开）ISBN：7-5310-0431-3
定价：CNY39.00
　　本书包括民俗、戏曲、兵器等基础图案。

J0132875

动物　花卉图案 季深业绘
北京 中国林业出版社 1994 年 144 页 17×19cm
ISBN：7-5038-1278-8 定价：CNY5.70
（新世纪图案设计丛书）
　　本书包括：动物图案、花卉图案、美术学 3
个部分。作者季深业（1954— ），书画家。号和
艺，山东蓬莱人。长春市青年美术家协会会员，
辽宁省海城市美术工作者协会会员。出版有《新
编美术图案集》《装饰图案集》《美术字设计精
作》等。

J0132876

动物花卉图案 季深业绘
北京 中国林业出版社 1994 年 144 页 17×19cm
ISBN：7-5038-1278-8 定价：CNY5.70
（新世纪图案设计丛书）

J0132877

动物世界 王筼等编；朱铭善等绘
桂林 漓江出版社 1994 年 26cm（16 开）
ISBN：7-5407-1601-0 定价：CNY7.40
（365 天天天问 天天系列图画本 1）

J0132878

动物图案集 黄聿雯编绘
青岛 青岛出版社 1994 年 136 页 有图
15×26cm ISBN：7-5436-1232-1
定价：CNY5.80

J0132879

儿童题材图案集 邹家政等编绘

长沙 湖南美术出版社 1994 年 127 页
17cm（40 开）ISBN：7-5356-0673-3
定价：CNY5.50
　　作者邹家政（1947— ），湖南冷水江市人，
湖南湘潭纺织厂图案室工艺美术设计师。

J0132880

飞机船舶汽车绘画参考资料 孙聿修编绘
石家庄 河北美术出版社 1994 年 重印本
141 页 17×19cm ISBN：7-5310-0303-1
定价：CNY9.00
　　本书收集中外各种汽车、轮船、飞机、摩托
车的外形图样 400 余种。其中包括各种军用飞机、
民用飞机、客轮、货轮、军舰、各类小轿车、大中
型客车、各类卡车、摩托车及各类专业用车。图
案均用白描的形式绘出。

J0132881

服饰图案纹样 1000 例 孙爱丽著
济南 山东科学技术出版社 1994 年 143 页
19×26cm ISBN：7-5331-1415-9 定价：CNY13.50
（新生活文库 – 十万题）

J0132882

黑板报 继长等编绘
北京 中央民族大学学院出版社 1994 年 188 页
13×19cm ISBN：7-81001-713-6 定价：CNY6.50

J0132883

黑板报常用报头精选集 郭存善等绘编
北京 中国画报出版社 1994 年 2 版 121 页
13×19cm ISBN：7-80024-190-4 定价：CNY5.60

J0132884

黑板报设计艺术 戚明等编绘
天津 天津杨柳青画社 1994 年 重印本 118 页
17×18cm ISBN：7-80503-203-3 定价：CNY7.00

J0132885

黑板报头图案与设计手册 白长江等编
北京 中国华侨出版社 1994 年 120 页 13×18cm
ISBN：7-80074-917-7 定价：CNY5.60

J0132886

吉祥图案手册 肖云等编

上海 上海文化出版社 1994 年 284 页 17×19cm
ISBN：7-80511-656-3 定价：CNY15.00

J0132887
简笔刊头，图案集　柯桥等编
北京 中国画报出版社 1994 年 121 页 13×19cm
ISBN：7-80024-203-X 定价：CNY5.80
　　本书编入刊头、报头、图案 300 余幅，包括
工矿企业、部队、机关、学校、农村以及文化娱
乐和日常生活等方面的实际宣传工作需要。

J0132888
简易黑板报头图案集　三实等绘
北京 中国华侨出版社 1994 年 121 页 13×19cm
ISBN：7-80074-643-7 定价：CNY5.40

J0132889
军事图案集　（报头、题图、栏头、图案）仓小
宝编绘
北京 解放军出版社 1994 年 187 页 17×18cm
ISBN：7-5065-2378-7 定价：CNY13.00

J0132890
刊头·尾花图案　庞宝金绘
北京 金盾出版社 1994 年 103 页 17×18cm
ISBN：7-80022-965-3 定价：CNY4.90

J0132891
刊头画精选　（机关建设报十年刊头画集萃）
林野主编
长春 吉林人民出版社 1994 年 174 页
19cm（小 32 开）ISBN：7-206-02233-9
定价：CNY12.00

J0132892
龙凤吉祥图案　张宝才编绘
沈阳 辽宁美术出版社 1994 年 139 页 17×19cm
ISBN：7-5314-1038-9 定价：CNY8.80
　　本书收集了 400 余幅龙凤纹样和吉祥纹饰。

J0132893
平面构成图形 1000 例　徐炳兴主编；沈景等
编绘
上海 上海画报出版社 1994 年 78 页 17×19cm
ISBN：7-80530-092-5 定价：CNY6.00

（知识画库）
　　本书内容包括：重复骨格图形、近似骨格图
形、密集图形、矛盾空间图形等 7 部分。

J0132894
趣味黑白装饰画　（人物、动物、风景、花卉）
徐晋林，姚静萍绘
兰州 甘肃民族出版社 1994 年 115 页 17×18cm
ISBN：7-5421-0280-X 定价：CNY6.80

J0132895
人体装饰艺术集　郑军，徐立慧编绘
长沙 湖南美术出版社 1994 年 180 页 17×19cm
ISBN：7-5356-0656-3 定价：CNY9.80

J0132896
人物　服装　抽象装饰画图案　季深业绘
北京 中国林业出版社 1994 年 144 页 17×19cm
ISBN：7-5038-1295-8 定价：CNY5.70
（新世纪图案设计丛书）
　　作者季深业（1954—　），书画家。号和艺，
山东蓬莱人。长春市青年美术家协会会员，辽宁
省海城市美术工作者协会会员。出版有《新编美
术图案集》《装饰图案集》《美术字设计精作》等。

J0132897
人物装饰图形　王珠珍绘
上海 上海人民美术出版社 1994 年 126 页
17×18cm ISBN：7-5322-1348-X 定价：CNY5.80

J0132898
少数民族用品资料集　（图集）王琨，张安吾绘
合肥 安徽美术出版社 1994 年 62 页 26cm（32 开）
ISBN：7-5398-0272-3 定价：CNY4.80
（美术资料丛书）

J0132899
实用板报装饰材料　汪新等编绘
天津 天津人民美术出版社 1994 年 108 页
19cm（小 32 开）ISBN：7-5305-0363-4
定价：CNY2.90

J0132900
实用报头精萃　三实等绘编
北京 中国华侨出版社 1994 年 121 页 13×17cm

ISBN：7-80074-592-9　定价：CNY5.40

J0132901
实用报头精选集　春山等编绘
北京　中国华侨出版社　1994年　124页　13×18cm
ISBN：7-80074-990-8　定价：CNY5.90

J0132902
实用黑板报头精选　晓阳编绘
北京　中国物资出版社　1994年　114页　17×19cm
ISBN：7-5047-0750-3　定价：CNY6.00

J0132903
实用黑板报头图案集　柯桥等编
北京　中国华侨出版社　1994年　125页　13×19cm
ISBN：7-80074-925-8　定价：CNY5.60

J0132904
实用美术设计资料　吴惠良编绘
武汉　武汉测绘科技大学出版社　1994年
136页　17×19cm　ISBN：7-81030-312-0
定价：CNY4.50

J0132905
实用美术图案大全　杨洪哲等编
北京　长征出版社　1994年　917页　20cm（32开）
精装　ISBN：7-80015-323-1　定价：CNY38.60

J0132906
实用小学报头·题花装饰集萃　墨缘，墨镂
主编；白天佑等绘制
北京　教育科学出版社　1994年　70页　17×19cm
ISBN：7-5041-1390-5　定价：CNY4.20
（实用美术丛书）
　　作者白天佑（1933— ），中央教育科学研究
所副教授。出生于河北磁县。曾留学苏联。中
国早教传媒网特约专家、中央教育科学研究所研
究员。

J0132907
实用中学报头·题花装饰集萃　墨缘，墨镂
主编；白天佑等绘制
北京　教育科学出版社　1994年　70页　17×19cm
ISBN：7-5041-1391-3　定价：CNY4.20
（实用美术丛书）

作者白天佑，中央教育科学研究所副教授。

J0132908
实用装饰图案　张文祥，罗鸿编
南宁　广西美术出版社　1994年　111页　17×19cm
ISBN：7-80582-757-5　定价：CNY5.80

J0132909
题花集　（图集）罗长山编
合肥　安徽美术出版社　1994年　17×18cm
ISBN：7-5398-0358-4　定价：CNY5.80

J0132910
体育装饰画　周志坚，董郁芬编绘
北京　朝花美术出版社　1994年　93页　18×17cm
ISBN：7-5056-0248-9　定价：CNY4.00

J0132911
童装饰物图案　张跃起，宋丹心编绘
天津　天津科技翻译出版公司　1994年　133页
19×26cm　ISBN：7-5433-0717-0　定价：CNY12.00

J0132912
维吾尔族装饰图案　张亨德等编绘
北京　人民美术出版社　1994年　142页
26cm（16开）ISBN：7-102-01353-1
定价：CNY20.00

J0132913
锡伯族民间图案集　察布查尔锡伯自治县
《锡伯族民间图案集》编纂委员会编
乌鲁木齐　新疆美术摄影出版社　1994年　110页
29cm（16开）ISBN：7-80547-214-9
定价：CNY70.00，CNY90.00（精装）
　　民间图案，是民间文化艺术的一个重要组成
部分，也是了解民族的特殊窗口。本书是在伊犁、
塔城、阿勒泰、乌鲁木齐、北京和东北三省等锡
伯族聚居地进行大量的挖掘、搜集、整理、摹绘
各种锡伯族民间图案的基础上选编收集的。锡
伯族以它的图案显示出其悠久的历史和丰富的
内涵。

J0132914
现代百鸟装饰图案精粹　刘晓霞，贾荣林绘编
北京　中国纺织出版社　1994年　236页　17×18cm

ISBN：7-5064-1077-X　定价：CNY15.00

J0132915
现代服饰图案　张树新编著
北京　高等教育出版社　1994年　244页　有图
26cm（16开）ISBN：7-04-004921-X
定价：CNY7.80
　　本书从现代图案设计的抽象形和具象形两方
面入手，阐述了服装设计及服饰图案的基本知识。

J0132916
现代黑白装饰画设计　梁土骥等编绘
长春　长春出版社　1994年　190页　17×19cm
ISBN：7-80604-180-X　定价：CNY6.80

J0132917
现代女性装饰图集　李大宪编绘
上海　上海书店出版社　1994年　160页　19×18cm
ISBN：7-80569-969-0　定价：CNY8.00

J0132918
新报头图案　刘辉，刘笑男绘
郑州　河南美术出版社　1994年　126页　13×18cm
ISBN：7-5401-0307-8　定价：CNY4.50

J0132919
新编报头花边字体　肖燕玲等编绘
北京　印刷工业出版社　1994年　128页　13×19cm
ISBN：7-80000-157-1　定价：CNY4.80

J0132920
新编报头集　孙若莪绘
北京　中国轻工业出版社　1994年　124页
13×19cm　ISBN：7-5019-1683-7　定价：CNY6.00

J0132921
新编实用室内装饰画集　柯桥等编绘
北京　中国华侨出版社　1994年　123页　13×18cm
ISBN：7-80074-972-X　定价：CNY5.80
（新编实用美术丛书）

J0132922
新潮黑白人物图集　戚福光编绘
上海　上海书店　1994年　177页　17×19cm
ISBN：7-80569-963-1　定价：CNY9.00

作者戚福光，上海美术家协会会员。

J0132923
中国传统吉祥寓意图案　徐维，徐林晞编绘
天津　天津杨柳青画社　1994年　136页
19cm（小32开）ISBN：7-80503-216-5
定价：CNY8.40

J0132924
中国吉祥图案　（中国风俗研究之一）（日）野
崎诚近著；古亭书屋编译
台北　众文图书公司　1994年　重印本　23+671页
22cm（30开）精装　ISBN：957-532-091-3
定价：TWD520.00

J0132925
中国吉祥图案实用大全　王瑛编著
天津　天津教育出版社　1994年　392页
30cm（10开）ISBN：7-5309-2158-4
定价：CNY68.00
　　本书收吉祥语220条，吉祥图1400余幅。
作者王瑛，天津工艺美院任教。

J0132926
中国历代器物图案集成　（上册）中国历代
器物图案集成编委会编著；龚宁主编
台北　南天书局有限公司　1994年　446页
30cm（10开）ISBN：957-638-168-1

J0132927
中国历代器物图案集成　（下册）中国历代
器物图案集成编委会编著；龚宁主编
台北　南天书局有限公司　1994年　450-894页
30cm（10开）ISBN：957-638-168-1

J0132928
中国龙凤图案集　叶坪等编绘
上海　上海书店　1994年　308页　18×19cm
ISBN：7-80569-913-5　定价：CNY17.50
（中国传统图案丛书）

J0132929
中华吉祥物大图典　刘秋霖等编
北京　国际文化出版公司　1994年　660页
26cm（16开）精装　定价：CNY98.00

J0132930

装潢美术图形　（1）陈建军编著

南宁　广西人民出版社　1994 年　156 页　19×20cm

ISBN：7–219–02784–2　定价：CNY12.50

　　作者陈建军（1960—　），山西太原人，任广西艺术学院美术系讲师，中国美术家协会广西分会会员。作品有《中国体育投向 21 世纪》《植树造林》《中华武术走向世界》等。

J0132931

装饰风光　（画册）苏勇编绘

北京　朝花美术出版社　1994 年　93 页　17×18cm

ISBN：7–5056–0247–0　定价：CNY2.50

J0132932

装饰风景　贾京生著

北京　中国美术学院出版社　1994 年　87 页

有图　26cm（16 开）ISBN：7–81019–283–3

定价：CNY15.50

（设计教材丛书）

　　本书论述装饰风景的概念、产生、发展、素材、构图、造型、色彩及表现技法与材料。作者贾京生（1957—　），教授。江苏南京人，毕业于中央工艺美术学院。清华大学美术学院教授、硕士生导师、印染实验室主任，中国工业设计协会、中国工艺美术协会会员。出版有《应用美术教程》《古希腊陶瓶画》《色彩画教程》《中国现代民间手工蜡染工艺文化研究》等。

J0132933

装饰画资料　（人物、动物、山水、花卉）陶永华画

上海　上海人民美术出版社　1994 年　88 页

18×16cm　ISBN：7–5322–1264–5　定价：CNY3.60

J0132934

装饰图案集　季深业绘

延吉　东北朝鲜民族教育出版社　1994 年　158 页

有图　13×19cm　ISBN：7–5437–1580–5

定价：CNY6.80

J0132935

最新报刊题图荟萃　佳怡，杨连荣编绘

哈尔滨　哈尔滨出版社　1994 年　212 页

17×19cm　ISBN：7–80557–758–7　定价：CNY8.80

J0132936

最新美术设计图案　李晓悦等绘

北京　中国林业出版社　1994 年　144 页　17×19cm

ISBN：7–5038–1255–9　定价：CNY5.70

（新世纪图案设计丛书）

J0132937

最新实用美术图案集　程方平编绘

北京　学苑出版社　1994 年　109 页　20cm（32 开）

ISBN：7–5077–0738–5　定价：CNY5.00

　　作者程方平，教授。浙江衢州人，历任国家教委高等教育研究中心副研究员，教育与科普研究所所长，中国比较教育学会、陶行知研究会常务理事，中国书法协会会员等职。著有《新师说》《教育情报学简论》《隋唐五代的儒学》《辽金元教育史》《历代名帖速藏习字系列》等。

J0132938

最新实用美术图案集　程方平等编绘

北京　学苑出版社　1998 年　108 页　20cm（32 开）

ISBN：7–5077–0738–5　定价：CNY8.80

J0132939

最新实用装饰图集　汪新等编绘

北京　中国工人出版社　1994 年　142 页　17×18cm

ISBN：7–5008–1485–2　定价：CNY5.70

J0132940

SAP 飞禽走兽图集　史文博等绘画

西安　陕西人民美术出版社　1995 年　235 页

26cm（16 开）ISBN：7–5368–0720–1

定价：CNY25.00

（造型丛书 1）

J0132941

板报常用报头图案集　小山等绘

北京　中国画报出版社　1995 年　125 页　13×19cm

ISBN：7–80024–221–8　定价：CNY6.60

J0132942

报头刊花图案新编　程虹绘；晓平编

北京　朝花美术出版社　1995 年　211 页　16×18cm

ISBN：7–5056–0250–0　定价：CNY7.00

J0132943

报头装饰 1200 例　方大才编绘

上海　上海科学技术文献出版社 1995 年 296 页

17×18cm ISBN：7-5439-0550-7 定价：CNY14.50

J0132944

彩色报头图集　王达行主编

南京　东南大学出版社 1995 年 90 页 13×19cm

ISBN：7-81050-069-4 定价：CNY14.80

J0132945

彩色底纹　（自然系列）

南宁　广西美术出版社 1995 年 100 页

图录（1 册）29cm（16 开）散页套装

ISBN：7-80582-920-9 定价：CNY380.00

J0132946

抽象图案　王公等主编；张吉成等绘

长春　时代文艺出版社 1995 年 178 页 17×18cm

ISBN：7-5387-0948-7 定价：CNY9.80

（21 世纪新潮美术丛书）

J0132947

敦煌图案集　欧阳琳等编绘

上海　上海书店出版社 1995 年 231 页 17×19cm

ISBN：7-80622-058-5 定价：CNY16.00

J0132948

工艺美术　（图集）黄效武编著

长沙　湖南美术出版社 1995 年 60 页 26cm（16 开）

ISBN：7-5356-0750-0 定价：CNY17.00

（青少年美术辅导丛书）

　　作者黄效武（1954—　），湖南人，湖南师范大学职业技术学院装潢系讲师，中国工艺美术学会会员。

J0132949

黑白装饰风景　李松柴绘

杭州　浙江人民美术出版社 1995 年 62 页

26cm（16 开）ISBN：7-5340-0636-8

定价：CNY12.50

　　作者李松柴（1933—2007），教授。生于湖北武汉市，毕业于中央工艺美术学院陶瓷美术系。中国美术学院教授。

J0132950

黑白装饰画集　刘茂盛绘

济南　山东美术出版社 1995 年 128 页 17×18cm

ISBN：7-5330-0847-2 定价：CNY9.80

　　作者刘茂盛（1937—　），教授。生于山东蓬莱，毕业于山东艺术专科学校装饰绘画专业。齐鲁工业大学教授，中国工业设计协会会员。

J0132951

黑白装饰画选　程晓平绘

合肥　安徽教育出版社 1995 年 94 页 17×19cm

ISBN：7-5336-1755-X 定价：CNY8.00

　　作者程晓平（1954—　），教师。安徽岳西人，毕业于中央美术学院陶瓷美术系。在南京艺术学院工艺美术系任教，中国美术家协会江苏分会会员。

J0132952

黑板报常用题图与花边图案　齐晓等编绘

北京　中国画报出版社 1995 年 124 页 13×19cm

ISBN：7-80024-254-4 定价：CNY6.20

J0132953

黑板报题图插画选　王皓编绘

北京　金盾出版社 1995 年 92 页 17×18cm

ISBN：7-80022-997-1 定价：CNY3.80

J0132954

蝴蝶图谱　马大谋绘

西安　未来出版社 1995 年 48 页 26cm（16 开）

ISBN：7-5417-1014-8 定价：CNY11.50

J0132955

花卉图案装饰技法　粟可可著

南宁　广西美术出版社 1995 年 90 页 17×19cm

ISBN：7-80582-749-4 定价：CNY9.80

　　作者粟可可（1951—　），女，教授。广西临桂人，毕业于广西艺术学院美术系。历任广西艺术学院教授，中国国画家协会理事，广西美术家协会会员。

J0132956

基础图案　河北美术出版社著

石家庄　河北美术出版社 1995 年 41 页

25×26cm ISBN：7-5310-0699-5 定价：CNY28.00

（全国美术院校考生范画）

J0132957
精美学生黑板报墙报图案集　南海摄影美术
出版社编
海口　海南摄影美术出版社　1995 年　2 版　159 页
13×19cm　ISBN：7-80571-085-6　定价：CNY4.60

J0132958
刊头图案　于长安编绘
长春　时代文艺出版社　1995 年　176 页　17×18cm
ISBN：7-5387-0947-9　定价：CNY9.80
（21 世纪新潮美术丛书）
　　作者于长安（1958—　），满族，吉林省工商
行政管理局经济违法稽查大队干部，业余从事美
术创作。

J0132959
龙凤谱
天津　天津人民美术出版社　1995 年　204 页
26cm（16 开）　ISBN：7-5305-0452-5
定价：CNY11.60

J0132960
美术设计资料　（节日·纪念日·宣传月部分）
杨梅良主编
延吉　东北朝鲜民族教育出版社　1995 年　2 版
232 页　17×18cm　ISBN：7-5437-1286-5
定价：CNY12.00

J0132961
趣味画技巧　张秀琴编
北京　金盾出版社　1995 年　17×19cm
ISBN：7-5082-0062-4　定价：CNY5.00

J0132962
人物图案　李振镛编著
长春　时代文艺出版社　1995 年　144 页　17×18cm
ISBN：7-5387-0953-3　定价：CNY9.80
（21 世纪新潮美术丛书）
　　作者李振镛（1944—　），教授、画家。吉林
九台人。毕业于吉林艺术专科学院美术系。吉
林艺术学院美术系教授，中国美术家协会、中国
工艺美术协会会员，北国书画社常务理事。著作
有《21 世纪新潮人物图集》《中国北方水彩精品

集》《李振镛水彩画集》等，编著《少儿绘画入门》
《人物图案》。

J0132963
时装装饰画　徐丽慧，郑军绘
南宁　广西美术出版社　1995 年　94 页　17×18cm
ISBN：7-80582-873-3　定价：CNY5.80

J0132964
实用报刊美术资料选　（图集）邬德辉编绘
昆明　云南美术出版社　1995 年　142 页　17×19cm
ISBN：7-80586-242-7　定价：CNY8.00
　　作者邬德辉（1939—　），编审。笔名小巫，
《边疆文学》副编审，云南美术家协会会员。

J0132965
实用电脑报刊图案集　姜文豪编绘
济南　山东友谊出版社　1995 年　140 页　17×19cm
ISBN：7-80551-751-7　定价：CNY9.80
　　作者姜文豪（1972—　），女，美术编辑。笔
名雯文，山东烟台人。烟台日报社美术编辑。

J0132966
实用图案集　李正元编绘
长沙　湖南美术出版社　1995 年　210 页　13×19cm
ISBN：7-5356-0722-5　定价：CNY6.50
　　作者李正元（1943—　），高级美术师。四
川南部人，毕业于四川省电影放映学校。历任南
部县电影公司正圆广告美术部艺术导师，中国美
术家协会四川分会会员、南充市美术家协会常务
理事、南部县美术协会主席、中国美术家协会四
川分会会员。出版有《美术字集锦》《美术字与
图案》。

J0132967
实用装饰画精品集　张衣杰绘
北京　中国轻工业出版社　1995 年　188 页
17×18cm　ISBN：7-5019-1815-5　定价：CNY18.00

J0132968
世界标志设计　（1 生物标志篇）
北京　世界图书出版公司　1995 年　239 页
22cm（27 开）　精装　ISBN：7-5062-2727-4
定价：CNY195.00

J0132969
世界标志设计 （2 文字标志篇）
北京 世界图书出版公司 1995年 239页
22cm（27开）精装 ISBN: 7-5062-2728-2
定价: CNY195.00

J0132970
世界标志设计 （3 用品标志篇）
北京 世界图书出版公司 1995年 239页
22cm（27开）精装 ISBN: 7-5062-2729-0
定价: CNY195.00

J0132971
世界动物 于福庚编绘
南宁 广西美术出版社 1995年 55页 18×26cm
ISBN: 7-80582-929-2 定价: CNY8.80

J0132972
题花艺术 徐丽慧，郑军绘
南宁 广西美术出版社 1995年 92页 17×18cm
ISBN: 7-80582-872-5 定价: CNY5.80

J0132973
图案起步 钮敏等编绘
杭州 浙江少年儿童出版社 1995年 40页
26cm（16开）ISBN: 7-5342-1213-8
定价: CNY3.00

J0132974
图案写生变化 （温练昌作品集）温练昌绘
长沙 湖南美术出版社 1995年 122页 17×18cm
ISBN: 7-5356-0730-6 定价: CNY11.50

作者温练昌（1927— ），教授。广东梅县人，历任中央美术学院助教，中央工艺美术学院教授、染织美术系主任，参加北京民族文化宫、人民大会堂等建筑装饰、室内装饰美术设计。中国工艺美术学院教授，中国美术家协会会员。专著有《花的变化》《染织图案基础》等。

J0132975
王作宝装饰图案集 王作宝著
兰州 甘肃文化出版社 1995年 112页 17×18cm
ISBN: 7-80608-109-7 定价: CNY12.00

作者王作宝（1962— ），美术编辑。生于甘肃金塔，毕业于中央工艺美术学院。兰州青年报美术编辑，中国美术家协会甘肃分会会员，西北民族大学语言文化传播学院兼职副教授，香港中华艺术家协会荣誉会长，兰州书画家协会名誉主席等。作品有《任重道远》《雄关漫道》《莫高驼影》《孤城遥望玉门关》等。

J0132976
尾花图案 左乾，金石主编
长春 时代文艺出版社 1995年 178页 17×18cm
ISBN: 7-5387-0945-2 定价: CNY9.80
（21世纪新潮美术丛书）

J0132977
现代板报常用图案集 泓昊等编绘
北京 中国画报出版社 1995年 125页 13×19cm
ISBN: 7-80024-049-5 定价: CNY6.60

J0132978
现代报刊图案 盛元富主编；吴永志等绘图
杭州 浙江人民美术出版社 1995年 138页
17×19cm ISBN: 7-5340-0488-8 定价: CNY7.50

J0132979
现代动物装饰图案 田旭桐著
长春 长春出版社 1995年 196页 17×18cm
ISBN: 7-80604-290-3 定价: CNY9.80

作者田旭桐（1962— ），教师。北京人，毕业于中央工艺美术学院。清华美院教授、硕士生导师。作品有《天街连晓雾》《隔溪烟雨》《一池清水泛鱼苗》等。

J0132980
现代黑白装饰画 杜凤海绘
石家庄 河北美术出版社 1995年 92页
17×19cm ISBN: 7-5310-0646-4 定价: CNY9.00

作者杜凤海（1961— ），画家。笔名合一，出生于河北石家庄市，毕业于河北省轻化工学院美术设计专业。河北省美术家协会会员。出版《杜凤海画集》《杜凤海山水画集》《簸箕和斗 -- 费正杜凤海山水画集》。

J0132981
现代平面图案 唐培仁，余月虹著
杭州 浙江人民美术出版社 1995年 126页
17×19cm ISBN: 7-5340-0610-4 定价: CNY7.50

J0132982

现代童装图案集　锦珠等编绘
上海　上海书店出版社　1995 年　160 页　19×26cm
ISBN：7-80569-030-5　定价：CNY17.50

J0132983

现代装饰动物技法　（图集）田旭桐著
南昌　江西美术出版社　1995 年　156 页
26cm（16 开）ISBN：7-80580-278-5
定价：CNY15.00

　　作者田旭桐（1962—　），教师。北京人，毕
业于中央工艺美术学院。清华美院教授、硕士生
导师。作品有《天街连晓雾》《隔溪烟雨》《一池
清水泛鱼苗》等。

J0132984

校园装饰画　黄瑞生绘
通辽　内蒙古少年儿童出版社　1995 年　108 页
17×19cm
（儿童生活画丛）

J0132985

新编报刊图案·字体设计·商标艺术　龙岩
编绘
济南　山东美术出版社　1995 年　116 页　17×18cm
ISBN：7-5330-0862-6　定价：CNY6.50

　　作者龙岩，山东工艺美术学院毕业。

J0132986

新编报头图案集　宋宏刚，游健编
北京　海潮出版社　1995 年　318 页　17×18cm
ISBN：7-80054-576-8　定价：CNY18.00

J0132987

新编实用黑板报头图案集　何婷等绘
北京　中国画报出版社　1995 年　124 页　13×19cm
ISBN：7-80024-220-X　定价：CNY7.60

J0132988

新编中小学生实用报头图案集　徐咏菊编绘
济南　山东美术出版社　1995 年　128 页　17×18cm
ISBN：7-5330-0846-4　定价：CNY7.00

J0132989

新美装饰画集　以光国编绘

桂林　漓江出版社　1995 年　100 页　有照片
19×21cm ISBN：7-5407-1675-4　定价：CNY9.80

J0132990

学校黑板报常用刊头尾花　秦昊等编绘
北京　中国文联出版公司　1995 年　124 页
12×20cm ISBN：7-5059-1270-4　定价：CNY6.00

J0132991

艺用设计基础资料　崔秋阳，李锋编绘
沈阳　辽宁美术出版社　1995 年　239 页　13×26cm
定价：CNY14.80

　　作者崔秋阳（1963—　），辽宁省工艺美术学
校任教。

J0132992

云南少数民族图案百幅　云南省保山地区烟
草公司主编；王韵凤编绘
昆明　云南美术出版社　1995 年　73 页　26cm（16 开）
ISBN：7-80586-155-0　定价：CNY50.00

　　外文书名：100 Decorative Patterns of Yunnan
Minority Nationalities. 作者王韵凤，女，作家。福
建泉州人。历任云南省保山地区文化艺术创作
室美术师，省作协会员，中国通俗文艺研究会会
员。编绘《云南少数民族图案百幅》。

J0132993

中国传统吉祥图案　许康铭主编
海口　海南国际新闻出版中心　1995 年　552 页
26cm（16 开）精装　ISBN：7-80609-042-8
定价：CNY65.00

J0132994

中国传统纹饰　任效飞艺术总监
台北　游戏人生出版公司　1995 年　20+100 页
37cm　精装　ISBN：957-8853-02-5
定价：TWD5000.00

J0132995

中国吉祥百图　黄全信编著
北京　中央民族大学出版社　1995 年　100 页
26cm（16 开）ISBN：7-81001-333-5
定价：CNY12.00
（中国吉祥书画艺术丛书 4）

　　作者黄全信（1944—　），满族，北京人。历

任北京师大附中美术、书法高级教师，北京书法家协会会员，北京书法教育研究会会员。出版有《中国书法自学丛书》《黄全信钢笔书法教学系列》《中国历代皇帝墨宝》等。

J0132996

中国历代装饰纹样大典　黄能馥，陈娟娟编著
北京　中国旅游出版社　1995 年　23+1527 页
有彩图　26cm（16 开）精装
ISBN：7-5032-1014-1 定价：CNY142.00

J0132997

中国龙凤图案全集　郑军编著
济南　山东教育出版社　1995 年　432 页
26cm（16 开）精装　ISBN：7-5328-2156-0
定价：CNY120.00

　　本书收集整理了历代龙凤图案 1500 余幅，按雕刻、画像石、砖、青铜器、陶瓷器、漆器、玉器、刺绣剪纸等类编排。作者郑军（1965—　），教授。生于山东诸城，毕业于无锡轻工业学院。山东艺术学院设计学院教授。著有《中国民间装饰艺术》《女性装饰画集》等。

J0132998

中国民间吉祥图案集　丛惠珠等编绘
合肥　安徽美术出版社　1995 年　152 页
26cm（16 开）ISBN：7-5398-0418-1
定价：CNY14.00
（美术资料丛书）

J0132999

中国饰纹图典　韦君琳编
合肥　黄山书社　1995 年　671 页　20cm（32 开）
精装　ISBN：7-80535-766-8 定价：CNY38.00

J0133000

中国铜镜图案集　周世荣编绘
上海　上海书店　1995 年　302 页　17×18cm
ISBN：7-80569-997-6 定价：CNY15.80
（中国传统图案丛书）

　　作者周世荣（1931—2017），考古学家、陶瓷研究专家。湖南祁阳县人，毕业于吉林大学古文字教师班。历任湖南省文物考古研究所研究员、马王堆医书研究会副会长，湖南省文物考古研究所研究员、教授等职。出版有《铜镜图案：湖南

出土历代铜镜》《马王堆养生气功》《马王堆导引术》《长江漆文化》等。

J0133001

中国图案大系　（第一卷　原始社会）张道一主编
台北　邯郸出版社　1995 年　308 页　26cm（16 开）
ISBN：957-8883-31-5 定价：TWD400.00

J0133002

中国图案大系　（第二卷　商周时代卷）张道一主编
台北　邯郸出版社　1995 年　308 页　26cm（16 开）
ISBN：957-8883-32-3 定价：TWD400.00

J0133003

中国图案大系　（第三卷　春秋战国时代卷）张道一主编
台北　邯郸出版社　1995 年　308 页　26cm（16 开）
ISBN：957-8883-40-4 定价：TWD400.00

J0133004

中国图案大系　（第四卷　秦汉时代卷）张道一主编
台北　邯郸出版社　1995 年　308 页　26cm（16 开）
ISBN：957-8883-41-2 定价：TWD400.00

J0133005

中国装饰纹样　朱仰慈等编
上海　上海远东出版社　1995 年　198 页　20×20cm
精装　ISBN：7-80613-071-3 定价：CNY37.00

J0133006

中外风景花鸟动物黑白装饰小画　宝克孝绘
北京　中国书籍出版社　1995 年　183 页　17×18cm
ISBN：7-5068-0223-6 定价：CNY20.00

　　作者宝克孝，美术设计师、画家。祖籍辽宁辽阳，生于山东济南，满族。1968 年毕业于北京艺术设计学院，后供职于海洋出版社，从事美术编辑工作。出版有《黑白装饰画》《动物平面造型设计》《儿童装饰艺术》等书。

J0133007

装潢美术图形　（2）陈建军编著
南宁　广西人民出版社　1995 年　156 页　19×20cm

ISBN：7-219-02984-5　定价：CNY13.50

　　作者陈建军（1960—　），山西太原人，任广西艺术学院美术系讲师，中国美术家协会广西分会会员。作品有《中国体育投向 21 世纪》《植树造林》《中华武术走向世界》等。

J0133008
装饰技法 100 例　杨素云编绘
郑州　河南美术出版社　1995 年　54 页　17×19cm
ISBN：7-5401-0484-8　定价：CNY12.80
　　作者杨素云（1950—　），女，河南鹿邑人，周口师专美术系讲师。

J0133009
装饰图案　董汉铭绘编
北京　中国建筑工业出版社　1995 年　144 页
26cm（16 开）精装　ISBN：7-112-02509-5
定价：CNY58.00
　　作者董汉铭（1931—　），女，教师。历任北京工艺美术学校高级讲师，中国美术家协会北京分会会员，北京工艺美术学会会员。

J0133010
最新实用艺术图案手册　阿璇等绘
南宁　广西民族出版社　1995 年　166 页　17×19cm
ISBN：7-5363-3078-2　定价：CNY11.80
（现代实用美术丛书）

J0133011
百花装饰　陈勇成编绘
广州　岭南美术出版社　1996 年　78 页　19×13cm
ISBN：7-5362-0639-9　定价：CNY3.50

J0133012
宝相花图案集　王瑛等编绘
天津　天津人民美术出版社　1996 年　202 页
26cm（16 开）　ISBN：7-5305-0596-3
定价：CNY16.30

J0133013
报头设计精选　汪新等编绘
南宁　广西美术出版社　1996 年　140 页　17×19cm
ISBN：7-80625-040-9　定价：CNY9.00

J0133014
创意底纹设计　（图集 1）高建平等著
南宁　广西美术出版社　1996 年　26cm（16 开）
ISBN：7-80582-958-6　定价：CNY29.80

J0133015
创意底纹设计　（图集 2）高建平等著
南宁　广西美术出版社　1996 年　26cm（16 开）
ISBN：7-80582-959-4　定价：CNY29.80

J0133016
大理石天然画精萃　云南省对外文化交流协会等主编
昆明　云南美术出版社　1996 年　25×26cm
ISBN：7-80586-042-4　定价：CNY128.00

J0133017
动物造型设计图集　（绘画·商标设计）顾音海编
北京　中国轻工业出版社　1996 年　277 页
26cm（16 开）　ISBN：7-5019-1895-3
定价：CNY35.00

J0133018
黑白底纹　江英等编绘
西安　陕西人民美术出版社　1996 年　29cm（16 开）
ISBN：7-5368-0889-5　定价：CNY83.00

J0133019
黑白美术纹样　万石编选
广州　岭南美术出版社　1996 年　158 张
28cm（大 16 开）盒装　ISBN：7-5362-1439-1
定价：CNY160.00

J0133020
黑白装饰画 300 例　戚福光编绘
上海　上海画报出版社　1996 年　220 页
19cm（小 32 开）　ISBN：7-80530-216-2
定价：CNY12.80
（实用美术丛书）
　　作者戚福光，上海美术家协会会员。

J0133021
黑白装饰画集　张平绘；天火编
西安　陕西人民美术出版社　1996 年　155 页

26cm（16 开）ISBN：7–5368–0886–0

定价：CNY15.00

　　外文书名：Black and White Paintings.

J0133022

花鸟虫鱼造型艺术 （1 花）郑军绘编

广州 岭南美术出版社 1996 年 140 页

26cm（16 开）ISBN：7–5362–1363–8

定价：CNY28.00

J0133023

花鸟虫鱼造型艺术 （2 鸟）郑军绘编

广州 岭南美术出版社 1996 年 148 页

26cm（16 开）ISBN：7–5362–1364–6

定价：CNY28.00

　　作者郑军，美术教师，画家。

J0133024

花鸟虫鱼造型艺术 （3 虫）郑军绘编

广州 岭南美术出版社 1996 年 116 页

26cm（16 开）ISBN：7–5362–1365–4

定价：CNY25.00

J0133025

花鸟虫鱼造型艺术 （4 鱼）郑军绘编

广州 岭南美术出版社 1996 年 148 页

26cm（16 开）ISBN：7–5362–1366–2

定价：CNY28.00

J0133026

画海 蒋义海主编

哈尔滨 哈尔滨出版社 1996 年 2 册（1908 页）

26cm（16 开）精装 ISBN：7–80557–858–3

定价：CNY280.00

　　作者蒋义海（1940—　　），画家、国家一级美术师。笔名六舟（陆洲），江苏南京人。历任南京名人艺术研究院院长，南京国际梅花书画院院长，江苏省作家协会书画联谊会副会长，中国梅花艺术馆名誉馆长。出版有《蒋义海先生中国画集》《蒋义海梅花集》《画海》。

J0133027

节日·纪念日题花集 于广美，严健编绘

广州 广东省地图出版社 1996 年 111 页

17×19cm ISBN：7–80522–369–6 定价：CNY7.80

J0133028

节日黑板报设计指南 文新，权寿万主编

桂林 漓江出版社 1996 年 258 页

13×19cm ISBN：7–5407–1997–4 定价：CNY9.80

（黑板报版面设计与资料荟萃系列丛书）

J0133029

精选实用美术设计图库 赵岭翔编

沈阳 辽宁科学技术出版社 1996 年 125 页

29cm（16 开）ISBN：7–5381–2428–4

定价：CNY98.00

J0133030

克孜尔壁画装饰图案 张爱红，史晓明著

成都 四川美术出版社 1996 年 162 页 18×21cm

ISBN：7–5410–1221–1 定价：CNY20.00

J0133031

连队黑板报实用手册 张建川主编

昆明 云南美术出版社 1996 年 194 页 13×19cm

ISBN：7–80586–275–3 定价：CNY11.803

J0133032

人体·时装·动物装饰 张建辛，郑军绘编

哈尔滨 黑龙江美术出版社 1996 年 229 页

19×21cm ISBN：7–5318–0324–0 定价：CNY22.80

　　作者张建辛（1954—　　），教师。山东济南人，山东艺术学院美术设计系任教。作者郑军（1965—　　），教授。生于山东诸城，毕业于无锡轻工业学院。山东艺术学院设计学院教授。著有《中国民间装饰艺术》《女性装饰画集》等。

J0133033

设计底纹彩图精选 杨冬青编

南京 江苏美术出版社 1996 年 204 页

29cm（16 开）精装 ISBN：7–5344–0545–9

定价：CNY380.00

（设计家图库集 1）

J0133034

实用板报设计与装饰 伍晓军主编

广州 岭南美术出版社 1996 年 86 页 17×25cm

ISBN：7–5362–1419–7 定价：CNY8.00

J0133035

实用传统艺术图案装饰集萃 1000 例　　墨
籹，墨缘主编；孙琳等绘制
北京 教育科学出版社 1996 年 68 页 17×19cm
ISBN：7-5041-1564-9 定价：CNY4.80
（实用美术丛书）

J0133036

实用校园报刊图案装饰集萃 1000 例　　墨
籹，墨缘主编；白天佑等绘制
北京 教育科学出版社 1996 年 68 页 17×19cm
ISBN：7-5041-1566-5 定价：CNY4.80
（实用美术丛书）
　　作者白天佑（1933—　），中央教育科学研究
所副教授。出生于河北磁县。曾留学苏联。中
国早教传媒网特约专家、中央教育科学研究所研
究员。

J0133037

实用装饰图案精编　　陈海鱼编著
合肥 安徽科学技术出版社 1996 年 105 页
26cm（16 开）ISBN：7-5337-1356-7
定价：CNY13.80

J0133038

世界交通工具 1000 例　　陈贤浩编绘
上海 上海画报出版社 1996 年 228 页 17×19cm
ISBN：7-80530-216-2 定价：CNY10.00

J0133039

体育装饰　　建辛等绘编
南宁 广西美术出版社 1996 年 115 页 17×19cm
ISBN：7-80625-081-6 定价：CNY8.20

J0133040

无彩缤纷　（新潮装饰艺术）郑军著
山东 山东美术出版社 1996 年 124 页 有图
21cm（32 开）ISBN：7-5330-0960-6
定价：CNY17.50

J0133041

现代报头图案精选　　朱仲蔚等著
北京 警官教育出版社 1996 年 158 页 13×18cm
ISBN：7-81027-711-1 定价：CNY6.80

J0133042

现代黑白装饰画集　　冯梅等编辑
合肥 安徽美术出版社 1996 年 101 页 25×26cm
ISBN：7-5398-0468-8 定价：CNY22.00

J0133043

现代黑板报装饰　　蒋晓淼编绘
石家庄 河北美术出版社 1996 年 91 页
17×18cm ISBN：7-5310-0756-8 定价：CNY12.00
　　作者蒋晓淼（1965—　），河北博野人。河北
保定卫生学校任教，河北美学学会会员，河北民
间美术研究会会员。

J0133044

现代面饰图案　　湘麟等编绘
上海 上海书店出版社 ［1996 年］160 页
17×19cm ISBN：7-80622-112-3 定价：CNY12.00

J0133045

现代图案框架与建构　　虞亮编著
石家庄 河北美术出版社 1996 年 29cm（16 开）
精装 ISBN：7-5310-0757-6 定价：CNY136.00
　　作者虞亮（1959—　），丝绸设计师。

J0133046

小学校园板报常用图案集　　秦昊绘
北京 中国画报出版社 1996 年 93 页 13×19cm
ISBN：7-80024-060-6 定价：CNY5.60

J0133047

校园刊头画集锦　　心史编
福州 福建教育出版社 1996 年 重印本 88 页
19cm（32 开）ISBN：7-5334-1229-X
定价：CNY2.95
（小学图书角丛书 精选本 活动篇）

J0133048

新编报头装饰图案集　　王一鸣编著
南京 江苏科学技术出版社 1996 年 210 页
17×19cm ISBN：7-5345-2063-0 定价：CNY19.50

J0133049

新装饰图案精选　　郑军等绘
南宁 广西美术出版社 1996 年 176 页 19×17cm
ISBN：7-80625-063-8 定价：CNY10.50

J0133050
学生实用绘画图典　相泽民编
北京　中国物资出版社　1996年　76页　26cm（16开）
ISBN：7-5047-1155-1　定价：CNY14.80

J0133051
艺用人物变化资料　许文集，朴晓卉绘
沈阳　辽宁美术出版社　1996年　235页　13×26cm
ISBN：7-5314-1390-6　定价：CNY25.00

J0133052
艺用蔬果草虫资料　王一鸣著
沈阳　辽宁美术出版社　1996年　356页
26cm（24开）定价：CNY31.80
　　作者王一鸣（1945—2009），花鸟画家。辽宁盖州人。历任辽宁盖州市文联主席、高级工程师，中国美术家协会会员。

J0133053
中国报刊美术编辑画库　（第一辑）钟建东编
福州　福建美术出版社　1996年　7册　19×21cm
ISBN：7-5393-0503-7　定价：CNY70.00
　　作者钟建东（1957—　　），广东人。福建青年杂志社美术编辑、记者，《福建法制报》特约记者。

J0133054
中国吉祥动物图案集　刘庆孝，郑军编绘
上海　上海书店出版社　1996年　228页　17×19cm
ISBN：7-80622-088-7　定价：CNY16.00
（中国传统图案丛书）
　　作者刘庆孝（1944—　　），山东艺术学院美术设计系副教授。作者郑军（1965—　　），教授。生于山东诸城，毕业于无锡轻工业学院。山东艺术学院设计学院教授。著有《中国民间装饰艺术》《女性装饰画集》等。

J0133055
中国吉祥纹样设计大系　（祥禽瑞兽编）郑军主编
南宁　广西美术出版社　1996年　2册（154；154）页
26cm（16开）ISBN：7-80625-119-7
定价：CNY30.00（合计）
（现代设计家资料书库）

J0133056
中国历代器物造型纹饰图典　（陶器　青铜器瓷器）王维忠主编
沈阳　辽宁美术出版社　1996年　582页
29cm（16开）精装　ISBN：7-5314-1406-6
定价：CNY115.00
　　外文书名：Illustrated Dictionary of Chinese Successive Dynasties' Implements Design. 主编王维忠（1943—　　），书法家、教授。号乙翁。历任辽宁省博物馆美术设计部主任，中国博物馆学会会员，辽宁省美术家协会会员，辽宁省博物馆学会理事，辽宁国画院名誉院长等。

J0133057
中国民族民间图案　崔毅，丛惠珠编著
合肥　安徽美术出版社　1996年　212页
26cm（16开）ISBN：7-5398-0545-5
定价：CNY20.00
（美术资料丛书）

J0133058
中国神仙图案集　郑军等编绘
上海　上海书店出版社　1996年　162页　17×19cm
ISBN：7-80622-090-9　定价：CNY12.00
（中国传统图案丛书）

J0133059
中国祥花瑞草图案集　郑军编绘
上海　上海书店出版社　1996年　162页　17×19cm
ISBN：7-80622-087-9　定价：CNY12.00
（中国传统图案丛书）

J0133060
中国鱼纹图案集　郑军，徐丽慧编绘
上海　上海书店出版社　1996年　160页　17×19cm
ISBN：7-80622-086-0　定价：CNY11.50
（中国传统图案丛书）

J0133061
装饰图案　（中央工艺美术学院基础教学作品集）中央工艺美术学院基础部编
哈尔滨　黑龙江美术出版社　1996年　重印本
290页　25×26cm　ISBN：7-5318-0157-4
定价：CNY34.80
　　本书收录庞媛、张歌明、李家骝等8位教师

论述关于"装饰图案"的文章以及他们指导的学生创作的装饰图案作品近 800 幅。阐述装饰美及美的形式法则等理论与技法。

J0133062
最新中小学墙报刊头资料集　王立端，李新民编绘
重庆　重庆出版社 1996 年 96 页 20cm（32 开）
ISBN：7-5366-3380-7 定价：CNY6.00

J0133063
板报设计与图案　阳光绘编
武汉　中国地质大学出版社 1997 年 208 页
13×19cm ISBN：7-5625-1224-8 定价：CNY10.00

J0133064
报头·尾花·花边·篆刻　肖燕玲等编绘
北京　印刷工业出版社 1997 年 127 页 13×19cm
ISBN：7-80000-227-6 定价：CNY6.50

J0133065
陈则周刊头绘画　陈则周绘
北京　东方出版社 1997 年 70 页 13×19cm
ISBN：7-5060-0918-8 定价：CNY8.00

J0133066
创意报头设计　（1）汪新主编
南宁　广西美术出版社 1997 年 106 页 19×17cm
ISBN：7-80625-316-5 定价：CNY6.90

J0133067
创意报头设计　（2）汪新主编
南宁　广西美术出版社 1997 年 106 页 19×17cm
ISBN：7-80625-317-3 定价：CNY6.90

J0133068
创意报头设计　（3）汪新主编
南宁　广西美术出版社 1997 年 106 页 17×19cm
ISBN：7-80625-318-1 定价：CNY6.90

J0133069
创意报头设计　（4）汪新主编
南宁　广西美术出版社 1997 年 106 页 17×19cm
ISBN：7-80625-319-X 定价：CNY6.90

J0133070
底纹图片　任毅华主编
北京　中国言实出版社［1997 年］29cm（16 开）
精装 ISBN：7-80128-046-6 定价：CNY286.00

J0133071
动物画 800 图　马承祥编绘
北京　科学普及出版社 1997 年 2 版 109 页
26cm（16 开）ISBN：7-110-04315-0
定价：CNY12.50

J0133072
动物画谱　杨治国等编绘
北京　人民美术出版社 1997 年 226 页 17×18cm
ISBN：7-102-01636-0 定价：CNY12.00
　　本书较系统全面地搜集各类动物 150 余种，绘制出 3300 多个不同动态的动物形象，以写实、夸张和拟人化的艺术手法，把动物和儿童的日常生活、体态、心理等联系起来。作者杨治国（1942—　　），山西临猗县人，山西运城地区河东剧院美工。

J0133073
动物平面造型设计　宝克孝绘
北京　人民美术出版社 1997 年 172 页 17×18cm
ISBN：7-102-01796-0 定价：CNY9.00
　　作者宝克孝，美术设计师、画家。祖籍辽宁辽阳，生于山东济南，满族。1968 年毕业于北京艺术设计学院，后供职于海洋出版社，从事美术编辑工作。出版有《黑白装饰画》《动物平面造型设计》《儿童装饰艺术》等书。

J0133074
动物图案　上海人民美术出版社编
上海　上海人民美术出版社 1997 年 150 页
26cm（16 开）精装 ISBN：7-5322-1687-X
定价：CNY26.00
（图案艺术博览 现代卷）

J0133075
动物装饰创意图典　郑军编著
哈尔滨　黑龙江美术出版社 1997 年 635 页
29cm（16 开）ISBN：7-5318-0398-4
定价：CNY68.00
　　外　文　书　名：The Illustrated Dictionary of

Creative Patterns of Decorated Animais.

J0133076

黑白装饰画　戚福光绘
北京　人民美术出版社 1997 年　124 页　18×18cm
ISBN：7-102-01840-1　定价：CNY13.00
　　作者戚福光，上海美术家协会会员。

J0133077

黑板报创意图典　孙勇，宗宏亮主编
杭州　中国美术学院出版社 1997 年　314 页
24cm（26 开）ISBN：7-81019-581-6
定价：CNY32.00

J0133078

花卉图案　上海人民美术出版社编
上海　上海人民美术出版社 1997 年　150 页
26cm（16 开）精装　ISBN：7-5322-1686-1
定价：CNY26.00
（图案艺术博览 现代卷）

J0133079

花卉图案设计初步　叶应燧编绘
杭州　浙江人民美术出版社 1997 年　54 页
26cm（16 开）ISBN：7-5340-0677-5
定价：CNY18.00

J0133080

绘出心中的岛城　（青岛市市徽设计图案集）
青岛市市徽工作领导小组办公室，青岛市人民
政府新闻办公室编
青岛　青岛出版社 1997 年　120 页　29cm（16 开）
ISBN：7-5436-1592-4　定价：CNY158.00

J0133081

机关黑板报设计指南　文新，钟平黎主编
兰州　甘肃人民出版社 1997 年　202 页　13×19cm
ISBN：7-226-01785-7　定价：CNY8.80
（黑板报版面设计与资料荟萃系列丛书）

J0133082

基础图案　河北美术出版社著
石家庄　河北美术出版社 1997 年　重印本　41 页
25×26cm　ISBN：7-5310-0699-5　定价：CNY28.00
（全国美术院校考生范画）

J0133083

吉祥鸟　郑银河编绘
福州　福建美术出版社 1997 年　重印本　214 页
26cm（16 开）ISBN：7-5393-0271-2
定价：CNY24.80

J0133084

吉祥图案　上海人民美术出版社编
上海　上海人民美术出版社 1997 年　150 页
19cm（小 32 开）精装　ISBN：7-5322-1690-X
定价：CNY26.00
（图案艺术博览 古典卷）

J0133085

节日常用题图尾花　郭存善等绘
北京　中国画报出版社 1997 年　重印本　120 页
13×18cm　ISBN：7-80024-169-6　定价：CNY7.60

J0133086

精美学生黑板报墙报图案集　南海出版公
司编
海口　南海出版公司 1997 年　159 页　13×19cm
ISBN：7-5442-0955-5　定价：CNY6.80

J0133087

精美植物装饰 1000 例　杨仁毅，王四海主
编；李宝鸿等绘
太原　山西教育出版社 1997 年　70 页　17×19cm
ISBN：7-5440-1087-2　定价：CNY4.20
（实用图案丛书）

J0133088

军营黑板报设计指南　文新等主编
兰州　甘肃人民出版社 1997 年　202 页　有图
13×19cm　ISBN：7-226-01760-1　定价：CNY8.80
（黑板报版面设计与资料荟萃系列丛书 第三辑）

J0133089

刊头装饰 2000 例　［方大伟］等著
哈尔滨　黑龙江美术出版社 1997 年　重印本
295 页　18×20cm　ISBN：7-5318-0281-3
定价：CNY24.80

J0133090

马的装饰与变形　马树河编绘

上海 上海书店出版社 1997 年 175 页 17×19cm
ISBN：7-80622-209-X 定价：CNY16.00

J0133091
民间图案　上海人民美术出版社编
上海 上海人民美术出版社 1997 年 150 页
26cm（16 开）精装 ISBN：7-5322-1689-6
定价：CNY26.00
（图案艺术博览 古典卷）

J0133092
农村板报刊头图案新编　雷德琼等编绘
广州 岭南美术出版社 1997 年 130 页 17×19cm
ISBN：7-5362-1582-7 定价：CNY17.00

J0133093
趣味动物装饰 1000 例　王四海，杨仁毅主编
太原 山西教育出版社 1997 年 70 页 17×19cm
ISBN：7-5440-1084-8 定价：CNY4.20
（实用图案丛书）

J0133094
人物风景图案　上海人民美术出版社编
上海 上海人民美术出版社 1997 年 150 页
26cm（16 开）精装 ISBN：7-5322-1685-3
定价：CNY26.00
（图案艺术博览 现代卷）

J0133095
设计网点图集　巽工，文中编
西安 陕西人民美术出版社 1997 年 26cm（16开）
ISBN：7-5368-0933-6 定价：CNY45.00

J0133096
实用动物图案　董显仁，纪丽绘
兰州 甘肃人民美术出版社 1997 年 84 页
26cm（16 开）ISBN：7-80588-180-4
定价：CNY17.50

J0133097
实用动物图形　李泽霖，李希霖编
杭州 浙江人民美术出版社 1997 年 132 页
17×19cm ISBN：7-5340-0771-2 定价：CNY8.50
（美术工具书）

J0133098
实用图样集　顾克全，喻春泉编著
郑州 河南美术出版社 1997 年 112 页
26cm（16 开）ISBN：7-5401-0580-1
定价：CNY16.00

J0133099
实用装饰刊头题花　辛汇等编绘
北京 中国文联出版公司 1997 年 114 页
13×19cm ISBN：7-5059-2077-4 定价：CNY9.80

J0133100
实用装饰图案　郑军编著
北京 金盾出版社 1997 年 163 页 26cm（16 开）
ISBN：7-5082-0491-3 定价：CNY19.00

J0133101
实用装饰新报头　方大才，汪新编绘
上海 上海科学技术文献出版社 1997 年 修订本
166 页 17×18cm ISBN：7-5439-1077-2
定价：CNY9.80

J0133102
世界版面设计艺术精萃　梁中国主编
长沙 湖南美术出版社 1997 年 159 页
29cm（16 开）ISBN：7-5356-0948-1
定价：CNY88.00
（实用艺术系列专辑）

J0133103
题头尾花选　王革新绘
长沙 湖南美术出版社 1997 年 139 页 17×19cm
ISBN：7-5356-0964-3 定价：CNY9.00

J0133104
图案艺术　鹿耀世，文岩编
北京 中国和平出版社 1997 年 157 页 17×19cm
ISBN：7-80101-665-3 定价：CNY9.00
（现代实用美术丛书）
　　作者鹿耀世，书法家、美术编审。字剑平，
中国社会科学出版社美术副编审。出版《字体艺
术》《耀世书法系列》，主编《现代广告创意》《美
术设计图库》《徐悲鸿诞辰一百一十周年书画作
品集》等。

J0133105

图形与想象　（中央工艺美术学院基础教学作品）郑宏等编

武汉　湖北美术出版社　1997 年　130 页　21×19cm

ISBN：7-5394-0639-9　定价：CNY10.50

J0133106

尾花精选 6000 例　杨永德，杨宁编绘

北京　气象出版社　1997 年　330 页　17×19cm

ISBN：7-5029-2214-8　定价：CNY19.50

J0133107

纹饰艺术　鹿耀世，文岩编

北京　中国和平出版社　1997 年　157 页　17×19cm

ISBN：7-80101-666-1　定价：CNY9.00

（现代实用美术丛书）

J0133108

现代黑白装饰画 280 例　戴斌绘

北京　世界图书出版公司北京公司　1997 年　115 页

17×19cm　ISBN：7-5062-3216-2　定价：CNY10.00

J0133109

现代孔雀装饰图集　湘麟等编绘

上海　上海书店出版社　1997 年　170 页　17×19cm

ISBN：7-80622-207-3　定价：CNY16.00

J0133110

现代装饰花卉图案　张永清编绘

郑州　河南美术出版社　1997 年　118 页

26cm（16 开）ISBN：7-5401-0600-X

定价：CNY16.00

（实用美术丛书）

J0133111

校园黑板报墙报资料集　陈建设等编绘

济南　济南出版社　1997 年　144 页　13×19cm

ISBN：7-80629-224-1　定价：CNY9.80

J0133112

校园黑板报设计指南　文新，粟晓燕主编

兰州　甘肃人民出版社　1997 年　202 页　有图

13×19cm　ISBN：7-226-01749-0　定价：CNY8.80

（黑板报版面设计与资料荟萃系列丛书　第二辑）

J0133113

校园实用美术　韦君琳编绘

合肥　安徽教育出版社　1997 年　206 页

20cm（32 开）ISBN：7-5336-2105-0

定价：CNY7.50

J0133114

新编法制宣传图案集锦　张丽萍编绘

郑州　河南美术出版社　1997 年　100 页　13×19cm

ISBN：7-5401-0604-2　定价：CNY5.20

J0133115

新编实用报头设计手册　存谦，郭怡芳泓绘

北京　中国画报出版社　1997 年　重印本　120 页

13×19cm　ISBN：7-80024-177-7　定价：CNY7.60

J0133116

新潮人物装饰 1000 例　王四海，杨仁毅主编；陆应江等绘

太原　山西教育出版社　1997 年　70 页　17×19cm

ISBN：7-5440-1085-6　定价：CNY4.20

（实用图案丛书）

J0133117

新新题图尾花　郑军编绘

北京　中国文联出版公司　1997 年　131 页

13×18cm　ISBN：7-5059-2800-7　定价：CNY9.50

　　作者郑军（1965—　），教授。生于山东诸城，毕业于无锡轻工业学院。山东艺术学院设计学院教授。著有《中国民间装饰艺术》《女性装饰画集》等。

J0133118

新颖报头设计图案精选　汪新等编绘

北京　中国工人出版社　1997 年　142 页　18×18cm

ISBN：7-5008-1899-8　定价：CNY11.00

（新颖图库）

J0133119

艺用景物装饰 1000 例　杨仁毅，王四海主编；陆应江等绘

太原　山西教育出版社　1997 年　70 页　17×19cm

ISBN：7-5440-1086-4　定价：CNY4.20

（实用图案丛书）

J0133120
艺用设计基础资料　崔秋阳，李锋编绘
沈阳　辽宁美术出版社　1997 年　重印本　239 页
26cm（16 开）ISBN：7-5314-1337-X
定价：CNY14.80

J0133121
中国吉祥图案　蔡易安编译
杭州　浙江人民出版社　1997 年　277 页
30cm（10 开）精装　ISBN：7-213-01438-2
定价：CNY125.00

J0133122
中国吉祥图集　李方方，李文忠编绘
西安　陕西人民美术出版社　1997 年　283 页
26cm（16 开）ISBN：7-5368-0912-3
定价：CNY30.00

J0133123
中国吉祥纹样设计大系　（3　祥花瑞草编）
郑军主编
南宁　广西美术出版社　1997 年　154 页
26cm（16 开）ISBN：7-80625-298-3
定价：CNY15.80
（现代设计家资料书库）

J0133124
中国吉祥纹样设计大系　（4　吉祥画·其它编）郑军主编
南宁　广西美术出版社　1997 年　154 页
26cm（16 开）ISBN：7-80625-299-1
定价：CNY15.80
（现代设计家资料书库）

J0133125
中国新疆吐鲁番民间图案纹饰艺术　李肖
冰编著
乌鲁木齐　新疆人民出版社　1997 年　137 页　有图
29cm（16 开）精装　ISBN：7-228-04379-0
定价：CNY150.00

J0133126
中小学黑板报设计　方舟主编
桂林　漓江出版社　1997 年　218 页　13×19cm
ISBN：7-5407-2083-2　定价：CNY9.80

J0133127
专业底纹 108　广州市文化传播事务所主编
广州　岭南美术出版社　1997 年　108 页　有彩图
37cm　盒装　ISBN：7-5362-1146-5
定价：CNY980.00，CNY324.00

J0133128
装饰动物　苏勇编绘
北京　朝花美术出版社　1997 年　141 页　17×18cm
ISBN：7-5056-0285-3　定价：CNY7.00

J0133129
走兽图谱　冀申等编绘
西安　陕西人民美术出版社　1997 年　重印本
190 页　13×19cm　ISBN：7-5368-0362-1
定价：CNY5.80
（美术实用图谱）

J0133130
最新实用黑板报设计　鑫鑫主编；王创梅等绘
桂林　漓江出版社　1997 年　216 页　13×19cm
ISBN：7-5407-2060-3　定价：CNY9.80

J0133131
100 花图案写生变化　（续）杨乾钊，徐中敏编
长沙　湖南美术出版社　1998 年　91 页　17×19cm
ISBN：7-5356-1160-5　定价：CNY16.00
　　作者杨乾钊（1939—　　），教授。曾用笔名杨
前，重庆巴县人。西安美术学院教授，西安水彩
画学会副会长，中国美术家协会会员等。《杨乾
钊水彩画集》《美术家杨乾钊》《中国当代高等美
术院校实力派教师色彩教学对话》等。作者徐中
敏（1940—　　），教授。笔名宇石，生于重庆，毕
业于四川美院工艺美术系。历任湖南美术出版
社副编审，中国书籍装帧研究会会员等。

J0133132
安全宣传报头图案集　汪新主编；亚琴等绘
北京　中国工人出版社　1998 年　161 页
26cm（16 开）ISBN：7-5008-2087-9
定价：CNY22.00
（新风画库）

J0133133
板报设计资料系列丛书　王琳绘编

通辽　内蒙古少年儿童出版社　1998 年　8 册
13×19cm　ISBN：7-5312-0875-X　定价：CNY70.40

J0133134
版面设计与图案　王琳绘编
通辽　内蒙古少年儿童出版社　1998 年　188 页
13×19cm　ISBN：7-5312-0875-X　定价：CNY8.80
（板报设计资料系列丛书）

J0133135
报花图案与版式设计　阙阿宁等编绘
西安　陕西人民美术出版社　1998 年　271 页
20×21cm　ISBN：7-5368-1027-X　定价：CNY19.80

J0133136
报刊板报装饰艺术　（军队篇）张磊编绘
济南　山东美术出版社　1998 年　202 页　19×21cm
ISBN：7-5330-1235-6　定价：CNY9.00

J0133137
报刊板报装饰艺术　（农村篇）郑军等编绘
济南　山东美术出版社　1998 年　192 页　19×21cm
ISBN：7-5330-1213-5　定价：CNY8.00

J0133138
报刊板报装饰艺术　（企业篇）郑军编绘
济南　山东美术出版社　1998 年　218 页　19×21cm
ISBN：7-5330-1234-8　定价：CNY9.00

J0133139
报头题图装饰艺术　叶兆用编著
北京　中国轻工业出版社　1998 年　117 页
17×19cm　ISBN：7-5019-2246-2　定价：CNY10.00

J0133140
博彦和什克蒙古族民间图案集　（蒙、汉、英对照）
海拉尔　内蒙古文化出版社　1998 年　111 页
29cm（16 开）精装　ISBN：7-80506-776-7
定价：CNY268.00

J0133141
彩色壁报　黑版报设计范本　丁珀主编；央心，白冰绘编
桂林　漓江出版社　1998 年　116 页　13×19cm

ISBN：7-5407-2305-X　定价：CNY14.50

J0133142
彩色黑板报精品　方舟编；吕捷，王创梅绘
奎屯　伊犁人民出版社　1998 年　123 页　13×19cm
ISBN：7-5425-0255-7　定价：CNY18.00

J0133143
彩色图案　王翠云编绘
石家庄　河北美术出版社　1998 年　77 页
26cm（16 开）ISBN：7-5310-1007-0
定价：CNY36.00

J0133144
杜华林平面设计作品集　中国工业设计协会主编
南宁　广西美术出版社　1998 年　121 页　21×23cm
ISBN：7-80625-572-9　定价：CNY100.00
　　外文书名：Du Hualin Graphic Design Works
Collection.

J0133145
服饰图案　张树新编著
北京　高等教育出版社　1998 年　2 版　308+24 页
26cm（16 开）ISBN：7-04-006042-6
定价：CNY35.20

J0133146
葛春学装饰艺术集　葛春学著
上海　上海画报出版社　1998 年　2 册（280；278 页）
28cm（大 16 开）ISBN：7-80530-311-8
定价：CNY64.00，CNY32.00（单册）

J0133147
黑白图形大参考　（生活工具）施瑞康，袁佩娜编
南昌　江西美术出版社　1998 年　104 页
26cm（16 开）ISBN：7-80580-497-4
定价：CNY13.00

J0133148
黑白图形大参考　（1 人物）施瑞康，袁佩娜编
南昌　江西美术出版社　1998 年　132 页
26cm（16 开）ISBN：7-80580-495-8
定价：CNY15.00

J0133149
黑白图形大参考 （2 动物）施瑞康，袁佩娜编
南昌　江西美术出版社 1998 年　116 页
26cm（16 开）ISBN：7-80580-496-6
定价：CNY14.00

J0133150
黑白之梦 （最新黑白装饰画集）李方明编著
北京　工人出版社 1998 年　116 页　17×19cm
ISBN：7-5008-1968-4　定价：CNY13.80
（新颖图库丛书）

J0133151
黑白装饰图形　杨光宇编绘
杭州　浙江人民美术出版社 1998 年　162 页
17×19cm ISBN：7-5340-0868-9　定价：CNY11.00

J0133152
黑板报美化技法　黄建发编绘
上海　上海书画出版社 1998 年　重印本　100 页
19cm（32 开）ISBN：7-80512-077-3
定价：CNY5.60
（大世界画库 实用美术编）

　　本书共 17 部分，主要内容包括：黑板报的
种类、黑板的油漆和保养、粉笔的种类和加工、
常用工具、黑板报的排版、黑板报的缮写技巧、
题图设计、粉笔绘画技法等。

J0133153
黑板报墙报版式资料　沈培椿等著
上海　上海书画出版社 1998 年　187 页　有图
19cm（小 32 开）ISBN：7-80635-241-4
定价：CNY6.20
（海螺·绿叶文库 艺苑自修）

J0133154
黑板报设计精品　方舟主编；方敏等绘
北京　中国友谊出版公司 1998 年　253 页
13×19cm ISBN：7-5057-1426-0　定价：CNY11.00

J0133155
虎形装饰图集　湘麟等编绘
上海　上海书店出版社 1998 年　181 页　17×19cm
ISBN：7-80622-340-1　定价：CNY12.80

J0133156
节庆日板报设计　王琳绘编
通辽　内蒙古少年儿童出版社 1998 年　188 页
13×19cm ISBN：7-5312-0875-X 定价：CNY8.80
（板报设计资料系列丛书）

J0133157
精绘板报、墙报图案　王琳绘编
通辽　内蒙古少年儿童出版社 1998 年　188 页
13×19cm ISBN：7-5312-0875-X 定价：CNY8.80
（板报设计资料系列丛书）

J0133158
刊头·尾花图案续编　庞宝金绘
北京　金盾出版社 1998 年　176 页　17×19cm
ISBN：7-5082-0628-2　定价：CNY11.50

J0133159
龙凤图典　蔡易安编著
郑州　河南美术出版社 1998 年　2 版　重印本
318 页　26cm（16 开）ISBN：7-5401-0518-6
定价：CNY26.00

J0133160
龙凤图集　宋成林，宋名辉等编撰
海口　南方出版社 1998 年　96 页 29cm（16 开）
ISBN：7-80609-655-8　定价：CNY68.00
　　本书收录了出现在我们历代文物上的龙凤
图案，并对文物图案进行详细的介绍。

J0133161
美术中考 3 小时范画·图案　张琦，孙敬忠
编著
南昌　江西美术出版社 1998 年　37cm
ISBN：7-80580-564-4　定价：CNY20.00

J0133162
鸟兽鱼变形大全　柯和根，孙彤辉作
上海　上海书画出版社 1998 年　298 页　17×19cm
ISBN：7-80635-092-6　定价：CNY16.00

J0133163
墙报·装潢图案　王晓彤绘
北京　金盾出版社 1998 年　103 页　17×19cm
ISBN：7-5082-0797-1　定价：CNY5.50

J0133164

趣味变幻图案　张洛辅绘

合肥　安徽美术出版社　1998年　74页　17×18cm

ISBN：7-5398-0652-4　定价：CNY4.80

J0133165

全国高等美术院校优秀图案作品集　保彬，诸葛铠主编

南京　江苏美术出版社　1998年　218+40页

29cm（16开）ISBN：7-5344-0764-8

定价：CNY46.80

　　作者保彬（1936—　　），蒙古族，国画家。江苏南通人。毕业于南京艺术学院美术系并留校任教。南京艺术学院院长，中国美术家协会会员，江苏美术家协会理事等。主要作品有《鹤寿图》《华夏魂》《嫦娥奔月》等。专著有《纵横挥洒》《保彬画集》《黄山奇松》。主编诸葛铠（1941—2012），教授。浙江人，苏州大学教授、博士生导师。著有《图案设计原理》《中国纹样辞典》《墨朱流韵——中国古代漆器艺术》《敦煌石窟装饰图案》等。

J0133166

少数民族图案教学与设计　钟茂兰编著

石家庄　河北美术出版社　1998年　105页　有图

26cm（16开）ISBN：7-5310-1004-6

定价：CNY29.00

（中国高等艺术院校设计学科教学丛书）

　　作者钟茂兰（1937—　　），女，教授。四川成都人，毕业于四川美术学院，留校任教。四川美术学院教授、系主任、硕士生导师，中国工艺美术委员会副主任委员。主编有《民间染织美术》《中国少数民族装饰》《装饰色彩写生》等。

J0133167

实用板报设计艺术　王琳绘编

通辽　内蒙古少年儿童出版社　1998年　188页

13×19cm　ISBN：7-5312-0875-X　定价：CNY8.80

（板报设计资料系列丛书）

J0133168

实用板报装饰资料　汪新等编绘

北京　中国工人出版社　1998年　190页

19cm（小32开）ISBN：7-5008-1985-4

定价：CNY15.00

（新风画库）

J0133169

实用报头题图资料集　王玉峰编绘

太原　山西人民出版社　1998年　281页　17×19cm

ISBN：7-203-03644-8　定价：CNY22.00

J0133170

实用报头尾花选　庞宝金绘

北京　解放军文艺出版社　1998年　17×19cm

ISBN：7-5033-0974-1　定价：CNY16.00

J0133171

实用黑板报壁报插图设计1000例　赵丽等编绘

兰州　甘肃民族出版社　1998年　155页　13×19cm

ISBN：7-5421-0566-3　定价：CNY8.80

J0133172

实用黑板报壁报最新设计150例　罗晓春，李智博编绘

兰州　甘肃民族出版社　1998年　155页　13×19cm

ISBN：7-5421-0567-1　定价：CNY8.80

J0133173

实用花卉图案　骆恒光编绘

杭州　浙江人民美术出版社　1998年　200页

17×19cm　ISBN：7-5340-0823-9　定价：CNY11.00

　　作者骆恒光（1943—　　），书法家。号翼之，浙江诸暨人。毕业于浙江美术学院。历任浙江教育出版社美术编辑，中国硬笔书法家协会副主席，中国书法家协会会员、浙江分会理事，浙江省书法理论研究会副会长兼秘书长。著有《骆恒光论书》《行书法图说》《王羲之圣教序及其笔法》。

J0133174

实用花卉装饰纹样　苍彦等编绘

北京　大众文艺出版社　1998年　515页　17×19cm

ISBN：7-80094-345-3　定价：CNY36.80

J0133175

实用美术　贾雁飞编著

呼和浩特　内蒙古人民出版社　1998年　240页

18×20cm　ISBN：7-204-03984-X　定价：CNY24.80

J0133176
实用题花·墙报图案　徐丽慧等编绘
广州　岭南美术出版社　1998 年　292 页
26cm（16 开）ISBN：7-5362-1776-5
定价：CNY35.00

J0133177
手绘校园海报 150 例　阙阿宁，阙阿静绘
西安　西安出版社　1998 年　152 页 19cm（小 32 开）
ISBN：7-80594-531-4　定价：CNY19.80

J0133178
题图·尾花创意　王琳绘编
通辽　内蒙古少年儿童出版社　1998 年　188 页
13×19cm ISBN：7-5312-0875-X　定价：CNY8.80
（板报设计资料系列丛书）

J0133179
图案　范成保，阮礼荣编著
昆明　晨光出版社　1998 年　34 页　26cm（16 开）
ISBN：7-5414-1471-9　定价：CNY6.80
（小画家丛书）

J0133180
图案　（1 中国美术学院设计学部图案教学作
品集）宋建明，郑巨欣选编
武汉　湖北美术出版社　1998 年　320 页　21×19cm
ISBN：7-5394-0722-0　定价：CNY25.00

J0133181
图案　（2 南京艺术学院设计艺术系图案教学
作品集）邢庆华，沈斌选编
武汉　湖北美术出版社　1998 年　426 页
21cm（32 开）ISBN：7-5394-0723-9
定价：CNY35.00

J0133182
图案　（3 中央工艺美术学院基础部图案教学
作品集）冯梅等选编
武汉　湖北美术出版社　1998 年　258 页
21cm（32 开）ISBN：7-5394-0734-4
定价：CNY21.00

J0133183
兔猫装饰纹样　张爱珍等编绘

北京　大众文艺出版社　1998 年　376 页　17×19cm
ISBN：7-80094-344-5　定价：CNY26.60

J0133184
兔形装饰图集　湘麟［等］编绘
上海　上海书店出版社　1998 年　206 页
19cm（小 32 开）ISBN：7-80622-508-0
定价：CNY14.50
　　本书是一本兔纹装饰画专集，是作者根据
现代人的审美理想、喜好与旨趣进行编绘和创作
的。其中既有一般的常规变化、变形，与借鉴前
人与古人的作品，也不乏追求一种传统与反传
统、变态与前卫交相混响的艺术风格与效果。

J0133185
现代服饰图案　朱龙泉编绘
苏州　古吴轩出版社　1998 年　121 页　26cm（16 开）
ISBN：7-80574-368-1　定价：CNY18.00

J0133186
现代黑白抽象艺术图案 700 例　璐生著
北京　工人出版社　1998 年　134 页　19cm（小 32 开）
ISBN：7-5008-1928-5　定价：CNY9.80
（新颖图库）

J0133187
现代装饰动物图案　张永清，张美影编著
郑州　河南美术出版社　1998 年　118 页
26cm（16 开）ISBN：7-5401-0760-X
定价：CNY16.00
（实用美术丛书）

J0133188
现代装饰线描选集　徐忠杰编绘
北京　中国文联出版公司　1998 年　144 页
29cm（16 开）ISBN：7-5059-3087-7
定价：CNY28.80

J0133189
新报头与美术字报头大全　方大才编绘
上海　上海科学技术文献出版社　1998 年　475 页
17×18cm ISBN：7-5439-1291-0　定价：CNY25.00

J0133190
新编校园海报设计　温青编绘

福州 福建科学技术出版社 1998 年 151 页
19cm（小 32 开）ISBN：7-5335-1366-5
定价：CNY8.00

J0133191
新龙凤纹样集　刘大为编绘
天津 天津人民美术出版社 1998 年 163 页
17×18cm ISBN：7-5305-0811-3 定价：CNY9.50
　　龙、凤象征尊严、祥瑞之物，从收入本书的
龙、凤纹样来看，其中融合了音乐的节奏、韵律，
在努力捕捉新的装饰语言和处理方法。作者刘
大为，天津人。内蒙古包头市歌舞团创作员，中
国音乐文学学会会员。

J0133192
艺用风景装饰资料　郑军编绘
沈阳 辽宁美术出版社 1998 年 199 页
26cm（16 开）ISBN：7-5314-1823-1
定价：CNY22.00

J0133193
咱也办份"小军报"（军旅墙报、黑板报实用
新法）郑春龙，刘天岳编著
沈阳 白山出版社 1998 年 114 页 有图
19cm（小 32 开）ISBN：7-80566-661-X
定价：CNY6.50
（迷彩军营 4）

J0133194
中国古代民间福佑图说　王红旗，孙晓琴编著
北京 金城出版社 1998 年 19+449 页 20cm（32 开）
ISBN：7-80084-207-X 定价：CNY23.80

J0133195
中国古代人物造型图典　李永文编著
南昌 江西美术出版社 1998 年 208 页
26cm（16 开）ISBN：7-80580-524-5
定价：CNY21.80

J0133196
中国古典边饰图案画典　张弓长策画；古文
化研究组编著
台北 常春树书坊 1998 年 206 页 有插图
26cm（16 开）ISBN：957-605-070-7
定价：TWD320.00

（中国图案系列大全）
　　作者张弓长（1957—　　），画家。安徽合肥人。
历任安徽省书法家协会会员，齐鲁书画研究院特
聘书画家，中国现代硬笔书法研究会会员，中国
楹联学会安徽分会理事，中国书法艺术研究院艺
委会理事和特聘书画家。

J0133197
中国古典底纹图案画典　张弓长策画；古文
化研究组编著
台北 常春树书坊 1998 年 207 页 有插图
26cm（16 开）ISBN：957-605-072-3
定价：TWD320.00
（中国图案系列大全）

J0133198
中国古典吉祥图案画典　张弓长策画；古文
化研究组编著
台北 常春树书坊 1998 年 206 页 有插图
26cm（16 开）ISBN：957-605-079-0
定价：TWD320.00
（中国图案系列大全）

J0133199
中国古典矩形图案画典　张弓长策画；古文
化研究组编著
台北 常春树书坊 1998 年 207 页 有插图
26cm（16 开）ISBN：957-605-071-5
定价：TWD320.00
（中国图案系列大全）

J0133200
中国古典框饰图案画典　张弓长策画；古文
化研究组编著
台北 常春树书坊 1998 年 207 页 26cm（16 开）
ISBN：957-605-069-3 定价：TWD320.00
（中国图案系列大全）

J0133201
中国古典图案题材释义画典　张弓长策画；
古文化研究组编著
台北 常春树书坊 1998 年 206 页 有插图
26cm（16 开）ISBN：957-605-075-8
定价：TWD320.00
（中国图案系列大全）

作者张弓长(1957—　　), 画家。安徽合肥人。历任安徽省书法家协会会员, 齐鲁书画研究院特聘书画家, 中国现代硬笔书法研究会会员, 中国楹联学会安徽分会理事, 中国书法艺术研究院艺委会理事和特聘书画家。

J0133202
中国古典长形图案画典　张弓长策画; 古文化研究组编著
台北　常春树书坊　1998年　206页　有插图
26cm(16开)　ISBN: 957-605-076-6
定价: TWD320.00
(中国图案系列大全)

J0133203
中国吉祥图案百科　天津杨柳青画社编著
台北　笛藤出版图书公司　1998年　313页　有图
23cm　精装　ISBN: 957-710-281-6
定价: TWD1450.00
　外　文　书　名: The Encyclopedia of Chinese Auspicious Patterns.

J0133204
中国吉祥图像大观　左汉中编著
长沙　湖南美术出版社　1998年　445页
29cm(16开)　ISBN: 7-5356-1029-3
定价: CNY58.00

J0133205
中国历代装饰艺术　(纹样与造型)葛春学, 潘美娣编绘
上海　上海画报出版社　1998年　405页
20cm(32开)　ISBN: 7-80530-293-6
定价: CNY25.00

J0133206
中国十二生肖装饰图典　郑军编著
广州　岭南美术出版社　1998年　598页
26cm(16开)　精装　ISBN: 7-5362-1588-6
定价: CNY168.00

J0133207
中国纹样辞典　郭廉夫等主编
天津　天津教育出版社　1998年　12+343页
26cm(16开)　精装　ISBN: 7-5309-2783-3

定价: CNY90.00
作者郭廉夫(1938—　　), 编审、美术家。江苏扬中人, 毕业于南京艺术学院美术系。历任江苏美术出版社副编审、副社长。代表作品《色彩美学》《王羲之评传》等。

J0133208
中国玉器雕饰艺术　黄桂云编著
长沙　湖南美术出版社　1998年　102页　19×21cm
ISBN: 7-5356-1194-X　定价: CNY18.00

J0133209
中小学小报版式设计　方舟编
北京　中国友谊出版公司　1998年　185页
18cm(小32开)　ISBN: 7-5057-1425-2
定价: CNY9.50
本书提供了185幅小报板式, 主要包括: 知识天地、科技之窗、社会窗口、校园生活、学生时代、文学艺术、浪漫情怀、节日等栏目。

J0133210
重大节日·纪念日装饰图案　汪新等编绘
北京　中国工人出版社　1998年　164页
19cm(小32开)　ISBN: 7-5008-1967-6
定价: CNY16.00
(新风画库)

J0133211
装潢图案　王凡编
杭州　浙江人民美术出版社　1998年　32页
29cm(16开)　ISBN: 7-5340-0779-8
定价: CNY18.00
(基础绘画写生摹本　第6辑)

J0133212
装饰画　远宏主编; 全国中等职业学校实用美术类专业教材编写组编
北京　高等教育出版社　1998年　111页
26cm(16开)　ISBN: 7-04-006566-5
定价: CNY24.00

J0133213
装饰人物变体画　文集等绘
合肥　安徽美术出版社　1998年　142页　25×26cm
ISBN: 7-5398-0651-6　定价: CNY24.00

J0133214
装饰图案　徐欣，吴佳笠编著
长春　吉林美术出版社　1998 年　139 页
26cm（16 开）ISBN：7-5386-0741-2
定价：CNY52.00

J0133215
最新报刊插图 500 例　刘辉绘
北京　世界图书出版公司北京分公司　1998 年
126 页　17×19cm　ISBN：7-5062-3289-8
定价：CNY12.00

J0133216
最新报头版式设计精萃　周宗毅编绘
宁波　宁波出版社　1998 年　186 页　13×19cm
ISBN：7-80602-212-0　定价：CNY9.80

J0133217
最新报头图案　赵松年绘
北京　中央民族大学出版社　1998 年　220 页
14×20cm　ISBN：7-81056-027-1　定价：CNY10.50

J0133218
最新黑板报报头资料　田红等绘
上海　上海人民美术出版社　1998 年　123 页
13×19cm　ISBN：7-5322-1916-X　定价：CNY7.00

J0133219
POP 美工图案大补帖　冯贻玺编辑
台中　广成出版社　1999 年　143 页　26cm（16 开）
ISBN：957-9142-94-7　定价：TWD250.00

J0133220
板报报头图案精选　鹿耀世编
北京　中国画报出版社　1999 年　188 页　17×19cm
ISBN：7-80024-513-6　定价：CNY15.60
　　作者鹿耀世，书法家、美术编审。字剑平，
中国社会科学出版社美术副编审。出版《字体艺
术》《耀世书法系列》，主编《现代广告创意》《美
术设计图库》《徐悲鸿诞辰一百一十周年书画作
品集》等。

J0133221
板报常用报头分类使用手册　吴晟等编绘
北京　中国画报出版社　1999 年　156 页　13×18cm

ISBN：7-80024-522-5　定价：CNY10.00

J0133222
板报刊图文创意图库　舒霖主编；北京欣资
鉴文化艺术公司图文创意部编
北京　中国世界语出版社　1999 年　132 页
28cm（大 16 开）ISBN：7-5052-0366-5
定价：CNY26.00

J0133223
板报艺术　鹿耀世编
北京　中国和平出版社　1999 年　142 页　有图
17×19cm　ISBN：7-80154-019-0　定价：CNY9.00
（现代实用美术丛书）

J0133224
板报装饰创意图典　忆恒工作室编绘
长沙　湖南美术出版社　1999 年　283 页　19×17cm
ISBN：7-5356-1253-9　定价：CNY19.00

J0133225
版式设计　上海书画出版社编
上海　上海书画出版社　1999 年　122 页　13×19cm
ISBN：7-80635-406-9　定价：CNY18.00
（新世纪黑板报丛书）

J0133226
办公室全书　（7　宣传设计）李邦，王志勇主
编；李道芬，魏桂云编著
长春　吉林文史出版社　1999 年　388 页
20cm（32 开）精装　ISBN：7-80626-496-5
定价：CNY1280.00（全套）
　　本书内容包括：实用汉字设计、板报设计、
综合设计实例、展示设计。

J0133227
报刊　题图　尾花　图案设计　马金生等
绘画
延吉　延边人民出版社　1999 年　156 页　13×19cm
ISBN：7-80648-237-7　定价：CNY7.00
（最新现代美术设计资料丛书）

J0133228
报刊题图荟萃　（风景）张广义编绘
延吉　延边人民出版社　1999 年　120 页　17×19cm

ISBN：7-80648-132-X 定价：CNY8.00
（最新图案设计丛书）

J0133229
报刊题图荟萃 （刊头尾花）张广义编绘
延吉 延边人民出版社 1999年 120页 17×19cm
ISBN：7-80648-132-X 定价：CNY8.00
（最新图案设计丛书）

J0133230
报刊题图荟萃 （人物）张广义编绘
延吉 延边人民出版社 1999年 121页 17×19cm
ISBN：7-80648-132-X 定价：CNY8.00
（最新图案设计丛书）

J0133231
报刊题图荟萃 （动物）张广义编绘
延吉 延边人民出版社 1999年 120页 17×19cm
ISBN：7-80648-132-X 定价：CNY8.00
（最新图案设计丛书）

J0133232
报刊题图荟萃 （植物花卉）张广义编绘
延吉 延边人民出版社 1999年 120页 17×19cm
ISBN：7-80648-132-X 定价：CNY8.00
（最新图案设计丛书）

J0133233
报刊题图尾花 胡长海等编绘
延吉 延边人民出版社 1999年 122页 13×19cm
ISBN：7-80648-237-7 定价：CNY16.00
（最新现代美术设计资料丛书）

J0133234
报头设计 上海书画出版社编
上海 上海书画出版社 1999年 122页 13×19cm
ISBN：7-80635-407-7 定价：CNY10.00
（新世纪黑板报丛书）

J0133235
彩色报头版式设计精粹 周宗毅编绘
宁波 宁波出版社 1999年 122页 13×19cm
ISBN：7-80602-308-9 定价：CNY15.00

J0133236
彩色报头构思与技巧实用手册 浩胜等绘编
北京 中国画报出版社 1999年 90页 13×19cm
ISBN：7-80024-537-3 定价：CNY14.00

J0133237
彩色报头与黑板报设计手册 秦晟等编绘
北京 中国画报出版社 1999年 重印本 76页
13×19cm ISBN：7-80024-506-3 定价：CNY11.00

J0133238
彩色底纹设计 王建国等主编
哈尔滨 黑龙江科学技术出版社 1999年
29cm（16开）活页夹 ISBN：7-5388-3452-4
定价：CNY260.00

J0133239
藏族装饰图案艺术 阿旺格桑编著
南昌 江西美术出版社 1999年 247页 有图
29cm（18开）ISBN：7-80580-601-2
定价：CNY42.00，CNY55.00（精装）
　　本书由江西美术出版社和西藏人民出版社
联合出版。

J0133240
常用报头结构设计与技巧手册 天成等绘
北京 中国画报出版社 1999年 120页 13×18cm
ISBN：7-80024-552-7 定价：CNY8.00

J0133241
常用美术资料丛书
通辽 内蒙古少年儿童出版社 1999年 6册
14×20cm ISBN：7-5312-0930-6 定价：CNY66.00

J0133242
虫趣天呈 许正龙，胡青编绘
沈阳 辽宁美术出版社 1999年 239页 17×19cm
ISBN：7-5314-2178-X 定价：CNY24.00
　　作者许正龙（1963— ），教授、艺术家。生
于江西上饶市，毕业于清华大学美术学院。中国
雕塑学会、北京美术家协会会员、中国工艺美术
学会雕塑专业委员会副秘书长。代表作品《火柴》
《惊蛰》《苍茫》等，出版有《装饰雕塑艺术》《雕
塑构造》等。

J0133243
传统吉祥图案　骆清霞编
杭州　浙江人民美术出版社　1999 年　228 页
17×19cm　ISBN：7-5340-0901-4　定价：CNY14.50

J0133244
大众实用壁报　黑板报设计范本　利平等
编绘
桂林　漓江出版社　1999 年　170 页　13×19cm
ISBN：7-5407-2411-0　定价：CNY9.00

J0133245
当代美术图案设计手册　张姝等绘画
通辽　内蒙古少年儿童出版社　1999 年　216 页
14×20cm　ISBN：7-5312-0930-6　定价：CNY11.00
（常用美术资料丛书）

J0133246
动物变形图案设计　胡长海主编
延吉　延边人民出版社　1999 年　156 页　13×19cm
ISBN：7-80648-237-7　定价：CNY7.00
（最新现代美术设计资料丛书）

J0133247
动物基础图案　陆红阳著
南宁　广西美术出版社　1999 年　79 页　26cm（16 开）
ISBN：7-80625-588-5　定价：CNY19.00
（基础图案设计丛书）

J0133248
风景基础图案　陆海燕，黄文宪著
南宁　广西美术出版社　1999 年　79 页　26cm（16 开）
ISBN：7-80625-583-4　定价：CNY19.00
（基础图案设计丛书）

J0133249
风景图案设计　胡长海等绘画
延吉　延边人民出版社　1999 年　122 页　13×19cm
ISBN：7-80648-237-7　定价：CNY16.00
（最新现代美术设计资料丛书）

J0133250
共和国庆典报头图案集　汪新主编
北京　中国工人出版社　1999 年　146 页
26cm（16 开）　ISBN：7-5008-2307-X

定价：CNY18.00

J0133251
国花图案集　张建新编著
杭州　浙江人民美术出版社　1999 年　132 页
17×19cm　ISBN：7-5340-0947-2　定价：CNY10.00
（美术工具书）

J0133252
黑白装饰　毛德宝编著
杭州　浙江摄影出版社　1999 年　213 页　25×25cm
ISBN：7-80536-590-3　定价：CNY54.00
　　本画册包括大量装饰图案，并简要介绍了现
代装饰图案设计的形式法则、图案的造型、图案
的构图以及它的描绘手法。

J0133253
黑白装饰画集　郑军绘；王志学编
北京　人民美术出版社　1999 年　89 页　19×21cm
ISBN：7-102-01980-7　定价：CNY12.00

J0133254
黑板报精萃 108 例　上海书画出版社编
上海　上海书画出版社　1999 年　124 页　13×19cm
ISBN：7-80635-418-2　定价：CNY18.00
（新世纪黑板报丛书）
　　本书中百余件黑板报实例，遵循"三新"的
原则，系在为企业、社区服务中努力探索的部分
成果。

J0133255
黑板报杂志刊头图案资料手册　季深业等
绘画
通辽　内蒙古少年儿童出版社　1999 年　216 页
14×20cm　ISBN：7-5312-0930-6　定价：CNY11.00
（常用美术资料丛书）

J0133256
黑板画设计　上海书画出版社编
上海　上海书画出版社　1999 年　122 页　13×19cm
ISBN：7-80635-417-4　定价：CNY18.00
（新世纪黑板报丛书）

J0133257
花卉基础图案　陆红阳著

南宁 广西美术出版社 1999年 79页 26cm（16开）
ISBN：7-80625-585-0 定价：CNY19.00
（基础图案设计丛书）

J0133258
花卉基础图案设计教学　张杰著
南昌 江西美术出版社 1999年 120页
26cm（16开）ISBN：7-80580-503-2
定价：CNY25.00

J0133259
花卉图案 1500 幅　骆恒光编绘
杭州 中国美术学院出版社 1999年 236页
17×18cm ISBN：7-81019-761-4 定价：CNY18.00
　　作者骆恒光（1943—　），书法家。号翼之，
浙江诸暨人。毕业于浙江美术学院。历任浙江
教育出版社美术编辑，中国硬笔书法家协会副
主席，中国书法家协会会员、浙江分会理事，浙
江省书法理论研究会副会长兼秘书长。著有《骆
恒光论书》《行书法图说》《王羲之圣教序及其
笔法》。

J0133260
画玲珑　陈郁棻著
台北 东庆文化公司（发行）1999年 112页
有图 26cm（16开）ISBN：957-97908-0-9
定价：TWD850.00
　　外文书名：Chinese Patterns ＆ Symbols.

J0133261
黄河奇石　于乐林主编
兰州 敦煌文艺出版社 1999年 187页
26cm（16开）精装 ISBN：7-80587-500-6
定价：CNY160.00

J0133262
吉祥艺术　鹿耀世编
北京 中国和平出版社 1999年 142页 有图
17×19cm
（现代实用美术丛书）
　　本书精选了近千幅国内外有关人物、景物、
器物、动物以及纹饰幻图集。

J0133263
节日·纪念日题花集　（第二辑）凌伟异等编绘

广州 广东省地图出版社 1999年 137页
17×19cm ISBN：7-80522-569-9 定价：CNY8.50

J0133264
可爱插画集　铅笔编著
台北 大展出版社 1999年 269页 21cm（32开）
ISBN：957-557-912-7 定价：TWD220.00
（美术系列 1）

J0133265
流行壁报画　（2 考场趣闻）萧永晶著
台北 专业文化出版社 1999年 191页 23cm
ISBN：957-685-168-8 定价：TWD180.00
　　本书以壁画报的形式，描绘学生为考试苦读
的图集。

J0133266
流行海报　张旭玲著
台北 专业文化出版社 1999年 192页 23cm
ISBN：957-685-163-7 定价：TWD180.00
（巧手 POP 3）

J0133267
马形图集　许正龙绘
太原 希望出版社 1999年 124页 17×18cm
ISBN：7-5379-2435-X 定价：CNY12.00
　　作者许正龙（1963—　），教授、艺术家。生
于江西上饶市，毕业于清华大学美术学院。中国
雕塑学会、北京美术家协会会员、中国工艺美术
学会雕塑专业委员会副秘书长。代表作品《火柴》
《惊蛰》《苍茫》等，出版有《装饰雕塑艺术》《雕
塑构造》等。

J0133268
禽鸟基础图案　李西宁著
南宁 广西美术出版社 1999年 79页 26cm（16开）
ISBN：7-80625-582-6 定价：CNY19.00
（基础图案设计丛书）

J0133269
人物基础图案　蒋才冬著
南宁 广西美术出版社 1999年 79页 26cm（16开）
ISBN：7-80625-587-7 定价：CNY19.00
（基础图案设计丛书）

J0133270
人物图案设计　庄子平等著
沈阳 辽宁美术出版社 1999 年 186 页 17×19cm
ISBN：7-5314-1990-4 定价：CNY24.00
（图案基础教程）

J0133271
人物图案设计　胡长海等编绘
延吉 延边人民出版社 1999 年 122 页 13×19cm
ISBN：7-80648-237-7 定价：CNY16.00
（最新现代美术设计资料丛书）

J0133272
实用黑板报精品　方舟主编
奎屯 伊犁人民出版社 1999 年 204 页 13×19cm
ISBN：7-5425-0362-6 定价：CNY11.00

J0133273
实用黑板报设计　胡长海等绘画
延吉 延边人民出版社 1999 年 122 页 13×19cm
ISBN：7-80648-237-7 定价：CNY16.00
（最新现代美术设计资料丛书）

J0133274
实用黑板报设计　胡长海主编
延吉 延边人民出版社 1999 年 156 页 13×19cm
ISBN：7-80648-237-7 定价：CNY7.00
（最新现代美术设计资料丛书）

J0133275
实用黑板报展板设计手册　季深业等绘画
通辽 内蒙古少年儿童出版社 1999 年 216 页
14×20cm ISBN：7-5312-0930-6 定价：CNY11.00
（常用美术资料丛书）

J0133276
视幻艺术　鹿耀世编
北京 中国和平出版社 1999 年 142 页 有图
17×19cm
（现代实用美术丛书）

J0133277
水族基础图案　叶颜妮著
南宁 广西美术出版社 1999 年 79 页 26cm（16 开）
ISBN：7-80625-586-9 定价：CNY19.00

（基础图案设计丛书）

J0133278
题图花边设计　上海书画出版社编
上海 上海书画出版社 1999 年 122 页 13×19cm
ISBN：7-80635-408-5 定价：CNY10.00
（新世纪黑板报丛书）

J0133279
旺忘望作品集　何跃华主编
哈尔滨 黑龙江科学技术出版社 1999 年
126 页 29cm（16 开） ISBN：7-5388-3420-6
定价：CNY90.00
（著名华人设计师·平面设计丛书）

J0133280
文明公约报头图案集　汪新主编
北京 中国工人出版社 1999 年 198 页
26cm（16 开） ISBN：7-5008-2228-6
定价：CNY23.00
（新颖图库）

J0133281
现代抽象装饰画　胡长海等编绘
延吉 延边人民出版社 1999 年 122 页 13×19cm
ISBN：7-80648-237-7 定价：CNY16.00
（最新现代美术设计资料丛书）

J0133282
现代黑白图象设计　吴井文绘
长春 时代文艺出版社 1999 年 163 页 17×19cm
ISBN：7-5387-1346-8 定价：CNY14.80

J0133283
现代环境保护创意图案　汪新主编；张志林
等绘画
北京 中国工人出版社 1999 年 212 页
26cm（16 开） ISBN：7-5008-2198-0
定价：CNY26.00
（新颖画库）

J0133284
现代设计黑白图案精选　晨曦主编
西安 陕西科学技术出版社 1999 年 5 册
21×20cm ISBN：7-5369-3030-5

定价：CNY47.50，CNY9.50（单册）

J0133285
现代装饰风景图案　张美影等编著
郑州　河南美术出版社　1999 年　118 页
26cm（16 开）ISBN：7-5401-0793-6
定价：CNY16.00
（实用美术丛书）

J0133286
祥瑞图案　张怡庄等著
沈阳　辽宁美术出版社　1999 年　77 页　26cm（16 开）
ISBN：7-5314-2196-8　定价：CNY28.00

J0133287
校园黑板报精品　方舟主编
奎屯　伊犁人民出版社　1999 年　204 页　13×18cm
ISBN：7-5425-0347-2　定价：CNY11.00

J0133288
校园美术创意图典　忆恒工作室编绘
长沙　湖南美术出版社　1999 年　250 页　19×17cm
ISBN：7-5356-1283-0　定价：CNY19.00

J0133289
校园新颖报头题图集　汪新主编；宋大鹤等编绘
太原　希望出版社　1999 年　118 页　17×19cm
（校园美术小百科）

J0133290
校园新颖墙报黑板报设计　汪新主编；王亚琴等编绘
太原　希望出版社　1999 年　106 页　17×19cm
（校园美术小百科）

J0133291
新创意黑板报花边设计　朱琳珺主编
上海　上海科技教育出版社　1999 年　140 页
18×26cm ISBN：7-5428-2016-8　定价：CNY13.00
（新创意黑板报设计图库）

J0133292
新创意黑板报刊头设计　朱琳珺主编
上海　上海科技教育出版社　1999 年　156 页
18×26cm ISBN：7-5428-2015-X　定价：CNY15.00
（新创意黑板报设计图库）

J0133293
新创意黑板报设计图库　朱琳珺主编
上海　上海科技教育出版社　1999 年　3 册
18×26cm

J0133294
新款村镇报饰　方大伟，方洽编绘
哈尔滨　黑龙江美术出版社　1999 年　117 页
17×18cm ISBN：7-5318-0651-7　定价：CNY9.80

J0133295
新世纪黑板报丛书　上海书画出版社编
上海　上海书画出版社　1999 年　6 册　13×19cm

J0133296
新四大变化　（动物变化）郑军，东明编著
沈阳　辽宁美术出版社　1999 年　203 页　20×22cm
ISBN：7-5314-2344-8　定价：CNY20.00
（21 世纪技法系列丛书）

J0133297
新四大变化　（风景变化）郑军，东明编著
沈阳　辽宁美术出版社　1999 年　179 页　20×22cm
ISBN：7-5314-2346-4　定价：CNY20.00
（21 世纪技法系列丛书）

J0133298
新四大变化　（人物变化）郑军，东明编著
沈阳　辽宁美术出版社　1999 年　215 页　20×22cm
ISBN：7-5314-2345-6　定价：CNY20.00
（21 世纪技法系列丛书）

J0133299
新四大变化　（花卉变化）徐丽慧编著
沈阳　辽宁美术出版社　1999 年　215 页　20×22cm
ISBN：7-5314-2343-X　定价：CNY20.00
（21 世纪技法系列丛书）

J0133300
新题花 1000　吴永志绘著
杭州　中国美术学院出版社　1999 年　141 页
19×18cm ISBN：7-81019-754-1　定价：CNY12.00

J0133301
学生实用板报设计 郭丽洁主编
沈阳 辽宁美术出版社 1999 年 160 页 14×21cm
ISBN：7-5314-2325-1 定价：CNY15.00

J0133302
优秀黑板报设计指南 （版面造型范例）晓林
绘编
北京 知识出版社 1999 年 188 页 13×19cm
ISBN：7-5015-1997-8 定价：CNY9.80
　　作者晓林，主要绘编的作品有《优秀黑板报
设计指南》《婴儿游世界》《古今器皿》等。

J0133303
优秀黑板报设计指南 （创意尾花·图案）晓
林绘编
北京 知识出版社 1999 年 188 页 13×19cm
ISBN：7-5015-1997-8 定价：CNY9.80

J0133304
优秀黑板报设计指南 （节庆专栏设计）晓林
绘编
北京 知识出版社 1999 年 188 页 13×19cm
ISBN：7-5015-1997-8 定价：CNY9.80

J0133305
优秀黑板报设计指南 （实用字体·花边）晓
林绘编
北京 知识出版社 1999 年 188 页 13×19cm
ISBN：7-5015-1997-8 定价：CNY9.80

J0133306
植物基础图案 罗鸿著
南宁 广西美术出版社 1999 年 79 页 26cm（16 开）
ISBN：7-80625-584-2 定价：CNY19.00
（基础图案设计丛书）

J0133307
中国佛教慈眉善目画典 张弓长策画；古文
化研究组编著
台北 常春树书坊 1999 年 206 页 26cm（16 开）
ISBN：957-605-089-8 定价：TWD320.00
（中国图案系列大全）

J0133308
中国佛教飞天胜妙画典 张弓长策画；古文
化研究组编著
台北 常春树书坊 1999 年 206 页 有插图
26cm（16 开）ISBN：957-605-086-3
定价：TWD320.00
（中国图案系列大全）

J0133309
中国古典百美图谱画典 张弓长策划；古文
化研究组编著
台北 常春树书坊 1999 年 207 页 26cm（16 开）
ISBN：957-605-107-X 定价：TWD320.00
（中国图案系列大全）

J0133310
中国古典窗槅图案画典 张弓长策画；古文
化研究组编著
台北 常春树书坊 1999 年 206 页 有插图
26cm（16 开）ISBN：957-605-092-8
定价：TWD320.00
（中国图案系列大全）

J0133311
中国古典佛教吉祥手姿画典 张弓长策画；
古文化研究组编著
台北 常春树书坊 1999 年 206 页 有插图
26cm（16 开）ISBN：957-605-091-X
定价：TWD320.00
（中国图案系列大全）

J0133312
中国古典故事插画画典 张弓长策画；古文
化研究组编著
台北 常春树书坊 1999 年 207 页 26cm（16 开）
ISBN：957-605-093-6 定价：TWD320.00
（中国图案系列大全）

J0133313
中国古典闺秀佳人画典 张弓长策画；古文
化研究组编著
台北 常春树书坊 1999 年 207 页 有插图
26cm（16 开）ISBN：957-605-088-X
定价：TWD320.00
（中国图案系列大全）

J0133314

中国古典吉祥花草画典　张弓长策画；古文化研究组编著

台北 常春树书坊 1999 年 206 页 26cm（16 开）

ISBN：957-605-097-9 定价：TWD320.00

（中国图案系列大全）

J0133315

中国古典建筑造型画典　张弓长策画；古文化研究组编著

台北 常春树书坊 1999 年 206 页 26cm（16 开）

ISBN：957-605-095-2 定价：TWD320.00

（中国图案系列大全）

J0133316

中国古典龙凤呈祥画典　张弓长策画；古文化研究组编著

台北 常春树书坊 1999 年 206 页 有插图 26cm（16 开）ISBN：957-605-087-1

定价：TWD320.00

（中国图案系列大全）

J0133317

中国古典罗汉飘逸画典　张弓长策划；古文化研究组编著

台北 常春树书坊 1999 年 206 页 26cm（16 开）

ISBN：957-605-107-X 定价：TWD320.00

（中国图案系列大全）

J0133318

中国古典亭台建筑画典　张弓长策画；古文化研究组编著

台北 常春树书坊 1999 年 206 页 26cm（16 开）

ISBN：957-605-094-4 定价：TWD320.00

（中国图案系列大全）

J0133319

中国古典小说配图画典　张弓长策画；古文化研究组编著

台北 常春树书坊 1999 年 206 页 26cm（16 开）

ISBN：957-605-090-1 定价：TWD320.00

（中国图案系列大全）

J0133320

中国古典圆满吉祥画典　张长弓策画；古文

化研究组编著

台北 常春树书坊 1999 年 206 页 26cm（16 开）

ISBN：957-605-096-0 定价：TWD320.00

（中国图案系列大全）

J0133321

中国吉祥装饰设计　段建华编著；徐延京，胡德彝英文翻译

北京 中国轻工业出版社 1999 年 30+289 页

29cm（16 开）ISBN：7-5019-2351-5

定价：CNY68.00

（中国传统图案系列）

J0133322

中国历代装饰纹样　黄能馥，陈娟娟编著

北京 中国旅游出版社 1999 年 72+1038 页

29cm（16 开）精装 ISBN：7-5032-1580-1

定价：CNY380.00

　　作者黄能馥（1927—　　），教授。浙江义乌人。毕业于中央美术学院实用美术系。历任中央工艺美术学院教授，中国书法函授大学副校长，中国服饰艺术博物馆总顾问。著有《中国服饰艺术源流》《中华服饰七千年》。作者陈娟娟（1936—2003），女，研究员。历任故宫博物院研究员，国家文物鉴定委员会委员，中华服饰艺术研究会研究员，苏州丝绸博物馆、南京云锦研究所顾问。著作有《中国丝绸艺术》《故宫博物院学术文库——中国织绣服饰论集》《中国丝绸科技艺术七千年》等。

J0133323

中国龙纹图谱　潘鲁生编

北京 北京工艺美术出版社［1999 年］176 页

29cm（16 开）

（传统工艺美术图案）

　　本书图集收有自殷商至清代的龙纹 800 余幅，表现了龙纹经历了肇创期、演变期、发展期和成熟期几个阶段的变化。作者潘鲁生（1962—　　），艺术学博士，教授，博士师导师。山东曹县人。毕业于南京艺术学院。任中国文联副主席、山东省文联主席、山东工艺美术学院院长、中国民间文艺家协会主席、中国艺术研究院中国设计艺术院院长、中国美术家协会工艺美术艺委会主任等。代表作品《零的突破》《匠心独运》等。主要著述有《论中国民间美术》《中国

民间美术工艺学》等。

J0133324
中国起居图说 2000 例　周作明编著
桂林　漓江出版社　1999 年　633 页　28cm（大 16 开）
精装　ISBN：7-5407-2258-4　定价：CNY80.00

J0133325
中国狮子纹饰集　郑军编著
沈阳　辽宁美术出版社　1999 年　272 页
26cm（16 开）ISBN：7-5314-2054-6
定价：CNY38.00

　　作者郑军（1965—　），教授。生于山东诸城，
毕业于无锡轻工业学院。山东艺术学院设计学
院教授。著有《中国民间装饰艺术》《女性装饰
画集》等。

J0133326
中华民俗吉祥图　许道丰编
北京　气象出版社　1999 年　289 页　20cm（32 开）
ISBN：7-5029-2669-0　定价：CNY18.00

J0133327
中小学报头设计　应嘉琨等编绘
上海　上海书画出版社　1999 年　重印本　104 页
19×17cm　ISBN：7-80635-264-3　定价：CNY7.90
（装潢设计资料库）

J0133328
中小学黑板报图案设计手册　季一哲等绘画
通辽　内蒙古少年儿童出版社　1999 年　216 页
14×20cm　ISBN：7-5312-0930-6　定价：CNY11.00
（常用美术资料丛书）

J0133329
重大节日·纪念日报头题图集　汪新等编绘
南宁　广西美术出版社　1999 年　130 页　17×19cm
ISBN：7-80625-611-3　定价：CNY9.50

J0133330
装饰工艺　李瑞著
济南　黄河出版社　1999 年　81 页　有图
26cm（16 开）ISBN：7-80152-093-9
定价：CNY26.00
（美术教育丛书）

J0133331
装饰图案　赵茂生编著
杭州　中国美术学院出版社　1999 年　203 页
26cm（16 开）ISBN：7-81019-704-5
定价：CNY35.00
（中国艺术教育大系　美术卷）

J0133332
装饰图案艺术　（花卉、动物、风景、人物图案
集锦）许恩源编著
上海　中国纺织大学出版社　1999 年　150 页
29cm（16 开）ISBN：7-81038-239-X
定价：CNY28.00

　　作者许恩源（1940—　），教授。历任上海
中国纺织大学服装系副教授、中国美术家协会上
海分会会员。编著有《时装画技法研究》《论装
饰图案艺术》《学习时装画入门》《时装画技法研
究》等。

J0133333
最新节日、纪念日、宣传月图案手册　马金
生等绘画
通辽　内蒙古少年儿童出版社　1999 年　216 页
14×20cm　ISBN：7-5312-0930-6　定价：CNY11.00
（常用美术资料丛书）

J0133334
最新图案设计丛书　张广义编绘
延吉　延边人民出版社　1999 年　6 册　17×19cm
ISBN：7-80648-132-X　定价：CNY48.00

中国织染、服装、刺绣工艺美术

J0133335
野服考　（一卷）（明）张丑撰
明　抄本
（张氏藏书）

　　作者张丑（1577—1643），明代收藏家、文学
家。原名张谦德，字青甫，号米庵。江苏昆山人。
主要作品有《清河书画舫》《瓶花谱》《论墨》等。

J0133336
野服考　（一卷）（宋）方凤撰
上海　涵芬楼　民国九年［1920］影印本
（学海类编）
　　据清道光十一年六安晁氏木活字印本影印。

J0133337
野服考　（一卷）（宋）方凤撰
永康胡氏梦选楼　民国十三年［1924］刻本
（续金华丛书）

J0133338
刺绣图　（一卷）题张淑娱撰
心远堂　明末　刻本
（绿窗女史）

J0133339
锦裙记　（一卷）（唐）陆龟蒙撰
明末　刻本
（艳异编）

J0133340
锦裙记　（一卷）（唐）陆龟蒙撰
挹秀轩　清乾隆五十八年［1793］刻本　巾箱
（唐人说荟）

J0133341
锦裙记　（一卷）（唐）陆龟蒙撰
清道光二十三年［1843］刻本
（唐人说荟）

J0133342
锦裙记　（一卷）（唐）陆龟蒙撰
上海　天宝书局　清宣统三年［1911］石印本
（唐人说荟）

J0133343
汝水巾谱　（一卷）（明）朱术垌撰
朱术垌　明崇祯六年［1633］刻本

J0133344
［**绣谱**］　（清）佚名绘
清　刻本　有图　线装

J0133345
刺绣图案　（一卷）□□辑
清　刻本

J0133346
冠谱　（一卷）（清）顾孟容撰
清　抄本

J0133347
记锦裾　（唐）陆龟蒙撰
李际期宛委山堂　清初　刻本　续刻
（说郛）
　　明末刻清初李际期宛委山堂续刻汇印本。

J0133348
宋人遗裯杂抄　（一卷）□□辑
［清］稿本
（方氏丛钞）

J0133349
熙宁新定时服式　（一卷）□□辑
［清］稿本
（方氏丛钞）

J0133350
香闺韵事　（一卷）（唐）夏侯审撰
［清］稿本
（方氏丛钞）

J0133351
新室志　（一卷）（唐）褚遂良撰
［清］稿本
（方氏丛钞）
　　作者褚遂良（596—658或659），唐代政治
家、书法家。字登善，杭州钱塘（今浙江杭州市）
人。代表作品有《孟法师碑》《雁塔圣教序》等。

J0133352
宣和册礼图　（一卷）□□辑
［清］稿本
（方氏丛钞）

J0133353
云间丁氏绣谱　（不分卷）（清）丁佩撰
清　抄本

J0133354
蜀锦谱 （一卷）（元）费著撰
顾氏秀野草堂 清康熙 刻本
（间丘辩囿）

　　作者费著（生卒年不详），元代史学家。华阳（今成都双流县）人。进士出身，官至太史院都事、翰林学士。编有大量史著。整理编纂有《岁华纪丽谱》《蜀锦谱》《笺纸谱》《蜀名画记》等。

J0133355
蜀锦谱 （一卷）（元）费著撰
内府 清乾隆 写本
（四库全书）

J0133356
五服异同汇考 （三卷）（清）崔述撰
陈履和东阳县署 清道光四年［1824］刻本
　　分二册。八行二十三字白口四周双边。

J0133357
绣谱 （二卷）（清）丁佩撰
清道光十六年［1836］刻本
（拜梅山房几上书）
　　本书由《绣谱二卷》（清）丁佩撰、《烟谱一卷》（清）蔡家琬撰合订。

J0133358
绣谱 （二卷）（清）丁佩撰
清道光十六年［1836］刻本
（拜梅山房几上书）

J0133359
绣谱 （一卷）（清）丁佩撰
武进陶氏涉园 民国十五至二十年［1926—1931］石印本
（喜咏轩丛书）

J0133360
女子刺绣教科书　　张华瑊，李许频韵编
上海 商务印书馆 1918 年 93 页 有图 19cm（32 开）
　　本书内容包括：概论、法式、新旧绣法的分类 4 章。附录：补画绣、借色绣等。

J0133361
女子刺绣教科书　　张华瑊，李许频韵编
上海 商务印书馆 1931 年 6 版 93 页 有图 19cm（32 开）

J0133362
女子刺绣教科书　　张华瑊，李许频韵编
上海 商务印书馆 1934 年 国难后 1 版 93 页 有图 19cm（32 开）

J0133363
中华手工十字图案 （第 1 集）陈英戴制图
上海 中华美术手工社 1922 年 6 版 27×38cm
定价：大洋六角
　　本套书 10 集共收 170 余幅刺绣图案。

J0133364
中华手工十字图案 （第 4 集）陈英戴制图
上海 中华美术手工社 1922 年 27×38cm
定价：大洋六角

J0133365
中华手工十字图案 （第 6 集）陈英戴制图
上海 中华美术手工社 1922 年 27×38cm
定价：大洋六角

J0133366
中华手工十字图案 （第 2 集）陈英戴制图
上海 中华美术手工社 1923 年 7 版 27×38cm
定价：大洋六角

J0133367
中华手工十字图案 （第 3 集）陈英戴制图
上海 中华美术手工社 1923 年 4 版 27×38cm
定价：大洋六角

J0133368
中华手工十字图案 （第 5 集）陈英戴制图
上海 中华美术手工社 1923 年 3 版 27×38cm
定价：大洋六角

J0133369
中华手工十字图案 （第 7 集）陈英戴制图
上海 中华美术手工社 1923 年 27×38cm
定价：大洋六角

J0133370
中华手工十字图案 （第 8 集）陈英戴制图
上海 中华美术手工社 1923 年 27×38cm
定价：大洋六角

J0133371
中华手工十字图案 （第 9 集）陈英戴制图
上海 中华美术手工社 1923 年 27×38cm
定价：大洋六角

J0133372
中华手工十字图案 （第 10 集）陈英戴制图
上海 中华美术手工社 1923 年 38cm（8 开）
定价：大洋六角五分

J0133373
中华十字图案 中华书局编
上海 中华书局 1923 年 ［52］页 27×38cm
　　本书选收 26 幅十字绣图案。

J0133374
中华十字图案 中华书局编
上海 中华书局 1928 年 4 版 ［52］页 横 38cm

J0133375
中华十字图案 中华书局编
上海 中华书局 1928 年 4 版 ［52］页 横 38cm

J0133376
中华十字图案 中华书局编
上海 中华书局 1930 年 5 版 ［52］页
横 38cm（8 开）

J0133377
中华十字图案 中华书局编
上海 中华书局 1930 年 5 版 ［52］页
横 38cm（6 开）

J0133378
中华十字图案 中华书局编
上海 中华书局 1932 年 6 版 ［52］页
横 38cm（8 开）

J0133379
分类十字图案 （第一类 基本模样）何明斋，

都彬如合编
上海 商务印书馆 1926 年 16 页 36×54cm
定价：大洋一元
　　本套书为刺绣图案集，包括基本模样、袋物两类。每册前有"绣法说略"。外文书名：Classified Cross-stitch Patterns.

J0133380
分类十字图案 （第二类 袋物）何明斋，都彬如编
上海 商务印书馆 1930 年 再版 16 页
36×54cm 定价：大洋一元
　　外文书名：Classified Cross-stitch Patterns.

J0133381
美华十字挑绣图 （第 1 集）兆贤，季华制图
上海 美华手工挑绣公司 1927 年 4 版 12 页
26×38cm 定价：大洋五角
　　本书为十字布挑绣用图案集。第 1、5、21集共收 28 幅图案。

J0133382
美华十字挑绣图 （第 5 集）兆贤，季华制图
上海 美华手工挑绣公司 1929 年 再版 8 页
53cm（4 开）

J0133383
美华十字挑绣图 （第 21 集）兆贤，季华制图
上海 美华手工挑绣公司 1932 年 再版 8 页
53cm（4 开）

J0133384
美华十字挑绣图 （第四十一集）兆贤，季华制图
上海 上海美华艺术手工社 1933 年 12 叶
26×39cm 定价：洋五角

J0133385
实用线绣图案 （第 1 集）王燕如编绘
上海 商务印书馆 1935 年 26×39cm
定价：大洋一元

J0133386
提花意匠 崔玉田编
北平 北平大学工学院 1935 年 113 页 有图

25cm（16开）

本书分为花样、提花意匠、花圈与花边、花样之组成、花地组织等11章。

J0133387
意匠　曹克良编
北平　北平大学工学院［1935年］晒图本　1册
有图　25cm（15开）

J0133388
意匠与着色法图　张朵山［著］
北京　国立北平大学工学院［1935年］晒图本
1册　24×24cm（15开）精装
本书为中国提花织物图案和纺织品染色方法图集。

J0133389
顾绣考　徐蔚南著
上海　中华书局　1937年　再版　18页　有图
22cm（32开）定价：中储券一百七十二元八角
（上海市博物馆丛书　乙类1）
本书为刺绣考证研究专著，分顾绣之起源、顾绣之传布、顾绣之技能、现存顾绣之名作4部分。

J0133390
现代线绣图案集　周吉士编绘
长沙　商务印书馆　1938年　71页　26×38cm（8开）
定价：国币一元
本书为中国刺绣图案集，内分人物、植物、动物、文字、杂类等5类，收320余种图案。

J0133391
贴花与编织图案　刘美丽编
上海　广学会　1940年　1册　有图　26cm（16开）

J0133392
机绣花样　（第一集）王圭璋著
上海　景华函授学院　1952年　20叶　19×27cm
（景华缝裁绣丛书5）

J0133393
民间蓝印花布图案　林汉杰辑
北京　人民美术出版社　1953年　影印本
26cm（16开）定价：旧币22,000元

J0133394
民间蓝印花布图案　林汉杰编
北京　人民美术出版社　1953年　再版　26cm（16开）
精装　定价：旧币50,000
本书为中国民间印染印花图案专著

J0133395
小品织绣图案　李杏南辑
北京　人民美术出版社　1953年　影印本　1册
19cm（32开）定价：旧币25,000元

J0133396
民间染织刺绣工艺　中央美术学院工艺美术研究室编
北京　朝花美术出版社　1955年　影印本　82页
有图　19cm（32开）定价：CNY1.45

J0133397
明锦　李杏南编
北京　人民美术出版社　1955年　影印本　52页
有图　26cm（16开）定价：CNY2.70

J0133398
绒线棒针花式编结法　冯秋萍编
上海　上海文化出版社　1955年　定价：CNY0.32

J0133399
绒线棒针花式编结法　冯秋萍编
上海　上海文化出版社　1958年
统一书号：15077.3　定价：CNY0.30

J0133400
苗族刺绣图案　中央民族学院研究组等编
北京　人民美术出版社　1956年　定价：CNY1.40

J0133401
民间结线　黄培英编著
上海　上海文化出版社　1956年
统一书号：15077.0013　定价：CNY0.60

J0133402
绒线服装编结法　黄培英编著
上海　上海文化出版社　1956年　定价：CNY0.37

J0133403

绒线童装编结法　黄培英编著

上海　上海文化出版社　1956年　定价：CNY0.30

J0133404

湘绣史稿　杨世骥著

［长沙］湖南人民出版社　1956年　19cm（32开）

定价：CNY0.65

　　本书主要内容有：第一部分阐述中国刺绣
艺术的优秀传统，介绍古代刺绣和近代苏绣；第
二部分简述湘绣的创始，起源和两位创始人，湘
绣创始的风格；第三部分探索湘绣独特的风格形
成过程和原因，介绍了几位优秀的画工；第四部
分叙述清末湘绣业形成，以及民国时期湘绣的产
销；第五部分略述1950—1955年湘绣业的恢复
和发展。

J0133405

刺锈花样　王克印，张玉尚编绘

郑州　河南人民出版社　1957年　18×24cm

统一书号：T8105.48　定价：CNY0.40

　　作者王克印（1932—2003），工笔花鸟画家、
美术教育家、高级设计师。河南登封人，笔名石
山。毕业于河南艺术学校大专班。中国美术家
协会会员，曾任平顶山市美术家协会副主席，中
国少林书画院高级顾问，河南省中国画院画师，
中南书画研究院常年理事等职。主要作品有《白
露秋水》《春秋配》《塘边》。

J0133406

西南少数民族织绣图案　谭遥编

北京　朝花美术出版社　1957年　影印本　30页

26cm（16开）统一书号：8028.862　定价：CNY2.50

J0133407

湖南民间蓝印花布图案　粟千国编

北京　人民美术出版社　1958年　影印本　57页

26cm（16开）统一书号：8027.1385　定价：CNY2.00

J0133408

南京云锦　南京市文化局云锦研究组编

上海　上海人民美术出版社　1958年　［37］页

有图　18cm（15开）统一书号：T8081.4295

定价：CNY0.60

（工艺美术丛书）

南京织锦缎图集。有30幅图。

J0133409

兄弟民族妇女服饰图　（1）

上海　上海画片出版社　1958年　定价：CNY0.65

J0133410

兄弟民族妇女服饰图　（2）

上海　上海画片出版社　1958年　定价：CNY0.65

J0133411

中国刺绣技法研究　轻工业部工艺美术局编

北京　轻工业出版社　1958年　定价：CNY0.15

J0133412

川西民间挑花图案　邓欵编

北京　人民美术出版社　1959年　影印本

20cm（32开）统一书号：8027.1981　定价：CNY0.95

J0133413

刺绣针法革新　轻工业部工艺美术局编

北京　轻工业出版社　1959年

统一书号：15042.838　定价：CNY0.24

J0133414

敦煌壁画服饰资料　潘絜兹编绘

北京　古典艺术出版社　1959年　定价：CNY1.50

　　作者潘絜兹（1915—2002），著名工笔人物画
家。浙江宣平人，原名昌邦。毕业于北京京华美
术学院。历任中国历史博物馆美术组组长，《美
术》月刊编辑，《中国画》主编，北京画院专业画
师及艺术委员会副主任，北京工笔画会会长，中
国美术家协会北京分会副主席等职。代表作品
《石窟艺术的创造者》《岳飞抗金图》《白居易场
面炭翁诗意》等。

J0133415

纺织　湖南群众艺术馆编

长沙　湖南人民出版社　1959年　20页　有图

19cm（24开）统一书号：8109.292　定价：CNY0.36

（湖南民间工艺美术选集）

J0133416

广州刺绣针法　广州市工艺美术研究所编写

广州　广东人民出版社　1959年

统一书号：T8111.333 定价：CNY0.54

J0133417

湖南民间印染图案　湖南群众艺术馆编

长沙 湖南人民出版社 1959年 60页 26cm（16开）

统一书号：8109.285 定价：CNY1.70

　　本书选收60幅具有代表性的作品，包括被面、门帘、枕巾、花布和小孩兜肚等形式。其图案有凤栖牡丹、麒麟送子、刘海戏蟾、龙凤呈祥、金鸡闹菊、喜雀闹梅、福寿如意、三多图、四季图、春燕、锦鸡、双蝶、双喜等。

J0133418

花带　湖南群众艺术馆编

长沙 湖南人民出版社 1959年 19页 19cm（24开）

统一书号：8109.293 定价：CNY0.44

（湖南民间工艺美术选集）

J0133419

蓝印花布　湖南群众艺术馆编

长沙 湖南人民出版社 1959年 20页 19cm（24开）

统一书号：8109.295 定价：CNY0.30

（湖南民间工艺美术选集）

J0133420

棉织　湖南群众艺术馆编

长沙 湖南人民出版社 1959年 20页 有图 19cm（24开）统一书号：8109.291 定价：CNY0.38

（湖南民间工艺美术选集）

J0133421

清代织绣团花图案

北京 文物出版社 1959年 82幅 25cm（16开）

统一书号：7068.93 定价：CNY4.00

J0133422

丝绸美术设计　中央工艺美术学院编

北京 人民美术出版社 1959年 76页 有图 26cm（16开）统一书号：8027.1355 定价：CNY2.20

J0133423

挑花　湖南群众艺术馆编

长沙 湖南人民出版社 1959年 20页 有图 19cm（24开）统一书号：8109.290 定价：CNY0.36

（湖南民间工艺美术选集）

J0133424

土家族彩织图案集　中央民族学院分院编

武汉 湖北人民出版社 1959年 1套33幅 38cm（6开）统一书号：T8106.420

定价：CNY5.00

J0133425

土家族彩织图案集　（影印本）中央民族学院分院编

武汉 湖北人民出版社 1959年 影印本 33幅 38cm（6开）精装 统一书号：T8106.420

定价：CNY5.00

J0133426

戏曲服装图案参考资料　芮金富编

北京 人民美术出版社 1959年 104页 15cm（40开）统一书号：8027.2597 定价：CNY0.42

J0133427

湘绣　湖南群众艺术馆编

长沙 湖南人民出版社 1959年 18页 有图 19cm（24开）统一书号：8109.289 定价：CNY0.38

（湖南民间工艺美术选集）

J0133428

丹寨苗族蜡染　贵州省群众艺术馆编

上海 上海人民美术出版社 1960年 34页 有图版 18cm（15开）统一书号：T8081.4611

定价：CNY0.76

（工艺美术丛书）

J0133429

广绣纹样参考资料　广州市工艺美术研究所编

上海 上海人民美术出版社 1960年 53幅 38cm（6开）统一书号：T808I.4939

定价：CNY0.70

J0133430

汉代服饰参考资料　张末元编著

北京 人民美术出版社 1960年 17cm（40开）

定价：CNY2.97

J0133431

十字刺绣　（针法与图案）群慧编著

［北京］轻工业出版社 1960年 10张（套）

15cm（64 开）定价：CNY0.45

J0133432
挑补绣花图案集 北京市轻工业局挑补绣花研究所编
北京 轻工业出版社 1961 年 48 页
18×26cm（16 开）统一书号：15042.1079
定价：CNY0.51

J0133433
苏州刺绣图案 苏州市工艺美术研究所编
北京 朝花美术出版社 1962 年 123 页
15cm（40 开）统一书号：8028.1857 定价：CNY0.68

J0133434
明露香园顾绣精品 （明）韩希孟刺绣
上海 上海人民美术出版社 1963 年 15 张
43cm（8 开）活页精装 统一书号：T8081.5320
定价：CNY28.00
　　本作品均是中国明代刺绣，故宫博物院，上海博物馆藏。

J0133435
戏曲服装图案资料 王白云编
北京 朝花美术出版社 1964 年 61 页 15cm（40 开）
统一书号：8028.1900 定价：CNY0.31

J0133436
蝴蝶色彩研究与运用 北京市纺织科学研究所编著
北京 中国财政经济出版社 1965 年 108 页
有图 26cm（16 开）精装 统一书号：8166.001
定价：CNY12.00

J0133437
古代人物服装参考资料 周峰编；张恩亮等绘
沈阳 沈阳市工艺美术研究所 ［1970—1979 年］
220 页 26cm（16 开）

J0133438
苏州丝织图案集 江苏丝绸科学情报中心站等编辑
南京 江苏丝绸科学情报中心站 ［1970?–1999? 年］
198 页 26cm（16 开）

J0133439
丝绸之路 （汉唐织物）新疆维吾尔自治区博物馆；新疆维吾尔自治区博物馆出土文物展览工作组编
北京 文物出版社 1972 年 66 页 有图
36cm（6 开）精装 统一书号：8027.5540
定价：CNY25.00

J0133440
丝绸之路 （汉唐织物）新疆维吾尔自治区博物馆出土文物展览工作组编
北京 文物出版社 1973 年 66 页 有图
36cm（6 开）精装 定价：CNY24.00

J0133441
西汉帛画 文物出版社编辑
［北京］文物出版社 1972 年 12 张（套）53cm（4 开）

J0133442
湘绣青年工人为革命钻研技艺 （编号1378）新华社记者摄
［北京］1972 年 3 幅 12×15cm 定价：CNY3.00

J0133443
针织图案学 王鸿泰编著
台北 五洲出版社 1974 年 240 页 有图
20cm（32 开）
（纺织整染工业全书）

J0133444
苏州刺绣 苏州市刺绣研究所编
上海 上海人民出版社 1976 年 ［30cm］精装
统一书号：15171.152 定价：CNY5.60

J0133445
苏州刺绣 （彩色明信片）
南京 江苏人民出版社 1979 年 8 张 15cm（64 开）
定价：CNY0.44

J0133446
苏州刺绣 周仁德等摄
上海 上海人民美术出版社 1985 年 1 张
76cm（2 开）定价：CNY0.50

J0133447

西藏传统手工艺——江孜地毯 （摄影 1977
年年历）

拉萨　西藏人民出版社　1976 年　1 张　53cm（4 开）

定价：CNY0.14

J0133448

兄弟民族形象服饰资料 （1 壮族、瑶族、黎
族、京族、高山族）广东省工艺美术包装装潢公
司，广西壮族自治区工艺美术研究所编绘

南宁　广东省工艺美术包装装潢公司　1976 年
116 页　26cm（16 开）

　　本书由广东省工艺美术包装装潢公司和广
西壮族自治区工艺美术研究所联合出版。

J0133449

兄弟民族形象服饰资料 （2 蒙古族、朝鲜
族、鄂伦春族、达斡尔族）辽宁省工艺美术公司
等编绘

沈阳　辽宁省工艺美术公司　1976 年　165 页
26cm（16 开）

J0133450

兄弟民族形象服饰资料 （3 傣族、哈尼族、
佤族、拉祜族）云南省轻工局工艺美术公司，浙
江省二轻局美术公司编绘

昆明　云南省轻工局工艺美术公司　1976 年
114 页　26cm（16 开）

　　本书由云南省轻工局工艺美术公司和浙江
省二轻局美术公司联合出版。

J0133451

兄弟民族形象服饰资料 （4 白族、傣族、景
颇族、彝族 撒尼）云南省工艺美术公司，北京
市特种工艺工业公司编绘

昆明　云南工艺美术公司 ［1976?–1977? 年］
127 页　26cm（16 开）

　　本书由云南工艺美术公司和北京市特种工
艺工业公司联合出版。

J0133452

兄弟民族形象服饰资料 （8 苗族、布依族、
侗族、回族）贵州省第二轻工业局工艺美术研
究室，贵阳市工艺美术研究所编绘

贵阳　贵州省第二轻工业局工艺美术研究室

1976 年　96 页　26cm（16 开）

　　本书由贵州省第二轻工业局工艺美术研究
室和贵阳市工艺美术研究所联合出版。

J0133453

兄弟民族形象服饰资料 （5 维吾尔族、哈萨
克族、塔吉克族）新疆维吾尔自治区"革命委员
会"轻工局等编绘

乌鲁木齐　新疆维吾尔自治区"革命委员会"轻
工局　1977 年　107 页　26cm（16 开）

J0133454

兄弟民族形象服饰资料 （6 彝族）上海工
艺美术研究室编绘

上海　上海工艺美术研究室　1977 年　73 页
26cm（16 开）

J0133455

兄弟民族形象服饰资料 （7 藏族）四川省
工艺美术研究室编绘

成都　四川省工艺美术研究室 ［1977 年］73 页
26cm（16 开）

J0133456

菊花牡丹　陕西省纺织材料公司编辑

西安　陕西省纺织材料公司　1977 年　33cm（10 开）

定价：CNY2.47

J0133457

湘绣花鸟画谱　湖南省湘绣厂编

1978 年　74 页　26cm（16 开）

J0133458

服装用品装饰图案　爱兰编

九龙　百泉出版社　1979 年　110 页　有图
26cm（16 开）定价：HKD10.00

J0133459

天津丝毯　中国轻工业进出口公司天津工艺
品分公司编

天津　中国轻工业进出口公司天津工艺品分公司
［1979—1989 年］27cm（大 16 开）

　　外文书名：Tientsin Silk Carpets.

J0133460

绣花枕套图样 （第一集）河南省工艺美术工
业公司编

郑州 河南人民出版社 1979 年［17 幅］38cm（6 开）

统一书号：8105.829 定价：CNY0.54

J0133461

绣花枕套图样 （第二集）河南省工艺美术工
业公司编

郑州 河南人民出版社 1979 年［17 幅］38cm（6 开）

统一书号：8105.830 定价：CNY0.54

J0133462

绣花枕套图样 （第三集）河南省工艺美术工
业公司编

郑州 河南人民出版社 1979 年［17 幅］38cm（6 开）

统一书号：8105.831 定价：CNY0.54

J0133463

印花手帕图案 苏州丝绸工学院编辑

苏州 苏州丝绸工学院 1979 年 70 页

25cm（小 16 开）

J0133464

贵州苗族蜡染图案 马正荣编

北京 人民美术出版社 1980 年 154 页

19cm（32 开）定价：CNY2.00

J0133465

虎 （湘绣 1981〈农历辛酉年〉年历）

太原 山西人民出版社 1980 年 78cm（2 开）

定价：CNY0.24

J0133466

羌族挑绣图案 罗次冰，廖正芬收集整理

成都 四川人民出版社 1980 年 53 页 25cm（16 开）

统一书号：8118.507 定价：CNY2.00

　　本书由四川人民出版社和四川民族出版社
联合出版。

J0133467

日用编织图案 刘建义编

天津 天津人民美术出版社 1980 年 74 页

25cm（16 开）统一书号：8073.50173

定价：CNY0.53

J0133468

苏绣传统图案 柳炳元绘

北京 轻工业出版社 1980 年 300 页 37cm（8 开）

统一书号：15042.1502 定价：CNY2.70

J0133469

妇女儿童服装花饰图案 傅国华编著

南昌 江西人民出版社 1981 年 140 页

25cm（15 开）统一书号：7110.300 定价：CNY0.98

J0133470

家庭适用图案 张振群编绘

天津 天津杨柳青画社 1981 年 74 页 26cm（16 开）

统一书号：7174.017 定价：CNY0.93

J0133471

孔雀　月季　鸳鸯　花卉　花鸟　花篮
鹦鹉　金鱼 苗佳硕作

太原 山西人民出版社 1981 年 8 张 39cm（8 开）

定价：CNY0.03（每张）

J0133472

蜡花朵朵 （图案集）刘显等绘

贵阳 贵州人民出版社 1981 年 94 页

25cm（小 16 开）统一书号：8115.801

定价：CNY2.50

　　本书是图案集。搜集贵州少数民族的优秀
蜡染图案 180 幅。图案内容取材于山间的野花，
丛林中的飞鸟，溪中的游鱼等，书中的蜡染图案
反映少数民族妇女热爱生活，追求幸福的美好愿
望，展示她们的聪明智慧。

J0133473

日用苏绣图案 苏州刺绣研究所编

北京 轻工业出版社 1981 年 228 页 37cm（8 开）

统一书号：15042.1551 定价：CNY2.40

J0133474

丝织图案 杭州胜利丝织厂图案设计组编

杭州 浙江人民美术出版社 1981 年 111 页

19cm（32 开）统一书号：8156.120 定价：CNY1.80

　　本书选辑浙江省历年来部分优秀的丝织设
计稿及丝织实物图案，包括多种写意变形的花卉
造型、风景、山水、人物、动物图案及室内装饰
用料的几何型夹花，此外，也编入部分国外流行

的图案造型，共计 200 余幅，其中包括一些彩色图版。

J0133475

四川民间蓝印花布图案　李如滨著
成都　四川人民出版社 1981 年 42 页 19cm（32 开）
统一书号：8118.827 定价：CNY0.75

J0133476

童服装饰图案　徐让等编绘
天津　天津人民美术出版社 1981 年 31 页
25cm（16 开）统一书号：8073.50206
定价：CNY0.42

J0133477

童装花样　张鹰编
上海　少年儿童出版社 1981 年 124 页
25cm（16 开）统一书号：8024.12 定价：CNY1.25

J0133478

维吾尔民间印花布图案集　韩莲芬等整理
乌鲁木齐　新疆人民出版社 1981 年 187 页
22cm（16 开）统一书号：M8098.460
定价：CNY1.80
　　本书介绍新疆维吾尔民间土印花布的图案 40 多种，图案纹样近 200 幅。内容包括套色花布、兰印花布、墙围布、桌布、包布等。

J0133479

艺用服饰资料　（1）王弘力，李梗著
沈阳　辽宁美术出版社 1981 年 298 页
19cm（32 开）统一书号：8117.2157 定价：CNY1.70
　　作者王弘力（1927—2019），连环画家。生于天津，祖籍山东蓬莱。中国美术家协会会员，沈阳文史馆馆员，历任《辽西画报》《辽西文艺》编辑，辽宁美术出版社编审。代表作品有连环画《十五贯》《天仙配》等。

J0133480

艺用服饰资料　（2）吴秀楣，子木编绘
沈阳　辽宁美术出版社 1981 年
19cm（小 32 开）统一书号：8161.0429
定价：CNY1.70

J0133481

艺用服饰资料　（Ⅲ）吴秀楣，子木编绘
沈阳　辽宁美术出版社 1984 年 261 页 有图
26×13cm 统一书号：8161.0429 定价：CNY3.00
　　本书为"外国服饰专集"，编入了亚、非、欧、美、大洋洲及太平洋岛屿 70 多个国家和地区不同时代的民族服饰共 1200 余图。作者吴秀楣（1937—　　），女，画家。辽宁沈阳人。毕业于鲁迅美术学院中国画系。沈阳大学师范学院副教授，沈阳美术家协会常务理事，辽宁中国画研究会理事，中国美术家协会会员。代表作有《迟来的春天》《清清的小溪》《滩石细语》《三女炼铁炉》《腊梅》等。

J0133482

艺用服饰资料　（Ⅳ）吴秀楣，子木编绘
沈阳　辽宁美术出版社 1984 年 361 页 有图
26×13cm（24 开）统一书号：8161.0429
定价：CNY3.00

J0133483

艺用服饰资料　（Ⅲ）吴秀楣，子木编绘
沈阳　辽宁美术出版社 1985 年 重印本 361 页
有图 26×13cm（24 开）统一书号：8161.0429
定价：CNY3.00

J0133484

艺用服饰资料　王维忠等编绘
沈阳　辽宁美术出版社 1993 年 327 页 有图
13×26cm ISBN：7-5314-0979-8 定价：CNY8.90
（艺用资料丛书）
　　本书选入自宋至清的服饰资料千余图，其中包括：皇帝服饰、官吏服饰、军戎服饰、日常男女服饰等。作者王维忠（1943—　　），书法家、教授。号乙翁。历任辽宁省博物馆美术设计部主任，中国博物馆学会会员，辽宁省美术家协会会员，辽宁省博物馆学会理事，辽宁国画院名誉院长等。

J0133485

贵州蜡染　邵宇主编；中国美术家协会贵州分会，人民美术出版社编
北京　人民美术出版社 1982 年 151 页 33×26cm
精装 ISBN：7-102-00613-6 定价：CNY250.00
（中国工艺美术丛书）

贵州蜡染是中国工艺美术中一种民间特殊的象征性装饰艺术形式。本书为贵州苗族民间印染图集。主编邵宇（1919—1992），教授。曾用名邵进德，辽宁丹东人。毕业于北平美术专科学校。代表作品有《土地》《上饶集中营》《首都速写》《选举》《早读》等。

J0133486

贵州苗族刺绣　邵宇主编；中国美术家协会贵州分会，人民美术出版社编

北京　人民美术出版社 1982 年 163 页 33×26cm

精装　ISBN：7-102-00614-4 定价：CNY250.00

（中国工艺美术丛书）

贵州苗族刺绣是中国工艺美术中一种民间特殊的象征性装饰艺术形式。本书为贵州刺绣图集。

J0133487

蜡染　（苗族图案）汪禄收集整理

成都　四川人民出版社 1982 年 34 页 25cm（15 开）

统一书号：8118.975 定价：CNY1.00

本书介绍了贵州黔西、丹寨两县苗族的部分蜡染图案。

J0133488

陕南挑花　黄钦康编著

西安　陕西人民美术出版社 1982 年 26cm（16 开）

统一书号：8199.312 定价：CNY1.40

（陕西民间美术丛书）

J0133489

绣花图案　柳炳元绘

杭州　浙江人民美术出版社 1982 年 16 张

26cm（16 开）统一书号：8156.212 定价：CNY0.60

本书有 16 幅图。绣花图案画面精美清秀，主题鲜明，多为喜庆吉祥之作。

J0133490

绣花图案　黄恒光绘

杭州　浙江人民美术出版社 1982 年 16 张

26cm（16 开）定价：CNY0.60

J0133491

枕花图案　高恒光绘

杭州　浙江人民出版社 1982 年 16 页 26cm（16 开）

统一书号：8156.213 定价：CNY0.60

本书选入各种花卉变形图案 16 幅，清新秀丽，富有装饰美感。

J0133492

花篮猫　（刺绣 1984 年年历）

杭州　西泠印社 1983 年 54cm（4 开）

定价：CNY0.20

J0133493

清明上河图　（刺绣）（宋）张择瑞原作；开封刺绣厂仿作

郑州　中州书画社 1983 年 2 张 54cm（4 开）

统一书号：8219.348 定价：CNY0.40

J0133494

实用挑绣图案　栾玉箴编绘

沈阳　辽宁美术出版社 1983 年 151 页

26cm（16 开）统一书号：8161.0292 定价：CNY2.00

J0133495

双猫　（苏绣 摄影 1984 年年历）陈春轩摄影

上海　上海人民美术出版社 1983 年 1 张

54cm（4 开）定价：CNY0.19

J0133496

宋明织绣　辽宁省博物馆藏

北京　文物出版社 1983 年 12 幅 19cm（32 开）

套装　统一书号：8068.732 定价：CNY15.00

本图册由《绣线合璧》全部和明代《顾韩希孟花鸟册》的一部分作品编辑而成，计有两宋刻丝 3 幅、南宋刺绣 3 幅、顾氏册中刺绣 6 幅，共12 幅。

J0133497

苏绣　（汉、日、英对照）苏州刺绣研究所供稿

杭州　西泠印社［1983 年］12 张 13cm（60 开）

定价：CNY0.65

J0133498

苏绣图案　柳炳元编绘

上海　上海人民美术出版社 1983 年 195 幅

20cm（32 开）统一书号：8081.12962

定价：CNY0.70

本书内容有：龙、凤、鹤、孔雀、鸳鸯、狮

球、麒麟以及各种鸟、鱼、虾、虫、花、博古、花篮、山水风景等。

J0133499

童装绣花图案　刘宗宝著
石家庄　河北人民出版社 1983 年 103 页
25cm（16 开）统一书号：15086.166 定价：CNY0.75

J0133500

童装绣花图案　刘宗宝编绘
石家庄　河北科学技术出版社 1984 年　新 1 版
103 页 76cm（2 开）统一书号：15365.3
定价：CNY0.85

J0133501

刺绣图案　王坤元绘制
济南　山东科学技术出版社 1984 年 176 页
25cm（小 16 开）统一书号：15195.138
定价：CNY1.55

J0133502

刺绣图案集　王桂荣，李桂芝编绘
长春　吉林人民出版社 1984 年 56 页 39cm（4 开）
统一书号：8091.1467 定价：CNY1.20
　　本图案集，除有枕套、台布、儿童绣品图案外，还绘制了各种不同刺绣针法的图案以及图案的色彩小样。

J0133503

刺绣图集　王坤元绘制
济南　山东科学技术出版社 1984 年 176 页
26cm（16 开）统一书号：15195.138 定价：CNY1.55

J0133504

缝绣图案集
哈尔滨　黑龙江科学技术出版社 1984 年
190 页 19cm（32 开）统一书号：8217.024
定价：CNY1.20
　　本书搜集、编绘了中外近 2000 种图案。

J0133505

缝绣图案集　（续）戚晓虹等编绘
哈尔滨　黑龙江科学技术出版社 1990 年 216 页
有彩图 18cm（15 开）ISBN：7-5388-1195-8
定价：CNY4.95

J0133506

服绣图案　叶应燧绘
杭州　浙江人民美术出版社 1984 年 16 张
25cm（15 开）套装 统一书号：8156.399
定价：CNY0.48
　　本书有 16 幅图。是装饰、美化服装的图案资料汇编。

J0133507

服装装饰图案　叶应燧，张金芳编绘
上海　上海人民美术出版社 1984 年 142 页
19cm（32 开）统一书号：8081.14016
定价：CNY0.51

J0133508

家庭用品机绣图样　乔兴智编
郑州　河南人民出版社 1984 年 182 页
26cm（16 开）统一书号：8105.1282 定价：CNY2.00
　　本书共 5 部分：机绣技法、服装绣花图样、室内绣品图样、床上绣品图样及设计参考资料。

J0133509

金狮犬　（苏州刺绣 摄影 1985 年年历）汪文华摄影
南京　江苏美术出版社 1984 年 54cm（4 开）
定价：CNY0.20

J0133510

蜡染纹样选　马正荣编绘
天津　天津人民美术出版社 1984 年 120 页
19cm（32 开）统一书号：8073.50312
定价：CNY1.30
　　本书收集的纹样，包括丹寨苗族纹样、安顺苗族蜡染纹样，还有黔东南、黔西南苗族纹样等。

J0133511

民间印染纹样集　李昌鄂编
长沙　湖南美术出版社 1984 年 91 幅 27cm（16 开）
统一书号：8233.577 定价：CNY1.10
　　本书内收中国民间印染纹样 91 幅。本书选编的印染纹样近百幅，有花布、被面、床单、门帘、方巾、儿裙、枕巾、服饰袖边等类，画面有花鸟、鱼虫、走兽、人物等，大多是寓意平安、美满、吉祥、喜庆的民间传统题材，其中较为出色

的有吉庆有余、麒麟送子、凤穿牡丹、刘海戏蟾、四季如吞等纹样。

J0133512
十字绣花　胡汀编绘
杭州 浙江人民美术出版社 1984 年 78 页
19cm(32 开) 统一书号：8156.345 定价：CNY0.55
　　本书选编约 600 个变化多端的黑白装饰十字绣花图案，内容有花卉、动物、戏装人物、舞蹈、变形小道具、风景、装饰拼音字母、花边图案等。

J0133513
现代丝绸图案选　苏州丝绸工学工艺美术系编
北京 纺织工业出版社 1984 年 80 页 25cm(16 开)
统一书号：15041.1362 定价：CNY3.60

J0133514
绣花图案集　王克长编绘
兰州 甘肃人民出版社 1984 年 198 页
19cm(32 开) 统一书号：15096.61 定价：CNY1.90
　　本书共编绘人物、动物、飞鸟、花卉、花边图案 500 余幅。

J0133515
枕花集锦　柳增燕绘
杭州 浙江人民美术出版社 1984 年 12 幅
38cm(6 开) 统一书号：8156.400 定价：CNY0.65

J0133516
枕花图案　苗佳硕设计绘制
太原 山西人民出版社 1984 年 8 张 52cm(4 开)
定价：CNY0.88

J0133517
中国蜡染艺术　鲁朴编绘
上海 上海人民美术出版社 1984 年 133 页
25cm(小 16 开) 统一书号：8081.13516
定价：CNY7.50
　　本书有 218 幅图。所收蜡染艺术图案，分为：彩色蜡染、安顺蜡染、黄平蜡染、丹寨蜡染、大理蜡染、路南蜡染、创新蜡染七部分，共 140 幅。书前有张停写的《序言》，书后有鲁朴写的《中国蜡染——少数民族的民间艺术》和《民间蜡染的生产工艺》两篇文章。共 218 幅图。作者鲁朴（1935— ），教授。原名吕廷华，山东威海

人。北京服装学院工艺美术系教授，中国美术家协会、中国工艺美术学会会员。出版有《中国蜡人艺术》《儿童学国画》《鲁朴爷爷教画画》等。

J0133518
编织工艺　郑玫玲著
台北 正文书局有限公司 1985 年 131 页
26cm(16 开)
（美术工艺系列 15 ）

J0133519
编织图案　黄国松等编绘
上海 上海人民美术出版社 1985 年 154 页
19cm(32 开) 统一书号：8081.14066
定价：CNY0.95

J0133520
国外流行花布图案　王善珏编
杭州 浙江人民美术出版社 1985 年 32 页
26cm(16 开) 统一书号：8156.497 定价：CNY0.54
　　本书汇编花布图案 90 幅。是国外流行精品，花形优美、布局新颖、风格各异。作者王善珏（1943— ），女，教授。上海人。历任中国美术学院染织服装教研室主任、教授，中国服装设计师协会常务理事，浙江美术家协会会员。代表作品《风的慰籍》《花之语》等。

J0133521
四川扎染　张宇仲，钟芪兰编
成都 四川美术出版社 1985 年 50 页 26cm(16 开)
统一书号：8373.437 定价：CNY4.50
　　本书又名《白族服饰图案》，是中国现代少数民族服饰图案集。

J0133522
童装补绣图案　李梦娜编绘
长春 吉林科学技术出版社 1985 年 70 页
17cm(32 开) 统一书号：15091.210 定价：CNY1.45

J0133523
麻柳挑花　张此吾搜集整理
成都 四川美术出版社 1986 年 53 页 26cm(16 开)
统一书号：8373.108 定价：CNY6.40
（民族民间艺术）
　　本书是四川刺绣图案集。

J0133524

南通蓝印花布纹样　南通市工艺美术研究所，中国民间文艺研究会南通分会编

北京　中国民间文艺出版社　1986 年　100 页

20cm（32 开）统一书号：8229.0346　定价：CNY3.50

J0133525

山东民间蓝印花布　叶又新著

济南　山东美术出版社　1986 年　127 页

20cm（32 开）统一书号：8332.799　定价：CNY2.40

（山东民间工艺美术丛书）

　　本书分靛蓝与染坊、扎染花布、蓝印花布 3 部分，详述染料制作、图案刻制、印花工艺、艺人传播等内容，并附有 138 幅图案作为上述内容的印证。

J0133526

苏绣精萃　江苏工艺美术学会编

北京　外文出版社　1986 年　115 页　26cm（16 开）

精装　统一书号：8050.2980

　　外文书名：Treasures of Suzhou.

J0133527

图案　（第 1 辑）《图案》编辑部编辑

北京　轻工业出版社　1986 年　52 页　26cm（16 开）

统一书号：15042.2077　定价：CNY1.10

J0133528

图案　（第 2 辑）《图案》编辑部编辑

北京　轻工业出版社　1986 年　52 页　26cm（16 开）

统一书号：15042.2115　定价：CNY1.10

J0133529

图案　（第 3 辑）《图案》编辑部编辑

北京　轻工业出版社　1986 年　52 页　26cm（16 开）

统一书号：8042.010　定价：CNY1.10

J0133530

图案　（第 4–5 辑　第三次高校图案教学座谈会专辑）《图案》编辑部编辑

北京　轻工业出版社　1987 年　120 页　26cm（16 开）

统一书号：8042.022　定价：CNY2.25

J0133531

图案　（第 6 辑　鲁迅美术学院工艺美术系专辑）《图案》编辑部编辑

北京　轻工业出版社　1988 年　56 页　26cm（16 开）

ISBN：7-5019-0187-2　定价：CNY1.10

J0133532

图案　（第 7 辑　中央工艺美术学院·专辑）《图案》编辑部编辑

北京　轻工业出版社　1988 年　56 页　26cm（16 开）

ISBN：7-5019-0117-1　定价：CNY1.40

J0133533

图案　（第 8 辑　西安美术学院工艺设计系专辑）《图案》编辑部编辑

北京　轻工业出版社　1988 年　56 页　26cm（16 开）

ISBN：7-5019-0365-4　定价：CNY1.80

J0133534

图案　（第 9 辑　四川美术学院工艺美术系专辑）《图案》编辑部编辑

北京　轻工业出版社　1988 年　56 页　26cm（16 开）

ISBN：7-5019-0366-2　定价：CNY1.80

J0133535

图案　（第 10 辑　苏州丝绸工学院美术系专辑）《图案》编辑部编辑

北京　轻工业出版社［1988 年］55 页　26cm（16 开）

ISBN：7-5019-0543-6　定价：CNY1.80

J0133536

图案　（第 11 辑　广州美术学院工艺系师范系专辑）《图案》编辑部编辑

北京　轻工业出版社　1989 年　56 页　26cm（16 开）

ISBN：7-5019-0644-0　定价：CNY2.45

J0133537

图案　（第 12 辑　浙江美术学院工艺系专辑）《图案》编辑部编辑

北京　轻工业出版社　1989 年　56 页　26cm（16 开）

ISBN：7-5019-0714-5　定价：CNY2.45

J0133538

图案　（第 13 辑　南京艺术学院工艺美术作品集）《图案》编辑部编辑

北京　轻工业出版社［1991 年］56 页　26cm（16 开）

ISBN：7-5019-0916-4　定价：CNY2.45

J0133539

图案　（第 14 辑）《图案》编辑部编辑
北京 轻工业出版社 1991 年 56 页 26cm（16 开）
ISBN：7-5019-1040-5 定价：CNY2.80

J0133540

绣荷包　袁惠兰著
台北 汉光文化事业公司 1986 年 120 页 有图
29cm（16 开）定价：TWD270.00
（中华之美系列 9 ）

J0133541

子龙蜡染　子龙作
石家庄 河北美术出版社 1986 年 48 幅 10cm
（64 开）统一书号：8087.1659 定价：CNY7.90
　　本书选入作者以传统蜡染工艺方法制作的
绘画作品 48 幅。所收作品题材广泛，既有人物、
动物；也有静物、图案。

J0133542

服饰艺术与美　张雪扬著
重庆 重庆出版社 1987 年 194 页 18cm（15 开）
统一书号：2114.32 ISBN：7-5366-0290-1
定价：CNY1.50
（艺术美丛书）

J0133543

麻柳鞋垫枕头图案　张此吾收集整理
成都 四川美术出版社 1987 年 70 页 26cm（16 开）
统一书号：8373.1908 ISBN：7-5410-0038-8
定价：CNY6.00
（民族民间艺术）

J0133544

民间印花布　（图册）张道一，徐艺乙编
南京 江苏美术出版社 1987 年 234 页
19cm（32 开）定价：CNY4.95
（江苏民间美术丛书）
　　本书收录清代以来江苏民间的蓝印花布图
案图版 241 幅。原物有布匹成品的，有印花正
版、副版的，还有部分设计图案的。内容涉及喜
庆、吉祥、祝典及梅兰竹菊、花鸟虫鱼，还有表
现装饰性连续图案的二方连续、四方连续的，为
研究、发掘民间美术遗产，推陈出新提供资料。

J0133545

民间枕花图集　温练昌编绘
北京 轻工业出版社 1987 年 154 页 17cm（35 开）
统一书号：8042.024 ISBN：7-5019-0026-4
定价：CNY1.70
（装饰纹样丛书）
　　本书共选编 3415 幅民间枕花图案。作者温
练昌（1927—　　），教授。广东梅县人，历任中央
美术学院助教，中央工艺美术学院教授、染织美
术系主任，参加北京民族文化宫、人民大会堂等
建筑装饰、室内装饰美术设计。中国工艺美术学
院教授，中国美术家协会会员。专著有《花的变
化》《染织图案基础》等。

J0133546

青海民间刺绣图案集　曹卫国摄影
西宁 青海人民出版社 1987 年 96 页 19cm（32 开）
统一书号：8097.618 定价：CNY3.00
　　本书收集枕顶、辫筒、前褡、口袋、领口、腰
带、钱包、围肚、书包、荷包、刀鞘、鞋靴、袜底、
耳套等 20 多种刺绣图案。青海民间刺绣艺术有
独特的风格，图案具有规则化、艺术化、抽象化，
色彩鲜明、对比强烈的特点。绣功精细，构图别
致，栩栩如生。

J0133547

童装贴花图案
杭州 浙江人民美术出版社 1987 年 16 页
26cm（16 开）统一书号：8156.1304 定价：CNY0.50
　　本书选入各类童装贴花图案 90 余款。以动
物为主，造型生动活泼，图型简洁明了。

J0133548

绣花、挑花、补花　吴淑生编
北京 朝花美术出版社 1987 年 1 册
19×26cm（16 开）统一书号：8028.2312
定价：CNY1.15
（美术技法画库 8 ）
　　作者吴淑生（1925—　　），女，教师。江苏盐
城人，毕业于杭州国立艺术专科学校。历任中央
美术学院教师，北京工艺美术学校副教授。作品
有《花卉头巾围巾》《瓜蝶台布》，主编有《图案
设计基础》等。

J0133549

中国的刺绣　朱培初编著

北京　人民出版社　1987 年　150 页　有图

19cm（32 开）统一书号：8001.178 定价：CNY0.83

（祖国丛书）

J0133550

藏族服饰艺术　（[藏英汉对照]）安旭主编

天津　南开大学出版社　1988 年　144 页

26cm（16 开）ISBN：7-310-00119-2

J0133551

风光挑织图案　曾凡恕编

合肥　安徽科学技术出版社　1988 年　170 页

26cm（16 开）ISBN：7-5337-0106-3

定价：CNY3.60

J0133552

古傩蜡染　（第一辑　汉日英对照）王建山，熊红刚创作

北京　外文出版社　1988 年　10 张　15cm（64 开）

ISBN：7-119-00519-7　定价：CNY1.70

J0133553

花鸟动物山水绣法图解　李森林，张丽珠编绘

天津　天津科学技术出版社　1988 年　71 页

26×38cm　ISBN：7-5308-0459-6　定价：CNY5.40

J0133554

手工印染艺术　张知新著

台北　南天书局 1988 年 220 页 有图 26cm（16 开）

精装　定价：TWD500.00

J0133555

湘绣研究　（第二期）李湘树主编

[长沙][湖南省湘绣研究所] 1988 年 62 页

有照片 26cm（16 开）

　　本书由湖南省湘绣研究所和《湘绣研究》编辑部联合出版。

J0133556

袁运甫艺术壁毯　袁运甫作

北京　人民美术出版社［1988 年］12 张

26cm（16 开）ISBN：7-102-00160-6

定价：CNY3.25

　　作者袁运甫（1933—2017），画家、教育家。江苏南通人，毕业于中央美术学院。历任清华大学美术学院教授、博士生导师、装饰艺术研究所所长，中央工艺美术学院教授，清华大学张仃艺术研究中心主任，中国国家画院公共艺术院院长等。代表作品有《祖国大地》《江山胜揽》《晨曦》等。

J0133557

中国历代丝绸纹样　缪良云编著

北京　纺织工业出版社 1988 年 248 页 38cm（8 开）

精装 ISBN：7-5064-0200-9 定价：CNY150.00

　　本书选取各代具有代表性的丝绸纹样及与其有关的工艺美术、绘画、民俗和服装等图片 401 幅。其中彩色图 239 幅。这些纹样均经行细挑选和考证，对残缺不全的出土丝绸文物，忠实复原，绘制了丝绸图案。鉴于各个历史时期丝绸纹样和当时的服装及其他工艺美术品的有关纹饰是相互影响和借鉴的，书中选择了一些服装式样和工艺美术品的纹饰，进行联系对比。作者将生产技术与美术艺术融为一体，对每一朝代的纹样，结合有关中国丝绸的重要发现、重大事件和重要产品等实物加以概括性的论述。

J0133558

安顺蜡染　洪福远编

贵阳　贵州美术出版社 1989 年 19cm（24 开）

ISBN：7-5413-0072-1 定价：CNY8.00

　　本书选编贵州安顺蜡染厂的蜡染新产品图片 84 幅。

J0133559

刺绣挑花补花图集　徐静芬，吴霞编绘

天津　天津科学技术出版社 1989 年 128 页

19×26cm　ISBN：7-5308-0502-9 定价：CNY4.15

J0133560

刺绣与编结　丛壮编

北京　学苑出版社 1989 年 63 页 有图

19cm（32 开）ISBN：7-80060-571-X

定价：CNY1.30

J0133561

刺绣之巧与艺　余城著

台北　文化建设委员会 1989 年 63 页

有图 21cm（32 开）定价：TWD60.00
（文化资产丛书 41）

J0133562
服装工艺美术　陈奕编写
北京 中国财政经济出版社 1989 年 130 页
有图 19cm（32 开）ISBN：7-5005-0724-0
定价：CNY0.95

J0133563
家庭手绣图案精选　梁晓音编译
北京 轻工业出版社 1989年 112页 26cm（16开）
ISBN：7-5019-0695-5 定价：CNY6.90

J0133564
家庭手绣图案精选　（2）梁晓音编译
北京 轻工业出版社 1991年 108页 26cm（16开）
ISBN：7-5019-1120-7 定价：CNY7.50

J0133565
家庭手绣图案精选　（3）梁晓音编译
北京 中国轻工业出版社 1992年 108 页 有彩照
26cm（16 开）ISBN：7-5019-1298-X
定价：CNY7.50
　　本书展示了 500 余种适用于家庭饰物和服
装的手绣图案。包括变形动物、花卉、卡通人物、
风景、数字、字母、各种花边等。

J0133566
清代台湾民间刺绣　粘碧华撰
台北 汉艺色研文化事业公司 1989年 117 页
有彩图 26cm（16 开）精装
ISBN：957-622-000-9 定价：TWD420.00
（艺术丛书 4）

J0133567
头巾　刘领编
北京 纺织工业出版社 1989年 112 页 有彩图
19cm（32 开）ISBN：7-5064-0260-2
定价：CNY3.20
（现代服饰丛书）
　　本书内容包括：国内外头巾、围巾、披肩的
发展概况、品种类别，以及在不同场所选用头
巾、围巾、披肩的原则及各种扎戴法。

J0133568
围裙与饰物　王培方编
上海 上海科学技术出版社 1989 年 93 页
19cm（32 开）ISBN：7-5323-1450-2
定价：CNY1.40
（实用文库上海时代服饰系列）

J0133569
中国刺绣　朱培初编著
台北 淑馨出版社 1989 年 135 页 有图
20×21cm 精装 ISBN：957-531-014-4
定价：TWD280.00
（吾土吾民文物丛书 4）

J0133570
1991：新潮马海毛编织精选　（挂历）黄正
雄摄
杭州 浙江摄影出版社 1990 年 76cm（2 开）
定价：CNY16.90

J0133571
刺绣图案集　缪丽娟，缪丽平编绘
天津 天津杨柳青画社 1990 年 100 页 19×26cm
ISBN：7-80503-100-2 定价：CNY4.50

J0133572
地毯传统纹样　徐维，徐林晞编绘
天津 天津杨柳青画社 1990 年 126 页
20cm（32 开）ISBN：7-80503-106-1
定价：CNY4.70

J0133573
纺织品图案设计基础　黄国松等编著
北京 纺织工业出版社 1990 年 157 页
26cm（16 开）ISBN：7-5064-0406-0
定价：CNY4.60
　　本书介绍了纺织图案设计的理论和基本技
能，包括图案艺术构思、造型和技法、图案色彩
设计和图案设计的构成。

J0133574
缝补绣花图案集锦　张媛等编绘
北京 光明日报出版社 1990 年 224 页
26cm（16 开）ISBN：7-80014-795-9
定价：CNY5.95

J0133575

服装与室内装饰　罗筠筠编
北京　北京大学出版社　1990 年　200 页
19cm（32 开）ISBN：7-301-01144-X
定价：CNY2.50
（现代家庭学丛书）

J0133576

童装贴花图案　尹家琅等编绘
上海　上海科学技术出版社　1990 年　128 页
26cm（16 开）ISBN：7-5323-2123-1
定价：CNY6.90
　　本书提供了 240 例彩色童装贴花图案（包括裙花、贴袋花、前胸花、背花、连衣裤贴花、裤侧花、裤膝花、领花），并提示了贴花在童装上的部位和色彩的配置情况。

J0133577

现代女性服饰品制作大全　陈立等编著
上海　上海科学技术出版社　1990 年　152 页
27cm（大 16 开）定价：CNY7.35

J0133578

1992：如意编织　（摄影挂历）豫强等摄
杭州　浙江人民美术出版社　1991 年　76cm（2 开）
定价：CNY18.20

J0133579

布花艺术　美工图书社编
台北　邯郸出版社　1991 年　241 页　有彩图
27cm（16 开）精装
　　外文书名：Leonard Art and Fashion.

J0133580

设计艺术　（4 时装）刘志威编
西安　陕西人民教育出版社　1991 年　25cm（24 开）
ISBN：7-5419-2288-9　定价：CNY4.80
（设计艺术引导丛书）

J0133581

童装图案新花样　李振忠编绘
北京　金盾出版社　1991 年　152 页　26cm（16 开）
ISBN：7-80022-321-3　定价：CNY5.50
　　全书共介绍了 800 多个童装图案新花样，包括人物、动物、花卉、风景、体育、航海、航空、汽车、标牌、标记等 10 多个门类。作者李振忠，大连童装厂设计师。

J0133582

展示　（中国魂 服装设计专辑）何跃华主编
北京　国际文化出版公司　1991 年　135 页　有照片
28cm（大 16 开）ISBN：7-80049-795-X
定价：CNY40.00

J0133583

地毯图案设计　冯金茂著
北京　北京工艺美术出版社　1992 年　218 页
有照片　20cm（32 开）ISBN：7-80526-080-X
定价：CNY6.00
　　本书介绍了北京地毯图案的设计规律，包括 22 类，计 185 幅常用地毯纹样。作者冯金茂（1907—　　），北京地毯研究所工艺美术大师。

J0133584

童装补花图案　徐静芬，吴霞绘
天津　天津杨柳青画社　1992 年　86 页　19×20cm
ISBN：7-80503-150-9　定价：CNY5.80

J0133585

现代印染图案设计　龙宝章编著
济南　山东美术出版社　1992 年　70+24 页
18cm（32 开）ISBN：7-5330-0496-5
定价：CNY8.60
　　作者龙宝章（1935—　　），教授。河北昌黎人，毕业于中央工艺美术学院染织系。历任山东工艺美术学院染织系主任、副教授，中国美术家协会会员。出版有《艺用鱼纹资料》《火柴商标设计集锦》《现代印染图案设计》《中国莲花图案》《中国鱼形装饰艺术》等。

J0133586

现代扎染女装与家庭扎染技法　承淼等设计编著
北京　民族出版社　1992 年　有照片及图
26cm（16 开）ISBN：7-105-01648-5
定价：CNY8.50
　　本书择选了数十种具有现代风格的日常生活女装，同时还介绍了的基本方法技巧。作者承淼（1955—　　），女，在河北大学科技开发公司艺术部任职。

J0133587
绣花剪样 500 例　俞英等编著
南京　江苏科学技术出版社　1992 年　240 页
有彩图　26cm（16 开）ISBN：7-5345-1276-X
定价：CNY7.80

J0133588
扎染技法　崔栋良，聂跃华编著
北京　纺织工业出版社　1992 年　72 页　有图
20cm（32 开）ISBN：7-5064-0739-6
定价：CNY4.65
　　作者崔栋良（1935—　），教授，美术设计
师。河北文安人，毕业于中央工艺美术学院染织
美术系。历任中央工艺美术学院副教授，中国书
画函授大学实用美术系教授，中国美术家协会、
中国工艺美术学会会员等。出版有《花的装饰技
法》《花卉黑白画》《图案的基本组织》《动物的
写生与变形》《风景装饰画法》等。

J0133589
广绣　陈少芳著；广东中华民族文化促进会文
化委员会主编
1993 年　80 页　有图　23cm

J0133590
全国纺织优秀设计作品集　徐志瑞等编
北京　纺织工业出版社　1993 年　94 页　25×26cm
ISBN：7-5064-0988-7　定价：CNY38.00

J0133591
实用刺绣缝绣图案精选　张学洁编
长春　长春出版社　1993 年　85 页　26cm（16 开）
ISBN：7-80573-992-7　定价：CNY10.00

J0133592
实用服饰手工印染技法　叶智勇著
北京　纺织工业出版社　1993 年　93 页　有彩照
26cm（16 开）ISBN：7-5064-0919-4
定价：CNY12.80
　　本书介绍了蜡染、扎染、夹染、型印、糊染
等 7 种手工印染的技法。作者叶智勇（1956—　），
四川威远人，中国纺织大学讲师，工艺美术教研
室副主任。

J0133593
苏绣　朱凤编著
北京　教育科学出版社　1993 年　117 页
有彩照及照片　20cm（32 开）精装
ISBN：7-5041-0280-6　定价：CNY15.00
　　本书介绍了苏州刺绣的历史、工具和程序、
针法及其运用、要领、技艺的新发展。作者朱凤
（1910—1993），女，高级工艺师，原名寿臣，字瑞
成，又字琪，曾用名文玉、蕴玉、永璞，江苏常熟
人。苏州刺绣厂艺术指导。代表作品有《敦煌供
养人像》《博古图》《北海》等，著有《中国刺绣
技法研究》《苏绣》。

J0133594
图案　杜炜编著
北京　纺织工业出版社　1993 年　112 页　有彩图
26cm（16 开）定价：CNY6.60

J0133595
织锦　述鼎著
台北　艺术图书公司　1993 年　119 页　有图
31cm（10 开）精装　定价：TWD600.00
（民间艺术 1）
　　外文书名：Art of Folk Embroidery.

J0133596
中国贵州苗族绣绘
南京　江苏美术出版社　1993 年　2 册（82；197 页）
37cm（8 开）精装　ISBN：7-5344-0291-3
定价：CNY348.00

J0133597
纺织品装饰艺术　白玉林等编著
沈阳　辽宁科学技术出版社　1994 年　108 页
26cm（16 开）ISBN：7-5381-1862-4
定价：CNY30.00
（建筑材料装饰艺术丛书）

J0133598
贵州传统蜡染　（摄影集）张炳德主编；彭香
忠摄影
贵阳　贵州人民出版社　1994 年　180 页
28cm（大 16 开）ISBN：7-221-03376-5
定价：CNY44.80
　　作者张炳德，贵州人民出版社美术部主任。

J0133599
家庭实用扎染　朱小行，钟幼芝编著
杭州　浙江人民出版社　1994 年　69 页　有彩图
26cm（16 开）ISBN：7-213-01048-4
定价：CNY11.80

J0133600
时装画技法　刘元风编著
北京　高等教育出版社　1994 年　157 页　有彩图
26cm（16 开）ISBN：7-04-004877-9
定价：CNY11.40

J0133601
四川苗族蜡染　曾水向编
沈阳　辽宁美术出版社　1994 年　138 页　17×18cm
ISBN：7-5314-1217-9　定价：CNY5.80

J0133602
维吾尔刺绣图案集　吐尔的·哈地尔·那孜尔著
乌鲁木齐　新疆美术摄影出版社　1994 年
123 页　26cm（16 开）ISBN：7-80547-128-2
定价：CNY10.00

J0133603
绣花图案 1000 例　俞英，张同编著
合肥　安徽科学技术　1994 年　192 页　有彩图
26cm（16 开）ISBN：7-5337-1047-9
定价：CNY12.00

J0133604
中国少数民族服饰赏析　杨阳编著
北京　高等教育出版社　1994 年　268 页　有图
26cm（16 开）ISBN：7-04-005100-1
定价：CNY14.50

J0133605
出原修子　叶智勇染色世界　（日）出原修
子，叶智勇著
北京　中国纺织出版社　1995 年　48 页　有彩图
25×26cm ISBN：7-5064-1142-3　定价：CNY40.00
　　外文书名：Izuhara Shuko Ye Zhiyong the
Dyer's Art. 作者出原修子（1936—　），日本扎染
艺术家。作者叶智勇（1956—　），四川威远人，
中国纺织大学服装学院工艺美术系副主任、副
教授。

J0133606
服饰潮　吴正林主编
上海　学林出版社　1995 年　141 页　26cm（16 开）
精装　ISBN：7-80616-165-1　定价：CNY50.00

J0133607
花卉造型技法　（图集）王善珏著
杭州　中国美术学院出版社　1995 年　184 页
29cm（16 开）精装　ISBN：7-81019-485-2
定价：CNY52.00
（服饰染织设计丛书）
　　作者王善珏（1943—　），女，教授。上海人。
历任中国美术学院染织服装教研室主任、教授，
中国服装设计师协会常务理事，浙江美术家协会
会员。作品有《舒展的客颜》《花之语》等。

J0133608
丝绸图案设计基础　蔡琴鹤著
济南　山东美术出版社　1995 年　158 页　17×18cm
ISBN：7-5330-0809-X　定价：CNY18.50
　　作者蔡琴鹤（1942—　），女，中国纺织大学
服装系工艺美术教研室副教授。

J0133609
中国古代军戎服饰　刘永华著
上海　上海古籍出版社　1995 年　175 页
31cm（10 开）精装　ISBN：7-5325-2033-1
定价：CNY350.00

J0133610
中国蓝印花布　（图集）
北京　北京工艺美术出版社　1995 年　126 页
26cm（16 开）ISBN：7-80526-142-3
定价：CNY50.00

J0133611
中华旗袍　（汉英对照）于金兰著
沈阳　辽宁民族出版社　1995 年　188 页　有彩照
28cm（大 16 开）精装　ISBN：7-80527-561-0
定价：CNY198.00

J0133612
刺绣图案集锦　努尔穆罕麦提江·米曼编著
喀什　喀什维吾尔文出版社　1996 年　180 页
26cm（16 开）ISBN：7-5373-0532-3

定价：CNY13.00

J0133613

家庭刺绣装饰与制作　叶琪编
北京　中国轻工业出版社　1996年　126页
26cm（16开）ISBN：7-5019-1997-6
定价：CNY16.80

J0133614

漂亮手绣　王小陶编绘
海口　南海出版公司　1996年　127页　26cm（16开）
ISBN：7-80570-967-X　定价：CNY19.80

J0133615

染织花卉图案设计　杨淑萍著
南昌　江西科学技术出版社　1996年　205页
25×25cm　精装　ISBN：7-5390-1035-5
定价：CNY168.00
　　作者杨淑萍（1939—　），女，山东烟台人，
中央工艺美术学院副教授，中国工艺美术学会
会员。

J0133616

时装装饰线描集　颜平绘
上海　上海书店出版社　1996年　116页　17×19cm
ISBN：7-80622-122-0　定价：CNY9.00
　　外文书名：Fashionable and Decorative Line
Drawing Album.

J0133617

手绘、扎染、蜡染技法　邵甲信著
上海　上海人民美术出版社　1996年　重印本　92页
有图　26cm（16开）ISBN：7-5322-1188-6
定价：CNY18.70
　　本书讲述了手绘的特点；手绘的材料及用
具；手绘方法；手绘的步骤；扎染的概念；扎染
的历史与发展；扎染工艺；扎染的后处理；蜡染
的概念及特点；蜡染的材料及用具；蜡染工艺；
染色；脱蜡。作者邵甲信（1938—　），教师。安
徽砀山人，上海纺织高等专科学校服装艺术系副
教授。著有《手绘、扎染、蜡染技法》。

J0133618

印染设计基础　贾京生著
北京　北京工艺美术出版社　1996年　44页

有图　26cm（16开）ISBN：7-80526-193-8
定价：CNY8.00
　　作者贾京生（1957—　），教授。江苏南京
人，毕业于中央工艺美术学院。清华大学美术学
院教授、硕士生导师、印染实验室主任，中国工
业设计协会、中国工艺美术协会会员。出版有
《应用美术教程》《古希腊陶瓶画》《色彩画教程》
《中国现代民间手工蜡染工艺文化研究》等。

J0133619

中国的刺绣　朱培初编著
北京　中国少年儿童出版社　1996年　150页
有插图　19cm（小32开）ISBN：7-5007-3007-1
定价：非卖品
（希望书库　3-65　总186）
　　本书由中国少年儿童出版社和中国青年出
版社联合出版。

J0133620

**中央工艺美术学院染织·服装艺术设计系
师生作品集**　中央工艺美术学院染织·服装艺
术设计系［编］
天津　天津大学出版社　1996年　244页　25×25cm
精装　ISBN：7-5618-0910-7　定价：CNY168.00

J0133621

地毯图案设计　冯金茂著
北京　北京工艺美术出版社　1997年　重印本
218页　20cm（32开）ISBN：7-80526-219-5
定价：CNY10.00
　　本书收入200幅图。介绍京式地毯、彩枝
式地毯、美术式地毯图案的设计规律，并系统地
介绍22类，计185幅常用地毯单元纹样。其中
包括京式地毯中最重要、最具特色的龙、凤纹样
以及各种极富民间艺术特色的八宝、暗八仙、锦
地、博古、花叶、麒麟等传统图案。

J0133622

花结制作技法　徐雯著
北京　北京工艺美术出版社　1997年　118页
有插图　20cm（32开）ISBN：7-80526-258-6
定价：CNY8.50
（中国传统手工技艺丛书　第一期）
　　本书内容包括：结的分类与特点；工具、材
料及编制要领；花结编制方法等。

J0133623

巧手编绳结饰品　（日）池田初枝著；沙子芳译
台北　日贩公司　1997 年　95 页　26cm（16 开）
ISBN：957-8800-99-1　定价：TWD280.00

J0133624

特种刺绣与盘花　（图集）李洁等编著
北京　金盾出版社　1997 年　100 页　26cm（16 开）
ISBN：7-5082-0361-5　定价：CNY19.00

J0133625

图案　杜炜编著
北京　中国纺织出版社　1997 年　2 版　110 页
26cm（16 开）ISBN：7-5064-1269-1
定价：CNY11.80

J0133626

吴地刺绣文化　孙佩兰编著
南京　南京大学出版社　1997 年　128 页
19cm（小 32 开）ISBN：7-305-03085-6
定价：CNY55.00（全套）
（吴文化知识丛书　第三辑）

J0133627

印染图案艺术　徐景祥著
杭州　中国美术学院出版社　1997 年　74 页
26cm（16 开）ISBN：7-81019-562-X
定价：CNY19.00
（设计教材丛书）

J0133628

织物纹样 1000 例　艾强等编绘
上海　上海画报出版社　1997 年　283 页　17×19cm
ISBN：7-80530-287-1　定价：CNY12.80
（知识画库）

J0133629

中国历代染织绣图案　方兴德，沈荔绘；刘
瑜译
上海　上海人民美术出版社　1997 年
2 册（156+162 页）26cm（16 开）精装
ISBN：7-5322-1662-4　定价：CNY57.60
　　　外文书名：Chinese Textiles Motifs Through
Dynasties.

J0133630

中国民间绣荷包　王金华等编著
北京　北京工艺美术出版社　1997 年　142 页
29cm（16 开）ISBN：7-80526-290-X
定价：CNY160.00
　　　外 文 书 名：Folk Embroidered Small Bag of
China.

J0133631

中国轻纺面料花样图集　（二）《中国轻纺面
料花样图集》编辑委员会编
北京　中国纺织出版社　1997 年　658 页
29cm（16 开）精装　ISBN：7-5064-1282-9
定价：CNY500.00
　　　本书按服装面料、长巾、方巾、领带、被套、
被单、被面等织物分类，辑录 3600 余种面料花
样。外文书名：Album of China Textile Patterns.

J0133632

中国织绣鉴赏与收藏　包铭新，赵丰编著
上海　上海书店出版社　1997 年　156 页　有图
20cm（32 开）ISBN：7-80622-261-8
定价：CNY40.00
（古玩宝斋丛书）
　　　作者赵丰（1961—　　），浙江海宁人，中国丝
绸博物馆副馆长，中国古代服饰研究会理事。

J0133633

服装装饰图案　郑军，刘冬云编绘
北京　金盾出版社　1998 年　185 页　17×19cm
ISBN：7-5082-0799-8　定价：CNY10.00

J0133634

染织　（图集）董旸，刘威编著
沈阳　辽宁美术出版社　1998 年　79 页　29cm（16 开）
ISBN：7-5314-2008-2　定价：CNY35.00
（材料与技法丛书）

J0133635

现代纺织品设计表现技法　张树新编著
长沙　湖南美术出版社　1998 年　69 页　26cm（16 开）
ISBN：7-5356-1047-1　定价：CNY27.50
（设计表现技法丛书）

J0133636
新疆民间染织刺绣图案　中央工艺美术学院
染织美术系编
北京　人民美术出版社　1998 年　26cm（16 开）
ISBN：7-102-01903-3　定价：CNY28.00

J0133637
幸运手环 110 款　陈夏珍著
台北　手艺家书局　1998 年　79 页　有彩图
21cm（32 开）ISBN：957-98167-0-0
定价：TWD150.00
（手艺家彩色系列 10）

J0133638
中国的刺绣　杨洁编著
上海　少年儿童出版社　1998 年　140 页
19cm（小 32 开）ISBN：7-5324-3530-X
定价：CNY5.00
（中华国粹丛书）

J0133639
中国结饰入门　詹丽君，廖淑华著
台北县　手艺家书局　1998 年　79 页　有彩图
21cm（32 开）ISBN：957-98304-7-9
定价：TWD150.00
（手艺家彩色系列 8）

J0133640
中国民间织绣印染　黄钦康编著
北京　中国纺织出版社　1998 年　72+120 页
有图　26cm（16 开）ISBN：7-5064-1339-6
定价：CNY35.00

J0133641
中日编织工艺交流展　（中国大陆馆）台中县
立文化中心编；施金柱主编
台中县　台中县立文化中心　1998 年　再版
213 页　30cm（10 开）ISBN：957-02-1136-9
定价：TWD450.00

J0133642
中日编织工艺交流展　（日本馆）台中县立文
化中心编；施金柱主编
台中县　台中县立文化中心　1998 年　再版
195 页　30cm（10 开）ISBN：957-02-1137-7

定价：TWD450.00

J0133643
中日编织工艺交流展　（中国台湾馆）施金柱
主编
台中县　台中县立文化中心　1998 年　再版
193 页　有图地有图　29cm（12 开）
ISBN：957-02-1138-5

J0133644
中日编织工艺交流展　（日本编织文化）宫崎
清主编
台中县　台中县立文化中心　1999 年　87 页
有照片图　30cm（10 开）ISBN：957-02-3995-6
定价：TWD220.00

J0133645
边缘话语　（当代艺术中的装置与行为　李娃
克）李娃克［绘］
长沙　湖南美术出版社　1999 年　26cm（16 开）
ISBN：7-5356-1252-0　定价：CNY22.00
（中国当代艺术家系列 3）

J0133646
传统苏绣图案　柳炳元著
北京　中国轻工业出版社　1999 年　301 页
29cm（16 开）ISBN：7-5019-2350-7
定价：CNY65.00
（中国传统图案系列）

J0133647
丹寨蜡染　马正容，华年编著
长沙　湖南美术出版社　1999 年　40 页 26cm（16 开）
ISBN：7-5356-1277-6　定价：CNY16.00
（中国民间美术丛书　绝活儿　第一辑）

J0133648
第五届编织工艺奖特展　王正雄总编辑
台中县　台中县立文化中心　1999 年　103 页
有彩图　26cm（16 开）ISBN：957-02-3750-3
定价：TWD300.00

J0133649
服装花饰技法图说　朱丽，黄大湖主编
北京　农村读物出版社　1999 年　58 页　有图

26cm（16 开）ISBN：7-5048-2817-3
定价：CNY12.00

J0133650
蜡染制作技法　李雪玫，迟海波著
北京　北京工艺美术出版社　1999 年　115 页
有图　20cm（32 开）ISBN：7-80526-330-2
定价：CNY8.50
（中国传统手工技艺丛书　第一期）

J0133651
老北京扎花图样　徐锋编著
北京　北京工艺美术出版社　1999 年　152 页
26cm（16 开）精装　ISBN：7-80526-312-4
定价：CNY70.00
　　本书内容包括：鞋样、袜底、护领、兜肚、护
头条、枕顶、荷包、小花样老北京习俗与扎花、
扎花技法与绣花技法的区别、扎花纸样的图案等
部分。

J0133652
民间美术　（湖北挑花、土锦、蓝印花布）方湘
侠主编
武汉　湖北美术出版社　1999 年　172 页　19×22cm
精装　ISBN：7-5394-0832-4　定价：CNY68.00
　　作者方湘侠（1940—　　），原籍福建莆田，出
生于湖南长沙。毕业于湖北艺术学院（现湖北美
术学院）美术系中国画专业。曾任湖北省群众艺
术馆美术编辑、副馆长。湖北美术协会副主席、
湖北省科普美术家协会理事长。主要作品有《运
石图》《欢乐的日子》《欲飞》等。

J0133653
青出于蓝　（台湾蓝染技术系谱与蓝染工艺之
美）马芬妹著；马芬妹，张华容，陈景林摄影
南投县　手工业研究所　1999 年　53 页
有照片　30cm（10 开）定价：［TWD280.00］
（手工业丛书 27）

J0133654
染织设计　龙宝章主编
济南　山东美术出版社　1999 年　137 页　有图
26cm（16 开）ISBN：7-5330-1194-5
定价：CNY32.50
（设计艺术系列）

　　本书内容包括：绪论；印染设计；扎染、蜡
染、彩印设计与工艺；织造设计等。

J0133655
染织设计入门　曾真著
南宁　广西美术出版社　1999 年　48 页 26cm（16 开）
ISBN：7-80625-700-4　定价：CNY10.00
（设计基础入门丛书）

J0133656
山西戏曲刺绣　张青，段改芳编著
哈尔滨　黑龙江美术出版社　1999 年　77 页
29cm（16 开）ISBN：7-5318-0654-1
定价：CNY35.00
（中华民俗艺术精粹丛书）

J0133657
手工印染技法　金士钦，龚建培著
南京　江苏美术出版社　1999 年　94 页
28cm（大 16 开）ISBN：7-5344-0982-9
定价：CNY34.00
（美术技法大全）

J0133658
图案·构成　宋一程主编
北京　高等教育出版社　1999 年　199+28 页
有图　26cm（16 开）ISBN：7-04-007174-6
定价：CNY24.80

J0133659
织绣设计　丁永源主编
济南　山东美术出版社　1999 年　213 页　有图
26cm（16 开）ISBN：7-5330-1195-3
定价：CNY46.00
（设计艺术系列）
　　本书内容包括：绪论、刺绣与抽纱设计、地
毯图案设计、编织设计、纤维艺术设计。

J0133660
中国结宝石之美　陈夏珍编著
台北　民圣文化事业公司　1999 年　80 页　有彩图
26cm（16 开）ISBN：957-779-104-2
定价：TWD280.00
（巧手 DIY 23）
　　本书展示了 150 多款作品，介绍了多种制

作项链常用的结体，以及股数的变化、颜色的搭配与各结体的关系等有关知识。外文书名：Precious Stones & China's Knot.

J0133661
中国结花艺之美　林昭胜编著
台北　民圣文化事业公司　1999年　80页　有彩图
26cm（16开）ISBN：957-779-102-6
定价：TWD280.00
（巧手DIY 21）
　　本书作者多年潜心研究中国结，将中国结与花艺创作有机地结合起来，编结出各种花朵数十种，并且以深入浅出的方法及详细的说明，告诉中国结的爱好者如何用编结艺术展示插花艺术。
外文书名：China's Knot & Flowers.

J0133662
中国丝绸图案集　薛雁，吴微微编绘
上海　上海书店出版社　1999年　358页
26cm（16开）ISBN：7-80622-433-5
定价：CNY55.00
　　本集选自商周战国至近现代丝绸图案300余幅。有飞龙舞凤、奔鹿飞马、行雁游麟、对鸡斗羊、鹊蝶相戏、与山形纹、几何纹、云气纹等。

J0133663
中式盘扣制作技法　郑素霞，孙锡田著
北京　北京工艺美术出版社　1999年　116页
有图　20cm（32开）ISBN：7-80526-350-7
定价：CNY12.00
（中国传统手工技艺丛书　第一期）

中国工商工艺美术

J0133664
燕都商榜图　北京中国艺术协会编
北平　北京中国艺术协会［1931年］36页
28cm（16开）精装
　　本书收集北京商店门前挂的幌子101种，均为彩色绘图。

J0133665
广告画经验指导　张一尘，郑忠澄著

上海　形象艺术社　1933年　2册（39+38页）
有图　22cm（25开）定价：大洋一元

J0133666
五彩活用广告画　朱凤竹著
上海　形象艺术社　1933年　3版　2册（32+32页）
22cm（20开）定价：大洋一元四角
　　作者朱凤竹，画家，苏州人，曾加入南京中国美术会、上海中国画会。

J0133667
现代实用广告画　洪方竹编绘
上海　形象艺术社　1933年　再版　2册（47+46页）
19cm（32开）定价：大洋七角

J0133668
喷雾广告术　洪方竹，冯德明编绘
上海　形象艺术社　1934年［45］页　有图
26cm（16开）定价：大洋八角
　　本书内容有喷雾术的应用、喷雾器、模型低版的雕刻和选择、喷色的调合法、喷雾的方法、喷雾实习图、喷雾模范画等7个方面。附图33幅。

J0133669
实用广告画　王元福著
上海　大众书局　1935年　石印本　62页
19cm（32开）

J0133670
实用广告画　王元福著
上海　大众书局　1939年　3版　石印本　62页
19cm（32开）

J0133671
广告图案字　傅德雍编绘
上海　商务印书馆　1937年　98页　有图
19cm（32开）定价：国币六角

J0133672
现代中国工商业美术选集　（第2集）中国工商业美术作家协会编
上海　中国工商业美术家协会　1937年　148页
有图［19×26cm］（16开）
　　本书为中国现代商业工艺美术图集，分工艺美术之部、商业美术之部。书后有论文《对于今

后中国工商业美术之我见》(雷圭元)、《中国工
商业美术之前瞻与期望》(何嘉)、《中国装饰艺
术之没落及其当前之出路》(雷圭元)、《制版常
识简说》(孙传德)、书末附该会会员录。由中国
工商业美术家协会和出版事业委员会联合出版。

J0133673
工商美术　　萧剑青著
上海　世界书局　1940 年　308 页　有图　19cm(32 开)
定价：国币二元
　　本书包括商业美术、工艺美术两部分，分 25
章。论述工商美术的范围、实用价值及经济价值。
书末附：商业美术画、美术字、图案画。

J0133674
标准广告画　　倪华编绘
上海　国光书店　1948 年　石印本　再版　47 页
20cm(32 开)

J0133675
美术广告画　　谢慕连编绘
上海　国光书店　1951 年　影印本　52 页
11×17cm　定价：旧币 2,500 元

J0133676
君匋书籍装帧艺术选　　钱君匋作
北京　人民美术出版社　1963 年　30cm(10 开)
精装本　定价：CNY15.00
　　作者钱君匋(1907—1998)，编审，书画家。
浙江桐乡人。名玉堂、锦堂，字君陶，号豫堂、
禹堂。现通用名为钱君陶。毕业于上海艺术师
范学校。曾任西泠印社副社长、上海文艺出版
社编审、上海市政协委员等职。代表作品《长
征印谱》《君长跋巨卯选》《鲁迅印谱》《钱君陶
印存》。

J0133677
商业设计入门　(传达与平面艺术)何耀宗编著
台北　雄狮图书公司　1974 年　277 页　有图
21cm(32 开)

J0133678
图案　(讲稿提纲)姜今编
广州　广州美术学院工艺美术系装潢教研组
1977 年　59 页　有图　26cm(16 开)

本书由广州美术学院工艺美术系装潢教研
组和广东省湛江地区工艺美术研究所联合出版。
作者姜今，广州美术学院教授。

J0133679
酒具设计参考　　刘蔚起编
长沙　长沙市轻纺工业研究所　1979 年　30 页
26cm(16 开)
(酒的包装装潢资料之八　8)

J0133680
包装造形设计　　龚富临，杨宗魁编著
台北　设计家文化出版事业公司　1980 年　208 页
有图　29cm(15 开)　精装　定价：TWD600.00

J0133681
商业美术广告之研究　　刘文言著
台北　台湾书局　1980 年　241 页　21cm(32 开)
定价：TWD180.00

J0133682
装潢艺术　　王安庭编著
天津　天津人民美术出版社　1980 年　168 页
25cm(小 16 开)统一书号：8073.50131
定价：CNY3.50

J0133683
[台湾]广告年鉴　([1981 年]优秀广告作品)
哈佛管理丛书编纂委员会编辑
台北　哈佛企业管理古文公司出版部　1981 年
418 页　有图　27cm(16 开)精装
定价：TWD3000.00
(哈佛管理丛书)

J0133684
火柴盒贴选　　江苏人民出版社编
南京　江苏人民出版社　1981 年　45 页　10cm(64 开)
统一书号：8100.3.444　定价：CNY0.54

J0133685
商标图案设计(1308 种国际性商标图案的
设计)　莫德烈编著
台北　精美出版社　1981 年　239 页　有图
21cm(32 开)　定价：TWD145.00

J0133686
造型节奏 （高级美工设计用书）凯蕾编著
台北　精美出版社　1981 年　128 页　20cm（32 开）
精装　定价：TWD135.00

J0133687
广告照片的设计　陆韬编著
香港　万里书店　1982 年　147 页　有图　26cm（16 开）
定价：HKD25.00
　　　外文书名：Advertising Photo.

J0133688
火柴盒招贴画集锦
成都　四川人民出版社　1982 年　29 页
25cm（小 16 开）统一书号：8118.807
定价：CNY1.10

J0133689
美的装饰与设计 （商业广告美术字）郑少谷著
永和　文津出版社　1982 年　有图
21cm（32 开）定价：TWD120.00

J0133690
商标、标志图案资料　卢世汉编
北京　人民美术出版社　1982 年　163 页
16cm（25 开）统一书号：8027.7770 定价：CNY0.50
　　　本书所收集的中外图案，大致有 3 种形式：
一是用文字变形构成；二是用人物、鸟、兽及
植物等形象变形构成；三是用文字和图案结合
构成。

J0133691
商标符号造形设计　曹芳燕等编辑
台北　活门出版事业公司　1982 年　有彩图
35cm（18 开）精装　定价：TWD1200.00
　　　本书现代商品设计书，是中外商标图案集。
外文书名：Symbol Mark Collection Trademarks and
Logotypes Design.

J0133692
商标设计 1000　习嘉编著
香港　万里书店　1982 年　176 页　有图 26cm（16 开）
定价：HKD40.00
（工商美术丛书）
　　　外文书名：Modern Trademark Design.

J0133693
商业美工　张之进，徐涛编著
北京　中国商业出版社　1982 年　145 页
19cm（32 开）统一书号：4237.072 定价：CNY0.50

J0133694
广告 （标志人物资料）
合肥　安徽人民出版社　1983 年　19cm（32 开）
统一书号：8102.1339 定价：CNY1.20

J0133695
广告标志人物资料
合肥　安徽人民出版社　1983 年　20cm（32 开）
定价：CNY1.20

J0133696
全国优秀包装工作者、全国优秀包装产品
资料专集 （1983）蔡克祥主编
长沙　中国包装总公司湖南分公司 1983 年　234 页
有照片　26cm（16 开）

J0133697
全国优秀包装选　陈奇，姚志远编
济南　山东人民出版社　1983 年　173 页
20cm（32 开）统一书号：8099.2678 定价：CNY4.10

J0133698
商标设计 （1）范鲁斌主编
福州　福建科学技术出版社　1983 年　19cm（32 开）
统一书号：8211.1 定价：CNY0.96

J0133699
商标设计 （2）范鲁斌主编
福州　福建科学技术出版社　1983 年
19cm（小 32 开）统一书号：8211.2 定价：CNY0.40

J0133700
商标图案　王凤仪编著
上海　上海人民美术出版社　1983 年　264 页
19cm（32 开）统一书号：8081.13260
定价：CNY1.20
　　　本书共 7 部分：1、我国商标图案的发生、
发展；2、国外商标图案的过去和现在的动向；
3、商标图案的类别和商品包装装潢的关系；
4、商标图案的设计思想和艺术规律；5、商标图

案的艺术形式和表现方法；6、从传统标徽、纹样的发展谈我国商标图案；7、参考图。

J0133701
寻买点广告设计实技　陆韬编著
香港 万里书店 1983 年 202 页 有图 26cm（16 开）
定价：HKD30.00
（工商美术丛书）
　　外文书名：Design Process of Pop.

J0133702
装潢美术　上海轻工业专科学校装潢美术专业供稿
上海 上海人民美术出版社 1983 年 28 幅
19cm（32 开）套装 统一书号：8081.12996
定价：CNY2.30

J0133703
包装策略 100 条　（把经营、销售和设计者联结起来的一本书）加纳光著；果多译
中国包装技术协会国外包装技术杂志社 1984 年
215 页 18cm（15 开）定价：CNY1.30

J0133704
标志设计图案参考　桂宝根编
武汉 长江文艺出版社 1984 年 133 页
19cm（32 开）统一书号：8107.425 定价：CNY1.05

J0133705
促销广告插画集　（1 食品广告插画）欣大出版社编辑部编
台北 欣大出版社编辑部 1984 年 156 页
21cm（32 开）定价：TWD70.00
（美术丛书 15）

J0133706
第一届全国广告装潢设计展览优秀作品集　中国广告联合总公司编
北京 工商出版社 1984 年 78 页 26cm（16 开）
定价：CNY4.00
　　本集选编 78 幅作品，包括招贴、摄影广告、灯箱广告、橱窗设计、包装装潢、奖章设计、报纸广告等。

J0133707
火柴贴画　朝花美术出版社编辑
北京 朝花美术出版社 1984 年 31 页 19cm（32 开）
统一书号：8028.1925 定价：CNY1.70

J0133708
商标设计大全　郭裕文编
凤山 裕文出版社［1984 年］271 页 有图
18cm（32 开）定价：TWD110.00, HKD22.00

J0133709
商业逼真画的制作　陆韬编著
香港 万里书店 1984 年 2 版 132 页 有彩色图片
26cm（16 开）ISBN：962-14-0049-X
定价：HKD30.00
（工商美术丛书）
　　外文书名：Real Illustration.

J0133710
商业广告印刷设计　钟锦荣著
［台北］邯郸出版社 1984 年 256 页 26cm（16 开）
定价：TWD400.00
　　外文书名：Editorial Design.

J0133711
商业美工　张之进，徐涛编著
北京 中国商业出版社 1984 年 145 页
19cm（32 开）定价：CNY0.50
　　本书共 3 章：绘画；商业橱窗广告商品陈列基本技巧；商业橱窗广告陈列艺术设计。

J0133712
世界商标合成字　（伊阿拉希）Igarashi, T. 著；美工图书社编译
［台北］邯郸出版社 1984 年 260 页 26cm（16 开）
精装
　　外文书名：World Trademarks and Logotypes.

J0133713
现代商业标志图例 1500　习嘉编
香港 万里书店 1984 年 149 页 有图 26cm（16 开）
ISBN：962-14-0007-4 定价：HKD25.00
（工商美术丛书）
　　外 文 书 名：A Collection of Modern Trademarks.

J0133714

装潢美术设计基础　李魏，夏镜湖编著
重庆　重庆出版社　1984年　200页　有图
20cm（32开）统一书号：8114.180　定价：CNY3.50

J0133715

装潢美术设计基础　李魏，夏镜湖编著
重庆　重庆出版社　1984年　200页　有图
20cm（32开）统一书号：8114.180　定价：CNY4.50

J0133716

POP广告插画图案精选5000点　（日）中岛
英明，（日）野村明著；郑瑞全编译
台南　总源书局　1985年　再版　200页　26cm（16开）
定价：TWD160.00

J0133717

逼真画制作实例　陆韬编著
香港　万里书店　1985年　2版　116页　有彩图
26cm（16开）定价：HKD30.00
（工商美术丛书）
　　外文书名：A Clear Explaination of Real Il-
lustration.

J0133718

曹辛之装帧艺术　曹辛之作
广州　岭南美术出版社　1985年　168页
20cm（32开）精装　统一书号：8260.1412
定价：CNY25.00

J0133719

中国广告文艺　（总第二期　济南专辑）中国
广告文艺编辑部辑
济南　山东文艺出版社　1985年　48页　30cm（10开）

J0133720

标志设计与制作　刘仪鸿编著
广州　岭南美术出版社　1986年　92页　19cm（32开）
统一书号：8260.1771　定价：CNY1.15
　　本书收录世界各国的标志91例，并详细地
介绍了标志的设计要求、表现方法、构成和制
作。作者刘仪鸿，广州市美术装潢设计公司任职。

J0133721

建筑广告专辑　许焕章编著

台北　许焕章　1986年　194页　有彩图　30cm（10开）
精装　定价：TWD2800.00

J0133722

女人今时今日　（今日女性与广告的种种关
系）纪文凤作
香港　博益出版集团有限公司　1986年　2版　247页
有图　17cm（40开）ISBN：962-17-0136-8
定价：HKD18.00

J0133723

商业逼真画的制作　陆韬编著
香港　万里书店　1986年　3版　132页　有图
26cm（16开）ISBN：962-14-0049-X

J0133724

商业美工　张之进，徐涛编著
北京　中国商业出版社　1986年　重印本　145页
19cm（32开）定价：CNY0.75

J0133725

商业设计　（理论、基础、实务）林品章编著
台北　艺术家出版社　1986年　280页　有图
22cm（30开）精装　定价：TWD300.00
　　外文书名：Commercial Design.

J0133726

商业装潢　辽宁省商业厅基层工作处编
沈阳　辽宁人民出版社　1986年　233页
18cm（32开）统一书号：4090.176　定价：CNY4.20

J0133727

装潢美术　邓小鹏编著
杭州　浙江美术学院出版社　1986年　83页
有图版　26cm（16开）统一书号：8440.010
定价：CNY3.50
（美术自学丛书）

J0133728

装潢美术　邓小鹏编著
杭州　浙江美术学院出版社　1991年　2版　95页
有附图　26cm（16开）ISBN：7-81019-106-3
定价：CNY9.80
（美术基础技法教材丛书）
　　外文书名：Decorative Art.

J0133729
装潢美术　邓小鹏编著
杭州　浙江美术学院出版社　1996年　2版　重印
95页　有附图　26cm（16开）
ISBN：7-81019-106-3　定价：CNY18.50
（美术基础技法教材丛书）
　　外文书名：Decorative Art.

J0133730
装璜美术　邓小鹏编著
杭州　浙江美术学院出版社　1986年　83页
有插图　10cm（64开）统一书号：8440.010
定价：CNY3.50
（美术自学丛书）

J0133731
POP广告600选　（作品集）（日）再桥绅吉郎著
台北　邯郸出版社　1987年　63页　21cm（32开）
定价：[TWD130.00]

J0133732
POP广告绘法　（应用篇）（日）再桥绅吉郎著
台北　邯郸出版社　1987年　102页　有图
21cm（32开）定价：TWD120.00

J0133733
包装设计　（商品销售包装美术设计综述）高
中羽编著
沈阳　辽宁美术出版社　1987年　219页　有彩图
17cm（40开）定价：CNY3.90
　　作者高中羽（1942—　），教授。硕士毕业
于中央工艺美术学院。清华大学美术学院教授、
博士生导师，中国包装协会设计委员会副主任，
《中国设计年鉴》主编。出版著作有《包装设计》
《视觉表现28谈》《经营与形象》《机构形象设
计》等。

J0133734
标志设计　王序编
桂林　漓江出版社　1987年　176页　19cm（32开）
统一书号：8256.315　定价：CNY9.75

J0133735
标志设计基础　李隆华编著
重庆　重庆出版社　1987年　402页　26cm（16开）

ISBN：7-5366-0324-X　定价：CNY6.90

J0133736
房地产广告实例精选　（1　企划综合篇）郑
瑞全编辑
台南　郑瑞全　1987年　208页　有彩图　30cm（15开）
精装　定价：TWD1000.00
（总源建筑实例丛书　B8）

J0133737
房地产广告实例精选　（2　特选1020个杰出
实例）郑瑞全编辑
台南　郑瑞全　1991年　有彩图　27cm（大16开）
精装　定价：TWD1050.00
（总源建筑实例丛书　B14）

J0133738
房地产广告实例精选　（3　特选1020个杰出
实例）郑瑞全编辑
台南　郑瑞全　1991年　有彩图　27cm（大16开）
精装　定价：TWD1050.00
（总源建筑实例丛书　B15）

J0133739
房地产广告实例精选　（4　企划综合篇）郑
瑞全编辑
台南　郑瑞全　1992年　204页　有图　26cm（16开）
精装　定价：TWD1050.00
（总源建筑实例丛书　B16）

J0133740
房地产广告实例精选　（5-6　企划综合篇）
郑瑞全编辑
台南　郑瑞全　1994年　2册　有彩图　26cm（16开）
精装　定价：TWD3150.00
（总源建筑实例丛书　B25-26）

J0133741
广告设计　蒋可文编绘
台南　大孚书局　1987年　313页　有图　21cm（32开）
定价：TWD120.00
（美术系列）

J0133742
老北京店铺的招幌　林岩等编

北京 博文书社 1987 年 26cm（16 开）
统一书号：8470.1 定价：CNY6.50

J0133743
老北京店铺的招幌 林岩等编
北京 博文书社 1987 年 有图版 26cm（16 开）
定价：CNY6.50

J0133744
礼品包装艺术 （日）近藤洋子著；黄丽玉译
台北 中视文化公司 1987 年 3 版 89 页
有彩照 26cm（16 开）定价：TWD120.00
（美的生活）

J0133745
全国科技书封面设计作品选 刘洪麟，王众编
天津 天津科学技术出版社 1987 年 51 页
［20cm］定价：CNY6.30

J0133746
商业设计艺术 勒埭强著
台北 雄狮图书公司 1987 年 159 页 有彩照
26cm（16 开）定价：TWD300.00

J0133747
现代广告设计 丁允朋著
上海 上海人民美术出版社 1987 年 280 页
有图 20cm（32 开）统一书号：8081.14855
定价：CNY3.30
　　本书页数还有 248 页

J0133748
现代广告艺术 王受之编著
广州 岭南美术出版社 1987 年 60 页 有图
26cm（16 开）ISBN：7-5362-0097-8
定价：CNY6.50
（现代设计丛书 Ⅱ）
　　本书收录 1880 年至 1980 年的世界广告作品
245 幅，并分阶段介绍当时的广告艺术形式、风
格、表现手法等。

J0133749
现代美术设计专集
台北 雷鼓出版社 1987 年 159 页 有彩图
31cm（15 开）精装

（美工丛书）

J0133750
装潢艺术设计 董群编著
沈阳 辽宁美术出版社 1987 年 93 页 有插图
26cm（16 开）统一书号：CN8161.1137
定价：CNY3.30

J0133751
装帧集粹 （第三届全国书籍装帧艺术展览作
品选）《装帧集粹》编委会编
沈阳 春风文艺出版社 1987 年 68 页
［28cm］（16 开）定价：CNY14.50

J0133752
POP 广告实战 （日用品编）（日）再桥绅吉郎著
台北 邯郸出版社 1988 年 62 页 有彩图
21cm（32 开）定价：TWD100.00

J0133753
POP 广告实战 （生活用品编）（日）再桥绅吉
郎著
台北 邯郸出版社 1988 年 62 页 有彩图
21cm（32 开）定价：TWD100.00

J0133754
POP 广告实战 （洋品编）（日）再桥绅吉郎著
台北 邯郸出版社 1988 年 62 页 有彩图
21cm（32 开）定价：TWD100.00

J0133755
包装装潢设计 刘思敏等主编
上海 上海科学普及出版社 1988 年 161 页
有彩色照片 26cm（16 开）ISBN：7-5427-0057-X
定价：CNY9.90

J0133756
广告图案设计 王文明编绘
台南 大孚书局 1988 年 280 页 21cm（32 开）
定价：TWD120.00

J0133757
广告艺术 王瑜等编译
成都 四川美术出版社 1988 年 267 页
19cm（32 开）ISBN：7-5410-0212-7

定价：CNY2.30

J0133758
国外广告设计　吕健民翻译；赵文淦等选编
设计
福州　福建美术出版社　1988 年　128 页
21cm（32 开）ISBN：7-5393-0003-5
定价：CNY8.20

J0133759
国外现代广告 500 例　徐百益，徐本健编
上海　上海书画出版社　1988 年　104 页
19cm（32 开）ISBN：7-80512-143-5
定价：CNY2.40
（实用美术资料丛书）

J0133760
黑白广告画技法资料　汪新编绘
上海　上海书画出版社　1988 年　133 页
19cm（32 开）ISBN：7-80512-185-0
定价：CNY1.79
（大世界画库　实用美术编）

J0133761
礼品包装　林宪正，廖春铃译
台北　业强出版社　1988 年　95 页　有图
20cm（32 开）精装　定价：TWD250.00
（生活丛书 11）
　　　外文书名：Present Idea.

J0133762
前卫设计专集　邱显德等编辑
台北　活门出版事业公司　1988 年　有彩图
35cm（15 开）精装　定价：TWD1600.00

J0133763
商标造形设计资料集
香港　文光出版社　1988 年　2 版　229 页　有图
26cm（16 开）定价：HKD40.00
（现代美工丛书）

J0133764
实用美术与广告　上海市第一商业局教育处，
上海市教育局职业技术教育处主编
上海　上海科技教育出版社　1988 年　70 页

有彩图　26cm（16 开）ISBN：7-5428-0019-1
定价：CNY1.65

J0133765
现代广告艺术　郭日熙著
北京　中国金融出版社　1988 年
ISBN：7-5049-0358-2　定价：CNY35.00

J0133766
现代美术设计精选
台北　雷鼓出版社　1988 年　159 页　有彩图
31cm（15 开）精装
（美工丛书）

J0133767
现代实用广告平面设计　陈家瑞编著
沈阳　辽宁美术出版社　1988 年　163 页
17×18cm（24 开）ISBN：7-5314-0023-5
定价：CNY4.60

J0133768
装帧　（2　中国书籍插图集萃）江苏省书籍装
帧研究会编
南京　江苏人民出版社　1988 年　48 页　26×26cm
ISBN：7-214-00136-5　定价：CNY6.00

J0133769
海报设计　靳埭强著
香港　万里书店　1989 年　160 页　有彩图
30cm（15 开）ISBN：962-14-0368-5
定价：HKD180.00
（香港设计丛书 1）

J0133770
火花　（火柴盒上的世界）丘斌编
北京　科学普及出版社　1989 年　180 页　25×26cm
精装　ISBN：7-110-01008-2　定价：CNY50.00

J0133771
商标设计 1000　（彩色版）习嘉编著
北京　世界图书出版公司　1989 年　176 页
26cm（16 开）ISBN：7-5062-0399-5
定价：CNY13.20

J0133772

商标设计战略　吴玉田编著

济南　山东美术出版社　1989 年　183 页　有图版

20cm（ 32 开 ）ISBN：7-5330-0174-5

定价：CNY8.50

（新世纪美术设计丛书）

J0133773

商品美学入门　吴之勋主编；张九如等编写

北京　农业出版社　1989 年　103 页　26cm（ 16 开 ）

ISBN：7-109-01399-5　定价：CNY1.75

J0133774

商业美术设计　周旭编著

长沙　湖南大学出版社　1989 年　136 页　有彩照

19×17cm　ISBN：7-314-00491-9　定价：CNY7.80

J0133775

设计·观念·消费　刘纯著

哈尔滨　黑龙江科学技术出版社　1989 年　85 页

19cm（ 32 开 ）定价：CNY1.65

J0133776

现代包装·广告设计　沈卓娅，刘境奇编著

南昌　江西科学技术出版社　1989 年　122 页

有彩图　26cm（ 16 开 ）ISBN：7-5390-0271-9

定价：CNY5.55

J0133777

亚欧包装装潢荟萃　曹敬恭编译

济南　山东美术出版社　1989 年　84 页　26cm（ 16 开 ）

ISBN：7-5330-0229-6　定价：CNY5.80

J0133778

中国火柴盒贴集锦　周大光编辑；吴志实撰文

北京　外文出版社　1989 年　172 页　26cm（ 16 开 ）

ISBN：7-119-00747-5　定价：CNY36.00

　　本图册中的火柴盒贴源于扬州季之光的藏

品。内容分为：1949 年以前的火花、人物、日常

知识等 11 类。

J0133779

安今生装帧艺术　安今生著

沈阳　辽宁教育出版社　1990 年　184 页

20cm（ 32 开 ）ISBN：7-5382-1266-3

定价：CNY20.00

　　本书收录设计经验、艺术见解、装帧设计理

论等论文，以及封面设计作品 160 幅、书籍插图

作品 35 幅。

J0133780

彩色商标与企业识别

台北　美工图书社　1990 年　398 页　有彩图

22cm（ 32 开 ）精装　定价：TWD450.00

J0133781

创造性的麦克笔技法　（日）清水吉治著；游

象平编译

高雄　古印出版社　1990 年　129 页　有彩绘

26cm（ 16 开 ）ISBN：957-8518-00-5

定价：TWD400.00

J0133782

广告设计　勒埭强著

香港　万里书店　1990 年　168 页　有彩图

30cm（ 18 开 ）ISBN：962-14-0451-7

定价：HKD197.50

（香港设计丛书 2 ）

J0133783

广告设计技法　王国伦编著

北京　轻工业出版社　1990 年　249 页　有彩图

19cm（ 32 开 ）ISBN：7-5019-0755-2

定价：CNY9.90

　　本书共 10 章，依次叙述了：设计思想——

为消费者设计广告；广告的种类；广告画的构成

要素；广告设计进程；怎样处理广告构图；广告

文字应用原则及排列方法；广告插图；广告色

彩；与广告画复制的有关问题；成功的广告应具

有吸引力等。

J0133784

广告装潢基础知识　劳动部培训司组织编写

北京　中国劳动出版社　1990 年　118 页　有彩图

19cm（ 32 开 ）ISBN：7-5045-0437-8

定价：CNY2.80

J0133785

跨越六千年　李渔，孙新华著

长沙　湖南文艺出版社　1990 年　155 页

21cm（32开）精装 定价：CNY10.00

J0133786
礼品包装技巧 常在心编
台中县 广成出版社 [1990—1999年] 96页
有照片 26cm（16开）定价：TWD200.00

J0133787
礼品包装艺术
台北 大将书局 1990年 63页 有图 26cm（16开）
定价：TWD150.00
　　本书由大将书局和雷鼓出版社联合出版。

J0133788
魅惑的广告艺术 陈德宜译
台南 信宏出版社 1990年 170页 有图
21cm（32开）ISBN：957-538-132-7
定价：TWD120.00
（美术 63）

J0133789
平面广告艺术 季阳编著
杭州 浙江美术学院出版社 1990年 224页
20cm（32开）ISBN：7-81019-030-X
定价：CNY12.50
　　作者季阳（1941— ），画家。上海人。毕业
于浙江美术学院版画系。曾任职于《浙北报》社、
嘉兴地区电影公司、浙江省电影公司。中国美
术学院视传设计系研究生教研室主任。作品有
版画《忧》《啊，瑞雪》，招贴画《听从祖国召唤》
《胭脂》等。出版有《电影宣传》《平面广告艺术》
《编排艺术》等。

J0133790
商品摄影手册 美工图书社编
台北 邯郸出版社 1990年 160页 有照片
26cm（16开）精装 ISBN：957-8883-63-3
定价：TWD400.00
（商业摄影系列）

J0133791
时新包装 （一）伊群等编
北京 纺织工业出版社 1990年 72页 26cm（16开）
ISBN：7-5064-0556-3 定价：CNY5.20

J0133792
时新包装 （二）伊群等编
北京 纺织工业出版社 1990年 83页 26cm（16开）
ISBN：7-5064-0560-1 定价：CNY5.50

J0133793
实用广告摄影技法 顾晓鸥，吴维蔚著
上海 上海翻译出版公司 1990年 153页 有彩照
26cm（16开）ISBN：7-80514-561-X
定价：CNY6.80

J0133794
实用装潢设计手册 严岩编
北京 学苑出版社 1990年 391页 18cm（32开）
ISBN：7-80060-427-6 定价：CNY7.60
　　严岩（1963— ），中国工业设计展示协会会员

J0133795
现代包装设计集锦
合肥 安徽美术出版社 1990年 46页 有照片
17×19cm ISBN：7-5398-0132-8 定价：CNY8.00

J0133796
最新包装设计实务 邓成连著
台北 星狐出版社 1990年 134页 26cm（16开）
定价：TWD400.00

J0133797
ESPRIT （企业设计形象）美工图书社编
台北 邯郸出版社 1991年 175页 有照片
26cm（16开）定价：TWD400.00

J0133798
POP广告画入门 （基础篇）李平农编译
台南 信宏出版社 1991年 102页 有图
21cm（26开）ISBN：957-538-230-7
定价：TWD160.00
（彩美 5）

J0133799
POP广告画入门 （应用篇）李平农编译
台南 信宏出版社 1991年 102页 有图
21cm（26开）ISBN：957-538-231-5
定价：TWD160.00
（彩美 6）

J0133800

包装设计　朱陈春田编著
台北　锦冠出版社　1991 年　223 页　有图
27cm（大 16 开）精装　ISBN：957–525–001–X
定价：TWD450.00
（广告设计丛书 1）
　　外文书名：Packaging Design.

J0133801

广告包装设计图集　黄振华编
上海　上海书店　1991 年　112 页　14×20cm
ISBN：7–80569–439–7　定价：CNY6.50

J0133802

广告贺卡设计　美工图书社编著
台北　邯郸出版社　1991 年　有彩图　26cm（16 开）
定价：TWD450.00
　　外文书名：Advertising Greeting Cards.

J0133803

广告设计技法　王国伦编著
北京　轻工业出版社［1991 年］249 页
19cm（小 32 开）ISBN：7–5019–0755–2
定价：CNY9.90
（实用美术小丛书）
　　本书共 11 章，依次叙述了：设计思想——
为消费者设计广告；广告的种类；广告画的构成
要素；广告设计进程；怎样处理广告构图；广告
文字应用原则及排列方法；广告插图；广告色
彩；与广告画复制的有关问题；成功的广告应具
有吸引力等。

J0133804

海报设计　美工图书社编著
台北　邯郸出版社　1991 年　160 页　有彩图
26cm（16 开）定价：TWD400.00

J0133805

全国金融广告作品选集　夏长文，黄靖泽主编
南宁　广西美术出版社　1991 年　127 页
26cm（16 开）精装　ISBN：7–80582–183–6
定价：CNY35.50
　　外文书名：A Collection of China's Financial
Advertisement.

J0133806

商业设计年鉴　印刷与设计杂志社编
台北　设计家文化出版事业公司　1991 年　390 页
有彩图 30cm（10 开）精装　定价：TWD1200.00
（1991 台湾创意百科 2）

J0133807

商业设计入门　（传达与平面艺术）何耀宗
编著
台北　雄狮图书公司　1991 年　13 版　277 页
有图 21cm（32 开）ISBN：957–9420–66–1
定价：TWD180.00
（雄狮丛书 11–001）

J0133808

设计艺术　（1 广告）刘志威编
西安　陕西人民教育出版社　1991 年　有图
25cm（24 开）ISBN：7–5419–2285–4
定价：CNY4.50

J0133809

实用广告彩技法　董显红，纪丽编著
香港　万里书店　1991 年　153 页　有图 21cm（32 开）
ISBN：962–14–0518–1　定价：HKD45.00
（新美术丛书 18）
　　外文书名：Poster Colour Drawing.

J0133810

视觉表现 28 谈　（商品包装与广告设计）高
中羽编著
哈尔滨　黑龙江美术出版社　1991 年　150 页
有插图 20cm（32 开）ISBN：7–5318–0122–1
定价：CNY19.80
（视觉设计教育丛书）
　　本书论述了商业包装与广告设计视觉表现
方面的诸多问题。例如："造型：特征与特色""色
彩：共性与个性""衬托与对比"等。

J0133811

手绘 POP 广告专辑　艺风堂出版社编辑部
编著
台北　艺风堂出版社编辑部　1991 年　2 版　136 页
有彩图 26cm（16 开）ISBN：957–9394–31–8
定价：TWD400.00
（POP 广告丛书 12）

J0133812

型录设计　美工图书社编著

台北 邯郸出版社 1991年 160页 有彩图
26cm（16开）定价：TWD400.00

　　全书共7章，分别为型录的发展、型录的
功能与特点、型录的分类、型录的设计元素及版
式、印刷工艺、型录的创意过程及使用的有效时
机。书中系统分析了型录设计的国际发展趋势，
精选国际上的经典案例，分别解析了包括公司、
政府机构、协会、教育、艺术和娱乐等不同类型
的型录设计要点，并通过剖析创意性的设计过
程，发掘新的设计元素及理念，为读者提供大量
的创作灵感和设计素材。

J0133813

中国火花艺术　（上卷）苏连第，李慧娟编著

济南 山东教育出版社 1991年 502页 有图
26cm（16开）ISBN：7-5328-0938-2
定价：CNY270.00（上下卷）

　　本书论述了火花在中国的出现到中国人自
己设计火花的历史，叙述中国的火花作为一种形
式存在和发展的情况，对各个时期的火花从艺术
的角度做了分析和评价。并汇集了新中国成立
以来成套的火花图版。

J0133814

中国火花艺术　（下卷）苏连第，李慧娟编著

济南 山东教育出版社 1991年 503-1034页
有图 26cm（16开）ISBN：7-5328-0938-2
定价：CNY270.00（上下卷）

J0133815

中国烟草制品商标集

北京 学苑出版社 1991年 408页 26cm（16开）
精装 ISBN：7-5077-0159-X 定价：CNY150.00

　　本书汇集了安徽、北京、广东、广西、贵州、
甘肃、湖南、湖北、河南、黑龙江、海南、河北、
江西、江苏、吉林、辽宁、内蒙古、宁夏、青海、
山西、陕西、四川、山东、上海、天津、新疆、云
南、浙江注册在用的主要烟草制品商标1600多
枚。全面反映我国烟草制品商标的现状。

J0133816

包装包出世间情　（国际重要节庆礼物化装
术）洪秀銮著

台北 时报文化出版企业公司 1992年 84页
有彩图 21cm（32开）ISBN：957-13-0553-7
定价：TWD320.00
（生活事典 5）

J0133817

包装点·线·面　（1）李天来编著

台北 新形象出版公司 1992年 168页 有彩图
26cm（16开）定价：TWD450.00
（CI视觉设计丛书 5）

J0133818

包装装潢设计　闻友声，怀梅选编设计

厦门 鹭江出版社 1992年 72页 26cm（16开）
ISBN：7-80533-733-0 定价：CNY14.00
（现代设计丛书）

J0133819

彩色商标与企业识别　（4）美工图书社编

台北 邯郸出版社 1992年 354页 有彩图
21cm（大32开）精装 定价：TWD450.00

J0133820

彩色商标与企业识别　（2）美工图书社编

台北 邯郸出版社 1993年 有彩图 21cm（大32开）
精装 定价：TWD450.00

J0133821

彩色商标与企业识别　（5）美工图书社编

台北 邯郸出版社 1993年 354页 有彩图
21cm（32开）精装

J0133822

广告画构成设计　（瑞士）哈夫曼著；徐中益
编；钟蜀珩，杜棠译

北京 朝花美术出版社 1992年 115页 有图
19cm（小32开）ISBN：7-5056-0180-6
定价：CNY3.50

　　本书作者从美术设计的基础平面构成的角
度，对点、线、面在平面构成中的原理和实际应
用做了论述。作者阿尔敏·哈夫曼，瑞士美术设
计家、画家、教授。作者钟蜀珩（1946—　），女，
满族，教授、画家。辽宁人，毕业于中央工艺美
术学院装潢系。历任昆明师范学院教师，清华大
学美术学院教授，中国美术家协会会员。作品有

《西北印象》《傣家女》等,译著有《素描的潜在要素》等。

J0133823
广告装潢资料集　肖潭公,宋果鸿编绘
长春　吉林美术出版社　1992 年　26cm(16 开)
ISBN:7-5386-0257-7　定价:CNY6.50
(实用美术资料丛书)

J0133824
海报设计　(Ⅱ)美工图书社编
台北　邯郸出版社　1992 年　140 页　有彩图
26cm(16 开)定价:TWD400.00

J0133825
精致手绘 POP 应用　简仁吉编著
永和[台北]新形象出版事业公司　1992 年　151 页
有彩图照片　26cm(16 开)定价:TWD400.00
(精致手绘 POP 丛书 6)

J0133826
礼品包装入门　林素梅,梁玛莉著
台北　跃升文化事业公司　1992 年　143 页　有彩图
26cm(16 开)ISBN:957-630-208-0
定价:TWD350.00
(技艺丛书 04)

J0133827
礼品包装艺术　黄玉兰著
香港　博益出版集团公司　1992 年　122 页　有图
21cm(32 开)ISBN:962-17-1048-0
定价:HKD55.00
(博益生活通系列)

J0133828
礼品包装艺术　(图集)赵彬编译
哈尔滨　黑龙江美术出版社　1992 年　77 页
26cm(16 开)ISBN:7-5318-0172-8
定价:CNY9.50
(家庭美化丛书 3)

J0133829
平面设计手册　钟锦荣编著
广州　岭南美术出版社　1992 年　440 页　有图
26cm(16 开)精装　ISBN:7-5362-0872-3

定价:CNY118.00
　　本书论书了有关广告设计行业的资料,包括商业摄影、黑房制作、印刷知识、设计原理等,并以图例作示范,介绍制作要点。

J0133830
钱震之书籍装帧与装饰画　钱震之著
上海　上海远东出版社　1992 年　59 页　25×26cm
精装　ISBN:7-80514-827-9　定价:CNY45.00
　　作者钱震之,美术编辑。江苏常州人。曾任上海印刷技术研究所所长、中国美术家协会会员、上海翻译出版公司高级美术顾问等。著有《实用装饰图案手册》《实用外文字体设计手册》《国外书籍封面设计选》等。

J0133831
全国第三届广告作品展优秀作品集　贾玉斌主编
北京　中国摄影出版社　1992 年　119 页
28cm(大 16 开)ISBN:7-80007-106-5
定价:CNY58.00
　　外文书名:The 3Rd China National Ads Works Exhibition.

J0133832
POP 应用表现　美工图书社编
台北　邯郸出版社　1993 年　160 页　26cm(16 开)
定价:TWD450.00

J0133833
包装设计　靳斌著
杭州　浙江美术学院出版社　1993 年　174 页
有照片　26cm(16 开)ISBN:7-81019-238-8
定价:CNY14.50
　　本书包括概述,设计前的思考,构思与表现,商标、色彩、图形和文字,系列化设计等 5 部分。作者靳斌(1957—),教师。中国美术家协会浙江分会会员,中国包装协会杭州分会会员,中国美院视传系副教授。

J0133834
包装造形设计　杨宗魁著
台北　邯郸出版社　1993 年　204 页　有图
26cm(16 开)定价:TWD450.00
　　作者杨宗魁,总编的主要作品有《广告创作

年鉴》《形象设计年鉴》《专业摄影年鉴》等。

J0133835
北京企业标志及产品商标图集　北京企业
管理咨询部编
北京　中国建材工业出版社　1993 年　279 页
15×21cm　精装　ISBN：7-80090-134-3
定价：CNY28.50
　　本书收集了 900 余个企业标志及商标。

J0133836
毕业制作　赖新喜著
台北　三民书局　1993 年　388 页　有图　26cm（16 开）
ISBN：957-14-1963-X　定价：TWD500.00
　　外文书名：Graduate Project.

J0133837
创意基础设计　许水富编著
香港　得利书局　1993 年　126 页　有图　26cm（16 开）
ISBN：962-14-0764-8　定价：HKD99.00
（广告设计丛书 1）

J0133838
服装吊卡设计　美工图书社编
台北　邯郸出版社　1993 年　212 页　有彩图
26cm（16 开）定价：TWD600.00

J0133839
福建省注册商标大全　（第一册）福建省商标
事务所编
福州　海潮摄影艺术出版社　1993 年　262 页
26cm（16 开）精装　ISBN：7-80562-211-6
定价：CNY65.00

J0133840
工商美术设计表现手法　马尔赫林（Mulher-
in, J.）编著；胡雨君译
香港　万里书店　1993 年　144 页　有彩图
22×23cm　精装　ISBN：962-14-0746-X
定价：HKD138.00
（设计师丛书）
　　外文书名：Presentation Techniques for the
Graphic Designer.

J0133841
工业美术题画　吴志国绘
北京　北京工艺美术出版社　1993 年　105 页
19×26cm　ISBN：7-80526-107-5　定价：CNY7.00

J0133842
公益活动海报　（交通安全 / 环保宣导 / 卫生
保健 / 心理辅导）张辉明编
台北　三采文化出版事业公司　1993 年　126 页
有图　29cm（16 开）ISBN：957-9135-14-2
定价：TWD450.00
（创意 POP 百科 5）

J0133843
广告设计　管倖生著
台北　三民书局　1993 年　有图　26cm（16 开）
ISBN：957-14-1936-2　定价：旧台币 16.67
　　外文书名：Advertising Design.

J0133844
广告视觉媒体设计　谢兰芬编著
永和［台北］新形象出版事业公司　1993 年
157 页　有图　26cm（16 开）定价：TWD400.00

J0133845
广告装潢设计　沈斌编
南京　江苏美术出版社　1993 年　90 页　有照片
26cm（16 开）ISBN：7-5344-0284-0
定价：CNY6.20
（中级美术自学丛书　美术家之路）
　　作者沈斌（1956—　　），江苏如皋人，南京艺
术学校任教。

J0133846
计算机辅助广告设计技术　（CorelDraw 图形
制作软件）葛如顶等编著
海口　南海出版公司　1993 年　292 页　26cm（16 开）
ISBN：7-80570-659-X　定价：CNY15.00

J0133847
家庭礼品包装与贺卡制作　杜拥平，郭安编
北京　中国轻工业出版社　1993 年　132 页　有彩图
26cm（16 开）ISBN：7-5019-1518-0
定价：CNY9.80

J0133848

节庆 POP 设计　张辉明编著

广州　百通集团　1993 年　141 页　26cm（16 开）

ISBN：7-5388-2283-6　定价：CNY58.00

（手绘 POP 丛书 4）

　　本书包括：圣诞节 POP、春节 POP、母亲节 POP、儿童节 POP 等 7 部分。台湾三采文化出版事业有限公司授权出版。由百通集团和黑龙江科学技术出版社联合出版。作者张辉明（1958—　），教师。金门人，毕业于台湾师范大学。历任永琦百货股份有限公司美术设计，北星图书事业有限公司编辑顾问，台北市立士林高职广告设计科教师。

J0133849

精致 POP 海报　张辉明编著

广州　百通集团　1993 年　141 页　26cm（16 开）

ISBN：7-5337-1014-2　定价：CNY58.00

（手绘 POP 丛书 5）

　　本书由百通集团和安徽科学技术出版社联合出版。

J0133850

精致手绘 POP 展示　简仁吉编著

永和〔台北〕新形象出版事业公司　1993 年　158 页　有彩图照片　26cm（16 开）

ISBN：957-8548-28-1　定价：TWD400.00

（精致手绘 POP 丛书 5）

J0133851

礼品包装技巧　（使您的礼品档次升格的艺术）达拉滨编

广州　广东科技出版社　1993 年　146 页　有彩图　19cm（小 32 开）　ISBN：7-5359-1097-1

定价：CNY5.20

J0133852

礼品包装与制作　王一鸣主编

长沙　湖南科学技术出版社　1993 年　74 页　有彩图　19×21cm　ISBN：7-5357-1384-X

定价：CNY19.80

　　外文书名：Present Idea. 作者王一鸣（1945—2009），花鸟画家。辽宁盖州人。历任辽宁盖州市文联主席、高级工程师，中国美术家协会会员。

J0133853

礼品卡片包装技巧　冯贻玺编译

台中县　广成出版社　1993 年　96 页　有彩图　26cm（16 开）定价：TWD200.00

（美化人生系列）

J0133854

美术商标设计　邹君富编著

台南　信宏出版社　1993 年　189 页　有图　21cm（32 开）ISBN：957-538-340-0

定价：TWD150.00

（美术 85）

J0133855

商标设计　（一）范鲁斌主编

北京　外文出版社　1993 年　108 页　有图　26cm（16 开）ISBN：7-119-01613-X

定价：CNY12.00

J0133856

商标与机构形象　林用光编辑

香港　万里书店　1993 年　184 页　有彩图　30cm（10 开）ISBN：962-14-0729-X

定价：HKD280.00

（香港设计丛书 3）

　　外文书名：Corporate Identity.

J0133857

商店橱窗、柜台的装饰和布置　郑子礼，彭良栋编著

上海　上海科学技术文献出版社　1993 年　97 页　有彩图　26cm（16 开）ISBN：7-5439-0007-6

定价：CNY9.00

J0133858

商业广告设计　林荣观著

台北　艺术图书公司　1993 年　再版　191 页　26cm（16 开）ISBN：957-9045-15-1

定价：TWD420.00

（绘图·设计·工艺丛书 10）

J0133859

商用手绘广告　黄箐编著绘制

南宁　广西美术出版社　1993 年　80 页　26cm（16 开）

ISBN：7-80582-589-0　定价：CNY15.00

本书包括手绘广告的分类以及色彩配置、构图安排和内容的搭配技巧及图例等。

J0133860

生活花艺包装　郭淑惠，黄进琼著

台北　美景文化公司　1993 年　80 页　有图　27cm（大 16 开）ISBN：957-9013-13-6

本书由美景文化公司和香港得利书局联合出版。

J0133861

实用 POP 字体　杨忠义编著

台北　艺风堂出版社　1993 年　132 页　有图　26cm（16 开）ISBN：957-9394-57-1

定价：TWD350.00

（POP 广告丛书 6）

J0133862

实用广告设计技法　王亚非著

沈阳　辽宁美术出版社　1993 年　206 页　有图　26cm（16 开）ISBN：7-5314-0997-6

定价：CNY19.80

（现代设计表现技法　设计丛书 3）

作者王亚非（1955—　），黑龙江哈尔滨人，历任鲁迅美术学院成人教育学院副院长、中国广告学会会员、中国美术家协会辽宁分会会员。

J0133863

实用广告学基础　邱沛篁主编

成都　四川大学出版社　1993 年　605 页　19cm（小 32 开）ISBN：7-5614-0921-4

定价：CNY12.20

J0133864

实用花艺包装　郭淑惠，黄进琼著

台北　美景文化公司　1993 年　80 页　有图　27cm（大 16 开）ISBN：957-9013-12-8

外文书名：Practical Flower Arrangement. 本书由美景文化公司和香港得利书局联合出版。

J0133865

手绘 POP 广告　（手绘字体／插图技法／店头 POP／商业海报／活动海报）张辉明编著

广州　百通集团　1993 年　131 页　有彩图　26cm（16 开）ISBN：7-5308-1486-9

定价：CNY58.00

（手绘 POP 丛书 1）

本书包括：材料工具介绍、手绘 POP 字法、POP 插图技法、手绘 POP 广告等 5 章。台湾三采文化出版事业有限公司授权出版。由百通集团和天津科学技术出版社联合出版。

J0133866

手绘 POP 设计　张辉明编著

长春　吉林科学技术出版社　1993 年　140 页　有彩图　26cm（16 开）ISBN：7-5384-1260-3

定价：CNY58.00

（百通集团创意设计系列 一 手绘 POP 丛书）

本书包括：工具篇、字法篇、实作篇、插图示范篇、范例篇、放置式的立体 POP 制作、精致 POP 海报 7 个部分。台湾三采文化出版事业有限公司授权出版。由吉林科学技术出版社和百通集团联合出版。

J0133867

手绘 POP 实例　张辉明编著

广州　百通集团，广东科技技术出版社　1993 年　136 页　有彩图　26cm（16 开）

ISBN：7-5359-1178-1　定价：CNY58.00

（手绘 POP 丛书 2）

J0133868

手绘金融广告　陈士斌，金中著

北京　中国金融出版社　1993 年　134 页　19×21cm

ISBN：7-5049-1163-1　定价：CNY38.00

本书介绍了怎样徒手绘制即时招贴，绘制即时招贴的工具、材料，自绘即时招贴的字体写法，插图画法，版面设计技巧和手法。作者陈士斌，三级美术师，安徽省工艺美术学会会员。作者金中，本名钟芳敏，中国工商银行安徽省分行储蓄处宣传科科长、经济师，《安徽城市储蓄》主编。

J0133869

台湾识别设计精选　张碧珠主编；邓玉祥文字编辑

台北　艺风堂出版社　1993 年　188 页　有彩图　30cm（10 开）精装　ISBN：957-9394-66-0

定价：TWD1000.00

J0133870
图解礼品包装技法　张汉威编译
福州　福建科学技术出版社　1993 年　158 页
有彩照　19cm（小 32 开）ISBN：7-5335-0681-2
定价：CNY4.25

J0133871
现代名片设计　林诒洪主编
北京　机械工业出版社　1993 年　20cm（32 开）
ISBN：7-111-03981-5　定价：CNY18.00
　　本书就名片的创意、设计、制作及我国几种
先进实用的名片设计印制技术与设备做了介绍，
并提供了 200 多个采用电脑设计的现代名片范
例。作者林诒洪，北京帝冠电脑有限公司总经理。

J0133872
艺术设计　钱淑和绘著
台北　艺术图书公司　1993 年　224 页　有彩图
26cm（16 开）ISBN：957-672-068-0
定价：TWD480.00

J0133873
招募 POP 海报　（语言学习 / 才艺培训 / 进修
研习 / 旅游活动）张辉明编著
台北　三采文化出版事业有限公司　1993 年
126 页　有图　29cm（16 开）
ISBN：957-9135-13-4　定价：TWD450.00
（创意 POP 百科 4）

J0133874
招牌看板设计　美工图书社编
台北　邯郸出版社　1993 年　191 页　26cm（16 开）
定价：TWD480.00
　　外文书名：Facade and Sign Designs.

J0133875
中国企业注册商标图集　（首卷）冯纪新主编
北京　中国经济出版社　1993 年　3 册　有彩照
26cm（16 开）精装　ISBN：7-5017-1838-5
定价：CNY532.00
　　本书按行业分类，再按行政区划编排，所刊
内容除注册商标标识和使用商品外，还收录了商
标注册人的名称、法人代表、地址、邮编等。外
文 书 名：An Album of Registered Trade Marks in
China.

J0133876
POP 广告设计艺术　林华著
石家庄　河北美术出版社　1994 年　114 页
有彩图　26cm（16 开）ISBN：7-5310-0591-3
定价：CNY25.00
（现代设计艺术丛书）
　　本书内容包括：广告概论、POP 广告概述、
制作方法和大型 POP 展示台架等。

J0133877
包装装潢设计　陈海鱼编
长沙　湖南教育出版社　1994 年　重印本　92 页
有彩图　17×18cm　ISBN：7-5355-1245-3
定价：CNY4.00

J0133878
报刊广告实务指南　夏明等编著
北京　中国友谊出版公司　1994 年　136 页　有彩图
26cm（16 开）ISBN：7-5057-0825-2
定价：CNY52.00
（现代广告实务丛书 2）

J0133879
广告的创意与表现　李晓强著
沈阳　辽宁美术出版社　1994 年　162 页　有彩图
26cm（16 开）ISBN：7-5314-1039-7
定价：CNY19.80
（现代设计表现技法　设计丛书 5）
　　本书探讨广告创意的源泉、依据、基础、表
现及实施。

J0133880
广告设计 10 法　钱旭涛编著
杭州　浙江人民美术出版社　1994 年　48 页
有彩图　26cm（16 开）ISBN：7-5340-0496-9
定价：CNY16.00
（绘画·设计基础丛书）

J0133881
广告术　杨艳华等编著
桂林　漓江出版社　1994 年　149页　19cm（小 32 开）
ISBN：7-5407-1559-6　定价：CNY4.15
　　本书分为：广告溯源、成功的公关与商品广
告、名人广告等 5 章。

J0133882
广告艺术文字构成设计　　岳钰编著
西安　西安交通大学出版社　1994年　96页
26cm（16开）ISBN：7-5605-0693-3
定价：CNY42.00
　　外　文　书　名：Art Typography Design of
Advertisement. 作者岳钰（1955—　），西北大学艺
术系副教授，日本京都造型艺术大学客座教授，
中国美术家协会会员等。

J0133883
火柴盒上的中国百帝　　郑义著
香港　皇冠出版社（香港）公司　1994年　201页
有图　20cm（32开）ISBN：962-451-212-4
定价：HKD55.00
（皇冠丛书）

J0133884
平面广告创意设计　　陈建军编著
南宁　广西人民出版社　1994年　122页　有图
26cm（16开）ISBN：7-219-02866-0
定价：CNY20.00
　　本书介绍了平面广告设计的构成要素、表现
手段、编排设计的法则及设计作品等。作者陈建
军（1960—　），山西太原人，任广西艺术学院美
术系讲师，中国美术家协会广西分会会员。作品
有《中国体育投向21世纪》《植树造林》《中华
武术走向世界》等。

J0133885
商标　牌匾　标志图案　　季深业绘
北京　中国林业出版社　1994年　144页　17×19cm
ISBN：7-5038-1254-0　定价：CNY5.70
（新世纪图案设计丛书）
　　作者季深业（1954—　），书画家。号和艺，
山东蓬莱人。长春市青年美术家协会会员，辽宁
省海城市美术工作者协会会员。出版有《新编美
术图案集》《装饰图案集》《美术字设计精作》等。

J0133886
商标策略与商标设计　　曲德森等编著
北京　中国友谊出版公司　1994年　112页　有彩图
26cm（16开）ISBN：7-5057-0821-X
定价：CNY58.00
（现代广告实务丛书 5）

J0133887
商业实用美术　　陶源清主编；《商业实用美术》
编写组编写
北京　中国财政经济出版社　1994年　205页
有彩图　19cm（小32开）ISBN：7-5005-2542-7
定价：CNY2.90
　　本书包括：美术字、色彩基础、现代商场广
告布置与商品陈列等6章。作者陶源清，无锡市
商业技工学校讲师。

J0133888
商业实用美术　　陶源清主编
北京　中国商业出版社　1996年　317页　有彩图
19cm（小32开）ISBN：7-5044-2998-8
定价：CNY13.00

J0133889
商业实用美术　　杨振宇主编
北京　中国劳动出版社　1999年　307页　有彩照
及图　20cm（32开）ISBN：7-5045-2427-1
定价：CNY13.50

J0133890
商业实用美术　　陶源清主编
北京　中国物资出版社　1999年
264页＋有彩图［20页］19cm（32开）
ISBN：7-5047-0650-7　定价：CNY14.80
　　本教材主要讲述了美术字、色彩基础、图案
基础、商业广告、商品展示与陈列、商品包装与
装饰等7章内容。为国内贸易系统中等职业学
校教材，商品经营专业系列教材。

J0133891
台湾设计经验　（企业识别体系）张光民主编
台北　对外贸易发展协会　1994年　151页
有照片　31cm（10开）精装　定价：TWD600.00
　　外　文　书　名：Corporate Identity Systems in
Taiwan.

J0133892
现代广告编排设计　　吴为，李翠柏主编
哈尔滨　哈尔滨出版社　1994年　160页
26cm（16开）精装　ISBN：7-80557-676-9
定价：CNY58.00
　　本书内容包括：编排设计的基本形式、基本

原则和文字的编排设计等 4 部分。

J0133893
现代广告创意设计　吴士元，张德成主编；
李翠柏等编写
哈尔滨　哈尔滨出版社　1994 年　160 页
26cm（16 开）精装　ISBN：7-80557-675-0
定价：CNY68.00

J0133894
小松广告创意　松永生编著
北京　国际文化出版公司　1994 年　26×26cm
ISBN：7-80105-048-7　定价：CNY118.00
　　外文书名：Xiao Song's Portfolio of Creative
Advertising Ideas.

J0133895
新潮商业广告图案集　刘辉绘
郑州　河南科学技术出版社　1994 年　250 页
26cm（16 开）ISBN：7-5349-1237-7
定价：CNY12.50

J0133896
中国传统市招　王行恭著
台北　艺术图书公司　1994 年　80 页　有照片
29cm（16 开）ISBN：957-8989-35-0
定价：TWD360.00
（环境与艺术丛书　公共艺术系列 7）

J0133897
中国汽车商标集锦　《中国汽车商标集锦》编
委会编
北京　机械工业出版社　1994 年　145 页
28cm（大 16 开）ISBN：7-111-04589-0
定价：CNY100.00

J0133898
庄玉君标徽设计集　（第一辑）庄玉君绘；中
国工业设计协会编
广州　岭南美术出版社　1994 年　有彩图
28cm（大 16 开）ISBN：7-5362-1059-0
定价：CNY38.00
　　外文书名：Zhuang Yujun Mark Design (Unit.
One).

J0133899
POP 广告　（字体综合篇）庄雄景著
台北　邯郸出版社　1995 年　152 页　有图
26cm（16 开）ISBN：957-8883-67-6
定价：TWD400.00
（POP 广告丛书 2）

J0133900
POP 广告　（实务综合篇）庄景雄著
台北　邯郸出版社　1996 年　149 页　有彩照
26cm（16 开）ISBN：957-9485-48-8
定价：TWD450.00
（POP 广告丛书 1）

J0133901
包装设计年鉴　杨宗魁总编
台北　设计家文化出版事业公司　1995 年　有图
31cm（10 开）精装　ISBN：957-9570-13-2
定价：TWD1200.00
（1995 台湾创意百科 4）
　　外文书名：Creative Package Design.

J0133902
包装装潢设计　陈海鱼编
长沙　湖南科学技术出版社　1995 年　92 页
17×19cm ISBN：7-5357-1951-1 定价：CNY6.00

J0133903
标志的设计与管理　陆峥，徐澜波编著
上海　上海科技教育出版社　1995 年　136 页
有照片及图　26cm（16 开）ISBN：7-5428-1084-7
定价：CNY17.50
（现代设计丛书）

J0133904
产品装潢设计百略　安毓英著
北京　中国轻工业出版社　1995 年　203+77 页
有图 20cm（32 开）ISBN：7-5019-1721-3
定价：CNY18.00

J0133905
常用商品广告参考图案集　何昊善绘编
北京　中国画报出版社　1995 年　124 页　13×18cm
ISBN：7-80024-225-0　定价：CNY6.20

J0133906
第四届全国广告作品展优秀广告作品集
吴德裕主编
长沙 湖南美术出版社 1995 年 162 页
26cm（16 开）ISBN：7-5356-0783-7
定价：CNY150.00

J0133907
广东商业摄影年鉴　何健民主编
广州 岭南美术出版社 1995 年 225 页
30cm（10 开）ISBN：7-5362-1282-8
定价：CNY210.00（精装：CNY230.00）
　　外文书名：Commercial Photography Yearbook of Guangdong.

J0133908
广告创作年鉴　杨宗魁总编辑
台北 设计家文化出版事业公司 1995 年 有图
31cm（10 开）精装 ISBN：957-9570-10-8
定价：TWD1200.00
（1995 台湾创意百科 1）
　　外文书名：Creative Advertisement Design. 作者杨宗魁，总编的主要作品有《广告创作年鉴》《形象设计年鉴》《专业摄影年鉴》等。

J0133909
广告创作年鉴　杨宗魁总编辑
台北 设计家文化事业公司 1999 年 有图
30cm（10 开）精装 ISBN：957-9570-31-0
定价：TWD6000.00（一套）
（1998 台湾创意百科 1）
　　外文书名：Creative Advertisement Design.

J0133910
广告设计彩色底衬图案全集　徐平编著
北京 中国商业出版社 1995 年 1 盒（100 张）
39cm（8 开）盒装 ISBN：7-5044-2926-0
定价：CNY518.00

J0133911
广告与传媒　于美成主编；那泽民等编著
哈尔滨 黑龙江美术出版社 1995 年 141 页
29cm（16 开）ISBN：7-5318-0330-5
定价：CNY78.00
　　主编于美成（1943—　），壁画家、美术理论

家。山东汶上人，毕业于哈尔滨师范大学。历任哈尔滨工业大学建筑学院教师，黑龙江省版画院副秘书长，中国美术家协会会员。壁画作品有《大唐册封渤海郡王》《鹤翔云应》《群峰竞秀》《欢乐歌》，著有《壁画与壁画创作》《广告与传媒》《晁楣论》等。

J0133912
户外广告设计　顾世鸿［编］
杭州 浙江人民美术出版社 1995 年 48 页
26cm（16 开）ISBN：7-5340-0664-3
定价：CNY19.50
（设计家 丛书）
　　作者顾世鸿（1938—　），高级经济师。浙江宁波人。历任上海科美广告装潢公司总经理，上海市科普创作协会副秘书长，上海市美术家协会会员，上海市广告协会理事。漫画作品有《"虫"的自由》《神农不识当代瓜》《游旅新去处》《全副武装上市场》《牛皮癣》等。

J0133913
花卉包装　黄庆援主编
石家庄 河北科学技术出版社 1995 年 54 页
26cm（16 开）ISBN：7-5375-1397-X
定价：CNY16.00

J0133914
花结编折　谭永健，叶朔苓编著
广州 广东科技出版社 1995 年 61 页
19cm（小 32 开）ISBN：7-5359-1589-2
定价：CNY8.00

J0133915
老上海广告　（图集）益斌主编
上海 上海画报出版社 1995 年 122 页
28cm（大 16 开）ISBN：7-80530-186-7
定价：CNY100.00
　　外文书名：Advertisements of the Old Time of Shanghai.

J0133916
礼品包装　黄庆援主编
石家庄 河北科学技术出版社 1995 年 54 页
26cm（16 开）ISBN：7-5375-1397-X
定价：CNY16.00

J0133917
潘小庆书装艺术　潘小庆［设计］
南京　江苏人民出版社　1995年　95页　21×19cm
ISBN：7-214-01523-4　定价：CNY48.00
　　　作者潘小庆（1941—　　），图书封面设计家。
江苏无锡人，就读于苏州艺专。先后任江苏人民
出版社美编室主任、江苏少年儿童出版社副社
长，江南诗画院常务理事。作品入选《中国出版
年鉴》《中国现代美术全集》等。专集《潘小庆书
装艺术》。

J0133918
商业设计年鉴　杨宗魁总编辑
台北　设计家文化事业公司　1995年　有图
31cm（10开）精装　ISBN：957-9570-11-6
定价：TWD1200.00
（1995台湾创意百科　2）
　　　外文书名：Creative Commercial Design.

J0133919
深圳企业标志大赛作品集　李桂茹主编
长春　吉林美术出版社　1995年　111页
28cm（大16开）ISBN：7-5386-0471-5
定价：CNY120.00
　　　外文书名：The Works of Symbols Competition
for Shenzhen Enterprises.

J0133920
视觉传达流程设计　鲁开疆编著
合肥　安徽美术出版社　1995年　86页　有图片
26cm（16开）ISBN：7-5398-0404-1
定价：CNY19.80
（实用美术技法丛书）

J0133921
视觉传达设计　张福昌，王延羽著
济南　山东美术出版社　1995年　180页　有图
26cm（16开）ISBN：7-5330-0925-8
定价：CNY30.00
（设计家丛书）
　　　本书分7章，内容包括：视觉传达设计的构
成要素，编排设计，广告传达设计，展示陈列传
达设计，包装传达设计，摄影，印刷等。

J0133922
无胶包装设计　美工图书社编
台北　邯郸出版社　1995年　330页　有图
30cm（12开）ISBN：957-8883-53-6
定价：TWD450.00
　　　外文书名：Structural Design on Paper Board
Cartons.

J0133923
现代广告策划、设计与制作　柏林著
杭州　杭州大学出版社　1995年　276页
26cm（16开）ISBN：7-81035-765-4
定价：CNY48.00

J0133924
现代广告美术林　周德浩编
贵阳　贵州科技出版社　1995年　202页　有图
26cm（16开）ISBN：7-80584-428-3
定价：CNY15.80

J0133925
现代广告设计　朱铭编著
济南　山东美术出版社　1995年　217页　有图
20cm（32开）ISBN：7-5330-0934-7
定价：CNY16.00
　　　外文书名：Modern Advertise Design. 作者朱
铭（1937—2011），教授。江苏泰州人，毕业山东
师范大学艺术系。历任山东艺术学院教授，中国
美术家协会会员，山东美协理事，山东省广告协
会副会长。

J0133926
现代实用广告创意设计　姜振力，马一辛编著
长春　长春出版社　1995年　162页　17×19cm
ISBN：7-80604-339-X　定价：CNY9.80

J0133927
新意念商标　标志　图案　装饰　李希金
编绘
北京　中国国际广播出版社　1995年　152页
17×18cm　ISBN：7-5078-1210-3　定价：CNY14.00
　　　作者李希金（1962—　　），唐山钢铁公司工会
任职。

J0133928

信封信纸及商标识别设计 （创造企业形象）

赵亦南主编

台北 立雍出版事业公司 1995 年 255 页 有图

31cm（10 开）ISBN：957-99579-0-8

定价：TWD800.00

（棠雍图书商业设计系列）

外文书名：Letterhead & Logo Design, Creating the Corporate Image.

J0133929

形象设计年鉴 杨宗魁总编辑

台北 设计家文化出版事业公司 1995 年 256 页

有图 31cm（10 开）精装 ISBN：957-9570-12-4

定价：TWD1200.00

（1995 台湾创意百科 3）

外文书名：Creative Corporate Identity.

J0133930

幽默广告艺术 李巍［编］

杭州 浙江人民美术出版社 1995 年 48 页

26cm（16 开）ISBN：7-5340-0665-1

定价：CNY19.50

（设计家 丛书）

作者李巍（1938— ），教授。江苏连云港人。历任四川美术学院装潢环艺系教授，中国广告协会学术委员会委员。出版有《现代广告设计》《广告策略妙招》《幽默广告艺术》等。

J0133931

纸容器设计 王国伦编著

哈尔滨 黑龙江美术出版社 1995 年 89 页

有图 26cm（16 开）ISBN：7-5318-0319-4

定价：CNY23.00

（中央工艺美术学院装潢设计艺术系教材丛书）

J0133932

中国著名徽标形象释义 李继忠等主编

北京 当代中国出版社 1995 年 66 页 29cm（16 开）

ISBN：7-80092-425-4 定价：CNY80.00

外文书名：Interpretations of Wellknown Emblems in China. 作者李继忠，原国家商标局局长。

J0133933

装潢设计透视法 陆仰豪编著

南宁 广西美术出版社 1995 年 89 页 有图

19×17cm ISBN：7-80582-747-8 定价：CNY5.80

J0133934

最佳商业手册设计 赵亦南主编；施正辉译

台北 立雍出版事业公司 1995 年 191 页 有图

31cm（10 开）ISBN：957-99579-1-6

定价：TWD600.00

外文书名：The Best of Brochure Design.

J0133935

CI 知识入门 陈建军著

南宁 广西美术出版社 1996 年 48 页 有彩照

26cm（16 开）ISBN：7-80625-115-4

定价：CNY10.00

（设计基础入门丛书）

作者陈建军（1960— ），山西太原人，任广西艺术学院美术系讲师，中国美术家协会广西分会会员。作品有《中国体育投向 21 世纪》《植树造林》《中华武术走向世界》等。

J0133936

LNWZ 书籍设计四人说 （吕敬人 宁成春 吴勇 朱虹作品集）吕敬人等著

北京 中国青年出版社 1996 年 275 页

20cm（32 开）精装 ISBN：7-5006-2300-3

定价：CNY160.00

J0133937

半村文选 （与火柴盒贴画相关的研究）半村著

广州 广州出版社 1996 年 189 页 19cm（小 32 开）

ISBN：7-80592-490-2 定价：CNY9.50

作者林辉（1959— ），作家、编辑、记者、收藏家、诗人。号半村，字子光。《广州石化教育报》和太阳诗社编辑，《中国火花报》主编。广州作协会员，火柴贴画收藏家。

J0133938

包装设计 王洪等著

上海 上海人民美术出版社 1996 年 115 页

有插图 26cm（16 开）精装

ISBN：7-5322-1586-5 定价：CNY70.00

（设计工作室丛书）

外 文 书 名：Design Packing. 作 者 王 洪（1954— ），上海轻工业高等专科学校美术系任教，上海 E+E 设计工作室主任。

J0133939
包装装潢设计　高中羽编著
哈尔滨　黑龙江美术出版社 1996 年 73 页
26cm（16 开）ISBN：7-5318-0366-6
定价：CNY28.60
（中央工艺美术学院装潢设计艺术系教材丛书）

　　作者高中羽（1942—　　），教授。硕士毕业
于中央工艺美术学院。清华大学美术学院教授、
博士生导师，中国包装协会设计委员会副主任，
《中国设计年鉴》主编。出版著作有《包装设计》
《视觉表现 28 谈》《经营与形象》《机构形象设
计》等。

J0133940
标志设计　李巍等编著
重庆　西南师范大学出版社 1996 年 202 页
26cm（16 开）ISBN：7-5621-1551-6
定价：CNY68.00
（二十一世纪设计家丛书 装潢系列）

J0133941
标志设计与制作　（图集）刘仪鸿编著
广州　岭南美术出版社 1996 年 92 页 13×18cm
（36 开）ISBN：7-5362-1198-8 定价：CNY3.50
　　本书收录世界各国的标志 91 例，并详细地
介绍了标志的设计要求、表现方法、构成和制
作。作者刘仪鸿，广州市美术装潢设计公司任职。

J0133942
高等院校文科系列教材　（中华广告文化艺
术）杨启昌，刘力主编；徐祝林著
沈阳　辽宁大学出版社 1996 年 212 页
19cm（小 32 开）ISBN：7-5610-3352-4
定价：CNY98.00

J0133943
公关广告艺术　刘庆孝编著
哈尔滨　黑龙江美术出版社 1996 年 341 页
有彩图 20cm（32 开）ISBN：7-5318-0370-4
定价：CNY48.00
（视觉设计教育丛书）

J0133944
广告版面的编排与设计　石芃编著
济南　山东友谊出版社 1996 年 121 页
26cm（16 开）ISBN：7-80551-849-1
定价：CNY16.80

J0133945
广告美学　张微著
武汉　武汉大学出版社 1996 年 280 页
20cm（32 开）ISBN：7-307-02235-4
定价：CNY12.90
（珞珈广告学丛书）

J0133946
广告设计　李巍编著
重庆　西南师范大学出版社 1996 年 156 页
26cm（16 开）ISBN：7-5621-1545-1
定价：CNY58.00
（二十一世纪设计家丛书 装潢系列）
　　外文书名：Advertising Design. 作者李巍
（1938—　　），教授。江苏连云港人。历任四川美
术学院装潢环艺系教授，中国广告协会学术委员
会委员。出版有《现代广告设计》《广告策略妙
招》《幽默广告艺术》等。

J0133947
广告设计与超级写实　张建辛，郑军著
哈尔滨　黑龙江美术出版社 1996 年 182 页
26cm（16 开）ISBN：7-5318-0359-3
定价：CNY69.80

J0133948
广告装潢　（底纹设计）羚羊主编
北京　华龄出版社 1996 年 26cm（16 开）
ISBN：7-80082-675-9 定价：CNY28.00

J0133949
广告装潢　（造型设计）羚羊主编
北京　华龄出版社 1996 年 26cm（16 开）
ISBN：7-80082-676-7 定价：CNY28.00

J0133950
广告装潢　（招牌设计）张宝生主编
北京　华龄出版社 1996 年 26cm（16 开）
ISBN：7-80082-677-5 定价：CNY28.00

J0133951
广告装潢 （花边设计）崔丽霞主编
北京 华龄出版社 1996年 26cm（16开）
ISBN：7-80082-674-0 定价：CNY28.00

J0133952
黑白广告艺术 卢少夫［撰文］
杭州 浙江人民美术出版社 1996年 48页
26cm（16开）ISBN：7-5340-0659-7
定价：CNY19.50
（设计家 丛书）
　　作者卢少夫（1955—　），教授。浙江人，毕业于中国美术学院。中国美术学院教授，中国美术家协会会员。

J0133953
江苏烟标史册 （图集）王安珠主编
南京 江苏科学技术出版社 1996年 192页
29cm（16开）精装 ISBN：7-5345-2100-9
定价：CNY200.00

J0133954
平面广告设计 罗真如编著
哈尔滨 黑龙江美术出版社 1996年 89页
有彩图 26cm（16开）ISBN：7-5318-0364-X
定价：CNY32.80
（中央工艺美术学院装潢设计艺术系教材丛书）
　　作者罗真如（1938—　），女，教授。湖南邵阳人，毕业于中央工艺美术学院装饰绘画系。历任天津工艺美术设计院美术师，北京景山学校教师，中央工艺美术学院教授。出版有《平面广告设计》《欧洲广告艺术》《旅游广告》等。

J0133955
全国党刊装帧作品精萃 （图集）杨贵方主编
长春 吉林美术出版社 1996年 111页
29cm（16开）ISBN：7-5386-0532-0
定价：CNY98.00
　　作者杨贵方，中共黑龙江省委《党的生活》杂志社常务副总编、编审。

J0133956
全国美术院校装潢设计专业学生作品点评
郝玉明等编
石家庄 河北美术出版社 1996年 59页

26cm（16开）ISBN：7-5310-0832-7
定价：CNY38.00
（全国美术院校点评系列丛书 装潢）

J0133957
商业环境设计 冯守国，陈恩琦编绘
上海 上海人民美术出版社 1996年 156页
26cm（16开）精装 ISBN：7-5322-1580-6
定价：CNY25.00
（商业创意设计丛书）

J0133958
商业设计 （理论基础实务）林品章著
台北 艺术家出版社 1996年 3版 280页 有图
22cm（30开）精装 ISBN：957-9530-35-1
定价：TWD300.00
　　外文书名：Commercial Design.

J0133959
上海百家企业形象标志 （上海首届企业形象标志设计展示会优秀作品汇编）上海市经济委员会科学技术处编
上海 上海科学技术文献出版社 1996年 126页
28cm（大16开）ISBN：7-5439-0900-6
定价：CNY58.00

J0133960
设计基础入门丛书
南宁 广西美术出版社 1996—2000年 13册
26cm（16开）
　　本丛书包括《立体构成入门》《染织设计入门》《装饰色彩入门》《展示设计入门》《基础图案入门》等书。

J0133961
设计色彩与表现技法 祖乃牲编著
哈尔滨 黑龙江美术出版社 1996年 重印本
73页 26cm（16开）ISBN：7-5318-0322-4
定价：CNY36.00
（中央工艺美术学院装潢设计艺术系教材丛书）

J0133962
视觉传达基础 辛华泉编译
西安 陕西人民美术出版社 1996年 73页
有插图 26cm（16开）ISBN：7-5368-0787-2

定价：CNY15.00

（工艺美术成人高等教育丛书）

　　本书主要根据《平面－意义的造形》（日本凤山社1983年版）编译。作者辛华泉（1936——），教授。河北人，毕业于中央工艺美术学院。历任中央工艺美术学院副教授、中国书画函授大学兼任教授、中国美术家协会会员。译著有《设计基础》，论文有《设计形态创造的科学依据》《论构成》等。

J0133963

书籍封面设计　　赵健编著

哈尔滨　黑龙江美术出版社　1996年　49页

26cm（16开）ISBN：7-5318-0349-6

定价：CNY26.00

（中央工艺美术学院装潢设计艺术系教材丛书）

J0133964

书籍装帧　　吴冠英著

长春　吉林美术出版社　1996年　79页　26cm（16开）

ISBN：7-5386-0576-2　定价：CNY25.50

（现代艺术设计丛书）

J0133965

现代标志图案设计　　朱春华编著

北京　中国纺织出版社　1996年　298页

26cm（16开）ISBN：7-5064-1183-0

定价：CNY32.00

　　作者朱春华（1941——），苏州丝绸工学院纺织艺术分院副教授，中国美术家协会江苏分会、中国流行色协会会员。

J0133966

现代广告策划与设计　　胡宇辰，刘彪文编著

南昌　江西高校出版社　1996年　272页

19cm（小32开）ISBN：7-81033-600-2

定价：CNY10.00

（国际市场营销丛书）

J0133967

印刷工艺与装潢设计　　仲星明编著

南京　江苏科学技术出版社　1996年　48+308页

有彩图　26cm（16开）ISBN：7-5345-1909-8

定价：CNY48.00

　　作者仲星明（1957——），教授。生于江苏泰

兴，毕业于南京艺术学院。历任上海大学数码艺术学院创始院长，教育部学位与研究生教育评估专家，中国国学院学术委员会常委，南京艺术彩印研究中心负责人等职。出版有《二维动画艺术与数码技术》《数码立体造型》《印刷工艺与装潢设计》等。

J0133968

纸艺包装教室　　（日）长谷良子著；陈秋月译

台北　日贩公司　1996年　77页　有照片

26cm（16开）ISBN：957-8800-55-X

定价：TWD280.00

　　外文书名：Enchanting Gifts Wrapping.

J0133969

中国火花图录　　周晓沽编著

长沙　湖南出版社　1996年　107页　26cm（16开）

ISBN：7-5438-1191-X　定价：CNY18.00

　　作者周晓沽（1963——），火花收藏家。本名周小杰，湖南株洲市人。中国建设银行湖南省株洲市城东支行干部。著有《火花集》《中国火花图录》《世界体育火花精品图录》。

J0133970

中国酒标图集　　中国酿酒工业协会编

北京　中国轻工业出版社　1996年　223页

26cm（16开）ISBN：7-5019-1980-1

定价：CNY150.00

J0133971

中国设计年鉴　　（1980—1995　摄影集）中国包协设计委员会《中国设计年鉴》编辑部编

哈尔滨　黑龙江美术出版社　1996年　350页

29cm（16开）精装　ISBN：7-5318-0333-X

定价：CNY380.00，USD100.00

　　外文书名：China Design Yearbook.

J0133972

中央工艺美术学院装潢艺术设计系师生作品集　　中央工艺美术学院装潢艺术设计系［编］

天津　天津大学出版社　1996年　108页　25×25cm

精装　ISBN：7-5618-0894-1　定价：CNY128.00

J0133973

朱锷的设计作品　　（1995—1996）朱锷［著］

杭州 中国美术学院出版社 1996 年 39 页
28cm（大 16 开）ISBN：7-81019-559-X
定价：CNY78.00

J0133974
装潢·包装·广告　崔齐编著
北京 中国纺织出版社 1996 年 154 页
26cm（16 开）ISBN：7-5064-1241-1
定价：CNY22.00

J0133975
"自强创辉煌"主题公益广告获奖作品　国家工商行政管理局广告监督管理司编
北京 中国工商出版社 1997 年 有彩图
29cm（16 开）ISBN：7-80012-359-6
定价：CNY156.00

J0133976
CIS 的包装设计　连放撰文；崔寒君编选
杭州 浙江人民美术出版社 1997 年 64 页
有图 26cm（16 开）ISBN：7-5340-0775-5
定价：CNY24.00
（企业形象设计丛书）

J0133977
CI 设计指南　贺懋华著
北京 科学出版社 1997 年 178 页 29cm（16 开）
ISBN：7-03-005378-8 定价：CNY198.00
（中国 CI 实战丛书）

J0133978
CI 识别手册　林磐耸著
北京 科学出版社 1997 年 166 页 29cm（16 开）
ISBN：7-03-005380-X 定价：CNY298.00
（中国 CI 实战丛书）
　　作者林磐耸（1957—　），教授。台湾屏东县人，毕业于台湾师范大学美术研究所。任台湾师范大学美术系主任兼研究所所长。著有《色彩计划》《台湾设计文化初探》等。

J0133979
The Copy Book——全球 32 位顶尖广告文案的写作之道　（国际中文版）英国 D&AD
协会著；赖治怡译
台北 滚石文化公司 1997 年 179 页 有照片

36cm（15 开）精装 ISBN：957-9613-59-1
定价：TWD1800.00
（经典广告系列 1）
　　外 文 书 名：The Copy Book, How 32 of the World's Best Advertising Writers Write Their Advertising.

J0133980
包装设计教程　宋钦海编著
沈阳 辽宁美术出版社 1997 年 128 页
26cm（16 开）ISBN：7-5314-1644-1
定价：CNY43.00

J0133981
包装装潢设计　陈海鱼编著
长沙 湖南美术出版社 1997 年 123+16 页
有图 26cm（16 开）ISBN：7-5356-0858-2
定价：CNY32.00
（工艺美术设计丛书）

J0133982
标志图形　邱承德编著
西安 陕西人民美术出版社 1997 年 193 页
有图 26cm（16 开）ISBN：7-5368-0936-0
定价：CNY30.00
（工艺美术成人高等教育丛书）

J0133983
标志形象字体设计　（图集）张建辛主编；郑军等编著
广州 岭南美术出版社 1997 年 200 页
26cm（16 开）ISBN：7-5362-1543-6
定价：CNY28.00
　　主编张建辛（1954—　），教师。山东济南人，山东艺术学院美术设计系任教。作者郑军（1965—　），教授。生于山东诸城，毕业于无锡轻工业学院。山东艺术学院设计学院教授。著有《中国民间装饰艺术》《女性装饰画集》等。

J0133984
当代优秀标志创意　申屠志刚总撰稿
上海 上海科学普及出版社 1997 年 122 页
有图 20cm（32 开）ISBN：7-5427-1275-6
定价：CNY10.00

J0133985
**第五届全国优秀广告作品展获奖广告作品
集**　中国广告协会编
广州　岭南美术出版社　1997 年　184 页
29cm（16 开）ISBN：7-5362-1669-6
定价：CNY198.00

J0133986
电波广告平面广告　（四大媒体广告的实际创
作）周建梅等著
北京　中国物价出版社　1997 年　321 页
20cm（32 开）ISBN：7-80070-667-2
定价：CNY24.80
（龙媒广告选书　第一辑　9）

J0133987
广告的符号世界　吴文虎著
广州　广州出版社　1997 年　220 页　26cm（16 开）
ISBN：7-80592-393-0　定价：CNY128.00

J0133988
广告设计　杨帆主编
北京　中国商业出版社　1997 年　208 页　有图
26cm（16 开）ISBN：7-5044-3523-6
定价：CNY20.00

J0133989
广告文案写作　（成功广告文案的诞生）高志
宏，徐智明著
北京　中国物价出版社　1997 年　406 页
20cm（32 开）ISBN：7-80070-666-4
定价：CNY26.80
（龙媒广告选书　第一辑　7）

J0133990
广告艺术　王肖生，张少元编著
北京　中国建筑工业出版社　1997 年　108 页
有彩图　20cm（32 开）ISBN：7-112-03218-0
定价：CNY30.00
（高等学校广告学专业教学丛书　暨高级培训
教材）

J0133991
广告制作　樊志育著
上海　上海人民出版社　1997 年　271 页　有彩照

20cm（32 开）ISBN：7-208-02540-1
定价：CNY22.00

J0133992
广告装璜设计百科　张占甫等主编
天津　天津科学技术出版社　1997 年　76+15+763 页
26cm（16 开）精装　ISBN：7-5308-2198-9
定价：CNY120.00
　　本书由天津科学技术出版社和天津人民美
术出版社联合出版。

J0133993
火花　（艺术与收藏）樊瑀收藏
南京　江苏美术出版社　1997 年　94 页　29cm（16 开）
ISBN：7-5344-0746-X　定价：CNY65.00

J0133994
美国广告用语及图形设计 225 例　陈新等
编著
南京　江苏人民出版社　1997 年　189 页　有彩图
20cm（32 开）ISBN：7-214-01799-7
定价：CNY25.00

J0133995
企业象征图形　林曦编
杭州　浙江人民美术出版社　1997 年　144 页
17×19cm　ISBN：7-5340-0741-0　定价：CNY10.00
（美术工具书）

J0133996
商标标志设计应用　顾卫国，汤镇淮编著
南京　东南大学出版社　1997 年　183 页　有彩图
26cm（16 开）ISBN：7-81050-220-4
定价：CNY23.00

J0133997
商业绘画表现技法　傅丽霞等著
长春　长春出版社　1997 年　106 页　26cm（16 开）
ISBN：7-80604-546-5　定价：CNY39.00
（现代人设计、绘画技法系列丛书）

J0133998
设计经典　毛德宝，赵星编著
杭州　浙江摄影出版社　1997 年　155 页
29cm（16 开）精装　ISBN：7-80536-470-2

定价：CNY89.00

（视觉传达设计系列 C）

J0133999

台湾第一广告人 （颜水龙广告作品集）颜水龙著

台北 时报文化出版企业公司 1997 年 223 页 有图 21cm（32 开）ISBN：957-13-2321-7

定价：TWD220.00

（生活台湾 48）

J0134000

透光彩灯箱广告设计与制作 （图集）张永清编著

郑州 河南科学技术出版社 1997 年 116 页 29cm（16 开）精装 ISBN：7-5349-1974-6

定价：CNY120.00

J0134001

小松广告创意 （续）松永生创意；王珏文案

北京 人民美术出版社 ［1997 年］143 页 26cm（16 开）精装 ISBN：7-102-01879-7

定价：CNY160.00

J0134002

印刷广告艺术 纪华强［著］

厦门 厦门大学出版社 1997 年 295 页 有插图 19cm（小 32 开）ISBN：7-5615-1229-5

定价：CNY13.00

（二十一世纪广告丛书）

J0134003

招牌艺术设计与制作 杨世安，小吏编著

西安 陕西人民美术出版社 1997 年 64 页 有照片 20cm（32 开）ISBN：7-5368-0935-2

定价：CNY12.00

J0134004

纸艺礼品包装技法

广州 广东人民出版社 1997 年 80 页 26cm（16 开）ISBN：7-218-02608-7 定价：CNY28.80

J0134005

装潢设计教学 丘斌著

南昌 江西美术出版社 1997 年 117 页 有图

26cm（16 开）ISBN：7-80580-437-0

定价：CNY32.00

J0134006

最新服饰吊牌设计 （图集）邱斌著

武汉 湖北美术出版社 1997 年 115 页 26cm（16 开）ISBN：7-5394-0639-9

定价：CNY48.00

J0134007

CIS 的网页广告 韩绪，郑朝著

杭州 浙江人民美术出版社 1998 年 64 页 有图 26cm（16 开）ISBN：7-5340-0899-9

定价：CNY24.00

（企业形象设计丛书）

　　作者韩绪（1971—　），教授平面设计师。内蒙古人，毕业于中国美术学院，获博士学位。中国美术学院任教。

J0134008

CI 设计 张天一编著

大连 辽宁师范大学出版社 1998 年 126 页 有图 26cm（16 开）ISBN：7-81042-317-7

定价：CNY42.00

J0134009

CI 字体设计 郑曦，郑赞文编绘

合肥 安徽美术出版社 1998 年 146 页 有图 26cm（16 开）ISBN：7-5398-0658-3

定价：CNY18.00

J0134010

包装促销 朱方明等编著

北京 中国经济出版社 1998 年 193 页 20cm（32 开）ISBN：7-5017-4206-7

定价：CNY15.00

（经济与文化书系 第二辑）

J0134011

包装造型设计 （图集）杨宗魁编著

北京 中国青年出版社 1998 年 204 页 26cm（16 开）ISBN：7-5006-3176-6

定价：CNY58.00

（商业设计丛书）

J0134012

包装装潢设计美学 （现代设计美学）郑应杰等著

哈尔滨 黑龙江科学技术出版社 1998 年 67+32 页 有彩图 26cm（16 开）ISBN：7-5388-3367-6

定价：CNY22.50

J0134013

标志设计与包装设计 华健心编著

北京 中国纺织出版社 1998 年 159 页 26cm（16 开）ISBN：7-5064-1366-3

定价：CNY45.00

（艺术设计丛书）

　　作者华健心（1957— ），女，教师。毕业于中央工艺美术学院装潢系。中央工艺美术学院任教。主要作品有《专业黑白画技法》《标志设计与包装设计》《平面设计》等。

J0134014

不可思议的包装礼盒百变技法 （日）布施知子著

台北 佳言文化事业公司 1998 年 112 页 有图 21cm（32 开）ISBN：957-98508-9-5

定价：TWD190.00

（精致生活系列 005）

J0134015

电脑广告设计 丁同成，张本煦编著

深圳 海天出版社 1998 年 174 页 有彩图 26cm（16 开）ISBN：7-80615-802-2

定价：CNY38.00

J0134016

各类活动广告设计 钟宁等主编

哈尔滨 黑龙江科学技术出版社 1998 年 2 版 160 页 26cm（16 开）ISBN：7-5388-3292-0

定价：CNY51.00

J0134017

广告创意 王健编著

北京 中国建筑工业出版社 1998 年 299 页 20cm（32 开）ISBN：7-112-03394-2

定价：CNY27.00

（高等学校广告学专业教学丛书）

J0134018

广告创意思维 78 法 王多明等著

成都 四川大学出版社 1998 年 444 页 20cm（32 开）ISBN：7-5614-1768-3

定价：CNY20.00

（企业实用广告丛书）

J0134019

广告美学 邓家林著

石家庄 河北人民出版社 1998 年 204 页 20cm（32 开）ISBN：7-202-02328-8

定价：CNY9.00

J0134020

广告设计构图 蒋瑛编

杭州 浙江人民美术出版社 1998 年 156 页 17×19cm ISBN：7-5340-0818-2 定价：CNY11.00

J0134021

国际广告商务译丛 （全新版）（美）肯罗曼等著；庄淑芬等译

呼和浩特 内蒙古人民出版社 1998 年 3 册 有图 20cm（32 开）ISBN：7-204-03938-6

定价：CNY69.00

J0134022

精致礼品包装技艺 （1）陈素琴著

广州 广东科技出版社 1998 年 91 页 26cm（16 开）ISBN：7-5359-2105-1 定价：CNY60.00

J0134023

老广告 陈超南，冯懿有著

上海 上海人民美术出版社 1998 年 76 页 有照片 19cm（小 32 开）精装

ISBN：7-5322-1894-5 定价：CNY28.00

（艺林撷珍丛书）

J0134024

平面广告版式创意技巧 曾希圣编著

西安 陕西人民美术出版社 1998 年 216 页 有图 26cm（16 开）ISBN：7-5368-1090-3

定价：CNY36.00

　　作者曾希圣（1956— ），教师。湖南邵东人，毕业于中央工艺美术学院。历任贵州艺专设计系副主任，中国美术家协会、中国工艺美术协会

会员、贵州油画艺委会副主任。

J0134025
平面设计的创意与表现　张磊编著
哈尔滨　黑龙江美术出版社　1998 年　重印本
72 页　有图　26cm（16 开）ISBN：7-5318-0474-3
定价：CNY28.80
（中央工艺美术学院装潢设计艺术系教材丛书）

J0134026
七彩香烟牌　王鹤鸣，马远良主编
上海　上海科学技术文献出版社　1998 年
14+361 页　29cm（16 开）精装
ISBN：7-5439-1183-3　定价：CNY268.00

J0134027
山西烟标　（图集）王玉根等主编
太原　山西经济出版社　1998 年　312 页
29cm（16 开）ISBN：7-80636-158-8
定价：CNY198.00

J0134028
商品包装　王炳南著
台北　世界文物出版社　1998 年　222 页　有彩照
21cm（32 开）ISBN：957-561-038-5
定价：TWD420.00
（商业设计教战手册 2）

J0134029
商品包装概论　尹章伟编著
武汉　武汉测绘科技大学出版社　1998 年　226 页
26cm（16 开）ISBN：7-81030-623-5
定价：CNY19.50

J0134030
商业购物空间设计与实务　韩放等著
广州　广东科技出版社　1998 年　174 页
26cm（16 开）ISBN：7-5359-2014-4
定价：CNY58.00

J0134031
商业广告设计教程　王亚非，韩晓芳著
沈阳　辽宁美术出版社　1998 年　260 页　有图
29cm（16 开）ISBN：7-5314-1833-9
定价：CNY48.00

作者王亚非（1955—　），黑龙江哈尔滨人，历任鲁迅美术学院成人教育学院副院长、中国广告学会会员、中国美术家协会辽宁分会会员。

J0134032
商业美术设计　周旭等编著
长沙　湖南大学出版社　1998 年　231 页　有图
26cm（16 开）ISBN：7-81053-128-X
定价：CNY33.00

作者周旭（1950—　），教授。字渭寅，号越人，浙江开化人，毕业于苏州大学艺术学院。历任浙江工业大学艺术学院院长、教授、博士生导师，中国书法家协会会员。著有《中国民间美术概要》《浙江民间美术概要》《视觉传达设计》等。

J0134033
时报广告金像奖 20 年纪念专辑　林淑黛，李淑娟主编
台北　时报广告金像奖执行委员会　1998 年
223 页　附光盘 2 张　28cm（大 16 开）
ISBN：957-8659-04-0　定价：TWD1200.00
外文书名：1998 Times Advertising Awards Annual.

J0134034
时间·空间·人间　施养德著
台北　时报文化出版公司　1998 年　163 页　有彩图
31cm（10 开）精装　ISBN：962-7359-23-8
定价：TWD1200.00
外文书名：Time·Space·People.

J0134035
实用广告图库　应一丁编
杭州　浙江人民美术出版社　1998 年　109 页
26cm（16 开）ISBN：7-5340-0872-7
定价：CNY42.00

J0134036
视觉识别设计　钟宁等主编
哈尔滨　黑龙江科学技术出版社　1998 年　2 版
2 册（158；158 页）26cm（16 开）
ISBN：7-5388-3287-4　定价：CNY105.00

J0134037
书法与装潢设计　倪文东著

西安 陕西人民美术出版社 1998 年 56 页
有图 26cm（16 开）ISBN：7-5368-1035-0
定价：CNY28.00
　　作者倪文东（1957—　　），教授。又名倪端、
倪陵生，陕西黄陵人，毕业于西北大学中文系。
历任西北大学艺术系教授、陕西省青年书法家
协会副主席、太白印社社长、中国书法家协会理
事、北京师范大学艺术与传媒学院书法系教授。
代表作品《二十世纪中国书画家印款辞典》。

J0134038
现代包装设计　李克强著
石家庄 河北美术出版社 1998 年 97 页
有图 26cm（16 开）ISBN：7-5310-1058-5
定价：CNY26.00
（中国高等艺术院校设计学科教学丛书）

J0134039
现代广告创意　徐百益编著
上海 上海画报出版社 1998 年 95 页 18×20cm
ISBN：7-80530-325-8 定价：CNY15.00

J0134040
现代广告平面设计　王宝光，郝玉明著
石家庄 河北美术出版社 1998 年 104 页
有图 26cm（16 开）ISBN：7-5310-1057-7
定价：CNY26.00
（中国高等艺术院校设计学科教学丛书）

J0134041
现代广告学　韩顺平，宗永建主编
成都 电子科技大学 1998 年 183页 26cm（16 开）
ISBN：7-81065-013-0 定价：CNY16.00

J0134042
邮寄广告设计　钟宁等主编
哈尔滨 黑龙江科学技术出版社 1998 年 2 版
176 页 26cm（16 开）ISBN：7-5388-3291-2
定价：CNY57.00

J0134043
张俊华设计作品选　（标志·封面·插图 图集）
张俊华绘
北京 长城出版社 1998 年 65 页 21×19cm
ISBN：7-80017-361-5 定价：CNY45.00

J0134044
招贴广告设计　钟宁等主编
哈尔滨 黑龙江科学技术出版社 1998 年 176 页
26cm（16 开）ISBN：7-5388-3290-4
定价：CNY56.00

J0134045
招贴设计　周至禹［著］
济南 山东友谊出版社 1998 年 127 页 有图
22cm（30 开）ISBN：7-80551-931-5
定价：CNY35.00
（中央美术学院设计教学丛书）

J0134046
整体品牌设计　卢泰宏，邝丹妮著
广州 广东人民出版社 1998 年 316 页
29cm（16 开）ISBN：7-218-02836-5
定价：CNY150.00

J0134047
中国卷烟注册商标集　国家工商行政管理局
商标局，国家烟草专卖局专卖管理司编
北京 工商出版社 1998 年 2 册（1500 页）
29cm（16 开）ISBN：7-80012-428-2
定价：CNY448.00

J0134048
中国设计年鉴　（1996—1997）《中国设计年
鉴》编辑委员会［编］
北京 九洲图书出版社 1998 年 428 页
29cm（16 开）精装 ISBN：7-80114-254-3
定价：CNY398.00

J0134049
装潢　（图集）祝博等编著
沈阳 辽宁美术出版社 1998 年 96 页 29cm（16 开）
ISBN：7-5314-2012-0 定价：CNY31.00
（材料与技法丛书）

J0134050
装潢设计基础　吴之勋，陈荣环编著
北京 中国社会出版社 1998 年 104+16 页
有图 26cm（16 开）ISBN：7-80146-053-7
定价：CNY17.00
（美术与设计基础丛书）

J0134051
装潢艺术设计　肖勇编
北京　中国纺织出版社　1998 年　124 页　有彩图
26cm（16 开）ISBN：7-5064-1365-5
定价：CNY45.00
（艺术设计丛书）

J0134052
最新房地产广告实务　高文治编著；耿立本，
张金树摄
北京　中国建筑工业出版社　1998 年　189 页
29cm（16 开）精装　ISBN：7-112-02178-2
定价：CNY120.00
　　本书由中国建筑工业出版社和香港科技出
版社联合出版。

J0134053
CI 设计　杨仁敏，李巍编著
重庆　西南师范大学出版社　1999 年　120 页
26cm（16 开）ISBN：7-5621-1867-1
定价：CNY55.00
（二十一世纪设计家丛书 装潢系列）
　　本书是中国现代企业形象设计图集。作者
李巍（1938—　　），教授。江苏连云港人。历任
四川美术学院装潢环艺系教授，中国广告协会
学术委员会委员。出版有《现代广告设计》《广
告策略妙招》《幽默广告艺术》等。作者杨仁敏
（1949—　　），教授。中央工艺美院文学硕士，四
川美术学院讲师，重庆市包装技术协会设计委员
会主任。著述有《外国历代名建筑》《礼品包装
新空间》《钢笔风景画技法》等。

J0134054
包装设计　德炜设计空间［主编］
南京　东南大学出版社　1999 年　60 页 29cm（16 开）
ISBN：7-81050-500-9　定价：CNY25.00
（现代设计丛书）

J0134055
包装设计　曹方著
南京　江苏美术出版社　1999 年　156 页
28cm（大 16 开）ISBN：7-5344-0976-4
定价：CNY48.00
（美术技法大全）

J0134056
包装设计　沈卓娅，刘境奇编著
北京　中国轻工业出版社　1999 年　156 页
有彩图及图　26cm（16 开）ISBN：7-5019-2455-4
定价：CNY30.00

J0134057
包装设计教学　刘小玄著
南昌　江西美术出版社　1999 年　120 页　有图
26cm（16 开）ISBN：7-80580-539-3
定价：CNY32.00

J0134058
包装设计年鉴　杨宗魁总编辑
台北　设计家文化事业公司　1999 年　有图
30cm（10 开）精装　ISBN：957-9570-31-0
定价：TWD6000.00（套）
（1998 台湾创意百科 4）
　　外文书名： Creative Package Design.

J0134059
包装设计实务　（英）康韦·劳埃德·摩根（Con-
way Lioyd Morgan）编；李斯平，赵君译
合肥　安徽科学技术出版社　1999 年　155 页
26cm（16 开）ISBN：7-5337-1685-X
定价：CNY120.00

J0134060
包装设计与制作　郑军主编；全国中等职业
学校实用美术类专业教材编写组组编
北京　高等教育出版社　1999 年　88+64 页
有照片　26cm（16 开）ISBN：7-04-007167-3
定价：CNY21.00

J0134061
包装与设计　满懿，山川美编著
沈阳　辽宁美术出版社　1999 年　126 页
29cm（16 开）ISBN：7-5314-2404-5
定价：CNY58.00
（21 世纪技法系列丛书）

J0134062
包装装潢设计　刘波著
济南　山东美术出版社　1999 年　68 页　有图
29cm（16 开）ISBN：7-5330-1342-5

定价：CNY19.80
（美术设计教与学丛书）
　　本书介绍了包装装潢设计的审美与传统文化，包装装潢的种类与形式，包装装潢的要素与方法，包装装潢设计的色彩，商标设计等内容。

J0134063
报刊广告萃编　　沈宝龙编
杭州　浙江人民美术出版社　1999 年　274 页
17×19cm　ISBN：7-5340-0946-4　定价：CNY16.00
（美术工具书）

J0134064
标志设计　　刘键著
济南　山东美术出版社　1999 年　72 页　有图
29cm（16 开）ISBN：7-5330-1339-5
定价：CNY18.50
（美术设计教与学丛书）
　　本书内容包括：标志的过去·现在·未来；标志的定义·特性·功效；标志的创意·形式·构成；标志的价值·战略·新思维；标志设计作品欣赏。

J0134065
标志设计　　肖勇著
济南　山东友谊出版社　1999 年　140 页
22cm（30 开）ISBN：7-80551-986-2
定价：CNY38.00
（中央美术学院设计教学丛书）

J0134066
标志艺术　　鹿耀世编
北京　中国和平出版社　1999 年　142 页　有图
17×19cm
（现代实用美术丛书）

J0134067
陈汉民标志设计　　陈汉民著
哈尔滨　黑龙江美术出版社　1999 年　151 页
21×19cm　ISBN：7-5318-0643-6　定价：CNY39.50

J0134068
创意精选　（视觉识别设计篇）张碧珠主编
台北　艺风堂出版社　1999 年　175 页　有彩照
26cm（16 开）ISBN：957-8494-27-0
定价：TWD500.00

（解读设计启发创意）

J0134069
创意礼物盒包装　　简美慧著
台北　手艺家书局（发行）1999 年　108 页
有彩照　21cm（32 开）ISBN：957-8207-07-7
定价：TWD200.00
（手艺家彩色系列 26）

J0134070
电脑广告实例分析与制作　　陈奕著
杭州　浙江人民美术出版社　1999 年　64 页
26cm（16 开）ISBN：7-5340-0983-9
定价：CNY28.00

J0134071
公关用品　　吕曦编著
重庆　西南师范大学出版社　1999 年　149 页
26cm（16 开）ISBN：7-5621-2152-4
定价：CNY65.00
（二十一世纪设计家丛书 装潢系列）

J0134072
公益广告初探　　高萍著
北京　中国商业出版社　1999 年　404 页
20cm（32 开）ISBN：7-5044-3878-2
定价：CNY32.00

J0134073
广告策划创意学　　余明阳，陈先红主编
上海　复旦大学出版社　1999 年　580 页
20cm（32 开）ISBN：7-309-02115-0
定价：CNY26.00

J0134074
广告徽标图文创意图库　　舒霖主编；北京欣资鉴文化艺术公司图文创意部编
北京　中国世界语出版社　1999 年　176 页
28cm（大 16 开）ISBN：7-5052-0367-3
定价：CNY38.00

J0134075
广告美术基础　（80 课时入门）肖虎著
北京　北京广播学院出版社　1999 年　80 页
有照片及图　26cm（16 开）ISBN：7-81004-799-X

定价：CNY15.00
（广告表现系列丛书）

J0134076
广告设计　德炜设计空间主编
南京　东南大学出版社　1999年　60页　29cm（16开）
ISBN：7-81050-499-1　定价：CNY25.00
（现代设计丛书）

J0134077
广告设计　刘庆孝著
济南　山东美术出版社　1999年　66页　有图
29cm（16开）
（美术设计教与学丛书）
　　本书介绍了广告设计的类型、广告设计的创意、广告设计要素、广告设计的样式等内容，以及广告设计作品欣赏。作者刘庆孝（1944—　　），山东艺术学院美术设计系副教授。

J0134078
广告设计　尚奎舜主编
济南　山东美术出版社　1999年　161页　有图
26cm（16开）ISBN：7-5330-1211-9
定价：CNY33.50
（设计艺术系列）
　　本书包括：广告概论、CIS设计、广告招贴画设计、样本设计、广告摄影、立体广告设计、电视广告等内容。

J0134079
广告设计　靳埭强主编
上海　上海文艺出版社　1999年　167页
30cm（10开）ISBN：7-5321-1874-6
定价：CNY150.00
（中国平面设计2）
　　本书由上海文艺出版社和香港万里机构联合出版。

J0134080
广告设计　吴国欣编著
北京　中国建筑工业出版社　1999年　148页
有图　20cm（32开）ISBN：7-112-03685-2
定价：CNY23.00
（高等学校广告学专业教学丛书　暨高级培训教材）

J0134081
广告设计概述　陈宏年著
北京　北京广播学院出版社　1999年　92页
有图　26cm（16开）ISBN：7-81004-800-7
定价：CNY12.50
（广告表现系列丛书）

J0134082
广告设计与制作　赵玉晶主编；全国中等职业学校实用美术类专业教材编写组编
北京　高等教育出版社　1999年　162页　有彩图
26cm（16开）ISBN：7-04-007187-8
定价：CNY27.60

J0134083
广告学　张漾滨主编
长沙　湖南教育出版社　1999年　351页
19cm（小32开）ISBN：7-5355-3006-0
定价：CNY15.70

J0134084
广告艺术　（1）张名娟编著
重庆　重庆出版社　1999年　194页　19cm（小32开）
ISBN：7-5366-4178-8　定价：CNY10.20
（新世纪百科知识金典）

J0134085
广告艺术　（2）张名娟编著
重庆　重庆出版社　1999年　137页　19cm（小32开）
ISBN：7-5366-4179-6　定价：CNY7.00
（新世纪百科知识金典）

J0134086
归纳画法　（装潢广告设计技法）崔栋良，崔齐编著
北京　中国纺织出版社　1999年　137页
26cm（16开）ISBN：7-5064-1591-7
定价：CNY55.00
（装璜广告设计技法）

J0134087
行业标志设计　林曦编
杭州　浙江人民美术出版社　1999年　144页
17×19cm ISBN：7-5340-0968-5　定价：CNY10.00
（美术工具书）

J0134088

华人 CI 设计百杰作品集　何跃华主编

哈尔滨　黑龙江科学技术出版社　1999 年　349 页
29cm（16 开）ISBN：7-5388-3565-2
定价：CNY230.00

　　本书包括：钜钢机械、中国工商银行、中国
农业银行、澳门广播电视有限公司、维维集团、
jOKa 设计网站、华夏证券有限公司等华人 CI
设计。

J0134089

火花　郭建国编著

沈阳　辽宁教育出版社　1999 年　163 页　有彩照
19cm（小 32 开）ISBN：7-5382-5498-6
定价：CNY8.00
（收藏知识小丛书）

J0134090

精致礼品包装技艺　（2）陈素琴著

广州　广东科技出版社　1999 年　92 页　26cm（16 开）
ISBN：7-5359-2104-3　定价：CNY60.00

J0134091

跨世纪包装　任秀英等著；汪孝仁摄影

台北　根源出版事业公司　1999 年　115 页　有图
27cm（大 16 开）　精装　ISBN：957-98485-3-X
定价：TWD999.00

　　外文书名：Wrap 2000：Wrapping Across the
Century.

J0134092

老广告　（图集）梁京武，赵向标主编

北京　龙门书局　1999 年　149 页　29cm（16 开）
精装　ISBN：7-80111-564-3
定价：CNY1580.00（全套）
（二十世纪怀旧系列 4）

J0134093

老商标　左旭初编著

上海　上海画报出版社　1999 年　175 页
29cm（16 开）ISBN：7-80530-458-0
定价：CNY108.00
（旧影拾萃丛书）

J0134094

礼品选择与包装

沈阳　辽宁人民出版社　1999 年　78 页　26cm（16 开）
ISBN：7-205-04484-7　定价：CNY25.00

J0134095

平面广告创意经典　（图集）冯斌等编著

沈阳　辽宁科学技术出版社　1999 年　505 页
29cm（16 开）精装　ISBN：7-5381-2921-9
定价：CNY268.00

J0134096

平面广告电脑设计指南　胥海江等编著

成都　电子科技大学出版社　1999 年　211 页
26cm（16 开）ISBN：7-81065-150-1
定价：CNY18.00
（电脑广告制作技术丛书 3）

J0134097

平面设计手册　（第 2 卷：FreeHand 8.0）肖
贺洁编著

北京　中国建材工业出版社　1999 年　206 页
26cm（16 开）ISBN：7-80090-757-0
定价：CNY28.00

J0134098

企业形象设计　靳埭强编著

香港　万里书店　1999 年　184 页　有图，彩照
30cm（10 开）ISBN：962-14-1641-8
定价：HKD228.00
（平面设计家丛书 3）

J0134099

商业设计年鉴　杨宗魁总编辑

台北　设计家文化事业公司　1999 年　有图
30cm（10 开）精装　ISBN：957-9570-31-0
定价：TWD6000.00（一套）
（1998 台湾创意百科 2）

　　外文书名：Creative Commercial Design.

J0134100

上海户外广告设计制作 1000 例　范伟军编著

上海　上海科学技术文献出版社　1999 年　131 页
26cm（16 开）ISBN：7-5439-1501-4
定价：CNY55.00

J0134101

十载寻觅 （广告 / 徽志 / 琐记）林森冰著
广州 岭南美术出版社 1999 年 134 页 有图
26cm（16 开）ISBN：7-5362-1993-8
定价：CNY38.00

J0134102

实用海报字体 （60 种字体变化 / 文案丰富实
用 / 绘制解析 / 社团海报 /POP 广告必备用书）
张辉明编著
台北 三采文化出版公司 1999 年 再版 157 页
有图 26cm（16 开）ISBN：957-9135-34-7
定价：TWD400.00
（字体设计丛书 6）

　　本书列举了 60 种字体，为初学美术字的读
者对各种字体的技法以及各种字形的归类提供
了实际的帮助。作者张辉明（1958—　　），教师。
金门人，毕业于台湾师范大学。历任永琦百货股
份有限公司美术设计，北星图书事业有限公司编
辑顾问，台北市立士林高职广告设计科教师。

J0134103

视频电脑广告设备原理及应用指南　李舒
平等编著
成都 电子科技大学出版社 1999 年 137 页
26cm（16 开）ISBN：7-81043-961-8
定价：CNY12.00
（电脑广告制作技术丛书 1）

J0134104

首届中国广告协会学院奖获奖广告作品集
孙英才主编
厦门 厦门大学出版社 1999 年 93 页 29cm（16 开）
ISBN：7-5615-1538-3 定价：CNY98.00

　　外 文 书 名：China Advertising Association
Institute Prize 1999.

J0134105

台湾印象海报设计全集　林磐耸主编
哈尔滨 黑龙江科学技术出版社 1999 年 376 页
有彩图 29cm（16 开）ISBN：7-5388-3556-3
定价：CNY260.00

　　本书收有台湾 1991 年至 1997 年的作品，
内容有汉字海报，反毒海报，色彩海报，台
湾观光海报，台湾居民海报等。作者林磐耸

（1957—　　），教授。台湾屏东县人，毕业于台湾
师范大学美术研究所。任台湾师范大学美术系
主任兼研究所所长。著有《色彩计划》《台湾设
计文化初探》等。

J0134106

现代传媒设计教程　张燕著
上海 上海人民出版社 1999 年 193 页 有图照片
21cm（32 开）精装 ISBN：7-208-03320-X
定价：CNY32.00

　　本书分为简明广告设计和简明 CIS 设计两
篇，内容包括：广告设计概论、广告策划、广告
图像图形设计、广告文案设计、CIS 概述、CIS 的
开发流程、基础设计系统、应用设计系统等。

J0134107

现代实用广告平面设计　陈家瑞编著
沈阳 辽宁美术出版社 1999 年 重印本 163 页
有图 17×19cm（24 开）ISBN：7-5314-0023-5
定价：CNY13.80

J0134108

形象设计年鉴　杨宗魁总编辑
台北 设计家文化事业公司 1999 年 有图
30cm（10 开）精装 ISBN：957-9570-31-0
定价：TWD6000.00（一套）
（1998 台湾创意百科 3）

　　外文书名：Creative Corporate Identity. 作者
杨宗魁，总编的主要作品有《广告创作年鉴》《形
象设计年鉴》《专业摄影年鉴》等。

J0134109

中国酒瓶精品大全 （珍藏版 图集）李福民
主编
济南 山东友谊出版社 1999 年 282 页
29cm（16 开）精装 ISBN：7-80642-070-3
定价：CNY257.00

J0134110

中国设计年鉴 （1998—1999）《中国设计年
鉴》编辑委员会 [编]
北京 九洲图书出版社 1999 年 335 页 有彩图
29cm（16 开）精装 ISBN：7-80114-479-1
定价：CNY398.00

J0134111
装潢设计　高金康主编
济南　山东美术出版社　1999 年　173 页　有图
26cm（16 开）ISBN：7–5330–1155–4
定价：CNY38.00
（设计艺术系列）
　　本书共分 7 章，内容包括：绪论、标志设计、
包装容器造型设计、纸包装结构设计、包装装潢
设计、招贴广告设计、书籍装帧设计。

J0134112
装潢设计步骤　薛慧志，宋娣编著
南宁　广西美术出版社　1999 年　81 页　26cm（16 开）
ISBN：7–80625–693–8　定价：CNY21.60
（美术技法丛书）

J0134113
装潢设计专业·设计　吴小华编著
杭州　浙江摄影出版社　1999 年　27 页　26cm（16 开）
ISBN：7–80536–575–X　定价：CNY36.00

中国工商工艺美术

（日历、明信片、邮票等）

J0134114
上海　（明信片）
上海　上海人民出版社［1950—1999 年］
1 套（12 幅）15cm（40 开）统一书号：8.3.420
定价：CNY0.49

J0134115
上海　（明信片）
上海　上海人民出版社［1966—1976 年］
1 套（10 幅）15cm（64 开）

J0134116
北京风光　（2）
［北京］北京出版社　1960 年　8 张（套）
定价：CNY0.50

J0134117
克拉玛依油区风光　上海人民美术出版社编
上海　上海人民美术出版社　1960 年　8 张
定价：CNY0.32

J0134118
列宁　文物出版社编
［北京］文物出版社　1960 年　20 张（套）
定价：CNY0.36

J0134119
人间好　（1960 农历庚子年节气表）王克印作
［成都］四川人民出版社　1960 年［1 张］
定价：CNY0.07

J0134120
天坛　文物出版社编
［北京］文物出版社　1960 年　10 张（套）
定价：CNY0.50

J0134121
珍贵的礼物　上海人民美术出版社编
上海　上海人民美术出版社　1960 年　12 张
定价：CNY0.48

J0134122
中国人民革命军事博物馆　中国人民革命军
事博物馆编
［北京］文物出版社　1960 年　12 张（套）
定价：CNY0.70

J0134123
1962 年节气表　王克印作
成都　四川人民出版社　1961 年［1 张］
定价：CNY0.08
　　作者王克印（1932—2003），工笔花鸟画家、
美术教育家、高级设计师。河南登封人，笔名石
山。毕业于河南艺术学校大专班。中国美术家
协会会员，曾任平顶山市美术家协会副主席，中
国少林书画院高级顾问，河南省中国画院画师，
中南书画研究院常年理事等职。主要作品有《白
露秋水》《春秋配》《塘边》。

J0134124
白石小品
［上海］朵云轩 1961 年 12 张(套)

J0134125
大足石刻　荫远著文；上海人民美术出版社编
上海 上海人民美术出版社 1961 年 20 张(套)
定价：CNY1.00

J0134126
单凤朝阳　(1962 年〈壬寅年〉节气表)金勾作
［南昌］江西人民出版社 1961 年 定价：CNY0.07

J0134127
丰收年　(历画)欧阳淳，翁文忠作
［南宁］广西人民出版社 1961 年 ［1 张］
定价：CNY0.04

J0134128
丰收有余　(1962 年历画)赵德修作
［郑州］河南人民出版社 1961 年 ［1 张］
定价：CNY0.07

J0134129
公元 1962 年——夏历壬寅年日历、节日、节气表　张建文作
［西安］长安美术出版社 1961 年 ［1 张］
定价：CNY0.06

J0134130
公元 1962 年——夏历壬寅年日历、节日、节气表　成国椎作
［西安］长安美术出版社 1961 年 ［1 张］
定价：CNY0.06

J0134131
河塘小景　(历画)王伟戌作
上海 上海人民美术出版社 1961 年 ［1 张］
定价：CNY0.16

J0134132
欢度春节　(节气表)谈天，余连如作
［南京］江苏人民出版社 1961 年 ［1 张］
定价：CNY0.07

J0134133
李斯特纪念图片　(1811—1961)音乐出版社编辑
［北京］音乐出版社 1961 年 24 张(套)
定价：CNY0.75（胶版纸），CNY1.15（铜版纸）
　　弗朗茨·李斯特(Franz Liszt, 1811—1886)，匈牙利著名作曲家、钢琴家、指挥家。出生于匈牙利雷汀。代表作品有交响曲《浮士德》《但丁》，钢琴曲《十九首匈牙利狂想曲》等。

J0134134
龙凤呈祥　(1962 年〈壬寅年〉节气表)吴振邦作
［南昌］江西人民出版社 1961 年 ［1 张］
定价：CNY0.07

J0134135
鲁迅　北京鲁迅博物馆编辑
北京 文物出版社 1961 年 2 版 10 张(套)
有图 定价：CNY0.25

J0134136
木刻　(明信片 印地文)
北京 外文出版社 1961 年

J0134137
廿四节气图　罗明遥作
［贵阳］贵州人民出版社 1961 年 ［1 张］
定价：CNY0.08

J0134138
农历图　(1962 年)盛此君作
北京 人民美术出版社 1961 年 ［1 张］
定价：CNY0.28
　　作者盛此君(1915—1996)，广西贵县人，在上海美专毕业后赴日本新宿洋画研究所学习。中华人民共和国成立后，历任新闻出版总署美术室干部，人民美术出版社专业画家。 作品有年画《1981 年农历图》，绘画版连环画《小玲玲找弟弟》，宣传画《祖国建设花怒放，提高警惕防虎狼》等。

J0134139
农历图　(1962 年)刘沙作
［太原］山西人民出版社 1961 年 ［1 张］

定价: CNY0.07

J0134140
农历图 （1962 年）
[北京] 通俗读物出版社 1961 年 [1 张]
定价: CNY0.15

J0134141
太湖春 （1962 年〈农历壬寅年〉节气表）许恩
源作
[南京] 江苏人民出版社 1961 年 [1 张]
定价: CNY0.07

J0134142
一九六二(夏历壬寅年)年节令表 黄奇萍作
[昆明] 云南人民出版社 1961 年 [1 张]
定价: CNY0.05

J0134143
一九六二年(阴历壬寅年)二十四节气表
白水作
[广州] 广东人民出版社 1961 年 [1 张]
定价: CNY0.07

J0134144
1963 年年历表 王克印作
成都 四川人民出版社 1962 年 [1 张] 78cm（2 开）
定价: CNY0.12

J0134145
春牛图 黄世华作
福州 福建人民出版社 1962 年 [1 张] 53cm（4 开）
定价: CNY0.08

J0134146
春牛图 黄世华作
福州 福建人民出版社 1962 年 [1 张] 38cm（6 开）
定价: CNY0.04

J0134147
春色满枝 （历画）王伟戌作
上海 上海人民美术出版社 1962 年 [1 张]
76cm（2 开）定价: CNY0.25

J0134148
丰收图 （历画）翁文忠作
南宁 广西僮族自治区人民出版社 1962 年
[1 张] 38cm（6 开）定价: CNY0.06

J0134149
芙蓉 （1963〈癸卯〉年历画）王雪涛作
[北京] 荣宝斋 1962 年 [1 张] 有绫裱

J0134150
公历一九六三年(阴历癸卯年)月建表节气表
济南 山东人民出版社 1962 年 [1 张] 53cm（4 开）
定价: CNY0.10

J0134151
**公历一九六三年(阴历癸卯年)月建表节气
表** 金克全作画; 王企华花边设计
济南 山东人民出版社 1962 年 [1 张] 53cm（4 开）
定价: CNY0.10

J0134152
**公历一九六三年、农历癸卯年、傣历丁丑
年历画** （汉傣文对照）程十髪绘图
昆明 云南民族出版社 1962 年 [1 张] 76cm（2 开）
定价: CNY0.13

J0134153
癸卯年二十四节令表 黄奇萍作
昆明 云南人民出版社 1962 年 [1 张] 38cm（6 开）
定价: CNY0.06

J0134154
和平幸福 （公历 1963 年、农历癸卯年节气表）
龚艺岚作
合肥 安徽人民出版社 1962 年 [1 张] 76cm（2 开）
定价: CNY0.25

J0134155
金凤戏牡丹 （1963 年〈农历癸卯年〉节气表）
王复祥作
西宁 青海人民出版社 1962 年 [1 张] 53cm（4 开）
定价: CNY0.10

J0134156
连年有余 （1963 年〈夏历癸卯年〉月建节气

表）孙桂喜作

武汉 湖北人民出版社 1962 年［1 张］53cm（4 开）

定价：CNY0.10

J0134157

连年有余 （1963 年月历）何国华作

天津 天津美术出版社 1962 年［1 张］76cm（2 开）

定价：CNY0.18

J0134158

闹新春 （1963 年〈农历癸卯年〉节气表）吕学勤作

郑州 河南人民出版社 1962 年［1 张］38cm（6 开）

定价：CNY0.05

作者吕学勤(1936—1993)，画家。别名理园，山东临朐人。历任中国美术家协会理事，山东美术家协会副主席，山东省美术馆一级美术师。代表作品有《雨后江山分外明》《春风得意图》《科研小组》等。

J0134159

年历图 （历画）蔡振华作

上海 上海人民美术出版社 1962 年［1 张］

76cm（2 开）定价：CNY0.25

J0134160

年历图 （1963 年〈癸卯年〉）蔡振华作

上海 上海人民美术出版社 1962 年［1 张］

38cm（6 开）定价：CNY0.07

J0134161

农历图 （1963 年）黄锡令作

沈阳 辽宁美术出版社 1962 年［1 张］53cm（4 开）

定价：CNY0.10

J0134162

农历图 刘沙作

太原 山西人民出版社 1962 年［1 张］53cm（4 开）

定价：CNY0.09

J0134163

人寿年丰 （节气表）吴盘珠作

南京 江苏人民出版社 1962 年［1 张］53cm（4 开）

定价：CNY0.10

J0134164

三年早知道 （1963—1965 年农事节气表）

石家庄 河北武强画店 1962 年［1 张］

76cm（2 开）定价：CNY0.16

J0134165

山歌越唱越开心 （1963 年〈癸卯〉年历画）

胡作人作

上海 上海人民美术出版社 1962 年［1 张］

53cm（4 开）定价：CNY0.10

J0134166

狮舞 （1963 年〈癸卯年〉二十四节气表）吉梅魂作

广州 广东人民出版社 1962 年［1 张］53cm（4 开）

定价：CNY0.10

J0134167

石楠 （1963〈癸卯〉年历画）俞致贞作

［北京］荣宝斋 1962 年［1 张］有绫裱

J0134168

双喜图 （1963 年〈夏历癸卯年〉月建节气表）

李先润作

武汉 湖北人民出版社 1962 年［1 张］53cm（4 开）

定价：CNY0.10

J0134169

水乡春暖 （历画）沈家琳作

上海 上海人民美术出版社 1962 年［1 张］

76cm（2 开）定价：CNY0.25

作者沈家琳(1931—　　)，画家。浙江宁波人，毕业于华东艺专。历任上海画片出版社编辑，上海人民美术出版社编辑、创作组长，年画、宣传画编辑室主任、副编审，全国美展年画评委，中国美协年画艺委会副主任。创作年画有《做共产主义接班人》《友爱》《做共产主义接班人》等。

J0134170

戏鹅图 （历画）杨轩良作

南昌 江西人民出版社 1962 年［1 张］53cm（4 开）

定价：CNY0.10

J0134171

向日葵 （1963〈癸卯〉年历画）田士光作

［北京］荣宝斋 1962 年［1 张］有绫裱

J0134172
一九六三年春牛图　杨云清画；叶金生刻
南京 江苏人民出版社 1962 年［1 张］53cm（4 开）
定价：CNY0.10

J0134173
迎春贴纸　（1 1963 年农历节气图、屏门福字、窗花）江南春等作
上海 上海人民美术出版社 1962 年［1 张］
76cm（2 开）定价：CNY0.18

J0134174
百花争艳　（1964 年〈农历甲辰年〉节气表）雷育斋作
郑州 河南人民出版社 1963 年 54cm（4 开）
定价：CNY0.10

J0134175
春牛图　陈明谋作
福州 福建人民出版社 1963 年 54cm（4 开）
定价：CNY0.08

J0134176
春牛图　（农历甲辰年节气表）吴祯作
兰州 甘肃人民出版社 1963 年 54cm（4 开）
定价：CNY0.10

J0134177
春牛图　泉鸣作
广州 广东人民出版社 1963 年 54cm（4 开）
定价：CNY0.10

J0134178
春牛图　徐德森，吴冰玉画
长春 吉林人民出版社 1963 年 54cm（4 开）
定价：CNY0.10
　　作者吴冰玉（1934— ），江苏无锡人。毕业于华东艺专。上海美术家协会会员，上海人民美术出版社画家，上海连环画研究会会员。擅长连环画、中国画。多次参加全国美展及上海市美展。作品绢本彩色藏族连环画《青蛙骑手》多次获奖。

J0134179
春山引渠图　（1964 年〈甲辰年〉节气表）周沧米作
上海 上海人民美术出版社 1963 年 78cm（2 开）
定价：CNY0.18
　　作者周沧米（1929—2011），教授。浙江乐清人。又名昌米，浙江美术学院中国画系教授，西泠书画院研究员，中国美术家协会会员等。作品有《万壑争流》《春江水暖》《和露临风》《芳草萋萋》等。

J0134180
春水载深情　庞卡作
上海 上海人民美术出版社 1963 年 78cm（2 开）
定价：CNY0.18
　　作者庞卡（1935— ）。画家。又名庞抱俊。上海人。历任上海人民美术出版社年画编辑、创作员。作品有《从小爱科学》《秧苗青青春来早》《爱人民》等。

J0134181
大公鸡　邹宗绪，朱宏修作
北京 人民美术出版社 1963 年 78cm（2 开）
定价：CNY0.18

J0134182
得奖荣归　龚艺岚作
合肥［安徽人民出版社］1963 年 54cm（4 开）
定价：CNY0.10

J0134183
得奖荣归　龚艺岚作
合肥 安徽人民出版社 1963 年 39cm（8 开）
定价：CNY0.05

J0134184
东海之晨　陈皋作
济南 山东人民出版社 1963 年 54cm（4 开）
定价：CNY0.10

J0134185
公历一九六四年岁次甲辰阴阳历春牛图
华儿设计
福州 福建人民出版社 1963 年 39cm（8 开）
定价：CNY0.03

J0134186
恭贺新春　（1964年〈夏历甲辰年〉月建节气表）张朗作
武汉　湖北人民出版社　1963年　54cm（4开）
定价：CNY0.10

J0134187
巩固工农联盟
［开封］开封市朱仙镇年画社　1963年

J0134188
军民一家　（1964年〈甲辰年〉历画）周令豪作
上海　上海人民美术出版社　1963年　78cm（2开）
定价：CNY0.18

J0134189
乐丰收　（农历图）张灵芝，沙更思作
北京　人民美术出版社　1963年　54cm（4开）
定价：CNY0.10

J0134190
农历图　（汉、僮文对照）陈华作
南宁　广西僮族自治区人民出版社　1963年
39cm（8开）定价：CNY0.06

J0134191
农历图　（1964年〈农历甲辰年〉节气表）王儒伯，朱馨欣作
郑州　河南人民出版社　1963年　54cm（4开）
定价：CNY0.10

J0134192
农历图　（汉、朝鲜族文对照版）盛此君作
北京　人民美术出版社　1963年　76cm（2开）
定价：CNY0.25

J0134193
农历图　（汉、德傣、西双版纳傣、景颇、拉祜文对照版）盛此君作
北京　人民美术出版社　1963年　76cm（2开）
定价：CNY0.25

J0134194
农历图　（汉、傈僳文对照版）盛此君作
北京　人民美术出版社　1963年　76cm（2开）
定价：CNY0.25

J0134195
农历图　（汉、蒙文对照版）盛此君作
北京　人民美术出版社　1963年　76cm（2开）
定价：CNY0.25

J0134196
农历图　（汉、僮文对照版）盛此君作
北京　人民美术出版社　1963年　76cm（2开）
定价：CNY0.25

J0134197
农历图　（汉、佤文对照版）盛此君作
北京　人民美术出版社　1963年　76cm（2开）
定价：CNY0.25

J0134198
农历图　（汉、维吾尔、哈萨克文对照版）盛此君作
北京　人民美术出版社　1963年　76cm（2开）
定价：CNY0.25

J0134199
齐心合力　年年有余　（1964年〈夏历甲辰年〉月建节气表）汤文选作
武汉　湖北人民出版社　1963年　54cm（4开）
定价：CNY0.10

J0134200
秋菊　潘天寿作
上海　上海人民美术出版社　1963年　39cm（8开）
定价：CNY0.10
　　作者潘天寿（1897—1971），现代著名国画家，美术教育家，原名天授，字大颐，号寿者。浙江宁海县人。擅画花鸟、山水，兼善指画，亦能书法、诗词、篆刻。曾任中国文联委员，中国美术家协会副主席，浙江省文联副主席，中国美协浙江分会主席，浙江美术学院院长、教授等职。著有《中国绘画史》《听天阁画谈随笔》等。

J0134201
人勤春早　（1964年〈夏历甲辰年〉月建节气表）李泽霖作
武汉　湖北人民出版社　1963年　54cm（4开）

定价: CNY0.10

J0134202
人勤春早 (1964 年〈甲辰年〉月历) 朱修立作
南京 江苏人民出版社 1963 年 定价: CNY0.18
　　作者朱修立(1938—), 画家。上海人, 毕业于南京艺术学院美术系。中国美术家协会会员, 安徽美术家协会常务理事, 安徽省书画院一级画师。作品有《艳阳秋》《松魂》《山水长卷》等, 出版有《朱修立画集》朱修立扇面画集》等。

J0134203
人寿年丰 (1964 年〈农历甲辰年〉节气表)
邹宗绪作
郑州 河南人民出版社 1963 年 54cm(4 开)
定价: CNY0.10
　　作者邹宗绪(1933—2010), 又名阿工, 河南开封人。毕业于中央美术学院绘画系。历任陕西人民美术出版社编辑、编辑部主任、副总编、编审。陕西省美协副主席, 陕西国画院特聘画师、西安美术学院研究院研究员。作品有《喜报丰年》, 出版有《中国历代雕塑·秦俑群》《千年古都西安》《洛川民间美术》等。

J0134204
人寿年丰 (1964 年〈阴历甲辰年〉节气表)
邹宗绪, 朱宏修合作
西安 长安美术出版社 1963 年 54cm(4 开)
定价: CNY0.10

J0134205
三年早知道
[武强] 河北武强画店 1963 年

J0134206
双凤朝阳 (1964 年〈甲辰年〉节气表) 黄明延作
南昌 江西人民出版社 1963 年 54cm(4 开)
定价: CNY0.10

J0134207
四时山水屏 (1—4 1964 年〈甲辰年〉历画)
谢稚柳作
上海 上海人民美术出版社 1963 年 54cm(4 开)
定价: CNY0.36

　　作者谢稚柳(1910—1997), 书画家、书画鉴定家。原名稚, 字稚柳, 后以字行, 晚号壮暮翁, 斋名鱼饮溪堂等。江苏常州人。历任上海市文物保护委员会编纂、副主任、上海市博物馆顾问、中国书法家协会理事、国家文物局全国古代书画鉴定小组组长等。编著有《敦煌石室记》《敦煌艺术叙录》《水墨画》《唐五代宋元名迹》等。

J0134208
我们热爱毛主席 吴性清作
上海 上海人民美术出版社 1963 年 39cm(8 开)
定价: CNY0.10
　　作者吴性清(1933—), 女, 编审。生于江苏泰州, 毕业于中央美术学院华东分院油画系。历任上海人民美术出版社任创作员, 中国美术家协会会员。作品有《我们热爱毛主席》《胡笳十八拍图卷》《关汉卿名剧选》等。

J0134209
五谷丰登
[开封] 开封市朱仙镇年画社 1963 年

J0134210
喜丰收 刘永谦作
成都 四川人民出版社 1963 年 76cm(2 开)
定价: CNY0.18

J0134211
喜庆丰年 (1964 年〈农历甲辰年〉节气表)
金伯年作
郑州 河南人民出版社 1963 年 54cm(4 开)
定价: CNY0.10

J0134212
喜庆丰收 周庆轩, 乐友海作
南京 江苏人民出版社 1963 年 54cm(4 开)
定价: CNY0.10

J0134213
献给毛主席 (1964 年〈夏历甲辰年〉历画 汉、藏文对照) 柳忠平作
西宁 青海人民出版社 1963 年 54cm(4 开)
定价: CNY0.13

J0134214

一九六四年(甲辰年)二十四节气表　朗森作

昆明　云南人民出版社　1963 年　39cm(8 开)

定价：CNY0.06

J0134215

一九六四年农历图　王传习作

济南　山东人民出版社　1963 年　54cm(4 开)

定价：CNY0.09

J0134216

1965 年(乙巳年)节气表　保彬作

[南京]江苏人民出版社　1964 年　[1 张]

38cm(6 开)定价：CNY0.04

　　作者保彬(1936—　　)，蒙古族，国画家。江
苏南通人。毕业于南京艺术学院美术系并留校
任教。南京艺术学院院长，中国美术家协会会员，
江苏美术家协会理事等。主要作品有《鹤寿图》
《华夏魂》《嫦娥奔月》等。专著有《纵横挥洒》《保
彬画集》《黄山奇松》。

J0134217

1965 年双月历　人民美术出版社编辑

北京　人民美术出版社　1964 年　[1 张]38cm(6 开)

定价：CNY0.80

J0134218

爱社如家　(公历 1965 年〈夏历乙巳年〉节气
表)楚启恩作

[合肥]安徽人民出版社　1964 年　[1 张]

38cm(6 开)定价：CNY0.04

J0134219

北京风景　(中、英文对照版)

北京　北京出版社　1964 年　8 张(套)

15cm(64 开)定价：CNY0.50

J0134220

北京风景　(中、英文对照版)

北京　北京出版社　1964 年　10 张(套)

15cm(64 开)定价：CNY0.60

J0134221

遍地春光　(1965 年〈农历乙巳年〉节气表)
李健仁作

[兰州]甘肃人民出版社　1964 年　[1 张]

38cm(6 开)定价：CNY0.04

J0134222

春牛图　(1965〈阴历乙巳〉年历表)陈明谋作

[福州]福建人民出版社　1964 年　[1 张]

53cm(4 开)定价：CNY0.08

J0134223

大地回春　1965—1967 年农事节气表)邓福
秀绘；贾元祥刻

[石家庄]河北人民美术出版社　1964 年　[1 张]

53cm(4 开)定价：CNY0.05

J0134224

二十四节气表　(1965 年〈农历乙巳年〉)陈
琦作

[昆明]云南人民出版社　1964 年　[1 张]

38cm(6 开)定价：CNY0.05

J0134225

丰收乐　(1965 年〈农历乙巳年〉节气表)李中
文作

[郑州]河南人民出版社　1964 年　[1 张]

53cm(4 开)定价：CNY0.08

J0134226

**公历一九六五年(阴历乙巳年)月建表节气
表**　吕学勤绘图；王企华设计

[济南]山东人民出版社　1964 年　[1 张]

53cm(4 开)定价：CNY0.07

　　作者吕学勤(1936—1993)，画家。别名理
园，山东临朐人。历任中国美术家协会理事，山
东美术家协会副主席，山东省美术馆一级美术
师。代表作品有《雨后江山分外明》《春风得意
图》《科研小组》等。作者王企华(1912—2001)，
画家。江苏苏州人，毕业于日本东京图案专门学
校。历任山东艺术学院教授，中国美术家协会会
员，齐鲁书画研究院院长。出版有《图案》《王企
华画选》《王企华书法选》等。

J0134227

**公历一九六五年〈阴历乙巳年〉月建表节气
表**　王企华花边设计

[济南]山东人民出版社　1964 年　[1 张]

38cm（6 开）定价：CNY0.03

J0134228
公元一九六五年（乙巳）农事节气表
[沈阳] 辽宁美术出版社 1964 年 [1 张]
53cm（4 开）定价：CNY0.08

J0134229
公元一九六五年岁次乙巳阴阳历春牛图
陈明谋作
[福州] 福建人民出版社 1964 年 [1 张]
53cm（4 开）定价：CNY0.03

J0134230
广东　（风景之一 中、英文对照版）
[广州] 广东人民出版社 1964 年 10 张(套)
15cm（64 开）定价：CNY0.65

J0134231
广州　（风景之一 中、英文对照版）
[广州] 广东人民出版社 1964 年 10 张(套)
15cm（64 开）定价：CNY0.70

J0134232
集体有余　（公元 1965 年岁次乙巳农事节气表）沈琦画；贾元祥刻
[石家庄] 河北人民美术出版社 1964 年 [1 张]
53cm（4 开）定价：CNY0.05

J0134233
接女还乡生产图　（公元 1965 年〈阴历乙巳年〉节气表）王永豪作
[太原] 山西人民出版社 1964 年 [1 张]
38cm（6 开）定价：CNY0.04

J0134234
麦收时节　（1965 年〈阴历乙巳〉年历）李百钧作
[济南] 山东人民出版社 1964 年 [1 张]
53cm（4 开）定价：CNY0.08

J0134235
毛主席万岁　（1965 年〈农历乙巳年〉节气表）金伯年作
[郑州] 河南人民出版社 1964 年 [1 张]

53cm（4 开）定价：CNY0.08

J0134236
泥人张
[北京] 文物出版社 1964 年 8 张(套)
17cm（40 开）定价：CNY0.56

J0134237
齐白石小品
[北京] 外文出版社 1964 年 12 张(套)
13cm（64 开）
　　本作品还有乌尔都文、波斯文、阿拉伯文、斯瓦希利文、英文、德文、法文和西班牙 8 种文本。

J0134238
勤学苦练　（1965 年〈乙巳年〉年历）王柳影作
[西安] 长安美术出版社 1964 年 [1 张]
76cm（2 开）定价：CNY0.15
　　作者王柳影(1917—)，画家。浙江湖州人。曾任苏州美术专科学校沪校国画专修科教授，上海市美术家协会会员，上海市文史研究馆馆员。擅长人物、山水、走兽、花鸟等。作品有《杨贵妃 沉香亭》《九如图》《螺祖育蚕图》(与友人合作)等。

J0134239
青铜器　（公元前 16 世纪—公元 24 年）文物出版社编辑
[北京] 文物出版社 1964 年 8 张(套)
13cm（64 开）定价：CNY0.64

J0134240
人勤年丰，花红果熟　（1965 年节气表）陈谷平，陈明杰作
[南昌] 江西人民出版社 1964 年 [1 张]
53cm（4 开）定价：CNY0.08
　　作者陈谷平(1920—)，江苏扬州人。大学文化。原扬州市国画院画师。中国美术家协会江苏分会会员。擅长年画、国画。作品有《戏鱼图》《门画》等。

J0134241
四季如春　（1965 年〈夏历乙巳年〉节气表）张维作

［西安］长安美术出版社 1964 年 ［1 张］
38cm（6 开）定价：CNY0.04

J0134242

宋代山水 （960—1279 年）文物出版社编辑
［北京］文物出版社 1964 年 20 张（套）
15cm（64 开）定价：CNY1.50

J0134243

西湖 （1 中、英、法、西班牙文对照版）浙江
人民美术出版社编辑
［杭州］浙江人民美术出版社 1964 年
10 张（套）18cm（小 32 开）定价：CNY0.80

J0134244

喜庆丰年 （1965 年〈夏历乙巳年〉月建节气
表）张朗作
［武汉］湖北人民出版社 1964 年 ［1 张］
53cm（4 开）定价：CNY0.08

J0134245

兄弟的支援 （公历 1965 年〈阴历乙巳年〉月
建表节气表）丁宁原作
［济南］山东人民出版社 1964 年 ［1 张］
53cm（4 开）定价：CNY0.07
　　作者丁宁原（1939—　　），山东青州人。毕业
于山东艺术专科学校美术系。中国美术家协会
会员，山东省美术家协会副主席，山东师范大学
艺术系教授。主要作品有《重见光明》《出工》《胜
似春光》《灵岩秋色》。出版《丁宁原速写作品》
《丁宁原俄罗斯写生》等。

J0134246

选种图 （1965 年〈农历乙巳年〉节气表）田
原作
［郑州］河南人民出版社 1964 年 ［1 张］
53cm（4 开）定价：CNY0.08
　　作者田原（1925—　　），漫画家，一级美术
师。祖籍江苏溧水，生于上海。原名潘有炜，笔
名饭牛。中国美术家协会、中国书法家协会、中
国版画家协会、中国记者协会、中国漫画家协会
会员，中国工艺美术协会理事，东南大学、深圳
大学教授。书画作品有《陋室铭》，出版有《中国
民间玩具》《田原硬笔书法》等，设计动画片有
《熊猫百货商店》等。

J0134247

羊城新八景 （中、英文对照版）
［广州］广东人民出版社 1964 年 8 张（套）
17cm（40 开）定价：CNY0.45

J0134248

爷爷送我们上学校 （1965 年农历图）林凡作
［太原］山西人民出版社 1964 年 ［1 张］
38cm（6 开）定价：CNY0.04

J0134249

一九六五年（乙巳年）历表 广东人民出版
社编辑
［广州］广东人民出版社 1964 年 ［1 张］
38cm（6 开）定价：CNY0.03

J0134250

迎春 （1965 年〈农历乙巳年〉节气表）倪宝
诚作
［郑州］河南人民出版社 1964 年 ［1 张］
53cm（4 开）定价：CNY0.08
　　作者倪宝诚（1935—　　），画家。山东临朐人。
历任河南省群众艺术馆研究员、中国美术家协会
会员、中国民间工艺学术委员会委员、河南人民
出版社美术编辑室主任、河南省群众艺术馆研究
员，河南省民间美术学会会长等职。作品有连环
画《红心》《跳轿》《大地回春》《保家卫国》等。
主编有《大河风——河南民间美术文集》《朱仙
镇门神》《玩具》《民间美术与现代美术》等著作。

J0134251

迎春 （1965 年〈农历乙巳年〉节气表）倪宝
诚作
［郑州］河南人民出版社 1964 年 ［1 张］
38cm（8 开）定价：CNY0.04

J0134252

迎春图 （1965—1967 年节气表）邵文锦，张
福龙作
天津 天津美术出版社 1964 年 ［1 张］76cm（2 开）
定价：CNY0.15
　　作者张福龙（1942—　　），画家。天津人。曾
任天津杨柳青画社、天津画院专业画家等职。主
要作品有《毛主席和青年农民》《杨柳春风》《山
娃》等。

J0134253
迎新春 （1965 年历画）朱旭，徐凤嘹作
［南京］江苏人民出版社 1964 年［1 张］
53cm（4 开）定价：CNY0.08

J0134254
中国工艺品
［北京］外文出版社 1964 年 12 张（套）
13cm（64 开）

J0134255
中国体育 （1）人民体育出版社编辑
北京 人民体育出版社 1964 年 10 张（套）
15cm（40 开）定价：CNY0.60

J0134256
中国体育 （中、英、法文对照 1）人民体育出
版社编辑
北京 人民体育出版社 1964 年 10 张（套）
15cm（40 开）

J0134257
中国体育 （2）人民体育出版社编辑
北京 人民体育出版社 1964 年 9 张（套）
15cm（40 开）定价：CNY0.60

J0134258
中国体育 （中、英、法文对照 2）人民体育出
版社编辑
北京 人民体育出版社 1964 年 8 张（套）
15cm（40 开）

J0134259
1966 年节气表 杨馥如作
南京 江苏人民出版社 1965 年 53cm（4 开）
定价：CNY0.08
　　作者杨馥如（1918—1992），江苏无锡人。
曾任进艺辉图片社设计室主任。代表作品有
《十二生肖娃娃图》《万象更新》《庆丰收》《农家
乐》等。

J0134260
初上征途 （公元 1966 年〈阴历丙午年〉节气
表）王暗晓作
太原 山西人民出版社 1965 年 38cm（6 开）

定价：CNY0.04

J0134261
读毛主席的书　听毛主席的话 （1966 年
〈农历丙午年〉二十四节气表）
昆明 云南人民出版社 1965 年 38cm（6 开）
定价：CNY0.05

J0134262
访问老贫农 （公历 1966 年丙午节气表）尹增
昌作
潍坊 潍县杨家埠木版年画社 1965 年
78cm（2 开）定价：CNY0.06

J0134263
春来早 （1966 年〈阴历丙午年〉月建表节气
表）丁宁原作画
济南 山东人民出版社 1965 年 53cm（4 开）
定价：CNY0.06

J0134264
公元一九六六年岁次丙午农历图 李淑
华画
福州 福建人民出版社 1965 年 38cm（6 开）
定价：CNY0.02

J0134265
共同进步 （1966 年〈丙午年〉年历）尹定
邦作
广州 广东人民出版社 1965 年 53cm（4 开）
定价：CNY0.08

J0134266
欢度春节 （公历 1966 年丙午节气表）
潍坊 潍县杨家埠木版年画社 1965 年
78cm（2 开）定价：CNY0.06

J0134267
讲革命故事 （1966 年〈农历丙午年〉节气表）
江南春作
南昌 江西人民出版社 1965 年 53cm（4 开）
定价：CNY0.08

J0134268
科研小组 （1966 年〈农历丙午年〉节气表）

章耀达画；张琳设框
郑州　河南人民出版社　1965 年　53cm（4 开）
定价：CNY0.08

J0134269
科研小组 （1966 年〈农历丙午年〉节气表）
章耀达画；张琳设框
郑州　河南人民出版社　1965 年　38cm（6 开）
定价：CNY0.04

J0134270
麦收时节 （1966 年〈阴历丙午年〉月历表）
李百钧作
济南　山东人民出版社　1965 年　53cm（4 开）
定价：CNY0.08

J0134271
美术明信片
北京　人民美术出版社　1965 年　10 张（套）
15cm（64 开）定价：CNY0.60

J0134272
贫下中农的女代表 （1966 年〈夏历丙午年〉
节气表）王天葆, 张惠民作
西安　长安美术出版社　1965 年　53cm（4 开）
定价：CNY0.08

J0134273
气象员 （1966 年〈阴历丙午年〉月历表　节气
表）杜崇岭作
济南　山东人民出版社　1965 年　76cm（2 开）
定价：CNY0.15

J0134274
社员都是向阳花 （公历 1966 年〈夏历丙午
年〉节气表）艺岚作
合肥　安徽人民出版社　1965 年　38cm（6 开）
定价：CNY0.04

J0134275
铁人　马常利作
上海　上海人民美术出版社　1965 年　53cm（4 开）
定价：CNY0.25

J0134276
向欧阳海同志学习　陈白一作；谭尔康设计
长沙　湖南人民出版社　1965 年　53cm（4 开）
定价：CNY0.10
　　作者陈白一（1926—2014），美术师。湖南邵
阳人，毕业于华中艺专。历任湖南书画研究院院
长、中国当代工笔画学会副会长，湖南省美术家
协会顾问，湖南师范大学艺术学院客座教授。代
表作品《小港堵口图》《听壁脚》《喜丰收》《工农
联盟》等。

J0134277
一九六六年(丙午)农历图　李淑华画
福州　福建人民出版社　1965 年　53cm（4 开）
定价：CNY0.05

J0134278
一九六六年(丙午年)历表　广东人民出版
社编辑
广州　广东人民出版社　1965 年　38cm（6 开）
定价：CNY0.03

J0134279
**［公历一九六七年(阴历丁未年)月建表节
气表］**
［济南］山东人民出版社　1966 年　38cm（6 开）
定价：CNY0.03

J0134280
1968 年年历
［沈阳］辽宁人民美术出版社　1966 年　78cm（2 开）
定价：CNY0.12

J0134281
1968 年年历 （夏历戊申年）
北京　人民美术出版社　1966 年　38cm（8 开）
定价：CNY0.04

J0134282
公元一九六七年历图
［福州］福建人民出版社　1966 年　38cm（6 开）
定价：CNY0.02

J0134283
中国体育 （3）人民体育出版社编辑

北京　人民体育出版社　1966 年　10 张（套）
15cm（40 开）定价：CNY0.40

J0134284
中国体育 （4）人民体育出版社编辑
北京　人民体育出版社　1966 年　10 张（套）
15cm（40 开）定价：CNY0.40

J0134285
中国体育 （5）人民体育出版社编辑
北京　人民体育出版社　1966 年　12 张（套）
15cm（40 开）定价：CNY0.40

J0134286
中国体育 （中、英、法文对照 3）人民体育出
版社编辑
北京　人民体育出版社　1966 年　10 张（套）
15cm（40 开）

J0134287
中国体育 （中、英、法文对照 4）人民体育出
版社编辑
北京　人民体育出版社　1966 年　10 张（套）
15cm（40 开）

J0134288
中国体育 （中、英、法文对照 5）人民体育出
版社编辑
北京　人民体育出版社　1966 年　12 张（套）
15cm（40 开）

J0134289
1968 年年历
［上海］东方红书画社　1967 年　26cm（16 开）
定价：CNY0.06

J0134290
1968 年年历 （戊申年）
［兰州］甘肃人民出版社　1967 年　38cm（6 开）
定价：CNY0.06

J0134291
1968 年年历
［贵阳］贵州人民出版社　1967 年　53cm（4 开）
定价：CNY0.05

J0134292
1968 年月历 （毛主席画像、手书选页）湖南
人民出版社《红色出版兵》编
［长沙］湖南人民出版社　1967 年　13 页
19cm（小 32 开）定价：CNY0.15

J0134293
一九六八年年历　福建人民出版社编
［福州］福建人民出版社　1967 年　53cm（4 开）
定价：CNY0.04

J0134294
一九六八年年历
［济南］山东人民出版社　1967 年　53cm（4 开）
定价：CNY0.06

J0134295
一九六八年双月历
北京　人民美术出版社　1967 年　25cm（小 16 开）

J0134296
［1969 己酉年月历］
［西安］陕西人民出版社　1968 年　25cm（小 16 开）

J0134297
［1969 年月历］
［南京］江苏人民出版社　1968 年　38cm（6 开）
定价：CNY0.04

J0134298
［一九六九年月历］
［上海］东方红书画社　1968 年　53cm（4 开）
定价：CNY0.14

J0134299
1969 月历
［贵阳］贵川人民出版社　1968 年　53cm（4 开）
定价：CNY0.05

J0134300
1969 月历
北京　人民美术出版社　1968 年　13 张　38cm（6 开）

J0134301
1969 月历

［西安］陕西人民出版社 1968 年 53cm（4 开）
定价：CNY0.07

J0134302
1969 月历
上海 上海人民美术出版社 1968 年 26cm（16 开）
定价：CNY0.04

J0134303
1969 月历
［成都］四川人民出版社 1968 年 26cm（16 开）
定价：CNY0.04

J0134304
一九六九年年历
［福州］福建人民出版社 1968 年 53cm（4 开）
定价：CNY0.07

J0134305
［1970 年年历］
［乌鲁木齐］新疆人民出版社 1969 年 38cm（6 开）
定价：CNY0.04

J0134306
1969 月历
［合肥］安徽人民出版社 1969 年 53cm（4 开）
定价：CNY0.07

J0134307
1970（庚戌年）年历
［银川］宁夏人民出版社 1969 年 76cm（2 开）
定价：CNY0.20

J0134308
1970（农历庚戌年）年历
昆明 云南人民出版社 1969 年 53cm（4 开）
定价：CNY0.16

J0134309
1970 年（阴历庚戌年）月建节气表
［济南］山东人民出版社 1969 年 53cm（4 开）
定价：CNY0.06

J0134310
1970 年年历

［福州］福建省新华书店 1969 年 53cm（4 开）
定价：CNY0.07

J0134311
1970 年年历
［西宁］青海省毛主席著作出版发行管理处
1969 年 38cm（6 开）定价：CNY0.06

J0134312
1970 年年历
［西安］陕西人民出版社 1969 年 25cm（小 16 开）
定价：CNY0.03

J0134313
1970 年月历
北京 人民美术出版社 1969 年 53cm（4 开）
定价：CNY0.08

J0134314
1970 年月历
上海 上海东方红书画社 1969 年 26cm（16 开）
定价：CNY0.05

J0134315
1970 年月历
上海 上海东方红书画社 1969 年 26cm（16 开）
定价：CNY0.60

J0134316
1970 年月历
上海 上海东方红书画社 1969 年 38cm（8 开）
定价：CNY0.10

J0134317
1971 年月历
上海 上海东方红书画社 1970 年 1 张 54cm（4 开）
定价：CNY0.20

J0134318
［1972 年年历］（二十四节气表）
［贵阳］贵州人民出版社 ［1971 年］［1］张
53cm（4 开）定价：CNY0.07
　　本年历内容：宣传画《全世界无产者，联合
起来！》

J0134319
[1972 年年历]（农历壬子年）
[长春] 吉林人民出版社 [1971 年] [1] 张
53cm（ 4 开 ）定价：CNY0.90

J0134320
[1972 年年历]
上海　上海东方红书画社 [1971 年] [1] 张
26cm（ 16 开 ）定价：CNY0.06

J0134321
[1972 年年历]（双月历画）
[杭州] 浙江人民出版社 [1971 年] [1] 张
26cm（ 16 开 ）定价：CNY0.35

J0134322
[1972 年月历]
[武汉] 湖北人民出版社 [1971 年] [1] 张
9cm（ 60 开 ）定价：CNY0.03

J0134323
韶山　（明信片）
北京　外文出版社　1971 年　1 套（12 幅）
15cm（ 40 开 ）定价：CNY0.44

J0134324
1973（美术月历）
[兰州] 甘肃人民出版社　1972 年　54cm（ 4 开 ）
定价：CNY0.60

J0134325
1973（美术月历）
[哈尔滨] 黑龙江人民出版社　1972年　38cm（6开）
定价：CNY1.00

J0134326
1973（美术月历）
[长春] 吉林人民出版社　1972 年　54cm（ 4 开 ）
定价：CNY1.5

J0134327
1973（美术月历）
[北京] 解放军画报社　1972 年　54cm（ 4 开 ）

J0134328
1973（美术月历）
[沈阳] 辽宁人民出版社　1972 年　28cm（大 16 开）
定价：CNY1.00

J0134329
1973（美术月历）
北京　人民美术出版社　1972 年　53cm（ 4 开 ）
定价：CNY2.00

J0134330
1973（美术月历）
上海　上海书画社　1972 年　38cm（ 6 开 ）
定价：CNY1.6

J0134331
1973（美术月历）
天津　天津人民美术出版社　1972 年　54cm（ 4 开 ）
定价：CNY2.00

J0134332
1973 年半月历
上海　上海书画社　1972 年　26cm（ 16 开 ）
定价：CNY0.8

J0134333
白毛女　（明信片）上海人民出版社编辑
上海　上海人民出版社　1972 年　1 套（17 幅）
15cm（ 40 开 ）统一书号：8.3.401
定价：CNY0.67

J0134334
北京　（明信片）
北京　人民出版社　1972 年　1 套（10 幅）
15cm（ 40 开 ）统一书号：8.0060　定价：CNY0.40

J0134335
革命现代京剧《龙江颂》（江水英　1973 年
〈阴历癸丑年〉月建节气表）
济南　山东人民出版社　1972 年　54cm（ 4 开 ）
定价：CNY0.05

J0134336
广州农民运动讲习班　（版画　1973〈农历癸
丑年〉年历）廖宗怡作

［广州］广东人民出版社 1972年 27cm（16开）
定价：CNY0.05

　　作者廖宗怡（1937—　　），画家、国家一级美术师。广东汕头人，广州美术学院进修。历任中国美术家协会会员、中国书法家协会会员、广州军区政治部创作室创作员。代表作品有《最高的奖赏》《广州农民运动讲习所》《阵地午餐》《山中那十九座坟茔》等。

J0134337

红灯高照 （年画 1973年年历 汉、蒙文对照）
魏志刚作
呼和浩特 内蒙古人民出版社 1972年
39cm（4开）定价：CNY0.04

　　作者魏志刚（1950—　　），生于河北省保定市。毕业于天津美术学院。中国美术家协会会员、中国油画学会会员、天津美术家协会会员、天津人民美术出版社编审。画作有《野火烧不尽》《大漠孤灵》《满月》《大漠组画》等。主要著作有《魏志刚油画作品选》《风景油画全程训练》《水粉风景—原野遗韵》。

J0134338

军民联防　铁臂铜墙 （宣传画 1973〈农历癸丑年〉年历）
贵阳 贵州人民出版社 1972年 54cm（4开）
定价：CNY0.07

J0134339

庐山 （明信片）江西省庐山"革命委员会"编
上海 上海人民出版社 1972年 1套（8幅）
15cm（40开）定价：CNY0.42

J0134340

毛主席教导记心间 （年画 1972〈农历壬子年〉年历）天津市东郊区新立村"公社"崔家码头大队业余美术创作组集体创作
天津 天津人民美术出版社 1972年［1张］
76cm（2开）镶铜边 定价：CNY0.10

J0134341

西湖风景明信片
杭州 浙江人民出版社 1972年 1套（12幅）
15cm（40开）统一书号：72–4.14 定价：CNY0.60

J0134342

新安江水电站 （明信片）上海人民出版社编辑
上海 上海人民出版社 1972年 1套（12幅）
15cm（40开）定价：CNY0.53

J0134343

新建的营房 （版画 1973年年历）田景库，吴双成作
石家庄 河北人民出版社 1972年 1张 54cm（4开）
定价：CNY0.15

J0134344

延安 （明信片）
上海 上海人民出版社 1972年 1套（10幅）
15cm（40开）统一书号：8.3.425 定价：CNY0.44

J0134345

又是一个丰收年 （年画 1973年节气表）潘鸿海，顾盼作
杭州 浙江人民出版社 1972年 39cm（4开）
定价：CNY0.08

　　作者潘鸿海（1942—　　），艺术家。上海人，毕业于浙江美术学院油画系。历任浙江人民美术出版社美术记者、美术编辑、编辑部主任、副总编，《富春江画报》负责人，浙江画院院长。代表作品有《又是一个丰收年》《鲁迅》。

J0134346

又是一个丰收年 （年画 1973年年历）潘鸿海，顾盼作
杭州 浙江人民出版社 1972年 39cm（4开）
定价：CNY0.08

J0134347

育苗 （版画 1973年年历）景继生等作
石家庄 河北人民出版社 1972年 54cm（4开）
定价：CNY0.15

J0134348

中国出土文物 （彩色明信片 第一集）外文出版社供稿
上海 上海人民出版社 1972年 12张（套）
［17cm］（44开）定价：CNY0.44

J0134349
中国出土文物　（彩色明信片　第一集）外文
出版社供稿
北京　外文出版社　1972 年　12 张(套)
［17cm］（44 开）定价：CNY0.44

J0134350
做人要做这样的人　（宣传画　1973 年年历）
北京　人民美术出版社　1972 年　39cm（6 开）
定价：CNY0.05

J0134351
做人要做这样的人　（宣传画　1973 年年历）
［成都］四川人民出版社　1972 年　54cm（4 开）
定价：CNY0.08

J0134352
1974（美术年历片）
南京　江苏人民出版社　1973 年　8 张(套)
9cm（128 开）定价：CNY0.30

J0134353
1974（美术双月历）
长沙　湖南人民出版社　1973 年　38cm（6 开）
定价：CNY0.60

J0134354
1974（美术双月历）
太原　山西人民出版社　1973 年　53cm（4 开）
定价：CNY1.30

J0134355
1974（美术月历）
福州　福建人民出版社　1973 年　26cm（16 开）

J0134356
1974（美术月历）
石家庄　河北人民出版社　1973 年　28cm（16 开）
定价：CNY1.00

J0134357
1974（美术月历）
哈尔滨　黑龙江人民出版社　1973 年　53cm（4 开）
定价：CNY2.00

J0134358
1974（美术月历）（蒙、汉文对照）
呼和浩特　内蒙古人民出版社　1973 年
38cm（6 开）定价：CNY1.50

J0134359
1974（美术月历）
北京　人民出版社　1973 年　53cm（4 开）

J0134360
1974（美术月历）
北京　人民美术出版社　1973 年　53cm（4 开）
定价：CNY2.50

J0134361
1974（美术月历）
北京　人民美术出版社　1973 年　38cm（6 开）
定价：CNY2.00

J0134362
1974（美术月历）
太原　山西人民出版社　1973 年　96cm（2 开）
定价：CNY1.35

J0134363
1974（美术月历）
上海　上海书画社　1973 年　53cm（4 开）
定价：CNY2.20

J0134364
1974（美术月历）
杭州　浙江人民出版社　1973 年　38cm（6 开）
定价：CNY2.00

J0134365
1974（美术月历片）（带支架）
天津　天津人民美术出版社　1973 年　96cm（2 开）
定价：CNY0.70

J0134366
1974（农历甲寅年）年历
西宁　青海人民出版社　1973 年　1 幅　26cm（16 开）
定价：CNY0.05

J0134367
1974 年挂历
沈阳 辽宁人民出版社 1973 年 53cm（4 开）
定价：CNY1.50

J0134368
1974 年小挂历
沈阳 辽宁人民出版社 1973 年 19cm（32 开）
定价：CNY0.40

J0134369
1974 年月历
合肥 安徽人民出版社 1973 年 53cm（4 开）
定价：CNY1.50

J0134370
1974 年月历
南宁 广西人民出版社 ［1973 年］9cm（128 开）
统一书号：17113.26 定价：CNY0.03

J0134371
玻璃制品
沈阳 辽宁人民出版社 1973 年 8 幅 15cm（40 开）
统一书号：8090.384

J0134372
大队培训 （年画 一九七四年二十四节气日期
时刻表）陈若兰，陈龙作
杭州 浙江人民出版社 1973 年 76cm（2 开）
定价：CNY0.14

J0134373
大寨 （明信片）
太原 山西人民出版社 1973 年 15cm（40 开）
统一书号：8088.800 定价：CNY0.60

J0134374
春常在 （年画 1974 年年历）马振龙作；户县
文化馆供稿
西安 陕西人民出版社 1973 年 53cm（4 开）
定价：CNY0.07

J0134375
古田 （彩色明信片 中、英文对照）
福州 福建人民出版社 1973 年 12 张(套)

15cm（40 开）定价：CNY0.50

J0134376
哈尔滨 （明信片）
哈尔滨 黑龙江人民出版社 1973 年 15cm（40开）
定价：CNY0.52

J0134377
黄金铺地 （版画 1974 年年历）
南京 江苏人民出版社 1973 年 53cm（4 开）
定价：CNY0.05

J0134378
孔雀牡丹 （苏绣 1974 年年历）
南京 江苏人民出版社 1973 年 28cm（大 16 开）
定价：CNY0.03

J0134379
毛主席万岁 （年画 1974〈农历甲寅年〉年历）
姜贵恒，魏瀛洲作
北京 人民美术出版社 1973 年 53cm（4 开）
定价：CNY0.05

　　作者魏瀛洲，海派年画、宣传画家。中华人
民共和国成立初期被称为月份牌画家。作品有
《国庆节的早晨》《欢腾的农机站》《在幸福的时
代》等。

J0134380
南京长江大桥 （彩色图片 中、英文对照）
上海 上海人民出版社 1973 年 12 张(套)
15cm（40 开）

J0134381
上海 （明信片）上海人民出版社编辑
上海 上海人民出版社 1973 年 15cm（40 开）
统一书号：8171.572 定价：CNY0.46

J0134382
上海出土文物 （彩色图片 中、英对照）上海
市文物保管委员会编
上海 上海人民出版社 1973 年 10 张(套)
13cm（60 开）定价：CNY0.46

J0134383
沈阳 （明信片）

沈阳　辽宁人民出版社　1973 年　15cm（40 开）
统一书号：8090.389

J0134384
丝道新景　（年画　1974〈农历甲寅年〉年历　汉、维吾尔新文字对照）廉敏作
乌鲁木齐　新疆人民出版社　1973 年　26cm（16 开）
定价：CNY0.03

J0134385
天津　（彩色明信片　中、英文对照）天津人民美术出版社编辑
天津　天津新闻图片社　1973 年　10 张（套）
15cm（40 开）定价：CNY0.45
　　本书由天津新闻图片社和天津人民美术出版社联合出版。

J0134386
小小针线包　（年画　1974〈农历甲寅年〉年历　胶印轴画）沈大慈作
天津　天津杨柳青画店　1973 年　1 张 76cm（2 开）
定价：CNY0.20

J0134387
幸福的时刻　（年画　1974 年年历　汉、维吾尔新文字对照）聂文华绘
乌鲁木齐　新疆人民出版社　1973 年　1 张
53cm（4 开）定价：CNY0.08

J0134388
延安颂　（石刻镶嵌　1974〈农历甲寅年〉年历）
延安工艺美术厂, 西安特种工艺美术厂集体创作
西安　陕西人民出版社　1973 年　1 张 53cm（4 开）
定价：CNY0.15

J0134389
一九七四年(阴历甲寅年)月建节气表
济南　山东人民出版社　1973 年　1 张 53cm（4 开）
定价：CNY0.06

J0134390
以粮为纲　全面发展　（年画　1974〈农历甲寅年〉年历）孙耀盛作；乾县文化馆供稿
西安　陕西人民出版社　1973 年　1 张 53cm（4 开）
定价：CNY0.06

J0134391
杂技　（年画 1974 年年历）陈永镇作
合肥　安徽人民出版社　1973 年　53cm（4 开）
定价：CNY0.16
　　作者陈永镇(1936—　　)，浙江乐清人。毕业于中国美术学院(浙江美院)。中国美术家协会理事、中国儿童美术艺委会委员、安徽省美协副主席。主要作品有《还是一样》《再给你带上一个》等。

J0134392
中国体育　（中、英、法文对照 6）人民体育出版社编辑
北京　人民体育出版社　1973 年　10 张（套）
15cm（40 开）定价：CNY0.40

J0134393
中国体育　（中、英、法文对照 7）人民体育出版社编辑
北京　人民体育出版社　1973 年　10 张（套）
15cm（40 开）定价：CNY0.40

J0134394
中国体育　（中、英、法文对照 8）人民体育出版社编辑
北京　人民体育出版社　1973 年　10 张（套）
15cm（40 开）定价：CNY0.40

J0134395
中国体育　（中、英、法文对照 9）人民体育出版社编辑
北京　人民体育出版社　1973 年　10 张（套）
15cm（40 开）定价：CNY0.40

J0134396
1975（美术挂历）
[长春]吉林人民出版社　1974 年　39cm（4 开）
定价：CNY1.50

J0134397
1975（美术挂历）
[沈阳]辽宁人民出版社　1974 年　26cm（16 开）
定价：CNY0.70

J0134398
1975（美术双月历）
［长沙］湖南人民出版社 1974 年 39cm（4 开）
定价：CNY0.80

J0134399
1975（美术双月历）
［杭州］浙江人民出版社 1974 年 39cm（4 开）
定价：CNY1.20

J0134400
1975（美术月历）
［哈尔滨］黑龙江人民出版社 1974 年
25cm（小 16 开）定价：CNY1.00

J0134401
1975（美术月历）
北京 人民美术出版社 1974 年 39cm（4 开）
定价：CNY2.00

J0134402
1975（美术月历） 人民体育出版社编辑
［北京］人民体育出版社 1974 年 39cm（4 开）
定价：CNY2.00

J0134403
1975（美术月历）
上海 上海书画社 1974 年 39cm（4 开）
定价：CNY1.80

J0134404
1975（美术月历）
天津 天津人民美术出版社 1974 年 39cm（4 开）
定价：CNY2.00

J0134405
1975（美术月历）
天津 天津人民美术出版社 1974 年 38cm（6 开）
定价：CNY1.50

J0134406
1975（美术月历）（汉、维吾尔新文字标题）
［乌鲁木齐］新疆人民出版社 1974 年 39cm（4 开）
定价：CNY1.60

J0134407
1975（美术月历）
延吉 延边人民出版社 1974 年 39cm（4 开）

J0134408
1975（农历乙卯年）（美术月历）
［福州］福建人民出版社 1974 年 26cm（16 开）
定价：CNY0.60

J0134409
1975（双月历）
北京 人民美术出版社 1974 年 26cm（16 开）
定价：CNY0.40

J0134410
1975 年历（农历乙卯年）
［成都］四川人民出版社 1974 年 53cm（4 开）
定价：CNY0.07

J0134411
1975 年年历
上海 上海书画社 1974 年 26cm（16 开）
定价：CNY0.02

J0134412
不夜的山村 （年画 1975 年年历）袁瑞昌作
［杭州］浙江人民出版社 1974 年 39cm（4 开）
定价：CNY0.11

J0134413
春满新安江 （年画 1975 年年历）宋子龙作
［合肥］安徽人民出版社 1974 年 53cm（4 开）
定价：CNY0.16

J0134414
"公社"鱼塘 （户县农民画 1975 年年历）董
正谊作
［西安］陕西人民出版社 1974 年 53cm（4 开）
定价：CNY0.12

J0134415
"公社"鱼塘 （户县农民画 1975 年年历）董
正谊作
［昆明］云南人民出版社 1974 年 39cm（4 开）
定价：CNY0.10

J0134416

湖上小学 （年画 1975、1976 年双年历画）单
应桂作
天津 天津人民美术出版社 1974 年 53cm（4 开）
定价：CNY0.14

J0134417

军民一家 （年画 1975 年〈阴历乙卯年〉月建
节气表）历复元，陈国力画
［济南］山东人民出版社 1974 年 53cm（4 开）
定价：CNY0.05

J0134418

老书记 （户县农民画 1975 年年历）刘志德画
［兰州］甘肃人民出版社 1974 年 38cm（6 开）
定价：CNY0.04
　　作者刘志德（1940—　　），农民画家，一级画
师。陕西户县人，户县农民画代表人物。历任中
国农民书画研究会副会长、中国民俗艺术研究院
院士。有专著《老书记传奇》。

J0134419

老书记 （户县农民画 1975 年年历）刘志德作
［昆明］云南人民出版社 1974 年 39cm（4 开）
定价：CNY0.10

J0134420

毛主席万岁 （年画 1974〈农历甲寅年〉年历）
姜贵恒，魏瀛洲作
北京 人民美术出版社 1974 年 39cm（4 开）
定价：CNY0.11

J0134421

牡丹乡之春 （年画 1975 年年历）陈鹏同画
［济南］山东人民出版社 1974 年 39cm（4 开）
定价：CNY0.09

J0134422

俏也不争春 （1975 年年历）关山月作
［成都］四川人民出版社 1974 年 53cm（4 开）
定价：CNY0.07
　　作者关山月（1912—2000），国画家、教育
家。原名关泽霈。生于广东阳江。历任广州市
艺专教授、广州美术学院教授兼院长、广东画院
院长、中国美术家协会副主席、广东省美术家协

会副主席等职。代表作《江山如此多娇》《俏不
争春》《绿色长城》《长河颂》等。

J0134423

谁又替我把雪扫 （年画 1975 年年历）刘晓
莉作
上海 上海书画社 1974 年 53cm（4 开）
定价：CNY0.08

J0134424

谁又替我把雪扫 （年画 1975〈农历乙卯年〉
年历）
天津 天津杨柳青画店 1974 年 53cm（4 开）
定价：CNY0.25

J0134425

新手 （年画 1975 年年历）高而颐等作
［杭州］浙江人民出版社 1974 年 39cm（4 开）
定价：CNY0.11

J0134426

绣韶山 （年画 1975 年年历）高海作
［合肥］安徽人民出版社 1974 年 38cm（6 开）
定价：CNY0.08

J0134427

椰乡春早 （版画 1975 年年历）林鸿平作
［广州］广东人民出版社 1974 年 26cm（16 开）
定价：CNY0.02

J0134428

业大更勤俭 （户县农民画 1975 年年历）张
林作
［兰州］甘肃人民出版社 1974 年 38cm（6 开）
定价：CNY0.04

J0134429

一分钱 （年画 1975 年年历）胡海荣作
［南昌］江西人民出版社 1974 年 26cm（16 开）
定价：CNY0.05

J0134430

一九七五年(乙卯年)二十四节气
［南昌］江西人民出版社 1974 年 26cm（16 开）
定价：CNY0.03

J0134431

一九七五年儿童挂历　吉林人民出版社编辑

［长春］吉林人民出版社 1974 年 19cm（32 开）

定价：CNY0.65

J0134432

一九七五年月历　内蒙古人民出版社编辑

呼和浩特 内蒙古人民出版社 1974 年 30 页

有图 7×10cm（128 开）统一书号：17089.10

定价：CNY0.03

J0134433

祖国的海港　（年画 1975 年年历）费正作

［石家庄］河北人民出版社 1974 年 53cm（4 开）

定价：CNY0.08

　　作者费正(1938—)，出生于重庆市，原籍
江苏启东。毕业于中央美术学院。曾在解放军
部队及出版部门从事美术工作。河北画院专业
画家、河北美术家协会副主席。作品有《老农》
《剥蒜》《春》等。

J0134434

1976（月历片）

［南昌］江西人民出版社 1975 年 6 张(套)

［14cm］（80 开）

J0134435

1976 挂历

［石家庄］河北人民出版社 1975 年 18×20cm

定价：CNY1.00

J0134436

1976 挂历

［南京］江苏人民出版社 1975 年 38cm（6 开）

定价：CNY1.30

J0134437

1976 挂历

天津 天津人民美术出版社 1975 年 53cm（4 开）

定价：CNY2.00

J0134438

1976 年挂历

［福州］福建人民出版社 1975 年 53cm（4 开）

定价：CNY2.00

J0134439

1976 年挂历

［兰州］甘肃人民出版社 1975 年 53cm（4 开）

定价：CNY2.00

J0134440

1976 年挂历

［长沙］湖南人民出版社 1975 年 53cm（4 开）

定价：CNY1.40

J0134441

1976 年挂历

［沈阳］辽宁人民出版社 1975 年 53cm（4 开）

定价：CNY2.00

J0134442

1976 年挂历

［西宁］青海人民出版社 1975 年 53cm（4 开）

定价：CNY2.00

J0134443

1976 年挂历

北京 人民美术出版社 1975 年 53cm（4 开）

定价：CNY2.00

J0134444

1976 年挂历

北京 人民美术出版社 1975 年 18×20cm

定价：CNY1.20

J0134445

1976 年挂历

［北京］人民体育出版社 1975 年 53cm（4 开）

定价：CNY2.00

J0134446

1976 年挂历

［济南］山东人民出版社 1975 年 53cm（4 开）

定价：CNY2.00

J0134447

1976 年挂历

［太原］山西人民出版社 1975 年 53cm（4 开）

定价：CNY2.00

J0134448
1976 年挂历　上海人民出版社编辑
上海　上海人民出版社 1975 年 53cm（4 开）
定价：CNY2.20

J0134449
1976 年挂历
［杭州］浙江人民出版社 1975 年 38cm（6 开）
定价：CNY1.50

J0134450
1976 年年历
上海　上海书画社 1975 年 26cm（16 开）
定价：CNY0.02

J0134451
1976 年月历　上海人民出版社编辑
上海　上海人民出版社 1975 年 26cm（16 开）
定价：CNY0.90
　　本作品内容为革命现代舞剧《草原儿女》和
《沂蒙颂》。

J0134452
爆竹声声　（1976 年年历）胡易作
上海　上海书画社 1975 年 53cm（4 开）
定价：CNY0.08

J0134453
还是过去那么一股劲　（年画 1976〈农历丙
辰年〉年历）申根源作
［贵阳］贵州人民出版社 1975 年 53cm（4 开）
定价：CNY0.07

J0134454
山寨夜课　（1976〈农历丙辰年〉年历）浩力作
［南宁］广西人民出版社 1975 年 38cm（6 开）
定价：CNY0.08

J0134455
一九七六年挂历
［武汉］湖北人民出版社 1975 年 53cm（4 开）
定价：CNY2.00

J0134456
一九七六年挂历　广东人民出版社编辑

［长沙］湖南人民出版社 1975 年 53cm（4 开）
定价：CNY2.00

J0134457
1977（挂历）
合肥　安徽人民出版社 1976 年 1 张 53cm（4 开）
定价：CNY1.20

J0134458
1977（挂历）
贵阳　贵州人民出版社 1976 年 1 张 53cm（4 开）

J0134459
1977（挂历）
成都　四川人民出版社 1976 年 1 张 53cm（4 开）
定价：CNY0.90
　　本书由四川人民出版社和四川民族出版社
联合出版。

J0134460
1977（美术挂历）　云南省文化局美影工作室编
昆明　云南人民出版社 1976 年 1 张 53cm（4 开）

J0134461
1977（美术月历）
福州　福建人民出版社 1976 年 1 张 53cm（4 开）
定价：CNY2.00

J0134462
1977 年挂历
广州　广东人民出版社 1976 年 1 张 53cm（4 开）
定价：CNY2.00

J0134463
1977 年挂历
长春　吉林人民出版社 1976 年 1 张 53cm（4 开）
定价：CNY1.80

J0134464
1977 年年历
上海　上海书画社 1976 年 1 张 26cm（16 开）
定价：CNY0.02

J0134465
1977 年小挂历

沈阳 辽宁人民出版社 1976 年 1 张 26cm（16 开）
定价：CNY0.80

J0134466

北京的种子 （剪纸三年节气表）郭小玲作
石家庄 河北人民出版社 1976 年 1 张 53cm（4 开）
定价：CNY0.06

J0134467

茶山春晖 （1977〈农历丁已年〉年历）李洪
勋作
合肥 安徽人民出版社 1976 年 1 张 53cm（4 开）
定价：CNY0.16

J0134468

风华正茂 （年画 1977 年年历）胡勃作
呼和浩特 内蒙古人民出版社 1976 年 1 张
53cm（4 开）定价：CNY0.07
　　作者胡勃（1943— ），教授。字冲汉，笔名
野风，山东莱州人。内蒙古师范大学美术系毕业，
留校任教，后任中央美术学院教授，中国美术家
协会会员。代表作品有《夜色》《蓝色的早晨》《湘
溪》《静影沉碧》等。

J0134469

高原新家 （年画 1977 年年历）
拉萨 西藏人民出版社 1976 年 1 张 38cm（6 开）
定价：CNY0.08

J0134470

海角朝晖 （年画 1977 年年历）敖德观等画
杭州 浙江人民出版社 1976 年 1 张 53cm（4 开）
定价：CNY0.14

J0134471

豪情满怀 （年画 1977〈农历丁已年〉年历）
谢开基作
南宁 广西人民出版社 1976 年 1 张 53cm（4 开）
定价：CNY0.08

J0134472

荔熟时节 （1977〈农历丁已年〉年历）方楚
雄作
广州 广东人民出版社 1976 年 1 张 76cm（2 开）
定价：CNY0.40

　　作者方楚雄（1950— ），广东普宁人。毕业
于广州美术学院并留校任教。中国美术家协会
会员。主要作品有《牧鸭》《水禽》《翠蝶兰》等。
出版《方楚雄画选》《方楚雄画集》等。

J0134473

猎归 （年画 1977 年年历）吴景元作
沈阳 辽宁人民出版社 1976 年 1 张 76cm（2 开）
定价：CNY0.11

J0134474

前线"红小兵" （年画 1977 年年历）王柏生等画
福州 福建人民出版社 1976 年 1 张 53cm（4 开）
定价：CNY0.07

J0134475

赛前 （年画 1977 年年历）尚涛作
郑州 河南人民出版社 1976 年 1 张 38cm（6 开）
定价：CNY0.06

J0134476

韶山青松 （年画 1977〈农历丁已年〉年历）
关山月作
北京 荣宝斋 1976 年 1 张 53cm（4 开）
定价：CNY0.08

J0134477

体育月历（立式台历） 高燕，姜吉维作
北京 人民体育出版社 1976 年 12 张 13cm（64 开）
定价：CNY0.60

J0134478

团结战斗谱新歌 （年画 1977〈农历丁已年〉
年历）张达平作
南宁 广西人民出版社 1976 年 1 张 53cm（4 开）
定价：CNY0.08
　　作者张达平（1945— ），广西博白人。师从
著名岭南派画家黄独峰。曾任广西美术出版社
副总编、广西书画研究会副会长、广西文物收藏
家协会副会长等职。主要作品有《苗山新绣》《狼
孩》《木偶奇遇记》等。

J0134479

小岛新貌 （年画 1977 年年历）元开平画
济南 山东人民出版社 1976 年 1 张 53cm（4 开）

定价: CNY0.15

J0134480
延安 （1977〈农历丁已年〉年历）庞均作
北京 人民美术出版社 1976年 1张 53cm（4开）
定价: CNY0.07

J0134481
演习 （年画1977年年历）王玉泉作
呼和浩特 内蒙古人民出版社 1976年 1张
53cm（4开）定价: CNY0.05

J0134482
一九七七年〈农历丁已年〉年历 （附曾为民，
林清秀剪纸）
福州 福建人民出版社 1976年 1张 38cm（6开）
定价: CNY0.02

J0134483
一九七七年大挂历
沈阳 辽宁人民出版社 1976年 1张 53cm（4开）
定价: CNY2.00

J0134484
一九七七年二十四节气日期时刻表 程新
坤画；许福壤设计
南昌 江西人民出版社 1976年 1张 38cm（8开）
定价: CNY0.05

J0134485
鱼水情深 （年画1977〈夏历丁已年〉年历）
西宁 青海人民出版社 1976年 1张 53cm（4开）
定价: CNY0.18

J0134486
1977年年历
南京 江苏人民出版社 1977年 [1张] 54cm（4开）
定价: CNY0.14

J0134487
1978（农历戊午年）挂历
广州 广东省科学技术出版社 1977年 [1张]
54cm（4开）

J0134488
1978年大挂历
沈阳 辽宁人民出版社 1977年 [1张] 39cm（8开）
定价: CNY2.60

J0134489
1978年挂历
合肥 安徽人民出版社 1977年 [1张] 39cm（8开）
定价: CNY1.60

J0134490
1978年挂历
兰州 甘肃人民出版社 1977年 [1张] 39cm（8开）
定价: CNY2.00

J0134491
1978年挂历
石家庄 河北人民出版社 1977年 [1张]
39cm（8开）甲种 定价: CNY2.00

J0134492
1978年挂历
石家庄 河北人民出版社 1977年 [1张]
39cm（8开）乙种 定价: CNY2.00

J0134493
1978年挂历
哈尔滨 黑龙江人民出版社 1977年 [1张]
39cm（8开）定价: CNY2.50

J0134494
1978年挂历
长春 吉林人民出版社 1977年 [1张] 39cm（8开）
定价: CNY2.20

J0134495
1978年挂历
南京 江苏人民出版社 1977年 [1张] 39cm（8开）
定价: CNY2.00

J0134496
1978年挂历
南昌 江西人民出版社 1977年 [1张] 39cm（8开）
定价: CNY2.50

J0134497
1978 年挂历
沈阳 辽宁人民出版社 1977 年［1 张］39cm（8 开）
定价：CNY2.60

J0134498
1978 年挂历
北京 人民出版社 1977 年［1 张］54cm（4 开）

J0134499
1978 年挂历
北京 人民美术出版社 1977 年［1 张］39cm（8 开）
定价：CNY2.30

J0134500
1978 年挂历　　人民体育出版社编
北京 人民体育出版社 1977 年［1 张］39cm（8 开）
定价：CNY2.00

J0134501
1978 年挂历
西安 陕西人民出版社 1977 年［1 张］39cm（8 开）
定价：CNY2.60

J0134502
1978 年挂历
天津 天津人民美术出版社 1977 年［1 张］
39cm（8 开）定价：CNY2.00

J0134503
1978 年挂历
乌鲁木齐 新疆人民出版社 1977 年［1 张］
39cm（8 开）定价：CNY1.64

J0134504
1978 年挂历
昆明 云南人民出版社 1977 年［1 张］39cm（8 开）
定价：CNY2.00

J0134505
1978 年挂历
杭州 浙江人民出版社 1977 年［1 张］39cm（8 开）
定价：CNY2.00

J0134506
1978 年年历
济南 山东人民出版社 1977 年［1 张］54cm（4 开）
定价：CNY0.15

J0134507
1978 年年历
杭州 浙江人民出版社 1977 年［1 张］
27cm（大 16 开）

J0134508
1978 年戏剧月历　　上海人民出版社编
上海 上海人民出版社 1977 年［1 张］39cm（8 开）
定价：CNY1.80

J0134509
1978 年月历　　上海人民出版社编
上海 上海人民出版社 1977 年［1 张］39cm（8 开）
定价：CNY2.00

J0134510
边疆盛会　（年画 1978 年年历）许勇等作
沈阳 辽宁人民出版社 1977 年［1 张］76cm（2 开）
定价：CNY0.11
　　　作者许勇（1933—　　），画家。别名许涌。生
于山东青岛，毕业于东北美专并留校任教。历任
鲁迅美术学院教授、研究生导师，中国美术家协
会会员，中国连环画研究会常务理事，中国当代
工笔画学会理事，雪庐画会副会长。代表作品有
《金田起义》《郑成功收复台湾》《戚继光平倭图》
等。出版有《许勇画马》。

J0134511
春色满园　（年画 1978 年年历）
合肥 安徽人民出版社 1977 年［1 张］54cm（4 开）
定价：CNY0.16

J0134512
福州工艺纸花　（1978 农历戊午年年历）福
建省新闻图片社供稿
福州 福建人民出版社 1977 年［1 张］54cm（4 开）
定价：CNY0.07

J0134513
各族儿童热爱华主席　（年画 1978 年年历）

陈永镇作

合肥 安徽人民出版社 1977 年［1 张］54cm（4 开）

定价: CNY0.16

　　作者陈永镇(1936—)，浙江乐清人。毕业于中国美术学院(浙江美院)。中国美术家协会理事、中国儿童美术艺委会委员、安徽省美协副主席。主要作品有《还是一样》《再给你带上一个》等。

J0134514

欢腾的边寨 （油画 1978 年年历）钟蜀珩，刘巨德作

昆明 云南人民出版社 1977 年［1 张］54cm（4 开）

定价: CNY0.15

　　作者钟蜀珩(1946—)，女，满族，教授、画家。辽宁人，毕业于中央工艺美术学院装潢系。历任昆明师范学院教师，清华大学美术学院教授，中国美术家协会会员。作品有《西北印象》《傣家女》等，译著有《素描的潜在要素》等。作者刘巨德(1946—)，蒙古族，画家、美术理论家。内蒙古商都人，硕士毕业于中央工艺美术学院并留校任教。清华大学美术学院绘画系教授、副院长、博士生导师、学术委员会主席、清华大学吴冠中艺术研究中心主任，中国美术家协会理事，北京市美术家协会理事。代表作品有《鱼》《面对形象》《图形想象》《刘巨德素描集》等。

J0134515

加油 （木偶拔河 1978 农历戊午年年历）

北京 人民体育出版社 1977 年［1 张］54cm（4 开）

定价: CNY0.20

J0134516

锦绣大地绘新图 （明信片）上海人民出版社编辑

上海 上海人民出版社 1977 年 11 张 10×15cm

散页 统一书号: 8171.1838 定价: CNY0.59

J0134517

双喜 （杨柳青年画 1978 农历戊午年年历）步万方等作

天津 天津杨柳青画店 1977 年［1 张］54cm（4 开）

定价: CNY0.25

J0134518

学工支农 （年画 1978 年 农历戊午年月建节气表）李宝亮作

济南 山东人民出版社 1977 年［1 张］54cm（4 开）

定价: CNY0.05

J0134519

一九七八（戊午）年节气表

南昌 江西人民出版社 1977 年［1 张］39cm（8 开）

定价: CNY0.10

J0134520

一九七八年（农历戊午）年历

福州 福建人民出版社 1977 年［1 张］39cm（8 开）

定价: CNY0.02

J0134521

1979（农历己未年）挂历

武汉 湖北人民出版社 1978 年 38cm（6 开）

定价: CNY0.80

J0134522

1979 年〈己未年〉年历

长春 吉林人民出版社 1978 年 1 张 53cm（4 开）

定价: CNY0.15

J0134523

1979 年挂历

福州 福建人民出版社 1978 年 38cm（6 开）

定价: CNY1.80

J0134524

1979 年挂历

广州 广东人民出版社 1978 年 53cm（4 开）

定价: CNY2.00

J0134525

1979 年挂历

石家庄 河北人民出版社 1978 年 53cm（4 开）

定价: CNY2.00

J0134526

1979 年挂历

郑州 河南人民出版社 1978 年 53cm（4 开）

定价: CNY2.00

J0134527
1979 年挂历
长沙 湖南人民出版社 1978 年 53cm（4 开）
定价：CNY2.80

J0134528
1979 年挂历
长春 吉林人民出版社 1978 年 53cm（4 开）
定价：CNY2.20

J0134529
1979 年挂历
南京 江苏人民出版社 1978 年 53cm（4 开）
定价：CNY2.00

J0134530
1979 年挂历
沈阳 辽宁美术出版社 1978 年 78cm（1 开）
定价：CNY2.70

J0134531
1979 年挂历
北京 人民美术出版社 1978 年 1 张 38cm（6 开）
定价：CNY1.50

J0134532
1979 年挂历
太原 山西人民出版社 1978 年 53cm（4 开）
定价：CNY2.80

J0134533
1979 年挂历
西安 陕西人民出版社 1978 年 53cm（4 开）
定价：CNY3.50

J0134534
1979 年挂历
天津 天津人民出版社 1978 年 53cm（4 开）
定价：CNY3.20

J0134535
1979 年挂历
乌鲁木齐 新疆人民出版社 1978 年 38cm（6 开）
定价：CNY1.80

J0134536
1979 年挂历
昆明 云南人民出版社 1978 年 53cm（4 开）
定价：CNY1.60

J0134537
1979 年美术台式周历
上海 上海人民美术出版社 1978 年 1 张
19cm（32 开）定价：CNY4.00

J0134538
1979 年年历
兰州 甘肃人民出版社 1978 年 1 张 53cm（4 开）
定价：CNY0.15

J0134539
1979 年年历
上海 上海书画出版社 1978 年 1 张 26cm（16 开）
定价：CNY0.02

J0134540
1979 年年历画辑
南京 江苏人民出版社 1978 年 1 张 19cm（32 开）
定价：CNY1.40

J0134541
1979 年台历
太原 山西人民出版社 1978 年 1 张 19cm（32 开）
定价：CNY0.60

J0134542
1979 年月历
北京 人民美术出版社 1978 年 1 张 53cm（4 开）
定价：CNY3.20

J0134543
版纳风 （1979 年年历）张建中作
昆明 云南人民出版社 1978 年 1 张 53cm（4 开）
定价：CNY0.15

J0134544
北方来的新伙伴 （机绣 1979〈农历己未年〉
年历）梁蕴儿，赖建仪作
广州 广东人民出版社 1978 年 1 张 53cm（4 开）
定价：CNY0.12

J0134545
蔡文姬 （瓷塑 1979 年年历）
兰州 甘肃人民出版社 1978 年 1 张 53cm（4 开）
定价：CNY0.15

J0134546
春耕图 （1979〈农历己未年〉年历）张贺门作
郑州 河南人民出版社 1978 年 1 张 53cm（4 开）
定价：CNY0.06

J0134547
春烂 （1979 年年历）喻继高作
上海 上海书画出版社 1978 年 1 张 53cm（4 开）
定价：CNY0.08
　　作者喻继高(1932—　　)，国家一级美术师。
江苏铜山人，毕业于南京大学艺术系和南京师范
学院美术系。江苏省国画院副院长、江苏省美术
家协会副主席、中国画研究院院委、中国工笔画
学会副会长、徐悲鸿奖学金委员会委员。代表作
品有《梨花春雨》《玉兰锦鸡》《春江水暖》等。

J0134548
春满人间 （1979 年年历）徐子鹤作
合肥 安徽人民出版社 1978 年 1 张 53cm（4 开）
定价：CNY0.18

J0134549
春艳 （年画 1979〈农历己未年〉年历）宋吟
可作
贵阳 贵州人民出版社 1978 年 1 张 76cm（2 开）
定价：CNY0.14
　　作者宋吟可(1902—1999)，画家。原名荫科。
江苏南京人。曾任中国美协第二、三届理事，美
协贵州分会主席，贵州省国画院院长，桂林美术
专科学校中国画讲师等。代表作品《妈妈您看我
在开拖拉机》《打蓝衣迎春耕》《磨镰刀》。

J0134550
大地春晓 （1979〈农历己未年〉年历）贾慎
斋作
郑州 河南人民出版社 1978 年 1 张 53cm（4 开）
定价：CNY0.07

J0134551
大丽菊海棠 （1979 年年历）周兆颐作
兰州 甘肃人民出版社 1978 年 1 张 53cm（4 开）
定价：CNY0.07

J0134552
芙蓉 （1979〈己未年〉年历）龙伯文作
南宁 广西人民出版社 1978 年 1 张 53cm（4 开）
定价：CNY0.16

J0134553
芙蓉 （1979 年年历）陈子庄作
成都 四川人民出版社 1978 年 1 张 53cm（4 开）
定价：CNY0.08
　　作者陈子庄(1913—1976)，画家。号南原，
又号石壶。出生于四川荣昌县。历任四川省文
史馆研究员、四川省政协委员。代表作有《山深
林密》《秋山如醉》《溪岸图》等。著有《石壶论
画语要》。

J0134554
赶到北京送喜报 （年画 1979 年年历）王祖
德作
南京 江苏人民出版社 1978 年 1 张 76cm（2 开）
定价：CNY0.11

J0134555
荷影仙踪 （1979 年年历）胡伯祥作
成都 四川人民出版社 1978 年 1 张 78cm（2 开）
定价：CNY0.10
　　中国历书工艺美术作品。作者胡伯祥
(1923—2010)，当代著名书画家、诗人。字葭萌，
四川昭化人。中国美术家协会会员。精通中国
工笔画，善书，能诗，通史，鼓琴等。曾先后在
四川华西大学博物馆、四川大学博物馆任职，成
都画院画师、顾问。出版《胡伯祥、胡涛美术作
品集》画册、《胡伯祥诗词选集》。

J0134556
红艳 （1979 年年历）王雪涛绘画
南昌 江西人民出版社 1978 年 1 张 78cm（2 开）
定价：CNY0.20

J0134557
红艳凝香 （1979 年年历）朱秀坤作
合肥 安徽人民出版社 1978 年 1 张 76cm（2 开）
定价：CNY0.18

作者朱秀坤(1945—　　)，编审。别名竹颖。安徽砀山县人。历任安徽美术出版社编审、社长兼总编辑，安徽美术出版社总编辑，中国美术家协会会员，安徽省美协副主席，中国年画艺术研究会理事，中国美术出版研究会理事，中国装帧艺术研究会会员，安徽省工笔、年画研究会会长，安徽省政协书画社画师。作品有《福寿图》《迎春图》《四君子珍禽图》《九如戏春图》《新花郁煌煌》。著有《怎样画芙蓉》《白描花鸟构图资料集》《朱秀坤画集》《当代美术家——朱秀坤工笔花鸟画选》等。

J0134558
虎豹　（1979 年年历）葛茂柱，葛茂桐作
合肥　安徽人民出版社　1978 年　1 张　78cm（2 开）
定价：CNY0.24

J0134559
护雏　（1979 年年历）陈之佛作
南京　江苏人民出版社　1978 年　1 张　78cm（2 开）
定价：CNY0.14

J0134560
江南春光　（1979 年年历）白雪石作
南昌　江西人民出版社　1978 年　1 张　53cm（4 开）
定价：CNY0.18

作者白雪石(1915—2011)，画家，教授。北京市人，斋号何须斋。自幼习画，早年师从赵梦朱，后拜梁树年为师。执教于北京师范学院、北京艺术学院、中央工艺美院。兼北京山水画研究会会长。代表作品《万壑松风》《千峰竞秀》《早春图》《漓江一曲千峰秀》等。

J0134561
菊花　（1979 年年历）
昆明　云南人民出版社　1978 年　1 张　53cm（4 开）
定价：CNY0.18

J0134562
看管得很好的奶牛　（1979 年年历）（法）爱德华·德巴 – 蓬桑作
杭州　浙江人民出版社　1978 年　1 张　53cm（4 开）
定价：CNY0.13

J0134563
科学的春天　（1979 年年历）胡世帖作
合肥　安徽人民出版社　1978 年　1 张　53cm（4 开）
定价：CNY0.18

J0134564
孔雀　（1979 年年历）袁晓岭画
济南　山东人民出版社　1978 年　1 张　78cm（2 开）
定价：CNY0.30

J0134565
老区新城　（1979 年年历）王大仁作
合肥　安徽人民出版社　1978 年　1 张　53cm（4 开）
定价：CNY0.16

J0134566
漓江　（1979〈农历己未年〉年历）白雪石作
福州　福建人民出版社　1978 年　1 张　53cm（4 开）
定价：CNY0.18

J0134567
梁山伯与祝英台　（1979 年年历）
杭州　浙江人民出版社　1978 年　1 张　53cm（4 开）
定价：CNY0.12

J0134568
列车穿过万重山　（1979 年年历）季观之作
沈阳　辽宁美术出版社　1978 年　1 张　38cm（6 开）
定价：CNY0.08

J0134569
罗浮梅仙　（1979 年年历）胡伯祥作
成都　四川人民出版社　1978 年　1 张　78cm（2 开）
定价：CNY0.10

J0134570
麦芽白飞瀑　（1979 年年历）孙恩同作
沈阳　辽宁美术出版社　1978 年　1 张　30cm（10 开）
定价：CNY0.06

作者孙恩同(1923—　　)，满族，画家。毕业于东北鲁迅文艺学院。历任鲁迅美术学院教授，中国美术家协会会员，辽宁省中国画研究会副会长。作品有《长白山》《长白飞瀑》《秋色》等。

J0134571

牡丹 （1979 年年历）郝进贤作

兰州 甘肃人民出版社 1978 年 1 张 38cm（6 开）

定价：CNY0.17

　　作者郝进贤（1914—1993），别号鹤翁。甘肃兰州市人。甘肃省工艺美术研究所工艺美术师。代表作品有《兴隆山太白泉》《古金城》《炳灵寺》《迎春》《牡丹》等。

J0134572

牡丹 （1979 年年历）黄独峰作

南宁 广西人民出版社 1978 年 1 张 78cm（2 开）

定价：CNY0.24

　　作者黄独峰（1913—1998），画家。名山，号榕园，又号五岭老人。广东揭阳人。历任广西艺术学院副院长、教授；中国美术家协会会员、理事，广西美协主席等。代表作品有《百鹤图》《漓江百里图》《富贵寿》等，著有《明清写梅画人传略》《中国之花鸟画》《独峰画集》。

J0134573

牡丹 （1979〈农历己未年〉年历）王雪涛画

济南 山东人民出版社 1978 年 1 张 78cm（2 开）

定价：CNY0.30

J0134574

牡丹 （1979 年年历）杨健健作

西安 陕西人民出版社 1978 年 1 张 53cm（4 开）

定价：CNY0.18

　　作者杨健健（1940— ），女，西安美术学院副教授，中国美术家协会会员。

J0134575

牡丹 （1979 年年历）李宝琴作

成都 四川人民出版社 1978 年 1 张 53cm（4 开）

定价：CNY0.15

J0134576

牡丹盛开 （1979 年年历）王雪涛画

济南 山东人民出版社 1978 年 1 张 53cm（4 开）

定价：CNY0.18

　　作者王雪涛（1903—1982），写意花鸟画家。原名庭钧，字晓封，号迟园。河北成安人。历任北京画院院长、中国美术家协会理事、美协北京分会副主席等职。著有《王雪涛画集》《王雪涛

画辑》《王雪涛画谱》《王雪涛的花鸟画》等。

J0134577

南海鱼港 （1979 年年历）苏天赐作

南京 江苏人民出版社 1978 年 1 张 53cm（4 开）

定价：CNY0.16

J0134578

怒放图 （1979〈农历己未年〉年历）李苦禅作

福州 福建人民出版社 1978 年 1 张 53cm（4 开）

定价：CNY0.18

　　作者李苦禅（1899—1983），书画家、美术教育家。山东高唐人。原名李英杰，字励公。擅画花鸟和鹰。中央美术学院教授，中国美术家协会理事，中国画研究院院务委员等。代表作品有《盛荷》《群鹰图》《兰竹》等，出版有《李苦禅画辑》。

J0134579

葡萄 （1979 年年历）李葆竹作

兰州 甘肃人民出版社 1978 年 1 张 53cm（4 开）

定价：CNY0.07

J0134580

绕丛蛱蝶故飞飞 （1979〈农历己未年〉年历）陈子毅作

广州 广东人民出版社 1978 年 1 张 76cm（2 开）

定价：CNY0.22

J0134581

识药图 （1979 年年历）程十发作

上海 上海书画出版社 1978 年 1 张 78cm（2 开）

定价：CNY0.26

　　作者程十发（1921—2007），画家。出生于上海金山，毕业于上海美术专科学校国画系。代表作品有《丽人行》《迎春图》《列宁的故事》《孔乙己》等。出版有《程十发近作选》《程十发花鸟习作选》《程十发作品展》。

J0134582

双骥 （1979 年年历）尹瘦石画

济南 山东人民出版社 1978 年 1 张 53cm（4 开）

定价：CNY0.18

J0134583

双猫 （1979 年年历）李亚作

南京 江苏人民出版社 1978年 1张 78cm（2开）
定价：CNY0.18

作者李亚（1926— ），江苏省国画院高级美术师。

J0134584
太湖之春 （1979年年历）林曦明作
上海 上海书画出版社 1978年 1张 53cm（4开）
定价：CNY0.08

作者林曦明（1925— ），画家。原名正熙，号乌牛。浙江永嘉人。历任上海戏剧学院美术系教师。上海中国画院一级画师，中国美术家协会会员，现代书画研究会会长。代表作品有《红梅时节》《水满鱼肥》《太湖之歌》《漓江雨后》《故乡》等。

J0134585
为祖国而锻炼 （1979年年历）古干作
北京 人民体育出版社 1978年 1张 78cm（2开）
定价：CNY0.26

J0134586
喂雏 （1979年年历）黄胄画
济南 山东人民出版社 1978年 1张 53cm（4开）
定价：CNY0.18

作者黄胄（1925—1997），画家、社会活动家、收藏家。字映斋，河北蠡县人。历任总政治部文化部创作员，中国画研究院副院长，中国美术家协会常务理事等。代表作品有《洪荒风雪》《巡逻图》等，出版有《黄胄书画论》《黄胄作品集》《黄胄谈艺术》等。

J0134587
我们爱科学 （1979〈己未年节气表〉年历）
谌学诗绘画
南昌 江西人民出版社 1978年 1张 53cm（4开）
定价：CNY0.10

作者谌学诗（1942— ），江西人。江西省美术家协会会员。曾从事美术设计、美术编辑等工作。多幅作品为人民美术出版社、上海美术出版社等出版发行。

J0134588
我是工地点炮手 （1979年〈农历己未年〉月建节气表）黄恩涛画

济南 山东人民出版社 1978年 1张 53cm（4开）
定价：CNY0.06

作者黄恩涛（1948— ），山东济宁人。毕业于山东艺术学院美术系。历任山东省巨野县文化馆馆长、文联副主席、研究馆员，中国书画协会会员，中国美术家协会会员，国家一级美术师，中国人物画艺术委员会委员，中国连环画、插图艺术委员会委员。主要作品有《红色喇叭家家响》《我是工地点炮手》。

J0134589
喜庆丰年图 （年画 1979年年历）温尚光作
南京 江苏人民出版社 1978年 1张 76cm（2开）
定价：CNY0.11

J0134590
小熊猫 （1979〈农历己未年〉年历）王为政作
郑州 河南人民出版社 1978年 1张 53cm（4开）
定价：CNY0.12

作者王为政（1944— ），教授、画家。字北辰，江苏丰县人。历任中国美术家协会会员，中国作家协会会员，俄罗斯美术家协会荣誉会员，北京画院艺术委员会委员，北京齐白石艺术研究会副会长。代表作品有《听画》《傲骨》《瑞士之旅》《王为政画集》等。

J0134591
欣欣向荣 （年画 1979〈农历己未年〉年历）
贾宜群作
贵阳 贵州人民出版社 1978年 1张 76cm（2开）
定价：CNY0.14

J0134592
驯鹿 （1979〈农历己未年〉年历）于志学作
哈尔滨 黑龙江人民出版社 1978年 1张
38cm（6开）定价：CNY0.08

J0134593
一九七九年红楼梦图咏月历 （农历己未年）
刘旦宅绘图；社会科学战线杂志社编
长春 吉林人民出版社 1978年 1张 53cm（4开）
定价：CNY2.80

作者刘旦宅（1931—2011），教授、画家。原名浑，又名小粟，后改名旦宅，别名海云生。浙江温州人。曾在上海市大中国图书局、上海教育出版社、上海人民美术出版社绘画，上海师范大学美术系主任。代表作品《曹血雪芹生平》《琵琶行》《刘旦宅聊斋百图》《石头记人物画册》等。

J0134594

一九七九年历书　四川人民出版社编辑

成都　四川人民出版社　1978年　33页　有图表格

13cm（60开）统一书号：17118·11

定价：CNY0.04

J0134595

一九七九年历书

杭州　浙江人民出版社　1978年　64页　有表格

13cm（60开）统一书号：17103.8　定价：CNY0.07

J0134596

一九七九年农历　湖北人民出版社编辑

武汉　湖北人民出版社　1978年　64页　有图

13cm（60开）统一书号：17106.34　定价：CNY0.07

J0134597

一九七九年月历

南京　江苏科学技术出版社［1978年］1册　有图

9cm（128开）统一书号：17196.01　定价：CNY0.04

J0134598

颐和园　（1）颐和园管理处编

北京　文物出版社　1978年　10张　10×15cm

散页　统一书号：8068.535　定价：CNY0.55

J0134599

颐和园　（2）颐和园管理处编

北京　文物出版社　1978年　10张　10×15cm

定价：CNY0.55

J0134600

鹰　（1979年年历）李苦禅画

济南　山东人民出版社　1978年　1张　53cm（4开）

定价：CNY0.18

　　作者李苦禅（1899—1983），书画家、美术教育家。山东高唐人。原名李英杰，字励公。擅画花鸟和鹰。中央美术学院教授，中国美术家协会理事，中国画研究院院务委员等。代表作品有《盛荷》《群鹰图》《兰竹》等，出版有《李苦禅画辑》。

J0134601

迎春图　（1979年年历）王为政作

成都　四川人民出版社　1978年　1张　78cm（2开）

定价：CNY0.20

　　作者王为政（1944—　），教授、画家。字北辰，江苏丰县人。历任中国美术家协会会员，中国作家协会会员，俄罗斯美术家协会荣誉会员，北京画院艺术委员会委员，北京齐白石艺术研究会副会长。代表作品有《听画》《傲骨》《瑞士之旅》《王为政画集》等。

J0134602

映山红　（1979年年历）朱屺瞻作

上海　上海书画出版社　1978年　1张　76cm（2开）

定价：CNY0.08

　　作者朱屺瞻（1892—1996），国画家。历任上海美术专科学校教授，上海新华艺术专科学校绘画研究所主任，中国美术家协会顾问、中国书法家协会理事，上海美术家协会常务理事，上海中国画院画师，上海师范大学艺术系教授等职。代表作品《朱屺瞻画集》《癖斯居画谈》《朱屺瞻画选》。

J0134603

鱼戏绿云间　（1979〈农历己未年〉年历）陈永锵作

广州　广东人民出版社　1978年　1张　76cm（2开）

定价：CNY0.40（镶铁边）

　　作者陈永锵（1948—　），画家。生于广州，祖籍广东南海西樵，毕业于广州美术学院国画系研究生班。历任广州市文化局副局长兼广州画院院长，广东美术家协会副主席，中国国家画院研究员、岭南画派纪念馆名誉馆长等。作品有《南天开阔好纵横》《南粤雄风》《岭南花》《雄姿英发》。

J0134604

玉兰喜鹊　（1979年年历）陈之佛作

南京　江苏人民出版社　1978年　1张　53cm（4开）

定价：CNY0.11

J0134605

1980年儿童年历

沈阳　辽宁人民出版社　1979年［1张］

26cm（16开）定价：CNY1.00

J0134606
1980 年儿童月历
石家庄 河北人民出版社 1979 年［1 张］
19cm（32 开）统一书号：R8087.11
定价：CNY0.50

J0134607
1980 年挂历
福州 福建人民出版社 1979 年［1 张］53cm（4 开）
定价：CNY2.80

J0134608
1980 年挂历
福州 福建人民出版社 1979 年［1 张］78cm（2 开）
定价：CNY1.50

J0134609
1980 年挂历
广州 广东人民出版社 1979 年［1 张］78cm（2 开）
定价：CNY4.00

J0134610
1980 年挂历
广州 广东人民出版社 1979 年［1 张］53cm（4 开）
定价：CNY1.20

J0134611
1980 年挂历
南宁 广西人民出版社 1979 年［1 张］38cm（6 开）
定价：CNY1.70

J0134612
1980 年挂历
石家庄 河北人民出版社 1979 年［1 张］
53cm（4 开）定价：CNY3.20

J0134613
1980 年挂历
石家庄 河北人民出版社 1979 年［1 张］
53cm（4 开）定价：CNY2.50

J0134614
1980 年挂历
郑州 河南人民出版社 1979 年［1 张］53cm（4 开）
定价：CNY1.60

J0134615
1980 年挂历
哈尔滨 黑龙江人民出版社 1979 年［1 张］
53cm（4 开）定价：CNY4.00

J0134616
1980 年挂历
长春 吉林人民出版社 1979 年［1 张］53cm（4 开）
定价：CNY3.20

J0134617
1980 年挂历
南京 江苏人民出版社 1979 年［1 张］
30cm（10 开）定价：CNY1.20

J0134618
1980 年挂历
南京 江苏人民出版社 1979 年［1 张］53cm（4 开）
定价：CNY2.60

J0134619
1980 年挂历
南昌 江西人民出版社 1979 年［1 张］53cm（4 开）
定价：CNY4.00

J0134620
1980 年挂历
沈阳 辽宁人民出版社 1979 年［1 张］
24cm（26 开）定价：CNY1.00

J0134621
1980 年挂历
济南 齐鲁书社 1979 年［1 张］78cm（2 开）
定价：CNY4.00

J0134622
1980 年挂历
北京 人民体育出版社 1979 年［1 张］53cm（4 开）
定价：CNY3.20

J0134623
1980 年挂历
济南 山东人民出版社 1979 年［1 张］53cm（4 开）
定价：CNY2.80
本书由山东人民出版社和山东画报社联合

出版。

J0134624
1980 年挂历
西安　陕西人民美术出版社 1979 年［1 张］
53cm（4 开）定价：CNY3.50

J0134625
1980 年挂历
西安　陕西人民美术出版社 1979 年［1 张］
26cm（16 开）定价：CNY1.30

J0134626
1980 年挂历
天津　天津人民美术出版社 1979 年［1 张］
53cm（4 开）定价：CNY2.50

J0134627
1980 年挂历
天津　天津人民美术出版社 1979 年［1 张］
53cm（4 开）定价：CNY0.50

J0134628
1980 年挂历
天津　天津人民美术出版社 1979 年［1 张］
53cm（4 开）定价：CNY4.50

J0134629
1980 年挂历
杭州　浙江人民出版社 1979 年［1 张］
30cm（10 开）定价：CNY1.60

J0134630
1980 年美术周历　　上海人民美术出版社编辑
上海　上海人民美术出版社 1979 年［1 张］
19cm（32 开）定价：CNY2.50

J0134631
1980 年年历
杭州　浙江人民出版社 1979 年［1 张］38cm（6 开）
定价：CNY0.10

J0134632
1980 年月历　　人民美术出版社编辑
北京　人民美术出版社 1979 年［1 张］53cm（4开）

定价：CNY4.00

J0134633
1980 年月历　　人民美术出版社编辑
北京　人民美术出版社 1979 年［1 张］53cm（4 开）
定价：CNY2.30

J0134634
白雪公主　（1980 年年历）胡世帖作
合肥　安徽人民出版社 1979 年［1 张］53cm（4 开）
定价：CNY0.18

J0134635
采茶姑娘　（1980 年年历）章开森作
合肥　安徽人民出版社 1979 年［1 张］53cm（4 开）
定价：CNY0.18

J0134636
婵娟　（1980 年年历）张德俊作
南京　江苏人民出版社 1979 年［1 张］78cm（2 开）
定价：CNY0.16

J0134637
嫦娥奔月　（1980 年年历）
昆明　云南人民出版社 1979 年［1 张］78cm（2 开）
定价：CNY0.22

J0134638
春灯图　（1980、1981 年年历）夏静慧作
天津　天津人民美术出版社 1979 年［1 张］
76cm（2 开）定价：CNY0.11

J0134639
春江花月夜　（1980 年年历）
长沙　湖南人民出版社 1979 年［1 张］53cm（4开）
定价：CNY0.21

J0134640
大丛林中　（水彩画 1980 年年历）（瑞典）安
德斯·佐恩作
长沙　湖南人民出版社 1979 年［1 张］53cm（4 开）
定价：CNY0.21
　　作者安德斯·佐恩（Anders Zorn, 1860—
1920），瑞典画家、蚀刻师和雕塑家。毕业于斯德
哥尔摩皇家美术学院。水彩画代表作《夏天的娱

乐》，雕塑代表作《农牧神和仙女》等。

J0134641
大理菊　（1980〈农历庚申年〉年历）黄永厚作
上海　上海书画出版社　1979年［1张］53cm（4开）
定价：CNY0.10

J0134642
盗灵芝　（1980年年历）陆鸿年作
成都　四川民族出版社　1979年［1张］78cm（2开）
定价：CNY0.18
　　作者陆鸿年（1919—1989），教师。江苏太仓人，毕业于辅仁大学美术系，并留校任美术系助教。历任中央美术学院中国画系讲师、副教授。发表《法海神寺壁画》《永乐宫壁画艺术》《中国古代壁画的一些成就》等研究论文。

J0134643
各地风光挂历
沈阳　辽宁人民出版社　1979年［1张］38cm（6开）
定价：CNY1.60

J0134644
荷塘双清　（1980年年历）胡伯祥作
成都　四川人民出版社　1979年［1张］78cm（2开）
定价：CNY0.10
　　作者胡伯祥（1923—2010），当代著名书画家、诗人。字葭萌，四川昭化人。中国美术家协会会员。精通中国工笔画，善书，能诗，通史，鼓琴等。曾先后在四川华西大学博物馆、四川大学博物馆任职，成都画院画师、顾问。出版《胡伯祥、胡涛美术作品集》画册、《胡伯祥诗词选集》。

J0134645
科学的春天　（1980年年历）江南春作
上海　上海人民美术出版社　1979年［1张］76cm（2开）定价：CNY0.14

J0134646
快雪时晴贴　（1980年年历）（晋）王羲之作
上海　上海书画出版社　1979年［1张］78cm（2开）
定价：CNY0.13
　　王羲之（303—361），东晋著名书法家。字逸少，山东临沂人。代表作《兰亭序》《黄庭经》《乐毅论》《十七帖》《兰亭集序》《初月帖》等。

J0134647
理想　（1980年年历）钱国静作
杭州　浙江人民出版社　1979年［1张］76cm（2开）
定价：CNY0.14

J0134648
粮棉有余　（1980〈农历庚申年〉月建节气表）
王福增作
济南　山东人民出版社　1979年［1张］53cm（4开）
定价：CNY0.06
　　作者王福增（1946—　　　），满族，画家。山东郓城人，祖籍河北雄州，号山东大愚。河北省美术家协会会员，中国画研究会会员，香港国际书画中国艺术研究院理事，国家一级美术师，山东画院高级画师，曹州美协副主席。作品有《绿荫垂江》《相依》《幽林》《淀上人家》《故乡的河》等。

J0134649
洛神　（1980年年历）任率英作
成都　四川民族出版社　1979年［1张］78cm（2开）
定价：CNY0.18
　　作者任率英（1911—1989），画家。原名敬表，河北束鹿人。擅长工笔画、连环画、年画。历任中国美术家协会会员、中国连环画研究会顾问、北京东方书画研究社社长、北京工笔重彩画协会副会长、北京中国画研究会理事、北京工业大学书画协会顾问。代表作品《嫦娥奔月》《洛神图》等。

J0134650
梅鹤迎春　（1980年年历）陈之佛作
南京　江苏人民出版社　1979年［1张］76cm（2开）
定价：CNY0.20
　　作者陈之佛（1896—1962），画家、工艺美术家。又名陈绍本、陈杰，号雪翁。毕业于浙江省工业专门学校染织科机织专业，曾留学日本入东京美术学校工艺图案科。曾任教于上海美术专科学校及中央大学艺术系，任南京大学、南京师范学院教授、江苏美协副主席、南京艺术学院副院长、中国美术家协会理事等职。代表作品有《瑞安名胜古诗选》《旅美纪行》《江村集》等。

J0134651

梅竹鸣禽 （1980〈农历庚申年〉年历）田世光作

北京 荣宝斋 1979 年 [1 张] 76cm（ 2 开 ）

定价：CNY0.30

　　作者田世光(1916—1999)，教授。号公炜，北京人，祖籍山东乐陵，毕业于北京京华美术学院，师承张大千、赵梦朱、吴镜汀、于非闇、齐白石诸先生。历任中国美术家协会会员，北京工笔重彩画副会长，中国画研究院第一届院务委员。代表作《和平颂》《松树白鹰》《春晖》《幽谷红妆》《山雀》。

J0134652

莫愁 （1980 年年历）张德俊作

南京 江苏人民出版社 1979 年 [1 张] 78cm（ 2 开 ）

定价：CNY0.16

J0134653

墨竹图 （1980 年年历）（清）郑燮画

南京 江苏人民出版社 1979 年 [1 张] 53cm（ 4 开 ）

定价：CNY0.10

　　作者郑燮(1693—1765)，清代书画家、文学家。字克柔，号理庵，又号板桥，人称板桥先生。生于江苏兴化，祖籍苏州。乾隆元年(1736 年)进士。官山东范县、潍县县令。代表作品《修竹新篁图》《清光留照图》《丛兰荆棘图》《甘谷菊泉图》等，著有《郑板桥集》。

J0134654

牡丹 （1980 年年历）王少卿作

郑州 河南人民出版社 1979 年 [1 张] 53cm（ 4 开 ）

定价：CNY0.15

J0134655

牡丹 （1980 年年历）田世光作

济南 山东人民出版社 1979 年 [1 张] 78cm（ 2 开 ）

定价：CNY0.15

J0134656

牡丹 （1980 年年历）陆贤能作

昆明 云南人民出版社 1979 年 [1 张] 53cm（ 4 开 ）

定价：CNY0.18

J0134657

牡丹蝴蝶 （1980 年年历）王叔晖作

济南 山东人民出版社 1979 年 [1 张] 53cm（ 4 开 ）

定价：CNY0.08

　　作者王叔晖(1912—1985)，女，国画家。字郁芬，生于天津，祖籍浙江绍兴。历任出版总署美术科员，新华书店总管理处美术室图案组组长，人民美术出版社连环画创作组组长。代表作《西厢记》《林黛玉》《夜宴桃李园》《杨门女将》等。

J0134658

牡丹争春色 （1980〈农历庚申年〉年历）梁纪作

广州 广东人民出版社 1979 年 [1 张] 76cm（ 2 开 ）

定价：CNY0.28

　　作者梁纪(1926—)，字方纲，广东佛山人。广州市文史研究馆馆员，中国美术家协会会员，广州美术家协会副主席。作品有《竹溪双鸭》《薄膜育秧》《孔雀紫荆》等。

J0134659

拟阿房宫图 （1980 年年历）袁耀作

南京 江苏人民出版社 1979 年 [1 张] 53cm（ 4 开 ）

定价：CNY0.10

J0134660

青岛风景写生 （彩色明信片）刘栋伦画

济南 齐鲁书社 1979 年 12 张 15cm（ 64 开 ）

定价：CNY0.60

J0134661

秋兴图 （1980 年年历）贺天健作

上海 上海人民美术出版社 1979 年 [1 张] 53cm（ 4 开 ）定价：CNY0.19

J0134662

秋艳 （1980 年年历）王晋元作

昆明 云南人民出版社 1979 年 [1 张] 53cm（ 4 开 ）

定价：CNY0.18

　　作者王晋元(1939—2001)，国画家。生于河北乐亭，毕业于中央美术学院中国画系，师承叶浅予、李苦禅、郭味蕖、田世光教授。曾任云南省美术家协会主席、文联副主席、云南画院院长、中国美术家协会理事兼中国画艺委会委员，中国画研究院院务委员等职务。作品有《井冈杜鹃红似火》《猎》《舞龙蛇》，出版有《王晋元画选》等。

J0134663
屈原造像 （1980 年年历）范曾作
成都 四川民族出版社 1979 年 [1 张] 78cm（2 开）
定价：CNY0.18
　　作者范曾（1938—　），画家、学者。字十翼，别署抱冲斋主，江苏南通人。毕业于中央美术学院中国画系。历任中央工艺美术学院讲师、副教授，南开大学东方艺术系教授、博士生导师，中国艺术研究院终身研究员等。代表作品有《庄子显灵记》《范曾自述》《老子出关》《钟馗神威》等。

J0134664
山茶双蝶 （1980 年年历）肖士英作
昆明 云南人民出版社 1979 年 [1 张] 53cm（4 开）
定价：CNY0.18

J0134665
上海民间工艺美术小辑
上海 上海人民美术出版社 1979 年 11 幅
18cm（32 开）统一书号：8081.11548
定价：CNY0.59

J0134666
双猛 （1980 年年历）马秀香作
济南 山东人民出版社 1979 年 [1 张] 53cm（4 开）
定价：CNY0.08，CNY0.18（双胶纸）

J0134667
宋人词意 （1980〈农历庚申〉年历）严梅华作
北京 荣宝斋 1979 年 [1 张] 76cm（2 开）
定价：CNY0.30

J0134668
岁朝图 （1980〈农历庚申年〉年历）王雪涛作
北京 荣宝斋 1979 年 [1 张] 76cm（2 开）
定价：CNY0.30

J0134669
天女散花 （1980 年年历）

昆明 云南人民出版社 1979 年 [1 张] 78cm（2 开）
定价：CNY0.22

J0134670
天仙配——仙女思凡 （1980〈农历庚申年〉年历）戴松耕，戴一鸣作
上海 上海人民美术出版社 1979 年 [1 张]
53cm（4 开）定价：CNY0.15

J0134671
甜 （年画 1980 年年历）于占德作
济南 山东人民出版社 1979 年 [1 张] 53cm（4 开）
定价：CNY0.06

J0134672
听琴 （1980 年年历）王叔晖作
济南 山东人民出版社 1979 年 [1 张] 78cm（2 开）
定价：CNY0.15

J0134673
舞蹈挂历
沈阳 辽宁人民出版社 1979 年 [1 张] 53cm（4 开）
定价：CNY2.10

J0134674
湘云眠石 （1980 年年历）
合肥 安徽人民出版社 1979 年 [1 张] 78cm（2 开）
定价：CNY0.24

J0134675
响应号召为四化 （1980 年年历）邹起奎作
天津 天津人民美术出版社 1979 年 [1 张]
53cm（4 开）定价：CNY0.18，CNY0.50（铁皮包边）
　　作者邹起奎（1948—　），画家。笔名加贝，辽宁省盖州人，毕业于鲁迅美术学院附中。天津杨柳青画社集绘画、摄影、编辑、出版于一身的专家。中国美术家协会会员。代表作品有《毛泽东主席》正面标准像等。

J0134676
新竹吐翠 （杨柳青年画 1980〈农历庚申年〉年历）邓秀作
天津 天津杨柳青画店 1979 年 [1 张] 76cm（2 开）
定价：CNY0.11

J0134677
养鸡图　（1980〈节气表〉）李文龙，艾明作
太原　山西人民出版社 1979年［1张］53cm（4开）
定价：CNY0.18

J0134678
摇篮曲　（1980〈农历庚申年〉年历）黄胄作
天津　天津杨柳青画店 1979年［1张］53cm（4开）
定价：CNY0.18

J0134679
一九八〇〈农历庚申年〉年历　宋省予画
福州　福建人民出版社 1979年［1张］76cm（2开）
定价：CNY0.14

　　　作者宋省予（1909—1966），画家、教育家。
原名连庆，字廉卿，号红杏主人。福建上杭人。
曾任福建师范学院图画教师，中国美术家协会会
员。代表作品有《岩壑春光》《母子依依》《万寿
图》《稻熟鸭肥》等。出版《宋省予花鸟技法讲座》
《宋省予画集》。

J0134680
一九八〇年(庚申年)二十四节气表
南宁　广西人民出版社 1979年［1张］53cm（4开）
定价：CNY0.07

J0134681
**一九八〇年(农历庚申年)二十四节气日期
时刻表**
南昌　江西人民出版社 1979年［1张］53cm（4开）
定价：CNY0.12

J0134682
一九八〇年挂历
沈阳　辽宁人民出版社 1979年［1张］53cm（4开）
定价：CNY1.10

　　　本书由辽宁人民出版社和春风文艺出版社
联合出版。

J0134683
一九八〇年挂历　辽宁省博物馆，上海博物
馆供稿
上海　上海书画出版社 1979年［1张］53cm（4开）
定价：CNY2.50

J0134684
一九八〇年挂历
天津　天津人民美术出版社 1979年［1张］
53cm（4开）定价：CNY3.20

J0134685
一九八〇年历书　江西人民出版社编
南昌　江西人民出版社 1979年 73页 13cm（60开）
统一书号：17110.17 定价：CNY0.10

J0134686
一九八〇年农历　湖北人民出版社编辑
武汉　湖北人民出版社 1979年 64页 13cm（60开）
统一书号：17106.36 定价：CNY0.07

J0134687
扎花灯　（1980〈农历庚申年〉月建节气表）阎
敬禹作
济南　山东人民出版社 1979年［1张］53cm（4开）
定价：CNY0.06

J0134688
1981（农历辛酉年）挂历
石家庄　河北人民出版社 1980年 53cm（4开）
定价：CNY3.30

J0134689
1981（农历辛酉年）挂历　北京人民体育出
版社编辑
北京　人民体育出版社 1980年 39cm（8开）
定价：CNY1.60

J0134690
1981-2年挂历　克拉玛依文化局编
乌鲁木齐　新疆人民出版社 1980年
25cm（小16开）定价：CNY2.15

J0134691
1981年(农历辛酉年)挂历
广州　广东人民出版社 1980年 78cm（2开）
定价：CNY4.20

J0134692
1981年(农历辛酉年)挂历
沈阳　辽宁美术出版社 1980年 39cm（8开）

定价: CNY2.70

定价: CNY4.00

J0134693
1981 年"百花"挂历
沈阳 辽宁美术出版社 1980 年 53cm（4 开）
定价: CNY3.60

J0134702
1981 年挂历 梅村等编
武汉 湖北人民出版社 1980 年 53cm（4 开）
定价: CNY1.75

J0134694
1981 年挂历
福州 福建人民出版社 1980 年 39cm（8 开）
定价: CNY2.20

J0134703
1981 年挂历
武汉 湖北人民出版社 1980 年 53cm（4 开）
定价: CNY1.75

J0134695
1981 年挂历
兰州 甘肃人民出版社 1980 年 53cm（4 开）
定价: CNY1.80

J0134704
1981 年挂历
南京 江苏科学技术出版社 1980 年 53cm（4 开）
定价: CNY2.00

J0134696
1981 年挂历
广州 广东人民出版社 1980 年 25cm（小 16 开）
定价: CNY1.70

J0134705
1981 年挂历 南京市广告公司设计
南京 江苏人民出版社 1980 年 53cm（4 开）
定价: CNY3.50

J0134697
1981 年挂历
广州 广东人民出版社 1980 年 53cm（4 开）
定价: CNY4.20

J0134706
1981 年挂历
南京 江苏人民出版社 1980 年 19cm（小 32 开）
定价: CNY0.40

J0134698
1981 年挂历
南宁 广西人民出版社 1980 年 53cm（4 开）
定价: CNY1.50

J0134707
1981 年挂历
南昌 江西人民出版社 1980 年 53cm（4 开）
定价: CNY1.80

J0134699
1981 年挂历
石家庄 河北人民出版社 1980 年 53cm（4 开）
定价: CNY3.30

J0134708
1981 年挂历
沈阳 辽宁美术出版社 1980 年 53cm（4 开）
定价: CNY3.60

J0134700
1981 年挂历
郑州 河南人民出版社 1980 年 39cm（8 开）
定价: CNY2.20

J0134709
1981 年挂历
沈阳 辽宁美术出版社 1980 年 25cm（小 16 开）
定价: CNY1.60

J0134701
1981 年挂历 黑龙江人民出版社编辑
哈尔滨 黑龙江人民出版社 1980 年 53cm（4 开）

J0134710
1981 年挂历
沈阳 辽宁美术出版社 1980 年 53cm（4 开）

定价: CNY3.60

J0134711
1981 年挂历　辽宁人民出版社，春风文艺出版社编辑
沈阳 辽宁人民出版社 1980 年 53cm（4 开）
定价: CNY3.60
　　本书由辽宁人民出版社和春风文艺出版社联合出版。

J0134712
1981 年挂历
呼和浩特 内蒙古人民出版社 1980 年 39cm（8 开）
定价: CNY2.50

J0134713
1981 年挂历
银川 宁夏人民出版社 1980 年 38cm（6 开）
定价: CNY2.00

J0134714
1981 年挂历
北京 人民体育出版社 1980 年 53cm（4 开）
定价: CNY3.50

J0134715
1981 年挂历
济南 山东人民出版社 1980 年 78cm（2 开）
定价: CNY4.20

J0134716
1981 年挂历
太原 山西人民出版社 1980 年 39cm（8 开）
定价: CNY2.00

J0134717
1981 年挂历
西安 陕西科学技术出版社 1980 年 53cm（4 开）
定价: CNY3.20

J0134718
1981 年挂历
西安 陕西科学技术出版社 1980 年 26cm（16 开）
定价: CNY1.30

J0134719
1981 年挂历
天津 天津人民美术出版社 1980 年 53cm（4 开）
定价: CNY2.10

J0134720
1981 年挂历
天津 天津人民美术出版社 1980 年 38cm（6 开）
定价: CNY3.50

J0134721
1981 年挂历
天津 天津杨柳青画店 1980 年 53cm（4 开）
定价: CNY3.20

J0134722
1981 年挂历　新疆人民出版社编辑
乌鲁木齐 新疆人民出版社 1980 年 53cm（4 开）
定价: CNY2.90

J0134723
1981 年挂历
昆明 云南人民出版社 1980 年 39cm（8 开）
定价: CNY1.50

J0134724
1981 年挂历
郑州 中州书画社 1980 年 53cm（4 开）
定价: CNY2.50

J0134725
1981 年年历　成砺志作
南京 江苏人民出版社 1980 年 53cm（4 开）
定价: CNY0.15
　　作者成砺志（1954—　），江苏扬州人。国家一级美术师，中国美术家协会会员。主要作品《六老图·邓小平》《我为祖国争光》《春暖万家》等。

J0134726
1981 年年历
呼和浩特 内蒙古人民出版社 1980 年 53cm（4 开）
定价: CNY0.20

J0134727
1981 年年历

杭州 西泠印社 1980 年 78cm（2 开）

J0134728
1981 年台历 辽宁人民出版社，春风文艺出版社编辑
沈阳 辽宁人民出版社 1980 年 19cm（小 32 开）
定价：CNY1.60
　　本书由辽宁人民出版社和春风文艺出版社联合出版。

J0134729
1981 年台历
太原 山西人民出版社 1980 年 15cm（64 开）
定价：CNY0.80

J0134730
1981 年舞蹈月历
长春 吉林人民出版社 1980 年 53cm（4 开）
定价：CNY3.20

J0134731
1981 世界名画挂历
天津 天津人民美术出版社 1980 年 39cm（8 开）
定价：CNY4.50

J0134732
1981 舞蹈挂历
沈阳 辽宁美术出版社 1980 年 78cm（2 开）
定价：CNY2.70

J0134733
北斗 （1981 年年历）叶川复制
济南 山东人民出版社 1980 年 53cm（4 开）
定价：CNY0.18

J0134734
碧玉簪 （1981 年年历）
兰州 甘肃人民出版社 1980 年 53cm（4 开）
定价：CNY0.20

J0134735
彩色故事片《归心似箭》中的齐玉贞（斯琴高娃饰） （1981 年年历）
北京 中国电影出版社 1980 年 53cm（4 开）
定价：CNY0.20

J0134736
彩色故事片《苦恋》中的娟娟（冷眉饰） （1981〈农历辛酉年〉年历）
北京 中国电影出版社 1980 年 53cm（4 开）
定价：CNY0.20

J0134737
彩色宽银幕故事片《第二次握手》中的丁洁琼（谢芳饰） （1981 年年历）
北京 中国电影出版社 1980 年 53cm（4 开）
定价：CNY0.20

J0134738
彩色喜剧片《顾此失彼》中的任美艳（金毅饰） （1981〈农历辛酉年〉年历）
北京 中国电影出版社 1980 年 53cm（4 开）
定价：CNY0.20

J0134739
藏族姑娘 （1981 年年历）刘文西作
兰州 甘肃人民出版社 1980 年 53cm（4 开）
定价：CNY0.27
　　作者刘文西（1933—2019），生于浙江嵊州。曾任中国美术协会顾问，陕西省文艺界联合会顾问，陕西省美协副主席，西安美术学院名誉院长，西安美院研究院院长，延安市副市长。重要作品有《毛主席和牧羊人》《东方》《解放区的天》和巨幅系列长卷《黄土人》等近百幅。

J0134740
晨曲 （1981〈农历辛酉年〉年历）李山画
郑州 河南人民出版社 1980 年 78cm（2 开）
定价：CNY0.12

J0134741
吹箫引凤 （1981 年年历）张功德，荆日政画
济南 山东人民出版社 1980 年 78cm（2 开）
定价：CNY0.20

J0134742
吹箫引凤图 （1981〈农历辛酉年〉年历）何明翰作
西宁 青海人民出版社 1980 年 53cm（4 开）
定价：CNY0.40

J0134743

春 （1981〈农历辛酉年〉年历）曹新林作
郑州 河南人民出版社 1980年 53cm（4开）
定价：CNY0.16
　　作者曹新林（1940—　　），画家。湖南望城县人。毕业于广州美术学院油画系，曾任河南省书画院副院长、河南省美术家协会副主席，河南油画学会会长。主要作品有《粉笔生涯》《江边》等。出版有《曹新林绘画作品选》专集。

J0134744

春风得意 （1981年年历）张玉濂作
福州 福建人民出版社 1980年 53cm（4开）
定价：CNY0.09

J0134745

春光烂漫 （1981年节气表）俞致贞作
太原 山西人民出版社 1980年 53cm（4开）
定价：CNY0.09
　　作者俞致贞（1915—1995），花鸟画家。字一云，北京人。历任中国美术家协会会员，中国老年书画会顾问，中国书画函授大学教授，北京工笔重彩画会副会长，北京花鸟画会名誉会长等。代表作品《沙果双鹊》《荷花》《蔫薹图》等。

J0134746

春满人间 （1981年年历）钱行健作
上海 上海书画出版社 1980年 53cm（4开）
定价：CNY0.11
　　作者钱行健（1935—2010），国画家。江苏无锡人。擅长中国画，专习山水、花鸟，兼文学及诗词，后致力于中国绘画理论的研究。曾任上海外国语大学艺术教研室主任、副教授，上海海外联谊会联谊书画社副社长，海墨画社社长、上海书画研究院理事等。代表作品有《碧浪》《幽涧听泉》《江月幽禽》等。

J0134747

春牛图 （剪纸 1981〈农历辛酉年〉年历）陈初良作
福州 福建科学技术出版社 1980年 38cm（6开）
定价：CNY0.02
　　作者陈初良（1944—　　），画家。福建闽侯人，毕业于厦门工艺美术学院绘画系。历任福州画院专职画家，国家一级美术师。代表作《海岳雄峙》《花草美人秋》《郁郁乡情》等。出版有《陈初良画集》《四季古诗》《陈初良线描》等。

J0134748

大足石刻 （摄影明信片辑 汉英文对照）
北京 外文出版社 1980年 12张（套）17cm（40开）
定价：CNY0.65

J0134749

貂蝉 （1981年年历）毛国富作
杭州 浙江人民美术出版社 1980年 53cm（4开）
定价：CNY0.19
　　作者毛国富（1937—　　），画家。浙江宁波人。历任浙江省宁波市展览馆美工，市甬剧团画师，宁波市展览馆美术总设计，中国美术家协会会员。主要作品：《中国之春》《东方涛》《湖光春色》《海底世界》《西双版纳》等。

J0134750

貂蝉拜月 （1981年年历）张德俊作
南京 江苏人民出版社 1980年 78cm（2开）
定价：CNY0.18
　　作者张德俊（1946—　　），画家。江苏海安人。毕业于南京艺术学院美术系。曾任常州市刘海粟美术馆馆长、中国美协年画艺委会委员等职。主要作品有《凤仪亭》《天翻地覆慨而慷》《紫金山顶的瑰宝》等。

J0134751

貂蝉拜月 （1981年年历）
杭州 西泠印社 1980年 78cm（2开）
定价：CNY0.25

J0134752

凤台春色 （1981年年历）俞子才作
上海 上海书画出版社 1980年 53cm（4开）
定价：CNY0.22
　　作者俞子才（1915—1992），教授。名绍爵，以字行，斋名睫巢、春水草堂。浙江吴兴人。中国美术协会会员、上海市美术家协会会员、上海大学美术学院教授兼学术委员、上海中国画院画师。作品有《雁荡灵峰》《延安》《峨眉山》等，出版有《山水画皴法十要》《青绿山水课徒画稿》《怎样画石》等。

J0134753

故事片《海之恋》中的立秋(赵静饰)和南下(马晓伟饰) （1981〈农历辛酉年〉年历）
北京 中国电影出版社 1980 年 53cm（4 开）
定价：CNY0.20

J0134754

贵妃醉酒 （1981 年年历）
杭州 西泠印社 1980 年 78cm（2 开）
定价：CNY0.25

J0134755

好宝宝 （1981 年〈农历辛酉年〉月建节气表）黄鹏画
济南 山东人民出版社 1980 年 53cm（4 开）
定价：CNY0.06

J0134756

好好学习 （1981 年年历）苏耕画
济南 山东人民出版社 1980 年 53cm（4 开）
定价：CNY0.09

　　作者苏耕(1943—)，画家。生于山东荣成。原名苏永畔。毕业于山东艺专，后结业于中央美院。威海画院专职画家，副院长、副书记，中国美术家协会会员，国家一级美术师，作品有《大街小巷》《铁路哨兵》《童心》《在艺术的故乡里》等。

J0134757

贾宝玉和林黛玉 （1981 年年历）顾廷康作
合肥 安徽人民出版社 1980 年 53cm（4 开）
定价：CNY0.20

J0134758

江山如此多娇 （1981 年挂历）
杭州 浙江人民美术出版社 1980 年 53cm（4 开）
定价：CNY2.80

J0134759

连年有余 （1981 年〈农历辛酉年〉月建节气表）于占德画
济南 山东人民出版社 1980 年 76cm（2 开）
定价：CNY0.13

　　作者于占德(1946—)，山东武城县人。曾任中国美术家协会会员、山东画院高级画师、德州学院副教授等职。主要作品有《农家宝宝》《甜》《连年有余》等。

J0134760

连年有余 （1981 年〈农历辛酉年〉月建节气表）于占德画
济南 山东人民出版社 1980 年 53cm（4 开）
定价：CNY0.07

J0134761

柳樱 （1981 年年历）陆抑非作
杭州 浙江人民美术出版社 1980 年 78cm（2 开）
定价：CNY0.22

　　作者陆抑非(1908—1997)，美术教育家。名翀，初字一飞，改字抑非，号非翁，又号苏叟。江苏常熟人。历任中国美术学院教授、研究生导师，西泠书画院副院长，常熟书画院名誉院长。作品有《花好月圆》《春到农村》《寿桃图》等，著有《非翁画语录》。

J0134762

楼阁山水 （1981〈农历辛酉年〉年历）（清）袁耀作
北京 荣宝斋 1980 年 53cm（4 开）

　　作者袁耀(1618—1689)，清代画家。字昭道，江都人。出生于江都(今江苏扬州)。代表作品有《骊山避夏十二景》《阿房宫图》《秋江楼观图》等。

J0134763

绿荫 （1981 年年历）王晋元作
昆明 云南人民出版社 1980 年 53cm（4 开）
定价：CNY0.18

　　作者王晋元(1939—2001)，国画家。生于河北乐亭，毕业于中央美术学院中国画系，师承叶浅予、李苦禅、郭味蕖、田世光教授。曾任云南省美术家协会主席、文联副主席、云南画院院长、中国美术家协会理事兼中国画艺委会委员，中国画研究院院务委员等职务。作品有《井冈杜鹃红似火》《猎》《舞龙蛇》，出版有《王晋元画选》等。

J0134764

牡丹 （1981〈农历辛酉年〉年历）丁云青作
郑州 河南人民出版社 1980 年 53cm（4 开）

定价: CNY0.08

J0134765
牡丹双鸽 （1981〈农历辛酉年〉年历）周俊
鹤作
天津 天津杨柳青画店 1980 年 78cm（2 开）
镶铁边 定价: CNY0.35
　　作者周俊鹤，天津著名花鸟画家。

J0134766
牡丹仙子 （1981 年年历）李小白作
南京 江苏人民出版社 1980 年 53cm（4 开）
定价: CNY0.18

J0134767
牡丹仙子 （1981 年年历）赵光媚画
济南 山东人民出版社 1980 年 78cm（2 开）
定价: CNY0.20

J0134768
木兰从军 （1981 年年历）吴剑超作
昆明 云南人民出版社 1980 年 53cm（4 开）
定价: CNY0.18

J0134769
牧羝图 （1981〈农历辛酉年〉年历）（清）袁
江作
北京 荣宝斋 1980 年 78cm（2 开）定价: CNY0.20
　　作者袁江（1662—1735），清代画家。字文涛，
号岫泉，生于江都（今江苏扬州）。代表作品《梁
园飞雪图》《东园胜概图》《汉宫秋月图》。

J0134770
枇杷小鸟 （1981〈农历辛酉年〉年历）霍春阳，
孙琪峰作
太原 山西人民出版社 1980 年 1 张 53cm（4 开）
定价: CNY0.18

J0134771
千娇万态破朝霞 （1981 年年历）王雪涛作
沈阳 辽宁美术出版社 1980 年 107cm（全开）
定价: CNY0.38
　　作者王雪涛（1903—1982），写意花鸟画家。
原名庭钧，字晓封，号迟园。河北成安人。历任
北京画院院长、中国美术家协会理事、美协北京

分会副主席等职。著有《王雪涛画集》《王雪涛
画辑》《王雪涛画谱》《王雪涛的花鸟画》等。

J0134772
泉 （1981 年年历）叶公贤作
昆明 云南人民出版社 1980 年 53cm（4 开）
定价: CNY0.18

J0134773
人强马壮 （1981〈农历辛酉年〉年历）妥木
斯作
北京 人民体育出版社 1980 年 53cm（4 开）
定价: CNY0.16

J0134774
山灵图 （1981〈农历辛酉年〉年历）马昀作
郑州 河南人民出版社 1980 年 76cm（2 开）
定价: CNY0.16

J0134775
少女与小鹿 （1981 年年历）程十发作
昆明 云南人民出版社 1980 年 39cm（6 开）
定价: CNY0.15

J0134776
实现四化 （年画 1981〈农历辛酉年〉二十四
节气表）黄锡勤作
南宁 广西人民出版社 1980 年 53cm（4 开）
定价: CNY0.09

J0134777
仕女 （1981〈农历辛酉年〉年历）颜梅华作
太原 山西人民出版社 1980 年 53cm（4 开）
定价: CNY0.36
　　作者颜梅华（1927— ），国画家。号雪庵，
斋号琴斋。浙江乐清人。代表作品有《比目鱼》
《白秋练》《白蛇传》《风云初记》等。

J0134778
双鸽 （1981 年年历）喻继高作
南京 江苏人民出版社 1980 年 53cm（4 开）
定价: CNY0.15
　　作者喻继高（1932— ），国家一级美术师。
江苏铜山人，毕业于南京大学艺术系和南京师范
学院美术系。江苏省国画院副院长、江苏省美术

家协会副主席、中国画研究院院委、中国工笔画学会副会长、徐悲鸿奖学金委员会委员。代表作品有《梨花春雨》《玉兰锦鸡》《春江水暖》等。

J0134779

双虎 （1981年年历）葛茂柱，葛茂桐作
合肥 安徽人民出版社 1980年 78cm（2开）
定价：CNY0.27

J0134780

她俩和他俩 （1981年年历）崔森林复制
济南 山东人民出版社 1980年 53cm（4开）
定价：CNY0.18
　　作者崔森林（1943— ），美术编辑。笔名黎恩、李恩。生于山东济南，毕业于济南艺术学校。任山东美术出版社副编审。作品有《省里送来显微镜》《黄河》《第一面八一军旗的诞生》《毛主席视察北园》等，小说《不屈的昆仑》插图。

J0134781

藤萝 （1981〈农历辛酉年〉年历）齐白石画
石家庄 河北人民出版社 1980年 78cm（2开）
定价：CNY0.26
　　作者齐白石（1864—1957），近现代中国绘画大师，国画家、篆刻家。湖南湘潭人。原名纯之，字渭青，号兰亭，后改名璜，字濒生，号白石等。历任国立北京艺术专科学校和京华美术专科学校教习、教授，中央美术学院名誉教授，中国文学艺术界联合会主席团委员，中国画研究会和中国美术家协会主席，中国画院名誉院长。代表作有《蛙声十里出山泉》《墨虾》等。著有《白石诗草》《齐白石作品集》《白石老人自述》等。

J0134782

王昭君 （1981〈农历辛酉年〉年历）李元星作
郑州 河南人民出版社 1980年 76cm（2开）
定价：CNY0.16

J0134783

王昭君 （1981年年历）陈德奎作
南京 江苏人民出版社 1980年 78cm（2开）
定价：CNY0.18

J0134784

王昭君 （1981年年历）金雪尘，李慕白作
上海 上海人民美术出版社 1980年 53cm（4开）
定价：CNY0.15
　　作者金雪尘（1904—1996），画家。上海嘉定人。曾任上海图片出版社、上海人民美术出版社特约记者。代表作有《武松打虎》《春江花月夜》《金鱼舞》。作者李慕白（1913—1991），画家。生于浙江海宁。历任中国民主同盟会成员，中国美术家协会会员，上海人民美术出版社特约年画作者。出版有《李慕白、金雪尘年画选集》。

J0134785

文姬 （1981年年历）毛国富作
杭州 浙江人民美术出版社 1980年 53cm（4开）
定价：CNY0.19

J0134786

文姬辨琴图 （1981〈农历辛酉年〉年历）黄均作
长沙 湖南人民出版社 1980年 53cm（4开）
定价：CNY0.20
　　作者黄均（1914—2011），教授。字懋忱，北京人，祖籍台湾淡水。历任中央美术学院国画系教授，中国美术家协会会员，中国美术家协会会员，北京工笔重彩画会副会长，东方书画社顾问，诗书画社顾问。

J0134787

文君听琴 （1981年年历）杨德树画
天津 天津人民美术出版社 1980年 78cm（2开）
定价：CNY0.30

J0134788

武松打虎 （1981年年历）王祖德作
南京 江苏人民出版社 1980年 53cm（4开）
定价：CNY0.15

J0134789

西施 （1981年年历）毛国富作
杭州 浙江人民美术出版社 1980年 53cm（4开）
定价：CNY0.19

J0134790

西施浣纱 （1981年年历）张德俊作
南京 江苏人民出版社 1980年 78cm（2开）
定价：CNY0.18

J0134791
西施浣纱 （1981 年年历）
杭州 西泠印社 1980 年 78cm（2 开）
定价：CNY0.25

J0134792
西厢记 （1981 年年历）上海越剧院供稿
杭州 浙江人民美术出版社 1980 年 78cm（2 开）
定价：CNY0.22

J0134793
嬉鱼 （1981 年年历）刘喜春作
沈阳 辽宁美术出版社 1980 年 39cm（8 开）
镶铁边 定价：CNY0.25

J0134794
嬉鱼 （1981 年年历）刘喜春作
沈阳 辽宁美术出版社 1980 年 39cm（8 开）
定价：CNY0.16

J0134795
戏蝶 （1981〈农历辛酉年〉年历）阎德明作
郑州 河南人民出版社 1980 年 53cm（4 开）
定价：CNY0.09

J0134796
献宝 （1981 年年历）彭程久作
昆明 云南人民出版社 1980 年 53cm（4 开）
定价：CNY0.18

J0134797
刑场上的婚礼 （1981 年年历）傅鲁沛，李学荣复制
济南 山东人民出版社 1980 年 53cm（4 开）
定价：CNY0.18

J0134798
一个孩子壮 （1981 年年历）于占德画
济南 山东人民出版社 1980 年 53cm（4 开）
定价：CNY0.09
　　作者于占德（1946—　　），山东武城县人。曾任中国美术家协会会员、山东画院高级画师、德州学院副教授等职。主要作品有《农家宝宝》《甜》《连年有余》等。

J0134799
一九八一年（扇集）挂历 宋文治供稿
南京 江苏人民出版社 1980 年 53cm（4 开）
定价：CNY3.50
　　作者宋文治（1919—1999），画家。江苏太仓人。就读于江苏省国画院。曾任南京大学教授、江苏美协副主席、江苏省国画院副院长等职。代表作有《白云幽涧图》《蜀江云起》《华岳积翠图》《水乡春暖》。著作有《宋文治画集》《宋文治作品选集》等。

J0134800
一九八一年工分日历
昆明 云南人民出版社 1980 年 40 页 有图表
13cm（60 开）统一书号：17116.33 定价：CNY0.08

J0134801
一九八一年挂历
兰州 甘肃人民出版社 1980 年 74cm（4 开）
定价：CNY3.70

J0134802
一九八一年挂历 吉林画报社编
长春 吉林人民出版社 1980 年 53cm（4 开）
定价：CNY3.20

J0134803
一九八一年挂历 （汉、英文对照）
北京 荣宝斋 1980 年 74cm（3 开）

J0134804
一九八一年挂历
济南 山东人民出版社 1980 年 53cm（4 开）
定价：CNY3.00

J0134805
一九八一年挂历
天津 天津人民美术出版社 1980 年 53cm（4 开）
定价：CNY3.50

J0134806
一九八一年挂历
天津 天津人民美术出版社 1980 年 74cm（3 开）
定价：CNY4.40

J0134807
一九八一年挂历
天津 天津人民美术出版社 1980 年 53cm（4 开）
定价: CNY3.50

J0134808
一九八一年挂历
天津 天津杨柳青画店 1980 年 39cm（6 开）
定价: CNY2.00

J0134809
一九八一年挂历
杭州 西泠印社 1980 年 76cm（2 开）
定价: CNY4.50

J0134810
一九八一年历书　四川人民出版社编辑
成都 四川人民出版社 1980 年 32 页 有表格
10 × 13cm 统一书号: 17118.31 定价: CNY0.05

J0134811
一九八一年美术周历
上海 上海书画出版社 1980 年 17cm（40 开）
人造革套装 定价: CNY3.50

J0134812
一九八一年月历　南京博物院供稿
上海 上海人民美术出版社 1980 年 39cm（8 开）
定价: CNY3.00

J0134813
迎亲——嫦娥奔月　（1981〈辛酉年〉年历）
南京 江苏人民出版社 1980 年 53cm（4 开）
定价: CNY0.15

J0134814
影片《樱》中的森下光子(程晓英饰)　（1981
〈农历辛酉年〉年历）
北京 中国电影出版社 1980 年 53cm（4 开）
定价: CNY0.10

J0134815
昭君　（1981 年年历）毛国富作
杭州 浙江人民美术出版社 1980 年 53cm（4 开）
定价: CNY0.19

作者毛国富（1937—　），画家。浙江宁波
人。历任浙江省宁波市展览馆美工，市甬剧团画
师，宁波市展览馆美术总设计，中国美术家协会
会员。主要作品:《中国之春》《东方涛》《湖光
春色》《海底世界》《西双版纳》等。

J0134816
走麦罢　（走娘家 年画 1981 年节气表）周回
锁，谢良虎作
太原 山西人民出版社 1980 年 53cm（4 开）
定价: CNY0.09

J0134817
［1982 年美术挂历］
福州 福建人民出版社 1981 年 54cm（4 开）
定价: CNY3.50

J0134818
［1982 年美术挂历］
兰州 甘肃人民出版社 1981 年 78cm（3 开）
定价: CNY3.85

J0134819
［1982 年美术挂历］
兰州 甘肃人民出版社 1981 年 54cm（4 开）
定价: CNY2.96

J0134820
［1982 年美术挂历］
兰州 甘肃人民出版社 1981 年 20cm（32 开）
定价: CNY0.80

J0134821
［1982 年美术挂历］　（农历壬戌年）
石家庄 河北人民出版社 1981 年 78cm（2 开）
定价: CNY3.70

J0134822
［1982 年美术挂历］　（外国名胜）
石家庄 河北人民出版社 1981 年
定价: CNY3.30

J0134823
［1982 年美术挂历］
武汉 湖北人民出版社 1981 年 54cm（4 开）

定价：CNY1.75

J0134824
［1982 年美术挂历］
武汉　湖北人民出版社　1981 年　39cm（4 开）
定价：CNY1.85

J0134825
［1982 年美术挂历］
长沙　湖南美术出版社　1981 年　39cm（8 开）
定价：CNY0.90

J0134826
［1982 年美术挂历］
广州　花城出版社　1981 年　54cm（4 开）

J0134827
［1982 年美术挂历］（风光）
长春　吉林人民出版社　1981 年　定价：CNY3.20

J0134828
［1982 年美术挂历］
南京　江苏科学技术出版社　1981 年　54cm（4 开）
定价：CNY3.50

J0134829
［1982 年美术挂历］
南京　江苏科学技术出版社　1981 年　13cm（64 开）
定价：CNY0.30

J0134830
［1982 年美术挂历］
南京　江苏人民出版社　1981 年　19cm（小 32 开）
定价：CNY0.70

J0134831
［1982 年美术挂历］（台历）
南京　江苏人民出版社　1981 年　19cm（小 32 开）
定价：CNY0.60

J0134832
［1982 年美术挂历］
南昌　江西人民出版社　1981 年　39cm（8 开）
定价：CNY1.10

J0134833
［1982 年美术挂历］
沈阳　辽宁美术出版社　1981 年　30cm（10 开）
定价：CNY1.30

J0134834
［1982 年美术挂历］
沈阳　辽宁美术出版社　1981 年　30cm（10 开）
定价：CNY0.60

J0134835
［1982 年美术挂历］（世界风光）
沈阳　辽宁美术出版社　1981 年　54cm（4 开）
定价：CNY3.50

J0134836
［1982 年美术挂历］（健儿）
广州　岭南美术出版社　1981 年　30cm（10 开）
定价：CNY2.00

J0134837
［1982 年美术挂历］
济南　齐鲁书社　1981 年　39cm（8 开）
定价：CNY2.60

J0134838
［1982 年美术挂历］　中国国际书店编
北京　人民美术出版社　1981 年　76cm（2 开）

J0134839
［1982 年美术挂历］
北京　人民体育出版社　1981 年　54cm（4 开）
定价：CNY3.50

J0134840
［1982 年美术挂历］
北京　荣宝斋　1981 年　78cm（2 开）定价：CNY4.80

J0134841
［1982 年美术挂历］
济南　山东人民出版社　1981 年　42cm（8 开）
定价：CNY2.20

J0134842
［1982 年美术挂历］

济南 山东人民出版社 1981 年 39cm（8 开）
定价：CNY1.60

J0134843
［1982 年美术挂历］
太原 山西人民出版社 1981 年 78cm（2 开）
定价：CNY4.00

J0134844
［1982 年美术挂历］
太原 山西人民出版社 1981 年 54cm（4 开）
定价：CNY3.00

J0134845
［1982 年美术挂历］
成都 四川人民出版社 1981 年 54cm（4 开）
定价：CNY3.20

J0134846
［1982 年美术挂历］
天津 天津人民美术出版社 1981 年 76cm（2 开）
定价：CNY3.20

J0134847
［1982 年美术挂历］
天津 天津人民美术出版社 1981 年 78cm（2 开）
定价：CNY4.20

J0134848
［1982 年美术挂历］
天津 天津人民美术出版社 1981 年 54cm（4 开）
定价：CNY3.50

J0134849
［1982 年美术挂历］
天津 天津人民美术出版社 1981 年 39cm（8 开）
定价：CNY3.80

J0134850
［1982 年美术挂历］
天津 天津人民美术出版社 1981 年 54cm（4 开）
定价：CNY3.20

J0134851
［1982 年美术挂历］

天津 天津杨柳青画店 1981 年 78cm（2 开）
定价：CNY4.30

J0134852
［1982 年美术挂历］
天津 天津杨柳青画店 1981 年 54cm（4 开）
定价：CNY3.30

J0134853
［1982 年美术挂历］
天津 天津杨柳青画店 1981 年 54cm（4 开）
定价：CNY3.30

J0134854
［1982 年美术挂历］（农历壬戌年）
北京 文物出版社 1981 年 78cm（2 开）
定价：CNY4.50

J0134855
［1982 年美术挂历］
杭州 西泠印社 1981 年 定价：CNY3.60

J0134856
［1982 年美术挂历］（儿童月历）
杭州 西泠印社 1981 年 54cm（4 开）
定价：CNY3.80

J0134857
［1982 年美术挂历］
乌鲁木齐 新疆人民出版社 1981 年 54cm（4 开）
定价：CNY2.20

J0134858
［1982 年美术挂历］
延吉 延边人民出版社 1981 年 54cm（4 开）
定价：CNY3.20

J0134859
［1982 年美术挂历］
昆明 云南民族出版社 1981 年 54cm（4 开）
定价：CNY1.00

J0134860
［1982 年美术挂历］
昆明 云南人民出版社 1981 年 54cm（4 开）

定价: CNY0.70

J0134861
［1982 年美术挂历］　云南省体育运动委员会编
昆明　云南人民出版社　1981 年　39cm（8 开）
定价: CNY1.20

J0134862
［1982 年美术挂历］
北京　中国电影出版社　1981 年　54cm（4 开）
定价: CNY3.20

J0134863
［1982 年美术挂历］（农历壬戌年）
郑州　中州书画社　1981 年　39cm（8 开）
定价: CNY1.50

J0134864
《当我们一同居住的时候》（1982 年年历）
天津　天津人民美术出版社　1981 年　54cm（4 开）
定价: CNY0.20

J0134865
《儿童》1982 年挂历
杭州　浙江人民美术出版社　1981 年　30cm（10 开）
定价: CNY1.80

J0134866
《卡泰琳娜》（1982 年年历）
天津　天津人民美术出版社　1981 年　54cm（4 开）
定价: CNY0.20

J0134867
《世界名画》1982 年挂历　浙江人民美术出
版社, 富春江画报编
杭州　浙江人民美术出版社　1981 年　39cm（8 开）
定价: CNY2.20

J0134868
1982（世界风光）
天津　天津人民美术出版社　1981 年　54cm（4 开）
定价: CNY3.50

J0134869
1982（台历）

济南　山东人民出版社　1981 年　15cm（64 开）
定价: CNY0.60

J0134870
1982（长白山风光挂历）
延吉　延边人民出版社　1981 年　20cm（32 开）
定价: CNY1.30

J0134871
1982 年年历
南昌　江西人民出版社　1981 年　54cm（4 开）
定价: CNY0.18

J0134872
1982 年月历
长春　吉林人民出版社　1981 年　78cm（2 开）
定价: CNY4.20

J0134873
1982 年月历　人民美术出版社编
北京　人民美术出版社　1981 年　定价: CNY3.50

J0134874
阿房宫图轴　（1982 年年历）（清）袁耀作
上海　上海人民美术出版社　1981 年［1 张］
54cm（4 开）定价: CNY0.19
　　作者袁耀(1618—1689), 清代画家。字昭
道, 江都人。出生于江都(今江苏扬州)。代表作
品有《骊山避夏十二景》《阿房宫图》《秋江楼观
图》等。

J0134875
翱翔　（1982 年年历）吴青禾作
兰州　甘肃人民出版社　1981 年　54cm（4 开）
定价: CNY0.20

J0134876
白雪公主　（1982 年年历）施福国作
杭州　西泠印社　1981 年　78cm（2 开）
定价: CNY0.20

J0134877
宝莲灯　（1982 农历壬戌年年历）任率英作
北京　人民美术出版社　1981 年　78cm（2 开）
定价: CNY0.22

作者任率英(1911—1989)，画家。原名敬表，河北束鹿人。擅长工笔画、连环画、年画。历任中国美术家协会会员、中国连环画研究会顾问、北京东方书画研究社社长、北京工笔重彩画协会副会长、北京中国画研究会理事、北京工业大学书画协会顾问。代表作品《嫦娥奔月》《洛神图》等。

J0134878
报春 （1982 年年历）蔡天涛作
南昌 江西人民出版社 1981 年 78cm（2 开）
定价：CNY0.13

J0134879
报春图 （1982 农历壬戌年年历）田世光作
北京 人民美术出版社 1981 年 78cm（2 开）
定价：CNY0.22
　　作者田世光(1916—1999)，教授。号公炜，北京人，祖籍山东乐陵，毕业于北京京华美术学院，师承张大千、赵梦朱、吴镜汀、于非闇、齐白石诸先生。历任中国美术家协会会员，北京工笔重彩画副会长，中国画研究院第一届院务委员。代表作《和平颂》《松树白鹰》《春晖》《幽谷红妆》《山雀》。

J0134880
彩凤飞舞 （1982 年年历）江南春作
上海 上海人民美术出版社 1981 年 76cm（2 开）
定价：CNY0.16

J0134881
沉思 （1982 年年历）
南昌 江西人民出版社 1981 年 54cm（4 开）
定价：CNY0.18

J0134882
成都名胜 （汉英文对照 明信片）
成都 四川人民出版社 1981 年 9 张 15cm（64 开）
定价：CNY0.50

J0134883
出海 （1982 农历壬戌年年历）卫祖荫作
郑州 中州书画社 1981 年 [1 张] 54cm（4 开）
定价：CNY0.09

J0134884
春雷初绽 （1982 年年历）宫兴福作
昆明 云南人民出版社 1981 年 78cm（2 开）
定价：CNY0.22
　　作者宫兴福(1936—)，教授。黑龙江密山人。毕业于鲁迅美术学院中国画系，后留校任教。作品《豆花香》《听泉》《天女木兰》。发表论文有《图新·求美·思变》《意念·意象·以形写神》等。

J0134885
春艳 （1982 年年历）田世光作
郑州 中州书画社 1981 年 54cm（4 开）
定价：CNY0.09

J0134886
春意 （1982 年年历）郭昧蕖作
南昌 江西人民出版社 1981 年 78cm（2 开）
定价：CNY0.13

J0134887
春意浓 （1982 年节气表）曹天舒作
郑州 中州书画社 1981 年 54cm（4 开）
定价：CNY0.08

J0134888
大足石刻 （汉英文对照 明信片）张德重，胡世文摄
成都 四川人民出版社 1981 年 12 张 15cm（64 开）
定价：CNY0.65

J0134889
冬 （1982 年年历）施福国作
南京 江苏科学技术出版社 1981 年 39cm（4 开）
定价：CNY0.12

J0134890
冬雪 （1982 年年历）
南昌 江西人民出版社 1981 年 54cm（4 开）
定价：CNY0.18

J0134891
断桥 （1982 农历壬戌年年历）新华社供稿
北京 宝文堂书店 1981 年 54cm（4 开）
定价：CNY0.20

J0134892
法国女孩 （1982 年年历）
南京 江苏人民出版社 1981 年 54cm（4 开）
定价：CNY0.18

J0134893
仿赵文敏山水 （1982 农历壬戌年年历）（清）
王鉴作
北京 北京人民美术出版社 1981 年［1 张］
78cm（2 开）定价：CNY0.22
　　作者王鉴（1598—1677），明末清初画家。字
玄照，后改字元照、圆照，号湘碧、染香庵主。
出生于江苏太仓。主要作品《画中九友歌》。

J0134894
飞吧！足球 （1982 农历壬戌年年历）
北京 中国电影出版社 1981 年 54cm（4 开）
定价：CNY0.10

J0134895
飞霞春色 （1982 年年历）梁铭添作
广州 岭南美术出版社 1981 年 76cm（2 开）
定价：CNY0.18
　　作者梁铭添（1937— ），广东南海人。广东
岭南美术出版社美术副编审、年画编辑室主任，
中国美术家协会广东分会会员，广东年画艺术委
员会副会长。代表作品有《梁铭添山水画集》。

J0134896
风竹 （1982 农历壬戌年年历）孙琪峰作
太原 山西人民出版社 1981 年 78cm（2 开）
定价：CNY0.18

J0134897
芙蓉鸳鸯 （1982 年年历）黄幻吾作
上海 上海书画出版社 1981 年 76cm（2 开）
定价：CNY0.22
　　作者黄幻吾（1906—1985），花鸟画家。名罕，
字幻吾，号罕僧，晚年称罕翁。广东新会人。历
任中国美术家协会会员，中国美术家协会上海分
会理事，上海文史研究馆馆员等职。出版有《幻
吾画集》《幻吾小品画集》《怎样画走兽》《中国
画技法》等。

J0134898
福禧临门 （1982 年年历）黄锡令作
沈阳 辽宁美术出版社 1981 年 76cm（2 开）
定价：CNY0.13

J0134899
富（年画） （1982 农历壬戌年二十四节气日期
时刻表）潘小庆作
南昌 江西人民出版社 1981 年 54cm（4 开）
定价：CNY0.10
　　作者潘小庆（1941— ），图书封面设计家。
江苏无锡人，就读于苏州艺专。先后任江苏人民
出版社美编室主任、江苏少年儿童出版社副社
长，江南诗画院常务理事。作品入选《中国出版
年鉴》《中国现代美术全集》等。专集《潘小庆书
装艺术》。

J0134900
赶集 （1982 年节气表）彭加浩作
太原 山西人民出版社 1981 年 54cm（4 开）
定价：CNY0.08

J0134901
格累兹——法国 （1982 年年历）
杭州 西泠印社 1981 年 54cm（4 开）
定价：CNY0.20

J0134902
观花思情 （1982 年年历）
合肥 安徽人民出版社 1981 年 54cm（4 开）
定价：CNY0.18

J0134903
灌县名胜 （汉英文对照 明信片）
成都 四川人民出版社 1981 年 12 张
［17cm］（44 开）定价：CNY0.65

J0134904
龟兹壁画艺术 （汉英文对照 明信片）中国
新疆阿克苏图片室编
北京 文物出版社 1981 年 20 张 15cm（64 开）

J0134905
海螺姑娘 （1982 年年历）
西安 陕西科学技术出版社 1981 年 54cm（4 开）

定价: CNY0.18

J0134906
海棠彩蝶 （1982 农历壬戌年年历）郭怡孮作
北京 人民美术出版社 1981 年 78cm（2 开）
定价: CNY0.22

　　作者郭怡孮（1940—　　），教授。山东潍坊人。历任中央美术学院中国画系教授、副系主任，全国美术家协会会员等职。出版《中国画教材》《郭味蕖花鸟画技法》《白描花卉写生》《写意花鸟画技法》《花卉写生教程》《郭怡孮花卉集》。

J0134907
红梅 （1982 农历壬戌年年历）王成喜作
合肥 安徽人民出版社 1981 年［1 张］54cm（4 开）
定价: CNY0.18

　　作者王成喜（1940—　　），画家。生于河南尉氏县，毕业于中央工艺美术学院。历任北京燕京书画社副总经理，中国书法家协会会员，全国政协书画室副主任，国家一级美术师。代表作《王成喜画梅辑》《王成喜百梅辑》《中国画家王成喜》等。

J0134908
红牡丹 （1982 年年历）刘海粟作
上海 上海书画出版社 1981 年 54cm（4 开）
定价: CNY0.11

　　作者刘海粟（1896—1994），画家、美术教育家。名槃，字季芳，号海翁。江苏武进人。参与创办上海私立美术学院。曾任华东艺术专科学校校长，南京艺术学院院长。代表作《黄山云海奇观》《披狐皮的女孩》《九溪十八涧》等，有画集《黄山》《海粟老人书画集》等。

J0134909
虎 （1982 农历壬戌年年历）王立平作
郑州 中州书画社 1981 年［1 张］76cm（2 开）
定价: CNY0.18

J0134910
花朵 （1982 年年历）
南昌 江西人民出版社 1981 年 54cm（4 开）
定价: CNY0.18

J0134911
灰姑娘 （1982 年年历）施福国作
杭州 西泠印社 1981 年 78cm（2 开）
定价: CNY0.20

J0134912
回眸 （1982 年年历）
南昌 江西人民出版社 1981 年 54cm（4 开）
定价: CNY0.18

J0134913
江南秋色 （1982 年年历）胡振郎作
上海 上海书画出版社 1981 年 54cm（4 开）
定价: CNY0.44

　　作者胡振郎（1938—　　），国家一级美术师。浙江永康县人，毕业于浙江美术学院。历任中国美术家协会上海分会理事，上海市黄浦画院院长，上海市文史研究馆馆员，上海中国画院画师。代表作品有《功》《一生难忘 1976》《峥嵘岁月》《百年沧桑》《白求恩》，出版有《胡振郎画集》《胡振郎山水画集》《怎样画水墨山水》等。

J0134914
金鱼满塘 （1982 农历壬戌年月建节气表）刘星池画
济南 山东人民出版社 1981 年 54cm（4 开）
定价: CNY0.07

J0134915
晶晶 （1982 农历壬戌年年历）
南昌 江西人民出版社 1981 年 54cm（4 开）
定价: CNY0.18

J0134916
孔雀公主 （1982 年年历）小仪作
南宁 广西人民出版社 1981 年［1 张］78cm（2 开）
定价: CNY0.27

J0134917
孔雀牡丹 （1982 年年历）周洪全作
沈阳 辽宁美术出版社 1981 年 54cm（4 开）
定价: CNY0.18

　　作者周洪全，工艺美术师。艺名沙金、雪鸿，室名长乐轩。毕业于鲁迅美术学院染织专业。历任辽宁美术家协会会员，国营熊岳印染厂高级工艺美术师。代表作品有《四季花开》《孔雀牡丹》《玉堂富贵》《繁花益鸟屏》等。

J0134918

苦恼人的笑 （1982 农历壬戌年年历）
太原 山西人民出版社 1981 年 54cm（4 开）
定价：CNY0.12

J0134919

兰竹图 （1982 农历壬戌年年历）（清）郑板桥作
北京 文物出版社 1981 年［1 张］78cm（2 开）
定价：CNY0.20

　　作者郑板桥（1693—1765），清代书画家、文学家。原名郑燮，字克柔，号理庵，又号板桥，人称板桥先生。生于江苏兴化，祖籍苏州。乾隆元年（1736 年）进士。官山东范县、潍县县令。代表作品《修竹新篁图》《清光留照图》《丛兰荆棘图》《甘谷菊泉图》等，著有《郑板桥集》。

J0134920

李清照燕居图 （1982 年年历）王叔晖画
济南 山东人民出版社 1981 年［1 张］78cm（2 开）
定价：CNY0.22

　　作者王叔晖（1912—1985），女，国画家。字郁芬，生于天津，祖籍浙江绍兴。历任出版总署美术科员，新华书店总管理处美术室图案组组长，人民美术出版社连环画创作组组长。代表作《西厢记》《林黛玉》《夜宴桃李园》《杨门女将》等。

J0134921

鲤鱼跳龙门 （1982 年 农历壬戌年月建节气表）董家祥画
济南 山东人民出版社 1981 年 54cm（4 开）
定价：CNY0.07

J0134922

楼台会 （1982 年年历）金梅生，黄妙发作
上海 上海人民美术出版社 1981 年 54cm（4 开）
定价：CNY0.16

　　作者金梅生（1902—1989），画家。别名石摩，上海人。曾于商务印书馆美术科专门从事月份牌绘画，上海市文史馆馆员、上海人民美术出版社特约年画家。作品有《新中国的歌声》《秀女饲养员》《花木兰》等。

J0134923

洛神 （1982 农历壬戌年年历）王叔晖作
长沙 湖南美术出版社 1981 年 54cm（4 开）
定价：CNY0.20

J0134924

马 （1982 农历壬戌年年历）徐悲鸿作
石家庄 河北人民出版社 1981 年 78cm（2 开）
定价：CNY0.26

　　作者徐悲鸿（1895—1953），著名画家、美术教育家。原名徐寿康，江苏宜兴市屺亭镇人，毕业于巴黎国立美术学校。曾任教于国立中央大学艺术系，北平大学艺术学院和北平艺专，后任中央美术学院院长。代表作品《愚公移山图》《八骏图》《负伤之狮》《田横五百士》等。

J0134925

梅 （1982 年年历）黄幻吾作
杭州 西泠印社 1981 年 78cm（2 开）
定价：CNY0.20

　　作者黄幻吾（1906—1985），花鸟画家。名罕，字幻吾，号罕僧，晚年称罕翁。广东新会人。历任中国美术家协会会员，中国美术家协会上海分会理事，上海文史研究馆馆员等职。出版有《幻吾画集》《幻吾小品画集》《怎样画走兽》《中国画技法》等。

J0134926

梅妃 （1982 农历壬戌年年历）王叔晖作
北京 荣宝斋 1981 年 76cm（2 开）定价：CNY0.30

J0134927

梅石水仙图 （1982 农历壬戌年年历）（清）李鲜作
北京 文物出版社 1981 年［1 张］78cm（2 开）
定价：CNY0.20

J0134928

梅竹图 （1982 农历壬戌年年历）（清）原济作
北京 文物出版社 1981 年［1 张］78cm（2 开）
定价：CNY0.20

J0134929

美术画片 （1982 年年历）
乌鲁木齐 新疆人民出版社 1981 年 10 张

15cm（40开）定价：CNY0.50

J0134930
明代女诗人曹寿奴 （1982年年历）董淑嫔作
天津 天津人民美术出版社 1981年 78cm（2开）
定价：CNY0.30

J0134931
牡丹 （1982农历壬戌年年历）王雪涛作
北京 荣宝斋 1981年 76cm（2开）定价：CNY0.30

J0134932
牡丹锦鸡 （1982农历壬戌年年历）贺伯英作
北京 人民美术出版社 1981年 78cm（2开）
定价：CNY0.22

J0134933
牡丹孔雀 （1982农历壬戌年年历）乔玉川作
西安 陕西人民美术出版社 1981年 78cm（2开）
定价：CNY0.24
　　作者乔玉川（1938—　），毕业于西安美术学
院中国画系。历任中国美术家协会会员，中央文
史馆书画研究员，陕西省美术家协会顾问、终身
艺术委员会委员。出版专著有《乔玉川画集》《乔
玉川栾川写生集》《乔玉川人物画集》《乔玉川栾
川山水画集》等。

J0134934
琵琶曲 （1982年年历）姚有信作
上海 上海书画出版社 1981年 54cm（4开）
定价：CNY0.11
　　作者姚有信（1935—1997），画家。浙江湖州
人。上海华东美术出版社专业画家，在浙江美术
学院国画系师从潘天寿，后又师从程十发攻连环
画创作。连环画作品有《伤逝》《刘胡兰小时候
的故事》《刘胡兰小时候的故事》《戈达吉和她的
父亲》《聂耳》等。

J0134935
扑蝶图 （1982年节气表）雨新作
太原 山西人民出版社 1981年 54cm（4开）
定价：CNY0.08
　　作者雨新（1927—　），画家。本名王宗光，
北京顺义人。曾任荣宝斋咨询委员会委员、中国
老年书画研究会创作员。主要作品有《怎样画蝴

蝶》《怎样画草虫》《怎样画牡丹花石》等。

J0134936
齐放 （1982农历壬戌年年历）俞致贞作
太原 山西人民出版社 1981年 54cm（4开）
定价：CNY0.12
　　作者俞致贞（1915—1995），花鸟画家。字一
云，北京人。历任中国美术家协会会员，中国老
年书画会顾问，中国书画函授大学教授，北京工
笔重彩画会副会长，北京花鸟画会名誉会长等。
代表作品《沙果双鹊》《荷花》《耄耋图》等。

J0134937
琴韵传情 （1982年年历）
南宁 广西人民出版社 1981年 78cm（2开）
定价：CNY0.27

J0134938
青松仙鹤 （1982农历壬戌年年历）乔玉川作
西安 陕西人民美术出版社 1981年 78cm（2开）
定价：CNY0.24

J0134939
秋艳 （1982年年历）
南昌 江西人民出版社 1981年 54cm（4开）
定价：CNY0.18

J0134940
日本妇女 （1982年年历）
南京 江苏人民出版社 1981年 54cm（4开）
定价：CNY0.18

J0134941
瑞丽晨雾 （1982年年历）姚钟华作
昆明 云南人民出版社 1981年 54cm（4开）
　　作者姚钟华（1939—　），画家。生于云南昆
明，毕业于中央美术学院油画系。历任中国美术
家协会理事，云南画院副院长，一级美术师。作
品有《黄河》《玉龙金川》《啊！土地》等，出版
有《姚钟华画选》《姚钟华画集》等。

J0134942
桑鹏 （1982农历壬戌年年历）李自强作
郑州 中州书画社 1981年 54cm（4开）
定价：CNY0.09

J0134943

莎士比亚《十四行诗》诗句并配画（1982年年历）

天津 天津人民美术出版社 1981年 54cm（4开）

定价：CNY0.20

J0134944

山茶春禽（1982 农历壬戌年年历）陈贞馥作

上海 上海书画出版社 1981年 54cm（4开）

定价：CNY0.11

J0134945

山茶双禽（1982年年历）江寒汀作

上海 上海人民美术出版社 1981年 54cm（4开）

定价：CNY0.19

　　作者江寒汀(1903—1963)，花鸟画家、教育家。名上渔，又名渔，字寒汀、寒艇，号石溪，江苏常熟人。历任上海美术学院专科学校教师，上海中国画院画师，中国美术家协会会员，上海分会理事。出版有《江寒汀百兽图》《当代名画家江寒汀》《江寒汀百兽图画册》等。

J0134946

山高水长（1982年年历）赵建源画

济南 山东人民出版社 1981年 78cm（2开）

定价：CNY0.22

　　作者赵建源(1940—　)，山东美术出版社副编审、编辑室主任，中国工艺美术学会会员，中国工艺美术理论研究会理事。

J0134947

山水图（1982 农历壬戌年年历）（清）袁耀作

北京 文物出版社 1981年 [1张]78cm（2开）

定价：CNY0.20

J0134948

世界风光（1982年年历）

南京 江苏人民出版社 1981年 54cm（4开）

定价：CNY0.18

J0134949

寿星图（1982年年历）

南京 金陵书画社 1981年 76cm（2开）

定价：CNY0.45

J0134950

双虎（1982 农历壬戌年年历）黄时中绘

福州 福建人民出版社 1981年 54cm（4开）

定价：CNY0.20

J0134951

松鹤图（1982 农历壬戌年年历）（清）沈铨作

北京 文物出版社 1981年 [1张]78cm（2开）

定价：CNY0.20

J0134952

探春赋诗（1982年年历）牟桑画

济南 山东人民出版社 1981年 78cm（2开）

定价：CNY0.22

　　作者牟桑(1942—　)，教授。生于山东日照，毕业于山东师范学院艺术系。历任中国美术家协会会员，山东建筑大学艺术系教研室主任、教授。作品有《举士奇创》《农林益鸟》《林黛玉魁夺菊花诗》，专集有《花卉写生集》《中国太湖石写生集》。主编《全国高校建筑学科教师美术作品集》。

J0134953

天池初雷（1982年年历）

乌鲁木齐 新疆人民出版社 1981年 54cm（4开）

定价：CNY0.20

J0134954

天鹅拢翅（1982年年历）

南宁 广西人民出版社 1981年 78cm（2开）

定价：CNY0.27

J0134955

王子猷看竹图（1982 农历壬戌年年历）谢稚柳作

上海 上海书画出版社 1981年 54cm（4开）

定价：CNY0.11

　　作者谢稚柳(1910—1997)，书画家、书画鉴定家。原名稚，字稚柳，后以字行，晚号壮暮翁，斋名鱼饮溪堂等。江苏常州人。历任上海市文物保护委员会编纂、副主任、上海市博物馆顾问、中国书法家协会理事、国家文物局全国古代书画鉴定小组组长等。编著有《敦煌石室记》《敦煌艺术叙录》《水墨画》《唐五代宋元名迹》等。

J0134956
我要泡泡 （1982 年年历）倪辰生复制
济南 山东人民出版社 1981 年 54cm（4 开）
定价：CNY0.18

J0134957
我也要学雷锋叔叔 （1982 农历壬戌年年历）
福州 福建人民出版社 1981 年 54cm（4 开）
定价：CNY0.20

J0134958
梧桐栗鼠图轴 （1982 农历壬戌年年历）（清）
华嵒作
北京 北京人民美术出版社 1981 年［1 张］
78cm（2 开）定价：CNY0.22
　　作者华嵒（1682—1756），清代画家。一作华岩，字德嵩，更字秋岳，号新罗山人、白沙道人等。福建上杭白砂里人。画作有《高山云鹤》《水国浮牛》《青松悬崖》《倚马题诗》等。

J0134959
溪谷幽居 （1982 农历壬戌年年历）吴湖帆作
上海 上海人民美术出版社 1981 年 54cm（4 开）
定价：CNY0.19
　　作者吴湖帆（1894—1968），山水画家、书法家、鉴定家。江苏苏州人。名倩，又名万，号倩庵，别署丑簃、翼燕。历任上海中国画院筹备委员、画师，上海大学美术学院副教授，中国美术家协会上海分会副主席。代表作品有《云表奇峰》《渔浦桃花》等。

J0134960
喜临门 （1982 农历壬戌年年历）黄妙发作
上海 上海人民美术出版社 1981 年 54cm（4 开）
定价：CNY0.16
　　作者黄妙发（1938—　），别名年丰，江苏常熟人。擅长年画。曾任上海人民美术出版社年画宣传画编辑室副主任。作品有年画《喜临门》《我爱中华》《儿童附捐邮票一套》（两枚）等。

J0134961
喜上眉梢 （1982 农历壬戌年年历）周俊鹤作
天津 天津杨柳青画店 1981 年 78cm（2 开）
定价：CNY0.27

J0134962
喜悦 （1982 年年历）
南昌 江西人民出版社 1981 年 54cm（4 开）
定价：CNY0.18

J0134963
夏 （1982 年年历）施福国作
南京 江苏科学技术出版社 1981 年 39cm（4 开）
定价：CNY0.12

J0134964
香魂 （1982 农历壬戌年年历）马璟作
太原 山西人民出版社 1981 年［1 张］78cm（2 开）
定价：CNY0.18
　　作者马璟（1937—　），国画家、水彩画家。笔名梅山，字清源，又号司马清源，九峰画室主人。山西清徐县人，毕业于中央美术学院国画系。北京画院专职画家，中国美术家协会会员，国家一级美术师。代表作有《还我河山》《黄河之水天上来》《日日夜夜》《秋爽斋》《李清照》等。

J0134965
小放牛 （1982 农历壬戌年年历）新华社供稿
北京 宝文堂书店 1981 年 54cm（4 开）
定价：CNY0.20

J0134966
新透 （1982 年年历）
南京 江苏人民出版社 1981 年 54cm（4 开）
定价：CNY0.18

J0134967
幸福如意 （1982 农历壬戌年年历）
南昌 江西人民出版社 1981 年 54cm（4 开）
定价：CNY0.18

J0134968
烟龙玉树图轴 （1982 农历壬戌年年历）（明）
陈录作
北京 人民美术出版社 1981 年［1 轴］78cm（2 开）
定价：CNY0.22

J0134969
燕归来 （1982 农历壬戌年年历）
北京 中国电影出版社 1981 年 54cm（4 开）

定价：CNY0.10

J0134970
一九八二年半月台历
上海　上海人民美术出版社　1981 年　13cm（64 开）
定价：CNY2.50

J0134971
一九八二年月历　人民美术出版社编
北京　人民美术出版社　1981 年　定价：CNY3.50

J0134972
一九八二年月历　（日本风光）人民美术出版社编
北京　人民美术出版社　1981 年　54cm（4 开）
定价：CNY3.50

J0134973
一九八二年月历　（西洋名画）
北京　人民美术出版社　1981 年　39cm（8 开）
定价：CNY2.20

J0134974
鹰击天鹅　（1982 年年历）
南京　金陵书画社　1981 年　76cm（2 开）
定价：CNY0.45

J0134975
鹰图　（1982 农历壬戌年年历）张书旗作
北京　人民美术出版社　1981 年　78cm（2 开）
定价：CNY0.22

J0134976
影坛新秀　（1982 农历壬戌年年历）
南昌　江西人民出版社　1981 年　54cm（4 开）
定价：CNY0.21

J0134977
鱼　（1982 年年历）成砺志作
沈阳　辽宁美术出版社　1981 年　54cm（4 开）
定价：CNY0.18
　　作者成砺志（1954— ），江苏扬州人。国家一级美术师，中国美术家协会会员。主要作品《六老图·邓小平》《我为祖国争光》《春暖万家》等。

J0134978
玉壶春色图　（1982 农历壬戌年年历）（清）金农作
北京　文物出版社　1981 年 ［1 张］78cm（2 开）
定价：CNY0.20
　　作者金农（1687—1763），清代书画家。字寿门、司农、吉金，钱塘（今浙江杭州）人，扬州八怪之首。代表作品有《东萼吐华图》《空捍如洒图》《腊梅初绽图》《玉蝶清标图》等，著有《冬心诗集》《冬心随笔》《冬心杂著》等。

J0134979
元代女诗人管仲姬　（1982 年年历）王雁作
天津　天津人民美术出版社　1981 年　78cm（2 开）
定价：CNY0.30

J0134980
月到风来亭　（1982 年年历）
济南　山东人民出版社　1981 年　54cm（4 开）
定价：CNY0.10

J0134981
月季双鸽　（1982 农历壬戌年年历）陆抑非作
北京　人民美术出版社　1981 年　78cm（2 开）
定价：CNY0.22
　　作者陆抑非（1908—1997），美术教育家。名翀，初字一飞，改字抑非，号非翁，又号苏叟。江苏常熟人。历任中国美术学院教授、研究生导师，西泠书画院副院长，常熟书画院名誉院长。作品有《花好月圆》《春到农村》《寿桃图》等，著有《非翁画语录》。

J0134982
月夜　（1982 年年历）（俄）克拉姆·斯柯依作
沈阳　辽宁美术出版社　1981 年　39cm（4 开）
定价：CNY0.09

J0134983
云峰林谷图轴　（1982 农历壬戌年年历）（明）陆治作
北京　人民美术出版社　1981 年 ［1 轴］78cm（2 开）
定价：CNY0.22

J0134984
泽芝红艳　（1982 农历壬戌年年历）俞致贞，

刘加合作
北京 人民美术出版社 1981 年 78cm（2 开）
定价：CNY0.22

　　作者俞致贞（1915—1995），花鸟画家。字一云，北京人。历任中国美术家协会会员，中国老年书画会顾问，中国书画函授大学教授，北京工笔重彩画会副会长，北京花鸟画会名誉会长等。代表作品《沙果双鹊》《荷花》《耄耋图》等。

J0134985
争飞跃 （1982 年年历）凌虚作
上海 上海书画出版社 1981 年 54cm（4 开）
定价：CNY0.11

J0134986
追鱼 （1982 年年历）谢慕莲作
上海 上海人民美术出版社 1981 年 54cm（4 开）
定价：CNY0.16

　　作者谢慕莲（1918—1985），画家。浙江余姚人。曾受聘为上海画片出版社和上海人民美术出版社特约年画作者，中国美术家协会会员。代表作有《李香君》《霸王别姬》《杨家十二女将》等。

J0134987
祖国风光 （1982 年美术挂历）吉林画报社编
长春 吉林人民出版社 1981 年 定价：CNY3.20

J0134988
1983（儿童挂历）
南京 江苏人民出版社 1982 年 39cm（4 开）
定价：CNY2.00

J0134989
1983（儿童挂历）
南昌 江西人民出版社 1982 年 39cm（4 开）
定价：CNY1.80

J0134990
1983（挂历）《福建画报》社编辑
福州 福建人民出版社 [1982 年] 54cm（4 开）
定价：CNY1.80

J0134991
1983（挂历）
兰州 甘肃人民出版社 1982 年 54cm（4 开）
定价：CNY2.80

J0134992
1983（挂历）
石家庄 河北美术出版社 1982 年 78cm（2 开）
定价：CNY4.00

J0134993
1983（挂历）
石家庄 河北美术出版社 1982 年 54cm（4 开）
定价：CNY3.20

J0134994
1983（挂历）
石家庄 河北美术出版社 1982 年 53cm（4 开）
定价：CNY1.50

J0134995
1983（挂历）
南京 金陵书画社 1982 年 54cm（4 开）
定价：CNY3.50

J0134996
1983（挂历）
呼和浩特 内蒙古人民出版社 1982 年 20cm（32 开）
定价：CNY0.60

J0134997
1983（挂历）
西宁 青海人民出版社 1982 年 78cm（2 开）
定价：CNY4.20

J0134998
1983（挂历）
太原 山西人民出版社 1982 年 78cm（2 开）
定价：CNY4.00

J0134999
1983（挂历）
郑州 中州书画社 1982 年 20cm（32 开）
定价：CNY0.55

J0135000
1983（癸亥年）
武汉 湖北人民出版社［1982 年］39cm（8 开）
定价：CNY1.40

J0135001
1983（癸亥年）
昆明 云南民族出版社［1982 年］38cm（6 开）
定价：CNY1.00

J0135002
1983（美术挂历）
昆明 云南人民出版社 1982 年 38cm（6 开）
定价：CNY0.80

J0135003
1983（农历癸亥年）
昆明 云南民初出版社［1982 年］54cm（4 开）
定价：CNY1.00

J0135004
1983（农历癸亥年） 浙江人民出版社编辑
杭州 浙江人民美术出版社 1982 年 39cm（4 开）
定价：CNY2.60

J0135005
1983（台历）
合肥 安徽人民出版社 1982 年 17cm（22 开）
定价：CNY0.55

J0135006
1983（台历）
福州 福建人民出版社［1982 年］19cm（32 开）
定价：CNY1.00

J0135007
1983（台历）
哈尔滨 黑龙江人民出版社 1982年 19cm（32 开）
定价：CNY1.20

J0135008
1983（台历）
南京 江苏人民出版社［1982 年］20cm（32 开）
定价：CNY0.60

J0135009
1983（台历） 西安市包装装潢研究所供稿
西安 陕西人民美术出版社［1982 年］19cm（32 开）
定价：CNY0.79

J0135010
1983（台历）
武汉 长江文艺出版社［1982 年］15cm（40 开）
定价：CNY1.00

J0135011
1983（小挂历）
天津 天津杨柳青画店 1982 年 13cm（60 开）
定价：CNY0.48

J0135012
1983（小挂历）
乌鲁木齐 新疆人民出版社［1982 年］
13cm（60 开）定价：CNY0.30

J0135013
1983［年历］
杭州 浙江人民美术出版社 1982 年 1 张
54cm（4 开）定价：CNY3.40

J0135014
1983—1992 十年袖珍月历 中国科学院紫
金山天文台编
上海 上海科学技术出版社 1982 年 78 页
有表格 13cm（60 开）统一书号：17119.40
定价：CNY0.12

J0135015
1983 年（挂历） 吉林画报社编辑
长春 吉林人民出版社［1982 年］53cm（4 开）
定价：CNY3.20

J0135016
1983 年儿童月历
上海 上海人民美术出版社 1982 年 18cm（15 开）
定价：CNY0.90

J0135017
1983 年月历 （动物花鸟）
北京 人民美术出版社 1982 年 53cm（4 开）

定价：CNY2.30

J0135018
1983 年月历　（花卉）
北京　人民美术出版社　1982 年　53cm（4 开）
定价：CNY0.80

J0135019
1983 年月历　（台湾风光）
北京　人民美术出版社　1982 年　54cm（4 开）
定价：CNY2.60

J0135020
1983 年月历　（农历癸亥年）
北京　文物出版社　1982 年　78cm（2 开）
定价：CNY4.50

J0135021
阿拉伯少女　（1983 年年历）
成都　四川人民出版社　1982 年［1 张］54cm（4 开）
定价：CNY0.08（胶版纸），CNY0.18（铜版纸）

J0135022
班昭　（1983 年年历）刘福芳作
长沙　湖南美术出版社　1982 年　78cm（2 开）
定价：CNY0.27
　　作者刘福芳（1930—　），女，工笔画家。山东招远人，毕业于中央美术学院。首都师范大学美术系教授、研究生导师，中国美术家协会会员，北京市工笔重彩画会副会长。代表作品有《峨嵋翠微》《滴水观音》《凉山女》《喂鸡》《大地飘香》等。

J0135023
报春图　（1983 年年历）黄独峰作
南宁　广西民族出版社　1982 年　78cm（2 开）
定价：CNY0.25
　　作者黄独峰（1913—1998），画家。名山，号榕园，又号五岭老人。广东揭阳人。历任广西艺术学院副院长、教授；中国美术家协会会员、理事，广西美协主席等。代表作品《百鹤图》《漓江百里图》《富贵寿》等，著有《明清写梅画人传略》《中国之花鸟画》《独峰画集》。

J0135024
晨妆图　（1983 年年历）俞泉耕作
上海　上海人民美术出版社　1982 年　78cm（2 开）
定价：CNY0.22

J0135025
春芳　（1983 年年历）吴玉兰作
郑州　中州书画社　1982 年　54cm（4 开）
定价：CNY0.18

J0135026
春风烂漫　（1983 年年历）陈子毅作
南昌　江西人民出版社［1982 年］78cm（2 开）
定价：CNY0.30

J0135027
春天来了　（1983 年年历）刘熹奇作
北京　人民美术出版社　1982 年　54cm（4 开）
定价：CNY0.16
　　作者刘熹奇（1948—　），生于江西安福。历任江西美术出版社第一编辑室主任，副编审。作品有《祖国啊，母亲》《在希望的田野上》《开国元勋》等。

J0135028
大足石刻　（汉英文对照）
北京　中国旅游出版社　1982 年　10 张　15cm（64 开）
定价：CNY0.60

J0135029
傣家少女　（1983 年年历）陈学忠作
昆明　云南人民出版社　1982 年　78cm（2 开）
定价：CNY0.22

J0135030
儿童挂历（1983）
呼和浩特　内蒙古科学技术出版社　1982 年
30cm（15 开）定价：CNY1.00

J0135031
根　（1983 年年历）冯一鸣，陈望秋作
南京　江苏人民出版社　1982 年　54cm（4 开）
定价：CNY0.18

J0135032

红楼四季图　（1983 年年历）戴敦邦作
兰州　甘肃人民出版社 1982 年 76cm（2 开）
定价：CNY0.36

J0135033

健康长寿　（1983 年年历）何逸梅作
上海　上海人民美术出版社 1982 年 54cm（4 开）
定价：CNY0.16

J0135034

历代山水画月历　上海人民美术出版社编辑
上海　上海人民美术出版社 1982 年 54cm（4 开）
定价：CNY3.80

J0135035

庐山东南五老峰　（1983 年年历）吴湖帆作
西安　陕西人民美术出版社 1982 年 78cm（2 开）
定价：CNY0.24

　　作者吴湖帆（1894—1968），山水画家、书法家、鉴定家。江苏苏州人。名倩，又名万，号倩庵，别署丑簃、翼燕。历任上海中国画院筹备委员、画师，上海大学美术学院副教授，中国美术家协会上海分会副主席。代表作品有《云表奇峰》《渔浦桃花》等。

J0135036

南盘江的早晨　（1983 年年历）梁荣中作
南宁　广西民族出版社 1982 年 54cm（4 开）
定价：CNY0.20

　　作者梁荣中（1938—1995），一级美术师。广西平南人，毕业于广西艺术学院。中国美术家协会广西分会常务理事，中国美术家协会会员。代表作品有《侗寨新声》《南盘江的早晨》《苗岭归牧》《漓江烟雨》等，出版有《碧峰翠城》《奇山秀水》《梁荣中山水画集》等。

J0135037

葡萄　（1983 年年历）苏葆桢作
武汉　湖北人民出版社 1982 年 54cm（4 开）
定价：CNY0.20

　　作者苏葆桢（1916—1990），国画家。江苏宿迁市人，师从徐悲鸿、张书旂、傅抱石等大家。曾任西南大学教授，硕士生导师，重庆国画院副院长。作品有《葡萄图》《硕果累累》《玉羽迎春》

《山花烂漫》《战地花开》等。

J0135038

葡萄熟了　（1983 年年历）闫德明作
上海　上海人民美术出版社 1982 年 54cm（4 开）
定价：CNY0.16

J0135039

气象日历——1983　昭通地区气象台编
昆明　云南人民出版社 1982 年 33 页　有图
10×13cm 统一书号：16116.235 定价：CNY0.10

J0135040

青铜器与牡丹　（1983 年年历）竹颖作
合肥　安徽人民出版社 1982 年 53cm（4 开）
定价：CNY0.12

J0135041

晴雯传绢　（1983 年年历）王仲清等作
沈阳　辽宁美术出版社 1982 年 38cm（6 开）
定价：CNY0.09

　　作者王仲清（1924—　），画家、教授。生于四川成都，毕业于省立成都师范美术科。历任上海人民美术出版社创作员、上海戏剧学院中国画教师，中国美术家协会会员，中国禅画研究院名誉院长。作品有中国画《小三峡》《胡笳十八拍》，连环画《阿诗玛》等。出版有《王仲清画集》等。

J0135042

秋月琵琶　（1983 年年历）李慕白，金雪尘作
上海　上海人民美术出版社 1982 年 54cm（4 开）
定价：CNY0.16

　　作者金雪尘（1904—1996），画家。上海嘉定人。曾任上海图片出版社、上海人民美术出版社特约记者。代表作有《武松打虎》《春江花月夜》《金鱼舞》。

J0135043

人间春色　（1983 年年历）溥佐作
石家庄　河北美术出版社 1982 年 54cm（4 开）
定价：CNY0.18

J0135044

赛乃姆　（1983 年年历）李灼作
乌鲁木齐　新疆人民出版社 1982 年 54cm（4 开）

定价：CNY0.20

J0135045
双猫绣　（刺绣 1983 年年历）苏州刺绣研究所供稿
南京 江苏人民出版社 1982 年 1 张 54cm（4 开）
定价：CNY0.18

J0135046
双喜临门　（杭州 1983 年年历）王锡麒作
杭州 西泠印社 1982 年 1 张 54cm（4 开）
定价：CNY0.20
　　作者王锡麒（1938—　），画家。江苏苏州人。历任中国美术家协会江苏分会会员。江苏省国风书画院副院长，苏州画院副院长，苏州吴门书画院院长，江苏省美协会员，中国工艺美术家学会会员。高级工艺美术师，擅长人物画。代表作品有《唐人诗意》《仕女图》《谱新歌》等。

J0135047
双喜图　（1983 年年历）陈子毅作
南昌 江西人民出版社 1982 年 1 张 78cm（2 开）
定价：CNY0.30

J0135048
慰亲人　（1983 年年历）周群，舒展作
上海 上海人民美术出版社 1982 年 1 张
54cm（4 开）定价：CNY0.16

J0135049
小白鸽　（1983 年年历）程实作
福州 福建人民出版社 1982 年 1 张 54cm（4 开）
定价：CNY0.20

J0135050
杨贵妃　（1983 年年历）李明媚作
石家庄 河北美术出版社 1982 年 1 张 78cm（2 开）
定价：CNY0.24
　　作者李明媚（1936—　），女，教授。字克平，笔名汇波，浙江宁波人。山东艺术学院教授。作品有《给咱添花》《同饮幸福水》《拳友》《流水寄深情》等，出版有《工笔人物画技法》《李明媚人物画选》《李明媚传统人物画专辑》等。

J0135051
一九八三年（唐诗画意）　富春江画报编辑
杭州 浙江人民美术出版社 1982 年 1 张
78cm（2 开）定价：CNY4.50

J0135052
一九八三年［挂历］
成都 四川人民出版社 1982 年 1 张 39cm（8 开）
定价：CNY2.50

J0135053
一九八三年古代绘画台历
北京 人民美术出版社 1982 年 1 册 19cm（32 开）
定价：CNY1.10

J0135054
一九八三年历书
上海 上海科学技术出版社［1982 年］64 页
有图 13cm（60 开）统一书号：17119.42
定价：CNY0.09

J0135055
一九八三年历书　四川人民出版社编辑
成都 四川人民出版社 1982 年 32 页 有图
13cm（60 开）统一书号：17118.72 定价：CNY0.05

J0135056
一九八三年历书　林德琼，侯德勋编辑
昆明 云南人民出版社 1982 年 32 页 有图
19cm（32 开）统一书号：17116.44 定价：CNY0.10

J0135057
一九八三年农家挂历
济南 山东人民出版社 1982 年 1 册 30cm（12 开）
定价：CNY0.80

J0135058
1983 年挂历　云南人民出版社编辑
昆明 云南人民出版社 1983 年 有图 8×9cm
定价：CNY0.06

J0135059
1984（儿童月历）
上海 上海人民美术出版社 1983 年 30cm（15 开）
定价：CNY1.15

J0135060
1984（风光人物合成小挂历）
南昌　江西人民出版社［1983 年］54cm（4 开）
定价：CNY0.90

J0135061
1984（古典歌舞）
沈阳　辽宁美术出版社　1983 年　19cm（32 开）
定价：CNY0.50

J0135062
1984（挂历）
合肥　安徽科学技术出版社　1983 年　26cm（16 开）
定价：CNY1.20

J0135063
1984（挂历）
昆明　云南民族出版社［1983 年］39cm（4 开）
定价：CNY0.25

J0135064
1984（汉、德宏傣文对照）
潞西县(芒市) 德宏民族出版社［1983 年］
54cm（4 开）定价：CNY1.50

J0135065
1984（汉、景颇文对照）
昆明　云南民族出版社［1983 年］54cm（4 开）
定价：CNY1.20

J0135066
1984（花卉）
济南　山东人民出版社　1983 年　39cm（4 开）
定价：CNY2.20

J0135067
1984（农历甲子年）
太原　山西人民出版社　1983 年　39cm（4 开）
定价：CNY2.00

J0135068
1984（人物花卉）
成都　四川省新闻图片社［1983 年］20cm（32 开）
定价：CNY0.90

J0135069
1984（世界风光）
沈阳　辽宁美术出版社　1983 年　39cm（4 开）
定价：CNY2.20

J0135070
1984（世界风光）
广州　岭南美术出版社［1983 年］39cm（4 开）
定价：CNY3.00

J0135071
1984（中国风光月历）
北京　人民美术出版社　1983 年　76cm（2 开）
定价：CNY3.90

J0135072
1984：《风光人物》合成挂历
南昌　江西人民出版社［1983 年］54cm（4 开）
定价：CNY3.60

J0135073
1984：《诗情》台历
天津　天津人民美术出版社　1983 年　15cm（40 开）
定价：CNY1.50

J0135074
1984：《万紫千红》挂历
南昌　江西人民出版社［1983 年］54cm（4 开）
定价：CNY3.50

J0135075
1984：北美风光
广州　岭南美术出版社［1983 年］54cm（4 开）
定价：CNY4.20

J0135076
1984：冰山奇观
广州　岭南美术出版社［1983 年］38cm（6 开）
定价：CNY2.40

J0135077
1984：花卉
广州　花城出版社［1983 年］54cm（4 开）
定价：CNY3.50

J0135078
1984：画苑掇英
上海　上海人民美术出版社　1983 年　78cm（2 开）
定价：CNY4.00

J0135079
1984：黄山秀色
合肥　安徽人民出版社　1983 年　54cm（4 开）
定价：CNY0.60

J0135080
1984：名胜古迹
北京　中国旅游出版社［1983 年］78cm（2 开）

J0135081
1984：台历
福州　福建人民出版社［1983 年］19cm（32 开）
定价：CNY1.00

J0135082
1984：台历
沈阳　辽宁美术出版社　1983年　7张　13cm（60开）
定价：CNY0.80

J0135083
1984：台历
广州　岭南美术出版社　1983 年　15cm（40 开）
定价：CNY1.10

J0135084
1984：台历
昆明　云南人民出版社［1983 年］19cm（32 开）
定价：CNY1.00

J0135085
1984：太湖行
南京　江苏人民出版社［1983 年］54cm（4 开）
定价：CNY3.50

J0135086
1984：体育
北京　人民体育出版社　1983 年　54cm（4 开）
定价：CNY3.50

J0135087
1984：体育——为国争光
广州　岭南美术出版社　1983 年　78cm（2 开）
定价：CNY3.80

J0135088
1984：文体新秀
南京　江苏人民出版社　1983 年　54cm（4 开）
定价：CNY2.00

J0135089
1984：武术
南昌　江西人民出版社［1983 年］54cm（4 开）
定价：CNY3.50

J0135090
1984：舞蹈双月挂历
长沙　湖南美术出版社　1983 年　54cm（4 开）
定价：CNY0.90

J0135091
1984：戏曲小百花 （农历甲子年）
杭州　浙江人民美术出版社　1983 年　39cm（4 开）
定价：CNY2.60（铜版纸），CNY1.20（胶版纸）

J0135092
1984：艺术体操
成都　四川人民出版社　1983 年　54cm（4 开）
定价：CNY1.80

J0135093
1984：中外风光月历
赤峰　内蒙古科学技术出版社　1983 年　54cm（4 开）
定价：CNY3.30

J0135094
1984 历类缩样
广州　岭南美术出版社［1983 年］19cm（32 开）

J0135095
1984 辽宁挂历 （单幅年历卡）
沈阳　辽宁美术出版社［1983 年］1 片
19cm（32 开）

J0135096
1984 辽宁挂历、单幅、年历卡
沈阳 辽宁美术出版社［1983 年］1 页
18cm（15 开）

J0135097
1984 年(世界风光)
北京 科学技术出版社［1983 年］76cm（2 开）
定价：CNY3.50

J0135098
1984 年风光挂历
长沙 湖南美术出版社 1983 年 54cm（4 开）
定价：CNY3.20

J0135099
1984 年历春联月历缩样 （二）
上海 上海书画出版社［1983 年］52 幅
19cm（32 开）

J0135100
1984 年双月历
北京 文物出版社 1983 年 54cm（4 开）
定价：CNY2.50

J0135101
1984 年溇溪风光挂历
长沙 湖南美术出版社 1983 年 54cm（4 开）
定价：CNY3.40

J0135102
1984 年台历(猫)
北京 朝花美术出版社 1983 年 7 张 19cm（32开）
定价：CNY0.80

J0135103
1984 年台历(世界风光) 人民美术出版社编辑
北京 人民美术出版社 1983 年 13 张 19cm（32 开）
定价：CNY1.10

J0135104
1984 年台历(世界摄影名人名言)
长沙 湖南美术出版社 1983 年 12 张 13cm（60 开）
定价：CNY1.50

J0135105
1984 年月历
北京 文物出版社 1983 年 78cm（2 开）
定价：CNY4.50

J0135106
1984 年月历(花卉)
北京 人民美术出版社 1983 年 38cm（6 开）
定价：CNY2.40

J0135107
1984 年月历(年画——喜迎门)
北京 人民美术出版社 1983 年［1 张］39cm（4 开）
定价：CNY2.30

J0135108
1984 年月历(世界风光)
北京 人民美术出版社 1983 年 54cm（4 开）
定价：CNY3.30

J0135109
1984 年月历(意大利艺术名胜)
北京 人民美术出版社 1983 年 39cm（8 开）
定价：CNY2.80

J0135110
1984 年月历(中国古代扇面画)
北京 人民美术出版社 1983 年 54cm（4 开）
定价：CNY3.00

J0135111
84 年农历 24 节气画 （1984 年年历）刘熹奇作
南昌 江西人民出版社［1983 年］［1 张］
54cm（4 开）统一书号：8110.685 定价：CNY0.11

J0135112
安徽 （汉英文对照）安徽省旅游局编
合肥 安徽科学技术出版社 1983 年 21cm（32 开）
定价：CNY1.40

J0135113
安徽风光 （汉英文对照）
合肥 安徽科学技术出版社 1983 年 6 张
13cm（60 开）定价：CNY0.50

J0135114
宝莲灯 （1984〈农历甲子年〉年历）赵澍萍作
北京 人民美术出版社 1983 年 78cm（2 开）
定价：CNY0.22

J0135115
伯远帖 （1984〈农历甲子年〉年历）（晋）王
珣书
北京 人民美术出版社 1983 年 78cm（2 开）
定价：CNY0.27

J0135116
春与清溪长 （1984 年年历）韩大化作
合肥 安徽人民出版社 1983 年 78cm（2 开）
定价：CNY0.20
　　作者韩大化（1916—1989），河南孟津人。曾
在延安鲁迅艺术文学院学习。历任安徽人民出
版社副总编、安徽省文联秘书长、安徽省美协常
务理事兼秘书长、安徽画报社主任等职。作品有
《韩大化山水画选》。

J0135117
大西瓜 （1984 年年历）郑学信作
济南 山东人民出版社 1983 年 53cm（4 开）
定价：CNY0.20

J0135118
端午 （1984〈农历甲子年〉年历）韩喜增作
北京 人民美术出版社 1983 年 76cm（2 开）
定价：CNY0.32
　　作者韩喜增（1942—　　），河北邢台人。毕业
于中央美术学院年画、连环画系研究生班，受教
于冯真教授、杨先让教授。擅长连环画、年画。
中国美术家协会会员，国家一级美术师。曾任河
北省美术家协会副主席、邢台市文联副主席、邢
台市美术家协会主席。代表作品《人民的好总理》
《虎子》《雄狮》。

J0135119
福建年画 （年画 年历 挂历 1984）
福州 福建人民出版社［1983 年］13×19cm

J0135120
福州熊猫 （汉英日文对照）
福州 福建人民出版社［1983 年］12 张 13cm（60开）

定价：CNY1.30

J0135121
恭贺新禧 （1984 年年历）王克印作
南京 江苏人民出版社 1983 年 78cm（2 开）
定价：CNY0.26
　　作者王克印（1932—2003），工笔花鸟画家、
美术教育家、高级设计师。河南登封人，笔名石
山。毕业于河南艺术学校大专班。中国美术家
协会会员，曾任平顶山市美术家协会副主席，中
国少林书画院高级顾问，河南省中国画院画师，
中南书画研究院常年理事等职。主要作品有《白
露秋水》《春秋配》《塘边》。

J0135122
寒山寺 （汉日文对照）
北京 外文出版社 1983 年 10 张 13cm（60 开）
　　寒山寺位于苏州市姑苏区，始建于南朝萧梁
代天监年间（公元 502—519 年），建筑面积 3400
余平方米。寒山寺属于禅宗中的临济宗。唐代
贞观年间，当时的名僧寒山、希迁两位高僧创建
寒山寺。历史上寒山寺曾是中国十大名寺之一，
寺内古迹甚多，有张继诗的石刻碑文，寒山、拾
得的石刻像，文徵明、唐寅所书碑文残片等。

J0135123
杭州饭店 （汉英文对照）杭州饭店编
北京 中国旅游出版社 1983 年 7 张 19cm（32 开）
定价：CNY1.00

J0135124
黄花岗 （汉英文对照）
广州 岭南美术出版社［1983 年］7 张 19cm（32 开）
定价：CNY1.00

J0135125
吉安名胜 （汉英对照）
北京 外文出版社 1983 年 8 张［17cm］（44 开）
定价：CNY0.65

J0135126
锦绣漓江 （1984〈农历甲子年〉年历）苏畅作
北京 人民美术出版社 1983 年 78cm（2 开）
定价：CNY0.22

J0135127
开封 （汉英文对照）
北京 中国旅游出版社 1983年 10张 13cm（60开）
定价：CNY0.65

J0135128
乐 （1984〈农历甲子年〉年历）成励志作
福州 福建人民出版社 1983年 54cm（4开）
定价：CNY0.20

J0135129
连年有余 （年画 1984年年历）
天津 天津杨柳青画社 1983年 78cm（2开）
定价：CNY0.27

J0135130
龙洞垂钓 （1984年年历）刘鲁生作
济南 山东人民出版社 1983年 78cm（2开）
定价：CNY0.30

J0135131
庐山 （汉英文对照）
南昌 江西人民出版社［1983年］11张
13cm（60开）定价：CNY0.70

J0135132
洛阳 （汉英文对照）
北京 中国旅游出版社 1983年 10张 13cm（60开）
定价：CNY0.65

J0135133
南林饭店 （汉日英文对照）中国苏州南林饭
店编
上海 上海人民美术出版社［1983年］8张
11×17cm

J0135134
女孩和咪咪 （1984年年历）
南京 江苏人民出版社［1983年］53cm（4开）
定价：CNY0.18

J0135135
千山 （汉英文对照）中国国际旅行社鞍山社编
北京 中国旅游出版社 1983年 10张 15cm（40开）
定价：CNY0.60

J0135136
秦都文物 （汉英文对照）咸阳市外事办公室编
北京 中国旅游出版社 1983年 9张 13cm（60开）
　　本作品是9张有关西安文物的明信片。有
秦始皇陵兵马俑陪葬坑、唐太宗昭陵、唐高宗乾
陵、司马迁墓、勉县诸葛亮墓、明代西安城墙、
佛教净土宗的祖庭香积寺等。

J0135137
诗海彩珠 （1984年新诗周历）
长沙 湖南人民出版社［1983年］13cm（60开）
精装 定价：CNY1.10

J0135138
十三陵 （汉英文对照）
北京 中国旅游出版社 1983年 7张 19cm（32开）
定价：CNY1.00

J0135139
石矶娘娘凯旋归 （1984年年历）
北京 中国戏剧出版社 1983年 54cm（4开）
定价：CNY0.20

J0135140
实用美术 （贺年片小辑）徐昌酩等收集供稿
上海 上海人民美术出版社 1983年 24张
13cm（60开）定价：CNY1.20
　　作者徐昌酩（1929—2018），美术师。浙江桐
乡人。上海市美术家协会秘书长、常务副主席。
出版有《徐昌酩装饰画》《徐昌酩动物装饰画集》
《徐昌酩漫画集》等。

J0135141
桃园饭店 （汉日英文对照）河北省旅游局编
北京 中国旅游出版社 1983年 10张 19cm（32开）

J0135142
听筝 （1984〈农历甲子年〉年历）程宗元作
北京 人民美术出版社 1983年 1张 78cm（2开）
定价：CNY0.22

J0135143
五业兴旺 （1984〈农历甲子年〉年历）贾书
敏等作
石家庄 河北美术出版社 1983年 2张

107cm(全开)定价：CNY0.64

J0135144
相映生辉 （1984年年历）萧焕作
西安 陕西人民美术出版社 1983年 1张
54cm（4开）定价：CNY0.18

J0135145
小将 （1984年年历）
成都 四川人民出版社 1983年 1张 53cm（4开）
铜版纸 定价：CNY0.18, CNY0.08（胶版纸）

J0135146
煦园·瞻园 （汉日文对照）
北京 中国旅游出版社 1983年 12张 19cm（32开）
　　煦园其历史最早可追溯至明成祖朱棣次子，
汉王朱高煦府花园，后作为清两江总督署花园，
后经历代修葺，终誉为"四朝胜迹"。煦园以小著
称，面积仅有1.4公顷，虚实相映、层次分明，园
以水为主，水体南北走向，整个水池周长约1866
米，面积约占全园一半多。瞻园是南京现存历史
最久的明代古典园林，是江南四大名园，其历史
可追溯至明太祖朱元璋称帝前的吴王府，后赐予
中山王徐达的府邸花园，素以假山著称，以欧阳
修诗"瞻望玉堂，如在天上"而命名，明代被称为
"南都第一园"。

J0135147
煦园·瞻园 （汉英文对照）
北京 中国旅游出版社 1983年 12张 19cm（32开）

J0135148
一九八四年（花卉、诗词半月挂历）
长沙 湖南美术出版社 1983年 1册 30cm（12开）
定价：CNY1.50

J0135149
一九八四年（明、清、近代人物风景）
天津 天津杨柳青画店 1983年 1张 78cm（2开）
定价：CNY4.50

J0135150
一九八四年（年画）
天津 天津人民美术出版社 1983年 1张
38cm（6开）定价：CNY1.80

J0135151
一九八四年（十二金钗）
成都 四川人民出版社 1983年 1张 38cm（6开）
定价：CNY2.00

J0135152
一九八四年（双月历） （古代书法）人民美术
出版社编辑
北京 人民美术出版社 1983年 1张 54cm（4开）
定价：CNY2.60

J0135153
一九八四年（宋词画意）
杭州 浙江人民美术出版社 1983年 1张
78cm（2开）定价：CNY4.50

J0135154
一九八四年（唐诗画意）
杭州 浙江人民美术出版社 1983年 1张
78cm（2开）定价：CNY4.50

J0135155
一九八四年挂历（风景） 甘肃画报社编辑
兰州 甘肃人民出版社 1983年 1张 54cm（4开）
定价：CNY3.40

J0135156
一九八四年花卉月历
乌鲁木齐 新疆人民出版社 1983年 1张
30cm（12开）定价：CNY1.00

J0135157
一九八四年农家挂历
济南 山东科学技术出版社 1983年 1张
39cm（8开）定价：CNY2.20

J0135158
一九八四年台历 《读者文摘》编辑部编
兰州 甘肃人民出版社 1983年 1张 15cm（40开）
定价：CNY1.20

J0135159
一九八四年台历（古代扇面）
北京 人民美术出版社 1983年 13张 13cm（60开）
定价：CNY1.10

J0135160
一九八四年扬州八怪画选挂历
南京　江苏人民出版社 1983 年　1 张　78cm（2 开）
定价：CNY4.00

J0135161
一九八四年月历（西洋名画）
北京　人民美术出版社 1983 年　1 张　38cm（6 开）
定价：CNY2.20

J0135162
鹦鹉小猫　（1984 年年历）丁建东作
天津　天津人民美术出版社 1983 年　54cm（4 开）
定价：CNY0.60

J0135163
月华翠羽　（1984 年年历）工铸，云茜作
武汉　长江文艺出版社 1983 年　54cm（4 开）
定价：CNY0.55

J0135164
张大千蜀西纪游书画册（双月历）　四川博
物馆收藏
成都　巴蜀书社 1983 年　54cm（4 开）
定价：CNY2.60

J0135165
1985（《银宛新秀》月历）
石家庄　河北美术出版社 1984 年　76cm（2 开）
定价：CNY5.40

J0135166
1985（《影坛新秀》月历）
石家庄　河北美术出版社 1984 年　54cm（4 开）
定价：CNY3.00

J0135167
1985（地方戏剧挂历）　山西省文化厅等编
太原　山西人民出版社［1984 年］54cm（4 开）
定价：CNY3.50

J0135168
1985（电影百花挂历）
哈尔滨　北方文艺出版社［1984 年］54cm（4 开）

J0135169
1985（儿童挂历）
石家庄　河北美术出版社 1984 年　54cm（4 开）
定价：CNY3.00

J0135170
1985（儿童挂历）
南京　江苏科学技术出版社 1984 年　39cm（8 开）
定价：CNY2.00

J0135171
1985（儿童挂历）
天津　天津人民美术出版社 1984 年　54cm（4 开）
定价：CNY3.50

J0135172
1985（儿童挂历）
北京　中国电影出版社 1984 年　54cm（4 开）
定价：CNY3.20

J0135173
1985（儿童文学挂历）
武汉　湖北少年儿童出版社［1984 年］19cm（32 开）
定价：CNY0.75

J0135174
1985（风光挂历）
长沙　湖南美术出版社 1984 年　54cm（4 开）
定价：CNY3.20

J0135175
1985（风光日历）
赤峰　内蒙古科学技术出版社 1984 年　78cm（2 开）
定价：CNY4.40

J0135176
1985（服装）
成都　四川新闻图片社［1984 年］78cm（2 开）
　　年历形式的服装摄影作品。

J0135177
1985（故宫藏画）
石家庄　河北美术出版社 1984 年　78cm（2 开）
定价：CNY4.20

J0135178
1985（挂历） 吉林画报社编
长春 吉林人民出版社［1984 年］78cm（2 开）
定价：CNY4.20

J0135179
1985（挂历）
成都 四川人民出版社 1984 年 54cm（4 开）
定价：CNY3.20

J0135180
1985（挂历）
天津 天津人民美术出版社 1984 年 78cm（2 开）
定价：CNY4.40

J0135181
1985（挂历）
天津 天津人民美术出版社 1984 年 78cm（2 开）
定价：CNY4.40

J0135182
1985（挂历）
重庆 重庆出版社 1984 年 39cm（4 开）
定价：CNY2.00

J0135183
1985（花卉）
成都 四川省新闻图片社［1984 年］78cm（3 开）

J0135184
1985（花卉挂历）
合肥 安徽人民出版社 1984 年 39cm（4 开）
定价：CNY1.60

J0135185
1985（花卉挂历）
兰州 甘肃人民出版社 1984 年 78cm（3 开）
定价：CNY4.50

J0135186
1985（花卉挂历）
沈阳 辽宁科学技术出版社 1984 年 54cm（4 开）
定价：CNY3.60

J0135187
1985（花卉挂历）
沈阳 辽宁美术出版社 1984 年 54cm（4 开）
定价：CNY3.50

J0135188
1985（花卉挂历）
天津 天津人民美术出版社［1984 年］54cm（4 开）
定价：CNY3.50

J0135189
1985（花卉挂历）
天津 天津人民美术出版社 1984 年 39cm（4 开）
定价：CNY2.50

J0135190
1985（江天楼阁图）
北京 荣宝斋［1984 年］78cm（3 开）
定价：CNY4.60

J0135191
1985（九寨沟风光）
成都 四川人民出版社 1984 年 54cm（4 开）
定价：CNY3.20

J0135192
1985（明信片·台历）
北京 人民邮电出版社［1984 年］13 张
20cm（28 开）定价：CNY1.95

J0135193
1985（南京博物院藏画选）
天津 天津杨柳青画社 1984 年 78cm（3 开）
定价：CNY4.30

J0135194
1985（农历乙丑年）（越剧小百花·戏剧人物）
杭州 浙江人民美术出版社 1984 年 39cm（8 开）
定价：CNY2.60

J0135195
1985（清明上河图）
郑州 河南人民出版社 1984 年 76cm（2 开）
定价：CNY6.00

J0135196
1985（山河美如画）
北京 中国戏剧出版社 1984 年 54cm（4 开）
定价：CNY3.20

J0135197
1985（山水画选）
长春 吉林人民出版社 1984 年 78cm（3 开）
定价：CNY4.20

J0135198
1985（诗意花卉挂历）
兰州 甘肃人民出版社 1984 年 78cm（3 开）
定价：CNY4.50

J0135199
1985（世界风光）
郑州 河南人民出版社 1984 年 54cm（4 开）
定价：CNY3.50

J0135200
1985（世界风光）
长春 吉林人民出版社 1984 年 54cm（4 开）
定价：CNY3.20

J0135201
1985（世界风光挂历）
哈尔滨 北方文艺出版社［1984年］54cm（4开）

J0135202
1985（世界风光挂历）
广州 广东人民出版社 1984 年 54cm（4 开）
定价：CNY3.50

J0135203
1985（世界风光挂历）
广州 岭南美术出版社［1984年］54cm（4 开）
定价：CNY3.00

J0135204
1985（世界名画·静物挂历）《富春江画报》编
杭州 浙江人民美术出版社 1984 年 76cm（2 开）
定价：CNY7.00

J0135205
1985（宋元名画）
杭州 浙江人民美术出版社 1984 年 78cm（3 开）
定价：CNY4.50

J0135206
1985（苏绣·猫） 吉林画报社编
长春 吉林人民出版社［1984年］54cm（4 开）
定价：CNY3.50

J0135207
1985（台历）
南宁 广西人民出版社［1984年］15cm（40 开）
定价：CNY0.50

J0135208
1985（台历）
石家庄 河北人民出版社 1984 年 11cm（44 开）
定价：CNY0.70

J0135209
1985（台历）
郑州 河南人民出版社 1984 年 20cm（32 开）
定价：CNY1.50

J0135210
1985（台历）
南昌 江西人民出版社［1984年］13cm（60 开）
定价：CNY0.90

J0135211
1985（台历）
重庆 重庆出版社 1984 年 19cm（32 开）
定价：CNY0.80

J0135212
1985（体操·世界风光挂历）
哈尔滨 北方文艺出版社［1984年］76cm（2开）

J0135213
1985（体育挂历）
济南 山东文艺出版社 1984 年 54cm（4 开）
定价：CNY3.50

J0135214
1985（武林精英）
南昌　江西人民出版社［1984 年］54cm（4 开）
定价：CNY3.50

J0135215
1985（舞台姐妹）
南昌　江西人民出版社［1984 年］54cm（4 开）
定价：CNY3.50

J0135216
1985（西洋名画台历）
北京　人民美术出版社 1984 年 21cm（32 开）
定价：CNY1.10

J0135217
1985（西洋名画选·母爱）
南宁　漓江出版社 1984 年 39cm（8 开）
定价：CNY2.30

J0135218
1985（西洋名画月历）
北京　人民美术出版社 1984 年 39cm（8 开）
定价：CNY2.20

J0135219
1985（校园风景）（双月历）
武汉　华中工学院出版社［1984 年］54cm（4 开）

J0135220
1985（元曲画意）
杭州　浙江人民美术出版社 1984 年 78cm（3 开）
定价：CNY4.50

J0135221
1985（园林风光）
石家庄　河北美术出版社 1984 年 54cm（4 开）
定价：CNY3.00

J0135222
1985（云南民族舞蹈）
昆明　云南人民出版社 1984 年 39cm（8 开）
定价：CNY2.50

J0135223
1985（中国历代人物画选月历）
上海　上海书画出版社 1984 年 26cm（16 开）
定价：CNY0.80

J0135224
1985（中国美术馆藏画选）
杭州　西泠印社 1984 年 78cm（3 开）
定价：CNY4.20

J0135225
1985（中国舞蹈挂历）
北京　中国电影出版社［1984 年］74cm（2 开）
定价：CNY3.20

J0135226
1985（祖国风光挂历）
沈阳　春风文艺出版社 1984 年 74cm（2 开）
定价：CNY3.60

J0135227
1985（祖国各地月历）
赤峰　内蒙古科学技术出版社 1984 年 78cm（3 开）
定价：CNY4.50

J0135228
1985：国外风光挂历
沈阳　辽宁美术出版社 1984 年 54cm（4 开）
定价：CNY3.20

J0135229
1985·1986（红楼群芳）
太原　山西人民出版社 1984 年 78cm（3 开）
定价：CNY4.20

J0135230
1985 年（花卉月历）
北京　农村读物出版社［1984 年］54×76cm
定价：CNY3.30

J0135231
1985 年半月台历
上海　上海人民美术出版社 1984 年 25 张
15cm（40 开）定价：CNY2.60

J0135232
1985 年儿童月历
北京 人民美术出版社 1984 年 54cm（4 开）
定价：CNY3.30

J0135233
1985 年儿童月历
上海 上海人民美术出版社 1984 年 54cm（4 开）
定价：CNY3.60

J0135234
1985 年儿童月历 （风光）
上海 上海人民美术出版社 1984 年 30cm（12 开）
定价：CNY1.20

J0135235
1985 年恭贺新禧月历 （双月）
上海 上海人民美术出版社 1984 年 78cm（3 开）
定价：CNY2.60

J0135236
1985 年故宫藏画月历
上海 上海人民美术出版社 1984 年 78cm（3 开）
定价：CNY4.20

J0135237
1985 年挂历 （孺子牛图）李可染作
北京 北京出版社 1984 年 ［1 幅］78cm（2 开）
定价：CNY4.20
　　作者李可染（1907—1989），国画家、诗人、教授。原名李永顺，江苏徐州人。历任中央美术学院教授，中国美术家协会副主席，中国文联委员，中国画研究院院长等。代表作品有《江山无尽图》《万山红遍》《漓江胜境图》等，画集有《李可染水墨写生画集》《李可染中国画集》《李可染画牛》等。

J0135238
1985 年画苑撷英月历
上海 上海人民美术出版社 1984 年 78cm（3 开）
定价：CNY4.20

J0135239
1985 年农历 24 节气画 （1985 年年历）刘熹奇作

南昌 江西人民出版社 ［1984 年］54×76cm
定价：CNY0.11
　　作者刘熹奇（1948—　 ），生于江西安福。历任江西美术出版社第一编辑室主任，副编审。作品有《祖国啊，母亲》《在希望的田野上》《开国元勋》等。

J0135240
1985 年台历 （世界风光）人民美术出版社编
北京 人民美术出版社 1984 年 19cm（32 开）
定价：CNY1.40

J0135241
1985 年中华武术月历
上海 上海人民美术出版社 1984 年 54×76cm
定价：CNY3.60

J0135242
江苏美术出版社单幅摄影年历 （1985 缩样）
南京 江苏美术出版社 ［1984 年］13×19cm

J0135243
江西年历 （1985）
南昌 江西人民出版社 1984 年 123 页 13×19cm
统一书号：8110.869

J0135244
历类缩样 （1985）
广州 岭南美术出版社 ［1984 年］18cm（15 开）

J0135245
平安多喜 （年画 1985 年年历）申石伽作
上海 上海书画出版社 1984 年 54cm（4 开）
定价：CNY0.20
　　作者申石伽（1906—2001），画家，教育家。笔名"西泠石伽"，浙江杭州人，出生书画世家，祖父为晚清著名山水画家申宜轩。长期任教于上海工艺美术学校，历任上海美协会员、上海市文史馆馆员、浙江文史研究馆名誉馆员。著有《山水画基础技法》《墨竹析览》等。

J0135246
属相图　二十四节气表 （1985 年年历）李文龙，野世杰作
太原 山西人民出版社 1984 年 1 张 76cm（2 开）

定价: CNY0.18

J0135247
万紫千红　（1985 年年历）章西厓作
上海　上海书画出版社　1984 年　1 张　54cm（4 开）
定价: CNY0.20

J0135248
武昌起义　（汉英文对照）辛亥革命武昌起义
纪念馆编
北京　文物出版社　1984 年　10 张　15cm（64 开）
定价: CNY0.75

J0135249
一家子　（1985 年年历）
长春　吉林人民出版社　1984 年　1 张　54cm（4 开）
定价: CNY0.12

J0135250
一九八五(挂历)　上海画报社编辑
上海　上海人民美术出版社　1984 年　1 张
54cm（4 开）定价: CNY3.50

J0135251
一九八五(美术挂历)
北京　人民邮电出版社［1984 年］13 页
54cm（4 开）定价: CNY2.50

J0135252
一九八五(清明上河图卷)
北京　中华书局　1984 年　1 张　54cm（4 开）
定价: CNY4.00

J0135253
一九八五年(杜甫诗意画)
成都　四川人民出版社　1984 年　1 张　78cm（2 开）
定价: CNY4.50

J0135254
一九八五年四季飘香半月台历
长沙　湖南美术出版社　1984 年　1 张　19cm（32 开）
定价: CNY1.00

J0135255
一九八五年希望月历

上海　上海人民美术出版社　1984 年　1 张
78cm（2 开）定价: CNY4.50

J0135256
郑板桥书《书陆种园诗十二首卷》（1985
年年历）（清）郑板桥书
南京　江苏人民出版社　1984 年　76cm（2 开）
定价: CNY0.40
　　作者郑板桥（1693—1765），清代书画家、文
学家。原名郑燮，字克柔，号理庵，又号板桥，
人称板桥先生。生于江苏兴化，祖籍苏州。乾
隆元年（1736 年）进士。官山东范县、潍县县令。
代表作品《修竹新篁图》《清光留照图》《丛兰荆
棘图》《甘谷菊泉图》等，著有《郑板桥集》。

J0135257
**1985 江苏美术出版社单幅摄影年历缩
样**　江苏美术出版社编
南京　江苏美术出版社　1985 年　1 幅　19cm（32 开）

J0135258
1985 年中国风光月历
北京　人民美术出版社　1985 年　54×76cm
定价: CNY3.30

J0135259
1986：丙寅虎年月历　张善孖作
上海　上海书画出版社　1985 年　78cm（3 开）
定价: CNY5.00
　　作者张善孖（1882—1940），画家、教授。四
川内江人。名泽，字善孖、字善酐，一作善子，
又作善之，号虎痴。张大千之二兄，少年从母学
画，曾投李瑞清门下。曾任上海美术专科学校教
授。善画走兽、山水、花卉。传世代表作品有《雄
狮图》《正气歌》等。

J0135260
1986：电视连续剧红楼梦群芳谱
济南　山东美术出版社　1985 年　85cm（3 开）
定价: CNY5.00

J0135261
1986：电影百花
哈尔滨　黑龙江美术出版社　1985 年　85cm（3 开）
定价: CNY5.00

J0135262
1986：雕塑
沈阳 辽宁美术出版社 1985 年 85cm（3 开）
定价：CNY5.50

J0135263
1986：雕塑艺术
杭州 浙江人民美术出版社 1985 年 73cm（2 开）
定价：CNY4.50

J0135264
1986：动物台历
天津 天津人民美术出版社 1985 年 15cm（40开）
定价：CNY2.80

J0135265
1986：儿童挂历
长春 吉林人民出版社 1985 年 78cm（2 开）
定价：CNY5.70

J0135266
1986：儿童——请你回答
南昌 江西人民出版社 1985 年 78cm（3 开）
定价：CNY5.00

J0135267
1986：儿童月历
石家庄 河北美术出版社 1985 年 54cm（4 开）
定价：CNY4.20

J0135268
1986：风光挂历
延吉 延边人民出版社 1985 年 53cm（4 开）

J0135269
1986：恭贺新禧　内蒙古画报社编
呼和浩特 内蒙古人民出版社 1985 年 53cm（4 开）
定价：CNY4.30

J0135270
1986：国外发型
武汉 湖北科学技术出版社 1985 年 53cm（4 开）
定价：CNY4.10

J0135271
1986：国外服式发式月历 （二）
上海 上海美术出版社 1985 年 38cm（6 开）
定价：CNY2.40

J0135272
1986：国外掠影
长春 吉林美术出版社 1985 年 53cm（4 开）
定价：CNY4.20

J0135273
1986：花卉
石家庄 河北美术出版社 1985 年 53cm（4 开）
定价：CNY4.20

J0135274
1986：花卉
郑州 河南美术出版社 1985 年 85cm（3 开）
定价：CNY4.50

J0135275
1986：花卉挂历
延吉 延边教育出版社 1985 年 85cm（3 开）
定价：CNY5.20

J0135276
1986：锦秀河山
石家庄 河北美术出版社 1985 年 53cm（4 开）
定价：CNY4.00

J0135277
1986：九寨秀色
上海 上海人民美术出版社 1985 年 54×76cm
定价：CNY4.00

J0135278
1986：猫
北京 印刷工业出版社 1985 年 53cm（4 开）

J0135279
1986：美的风姿
武汉 湖北美术出版社 1985 年 73cm（2 开）
定价：CNY7.00

J0135280
1986：美的使者
南昌　江西人民出版社　1985 年　53cm（4 开）
定价：CNY4.00

J0135281
1986：美的旋律
上海　上海人民美术出版社　1985 年　53cm（4 开）
定价：CNY4.00

J0135282
1986：美国风光
南京　江苏教育出版社　1985 年　53cm（4 开）
定价：CNY4.20

J0135283
1986：民族挂历
上海　上海人民美术出版社　1985 年　85cm（3 开）
定价：CNY5.00

J0135284
1986：名画欣赏
长春　吉林人民出版社　1985 年　73cm（2 开）
定价：CNY8.50

J0135285
1986：年古诗台历　　申君编；袁真，韶玉［译］
上海　上海古籍出版社　1985 年　13cm（60 开）
塑套装　定价：CNY2.30

J0135286
1986：年画——神话爱情故事
沈阳　辽宁美术出版社　1985 年　36cm（3 开）
定价：CNY5.50

J0135287
1986：胖娃娃
南昌　江西人民出版社［1985 年］53cm（4 开）
定价：CNY2.50

J0135288
1986：盆景艺术
广州　科学普及出版社广州分社［1985 年］
53cm（4 开）定价：CNY4.40

J0135289
1986：齐白石山水画
成都　巴蜀书社　1985 年　85cm（3 开）
定价：CNY5.00

J0135290
1986：青春美
长春　吉林美术出版社［1985 年］53cm（4 开）
定价：CNY4.30

J0135291
1986：世界雕塑
昆明　云南人民出版社　1985 年　85cm（3 开）
定价：CNY5.50

J0135292
1986：世界风光
南昌　江西人民出版社［1985 年］76cm（2 开）
定价：CNY8.50

J0135293
1986：世界风光
沈阳　辽宁美术出版社　1985 年　53cm（4 开）
定价：CNY4.20

J0135294
1986：世界风光
上海　上海人民美术出版社　1985 年　53cm（4 开）
定价：CNY3.30

J0135295
1986：世界风光
上海　上海人民美术出版社　1985 年　53cm（4 开）
定价：CNY4.00

J0135296
1986：世界风光
延吉　延边人民出版社　1985 年　53cm（4 开）
定价：CNY4.30

J0135297
1986：世界风光
北京　印刷工业出版社　1985 年　53cm（4 开）
定价：CNY3.80

J0135298
1986：世界妇女
哈尔滨 黑龙江少年儿童出版社 1985 年
53cm（4 开）定价：CNY3.60

J0135299
1986：世界名画挂历
重庆 重庆出版社 1985 年 53cm（4 开）
定价：CNY3.80

J0135300
1986：室内陈设
武汉 湖北人民出版社 1985 年 53cm（4 开）
定价：CNY4.20

J0135301
1986：蜀中名女
成都 四川人民出版社 1985 年 85cm（3 开）
定价：CNY5.00

J0135302
1986：台历
上海 上海人民美术出版社 1985 年 9cm（128 开）
折叠装 定价：CNY0.25

J0135303
1986：体育台历
上海 上海人民美术出版社 1985 年 9cm（128 开）
折叠装 定价：CNY0.25

J0135304
1986：外国儿童
南昌 江西人民出版社 1985 年 53cm（4 开）
定价：CNY4.00

J0135305
1986：外国风光
石家庄 河北美术出版社 1985 年 53cm（4 开）
定价：CNY4.00

J0135306
1986：外国风光人物
南昌 江西人民出版社 1985 年 38cm（6 开）
定价：CNY2.90

J0135307
1986：外国名画
昆明 云南人民出版社 1985 年 85cm（3 开）
定价：CNY5.50

J0135308
1986：万紫千红
石家庄 河北美术出版社 1985 年 39cm（4 开）
定价：CNY2.50

J0135309
1986：西洋名画
武汉 长江文艺出版社 1985 年 73cm（3 开）
定价：CNY5.00

J0135310
1986：现代美国建筑风光
上海 上海科学技术文献出版社 1985 年
53cm（4 开）定价：CNY4.00
　　本书由上海科学技术文献出版社和同济大
学出版社联合出版。

J0135311
1986：艺术体操月
上海 上海书画出版社 1985 年 54×76cm
定价：CNY4.00

J0135312
1986：艺苑真赏
上海 上海书店 1985 年 78cm（3 开）
定价：CNY5.30

J0135313
1986：异国风姿
沈阳 辽宁美术出版社 1985 年 85cm（3 开）
定价：CNY5.50

J0135314
1986：银幕新星
上海 上海人民美术出版社 1985 年 53cm（4 开）
定价：CNY4.00

J0135315
1986：影坛新秀
济南 山东美术出版社 1985 年 53cm（4 开）

定价: CNY3.50

J0135316
1986: 游山玩水
杭州 浙江人民美术出版社 1985 年 53cm（4 开）
定价: CNY4.00

J0135317
1986: 张大千蜀西纪游书画册
成都 巴蜀书社 1985 年 85cm（3 开）
定价: CNY5.00

J0135318
1986: 中国历代名画
天津 天津人民美术出版社 1985 年 76cm（2 开）
定价: CNY7.50

J0135319
1986: 祖国风光
西安 陕西人民美术出版社 1985 年 73cm（3 开）
定价: CNY4.80

J0135320
1986 江西年画年历 （赣年一）
南昌 江西人民出版社［1985 年］13×19cm

J0135321
1986 江西年画年历 （赣年一 补充）
南昌 江西人民出版社［1985 年］13×19cm

J0135322
1986 教历 （1406—1407）《宁夏画报》编
银川 宁夏人民出版社 1985 年 53cm（4 开）
定价: CNY4.50

J0135323
1986 年《在历史上的今天》知识台历　李项东编
乌鲁木齐 新疆人民出版社 1985 年 13cm（60 开）
精装 定价: CNY2.30

J0135324
1986 年灯笼儿童月历
上海 上海人民美术出版社 1985 年 53cm（4 开）
定价: CNY4.50

J0135325
1986 年故宫藏画月历
上海 上海人民美术出版社 1985 年 85cm（3 开）
定价: CNY5.00

J0135326
1986 年画　月历缩样
北京 农村读物出版社［1985 年］13×19cm

J0135327
1986 年家庭生活台历　《1986 年家庭生活台历》编写组编
上海 上海科学技术出版社 1985 年 10cm（64 开）
塑套装 定价: CNY2.20

J0135328
1986 年健身台历　陕西科学技术出版社编
西安 陕西科学技术出版社 1985 年 13cm（60 开）
塑套装 定价: CNY2.70

J0135329
1986 年历缩样
长沙 湖南美术出版社［1985 年］19cm（32 开）

J0135330
1986 年名胜台历　吕优编
上海 上海文化出版社 1985 年 13cm（60 开）
塑套装 定价: CNY2.35

J0135331
1986 年奇花异卉月历
上海 上海人民美术出版社 1985 年 53cm（4 开）
定价: CNY4.00

J0135332
1986 年青春诗历
长沙 湖南人民出版社 1985 年 13cm（60 开）
精装 定价: CNY1.80

J0135333
1986 年趣味智力台历　武汉市科普创作协会, 湖北科学技术出版社编
武汉 湖北科学技术出版社 1985 年 13cm（60 开）
塑套装 定价: CNY2.20

J0135334
1986 年世界名画月历：风景
上海　上海人民美术出版社 1985 年 53cm（4 开）
定价：CNY4.00

J0135335
1986 年世界名画月历：人物
上海　上海人民美术出版社 1985 年 53cm（4 开）
定价：CNY4.00

J0135336
1986 年世界知识台历
杭州　浙江科学技术出版社 1985 年 382 页
10cm（64 开）塑套装　定价：CNY2.10

J0135337
1986 年室内装饰月历
上海　上海人民美术出版社 1985 年 73cm（3 开）
定价：CNY7.50

J0135338
1986 年唐诗影画半月台历
杭州　浙江人民美术出版社 1985 年 19cm（32 开）
定价：CNY2.20

J0135339
1986 年外国儿童与动物月历
上海　上海人民美术出版社 1985 年 53cm（4 开）
定价：CNY4.00

J0135340
1986 年文科知识台历　　闻逸等编
上海　上海教育出版社 1985 年 10cm（64 开）
塑套装　定价：CNY2.35

J0135341
1986 年文学典故台历　　中一，尤师编
上海　上海古籍出版社 1985 年 13cm（60 开）
精装　定价：CNY4.00

J0135342
1986 年笑话台历　　闵文编
上海　上海文艺出版社 1985 年 10cm（64 开）
塑套装　定价：CNY2.35

J0135343
1986 年语文知识台历　　湖北教育出版社编
武汉　湖北教育出版社 1985 年 13cm（60 开）
塑套装　定价：CNY1.80

J0135344
1986 年月历：世界风光
北京　人民美术出版社 1985 年 53cm（4 开）
定价：CNY4.20

J0135345
1986 年中国名胜台历　　山东教育出版社编
济南　山东教育出版社 [1985 年] 10cm（64 开）
塑套装　定价：CNY2.25

J0135346
1986 年中华胜迹台历　　罗枢运编
西安　陕西人民出版社 1985 年 13cm（60 开）
塑套装　定价：CNY2.75

J0135347
1986 中国风光挂历　　山东友谊书社编
济南　山东人民出版社 1985 年 53cm（4 开）
定价：CNY4.00

J0135348
北京名胜台历：1986
哈尔滨　黑龙江人民出版社 1985 年 10cm（64 开）
塑套装　定价：CNY2.40

J0135349
缠绕　（1986 年年历）（英）弗·莱顿作
昆明　云南人民出版社 1985 年 1 张 54cm（4 开）
定价：CNY0.22

J0135350
格萨尔王赛马夺冠　（1986 年年历）尼玛泽
仁，蒋光年作
成都　四川民族出版社 1985 年 1 张 54cm（4 开）
定价：CNY0.22

J0135351
海洋知识台历：1986　　胡三元等编
上海　上海人民美术出版社 1985 年 10cm（64 开）
塑套装　定价：CNY2.30

J0135352
贺年片集锦　江苏美术出版社编
南京 江苏美术出版社 1985年 12页 17cm（40开）
统一书号：8353.6022 定价：CNY1.10

J0135353
虎年娃娃壮　（年画 1986年年历）刘佩珩作
长春 吉林美术出版社 1985年 1张 76cm（2开）
定价：CNY0.20
　　作者刘佩珩（1954），画家，研究院。别名刘山，天津宝坻人，毕业于东北师范大学美术系。历任吉林省通榆县文化馆副馆长、副研究员。作品有《喜迎春》《长白珍宝》《祖孙情》《长白珍奇》《趣》《关东乐》等。

J0135354
花丛双猫　（1986年年历）
天津 天津人民美术出版社 1985年 1张
53cm（4开）定价：CNY0.25

J0135355
教育周历：1986年　湖北教育出版社编
武汉 湖北教育出版社 1985年 13cm（60开）
定价：CNY0.30

J0135356
节日礼品卡片　（祝您快乐）陈国诚等画
郑州 海燕出版社 1985年 12张 15cm（40开）
定价：CNY0.70

J0135357
经济工作台历：1986　谷礼文等编
南京 江苏科学技术出版社 1985年 10cm（64开）
塑套装 定价：CNY2.90

J0135358
一九八六：生活健美　内蒙古画报社编
呼和浩特 内蒙古人民出版社 1985年
［78cm］（3开）定价：CNY3.00

J0135359
一九八六：仕女图
赤峰 内蒙古科学技术出版社 1985年
［78cm］（3开）定价：CNY5.20

J0135360
军人之友：1986—1987年周历知识手册　宁国仕编
沈阳 辽宁大学出版社 1985年 13cm（60开）
塑套装 定价：CNY1.30

J0135361
旅游必备周历：1986　湖北人民出版社编
武汉 湖北人民出版社 1985年 164页
13cm（60开）定价：CNY0.58

J0135362
猫咪　（1986年年历）
武汉 湖北少年儿童出版社 1985年 1张
39cm（4开）定价：CNY0.12

J0135363
倩倩　（1986年年历）佳红作
天津 天津人民美术出版社 1985年 1张
54cm（4开）定价：CNY0.25

J0135364
情投意合　（1986年年历）
北京 知识出版社 1985年 1张 54cm（4开）
定价：CNY0.20

J0135365
日出　（1986年年历）（日）伊东深水作
上海 上海人民美术出版社 1985年 1张
53cm（4开）定价：CNY0.24

J0135366
陕西省博物馆　（汉英对照）陕西省外事办公室宣传处编
西安 陕西人民美术出版社 1985年 5张
15cm（40开）定价：CNY1.10

J0135367
赏菊　（1986年年历）
北京 知识出版社 1985年 1张 54cm（4开）
定价：CNY0.20

J0135368
上海国画、摄影年历缩样　（1986）
上海 上海书画出版社［1985年］19cm（32开）

J0135369
实用美术 （贺年片小辑续编 一）季之光等收集供稿
上海 上海人民美术出版社 1985 年 24 张 13cm（60 开）定价：CNY1.60

J0135370
实用美术 （贺年片小辑续编 二）徐昌酩,蒋维良收集供稿
上海 上海人民美术出版社 1985 年 24 张 13cm（60 开）定价：CNY1.60

J0135371
寿桃图 （年画 1986 年年历）富华作
上海 上海书画出版社 1985 年 1 张 53cm（4 开）定价：CNY0.24

J0135372
寿星 （年画 1986 年年历）江延根作
合肥 安徽美术出版社 1985 年 1 张 85cm（3 开）定价：CNY0.35

J0135373
书法大台历：1986 何留根,陈春思编
郑州 河南美术出版社 1985 年 19cm（32 开）塑套装 定价：CNY3.50

J0135374
四川风光 （汉英对照）四川人民出版社
成都 四川人民出版社 1985 年 12 张 15cm（40 开）定价：CNY1.40

J0135375
西施浣纱 （1986 年年历）吕歧亮作
上海 上海书画出版社 1985 年 1 张 53cm（4 开）定价：CNY0.24

J0135376
遐想中的少女 （1986 年年历）
北京 中国戏剧出版社 1985 年 1 张 54cm（4 开）定价：CNY0.25

J0135377
一九八六：百虎图 山东友谊书社编；慕凌飞绘
济南 山东人民出版社 1985 年 1 张 73cm（2 开）定价：CNY7.50

J0135378
一九八六：朝鲜民族风俗画挂历
牡丹江 黑龙江朝鲜民族出版社 ［1985 年］53cm（4 开）定价：CNY4.20

J0135379
一九八六：福
广州 广东科技出版社 ［1985 年］1 张 73cm（2 开）定价：CNY5.50

J0135380
一九八六：傅正书法
太原 山西人民出版社 1985 年 1 张 53cm（4 开）定价：CNY4.40

J0135381
一九八六：故宫藏明清绘画精品 （清）罗聘等作
哈尔滨 黑龙江美术出版社 1985 年 1 张 ［78cm］（3 开）定价：CNY5.80
作者罗聘(1733—1799)，清代画家。字遯夫，号两峰，又号衣云、师莲老人等。祖籍安徽歙县。代表作有《物外风标图》《两峰蒗笠图》《丹桂秋高图》《谷清吟图》《画竹有声图》等。著有《香叶草堂集》。

J0135382
一九八六：挂历
合肥 安徽少年儿童出版社 1985 年 1 张 54cm（4 开）定价：CNY4.20

J0135383
一九八六：挂历 郑捷编
长春 北方妇女儿童出版社 ［1985 年］1 张 78cm（3 开）定价：CNY5.70

J0135384
一九八六：挂历
兰州 甘肃人民出版社 1985 年 1 张 78cm（3 开）定价：CNY5.50

J0135385
一九八六：挂历
兰州 甘肃人民出版社 1985 年 1 张 78cm（3 开）
定价：CNY5.10

J0135386
一九八六：挂历
哈尔滨 黑龙江美术出版社 1985 年 1 张
76cm（2 开）定价：CNY8.40

J0135387
一九八六：挂历
哈尔滨 黑龙江美术出版社 1985 年 1 张
76cm（2 开）定价：CNY4.90

J0135388
一九八六：挂历
南京 江苏美术出版社 1985 年 1 张 39cm（8 开）
定价：CNY4.20

J0135389
一九八六：挂历
南京 江苏美术出版社 1985 年 1 张 39cm（6 开）
定价：CNY3.90

J0135390
一九八六：挂历
南京 江苏美术出版社 1985 年 1 张 39cm（6 开）
定价：CNY2.80

J0135391
一九八六：挂历
沈阳 辽宁科技出版社 [1985 年] 1 张 78cm（3 开）
定价：CNY3.80

J0135392
一九八六：挂历
赤峰 内蒙古科学技术出版社 1985 年 1 张
54cm（4 开）定价：CNY4.50

J0135393
一九八六：挂历
呼和浩特 内蒙古人民出版社 1985 年 1 张
78cm（3 开）定价：CNY5.50

J0135394
一九八六：挂历
呼和浩特 内蒙古人民出版社 1985 年 1 张
78cm（3 开）定价：CNY4.80

J0135395
一九八六：挂历
北京 人民体育出版社 1985 年 1 张 78cm（3 开）
定价：CNY4.80

J0135396
一九八六：挂历
西安 三秦出版社 1985 年 1 张 78cm（3 开）
定价：CNY5.60

J0135397
一九八六：挂历
太原 山西人民出版社 1985 年 1 张 76cm（2 开）
定价：CNY7.90

J0135398
一九八六：挂历
太原 山西人民出版社 1985 年 1 张 78cm（3 开）
定价：CNY5.50

J0135399
一九八六：挂历
太原 山西人民出版社 1985 年 1 张 54cm（4 开）
定价：CNY4.40

J0135400
一九八六：挂历　　上海画报出版社编辑
上海 上海画报出版社 [1985 年] 1 张 54cm（4 开）
定价：CNY4.20

J0135401
一九八六：挂历
延吉 延边出版社 1985 年 1 张 78cm（3 开）
定价：CNY5.50

J0135402
一九八六：挂历
延吉 延边人民出版社 1985 年 1 张 54cm（4 开）
定价：CNY4.30

J0135403

一九八六: 挂历　郑捷编

延吉 延边人民出版社［1985年］1张 78cm（3开）

定价: CNY5.70

J0135404

一九八六: 挂历

杭州 浙江人民出版社［1985年］1张 76cm（2开）

定价: CNY5.50

J0135405

一九八六: 挂历

杭州 浙江人民出版社 1985年 1张 39cm（8开）

定价: CNY2.30

J0135406

一九八六: 国外服式发式月历 （一）

上海 上海美术出版社［1985年］1册 38cm（6开）

定价: CNY2.40

J0135407

一九八六: 红楼梦剧中人

沈阳 辽宁美术出版社 1985年 1张
［78cm］（3开）定价: CNY5.50

J0135408

一九八六: 虎(湘潭白石书苑藏画）　中国湘潭齐白石艺术研究中心编

长沙 湖南美术出版社 1985年 1张
［78cm］（3开）定价: CNY5.20

J0135409

一九八六: 花卉挂历

沈阳 宁民族出版社 1985年 1张
［78cm］（3开）定价: CNY5.50

J0135410

一九八六: 华山览胜　王岩章作

西安 陕西人民出版社 1985年 1张
［78cm］（3开）定价: CNY5.50

　　作者王岩章(1951—)，画家。又名王岩璋，字清源，号山巴，东山画夷。河南济源县人。历任河南省美术家协会会员，中国国画家协会理事。出版有《王岩章画集》。

J0135411

一九八六: 欢乐的童话世界　马克宣，阎善春作

杭州 浙江人民美术出版社 1985年 1册
19cm（32开）定价: CNY3.50

J0135412

一九八六: 黄山天下奇

合肥 安徽美术出版社 1985年 1张 53cm（4开）

定价: CNY4.10

J0135413

一九八六: 建筑风光月历

牡丹江 黑龙江朝鲜民族出版社 1985年 1张
53cm（4开）定价: CNY4.30

J0135414

一九八六: 健康　辽宁画院编

沈阳 春风文艺出版社［1985年］1张
［78cm］（3开）定价: CNY5.50

J0135415

一九八六: 江山似锦

赤峰 内蒙古科学技术出版社 1985年 1张
［78cm］（3开）定价: CNY5.40

J0135416

一九八六: 锦绣山河

赤峰 内蒙古科学技术出版社［1985年］1张
［78cm］（3开）定价: CNY5.40

J0135417

一九八六: 历代名姬图

杭州 浙江人民美术出版社 1985年 1张
78cm（3开）定价: CNY5.20

J0135418

一九八六: 历代西域诗画意

乌鲁木齐 新疆人民出版社 1985年 1张
54cm（4开）定价: CNY3.50

J0135419

一九八六: 满园春色

南京 江苏美术出版社［1985年］1张
［78cm］（3开）定价: CNY5.20

J0135420
一九八六：美的旋律
北京 人民体育出版社［1985年］1张 53cm（4开）

J0135421
一九八六：美国风俗画
西安 陕西人民美术出版社 1985 年 1 张
53cm（4开）定价：CNY3.90

J0135422
一九八六：年年如意
赤峰 内蒙古科学技术出版社 1985 年 1 张
［78cm］（3开）定价：CNY4.80

J0135423
一九八六：人物挂历
延吉 延边人民出版社 1985 年 1 张 78cm（3开）

J0135424
一九八六：山东博物馆藏画
济南 齐鲁书社 1985 年 1 张 78cm（3开）
定价：CNY5.00

J0135425
一九八六：山河秀
乌鲁木齐 新疆人民出版社 1985 年 1 张
78cm（3开）定价：CNY4.50

J0135426
一九八六：上海童装大奖赛剪影
北京 宝文堂书店 1985 年 1 张 78cm（3开）
定价：CNY5.50

J0135427
一九八六：诗经画意
杭州 浙江人民美术出版社 1985 年 1 张
［78cm］（3开）定价：CNY5.20

J0135428
一九八六：世界雕塑名作选
南京 江苏美术出版社 1985 年 1 张 53cm（4开）
定价：CNY1.80

J0135429
一九八六：世界雕塑名作月历

上海 上海人民出版社 1985年 1 张 53cm（4开）
定价：CNY5.00

J0135430
一九八六：世界风光
哈尔滨 黑龙江美术出版社 1985 年 1 张
76cm（2开）定价：CNY3.90

J0135431
一九八六：世界风光
沈阳 辽宁民族出版社 1985 年 1 张 53cm（4开）
定价：CNY4.20

J0135432
一九八六：世界风光
赤峰 内蒙古科学技术出版社 1985 年 1 张
［78cm］（3开）定价：CNY5.50

J0135433
一九八六：世界名画　浙江《富春江画报》编
杭州 浙江人民美术出版社 1985 年 1 张
76cm（2开）定价：CNY9.80

J0135434
一九八六：世界名画月历　（法）西蒙·武埃
等作
西宁 青海人民出版社 1985 年 1 张
［78cm］（3开）定价：CNY4.50
　　作者西蒙·武埃（Simon Vouet, 1590—1649），
法国画家。出生于巴黎。代表作品有《童贞女得
子》《美术的寓言》《时代的征服》等。

J0135435
一九八六：丝路花雨
南京 江苏美术出版社 1985 年 1 张
［78cm］（3开）定价：CNY5.00

J0135436
一九八六：吴门画萃
南京 江苏美术出版社 1985 年 1 张
［78cm］（3开）定价：CNY5.20

J0135437
一九八六：五老朝晖
呼和浩特 内蒙古人民出版社 1985 年 1 张

78cm（3开）定价：CNY4.80

J0135438
一九八六：西洋名画
北京 人民美术出版社 1985年 1张 38cm（6开）
定价：CNY2.80

J0135439
一九八六：新年好
赤峰 内蒙古科学技术出版社［1985年］1张
［78cm］（3开）定价：CNY5.40

J0135440
一九八六：阳泉风光　山西阳泉市城乡建设
环境保护局编
太原 山西人民出版社 1985年 1张 53cm（4开）
定价：CNY4.00

J0135441
一九八六：艺苑新花
南京 江苏美术出版社 1985年 1张 78cm（2开）
定价：CNY4.90

J0135442
一九八六：迎春
广州 广东科技出版社［1985年］1张 73cm（2开）
定价：CNY5.50

J0135443
一九八六：影坛蓓蕾月历
赤峰 内蒙古科学技术出版社［1985年］1张
53cm（4开）定价：CNY4.00

J0135444
一九八六：影坛新秀月历
赤峰 内蒙古科学技术出版社［1985年］1张
［78cm］（3开）定价：CNY5.40

J0135445
一九八六：远瞩　郑福生作
南京 江苏美术出版社 1985年 1张
［78cm］（3开）定价：CNY5.20

J0135446
一九八六：斋藤清の画·东山魁夷の画

南京 江苏美术出版社 1985年 1张 53cm（4开）
定价：CNY2.50

J0135447
一九八六：祝君如意　杨冬青作
沈阳 春风文艺出版社［1985年］1张
［78cm］（3开）定价：CNY6.00

J0135448
一九八六年（农历丙寅年）月建节气表　鲁
鸿恩作
济南 山东美术出版社 1985年 1张 53cm（4开）
定价：CNY0.24

J0135449
一九八六年《天宝传奇》月历
北京 中国连环画出版社 1985年 1张
78cm（3开）定价：CNY5.40

J0135450
一九八六年儿童台历　张美英［作］
北京 工人出版社 1985年 1册 19cm（32开）
定价：CNY1.20

J0135451
一九八六年古诗台历　申君编；袁真，韶玉
［译］
上海 上海古籍出版社 1985年 1册 10cm（64开）
精装 定价：CNY3.00

J0135452
一九八六年月历：花卉　人民美术出版社编
北京 人民美术出版社 1985年 1张 53cm（4开）

J0135453
一九八六年月历：西藏文物古迹
拉萨 西藏人民出版社 1985年 1张 53cm（4开）
定价：CNY5.60

J0135454
一日一笑台历：1986　《一日一笑台历》编写
组编
上海 上海人民出版社 1985年 1册 10cm（64开）
塑套装 定价：CNY2.10

J0135455
依恋　（1986年年历）
天津　天津人民美术出版社　1985年　1张
54cm（4开）定价：CNY0.25

J0135456
鱼跃龙门　（年画 1986年年历）吴青霞作
上海　上海书画出版社　1985年　1张　54cm（4开）
定价：CNY0.24
　　作者吴青霞（1910—2008），女，画家、教授。学名吴德舒，号龙城女史，别署篆香阁主。江苏常州人。历任上海中国画院画师，上海师范学院、上海交通大学艺术系兼职教授。主要作品《万紫千红》《腾飞河海入云霄》《腾飞万里》等，出版有《吴青霞画集》。

J0135457
月月报平安　（年画 1986年年历）王一亭作
上海　上海书画出版社　1985年　1张　53cm（4开）
定价：CNY0.24
　　作者王一亭（1867—1938），书画家、实业家。名震，别署白龙山人。生于上海周浦，祖籍浙江吴兴。

J0135458
中学生周历：1986
郑州　河南教育出版社　1985年　124页
13cm（60开）定价：CNY0.50

J0135459
茁壮　（年画 1986年年历）高英熙作
天津　天津人民美术出版社　1985年　1张
54cm（4开）定价：CNY0.25

J0135460
1987：《12国邮票精选》多用系列挂历
（第一辑）
济南　山东文艺出版社　1986年　38cm（6开）
定价：CNY2.90

J0135461
1987：八仙过海
沈阳　辽宁美术出版社　1986年　78cm（2开）
定价：CNY5.50

J0135462
1987：波涛千里寄风流　（挂历）
太原　山西人民出版社　1986年　76cm（2开）
定价：CNY8.00

J0135463
1987：程十发山水画选　（挂历）程十发绘
上海　上海画报出版社　1986年　78cm（2开）
定价：CNY5.30
　　作者程十发（1921—2007），画家。出生于上海金山，毕业于上海美术专科学校国画系。代表作品有《丽人行》《迎春图》《列宁的故事》《孔乙己》等。出版有《程十发近作选》《程十发花鸟习作选》《程十发作品展》。

J0135464
1987：川味
成都　四川美术出版社　1986年　2版　53cm（4开）
定价：CNY4.20

J0135465
1987：大型电动玩具
广州　岭南美术出版社　1986年　76cm（2开）
定价：CNY8.00

J0135466
1987：电影百花　（挂历）
哈尔滨　北方文艺出版社　1986年　78cm（3开）
定价：CNY5.10

J0135467
1987：发式挂历
济南　山东科学技术出版社　1986年　76cm（2开）
定价：CNY8.00

J0135468
1987：粉笔画　（挂历）
沈阳　辽宁美术出版社　1986年　78cm（2开）
定价：CNY5.20

J0135469
1987：风光挂历
太原　北岳文艺出版社　1986年　76cm（2开）
定价：CNY8.00

J0135470
1987：风光小品
石家庄 河北美术出版社 1986 年 53cm（4 开）
定价：CNY2.70

J0135471
1987：风景小品
武汉 湖北科学技术出版社 1986 年 53cm（4 开）
定价：CNY4.30

J0135472
1987：恭贺新禧 （挂历）
呼和浩特 内蒙古科学技术出版社 1986 年
53cm（4 开）定价：CNY4.00

J0135473
1987：故宫藏画 （挂历）
石家庄 河北美术出版社 1986 年 76cm（2 开）
定价：CNY8.00

J0135474
1987：挂历 （汉藏对照）四川省民族事务委
员会编
成都 四川民族出版社 1986 年 78cm（2 开）
定价：CNY6.80

J0135475
1987：挂历
成都 四川少年儿童出版社 1986 年 53cm（4 开）
定价：CNY6.00

J0135476
1987：关汉卿名剧选 吴性清，王仲清绘画
天津 天津人民美术出版社 1986 年 78cm（2 开）
定价：CNY5.80
　　作者吴性清（1933— ），女，编审。生于江
苏泰州，毕业于中央美术学院华东分院油画系。
历任上海人民美术出版社任创作员，中国美术
家协会会员。作品有《我们热爱毛主席》《胡笳
十八拍图卷》《关汉卿名剧选》等。作者王仲清
（1924— ），画家、教授。生于四川成都，毕业
于省立成都师范美师科。历任上海人民美术出
版社创作员、上海戏剧学院中国画教师，中国美
术家协会会员，中国禅画研究院名誉院长。作品
有中国画《小三峡》《胡笳十八拍》，连环画《阿

诗玛》等。出版有《王仲清画集》等。

J0135477
1987：桂林山水甲天下 （挂历）
南宁 广西人民出版社 1986 年 76cm（2 开）
定价：CNY8.70

J0135478
1987：海外风光 （挂历）
武汉 长江文艺出版社 1986 年 53cm（4 开）
定价：CNY4.80

J0135479
1987：河山锦绣 （挂历）
沈阳 辽宁美术出版社 1986 年 78cm（2 开）
定价：CNY3.50

J0135480
1987：红楼梦金陵十二钗 （挂历）
杭州 浙江人民美术出版社 1986 年 78cm（2 开）
定价：CNY5.50

J0135481
1987：花卉 （挂历）
太原 山西人民出版社 1986 年 78cm（2 开）
定价：CNY5.50

J0135482
1987：花卉 （挂历）
乌鲁木齐 新疆人民出版社 1986 年 78cm（2 开）
定价：CNY5.20

J0135483
1987：华美挂历
沈阳 辽宁科学技术出版社 1986 年 78cm（2 开）
定价：CNY5.50

J0135484
1987：黄宵笔意 （挂历）黄胄绘
太原 希望出版社 1986 年 76cm（2 开）
定价：CNY7.00

J0135485
1987：家庭法律常识台历 上海人民出版社编
上海 上海人民出版社 1986 年 10cm（64 开）

精装 定价: CNY2.10

J0135486
1987：家庭记账日记
杭州 浙江科学技术出版社 1986 年 244 页
13cm（60 开）定价: CNY0.65, CNY1.00（精装）

J0135487
1987：锦坛画廊 （挂历）
杭州 浙江人民美术出版社 1986 年 76cm（2 开）
定价: CNY3.80

J0135488
1987：敬爱的元帅 （挂历）
成都 四川美术出版社 1986 年 2 版 78cm（2 开）
定价: CNY5.00

J0135489
1987：乐府画意 （挂历）
杭州 浙江人民美术出版社 1986 年 78cm（2 开）
定价: CNY3.50

J0135490
1987：历代名画选
北京 荣宝斋 1986 年 78cm（2 开）定价: CNY5.80

J0135491
1987：梁山伯与祝英台 （挂历）
沈阳 辽宁美术出版社 1986 年 78cm（2 开）
定价: CNY5.50

J0135492
1987：猫、狗 （挂历）黄胄绘
长沙 湖南美术出版社 1986 年 53cm（4 开）
定价: CNY4.00
　　作者黄胄（1925—1997），画家、社会活动家、收藏家。字映斋，河北蠡县人。历任总政治部文化部创作员，中国画研究院副院长，中国美术家协会常务理事等。代表作品有《洪荒风雪》《巡逻图》等，出版有《黄胄书画论》《黄胄作品集》《黄胄谈艺术》等。

J0135493
1987：猫咪 （挂历）
上海 上海人民美术出版社 1986 年 53cm（4 开）

定价: CNY3.00

J0135494
1987：美与活力 （挂历）
广州 岭南美术出版社 1986 年 76cm（2 开）
定价: CNY8.50

J0135495
1987：墨宝 （书法挂历）
长沙 湖南美术出版社 1986 年 76cm（2 开）
定价: CNY7.80

J0135496
1987：霓裳花容 （挂历）
上海 上海画报出版社 1986 年 78cm（2 开）
定价: CNY5.40

J0135497
1987：世界建筑风光 （挂历）
乌鲁木齐 新疆人民出版社 1986 年 78cm（2 开）
定价: CNY5.20

J0135498
1987：世界名画 （挂历）
长沙 湖南少年儿童出版社 1986 年 76cm（2 开）
定价: CNY8.50

J0135499
1987：世界名画 （挂历）
长沙 湖南少年儿童出版社 1986 年 76cm（2 开）
定价: CNY4.50

J0135500
1987：世界名画 （挂历）
天津 天津人民美术出版社 1986 年 53cm（4 开）
定价: CNY4.50

J0135501
1987：世界名画 （挂历）
杭州 浙江人民美术出版社 1986 年 78cm（2 开）
定价: CNY5.80

J0135502
1987：世界名画精选
南京 江苏少年儿童出版社 1986 年 78cm（2 开）

定价：CNY5.30

定价：CNY5.70

J0135503
1987：世界名画邮票　（挂历）
沈阳　辽宁美术出版社　1986 年　78cm（2 开）
定价：CNY5.50

J0135512
1987：新年快乐　（挂历）
合肥　安徽少年儿童出版社　1986 年　53cm（4 开）
定价：CNY4.30

J0135504
1987：世界名画邮票集锦
郑州　河南美术出版社　1986 年　53cm（4 开）
定价：CNY4.20

J0135513
1987：一帆风顺
济南　山东美术出版社　1986 年　76cm（2 开）
定价：CNY6.00

J0135505
1987：世界名猫　（挂历）
北京　北京体育学院出版社　1986 年　76cm（2 开）
定价：CNY6.20

J0135514
1987：伊斯兰历 1407—1408 年　（挂历）
北京　民族出版社　1986 年　53cm（4 开）
定价：CNY4.50

J0135506
1987：世界著名雕塑　（挂历）
沈阳　辽宁美术出版社　1986 年　78cm（2 开）
定价：CNY5.20

J0135515
1987：艺苑精英　（美术挂历）
上海　上海古籍出版社　1986 年　78cm（2 开）
定价：CNY5.40

J0135507
1987：书法挂历
武汉　湖北美术出版社　1986 年　78cm（2 开）
定价：CNY5.50

J0135516
1987：艺苑真赏　（美术挂历）
上海　上海古籍出版社　1986 年　78cm（2 开）
定价：CNY5.40

J0135508
1987：书法挂历
沈阳　辽宁美术出版社　1986 年　78cm（2 开）
定价：CNY5.50

J0135517
1987：浙江美术学院藏画选　（挂历）
杭州　西泠印社　1986 年　76cm（2 开）
定价：CNY5.30

J0135509
1987：书海拾珠　（挂历）
沈阳　辽宁美术出版社　1986 年　76cm（2 开）
定价：CNY8.50

J0135518
1987：中国历代名画
天津　天津人民美术出版社　1986 年　76cm（2 开）
定价：CNY7.50

J0135510
1987：熟悉的朋友　（挂历）
杭州　浙江人民美术出版社　1986 年　53cm（4 开）
定价：CNY4.50

J0135519
1987：中国历代女诗人　许小峰绘
济南　山东教育出版社　1986 年　76cm（2 开）
定价：CNY8.00
　　作者许小峰（1937—　），女，美术师。生于山东淄博。历任济南画院高级画师，山东美术家协会会员

J0135511
1987：西湖诗画　（挂历）
杭州　浙江人民美术出版社　1986 年　78cm（2 开）

J0135520
1987：中国山水画
广州 岭南出版社 1986 年 78cm（2 开）
定价：CNY5.30

J0135521
1987—1990 年趣味知识台历
哈尔滨 黑龙江美术出版社 1986 年 13cm（60 开）
精装 定价：CNY2.20

J0135522
1987 年《快乐》月历
上海 上海人民美术出版社 1986 年 53cm（4 开）
定价：CNY4.20

J0135523
1987 年《世界城市雕塑》月历
上海 上海人民美术出版社 1986 年 76cm（2 开）
定价：CNY8.50

J0135524
1987 年北京名胜月历
北京 朝花美术出版社 1986 年 76cm（2 开）
定价：CNY8.80

J0135525
1987 年词曲台历　申君编选；韩盈，荒溪注释
上海 上海古籍出版社 1986 年 10cm（64 开）
塑料套精装 定价：CNY2.20

J0135526
1987 年词曲台历　申君编选；韩盈，荒溪注释
上海 上海古籍出版社 1986 年 10cm（64 开）
锦精面装 定价：CNY3.60

J0135527
1987 年钢笔书法台历　浙江科学技术出版社编
杭州 浙江科学技术出版社 1986 年 15cm（40 开）
精装 定价：CNY3.00

J0135528
1987 年国宝月历
长沙 湖南美术出版社 1986 年 78cm（2 开）
定价：CNY5.50

J0135529
1987 年家庭教育台历　福建省教育出版社编辑
福建 福建教育出版社 1986 年 13cm（60 开）
精装 定价：CNY2.00

J0135530
1987 年家庭生活台历　《1987 年家庭生活台历》编写组编
上海 上海科学技术出版社 1986 年 13cm（60 开）
精装 定价：CNY2.20

J0135531
1987 年军礼诗历　解放军报社文化处编
长沙 湖南少年儿童出版社 1986 年 188 页
13cm（60 开）精装 定价：CNY1.80

J0135532
1987 年历史故事台历　上海古籍出版社编
上海 上海古籍出版社 1986 年 13cm（60 开）
精装 定价：CNY2.20

J0135533
1987 年年历
广州 岭南美术出版社 1986 年 1 张 53cm（4 开）
定价：CNY0.20

J0135534
1987 年气象月历
北京 气象出版社 1986 年 78cm（2 开）
定价：CNY4.50

J0135535
1987 年生活小百科台历　海艺编
上海 上海文化出版社 1986 年 365 页
13cm（60 开）精装 定价：CNY2.35

J0135536
1987 年世界风光塑料双月历
上海 上海人民美术出版社 1986 年 76cm（2 开）
定价：CNY6.00

J0135537
1987 年世界名画月历
上海 上海人民美术出版社 1986 年 53cm（4 开）
定价：CNY4.20

J0135538
1987 年统计知识台历　福建省统计信息咨询
服务中心, 福建省统计学会编
福建　福建教育出版社　1986 年　13cm（60 开）
精装　定价: CNY2.40

J0135539
1987 年外国水彩画月历
上海　上海人民美术出版社　1986 年　53cm（4 开）
定价: CNY4.20

J0135540
1987 年文汇学生台历　岱山, 娄薰南编
上海　文汇出版社　1986 年　10cm（64 开）
精装　定价: CNY2.50

J0135541
1987 年文汇知识台历　施鹤群, 潘天祥编
上海　文汇出版社　1986 年　10cm（64 开）
精装　定价: CNY2.40

J0135542
1987 年文科知识台历　闻逸等编
上海　上海教育出版社　1986 年　13cm（60 开）
精装　定价: CNY2.35

J0135543
1987 年新诗日历　（友谊与爱情）
长沙　湖南少年儿童出版社　1986 年　19cm（32 开）
定价: CNY2.00

J0135544
1987 年一日一菜台历　浙江人民出版社编
杭州　浙江人民出版社　1986 年　10cm（64 开）
精装　定价: CNY2.30

J0135545
1987 年月历: 珠光宝影
北京　人民美术出版社　1986 年　78cm（2 开）
定价: CNY4.50

J0135546
1987 年长寿之道台历　孙庆国, 林曼英编辑
石家庄　河北美术出版社　1986 年　19cm（32 开）
精装　定价: CNY5.70

J0135547
1987 年中国风光月历
北京　朝花美术出版社　1986 年　76cm（2 开）
定价: CNY8.80

J0135548
1987 山西版年历月历缩样
［太原］［山西人民出版社］1986 年　98 页
19cm（32 开）

J0135549
1987 台历: 大自然的诗
重庆　重庆出版社　1986 年　19cm（32 开）
定价: CNY1.20

J0135550
1987 艺术台历　孙艺编著
沈阳　辽宁教育出版社　1986 年　13cm（60 开）
精装　定价: CNY2.30

J0135551
1988 : 猫、狗　（挂历）
杭州　浙江人民美术出版社　1986 年　76cm（2 开）
定价: CNY9.30

J0135552
1988 : 鱼　（挂历）
成都　四川美术出版社　1986 年　78cm（2 开）
定价: CNY5.80

J0135553
白鹭　（汉、英、日对照）
北京　外文出版社　1986 年　10 张　定价: CNY1.30

J0135554
宝鸡风光　（汉英对照）宝鸡市人民政府外事
办公室编
西安　陕西旅游出版社　［1986 年］10 张

J0135555
北京风景　（英汉对照）
北京　中国世界语出版社　1986 年　10 张
定价: CNY2.00

J0135556
碧峰翠城 （汉英对照）梁荣中绘
桂林　漓江出版社　1986 年　8 张　定价：CNY1.10

J0135557
成都风光 （汉英对照）
成都　四川美术出版社　1986 年　10 张
定价：CNY1.25

J0135558
丹霞山 （汉英对照）
广州　广东旅游出版社［1986 年］10 张
定价：CNY1.50

J0135559
敦煌艺术
兰州　甘肃人民出版社 1986 年 10 张 15cm（40 开）
定价：CNY1.50

J0135560
福建风光 （汉英对照）
福州　福建科学技术出版社　1986 年　10 张
定价：CNY1.50

J0135561
故宫 （英汉对照）文物出版社编
北京　文物出版社　1986 年　25 张

J0135562
广西风光名胜 （汉英文对照）广西旅游局编
桂林　漓江出版社　1986 年　10 张　定价：CNY1.30

J0135563
广西民族风情 （汉英文对照）广西旅游局编
桂林　漓江出版社　1986 年　10 张　定价：CNY1.30

J0135564
广州 （英汉对照）
广州　广东旅游出版社［1986 年］10 张
定价：CNY1.50

J0135565
桂林山水水印木刻画集 （汉英对照）邓福
党作
桂林　漓江出版社　1986 年　8 张　定价：CNY1.10

J0135566
国外风光
成都　四川人民出版社　1986 年　8 张
定价：CNY1.20

J0135567
寒山寺 （汉日对照）
北京　外文出版社　1986 年　2 版　10 张
定价：CNY1.30

J0135568
湖南年历缩样 （1986）湖南美术出版社编
长沙　湖南美术出版社　1986 年　19cm（32 开）

J0135569
华山 （汉、英、日对照）刘春根编
北京　外文出版社　1986 年　10 张　定价：CNY1.40

J0135570
济南 （汉英对照）中国国际旅行社济南分社，
山东友谊书社编
济南　山东人民出版社［1986 年］10 张

J0135571
佳果 （1987 年年历）
石家庄　河北美术出版社 1986 年 1 张 53cm（4 开）
定价：CNY0.25

J0135572
江河源 （汉英对照）青海省邮票公司编
北京　北京出版社［1986 年］10 张

J0135573
江苏年画 （1987 年历）
南京　江苏美术出版社［1986 年］19cm（32 开）

J0135574
景德镇瓷雕 （汉、日、英对照）景德镇陶瓷馆
供稿
南昌　江西人民出版社［1986 年］11 张
定价：CNY1.50

J0135575
景德镇瓷器 （汉、日、英对照）景德镇陶瓷馆
供稿

南昌　江西人民出版社［1986 年］11 张
定价：CNY1.50

J0135576
开封 （汉英对照）
北京　中国旅游出版社　1986 年　10 张　15cm
（40 开）
定价：CNY1.00

J0135577
可爱的儿童 （1987 年年历）
长春　吉林美术出版社 1986 年 1 张 53cm（4 开）
定价：CNY0.24

J0135578
漓江美景 （汉、日、英对照）
南宁　广西人民出版社　1986 年　10 张　15cm
（40 开）
定价：CNY1.40

J0135579
猫 （汉、英、日、俄对照）
北京　外文出版社 1986 年 10 张 15cm（40 开）

J0135580
猫 （汉英对照）
北京　外文出版社 1986 年 10 张 15cm（40 开）
定价：CNY1.50

J0135581
美食台历
太原　山西人民出版社 1986 年 10cm（64 开）
精装 定价：CNY3.00

J0135582
南京风光 （汉、日、英对照）
北京　外文出版社 1986 年 10 张 15cm（40 开）
定价：CNY1.30

J0135583
南通风光 （汉英对照）
南京　江苏人民出版社 1986 年 10 张　15cm
（40 开）
定价：CNY1.25

J0135584
宁夏风光 （汉英对照）
银川　宁夏人民出版社 1986 年 11 张　　13cm
（64 开）
定价：CNY1.40

J0135585
齐白石昆虫小品 （汉、英、法、德对照）齐白
石绘；严欣强编
北京　外文出版社 1986 年 12 张　13×17cm
（36 开）定价：CNY1.40
　　作者齐白石(1864—1957)，近现代中国绘画
大师，国画家、篆刻家。湖南湘潭人。原名纯芝，
字渭青，号兰亭，后改名璜，字濒生，号白石等。
历任国立北京艺术专科学校和京华美术专科学
校教习、教授，中央美术学院名誉教授，中国文
学艺术界联合会主席团委员，中国画研究会和中
国美术家协会主席，中国画院名誉院长。代表作
有《蛙声十里出山泉》《墨虾》等。著有《白石诗
草》《齐白石作品集》《白石老人自述》等。

J0135586
青海风光 （汉英对照）
西宁　青海人民出版社　1986 年　10 张　15cm
（40 开）
定价：CNY0.92

J0135587
三清山 （汉英日文对照）刘春根编
北京　外文出版社 1986 年 10 张 15cm（40 开）
定价：CNY1.40

J0135588
山茶花 （汉、英、日、俄对照）韩德洲，孙树
明编辑
北京　外文出版社 1986 年 10 张 15cm（40 开）
定价：CNY1.40

J0135589
山东旅游 （汉英文对照）山东旅游局，山东
友谊书社编
济南　山东人民出版社［1986 年］10 张
18×15cm （30 开）

J0135590
韶山 （英汉对照）
长沙　湖南美术出版社　1986 年　8 张
15cm（40 开）
定价：CNY0.80

J0135591
沈阳风光 （汉英对照）
沈阳　辽宁美术出版社　1986 年　10 张　15cm
（40 开）
定价：CNY1.80

J0135592
十三陵 （汉英文对照）
北京　北京出版社［1986 年］12 张 15cm（40 开）
定价：CNY2.00

J0135593
石林
昆明　云南人民出版社　1986 年　10 张　15cm
（40 开）
定价：CNY1.30

J0135594
水仙 （汉英对照）
福州　福建科学技术出版社 1986 年　10 张 15cm
（40 开）
定价：CNY1.50

J0135595
苏州 （汉、日、英对照）
北京　外文出版社 1986 年　10 张 15cm（40 开）
定价：CNY0.70

J0135596
苏州风光 （汉、日、英对照）
北京　外文出版社 1986 年　10 张 15cm（40 开）
定价：CNY1.30

J0135597
唐诗意画 （汉英对照）李明云，芒登绘
西安　陕西人民美术出版社　1986 年　8 张 15cm
（40 开）
定价：CNY1.10

J0135598
统计知识台历：1987　赵银师主编
太原　山西人民出版社　1986 年　13cm（60 开）
精装　定价：CNY4.50

J0135599
吐鲁番柏孜克里克千佛洞壁画 （汉英对照）
新疆维吾尔自治区吐鲁番地区文物保管所编
乌鲁木齐　新疆人民出版社［1986 年］10 张
15cm（40 开）
定价：CNY1.00

J0135600
吐鲁番出土文物 （英汉对照）新疆维吾尔自
治区吐鲁番地区文物保管所编
乌鲁木齐　新疆人民出版社［1986 年］9 张
15cm（40 开）
定价：CNY1.00

J0135601
吐鲁番风光 （汉英对照）新疆维吾尔自治区
吐鲁番地区文物保管所编
乌鲁木齐　新疆人民出版社［1986 年］10 张
15cm（40 开）
定价：CNY1.00

J0135602
威尼斯风光 （一）
武汉　湖北人民出版社 1986 年　10 张
15cm（40 开）定价：CNY1.10

J0135603
威尼斯风光 （二）
武汉　湖北人民出版社 1986 年　10 张
15cm（40 开）定价：CNY1.10

J0135604
无笔画艺术台历
长沙　湖南文艺出版社 1986 年　15cm（40 开）
定价：CNY1.70

J0135605
西湖诗景 （汉英对照）
杭州　浙江文艺出版社 1986 年　10 张
15cm（40 开）

定价: CNY1.00

J0135606
西宁风光 （贺年明信片）
西宁 青海人民出版社 1986 年 15 张
15cm（40 开）
定价: CNY2.00

J0135607
阳朔美景 （汉、日、英对照）
南宁 广西人民出版社 1986 年 10 张
15cm（40 开）
定价: CNY1.40

J0135608
一九八六年月历：明清绘画
北京 人民美术出版社 1986 年 78cm（2 开）
定价: CNY6.00

J0135609
一九八七：发型与服式 （挂历）
南京 江苏人民出版社 1986 年 78cm（2 开）
定价: CNY5.30

J0135610
一九八七：风景
天津 天津杨柳青画社 1986 年 78cm（2 开）
定价: CNY5.20

J0135611
一九八七：富贵荣华 （挂历）
上海 上海书画出版社 1986 年 78cm（2 开）
定价: CNY5.30

J0135612
一九八七：姑苏诗情——桥与塔 （挂历）
南京 江苏美术出版社 1986 年 78cm（2 开）
定价: CNY6.50

J0135613
一九八七：故宫博物院藏画珍品 （挂历）
哈尔滨 黑龙江美术出版社 1986 年 78cm（2 开）
定价: CNY5.50

J0135614
一九八七：故宫藏古代山水画选 （挂历）
上海 上海人民美术出版社 1986 年 78cm（2 开）
定价: CNY5.50

J0135615
一九八七：故宫藏画 （挂历）
上海 上海人民美术出版社 1986 年 78cm（2 开）
定价: CNY5.50

J0135616
一九八七：故宫藏明清绘画精品 （挂历）
哈尔滨 黑龙江美术出版社 1986 年 78cm（2 开）
定价: CNY5.70

J0135617
一九八七：挂历
北京 人民体育出版社 1986 年 74cm（3 开）
定价: CNY5.40

J0135618
一九八七：挂历
昆明 云南民族出版社 1986 年 74cm（3 开）
定价: CNY1.50

J0135619
一九八七：挂历
昆明 云南民族出版社 1986 年 53cm（4 开）
定价: CNY1.20

J0135620
一九八七：红楼梦人物 （挂历）
北京 朝花美术出版社 1986 年 78cm（2 开）
定价: CNY6.00

J0135621
一九八七：花开四季
天津 天津人民美术出版社 1986 年 53cm（4 开）
定价: CNY4.20

J0135622
一九八七：华夏山水 （挂历）
兰州 甘肃人民出版社 1986 年 76cm（2 开）
定价: CNY5.50

J0135623
一九八七：江山似锦
赤峰 内蒙古科学技术出版社 1986 年
78cm（2 开）定价：CNY5.50

J0135624
一九八七：孔子画像 （挂历）
济南 齐鲁书社 1986 年 76cm（2 开）
定价：CNY7.50

J0135625
一九八七：历代才女图
天津 天津杨柳青画社 1986 年 78cm（2 开）
定价：CNY5.20

J0135626
一九八七：历代书法名迹选
上海 上海书画出版社 1986 年 78cm（2 开）
定价：CNY5.30

J0135627
一九八七：刘旦宅诗画月历　上海市连环画
研究会编
上海 上海人民美术出版社 1986 年 53cm（4 开）
定价：CNY5.30

J0135628
一九八七：马
呼和浩特 内蒙古人民出版社 1986 年
76cm（2 开）定价：CNY7.80

J0135629
一九八七：猫与鹦鹉 （挂历）
北京 朝花美术出版社 1986 年 53cm（4 开）
定价：CNY4.20

J0135630
一九八七：母爱 （挂历）
北京 朝花美术出版社 1986 年 78cm（2 开）
定价：CNY6.00

J0135631
一九八七：年画挂历
长春 吉林美术出版社 1986 年 78cm（2 开）
定价：CNY5.70

J0135632
一九八七：年画挂历
赤峰 内蒙古科学技术出版社 1986 年
53cm（4 开）定价：CNY4.00

J0135633
一九八七：秋景如画 （挂历）
成都 四川省新闻图片社 1986 年 53cm（4 开）
定价：CNY4.50

J0135634
一九八七：上海手帕
上海 上海书画出版社 1986 年 536cm（4 开）
定价：CNY4.50

J0135635
一九八七：石涛画选
上海 上海书画出版社 1986 年 78cm（2 开）
定价：CNY5.30

J0135636
一九八七：世界儿童故事 （挂历）
太原 山西人民出版社 1986 年 53cm（4 开）
定价：CNY4.00

J0135637
一九八七：世界名画 （挂历）浙江富春江画
报社编辑
杭州 浙江人民美术出版社 1986 年 38cm（6 开）
定价：CNY4.50

J0135638
一九八七：世界名画 （挂历）
杭州 浙江人民美术出版社 1986 年 74cm（3 开）
定价：CNY5.80

J0135639
一九八七：徐悲鸿藏画选 （挂历）
南京 江苏美术出版社 1986 年 78cm（2 开）
定价：CNY5.90

J0135640
一九八七：艺苑精萃 （美术挂历）
南京 江苏人民出版社 1986 年 78cm（2 开）
定价：CNY5.30

J0135641

一九八七: 中外歌曲 300 首台历　赫佳音等
编选
北京　中国妇女出版社　1986 年　13cm（60 开）
精装　定价: CNY2.66

J0135642

一九八七年《西洋名画》月历　尔东, 兆湘
选编
北京　中国连环画出版社　1986 年　74cm（3 开）
定价: CNY5.40

J0135643

一九八七年《西洋名画》月历　尔东, 兆湘
选编
北京　中国连环画出版社　1986 年　53cm（4 开）
定价: CNY4.30

J0135644

一九八七年农历节气表　吴少伟作
南昌　江西人民出版社　1986 年　2 张　78cm（2 开）
定价: CNY0.33

J0135645

一九八七年山水画新作　（挂历）贾又福等
绘画
北京　中国连环画出版社　1986 年　78cm（2 开）
定价: CNY5.80
　　作者贾又福（1942—　　），画家。河北省肃宁
县人，毕业于中央美术学院。历任中央美术学院
教授、博士生导师。代表作品《贾又福谈画篇》
《贾又福集: 苦修集、怀乡集、观化集》等。

J0135646

英国风光　（汉英对照）
北京　外文出版社　1986 年　10 张

J0135647

幽默台历　王敬之, 顾恒如编
杭州　浙江科学技术出版社　1986 年　729 页
13cm（60 开）精装　定价: CNY3.70

J0135648

云南风光　（汉英对照）
北京　外文出版社　1986 年　10 张　定价: CNY1.50

J0135649

云南蝴蝶　（汉英对照）赵彬供稿
昆明　云南科技出版社　1986 年　16 张
定价: CNY1.50

J0135650

长春君子兰
北京　中国旅游出版社　[1986 年] 10 张
定价: CNY1.00

J0135651

长江漂流探险　（汉英对照）《今日四川》画刊
编辑部编辑
成都　四川人民出版社　1986 年　15 张

J0135652

长江三峡风光　（汉英文对照）
成都　四川人民出版社　1986 年　10 张
定价: CNY1.40

J0135653

长江三峡风光　（汉英文对照）
成都　四川人民出版社　1986 年　2 版　10 张
定价: CNY1.40

J0135654

中国风景　（汉、英、西班牙文对照）
北京　中国世界语出版社　1986 年　10 张
定价: CNY2.00

J0135655

中国揽胜　（汉、英、日、俄对照　一）
北京　外文出版社　1986 年　10 张　定价: CNY1.30

J0135656

中国揽胜　（汉、英、日、俄对照　二）
北京　外文出版社　1986 年　10 张　定价: CNY1.30

J0135657

中国揽胜　（汉、英、日、俄对照　三）
北京　外文出版社　1986 年　10 张　定价: CNY1.30

J0135658

中国揽胜　（汉、英、日、俄对照　四）
北京　外文出版社　1986 年　10 张　定价: CNY1.30

J0135659
中国揽胜 （汉、英、日、俄对照　五）
北京　外文出版社　1986 年　10 张　定价：CNY1.30

J0135660
中国揽胜 （汉、英、日、俄对照　六）
北京　外文出版社　1986 年　10 张　定价：CNY1.30

J0135661
1987：世界名画 （挂历）
哈尔滨　黑龙江美术出版社　1987 年
78cm（2 开）定价：CNY5.60

J0135662
1987：中国历代名画 （挂历）
天津　天津人民美术出版社　1987 年　76cm（2 开）
定价：CNY9.50

J0135663
1988：《锦绣江山》月历
广州　岭南美术出版社　1987 年（3 开）
定价：CNY8.50

J0135664
1988：爱新觉罗氏书画 （挂历）
北京　朝花美术出版社　1987 年　78cm（3 开）
定价：CNY6.80

J0135665
1988：八仙过海 （挂历）
天津　天津杨柳青画社　1987 年　78cm（3 开）
定价：CNY6.50

J0135666
1988：壁画 （挂历）
拉萨　西藏人民出版社　1987 年（3 开）
定价：CNY7.20

J0135667
1988：春华 （挂历）
杭州　浙江人民美术出版社　1987 年（3 开）
定价：CNY6.50

J0135668
1988：春艳 （挂历）

杭州　浙江人民美术出版社　1987 年（3 开）
定价：CNY6.50

J0135669
1988：动物月历
石家庄　河北美术出版社　1987 年（3 开）
定价：CNY6.10

J0135670
1988：范曾画选 （挂历）
北京　轻工业出版社　1987 年　78cm（3 开）
定价：CNY6.80

J0135671
1988：芬芳月历
石家庄　河北美术出版社　1987 年（6 开）
定价：CNY3.50

J0135672
1988：风光月历
石家庄　河北美术出版社　1987 年（2 开）
定价：CNY11.00

J0135673
1988：服装挂历
太原　北岳文艺出版社 ［1987 年］（2 开）
定价：CNY9.80

J0135674
1988：工笔仕女图 （挂历）
赤峰　内蒙古科学技术出版社 ［1987 年］（3 开）
定价：CNY6.50

J0135675
1988：恭贺新禧 （工笔画挂历）
西安　陕西人民美术出版社　1987 年（3 开）
定价：CNY7.00

J0135676
1988：故宫藏画 （挂历）
上海　上海人民美术出版社　1987 年（3 开）
定价：CNY6.80

J0135677
1988：挂历

上海 上海三联书店［1987年］（2开）

定价：CNY8.20

J0135678

1988：国宝——北京故宫博物院藏品 （挂历）

北京 中国电影出版社 1987年 76cm（2开）

定价：CNY11.50

J0135679

1988：国外雕塑 （挂历）

太原 山西人民出版社 1987年（3开）

定价：CNY6.60

J0135680

1988：海洋风光月历

北京 海洋出版社［1987年］76cm（2开）

定价：CNY6.50

J0135681

1988：红楼梦人物画 （挂历）

北京 北京燕山出版社 1987年 78cm（3开）

定价：CNY7.00

J0135682

1988：花灯艺术挂历

武汉 长江文艺出版社 1987年（3开）

定价：CNY6.80

J0135683

1988：华三川仕女人物画 （挂历）

天津 天津杨柳青画社 1987年 78cm（3开）

定价：CNY6.50

J0135684

1988：画情诗意 （挂历）

石家庄 河北美术出版社 1987年（3开）

定价：CNY6.40

J0135685

1988：黄秋园山水画 （挂历）

郑州 河南美术出版社［1987年］（3开）

定价：CNY7.50

J0135686

1988：黄逸宾画选 （挂历）黄逸宾绘

广州 科学普及出版社广州分社 1987年（3开）

定价：CNY6.80

作者黄逸宾（1919—2002），画家。山东莱阳人。擅长写意山水画。曾任中共浙江省顾问委员会委员，杭州大学党委书记，浙江书院荣誉顾问。出版有《黄逸宾画集》。

J0135687

1988：建筑雕塑艺术 （挂历）

上海 同济大学出版社［1987年］（2开）

定价：CNY9.80

J0135688

1988：江南美景月历

石家庄 河北美术出版社 1987年（3开）

定价：CNY6.40

J0135689

1988：江山多娇 （挂历）

天津 天津人民美术出版社 1987年 78cm（3开）

定价：CNY6.50

J0135690

1988：巾帼灵秀 （挂历）王木兰绘

太原 山西人民出版社 1987年（2开）

定价：CNY9.50

J0135691

1988：金花朵朵 （挂历）

天津 天津人民美术出版社 1987年 78cm（3开）

定价：CNY6.50

J0135692

1988：金鱼 （挂历）

西安 陕西人民美术出版社 1987年（3开）

定价：CNY7.00

J0135693

1988：锦绣江山月历

石家庄 河北美术出版社 1987年（3开）

定价：CNY6.40

J0135694

1988：锦绣山河 （挂历）

长沙 湖南美术出版社 1987年（3开）

定价：CNY7.50

J0135695
1988：近代山水画集萃 （挂历）
太原 山西人民出版社 1987 年（3 开）
定价：CNY6.70

J0135696
1988：巨匠名画邮票 （挂历）勒布伦等绘
沈阳 辽宁民族出版社 1987 年（3 开）
定价：CNY6.50

J0135697
1988：历代名女 （挂历）晓年等绘
重庆 重庆出版社 1987 年（3 开）定价：CNY6.80

J0135698
1988：岭南纪胜——江南春工笔山水 （挂历）
广州 岭南美术出版社 1987 年（3 开）
定价：CNY5.80

J0135699
1988：流行女装 （挂历）
太原 希望出版社 ［1987 年］（3 开）
定价：CNY6.70

J0135700
1988：龙坛凤影月历
赤峰 内蒙古科学技术出版社 ［1987 年］（3 开）
定价：CNY6.50

J0135701
1988：洛神赋画历
北京 中国连环画出版社 1987 年 76cm（2 开）
定价：CNY10.00

J0135702
1988：美国水彩画 （挂历）
上海 上海人民美术出版社 1987 年（4 开）
定价：CNY5.00

J0135703
1988：美丽的风景月历
北京 朝花美术出版社 1987 年 76cm（2 开）
定价：CNY9.50

J0135704
1988：民间传说人物画 （挂历）范崇岷绘
西安 陕西人民美术出版社 1987 年（3 开）
定价：CNY6.50

J0135705
1988：名胜古刹 （挂历）
上海 上海书画出版社 ［1987 年］（3 开）
定价：CNY7.20

J0135706
1988：明代绘画 （挂历）
北京 荣宝斋 ［1987 年］78cm（3 开）
定价：CNY6.80

J0135707
1988：齐白石画选 （挂历）
南京 江苏少年儿童出版社 1987 年（3 开）
定价：CNY6.90

J0135708
1988：奇趣的儿童世界 （多能挂历）
成都 四川美术出版社 ［1987 年］（6 开）
定价：CNY4.50

J0135709
1988：气象月历
北京 气象出版社 ［1987 年］54cm（4 开）

J0135710
1988：千崖竞秀 （挂历）
天津 天津杨柳青画社 1987 年 76cm（2 开）
定价：CNY9.50

J0135711
1988：如意吉祥 （工笔画挂历）任萍等绘
赤峰 内蒙古科学技术出版社 ［1987 年］（3 开）
定价：CNY6.50

J0135712
1988：三友迎春 （挂历）（元）王冕等绘
上海 上海书画出版社 1987 年（3 开）
定价：CNY6.30

J0135713

1988：山川绣画——王岩章山水画 （挂历）

王岩章绘

西安 陕西人民出版社 1987 年（2 开）

定价：CNY9.80

　　作者王岩章(1951—　　)，画家。又名王岩璋，字清源，号山巴，东山画夷。河南济源县人。历任河南省美术家协会会员，中国国画家协会理事。出版有《王岩章画集》。

J0135714

1988：山水画新作 （挂历）贾又福等绘

北京 中国连环画出版社 1987 年 78cm（3 开）

定价：CNY7.00

J0135715

1988：山水画选 （挂历）

上海 上海人民美术出版社 1987 年（3 开）

定价：CNY6.30

J0135716

1988：上海儿童手帕月历

上海 上海书画出版社 1987 年（6 开）

定价：CNY6.00

J0135717

1988：上海手帕月历

上海 上海书画出版社 1987 年（3 开）

定价：CNY9.20

J0135718

1988：世界风光 （挂历）

呼和浩特 内蒙古人民出版社 1987 年（2 开）

定价：CNY9.80

J0135719

1988：世界名画 （挂历）

合肥 安徽美术出版社 1987 年（3 开）

定价：CNY7.50

J0135720

1988：世界名画 （挂历）

郑州 河南美术出版社 1987 年（2 开）

定价：CNY10.50

J0135721

1988：世界名画 （挂历）

长春 吉林美术出版社 1987 年（2 开）

定价：CNY9.20

J0135722

1988：世界名画 （挂历）

长春 吉林美术出版社 1987 年（3 开）

定价：CNY7.50

J0135723

1988：世界名画 （挂历）

赤峰 内蒙古科学技术出版社［1987 年］（2 开）

定价：CNY8.50

J0135724

1988：世界名画 （挂历）

上海 上海人民美术出版社 1987 年（2 开）

定价：CNY7.20

J0135725

1988：世界名画 （挂历）

上海 上海人民美术出版社 1987 年（4 开）

定价：CNY5.00

J0135726

1988：世界名画月历

石家庄 河北美术出版社 1987 年（3 开）

定价：CNY6.40

J0135727

1988：世界邮票集锦 （挂历）

沈阳 辽宁民族出版社［1987 年］（3 开）

定价：CNY6.50

J0135728

1988：仕女画 （挂历）

上海 上海人民美术出版社 1987 年（3 开）

定价：CNY6.30

J0135729

1988：室内装饰 （挂历）

乌鲁木齐 新疆人民出版社 1987 年（2 开）

定价：CNY8.00

J0135730
1988：首都博物馆藏画选 （挂历）
北京　文物出版社　1987 年　78cm（3 开）
定价：CNY7.00

J0135731
1988：书法挂历
长沙　湖南美术出版社　1987 年（2 开）
定价：CNY6.80

J0135732
1988：书法挂历
沈阳　辽宁美术出版社　1987 年（2 开）
定价：CNY9.00

J0135733
1988：四季春 （挂历）
天津　天津人民美术出版社　1987 年　78cm（3 开）
定价：CNY6.50

J0135734
1988：四季平安 （挂历）
杭州　浙江人民美术出版社　1987 年（3 开）
定价：CNY6.50

J0135735
1988：素描艺术 （挂历）
长沙　湖南美术出版社　1987 年（3 开）
定价：CNY4.50

J0135736
1988：台北故宫博物院藏画 （挂历）
北京　人民美术出版社　1987 年　78cm（3 开）
定价：CNY6.60

J0135737
1988：唐诗山水画意 （挂历）吴声等绘
上海　上海书画出版社　1987 年（3 开）
定价：CNY6.30

作者吴声（1943— ），国家一级美术师。生于浙江杭州，又名自强，毕业于中国美术学院。中国美术家协会会员。出版专著有《吴声人物画技法》《吴声画集》《诗画缘》《吴声古诗词画意》《唐人诗意百图》等。

J0135738
1988：外国风光月历
上海　上海人民美术出版社　1987 年（4 开）
定价：CNY5.00

J0135739
1988：外国女装 （双月历）谢鸿编辑
深圳　海天出版社　1987 年（2 开）

J0135740
1988：外国女装 （月历）谢鸿编辑
深圳　海天出版社　1987 年（2 开）

J0135741
1988：外国人像艺术 （挂历）
南昌　江西人民出版社［1987 年］（3 开）
定价：CNY6.70

J0135742
1988：外国邮票 （挂历）
西安　陕西人民美术出版社　1987 年（4 开）
定价：CNY5.60

J0135743
1988：鲜花盛开月历
石家庄　河北美术出版社　1987 年（3 开）
定价：CNY6.40

J0135744
1988：徐悲鸿画猫精作选 （挂历）
北京　中国戏剧出版社　1987 年　76cm（2 开）
定价：CNY10.30

J0135745
1988：徐啸驰树脂布画选 （挂历）
西安　陕西人民美术出版社　1987 年（2 开）
定价：CNY10.50

J0135746
1988：旋律 （音乐挂历）
杭州　浙江人民美术出版社　1987 年（2 开）
定价：CNY9.50

J0135747
1988：杨萱庭书法 （挂历）

济南 山东人民出版社 1987 年（2 开）
定价：CNY9.00

J0135748
1988：伊斯兰历 1408-1409 （挂历）
北京 民族出版社［1987 年］54cm（4 开）
定价：CNY5.00

J0135749
1988：艺苑明珠——麦杆画 （挂历）
杭州 西泠印社 1987 年（3 开）定价：CNY6.70

J0135750
1988：银苑新星 （挂历）
北京 中国电影出版社［1987 年］54cm（4 开）
定价：CNY5.00

J0135751
1988：影视新星月历
石家庄 河北美术出版社 1987 年（3 开）
定价：CNY6.40

J0135752
1988：邮票 （挂历）
武汉 湖北少年儿童出版社 1987 年（2 开）
定价：CNY9.50

J0135753
1988：邮票 （挂历）
南京 江苏人民出版社 1987 年（3 开）
定价：CNY5.90

J0135754
1988：邮票 （挂历）
呼和浩特 内蒙古人民出版社 1987 年（3 开）
定价：CNY6.90

J0135755
1988：邮谊永固 （集邮挂历）
长沙 湖南美术出版社［1987 年］（4 开）
定价：CNY5.80

J0135756
1988：园林美月历
石家庄 河北美术出版社 1987 年（3 开）

定价：CNY6.40

J0135757
1988：摘玫瑰的少女 （挂历）
上海 学林出版社［1987 年］（2 开）
定价：CNY5.00

J0135758
1988：中国风光 （挂历）
呼和浩特 内蒙古人民出版社 1987 年（2 开）
定价：CNY9.50

J0135759
1988：中国古神话 （挂历）
杭州 浙江人民美术出版社 1987 年（6 开）
定价：CNY3.70

J0135760
1988：中国美术馆藏画 （挂历）
沈阳 辽宁美术出版社 1987 年（2 开）
定价：CNY6.50

J0135761
1988：中国园林 （挂历）
北京 中国连环画出版社 1987 年 78cm（3 开）
定价：CNY7.00

J0135762
1988：中外名画 （挂历）
上海 上海书画出版社 1987 年（2 开）
定价：CNY9.50

J0135763
1988：中央美术学院藏画 （挂历）
石家庄 河北美术出版社 1987 年（3 开）
定价：CNY6.40

J0135764
1988 年比翼双飞 （挂历 金梅全、金雪尘、李慕白年画集锦）
杭州 西泠印社 1987 年（3 开）定价：CNY6.80

J0135765
1988 年动物挂历
昆明 云南人民出版社 1987 年（4 开）

定价：CNY2.50

J0135766
1988 年动物挂历
昆明　云南人民出版社　1987 年（12 开）
定价：CNY1.50

J0135767
1988 年儿童记事粘贴月历　小文编；吴徼芦
等画
上海　少年儿童出版社　1987 年（4 开）
定价：CNY5.00

J0135768
1988 年太行风情　（挂历 贾又福山水画作品选）
太原　山西人民出版社　1987 年（2 开）
定价：CNY9.60

J0135769
爱的升华　李安泰等编
昆明　云南民族出版社［1987 年］6 张
15cm（40 开）定价：CNY1.10

J0135770
北戴河　（汉英对照）
沈阳　辽宁美术出版社　1987 年　10 张
定价：CNY1.60

J0135771
北京动物园　（汉英对照）
北京　印刷工业出版社　1987 年　10 张

J0135772
本溪水洞　（汉英对照）本溪水洞风景区管理
处编
沈阳　辽宁美术出版社　1987 年　2 版　10 张
定价：CNY2.00

J0135773
常州风光　（汉英对照）
南京　江苏人民出版社　1987 年　8 张　15cm（40开）

J0135774
承德风景　（汉英对照）
北京　印刷工业出版社　1987 年　10 张

J0135775
承德揽胜　（汉英对照）承德市文物园林管理
局编辑
北京　印刷工业出版社　1987 年　10 张

J0135776
大足石刻　（汉、日、英对照）高石汉摄影
北京　外文出版社　1987 年　10 张 定价：CNY1.50

J0135777
峨眉山　（汉、英、日对照）
北京　外文出版社　1987 年　10 张　15cm（40 开）
定价：CNY1.30

J0135778
法门寺地宫珍宝　（汉、日、英对照）宝鸡市
外事旅游局等编
西安　陕西旅游出版社　1987 年　10 张

J0135779
福建石林　（汉英对照）
福州　福建人民出版社［1987 年］8 张
定价：CNY1.40

J0135780
古城西安　（汉英对照）孟宽让撰文；王国堂
译文
西安　陕西旅游出版社　1987 年　8 张

J0135781
关帝庙　山西省旅游供应公司编
太原　山西人民出版社［1987 年］10 张
定价：CNY1.20

J0135782
观音十相　（汉英对照）陈世秋作
北京　宝文堂书店　1987 年　10 张

J0135783
广东　（中华人民共和国第六届全运会留念 英
汉对照）
广州　广东旅游出版社　1987 年　10 张
定价：CNY1.40

J0135784
广州 （汉英对照）广州市新华书店北京路书店编
北京　中国旅游出版社　1987 年　10 张
定价：CNY1.20

J0135785
桂林名胜 （汉英对照）漓江出版社编
桂林　漓江出版社　1987 年　8 张　15cm（40 开）
定价：CNY1.40

J0135786
桂林山水甲天下 （汉英对照）桂林市工艺美术中心编
上海　上海人民美术出版社［1987 年］10 张
13cm（60 开）

J0135787
国外风光 （汉英对照）
成都　四川美术出版社　1987 年　10 张
定价：CNY1.45

J0135788
酣咪咪 （汉英对照）
成都　四川美术出版社　1987 年　10 张　15cm（40 开）
定价：CNY1.45

J0135789
河南风光 （汉、日、英对照）福建省旅游局编
北京　中国旅游出版社　1987 年　10 张
定价：CNY1.20

J0135790
河南风光 （汉、英、日、西班牙文对照）
北京　中国世界语出版社　1987 年　10 张
定价：CNY1.40

J0135791
虎丘 （汉、日、英对照）
北京　外文出版社　1987 年　10 张　定价：CNY1.50

J0135792
花卉明信片
西安　陕西人民出版社［1987 年］4 张
定价：CNY0.50

J0135793
华清池 （汉英对照）杨赞贤撰文；朱景琪译文
西安　陕西旅游出版社　1987 年　8 张

J0135794
黄果树瀑布 （汉英对照）
北京　华夏出版社　1987 年　10 张　15cm（40 开）
定价：CNY1.50

J0135795
黄山 （一　汉英对照）
北京　华夏出版社　1987 年　10 张　15cm（40 开）
定价：CNY1.50

J0135796
黄山 （二　汉英对照）
北京　华夏出版社　1987 年　10 张　15cm（40 开）
定价：CNY1.50

J0135797
济南 （汉英对照）中国国际旅行社济南分社编
济南　山东友谊书社［1987 年］10 张　13cm（60 开）
定价：CNY1.60

J0135798
健美
昆明　云南人民出版社　1987 年　15 张　15cm（40 开）
定价：CNY1.90

J0135799
江苏风光 （汉英对照）
南京　江苏人民出版社　1987 年　10 张

J0135800
江苏文物 （汉英对照）
南京　江苏人民出版社　1987 年　8 张

J0135801
江西风光 （汉、日、英对照）
北京　外文出版社　1987 年　10 张　定价：CNY1.70

J0135802
九华山 （汉、日、英对照）
北京　外文出版社　1987 年　10 张　定价：CNY1.30

J0135803
九疑山 （汉、日、英对照）
长沙 湖南美术出版社 1987 年 8 张
定价: CNY1.50

J0135804
九寨沟 （汉英对照）
北京 华夏出版社 1987 年 10 张（60 开）
定价: CNY1.50

J0135805
可爱的小狗 李玉红编辑
北京 华夏出版社 1987 年 10 张 定价: CNY1.50

J0135806
可爱的小猫 李玉红编辑
北京 华夏出版社 1987 年 10 张 定价: CNY1.50

J0135807
匡庐奇秀 （汉英对照）庐山风景名胜管理局编
南昌 江西人民出版社 [1987 年] 10 张
定价: CNY1.50

J0135808
兰花 （汉、英、日、西班牙文对照）
北京 中国世界语出版社 1987 年 10 张
定价: CNY1.50

J0135809
漓江 （汉、日、英对照）
北京 外文出版社 1987 年 10 张 15cm（40 开）
定价: CNY1.70

J0135810
漓江揽胜 （汉、日、西班牙文对照）
北京 中国世界语出版社 1987 年 10 张
定价: CNY1.50

J0135811
两伙伴 （1988 年年历）
杭州 西泠印社 1987 年 1 张（2 开）
定价: CNY0.50

J0135812
辽宁风光 （汉英对照）

沈阳 辽宁美术出版社 1987 年 10 张
定价: CNY2.50

J0135813
留园 （第二辑 汉、日、英对照）
北京 外文出版社 1987 年 10 张 15cm（40 开）
定价: CNY1.50

J0135814
龙的艺术 （汉英对照）王露等供稿
北京 中国文联出版公司 1987 年 10 张
定价: CNY1.50

J0135815
猫·花卉
哈尔滨 黑龙江科技出版社 [1987 年] 4 张
15cm（40 开）定价: CNY0.65

J0135816
摩托世界
广州 岭南美术出版社 1987 年 2 套（20 张）
15cm（40 开）定价: CNY3.00

J0135817
南京风光 （第二辑 汉、日、英对照）
北京 外文出版社 1987 年 10 张 13cm（60 开）
定价: CNY1.50

J0135818
泥人 郑于鹤作
石家庄 河北美术出版社 [1987 年] 5 张
定价: CNY0.65
　　作者郑于鹤(1934—   )，雕塑家。江苏徐州
人。历任中央工艺美院泥塑教员，北京工艺美术
研究所创作员，北京装潢印刷厂美术师，中国历
史博物馆研究员，中国美术家协会会员。作品有
《戈壁鼓声》《小泥塑系列》等。出版有《郑于鹤
彩塑集》《郑于鹤的泥人世界》等。

J0135819
宁夏风光 （汉、英、阿拉伯文对照）
银川 宁夏人民出版社 1987 年 10 张
定价: CNY1.50

J0135820

蓬来阁与八仙 （汉英对照）许小峰绘

济南 山东友谊书社［1987年］10张 15cm（40开）

定价：CNY1.60

　　作者许小峰（1937—　　），女，美术师。生于山东淄博。历任济南画院高级画师，山东美术家协会会员

J0135821

奇山秀水 （汉英对照）梁荣中作

南宁 广西人民出版社 1987年 10张（60开）

定价：CNY1.60

　　作者梁荣中（1938—1995），一级美术师。广西平南人，毕业于广西艺术学院。中国美术家协会广西分会常务理事，中国美术家协会会员。代表作品有《侗寨新声》《南盘江的早晨》《苗岭归牧》《漓江烟雨》等，出版有《碧峰翠城》《奇山秀水》《梁荣中山水画集》等。

J0135822

秦始皇兵马俑 （汉英对照）杨赞贤撰文；姚宝荣译文

西安 陕西旅游出版社 1987年 10张 15cm（40开）

J0135823

青岛风光 （汉英对照）

青岛 青岛出版社 1987年 10张 定价：CNY1.50

J0135824

情感的音符　李安泰等编

昆明 云南民族出版社［1987年］6张 15cm（40开）

定价：CNY1.10

J0135825

三峡风光 （第二辑 汉、日、英对照）

北京 外文出版社 1987年 10张 定价：CNY1.30

J0135826

山东旅游 （汉英对照）山东省旅游局编

济南 山东友谊书社［1987年］10张（40开）

定价：CNY1.60

J0135827

山西风光 （汉、英、西班牙文对照）

北京 中国世界语出版社 1987年 10张

定价：CNY1.50

J0135828

陕西省博物馆 （碑林 汉英对照）王仁波等编；魏勇娥撰文；斌元摄影

西安 陕西旅游出版社 1987年 10张（60开）

J0135829

上川岛风光 （汉英对照）

广州 广东旅游出版社［1987年］10张

定价：CNY1.50

J0135830

上海风光 （汉、英、日、西班牙文对照）

北京 外文出版社 1987年 10张（64开）

定价：CNY1.50

J0135831

深圳风光 （汉英对照）

北京 外文出版社 1987年 10张 15cm（40开）

定价：CNY1.50

J0135832

深圳风光 （汉英对照）

北京 外文出版社 1987年 10张 15cm（40开）

定价：CNY1.50

　　本书由外文出版社和海天出版社联合出版。

J0135833

狮子林 （汉、日、英对照）

北京 外文出版社 1987年 10张 13cm（60开）

定价：CNY1.50

J0135834

十二生肖 （汉英对照）

北京 外文出版社 1987年 12张（60开）

定价：CNY4.00

J0135835

十二生肖贺年片　马寒松作

石家庄 河北美术出版社 1987年 12张 有图 13cm（60开）定价：CNY1.60

　　作者马寒松（1949—　　），画家。天津人。历任中国美术家协会会员，天津美术协会理事，红桥区政协书画家联谊会副会长，天津人民出版

社任美术编辑、副编审。代表作品《聪明的青蛙》《兔娃娃》《豹子哈奇》《封神演义》等。

J0135836
石家庄风光 （英汉对照）
石家庄 河北美术出版社 1987 年 10 张
定价：CNY1.20

J0135837
实用美术 （贺年片小辑续编 三）徐昌酩收集、供稿
上海 上海人民美术出版社 1987 年 24 张
13cm（60 开）定价：CNY2.00
　　作者徐昌酩(1929—2018)，美术师。浙江桐乡人。上海市美术家协会秘书长、常务副主席。出版有《徐昌酩装饰画》《徐昌酩动物装饰画集》《徐昌酩漫画集》等。

J0135838
实用美术 （贺年片小辑续编 四）卜维勤收集、供稿
上海 上海人民美术出版社 1987 年 24 张
13cm（60 开）定价：CNY2.00
　　作者卜维勤(1933—1995)，版画家。辽宁铁岭人，毕业于哈尔滨外语学院，后入在中央美术学院版画系、美术系学习。曾任中央工艺美术学院教授、中国版画家协会会员、中国翻译家协会会员等。代表作品《民新村》《侗乡春雨》。出版有《卜维勤画选》《美的原点：卜维勤艺术论文集》《装饰绘画基本法则》。

J0135839
世界风光 （汉英对照）
深圳 海天出版社 1987 年 10 张 定价：CNY1.50

J0135840
世界风光 （汉英对照）
银川 宁夏人民出版社 1987 年 10 张
定价：CNY1.50

J0135841
世界风光 （汉、日、西班牙文对照）
北京 中国世界语出版社 1987 年 10 张
定价：CNY1.40

J0135842
世界风光 （瑞士）李耀文编
西安 陕西人民美术出版社 1987 年 8 张
定价：CNY1.30

J0135843
世界名城威尼斯 （汉英对照）王瑞青编辑
北京 华夏出版社 1987 年 10 张 定价：CNY1.50

J0135844
世界名兰 （汉英对照）甘肃画报社编
兰州 甘肃人民出版社 1987 年 10 张
定价：CNY1.50

J0135845
水城威尼斯掠影 （汉英对照）王瑞青编辑
北京 华夏出版社 1987 年 10 张 定价：CNY1.50

J0135846
四川灯会集锦 （汉英对照）四川人民出版社编辑
成都 四川人民出版社 1987 年 10 张
定价：CNY1.50

J0135847
松鹤长春 （1988 年年历）
西安 陕西人民美术出版社 1987 年 1 张（2 开）
定价：CNY0.37

J0135848
苏绣 （汉、日、英对照）
北京 外文出版社 1987 年 10 张 定价：CNY1.70

J0135849
苏州园林 （汉、日、英对照）
北京 外文出版社 1987 年 10 张

J0135850
台湾风情 （汉英对照）
深圳 海天出版社 1987 年 10 张 定价：CNY1.50

J0135851
外国儿童生活明信片 甘肃少年儿童出版社编辑
兰州 甘肃少年儿童出版社 ［1987 年］8 张

定价：CNY1.30

J0135852
外国风光
昆明 云南人民出版社［1987年］10张
定价：CNY1.50

J0135853
网师园 （汉、日、英对照）
北京 外文出版社 1987年 10张 定价：CNY1.55

J0135854
威尼斯风光 （汉英对照）王瑞青编辑
北京 华夏出版社 1987年 10张 13cm（60开）
定价：CNY1.50

J0135855
西双版纳 （汉、日、英对照）
北京 外文出版社 1987年 10张 定价：CNY1.50

J0135856
新北京十六景 （1 汉、英、日、俄对照）
北京 朝华出版社 1987年 10张 15cm（40开）
定价：CNY1.50

J0135857
新北京十六景 （2 汉、英、日、俄对照）
北京 朝华出版社 1987年 10张 15cm（40开）
定价：CNY1.50

J0135858
新北京十六景 （汉、英、西班牙对照）
北京 中国世界语出版社［1987年］10张
15cm（40开）定价：CNY2.20

J0135859
新疆好 （二 新疆古迹 汉英对照）新疆对外
文化交流会编辑
乌鲁木齐 新疆人民出版社 1987年 10张
15cm（40开）定价：CNY1.60

J0135860
新疆好 （三 新疆古迹 汉英对照）新疆对外
文化交流会编辑
乌鲁木齐 新疆人民出版社 1987年 10张

15cm（40开）定价：CNY1.60

J0135861
新疆文物 （5 汉、英、维对照）新疆维吾尔自
治区博物馆编
乌鲁木齐 新疆人民出版社［1987年］10张
15cm（40开）定价：CNY1.30

J0135862
新疆文物 （6 汉、英、维对照）新疆维吾尔自
治区博物馆编
乌鲁木齐 新疆人民出版社［1987年］10张
15cm（40开）定价：CNY1.30

J0135863
阳朔揽胜 （汉英对照）漓江出版社编；彭作
明译
桂林 漓江出版社 1987年 10张 定价：CNY1.50

J0135864
一帆风顺
哈尔滨 黑龙江美术出版社［1987年］10张
定价：CNY0.95

J0135865
伊斯兰风光 （汉、英、阿拉伯文对照）
银川 宁夏人民出版社 1987年 10张
定价：CNY1.50

J0135866
艺菊 （汉、日、英对照）
北京 外文出版社 1987年 10张 定价：CNY1.70

J0135867
艺术明信片　郑爽画
长沙 湖南少年儿童出版社 1987年 5张
定价：CNY0.85
　　作者郑爽，女，版画家、教授。祖籍福建。
中国美术家协会常务理事，中国版画家协会常务
理事，广州美术学院教授。

J0135868
云岗石窟 （汉、日、英对照）
北京 外文出版社 1987年 10张 定价：CNY1.70

J0135869
云南风光 （汉英对照）昆明市旅游读物编委会编
昆明 云南人民出版社［1987年］10张
定价：CNY1.30
（春城旅游丛书）

J0135870
云南奇花 （汉英对照）
昆明 云南人民出版社 1987年 10张
定价：CNY1.30

J0135871
长江漂流探险 （汉、英、日对照）
贵阳 贵州民族出版社［1987年］10张

J0135872
长江源 （汉英对照）
北京 华夏出版社 1987年 10张 定价：CNY1.50

J0135873
郑州风光 （汉、英、日、西班牙文对照）
北京 中国世界语出版社 1987年 10张
定价：CNY1.40

J0135874
中国传统十大名花 （汉、英、日、西班牙文对照）
北京 中国世界语出版社 1987年 10张
定价：CNY1.50

J0135875
中国大连 （汉、日、英对照）
北京 外文出版社 1987年 10张 定价：CNY1.50

J0135876
中国风光 （汉、英、日、西班牙文对照）
北京 中国世界语出版社 1987年 10张
定价：CNY1.40

J0135877
中国华山风光 （汉英对照）陕西旅游出版社编
西安 陕西旅游出版社 1987年 8张

J0135878
中国山茶花 （汉、日、英对照）
北京 外文出版社 1987年 12张 定价：CNY1.50

J0135879
中国西藏 （藏、汉、英对照）
拉萨 西藏人民出版社 1987年 10张
定价：CNY1.50

J0135880
中国西藏拉萨 （藏、汉、英对照）
拉萨 西藏人民出版社 1987年 10张
定价：CNY1.50

J0135881
中国杂技 （汉、日、英对照）
北京 外文出版社 1987年 10张 定价：CNY1.50

J0135882
重庆之夜 （汉、日、英对照）
北京 外文出版社 1987年 2版 10张 13cm（60开）
定价：CNY1.50

J0135883
拙政园 （第二辑 汉、日、英对照）
北京 外文出版社 1987年 10张 定价：CNY1.50

J0135884
1988：龙 （工笔画 挂历）小峰画
济南 山东教育出版社 1988年（2开）
定价：CNY13.50

J0135885
1989：《诗经》画意 （挂历）
上海 上海书画出版社 1988年 39cm（6开）
定价：CNY3.90

J0135886
1989：方鄂秦装饰花卉选 （挂历）
西安 陕西人民出版社［1988年］76cm（2开）
定价：CNY6.90
　　作者方鄂秦(1941—　)，画家。生于陕西西安市，籍贯湖北云梦，毕业于西安美术学院。历任陕西省美术家协会主席，陕西历史博物馆副馆长，唐墓壁画研究中心主任。作品有《小白花》

《乐而乐》等。

J0135887
1989：傅宝南画 （挂历）
南京　江苏美术出版社　1988 年　78cm（3 开）
定价：CNY8.70

J0135888
1989：国外名画邮票 （挂历）
沈阳　辽宁人民出版社　1988 年　78cm（3 开）
定价：CNY8.00

J0135889
1989：红楼十二钗 （挂历）
杭州　浙江人民美术出版社　1988 年　78cm（3 开）
定价：CNY7.40

J0135890
1989：花卉 （挂历）
广州　岭南美术出版社［1988 年］76cm（2 开）

J0135891
1989：集邮 （挂历）
武汉　湖北少年儿童出版社［1988 年］76cm（2 开）
定价：CNY11.00

J0135892
1989：江山如画 （挂历）何晓峰作
兰州　甘肃人民出版社　1988 年　78cm（3 开）
定价：CNY8.00

J0135893
1989：江山如画 （挂历）
武汉　湖北人民出版社　1988 年　78cm（3 开）
定价：CNY7.80

J0135894
1989：菊颂 （挂历）
南昌　江西人民出版社［1988 年］78cm（3 开）
定价：CNY8.10

J0135895
1989：卡通画 （挂历）
北京　北京少年儿童出版社　1988 年　78cm（3 开）
定价：CNY6.50

J0135896
1989：历代名画选
上海　上海书画出版社　1988 年　78cm（3 开）
定价：CNY7.50

J0135897
1989：名人名画 （挂历）
西安　陕西人民美术出版社　1988 年　78cm（3 开）
定价：CNY7.80

J0135898
1989：墨缘 （书法挂历）
长沙　湖南美术出版社　1988 年　76cm（2 开）
定价：CNY8.00

J0135899
1989：齐天大圣 72 变 （挂历）
济南　山东友谊出版社　1988 年　76cm（2 开）
定价：CNY16.50

J0135900
1989：神河 （挂历）
杭州　浙江人民美术出版社　1988 年　76cm（2 开）
定价：CNY15.00

J0135901
1989：世界美术 （雕塑挂历）
沈阳　辽宁民族出版社［1988 年］78cm（3 开）
定价：CNY3.00

J0135902
1989：世界名画 （挂历）
福州　福建人民出版社［1988 年］76cm（2 开）
定价：CNY8.90

J0135903
1989：世界名画 （挂历）
广州　广东科技出版社　1988 年　76cm（2 开）
定价：CNY14.50

J0135904
1989：世界名画 （挂历）
长春　吉林美术出版社［1988 年］76cm（2 开）
定价：CNY12.00

J0135905
1989：世界名画 （挂历）
南昌 江西人民出版社［1988年］76cm（2开）
定价：CNY13.50

J0135906
1989：世界名画 （挂历）
上海 上海人民美术出版社［1988年］76cm（2开）
定价：CNY8.60

J0135907
1989：外国名画 （挂历）
西安 陕西人民美术出版社 1988年 76cm（2开）
定价：CNY14.50

J0135908
1989：雅赏 （挂历）
上海 上海画报出版社［1988年］78cm（3开）
定价：CNY7.90

J0135909
1989：莺歌燕舞 （挂历）
杭州 浙江人民美术出版社 1988年 76cm（2开）
定价 CNY12.00

J0135910
1989：中国仕女画 （挂历）
西安 陕西人民美术出版社 1988年 78cm（3开）
定价：CNY7.80

J0135911
1989：中国现代名人名画 （挂历）
南京 江苏美术出版社 1988年 76cm（2开）
定价：CNY13.50

J0135912
1989：中国艺术服饰 （挂历）
上海 上海书画出版社 1988年 78cm（3开）
定价：CNY7.50

J0135913
1989：中华人民共和国邮票图谱 （挂历）
南京 江苏人民出版社 1988年 78cm（3开）
定价：CNY8.20

J0135914
1989年画、挂历、年历、字画 甘肃人民出版社编
兰州 甘肃人民出版社［1988年］64页
19×26cm

J0135915
1989年历月历缩样
北京 中国摄影出版社［1988年］18cm（15开）

J0135916
1989年历月历缩样
北京 中国摄影出版社［1988年］57页
13×19cm

J0135917
安徽风光 （汉英对照）
合肥 黄山书社 1988年 10张 13cm（60开）
定价：CNY1.50

J0135918
八达岭长城 （汉日英对照）北京八达岭特区
办事处编
北京 北京旅游出版社［1988年］8张
13cm（60开）定价：CNY1.80

J0135919
白玫瑰 （1989年年历）
沈阳 辽宁美术出版社 1988年 1张 54cm（4开）
定价：CNY0.45

J0135920
北京房山风光 （汉英对照）北京市房山区旅
游公司编
北京 北京旅游出版社［1988年］10张
13cm（60开）

J0135921
北京名胜 （汉英对照）
北京 人民美术出版社［1988年］10张
13cm（60开）定价：CNY1.75

J0135922
布达拉宫
拉萨 西藏人民出版社 1988年 10张 13cm（60开）

J0135923
春花秋月 （贺年卡明信片）
北京 外文出版社 1988 年 10 张 13cm（60 开）
定价：CNY4.00

J0135924
大观园胜景 北京大观园经营服务公司编
北京 北京旅游出版社［1988 年］24 张
9cm（128 开）

J0135925
大同 山西省旅游供应公司编
太原 山西人民出版社［1988 年］10 张
13cm（60 开）定价：CNY1.20

J0135926
发型 （汉英对照）王春树编
北京 外文出版社 1988 年 10 张 13cm（60 开）
定价：CNY1.70

J0135927
帆船 （汉英对照）
北京 外文出版社 1988 年 10 张 13cm（60 开）
定价：CNY1.70

J0135928
飞翔的歌
厦门 鹭江出版社 1988 年 10 张 13cm（60 开）
定价：CNY1.70

J0135929
风韵
昆明 云南少年儿童出版社［1988 年］10 张
13cm（60 开）定价：CNY2.00

J0135930
福建风光 （英汉对照 三）
福州 福建科学出版社 1988 年 10 张 13cm（60 开）
定价：CNY1.60

J0135931
甘肃风光明信片 甘肃画报社编
兰州 甘肃人民出版社 1988 年 10 张 13cm（60 开）
定价：CNY1.75

J0135932
故宫 （汉英对照）文物出版社编
北京 文物出版社 1988 年 25 张 13cm（60 开）

J0135933
海底世界 （汉英对照）王春树编
北京 外文出版社 1988 年 10 张 13cm（60 开）
定价：CNY1.70

J0135934
汉中风光 （汉英对照）陕西省汉中地委宣传
部编
北京 外文出版社 1988 年 8 张 13cm（60 开）

J0135935
呼伦贝尔草原 （汉英对照）刘春根编
北京 外文出版社 1988 年 10 张 13cm（60 开）
定价：CNY1.70

J0135936
蝴蝶 （一 汉英对照）
福州 福建美术出版社 1988 年 10 张 13cm（60 开）
定价：CNY1.60

J0135937
蝴蝶明信片
兰州 甘肃人民出版社 1988 年 10 张 13cm（60 开）
定价：CNY1.75

J0135938
花卉
西安 陕西人民美术出版社［1988 年］8 张
13cm（60 开）定价：CNY1.50

J0135939
华中理工大学 （汉英对照）
北京 外文出版社 1988 年 10 张 13cm（60 开）

J0135940
黄山 （一 汉英对照）
福州 福建美术出版社［1988 年］10 张
13cm（60 开）
定价：CNY1.60

J0135941
黄山 （二 汉英对照）
福州 福建美术出版社 ［1988 年］50 张
28cm（15 开）定价：CNY1.60

J0135942
黄山，我心中的山 （汉英对照）
合肥 黄山书社 1988 年 12 张 13cm（60 开）
定价：CNY1.70

J0135943
黄山奇观 （汉英日俄对照）
北京 外文出版社 1988 年 10 张 13cm（60 开）
定价：CNY1.60

J0135944
激情满怀 （1989 年农历己巳年年历）
武汉 湖北美术出版社 1988 年 1 张 54cm（4 开）
定价：CNY0.38

J0135945
建水名胜 （汉英对照）建水燕子洞公园管理
处编
昆明 云南人民出版社 ［1988 年］10 张
13cm（60 开）定价：CNY1.50

J0135946
金陵十二钗 （汉英日对照）
北京 外文出版社 1988 年 10 张 13cm（60 开）
定价：CNY1.70

J0135947
金色童年
西安 陕西人民美术出版社 ［1988 年］8 张
13cm（60 开）定价：CNY1.90

J0135948
绢人 （汉英日对照）崔欣等制作
北京 外文出版社 1988 年 10 张 13cm（60 开）
定价：CNY1.70

J0135949
拉萨风光 （汉日英对照）
北京 外文出版社 1988 年 10 张 13cm（60 开）
定价：CNY1.50

J0135950
龙 王梦祥编
南宁 广西人民出版社 1988 年 10 张 13cm（60 开）
定价：CNY1.70

J0135951
龙 （汉英对照）
北京 人民美术出版社 ［1988 年］10 张
13cm（60 开）定价：CNY2.00

J0135952
龙 （汉英日对照）
北京 外文出版社 1988 年 10 张 13cm（60 开）
定价：CNY2.00

J0135953
龙羊峡水电站 水电部四局编
西宁 青海人民出版社 ［1988 年］10 张
13cm（60 开）定价：CNY1.50

J0135954
泸西——阿庐古洞 （汉英对照）
昆明 云南人民出版社 ［1988 年］10 张
13cm（60 开）定价：CNY2.50

J0135955
卵石艺术 甘肃新闻图片社编
兰州 甘肃人民出版社 ［1988 年］10 张
13cm（60 开）定价：CNY1.95

J0135956
洛阳 （汉英对照）河南省洛阳市旅游公司编
北京 外文出版社 1988 年 10 张 13cm（60 开）
定价：CNY1.70

J0135957
马
厦门 鹭江出版社 1988 年 10 张 13cm（60 开）
定价：CNY1.70

J0135958
猫 （第三辑 汉英对照）许志绮编
北京 外文出版社 1988 年 10 张 13cm（60 开）
定价：CNY1.70

J0135959
猫 （第四辑　汉英对照）
北京　外文出版社　1988 年　10 张　13cm（60 开）
定价：CNY1.70

J0135960
美的情怀
兰州　甘肃人民出版社　1988 年　10 张　13cm（60 开）
定价：CNY1.75

J0135961
美的遐思 （一）
厦门　鹭江出版社　1988 年　8 张　13cm（60 开）
定价：CNY1.70

J0135962
美的遐思 （二）
厦门　鹭江出版社　1988 年　8 张　13cm（60 开）
定价：CNY1.70

J0135963
美术明信片
兰州　甘肃人民出版社　1988 年　10 张　13cm（60 开）
定价：CNY1.75

J0135964
闽南风光 （汉日英对照）
北京　外文出版社　1988 年　10 张　13cm（60 开）
定价：CNY1.50

J0135965
闽南金三角 （汉英对照）
福州　福建科学技术出版社　1988 年　10 张
13cm（60 开）定价：CNY1.60

J0135966
摩托世界明信片
兰州　甘肃人民出版社［1988 年］10 张
13cm（60 开）定价：CNY2.00

J0135967
慕田峪长城 （汉日英对照）北京慕田峪长城
旅游区办事处编
北京　北京旅游出版社［1988 年］10 张
13cm（60 开）

J0135968
青春美
福州　福建美术出版社　1988 年　10 张　13cm（60 开）
定价：CNY1.80

J0135969
热带鱼 （一）
福建　福建科学技术出版社　1988 年　10 张
13cm（60 开）定价：CNY1.65

J0135970
热带鱼
厦门　鹭江出版社　1988 年　10 张　13cm（60 开）
定价：CNY1.70

J0135971
人间瑶池——黄龙 （汉英对照）
成都　四川人民出版社　1988 年　10 张　13cm（60 开）
定价：CNY1.60

J0135972
瑞士风光 （汉英对照）
北京　外文出版社　1988 年　10 张　13cm（60 开）
定价：CNY1.70

J0135973
陕西宾馆 （汉英文对照）中国陕西宾馆编
西安　陕西旅游出版社［1988 年］10 张
13cm（60 开）

J0135974
汕头 汕头市旅游局，广东旅游出版社编
广州　广东旅游出版社［1988 年］8 张
13cm（60 开）
定价：CNY1.40

J0135975
上海儿童手帕"黑猫警长" （1988 年年历）
上海　上海书画出版社［1988 年］1 张　39cm（8 开）
定价：CNY0.50

J0135976
上海儿童手帕年历 （一　1988 年年历）
上海　上海书画出版社［1988 年］1 张　39cm（8 开）
定价：CNY0.50

J0135977
深圳 （汉英日俄对照）刘春根编
北京 外文出版社 1988 年 10 张 13cm（60 开）
定价：CNY1.60

J0135978
诗情画意 （一）
福州 福建美术出版社 1988 年 10 张 15cm（50 开）
统一书号：8421.408 定价：CNY1.80

J0135979
诗情画意 （一 汉英对照）
福州 福建美术出版社 1988 年 10 张 13cm（60 开）
定价：CNY1.65

J0135980
诗情画意 （二）
福州 福建美术出版社 1988 年 10 张 15cm（50 开）
统一书号：8421.408 定价：CNY1.80

J0135981
诗情画意 （二 汉英对照）
福州 福建美术出版社 1988 年 10 张 13cm（60 开）
定价：CNY1.65

J0135982
诗情画意 （三 汉英对照）
福州 福建美术出版社 1988 年 10 张 13cm（60 开）
定价：CNY1.65

J0135983
诗情画意 （四）
福州 福建美术出版社 1988 年 10 张 15cm（50 开）
统一书号：8421.572 定价：CNY1.80

J0135984
十二生肖
福州 福建科学技术出版社 1988 年 12 张
13cm（60 开）定价：CNY2.00

J0135985
十二生肖明信片
武汉 湖北美术出版社［1988 年］12 张
13cm（60 开）
定价：CNY2.00

J0135986
石花洞 （汉英对照）北京市房山区旅游公司编
北京 北京旅游出版社［1988 年］10 张
13cm（60 开）

J0135987
世界风光 （日本）傅聪供稿
西安 陕西人民美术出版社［1988 年］8 张
13cm（60 开）定价：CNY1.50

J0135988
世界奇观
兰州 甘肃科学技术出版社［1988 年］10 张
13cm（60 开）

J0135989
世界汽车集锦
厦门 鹭江出版社 1988 年 10 张 13cm（60 开）
定价：CNY1.70

J0135990
树之情明信片 甘肃画报社编
兰州 甘肃人民出版社 1988 年 10 张 13cm（60 开）
定价：CNY1.75

J0135991
水仙 （汉、英、日对照）
北京 外文出版社 1988 年 10 张 13cm（60 开）
定价：CNY1.70

J0135992
四川大学 （汉英对照）
成都 四川大学出版社［1988 年］10 张
13cm（60 开）定价：CNY1.35

J0135993
苏州风光 （汉日英对照）
北京 外文出版社 1988 年 10 张 13cm（60 开）
定价：CNY1.50

J0135994
苏州风光 （第二辑 汉日英对照）
北京 外文出版社 1988 年 8 张 13cm（60 开）
定价：CNY1.70

J0135995
太原　山西省旅游供应公司编
太原　山西人民出版社［1988 年］10 张
13cm（60 开）定价：CNY1.20

J0135996
唐城宾馆　（汉英对照）中国西安唐城宾馆编
西安　陕西旅游出版社［1988 年］10 张
13cm（60 开）

J0135997
田园风光　彭鸥嘉编
昆明　云南人民出版社［1988 年］5 张
13cm（60 开）
定价：CNY1.20

J0135998
甜甜的梦
南宁　广西民族出版社 1988 年 6 张 13cm（60 开）
定价：CNY1.50

J0135999
外国风光
昆明　云南人民出版社［1988 年］10 张
13cm（60 开）
定价：CNY1.70

J0136000
未来世界　（汉英对照）
北京　外文出版社 1988 年 10 张 13cm（60 开）
定价：CNY1.50

J0136001
武夷山　（二 汉英对照）
福州　福建科学技术出版社 1988 年 10 张
13cm（60 开）定价：CNY1.70

J0136002
舞
厦门　鹭江出版社 1988 年 10 张 13cm（60 开）
定价：CNY1.70

J0136003
西游记　（1）
福州　福建科学技术出版社 1988 年 10 张

13cm（60 开）定价：CNY1.60

J0136004
险之定格
成都　四川省社会科学院出版社 1988 年 10 张
13cm（60 开）

J0136005
新潮
厦门　鹭江出版社 1988 年 10 张 13cm（60 开）
定价：CNY1.70

J0136006
新年之夜　（1989 年年历）
沈阳　辽宁美术出版社 1988 年 1 张 54cm（4 开）
定价：CNY0.45

J0136007
异兽　（汉英对照）王春树编
北京　外文出版社 1988 年 10 张 13cm（60 开）
定价：CNY1.70

J0136008
银川　（汉英日对照）
北京　外文出版社 1988 年 10 张 13cm（60 开）
定价：CNY1.60

J0136009
鹦鹉明信片
兰州　甘肃人民出版社 1988 年 10 张 13cm（60 开）
定价：CNY1.75

J0136010
永乐宫
太原　山西人民出版社［1988 年］10 张
13cm（60 开）
定价：CNY1.20

J0136011
雨花石　（汉日英对照）
北京　外文出版社 1988 年 10 张 13cm（60 开）
定价：CNY1.70

J0136012
云南风光　（汉英对照）

北京 外文出版社 1988年 2版 10张 13cm（60开）
定价：CNY1.90

J0136013
珍禽 （汉英对照）王春树编
北京 外文出版社 1988年 10张 13cm（60开）
定价：CNY1.70

J0136014
中国风光 （1）甘肃画报社编
兰州 甘肃人民出版社 1988年 10张 13cm（60开）
定价：CNY1.75

J0136015
中国风光 （汉英对照）
北京 人民美术出版社［1988年］10张
13cm（60开）
定价：CNY1.75

J0136016
中国花卉　甘肃画报社编
兰州 甘肃人民出版社 1988年 10张 13cm（60开）
定价：CNY1.75

J0136017
足球 （席卷全球的狂浪）
昆明 云南少年儿童出版社 1988年 10张
13cm（60开）定价：CNY2.00

J0136018
1990："今日家庭"月历
杭州 浙江人民美术出版社 1989年 76cm（2开）
定价：CNY15.50

J0136019
1990：《春华》年历四条屏　江苏图片社编
南京 江苏人民出版社 1989年 4张 78cm（3开）
定价：CNY2.80

J0136020
1990：草原之春月历
石家庄 河北美术出版社 1989年 76cm（2开）
定价：CNY17.30

J0136021
1990：春华月历
石家庄 河北美术出版社 1989年 76cm（2开）
定价：CNY17.30

J0136022
1990：蝶恋花
北京 印刷工业出版社［1989年］78cm（3开）
定价：CNY13.00

J0136023
1990：动物月历
北京 荣宝斋［1989年］39cm（6开）
定价：CNY7.20

J0136024
1990：高级胶片挂历
广州 花城出版社 1989年 76cm（2开）
定价：CNY15.00

J0136025
1990：故宫名画选
上海 上海书画出版社 1989年 78cm（3开）
定价：CNY10.20

J0136026
1990：晶雅月历
天津 天津人民美术出版社 1989年 78cm（3开）
定价：CNY11.00

J0136027
1990：名盆胜景
天津 天津人民美术出版社 1989年 76cm（2开）
定价：CNY16.00

J0136028
1990：墨海 （挂历）
长沙 湖南美术出版社 1989年 78cm（3开）
定价：CNY9.00

J0136029
1990：青春挂历
沈阳 辽沈书社［1989年］76cm（2开）
定价：CNY15.80

J0136030
1990：人体绘画名作
沈阳 辽宁美术出版社 1989 年 76cm（2 开）
定价：CNY15.80

J0136031
1990：生肖挂历
昆明 云南民族出版社［1989 年］54cm（4 开）
定价：CNY2.00

J0136032
1990：诗画月历
石家庄 河北美术出版社 1989 年 78cm（3 开）
定价：CNY10.50

J0136033
1990：世界风光月历
上海 上海译文出版社［1989 年］76cm（2 开）
定价：CNY16.50

J0136034
1990：世界风光月历
北京 印刷工业出版社［1989 年］76cm（2 开）
定价：CNY17.50

J0136035
1990：世界名画
上海 百家出版社［1989 年］76cm（2 开）
定价：CNY13.00

J0136036
1990：世界名画
北京 朝花美术出版社 1989 年 76cm（2 开）
定价：CNY17.50

J0136037
1990：世界名画
石家庄 河北美术出版社 1989 年 76cm（2 开）
定价：CNY22.00

J0136038
1990：世界名画 （挂历）
长春 吉林美术出版社 1989 年 76cm（2 开）
定价：CNY15.80

J0136039
1990：世界名画
南京 江苏教育出版社 1989 年 76cm（2 开）
定价：CNY15.00

J0136040
1990：世界名画
广州 岭南美术出版社 1989 年 76cm（2 开）
定价：CNY16.00

J0136041
1990：世界名画
济南 山东美术出版社 1989 年 78cm（3 开）

J0136042
1990：世界名画
北京 中国电影出版社［1989 年］76cm（2 开）
定价：CNY17.50

J0136043
1990：世界名画邮票欣赏
沈阳 辽宁民族出版社［1989 年］78cm（3 开）
定价：CNY11.80

J0136044
1990：世界体育邮票
沈阳 辽宁民族出版社［1989 年］78cm（3 开）
定价：CNY11.80

J0136045
1990：书法条幅 （挂历）
太原 山西科学教育出版社 1989 年 76cm（2 开）
定价：CNY15.00

J0136046
1990：岁寒三友月历
南昌 江西人民出版社［1989 年］76cm（2 开）
定价：CNY16.70

J0136047
1990：玩具小熊 （挂历）
长春 吉林画报社 1989 年 30cm（12 开）
定价：CNY11.80

J0136048
1990：新居清丽 （挂历）
长春 吉林美术出版社 1989 年 78cm（3 开）
定价：CNY11.50

J0136049
1990：徐悲鸿画马
上海 上海书画出版社 1989 年 78cm（3 开）
定价：CNY10.70

J0136050
1990：严新书画 （挂历）
沈阳 辽宁美术出版社 1989 年 76cm（2 开）
定价：CNY15.80

J0136051
1990：艺海拾贝·外国名画 （挂历）
杭州 西泠印社 1989 年 78cm（3 开）
定价：CNY10.20

J0136052
1990：泳装 （挂历）
长春 吉林画报社 1989 年 30cm（12 开）
定价：CNY11.80

J0136053
1990：中国现代名家画选
北京 荣宝斋 ［1989 年］78cm（3 开）
定价：CNY11.00

J0136054
1990《摩托小姐》月历
呼和浩特 内蒙古人民出版社 1989 年
76cm（2 开）定价：CNY15.00

J0136055
1990 年《宠物》挂历
广州 广东科技出版社 ［1989 年］76cm（2 开）
定价：CNY15.00

J0136056
1990 年《世界风光》挂历
广州 广东科技出版社 ［1989 年］76cm（2 开）
定价：CNY17.00

J0136057
1990 年年平安
上海 上海人民美术出版社 1989 年 1 张
76cm（2 开）定价：CNY1.00

J0136058
1990 万事如意
上海 上海人民美术出版社 1989 年 1 张
76cm（2 开）定价：CNY1.00

J0136059
爱之歌
北京 外文出版社 1989 年 10 张 15cm（40 开）
ISBN：7-119-00841-2 定价：CNY1.80

J0136060
保山风光 （汉、英、日对照）
北京 外文出版社 1989 年 10 张 15cm（40 开）
定价：CNY1.80

J0136061
冰雪奇缘
福州 福建少年儿童出版社 ［1989 年］10 张
15cm（40 开）定价：CNY2.00
（大地之歌 4）

J0136062
春夏秋冬 （汉英对照）
北京 外文出版社 1989 年 6 张 15cm（40 开）
定价：CNY1.80

J0136063
大自然的爱恋
北京 外文出版社 1989 年 10 张 15cm（40 开）
定价：CNY1.80

J0136064
冬的遐想
福州 福建美术出版社 1989 年 10 张 15cm（40 开）
定价：CNY1.80
（诗情画意系列）

J0136065
敦煌 （汉英对照）
兰州 甘肃人民出版社 ［1989 年］12 张

15cm（40 开）

J0136066
敦煌·吐鲁番佛教艺术　（英、日、汉对照）
乌鲁木齐　新疆人民出版社［1989 年］10 张
15cm（40 开）

J0136067
夺标：世界体育集锦　（汉英对照）
北京　外文出版社　1989 年　10 张　15cm（40 开）
定价：CNY1.80

J0136068
法门寺地宫珍宝　（英汉对照　第 1 辑）石兴
邦等供稿
西安　陕西人民美术出版社［1989 年］8 张
15cm（40 开）定价：CNY1.90

J0136069
法门寺地宫珍宝　（英汉对照　第 2 辑）石兴
邦等供稿
西安　陕西人民美术出版社［1989 年］8 张
15cm（40 开）定价：CNY1.90

J0136070
法门寺地宫珍宝　（英汉对照　第 3 辑）石兴
邦等供稿
西安　陕西人民美术出版社［1989 年］8 张
15cm（40 开）定价：CNY1.90

J0136071
瑰丽花衣
福州　福建少年儿童出版社［1989 年］10 张
15cm（40 开）定价：CNY2.00
（大地之歌　1）

J0136072
海南风光　（汉英对照）海南旅游局编
广州　广东旅游出版社［1989 年］10 张
15cm（40 开）
定价：CNY1.60

J0136073
海韵
福州　福建美术出版社　1989 年　10 张　15cm（40 开）

定价：CNY1.90
（诗情画意系列）

J0136074
海之风：泳装女郎
南京　江苏美术出版社［1989 年］10 张
15cm（40 开）

J0136075
海之韵：泳装女郎
南京　江苏美术出版社［1989 年］9 张
15cm（40 开）

J0136076
湖之梦
福州　福建少年儿童出版社［1989 年］9 张
15cm（40 开）定价：CNY2.00

J0136077
花
上海　上海人民美术出版社　1989 年　12 张
17cm（44 开）定价：CNY1.80

J0136078
花束
福州　福建美术出版社　1989 年　10 张　15cm（40 开）
定价：CNY1.80

J0136079
欢乐世界
长春　吉林美术出版社　1989 年　10 张　15cm（40 开）
定价：CNY2.20

J0136080
婚礼服　（汉英对照）
北京　外文出版社　1989 年　10 张　15cm（40 开）
定价：CNY1.80

J0136081
金秋
南宁　广西人民出版社　1989年　8 张　15cm（40开）
定价：CNY2.00

J0136082
可爱宠物

长春 吉林美术出版社 1989年 10张 15cm（40开）
定价：CNY2.20

J0136083
可爱的小猫咪
福州 福建美术出版社 1989年 10张 15cm（40开）
定价：CNY1.80

J0136084
老师　向您致敬
福州 福建美术出版社 1989年 10张 15cm（40开）
定价：CNY1.80

J0136085
岭南历画 （1990）
广州 岭南美术出版社［1989年］13×19cm

J0136086
马
福州 福建美术出版社 1989年 10张 15cm（40开）
定价：CNY1.90

J0136087
梅
南京 江苏美术出版社［1989年］10张
15cm（40开）

J0136088
美的呼唤
北京 外文出版社 1989年 10张 15cm（40开）
定价：CNY1.80

J0136089
美的花
西安 陕西人民美术出版社［1989年］8张
15cm（40开）定价：CNY1.85

J0136090
美的旋律 （英汉对照）
西安 陕西人民美术出版社［1989年］8张
15cm（40开）定价：CNY1.80

J0136091
梦中情人
福州 福建少年儿童出版社［1989年］10张

15cm（40开）定价：CNY2.00

J0136092
名车美人
西安 陕西人民美术出版社［1989年］8张
15cm（40开）定价：CNY1.90

J0136093
摩托王
福州 福建少年儿童出版社［1989年］10张
15cm（40开）定价：CNY2.00

J0136094
浓浓情谊
福州 福建美术出版社 1989年 10张 15cm（40开）
定价：CNY1.80

J0136095
汽车博览 （1）
南京 江苏美术出版社［1989年］1张
15cm（40开）

J0136096
汽车博览 （2）
南京 江苏美术出版社［1989年］1张
15cm（40开）

J0136097
汽车博览 （3）
南京 江苏美术出版社［1989年］1张
15cm（40开）

J0136098
汽车博览 （4）
南京 江苏美术出版社［1989年］1张
15cm（40开）

J0136099
秦岭山色 （英汉对照）
西安 陕西人民美术出版社［1989年］8张
15cm（40开）定价：CNY1.80

J0136100
青海的清真寺 （汉、藏、英对照）青海省伊
斯兰教协会编

西宁 青海民族出版社 1989年 10张 15cm(40开)
定价：CNY2.00

J0136101
情海拾萃 （汉英对照）
北京 外文出版社 1989年 8张 15cm(40开)
定价：CNY1.80

J0136102
庆佳节
福州 福建美术出版社 1989年 10张 15cm(40开)
定价：CNY1.80

J0136103
秋梦
福州 福建美术出版社 1989年 10张 15cm(40开)
定价：CNY1.90
（诗情画意系列）

J0136104
人生的路 （诗情画意系列）
福州 福建美术出版社 1989年 10张 15cm(40开)
定价：CNY1.80

J0136105
日本风光
兰州 甘肃人民出版社［1989年］10张
15cm(40开)
定价：CNY2.10

J0136106
森林之歌
福州 福建美术出版社［1989年］10张
15cm(40开)
定价：CNY1.90
（诗情画意系列）

J0136107
陕西宾馆　中国陕西宾馆编
西安 陕西旅游出版社［1989年］10张
15cm(40开)

J0136108
圣诞的祝福
福州 福建少年儿童出版社［1989年］10张

15cm(40开) 定价：CNY1.80

J0136109
诗情画意 （三）
福州 福建美术出版社 1989年 10张 15cm(50开)
统一书号：8421.559 定价：CNY1.80

J0136110
诗情画意 （五）
福州 福建美术出版社 1989年 10张 15cm(40开)
定价：CNY1.80

J0136111
诗情画意
北京 外文出版社 1989年 10张 15cm(40开)
定价：CNY1.80

J0136112
世界舰船 （汉英对照）
北京 外文出版社 1989年 8张 15cm(40开)
定价：CNY1.80

J0136113
世界名机 （第一辑）谢础主编
北京 北京航空航天大学出版社 1989年 8张
15cm(40开) 定价：CNY3.00

J0136114
世界摇滚乐特集
南京 江苏美术出版社［1989年］8张
15cm(40开)

J0136115
水仙
南京 江苏美术出版社［1989年］10张
15cm(40开)

J0136116
体育世界
福州 福建少年儿童出版社［1989年］10张
15cm(40开) 定价：CNY1.90

J0136117
体育世界 （二）
福州 福建少年儿童出版社［1989年］10张

15cm（40 开）定价：CNY1.80

J0136118
童笛
福州 福建少年儿童出版社［1989 年］10 张
15cm（40 开）定价：CNY1.80

J0136119
外国城市风光
昆明 云南人民出版社［1989 年］6 张 72cm（2 开）
定价：CNY1.10

J0136120
未来摩托车·汽车
福州 福建美术出版社［1989 年］10 张
15cm（40 开）
定价：CNY1.80

J0136121
无声的语
长春 吉林美术出版社 1989 年 10 张 15cm（40 开）
定价：CNY2.00

J0136122
西藏服饰 （藏、汉、英对照）
拉萨 西藏人民出版社 1989 年 10 张 15cm（40 开）

J0136123
享受美好生活
福州 福建地图出版社［1989 年］10 张
15cm（40 开）
定价：CNY1.90

J0136124
小朋友 （英汉对照）
北京 外文出版社 1989 年 10 张 15cm（40 开）
定价：CNY1.80

J0136125
小天使
福州 福建美术出版社 1989 年 10 张 15cm（40 开）
定价：CNY1.80

J0136126
心泉 （诗情画意系列）

福州 福建美术出版社 1989 年 10 张 15cm（40 开）
定价：CNY1.80

J0136127
馨香
福州 福建少年儿童出版社［1989 年］10 张
15cm（40 开）定价：CNY1.90

J0136128
幸运的伙伴
福州 福建少年儿童出版社［1989 年］10 张
15cm（40 开）定价：CNY1.80

J0136129
一帆风顺：世界帆船 （英汉对照）
北京 外文出版社 1989 年 8 张 15cm（40 开）
定价：CNY1.80

J0136130
怡情
福州 福建少年儿童出版社［1989 年］10 张
15cm（40 开）定价：CNY1.80

J0136131
异草奇花
北京 外文出版社 1989 年 10 张 15cm（40 开）
定价：CNY1.80

J0136132
意中花
长春 吉林美术出版社 1989 年 10 张 15cm（40 开）
定价：CNY2.00

J0136133
影视之星
兰州 甘肃人民出版社［1989 年］10 张
15cm（40 开）
定价：CNY2.10

J0136134
永恒的岁月
福州 福建少年儿童出版社［1989 年］10 张
15cm（40 开）定价：CNY2.00
（大地之歌 3）

J0136135
永往直前：世界摩托车赛 （汉英对照）
北京　外文出版社 1989 年　8 张　15cm（40 开）
定价：CNY1.80

J0136136
幽幽林曲
福州　福建少年儿童出版社［1989 年］10 张
15cm（40 开）定价：CNY2.00
（大地之歌 2）

J0136137
友谊
福州　福建少年儿童出版社［1989 年］10 张
15cm（40 开）定价：CNY1.80

J0136138
愉快的假期
昆明　云南人民美术出版社 1989 年　10 张
15cm（40 开）定价：CNY2.80

J0136139
中国风光 （1）甘肃画报社编
兰州　甘肃人民出版社［1989 年］10 张
15cm（40 开）
定价：CNY2.00

J0136140
重庆之夜 （汉、日、英对照）
北京　外文出版社［1989 年］10 张　15cm（40 开）
定价：CNY3.00

J0136141
祝您快乐
昆明　云南民族出版社［1989 年］10 张
15cm（40 开）
定价：CNY2.20

J0136142
自然的旋律
昆明　云南人民出版社［1989 年］6 张
72 开（72 开）定价：CNY1.10

J0136143
足球精英 （汉英对照 1）

西安　陕西人民美术出版社［1989 年］8 张
15cm（40 开）定价：CNY1.80

J0136144
足球精英 （汉英对照 2）
西安　陕西人民美术出版社［1989 年］8 张
15cm（40 开）定价：CNY1.80

J0136145
足球精英 （汉英对照 3）
西安　陕西人民美术出版社［1989 年］8 张
15cm（40 开）定价：CNY1.80

J0136146
1991：春 （挂历）
沈阳　辽宁美术出版社 1990 年　76cm（2 开）
定价：CNY22.80

J0136147
1991：春梦 （双月历）
太原　山西人民出版社 1990 年　76cm（2 开）
定价：CNY17.50

J0136148
1991：春意芳情 （挂历）
杭州　浙江人民美术出版社 1990 年　53cm（4 开）
定价：CNY8.50

J0136149
1991：繁花似锦 （挂历）
上海　上海人民美术出版社 1990 年　78cm（3 开）
定价：CNY12.50

J0136150
1991：风韵 （挂历）
太原　山西人民出版社 1990 年　76cm（2 开）
定价：CNY17.50

J0136151
1991：高山情 （挂历）
石家庄　河北美术出版社 1990 年　76cm（2 开）
定价：CNY17.00

J0136152
1991：恭贺新禧 （世界名画挂历）

北京　人民美术出版社　1990年　76cm（2开）
定价：CNY14.00

J0136153
1991：光·新星·影 （挂历）
太原　山西人民出版社　1990年　76cm（2开）
定价：CNY19.00

J0136154
1991：国外室内装饰 （挂历）
兰州　甘肃人民美术出版社　1990年　76cm（2开）
定价：CNY17.50

J0136155
1991：海外名画 （挂历）上海书画出版社编
上海　上海书画出版社　1990年　78cm（3开）
定价：CNY10.70

J0136156
1991：画情诗意 （挂历）
石家庄　河北美术出版社　1990年　76cm（2开）
定价：CNY17.50

J0136157
1991：吉祥如意 （挂历）
济南　山东友谊书社　1990年　76cm（2开）
定价：CNY19.00

J0136158
1991：金色童年 （儿童双月历）
武汉　湖北少年儿童出版社　1990年　76cm（2开）
定价：CNY17.50

J0136159
1991：金色童年 （双月历）
昆明　云南人民出版社　1990年　76cm（2开）
定价：CNY14.50

J0136160
1991：静 （挂历）吉林美术出版社编辑
长春　吉林美术出版社　1990年　78cm（3开）
定价：CNY11.50

J0136161
1991：卡通世界 （挂历）

北京　中国少年儿童出版社　1990年　30cm（12开）

J0136162
1991：可爱的动物 （挂历）
昆明　云南人民出版社　1990年　76cm（2开）
定价：CNY14.50

J0136163
1991：礼花献亚运 （挂历）中国体育报社编
北京　奥林匹克出版社　1990年　76cm（2开）

J0136164
1991：美景佳人 （挂历）山东美术出版社编
济南　山东美术出版社　1990年　76cm（2开）
定价：CNY19.00

J0136165
1991：明清绘画精选 （挂历）荣宝斋编辑
北京　荣宝斋　1990年　76cm（2开）
定价：CNY17.80

J0136166
1991：墨萃 （书法挂历）
长沙　湖南美术出版社　1990年　76cm（2开）
定价：CNY9.50

J0136167
1991：霓裳曲 （挂历）戴敦邦绘
沈阳　辽宁美术出版社　1990年　76cm（2开）
定价：CNY15.80

J0136168
1991：鸟语花香 （挂历）山东美术出版社编
济南　山东美术出版社　1990年　76cm（2开）
定价：CNY18.70

J0136169
1991：群芳竞艳 （挂历）
石家庄　河北美术出版社　1990年　78cm（3开）
定价：CNY11.40

J0136170
1991：神怡 （挂历）
济南　山东美术出版社　1990年　76cm（2开）
定价：CNY21.00

J0136171
1991：世界货币集锦 （挂历）
南昌　江西人民出版社　1990 年　76cm（2 开）
定价：CNY17.80

J0136172
1991：世界名画 （挂历）
兰州　甘肃人民美术出版社　1990 年　76cm（2 开）
定价：CNY16.80

J0136173
1991：世界名画 （挂历）
石家庄　河北美术出版社　1990 年　76cm（2 开）
定价：CNY20.00

J0136174
1991：世界名画 （挂历）
哈尔滨　黑龙江美术出版社　1990 年　76cm（2 开）
定价：CNY18.60

J0136175
1991：世界名画 （挂历）
南京　江苏教育出版社　1990 年　76cm（2 开）
定价：CNY15.00

J0136176
1991：世界名画 （挂历）
广州　岭南美术出版社　1990 年　76cm（2 开）
定价：CNY15.50

J0136177
1991：世界名画 （挂历）
天津　天津人民美术出版社　1990 年　78cm（3 开）
定价：CNY11.00

J0136178
1991：现代家庭装饰 （挂历）
广州　广东科技出版社　1990 年　76cm（2 开）
定价：CNY15.50

J0136179
1991：旖旎风景 （挂历）
沈阳　辽宁人民出版社　1990 年　76cm（2 开）
定价：CNY17.00

J0136180
1991：邮票上的今天 （挂历）
太原　山西人民出版社　1990 年　76cm（2 开）
定价：CNY18.50

J0136181
1991：园林诗情 （挂历）
石家庄　河北美术出版社　1990 年　78cm（3 开）
定价：CNY11.40

J0136182
1991：中国古代雕塑艺术
北京　文物出版社　1990 年　76cm（2 开）
定价：CNY17.50

J0136183
1991：中国古画精选 （挂历）陈平编辑
北京　奥林匹克出版社　1990 年　78cm（3 开）
定价：CNY10.70
（画苑撷英　七）

J0136184
1991 年画年历挂历缩样
北京　北京美术摄影出版社　1990 年　42 页
有照片　26cm（16 开）

J0136185
1992：92' 现代壁挂挂历 （挂历）
南京　江苏美术出版社　1990 年　76cm（2 开）
定价：CNY28.00

J0136186
东方神韵 （藏画 1991 年年历）洛桑绘
拉萨　西藏人民出版社　1990 年　1 张　76cm（2 开）
定价：CNY2.40

J0136187
广东电视台珠江经济台著名主持人 （明
信片）
广州　广东省地图出版社 ［1990 年］10 张
15cm（40 开）定价：CNY4.00

J0136188
孔雀 （1991 年年历）苏伯群绘
天津　天津人民美术出版社　1990 年　1 张

78cm（2开）定价：CNY0.75

作者苏伯群（1920—　　），高级美术师。生于山东烟台。任山东画院高级画师、国家一级美术师职称，中国老年书画研究会顾问、中国工艺美术协会高级会员、山东省工艺美术学会理事中国工艺美术学会会员、山东工艺美术学会理事等职。

J0136189
连年鱼跃　（年画 1991年农历辛未年月建节气候表）孙公照绘
济南 山东美术出版社 1990年 1张 76cm（2开）
定价：CNY0.50

作者孙公照（1943—　　），画家。山东青岛人。山东美术家协会会员，德州美术家协会名誉主席。擅长油画、水粉画、年画，尤精于风景画。油画作品有《波涌夕阳》等。

J0136190
猫咪　（1991年年历）
北京 朝花美术出版社 1990年 1张 76cm（2开）
定价：CNY1.00

J0136191
四喜登梅　（年画 1991年年历）浦江绘
杭州 浙江人民美术出版社 1990年 1张
78cm（2开）定价：CNY0.75

J0136192
万维生邮票作品选　胡国钦主编
福州 海潮摄影艺术出版社 1990年 80页
有彩像 19cm（小32开）ISBN：780562013x
定价：CNY17.80

J0136193
汪国真爱情诗卡
北京 中国妇女出版社［1990年］6张
15cm（40开）
定价：CNY3.00

J0136194
现代高级名片设计　黄墩严主编
台北 瑞升文化图书事业公司 1990年 127页
有图 21cm（32开）ISBN：957-526-094-5
定价：TWD140.00

（瑞升美工设计 1）

J0136195
一帆风顺万事如意　（1991年年历）
济南 山东美术出版社 1990年 1张 76cm（2开）

J0136196
邮票中的美术世界　［王泰来，朱祖威］编
台北 万象出版社 1990年 100+20页 有彩图
20cm（32开）ISBN：957-9056-21-8
定价：TWD240.00
（生活艺术）

J0136197
1992：爱意浓浓　（挂历）
长春 吉林美术出版社 1991年 76cm（2开）
定价：CNY23.00

J0136198
1992：春天的梦　（挂历）
呼和浩特 内蒙古人民出版社 1991年
76cm（2开）定价：CNY17.50

J0136199
1992：春意芳情　（挂历）
济南 山东友谊书社 1991年 76cm（2开）
定价：CNY18.50

J0136200
1992：纯情　（挂历）
南京 江苏美术出版社 1991年 76cm（2开）
定价：CNY11.50

J0136201
1992：大地写真　（挂历）山东画报社编辑
济南 山东友谊书社 1991年 76cm（2开）
定价：CNY18.60

J0136202
1992：电视连续剧《西游记》　（挂历）
济南 山东友谊书社［1991年］76cm（2开）
定价：CNY24.00

J0136203
1992：多姿　（挂历）

济南　山东友谊书社　1991 年　76cm（2 开）
定价：CNY18.90

J0136204
1992：芳姿——中国旗袍艺术 （挂历）
上海　上海书画出版社　1991 年　85cm
定价：CNY12.00

J0136205
1992：风姿态 （挂历）
长沙　湖南美术出版社　1991 年　76cm（2 开）
定价：CNY17.50

J0136206
1992：古今名画集萃 （挂历）
南京　江苏美术出版社　1991 年　76cm（2 开）
定价：CNY18.00

J0136207
1992：故宫博物院藏画精选 （历代名画
挂历）
北京　中国旅游出版社 ［1991 年］76cm（2 开）
定价：CNY19.00

J0136208
1992：花情 （挂历）
长春　吉林美术出版社　1991 年　76cm（2 开）
定价：CNY19.00

J0136209
1992：花影丽人 （挂历）
银川　宁夏人民出版社 ［1991 年］76cm（2 开）
定价：CNY19.00

J0136210
1992：花之艺 （挂历）
广州　岭南美术出版社　1991 年　76cm（2 开）
定价：CNY16.00

J0136211
1992：华夏名媛 （挂历）
长春　吉林美术出版社　1991 年　76cm（2 开）
定价：CNY19.80

J0136212
1992：佳影 （挂历）
南京　江苏美术出版社　1991 年　76cm（2 开）
定价：CNY18.90

J0136213
1992：家具 （挂历）
兰州　甘肃人民美术出版社 ［1991 年］76cm（2 开）
定价：CNY18.50

J0136214
1992：江南名园 （挂历）
上海　上海书画出版社　1991 年　76cm（2 开）
定价：CNY17.80

J0136215
1992：看今朝 （挂历）陕西画报社编
西安　陕西人民美术出版社　1991 年　76cm（2 开）
定价：CNY18.50

J0136216
1992：丽猫 （挂历）
济南　山东美术出版社　1991 年　76cm（2 开）
定价：CNY22.00

J0136217
1992：猫 （挂历）彭明，王爱珠作
广州　岭南美术出版社　1991 年　76cm（2 开）
定价：CNY17.50

J0136218
1992：猫趣 （挂历）
芒市　云南德宏民族出版社 ［1991 年］76cm（2 开）
定价：CNY15.50

J0136219
1992：美 （风光挂历）
天津　天津人民美术出版社　1991 年　76cm（2 开）
ISBN：7-5305-8137-8 定价：CNY19.50

J0136220
1992：美化家庭 （挂历）
上海　上海书画出版社　1991 年　76cm（2 开）
定价：CNY17.80

J0136221
1992：美女居室 （挂历）
广州 岭南美术出版社 1991 年 76cm（2 开）
定价：CNY16.00

J0136222
1992：美韵 （挂历）
沈阳 辽宁美术出版社 1991 年 76cm（2 开）
定价：CNY17.80

J0136223
1992：咪咪 （挂历）
天津 天津杨柳青画社 1991 年 53cm（4 开）
定价：CNY6.00

J0136224
1992：名车美女 （挂历）
广州 岭南美术出版社 1991 年 76cm（2 开）
定价：CNY16.00

J0136225
1992：名城佳丽 （挂历）
北京 中国旅游出版社 [1991 年] 76cm（2 开）
定价：CNY25.00

J0136226
1992：名画与集邮 （挂历）辽宁画报社编
沈阳 辽宁美术出版社 1991 年 76cm（2 开）
定价：CNY17.80

J0136227
1992：名园佳盆 （挂历）
呼和浩特 内蒙古人民出版社 [1991 年]
76cm（2 开）定价：CNY17.80

J0136228
1992：倩影 （挂历）
沈阳 辽宁美术出版社 1991 年 76cm（2 开）
定价：CNY17.80

J0136229
1992：俏女 （挂历）
沈阳 辽宁美术出版社 1991 年 76cm（2 开）
定价：CNY17.80

J0136230
1992：情趣 （挂历）
济南 山东美术出版社 [1991 年] 76cm（2 开）
定价：CNY22.00

J0136231
1992：人物・名车・家具 （挂历）
济南 山东友谊书社 1991 年 76cm（2 开）
定价：CNY19.00

J0136232
1992：人物风景 （挂历）
天津 天津人民美术出版社 1991 年 76cm（2 开）
ISBN：7-5305-8137-1 定价：CNY14.80

J0136233
1992：柔声轻诉 （挂历）
兰州 甘肃人民美术出版社 [1991 年] 76cm（2 开）
定价：CNY19.80

J0136234
1992：神驰 （挂历）
延边 延吉人民出版社 1991 年 76cm（2 开）
定价：CNY19.80

J0136235
1992：世界名画 （挂历）
兰州 甘肃人民美术出版社 [1991 年] 76cm（2 开）
定价：CNY18.50

J0136236
1992：世界名画 （挂历）
上海 上海人民美术出版社 [1991 年] 76cm（2 开）
定价：CNY21.50

J0136237
1992：世界名画 （挂历）
天津 天津人民美术出版社 1991 年 76cm（2 开）
ISBN：7-5305-81171 定价：CNY16.80

J0136238
1992：世界名画 （挂历）
延吉 延边人民出版社 1991 年 76cm（2 开）
定价：CNY19.80

J0136239
1992：世界名画 （挂历）
北京 中国电影出版社［1991 年］76cm（2 开）
定价：CNY19.50

J0136240
1992：世界奇花 （挂历）长生，张强编
济南 山东美术出版社 1991 年 76cm（2 开）
定价：CNY17.80

J0136241
1992：世界影坛"巨星" （挂历）
南京 江苏人民出版社 1991 年 76cm（2 开）
定价：CNY19.80

J0136242
1992：世界真奇妙 （挂历）山东画报社编
济南 山东美术出版社 1991 年 76cm（2 开）
定价：CNY19.00

J0136243
1992：思宝 （挂历）辽宁画报社编
沈阳 辽宁美术出版社 1991 年 76cm（2 开）
定价：CNY17.80

J0136244
1992：四季如诗 （挂历）
［兰州］甘肃人民美术出版社［1991 年］
76cm（2 开）定价：CNY18.50

J0136245
1992：唐伯虎祝枝山书画 （挂历）
上海 上海书画出版社 1991 年 76cm（2 开）
定价：CNY18.50
　　唐寅（1470—1524），明代画家、书法家、诗
人。名寅，字伯虎，又字子畏，号六如居士等，
江苏苏州人。作品有《骑驴思归图》《山路松声
图》《李端端落籍图》《秋风纨扇图》《枯槎鹳鹆
图》等。祝枝山，即祝允明（1461—1527），明代
书法家。字希哲，自号枝山，世人称为"祝京兆"。
江苏吴县人。主要作品《枝山文集》《祝氏集略》
《祝氏小集》等。

J0136246
1992：甜蜜蜜 （挂历）辽宁画报社编

沈阳 辽宁美术出版社 1991 年 76cm（2 开）
定价：CNY24.80

J0136247
1992：庭 （挂历）
济南 山东友谊书社 1991 年 76cm（2 开）
定价：CNY18.90

J0136248
1992：王中年山水画 （挂历）
广州 岭南美术出版社［1991 年］76cm（2 开）
定价：CNY17.50

J0136249
1992：现代生活 （挂历）
延吉 延边人民出版社［1991 年］76cm（2 开）
定价：CNY19.80

J0136250
1992：现代装饰画 （挂历）任伟设计
兰州 甘肃人民美术出版社［1991 年］76cm（2 开）
定价：CNY19.50

J0136251
1992：艺苑佳丽 （挂历）
福州 鹭江出版社［1991 年］76cm（2 开）
定价：CNY15.00

J0136252
1992：逸居 （挂历）
济南 山东友谊书社［1991 年］76cm（2 开）
定价：CNY22.00

J0136253
1992：英姿 （挂历）辽宁画报社编
沈阳 辽宁美术出版社 1991 年 76cm（2 开）
定价：CNY17.80

J0136254
1992：又见昨天 （挂历）
兰州 甘肃人民美术出版社［1991 年］76cm（2 开）
定价：CNY19.00

J0136255
1992：郑爽风姿 （挂历）

沈阳　辽宁美术出版社　1991 年　76cm（2 开）
定价：CNY17.80

J0136256
1992：中国古代绘画精品　（挂历）
西安　陕西人民美术出版社［1991 年］76cm（2 开）
定价：CNY17.40

J0136257
1992：中国历代名画　（挂历）
北京　中国电影出版社［1991 年］76cm（2 开）
定价：CNY19.50

J0136258
1992：中国历代名画系列　（挂历）
北京　人民美术出版社　1991 年　76cm（2 开）
定价：CNY23.00

J0136259
1992：中华人民共和国邮票图谱　（挂历）
广州　岭南美术出版社［1991 年］76cm（2 开）
定价：CNY12.00

J0136260
1992：自然珍禽　（一　挂历）
福州　福建美术出版社［1991 年］76cm（2 开）
定价：CNY15.00

J0136261
1992：自然之美　（挂历）
广州　岭南美术出版社　1991 年　76cm（2 开）
定价：CNY16.00

J0136262
1992：祖国的花朵　（挂历）
上海　上海书画出版社　1991 年　85cm
定价：CNY11.80

J0136263
爱的露珠　（明信片）高海绘；葛翠林配诗
合肥　安徽少年儿童出版社　1991 年　10 张
15cm（64 开）ISBN：7-5397-0790-9
定价：CNY2.20

J0136264
春年图　（1992 年年历）徐曾，徐世民绘
天津　天津人民美术出版社　1991 年　1 张
76cm（2 开）定价：CNY0.55
　　作者徐世民，擅长年画。主要作品有《长命百岁》《富富有余》《百寿图》等。

J0136265
九鲤图　（1992 年年历）王顺舟绘
上海　上海人民美术出版社　1991 年　1 张
［40cm］（6 开）定价：CNY0.40

J0136266
可爱的熊猫　（1992 年年历）张锦标作
杭州　浙江人民美术出版社　1991 年　1 张
78cm（2 开）定价：CNY0.80
　　作者张锦标（1935—　　），编审。浙江嵊州市人，毕业于浙江美术学院中国画系。历任上海书画出版社编辑、副编审。代表作品有《熊猫宴》《宠爱》《迎千年曙光》《任伯年群仙祝寿图》。著作有《怎样画大熊猫》。

J0136267
岭南历画缩样　（1991）
广州　岭南美术出版社　1991 年　19×26cm

J0136268
名片、信封、信纸　李天来编著
台北　新形象出版公司　1991 年　150 页　有彩图
26cm（16 开）定价：TWD400.00
（CI 视觉设计丛书　1）

J0136269
蓬莱仙境　（1992 年年历）朱子容作
杭州　浙江人民美术出版社［1991 年］1 张
78cm（2 开）定价：CNY0.80
　　作者朱子容，编审。浙江永康人。浙江人民美术出版社副编审。代表作品有木刻《来帮忙》。编著《江山多娇》《面向未来》《鹏程万里》《边陲小花》《花香千里》等。

J0136270
商业名片设计　美工图书社编著
台北　邯郸出版社　1991—1992 年　3 册　有彩图
26cm（16 开）定价：TWD1300.00

外文书名：Business Card Graphics.

定价：CNY19.80

J0136271
献寿图 （1992 年年历）刘泰山作
上海　上海人民美术出版社［1991 年］1 张
53cm（4 开）定价：CNY0.60

J0136272
1993：爱 （挂历）
天津　天津杨柳青画社 1992 年 77cm（2 开）
ISBN：7-80503-414-5

J0136273
1993：爱美思 （挂历）
沈阳　辽宁美术出版社 1992 年 77cm（2 开）
定价：CNY18.80

J0136274
1993：爱在人间 （挂历）
石家庄　河北美术出版社 1992 年 77cm（2 开）
定价：CNY21.50

J0136275
1993：爱之梦 （挂历）
天津　天津人民美术出版社 1992 年 77cm（2 开）
ISBN：7-5305-8150-0 定价：CNY20.50

J0136276
1993：奥林匹克风 （挂历）
北京　中国社会出版社［1992 年］77cm（2 开）
定价：CNY22.00

J0136277
1993：宝宝乐 （挂历）
长春　吉林美术出版社 1992 年 77cm（2 开）
定价：CNY19.80

J0136278
1993：奔驰 （挂历）
沈阳　辽宁美术出版社 1992 年 77cm（2 开）
定价：CNY18.80

J0136279
1993：冰与火 （挂历）
长春　吉林美术出版社 1992 年 77cm（2 开）

J0136280
1993：博雅集秀 （挂历）
西安　陕西人民美术出版社［1992 年］77cm（2 开）
定价：CNY19.80

J0136281
1993：财神到 （挂历）
广州　岭南美术出版社［1992 年］77cm（2 开）

J0136282
1993：婵月 （挂历）
北京　中国电影出版社［1992 年］77cm（2 开）
定价：CNY21.00

J0136283
1993：春之梦 （挂历）
沈阳　辽宁美术出版社 1992 年 77cm（2 开）
定价：CNY24.80

J0136284
1993：春之梦 （挂历）
呼和浩特　内蒙古人民出版社 1992 年
77cm（2 开）定价：CNY19.80

J0136285
1993：丛中笑 （挂历）
石家庄　河北美术出版社 1992 年 77cm（2 开）
定价：CNY20.50

J0136286
1993：大海·少女·骏马 （挂历）
天津　天津人民美术出版社 1992 年 77cm（2 开）
ISBN：7-5305-8148-6 定价：CNY20.50

J0136287
1993：淡妆浓抹 （挂历）
杭州　浙江人民美术出版社 1992 年 77cm（22 开）
定价：CNY21.50

J0136288
1993：当代群星 （挂历）
北京　中国电影出版社［1992 年］77cm（2 开）
定价：CNY26.00

J0136289
1993：都市情 （挂历）
天津　天津杨柳青画社　1992 年　77cm（2 开）
ISBN：7-80503-415-9 定价：CNY21.00

J0136290
1993：豆蔻年华 （挂历）
银川　宁夏人民出版社 [1992 年] 77cm（2 开）
定价：CNY21.00

J0136291
1993：婀娜芳菲 （挂历）
天津　天津杨柳青画社　1992 年　77cm（2 开）
ISBN：7-80503-415-4

J0136292
1993：儿童乐园 （挂历）
广州　花城出版社 [1992 年] 77cm（2 开）
定价：CNY32.00

J0136293
1993：芳馨 （挂历）
天津　天津杨柳青画社　1992 年　77cm（2 开）
ISBN：7-80503-415-2 定价：CNY21.00

J0136294
1993：芳姿 （挂历）
杭州　西泠印社　1992 年　68cm（3 开）
定价：CNY15.00

J0136295
1993：飞瀑沐玉 （挂历）
天津　天津人民美术出版社　1992 年　77cm（2 开）
ISBN：7-5305-8149-4 定价：CNY20.50

J0136296
1993：芬芳 （挂历）
西安　陕西人民美术出版社 [1992 年] 77cm（2 开）
定价：CNY19.80

J0136297
1993：丰收曲 （挂历）
天津　天津杨柳青画社　1992 年　77cm（2 开）
ISBN：7-80503-414-3 定价：CNY23.00

J0136298
1993：风华 （挂历）
北京　中国电影出版社 [1992 年] 77cm（2 开）
定价：CNY19.80

J0136299
1993：风流 （挂历）
长春　吉林美术出版社　1992 年　77cm（2 开）
定价：CNY21.00

J0136300
1993：风雅 （挂历）
南京　江苏美术出版社　1992 年　77cm（2 开）
定价：CNY24.50

J0136301
1993：风姿 （挂历）
兰州　甘肃人民美术出版社 [1992 年] 77cm（2 开）
定价：CNY20.80

J0136302
1993：共和国缔造者 （挂历）
上海　上海人民美术出版社 [1992 年] 77cm（2 开）
定价：CNY21.20

J0136303
1993：光影 （挂历）
北京　中国戏剧出版社　1992 年　77cm（2 开）
定价：CNY19.50

J0136304
1993：海情 （挂历）
呼和浩特　内蒙古人民出版社　1992 年
77cm（2 开）定价：CNY19.00

J0136305
1993：含芳 （挂历）
天津　天津杨柳青画社　1992 年　77×106cm
ISBN：7-80503-416-2 定价：CNY23.00

J0136306
1993：好风光 （挂历）
天津　天津人民美术出版社　1992 年　77cm（2 开）
ISBN：7-5305-8149-7 定价：CNY20.50

J0136307
1993：和平天使 （挂历）
天津 天津杨柳青画社 1992 年 77cm（2 开）
ISBN：7-80503-431-5 定价：CNY21.00

J0136308
1993：黑白世界·亚当斯 （挂历）
南京 江苏美术出版社 1992 年 77cm（2 开）
定价：CNY20.80

J0136309
1993：花儿朵朵 （挂历）
沈阳 辽宁美术出版社 1992 年 77cm（2 开）
定价：CNY18.80

J0136310
1993：花卉 （挂历）
昆明 云南美术出版社［1992 年］77cm（2 开）
定价：CNY19.00

J0136311
1993：花卉集邮 （挂历）
沈阳 辽宁美术出版社 1992 年 77cm（2 开）
定价：CNY25.00

J0136312
1993：花季 （挂历）
石家庄 河北美术出版社 1992 年 77cm（2 开）
定价：CNY20.50

J0136313
1993：花恋 （挂历）
银川 宁夏人民出版社［1992 年］77cm（2 开）
定价：CNY20.50

J0136314
1993：花情 （挂历）
广州 岭南美术出版社［1992 年］77cm（2 开）
定价：CNY17.00

J0136315
1993：花台 （挂历）
天津 天津人民美术出版社 1992 年 77cm（2 开）
ISBN：7-5305-8157-4 定价：CNY20.50

J0136316
1993：花艺 （挂历）
郑州 河南美术出版社 1992 年 77cm（2 开）
定价：CNY26.00

J0136317
1993：花苑滢梦 （挂历）
西安 陕西人民美术出版社［1992 年］77cm（2 开）
定价：CNY24.50

J0136318
1993：花月春风 （挂历）
天津 天津人民美术出版社 1992 年 77cm（2 开）
ISBN：7-5305-8149-8 定价：CNY20.50

J0136319
1993：花之乐 （挂历）
石家庄 河北美术出版社 1992 年 77cm（2 开）
定价：CNY20.50

J0136320
1993：花之肖像 （挂历）
西宁 青海人民出版社［1992 年］77cm（2 开）
定价：CNY21.50

J0136321
1993：花枝俏 （挂历）
天津 天津杨柳青画社 1992 年 77cm（2 开）
ISBN：7-80503-415-3

J0136322
1993：华夏歌星 （挂历）
天津 天津杨柳青画社 1992 年 77cm（2 开）
ISBN：7-80503-414-1

J0136323
1993：华秀丽影 （挂历）
天津 天津杨柳青画社 1992 年 77cm（2 开）
ISBN：7-80503-415-6

J0136324
1993：华姿飘逸 （挂历）
天津 天津杨柳青画社 1992 年 77cm（2 开）
ISBN：7-80503-416-4

J0136325
1993：画中游 （挂历）
天津 天津杨柳青社 1992 年 77cm（2 开）
ISBN：7-80503-415-7 定价：CNY21.00

J0136326
1993：环球游 （挂历）
杭州 浙江人民美术出版社 1992 年 77cm（2 开）
定价：CNY16.50

J0136327
1993：幻雅 （挂历）
昆明 云南美术出版社 [1992 年] 77cm（2 开）
定价：CNY26.00

J0136328
1993：皇家园林 （挂历）
南京 江苏美术出版社 1992 年 77×106cm
定价：CNY28.80

J0136329
1993：黄山桂林 （挂历）
广州 岭南美术出版社 [1992 年] 77cm（2 开）
定价：CNY19.20

J0136330
1993：黄山寄情 （挂历）
石家庄 河北美术出版社 1992 年 77cm（2 开）
定价：CNY20.50

J0136331
1993：吉祥如意 （挂历）
杭州 浙江人民美术出版社 1992 年 68cm
定价：CNY14.50

J0136332
1993：纪念毛泽东诞辰 100 周年 （1893—
1993 挂历）
西宁 青海人民出版社 1992 年 77cm（2 开）
定价：CNY19.50

J0136333
1993：健美康乐 （挂历）
上海 上海人民美术出版社 [1992 年] 77cm（2 开）
定价：CNY20.50

J0136334
1993：江山多娇 （挂历）
郑州 河南美术出版社 1992 年 77cm（2 开）
定价：CNY20.00

J0136335
1993：江山多娇 （挂历）
天津 天津杨柳青画社 1992 年 77cm（2 开）
ISBN：7-80503-414-6

J0136336
1993：娇艳 （挂历）
天津 天津人民美术出版社 1992 年 77cm（2 开）
ISBN：7-5305-8148-4 定价：CNY20.50

J0136337
1993：今日世界 （挂历）
昆明 云南美术出版社 [1992 年] 77cm（2 开）
定价：CNY19.00

J0136338
1993：金鸡报晓 （挂历）
福建 福建美术出版社 [1992 年] 77cm（2 开）
定价：CNY16.50

J0136339
1993：金美梦 （挂历）
天津 天津人民美术出版社 1992 年 77cm（2 开）
ISBN：7-5305-8148-7 定价：CNY20.50

J0136340
1993：金牌榜 （挂历）
北京 人民体育出版社 [1992 年] 77cm（2 开）
定价：CNY22.00

J0136341
1993：金纱丽影 （挂历）
上海 上海人民美术出版社 [1992 年] 77cm（2 开）
定价：CNY20.50

J0136342
1993：锦绣河山 （挂历）
北京 中国电影出版社 [1992 年] 77cm（2 开）
定价：CNY19.80

J0136343
1993：锦绣中华 （挂历）
杭州　西泠印社 [1992 年] 77cm（2 开）
定价：CNY21.50

J0136344
1993：景色醉仙 （挂历）
济南　山东美术出版社　1992 年　77cm（2 开）
定价：CNY19.80

J0136345
1993：景韵 （挂历）
兰州　甘肃人民美术出版社 [1992 年] 77cm（2 开）
定价：CNY20.80

J0136346
1993：菊颂 （挂历）
上海　上海人民美术出版社 [1992 年] 77cm（2 开）
定价：CNY24.80

J0136347
1993：娟秀 （挂历）
天津　天津杨柳青画社　1992 年　68cm（3 开）
ISBN：7-80503-431-6

J0136348
1993：骏马倩姿 （挂历）
石家庄　河北美术出版社　1992 年　77cm（2 开）
定价：CNY20.50

J0136349
1993：看今朝 （挂历）
石家庄　河北美术出版社　1992 年　77cm（2 开）
定价：CNY22.50

J0136350
1993：可爱宠物 （挂历）
天津　天津人民美术出版社　1992 年　77cm（2 开）
ISBN：7-5305-8137-6　定价：CNY23.00

J0136351
1993：可爱的猫 （挂历）
北京　中国连环画出版社　1992 年　77cm（2 开）
定价：CNY19.50

J0136352
1993：可爱儿童 （挂历）
广州　广东科技出版社 [1992 年] 77cm（2 开）
定价：CNY16.00

J0136353
1993：空中小姐 （挂历）
沈阳　辽宁美术出版社　1992 年　77cm（2 开）
定价：CNY26.00

J0136354
1993：快乐伙伴 （卡通挂历）
杭州　浙江人民出版社　1992 年　39cm（6 开）
定价：CNY12.50

J0136355
1993：旷野寄情 （挂历）
西安　陕西人民美术出版社 [1992 年] 77×106cm
定价：CNY24.50

J0136356
1993：阑室娇影 （挂历）
呼和浩特　内蒙古人民出版社　1992 年
77cm（2 开）定价：CNY25.50

J0136357
1993：浪漫季节 （挂历）
长春　吉林美术出版社　1992 年　77cm（2 开）
定价：CNY19.80

J0136358
1993：丽影 （挂历）
昆明　云南美术出版社 [1992 年] 77cm（2 开）
定价：CNY19.00

J0136359
1993：靓女 （挂历）
广州　岭南美术出版社 [1992 年] 77cm（2 开）
定价：CNY16.00

J0136360
1993：玲珑秀色 （挂历）
天津　天津人民美术出版社　1992 年　77cm（2 开）
ISBN：7-5305-8148-5　定价：CNY18.50

J0136361
1993：领袖风采 （挂历）
杭州 浙江人民美术出版社 1992年 77cm（2开）
定价：CNY21.50

J0136362
1993：流光溢彩 （挂历）
银川 宁夏人民出版社 ［1992年］77cm（2开）
定价：CNY24.50

J0136363
1993：柳态花容 （挂历）
武汉 长江文艺出版社 1992年 77cm（2开）
定价：CNY24.00

J0136364
1993：鲁冰花 （挂历）
兰州 甘肃人民美术出版社 ［1992年］77cm（2开）
定价：CNY20.80

J0136365
1993：玛丽连·梦露 （挂历）
成都 四川民族出版社 ［1992年］53cm（4开）
定价：CNY16.00

J0136366
1993：猫 （挂历）
石家庄 河北美术出版社 1992年 77cm（2开）
定价：CNY20.50

J0136367
1993：猫 （挂历）
天津 天津杨柳青画社 1992年 77cm（2开）
ISBN：7-80503-415-8

J0136368
1993：猫趣 （挂历）
北京 中国电影出版社 ［1992年］77cm（2开）
定价：CNY19.80

J0136369
1993：毛泽东 （挂历）
西安 陕西人民美术出版社 1992年 77×106cm
定价：CNY23.20

J0136370
1993：毛主席和人民心连心 （挂历）
兰州 甘肃人民美术出版社 ［1992年］77cm（2开）
定价：CNY19.80

J0136371
1993：玫瑰小姐 （挂历）
沈阳 辽宁美术出版社 1992年 77cm（2开）
定价：CNY21.50

J0136372
1993：美国风光 （挂历）
呼和浩特 内蒙古人民出版社 1992年
77cm（2开）定价：CNY25.50

J0136373
1993：美满家庭 （挂历）
天津 天津人民美术出版社 1992年 77cm（2开）
ISBN：7-5305-8149-3 定价：CNY20.50

J0136374
1993：梦丽纱 （挂历）
西宁 青海人民出版社 ［1992年］77cm（2开）
定价：CNY21.50

J0136375
1993：梦似轻花 （挂历）
长春 吉林美术出版社 1992年 77cm（2开）
定价：CNY23.00

J0136376
1993：咪咪情 （挂历）
西宁 青海人民出版社 ［1992年］77cm（2开）
定价：CNY25.00

J0136377
1993：咪咪之家 （挂历）
上海 上海人民美术出版社 ［1992年］77cm（2开）
定价：CNY23.80

J0136378
1993：名车博览 （挂历）
北京 中国电影出版社 ［1992年］77cm（2开）
定价：CNY26.00

J0136379
1993：名车名模 （挂历）
长春 吉林美术出版社 1992 年 68cm
定价：CNY15.80

J0136380
1993：名画与集邮 （挂历）
沈阳 辽宁美术出版社 1992 年 77cm（2 开）
定价：CNY19.80

J0136381
1993：名盆佳肴 （挂历）
天津 天津人民美术出版社 1992 年 77cm（2 开）
ISBN：7-5305-8148-0 定价：CNY25.00

J0136382
1993：名盆珍扇 （挂历）
天津 天津人民美术出版社 1992 年 77cm（2 开）
ISBN：7-5305-8148-8 定价：CNY20.50

J0136383
1993：名园佳人 （挂历）
济南 山东美术出版社 1992 年 77cm（2 开）

J0136384
1993：南北瓜果 （挂历）
西宁 青海人民出版社［1992 年］77cm（2 开）
定价：CNY22.00

J0136385
1993：南国风情 （挂历）
石家庄 河北美术出版社 1992 年 77cm（2 开）
定价：CNY20.50

J0136386
1993：南国少女 （挂历）
南京 江苏美术出版社 1992 年 77cm（2 开）
定价：CNY19.80

J0136387
1993：牛仔布 （挂历）
南京 江苏美术出版社 1992 年 53cm（4 开）
定价：CNY36.00

J0136388
1993：七彩童年 （挂历）
长春 东北师范大学出版社［1992 年］77cm（2 开）
定价：CNY21.00

J0136389
1993：倩影 （挂历）
杭州 浙江人民美术出版社 1992 年 77cm（2 开）
定价：CNY21.50

J0136390
1993：俏俏女 （挂历）
西安 陕西人民美术出版社 1992 年 77cm（2 开）
定价：CNY23.00

J0136391
1993：俏影 （挂历）
广州 岭南美术出版社［1992 年］77cm（2 开）

J0136392
1993：俏装 （挂历）
天津 天津杨柳青画社 1992 年 77cm（2 开）
ISBN：7-80506-116-1 定价：CNY21.00

J0136393
1993：秦惠浪乡情书画选 （挂历）
陕西 陕西人民美术出版社［1992 年］77cm（2 开）

J0136394
1993：青春风采 （挂历）
北京 中国电影出版社［1992 年］77cm（2 开）
定价：CNY21.00

J0136395
1993：青春年华 （挂历）
郑州 河南美术出版社 1992 年 77cm（2 开）
定价：CNY20.00

J0136396
1993：青春无季 （挂历）
北京 中国电影出版社［1992 年］77cm（2 开）
定价：CNY19.80

J0136397
1993：青春秀色 （挂历）

广州 岭南美术出版社［1992年］77cm（2开）
定价：CNY17.00

J0136398
1993：青峦叠翠 （挂历）
济南 山东美术出版社 1992年 68cm
定价：CNY13.00

J0136399
1993：青山秀水 （挂历）
天津 天津杨柳青画社 1992年 77cm（2开）
ISBN：7-80503-414-2

J0136400
1993：青竹幽香 （挂历）
天津 天津杨柳青画社 1992年 77cm（2开）
ISBN：7-80503-414-8 定价：CNY21.00

J0136401
1993：清明上河图 （挂历）
杭州 浙江人民美术出版社 1992年 36×39cm
定价：CNY11.50

J0136402
1993：清雅 （挂历）
天津 天津人民美术出版社 1992年 77cm（2开）
ISBN：7-5305-8148-9 定价：CNY20.50

J0136403
1993：清雅 （挂历）
天津 天津人民美术出版社 1992年 77cm（2开）
定价：CNY42.00

J0136404
1993：情 （挂历）
天津 天津人民美术出版社 1992年 77cm（2开）
ISBN：7-5305-8157-8 定价：CNY18.80

J0136405
1993：情侣天地 （挂历）
北京 中国电影出版社［1992年］77cm（2开）
定价：CNY21.00

J0136406
1993：情趣 （挂历）

昆明 昆明美术出版社［1992年］77cm（2开）
定价：CNY26.00

J0136407
1993：情诗苑春 （挂历）
天津 天津杨柳青画社 1992年 77cm（2开）
ISBN：7-80503-414-7

J0136408
1993：情意绵绵 （挂历）
天津 天津人民美术出版社 1992年 77cm（2开）
ISBN：7-5305-8149-1 定价：CNY20.50

J0136409
1993：情知春柔 （挂历）
长春 吉林美术出版社 1992年 77cm（2开）
定价：CNY21.00

J0136410
1993：琼花玉树 （挂历）
济南 山东美术出版社 1992年 77cm（2开）
定价：CNY19.80

J0136411
1993：秋歌 （挂历）
西安 陕西人民美术出版社［1992年］77cm（2开）
定价：CNY19.80

J0136412
1993：人民的好总理 （挂历）
济南 山东美术出版社 1992年 77cm（2开）
定价：CNY20.00

J0136413
1993：人民的好总理周恩来 （挂历）
杭州 浙江人民美术出版社 1992年 77cm（2开）
定价：CNY23.00

J0136414
1993：柔情 （挂历）
天津 天津人民美术出版社 1992年 77cm（2开）
ISBN：7-5305-8151-1 定价：CNY25.00

J0136415
1993：飒爽英姿 （挂历）

天津　天津人民美术出版社 1992 年 77cm（2 开）
ISBN：7-5305-8150-6 定价：CNY20.50

J0136416
1993：山川如画 （挂历）
西安　陕西人民美术出版社［1992 年］77cm（2 开）
定价：CNY19.80

J0136417
1993：少女的梦 （挂历）
天津　天津人民美术出版社 1992 年 77cm（2 开）
ISBN：7-5305-8150-3 定价：CNY20.50

J0136418
1993：少女的梦 （挂历）
昆明　云南美术出版社［1992 年］77cm（2 开）
定价：CNY21.00

J0136419
1993：神力 （挂历）
北京　中国戏剧出版社 1992 年 77cm（2 开）
定价：CNY18.50

J0136420
1993：神州风采 （挂历）
石家庄　河北美术出版社 1992 年 77cm（2 开）
定价：CNY20.50

J0136421
1993：十六岁的花季 （挂历）
上海　上海人民美术出版社［1992 年］77cm（2 开）
定价：CNY20.50

J0136422
1993：世界大都市 （挂历）
沈阳　辽宁美术出版社 1992 年 77cm（2 开）
定价：CNY25.80

J0136423
1993：世界大都市 （挂历）
上海　上海人民美术出版社［1992 年］77cm（2 开）
定价：CNY23.80

J0136424
1993：世界风光 （挂历）

长春　东北师范大学出版社［1992 年］77cm（2 开）
定价：CNY12.80

J0136425
1993：世界风光 （挂历）
广州　花城出版社［1992 年］77cm（2 开）
定价：CNY32.00

J0136426
1993：世界风光 （挂历）
广州　岭南美术出版社［1992 年］77cm（2 开）
定价：CNY19.20

J0136427
1993：世界风光 （挂历）
广州　岭南美术出版社［1992 年］77cm（2 开）
定价：CNY17.50

J0136428
1993：世界风光 （挂历）
广州　岭南美术出版社［1992 年］77cm（2 开）
定价：CNY16.00

J0136429
1993：世界风光 （挂历）
天津　天津人民美术出版社 1992 年 77cm（2 开）
ISBN：7-5305-8157-5 定价：CNY22.50

J0136430
1993：世界画坛巨匠·马蒂斯 （水彩挂历）
天津　天津杨柳青画社 1992 年 53cm（4 开）
ISBN：7-80503-4163

J0136431
1993：世界集邮珍品 （挂历）
南京　江苏美术出版社 1992 年 77cm（2 开）
定价：CNY19.80

J0136432
1993：世界美景 （挂历）
广州　广东科技出版社［1992 年］77cm（2 开）
定价：CNY16.00

J0136433
1993：世界美景 （挂历）

北京　中国电影出版社［1992 年］77×106cm
定价：CNY29.50

J0136434
1993：世界名城　（挂历）
南京　江苏美术出版社 1992 年 77cm（2 开）
定价：CNY19.80

J0136435
1993：世界名画　（挂历）
石家庄　河北美术出版社 1992 年 77cm（2 开）
定价：CNY22.50

J0136436
1993：世界名画珍藏本　（挂历）
西安　陕西人民美术出版社［1992 年］77cm（2 开）
定价：CNY18.80

J0136437
1993：世界人体名画精品　（挂历）
上海　上海人民美术出版社［1992 年］77cm（2 开）
定价：CNY21.00

J0136438
1993：室内装饰　（挂历）
广州　花城出版社［1992 年］77cm（2 开）
定价：CNY32.00

J0136439
1993：淑女柔情　（挂历）
呼和浩特　内蒙古人民出版社 1992 年
77cm（2 开）定价：CNY19.80

J0136440
1993：舒　（挂历）
西宁　青海人民出版社［1992 年］77cm（2 开）
定价：CNY20.00

J0136441
1993：睡美人　（挂历）
昆明　云南美术出版社［1992 年］77cm（2 开）
定价：CNY24.50

J0136442
1993：顺风豪华　（挂历）

北京　华艺出版社［1992 年］77cm（2 开）
定价：CNY16.50

J0136443
1993：四季彩丽　（挂历）
广州　广东科技出版社［1992 年］77cm（2 开）
定价：CNY16.00

J0136444
1993：四季彩丽　（挂历）
广州　岭南美术出版社［1992 年］77cm（2 开）
定价：CNY18.80

J0136445
1993：四季芬芳　（挂历）
上海　上海人民出版社［1992 年］68cm
定价：CNY21.00

J0136446
1993：四季飘香　（挂历）
杭州　西泠印社［1992 年］77cm（2 开）
定价：CNY21.50

J0136447
1993：四季裙装　（挂历）
杭州　浙江人民美术出版社 1992 年 77cm（2 开）
定价：CNY22.00

J0136448
1993：天赐玫宝　（挂历）
南京　江苏美术出版社 1992 年 77cm（2 开）
定价：CNY19.80

J0136449
1993：天使娇容　（挂历）
南京　江苏美术出版社 1992 年 77cm（2 开）
定价：CNY19.80

J0136450
1993：天涯海角　（挂历）
昆明　云南美术出版社［1992 年］77cm（2 开）
定价：CNY24.50

J0136451
1993：天姿　（挂历）

沈阳　辽宁美术出版社　1992 年　77cm（2 开）
定价：CNY18.80

J0136452
1993：童心　（挂历）
济南　山东美术出版社　1992 年　77cm（2 开）
定价：CNY19.80

J0136453
1993：外面美世界　（挂历）
天津　天津人民美术出版社　1992 年　77cm（2 开）
ISBN：7-5305-8137-8　定价：CNY20.50

J0136454
1993：婉情　（挂历）
呼和浩特　内蒙古人民美术出版社　1992 年
77cm（2 开）定价：CNY19.00

J0136455
1993：万事如意　（挂历）
西安　陕西人民美术出版社［1992 年］77cm（2 开）
定价：CNY20.50

J0136456
1993：万事如意　（挂历）
天津　天津人民美术出版社　1992 年　77cm（2 开）
ISBN：7-5305-8150-5　定价：CNY20.50

J0136457
1993：万紫千红　（挂历）
广州　岭南美术出版社［1992 年］77cm（2 开）
定价：CNY17.00

J0136458
1993：伟大导师毛泽东　（纪念毛泽东诞辰
一百周年　1893–1993 挂历）
北京　农村读物出版社［1992 年］77cm（2 开）
定价：CNY22.00

J0136459
1993：伟大的领袖毛泽东　（挂历）
济南　山东美术出版社　1992 年　77cm（2 开）
定价：CNY19.80

J0136460
1993：伟大的情怀　（挂历）
长沙　湖南美术出版社　1992 年　77cm（2 开）
定价：CNY20.00

J0136461
1993：温情　（挂历）
长春　吉林美术出版社　1992 年　77cm（2 开）
定价：CNY21.00

J0136462
1993：温情　（挂历）
西安　陕西人民美术出版社［1992 年］77cm（2 开）
定价：CNY19.80

J0136463
1993：温馨　（挂历）
南京　江苏美术出版社　1992 年　77cm（2 开）
定价：CNY19.80

J0136464
1993：温馨　（挂历）
广州　岭南美术出版社［1992 年］77cm（2 开）
定价：CNY20.80

J0136465
1993：温馨之家　（挂历）
天津　天津人民美术出版社　1992 年　77cm（2 开）
ISBN：7-5305-8148-2　定价：CNY20.50

J0136466
1993：无尽的思念　（纪念伟大领袖毛泽东诞
辰 100 周年　挂历）
北京　人民体育出版社［1992 年］77cm（2 开）
定价：CNY23.00

J0136467
1993：五彩世界　（挂历）
武汉　湖北美术出版社　1992 年　77cm（2 开）
定价：CNY20.50

J0136468
1993：五彩云　（挂历）
西宁　青海人民出版社［1992 年］77cm（2 开）
定价：CNY21.50

J0136469
1993：西部风光 （挂历）
西安 陕西人民美术出版社［1992 年］77cm（2 开）
定价：CNY19.80

J0136470
1993：希望 （挂历）
杭州 浙江人民美术出版社 1992 年 77cm（2 开）
定价：CNY21.50

J0136471
1993：夏日浓情 （挂历）
西宁 青海人民出版社［1992 年］77cm（2 开）
定价：CNY22.00

J0136472
1993：香韵 （挂历）
天津 天津人民美术出版社 1992 年 77cm（2 开）
ISBN：7-5305-8151-0 定价：CNY25.00

J0136473
1993：香韵 （挂历）
天津 天津人民美术出版社 1992 年 77cm（2 开）
ISBN：7-5305-8151-0 定价：CNY20.50

J0136474
1993：小宠物 （挂历）
杭州 西泠印社 1992 年 77cm（2 开）
定价：CNY21.50

J0136475
1993：小福星 （挂历）
西安 陕西人民美术出版社［1992 年］77cm（2 开）
定价：CNY19.80

J0136476
1993：小姐 （挂历）
广州 岭南美术出版社［1992 年］77cm（2 开）
定价：CNY13.50

J0136477
1993：小康之家 （挂历）
上海 上海人民美术出版社［1992 年］77cm（2 开）
定价：CNY23.80

J0136478
1993：晓花 （挂历）
广州 岭南美术出版社［1992 年］77cm（2 开）
定价：CNY18.80

J0136479
1993：晓花 （挂历）
天津 天津杨柳青画社 1992 年 77cm（2 开）
ISBN：7-80503-416-0 定价：CNY21.00

J0136480
1993：新潮 （挂历）
西安 陕西人民美术出版社［1992 年］77cm（2 开）
定价：CNY19.80

J0136481
1993：新潮 （挂历）
天津 天津人民美术出版社 1992 年 53cm（4 开）
ISBN：7-5305-8157-1 定价：CNY14.80

J0136482
1993：新禧 （挂历）
沈阳 辽宁美术出版社 1992 年 77cm（2 开）
定价：CNY18.80

J0136483
1993：幸福童年 （挂历）
济南 山东美术出版社 1992 年 77cm（2 开）
定价：CNY24.00

J0136484
1993：秀发丽人 （挂历）
天津 天津杨柳青画社 1992 年 77cm（2 开）
ISBN：7-80503-416-5 定价：CNY21.00

J0136485
1993：雅居 （挂历）
广州 岭南美术出版社［1992 年］77cm（2 开）
定价：CNY16.80

J0136486
1993：雅趣 （挂历）
郑州 河南美术出版社 1992 年 77cm（2 开）
定价：CNY20.00

J0136487
1993：雅室情 （挂历）
杭州 浙江人民美术出版社 1992 年 77cm（2 开）
定价：CNY21.50

J0136488
1993：窈窕淑女 （挂历）
郑州 河南美术出版社 1992 年 77cm（2 开）
定价：CNY24.00

J0136489
1993：窈窕淑女 （挂历）
天津 天津人民美术出版社 1992 年 77cm（2 开）
ISBN：7–5305–8150–9 定价：CNY20.50

J0136490
1993：野山春趣 （挂历）
天津 天津人民美术出版社 1992 年 77cm（2 开）
ISBN：7–5305–8149–0 定价：CNY18.50

J0136491
1993：一代楷模周恩来 （挂历）
石家庄 河北美术出版社 1992 年 77×53cm
定价：CNY22.80

J0136492
1993：一帆风顺 （挂历）
天津 天津人民美术出版社 1992 年 77×53cm
ISBN：7–5305–8157–3 定价：CNY20.50

J0136493
1993：一花一木 （挂历）
济南 山东美术出版社 1992 年 68cm
定价：CNY13.00

J0136494
1993：艺苑风采 （挂历）
沈阳 辽宁美术出版社 1992 年 77cm（2 开）
定价：CNY18.80

J0136495
1993：艺苑明珠 （挂历）
银川 宁夏人民出版社［1992 年］77cm（2 开）
定价：CNY21.00

J0136496
1993：艺苑新花 （挂历）
上海 上海人民美术出版社［1992 年］77cm（2 开）
定价：CNY24.80

J0136497
1993：咏梅 （挂历）
杭州 浙江人民美术出版社 1992 年 68cm
定价：CNY14.50

J0136498
1993：咏梅 （挂历）
杭州 浙江人民美术出版社 1992 年 77cm（2 开）
定价：CNY21.50

J0136499
1993：泳装 （挂历）
天津 天津人民美术出版社 1992 年 77cm（2 开）
ISBN：7–5305–8156–9 定价：CNY19.80

J0136500
1993：优美旋律 （挂历）
杭州 浙江人民美术出版社 1992 年 77cm（2 开）
定价：CNY21.50

J0136501
1993：鱼水情 （挂历）
杭州 浙江人民美术出版社 1992 年 77cm（2 开）
定价：CNY21.50

J0136502
1993：玉翠吟 （挂历）
北京 中国电影出版社［1992 年］77cm（2 开）
定价：CNY20.60

J0136503
1993：玉堂富贵 （挂历）
广州 岭南美术出版社［1992 年］77cm（2 开）
定价：CNY17.00

J0136504
1993：云山奇峰 （挂历）
天津 天津杨柳青画社 1992 年 77cm（2 开）
ISBN：7–80503–414–9 定价：CNY21.00

J0136505
1993：珍盆奇景 （挂历）
济南　山东美术出版社　1992 年　77cm（2 开）
定价：CNY22.00

J0136506
1993：珍奇花卉 （挂历）
天津　天津人民美术出版社　1992 年　77cm（2 开）
ISBN：7-5350-8148-3　定价：CNY25.00

J0136507
1993：争艳 （挂历）
天津　天津杨柳青画社　1992 年　77cm（2 开）
ISBN：7-80503-415-1　定价：CNY21.00

J0136508
1993：中国名胜 （挂历）
南京　江苏美术出版社　1992 年　68cm
定价：CNY12.80

J0136509
1993：中国清真寺 （挂历）
西安　陕西人民美术出版社　1992 年　77cm（2 开）
定价：CNY19.80

J0136510
1993：中国园林 （挂历）
石家庄　河北美术出版社　1992 年　77cm（2 开）
定价：CNY20.50

J0136511
1993：中华绮迹 （挂历）
西安　陕西人民美术出版社［1992 年］77cm（2 开）
定价：CNY19.80

J0136512
1993：周游世界 （挂历）
济南　山东美术出版社　1992 年　77cm（2 开）
定价：CNY19.80

J0136513
1993：周游中华 （挂历）
广州　岭南美术出版社［1992 年］77cm（2 开）
定价：CNY17.00

J0136514
1993：祝君幸福 （挂历）
沈阳　辽宁美术出版社　1992 年　77cm（2 开）
定价：CNY25.80

J0136515
1993：自然和谐的美 （日本传统工艺 挂历）
北京　中国戏剧出版社　1992 年　53cm（4 开）
定价：CNY11.00

J0136516
1993：自然旋律 （挂历）
广州　岭南美术出版社［1992 年］77cm（2 开）
定价：CNY21.90

J0136517
1993：自然之魂 （挂历）
西安　陕西人民美术出版社　1992 年　77×106cm
定价：CNY23.00

J0136518
1993：祖国大家庭 （挂历）
杭州　浙江人民美术出版社　1992 年　77cm（2 开）
定价：CNY22.50

J0136519
1993［年历］（藏汉文对照）
成都　四川民族出版社　1992 年　77×53cm
ISBN：7-5409-1022-4　定价：CNY32.00

J0136520
和平富贵 （1993 年年历）吴映丹作
上海　上海人民美术出版社　1992 年　1 张
39cm（6 开）定价：CNY0.40

J0136521
花意
杭州　浙江摄影出版社［1992 年］10 张
17cm（40 开）
定价：CNY2.90

J0136522
戬 （1993）
南宁　广西美术出版社［1992 年］1 张 33cm（5 开）
定价：CNY0.40

J0136523
尖端武器
杭州　浙江摄影出版社［1992 年］10 张
17cm（40 开）
定价：CNY2.90

J0136524
迷人花季
北京　今日中国出版社［1992 年］10 张
17cm（40 开）
ISBN：7-5072-0304-2 定价：CNY2.20

J0136525
乾坤清气　（1993 年年历）高华作
杭州　浙江人民美术出版社 1992 年 1 张 68cm
定价：CNY1.00

J0136526
十步香草
杭州　浙江摄影出版社［1992 年］10 张
17cm（40 开）定价：CNY2.90

J0136527
西双版纳
昆明　云南民族出版社［1992 年］10 张
17cm（40 开）定价：CNY2.20

J0136528
嬉戏　（1993 年年历）
北京　中国电影出版社［1992 年］1 张
77×53cm 定价：CNY1.10

J0136529
鲜花献英雄　（二 1993 年年历）
沈阳　辽宁美术出版社 1992 年 1 张 77×53cm
定价：CNY1.48

J0136530
信笺名片设计　美工图书社编
台北　邯郸出版社 1992 年 143 页 有彩图
26cm（16 开）定价：TWD400.00

J0136531
吟风
杭州　浙江摄影出版社［1992 年］10 张

17cm（40 开）定价：CNY2.90

J0136532
银星　（1993 年年历）
上海　上海人民美术出版社［1992 年］1 张
77×53cm 定价：CNY6.80

J0136533
玉兔仙境　（月亮）
北京　今日中国出版社［1992 年］10 张
17cm（40 开）ISBN：7-5072-0297-6
定价：CNY2.00

J0136534
月历 P.R 设计　李天来编著
台北　新形象出版公司 1992 年 160 页 有彩图
26cm（16 开）定价：TWD450.00
（CI 视觉设计丛书 7）

J0136535
1994：发　（年画挂历）
上海　上海人民美术出版社［1993 年］
100×70cm（2 开）定价：CNY36.50

J0136536
1994：挂历
昆明　云南民族出版社［1993 年］53×26cm
定价：CNY3.00

J0136537
1994：光彩　（挂历）
南昌　江西美术出版社［1993 年］77×53cm
定价：CNY27.80

J0136538
1994：花蝴蝶·高级艺术壁挂　（香木挂历）
南京　江苏美术出版社［1993 年］1 幅

J0136539
1994：吉祥挂历
东营　石油大学出版社 1993 年 76×26cm
ISBN：7-5636-0338-7 定价：CNY16.80

J0136540
1994：马·高级艺术壁挂　（香木挂历）

南京 江苏美术出版社［1993 年］1 幅

J0136541
1994：梅花·扇形艺术壁挂 （香木挂历）
南京 江苏美术出版社［1993 年］1 幅

J0136542
1994：世界名画珍品 （挂历）
沈阳 辽宁美术出版社［1993 年］76×53cm
定价：CNY25.80

J0136543
1994：新奇儿童挂历
广州 岭南美术出版社［1993 年］27×39cm
定价：CNY13.00

J0136544
1994：中外漫画精品 （挂历）
西安 陕西人民出版社［1993 年］76×53cm
定价：CNY38.00

J0136545
1994：竹·高级艺术壁挂 （香木挂历）
南京 江苏美术出版社［1993 年］1 幅

J0136546
1994：竹叶·香木壁挂 （挂历）
南京 江苏美术出版社［1993 年］1 幅
ISBN：7-80581-567-4

J0136547
创意名片设计　牟宗玮编著
台北 三采文化出版事业公司 1993 年 156 页
有彩图照片 26cm（16 开）ISBN：957-9135-22-3
定价：TWD400.00
（纸卡设计丛书 1）

J0136548
江苏挂历 （缩样：1994）
南京 江苏美术出版社［1993 年］48 页
29cm（16 开）定价：CNY12.00

J0136549
台湾卡片设计精选　张碧珠主编
台北 艺风堂出版社 1993 年 156 页 有彩图

30cm（10 开）精装 ISBN：957-9394-67-9
定价：TWD800.00

J0136550
图案　刺绣　扎染　叶淑兰，梁锡龄著绘
石家庄 河北美术出版社 1993 年 100+16 页
有彩图 14×20cm ISBN：7-5310-0568-9
定价：CNY5.40
（儿童美术大全）
　　作者叶淑兰(1942—   )，女，河北工艺美术
学校织绣教研室主任，高级讲师。作者梁锡龄
（1939—   ），河北工艺美术学校工业造型教研室
主任，讲师。

J0136551
1995：董兆惠西北风情画 （挂历）董兆惠绘
兰州 甘肃少年儿童出版社 1994 年 有图
19x17cm 定价：CNY12.00

J0136552
1995：恭喜发财 （绘画挂历）
上海 上海人民美术出版社 1994 年 有图
102×72cm 定价：CNY44.00

J0136553
群仙祝寿 （1995 年年历）宋宗慈作
南京 江苏美术出版社 1994 年 1 张 77×53cm
定价：CNY1.80

J0136554
新潮名片 300 例　双捷，莫研编著
广州 广东科技出版社 1994 年 128 页 有彩图
19cm（小 32 开）ISBN：7-5359-1239-7
定价：CNY15.00

J0136555
1996：八骏图 （手绘艺术挂历）江苏美术出
版社编
南京 江苏美术出版社 1995 年 1 幅 盒装

J0136556
1996：百福 （挂历）
北京 中国戏剧出版社 1995 年 27×37cm
ISBN：7-104-00725-3 定价：CNY25.00

J0136557
1996：奔马 （高级艺术壁挂）江苏美术出版社编
南京 江苏美术出版社 1995 年 1 幅 85×35cm
盒装

J0136558
1996：恭贺新禧 （书法挂历）上海人民美术出版社编
上海 上海人民美术出版社 1995 年 35×33cm

J0136559
1996：寒梅 （高级艺术壁挂）江苏美术出版社编
南京 江苏美术出版社 1995 年 1 幅 85×35cm
盒装

J0136560
1996：红梅 （扇形艺术壁挂）江苏美术出版社编
南京 江苏美术出版社 1995 年 1 幅 盒装

J0136561
1996：米奇老鼠与朋友卡通月历 （1）
广州 岭南美术出版社 1995 年 74×51cm
ISBN：7-5362-1260-7 定价：CNY25.00

J0136562
1996：米奇老鼠与朋友卡通月历 （2）
广州 岭南美术出版社 1995 年 74×51cm
ISBN：7-5362-1261-5 定价：CNY25.00

J0136563
1996：名画风光变幻挂历 上海人民美术出版社编
上海 上海人民美术出版社 1995 年 30×29cm
ISBN：7-5322-1476-1 定价：CNY34.00

J0136564
1996：墨竹 （高级艺术壁挂）江苏美术出版社编
南京 江苏美术出版社 1995 年 85×35cm
盒装

J0136565
1996：平安有余 （檀香宣纸名家真迹挂历）
广州 岭南美术出版社 1995 年 106×45cm
ISBN：7-5362-1244-5 定价：CNY128.00

J0136566
1996：清风细竹 （高级艺术壁挂）江苏美术出版社编
南京 江苏美术出版社 1995 年 1 幅 85×35cm
盒装

J0136567
1996：秋菊 （高级艺术壁挂）江苏美术出版社编
南京 江苏美术出版社 1995 年 1 幅 85×35cm
盒装

J0136568
1996：人间仙境 （扇形艺术壁挂）江苏美术出版社编
南京 江苏美术出版社 1995 年 1 幅 盒装

J0136569
1996：世界铜版画精品 （铜版画挂历）陕西人民美术出版社编
西安 陕西人民美术出版社 1995 年 74×58cm
ISBN：7-5368-0746-5 定价：CNY25.00

J0136570
1996：王国文书法选 （书法挂历）王国文书
兰州 甘肃人民美术出版社 1995 年 87×57cm
ISBN：7-80588-109-X 定价：CNY34.80

J0136571
1996：武强民间年画 （年画挂历）河北美术出版社，武强年画社编
石家庄 河北美术出版社 1995 年 74×34cm
盒装 ISBN：7-5310-0736-3 定价：CNY80.00

J0136572
1996：虾 （高级艺术壁挂）江苏美术出版社编
南京 江苏美术出版社 1995 年 1 幅 85×35cm
盒装

J0136573
1996：小宠物变幻挂历　上海人民美术出版社编
上海　上海人民美术出版社　1995 年　33×32cm
ISBN：7-5322-1477-X　定价：CNY43.00

J0136574
1996：迎客松　（扇形艺术壁挂）江苏美术出版社编
南京　江苏美术出版社　1995 年　1 幅　盒装

J0136575
1996：迎客松　（手绘艺术壁挂）江苏美术出版社编
南京　江苏美术出版社　1995 年　1 幅　盒装

J0136576
1996：中国名画仿真宣纸挂历　湖北美术出版社编
武汉　湖北美术出版社　1995 年　86×58cm
ISBN：7-5394-0597-X　定价：CNY128.00

J0136577
1996：中国名画家真迹　（檀香宣纸名家真迹挂历）关山月等绘
广州　岭南美术出版社　1995 年　52×80cm
ISBN：7-5362-1247-X　定价：CNY128.00
　　作者关山月（1912—2000），国画家、教育家。原名关泽霈。生于广东阳江。历任广州市艺专教授、广州美术学院教授兼院长、广东画院院长、中国美术家协会副主席、广东省美术家协会副主席等职。代表作《江山如此多娇》《俏不争春》《绿色长城》《长河颂》等。

J0136578
1996：竹菊　（香木壁挂）江苏美术出版社编
南京　江苏美术出版社编　1995 年　1 幅
85×35cm　盒装

J0136579
1997：[挂历]
广州　岭南美术出版社　1996 年　19×43cm
ISBN：7-5362-1467-7　定价：CNY30.00

J0136580
1997：《恭贺新禧》吉祥周历　海南国际新闻出版中心编
海口　海南国际新闻出版中心　1996 年　38×26cm
ISBN：7-80609-379-6　定价：CNY40.00

J0136581
1997：繁花似锦变幻挂历　上海人民美术出版社编
上海　上海人民美术出版社　1996 年　34×33cm
ISBN：7-5322-1535-0　定价：CNY47.00

J0136582
1997：风帆金鱼变幻挂历　上海人民美术出版社编
上海　上海人民美术出版社　1996 年　29×28cm
ISBN：7-5322-1531-8　定价：CNY37.00

J0136583
1997：福、富、寿、喜立体挂历　忻礼良等绘
上海　上海人民美术出版社　1996 年　34×33cm
ISBN：7-5322-1543-1　定价：CNY43.00
　　作者忻礼良（1913—？），浙江鄞县人。擅长年画。曾任上海画片出版社特约作者、上海人民美术出版社创作人员等职。代表作品有《毛主席和我们在一起》《姑嫂选笔》《拾到五分钱》等。

J0136584
1997：涵江文化　（挂历）涵江区文化局编
福州　福建美术出版社　1996 年　42×58cm
ISBN：7-5393-0525-8　定价：CNY18.00

J0136585
1997：江苏美术出版社艺术挂历　（艺术挂历）
南京　江苏美术出版社　1996 年　21×29cm
定价：CNY18.00

J0136586
1997：牡丹　（年历画）冯淑明绘
北京　中国连环画出版社　1996 年　1 张
76×52cm　ISBN：85061.96001　定价：CNY3.20

J0136587
1997：世界名画撷珍　（名画挂历）

天津　天津人民美术出版社　1996 年　98×69cm
ISBN：7-5305-0561-0　定价：CNY36.00

J0136588
1997：世界铜版画精品选　（铜版画挂历）
陕西人民美术出版社编
西安　陕西人民美术出版社　1996 年　74×58cm
ISBN：7-5368-0746-5　定价：CNY27.50

J0136589
1997：手绘艺术挂历　（香木版）江苏吴县东
山扇厂制
南京　江苏美术出版社　1996 年　1 幅　35cm（21 开）
ISBN：85344.4.794

J0136590
1997：香港回归　（挂历）
广州　岭南美术出版社　1996 年　19×43cm
ISBN：7-5362-1468-5　定价：CNY30.00

J0136591
1997：中国名家书法　（书法挂历）博亚艺术
精品有限公司供稿
呼和浩特　内蒙古人民出版社　1996 年
76×52cm　ISBN：7-204-03146-6　定价：CNY98.00

J0136592
北京风光览胜　（汉英日朝文对照）
北京　中国旅游出版社　1996 年　20 张　11×15cm

J0136593
北京风景　（汉英日朝文对照）
北京　中国旅游出版社　1996 年　10 张　11×15cm

J0136594
东方之珠　（挂历 1997）
武汉　长江文艺出版社　1996 年　76×102cm
ISBN：7-5354-1412-5　定价：CNY32.00

J0136595
嘉峪关　（汉英对照）柳玉峰主编；嘉峪关市旅
游局编
北京　中国旅游出版社　1996 年　10 张　11×17cm
定价：CNY16.00

J0136596
廖伟彪人物写生　廖伟彪绘
广州　岭南美术出版社　1996 年　11 张　15cm（64 开）
定价：CNY8.00
（广东省画家作品系列）

J0136597
刘福芳、董淑嫔、王雁人物画选　刘福芳
等绘
北京　荣宝斋出版社　1996 年　10 张　10×15cm
定价：CNY3.80
　　作者刘福芳（1930—　），女，工笔画家。山
东招远人，毕业于中央美术学院。首都师范大
学美术系教授、研究生导师，中国美术家协会会
员，北京市工笔重彩画会副会长。代表作品有《峨
嵋翠微》《滴水观音》《凉山女》《喂鸡》《大地飘
香》等。

J0136598
罗美群作品　罗美群绘
广州　岭南美术出版社　1996 年　10 张　10×14cm
定价：CNY8.00

J0136599
天津杨柳青版　（轴画·年历·月历　图录 97）
李志强主编
天津　天津杨柳青画社　1996 年　28cm（16 开）
定价：CNY40.00
　　作者李志强（1955—　），教授。天津人，毕
业于天津美术学院国画系。历任天津美术学院
教授，中国美术家协会会员，中国工笔画协会会
员，天津美术家协会理事。曾任天津杨柳青画社
社长、总编辑。

J0136600
天坛　（汉英对照）
北京　中国旅游出版社　1996 年　10 张　11×15cm
定价：CNY18.00

J0136601
天坛　（汉英日朝文对照）
北京　中国旅游出版社　1996 年　10 张　11×15cm

J0136602
魏晋墓砖壁画　（汉英文对照）柳玉峰主编；

嘉峪关市旅游局编
北京　中国旅游出版社　1996年　10张　11×17cm
定价：CNY16.00

J0136603
一九九七年：年画历卡
北京　中国戏剧出版社　1996年　9×26cm
ISBN：7–104–00791–1　定价：CNY12.80

J0136604
长城 （汉英对照）
北京　中国旅游出版社　1996年　10张　11×15cm
定价：CNY18.00

J0136605
长城 （汉英日朝文对照）
北京　中国旅游出版社　1996年　10张　11×15cm

J0136606
中国风光揽胜 （汉英日朝文对照）
北京　中国旅游出版社　1996年　20张　11×15cm

J0136607
中国诗书画精品系列 （陈振国之中国十二佳人）黄知秋题诗；王楚材书写
广州　岭南美术出版社　1996年　12张
19cm（小32开）定价：CNY18.30

J0136608
中国诗书画精品系列 （庞泰嵩之中国十二名胜）黄知秋题诗；卢有光书写
广州　岭南美术出版社　1996年　12张
19cm（小32开）定价：CNY18.30
　　作者卢有光（1938—　　），书法家。生于广东肇庆。历任中国书法家协会会员、广东省书法家协会副主席、广州市文史研究馆副馆长。著有《卢有光书法选集》《王羲之兰亭序书法入门》《卢有光楹联展书法集》《卢有光书法新作选》《卢有光书道展》。

J0136609
钟质夫没骨画小品　钟质夫绘
北京　荣宝斋出版社　1996年　10张　10×15cm
定价：CNY3.80
　　作者钟质夫（1914—1994），满族，教授、国画家。字鸿毅，北京人。鲁迅美术学院中国画系副主任、教授，辽宁省文联、美协理事、辽宁省政协委员。作品有《荷塘烟雨》《十二月令，四扇屏》《桃花四喜图》《雪树寒鸦》《荷花鸳鸯》等。

J0136610
1998、1999：人体生命三节律预测 （摄影挂历）中国连环画出版社编
北京　中国连环画出版社　1997年　87×57cm
ISBN：7–5061–0822–4

J0136611
1998：OK （年历画）
天津　天津人民美术出版社　1997年　1张
52×38cm　定价：CNY1.60

J0136612
1998：福建地图挂历 （摄影挂历）王秀斌摄
福州　福建省地图出版社　1997年　86×57cm
ISBN：7–80516–359–6　定价：CNY26.00

J0136613
1998：富贵吉祥 （年画挂历）杨柳绘
天津　天津杨柳青画社　1997年　29×29cm
ISBN：7–80503–360–9　定价：CNY18.80

J0136614
1998：虎 （仿真宣纸挂历）上海人民美术出版社编
上海　上海人民美术出版社　1997年　76×52cm
ISBN：7–5322–1725–6

J0136615
1998：虎年大吉 （宣纸仿真挂历）袁博轮绘
兰州　甘肃人民出版社　1997年　86×58cm
ISBN：7–80588–179–0　定价：CNY68.00

J0136616
1998：虎年大吉 （剪纸挂历）周河等创作
石家庄　河北美术出版社　1997年　77×53cm
ISBN：7–5310–0919–6　定价：CNY160.00

J0136617
1998：虎年福寿 （宣纸仿真挂历）甘肃民族出版社编

兰州　甘肃民族出版社　1997 年　91×64cm
ISBN：7-5421-0531-0　定价：CNY60.00

J0136618
1998：欢乐永驻你我 （水粉画挂历）福建美
术出版社编
福州　福建美术出版社　1997 年　57×43cm
ISBN：7-5393-0569-X　定价：CNY42.00

J0136619
1998：娇媚 （年历画）
天津　天津美术出版社　1997 年　1 张　52×38cm
定价：CNY1.60

J0136620
1998：刘海粟大师绘画精品 （宣纸仿真挂
历）刘海粟绘
福州　福建人民出版社　1997 年　77×53cm
ISBN：7-211-02892-0　定价：CNY50.00
　　作者刘海粟（1896—1994），画家、美术教育
家。名槃，字季芳，号海翁。江苏武进人。参与
创办上海私立美术学院。曾任华东艺术专科学
校校长，南京艺术学院院长。代表作《黄山云海
奇观》《披狐皮的女孩》《九溪十八涧》等，有画
集《黄山》《海粟老人书画集》等。

J0136621
1998：墨韵 （宣纸仿真挂历）陈家泠绘
福州　福建美术出版社　1997 年　86×57cm
ISBN：7-5393-0557-6　定价：CNY50.00
（陈家泠国画选）
　　作者陈家泠（1937—　　），画家。浙江杭州
人。毕业于浙江美术学院。历任上海大学美术
学院教授、上海中国画院兼职画师、中国美术家
协会及中国美术家协会上海分会会员。作品有
《开放的荷花》《晨韵》《桂林》等。出版有《陈家
泠画集》。

J0136622
1998：七彩世界 （水彩水粉画挂历）福建美
术出版社编
福州　福建美术出版社　1997 年　57×43cm
ISBN：7-5393-0568-1　定价：CNY42.00
（著名水彩水粉画家精品选）

J0136623
1998：亲密战友 （年历画）
天津　天津美术出版社　1997 年　1 张　52×38cm
定价：CNY1.60

J0136624
1998：柔媚 （年历画）
天津　天津美术出版社　1997 年　1 张　52×38cm
定价：CNY1.60

J0136625
1998：色彩华章 （美术作品挂历）袁颂珉绘
兰州　甘肃人民美术出版社　1997 年　35×37cm
ISBN：7-80588-184-7　定价：CNY19.80

J0136626
1998：山水情 （宣纸仿真挂历）福建美术出
版社编
福州　福建美术出版社　1997 年　76×52cm
ISBN：7-5393-0430-8　定价：CNY50.00

J0136627
1998：世界各国国情 （国旗图案挂历）辛国
孜编撰
上海　上海文化出版社　1997 年　26×36cm
ISBN：7-80511-742-X　定价：CNY20.00

J0136628
1998：世界名画撷珍 （名画挂历）天津人民
美术出版社编
天津　天津人民美术出版社　1997 年　93×70cm
ISBN：7-5305-0561-0　定价：CNY36.00

J0136629
1998：水彩风景 （水彩画挂历）黄铁山等绘
长沙　湖南美术出版社　1997 年　57×43cm
ISBN：7-5356-0990-2　定价：CNY42.00
　　作者黄铁山（1939—　　），画家。湖南洞口人，
毕业于湖北艺术学院。历任湖南省美协主席，湖
南省文联副主席。代表作品有《黄铁山水彩画》
《圣彼得堡》《开春》等。

J0136630
1998：现代艺术装饰画 （装饰画挂历）福
建美术出版社编

福州　福建美术出版社　1997年　57×43cm
ISBN：7-5393-0571-1　定价：CNY26.00

J0136631
1998：雅趣　（年历画）
天津　天津美术出版社　1997年　1张　52×38cm
定价：CNY1.60

J0136632
1998：艺术奇葩——民间装饰画　（装饰画
挂历）福建美术出版社编
福州　福建美术出版社　1997年　57×43cm
ISBN：7-5393-0595-9　定价：CNY40.00

J0136633
1998：招财进宝　（年画挂历）上海人民美术
出版社编
上海　上海人民美术出版社　1997年　98×70cm
ISBN：7-5322-1755-8　定价：CNY34.00

J0136634
1998-1999：沈阳地区单位企业信息图
（摄影挂历）傅金声摄
沈阳　辽宁画报出版社　1997年　76×52cm
ISBN：7-80601-179-X　定价：CNY24.00

J0136635
个性名片设计　牟宗玮编著
台北　三采文化出版公司　1997年　157页　有插画
26cm（16开）ISBN：957-9135-44-4
定价：TWD450.00
（纸卡设计丛书 7）
　　本书介绍了名片的制作过程，包括名片的表
现手法分析、名片的制作过程、名片设计的黑白
范例、名片设计的彩色范例等。

J0136636
精湛的工艺　海人编著
广州　广州出版社　1997年　120页　19cm（小32开）
ISBN：7-80592-708-1　定价：CNY92.00（全辑）
（百科世界丛书　第四辑 62）

J0136637
王者之风　（1998年历）袁熙坤作
北京　华文出版社　1997年　1张　84×58cm

ISBN：7-5075-0700-9　定价：CNY2.00

J0136638
一九九八年彝族挂历　四川民族出版社编
成都　四川民族出版社　1997年　42×19cm
ISBN：7-5409-1928-0　定价：CNY6.00

J0136639
1999：如意吉祥　（水墨欣赏画观音　水墨画
挂历）郑光健供稿
福州　福建美术出版社　1998年　51×38cm
ISBN：7-5393-0645-9　定价：CNY88.00

J0136640
1999：世界名家水彩作品　（水彩画挂历）
大卫莱尔·米勒得等绘
广州　广东科技出版社　1998年　52×49cm
ISBN：7-5359-2084-5　定价：CNY40.00

J0136641
1999：水乡　（水彩画挂历）蒋跃绘
北京　知识出版社　1998年　56×42cm
ISBN：7-5015-1732-0　定价：CNY42.00

J0136642
1999：岁岁吉祥　（美术挂历）那启明等绘
天津　天津杨柳青画社　1998年　75×52cm
ISBN：7-80503-386-2　定价：CNY27.50
　　作者那启明（1936—　）满族，　北京人。
擅长民间美术。1958年毕业于中央美术学院附
中。现任天津杨柳青画社编辑部主任、编审。作
品《白求恩》获三届全国年画美展二等奖，《团结
图》获五届全国年画美展三等奖，《多彩夕阳》获
建国45周年美展佳作奖，《喜迎春》等作品入选
第四届、五届全国年画展和第六届、七届、八届
全国美展。1994年被中央文化部、新闻出版署评
为"优秀年画编辑"，中国美术家协会会员。

J0136643
1999：兔年大福　（年画挂历）
广州　广东科技出版社　1998年　100×50cm
ISBN：7-5359-2078-0　定价：CNY61.00

J0136644
1999：兔年大吉　（年画挂历）那启明等绘

上海　上海人民美术出版社　1998 年　76×53cm
ISBN：7-5322-1945-3　定价：CNY21.80

J0136645
1999：兔在民间　（中国民俗剪纸　美术挂历）
北京　地质出版社　1998 年　85×38cm
ISBN：7-116-02612-6　定价：CNY108.00

J0136646
1999：冼励强水彩仿真　（水彩画挂历）冼励强绘
广州　岭南美术出版社　1998 年　56×43cm
ISBN：7-5362-1855-9　定价：CNY50.00

J0136647
1999：艺　（美术挂历）精良供稿
呼和浩特　内蒙古人民出版社　1998 年
75×36cm　ISBN：7-204-04356-1　定价：CNY35.00

J0136648
1999：艺术大师林风眠　（美术挂历）"林风眠艺术研究会"供稿
杭州　中国美术学院出版社　1998 年　76×52cm
ISBN：7-81019-666-9　定价：CNY27.50

J0136649
1999：珠围翠绕　（挂历）
广州　岭南美术出版社　1998 年　96×70cm
ISBN：7-5362-1793-5　定价：CNY38.00

J0136650
商业名片设计　（1）庄景雄编
北京　中国青年出版社　1998 年　173 页
26cm（16 开）ISBN：7-5006-3175-8
定价：CNY98.00
（商业设计丛书）

J0136651
2000：财源广进　（年历画）
福州　福建美术出版社　1999 年　1 张　98×39cm
定价：CNY15.00

J0136652
2000：乘龙观音　（年历画）
福州　福建美术出版社　1999 年　1 张　98×39cm

定价：CNY15.00

J0136653
2000：恭贺新禧　（年画挂历）洛松向秋绘
成都　四川民族出版社　1999 年　74×52cm
ISBN：7-5409-2228-1　定价：CNY16.00

J0136654
2000：花神　（美术挂历）欧美图片公司供稿
长沙　湖南美术出版社　1999 年　58×43cm
ISBN：7-5356-1347-0　定价：CNY45.00

J0136655
2000：剪纸艺术　（美术挂历）
天津　天津杨柳青画社　1999 年　58×42cm
ISBN：7-80503-436-2　定价：CNY128.00

J0136656
2000：卡通挂历　杨慧华等设计
北京　中国少年儿童出版社　1999 年　43×29cm
ISBN：7-5007-5011-0　定价：CNY18.00
　　作者杨慧华，主要绘制的连环画作品有《小马过河》《丑小鸭》《小红帽》等。

J0136657
2000：龙年步步高　（美术挂历）
上海　上海画报出版社　1999 年　76×52cm
ISBN：7-80530-487-4　定价：CNY27.50

J0136658
2000：龙年大吉　（美术挂历）
兰州　甘肃人民美术出版社　1999 年　87×58cm
ISBN：7-80588-274-6　定价：CNY29.50

J0136659
2000：龙年鸿运　（美术挂历）李洪锦绘
成都　四川美术出版社　1999 年　58×43cm
ISBN：7-5410-1600-4　定价：CNY45.00

J0136660
2000：龙年吉庆　（年画挂历）宗万华等绘
上海　上海人民美术出版社　1999 年　76×52cm
ISBN：7-5322-2187-3　定价：CNY27.00

J0136661
2000：龙年吉祥　（年历画）
福州　福建美术出版社　1999 年　1 张　98×39cm
定价：CNY15.00

J0136662
2000：龙年吉祥　（美术挂历）
海口　海南出版社　1999 年　77×52cm
ISBN：7-80645-542-6　定价：CNY27.80

J0136663
2000：龙年吉祥　（美术挂历）
石家庄　河北美术出版社　1999 年　57×43cm
ISBN：7-5310-1312-6　定价：CNY128.00

J0136664
2000：龙年腾飞　（书法挂历）毛泽东等书
杭州　中国美术学院出版社　1999 年　77×52cm
ISBN：7-81019-775-4　定价：CNY50.00
　　　作者毛泽东(1893—1976)，中国人民的领袖，伟大的马克思主义者，无产阶级革命家、战略家和理论家，中国共产党、中国人民解放军和中华人民共和国的主要缔造者和领导人，诗人，书法家。湖南湘潭人。字润之(原作咏芝，后改润芝)，笔名子任等。毕业于湖南省立第一师范学校。现代世界历史中最重要的人物之一。1949 至 1976 年担任中华人民共和国最高领导人。代表作有《毛泽东选集》《毛泽东诗词选》《湖南农民运动考察报告》等。

J0136665
2000：龙之传奇　（美术挂历）蒙复旦供稿
福州　福建美术出版社　1999 年　98×68cm
ISBN：7-5393-0824-9　定价：CNY33.00

J0136666
2000：龙字精品　（书法挂历）沈鹏等书
北京　民族出版社　1999 年　77×52cm
ISBN：7-105-03621-4　定价：CNY98.00
　　　作者沈鹏(1931—　)，书法家、美术评论家、诗人。生于江苏江阴。历任中国文联副主席、中国书法家协会主席、中国美术出版总社顾问以及《中国书画》主编、炎黄书画院副院长、中国书画函授大学教授、《书法之友》杂志名誉主席等职。书法作品有著作：《书画论评》《沈鹏书画谈》

《三余吟草》《沈鹏书法选》《沈鹏书法作品集》。

J0136667
2000：名人名画　（美术挂历）邓嘉德绘
成都　四川美术出版社　1999 年　2 版　76×52cm
ISBN：7-5410-1612-8　定价：CNY27.50
　　　作者邓嘉德(1951—　)，美术编辑、画家。祖籍山东潍坊，出生于四川成都。毕业于西南师范大学美术学院。中国美术家协会会员，四川省美术家协会副主席，四川美术出版社社长。作品有《童年的梦》《蓝色的梦》《长坂坡》等。

J0136668
2000：欧洲经典水彩画　（美术挂历）
北京　中国电影出版社　1999 年　43×49cm
ISBN：7-106-01480-X　定价：CNY46.80

J0136669
2000：清心养气图　（年历画）
福州　福建美术出版社　1999 年　1 张　98×39cm
定价：CNY15.00

J0136670
2000：仁者多寿　（年历画）
福州　福建美术出版社　1999 年　1 张　98×39cm
定价：CNY15.00

J0136671
2000：诗情　（美术挂历）
上海　上海画报出版社　1999 年　57×43cm
ISBN：7-80530-495-5　定价：CNY42.00

J0136672
2000：十二生肖　（美术挂历）
石家庄　河北美术出版社　1999 年　57×43cm
ISBN：7-5310-1311-8　定价：CNY198.00

J0136673
2000：书画珍赏　（美术挂历）北京御苑书画院供稿
北京　民族出版社　1999 年　77×52cm
ISBN：7-105-03620-6　定价：CNY27.50

J0136674
2000：四季歌　（美术挂历）欧美图片公司

供稿

长沙　湖南美术出版社　1999 年　58×43cm

ISBN：7-5356-1343-8　定价：CNY45.00

J0136675

2000：太空娃娃　（卡通挂历）北京易龙图文
创意绘制

郑州　海燕出版社　1999 年　40×38cm

ISBN：7-5350-1952-8　定价：CNY19.80

J0136676

2000：田野的清风　（美术挂历）上海金山农
民画院绘

北京　中国电影出版社　1999 年　52×49cm

ISBN：7-106-01485-0　定价：CNY55.00

J0136677

2000：乡情　（美术挂历）施福国供稿

福州　福建美术出版社　1999 年　57×42cm

ISBN：7-5393-0803-6　定价：CNY75.00

J0136678

2000：祥龙赐福　（美术挂历）单锡和绘

上海　上海人民美术出版社　1999 年　53×49cm

ISBN：7-5322-2184-9　定价：CNY52.00

　　作者单锡和(1940—)，画家。江西高安人。
毕业于南京艺术学院油画系。任教于上海东华
大学。上海服饰协会理事、全国工艺美术教学专
业委员会委员。擅长水粉画、年画和装饰画。主
要作品有《夏夜静静》《浓浓情怀》等，著有《单
锡和装饰油画集》《单锡和线描装饰画》等。

J0136679

2000：新上海印象　（当代著名钢笔画家李荣
中作品 美术挂历）李荣中绘

北京　中国电影出版社　1999 年　43×49cm

ISBN：7-106-01477-X　定价：CNY46.80

J0136680

2000：月夜静悄悄　（美术挂历）

北京　中国电影出版社　1999 年　43×49cm

ISBN：7-106-01484-2　定价：CNY46.80

J0136681

2000：招财七彩龙　（美术挂历）李荣中绘

北京　中国电影出版社　1999 年　43×49cm

ISBN：7-106-01478-8　定价：CNY46.80

J0136682

2000：知足常乐弥勒佛　（年历画）

福州　福建美术出版社　1999 年　1 张　98×39cm

定价：CNY15.00

J0136683

2000：中国传世书法　（美术挂历）田雨供稿

西安　陕西人民美术出版社　1999 年　87×57cm

ISBN：7-5368-1202-7　定价：CNY55.00

J0136684

2000：中国剪纸艺术　（美术挂历）

天津　天津杨柳青画社　1999 年　86×38cm

ISBN：7-80503-435-4　定价：CNY128.00

J0136685

2000：中国剪纸艺术　（美术挂历）

北京　中国文联出版公司　1999 年　42×39cm

ISBN：7-5059-3377-9　定价：CNY120.00

J0136686

名片设计制作 1000 例　范伟军编著

上海　上海科学技术文献出版社　1999 年　108 页
26cm（16 开）ISBN：7-5439-1395-X

定价：CNY35.00

J0136687

商业名片设计　（2）美工社编

北京　中国青年出版社　1999 年　影印版　164 页
26cm（16 开）ISBN：7-5062-4156-0

定价：CNY88.00

（商业设计丛书）

　　本书由中国青年出版社和世界图书出版公
司联合出版。

中国装饰美术

J0136688

怪石录　（一卷）（清）沈心撰

华韵轩　清　刻本
（巾箱小品）

J0136689
装饰学　（第 3 集）缪子云著
上海　上海书局［民国］113 页［19cm］（32 开）
　　本书包括：总论、装饰品与各面之关系、装饰品与本身之关系、男子之装饰品、女子之装饰品、结论 6 编。

J0136690
装饰学　（第 3 集）缪子云著
上海　云记书局 1920 年 113 页 有像 19cm（32 开）

J0136691
西崖装饰画集　章西厓著
上海　耘耘出版社 1947 年 影印本 1 册
19cm（32 开）精装　定价：十二元（白报纸本），十七元（道林纸本）
　　本书选入 50 余幅装饰画。

J0136692
栏杆、拱券、柱础、墙面装饰　中华人民共和国建筑工程部设计总局北京工业设计院编
［北京］建筑工程出版社 1955 年 26cm（16 开）
定价：CNY2.94，CNY3.50（精装）
（中国古建筑参考图集）

J0136693
青海民间建筑图案　朱沙，任峻编
北京　人民美术出版社 1958 年 定价：CNY0.38

J0136694
节日装潢和会场布置　马强编绘
天津　天美术出版社 1959 年 1 函 简装（纸套）
定价：CNY5.00
　　作者马强（1928—1989），舞台美术家、古典戏曲艺术研究专家。字英秋，山东安丘人。

J0136695
节日装潢和会场布置　（画册）马强编绘
天津　天津美术出版社 1959 年 73 页（104 幅）
39cm（4 开）活页 统一书号：8073.1700
定价：CNY5.00，CNY7.00（精装）

J0136696
装饰图册　湖南省轻工业学校，湖南省工艺美术研究所编辑
长沙　湖南省轻工业学校 1977 年 28 页
25cm（小 16 开）
　　本书由湖南省轻工业学校和湖南省工艺美术研究所联合出版。

J0136697
新疆维吾尔建筑装饰图案资料　新疆人民出版社编辑
乌鲁木齐　新疆人民出版社 1979 年 83 页
［20cm］定价：CNY1.50

J0136698
美术界、建筑界、装潢界、制造界装饰的指南　（德）法朗兹等著；施杏锦译
高雄　大众书局 1980 年 501 页 有图 22cm（30 开）
精装　定价：TWD210.00

J0136699
现代装潢艺术　张丰麟编著
台北　培琳出版社 1991 年 中文版 64 页
有照片 26cm（16 开）
（培琳彩色生活丛书）
　　外文书名：The Art of Modern Decoration.

J0136700
80 年代室内设计精选
台北　林美芬 1981 年 184 页 26cm（16 开）
精装　定价：TWD1200.00

J0136701
当代室内设计选　吴宗锦编
台北　北屋出版事业股份有限公司 1981 年
修订版 3 册 28cm（大 16 开）精装
定价：TWD3600.00（全 3 册）

J0136702
现代装潢与室内设计　林白出版社编辑部编译
台北　林白出版社 1981 年 172 页 26cm（16 开）
精装　定价：TWD400.00
（现代实用丛书）

物、建筑、风光、动物等。

J0136703
敦煌装饰图案　刘庆孝，诸葛铠编绘
济南　山东人民出版社　1982 年　136 页
19cm（32 开）统一书号：8099.2277　定价：CNY1.60
　　敦煌图案是我国中古时期装饰艺术最集中、最系统的资料。本书以黑白为主，介绍了敦煌装饰图案的风格和面貌。作者诸葛铠（1941—2012），教授。浙江人，苏州大学教授、博士生导师。著有《图案设计原理》《中国纹样辞典》《墨朱流韵——中国古代漆器艺术》《敦煌石窟装饰图案》等。

J0136704
风景装饰　单秀华，赵宜生编
上海　上海人民美术出版社　1982 年　214 页
19cm（32 开）统一书号：8081.12668
定价：CNY0.80
　　本书是以国内外名胜古迹、城市、农村景色、名山大川的风光及工厂、港口、交通设施为题材，加以图案化表现编绘而成。

J0136705
中国历代装饰画研究　庞薰琹著
上海　上海人民美术出版社　1982 年　141 页
25cm（小 16 开）统一书号：8081.12494
定价：CNY1.75
　　本书系一部论述历代装饰画的专著。书末附有彩色图 45 幅。作者庞薰琹（1906—1985），画家、工艺美术教育家。生于江苏常熟，字虞铉，笔名鼓轩。曾任中央工艺美术学院第一副院长。代表作品有《地之子》《路》《贵州山民图卷》《瓶花》等。著有《薰琹随笔》。

J0136706
黄伟强装饰画选　黄伟强绘
广州　岭南美术出版社　1983 年　24 页　25cm（15 开）
统一书号：8260.0683　定价：CNY1.95

J0136707
装饰资料集　上海人民美术出版社编辑
上海　上海人民美术出版社　1983 年　120 页
19cm（32 开）统一书号：8081.13522
定价：CNY0.48
　　本书根据近年来国外出版的报刊及香港地区优秀装饰图的有关作品复制而成。内容有：人

J0136708
黑白风景装饰　董显仁，纪丽绘
兰州　甘肃人民出版社　1984 年　19cm（32 开）
统一书号：8096.977　定价：CNY0.85

J0136709
现代建筑室内设计　龚德顺等编著
天津　科学技术出版社　1985 年　168 页
20cm（32 开）定价：CNY3.15
（建筑设计参考资料）

J0136710
中华西洋花　李碧玉著；沈荣华作
高雄　宏政图书出版公司　1985 年　96 页　有图
30cm（10 开）精装　定价：TWD750.00
　　外文书名：Flower Design. 作者沈荣华（1962—　），美术师。浙江海宁市人，国家高级美术师。绘有《沈荣华山水画集》等。

J0136711
龙凤艺术　沈从文著
香港　商务印书馆香港分馆　1986 年　246 页
有插图　20cm（32 开）ISBN：962-07-4058-0
定价：HKD32.00
　　本书是中国装饰美术及美术史专著。

J0136712
曹力装饰画　曹力绘
合肥　安徽美术出版社　1987 年　26cm（16 开）
ISBN：7-5398-0007-0　定价：CNY3.00
　　作者吸收了现代派绘画的艺术特色，又融汇东方人的审美情趣，手法新颖，构图灵巧。那种自由幻想的意象，轻松活泼的画法，雅拙神秘的格调，造型变化的趣味，表现出画家鲜明的个性和感人的魅力。作品中，自然界里的万物就像透过一面神奇的魔镜一般，呈现出与现实全然不同，而又确乎相似的景象。它有如童话或梦幻，体现出稚童般的纯真与顽皮，充满着旺盛的青春活力和激情。作者曹力（1954—　），画家，教师。江苏南京人。毕业于中央美术学院，并留校任教。代表作品有《小城印像》《牧童》《牧牛图》《童声合唱》《马》等。

J0136713
醇墨溢彩 （林晓黑白装饰画集）林晓绘
北京 中国青年出版社 1987年 128页
19cm（32开）ISBN：7-5006-0095-X
定价：CNY2.45

J0136714
今日家居 （创刊号）《今日家居》编辑部编
香港《今日家居》编辑部 1987年 135页
有彩图 28cm（大16开）

J0136715
美的住宅特集 蔡佩伦等著
台北 福利文化事业有限公司 1987年 64页
20cm（32开）

J0136716
一流住宅特集 蔡佩伦，陈财源编
台北 福利文化事业有限公司 1987年 64页
20cm（32开）

J0136717
装饰画表现方法40例 许恩源编著
济南 山东美术出版社 1987年 74页 有彩图
19cm（32开）ISBN：7-5330-0063-3
定价：CNY2.85
　　作者许恩源（1940— ），教授。历任上海
中国纺织大学服装系副教授、中国美术家协会上
海分会会员。编著有《时装画技法研究》《论装
饰图案艺术》《学习时装画入门》《时装画技法研
究》等。

J0136718
装饰画小集 辛志明绘
厦门 鹭江出版社 1987年 94页 17×19cm
统一书号：8422.36 ISBN：7-80533-033-6
定价：CNY1.50

J0136719
装饰绘画散论 袁运甫著
成都 四川人民出版社 1987年 264页 有肖像
19cm（32开）统一书号：8118.2125
ISBN：7-220-00104-5 定价：CNY1.53
　　作者袁运甫（1933—2017），画家、教育家。
江苏南通人，毕业于中央美术学院。历任清华大

学美术学院教授、博士生导师、装饰艺术研究所
所长，中央工艺美术学院教授，清华大学张仃艺
术研究中心主任，中国国家画院公共艺术院院
长等。代表作品有《祖国大地》《江山胜揽》《晨
曦》等。

J0136720
敦煌装饰图案 刘孝庆编绘
台北 丹青图书公司 1988年 再版 136页
21cm（32开）定价：TWD85.00
（丹青艺术丛书）

J0136721
家具设计与室内布置 林福厚，高贵峦编著
北京 现代出版社 1988年 85页 有图
26cm（16开）ISBN：7-80028-044-6
定价：CNY2.05
　　本书从理论上阐明了人体对家具尺度的要
求，使从业人员不仅能看到各种家具图样；而且
能从理论上了解该设计如何适应人体需要，还综
合了各种家具的不同尺寸。

J0136722
美的装潢 （介绍时代流行新颖实用的装潢与
设计）
台北 雷鼓出版社 1988年 112页 有照片
26cm（16开）定价：TWD80.00
（家居美化丛书 1）

J0136723
壁挂艺术 崔栋良著
杭州 浙江美术学院出版社 1989年 80页
26cm（16开）ISBN：7-81019-050-4
定价：CNY6.30
（设计教材丛书）

J0136724
黑白之间 （赵玉敏装饰画集）赵玉敏绘
合肥 安徽美术出版社 1989年 136页
19cm（32开）ISBN：7-5398-0042-9
定价：CNY3.90
　　作者赵玉敏（1945— ），画家。山东乳山人，
结业于中央工艺美术学院。历任中国工艺美术
家协会会员，安徽省美术家协会会员，安徽省直
机关书画家协会副会长，安徽日报主任编辑、美

术组组长，安徽省政协书画社画家等。

J0136725
美的装潢
台北　雷鼓出版社　1989 年　112 页　有照片
26cm（16 开）定价：TWD250.00
（美化系列 1）

J0136726
中国当代装饰艺术　袁运甫主编
太原　山西人民出版社　1989 年　252 页　25×26cm
精装　ISBN：7-203-01489-4　定价：CNY185.00
　　本书编选了中央工艺美术学院装饰艺术系师生及兼职教师的 424 件作品。分公共艺术、雕刻艺术、装饰艺术 3 大部分。外文书名：China Contemporary Decortive Art.

J0136727
草原装饰小品　丹森作
呼和浩特　内蒙古教育出版社　1990 年
19cm（24 开）
　　本书收集以草原为题材的黑白画 500 幅。

J0136728
多彩的居室　陈寿远主编
天津　天津科技翻译出版公司　1990 年　33 页
有彩照 27cm（大 16 开）定价：CNY4.50

J0136729
居室·家具·装饰　（第一辑）胡锦等编绘
长沙　湖南科学技术出版社　1990 年
27cm（大 16 开）定价：CNY5.80

J0136730
美化小坪数　廖有灿著
台北　时报文化出版企业公司　1990 年　127 页
有照片 27cm（16 开）精装
ISBN：957-13-0101-9　定价：TWD350.00
（生活丛书 90）

J0136731
现代住房装潢图说　张玉明等编
上海　上海科学技术出版社　1990 年　93 页
26cm（16 开）ISBN：7-5323-2039-1
定价：CNY9.80

J0136732
阳台美　北京园林学会，北京日报群工部编
北京　中国妇女出版社　1990 年　62 页
19cm（小 32 开）定价：CNY1.00

J0136733
黑白天地　（樊传继黑白装饰画集）樊传继[绘]
合肥　安徽美术出版社　1991 年　17×19cm
ISBN：7-5398-0138-7　定价：CNY4.60

J0136734
实用装饰图案手册　钱震之编
上海　上海翻译出版公司　1991 年　230 页
19cm（小 32 开）ISBN：7-80514-669-1
定价：CNY2.95
　　作者钱震之，美术编辑。江苏常州人。曾任上海印刷技术研究所所长、中国美术家协会会员、上海翻译出版公司高级美术顾问等。著有《实用装饰图案手册》《实用外文字体设计手册》《国外书籍封面设计选》等。

J0136735
雅室设计与装饰　周于德主编
北京　轻工业出版社　1991 年　277 页
27cm（大 16 开）ISBN：7-5019-0959-8
　　本书介绍了室内设计的基本理论，室内意境塑造。叙述了住宅室内设计方法，室内气氛改善、景观设计；新婚居室设计；组合家具与家具组合，照明灯具选择等。精选了国内外优秀室内设计图例。介绍了内墙面装修与地面铺饰方法。

J0136736
装饰色彩技法　杨乾钊，谭本玉编著；杨文杰等绘图
北京　轻工业出版社　1991 年　69 页　20cm（32 开）
ISBN：7-5019-1028-6　定价：CNY4.80

J0136737
磁州窑装饰图案　韩修竹，刘天鹰编绘
石家庄　河北美术出版社　1992 年　134 页
17×18cm　ISBN：7-5310-0443-7　定价：CNY6.90
（装饰图案丛书）
　　本书选入磁州窑陶瓷装饰图案纹样 307 枚。分白釉刻划花、珍珠地刻划花、黑釉刻划花、宋

三彩、红绿彩、铁锈花、清代褐彩、民国蓝花、现代磁州窑图案、磁州窑图案画法等 11 部分。文图结合。编绘者撰写了《磁州窑装饰图案》一文，对磁州窑陶瓷的发展历史、分布地域和艺术特点作了综合论述。另对每一部分器物及装饰纹样也分别作详尽介绍。

J0136738

建筑装饰美术　江苏省建筑工程局组织编写

北京　中国建筑工业出版社 1992 年 147 页

有图 19cm（小 32 开）ISBN：7-112-01549-9

定价：CNY2.45

　　本书阐述了建筑美术的有关知识，内容包括美学的基本法则、美的素描表现、美的速写表现、美的色彩表现、美的构成表现、美的装饰表现。

J0136739

论装饰画　何宝森著

昆明　云南人民出版社 1992 年 61 页 有图

19cm（小 32 开）ISBN：7-222-01008-4

定价：CNY5.25

　　本书通过 110 幅图画和文字，论述和展示了装饰画的特征、造型、构图、色彩、形式法则及装饰美的文法、语言等。作者何宝森（1938— ），画家、雕塑家、美术教育家。云南昆明市人。毕业于中央工艺美术学院陶瓷系。曾任中国工艺雕塑专业委员会会长，中央工艺美术学院教授。出版有《忘山写牛》《装饰画的形式美》《香香画集》等。

J0136740

装潢色彩搭配手册　蓝萍编译

台南　信宏出版社 1992 年 119 页 有图

21cm（32 开）ISBN：957-538-320-6

定价：TWD200.00

J0136741

装饰、设计表现技法 246 种　尹家琅等编著

上海　上海科学技术出版社 1993 年 32 页

有彩图 25×26cm ISBN：7-5323-3147-4

定价：CNY24.50

　　本书介绍了 5 类装饰设计表现手法共计 246 种，并对形式美法则指导装饰设计创作提供了理论与图解辅导。

J0136742

装饰艺术的世界　倪洪泉著

北京　中国商业出版社 1993 年 130 页 有图

17×18cm ISBN：7-5044-1798-X 定价：CNY32.00

　　外文书名：The World of the Decoration Art. 作者倪洪泉（1955— ），画家。北京人。硕士毕业于中央工艺美术学院，并任教于中央工艺美术学院，任北京青年画会副秘书长等职。作品有《千古传丝万代情》《心花》《七彩世界》等。

J0136743

装饰之道　李砚祖著

北京　中国人民大学出版社 1993 年 461 页

20cm（32 开）ISBN：7-300-01490-9

定价：CNY15.80

　　本书内容包括：工艺与装饰、广告文化与广告艺术、工艺文化与现代美术思潮、瓦当的装饰艺术、秦汉漆器的工艺与装饰等 16 篇。作者李砚祖（1954— ），教授。江苏泰兴人，中央工艺美术学院博士毕业。清华大学美术学院美术学教授，博士生导师。出版有《工艺美术概论》《创造精致》《造型艺术欣赏》《中国工艺美术学研究》《装饰之道》等。

J0136744

21 世纪新潮实用装饰图案设计　张升军等主编

长春　时代文艺 1994 年 190 页 17×19cm

ISBN：7-5387-0813-8 定价：CNY9.80

J0136745

变幻与灵妙　（岳景融装饰艺术集）岳景融绘

北京　北京工艺美术出版社 1994 年 56 页

有彩图 26cm（16 开）ISBN：7-80526-126-1

定价：CNY15.00

　　本书内容包括：岳景融简介及其装饰艺术作品和岳景融所作论文《论黑白艺术》等 4 部分。

J0136746

风景　建筑　装饰图案　季深业绘

北京　中国林业出版社 1994 年 144 页 17×19cm

ISBN：7-5038-1218-4 定价：CNY5.70

（新世纪图案设计丛书）

　　作者季深业（1954— ），书画家。号和艺，山东蓬莱人。长春市青年美术家协会会员，辽宁

省海城市美术工作者协会会员。出版有《新编美术图案集》《装饰图案集》《美术字设计精作》等。

J0136747

风景装饰图案　崔栋良编绘
石家庄　河北美术出版社　1994年　84页
17×19cm　ISBN：7-5310-0644-8　定价：CNY9.00
（装饰图案丛书）

J0136748

海岛渔村风情装饰画集　吴永福，吴永中绘
北京　北京工艺美术出版社　1994年　91页
17×18cm　ISBN：7-80526-127-X　定价：CNY4.50
　　作者吴永中（1963—　），画家。山东荣成人，毕业于山东青岛科技大学艺术学院。历任山东烟台纺织中专学校美术教师、山东研讨美术家协会会员、山东烟台工业美术设计协会会员。

J0136749

黑白情韵　（姬俊尧装饰画集）姬俊尧画
石家庄　河北美术出版社　1994年　110页
21×19cm　ISBN：7-5310-0593-X　定价：CNY9.90

J0136750

今日装饰　（1）
广州　岭南美术出版社　1994年　80页　29cm（18开）
ISBN：7-5362-1100-7　定价：CNY38.00

J0136751

现代装饰线描集　王珠珍编绘
上海　上海书店出版社　1994年　150页　18×17cm
ISBN：7-80569-965-8　定价：CNY8.50

J0136752

窗饰艺术　（图集）秋实等编著
沈阳　辽宁美术出版社　1995年　298页
26cm（16开）精装　ISBN：7-5314-1319-1
定价：CNY168.00
（装饰设计艺术系列）

J0136753

今日装饰　（2）
广州　岭南美术出版社　1995年　80页　29cm（18开）
ISBN：7-5362-1239-9　定价：CNY25.00

J0136754

今日装饰　（3）
广州　岭南美术出版社　1995年　80页　29cm（18开）
ISBN：7-5362-1281-X　定价：CNY25.00

J0136755

实用装饰图案　王来新编绘
武汉　湖北美术出版社　1995年　141页　17×19cm
ISBN：7-5394-0525-2　定价：CNY5.20

J0136756

现代装饰画集　李家骝等绘
合肥　安徽美术出版社　1995年　80页　25×26cm
ISBN：7-5398-0406-8　定价：CNY68.00
　　作者李家骝（1957—　），教师。安徽合肥人，毕业于中央工艺美术学院。清华大学美术学院副教授、硕士生导师，吴冠中艺术研究所研究员，中国文房四宝协会专家委员会评委、高级艺术顾问等。著有《李家骝线描集》《李家骝画集》《行撷墨趣》等。

J0136757

现代装饰画集　（李志国黑白艺术）李志国绘
合肥　安徽美术出版社　1995年　131页　17×19cm
ISBN：7-5398-0454-8　定价：CNY15.80

J0136758

现代装饰色彩　崔栋良编著
哈尔滨　黑龙江美术出版社　1995年　重印本
93页　20cm（32开）ISBN：7-5318-0142-6
定价：CNY13.00
（视觉设计教育丛书）
　　本书内容按教学程序编排，由色彩的配置与组合；色彩的吸取与借鉴；色彩的设计与应用3部分组成。采用以图为主，文字为辅的方式，介绍了色彩的特性、色彩的情感等基本知识；强调了色彩的配置技巧及一些应用技法展示了现代激光和红外摄影术的应用等新成果。作者崔栋良（1935—　），教授，美术设计师。河北文安人，毕业于中央工艺美术学院染织美术系。历任中央工艺美术学院副教授，中国书画函授大学实用美术系教授，中国美术家协会、中国工艺美术学会会员等。出版有《花的装饰技法》《花卉黑白画》《图案的基本组织》《动物的写生与变形》《风景装饰画法》等。

J0136759
现代装饰艺术　　田卫平著
哈尔滨　黑龙江美术出版社　1995 年　210 页
有彩图　20cm（32 开）ISBN：7-5318-0273-2
定价：CNY45.00
（视觉设计教育丛书）
　　本书内容包括：1、装饰艺术的特性，2、装饰艺术的类别，3、中国现代装饰艺术发展概述。作者田卫平（1956—　），画家、教授。别名田畋，生于哈尔滨，毕业于中央工艺美术学院。历任哈尔滨大学美术系装饰艺术教研室副教授、主任，中国美术家协会会员。代表作品《万仞城垣》《田卫平线描人体作品集》《现代装饰艺术》。

J0136760
现代装饰艺术　　陈之川著
杭州　浙江人民美术出版社　1995 年　64 页
有图　26cm（16 开）ISBN：7-5340-0493-4
定价：CNY19.50
（设计家　丛书）
　　作者陈之川（1940—　），女，作家。浙江瑞安人，毕业于北京大学历史系。中国美术学院副教授。创作小说《天亮以后说分手》《瑞安名胜古诗选》。

J0136761
现代装饰装潢美学　　季水河著
武汉　武汉大学出版社　1995 年　293 页　有彩图
20cm（32 开）ISBN：7-307-01954-X
定价：CNY12.80

J0136762
装饰画基础教程　　王亚非，韩晓曼编著
沈阳　辽宁美术出版社　1995 年　176 页
26cm（16 开）ISBN：7-5314-1345-0
定价：CNY33.00
（现代设计表现技法　设计丛书 6）
　　作者王亚非（1955—　），黑龙江哈尔滨人，历任鲁迅美术学院成人教育学院副院长、中国广告学会会员、中国美术家协会辽宁分会会员。作者韩晓曼（1959—　），女，教师。辽宁沈阳人，鲁迅美术学院师范助教，中国美术家协会辽宁分会会员。

J0136763
装饰设计表现　　黄亚奇，韩婕编著
沈阳　辽宁美术出版社　1995 年　132 页
26cm（16 开）ISBN：7-5314-1385-X
定价：CNY39.00
（现代设计表现技法丛书 11）

J0136764
装饰图案集锦　　李婷婷编
苏州　古吴轩出版社　1995 年　118 页　17×19cm
ISBN：7-80574-196-4　定价：CNY10.80

J0136765
装饰与设计　（第二辑）阿斯力汉·巴根主编；新疆美术摄影出版社摄影编辑部编辑
乌鲁木齐　新疆美术摄影出版社　1995 年　31 页
26cm（16 开）ISBN：7-80547-282-3
定价：CNY5.80

J0136766
风景花卉剪影装饰　　郑军，徐丽慧绘编
哈尔滨　黑龙江美术出版社　1996 年　147 页
19×21cm　ISBN：7-5318-0357-7　定价：CNY18.40

J0136767
少年装饰图案入门　　岳志忠，吴运鸿编著
北京　新华出版社　1996 年　69+8 页　有彩图
26cm（16 开）ISBN：7-5011-3285-2
定价：CNY12.00
（少年美术入门系列）
　　作者吴运鸿（1954—　），艺术家。创作以中国画的山水画为主。生于北京，祖籍山东蓬莱。笔名“鲁人”。中央美术学院中国画专业研究生班毕业。中国外文出版社美术副编审，北京轻工业技术学院美术特聘教授，民建北京市委文化委员会委员。出版专著《少年美术入门系列》《吴运鸿画集》，主编大型艺术丛书《世界美术馆巡览》。与台湾合作出版《西洋美术辞典》一书。国画作品《松山月色图》《春月图》《京剧印象》等。

J0136768
现代装饰线描集　　吴耀华编绘
北京　人民美术出版社　1996 年　200 页　18×17cm
ISBN：7-102-01681-6　定价：CNY13.00

J0136769

中央工艺美术学院装潢艺术设计系黑白画作品集　王国伦，何洁主编；中央工艺美术学院装潢艺术设计系编

济南　山东友谊出版社　1996 年　171 页
26cm（16 开）ISBN：7-80551-815-7
定价：CNY29.80

J0136770

装饰绘画入门　（图册）李明伟著
南宁　广西美术出版社　1996 年　48 页　26cm（16 开）
ISBN：7-80625-091-3　定价：CNY10.00
（设计基础入门丛书）

　　作者李明伟（1964—　），广西北海人。广西艺术学院副教授，中国美术家协会会员，广西中国画艺委会评委委员。

J0136771

装饰色彩入门　（图册）陆红阳著
南宁　广西美术出版社　1996 年　40 页　26cm（16 开）
ISBN：7-80625-084-0　定价：CNY8.50
（设计基础入门丛书）

J0136772

装饰艺术文萃　中央工艺美术学院学术委员会编
北京　北京工艺美术出版社　1996 年　重印本
459 页　20cm（32 开）ISBN：7-80526-068-0
定价：CNY22.00

J0136773

海底世界装饰构成　（现代设计表现技法）陈道远著
沈阳　辽宁美术出版社　1997 年　129 页
26cm（16 开）ISBN：7-5314-1513-5
定价：CNY36.00
（设计丛书 13）

J0136774

黄伟强的笔
1997 年　127 页　有图　21cm（32 开）
定价：CNY9.00

　　本书又名《黄伟强装饰画·诗文·漫画·随想录选集》。

J0136775

现代装饰图案设计　宋冰岸，陈桂芝编著
沈阳　辽宁美术出版社　1997 年　170 页
26cm（16 开）ISBN：7-5314-1780-4
定价：CNY38.00
（现代设计表现技法　设计丛书 14）

J0136776

装饰绘画　陈晓林编著
西安　陕西人民美术出版社　1997 年　79 页
有彩图　26cm（16 开）ISBN：7-5368-0879-8
定价：CNY22.00
（工艺美术成人高等教育丛书）

J0136777

装饰美术　徐邠，李玫［著］
南京　东南大学出版社　1997 年　92 页　26cm（16 开）
ISBN：7-81050-234-4　定价：CNY14.00
（建筑装饰技术丛书）

J0136778

儿童实用装饰图案 1000 例　黄卢健编著
南宁　广西美术出版社　1998 年　208 页
26cm（16 开）ISBN：7-80625-518-4
定价：CNY28.00

J0136779

工艺　（装饰设计）赖小静，吴时敏编著
重庆　西南师范大学出版社　1998 年　30 页
26cm（16 开）ISBN：7-5621-2062-5
定价：CNY118.00
（美术学生应试丛书）

J0136780

居室装饰实例　（典范篇）陈云，阿海编
成都　天地出版社　1998 年　80 页　有彩图
26cm（16 开）ISBN：7-80624-217-1
定价：CNY29.80

J0136781

屋檐下的革命　（信成装饰艺术）林信成著
北京　社会科学文献出版社　1998 年　170 页
29cm（16 开）精装　ISBN：7-80149-083-5
定价：CNY148.00

J0136782

新意念装饰画集　戚福光绘

上海　上海科学技术文献出版社　1998 年　300 页

26cm（16 开）ISBN：7-5439-1192-2

定价：CNY39.80

　　作者戚福光，上海美术家协会会员。

J0136783

形象画艺术　陆红阳著

南宁　广西美术出版社　1998 年　154 页　21×22cm

ISBN：7-80625-420-X　定价：CNY28.00

J0136784

艺用装饰资料　（中国部分）杜凤宝编绘

沈阳　辽宁美术出版社　1998 年　313 页

26cm（16 开）ISBN：7-5314-1897-5

定价：CNY25.00

　　作者杜凤宝（1946—　），插图画家。辽宁辽阳市人，毕业于鲁迅美术学院。辽宁春风文艺出版社美术编辑室主任，中国美术家协会会员。

J0136785

中国少数民族青铜装饰图选　邵大地，江贞编绘

北京　人民美术出版社　1998 年　136 页

26cm（16 开）ISBN：7-102-01888-6

定价：CNY13.00

J0136786

材料　艺术　设计　滕菲著

青岛　青岛出版社　1999 年　77 页　25cm（小 16 开）

ISBN：7-5436-2036-7　定价：CNY37.00

（当代艺术与设计丛书）

J0136787

草图与完成品　艺术　设计　谭平，周至禹著

青岛　青岛出版社　1999 年　61 页　25cm（小 16 开）

ISBN：7-5436-2037-5　定价：CNY31.50

（当代艺术与设计丛书）

J0136788

拆东墙补西墙　（香港装置艺术赏析）张凤麟编

香港　进一步多媒体公司　1999 年　275 页　有照片

21cm（32 开）ISBN：962-8326-20-1

定价：HKD80.00

J0136789

第二自然　（黑白装饰作品集）李家骝编著

合肥　安徽美术出版社　1999 年　111 页

28cm（大 16 开）ISBN：7-5398-0736-9

定价：CNY22.00

　　作者李家骝（1957—　），教师。安徽合肥人，毕业于中央工艺美术学院。清华大学美术学院副教授、硕士生导师，吴冠中艺术研究所研究员，中国文房四宝协会专家委员会评委、高级艺术顾问等。著有《李家骝线描集》《李家骝画集》《行撷墨趣》等。

J0136790

概念　艺术　设计　谭平等著

青岛　青岛出版社　1999 年　61 页　25cm（小 16 开）

ISBN：7-5436-2035-9　定价：CNY31.50

（当代艺术与设计丛书）

J0136791

气氛设计　吴成槐著

沈阳　辽宁美术出版社　1999 年　110 页

29cm（16 开）ISBN：7-5314-2056-2

定价：CNY48.00

　　作者吴成槐（1943—　），满族，编辑。辽宁沈阳人。辽宁民族出版社社长兼总编辑，辽宁美术家协会、辽宁摄影家协会会员。连环画作品有《南下路上》《大桥争夺战》，编辑设计图书《海外藏明清绘画珍品——沈周卷》《20 世纪中国摄影文献》。

J0136792

现代装饰设计　张风著

广州　新世纪出版社　1999 年　120 页　有照片

26cm（16 开）ISBN：7-5405-1962-2

定价：CNY25.00

　　本书内容包括：装饰设计概说、材质效果、装饰设计程序等 16 章。作者张风（1955—　），教授。生于海南海口市，毕业于广州美术学院。海南大学艺术学院院长。著有《立体设计基础》《现代装饰设计》等。

J0136793

装饰绘画　赵勤国著

济南　黄河出版社　1999 年　158 页　有图

26cm（16 开）ISBN：7-80152-093-9

定价: CNY26.00

（美术教育丛书）

J0136794

装饰设计　辛敬林编著

重庆 西南师范大学出版社 1999 年 135 页

26cm（16 开）ISBN: 7–5621–1584–2

定价: CNY60.00

（二十一世纪设计家丛书 装潢系列）

中国室内陈设装饰美术

J0136795

瓶史　（一卷）（明）袁宏道撰

周应麟 明 刻本

（袁中郎十集）

　　九行二十字白口左右双边。收于《袁中郎十集》十六卷中。

J0136796

瓶史　（一卷）（明）袁宏道撰

周应麟 明 刻本

（袁中郎十集）

　　收于《袁中郎十集》十六卷中。

J0136797

瓶史　（一卷）（明）袁宏道撰

袁叔度书种堂 明万历三十年[1602]、三十六年至三十八年[1608—1610]刻本

　　本书由《瓶史一卷》（明）袁宏道撰、《潇碧堂集二十卷》（明）袁宏道撰合订。分八册。九行十八字白口四周单边。

J0136798

瓶史　（二卷）（明）袁宏道撰

毛氏汲古阁 明末 刻本

（山居小玩）

　　收于《山居小玩》十种十三卷中。

J0136799

瓶史　（一卷）（明）袁宏道撰

明末 刻本

（锦囊小史）

　　收于《锦囊小史》四十一种四十二卷中。

J0136800

瓶史　（二卷）（明）袁宏道撰

张海鹏 清嘉庆 刻本

（泽古斋重钞）

J0136801

瓶史　（二卷）（明）袁宏道撰

上海陈氏 清道光四年[1824]刻本 重编补刻

（泽古斋重钞）

　　借月山房汇钞本。

J0136802

高寄斋订正瓶花谱　（一卷）（明）张谦德撰

沈氏亦政堂 明万历 刻本

（亦政堂镌陈眉公家藏广秘籍）

　　八行十八字白口四周单边。收于《亦政堂镌陈眉公家藏广秘籍》五十二种一百一卷中。

J0136803

盆玩　（明）屠隆撰

绣水沈氏 明万历至泰昌 刻本 线装

（宝颜堂秘笈）

　　八行十八字白口四周单边。收于《宝颜堂秘笈》之《考槃馀事》中。作者屠隆（1542—1605），明代文学家、戏曲家。浙江鄞县人，字长卿，号赤水，晚称鸿苞居士。万历五年进士。做过青浦知县、礼部郎中。校订成《新刊合评王实甫西厢记》4 种；撰有传奇《昙花记》《彩毫记》《修文记》，合称《凤仪阁三种》传于世；诗文集有《由拳》《白榆》《栖真馆集》等。

J0136804

烟霞俱　（一卷）（明）刘伯生撰

明万历 刻本

J0136805

陈眉公重订瓶史　（一卷）（明）袁宏道撰

沈氏尚白斋 明万历三十四年[1606]刻本

（尚白斋镌陈眉公订正秘籍）

　　八行十八字白口四周单边。收于《尚白斋镌陈眉公订正秘籍》二十种四十八卷中。

J0136806

盆史　（一卷）（明）高乔撰

明末 刻本

（枕中秘）

J0136807
盆玩品 （一卷）（明）屠隆撰
明末 刻本
（八公游戏丛谈）

J0136808
盆玩品 （一卷）（唐）屠隆撰
清初 刻本
（水边林下）
　　收于《水边林下》五十九种五十九卷中。

J0136809
瓶花谱 （明）静虚子撰
清 刻本 线装
（奚囊续要）
　　九行十八字白口四周单边。收于《奚囊续要》
谱录中。

J0136810
瓶谱 （一卷）（清）汪启淑辑
清乾隆 摹绘本
　　本书由《飞鸿堂砚谱三卷》《墨谱一卷》《瓶
谱一卷》《鼎炉谱一卷》（清）汪启淑辑合订。作
者汪启淑（1728—1799），清著名藏书家、金石学
家、篆刻家。字慎仪，号秀峰，自称印癖先生，
安徽歙县人。编著有《飞鸿堂印谱》《飞鸿堂印
人传》《水槽清暇录》等。

J0136811
盆玩品 （一卷）（明）屠隆撰
山阴宋泽元忏花盦 清光绪十三年［1887］刻本
重印 线装
（忏华盦丛书）
　　十行二十一字小字双行同白口左右双边单
鱼尾。收于《忏华盦丛书》之《考槃馀事》中。

J0136812
女子技艺造花术新书 （日）梶山彬著；林
复译
上海 上海图书公司 1908年 24+90页 有图
20cm（32开）定价：银四角

J0136813
一家言居室器玩部 （一卷）（清）李渔撰
北京 中国营造学社 民国二十年［1931］
（笠翁偶集）
　　本书是记述传统建筑室内装修的专著。此
书于房舍构筑，窗栏图式及构式，墙、壁、联匾、
山石及几椅、床帐、橱柜、箱笼、茶酒具、灯烛、
笺简等制作，记述颇详。作者李渔（1611—约
1679），清代戏曲理论家、作家。字笠鸿、谪凡，
号笠翁，浙江兰溪人。代表作品《闲情偶寄》《笠
翁十种曲》《无声戏》《十二楼》《笠翁对韵》《肉
蒲团》等。

J0136814
现代家庭装饰 史岩编著
上海 大东书局 1933年 2版 125页 有图
19cm（32开）定价：大洋四角
（家庭日用丛书 1）
　　本书分5章，讲述家庭装饰美术的意义、色
彩、形式、材料的作用，各室使用上的性质及其
特殊装饰等。作者史岩（1904—1994），教授。生
于江苏宜兴，毕业于上海大学美术系。曾任金陵
大学文学院副教授，国立敦煌艺术学院华东分院
图书馆馆长，浙江美术学院教授、博士生导师。
著作有《色彩学》《室内装饰美术》《绘画的理论
与实际》《东洋美术史》等。

J0136815
家庭布置 朱敬仪著
重庆 中国文化服务社 1944年 60页 18cm（15开）
定价：国币七角五分
（国民文库）

J0136816
家庭布置 朱敬仪著
重庆 中国文化服务社 1944年 再版 60页
19cm（32开）定价：国币七角五分
（国民文库）

J0136817
瓶花艺术 程世抚，王璧著
上海 上海园艺事业改进协会 1947年 19页
有图 19cm（32开）
（上海园艺事业改进协会丛刊 11）
　　本书分7篇，介绍插瓶用的材料，剪取、

保养，容器的选择，瓶花配置原则及日本瓶花艺术。

J0136818
节日装饰设计参考资料　马强编绘
上海　上海人民美术出版社 1959 年 71 页
有图 18cm（15 开）统一书号：T8081.4570
定价：CNY0.42

J0136819
插花艺术　费平插花；平原，程颐摄影
上海　上海人民美术出版社 1961 年 12 张（套）
定价：CNY0.48

J0136820
炕围画　魏泉深等绘制
［呼和浩特］内蒙古人民出版社 1975 年
14 张（套）76cm（2 开）定价：CNY2.00

J0136821
学马列讲路线心明眼亮　抓革命促生产春早人勤（卷轴对联）
［石家庄］河北人民出版社 1975 年 78cm（2开）
定价：CNY0.45

J0136822
炕围画新图案　呼和浩特市文化局，呼和浩特市郊区文教局编
呼和浩特　内蒙古人民出版社 1976 年 123 页
19cm（32 开）统一书号：8089.39 定价：CNY0.63

J0136823
家庭装潢精华（1）吴宗锦编辑
台北　北屋出版事业股份有限公司 1980 年
26cm（16 开）
（室内设计丛书）

J0136824
家庭装潢精华（2）吴宗锦编辑
台北　北屋出版事业股份有限公司 1980 年
26cm（16 开）
（室内设计丛书）

J0136825
家庭装潢精华（3）吴宗锦编辑

台北　北屋出版事业股份有限公司 1980 年
26cm（16 开）
（室内设计丛书）

J0136826
家庭装潢精华　吴宗锦编辑
台北　北屋出版事业公司 1982 年 再版 5 册
有彩照 29cm（16 开）精装

J0136827
插道统插花技艺总揽　刘小玲著
台北　江弘图书出版社 1981 年 315 页 有图片
21cm（32 开）精装 定价：TWD600.00

J0136828
家庭空间利用与布置　何志雄等编绘
广州　科学普及出版社广州分社 1981 年 35 页
25cm（小 16 开）统一书号：13051.60044
定价：CNY0.32

J0136829
家庭美化设计　林伟解编译
台北　希代书版公司 1981 年 127 页
19cm（小 32 开）定价：TWD7.98

J0136830
美化你的居室　施云编著
香港　香港得利书局 1981 年 88 页 有图
20cm（32 开）定价：HKD10.00
　　本书系室内装饰图集。外文书名：How to Beautiful Your House.

J0136831
美化住宅（家庭室内陈设的布置）方和锡，李萍年编绘
天津　天津人民出版社 1981 年 30 页
25cm（小 16 开）统一书号：15072.42
定价：CNY0.24

J0136832
房间布置　《北京晚报》"家"专刊编
沈阳　辽宁人民出版社 1982 年 49 页 19cm（32 开）
统一书号：8090.1214 定价：CNY0.17
（生活小丛书）

J0136833

盆景瓶花　黄墨林画

济南　山东人民出版社　1982年　2张　76cm（2开）

定价：CNY0.36

作者黄墨林（1939—　　），书画家。山东平原县人。历任泰山学院美术系主任、教授，中国美协会员，山东省美术教研会常委，省政协书画联谊画院画家，山东画院高级画师，泰山国画研究院艺术顾问等。出版有《黄墨林山水画集》。

J0136834

室内布置实例168　施沛荣编著

香港　香港得利书局　1982年　110页　有图　20cm（32开）定价：HKD11.00

J0136835

房间装饰与设计　康明玉编著

杭州　浙江人民出版社　1983年　115页　25cm（15开）统一书号：8103.530　定价：CNY0.67

J0136836

环华最新装璜百科　（1）吴宗锦等编著

台北　北屋出版事业股份有限公司　1983年　26cm（16开）

本册内容包括：总论、家具、索引。

J0136837

环华最新装璜百科　（2）吴宗锦等编著

台北　北屋出版事业股份有限公司　1983年　26cm（16开）

本册内容包括：客厅、起居室装潢设计。

J0136838

环华最新装璜百科　（3）吴宗锦等编著

台北　北屋出版事业股份有限公司　1983年　26cm（16开）

本册内容包括：餐厅、厨房装潢设计。

J0136839

环华最新装璜百科　（4）吴宗锦等编著

台北　北屋出版事业股份有限公司　1983年　26cm（16开）

本册内容包括：主卧房、化妆间、浴室装潢设计。

J0136840

环华最新装璜百科　（5）吴宗锦等编著

台北　北屋出版事业股份有限公司　1983年　26cm（16开）

本册内容包括：儿童房、青少年房装潢设计。

J0136841

环华最新装璜百科　（6）吴宗锦等编著

台北　北屋出版事业股份有限公司　1983年　26cm（16开）

本册内容包括：书房、工作房、音响室、娱乐室装潢设计。

J0136842

环华最新装璜百科　（7）吴宗锦等编著

台北　北屋出版事业股份有限公司　1983年　26cm（16开）

本册内容包括：庭园、门厅、小套房装潢设计。

J0136843

环华最新装璜百科　吴宗锦等编著

台北　北屋出版事业股份有限公司　1983年　7册　26cm（16开）

本书以住宅单元空间为主干，内容包括：1、总论、家具、索引；2、客厅、起居室；3、餐厅、厨房；4、主卧房、化妆间、浴室；5、儿童房、青少年房；6、书房、工作房、音响室、娱乐室；7、庭园、门厅、小套房。

J0136844

家庭布置精华　曾昭仁，李劲编

广州　花城出版社　1983年　215页　19cm（32开）

统一书号：7261.9　定价：CNY0.70

（旅伴丛书）

本书内容包括：家具装饰、墙壁粉饰、室内绿化、窗帘挂设以及厨房、浴室、阳台布置等方面。

J0136845

家庭室内布置　龚铁编绘

北京　中国展望出版社　1983年　96页　19cm（32开）

统一书号：17271.050　定价：CNY0.60

（实用美术小丛书　一）

J0136846
绿化室内设计　陈苏编著
香港　香港得利书店　1983 年　174 页　有图
20cm（32 开）定价：HKD18.00

J0136847
盆景小猫　陈增胜画
济南　山东人民出版社　1983 年　2 张　76cm（2 开）
定价：CNY0.32
　　作者陈增胜（1941—　），山东招远县人。曾
先后深造于天津美术学院、北京画院。山东省美
术家协会会员、山东省书画艺术促进会理事、威
海海洋画院画师。主要著作有《怎样画猫》《陈
增胜猫画选》《百猫谱》等。

J0136848
室内陈设　王铮编绘
西安　陕西人民美术出版社　1983 年　242 页
19cm（32 开）统一书号：8199.542 定价：CNY1.00

J0136849
室内设计小品　万言编著
香港　香港得利书局　1983 年　114 页　有图
20cm（32 开）定价：HKD13.00
　　外文书名：Designs for Space of House.

J0136850
住的艺术　黄林，张绮曼编著
福州　福建科学技术出版社　1983 年　135 页
21cm（32 开）定价：CNY0.80
　　本书分 6 章：住的艺术；住的空间艺术；住
的装修艺术；住的色彩艺术；住的照明艺术；住
的家具艺术；住的陈设艺术。

J0136851
插花课程与示法　（中英对照）许舜华著
香港　万里书店　1984 年　112 页　有彩图
26cm（16 开）ISBN：962–14–0094–5
定价：HKD60.00
　　外文书名：The Art of Flower Arrangement.

J0136852
插花与生活　（英汉对照）李琴芳编著
台中　大芏文化书业公司　1984 年　155 页　有图
21cm（32 开）精装　定价：TWD350.00

（生活丛书 1）
　　外文书名：Life and Flower Arrangement.

J0136853
房间油漆与粉刷花漏图案集　崔焕聚等编绘
哈尔滨　黑龙江科学技术出版社　1984 年　139 页
26cm（16 开）定价：CNY2.30

J0136854
家庭实用插花　刘贵英著
台北　汉光文化事业公司　1984 年　120 页　有彩照
28cm（大 16 开）ISBN：0–914929–77–1
定价：TWD270.00
（汉光美化家庭系列）

J0136855
家庭室内布置与美化　李婉贞编绘
哈尔滨　黑龙江科学技术出版社　1984 年　134 页
25cm（小 16 开）统一书号：8217.023
定价：CNY1.95

J0136856
家庭室内设计　井炳炎［编］
南京　江苏人民出版社　1984 年　119 页
20cm（32 开）定价：CNY0.65

J0136857
商业室内设计图集　林华编
香港　万里书店　1984 年　3 版　184 页　有图
26cm（16 开）ISBN：962–14–0048–1
定价：HKD42.00
（工商美术丛书）
　　外文书名：Perspective Sketches of Interior Design.

J0136858
室内设计　练星著
香港　万里书店　1984 年　7 版　147 页　有图
26cm（16 开）ISBN：962–14–0041–4
定价：HKD28.00
（工商美术丛书）
　　外文书名：Interior Design.

J0136859
室内设计学　王建柱编

台北 艺风堂出版社 1984 年 262 页 有图
26cm（16 开）精装 定价：TWD400.00
（现代美工丛书 5）

J0136860
四季盆景 （一～四）韩培生作
杭州 浙江人民美术出版社 1984 年 2 张
76cm（2 开）定价：CNY0.32

J0136861
新婚居室布置 168　曾子芸编著
香港 香港得利书局 1984 年 140 页 有图
20cm（32 开）ISBN：962-15-0005-2
定价：HKD25.00
　　外文书名：Room Decorating for New Couple.

J0136862
中国古代插花艺术　黄永川著
台北 历史博物馆 1984 年 再版 156 页
有图 21cm（32 开）精装 定价：TWD400.00

J0136863
花艺设计 （新娘捧花 第一辑）林秀德编辑
台北 淑馨出版社 1985 年 100 页 26cm（16 开）
定价：TWD400.00
　　外文书名：Bouquet Design.

J0136864
家庭布置　孙承元著
上海 上海文化出版社 1985 年 116 页 有图
17cm（40 开）统一书号：17077.3003
定价：CNY1.60
（新家政丛书）
　　本书分 5 部分。一、色彩，叙述色彩的基本
常识，探讨房间布置中色彩运用的方法；二、家
具，介绍家具布置的方法，列出 26 个不同面积房
间的布置方案；三、装饰，对布件、摆设、绿化等
装饰方法作了介绍；四、照明，叙述各种照明形
式及灯具的通用常识；五、墙面、天花板、地面，
分别介绍这三方面的美化方法及其操作技术。

J0136865
炕围画　张玉民作
西安 陕西人民美术出版社 1985 年 15 张
76cm（2 开）定价：CNY3.80

作者张玉民（1941—　　），画家、国家一级美
术师。陕西富平人。历任西安中国画院高级画
师，西安美协国画研究室研究员。出版有《张玉
民画集》。

J0136866
炕围画　王国征，郝治中绘
西安 陕西人民美术出版社［1989 年］15 张
76cm（2 开）定价：CNY6.00

J0136867
美化居室全书　许纯欣编辑
香港 麒麟书业公司 1985 年 2 版 352 页 有图
26cm（16 开）精装

J0136868
室内设计　霍维国著
西安 西安交通大学出版社 1985 年 168 页
有图 26cm（16 开）统一书号：15430.048
定价：CNY2.55
　　本书共 9 章，前三章介绍了室内设计的任
务、内容、流派、总则和空间知识，后六章分别
介绍了家具、陈设、照明、装修、壁画、色彩、绿
化与小品的设计原则和要点。

J0136869
室内装饰设计　刘文俊著
银川 宁夏人民出版社 1985 年 120 页
26cm（16 开）定价：CNY1.50
　　本书简要地阐述了民用住宅的室内装饰设
计的基本内容和布置技巧，并根据我国现今城市
民用住宅的建筑特点，以不同的房屋面积分别介
绍了一些室内装饰图例。

J0136870
小型居室布置 168　郑雨编著
广州 广东人民出版社 1985 年 120 页
20cm（32 开）统一书号：7111.1574 定价：CNY2.25

J0136871
自己搞室内设计　陈争流著
香港 万里书店 1985 年 2 版 150 页 有图
21cm（32 开）定价：HKD20.00
　　外文书名：Self-design Interior.

J0136872

插花艺术　余益强编著

广州　科学普及出版社广州分社　1986 年　66 页
19cm（32 开）统一书号：7051.60472
定价：CNY0.45

J0136873

插花艺术　林伟新，方永熙摄影

桂林　漓江出版社　1986 年　10 张　15cm（64 开）
定价：CNY1.30

J0136874

插花艺术　（一）蔡俊清插花；林伟新，方永熙
摄影

上海　上海人民美术出版社　1986 年　12 张
15cm（64 开）定价：CNY1.20

J0136875

插花艺术　（二）王路昌，赵庆民插花；方永熙
摄影

上海　上海人民美术出版社　1986 年　12 张
15cm（64 开）定价：CNY1.20

J0136876

姹紫嫣红过一生　李秀凤著

台北　李秀凤　1986 年　64 页　有图 26cm（16 开）
精装　定价：TWD280.00

J0136877

城乡住房布置与美化　许申玉，陈世孝编

上海　上海科学技术出版社　1986 年　347 页
19cm（32 开）统一书号：17119.80 定价：CNY1.75

J0136878

家庭插花　余益强，陈和美著

福州　福建科学技术出版社　1986 年　111 页
有冠图 19cm（32 开）统一书号：7211.41
定价：CNY0.77

J0136879

家庭装修与布置　万言著

广州　广东人民出版社　1986 年　106 页　有插图
21cm（32 开）定价：CNY1.20

J0136880

居室美的探索　吴家骅著

上海　上海人民出版社　1986 年　83 页　有照片
19cm（32 开）统一书号：17074.27
定价：CNY1.30
（美化生活丛书）

J0136881

居室艺术设计　贾延良编绘

北京　轻工业出版社　1986 年　188 页　32cm（10 开）
定价：CNY3.05
（环境艺术设计丛书）

J0136882

玲珑潇洒各有姿　（南通昌坚）张克庆摄

杭州　浙江人民美术出版社　1986 年　1 张
76cm（2 开）定价：CNY0.20
　　作者张克庆（1946—　　），摄影编辑。重庆人。
历任当代文学艺术研究院院士，香港现代摄影学
会会员，中国职业摄影撰稿人，中国华侨摄影学
会会员，浙江人民出版社美术编辑室，浙江人民
美术出版社摄影年画编辑室。出版有《杭州西湖》
摄影画册。

J0136883

盆景花卉　赵建源画

济南　山东美术出版社　1986 年　2 张 76cm（2 开）
定价：CNY1.80
　　作者赵建源（1940—　　），山东美术出版社副
编审、编辑室主任，中国工艺美术学会会员，中
国工艺美术理论研究会理事。

J0136884

盆景艺术　张克庆摄

杭州　浙江人民美术出版社　1986 年　1 张
76cm（2 开）定价：CNY0.20
　　作者张克庆（1946—　　），摄影编辑。重庆人。
历任当代文学艺术研究院院士，香港现代摄影学
会会员，中国职业摄影撰稿人，中国华侨摄影学
会会员，浙江人民出版社美术编辑室，浙江人民
美术出版社摄影年画编辑室。出版有《杭州西湖》
摄影画册。

J0136885

舒适的家　栗夫编

哈尔滨 黑龙江少年儿童出版社 1986 年 212 页
有表 20cm（32 开）统一书号：7359.98
定价：CNY1.30
（现代生活方式丛书 3）

J0136886
毯·被·帐叠花　杭州第二旅游公司编写
杭州 浙江人民出版社 1986 年 142 页
19cm（32 开）统一书号：8103.577 定价：CNY1.80

J0136887
现代居室布置　邬永柳编
桂林 漓江出版社 1986 年 89 页 19cm（32 开）
定价：CNY2.95

J0136888
小居室布置　王一鸣，郑宝春编绘
沈阳 辽宁美术出版社 1986 年 217 页
26cm（16 开）统一书号：8161.0845 定价：CNY3.50

J0136889
住宅与美化　陈施著
哈尔滨 黑龙江学技术出版社 1986 年 295 页
20cm（32 开）定价：CNY1.60

J0136890
插花艺术　（三）
福州 福建科学技术出版社［1987 年］10 张
15cm（40 开）定价：CNY1.50

J0136891
插花艺术　（四）
福州 福建科学技术出版社［1987 年］10 张
15cm（40 开）定价：CNY1.50

J0136892
插花艺术　蔡俊清等制作；林伟新，方永熙摄影
贵阳 贵州美术出版社［1987 年］12 页
15cm（40 开）定价：CNY1.80

J0136893
插花艺术　林伟新，方永熙摄影
济南 山东美术出版社 1987 年 20 页 19cm（32 开）
定价：CNY1.80

J0136894
干燥花的世界　林阮美姝著
台北 汉光文化事业公司 1987 年 4 版 120 页
有图 29cm（15 开）ISBN：0–914929–95–X
定价：TWD270.00
（美化家庭系列 2）

J0136895
家庭布置 234　张福昌编
南京 江苏人民出版社 1987 年 92 页 21cm（32 开）
定价：CNY7.40
　　　作者张福昌（1943—　），教授。江苏无锡人，
毕业于无锡轻工业学院。历任无锡轻工业学院
工业设计系主任、教授，中国室内装饰协会常务
理事。出版《视错觉在设计上的应用》《设计概
论》《工业设计全书》等。

J0136896
家庭室内装饰　周彭等编著
南京 江苏科学技术出版社 1987 年 2 版
修订本 207 页 有彩图 19cm（32 开）
ISBN：7–5345–0189–X 定价：CNY2.30

J0136897
家庭室内装饰　周彭等编著
南京 江苏科学技术出版社 1987 年 2 版
修订本 207 页 有彩图 19cm（32 开）
ISBN：7–5345–0188–1 定价：CNY1.80

J0136898
家庭装饰艺术　（图册）廖玉麟编选
南宁 广西人民出版社 1987 年 66 页 19cm（32 开）
ISBN：7–219–00462–1 定价：CNY2.20

J0136899
节日装饰　吴树勋编绘
北京 人民美术出版社 1987 年 19cm（32 开）
统一书号：8027.10135 定价：CNY0.65

J0136900
杰出室内作品精选　吴宗锦编辑
台北 泉源出版社 1987 年 再版 240 页 有彩照
29cm（16 开）精装 定价：TWD1200.00
　　　外文书名：Creat Selected Interior Design Work.

J0136901
居室布置与美化指南　钱洪明著
北京　中国环境科学出版社　1987 年　108 页
有图表　19cm（32 开）统一书号：13239.0141
ISBN：7-80010-083-9　定价：CNY1.70

J0136902
居室巧安排　（上海电视台《室雅何须大》电视
节集锦）阎振新，林启茵编；邓正敏绘
上海　上海科学技术文献出版社　1987 年　152 页
19cm（32 开）ISBN：7-80513-004-3
定价：CNY1.20

J0136903
居室艺术　赵宜轩编
郑州　河南科学技术出版社　1987 年　203 页
有图 20cm（32 开）统一书号：8245.5
定价：CNY2.00

J0136904
盆景诗画　韩培生作
杭州　浙江人民美术出版社　1987 年　2 张
76cm（2 开）定价：CNY0.50

J0136905
盆景仕女　王绍基作
杭州　西泠印社　1987 年　2 张　76cm（2 开）
定价：CNY0.50

J0136906
盆景艺术　林伟新摄
南京　江苏美术出版社　1987 年　2 张　76cm（2 开）
定价：CNY0.60

J0136907
盆景艺术　李长捷，东邮摄
北京　人民美术出版社　1987 年　2 张　76cm（2 开）
定价：CNY0.54

J0136908
群芳争艳　王德，宋士诚摄
天津　天津人民美术出版社　1987 年　2 张
76cm（2 开）定价：CNY0.60

J0136909
上海现代家庭装饰与布置　（电视评选集锦）
上海画报出版社编辑
上海　上海画报出版社　1987 年　12×18cm
定价：CNY0.60

J0136910
世界室内装饰设计全集　史春珊等主编
哈尔滨　黑龙江科学技术出版社　1987 年　5 册
26cm（16 开）精装　ISBN：7-5388-0195-2
定价：CNY148.00

J0136911
室内装饰　潘吾华编
北京　纺织工业出版社　1987 年　81 页　有图
26cm（16 开）定价：CNY2.40
　　作者潘吾华（1938— ），女，满族，教授。
吉林人，毕业于中央工艺美术学院。中央工艺美
院任教。作品有《春》《韵律》《孕育》《春夏秋
冬》等。

J0136912
小小盆景家　方敦传作
杭州　浙江人民美术出版社　1987 年　1 张
76cm（2 开）定价：CNY0.25
　　作者方敦传（1941— ），安徽郎溪县人。师
范毕业。安徽省美术家协会会员、安徽年画研究
会会员。曾任郎溪县文化馆副馆长。擅长年画、
中国画。代表作品有《鹅乡春暖》《福妞》《山河
长春》等。

J0136913
一流室内设计精选　吴宗锦编辑
台北　泉源出版社　1987 年　再版　248 页　有彩照
29cm（16 开）精装　定价：TWD1200.00
　　外文书名：Essence of Excellent Interior Design.

J0136914
怎样布置您的房间　杜之韦编绘
上海　上海书画社　1987 年　82 页　有图
19cm（32 开）统一书号：8172.1892　定价：CNY1.10
（大世界画库　生活美术编）

J0136915
中国盆景　张克庆摄

杭州 浙江人民美术出版社 1987 年 2 张
76cm（2 开）定价：CNY0.50

J0136916
插花艺术 林伟新摄
南京 江苏美术出版社 1988 年 2 张 76cm（2 开）
定价：CNY0.75

J0136917
当代室内设计 300 例 薛光弼编
天津 天津科学技术出版社 1988 年 213 页
［20cm］（32 开）定价：CNY8.85

J0136918
家庭室内装饰实例 100 张含等编
长春 吉林科学技术出版社 1988 年 52 有彩图
26cm（16 开）定价：CNY5.70

J0136919
家庭装饰艺术 冯春明等编绘
北京 轻工业出版社 1988 年 196 页 有图
19×17cm ISBN：7–5019–0452–9 定价：CNY4.90

J0136920
居室装饰艺术 韩肇祥编绘
广州 科学普及出版社广州分社 1988 年 84 页
26cm（16 开）ISBN：7–110–00063–X
定价：CNY1.80

J0136921
居室装修技艺 朱仲德等著
上海 上海文化出版社 1988 年 212 页
19cm（小 32 开）定价：CNY2.25

J0136922
菊花插花 （汉日英对照）
北京 外文出版社 1988 年 10 张 15cm（64 开）
定价：CNY1.70

J0136923
盆景艺术 胡旭宁等摄影
南宁 广西人民出版社 1988 年 10 张 15cm（64 开）
折装 定价：CNY1.80

J0136924
盆景艺术 廖衍猷摄
武汉 湖北美术出版社 1988 年 2 张 76cm（2 开）
定价：CNY0.74

J0136925
现代家庭绿化装饰 刁锡荫编著
广州 广东科技出版社 1988 年 196 页
有彩照及图 19cm（32 开）ISBN：7–5359–0057–7
定价：CNY2.00

J0136926
现代家庭室内设计 沈卓娅，刘境奇编著
南昌 江西科学技术出版社 1988 年 116 页
有彩照 26cm（16 开）ISBN：7–5390–0072–4
定价：CNY4.15

J0136927
现代室内设计与施工 史春珊，袁纯碬编著
哈尔滨 黑龙江科学技术出版社 1988 年 267 页
有彩照 26cm（16 开）ISBN：7–5388–0189–8
定价：CNY4.95

J0136928
现代室内装饰艺术 齐峰，冀仁福编
北京 轻工业出版社 1988 年 80 页 有图
16×18cm（30 开）ISBN：7–5019–0114–7
定价：CNY2.45

J0136929
一流住宅 大台北出版社编
台北 大台北出版社 1988 年 183 页 26cm（16 开）

J0136930
插花技法与鉴赏 韦力生编著
南京 江苏人民出版社 1989 年 100 页 有图
20cm（32 开）ISBN：7–214–00327–9
定价：CNY2.20

J0136931
插花艺术 应淑琴，王文编著
南京 江苏科学技术出版社 1989 年 69 页
有彩图 19cm（32 开）ISBN：7–5345–0654–9
定价：CNY1.40

J0136932
插花艺术　王莲英，尚纪平编著
北京　农业出版社　1989 年　118 页　有彩图
20cm（32 开）ISBN：7-109-01504-1
定价：CNY7.50
　　中国的插花艺术有 1000 多年的悠久历史，
也是东方插花艺术的发源地。本书详细介绍插
花艺术的起源、发展、原理、技艺及养护管理，
并配有大量的彩色、黑白插图。

J0136933
插花艺术　秦天喜等摄
北京　文化艺术出版社　1989 年　2 张　76cm（2 开）
定价：CNY1.05

J0136934
插花艺术　潘涛，徐雪松编著
北京　中国建筑工业出版社　1989 年　173 页
有彩照　20cm（32 开）ISBN：7-112-00668-6
定价：CNY6.05

J0136935
广州家居　蔡丽贞主编
广州　科学普及出版社广州分社　1989 年　51 页
26cm（16 开）ISBN：7-110-00876-2
定价：CNY2.90
　　本书分别介绍了客厅、饭厅、卧室、书房等
的布局陈设、空间利用以及如何利用绿化、窗
帘、靠垫等装饰手段来美化家庭等。

J0136936
海派盆景造型　王志英著
台北　淑馨出版社　1989 年　184 页　有图
26cm（16 开）ISBN：957-531-044-6
定价：TWD220.00

J0136937
花艺插赏　陈琪倩著
香港　海滨图书公司　1989 年　86 页　有图
26cm（16 开）ISBN：962-365-026-4
定价：HKD48.00
（妇女与家庭丛书）

J0136938
家庭布置 150 例　周洪编著

沈阳　辽宁美术出版社　1989 年　有彩图
21cm（32 开）ISBN：7-5314-0681-0
定价：CNY12.00

J0136939
家庭趣味装饰　曾红编
南京　江苏美术出版社　1989 年　19cm（32 开）
定价：CNY15.00

J0136940
家庭天地　（居室与环境气氛）羽佳，达仁选编
北京　中国文联出版公司　1989 年　26cm（16 开）
定价：CNY2.00

J0136941
家庭天地　（居室角落与变化）羽佳，达仁选编
北京　中国文联出版公司　1990 年　27cm（大 16
开）定价：CNY2.00

J0136942
家庭天地　（居室色彩与装饰）羽佳，达仁选编
北京　中国文联出版公司　1990 年　27cm（大 16 开）
定价：CNY2.00

J0136943
家庭天地：居室布置与设计　羽佳，达仁选编
北京　中国文联出版公司　1989 年　27cm（16 开）
定价：CNY2.00

J0136944
居室装饰艺术　邹敏纳编著
长沙　湖南科学技术出版社　1989 年　216 页
19cm（32 开）ISBN：7-5357-0477-8
定价：CNY2.40
（小家庭丛书）

J0136945
美化居室　何昕等编
杭州　浙江人民美术出版社　1989 年　64 页
26cm（16 开）ISBN：7-5340-0133-1
定价：CNY4.50
（今日生活系列丛书）
　　室内布置图集。

J0136946
摩登家庭 （室内装饰专辑）回连涛等编著
沈阳　春风文艺出版社　1989 年　1 册（46+32 页）
26cm（16 开）定价：CNY5.95

J0136947
摩登室内装饰　杨健编选
北京　中国经济出版社　1989 年　72 页　26cm（16 开）
ISBN：7-5017-0325-6　定价：CNY12.90

J0136948
盆景艺术　林伟新，凌岚摄
广州　岭南美术出版社　1989 年　1 张　76cm（2 开）
定价：CNY1.00

J0136949
盆景艺术　方永熙，天鹰摄
杭州　浙江人民美术出版社　1989 年　2 张
76cm（2 开）定价：CNY0.90

J0136950
少儿房间布置艺术　邹敏讷编著
长沙　湖南少年儿童出版社　1989 年　131 页
26cm（16 开）ISBN：7-5358-0434-9
定价：CNY4.50

J0136951
室内绿化艺术　刁锡荫编著
重庆　重庆大学出版社　1989 年　169 页
19cm（32 开）ISBN：7-5624-0213-2
定价：CNY3.80

J0136952
室内装饰 456　孔六庆编
南京　江苏人民出版社　1989 年　154 页　有彩图
20cm（32 开）ISBN：7-214-00278-7
定价：CNY13.40

J0136953
室内装饰技法 100　张铸，隋宾编
长春　吉林科学技术出版社　1989 年　541 页
26cm（16 开）ISBN：7-5384-0396-5
定价：CNY5.70

J0136954
现代家居与居室布置 300 例　阿隆等编
兰州　甘肃科学技术出版社　1989 年　188 页
有图　26cm（16 开）定价：CNY4.70

J0136955
现代室内装饰设计　李琪，杜在媛编
济南　山东美术出版社　1989 年　80 页　有彩照
21cm（32 开）ISBN：7-5330-0177-X
定价：CNY16.00

J0136956
新时代居室布置图集　（客厅·卧室·餐厅）潘
佐先绘
济南　山东美术出版社　1989 年　141 页
19×26cm（16 开）ISBN：7-5330-0203-2
定价：CNY6.95

J0136957
90 年代居室新潮　韩鹤松，盛坚编
上海　上海科技教育出版社　1990 年　64 页
27cm（大 16 开）ISBN：7-5428-0384-0
定价：CNY10.00

J0136958
彩色装饰图案集　（第 1 辑　花之系列）美工
图书社编
台北　邯郸出版社　1990 年　204 页　26cm（16 开）
精装　定价：TWD450.00

J0136959
插花艺术
天津　天津杨柳青画社　1990 年　11 张　15cm（40 开）
ISBN：7-80503-305-5

J0136960
窗帘制作装潢技巧　范能华，陈春舫编
上海　上海科学技术出版社　1990 年　100 页
19cm（小 32 开）定价：CNY1.15

J0136961
房间布置特集　张淑惠编
台北　泉源出版社［1990—1999 年］112 页
有照片　26cm（16 开）ISBN：957-573-096-8
定价：TWD350.00

（流行焦点 9）

J0136962
个性空间　华晓玫著
台北 民生报社 1990 年 237 页 有照片
21cm（32 开）ISBN：957-08-0441-6
定价：TWD350.00
（民生报妇女丛书）

J0136963
花之梦　蒋丽丽著
台北 唐代文化事业公司 1990 年 159 页 有图
21cm（32 开）精装 定价：TWD420.00
（生活之美 1）

J0136964
环华最新装潢百科 （1 总论、家具、索引）
台北 瑞升文化图书事业公司 1990 年 184 页
有彩照 29cm（15 开）精装
ISBN：957-526-098-8 定价：TWD1000.00（全套）

J0136965
环华最新装潢百科 （2 客厅、起居室）
台北 瑞升文化图书事业公司 1990 年 184 页
有彩照 29cm（15 开）精装
ISBN：957-526-099-6 定价：TWD1000.00（全套）

J0136966
环华最新装潢百科 （3 餐厅、厨房）
台北 瑞升文化图书事业公司 1990 年 184 页
有彩照 29cm（15 开）精装 ISBN：957-526-100-3
定价：TWD1000.00（全套）

J0136967
环华最新装潢百科 （4 主卧房、化妆间、浴室）
台北 瑞升文化图书事业公司 1990 年 184 页
有彩照 29cm（15 开）精装 ISBN：957-526-101-1
定价：TWD1000.00（全套）

J0136968
环华最新装潢百科 （5 儿童房、青少年房）
台北 瑞升文化图书事业公司 1990 年 176 页
有彩照 29cm（16 开）精装 ISBN：957-526-102-X
定价：TWD1000.00（全套）

J0136969
环华最新装潢百科 （6 书房、娱乐室、和室）
台北 瑞升文化图书事业公司 1990 年 184 页
有彩照 29cm（16 开）精装
ISBN：957-526-103-8 定价：TWD1000.00（全套）

J0136970
环华最新装潢百科 （7 庭园、门厅、小套房）
台北 瑞升文化图书事业公司 1990 年 176 页
有彩照 29cm（16 开）精装 ISBN：957-526-104-6
定价：TWD1000.00（全套）

J0136971
家庭插花与花材培育　傅玉兰编
合肥 安徽科学技术出版社 1990 年 220 页
19cm（32 开）ISBN：7-5337-0488-6
定价：CNY4.00

J0136972
家庭环境美化 （阳台、窗台、窗帘）杨赉丽等编
北京 中国林业出版社 1990 年 158 页 有彩图
21cm（32 开）ISBN：7-5038-0664-8
定价：CNY7.20

J0136973
家庭居室装饰设计 200 例　薛文广主编；殷申甫等编
北京 金盾出版社 1990 年 92 页 27cm（大 16 开）
定价：CNY3.50

J0136974
家庭美化大全　魏澄中等编写
杭州 浙江科学技术出版社 1990 年 342 页
有彩照 21×19cm ISBN：7-5341-0270-7
定价：CNY11.00
　　本书运用装饰性、直观性、艺术性以及色调、对比、基调、对称、比例等表现手法，从美学角度介绍了居室美化要领、家具居室协调、织物装饰、灯具美化房间、家电安放、艺术气氛渲染、室内涂装、居室空间利用、生活用品规范化、家庭绿化指导、室内清洁卫生等内容。书中收集了国内外家庭美化布置彩色照片 100 多幅，插图 400 多幅。书后附有客厅、卧室、书房、儿童房间、餐室和厨房、卫生间、走廊与门厅等家庭美

化实例。

J0136975
家庭实用装饰 （缝制实例）许文霞,肖燕编译
北京 轻工业出版社 1990 年 107 页
27cm（大 16 开）定价：CNY5.90

J0136976
家庭实用装饰 郑子礼等编著
上海 上海科学技术文献出版社 1990 年 164 页
19cm（小 32 开）定价：CNY1.80

J0136977
节日吉祥食谱与插花 孔谢绮玲著
香港 海滨图书公司 1990 年 92 页 有照片
22cm（30 开）ISBN：962-365-062-0
定价：HKD35.00
（妇女与家庭丛书）

J0136978
居室布置与装饰美化 张建平等编
北京 人民军医出版社 1990 年 59-94 页
19cm（32 开）ISBN：7-80020-147-3
定价：CNY0.75
（家庭生活实用丛书 2）
　　本书讲述了怎样设计窗帘、安装设置灯具、装饰室内墙壁、摆放工艺品、选配家具、分配房间、利用屋角等等实际问题。

J0136979
客厅卧室实用布局 菲菲,黎黎编
成都 四川人民出版社 1990 年 有彩照
26cm（16 开）ISBN：7-220-00908-9
定价：CNY8.50

J0136980
美化房间小窍门 雷毓华,付小燕编
北京 农村读物出版社 1990 年 145 页
19cm（32 开）ISBN：7-5048-1176-9
定价：CNY2.40
（东方女性小丛书）

J0136981
美化房间小窍门 李凡,李雪梅主编
北京 农村读物出版社 1992 年 310 页

19cm（小 32 开）ISBN：7-5048-2068-7
定价：CNY5.05
　　本书介绍了室内装饰的原则及布置方法,包括：室内色彩、装修、家具选择、巧用空间等。

J0136982
上海插花艺术 谢新发等摄
上海 上海人民美术出版社 1990 年 11 张
［17cm］（44 开）ISBN：7-5322-0466-9
定价：CNY1.80
　　作者谢新发,擅长年画摄影。主要作品有《节日欢舞》《风光摄影》《怎样拍摄夜景》等。

J0136983
生活花艺设计 林贤著
台北 畅文出版社 1990 年 247 页 有图
27cm（16 开）精装 定价：TWD560.00

J0136984
室内观叶植物 向其柏等编著
上海 上海科学技术出版社 1990 年 182 页
19cm（32 开）ISBN：7-5323-1348-4
定价：CNY2.90

J0136985
室内设计基础 浙江美术学院环境艺术系编著
杭州 浙江美术学院出版社 1990 年 116 页
有彩图 27cm（大 16 开）定价：CNY7.80
（美术教材丛书）

J0136986
室内特集 （1990）黄湘娟主编
台北 美兆出版社 1990 年 235 页 30cm（15 开）
精装 定价：TWD140.00
（室内杂志丛书）

J0136987
室内装潢配色手册 孙慧敏编译
台南 信宏出版社 1990 年 207 页 有图
21cm（32 开）ISBN：957-538-059-2
定价：TWD250.00
（彩美 25）

J0136988
室内装饰画

上海 上海人民美术出版社 1990 年 14 张
39cm（8 开）定价：CNY5.60

J0136989
室内装饰画
上海 上海人民美术出版社 1990 年 34 张
39cm（8 开）定价：CNY23.80

J0136990
室内装饰画
上海 上海人民美术出版社 1990 年 6 张
54cm（4 开）定价：CNY8.40

J0136991
室内装饰画　　姚春明摄
上海 上海人民美术出版社 1990 年 8 张
39cm（8 开）定价：CNY4.80

J0136992
室内装饰画
上海 上海人民美术出版社 1990 年 12 张
54cm（4 开）定价：CNY14.40

J0136993
室内装饰画
上海 上海人民美术出版社 1990 年 22 张
39cm（8 开）定价：CNY14.00

J0136994
太太俱乐部　　岸岸，米强编译
北京 农村读物出版社 1990 年 63 页 有图
26cm（16 开）ISBN：7-5048-1303-6
定价：CNY4.60

J0136995
小居室室内设计　　罗戟等编著
南京 江苏美术出版社 1990 年 134 页 有彩照
19cm（32 开）ISBN：7-5344-0165-8
定价：CNY5.90

J0136996
新潮居室　（图集）韩鹤松，盛坚编
上海 上海科技教育出版社 1990 年 64 页
26cm（16 开）

J0136997
新房布置与装修艺术　　佳隆等编绘
成都 四川科学技术出版社 1990 年 190 页
有彩照 26cm（16 开）ISBN：7-5364-1637-7
定价：CNY7.20

J0136998
新婚家庭布置图集　　龙平等编绘
北京 科学技术文献出版社 1990 年 99 页
19×26cm（16 开）ISBN：7-5023-1205-6
定价：CNY6.00

J0136999
新婚卧房装饰　　陈新生等编绘
天津 天津科学技术出版社 1990 年 132 页
有彩照 27cm（大 16 开）定价：CNY12.60

J0137000
新颖的布制家庭装饰品制作　　陈美英等编著
南昌 江西科学技术出版社 1990 年 47 页
19cm（小 32 开）定价：CNY3.80

J0137001
押花与干燥花　　张淑惠编审
台北 泉源出版社 1990 年 103 页 26cm（16 开）
定价：TWD200.00
（花艺世界 4）

J0137002
艺术插花　　广州插花艺术研究会编著
广州 广东科技出版社 1990 年 102 页
有彩照及图 19cm（32 开）ISBN：7-5359-0652-4
定价：CNY4.95
　　本书对插花艺术、插花流派以及东西方插花
的特点、构图形式、插花器皿的选择和应用等方
面进行了阐述。书中还介绍了花语在插花中的
应用。

J0137003
中国插花艺术　　上海市园林局插花艺术研究
会著
上海 上海翻译出版公司 1990 年 64 页 有彩照
19cm（32 开）ISBN：7-80514-555-5
定价：CNY3.40
（园艺丛书）

J0137004
中国盆景 林源摄
上海 上海书画出版社 1990 年 1 张
定价: CNY1.50

J0137005
住的艺术 （介绍时代流行新颖实用的装潢与
设计）
台北 雷鼓出版社 1990 年 112 页 有照片
26cm（16 开）定价: TWD250.00
（美化系列 2）

J0137006
家的装饰 赵阳等编
杭州 浙江人民美术出版社 1991 年 64 页
27cm（大 16 开）ISBN: 7-5340-0281-8
定价: CNY4.80
（今日生活系列丛书）

J0137007
金陵盆景集粹 金陵盆景研究会供稿
南京 江苏美术出版社 1991 年 2 张 76cm（2 开）
定价: CNY1.60

J0137008
居家装饰 董洪勇主编
武汉 湖北科学技术出版社 1991 年 68 页
有彩照 26cm（16 开）ISBN: 7-5352-0673-5
定价: CNY10.50

J0137009
居室布置与花布 徐冰言编
杭州 浙江人民美术出版社 1991 年 64 页
27cm（大 16 开）ISBN: 7-5340-0277-X
定价: CNY4.80
（今日生活系列丛书）

J0137010
居室绿化
杭州 浙江人民美术出版社 1991 年 59 页
有图 26cm（16 开）ISBN: 7-5340-0274-5
定价: CNY8.00
（今日生活系列丛书）
　　本书包括盆栽植物的培养及在居室中的
合理安排，并介绍插花、盆景制作方法和陈设

艺术。

J0137011
居室新潮装饰实例与技巧 陈项东, 周珊编
福州 福建科学技术出版社 1991 年 56 页
有彩照 26cm（16 开）ISBN: 7-5335-0442-9
定价: CNY5.80

J0137012
居室雅趣 （中国装饰文化）展望之著
上海 上海古籍出版社 1991 年 171 页 有彩图
及照片 19cm（小 32 开）ISBN: 7-5325-1188-X
定价: CNY2.85
（中国古代生活文化丛书 第 1 辑）
　　本书以杂谈漫画形式、介绍了古代各类居室
陈设的艺术。

J0137013
居室装点摆设 300 问 程远达等编著
北京 中国华侨出版公司 1991 年 216 页
19cm（小 32 开）ISBN: 7-80074-510-4
定价: CNY3.10
（实用家庭生活向导丛书）

J0137014
居室装饰 （窗的艺术）孔六庆编译
南昌 江西美术出版社 1991 年 207 页 有图
19×21cm ISBN: 7-80580-041-3 定价: CNY19.50
　　本书分 5 篇: 启迪、历史、窗帘装饰、装饰
品种、欣赏。

J0137015
客厅餐厅与厨房
台北 大将书局 1991 年 112 页 有照片
26cm（16 开）定价: TWD250.00
（美化系列 12）

J0137016
盆景 王伟等摄影; 庄希社等书
南京 江苏美术出版社 1991 年 4 张 76cm（2 开）
定价: CNY3.40

J0137017
全景家庭装饰 刘在杰, 萧利文主编
北京 中国青年出版社 1991 年 108 页

有附彩图　26cm（16 开）ISBN：7-5006-0615-X
定价：CNY12.00

　　本书集世界各个国家家庭装饰优秀案例之
精华，并结合我国的实际情况，选出 200 多幅精
美的彩色照片。其中包括：客厅、饭厅、门厅、
书房、卧室以及厨房、走廊、卫生间等家庭的各
个地方。

J0137018

上海住房装潢与布置　蒋延麟编著
上海　上海科学普及出版社　1991 年　94 页
27cm（大 16 开）ISBN：7-5427-0401-X
定价：CNY5.90

J0137019

生活插花　周武忠编著
上海　上海科学技术出版社　1991 年　160 页
19cm（32 开）ISBN：7-5323-2315-3
定价：CNY2.15

　　本书介绍了插花的材料和器具，插花创作中
的设计原则、意境创造、基本操作步骤等。

J0137020

生活与插花　（甲乙辑）蔡湘蘋著
台北　蔡湘蘋［自刊］1991 年　再版　有图
27cm（大 16 开）精装　定价：TWD1000.00

J0137021

实用现代家庭装饰集　李喻军编著
长沙　湖南科学技术出版社　1991 年　有彩图
26cm（16 开）ISBN：7-5357-0956-7
定价：CNY8.80

J0137022

室内设计与角　陈耀光编著
杭州　浙江人民美术出版社　1991 年　64 页
有图　26cm（16 开）ISBN：7-5340-0280-X
定价：CNY4.80
（今日生活系列丛书）

　　本书从卧室、起居室、餐厅厨房、儿童屋、
工作角等不同空间，分门别类地介绍了居室空间
中不同类型角落的布置方法。作者陈耀光，设计
师。毕业于中国美术学院首届环艺系。历任浙
江省建筑设计院研究所室内设计师，中国建筑学
会室内设计分会常务理事，中国建筑装饰协会设

计委员会委员、副主任等职，著作有《室内设计
与角》《现代设计——店面设计》《都市夜景》等。

J0137023

随心所欲的家庭装饰设计 180 法　四川美
术出版社编
成都　四川美术出版社　1991 年　重印本　132 页
有插图　19cm（32 开）ISBN：7-5410-0297-6　定
价：CNY2.50

J0137024

现代插花艺术　（摄影四条屏）阳村，肖利摄
北京　人民美术出版社　1991 年　2 张　76cm（2 开）
定价：CNY1.20

J0137025

现代生活实用百科　（3　今日居室）蒲子，黄
宗湖主编；大地编著
南宁　广西美术出版社　1991 年　54 页　26cm（16 开）
ISBN：7-80582-215-8　定价：CNY4.95

　　本书收有黑白、彩色照片百余幅，并配以文
字说明，对居室布置、家具设计、家庭盆景、家
用电器、空间布置均有介绍。

J0137026

新潮插花艺术　（图集）奇乐，代木编
上海　上海科技教育出版社　1991 年　80 页
26cm（16 开）ISBN：7-5428-0509-6
定价：CNY10.00

J0137027

新潮居室集粹　王俭等编写
上海　上海科学技术出版社　1991 年　128 页
有彩图　26cm（16 开）ISBN：7-5323-2595-4
定价：CNY7.95

J0137028

新婚室内美化百事通　苏里等编
北京　中国医药科技出版社　1991 年　158 页
19cm（小 32 开）ISBN：7-5067-0209-6
定价：CNY3.20
（家庭百事通丛书）

　　本书从美学造型的角度介绍了各种类型新
婚室内布局的知识，并且提供了国内外最新式的
家具造型和新婚室内造型图样，介绍了家庭室内

美学造型、装点的具体知识。

J0137029
绚丽多采家庭室内装饰　任守一编
北京 中国妇女出版社 1991年 60页 20cm（32开）
ISBN：7-80016-506-X 定价：CNY7.15

J0137030
一句话房间布置小窍门　漆浩主编
北京 农村读物出版社 1991年 233页
19cm（小32开）ISBN：7-5048-1821-6
定价：CNY3.60

J0137031
装饰　陈秀兰，孙恺编著
北京 中国和平出版社 1991年 216页 有图
19cm（小32开）ISBN：7-80037-523-4
定价：CNY3.80
（现代家政百科）
　　本书从装饰与色彩、家具的选择等6个方面
介绍了单间、套间、书房、客厅、不规则房间的
装饰方法。外文书名：Decoration.

J0137032
自己动手　（居室巧布置）周志强等编
北京 中国广播电视出版社 1991年 183页
26cm（16开）ISBN：7-5043-0993-1
定价：CNY6.20
　　本书作者根据中国国情，从实际、美化、花
钱少等多种角度出发，以简易、通俗、物美价廉
的形式指导人们装饰美化自己的居室。书中还
附有数十幅图案。

J0137033
自己动手装修房间　嘉龙等编著
北京 科学出版社 1991年 177页 27cm（大16开）
ISBN：7-03-002428-1 定价：CNY7.60

J0137034
广州插花　广州插花艺术研究会编著
广州 广东科技出版社 1992年 134页 有彩照
26cm（16开）精装 ISBN：7-5359-1011-4
定价：CNY68.00
　　本书编入插花作品彩色照片160幅，并附指
导欣赏的文字说明。作品构图严谨，手法多样，

取材丰富，色彩艳丽。既有自然的灵感，亦有意
念的寄托；既有古典的意趣，亦有现代的风采，
给人以美的感受。书末附有本书插花作品用过
的主要花材名录，并列出150种花材的拉丁文学
名、中文学名、中文科名。

J0137035
华夏之美　（花艺）许淑真著
台北 幼狮文化事业公司 1992年 重印本 167页
有照片 21cm（32开）精装 ISBN：957-530-357-1
定价：TWD450.00

J0137036
家庭布置234　张福昌编
南京 江苏人民出版社 1992年 重印 92页
21×19cm（20开）ISBN：7-214-00800-9
定价：CNY8.00
　　本书收集了家庭室内布置的234个图例。

J0137037
家庭花卉装饰　陈林锋，陈张健编著
杭州 浙江科学技术出版社 1992年 76页
有彩图 29cm（16开）ISBN：7-5341-0471-8
定价：CNY12.00

J0137038
家庭实用插花150例　刘竑主编
广州 广东科技出版社 1992年 290页 有彩图
19cm（小32开）ISBN：7-5359-0928-0
定价：CNY6.60
　　本书介绍了制作插花作品所必须掌握的基
本知识。

J0137039
家庭装饰　剑鹰，文涛[编]
合肥 黄山书社 1992年 64页 有彩图
26cm（16开）ISBN：7-80535-430-8
定价：CNY8.80

J0137040
居室布置的学问　崔玉香编
北京 中国友谊出版公司 1992年 102页
19cm（小32开）ISBN：7-5057-0543-1
定价：CNY3.90
（大型系列礼品丛书 家庭主妇卷）

J0137041

居室美化实用技巧　周范林编著
北京　气象出版社　1992年　158页　19cm（小32开）
ISBN：7-5029-1138-3　定价：CNY3.20

J0137042

居室情调与装饰艺术　（1）范志刚主编
郑州　河南科学技术出版社　1992年　74页
有彩照　26cm（16开）ISBN：7-5349-0968-6
定价：CNY12.00
　　本书介绍了如何运用现代技术及材料、运用
现代声、光、美学及心理、生理学原理等创造居
住环境，全书包括空间设计、装饰与陈设、居室
气氛的创造等。

J0137043

居室情调与装饰艺术　（2）范志刚主编
郑州　河南科学技术出版社　1992年　58页
有彩照　26cm（16开）ISBN：7-5349-0969-4
定价：CNY10.50
　　本书介绍了如何运用现代技术及材料、运用
现代声、光、美学及心理、生理学原理等创造居
住环境，全书包括家具的造型与风格、家具的面
料与色彩两部分。

J0137044

客厅创意200　彭逸林等编
重庆　重庆出版社　1992年　119页　有彩照
19×20cm　ISBN：7-5366-1790-9　定价：CNY17.40

J0137045

岭南盆景　（艺术与技法）刘仲明，刘小翎编著
台北　渡假出版社　1992年　178页　有图
21cm（32开）ISBN：957-623-084-5
定价：TWD280.00
（实用生活丛书　园艺系列 11）

J0137046

上海家庭布置100例　上海人民美术出版社
编；陆明华等摄影
上海　上海人民美术出版社　1992年　80页
有彩照　26cm（16开）ISBN：7-5322-0996-2
定价：CNY12.80
　　本书收入159幅图。分别介绍卧室、厨房、
浴室、会客室、书房、酒吧、阳台、走廊以及多功

能器具等的布置，附有解释和启示性简明文字和
彩色立体图。

J0137047

实用插花艺术　胡纪衡等编译
北京　高等教育出版社　1992年　93页　有附图
20cm（32开）ISBN：7-04-002750-X
定价：CNY6.10
　　本书介绍了插花艺术的基本知识及一些优
秀的插花作品，并介绍了日本草月流派的插花
艺术。

J0137048

世界家具与室内布置全集　梁伟民主编
沈阳　辽宁科学技术出版社　1992年
2册（240+240页）26cm（16开）精装
ISBN：7-5381-1512-9　定价：CNY168.00
　　外　文　书　名：World Furniture and Interior
Overall Arrangement.

J0137049

室内设计图解　（美）程大锦著；乐民成编译
北京　中国建筑工业出版社　1992年　314页
26cm（16开）ISBN：7-112-01673-8
定价：CNY10.75

J0137050

室内装饰精华　董良主编；李兴龙等编写
北京　中国建材工业出版社　1992年　121页
有彩照　26cm（16开）ISBN：7-80090-033-9
定价：CNY9.80
　　本书推荐了上海和全国流行的或即将流行
的装饰产品，汇集了当代装饰装潢业的一些新成
就，新构思近200幅照片及插图。

J0137051

图解居室装潢制作大全　李子朴等编著
上海　上海科学技术出版社　1992年　184页
有彩图　26cm（16开）ISBN：7-5323-2861-9
定价：CNY10.00

J0137052

现代家居　吾仁主编
杭州　浙江科学技术出版社　1992年　71页
29cm（16开）ISBN：7-5341-0431-9

定价：CNY12.00

J0137053
现代家庭室内设计图集　宿志刚，赵惠芳编绘
上海　上海科学技术文献出版社　1992 年　169 页
有图　18×26cm　ISBN：7-80513-986-5
定价：CNY5.80

J0137054
现代家庭室内装饰设计　陈嘉棠，王屹南编著
长沙　湖南科学技术出版社　1992 年　135 页
有彩图　26cm（16 开）ISBN：7-5349-1055-2
定价：CNY15.00
　　作者陈嘉棠（1935— ），高级工艺美术师，
藤编艺术家。出生于广东南海。曾任广东南海
藤厂厂长。作品《佛肚藤迳榻椅》《藤苑》《五件
套金钱椅》等。

J0137055
现代居室创意设计　华明编；曹工化撰文
杭州　浙江人民美术出版社　1992 年　128 页
有彩照　26cm（16 开）ISBN：7-5340-0346-6
定价：CNY16.80
（现代居室丛书　美的家系列）
　　本书选入彩照 376 幅。提供了各种类型的
家庭设计，展示了居室空间的布置精华。

J0137056
现代视觉美术设计　（起居空间　会客室、餐
厅、卧室）王超鹰，马放南编著
上海　上海三联书店　1992 年　158 页　有彩图
26cm（16 开）ISBN：7-5426-0553-4
定价：CNY85.00
　　作者王超鹰（1958— ），文化研究学者。上
海人。日本符号学学会正会员，毕业于东京武藏
野美术大学。编著有《东巴文字 – 活着的象形文
字》《视觉设计系列》《新型多功能家具》等。

J0137057
现代视觉美术设计　（2　配套空间）王超鹰，
马放南编著
上海　上海三联书店　1993 年　160 页　有彩照
26cm（16 开）软精　ISBN：7-5426-0629-8
定价：CNY108.00
　　本书主要介绍住宅室内装饰的配套空间的

厨房、浴室、工作室、儿童室及其他。

J0137058
现代室内设计艺术　周长积，袁鸣编著
济南　山东美术出版社　1992 年　118 页　有图版
20cm（32 开）ISBN：7-5330-0425-6
定价：CNY5.50
（新世纪美术设计丛书）
　　本书内容包括室内设计概述、室内设计的空
间与造型、室内装修设计艺术、室内装饰设计艺
术、室内色彩与光照、室内设计的方法及程序等
6 章。作者周长积（1954— ），山东建筑大学艺
术学院党委书记、院长、教授、硕士生导师。作
者袁鸣，上海华东建筑设计院室内设计师，兼山
东建筑工程学院特邀讲师。

J0137059
现代室内装饰　王其钧，谢燕编著
天津　天津大学出版社　1992 年　198 页　21×17cm
ISBN：7-5618-0304-4　定价：CNY11.80
（人·建筑·艺术丛书）

J0137060
小屋情趣　崔承毅等编
杭州　浙江摄影出版社　1992 年　79 页　有彩图
26cm（16 开）ISBN：7-80536-139-8
定价：CNY7.50
（摩登丛书）

J0137061
新潮家庭居室布置与美化　世圃等编
天津　天津科技翻译出版公司　1992 年
有彩照　26cm（16 开）ISBN：7-5433-0100-8
定价：CNY10.00

J0137062
新房新居设计装饰布置图例　邬树德编著
石家庄　河北科学技术出版社　1992 年　196 页
有彩图　18×26cm　ISBN：7-5375-0851-8
定价：CNY9.00
　　本书选择了 10 种住宅类型，提出了 14 种
户型的设计方案，以青年住宅二居室的小套间
为主。

J0137063
怎样布置新房　乐嘉龙等编著
北京　解放军出版社　1992 年　110 页　有彩图
26cm（16 开）ISBN：7-5065-1883-X
定价：CNY4.00
　　本书对家具、陈设、室内装修以及新房布置
的美学问题做了介绍，并附有图例。

J0137064
怎样巧隔房间　王敏等［著］
上海　上海文化出版社　1992 年　79 页　有图
19cm（小 32 开）ISBN：7-80511-515-X
定价：CNY1.30
（怎么办丛书）

J0137065
扎染、蜡染、印花、手绘制作　回顾编著
哈尔滨　黑龙江美术出版社　1992 年　68 页
26cm（16 开）ISBN：7-5318-0156-6
定价：CNY8.00
（家庭美化丛书 1）
　　作者回顾（1953— ），教授。辽宁人。鲁迅
美术学院副教授。编著有《世界装饰图案全集》
《中国丝绸纹样史》《花卉图案设计》等。

J0137066
中国盆景　（造型艺术分析）赵庆泉撰文；王
志英绘图
台北　渡假出版社　1992 年　176 页　有图
21cm（32 开）ISBN：957-623-083-7
定价：TWD320.00
（实用生活丛书 园艺系列 10）

J0137067
中国现代室内装饰　臧大象主编
北京　中国建筑工业出版社　1992 年　191 页
26cm（16 开）精装 ISBN：7-112-01421-2
定价：CNY90.00

J0137068
装点居室 200 妙法　陈赤主编；田小玲等编著
南宁　广西民族出版社　1992 年　185 页　有插图
19cm（小 32 开）ISBN：7-5363-1843-X
定价：CNY3.20
（现代家庭必备丛书）

本书从科学的角度，结合居民居室的实际情
况，分客厅、书房、卧室、阳台等方面，介绍了布
置妙法。

J0137069
装饰插花　（摄影集）许恩珠主编
上海　上海人民美术出版社　1992 年　112 页
29cm（16 开）ISBN：7-5322-1159-2
定价：CNY58.00
　　本书介绍了装饰插花的基本知识，并精选
了 180 余幅插花作品图片。外文书名：Decorative
Flower-Arrangements. 作者许恩珠，高级工程
师，上海市月季花协会会长，上海市插花协会副
会长。

J0137070
'93 台湾室内设计工商年鉴　陈进兴主编
台中　室内设计装饰商业同业公会联合会
1993 年　604 页 30cm（10 开）精装
定价：TWD3000.00

J0137071
插花艺术基础　黎佩霞编著
北京　农业出版社　1993 年　81 页　有彩图
26cm（16 开）ISBN：7-109-02758-9
定价：CNY4.00
　　作者黎佩霞，华南农业大学任教。

J0137072
插花艺术与技巧　孙耀良等编著
上海　上海科技教育出版社　1993 年　141 页
有图　20cm（32 开）ISBN：7-5428-0683-1
定价：CNY3.00
　　本书介绍了中国插花艺术的历史沿革、插花
的类型、插花技巧、插花的器皿与工具、常用花
材等。

J0137073
儿童居室　（新潮室内设计）黄建国等编选
南昌　江西美术出版社　1993 年　28cm（大 16 开）
ISBN：7-80580-143-6　定价：CNY5.50
（七彩生活丛书）

J0137074
豪华居室　张丽编

成都 四川科学技术出版社 1993 年 123 页
有彩照 26cm（16 开）ISBN：7-5361-2563-5
定价：CNY23.80

J0137075
花艺 （摄影集）蔡俊清编著
合肥 安徽科学技术出版社 1993 年 160 页
32cm（10 开）ISBN：7-5337-0694-3
定价：CNY79.80
　　本书是介绍花卉装饰的画册，收集了许多知
名插画专家作品。

J0137076
家居与装饰 马龙编
长沙 国防科技大学出版社 1993 年 80 页
26cm（16 开）精装 ISBN：7-81024-237-7
定价：CNY25.00

J0137077
家庭布置 123 （图集）王一鸣主编
长沙 湖南科学技术出版社 1993 年 265 页
26cm（16 开）ISBN：7-5357-1277-0
定价：CNY59.80

J0137078
家庭室内装饰技巧 高志华等编著
北京 中国林业出版社 1993 年 245 页
19cm（小 32 开）ISBN：7-5038-1085-0
定价：CNY4.80

J0137079
家庭装潢精选集 郭玉梅编著
台北 冠伦出版社 1993 年 96 页 26cm（16 开）
ISBN：957-8629-32-X 定价：TWD250.00
（家居生活系列 9）

J0137080
今日家居 （图册 今日中国普通家庭居室的实
录）郑曙炀编
北京 金盾出版社 1993 年 71 页 26cm（16 开）
ISBN：7-80022-649-2 定价：CNY12.00

J0137081
居室点缀艺术 戈瑛，佟博编著
太原 山西经济出版社 1993 年 33 页 有彩照

26cm（16 开）ISBN：7-80577-422-6
定价：CNY7.80
（现代家庭消费宝库）

J0137082
居室环境装饰指南 詹维克等编著
北京 中国建材工业出版社 1993 年 137 页
19cm（小 32 开）ISBN：7-80090-078-9
定价：CNY4.80

J0137083
居室装饰 张玉明等编著
上海 上海科学技术出版社 1993 年 162 页
21×19cm ISBN：7-5323-2800-7 定价：CNY11.80
（家庭生活书库）

J0137084
居室装饰 100 忌 之先著
北京 中国建材工业出版社 1993 年 194 页
19cm（小 32 开）ISBN：7-80090-196-3
定价：CNY5.80

J0137085
客厅 乐嘉龙主编
北京 中国铁道出版社 1993 年 147 页
20cm（32 开）ISBN：7-113-01480-1
定价：CNY6.10
（全国"星火计划"丛书·现代家庭装饰装修小工
艺丛书 2）

J0137086
实用家庭装饰 （精华本）彭觉民，晓凡编
北京 纺织工业出版社 1993 年 82 页 有彩照
26cm（16 开）ISBN：7-5064-0910-0
定价：CNY14.80

J0137087
室内花卉布置 温扬真编著
北京 农业出版社 1993 年 151 页 26cm（16 开）
ISBN：7-109-02860-7 定价：CNY7.45

J0137088
室内设计典藏集 （2000 年室内设计趋势）
黄小石主编
台北 台北市室内设计装饰商业同业公会

1993 年　有照片　31cm（10 开）精装
定价：TWD1800.00

外文书名：Interior Design Annual.

J0137089
卧室　（新潮室内设计）黄建国等编选
南昌　江西美术出版社　1993 年　28cm（大 16 开）
ISBN：7-80580-143-6　定价：CNY5.50
（七彩生活丛书）

J0137090
卧室　乐嘉龙主编
北京　中国铁道出版社　1993 年　122 页
20cm（32 开）ISBN：7-113-01483-6
定价：CNY5.50
（全国星火计划丛书·现代家庭装饰装修小工艺
丛书 1）

J0137091
现代家庭装饰
北京　团结出版社　1993 年　64 页　有彩照
26cm（16 开）ISBN：7-80061-772-6
定价：CNY12.80

J0137092
现代居室布置　咏梅，晓兵编
南宁　广西美术出版社　1993 年　128 页
26cm（16 开）ISBN：7-80582-655-2
定价：CNY18.00

J0137093
现代室内布置集锦　潘琳编著
南京　江苏人民出版社　1993 年　76 页　19×21cm
ISBN：7-214-01134-4　定价：CNY14.80

J0137094
现代室内装饰　丹紫编
武汉　长江文艺出版社　1993 年　64 页　26cm（16 开）
ISBN：7-5354-0813-3　定价：CNY9.80

J0137095
一流家庭设计　于军著
北京　警官教育出版社　1993 年　80 页　26cm（16 开）
ISBN：7-81027-341-8　定价：CNY18.80

J0137096
艺术插花指南　（图册）蔡仲娟主编
上海　上海辞书出版社　1993 年　117 页　19×18cm
精装　ISBN：7-5326-0245-1　定价：CNY16.00

　　作者蔡仲娟（1935—　　），教师。上海人。历
任中国插花协会副会长，上海市插花协会会长。
著作有《中国插花艺术》《中国插花荟萃》《艺术
插花指南》等。

J0137097
怎样住最舒适　李鸿渠编著
武汉　中国地质大学出版社　1993 年　211 页
有图　19cm（小 32 开）ISBN：7-5625-0708-2
定价：CNY3.20
（青年生活采风丛书）

　　本书介绍了布置房间、美化房间的实用
方法。

J0137098
中国盆景　（画册）
北京　北京科学技术出版社　1993 年　89 页
26cm（16 开）ISBN：7-5340-0396-2
定价：CNY53.00

J0137099
中国艺术插花　蔡仲娟主编
上海　上海文化出版社　1993 年　120 页　有彩图
26cm（16 开）精装　ISBN：7-80511-600-8
定价：CNY28.00

J0137100
装点你的居室：室内巧布置　晓芳，黎明编著
哈尔滨　哈尔滨出版社　1993 年　92 页　有插图
19cm（小 32 开）ISBN：7-80557-513-4
定价：CNY3.98

J0137101
最新室内装饰艺术　方明清编
成都　成都科技大学出版社　1993 年　40 页
有彩图　26cm（16 开）ISBN：7-5616-1595-7
定价：CNY7.80

J0137102
1995 年高级艺术壁挂　萧令绘
南京　江苏美术出版社　1994 年　1 张　有图

87×35cm

J0137103
1995 年高级艺术壁挂
南京 江苏美术出版社 1994 年 1 张 有图
75×35cm

J0137104
1995 年高级艺术壁挂　徐悲鸿绘
南京 江苏美术出版社 1994 年 1 张 有图
86×35cm

J0137105
1995 年扇型艺术壁挂　白石绘
南京 江苏美术出版社 1994 年 1 张 有图
27×69cm

J0137106
1995 年扇型艺术壁挂
南京 江苏美术出版社 1994 年 1 张 有图
27×60cm

J0137107
1995 年扇型艺术壁挂　唐寅绘
南京 江苏美术出版社 1994 年 1 张 有图
27×68cm

J0137108
1995 年香木壁挂　唐寅绘
南京 江苏美术出版社 1994 年 1 张 有图
78×31cm

J0137109
1995 年香木壁挂
南京 江苏美术出版社 1994 年 1 张 有图
75×31cm

J0137110
壁饰艺术　（图集）王庆珍等［编著］
沈阳 辽宁美术出版社 1994 年 280 页
26cm（16 开）精装 ISBN：7-5314-1218-7
定价：CNY168.00
（装饰设计艺术系列）

J0137111
彩图居室布置与装饰 200 例　王夏嫒，方元编
上海 上海科学普及出版社 1994 年 60 页
30cm（12 开）ISBN：7-5427-0797-3
定价：CNY29.50

J0137112
插花世界　何孝永编
上海 上海科学技术文献出版社 1994 年 46 页
有彩图 26cm（16 开）ISBN：7-5439-0386-5
定价：CNY28.00
　　本书内容介绍插花欣赏、插花基本造型、插
花应用等。

J0137113
插花艺术　王路昌著
上海 上海书店 1994 年 117 页 有彩照及插图
19cm（小 32 开）ISBN：7-80569-981-X
定价：CNY9.80
（闲暇丛书）

J0137114
插花艺术入门　蓝萍编译
台南 信宏出版社 1994 年 203 页 有图
21cm（32 开）ISBN：957-538-396-6
定价：TWD180.00
（园艺 10）

J0137115
二室一厅布置　乐嘉龙主编
杭州 浙江科学技术 1994 年 126 页 有彩照
26cm（16 开）ISBN：7-5341-0686-9
定价：CNY15.00
（室内装饰丛书）

J0137116
花姿百韵：谢明插花艺术选　谢明编
上海 上海人民美术出版社 1994 年 100 页
29cm（16 开）ISBN：7-5322-1416-8
定价：CNY69.00

J0137117
家庭·织物·美化　田青，郑曙杉编著
北京 中国纺织出版社 1994 年 124 页
26cm（16 开）ISBN：7-5064-1076-1

定价: CNY25.00

本书以图为主,同时配以精练的文字说明和织物组合的实物彩照,还有装饰后的家庭整体效果图等。

J0137118

家庭居室巧安排 (1)中国建筑工业出版社,北京电视台编著

北京 中国建筑工业出版社 1994 年 75 页
26cm(16 开) ISBN: 7-112-02346-7
定价: CNY20.00

本书收集了 20 世纪 90 年代中国家居装饰设计的范例,图文并茂。

J0137119

精致住宅 (介绍时代流行新颖实用的装璜与设计)

台北 大将书局 1994 年 112 页 有照片
21cm(32 开) 定价: TWD250.00
(美化系列 13)

J0137120

居室布置装饰新创意 (床罩、窗帘、椅套、床被、墙面制作方法 100 例)《居室布置装饰新创意》编写组编

北京 中国物资出版社 1994 年 73 页 有彩照
26cm(16 开) ISBN: 7-5047-0858-5
定价: CNY12.80

本书有彩图 82 幅,介绍居室的陈设、布置与美化,居室空间的划分、利用与改善空间的方法,及百余款家用装饰物的特点、选料参考、制作方法与步骤。

J0137121

居室装潢范例

杭州 浙江摄影出版社 1994 年 80 页 26cm(16 开)
ISBN: 7-80536-252-1 定价: CNY16.80
(摩登丛书)

J0137122

美在窗前 (窗帘与室内巧置)王曜忠,丁峰编

杭州 浙江人民出版社 1994 年 60 页 26cm(16 开)
ISBN: 7-213-01047-6 定价: CNY12.00

J0137123

你也可以是室内设计师 郝爱嘉编著

台北 书泉出版社 1994 年 197 页 有图
19cm(小 32 开) ISBN: 957-648-327-1
定价: TWD120.00
(新新生活 7)

J0137124

三室一厅布置 乐嘉龙主编

杭州 浙江科学技术出版社 1994 年 116 页
有图 26cm(16 开) ISBN: 7-5341-0687-7
定价: CNY15.00
(室内装饰丛书)

J0137125

室内设计鉴赏集 黄小石主编

台北 当代设计杂志社 1994 年 301 页 有照片
30cm(10 开) 精装 ISBN: 957-9123-00-4
定价: TWD1200.00

外文书名: Interior Design Annual.

J0137126

室内设计面面观 (一九九三室内设计学术季巡回讲座专辑)室内设计装饰商业同业公会联合会主编

台北 当代设计杂志社 1994 年 有照片
30cm(10 开) ISBN: 957-9123-01-2
定价: TWD480.00

外文书名: Aspects of Interior Design.

J0137127

室内植物装饰与养护 唐莉娜等编著

南宁 广西科学技术出版社 1994 年 340 页
有彩图 19cm(小 32 开) ISBN: 7-80619-130-5
定价: CNY8.40

J0137128

现代居室装饰与布置 刘公允等主编

哈尔滨 黑龙江人民出版社 1994 年 172 页
26cm(16 开) 精装 ISBN: 7-207-02906-3
定价: CNY80.00

本书选入综合间、儿童间、客厅、卧室、帘与罩、餐厅、餐厨以及卫生间彩色图片几百幅,并配有文字说明。

J0137129
现代切花与插花　金波编著
北京　中国农业科技出版社　1994 年　67 页
19cm（小 32 开）ISBN：7-80026-732-6
定价：CNY4.80
　　作者金波，中国农业科学院蔬菜花卉研究所
任职。

J0137130
现代情调居室　生有编选
南昌　江西美术出版社 1994 年 77 页 26cm（16 开）
ISBN：7-80580-180-0 定价：CNY22.80
（情调生活丛书）
　　本书内容包括：原木本色、中西合璧、个性
空间等 7 部分。

J0137131
现代小家庭装饰 98 款　（图集）庄南鹏编著
厦门　鹭江出版社 1994 年 88 页 26cm（16 开）
ISBN：7-80533-742-X 定价：CNY10.00

J0137132
小空间巧设计　蔡丽玲主编
台北　培根文化事业公司 1994 年 重印本 113 页
有照片 21cm（32 开）ISBN：957-9149-80-1
定价：TWD200.00
（精致生活 5）

J0137133
新潮家具与室内布置　（摄影集）刘书义主编
哈尔滨　哈尔滨出版社 1994 年 4 册 26cm（16 开）
ISBN：7-80557-705-6 定价：CNY74.00
　　本书内容包括：客厅家具、卧室家具、厨房
家具和卫生洁具。

J0137134
一流住宅设计　许绍鹏主编
北京　中国林业出版社 1994 年 80 页 有彩照
26cm（16 开）ISBN：7-5038-1227-5
定价：CNY14.80
（新潮家庭装璜丛书）

J0137135
一室一厅布置　乐嘉龙主编
杭州　浙江科学技术 1994 年 100 页 有彩照

26cm（16 开）ISBN：7-5341-0685-0
定价：CNY14.00
（室内装饰丛书）

J0137136
艺术香壁挂　（1995：唐寅系列《四季风光》）
南京　江苏美术出版社 1994 年 1 张 有图
76x17cm（2 开）

J0137137
整理住家巧思集　小学馆著；郭玉梅译
台北　冠伦文化事业公司 1994 年 111 页 有照片
26cm（16 开）ISBN：957-8629-47-8
定价：TWD300.00
（美化生活系列 2）

J0137138
装饰艺术壁挂制作　王志蕙著
北京　中国友谊出版公司 1994 年 96 页 有彩图
26cm（16 开）ISBN：7-5057-0815-5
定价：CNY12.00
　　本书介绍壁挂的设计方法，材料的选择，以
及几种不同的工艺制作技法。作者王志蕙，女，
北京服装学院工艺美术系任教。

J0137139
壁饰环境艺术　王庆珍编著
哈尔滨　黑龙江美术出版社 1995 年 198 页
d29cm ISBN：7-5318-0337-2 定价：CNY108.00
（环境艺术设计丛书）

J0137140
插花　刘丽和，吴宜璋编著
北京　中国青年出版社 1995 年 124 页 有彩照
及表格 20cm（32 开）ISBN：7-5006-1853-0
定价：CNY8.90
（家居花卉丛书）

J0137141
插花创作年鉴　杨宗魁总编
台北　设计家文化出版事业公司 1995 年 有图
31cm（10 开）精装 ISBN：957-9570-14-0
定价：TWD1200.00
（1995 台湾创意百科 5）
　　外文书名：Creative Illustration.

J0137142
插花艺术　单刚编
合肥 安徽美术出版社 1995年 80页 26cm(16开)
ISBN：7-5398-0426-2 定价：CNY23.80

J0137143
窗帘装饰200款　（画册）浙江省室内装饰公司编
杭州 浙江科学技术出版社 1995年 70页
26cm(16开) ISBN：7-5341-0743-1
定价：CNY19.50
（室内装饰丛书）

J0137144
个性家居　（屋内设计别册）谢丰兆总编辑
台北 昇阳出版社 1995年 131页 有图
30cm(10开) 定价：TWD280.00

J0137145
家庭插花造型　蔡俊清，陈跃春著；侯福梁，侯福明摄
杭州 浙江摄影出版社 1995年 97页 26cm(16开)
ISBN：7-80536-345-5 定价：CNY17.00

J0137146
家庭居室美化艺术　阎瑛编著
济南 山东科学技术出版社 1995年 60页
有彩图 26cm(16开) ISBN：7-5331-1653-4
定价：CNY19.80
　　作者阎瑛，山东工艺美术学院任教。

J0137147
家庭软装饰设计方案与表现　（图集）傅华，张吉成编著
长春 长春出版社 1995年 75页 26cm(16开)
ISBN：7-80604-172-9 定价：CNY25.00

J0137148
家庭养花与插花　李正应等编著
北京 科学技术文献出版社 1995年 238页
有彩照 19cm(小32开) ISBN：7-5023-2296-5
定价：CNY10.00

J0137149
家庭装饰

杭州 中国美术学院出版社 1995年 88页
26cm(16开) ISBN：7-81019-488-7
定价：CNY27.80

J0137150
居室饰物　邱戟，王喆编
杭州 浙江科学技术出版社 1995年 30页
19cm(小32开) ISBN：7-5341-0740-7
定价：CNY3.60
（实用居室装修丛书）

J0137151
切花栽培与保鲜及插花艺术　金波，秦魁杰编著
北京 中国林业出版社 1995年 164页 有彩照
19cm(小32开) ISBN：7-5038-1441-1
定价：CNY9.80
　　作者金波，中国农业科学院蔬菜花卉研究所任职。作者秦魁杰(1933—　)，教师。毕业于北京林学院。在北京林业大学园林学院任教。曾任中国插花花艺协会首届秘书长，中国插花花艺协会副会长、北京插花艺术研究会副会长、中国花卉协会牡丹芍药分会副会长。代表作品《中国传统插花艺术》《中国古典插花名著名品赏析》《插花员国家职业标准》等。

J0137152
商店室内装饰　徐北村主编；洪彦夫等编著
北京 金盾出版社 1995年 51页 有彩照
26cm(16开) ISBN：7-5082-0036-5
定价：CNY12.50

J0137153
实用插花技法　言明主编
北京 地质出版社 1995年 106页 26cm(16开)
ISBN：7-116-01895-6 定价：CNY70.00

J0137154
实用家庭插花技艺　傅玉兰编著
合肥 安徽科学技术出版社 1995年 2版(修订版)
重印本 220页 有彩图 19cm(小32开)
ISBN：7-5337-0488-6 定价：CNY8.00

J0137155
室内陈设艺术　（图册）潘吾华，兰先琳编著

天津　天津科学技术出版社　1995 年　119 页
26cm（16 开）ISBN：7-5308-1801-5
定价：CNY26.00

　　作者潘吾华（1938—　　），女，满族，教授。
吉林人，毕业于中央工艺美术学院。中央工艺美
院任教。作品有《春》《韵律》《孕育》《春夏秋
冬》等。

J0137156
室内植物养护与布置　　王伟，李梅编著
南京　江苏人民出版社　1995 年　87 页　21×19cm
ISBN：7-214-01450-5　定价：CNY20.00

J0137157
室内装饰 760 例　　东天编
宁波　宁波出版社　1995 年　112 页　26cm（16 开）
ISBN：7-80602-036-5　定价：CNY28.00

J0137158
室内装饰新款　　李玄编
成都　成都科技大学出版社　1995 年　72 页
有彩图　26cm（16 开）ISBN：7-5616-3184-7
定价：CNY23.80

J0137159
现代壁挂设计艺术　　陈建江编绘
合肥　安徽美术出版社　1995 年　重印本　60 页
26cm（16 开）ISBN：7-5398-0279-0
定价：CNY9.60
（实用美术技法丛书）

J0137160
现代居室装饰画技法　　卓昌勇，吴红编著
重庆　西南师范大学出版社　1995 年　77 页
26cm（16 开）ISBN：7-5621-1244-4
定价：CNY16.50

J0137161
现代居室装饰画技法　　吴培秀，卓昌勇编著
重庆　西南师范大学出版社　1998 年　重印本
77 页　26cm（16 开）ISBN：7-5621-1244-4
定价：CNY18.50
（美术系列教材）
　　作者卓昌勇（1944—　　），教授。四川重庆人，
毕业于西南师大。重庆师范学院影像工程系教

授，中国美术家协会四川分会会员。著有《教学
美术》《现代居室装饰画技法》。

J0137162
新潮布艺　　白雪，魏莉主编
哈尔滨　哈尔滨出版社　1995 年　2 册（69+69 页）
26cm（16 开）ISBN：7-80557-811-7
定价：CNY50.00

J0137163
新概念居室　　（图集）刘平编
成都　成都科技大学出版社　1995 年　80 页
26cm（16 开）ISBN：7-5616-3022-0
定价：CNY19.80
（中国居家生活顾问）
　　作者刘平（1963—　　），四川宜宾人，宜宾市
酒都饭店特级烹调师。

J0137164
一室一厅布置　　乐嘉龙主编
杭州　浙江科学技术　1995 年　重印本　100 页
有彩照　26cm（16 开）ISBN：7-5341-0685-0
定价：CNY15.00
（室内装饰丛书）

J0137165
中国插花　　北京插花艺术研究会《中国插花》
编委会编著
北京　清华大学出版社　1995 年　121 页　有照片
26cm（16 开）精装　ISBN：7-302-01509-0
定价：CNY48.00
　　本书介绍插花的产生、历史、风格、构图及
经典著作，有 100 幅彩色插花佳作图片。

J0137166
中国插花　日本花道　　（摄影集　中日文本）
（日）山本玉岭，蔡仲娟主编
上海　上海科学技术文献出版社　1995 年　113 页
26cm（16 开）ISBN：7-5439-0736-4
定价：CNY55.00，CNY68.00（精装）
　　作者山本玉岭，日本华道池坊圣流家
元，中国上海插花协会名誉顾问。作者蔡仲娟
（1935—　　），教师。上海人。历任中国插花协会
副会长，上海市插花协会会长。著作有《中国插
花艺术》《中国插花荟萃》《艺术插花指南》等。

J0137167

1996 年池坊中日亲善花展专辑　吕良谦摄影 / 总编辑

台北　吕氏出版社　1996 年　207 页　有彩图彩照　26cm（16 开）精装

J0137168

插花　胡运骅主编

上海　上海画报出版社　1996 年　47 页　有彩照　17×19cm　ISBN：7-80530-171-9　定价：CNY10.00

（知识画库　知识园艺系列）

J0137169

插花　刘丽和，吴宜璋编著

北京　中国青年出版社　1996 年　重印本　124 页　有彩照及表格　20cm（32 开）

ISBN：7-5006-1853-0　定价：CNY8.90

（家居花卉丛书）

J0137170

茶花的插花方法　林碧玲译

台南　信宏出版社　1996 年　126 页　有照片　21cm（32 开）　ISBN：957-538-453-9

定价：TWD200.00

（趣味 32）

J0137171

房间美化技巧　李凡，李雪梅编著

北京　农村读物出版社　1996 年　2 版　156 页　有插图　19cm（小 32 开）　ISBN：7-5048-2068-7

定价：CNY8.80

（新编家庭生活实用书库）

J0137172

房屋装修与配色　思诗主编

沈阳　辽宁美术出版社　1996 年　46 页　有彩图　26cm（16 开）　ISBN：7-5314-1276-4

定价：CNY22.00

J0137173

花卉养植与插花技术问答　金波等编著

北京　科学普及出版社　1996 年　重印本　182 页　19cm（32 开）　ISBN：7-110-03929-3

定价：CNY7.50

（农民实用技术丛书）

作者金波，中国农业科学院蔬菜花卉研究所任职。

J0137174

家居布置·照明·配色问答　欧志恒编著

香港　万里书店　1996 年　220 页　有彩照图　21cm（32 开）　ISBN：962-14-0898-9

定价：HKD98.00

（实用室内设计丛书 2）

J0137175

家庭布饰　（图集）

南昌　江西美术出版社　1996 年　重印本　120 页　26cm（16 开）　ISBN：7-80580-261-0

定价：CNY26.80

J0137176

家庭窗帘装饰与制作　温沙编著

北京　中国轻工业出版社　1996 年　146 页　26cm（16 开）　ISBN：7-5019-1884-8

定价：CNY17.80

J0137177

家庭物品巧收藏　王友怀等编著

杭州　浙江科学技术出版社　1996 年　64 页　有彩图　26cm（16 开）　ISBN：7-5341-0941-8

定价：CNY18.00

J0137178

居室美化　杨霞编著

北京　经济科学出版社　1996 年　159 页　19cm（小 32 开）　ISBN：7-5058-0954-7

定价：CNY7.80

（家政丛书）

J0137179

礼品花艺　周百宜等编著

南昌　江西科学技术出版社　1996 年　92 页　29cm（16 开）　ISBN：7-5390-0977-2

定价：CNY45.00

J0137180

民间插花　花艺文教基金会编辑

台北　文建会第二处　1996 年　192 页　有照片　27cm（大 16 开）精装　ISBN：957-00-7741-7

（中国传统插花艺术专辑）

J0137181
实用插花　王继仁等编；张侯权，徐碧玉摄
杭州　浙江科学技术出版社　1996 年　93 页
29cm（16 开）ISBN：7-5341-0919-1
定价：CNY39.00

J0137182
室内植物装饰　赵梁军等编著
北京　北京农业大学出版社　1996 年　16+154 页
有彩图　20cm（32 开）ISBN：7-81002-755-7
定价：CNY14.00

J0137183
我的家　（全国居室装饰大赛入选作品集）洪
涛，邹敏讷主编
长沙　湖南美术出版社　1996 年　127 页
26cm（16 开）ISBN：7-5356-0831-0
定价：CNY55.00

J0137184
现代壁挂设计　施慧［编］
杭州　浙江人民美术出版社　1996 年　48 页
26cm（16 开）ISBN：7-5340-0657-0
定价：CNY19.50
（设计家 丛书）
　　作者施慧（1955—　　），女，画家。生于上海，
毕业于中国美术学院。中国美术学院雕塑系和
环境艺术系教授，中国美术家协会会员，中国环
境艺术委员会委员。

J0137185
香港插花　（钟玉冰插花作品集）钟玉冰，黎
佩霞著
广州　广东科技出版社　1996 年　102 页
20cm（32 开）ISBN：7-5359-1725-9
定价：CNY20.00

J0137186
新世界居室　（图册）拓冬选编
海口　海南摄影美术出版社　1996 年　79 页
26cm（16 开）ISBN：7-80637-050-1
定价：CNY22.80

J0137187
学会美化居室　（自制室内布饰）樊城绪等编著
上海　上海远东出版社　1996 年　60 页　26cm（16 开）
ISBN：7-80613-235-X　定价：CNY16.00

J0137188
一分钟家庭布置配色速查手册　（图集）朱
天明主编；曹庆婕等撰稿
太原　山西科学技术出版社　1996 年　128 页
19cm（小 32 开）ISBN：7-5377-1193-3
定价：CNY19.80
（一分钟系列丛书）

J0137189
1997 年池坊中日亲善花展专辑　吕良谦摄
影／总编辑
台北　吕氏出版社　1997 年　192 页　有彩图彩照
26cm（16 开）精装

J0137190
壁饰的材质与设计　陈仲琛，李艳红编著
沈阳　辽宁画报出版社　1997 年 72 页 26cm（16 开）
ISBN：7-80601-134-X　定价：CNY42.80
（现代设计）

J0137191
插花图说　蔡俊清编著
上海　上海科学技术出版社　1997 年　194 页
26cm（16 开）ISBN：7-5323-4326-X
定价：CNY19.50

J0137192
窗帘与居室装饰　许燕编著
北京　中国民族摄影艺术出版社　1997 年　80 页
26cm（16 开）ISBN：7-80069-177-2
定价：CNY25.80
（经典生活丛书）

J0137193
大众插花　黄朝娟主编
成都　四川科学技术出版社　1997 年　78 页
26cm（16 开）ISBN：7-5364-3697-1
定价：CNY28.00

J0137194
高文安室内设计作品集 （1 高文安居家风格）高文安设计；简丹著；范凯琍译
台北 橘子出版公司 1997 年 143 页 有照片
25cm（小 16 开）ISBN：957-8401-21-3
定价：TWD680.00
　　外文书名：The Interior Design World of Kenneth Ko, The Kenneth Ko Style of Living.

J0137195
高文安室内设计作品集 （2 住宅与办公室）高文安设计；简丹著；范凯琍译
台北 橘子出版公司 1997 年 143 页 有照片
25cm（小 16 开）ISBN：957-8401-22-1
定价：TWD680.00
　　外文书名：The Interior Design World of Kenneth Ko, House and Office.

J0137196
高文安室内设计作品集 （3 精品名店与百货公司）高文安设计；富贞撰文
台北 橘子出版公司 1997 年 143 页 有图
26cm（16 开）ISBN：957-8401-23-X
定价：TWD680.00
　　外 文 书 名：The Interior Design World of Kenneth Ko, Shop and Department Store.

J0137197
高文安室内设计作品集 （4 休闲娱乐与其他空间）高文安设计；简丹撰文
台北 橘子出版公司 1997 年 143 页 有图
26cm（16 开）ISBN：957-8401-24-8
定价：TWD680.00
　　外 文 书 名：The Interior Design World of Kenneth Ko, Leisure Areas and Other.

J0137198
海派插花 （王路昌插花艺术）王路昌编
上海 上海科学技术出版社 1997 年 104 页
29cm（16 开）ISBN：7-5323-4415-0
定价：CNY70.00

J0137199
花艺与包装
广州 广东人民出版社 1997 年 88 页 26cm（16 开）

ISBN：7-218-02609-5 定价：CNY28.80

J0137200
家庭布饰 郑天撰文；高贵林，黄简摄影
上海 上海文化出版社 1997 年 80 页 21cm（32 开）
ISBN：7-80511-942-2 定价：CNY15.00
（金风铃流行书系）

J0137201
家庭绿饰 梅慧敏，叶剑秋撰文；江南鹤摄影
上海 上海文化出版社 1997 年 80 页 21cm（32 开）
ISBN：7-80511-936-8 定价：CNY15.00
（金风铃流行书系）

J0137202
家庭软装饰巧制作 许文霞等编著
北京 中国轻工业出版社 1997 年 48+106 页
26cm（16 开）ISBN：7-5019-2057-5
定价：CNY21.80
（巧手系列丛书）

J0137203
居家的装潢设计 （展现创意表现自我）陶瑜华编著
台北 1997 年 208 页 21cm（32 开）
ISBN：957-36-0542-2 定价：TWD200.00
（现代生活丛书 22）

J0137204
居室布置新理念 刘明丽等编
上海 上海科学技术文献出版社 1997 年 80 页
29cm（16 开）ISBN：7-5439-1079-9
定价：CNY29.80
（我爱我家系列）

J0137205
居室色彩 汩滋兰芷编
沈阳 辽宁民族出版社 1997 年 120 页
28cm（大 16 开）ISBN：7-80527-646-3
定价：CNY48.00

J0137206
实用插花 110 例 （图集）王莲英等编著
福州 福建科学技术出版社 1997 年 120 页
20cm（32 开）ISBN：7-5335-1164-6

定价：CNY21.00

J0137207
实用插花艺术　杨芳绒编著
郑州　河南科学技术出版社　1997年　131页
有彩图及插图　19cm（小32开）
ISBN：7-5349-2085-X　定价：CNY11.80

J0137208
现代多功能居室装潢　陈惠乐等编
上海　上海科学技术出版社　1997年　92页
26cm（16开）ISBN：7-5323-4538-6
定价：CNY26.00

J0137209
现代香港室内设计　（酒店、会所及餐厅）《贝思室内设计》杂志编
香港　三联书店（香港）公司　1997年　205页
有照片　29cm（16开）ISBN：962-04-1230-3
　　外　文　书　名：New Interior Design in Hong Kong.

J0137210
新个性居室　龚仁贵编辑
重庆　重庆大学出版社　1997年　112页
26cm（16开）ISBN：7-5624-1548-X
定价：CNY29.80

J0137211
一周居室布置　李应圻编撰
上海　上海文化出版社　1997年　重印本　80页
20×15cm　ISBN：7-80511-887-6　定价：CNY15.00
（金闹钟流行书系）

J0137212
艺术插花技巧　（图集）蔡素琴著
沈阳　辽宁科学技术出版社　1997年　92页
26cm（16开）ISBN：7-5381-2443-8
定价：CNY35.00
（酒吧实用技术丛书）

J0137213
中国艺术插花　蔡仲娟主编
上海　上海文化出版社　1997年　重印本　120页
有图　26cm（16开）ISBN：7-80511-631-8

定价：CNY28.00
　　本书分两部分：前一部分，以彩色图片介绍158种艺术插花精品。后一部分，详细介绍插花的基本知识，如东、西方插花形式的特点，艺术插花的造型形式、色彩设计、意境创造、基本技巧、常用材料、器皿工具及保鲜方法等。作者蔡仲娟（1935—　），教师。上海人。历任中国插花协会副会长，上海市插花协会会长。著作有《中国插花艺术》《中国插花荟萃》《艺术插花指南》等。

J0137214
中华窗帘　洋洋编
海口　南海出版公司　1997年　64页　26cm（16开）
ISBN：7-5442-1002-2　定价：CNY24.80

J0137215
中华窗帘　（第1辑）云蕾编；郑重图
海口　南海出版公司　1999年　112页　26cm（16开）
ISBN：7-5442-1397-8　定价：CNY26.80
　　本套书例举了精美窗帘161例，包括织物窗帘的款式分类、窗帘杆与轨道、窗帘制作工艺3部分内容。

J0137216
中华窗帘　（第2辑）云蕾编；郑重图
海口　南海出版公司　1999年　112页　26cm（16开）
ISBN：7-5442-1398-6　定价：CNY26.80

J0137217
中华花艺　（中国传统插花艺术巡回展专辑）花艺文教基金会编辑
台北　文化建设委员会　1997年　215页　有照片
29cm（16开）精装　ISBN：957-00-9780-9

J0137218
中外艺术插花作品选　蔡仲娟主编
上海　上海辞书出版社　1997年　115页
29cm（16开）ISBN：7-5326-0472-1
定价：CNY52.00
　　作者蔡仲娟（1935—　），教师。上海人。历任中国插花协会副会长，上海市插花协会会长。著作有《中国插花艺术》《中国插花荟萃》《艺术插花指南》等。

J0137219

1998 年池坊中日亲善花展专辑　吕良谦摄影 / 总编辑

台北　吕氏出版社　1998 年　190 页　有彩图彩照　26cm（16 开）精装

J0137220

插花创作与赏析　王莲英等编著

北京　金盾出版社　1998 年　169 页　有彩照　19cm（小 32 开）ISBN：7-5082-0416-6

定价：CNY22.00

J0137221

插花创作与欣赏　王莲英等编著

北京　金盾出版社　1998 年　178 页　有彩图　19cm（小 32 开）ISBN：7-5082-0416-6

定价：CNY16.50

J0137222

插花入门　包于飞编著；桑榆摄影

上海　上海人民美术出版社　1998 年　59 页　有彩照　19cm（小 32 开）ISBN：7-5322-1984-4

定价：CNY6.50

（少年艺术技能入门丛书）

J0137223

插花世界　何孝永编著

上海　上海科学技术文献出版社　1998 年［2 版］修订本　96+46 页　有图　26cm（16 开）ISBN：7-5439-1278-3　定价：CNY30.00

J0137224

插花艺术　韦力生编著

南昌　江西美术出版社　1998 年　92 页　有图　26cm（16 开）ISBN：7-80580-448-6

定价：CNY24.80

　　本书分基础篇、材料篇、器具篇、技术篇、造型篇、鉴赏篇和欣赏篇 7 个部分，介绍了插花艺术的各种知识。

J0137225

插花艺术　汪卉编

乌鲁木齐　新疆青少年出版社　1998 年　115 页　26cm（16 开）ISBN：7-5371-2992-4

定价：CNY35.00

J0137226

插花艺术入门　宇慧主编

沈阳　沈阳出版社　1998 年　136 页　有插图　19cm（小 32 开）ISBN：7-5441-0987-9

定价：CNY98.00（全套）

（审美素质培养丛书　14）

J0137227

插花与厅室花卉装饰　李正应等编著

北京　科学技术文献出版社　1998 年　224 页　有彩照　19cm（小 32 开）ISBN：7-5023-3040-2

定价：CNY15.00

J0137228

窗帘装饰新款　周平，余静编

杭州　浙江科学技术出版社　1998 年　80 页　26cm（16 开）ISBN：7-5341-1119-6

定价：CNY22.00

J0137229

花篮插花　蔡仲娟主编

杭州　浙江科学技术出版社　1998 年　92 页　19×23cm　ISBN：7-5341-1151-X　定价：CNY32.00

（生活花艺丛书）

　　作者蔡仲娟（1935—　），教师。上海人。历任中国插花协会副会长，上海市插花协会会长。著作有《中国插花艺术》《中国插花荟萃》《艺术插花指南》等。

J0137230

花艺　浙江省插花艺术研究分会，杭州市插花艺术专业委员会编

杭州　浙江人民美术出版社　1998 年　104 页　26cm（16 开）ISBN：7-5340-0844-1

定价：CNY65.00

J0137231

花艺设计　（技巧篇）周英恋编著

台北　台湾书店　1998 年　再版　144 页　有彩照　25cm（小 16 开）ISBN：957-567-182-1

定价：TWD400.00

J0137232

家庭插花　（画册）蔡仲娟主编

厦门　鹭江出版社　1998 年　112 页　26cm（16 开）

ISBN：7-80610-624-3 定价：CNY38.00

J0137233
家庭实用艺术插花　凡人编译
北京 民主与建设出版社 1998年 120页
26cm（16开）ISBN：7-80112-203-8
定价：CNY63.00

J0137234
居室色彩搭配　杨向英主编；浙江省室内装
饰公司组编
杭州 浙江科学技术出版社 1998年 94页
20cm（32开）ISBN：7-5341-1094-7
定价：CNY16.80

J0137235
居室装饰的窍门　周浩明编著
北京 中国青年出版社 1998年 134页 有图
17cm（40开）ISBN：7-5006-2744-0
定价：CNY6.60
（我的丛书）

J0137236
快速插花图解　（英）吉恩·帕克（JanePacker）
著；徐晖译
北京 中国农业出版社 1998年 126页
24cm（26开）精装 ISBN：7-109-05547-7
定价：CNY88.00

J0137237
蓝白相间装饰法　（室内设计篇）琳琏伯基斯
著；新形象出版公司编辑部编译
台北 新形象出版公司 1998年 128页 有照片
26cm（16开）ISBN：957-9679-21-5
定价：TWD450.00
　　本书收集了有关蓝白两色的装饰方案，特别
着重在细节及成品的触感上设计了20多个方案，
并对每一方案都进行了解说。

J0137238
商品房大众艺术装潢　成章编
广州 广州出版社 1998年 78页 26cm（16开）
ISBN：7-80592-873-8 定价：CNY29.80

J0137239
时尚花卉艺术　晓兵主编
沈阳 辽宁人民出版社 1998年 78页 29cm（16开）
ISBN：7-205-04330-1 定价：CNY27.80

J0137240
实用插花　董丽主编
北京 中国林业出版社 1998年 70页 有图
19×21cm ISBN：7-5038-1978-2 定价：CNY19.50

J0137241
实用插花要领与示例　（彩图本）黎佩霞著
北京 中国农业出版社 1998年 124页 有彩照
20cm（32开）ISBN：7-109-05269-9
定价：CNY26.00

J0137242
实用花束设计　周丽华著
广州 广东科技出版社 1998年 96页 26cm（16开）
ISBN：7-5359-2092-6 定价：CNY60.00
（花艺系列）

J0137243
室内陈设与绿化　李伟编著
北京 中国轻工业出版社 1998年 126页
29cm（16开）ISBN：7-5019-2274-8
定价：CNY45.00
（室内装饰丛书）

J0137244
送花的艺术　白欧等编著
深圳 海天出版社 1998年 90页 29cm（16开）
ISBN：7-80615-940-1 定价：CNY39.00

J0137245
穗港插花　广州插花艺术研究会编著
广州 广东科技出版社 1998年 95页 20cm（32开）
ISBN：7-5359-2115-9 定价：CNY20.00

J0137246
现代花艺设计　刘飞鸣，邬帆著
杭州 中国美术学院出版社 1998年 96页
28cm（大16开）ISBN：7-81019-645-6
定价：CNY78.00

J0137247

新编中华窗帘　郑重主编
海口　南海出版公司 1998年 110页 26cm（16开）
ISBN：7-5442-1191-6 定价：CNY24.80

J0137248

优雅浪漫四季风情花艺　日贩编辑部编辑；
蒙惠译
台北 日贩公司 1998年 71页 有彩照有图
26cm（16开）ISBN：957-8354-32-0
定价：TWD300.00

J0137249

装饰与陈设艺术　田晓冬，徐阿丽［著］
北京 煤炭工业出版社 1998年 150页
26cm（16开）ISBN：7-5020-1571-X
定价：CNY55.00

J0137250

自然主义　（图集）李锦文（KennethK.M.Li）主编
香港 Press Mark Media Ltd. 1998年 193页
31cm（10开）精装 ISBN：962-7608-01-7
（今日家居设计系列）
　　本书是住宅室内布置图集。

J0137251

中国传统插花艺术巡回展专辑　花艺文教
基金会编辑
台北 文化建设委员会 1999年 213页
27cm（大16开）精装 ISBN：957-02-4189-6

J0137252

白色家居　陆咏笑责编；刘松涛译
香港 三联书店（香港）公司 1999年 96页
有照片 28cm（大16开）ISBN：962-04-1701-1
定价：HKD90.00
（室内设计丛书）
　　本书主要介绍了如何以白色为背景来装饰
家居，使读者从中感受到白色不仅可以改变房间
的视觉效果，还可以反射出房间中的其他颜色，
进而创造出不一般的柔和。外文书名：Interiors
in White.

J0137253

扮美小屋　（为您住得宽敞舒适出谋划策）

北京 中国轻工业出版社 1999年 95页
26×21cm ISBN：7-5019-2369-8 定价：CNY30.00
（美家系列丛书）

J0137254

壁饰设计艺术　许正龙著
南昌 江西美术出版社 1999年 87页 有图
26cm（16开）ISBN：7-80580-578-4
定价：CNY49.00
　　作者许正龙（1963—　　），教授、艺术家。生
于江西上饶市，毕业于清华大学美术学院。中国
雕塑学会、北京美术家协会会员、中国工艺美术
学会雕塑专业委员会副秘书长。代表作品《火柴》
《惊蛰》《苍茫》等，出版有《装饰雕塑艺术》《雕
塑构造》等。

J0137255

布饰新居　如平主编
杭州 浙江科学技术出版社 1999年 88页
26cm（16开）ISBN：7-5341-1357-1
定价：CNY28.00

J0137256

布艺装饰　（1）（英）［M.戴维森］（MyraDav-
idson）编著；唐卫平译
广州 广州出版社 1999年 159页 28cm（大16开）
精装 ISBN：7-80592-938-6 定价：CNY78.00

J0137257

布艺装饰　（2）（英）［C.金德姆］ChristineKing-
dom 编著；张叙敏译
广州 广州出版社 1999年 128页 29cm（16开）
精装 ISBN：7-80592-939-4 定价：CNY68.00
　　本书由广州出版社和香港万里机构联合
出版。

J0137258

插花创作与欣赏　周武忠，张丽娟编著
北京 中国农业出版社 1999年 134页
有肖像与图 20cm（32开）ISBN：7-109-05922-7
定价：CNY17.60
（东方园艺丛书 3）

J0137259

插花技艺与欣赏　方玉编

延吉　延边人民出版社　1999 年　179 页　有彩照
及图　19cm（小 32 开）ISBN：7-80648-134-6
定价：CNY7.80
（休闲文化书库）

J0137260
插花入门　傅玉兰编著
合肥　安徽科学技术出版社　1999 年　2 版　202 页
有图　19cm（小 32 开）ISBN：7-5337-0488-6
定价：CNY13.00
（万家花卉实用丛书）

J0137261
插花入门　傅玉兰编著
合肥　安徽科学技术出版社　1999 年　202 页
有图　19cm（小 32 开）ISBN：7-5337-0488-6
定价：CNY13.00
（万家花卉实用丛书）

J0137262
插花艺术　江军编著
成都　四川科学技术出版社　1999 年　16+204 页
有图　19cm（小 32 开）ISBN：7-5364-3939-3
定价：CNY16.00

J0137263
插花艺术　朱秀珍，金波编著
北京　中国农业大学出版社　1999 年　131 页
有彩图　20cm（32 开）ISBN：7-81066-007-1
定价：CNY16.00

J0137264
插花与花艺　李方编著
杭州　浙江大学出版社　1999 年　227 页　有图
26cm（16 开）ISBN：7-308-02193-9
定价：CNY25.00
　　作者李方，女，浙江大学园艺系园林教研室
工作。编著有《插花与花艺》。

J0137265
插花与名花生产技术　郭宏伟，吕鹤民主编；
白秉恒等编著
北京　中国盲文出版社　1999 年　178 页　有图
19cm（小 32 开）ISBN：7-5002-1277-1
定价：CNY6.60

（农家乐丛书）

J0137266
插花造型 100 例　上海画报出版社编
上海　上海画报出版社　1999 年　54 页　26cm（16 开）
ISBN：7-80530-522-6　定价：CNY16.00
（画报生活丛书）

J0137267
窗帘设计
西安　陕西旅游出版社　1999 年　80 页　26cm（16 开）
ISBN：7-5418-1403-2　定价：CNY26.80
（形象设计丛书）

J0137268
创造一个自我的世界　（家居设计）徐仁元等
编著
上海　上海世界图书出版公司　1999 年　265 页
20cm（32 开）ISBN：7-5062-4224-9
定价：CNY17.20
（现代家庭生活丛书）

J0137269
东方插花艺术　齐放著
郑州　河南科学技术出版社　1999 年　86 页
26cm（16 开）ISBN：7-5349-2276-3
定价：CNY29.00

J0137270
高文安室内设计作品集　（高文安的居家设
计风格）台北橘子出版有限公司编
北京　中国青年出版社　1999 年　143 页　25×25cm
ISBN：7-5006-3341-6　定价：CNY360.00（全 4 册）

J0137271
广州插花　广州插花艺术研究会编著
广州　广东科技出版社　1999 年　2 版（修订本）
134 页　有彩照　26cm（16 开）
ISBN：7-5359-2274-0　定价：CNY48.00

J0137272
广州插花　广州插花艺术研究会编著
广州　广东科技出版社　1999 年　134 页　16cm
ISBN：7-5359-2274-0　定价：CNY48.00

J0137273
好房"三间半" （图说居室布局）杜娟著
北京　中国社会出版社　1999 年　114 页　有图
26cm（16 开）ISBN：7-80146-263-7
定价：CNY15.00
（我家我爱丛书）

J0137274
花卉艺术　　俞善金，金洪学主编；北京职业技
术教育教材编审委员会组编
北京　高等教育出版社　1999 年　286 页　有插图
20cm（32 开）ISBN：7-04-007032-4
定价：CNY13.20

J0137275
花饰制作与送花礼仪　万宏著
北京　中国农业出版社　1999 年　98 页　20×18cm
ISBN：7-109-05883-2　定价：CNY29.00

J0137276
花艺鉴赏　刘祖祺，王意成主编
北京　中国农业出版社　1999 年　169 页
29cm（16 开）精装　ISBN：7-109-05740-2
定价：CNY110.00

J0137277
花艺精萃　虞文哲编著
杭州　浙江科学技术出版社　1999 年　112 页
26cm（16 开）ISBN：7-5341-1255-9
定价：CNY37.00

J0137278
花艺精萃　虞文哲编著
杭州　浙江科学技术出版社　1999 年　112 页
26cm（16 开）精装　ISBN：7-5341-1256-7
定价：CNY50.00

J0137279
黄色家居　陆咏笑责编；刘松涛译
香港　三联书店（香港）公司　1999 年　96 页
有照片　28cm（大 16 开）ISBN：962-04-1702-X
（室内设计丛书）
　　本书以黄色为背景装饰家居，读者会从中感
觉到黄色可以增加室内温暖的感觉，其实浓淡深
浅各种不同的颜色，都会给家居的装饰带来意想

不到的感觉。外文书名：Interiors in Yellow.

J0137280
家庭窗帘　丁洁选编
北京　中国建材工业出版社　1999 年　54 页
26cm（16 开）ISBN：7-80090-845-3
定价：CNY22.80

J0137281
教你小屋多温馨　（甜蜜浪漫卷）朱天明工作
室创意
上海　上海科学技术出版社　1999 年　58 页
26cm（16 开）ISBN：7-5323-4981-0
定价：CNY22.00
（现代女性形象设计图解丛书）

J0137282
节庆花艺　许恩珠等编著
杭州　浙江科学技术出版社　1999 年　109 页
23×19cm ISBN：7-5341-0893-4　定价：CNY38.00
（生活花艺丛书）
　　外文书名：Festival Flower Design. 作者许恩
珠，高级工程师。上海市月季花协会会长，上海
市插花协会副会长。

J0137283
节日纪念日装饰图案集　郑军等编绘
北京　金盾出版社　1999 年　236 页 26cm（16 开）
ISBN：7-5082-0989-3　定价：CNY22.50

J0137284
美家　（1999 第 1 期（总第 1 期，创刊号））《美
家》编辑部编
上海 上海文化出版社 1999 年 79 页 29cm（16 开）
ISBN：7-80646-136-1　定价：CNY15.00
　　本书是现代中国住宅室内布置图集。

J0137285
赏花养花与插花　曾戈编著
乌鲁木齐　新疆人民出版社　1999 年　404 页
有彩图 20cm（32 开）ISBN：7-228-05601-9
定价：CNY23.80

J0137286
生活插花　曾卓宏主编

成都　四川科学技术出版社　1999 年　78 页
26cm（16 开）ISBN：7-5364-4208-4
定价：CNY28.00

J0137287
生活插花　　曾卓宏主编
成都　四川科学技术出版社　1999 年　2 版
78 页　26cm（16 开）ISBN：7-5364-4208-4
定价：CNY28.00

J0137288
实用插花跟我学　　阿瑛编
北京　大众文艺出版社　1999 年　112 页
26cm（16 开）ISBN：7-80094-373-9
定价：CNY34.80
（实用生活丛书　1）

J0137289
实用基础花型设计　　李璿著
北京　金城出版社　1999 年　70 页　有彩图
29cm（16 开）ISBN：7-80084-216-9
定价：CNY39.80
（花艺系列丛书　1）
　　外　文　书　名：The Basic Styles of Flower
Arrangement. 作者李璿，女，日本深雪人工艺术
花讲师，日本花型设计艺术家协会正会员，日本
丽美子押花学院的中国总代理。著有《实用基础
花型设计》。

J0137290
室内陈设艺术设计　　潘吾华编著
北京　中国建筑工业出版社　1999 年　129 页
有图 29cm（16 开）ISBN：7-112-03666-6
定价：CNY30.00
（高等学校环境艺术设计专业教学丛书　暨高级
培训教材）
　　作者潘吾华（1938—　），女，满族，教授。
吉林人，毕业于中央工艺美术学院。中央工艺美
院任教。作品有《春》《韵律》《孕育》《春夏秋
冬》等。

J0137291
室内花卉装饰技巧与实例　　陈璋，陈仲光编著
福州　福建科学技术出版社　1999 年　90 页
有彩照 20cm（32 开）ISBN：7-5335-1441-6

定价：CNY19.00
　　作者陈仲光（1942—　），教师。广东台山市
人。广州美术学院教育系任教，历任广州美术家
协会、广东省摄影家协会、中国人像摄影学会、
美国摄影学会会员。编著有《摄影构图赏析》等。

J0137292
室内绿化装饰　　林源祥，张文秋主编
合肥　安徽科学技术出版社　1999 年　86 页
29cm（16 开）ISBN：7-5337-1707-4
定价：CNY58.00

J0137293
室内绿饰造景　　虞金龙，王瑛编著
上海　上海科学技术出版社　1999 年　119 页
20cm（32 开）ISBN：7-5323-5185-8
定价：CNY23.00
（生活情趣丛书）

J0137294
室内外绿化装饰图说　　李莉，黄建荣编著
上海　上海科学技术出版社　1999 年　123 页
有图 26cm（16 开）ISBN：7-5323-5249-8
定价：CNY15.00
　　本书介绍室内绿化装饰的要点、植物布置形
式和各种室内环境中的绿化装饰形式、效果以及
室外小庭园的类型、不同功能要求下的绿化设计
要点、植物选用原则、辅助设施的配置等。

J0137295
现代室内纺织品艺术设计　　崔唯主编
北京　中国纺织出版社　1999 年　228 页　有照片图
26cm（16 开）ISBN：7-5064-1593-3
定价：CNY38.00
　　本书从设计美学的角度，重点阐述了应用于
现代建筑空间环境内的纺织品艺术设计的基本
概念、构成规律和表达技法等内容。

J0137296
小空间大利用
北京　中国轻工业出版社　1999 年　93 页
26×21cm ISBN：7-5019-2368-X 定价：CNY30.00
（美家系列丛书）

J0137297
新编窗帘装饰 200 款　崔青青著
杭州　浙江科学技术出版社 1999 年 78 页
26cm（16 开）ISBN：7-5341-1195-1
定价：CNY21.80

J0137298
艺术插花　广州插花艺术研究会编著
广州　广东科技出版社 1999 年 2 版（修订本）
102 页 有图 19cm（小 32 开）
ISBN：7-5359-2268-6 定价：CNY10.00

J0137299
装饰材料及色彩搭配　建筑艺术工作室编绘
合肥　安徽科学技术出版社 1999 年 42 页
有彩图 29cm（16 开）ISBN：7-5337-1719-8
定价：CNY19.00
（居家装潢图解丛书）

J0137300
自然型插花入门　世界文化社编；陆玫珍译
台北　暖流出版社 1999 年 96 页 有插图
21cm（32 开）ISBN：957-706-255-5
定价：TWD250.00

J0137301
最新窗帘艺术　方园编
北京　朝华出版社 1999 年 80 页 26cm（16 开）
ISBN：7-5054-0650-7 定价：CNY26.80

J0137302
最新国际流行窗帘　（附制作图 1）云蕾编；
郑重图
海口　南海出版公司 1999 年 111 页 29cm（16 开）
ISBN：7-5442-1321-8 定价：CNY29.80

J0137303
最新国际流行窗帘　（附制作图 2）云蕾编；
郑重图
海口　南海出版公司 1999 年 111 页 29cm（16 开）
ISBN：7-5442-1322-6 定价：CNY29.80

中国展示装饰美术

J0137304
会场布置法　田自秉编著
上海　万叶书店 1952 年 52 页 有图 15×17cm
定价：旧币 4,000 元

J0137305
会场布置法　田自秉编绘
上海　万叶书店 1952 年 2 版 修订本 影印本
52 页 有图 15×17cm 定价：旧币 4,000 元

J0137306
会场布置讲话　王如松，闵希文编撰
上海　教育书店 1953 年 49 页 有图 17cm（40开）
定价：旧币 4,500 元
（美术工作丛书 3）

J0137307
怎样布置工厂和会场的环境　王强等编著
上海　上海文化出版社 1956 年 134 页 有插图
15×18cm 统一书号：T8077.51 定价：CNY0.42

J0137308
怎样布置会场　张国珊等著
北京　朝花美术出版社 1957 年 71 页 有图
19cm（32 开）统一书号：8028.1488 定价：CNY0.33
（群众艺术丛书）

J0137309
展览艺术设计　吴劳著
北京　人民美术出版社 1958 年 定价：CNY0.90
　　本书有 73 幅图，分 9 章，第一章绪论，介
绍展览艺术设计的意义和地位，形式与内容的统
一，对展览艺术设计者所提出的要求等；第二章
谈设计的准备工作与步骤；第三章为展览馆的空
间布置；第四章是展览馆的陈列家具；第五章谈
陈列室的各项照明；第六、七、八章是从展览艺
术的色彩、装饰、建筑艺术等方面做了论述；第
九章介绍苏联展览馆的建筑艺术。

J0137310
节日装潢和会场布置　马强编绘
天津　天津美术出版社 1959 年 精装

定价：CNY7.00

J0137311
农业展览会的美术设计　河北省农林厅农业
宣传处编
保定　河北人民出版社　1960 年　22 页　有图
17cm（40 开）统一书号：T7086.315
定价：CNY0.06
（展览会工作小丛书）

J0137312
怎样布置橱窗　上海市广告公司编
上海　上海人民美术出版社　1964 年
19cm（小 32 开）定价：CNY0.32

J0137313
环境设计
台北　玉丰出版社　1974 年　196 页　有图
29cm（15 开）精装　定价：TWD350.00

J0137314
店面设计　（介绍时代流行新颖实用的装潢与
设计）
台北　雷鼓出版社　1979 年　96 页　26cm（16 开）
（美化系列 10）

J0137315
展览布置美术资料　王如松编绘
上海　上海人民美术出版社　1980 年　168 页
19cm（32 开）统一书号：8081.12143
定价：CNY0.72

J0137316
橱窗装潢图案　向际纯绘
上海　上海人民美术出版社　1982 年　142 页
19cm（32 开）统一书号：8081.12805
定价：CNY0.37
　　作者向际纯（1942—　　），教授、编辑。出生
于四川武胜。历任《科幻世界》美术副编审，四
川音乐美术学院客座教授、成都蓝谷电脑艺术学
校校长。

J0137317
商业空间透视图法　小椋勇记夫著；吴宗镇译
台北　北屋出版事业公司　1982 年　141 页　有图

29cm（16 开）精装　定价：TWD600.00
　　外文书名：Commercial Pers.

J0137318
商业橱窗设计与陈列　张弘武等编
天津　天津人民美术出版社　1983 年　142 页
19cm（32 开）统一书号：8073.50225
定价：CNY1.60

J0137319
商店门面设计实例　曾子芸编
香港　万里书店　1984 年　156 页　有图　26cm（16 开）
定价：HKD35.00
（工商美术丛书）
　　外文书名：Commercial Imade Design.

J0137320
香港设计展　（一九八四）香港市政局，香港
设计师协会编
香港　香港市政局　1984 年　1 册　有图
24×24cm（20 开）
　　外文书名：Hong Kong Design Exhibition. 本
书由香港市政局和香港设计师协会联合出版。

J0137321
商店室内设计　习嘉编译
香港　万里书店　1985 年　3 版　165 页　有图
26cm（16 开）ISBN：962-14-0116-X
定价：HKD30.00
（工商美术丛书）
　　外文书名：Commercial Interior Design.

J0137322
上海橱窗　上海商业橱窗广告装潢研究中心，
上海市广告装潢公司合编
上海　上海商业橱窗广告装潢研究中心　1985 年
80 页　有插图　26cm（16 开）

J0137323
橱窗设计　张四维著
北京　人民美术出版社　1986 年　72 页　有附图
19cm（32 开）统一书号：8027.9667　定价：CNY1.10
　　作者张四维（1910—？），原名维谦，又名张
罗，辽宁法库县人。毕业于辽宁艺术专科学校西
画系。北京美术公司从事美术设计工作，兼任北

京市青年艺术实习学校书法、西画教员，北京中国书画研究会会员，京华美术研究会会员，中国老年书画研究会会员。出版有《橱窗设计》《绝句律诗基本知识》等。

J0137324
橱窗设计艺术　李书邦，戚明编绘
天津　天津杨柳青画社 1986 年 85 页 14×26cm
统一书号：7174.039 定价：CNY2.10

J0137325
商品展示设计　丘永福编著
台北　艺风堂出版社 1986 年 2 版 143 页
有照片 26cm（16 开）精装 定价：TWD400.00
（现代美工丛书 8）

J0137326
时装店展示技术　习嘉编著
香港　万里书店 1986 年 114 页 有图 26cm（16 开）
定价：HKD32.00
（工商美术丛书）
　　外文书名：The Display Technique in Fashion Shops.

J0137327
店面设计与装修　杨文俊等编著
南京　江苏科学技术出版社 1987 年 96 页
有彩图 20cm（32 开）定价：CNY4.30

J0137328
零售商店的技术美学　史美勋著
北京　中国商业出版社 1987 年 212 页 有彩照
19cm（32 开）ISBN：7-5044-0120-X
定价：CNY1.75

J0137329
商品橱窗的设计与陈列　唐胜化编著
北京　轻工业出版社 1988 年 90 页
19cm（小 32 开）定价：CNY1.50
（实用美术小丛书）

J0137330
店面设计　高德康编绘
上海　上海人民美术出版社 1989 年 142 页
有彩图 13×19cm ISBN：7-5322-0446-4

定价：CNY3.00

J0137331
商品橱窗设计图例　高德康等编绘
上海　上海人民美术出版社 1990 年 17cm（32 开）
ISBN：7-5322-0661-0 定价：CNY3.50

J0137332
现代商场设计入门　刘德荣编著
上海　上海书画出版社 1990 年 138 页
19cm（32 开）ISBN：7-80512-430-2
定价：CNY4.20
（实用美术资料丛书）
　　本书从现代商场的观念，全面系统地阐述商场设计的诸环节，分空间规划、设备设施、装潢材料、色彩构成、灯光照明等章，并配以各种设计实例，形象化地说明商场设计和布置中的关键，以达到吸引顾客、促进销售的目的。

J0137333
一流店铺
台北　雷鼓出版社 1990 年 96 页 有照片
26cm（16 开）定价：TWD250.00
（美化系列 11）
　　商品装饰美术设计。

J0137334
中国商业橱窗艺术　名川，林为民主编
北京　人民美术出版社 1990 年 157 页
34cm（10 开）ISBN：7-102-00797-3
定价：CNY45.00
　　本书汇集 1987 年全国"金橱窗装潢陈列艺术评选活动"获奖作品，及部分具有代表性的作品。共有 300 余幅图片和 10 多万字的专家评介文字。

J0137335
珠宝橱窗设计　武陵出版公司编辑部编译
台北　武陵出版公司编辑部 1990 年 119 页
有照片 21cm（32 开）ISBN：957-35-0099-X
定价：TWD300.00
　　外 文 书 名：The Best of Jewelry Window Display.

J0137336
店面设计
台北　大将书局 1991 年　96 页　有照片
26cm（16 开）定价：TWD250.00
（美化系列 10）

J0137337
展示设计　吴江山编著
台北　锦冠出版社 1991 年　219 页　有图
27cm（大 16 开）精装　ISBN：957-525-000-1
定价：TWD450.00
（广告设计丛书 2）
　　外文书名：Display Design.

J0137338
橱窗陈列设计　美工图书社编
台北　邯郸出版社 1992 年　160 页　有照片
26cm（16 开）定价：TWD450.00

J0137339
商品货架设计　高德康等编绘
上海　上海人民美术出版社 1992 年　139 页
17×18cm　ISBN：7-5322-0968-7　定价：CNY3.35

J0137340
商业美术设计大全　朱铭主编
济南　山东美术出版社 1992 年　420 页
有附彩图 21cm（32 开）ISBN：7-5330-0458-2
定价：CNY42.00
　　主编朱铭（1937—2011），教授。江苏泰州人，
毕业山东师范大学艺术系。历任山东艺术学院
教授，中国美术家协会会员，山东美协理事，山
东省广告协会副会长。

J0137341
现代展览与陈列　丁允朋著
南京　江苏美术出版社 1992 年　294 页　有照片
20cm（32 开）精装　ISBN：7-5344-0244-1
定价：CNY21.00

J0137342
展示设计　黄世辉，吴瑞枫著
台北　三民书局 1992 年　321 页 26cm（16 开）
ISBN：957-14-1937-0　定价：旧台币 14.44

J0137343
创意空间店面设计　育昇编辑工作室编
板桥［台湾］三丰出版社 1993 年　102 页
有照片 26cm（16 开）ISBN：957-8667-57-4
定价：TWD250.00
（生活美化系列 6）
　　外文书名：Excellent Teahouses and Lunch-
rooms-Collection.

J0137344
商场、橱窗展示设计　陈孝生选编
福州　福建科学技术出版社 1993 年　120 页
有彩图 26cm（16 开）精装
ISBN：7-5335-0714-2　定价：CNY43.00
（国外现代商业装修设计丛书）

J0137345
商业装饰与商品展示设计图集　张景然，石
铁矛主编
沈阳　辽宁科学技术出版社 1993 年　200 页
26cm（16 开）精装　ISBN：7-5381-1608-7
定价：CNY68.00

J0137346
展示设计精要　林福厚著
北京　北京农业大学出版社 1993 年　112 页
有图 26cm（16 开）ISBN：7-81002-577-5
定价：CNY15.00
　　本书对展示设计艺术的历史发展，展示设计
的概念与范畴、本质与特征、功能、设计原则与
原理、总体设计与各项设计，以及组织管理、包
装运输和设计筹备的注意事项等关键性问题，都
进行了论述。作者林福厚（1936—　），又名林泉，
黑龙江海伦人，毕业于捷克布拉格工艺美院。中
央工艺美术学院教授。专著有《家具设计与室内
布置》《展示设计精要》《透视网格与阴影画法》
《世界著名展示空间与道具设计大图典》《建筑装
修做法与施工图》等。

J0137347
店堂装饰与商品陈列：上海商业街采风
王肖生等著
北京　金盾出版社 1994 年　112 页 26cm（16 开）
ISBN：7-80022-886-X　定价：CNY29.00

J0137348

商店室内设计　韩凤英等编

天津　天津杨柳青画社 1994 年 95 页 有彩图
17×18cm ISBN：7-80503-235-1 定价：CNY10.00

J0137349

商品展台设计　杜培根等编绘

上海　上海人民美术出版社 1994 年 138 页
有图 17×18cm ISBN：7-5322-1322-6
定价：CNY5.90

　　本书介绍了展台外壳造型的种类、展台定位
法及展台结合货架及背景设计实例等 3 部分。

J0137350

实用橱窗广告技法　史美勋编著

北京　中国友谊出版公司 1994 年 96 页 有彩图
26cm（16 开）ISBN：7-5057-0822-8
定价：CNY40.00
（现代广告实务丛书 6）

J0137351

现代商业展示设计：店面设计、店内设计、
展览设计　任仲泉编著

北京　北京工艺美术出版社 1994 年 124 页
20cm（32 开）ISBN：7-80526-129-6
定价：CNY5.50
（设计艺术基础教程丛书）

J0137352

展示艺术设计　董伯信编著

合肥　安徽美术出版社 1994 年 87 页 有彩照
26cm（16 开）ISBN：7-5398-0336-3
定价：CNY9.50
（实用美术技法丛书）

J0137353

最新店铺设计　（摄影集）王莉华，金立德编著

桂林　漓江出版社 1994 年 62 页 26cm（16 开）
ISBN：7-5407-1558-8 定价：CNY15.50
（现代设计实用技法丛书）

J0137354

餐饮酒吧装饰　乐嘉龙主编

杭州　浙江科学技术出版社 1995 年 124 页
有彩照 26cm（16 开）

（商店装饰系列书）

J0137355

商业传媒设计　（图集）安昌奎，韩志丹主编

沈阳　辽宁科学技术出版社 1995 年 134 页
26cm（16 开）精装 ISBN：7-5381-1928-0
定价：CNY38.00
（实用建筑装饰设计丛书）

J0137356

幼儿美术资料集萃　（幼儿园环境布置指南
上）宋明贵编绘

北京　海豚出版社 1995 年 69+21 页 26cm（16 开）
ISBN：7-80051-732-2 定价：CNY16.00

J0137357

展示设计　朱淳编著

杭州　中国美术学院出版社 1995 年 130 页
26cm（16 开）ISBN：7-81019-384-8
定价：CNY18.50
（环境艺术设计丛书）

　　外文书名：The Design for Exhibition.

J0137358

店面设计　高德康等编绘

上海　上海人民美术出版社 1996 年 156 页
26cm（16 开）精装 ISBN：7-5322-1578-4
定价：CNY25.00
（商业创意设计丛书）

J0137359

商品展示设计　卢卫，董哲煌编绘

上海　上海人民美术出版社 1996 年 156 页
26cm（16 开）精装 ISBN：7-5322-1405-2
定价：CNY25.00
（商业创意设计丛书）

J0137360

上海橱窗艺术　（摄影集）陈元靖，王菊英主编

上海　上海书店出版社 1996 年 80 页 29cm（16 开）
ISBN：7-80622-104-2 定价：CNY98.00

　　外文书名：The Arts of Show Window in
Shanghai.

J0137361
设计店　韩萃瀛主编
北京 中国建材工业出版社 1996 年 267 页
31cm（10 开）ISBN：7-80090-447-4
定价：CNY190.00
　　外文书名：Shop Design.

J0137362
现代门面设计 200 例　刘辉，刘笑男编绘
郑州 河南美术出版社 1996 年 220 页 13×18cm
ISBN：7-5401-0620-4 定价：CNY10.80

J0137363
展示设计　林福厚著
长春 吉林美术出版社 1996 年 77 页 有图
26cm（16 开）ISBN：7-5386-0572-X
定价：CNY21.00
（现代艺术设计丛书）

J0137364
展示设计　林福厚著
北京 学苑出版社 1996 年 14+280 页 有彩图
26cm（16 开）ISBN：7-5077-0960-4
定价：CNY64.90
　　本书是中国现代展览会设计与橱窗布置
设计。外文书名：Display Design. 作者林福厚
（1936—　），又名林泉，黑龙江海伦人，毕业于
捷克布拉格工艺美院。中央工艺美术学院教授。
专著有《家具设计与室内布置》《展示设计精要》
《透视网格与阴影画法》《世界著名展示空间与道
具设计大图典》《建筑装修做法与施工图》等。

J0137365
展示设计入门　（图册）陈建军著
南宁 广西美术出版社 1996 年 48 页 26cm（16 开）
ISBN：7-80625-088-3 定价：CNY10.00
（设计基础入门丛书）
　　作者陈建军（1960—　），山西太原人，任广
西艺术学院美术系讲师，中国美术家协会广西分
会会员。作品有《中国体育投向 21 世纪》《植树
造林》《中华武术走向世界》等。

J0137366
展示设计学　韩斌著
哈尔滨 黑龙江美术出版社 1996 年 309 页

有彩照 20cm（32 开）ISBN：7-5318-0367-4
定价：CNY58.00
（视觉设计教育丛书）
　　作者韩斌（1942—　），教授、设计师。又名
韩庆斌，河南新乡人，毕业于中央工艺美院建筑
装饰美术系。历任北京市科技交流馆、中国科
技馆工程师，中央工艺美院工业设计系主任、教
授、硕士生导师。中国工艺美术总公司高级工艺
美术师。　主要著述有《论展示艺术设计的学科
特征》《展示与社会》《展示设计学》。

J0137367
橱窗设计　吴国欣等编著
北京 中国建筑工业出版社 1997 年 147 页
有彩图 20cm（32 开）ISBN：7-112-03155-9
定价：CNY26.00
（高等学校广告学专业教学丛书 暨高级培训教材）

J0137368
商业空间　（餐厅）世界翻译社译
台北 立雍出版事业公司 1997 年 157 页 有照片
31cm（10 开）ISBN：957-99414-9-1
定价：TWD700.00
（棠雍图书商业空间系列）
　　外文书名：Commercial Space, Restaurants.

J0137369
商业空间　（店面橱窗、化妆品）世界翻译社译
台北 立雍出版事业公司 1997 年 159 页 有照片
31cm（10 开）ISBN：957-98816-0-X
定价：TWD700.00
（棠雍图书商业空间系列）
　　外文书名：Commercial Space, Shop Windows
Cosmetics.

J0137370
商业空间　（精品店）世界翻译社译
台北 立雍出版事业公司 1997 年 157 页 有照片
31cm（10 开）ISBN：957-99414-8-3
定价：TWD700.00
（棠雍图书商业空间系列）
　　外文书名：Commercial Space, Boutiques.

J0137371
室内·展示·设计　关东海编著

北京　中国纺织出版社　1997 年　98 页　有彩图
26cm（16 开）ISBN：7-5064-1242-X
定价：CNY24.00

J0137372
都市之眼　（商场营销的装饰与展示）
上海　上海人民美术出版社　1998 年　94 页
19×21cm　ISBN：7-5322-1888-0　定价：CNY34.00

J0137373
商店展示设计　（图集）英才，余言主编
哈尔滨　黑龙江科学技术出版社　1998 年　2 版
176 页　26cm（16 开）ISBN：7-5388-3285-8
定价：CNY56.00

J0137374
商业橱窗展示设计　赵云川著
沈阳　辽宁美术出版社　1998 年　181 页　有图
29cm（16 开）ISBN：7-5314-1967-X
定价：CNY48.00

J0137375
室内商业展示设计　钟宁等主编
哈尔滨　黑龙江科学技术出版社　1998 年　2 版
160 页　26cm（16 开）ISBN：7-5388-3293-9
定价：CNY52.00

J0137376
板报、广播宣传和展览布置　王金凤编写
海口　南海出版公司　1999 年　154 页
19cm（小 32 开）
（校园文化活动指导 3）
　　本书主要介绍了板报、墙报和广播宣传活
动，学校展览布置活动，朗诵和演讲活动、礼仪
活动等内容。

J0137377
商业展示与设施设计　汪建松编著
北京　中国建筑工业出版社　1999 年　91 页
29cm（16 开）ISBN：7-112-03667-4
定价：CNY29.00

J0137378
展览空间规划　（商展摊位设计）（英）康威·洛
伊德·摩根（Conwoy Liowey Morgan）著；新形象

出版公司编辑部编译
台北　新形象出版公司　1999 年　159 页
有彩照及图 26cm（16 开）ISBN：957-9679-48-7
定价：TWD650.00

J0137379
展示设计　沈祝华主编
济南　山东美术出版社　1999 年　201 页　有彩照
26cm（16 开）ISBN：7-5330-1201-1
定价：CNY39.80
（设计艺术系列）
　　本书内容包括：展示设计原理，展示设计中
的人体工学，展示专项设计，展示用材料、媒体、
工艺和技术，展示设计实务等。

J0137380
展示设计与制作　罗越主编；全国中等职业
学校实用美术类专业教材编写组编
北京　高等教育出版社　1999 年　61+79 页
有图 26cm（16 开）ISBN：7-04-007175-4
定价：CNY22.50

中国生活用具等装饰美术

J0137381
金叔介画扇谱　（不分卷）（明）金叔介绘
明　刻本

J0137382
古今名扇录　（不分卷）（清）陆绍曾辑
清　抄本

J0137383
羽扇谱　（一卷）（清）张燕昌撰
然松书屋　清　抄本
（赐砚堂丛书未刻稿）
　　作者张燕昌（1738—1814），字文鱼，号芑
堂，又号金粟山人，清浙江海盐武原镇人。著有
《飞白书》《石鼓文考释》《芑堂印存》《和鸳鸯湖
棹歌》《张燕昌刻梁同书铭紫檀书筒》等。

J0137384
羽扇谱　（一卷）（清）张燕昌撰
［清］稿本

（昭代丛书）

J0137385
羽扇谱　（一卷）（清）张燕昌撰
吴江沈氏世楷堂　清道光　刻本
（昭代丛书）

J0137386
杖扇新录　（一卷　补录一卷）（清）王廷鼎撰
清光绪十七年［1891］刻本
（紫薇花馆集）

J0137387
百花扇序　（一卷）（清）赵杏楼撰
民国　石印本
（娱萱室小品）

J0137388
几种会场的布置　许剑盦，姚家栋编辑
上海　正中书局　1947 年　沪 1 版　14 页
18cm（15 开）定价：国币五分
（儿童劳作小丛书）

J0137389
我国民间的家具艺术　杨耀著
北平　北京大学出版部　1948 年　11 页　有图
［19×26cm］（16 开）
（国立北京大学五十周年纪念论文集　工学院第
2 种）

J0137390
宫灯　（画册）建筑工程部建筑科学研究院编
北京　文物出版社　1963 年　39 幅　15cm（25 开）
定价：CNY2.00

J0137391
室内装璜客厅布置家具全书　朱长寿编
台北县　一鸣书局　1974 年　2 册　有图　21cm（32 开）
定价：TWD500.00

J0137392
家具与室内构筑　李吉法著
台北　师友工业图书股份有限公司　1977 年
280 页　26cm（16 开）精装　定价：TWD300.00

J0137393
木家具烫画　李凤翔编绘
哈尔滨　黑龙江科学技术出版社　1982 年
114 页　25cm（小 16 开）统一书号：8217.009
定价：CNY1.40
　　本书编绘了适宜木家具烫画的各种山水、花
鸟、人物画谱 100 多幅。

J0137394
家庭园艺装饰　陈守亚编
广州　科学普及出版社　1983 年　49 页
19cm（小 32 开）定价：CNY0.20
　　本书主要介绍绿化布置上的一些原理和方
法，内容有：家庭园艺装饰对美学的作用；家庭
园艺装饰的作用、内容、方法；家庭园艺装饰植
物品种介绍；家庭园艺装饰植物的养护等。

J0137395
家具烫画集　傅博编绘
哈尔滨　黑龙江科学技术出版社　1984 年　133 页
25cm（小 16 开）统一书号：8217.026
定价：CNY1.95
　　本集包括：山水（52 幅）、花鸟（34 幅）、鱼虫
（10 幅）、动物（13 幅）、人物（10 幅）。书前有范
震成写的《烫烙画浅谈》一文。

J0137396
家具与房间布置　李萍年，方和锡编绘
天津　天津科学技术出版社　1984 年　108 页
25cm（小 16 开）统一书号：15212.129
定价：CNY1.35
　　本书以图为主，内容分"家具造型设计"和
"房间布置"两大类。

J0137397
窗帘的设计与制作　穆兰编著
香港　万里书店　1985 年　212 页　有图　21cm（32 开）
ISBN：962-14-0192-5　定价：HKD35.00

J0137398
古今器皿　晓林，湘渭编绘
西安　陕西人民美术出版社　1985 年　254 页
有图　19cm（32 开）定价：CNY1.30
（美术参考资料）
　　作者晓林，主要绘编的作品有《优秀黑板报

设计指南》《婴儿游世界》《古今器皿》等。

J0137399
家具装饰图案　万珂新编绘
天津　天津市家具技术研究所　1985 年
26cm（16 开）

J0137400
明式家具珍赏　王世襄编著
北京　文物出版社　1985 年　285 页　38cm（6 开）
定价：CNY120.00
　　本书由文物出版社和三联书店香港分店联合出版。作者王世襄（1914—2009），收藏家、文物鉴赏家、学者。字畅安，生于北京，祖籍福建福州。曾任中国营造学社助理研究员，文物博物馆研究所、文物保护科学技术研究所副研究员，文化部文物局中国文物研究所研究员。代表作品有《竹刻鉴赏》《髹饰录解说》《明式家具珍赏》等。

J0137401
木家具烫画　（3）丛绍康编绘
哈尔滨　黑龙江科学技术出版社　1985 年　126 页
19cm（32 开）统一书号：8217.032　定价：CNY2.20
　　本书是中国现代家具烫画画册。

J0137402
室内装潢技巧　范能华，陈春舫编著
上海　上海科学技术出版社　1985 年　118 页
20cm（32 开）定价：CNY0.67
　　本书共分总论、室内平顶与墙面、门窗、门锁、浴室、家具等的装潢，以及沙发与床垫的制作、灯具和室内装潢的费用参考等 10 个部分。

J0137403
环境的美化与布置　邵江编著
北京　轻工业出版社　1986 年　72 页　19cm（小 32 开）
定价：CNY1.00
（实用美术小丛书）

J0137404
家具烙画艺术　莫燕霞编绘
南宁　广西人民出版社　1986 年　125 页
26cm（16 开）统一书号：8113.1134　定价：CNY1.95
　　本书分两部分介绍目前流行的家具烙画：第

一部分介绍烙画的基本知识，以烙山水、花鸟、人物画为例，叙述烙画的方法和技巧；第二部分介绍家具烙画参考图案 300 多幅。

J0137405
家具与装饰 12 例　上海画报出版社编
上海　上海画报出版社　1986 年　12 幅　19cm（32 开）
定价：CNY0.60

J0137406
家具水墨装饰画　冯继红编绘
哈尔滨　黑龙江科学技术出版社　1987 年　120 页
19×26cm　统一书号：CN8217.040
定价：CNY1.95

J0137407
现代室内家具陈设 300 例　徐静冬绘；柯纪实文
呼和浩特　内蒙古人民出版社　1987 年　140 页
有图　20cm（32 开）统一书号：8089.280
定价：CNY0.92

J0137408
家具烙画图集　莫燕霞，方中烈编绘
南宁　广西人民出版社　1988 年　110 页
26cm（16 开）定价：CNY3.30

J0137409
家具烫雕绘工艺　西安市利民油漆学校编
西安　陕西科学技术出版社　1988 年　122 页
有图　19×26cm　ISBN：7-5369-0067-8
定价：CNY2.35

J0137410
现代家具资料　（1）
北京　朝花美术出版社　1988 年　19cm（小 32 开）
定价：CNY0.95

J0137411
现代家庭巧艺　李美云编
西安　陕西人民出版社　1988 年　120 页　有彩图
26cm（16 开）定价：CNY2.40
　　本书分刺绣工艺；布制工艺；编制工艺；丝绸花的制作；香皂工艺；立体画；工艺拾零 7 个部分。

J0137412
照明实例图解　王心荣，邹宝琛主编
沈阳　辽宁美术出版社 1988 年 240 页 24×25cm
精装 ISBN：7-5314-0048-0 定价：CNY120.00

J0137413
家具与居室布置 400 例　申佳等编
北京　农业出版社 1989 年 181 页 26cm（16 开）
ISBN：7-109-01096-1 定价：CNY5.65

J0137414
现代家具与居室布置 300 例　阿隆等编
兰州　甘肃科学技术出版社 1989 年 188 页
有图 26cm（16 开）ISBN：7-5424-0233-1
定价：CNY4.70
　　本书以图为主，结合普通家庭房间大小及陈
设等，讲解居室布置。

J0137415
新潮室内装饰与家具　傅元宏等编
杭州　浙江人民出版社 1989 年 123 页 有图
26cm（16 开）定价：CNY13.80
　　作者傅元宏(1955—　)，浙江宁波人，浙江
省室内装饰公司工程师，中国工业设计协会会
员，中国家具协会会员。

J0137416
橱柜设计
台北　雷鼓出版社 1990 年 104 页 有照片
26cm（16 开）定价：TWD250.00
（美化系列 6）

J0137417
家庭小饰品制作　刁健等编
武汉　湖北科学技术出版社 1990 年 76 页
19cm（小 32 开）定价：CNY5.50

J0137418
精美橱柜
台北　大将书局 1990 年 96 页 有照片
26cm（16 开）定价：TWD250.00
（美化系列 8）

J0137419
中国古家具图案　徐雯编著

台北　南天书局 1991 年 209 页 29cm（16 开）
ISBN：957-638-061-8 定价：TWD360.00
（中国传统图案系列 13）
　　外　文　书　名：Chinese Traditional Furniture
Patterns.

J0137420
中国古家具图案　徐雯编著
香港　万里书店 1991 年 209 页 29cm（16 开）
ISBN：962-14-0496-7 定价：HKD85.00
（中国传统图案系列 13）
　　本书收集中国历代家具图案 600 余幅。包
括桌案、椅凳、床榻、箱柜、座驾、屏风及常用各
种家具装饰图案等。本书与轻工业出版社合作
出版。

J0137421
家具与家庭布置　叶柏风编
南昌　江西美术出版社 1992 年 65 页 有彩图
26cm（16 开）ISBN：7-80580-075-8
定价：CNY10.00
（家庭伴侣）
　　本书阐述家庭布置的一般常识和家具设计
的构思。由江西美术出版社和江西科学技术联
合出版。

J0137422
现代家具与室内陈设　徐天瑞编著
上海　百家出版社 1992 年 有彩照 26cm（16 开）
ISBN：7-80576-323-3 定价：CNY60.00
　　本书介绍欧洲各国（主要是德国）的现代家
具与室内陈设。分起居室、卧室、儿童居室、办
公室、餐厅、厨房、卫生间等部分。其中还穿插
有关键部位的局部放大照和多幅平面布置图。
作者徐天瑞，上海同济大学室内设计工程公司家
具设计师。

J0137423
中国历代家具图录大全　阮长江编绘
台北　南天书局 1992 年 319 页 有图 21cm（32 开）
ISBN：957-638-089-8 定价：TWD300.00
　　本书收集中国古代各时期家具造型资料图
956 幅约千余件古典家具，并记有资料实物出处
及规格等。本书由南天书局和江苏美术出版社
联合出版。

J0137424

家具烫雕绘工艺 西安市利民油漆学校编
西安 陕西科学技术出版社 1993 年 2 版 122 页
19×26cm ISBN：7-5369-0067-8 定价：CNY5.40

J0137425

家具与居室整理 袁舜吾编
杭州 浙江摄影出版社 1993 年 72 页 26cm（16 开）
ISBN：7-80536-230-0 定价：CNY16.00
（摩登丛书）
　　本书内容包括：家具、居室、居室整理 3
部分。

J0137426

清代广式家具 蔡易安编著；何卓宇，苏慧文摄
台北 南天书局 1993 年 253 页 有照片
30cm（10 开）精装 定价：TWD1800.00

J0137427

商店家具设计 《商店设计丛书》编写组编
北京 机械工业出版社 1994 年 85 页 有彩图
26cm（16 开）ISBN：7-111-04371-5
定价：CNY16.00
（商店设计丛书）

J0137428

新潮室内装饰与家具 艾文忠编；傅元宏绘图
杭州 浙江人民出版社 1994 年 2 版 123 页
26cm（16 开）ISBN：7-213-00409-3
定价：CNY25.00

J0137429

家具与居室小创意
杭州 浙江摄影出版社 1995 年 64 页 26cm（16 开）
ISBN：7-80536-341-2 定价：CNY19.00
（摩登丛书）

J0137430

现代家具与居室布置 童兆祥主编
上海 上海科技教育出版社 1995 年 40 页
有彩照 26cm（16 开）ISBN：7-5428-1081-2
定价：CNY12.00

J0137431

新潮家具与室内装饰 （图集）邵晓文，吴超

群主编
沈阳 辽宁科学技术出版社 1995 年 112 页
26cm（16 开）精装 ISBN：7-5381-2162-5
定价：CNY42.00
（家庭装饰装修丛书）

J0137432

中国家具鉴定与欣赏 胡文彦著
上海 上海古籍出版社 1995 年 207 页
26cm（16 开）精装 ISBN：7-5325-1944-9
定价：CNY65.00

J0137433

家具与陈设 庄荣，吴叶红编著
北京 中国建筑工业出版社 1996 年 154 页
28cm（大 16 开）ISBN：7-112-02848-5
定价：CNY40.00
（室内设计与建筑装饰专业教学丛书 暨高级培
训教材）

J0137434

家具与装饰精巧创意 （图集）李伟国等编
沈阳 辽宁科学技术出版社 1996 年 64 页
26cm（16 开）ISBN：7-5381-2416-0
定价：CNY18.00

J0137435

明清家具 濮安国编著
上海 上海人民美术出版社 1996 年 76 页 有图
19cm（小 32 开）精装 ISBN：7-5322-1673-X
定价：CNY28.00
（艺林撷珍丛书）

J0137436

商业家具 乐嘉龙主编
杭州 浙江科学技术出版社 1996 年 106 页
有彩图 26cm（16 开）ISBN：7-5341-0956-6
定价：CNY18.00
（商店装饰系列书）

J0137437

现代入墙式家具 杨强，吴国耀编
上海 上海科学技术出版社 1996 年 76 页
有彩图 26cm（16 开）ISBN：7-5323-4201-8
定价：CNY24.00

J0137438
单元居室成套家具　赖绍斌编
福州 福建科学技术出版社 1997 年 92 页
有图版 26cm（16 开）ISBN：7-5335-1167-0
定价：CNY28.50

J0137439
家庭器饰　包铭新撰文；黄简摄影
上海 上海文化出版社 1997 年 75 页 21cm（32 开）
ISBN：7-80511-931-7 定价：CNY15.00
（金风铃流行书系）

J0137440
商业空间　（办公家具）世界翻译社译
台北 立雍出版事业公司 1997 年 157 页 有照片
31cm（10 开）ISBN：957-98816-1-8
定价：TWD700.00
（棠雍图书商业空间系列）
　　外文书名：Commercial Space，Office Furni-
ture.

J0137441
实用家具装璜　曹扬编辑
北京 光明日报出版社 1997 年 2 版 88 页
26cm（16 开）ISBN：7-80091-679-0
定价：CNY25.00

J0137442
个性居室　洪涛主编；《家具与生活》杂志社编
西安 陕西人民出版社 1998 年 191 页 有彩图
28cm（大 16 开）ISBN：7-224-04794-5
定价：CNY85.00

J0137443
椅子经典设计艺术资料　刘森林编绘
合肥 安徽美术出版社 1998 年 142 页
26cm（16 开）ISBN：7-5398-0605-2
定价：CNY14.60
（美术资料丛书）

J0137444
装潢天地　（成熟家居篇）欧阳编
北京 航空工业出版社 1998 年 96 页 26cm（16 开）
ISBN：7-80134-257-7 定价：CNY24.80

J0137445
装潢天地　（亮丽家居篇）欧阳编
北京 航空工业出版社 1998 年 96 页 26cm（16 开）
ISBN：7-80134-257-7 定价：CNY24.80

J0137446
装潢天地　（清逸家居篇）欧阳编
北京 航空工业出版社 1998 年 96 页 26cm（16 开）
ISBN：7-80134-257-7 定价：CNY24.80

J0137447
装潢天地　（优雅家居篇）欧阳编
北京 航空工业出版社 1998 年 96 页 26cm（16 开）
ISBN：7-80134-257-7 定价：CNY24.80

J0137448
厨房与卫生间　冯建华主编；姚浩然编著
南京 江苏科学技术出版社 1999 年 153 页
29cm（16 开）精装 ISBN：7-5345-2890-9
定价：CNY78.00
（现代家具和装饰）
　　本书主要介绍厨房、餐厅、卫生间、淋浴室
的家具和装饰。

J0137449
家具搭配新观念　杜台安著
北京 中国轻工业出版社 1999 年 115 页
21cm（32 开）ISBN：7-5019-2546-1
定价：CNY19.80
（空间 EQ 室内装饰 1000 招 3）
　　本书由中国轻工业出版社和贝塔斯曼国际
出版公司联合出版。

J0137450
居室套装家具　康海飞主编
杭州 浙江科学技术出版社 1999 年 120 页
26cm（16 开）ISBN：7-5341-1305-9
定价：CNY18.00

J0137451
门厅与客厅　张沛，尹安石主编；邓玉和，周
丽雅编著
南京 江苏科学技术出版社 1999 年 171 页
29cm（16 开）精装 ISBN：7-5345-2891-7
定价：CNY78.00

（现代家具和装饰）

本书主要介绍了客厅、门厅的家具和装饰。内容包括：概论；门厅与客厅移动式家具与装饰；兼作书房、餐厅的客厅家具与装饰；以沙发装饰为主的客厅家具与装饰；以建筑墙体浑然一体的固定式家具与装饰。

J0137452

实用装饰家具　林祥锋编

福州　福建科学技术出版社　1999 年　142 页　26cm（16 开）ISBN：7-5335-1409-2

定价：CNY39.00

J0137453

卧室与书房　阮长江主编；梁燕，吕巧霞编著

南京　江苏科学技术出版社　1999 年　162 页　29cm（16 开）精装　ISBN：7-5345-2882-8

定价：CNY78.00

（现代家具和装饰）

本册主要介绍了卧室、儿童房、书房的家具和装饰，提供了大量的领导世界卧室与书房家具潮流的时尚设计精品，是家庭用以指导卧室和书房家具与装饰布置的必备书。

J0137454

现代家具和装饰　冯建华主编

南京　江苏科学技术出版社　1999 年　5 册　29cm（16 开）

本丛书为读者展示了居室不同布局、档次、款式、风格的空间装饰和适合于这些空间装饰的家具样式。

中国装饰美术题材的年历

J0137455

盆景　尹福康等摄影

上海　上海人民出版社　1979 年　12 页　15cm（64开）

定价：CNY0.63

作者尹福康（1927—　），摄影家。江苏南京人。曾任上海人民美术出版社副编审、上海市摄影家协会副主席等职。主要作品有《烟笼峰岩》《向荒山要宝》《晒盐》《工人新村》等。

J0137456

盆景　（明信片）尹福康等摄

上海　上海人民美术出版社　1979 年　12 张　15cm（64 开）散页　统一书号：8081.11539

定价：CNY0.63

J0137457

瓶花　（摄影 1980 年年历）王国钦摄

沈阳　辽宁美术出版社　1979 年［1 张］53cm（4 开）

定价：CNY0.12

J0137458

插花　（摄影 1981 年年历）金宝源摄

上海　上海人民美术出版社　1980 年　53cm（4 开）

定价：CNY0.16

J0137459

盆景　（摄影明信片辑 汉英文对照）

上海　上海人民美术出版社　1980 年　12 张（套）　18cm（小 32 开）

J0137460

1983（插花艺术挂历）

南昌　江西人民出版社［1982 年］54cm（4 开）

定价：CNY2.00

J0137461

插花艺术之一　（摄影 1983 年年历）

南昌　江西人民出版社［1982 年］54cm（4 开）

定价：CNY0.22

J0137462

插花艺术之二　（摄影 1983 年年历）

南昌　江西人民出版社［1982 年］54cm（4 开）

定价：CNY0.22

J0137463

插花艺术之三　（摄影 1983 年年历）

南昌　江西人民出版社 1982 年　54cm（4 开）

定价：CNY0.22

J0137464

插花艺术之四　（摄影 1983 年年历）

南昌　江西人民出版社［1982 年］54cm（4 开）

定价：CNY0.22

J0137465
插花艺术之五 （摄影 1983 年年历）
南昌 江西人民出版社［1982 年］54cm（4 开）
定价：CNY0.22

J0137466
插花艺术之六 （摄影 1983 年年历）
南昌 江西人民出版社［1982 年］54cm（4 开）
定价：CNY0.22

J0137467
插花艺术之七 （摄影 1983 年年历）
南昌 江西人民出版社［1982 年］54cm（4 开）
定价：CNY0.22

J0137468
1984（插花艺术）
成都 四川人民出版社 1983 年 38cm（6 开）
定价：CNY1.80

J0137469
1984 年《中国插花艺术》小台历
南昌 江西人民出版社［1983 年］19cm（32 开）
定价：CNY1.00

J0137470
插花艺术 （摄影 1984 年年历）
成都 四川人民出版社 1983 年 54cm（4 开）
定价：CNY0.18（铜版纸），CNY0.08（胶版纸）

J0137471
"插花" 之二 （摄影 1985 年年历）谢新发摄影
天津 天津人民美术出版社 1984 年 54cm（4 开）
统一书号：8073.80338 定价：CNY0.20

J0137472
"插花" 之三 （摄影 1985 年年历）谢新发摄影
天津 天津人民美术出版社 1984 年 54cm（4 开）
定价：CNY0.20

J0137473
"插花" 之四 （摄影 1985 年年历）谢新发摄影
天津 天津人民美术出版社 1984 年 54cm（4 开）
定价：CNY0.20

J0137474
"插花" 之一 （摄影 1985 年年历）谢安摄影
天津 天津人民美术出版社 1984 年 54cm（4 开）
定价：CNY0.20

J0137475
1985：盆景挂历 陈玉华等摄影
合肥 安徽科学技术出版社 1984 年 54cm（4 开）
定价：CNY3.80

J0137476
翠枝流丹——苏州盆景 （摄影 1985 年年历）
陈春轩摄影
南京 江苏美术出版社 1984 年 54cm（4 开）
定价：CNY0.20

J0137477
凌波仙子——水仙盆景 （摄影 1985 年年历）
崔荣浩摄影
南京 江苏美术出版社 1984 年 54cm（4 开）
定价：CNY0.20

J0137478
瓶花 （摄影 1985 年年历）谭云森摄影
天津 天津人民美术出版社 1984 年 54cm（4 开）
定价：CNY0.20

J0137479
1986：插花
昆明 云南人民出版社 1985 年 53cm（4 开）
定价：CNY4.50

J0137480
1986：插花艺术
杭州 西湖摄影艺术出版社 1985 年 53cm（4 开）
定价：CNY4.00

J0137481
1986：盆景艺术
杭州 浙江人民美术出版社 1985 年 73cm（2 开）
定价：CNY7.90

J0137482
1986：摄影——插花艺术
石家庄 河北美术出版社 1985 年 53cm（4 开）

定价：CNY2.50

J0137483
插花　（摄影 1986 年年历 一）林伟新摄影
上海 上海人民美术出版社 ［1985 年］1 张
54cm（4 开）定价：CNY0.30

J0137484
插花　（摄影 1986 年年历 二）林伟新摄影
上海 上海人民美术出版社 ［1985 年］1 张
54cm（4 开）定价：CNY0.30

J0137485
插花　（摄影 1986 年年历 三）方永熙摄影
上海 上海人民美术出版社 ［1985 年］1 张
54cm（4 开）定价：CNY0.30

J0137486
插花　（摄影 1986 年年历 四）王子祥摄影
上海 上海人民美术出版社 ［1985 年］1 张
54cm（4 开）定价：CNY0.30

J0137487
插花　（摄影 1986 年年历 五）宋士诚摄影
上海 上海人民美术出版社 ［1985 年］1 张
54cm（4 开）定价：CNY0.30

J0137488
盆景　（摄影 1986 年年历）杨长福摄影
昆明 云南人民出版社 1985 年 1 张 54cm（4开）
定价：CNY0.22

J0137489
瓶菊　（摄影 1986 年年历）李元奇摄影
天津 天津人民美术出版社 1985 年 1 张
54cm（4 开）定价：CNY0.25

J0137490
一九八六：插花艺术　陈春轩等摄
上海 上海人民美术出版社 1985 年 1 张
［78cm］（3 开）定价：CNY5.50

J0137491
一九八六：盆景　陈玉华等摄
合肥 安徽科学技术出版社 1985 年 1 张

［78cm］（3 开）定价：CNY5.60

J0137492
一九八六：盆景艺术　张克庆摄
杭州 浙江人民美术出版社 1985 年 1 张
53cm（4 开）定价：CNY4.20

J0137493
云松盆景　（摄影 1986 年年历）黄克勤摄影
武汉 湖北美术出版社 1985 年 1 张 53cm（4 开）
定价：CNY0.24

J0137494
1987：插花艺术　（摄影挂历）
石家庄 河北美术出版社 1986 年 53cm（4 开）
定价：CNY2.70

J0137495
1987：插花艺术　（摄影挂历）易显强等摄影
广州 岭南美术出版社 1986 年 53cm（4 开）
定价：CNY4.20

J0137496
1987：插花艺术　（摄影挂历）
杭州 浙江人民美术出版社 1986 年 53cm（4 开）
定价：CNY4.30

J0137497
1987：花卉艺术　（挂历）
成都 四川美术出版社 1986 年 78cm（2 开）
定价：CNY8.60

J0137498
1987：美的装饰　（摄影挂历）
武汉 湖北教育出版社 1986 年 53cm（4 开）
定价：CNY5.00

J0137499
1987：盆景　（摄影挂历）
合肥 安徽科学技术出版社 1986 年 76cm（2 开）
定价：CNY8.30

J0137500
1987：盆景　（摄影挂历）
成都 四川人民出版社 1986 年 78cm（2 开）

定价: CNY5.30

J0137501
1987 : 盆景艺术 （摄影挂历）
济南 山东科学技术出版社 1986 年 2 版
76cm（2 开）定价: CNY8.00

J0137502
1987 : 羽毛艺术 （摄影挂历）
杭州 西泠印社 1986 年 53cm（4 开）
定价: CNY4.30

J0137503
1987 : 中国盆景 （摄影挂历）
合肥 安徽科学技术出版社 1986 年 78cm（2 开）
定价: CNY5.60

J0137504
1987 : 中国盆景 （摄影挂历）
沈阳 春风文艺出版社 1986 年 76cm（2 开）
定价: CNY5.50

J0137505
1987 : 中国盆景 （摄影挂历）
杭州 杭州人民美术出版社 1986 年 53cm（4 开）
定价: CNY4.40

J0137506
1988 : 插花 （摄影挂历）
济南 山东科学技术出版社 1986 年 76cm（2 开）
定价: CNY10.50

J0137507
1988 : 插花艺术 （摄影挂历）
济南 山东科学技术出版社 1986 年 （3 开）
定价: CNY10.50

J0137508
伴侣 （插花 1987 年年历）蔡俊清插花；林伟
新摄影
南昌 江西人民出版社［1986 年］1 张（2 开）
定价: CNY0.33

J0137509
层云耸翠 （摄影 1987 年年历 盆景）

长春 吉林美术出版社 1986 年 1 张 78cm（2 开）
定价: CNY0.35

J0137510
插花 （摄影 1987 年年历）谢新发摄影
西安 陕西人民美术出版社 1986 年 1 张
53cm（4 开）定价: CNY0.24

J0137511
插花 （摄影 1987 年年历 一）林伟新摄影
上海 上海书画出版社 1986 年 1 张 78cm（2 开）
定价: CNY0.65

J0137512
插花 （摄影 1987 年年历 三）林伟新摄影
上海 上海书画出版社 1986 年 1 张 78cm（2 开）
定价: CNY0.65

J0137513
插花 （摄影 1987 年年历 四）林伟新摄影
上海 上海书画出版社 1986 年 1 张 78cm（2 开）
定价: CNY0.65

J0137514
插花艺术 （摄影 1987 年年历 一）崔汉平摄影
广州 岭南美术出版社 1986 年 1 张 53cm（4 开）
定价: CNY0.20

J0137515
插花艺术 （摄影 1987 年年历 三）崔汉平摄影
广州 岭南美术出版社 1986 年 1 张 53cm（4 开）
定价: CNY0.20

J0137516
成都盆景 （汉英对照）陈德龙，郭晓明摄影
成都 四川人民出版社 1986 年 10 张
定价: CNY1.20
　　明信片。

J0137517
赤壁凌霄 （摄影 1987 年年历 盆景）
合肥 安徽科学技术出版社 1986 年 1 张
76cm（2 开）定价: CNY0.48

J0137518
春华秋实 （摄影 1987 年年历 盆景）
合肥 安徽科学技术出版社 1986 年 1 张
76cm（2 开）定价：CNY0.48

J0137519
春溪涨绿 （摄影 1987 年年历 盆景）
合肥 安徽科学技术出版社 1986 年 1 张
76cm（2 开）定价：CNY0.48

J0137520
凤冠霞帔 （盆景 摄影 1987 年年历）
合肥 安徽科学技术出版社 1986 年 1 张
76cm（2 开）定价：CNY0.48

J0137521
斧峰叠翠 （摄影 1987 年年历 盆景）
1986 年 1 张 78cm（2 开）定价：CNY0.35

J0137522
集锦 （盆景 摄影 1987 年年历）
合肥 安徽科学技术出版社 1986 年 1 张
78cm（2 开）定价：CNY0.35

J0137523
柯居笼翠 （盆景 摄影 1987 年年历）
合肥 安徽科学技术出版社 1986 年 1 张
78cm（2 开）定价：CNY0.35

J0137524
龙盘虎踞 （盆景 摄影 1987 年年历）
合肥 安徽科学技术出版社 1986 年 1 张
76cm（2 开）定价：CNY0.48

J0137525
南山归木 （盆景 摄影 1987 年年历）
合肥 安徽科学技术出版社 1986 年 1 张
76cm（2 开）定价：CNY0.48

J0137526
蟠龙 （盆景 摄影 1987 年年历）
合肥 安徽科学技术出版社 1986 年 1 张
78cm（2 开）定价：CNY0.35

J0137527
平林浅画 （盆景 摄影 1987 年年历）
合肥 安徽科学技术出版社 1986 年 1 张
78cm（2 开）定价：CNY0.35

J0137528
平升三级 （盆景 摄影 1987 年年历）
合肥 安徽科学技术出版社 1986 年 1 张
78cm（2 开）定价：CNY0.35

J0137529
婆娑倩影 （盆景 摄影 1987 年年历）
合肥 安徽科学技术出版社 1986 年 1 张
53cm（4 开）定价：CNY0.27

J0137530
雀跃前庭 （盆景 摄影 1987 年年历）
合肥 安徽科学技术出版社 1986 年 1 张
76cm（2 开）定价：CNY0.48

J0137531
上海龙华盆景 陆明珍编；林伟新，方永熙摄影
上海 上海人民美术出版社 1986 年 10 张
定价：CNY1.10

J0137532
石榴古桩 （摄影 1987 年年历）肖燕摄影
北京 人民美术出版社 1986 年 1 张 53cm（4 开）
定价：CNY0.24

J0137533
石竹 （摄影 1987 年年历）晓雪摄影
石家庄 河北美术出版社 1986 年 1 张 53cm（4 开）
定价：CNY0.25
　　作者晓雪，擅长年历摄影。主要作品有《青年电影演员——陈冲》《老寿星》《演员吴海燕》等。

J0137534
舒云 （盆景 摄影 1987 年年历）
合肥 安徽科学技术出版社 1986 年 1 张
78cm（2 开）定价：CNY0.35

J0137535
苏州盆景 （汉、日、英对照）

北京 外文出版社 1986 年 10 张 定价：CNY1.30

J0137536
微型盆景 （摄影 1987 年年历）王子祥摄影
上海 上海人民美术出版社 1986 年 1 张
53cm（4 开）定价：CNY0.24

J0137537
悬崖 （盆景 摄影 1987 年年历）
合肥 安徽科学技术出版社 1986 年 1 张
78cm（2 开）定价：CNY0.35

J0137538
雅室 （摄影 1987 年年历）
南京 江苏美术出版社 1986 年 1 张 76cm（2 开）
定价：CNY0.50

J0137539
扬州红园盆景 （汉英对照）黄乐等摄影
上海 上海人民美术出版社 1986 年 10 张
定价：CNY1.10

J0137540
一花独秀 （盆景：摄影 1987 年年历）
合肥 安徽科学技术出版社 1986 年 1 张
76cm（2 开）定价：CNY0.48

J0137541
一九八七：插花摄影 （挂历）
天津 天津人民美术出版社 1986 年 53cm（4 开）
定价：CNY4.00

J0137542
一九八七：盆景 （摄影挂历）
天津 天津杨柳青画社 1986 年 53cm（4 开）
定价：CNY4.20

J0137543
一九八七：盆景插花 （摄影挂历）
上海 上海书画出版社 1986 年 78cm（2 开）
定价：CNY6.80

J0137544
一九八七：盆景艺术 （摄影挂历）陈梗桥等
摄影

济南 山东美术出版社 1986 年 78cm（2 开）
定价：CNY5.50

J0137545
一九八七：雅 （盆景摄影挂历）
南京 江苏美术出版社 1986 年 53cm（4 开）
定价：CNY4.30

J0137546
依恋 （插花 1987 年年历）王路昌插花；林伟
新摄影
南昌 江西人民出版社 ［1986 年］1 张 78cm（2 开）
定价：CNY0.33

J0137547
倚石争雄 （盆景 摄影 1987 年年历）
合肥 安徽科学技术出版社 1986 年 1 张
76cm（2 开）定价：CNY0.48

J0137548
倚杖 （盆景 摄影 1987 年年历）
合肥 安徽科学技术出版社 1986 年 1 张
78cm（2 开）定价：CNY0.35

J0137549
榆钱叠雪 （盆景 摄影 1987 年年历）
合肥 安徽科学技术出版社 1986 年 1 张
76cm（2 开）定价：CNY0.48

J0137550
1988：博古盆景 （摄影挂历）
福州 福建美术出版社 ［1987 年］（4 开）
定价：CNY2.60

J0137551
1988：插花 （摄影挂历）
桂林 漓江出版社 ［1987 年］（4 开）
定价：CNY6.00

J0137552
1988：插花 （摄影挂历）
北京 人民美术出版社 1987 年 76cm（2 开）
定价：CNY9.00

J0137553
1988：插花　（摄影挂历）
北京　人民美术出版社 1987 年　54cm（4 开）
定价：CNY4.70

J0137554
1988：插花　（摄影挂历）
济南　山东美术出版社 1987 年（3 开）
定价：CNY6.80

J0137555
1988：插花　（摄影挂历）
西安　陕西人民美术出版社 1987 年（4 开）
定价：CNY5.60

J0137556
1988：插花　（摄影挂历）
上海　上海人民美术出版社 1987 年（3 开）
定价：CNY7.20

J0137557
1988：插花　（摄影挂历）
杭州　西湖摄影艺术出版社 1987 年（3 开）
定价：CNY6.80

J0137558
1988：插花艺术　（摄影挂历）
长春　吉林美术出版社［1987 年］（3 开）
定价：CNY6.50

J0137559
1988：盆景　（摄影挂历）
合肥　安徽科学技术出版社 1987 年（3 开）
定价：CNY7.50

J0137560
1988：盆景　（摄影挂历）
南宁　广西民族出版社［1987 年］（3 开）
定价：CNY6.80

J0137561
1988：盆景　（摄影挂历）
南京　江苏美术出版社 1987 年（3 开）
定价：CNY6.90

J0137562
1988：盆景　（摄影挂历）
南昌　江西人民出版社［1987 年］（3 开）
定价：CNY6.70

J0137563
1988：盆景　（摄影挂历）
济南　山东美术出版社 1987 年（3 开）
定价：CNY6.80

J0137564
1988：盆景　（摄影挂历）
济南　山东美术出版社 1987 年（2 开）
定价：CNY9.60

J0137565
1988：盆景　（摄影挂历）
西安　陕西人民美术出版社 1987 年（3 开）
定价：CNY7.00

J0137566
1988：盆景　（摄影挂历）
成都　四川人民出版社 1987 年（3 开）
定价：CNY6.50

J0137567
1988：盆景艺术　（摄影挂历）
广州　岭南美术出版社 1987 年（2 开）

J0137568
1988：盆景艺术　（挂历）
天津　天津人民美术出版社 1987 年　78cm（3 开）
定价：CNY6.50

J0137569
1988：室内装饰　（摄影挂历）
沈阳　辽宁美术出版社 1987 年（3 开）
定价：CNY6.50

J0137570
1988：寿比南山不老松　（盆景摄影）
沈阳　辽宁美术出版社 1987 年（3 开）
定价：CNY6.50

J0137571
1988：仙苑情韵 （盆景摄影）
沈阳 辽宁美术出版社 1987年（3开）
定价：CNY6.50

J0137572
1988：中国盆景 （摄影挂历）
太原 希望出版社 1987年（3开）定价：CNY6.70

J0137573
八骏图 （摄影 1988年年历）赵庆泉制作；陈
锦泉摄影
上海 上海人民美术出版社 1987年 1张
76cm（2开）定价：CNY0.60

J0137574
贝雕盆景 （摄影 1988年年历）安宪摄影
西安 陕西人民美术出版社 1987年 1张
53cm（4开）定价：CNY0.30

J0137575
插花 （摄影 1988年年历）林海摄影
济南 山东美术出版社 1987年 1张（2开）
定价：CNY0.33

J0137576
插花 （第一辑 汉、英、日、俄对照）
北京 外文出版社 1987年 10张 15cm（40开）
定价：CNY1.50

J0137577
插花 （第二辑 汉、英、日对照）
北京 外文出版社 1987年 10张 15cm（40开）
定价：CNY1.50

J0137578
江苏盆景 （汉、日、英对照）
北京 外文出版社 1987年 10张 定价：CNY1.30

J0137579
盆景双猫 （摄影 1988年年历）刘乃勇摄影
济南 山东美术出版社 1987年 1张 53cm（4开）
定价：CNY0.33

J0137580
盆景艺术 （一 汉英对照）
福州 福建科学技术出版社 1987年 10张
13cm（60开）定价：CNY1.50

J0137581
盆景艺术
福州 福建科学技术出版社 1987年 10张
13cm（60开）定价：CNY1.50

J0137582
盆景艺术 （汉英对照）林伟新摄影
成都 四川美术出版社 1987年 10张 13cm（60开）
定价：CNY1.45

J0137583
苏州盆景 （第二辑 汉、日、英对照）
北京 外文出版社 1987年 10张 定价：CNY1.30

J0137584
托姆插花 （摄影 1988年年历）吉西摄影
南京 江苏美术出版社 1987年 1张（2开）
定价：CNY0.43

J0137585
扬州红园盆景 （2 汉英对照）黄乐等摄影
上海 上海人民美术出版社 1987年 12张
定价：CNY1.40

J0137586
艺术插花 （摄影 1988年年历）林伟新摄影
昆明 云南人民出版社 1987年 1张 53cm（4开）
定价：CNY0.28

J0137587
中国盆景 （汉、日、英对照）
北京 外文出版社 1987年 10张 定价：CNY1.50

J0137588
1989：插花 （摄影挂历）
沈阳 春风文艺出版社 1988年 78cm（3开）
定价：CNY8.00

J0137589
1989：插花 （摄影挂历）

石家庄　河北美术出版社　1988 年　78cm（3 开）
定价：CNY8.00

J0137590
1989：插花 （摄影挂历）
桂林　漓江出版社　1988 年　76cm（2 开）
定价：CNY13.50

J0137591
1989：插花 （摄影挂历）
上海　上海人民美术出版社　1988 年　78cm（3 开）
定价：CNY8.60

J0137592
1989：插花精粹 （摄影挂历）
南京　江苏科学技术出版社　1988 年　76cm（2 开）
定价：CNY6.50

J0137593
1989：插花艺术 （摄影挂历）
广州　广东科技出版社　1988 年　76cm（2 开）

J0137594
1989：插花艺术 （摄影挂历）
郑州　河南美术出版社　1988 年　78cm（3 开）
定价：CNY7.50

J0137595
1989：插花艺术 （摄影挂历）
济南　山东美术出版社　1988 年　76cm（2 开）

J0137596
1989：插花艺术 （摄影挂历）
西安　陕西人民美术出版社　1988 年　76cm（2 开）
定价：CNY8.00

J0137597
1989：插花艺术 （摄影挂历）
西安　陕西人民美术出版社　1988 年　76cm（2 开）
定价：CNY14.50

J0137598
1989：恭贺新禧插花 （挂历）
济南　山东友谊出版社　1988 年　76cm（2 开）
定价：CNY12.00

J0137599
1989：家庭美化 （摄影挂历）
乌鲁木齐　新疆人民出版社　1988 年　76cm（2 开）
定价：CNY12.50

J0137600
1989：景德镇陶瓷插花艺术 （摄影挂历）
南昌　江西人民出版社　[1988 年]　78cm（3 开）
定价：CNY7.80

J0137601
1989：岭南盆景 （摄影挂历）
广州　科学普及出版社广州分社　1988 年
78cm（3 开）定价：CNY12.00

J0137602
1989：盆景 （摄影挂历）
广州　岭南美术出版社　1988 年　76cm（2 开）
定价：CNY13.00

J0137603
1989：盆景 （摄影挂历）
上海　上海人民美术出版社　[1988 年]78cm（3 开）
定价：CNY7.50

J0137604
1989：盆景萃珍 （摄影挂历）
海口　海南人民出版社　1988 年　78cm（3 开）
定价：CNY8.50

J0137605
1989：室内装饰 （摄影挂历）
上海　上海人民美术出版社　1988 年　78cm（3 开）
定价：CNY7.50

J0137606
1989：室内装饰月历 （摄影）
北京　中国戏剧出版社　1988 年　78cm（3 开）
定价：CNY7.00

J0137607
1989：现代家居 （摄影挂历）
太原　山西科学教育出版社　[1988 年]76cm（2 开）
定价：CNY13.50

J0137608
1989：现代家具 （摄影挂历）
上海 上海人民美术出版社［1988年］76cm（2开）
定价：CNY12.50

J0137609
1989：现代家庭装饰 （摄影挂历）
广州 广东科技出版社 1988年 76cm（2开）
定价：CNY14.50

J0137610
1989：小屋新装 （摄影挂历）
上海 上海画报出版社［1988年］78cm（2开）
定价：CNY8.40

J0137611
1989：中国插花 （摄影挂历）
北京 农村读物出版社［1988年］76cm（2开）
定价：CNY12.80

J0137612
1989：中国盆景 （摄影挂历）
南宁 广西人民出版社［1988年］78cm（3开）
定价：CNY8.00

J0137613
1989：中国盆景 （摄影挂历）
北京 农村读物出版社［1988年］76cm（2开）
定价：CNY12.80

J0137614
插花 （摄影 1989年年历）朱裕陶摄影
福州 福建美术出版社［1988年］1张 54cm（4开）
定价：CNY0.40

J0137615
插花 （摄影 1989年农历己巳年年历）谭尚忍摄
武汉 湖北美术出版社 1988年 1张 54cm（4开）
定价：CNY0.38

J0137616
插花 （摄影 1989年年历）谭云森摄
北京 人民美术出版社 1988年 1张 54cm（4开）
定价：CNY0.40

J0137617
插花 （摄影 1989年年历）谢新发摄
西安 陕西人民美术出版社 1988年 1张
54cm（4开）定价：CNY0.45

J0137618
插花 （摄影 1989年农历己巳年年历）
北京 中国电影出版社［1988年］1张 54cm（4开）
定价：CNY0.24

J0137619
插花艺术 （摄影 1989年年历）张甸摄
沈阳 辽宁美术出版社 1988年 1张 54cm（4开）
定价：CNY0.45
　　作者张甸（1930—　），摄影家。原名张殿宸，生于河北昌黎，毕业于鲁迅文艺学院美术系。历任东北画报社摄影组助理记者，辽宁画报社摄影创作室主任，中国摄影家协会会员。作品有《声震山河》《草原神鹰》《客人来到草原》。

J0137620
插花艺术 （摄影 1989年年历）谢新发摄；一乐设计
西安 陕西人民美术出版社 1988年 1张
76cm（2开）定价：CNY0.96
　　作者谢新发，擅长年画摄影。主要作品有《节日欢舞》《风光摄影》《怎样拍摄夜景》等。

J0137621
盆景艺术 （摄影 1989年年历）川图摄
成都 四川省新闻图片社［1988年］1张
54cm（4开）定价：CNY0.28

J0137622
瓶花 （摄影 1989年年历）张涵毅摄
郑州 河南美术出版社 1988年 1张 78cm（2开）
定价：CNY0.47

J0137623
艺术插花 （一 摄影 1989年年历）
上海 上海人民美术出版社［1988年］1张
78cm（2开）定价：CNY0.75

J0137624
艺术插花 （二 摄影 1989年年历）

上海　上海人民美术出版社［1988年］1张
78cm（2开）定价：CNY0.75

北京　外文出版社　1988年　2版　10张
13cm（60开）定价：CNY1.65

J0137625
艺术插花　（三　摄影　1989年年历）
上海　上海人民美术出版社［1988年］1张
78cm（2开）定价：CNY0.75

J0137634
1989：盆景插花艺术　（摄影挂历）
北京　中国电影出版社［1989年］78cm（3开）
定价：CNY7.60

J0137626
艺术插花　（四　摄影　1989年年历）
上海　上海人民美术出版社［1988年］1张
78cm（2开）定价：CNY0.75

J0137635
1990：插花艺术　（挂历）
长春　吉林美术出版社　1989年　78cm（3开）
定价：CNY11.50

J0137627
艺术插花　（五　摄影　1989年年历）
上海　上海人民美术出版社［1988年］1张
78cm（2开）定价：CNY0.75

J0137636
1990：插花艺术　（摄影挂历）
济南　山东友谊书社　1989年　76cm（2开）
定价：CNY15.50

J0137628
艺术插花　（六　摄影　1989年年历）
上海　上海人民美术出版社［1988年］1张
78cm（2开）定价：CNY0.75

J0137637
1990：插花艺术　（摄影挂历）
太原　山西科学教育出版社　1989年　76cm（2开）
定价：CNY15.50

J0137629
艺苑群芳　（一　摄影　1989年年历）
上海　上海书画出版社　1988年　1张　78cm（2开）
定价：CNY0.80

J0137638
1990：插花艺术　（摄影挂历）
西安　陕西人民美术出版社［1989年］76cm（2开）

J0137630
艺苑群芳　（二　摄影　1989年年历）
上海　上海书画出版社　1988年　1张　78cm（2开）
定价：CNY0.80

J0137639
1990：插花艺术　（摄影挂历）
上海　上海人民美术出版社［1989年］78cm（3开）
定价：CNY12.00

J0137631
艺苑群芳　（六　摄影　1989年年历）
上海　上海书画出版社　1988年　1张　78cm（2开）
定价：CNY0.80

J0137640
1990：插花艺术月历
石家庄　河北美术出版社　1989年　78cm（3开）
定价：CNY17.30

J0137632
中国插花　（汉日英对照）方永熙摄
北京　外文出版社　1988年　10张　13cm（60开）
定价：CNY1.60

J0137641
1990：插花与时装　（摄影挂历）
北京　朝花美术出版社　1989年　76cm（2开）
定价：CNY16.00

J0137633
中国插花　（汉日英对照）

J0137642
1990：家庭美化　（摄影挂历）
南宁　广西人民出版社　1989年　76cm（2开）

定价：CNY15.50

J0137643
1990：家庭装饰 （摄影挂历）
上海　上海书画出版社　1989年　78cm（3开）
定价：CNY10.70

J0137644
1990：居室美 （摄影挂历）
广州　岭南美术出版社　1989年　76cm（2开）
定价：CNY15.50

J0137645
1990：盆景艺术 （摄影挂历）
兰州　甘肃人民出版社　1989年　78cm（3开）
定价：CNY10.60

J0137646
1990：盆艺品趣 （摄影挂历）
广州　岭南美术出版社　1989年　76cm（2开）

J0137647
1990：中国盆景 （摄影挂历）
南宁　广西人民出版社　1989年　76cm（2开）
定价：CNY8.00

J0137648
1990：中外名花插花 （摄影挂历）
上海　上海科学技术文献出版社　1989年　（3开）
定价：CNY11.00

J0137649
1990年《插花》月历
北京　农村读物出版社［1989年］76cm（2开）
定价：CNY16.00

J0137650
1990年《中国盆景》月历
北京　农村读物出版社［1989年］76cm（2开）
定价：CNY16.00

J0137651
插花 （摄影　1990年年历）
沈阳　辽宁美术出版社　1989年　1张　54cm（4开）

J0137652
插花 （摄影　1990年年历）凌岚摄影
广州　岭南美术出版社　1989年　1张　39cm（4开）
定价：CNY0.28

J0137653
插花 （摄影　1990年年历）谢新发摄影
济南　山东美术出版社　1989年　1张　54cm（4开）
定价：CNY0.48

J0137654
插花 （摄影　1990年年历　一）
上海　上海人民美术出版社［1989年］1张
78cm（2开）定价：CNY1.00

J0137655
插花 （摄影　1990年年历　二）
上海　上海人民美术出版社［1989年］1张
78cm（2开）定价：CNY1.00

J0137656
插花 （摄影　1990年年历　三）
上海　上海人民美术出版社［1989年］1张
78cm（2开）定价：CNY1.00

J0137657
插花 （摄影　1990年年历　四）
上海　上海人民美术出版社［1989年］1张
78cm（2开）定价：CNY1.00

J0137658
插花 （摄影　1990年年历）牛犇东摄影
昆明　云南人民出版社　1989年　1张　54cm（4开）
定价：CNY0.60

J0137659
插花艺术 （摄影　1990年农历庚午年年历）
尹光摄影
武汉　湖北美术出版社　1989年　1张　76cm（2开）
定价：CNY0.90

J0137660
插花艺术 （摄影　1989年年历）安安摄影
成都　四川省新闻图片社［1989年］1张
54cm（4开）定价：CNY0.35

J0137661
盆景艺术　林伟新摄
北京　人民美术出版社　1989年　2张　76cm（2开）
定价：CNY1.05

J0137662
瓶花　（摄影　1990年年历）杨中俭摄影
天津　天津人民美术出版社　1989年　1张
54cm（4开）定价：CNY0.50

J0137663
温馨·袭人　（插花摄影精选）《摄影家》编辑
部编
上海　上海人民美术出版社　1989年　10张
［17cm］（32开）定价：CNY1.80
（摄影家系列明信片）

J0137664
形的旋律　徐晓摄影；江苏省插花艺术协会供稿
兰州　甘肃人民出版社［1989年］10张
15cm（40开）
定价：CNY2.10

J0137665
1991：插花　（摄影挂历）
北京　奥林匹克出版社　1990年　76cm（2开）

J0137666
1991：插花　（摄影挂历）村夫等摄
北京　农村读物出版社　1990年　76cm（2开）
定价：CNY17.90

J0137667
1991：插花艺术　（挂历）
北京　北京美术摄影出版社　1990年　78cm（3开）
定价：CNY9.50

J0137668
1991：插花艺术　（挂历）
广州　广东科技出版社　1990年　76cm（2开）
定价：CNY15.50

J0137669
1991：插花艺术　（摄影挂历）
济南　山东美术出版社　1990年　78cm（3开）

J0137670
1991：花之情　（插花摄影挂历）
北京　中国电影出版社　1990年　76cm（2开）
定价：CNY23.00

J0137671
1991：家庭装饰　（摄影挂历）
济南　山东友谊书社　1990年　76cm（2开）
定价：CNY18.90

J0137672
1991：名盆珍禽　（摄影挂历）邢天虹等摄
天津　天津人民美术出版社　1990年　76cm（2开）
定价：CNY18.00

J0137673
1991：盆景　（摄影挂历）丹青等摄影
武汉　湖北美术出版社　1990年　76cm（2开）
定价：CNY10.80

J0137674
1991：盆景　（摄影挂历）村夫等摄
北京　农村读物出版社　1990年　76cm（2开）
定价：CNY17.90

J0137675
1991：盆景艺术　（挂历）山东美术出版社编
济南　山东美术出版社　1990年　76cm（2开）

J0137676
1991：盆景艺术　（挂历）丹青等摄
昆明　云南人民出版社　1990年　76cm（2开）
定价：CNY15.50

J0137677
1991：盆艺品趣　（摄影挂历）崔汉平等摄
广州　岭南美术出版社　1990年　76cm（2开）
定价：CNY15.50

J0137678
1991：艺术插花　（挂历）首都经济信息报社编
北京　奥林匹克出版社　1990年　76cm（2开）
定价：CNY16.00

J0137679
1991：郁香插花艺术 （挂历）
兰州 甘肃人民美术出版社 1990 年 76cm（2 开）
定价：CNY17.50

J0137680
1991：中国插花 （挂历）马华摄
济南 山东美术出版社 1990 年 76cm（2 开）
定价：CNY16.50

J0137681
1991：中国园林风光·盆景艺术欣赏 （摄影挂历）张宝声等摄
上海 上海书画出版社 1990 年 78cm（3 开）
定价：CNY13.00

J0137682
插花 （摄影 1991 年年历）刘海发摄
石家庄 河北美术出版社 1990 年 1 张 53cm（4 开）
定价：CNY0.50

J0137683
插花 （摄影 1991 年年历）谢新发摄
济南 山东美术出版社 1990 年 1 张 53cm（4 开）

J0137684
插花 （摄影 1991 年年历）
上海 上海人民美术出版社 1990 年 6 张
78cm（2 开）定价：CNY6.00

J0137685
盆景 （摄影 1991 年年历）
上海 上海人民美术出版社 1990 年 6 张
定价：CNY6.00

J0137686
艺苑精华 （摄影 1991 年年历）
上海 上海人民美术出版社 1990 年 5 张
76cm（2 开）定价：CNY7.50

J0137687
1992：博古盆景 （挂历）
上海 上海书画出版社 1991 年 76cm（2 开）
定价：CNY22.60

J0137688
1992：插花 （挂历）
北京 朝花美术出版社［1991 年］76cm（2 开）
定价：CNY18.00

J0137689
1992：插花荟萃 （挂历）
南京 江苏人民出版社 1991 年 76cm（2 开）
定价：CNY27.00

J0137690
1992：插花艺术 （挂历）牛犇东摄
郑州 河南美术出版社 1991 年 76cm（2 开）
定价：CNY14.00

J0137691
1992：插花艺术 （挂历）
昆明 云南人民出版社［1991 年］76cm（2 开）
定价：CNY18.50

J0137692
1992：插花艺术 （挂历）
北京 中国旅游出版社［1991 年］76cm（2 开）
定价：CNY16.80

J0137693
1992：多姿——盆景艺术精萃 （挂历）邢凯设计
北京 中国旅游出版社［1991 年］76cm（2 开）
定价：CNY19.00

J0137694
1992：芬芳艺术插花 （挂历）梁力昌摄
济南 山东友谊书社 1991 年 76cm（2 开）
定价：CNY18.00

J0137695
1992：吉祥如意 （插花玉雕艺术 挂历）
海口 海南摄影美术出版社［1991 年］76cm（2 开）
定价：CNY24.00

J0137696
1992：吉祥如意 （盆景摄影挂历）林伟新摄
昆明 云南人民出版社［1991 年］85cm
定价：CNY13.00

J0137697
1992：立体的画——中国盆景艺术 （挂历）
上海 上海书画出版社 1991 年 76cm（2 开）
定价：CNY18.00

J0137698
1992：名盆金鱼 （挂历）林伟新等摄
天津 天津人民美术出版社 1991 年 76cm（2 开）
ISBN：7-5305-8115-4 定价：CNY18.80

J0137699
1992：名盆珍禽 （挂历）邢天虹等摄
天津 天津人民美术出版社 1991 年 76cm（2 开）
ISBN：7-5305-8101-0 定价：CNY18.80

J0137700
1992：盆景 （挂历）
福州 福建美术出版社［1991 年］76cm（2 开）
定价：CNY15.00

J0137701
1992：盆景 （挂历）
济南 山东友谊书社 1991 年 76cm（2 开）
定价：CNY18.00

J0137702
1992：盆景杰作 （挂历）胡本，南海摄
济南 山东美术出版社 1991 年 76cm（2 开）
定价：CNY17.80

J0137703
1992：盆景精萃 （挂历）
广州 岭南美术出版社 1991 年 76cm（2 开）
定价：CNY16.00

J0137704
1992：盆景艺术 （挂历）
福州 海潮摄影艺术出版社［1991 年］76cm（2 开）
ISBN：7-80562-063-6 定价：CNY18.50

J0137705
1992：盆景艺术 （挂历）丹青等摄
昆明 云南民族出版社［1991 年］76cm（2 开）
定价：CNY24.50

J0137706
1992：四季盆景 （挂历）山东美术出版社编
济南 山东美术出版社 1991 年 85cm

J0137707
1992：现代插花艺术 （挂历）姜建华设计
兰州 甘肃人民美术出版社［1991 年］76cm（2 开）
定价：CNY19.50

J0137708
1992：艺术插花 （挂历）
芒市 云南德宏民族出版社［1991 年］76cm（2 开）
定价：CNY15.50

J0137709
1992：艺术插花 （摄影挂历）
昆明 云南人民出版社［1991 年］76cm（2 开）
定价：CNY18.50

J0137710
1992：中国盆景插花艺术 （挂历）
广州 岭南美术出版社［1991 年］76cm（2 开）
定价：CNY24.00

J0137711
1992：祝您长寿 （盆景摄影挂历）
海口 海南摄影美术出版社［1991 年］76cm（2 开）
定价：CNY18.50

J0137712
插花 （摄影）
北京 中国电影出版社［1991 年］1 张 76cm（2 开）
定价：CNY1.00

J0137713
花乡梦幻 （摄影 明信片）
北京 今日中国出版社 1991 年 10 张 15cm（64 开）
ISBN：7-5072-0298-4 定价：CNY2.20

J0137714
摩登居室 （摄影 1992 年年历）李明摄
上海 上海人民美术出版社［1991 年］4 张
76cm（2 开）定价：CNY5.60

J0137715
盆景 （1992 年年历）黄乐摄
天津 天津人民美术出版社 1991 年 1 张
53cm（4 开）ISBN：7–5305–8118–7
定价：CNY0.60

J0137716
瓶花 （1992 年年历）王俭摄
天津 天津人民美术出版社 1991 年 1 张
53cm（4 开）ISBN：7–5305–8121–1
定价：CNY0.60

J0137717
艺术插花 （摄影 1992 年年历）毛剑摄
上海 上海人民美术出版社 1991 年 1 张
［40cm］（6 开）定价：CNY0.40

J0137718
1993：插花 （挂历）
西宁 青海人民出版社［1992 年］77cm（2 开）
定价：CNY22.00

J0137719
1993：插花艺术 （挂历）
广州 岭南美术出版社 1992 年 77cm（2 开）
定价：CNY17.00

J0137720
1993：插花艺影 （挂历）
广州 岭南美术出版社 1992 年 77cm（2 开）
定价：CNY16.00

J0137721
1993：丽园盆景 （挂历）
沈阳 辽宁美术出版社 1992 年 77cm（2 开）
ISBN：7–5314–202–5 定价：CNY18.80

J0137722
1993：美韵——插花艺术欣赏 （挂历）
兰州 甘肃人民美术出版社［1992 年］77cm（2 开）
定价：CNY20.80

J0137723
1993：盆景插花艺术 （挂历）
北京 中国电影出版社［1992 年］77cm（2 开）

定价：CNY19.80

J0137724
1993：盆景古诗 （挂历）
石家庄 河北美术出版社 1992 年 77cm（2 开）
定价：CNY20.50

J0137725
插花 （1993 年年历）
北京 中国电影出版社［1992 年］1 张
77 × 53cm
定价：CNY1.10

J0137726
欢庆——火把节 （艺术插花 1993 年年历）
马静芬，仲刚摄
昆明 云南美术出版社 1992 年 1 张 77 × 53cm
定价：CNY1.20

J0137727
1994：插花艺术 （摄影挂历）
青岛 青岛出版社 1993 年 76 × 53cm
定价：CNY28.00

J0137728
1994：插花艺术 （摄影挂历）
北京［1993 年］77 × 53cm 定价：CNY17.50

J0137729
1994：垂钓·艺术壁挂 （摄影挂历）
南京 江苏美术出版社［1993 年］1 幅

J0137730
1994：名盆珍宝 （摄影挂历）
天津 天津人民美术出版社［1993 年］76 × 53cm
定价：CNY33.50

J0137731
1994：盆景妙品 （摄影挂历）
南京 江苏美术出版社 1993 年 76 × 53cm
定价：CNY27.80

J0137732
1994：清流荡舟·香木壁挂 （挂历）
南京 江苏美术出版社［1993 年］1 幅

J0137733
1994：群峰耸翠·香木壁挂 （挂历）
南京 江苏美术出版社［1993 年］1 幅

J0137734
1994：硕果名盆 （摄影挂历）
天津 天津人民美术出版社［1993 年］76×53cm
定价：CNY34.50

J0137735
1994：艺术插花 （摄影挂历）
石家庄 河北美术出版社 1993 年 76×53cm
定价：CNY28.00

J0137736
插花艺术 （摄影 1994 年年历）海发摄
沈阳 辽宁美术出版社 1993 年 1 张 53×38cm
定价：CNY0.98

J0137737
1995：金杯名盆 （摄影挂历）滕俊杰等摄
天津 天津人民美术出版社 1994 年 有图
77×53cm 定价：CNY33.50

J0137738
1995：名盆佳景 （摄影挂历）
武汉 湖北美术出版社 1994 年 有图 77×53cm
定价：CNY39.80

J0137739
1995：盆景萃珍 （摄影挂历）方璋摄
杭州 浙江人民美术出版社 1994 年 有图
77×53cm 定价：CNY36.00

J0137740
1995：中国盆景 （摄影挂历）陈春轩等摄
上海 上海人民美术出版社 1994 年 有图
77×53cm 定价：CNY42.00

J0137741
插花艺术 （吉祥 摄影 1995 年年历）陈春轩，
宋士诚摄
上海 上海人民美术出版社 1994 年 1 张
77×53cm 定价：CNY2.00

J0137742
插花艺术 （如意 摄影 1995 年年历）陈春轩，
宋士诚摄
上海 上海人民美术出版社 1994 年 1 张
77×53cm 定价：CNY2.00

J0137743
盆景诗情 （摄影 1995 年年历）
杭州 浙江人民美术出版社 1994 年 1 张
77×53cm 定价：CNY2.50

J0137744
1996：插花艺术 （摄影挂历）柯月英摄
北京 冶金工业出版社 1995 年 71×48cm
ISBN：7-5024-1786-9 定价：CNY12.80

J0137745
1996：摩登家居 （摄影挂历）陕西人民美术
出版社编
西安 陕西人民美术出版社 1995 年 90×52cm
ISBN：7-5368-0760-0 定价：CNY25.00

J0137746
1996：盆景艺术 （摄影挂历）广西美术出版
社编
南宁 广西美术出版社 1995 年 77×53cm
定价：CNY25.00

J0137747
1997：插花 （摄影挂历）岭南美术出版社编
广州 岭南美术出版社 1996 年 100×70cm
ISBN：7-5362-1432-4 定价：CNY32.00

J0137748
1997：美玉盆景 （摄影挂历）方永熙，豫强摄
杭州 浙江人民美术出版社 1996 年 76×52cm
ISBN：7-5340-0482-9 定价：CNY27.50

J0137749
1997：山水盆艺 （摄影挂历）福建美术出版
社编
福州 福建美术出版社 1996 年 106×77cm
ISBN：7-5393-0398-0 定价：CNY33.00

J0137750

1997：时尚家居 （摄影挂历）福建美术出版社编

福州 福建美术出版社 1996 年 53×77cm

ISBN：7-5393-0463-4 定价：CNY15.00

J0137751

1997：温馨居室 （摄影挂历）全景图片公司供稿

乌鲁木齐 新疆美术摄影出版社 1996 年

70×94cm ISBN：7-80547-408-7 定价：CNY66.00

J0137752

1997：温馨之家 （摄影挂历）福建美术出版社编

福州 福建美术出版社 1996 年 106×77cm

ISBN：7-5393-0438-3 定价：CNY33.00

J0137753

1997：我的家 （摄影挂历）全景图片公司供稿

乌鲁木齐 新疆美术摄影出版社 1996 年

70×94cm ISBN：7-80547-411-7 定价：CNY66.00

J0137754

1997：现代之家 （摄影挂历）福建美术出版社编

福州 福建美术出版社 1996 年 76×52cm

ISBN：7-5393-0417-0 定价：CNY26.00

J0137755

1997：艺术壁挂 （香木版）江苏吴县东山扇厂制

南京 江苏美术出版社 1996 年 1 幅 85×35cm

ISBN：85344.4.802

J0137756

1997：艺术壁挂 （香木版）江苏吴县东山扇厂制

南京 江苏美术出版社 1996 年 1 幅 85×35cm

ISBN：85344.4.801

J0137757

1997：艺术壁挂 （香木版）江苏吴县东山扇厂制

南京 江苏美术出版社 1996 年 1 幅 85×35cm

ISBN：85344.4.706

J0137758

1997：艺术壁挂 （香木版）江苏吴县东山扇厂制

南京 江苏美术出版社 1996 年 1 幅 60cm（3开）

ISBN：85344.4.928

J0137759

1997：艺术壁挂 （香木版）江苏吴县东山扇制

南京 江苏美术出版社 1996 年 1 幅 85×35cm

ISBN：85344.4.799

J0137760

1997：艺术壁挂 （香木版）江苏吴县东山扇厂制

南京 江苏美术出版社 1996 年 1 幅 60cm（3开）

ISBN：85344.4.927

J0137761

1997：中国盆景 （摄影挂历）陈春轩等摄

上海 上海人民美术出版社 1996 年 77×53cm

ISBN：7-5322-1610-1 定价：CNY35.20

J0137762

1997：中国盆景 （摄影挂历）陈春轩等摄

上海 上海人民美术出版社 1996 年 77×53cm

ISBN：7-5322-1540-7 定价：CNY27.50

J0137763

1997：竹石若仙 （摄影挂历）池士潭等摄

天津 天津杨柳青画社 1996 年 77×53cm

ISBN：7-80503-301-3 定价：CNY25.80

J0137764

1998：花艺 （摄影挂历）季英摄

北京 中国连环画出版社 1997 年 75×61cm

ISBN：7-5061-0807-0 定价：CNY27.30

J0137765

1998：花艺 （摄影挂历）徐俊卿摄

北京 中国旅游出版社 1997 年 12 页 75×52cm

ISBN：7-5032-1461-9 定价：CNY27.00

J0137766
1998：居艺 （摄影挂历）
苏州 古吴轩出版社 1997 年 77×53cm
ISBN：7-80574-266-9 定价：CNY27.50

J0137767
1998：名盆胜景 （摄影挂历）南山等摄
杭州 中国美术学院出版社 1997 年 12 页
75×52cm ISBN：7-81019-574-3 定价：CNY27.50

J0137768
1998：盆景艺术 （摄影挂历）福建美术出版
社编
福州 福建美术出版社 1997 年 76×52cm
ISBN：7-5393-0564-9 定价：CNY17.00

J0137769
1998：盆景艺术 （摄影挂历）
苏州 古吴轩出版社 1997 年 77×53cm
ISBN：7-80574-214-6 定价：CNY26.00

J0137770
1998：温馨居室 （摄影挂历）河川摄
北京 中国画报出版社 1997 年 76×52cm
ISBN：7-80024-348-6 定价：CNY26.50

J0137771
1998：温馨小屋 （摄影挂历）福建美术出版
社编
福州 福建美术出版社 1997 年 76×52cm
ISBN：7-5393-0561-4 定价：CNY14.50

J0137772
1998：中国盆景 （摄影挂历）王美摄
福州 海潮摄影艺术出版社 1997 年 87×68cm
ISBN：7-80562-446-1 定价：CNY48.00

J0137773
1999：插花艺术 （摄影挂历）
杭州 西泠印社 1998 年 34×37cm
ISBN：7-80517-246-3 定价：CNY25.00

J0137774
1999：花艺 （摄影年历画）方红林供稿
南京 江苏美术出版社 1998 年 1 张 53×39cm

定价：CNY2.50

J0137775
1999：名画盆景 （摄影挂历）高盛奎供稿
福州 海潮摄影艺术出版社 1998 年 75×51cm
ISBN：7-80562-533-6 定价：CNY27.50

J0137776
1999：名盆飞瀑 （摄影挂历）兔英等摄
杭州 中国美术学院出版社 1998 年 77×53cm
ISBN：7-81019-670-7 定价：CNY27.50

J0137777
1999：中华盆景 （摄影挂历）
苏州 古吴轩出版社 1998 年 75×48cm
ISBN：7-80574-339-8 定价：CNY26.00

J0137778
2000：豪华居室 （摄影挂历）
天津 天津杨柳青画社 1999 年 69×99cm
ISBN：7-80503-470-2 定价：CNY38.50

J0137779
2000：家之艺 （摄影挂历）徐俊卿摄
广州 岭南美术出版社 1999 年 76×52cm
ISBN：7-5362-1956-3 定价：CNY27.50

J0137780
2000：名盆景观 （摄影挂历）上海书画出版
社编
上海 上海书画出版社 1999 年 76×53cm
ISBN：7-80635-368-2 定价：CNY27.50

J0137781
2000：盆景画意 （摄影挂历）
成都 四川美术出版社 1999 年 85×55cm
ISBN：7-5410-1645-4 定价：CNY58.80

J0137782
2000：盆景艺术 （摄影挂历）高盛奎摄
福州 海潮摄影艺术出版社 1999 年 76×52cm
ISBN：7-80562-661-8 定价：CNY27.50

J0137783
2000：世纪新居 （摄影挂历）全景供稿

西安　陕西人民美术出版社　1999 年　100×70cm
ISBN：7-5368-1205-1　定价：CNY33.00

中国金属、陶瓷、漆器工艺美术

J0137784
琉璃志　（一卷）（清）孙廷铨撰
［清］稿本
（昭代丛书）

J0137785
琉璃志　（一卷）（清）孙廷铨撰
吴江沈氏世楷堂　清道光　刻本
（昭代丛书）

J0137786
中国新美术品留影　（美国巴拿马万国博览会陈列）沈仲礼，沈鼎臣监制
上海　退思斋　1915 年［90］页　27cm（16 开）
　　本书内有 200 件仿古磁器、磁画等的中、英文目录，以及展品照片多幅。

J0137787
中国瓷器研究表　乐嘉藻著
天津　教育图书局印书处（印）1918 年　20 页
26cm（16 开）
　　本书共有表 6 个：古瓷器研究表、清瓷研究表、近代瓷器品式表、近代瓷器釉色表、近代瓷器花纹表及近代瓷器花谱表。

J0137788
古今中外陶磁汇编　叶麟趾编著
1934 年　51 页　27cm（16 开）定价：洋一元五角

J0137789
绘瓷术　吴仁敬编著
南昌　江西省实施百业教育委员会　1937 年
44 页　有图　20cm（32 开）
　　本书内容包括：总论、绘瓷的用具及材料、绘瓷种类及方法、瓷上的花纹装饰 4 章。

J0137790
曲铁工艺　何明斋，林君复编

长沙　商务印书馆　1941 年　103 页　有图
18cm（32 开）定价：国币七角

J0137791
中华瓷器样本　新中华图书公司编
上海　新中华图书公司代办部　1941 年　49 页
［19×26cm］

J0137792
景德镇市图书馆馆藏陶瓷美术资料索引
景德镇市图书馆编
景德镇　景德镇市图书馆［1950—1959 年］34 页
19cm

J0137793
陶枕　陈万里编
［北京］朝花出版社　1954 年　定价：CNY1.00

J0137794
彩陶　中国科学院考古研究所绘图室编
北京　朝花出版社　1955 年　定价：CNY0.84

J0137795
中国古代漆器图案　北京历史博物馆编
北京　荣宝斋　1955 年　8 幅　定价：CNY6.00

J0137796
中国伟大的发明——瓷器　傅振伦著
北京　三联出版社　1955 年　定价：CNY0.55

J0137797
现代陶瓷工艺　陈万里编
北京　朝花美术出版社　1957 年　108 页　有图
21cm（32 开）统一书号：8028.1160 定价：CNY3.80

J0137798
福建漆器　上海人民美术出版社编辑
上海　上海人民美术出版社　1958 年　影印本
27 页　18cm（15 开）统一书号：T8081.3382
定价：CNY0.80
（工艺美术丛书）

J0137799
福州脱胎漆器　吴敏等编
福州　福建人民出版社　1958 年　24 页　18cm（15 开）

统一书号：8104.71 定价：CNY0.22
（福建省工艺美术丛书）

　　本书选入福州脱胎漆器照片 24 幅。书前概说福州漆器源流、特点及制作工艺。作者吴敏（1931— ），画家。擅长宣传画。浙江平湖人。1949 年参军，海军政治部创作室创作员。1983 年获全国宣传画创作荣誉奖。作品有《敌人磨刀我们也要磨刀》《神圣的使命》（在全国宣传画展览中获奖）、《光荣：万里海疆的保卫者》等。

J0137800

吉州窑 （剪纸纹样贴印的瓷器）蒋玄佁著
北京 文物出版社 1958 年 64 页 有图
19cm（32 开）统一书号：7068.33 定价：CNY1.40
　　作者蒋玄佁（1930—1977），考古学家、教授。生于浙江富阳，毕业于杭州国立艺术专科学校。同济大学建筑系美术教授。著有《长沙——楚民族及其艺术》《中国瓷器的发明》《吉州窑》《中国绘画材料史》等，出版有《蒋玄佁水彩画集》。

J0137801

明代民间青花瓷画 王志敏编
北京 中国古典艺术出版社 1958 年 165 页
有图 20cm（32 开）统一书号：8029.58
定价：CNY3.60

J0137802

四川陶器工艺 沈福文编
成都 四川人民出版社 1958 年 影印本 66 页
有图 21cm（32 开）统一书号：8118.156
定价：CNY1.30

J0137803

安徽铁画 安徽省博物馆编
北京 文物出版社 1959 年 有图 19cm（32 开）
统一书号：7068.114 定价：CNY0.70

J0137804

景德镇瓷器 （图片）景德镇陶瓷馆编
北京 人民美术出版社 1959 年 1 套 8 幅
17cm（40 开）统一书号：8027.2355
定价：CNY0.50

J0137805

景德镇瓷塑玩具 康家忠等作
上海 上海人民美术出版社 1959 年 1 套 8 幅
17cm（40 开）统一书号：T8081.8166
定价：CNY0.32

J0137806

景德镇陶瓷雕塑 （图片）景德镇陶瓷馆编
北京 人民美术出版社 1959 年 1 套 8 幅
17cm（40 开）统一书号：8027.2356
定价：CNY0.50

J0137807

景德镇陶瓷艺术的青春 景德镇陶瓷馆编
景德镇 景德镇人民出版社 1959 年 25 页
有图 19cm（32 开）定价：CNY0.09

J0137808

搪瓷工艺美术 任大钧编
北京 人民美术出版社 1959 年 42 页 有图
19cm（32 开）统一书号：8027.2305 定价：CNY1.25

J0137809

中国古代陶瓷艺术小品 河南省博物馆编
北京 古典艺术出版社 1959 年 有图 17cm（40 开）
定价：CNY1.50

J0137810

瓷器的彩绘 景德镇陶瓷研究所编
景德镇 景德镇人民出版社 1960 年 28 页
有图 19cm（32 开）定价：CNY0.18

J0137811

陶瓷 （1949—1959）上海人民美术出版社编辑
上海 上海人民美术出版社 1961 年 141 页
有图 30cm（12 开）精装 统一书号：T8081.4595
定价：CNY25.00，CNY32.00（特装）
　　本书系中国 1949—1959 年期间陶瓷工艺美术画册。共 141 件作品。

J0137812

景德镇陶瓷雕塑 （2）景德镇陶瓷馆编
［北京］朝花美术出版社 1962 年 10 张（套）
13cm（64 开）定价：CNY0.60

J0137813
景德镇瓷瓷器选集　江西轻工业出版社编选
南昌　江西轻工业出版社　1963 年　58 页
38cm（6 开）精装 定价：CNY60.00

J0137814
景德镇瓷器　（选集）江西轻工业出版社编辑
南昌　江西轻工业出版社　1963 年　有图
36cm（6 开）精装

J0137815
漆器　（1949—1959）中华全国手工业合作社
总社工艺美术局编
上海　上海人民美术出版社　1963 年　89 页
30cm（10 开）精装 统一书号：T8081.4984
定价：CNY28.00
　　本书选编自 1949 至 1959 年各地生产的具有
代表性作品，共 89 件。均是中华人民共和国成
立后艺人们精心制作、造型优美、色彩瑰丽的新
作品。

J0137816
中国的瓷器　江西省轻工业厅景德镇陶瓷研
究所编著
北京　中国财政经济出版社　1963 年　19cm（32 开）
定价：CNY2.50，CNY3.40（精装）

J0137817
景德镇陶瓷艺术　景德镇陶瓷艺术整理委员
会编
北京　人民美术出版社　1964 年　181 页　有图
37cm（8 开）精装 统一书号：8027.2781
定价：CNY40.00

J0137818
景德镇陶瓷艺术　景德镇陶瓷艺术整理委员
会编
北京　人民美术出版社　1964 年　12 张（套）
38cm（8 开）精装 定价：CNY40.00
　　本书收有景德镇陶瓷艺术 182 幅图。

J0137819
景德镇陶瓷艺术　景德镇市文学艺术界联合
会编
北京　人民美术出版社　1985 年　83 页　26cm（16 开）

统一书号：8027.8174 定价：CNY31.00
　　本画册所载的陶瓷作品，只是选择了中华
人民共和国成立后生产的一部分具有代表性的
艺术作品，主要是向读者介绍近期景德镇陶瓷艺
术。发展的特色和概貌。选编陶瓷作品 150 幅。

J0137820
景德镇陶瓷艺术　（现代部分）邓白主编；景
德镇陶瓷艺术编委会编
南昌　江西美术出版社　1993 年　474 页
20cm（32 开）精装 ISBN：7-80580-123-1
定价：CNY198.00
　　本书介绍了景德镇现代陶瓷艺术的历史渊
源、风格特征，选入了 100 余位作者的 300 多件
作品，并包括图版解说、图录索引和作者简介。

J0137821
唐山陶瓷　河北省陶瓷工业公司唐山研究所编
天津　天津美术出版社　1965 年　76 页　有图
26cm（16 开）精装 统一书号：8073.1861
定价：CNY15.00

J0137822
瓷都春色　（编号 1589）新华社稿
［北京］1973 年　8 幅　12×15cm 定价：CNY8.00

J0137823
蒹葭堂本髹饰录解说　索予明著
台北　商务印书馆　1974 年　影印本
［16+11］+244 页　有图 21cm（32 开）
定价：TWD100.00

J0137824
中国古代漆器
香港　香港中文大学出版社　1974 年　6+14 页
22cm（30 开）
（文物馆丛书）

J0137825
景德镇的青花瓷　江西省陶瓷工业公司编
南昌　江西人民出版社　1977 年　88 页 +［24］页
图版 有图 19cm（32 开）统一书号：15110.23
定价：CNY1.16

J0137826

紫砂陶器造型　江苏宜兴陶瓷工业公司编
北京　轻工业出版社　1978 年　196 页
25cm（小 16 开）统一书号：15042.1471
定价：CNY1.65

J0137827

磁州窑陶瓷　魏之俞撰文；任国兴，郭竹堂摄
石家庄　河北人民出版社　1980 年　76 页　19cm
（32 开）统一书号：8086.1334　定价：CNY4.00
　　本书精选古代磁州窑陶瓷和现代磁州窑陶
瓷器皿、人物、动物等雕塑作品 76 件。陶瓷技
艺包容了铁锈花、刻划花、红绿彩、窑变黑釉等
多种装饰风格。

J0137828

景泰蓝　（摄影明信片辑　汉英文对照）
北京　北京出版社　1980 年　1 册 12 张
19cm（小 32 开）

J0137829

淄博陶瓷艺术
济南　齐鲁书社　1980 年　15cm（折叠）（64 开（折叠））
定价：CNY0.22

J0137830

皆大欢喜　（瓷器）姜长庚摄
杭州　西泠印社　1981 年　54cm（4 开）
定价：CNY0.12
　　作者姜长庚（1945—　），摄影家。笔名肖疆
等，中国摄影家协会会员。

J0137831

宜兴紫砂陶　韩其楼编著
南京　江苏人民出版社　1981 年　66 页　19cm（32 开）
统一书号：13100.070　定价：CNY0.23

J0137832

中华漆饰艺术　范和钧著
台北　编译馆　1981 年　224 页　有图
19cm（32 开）
（中华丛书　历史博物馆历史文物丛刊　3）

J0137833

祝君长寿　（瓷器）姜长庚摄
杭州　西泠印社　1981 年　54cm（4 开）
定价：CNY0.12
　　作者姜长庚（1945—　），摄影家。笔名肖疆
等，中国摄影家协会会员。

J0137834

脱胎漆器　福建人民出版社编辑
福州　福建人民出版社　1982 年　1 册　24cm（16 开）
统一书号：8173.571　定价：CNY1.30
　　本书是中国漆器图册，本画册收有脱胎漆器
作品 20 余幅。

J0137835

宜兴陶器图谱　詹勋华编著
台北　南天书局　1982 年　309 页　有照片
30cm（10 开）

J0137836

中国茶壶大观　李浩元编辑
台北　常春树书坊　1982 年　177 页　有照片
19cm（32 开）定价：TWD70.00
（中国人的书　119）

J0137837

中国新石器时代陶器装饰艺术　吴山编
北京　文物出版社　1982 年　360 页　有插图
25cm（小 16 开）统一书号：8068.838
定价：CNY3.90
（中国古代装饰艺术丛书）

J0137838

景德镇古陶瓷纹样　景德镇陶瓷馆编
北京　人民美术出版社　1983 年　186 页
19cm（32 开）统一书号：8027.7505　定价：CNY1.80
　　本书收集了宋元明清、民国各个历史时期的
景德镇窑的陶瓷器上的花纹约 500 幅。

J0137839

明代陶瓷大全　何政广，许礼平编
台北　艺术家出版社　1983 年　547 页　有彩照
21cm（32 开）精装　定价：TWD780.00
（中国陶瓷大系　艺术家工具书　2）
　　作者何政广（1939—　），出生于台湾新竹
县。毕业于台北师范艺术科。创办《艺术家》杂志，
担任发行人。

J0137840

明代陶瓷大全　艺术家工具书编委会主编
台北　艺术家出版社　1983 年　548 页　有彩照
20cm（32 开）精装
（中国陶瓷大系　艺术家工具书 1）

J0137841

明清两代珐琅器之研究　刘良佑著
台北　编译馆中华丛书编审委员会　1983 年
62+106 页　有彩照　19cm（32 开）
（中华丛书　历史博物馆历史文物丛书 5）

J0137842

陶瓷谱录　（清）梁同书等撰
台北　世界书局　1983 年　5 版　影印本　2 册
15cm（64 开）精装　定价：旧台币 4.60
（中国学术名著　第五辑　艺术丛编　第 33-34 册）

J0137843

中国陶瓷　（定窑）中国陶瓷编辑委员会编；
倪嘉德摄影
上海　上海人民美术出版社　1983 年　166 幅
37cm（8 开）精装　统一书号：8081.13217
定价：CNY70.00

　　定窑产品以白瓷为主，也烧制酱、红、黑等
其他名贵品种，如黑瓷（黑定）、紫釉（紫定）、绿
釉（绿定）、红釉（红定）等，都是在白瓷胎上，罩
上一层高温色釉。定窑器以其丰富多彩的纹样
装饰而深受人们喜爱。定窑纹饰中最富表现力
的是印花纹饰。定窑器物纹饰的特点是层次分
明，最外圈或中间，常用回纹把图案隔开。纹
饰总体布局线条清晰，形态经巧妙变形，繁而不
乱，布局严谨，讲究对称，层次分明，线条清晰，
工整素雅，艺术水平很高。定窑印花大多印在碗
盘的内部，里外都有纹饰的器物极为少见。作者
倪嘉德（1943—　　），摄影师。江苏无锡人。历任
上海人民美术出版社副编审，高级摄影师。作品
出版有《越窑》《唐三彩》《景德镇民间青花瓷器》
《福建陶瓷》《四川陶瓷》《宋元青白瓷》等。

J0137844

中国陶瓷　（广东陶瓷）中国陶瓷编辑委员会
编；张涵毅，丁国兴摄影
上海　上海人民美术出版社　1983 年　39cm（4 开）
精装　统一书号：8081.13449　定价：CNY70.00

　　广东省著名的潮州陶瓷和佛山陶瓷。传统
制瓷工艺历史悠久。从潮州境内陈桥村贝丘遗
址中可看出，早在 6000 多年前，先民便在此繁
衍生息和冶陶，而北关古窑址、南关古窑址和笔
架山宋代窑址的发掘也说明，至少在唐高宗仪
凤——调露初年（676—679），潮州已有较大规
模的陶瓷生产，并出现了釉下点褐彩瓷器。潮州
作为宋代的广东瓷都，其中心产区就在潮州城四
围。佛山陶瓷行业多自有品牌和大规模的陶瓷
生产。

J0137845

中国陶瓷　（景德镇彩绘瓷器）中国陶瓷编辑
委员会编；张涵毅摄影
上海　上海人民美术出版社　1983 年　169 幅
39cm（4 开）精装　统一书号：8081.13218
定价：CNY70.00

　　本书以上海博物馆为主，有故宫、南京博物
院和首都、定陵、天津艺术等博物馆收藏的明、
清部分珍品及景陶瓷馆所藏近、现代部分挤品，
计 167 件。

J0137846

中国陶瓷　（石湾窑）中国陶瓷编辑委员会编；
张涵毅，丁兴摄影
上海　上海人民美术出版社　1983 年　39cm（4 开）
精装　统一书号：8081.13448　定价：CNY70.00

　　石湾窑陶器最早可追溯到新石器时期。唐
代半倒焰式馒头窑窑址，是目前石湾已发现的年
代最早的古窑址。窑址中出土了匣钵、擂盆、垫
环等窑具，以及施青釉和酱黄釉的碗、碟、盆、
坛等日用器。个别器物上装饰有贴塑的人物和
动物。石湾公仔在广东几乎每户人家均有收藏
或使用，石湾窑成功地仿制了全国各大名窑的釉
色，并创制出独具特色的窑变釉。陶塑名家有黄
炳、黄古珍、陈祖、陈渭岩、冯秩来、刘佐朝、潘
玉书、霍津、廖作民、廖坚、区乾、刘传、庄稼、
刘泽棉、曾良、梅文鼎、廖洪标等。有 198 幅图。

J0137847

中国陶瓷　（越窑）中国陶瓷编辑委员会编；
倪嘉德摄影
上海　上海人民美术出版社　1983 年　39cm（4 开）
精装　统一书号：8081.13447　定价：CNY70.00

　　越窑瓷器以美丽的釉色著称，采用了划花、

印花、刻花和镂雕等装饰技法，以划花为主。划花线条洗练，且印花多用于碗底、盘底等处，花纹有云龙、寿鹤和花卉，一般拘谨呆板，不像划花那样奔放有力。晚唐时期已经出现了釉下褐彩装饰，1970年，临安县板桥五代墓出土的褐彩云纹四罂与水邱氏墓出土的装饰品具有同样风格，但这种釉下彩装饰并没有发展起来，很快就消失了。刻划花装饰则仍占主导地位，并一直延续发展下来。有210幅图。作者倪嘉德（1943—　），摄影师。江苏无锡人。历任上海人民美术出版社副编审，高级摄影师。作品出版有《越窑》《唐三彩》《景德镇民间青花瓷器》《福建陶瓷》《四川陶瓷》《宋元青白瓷》等。

J0137848
中国陶瓷 （广西陶瓷）中国陶瓷编辑委员会编
上海 上海人民美术出版社 1985年 32cm（12开）
精装 统一书号：8081.13816 定价：CNY70.00
　　本书共收入广西陶瓷制品彩图238幅，书后附有介绍广西出土陶瓷及现代陶瓷的文章两篇。

J0137849
中国陶瓷 （长沙铜官窑）中国陶瓷编辑委员会编
上海 上海人民美术出版社 1985年 32cm（10开）
精装 统一书号：8081.13817 定价：CNY70.00
　　本书收有湖南长沙铜官窑陶瓷制品彩图185幅。

J0137850
中国陶瓷 （福建陶瓷）中国陶瓷编辑委员会编
上海 上海人民美术出版社 1988年 38cm（8开）
精装 定价：CNY120.00

J0137851
中国陶瓷 （景德镇民间青花瓷器）中国陶瓷编辑委员会编
上海 上海人民美术出版社 1988年 26×33cm
精装 ISBN：7-5322-0303-4 定价：CNY120.00
　　本书选入121幅图。画册还有窑址与发掘现场图片，以及出土的青花瓷碎片的照片。图片均按年代次序排列，注明名称、年代、尺寸、出土地点及收藏单位。

J0137852
中国陶瓷 （宜兴紫砂）中国陶瓷编辑委员会编
上海 上海人民美术出版社 1989年 39cm（4开）
精装 定价：CNY120.00
　　本书选入229幅图。从南京博物院、故宫博物院、苏州博物馆、中国历史博物馆、镇江博物馆、上海植物园等及个人和宜兴陶瓷公司陈列室、宜兴紫砂工艺厂等处藏品中选集精品计228件。

J0137853
中国陶瓷 （石湾窑）中国陶瓷编辑委员会编
上海 上海人民美术出版社 1992年 有地图
32cm（10开）精装 ISBN：7-5322-0881-8
定价：CNY168.00

J0137854
中国陶瓷 （景德镇民间青花瓷器）中国陶瓷编委会编
上海 上海人民美术出版社 1994年 28cm（15开）
精装 ISBN：7-5322-0303-4 定价：CNY168.00

J0137855
中国陶瓷全集 （3 秦汉陶瓷）上海人民美术出版社编辑
上海 上海人民美术出版社 1984年 167页
38cm（8开）精装

J0137856
中国陶瓷全集 （12 钧窑）上海人民美术出版社，日本美乃美编
上海 上海人民美术出版社 1983年 160页
38cm（6开）精装

J0137857
中国陶瓷全集 （16 宋元青白瓷）上海人民美术出版社编辑
上海 上海人民美术出版社 1984年 189页
38cm（8开）精装

J0137858
中国陶瓷全集 （19 景德镇民间青花磁器）
上海人民美术出版社，日本美乃美编
上海 上海人民美术出版社 1983年 38cm（6开）
精装

J0137859
中国陶瓷全集 （27 福建陶瓷）上海人民美术出版社，日本美乃美编
上海 上海人民美术出版社 1983 年 197 页
38cm（6 开）精装

J0137860
中国陶瓷全集 （28 山西陶瓷）上海人民美术出版社编辑
上海 上海人民美术出版社 1984 年 188 页
38cm（8 开）精装

J0137861
辽瓷艺术 辽宁省硅酸盐研究所供稿；姚殿科摄影
沈阳 辽宁美术出版社 1984 年 66 幅 27cm（16 开）
精装 统一书号：8161.0297 定价：CNY26.00
本书所收的作品，着重从艺术的角度选辑的，反映了几年来"辽瓷新品种"研制成果的一部分。

J0137862
明代雕漆图案选 故宫博物院陈列设计组编；梁德娭摹绘
北京 人民美术出版社 1984 年 114 页
28cm（16 开）统一书号：8027.8393 定价：CNY1.15
本书从故宫的藏品中整理摹绘了明代雕漆的图案纹样200余幅。为中国明代漆器图案专著。明代雕漆的图案有山水人物、花鸟、龙凤等。

J0137863
中国古今茶具图 吉兆丰编著
台北县 常春树书坊 1984 年 258 页 19cm（32 开）
定价：TWD80.00
（中国人的书 C112）

J0137864
彩陶与彩绘陶器 张考光编
北京 人民美术出版社 1985 年 150 页
18cm（15 开）统一书号：8027.8740 定价：CNY2.35
本书是以新石器时代彩陶为重点的图案集。

J0137865
瓷国游历记 （新西兰）路易·艾黎著；游恩溥译
北京 轻工业出版社 1985 年 134 页 26cm（16 开）

精装 定价：CNY15.00
本书分 34 章，主要介绍了一些中国古窑址的历史沿革、产品的独特艺术风格和精湛的制作技艺；同时对现代陶瓷进行了论述，并附有珍贵的插图和窑址发掘记载。

J0137866
景德镇陶瓷艺术名人录 景德镇陶瓷馆编
中国工艺品进出口总公司 1985 年 133 页
有照片 28cm（大 16 开）精装
本书由中国工艺品进出口总公司和江西省陶瓷工业公司、香港中艺陶瓷有限公司联合出版。

J0137867
陶瓷美 高桥宣治译
台北 艺术图书公司 1985 年 119 页 有图
21cm（32 开）定价：TWD180.00
（精致生活丛书 7）

J0137868
中国陶瓷 （仰韶文化—宋代）杨根等编著
北京 科学出版社 1985 年 177 页 35cm（11 开）
统一书号：15031.692 精装 定价：CNY67.80

J0137869
周国桢陶瓷艺术 周国桢作
成都 四川美术出版社 1985 年 66 页 30cm（10 开）
定价：CNY8.80

J0137870
玻璃磨画 张伟光编著
北京 中国展望出版社 1986 年 58 页 19cm（32 开）
统一书号：8271.050 定价：CNY1.80

J0137871
甘肃彩陶 （汉英对照）张鹏川撰文；蔡义选摄影
兰州 甘肃人民出版社 1986 年 10 张
定价：CNY1.50

J0137872
柳湾彩陶 （汉英对照）李全举，宋亦增摄影
西宁 青海人民出版社 1986 年 10 张
定价：CNY0.92

J0137873

清代陶瓷大全　艺术家工具书编委会主编
台北 艺术家出版社 1986 年 516 页 有彩照
20cm（32 开）精装
定价：TWD780.00，USD23.00
（中国陶瓷大系 2）
　　　外文书名：Chinese Ceramics，Ching Dynasty.

J0137874

陶艺入门　陶青山著
台北 武陵出版社 1986 年 3 版 379 页 有图
21cm（32 开）定价：TWD350.00
（美术丛书）

J0137875

中国陶瓷　（1 史前、商、周陶器）谭旦冏编著
台北 光复出版社 1986 年 再版 159 页 有照片
29cm（16 开）精装
（中华艺术丛书 1）
　　　外文书名：Chinese Pottery ＆ Porcelain.

J0137876

中国陶瓷　（2 汉、唐陶瓷）谭旦冏编著
台北 光复出版社 1986 年 再版 159 页 有照片
29cm（12 开）精装
（中华艺术丛书 1）
　　　外文书名：Chinese Pottery ＆ Porcelain.

J0137877

中国陶瓷　（3 宋、元瓷器）陈昌蔚编著
台北 光复出版社 1986 年 再版 159 页 有照片
29cm（12 开）精装
（中华艺术丛书 1）
　　　外文书名：Chinese Pottery ＆ Porcelain.

J0137878

中国陶瓷　（4 明代瓷器）陈昌蔚编著
台北 光复出版社 1986 年 再版 151 页 有照片
29cm（12 开）精装
（中华艺术丛书 1）
　　　外文书名：Chinese Pottery ＆ Porcelain.

J0137879

中国陶瓷　（5 清代瓷器）谭旦冏编著
台北 光复出版社 1986 年 再版 159 页 有照片
29cm（15 开）精装
（中华艺术丛书 1）
　　　外文书名：Chinese Pottery ＆ Porcelain.

J0137880

华夏之美　（陶瓷）刘良佑著
台北 幼狮文化事业公司 1987 年 182 页
26cm（16 开）精装 ISBN：957-530-228-1
定价：TWD450.00

J0137881

景德镇明清瓷器纹饰　轻工业部陶瓷工业科
学研究所编
北京 文物出版社 1987 年 184 页 有图
28cm（大 16 开）精装 统一书号：8068.770
定价：CNY80.00
　　　本书在对景德镇明、清两代的陶瓷艺术进行
系统整理和研究的基础上，选取故宫博物院、上
海博物馆等文物单位的部分藏品，由专业人员
临摹，并绘制成展开的图稿，其内容多为晚明和
清代的仿明纹饰。书中李雨苍撰写的前言，概述
了景德镇彩瓷的艺术种类、风格及制造工艺。全
书选入彩色图稿 92 幅，均注有简要的图版说明。
书后有英文前言及图版目录，并附编后记。

J0137882

漆艺鉴赏　索予明著
台北 文化建设委员会 1987 年 63 页
21cm（32 开）
（文化资产丛书 27）

J0137883

陶艺小品造型图鉴　陶艺社主编
台北 武陵出版社 1987 年 180 页 22cm（32 开）
精装 定价：TWD400.00
（美术陶艺丛书 42）

J0137884

新造型陶瓷特展　王旭统等编
台北 台北市立美术馆 1987 年 93 页 26cm（16 开）

J0137885

宜陶之旅　李祐任，季野著
高雄 李祐任陶艺公司 1987 年 412 页 有图
30cm（15 开）精装

（茶与艺术丛书）

J0137886

中国古代陶瓷百图　李纪贤编著

北京　人民美术出版社　1987 年　100 页　有图版

19cm（32 开）统一书号：8027.9412　定价：CNY2.70

　　本书收录了历代发掘和传世的著名陶瓷作品及国内名窑的佳作 100 幅。同时对每幅作品都做了简介。

J0137887

中国陶艺鉴赏　（三彩、青磁、白磁、兰釉磁器、五彩珍品介绍）陶青山主编

台北　武陵出版社　1987 年　382 页　有彩照

21cm（32 开）定价：TWD280.00

J0137888

中华漆饰艺术　范和钧著

北京　人民美术出版社　1987 年　187 页　有彩图

19cm（32 开）统一书号：8027.9616

定价：CNY1.95，CNY2.95（精装）

J0137889

中华人民共和国纪念币　（1979—1984）上海市钱币学会主编

上海　上海翻译出版公司　1987 年　58 页　有图

19cm（32 开）统一书号：17311.11

定价：CNY2.80

（钱币丛书）

J0137890

当代陶瓷展　文化建设委员会编辑；宋龙飞撰述

［台北］建设委员会　1988 年　再版

185 页　有照片 30cm（10 开）

定价：TWD850.00

J0137891

藏族器物艺术　杨树文主编

天津　南开大学出版社　1988 年

　　外文书名：The Art of Tibetan Utensils.

J0137892

大同铜器　武建明等著

北京　华艺出版社　1988 年　26 页　19cm（小 32 开）

定价：CNY1.30

J0137893

湖南陶瓷　周世荣编著

北京　紫禁城出版社　1988 年　337 页　有照片

20cm（32 开）ISBN：7-80047-059-8

定价：CNY5.60

　　外文书名：The Ceramics in Hunan. 作者周世荣（1931—2017），考古学家、陶瓷研究专家。湖南祁阳县人，毕业于吉林大学古文字教师班。历任湖南省文物考古研究所研究员，马王堆医书研究会副会长，湖南省文物考古研究所研究员、教授等职。出版有《铜镜图案：湖南出土历代铜镜》《马王堆养生气功》《马王堆导引术》《长江漆文化》等。

J0137894

石湾陶器　［香港］市政局香港艺术馆编辑

香港［香港］市政局香港艺术馆　1988 年　95 页

29cm（16 开）ISBN：962-215-088-8

　　外文书名：Shiwan Pottery.

J0137895

陶瓷造型设计　杨永善著

沈阳　辽宁科学技术出版社　1988 年　438 页

21cm（32 开）定价：CNY4.95

　　全书系统论述有关陶瓷造型设计的基础知识、基本方法和技巧，并结合具体作品，阐明陶瓷造型设计的理论。作者杨永善（1938—　），陶瓷设计家、教授。山东莱州人，毕业于中央工艺美术学院陶瓷美术系。清华大学美术学院博士生导师，中国工艺美术学会副理事长。陶艺作品《结环》《晨曲》《渔趣》等，出版有《陶瓷造型基础》《中国的陶瓷》《民间陶瓷》《说陶论艺集》等，主编《中国现代美术全集·陶瓷卷》。

J0137896

陶瓷造型设计　李雨苍编著

北京　轻工业出版社　1988 年　157 页 21cm（32 开）

定价：CNY1.85

J0137897

陶都精华　江苏省对外文化交流协会，江苏省宜兴陶瓷公司编

北京　中国和平出版社　1988 年　110 页

25cm（16开）ISBN：7-80037-124-7
定价：CNY21.00

本书精选紫砂、均陶、美陶等7类有高超工艺水平的产品图片247幅，还有名师、新秀介绍。

J0137898

紫砂春华　（当代宜兴陶艺）赵锦诚等编辑
香港　香港市政局　1988年　271页　有照片
29cm（16开）精装

本书由香港市政局和香港艺术馆联合出版。

J0137899

醉陶1988——深掘之后　醉陶委员会编著
台北　艺术家出版社　1988年　有照片
26cm（16开）定价：TWD250.00

J0137900

北京一宝——雕漆　李一之著
北京　北京旅游出版社　1989年　124页
19cm（32开）定价：CNY1.50
（北京工艺美术丛书）

作者李一之（1943—　），漆艺家。字半解，祖籍湖南。历任北京市首饰厂厂长、中国工艺美术学会理事、北京漆艺研究会名誉会长。出版有《北京雕漆》《工艺美术创新概论》《中国雕漆简史》等。

J0137901

青海彩陶纹饰　刘溥编
西宁　青海人民出版社　1989年　212页
26cm（16开）ISBN：7-225-00169-8
定价：CNY5.50

J0137902

清代陶瓷大全　艺术家工具书编委会主编
台北　艺术家出版社　1989年　3版　516页
22cm（32开）精装　定价：TWD800.00
（艺术家工具书　中国陶瓷大系　2）

J0137903

中国外销瓷　乔克编
香港　香港市政局　1989年　303页　有照片
29cm（16开）精装　ISBN：962-215-094-2
定价：HKD182.00

本书是布鲁塞尔皇家艺术历史博物馆藏品

展。外文书名：Chinese Export Porcelain.

J0137904

瓷艺与画艺　（二十世纪前期的中国瓷器）香港艺术馆编
香港　香港市政局　1990年　469页　有照片
28cm（大16开）精装　ISBN：962-215-098-5
定价：HKD305.00

外文书名：Brush and Clay, Chinese Porcelain of the Early 20th Century.

J0137905

壶谱　李富美总编
台北　天地方圆杂志社［1990—1999年］416页
有照片　30cm（10开）精装　ISBN：957-99502-6-1
定价：TWD2200.00
（紫砂壶艺系列）

本书是宜兴紫砂图文集。

J0137906

首饰实用装饰艺术　上海宇宙金银品厂编写组编
上海　上海文化出版社　1990年　175页
19cm（小32开）定价：CNY5.65

本书对首饰知识作了全面系统的介绍，除了介绍首饰的概念、历史等基本情况之外，还着重按制作材料和使用功能的不同，分别详细介绍了6大类72种不同材料和5大类23种用途的首饰品种，并针对不同年龄、性别介绍了各种首饰的选购方法和要领；根据不同场合、服装、脸型、发型、肤色的特点，分别介绍了各种首饰佩戴的技巧和注意事项。本书还简明地介绍了各类首饰的保养常识和购买鉴别的基本方法。

J0137907

中国名壶
台中　亚泰图书事业公司　1990年　224页　有照片
29cm（16开）精装　定价：TWD800.00

本书由亚泰图书事业公司和吉华书报社联合出版。

J0137908

中国雅趣品录　（宜兴茶具）周宗濂著
台北　鸿禧艺术文教基金会　1990年　190页
有照片　31cm（10开）精装

（鸿禧美术馆）

外文书名：Chinese Works of Art, Yixing Teapots.

J0137909
1992：陶瓷艺术 （挂历）程恰远，葛立英摄
济南　山东美术出版社　1991年　76cm（2开）
定价：CNY17.80

J0137910
玻璃画制作　钟美莲编著
香港　香港得利书局　1991年　30页　有彩图
19cm（小32开）ISBN：962-15-0207-1
定价：HKD15.00

外文书名：How to Paint on Glass.

J0137911
国际陶瓷设计大观　王建中编著
北京　北京工艺美术出版社　1991年　214页
有图　19×20cm　ISBN：7-80526-051-6
定价：CNY8.00

作者王建中（1933—2016），教授、作曲家。生于上海，祖籍江苏江阴。就读于上海音乐学院，留校任教，曾任教授、副院长。代表作品《山丹丹开花红艳艳》《浏阳河》《诙谐曲》《变奏曲》《小奏鸣曲》等。

J0137912
山西琉璃　柴泽俊编著
北京　文物出版社　1991年　217页　有彩照
36cm（19开）精装　ISBN：7-5010-0389-0
定价：CNY200.00
（三晋文化研究丛书）

本书选择了山西境内富有代表性的琉璃艺术品，辑录了作者在实地勘察时发现的历代题记百余款，探索琉璃工艺在山西的发展概况。书中有40幅插图、511幅彩版。

J0137913
设计艺术　（5 民陶）乔留邦，张秉元编
西安　陕西人民教育出版社　1991年　25cm（24开）
ISBN：7-5419-2286-7　定价：CNY4.50
（设计艺术引导丛书）

本书介绍了著名民间陶瓷窑场——耀州窑出产的产品。

J0137914
宜兴紫砂　（汉英对照）梁白泉主编
北京　文物出版社　1991年　382页　27cm（大16开）
精装　ISBN：7-5010-0591-5　定价：CNY240.00

本书由文物出版社和两木出版社联合出版。作者梁白泉（1928—　），研究馆员。重庆合川市人。历任南京博物院院长，复旦大学历史系兼职教授，《中国大百科全书·博物馆》主编。

J0137915
宜兴紫砂　（汉英对照）梁白泉主编
北京　文物出版社　1991年　382页　27cm（大16开）
ISBN：7-5010-0590-7　定价：CNY220.00

本书由文物出版社和两木出版社联合出版。

J0137916
中国民窑瓷绘艺术　毕克官著
北京　外文出版社　1991年　193页　38cm（8开）
精装　ISBN：7-119-01434-X　定价：CNY160.00

本书分历代民窑瓷绘艺术及其贡献、中国历代民窑瓷绘访寻记两编。作者毕克官（1931—2013），艺术家。山东威海人。毕业于中央美术学院。历任中国美术家协会《漫画》《美术》杂志编辑，中国艺术研究院美术研究所所长，中国民间工艺美术学会副主席。擅长漫画。漫画史论方面主要有《漫画十谈》《中国漫画史话》《中国漫画史》（合著）等。画集代表作有《毕克官漫画选》《毕克官王德娟画集》《毕克官水墨画》。

J0137917
中国现代纪念币　（1979—1988）上海市钱币学会编
上海　上海翻译出版公司　1991年　151页　有彩照
26cm（16开）精装　ISBN：7-80514-824-4
定价：CNY29.50

外文书名：China Contemporary Commemorative Coins.

J0137918
茗壶竞艳　（图集）李景瑞，王敖盘主编
南京　译林出版社　1992年　175页　25×25cm
精装　ISBN：7-80567-152-4　定价：CNY120.00

本画册共精选各类紫砂壶造型366种，其中主要选收古壶、名壶中有代表性的珍品佳作。外文书名：Charm of Dark-red Pottery Teapots.

J0137919

陶瓷工艺　谢志贤编著
台北 正文书局 1992 年 113 页 有图 26cm（16 开）
定价：TWD320.00
（美术工艺系列 11）

J0137920

现代陶瓷艺术　（江西省陶瓷研究所作品选）
江西省陶瓷研究所编
南昌 江西美术出版社 1992 年 23×26cm
精装 ISBN：7-80580-099-5 定价：CNY70.00

　　本书选入 100 幅图。汇集江西省陶瓷研究
所 80 年代以来创作的优秀陶瓷作品 100 件。每
件作品均注明名称、高度、直径及作者，展示
了景德镇现代陶瓷艺术的新成就。外文书名：
Modern Ceramic Art.

J0137921

宜兴紫砂陶艺　姚迁等编著
台北 南天书局 1992 年 226 页 有照片
30cm（10 开）精装 ISBN：957-638-080-4
定价：TWD1200.00

J0137922

宜兴紫砂珍赏　顾景舟主编
香港 三联书店香港分店 1992 年 399 页
有照片，地图 31cm（10 开）精装
ISBN：962-04-0962-0

J0137923

艺术陶瓷　（轻工业部陶瓷工业科学研究所作
品选）轻工业部陶瓷工业科学研究所编
南昌 江西美术出版社 1992 年 97 页 有图
24×26cm 精装 ISBN：7-80580-079-0
定价：CNY65.00

　　本书所选作品绝大多数属于高档美术瓷和
特种工艺陶瓷，包括各种"釉上、釉下彩瓷"、高
温色釉、"新材料、新工艺的装饰陶瓷和陶瓷雕
塑"等。

J0137924

中国·日本现代漆艺展作品选
福州 福建美术出版社［1992 年］39 页 有图
28cm（大 16 开）ISBN：7-5393-0191-0

J0137925

紫砂壶鉴赏　郑重编著
香港 万里书店 1992 年 125 页 有图 21cm（32 开）
ISBN：962-14-0720-6 定价：HKD58.00
（玩物指南丛书）

J0137926

第一届陶艺双年展
台北 历史博物馆［1993 年］106 页
25×26cm

J0137927

景德镇陶瓷大全　（现代部分）邓白主编；毛
翼摄；张学文，姚大因撰文
台北 艺术家出版社 1993 年 474 页 有照片
22cm（30 开）精装 ISBN：957-9500-58-4
定价：TWD800.00
（中国陶瓷大系）

J0137928

毛泽东像章精品荟萃　黄淼鑫收藏；《毛泽东
像章精品荟萃》编委会编
北京 北京出版社 1993 年 44 页 有彩照
26cm（16 开）ISBN：7-200-02073-7
定价：CNY13.00

　　外文书名：A Galaxy of Fine Badges of Mao
Ze-Dong.

J0137929

毛泽东像章收藏图鉴　黄淼鑫收藏；《毛泽东
像章收藏图鉴》编辑委员会编
北京 北京出版社 1993 年 431 页 26cm（16 开）
精装 ISBN：7-200-02074-5

　　本书收录 1937—1965 年、1966—1976 年、
1977—1993 年 3 个历史阶段的毛泽东像章
约 5000 种。外文书名：Pictorial Handbook of
Coloured Badge Patterns of Mao Zedong.

J0137930

毛泽东像章收藏与鉴赏　鲁娜著
北京 国际文化出版公司 1993 年 58 页 有附图
26cm（16 开）ISBN：7-80049-943-X
定价：CNY40.00

　　作者鲁娜（луна），编辑。学名李雪梅，女，
俄罗斯族，中国政法大学出版社编辑，中国博物

馆学会会员，北京东方收藏家协会、中华毛泽东像章研究会理事。

J0137931

毛泽东像章图谱　王安廷主编；中国书店出版社编选

北京　中国书店　1993年　400页　28cm（大16开）
精装　ISBN：7-80568-597-5　定价：CNY170.00

J0137932

毛泽东像章五十年　（画册）许韧等收藏研究

西安　陕西旅游出版社　1993年　83页　29cm（16开）
ISBN：7-5418-0551-3

　　本画册对毛泽东像章产生50多年这一独特历史和文化现象作了探究。外文书名：Album of Mao Zedong Badges.

J0137933

毛泽东像章珍品集　宋一凡编著

成都　四川人民出版社　1993年　78页　26cm（16开）
ISBN：7-220-02137-2　定价：CNY25.00

　　外文书名：The Best of Mao Tsetung's Emblems.

J0137934

毛泽东像章珍品集　刘鑫主编

北京　中国经济出版社　1993年　80页　26cm（16开）
ISBN：7-5017-2360-5　定价：CNY19.80

J0137935

毛泽东像章之谜　（世界第九大奇观）周继厚著

太原　北岳文艺出版社　1993年　292页
20cm（32开）　ISBN：7-5378-1053-2
定价：CNY8.00

　　本书记录了毛泽东像章由盛而衰的全过程，披露了许多围绕像章发生的大悲大喜的真实故事。作者周继厚，贵州航空工业总公司技工学校任教。

J0137936

毛泽东像章纵横谈　许韧等著

西安　陕西旅游出版社　1993年　73页　有照片
19cm（小32开）　ISBN：7-5418-0800-8
定价：CNY2.95

　　本书包括："像章热"的三个阶段、像章与

革命传统教育、毛泽东像章的设计和分类等6部分。

J0137937

墨海壶天　顾振乐等编辑

［台湾］紫玉金砂杂志社　1993年　319页
有照片　29cm（16开）　精装　定价：TWD1200.00

　　本书是用中国画表现紫砂陶陶瓷茶具供人鉴赏的图册。

J0137938

陶瓷美　（日）高桥宣治改写

台北　艺术图书公司　1993年　再版　141页
21cm（32开）　定价：TWD250.00
（精致生活丛书　7）

J0137939

陶艺讲座　邱焕堂著

台北　艺术家出版社　1993年　再版　159页
有照片　21cm（32开）　定价：TWD180.00
（艺术家丛刊）

J0137940

现代陶　曾明男著

台北　艺术图书公司　1993年　再版　160页
有照片　26cm（16开）　ISBN：957-672-072-9
定价：TWD340.00
（绘画·设计·工艺丛书　4）

J0137941

中国金银币年鉴　（1992）皮执凯，许树信主编；中国金币总公司，中国金融出版社编

北京　中国金融出版社　1993年　29cm（18开）
ISBN：7-5049-1200-3
定价：CNY98.00，CNY120.00（精装）

　　本书汇集1992年当年发行的各种金银纪念币，并附有与主题相关的大量图片和文字资料。

J0137942

中国金银币年鉴　（1993　中英文本）尹成友，皮执凯，王震云主编

北京　中国金融出版社　1996年　176页　有肖像彩图　29cm（16开）　精装　ISBN：7-5049-1371-5
定价：CNY80.00

　　本书介绍了中国金银币1993年的发行汇总

情况，包括中国熊猫、中国十二生肖、观音菩萨纪念币、第十五届世界杯足球赛纪念币、中国珍稀动物、毛泽东 100 周年诞辰纪念币、宋庆龄 100 周年诞辰纪念币等。

J0137943

中国金银币年鉴　（1994—1995　中英文本）尹成友，皮执凯，王震云主编；李宝霞，蔡明信撰文

北京　中国金融出版社　1998 年　248 页　有彩图 28cm（大 16 开）精装　ISBN：7-5049-1700-1

定价：CNY158.00

　　本书介绍了中国金银币 1994 年、1995 年的发行汇总情况，包括中国熊猫、中国十二生肖、中国古代科技发明发现、中国珍稀动物、世界文化名人、中国名画和观音菩萨等系列纪念币等等。

J0137944

中国流通纪念币　（图集）沈家驹主编

北京 中国金融出版社 1993 年 51 页 20cm（32 开）ISBN：7-5049-1085-6　定价：CNY18.00

　　本书收入自 1984 年至 1993 年我国发行的 16 套 26 枚流通纪念币。外文书名：China's Commemorative Coins in Circulation. 作者沈家驹，中国钱币学会理事。

J0137945

第五届陶艺双年展　成耆仁，张明慧编辑

台北 历史博物馆 1993 年 179 页 有图 25×26cm ISBN：957-00-2766-5

　　外　文　书　名：The Fifth Chinese Ceramics Biennial Exhibition.

J0137946

紫砂精壶品鉴　陈传席著

杭州 浙江人民美术出版社 1993 年 139 页 有图 19cm（小 32 开）ISBN：7-5340-0342-3

定价：CNY4.80

（华夏艺苑博览）

　　本书介绍了紫砂壶的文化背景、发展历史及其现状。作者陈传席（1950—　　），教授。江苏睢宁人，毕业于南京师范大学美术学院，获博士学位。中国人民大学艺术学院教授、博士生导师，中国美术家协会会员，中国美术学院客座教授。兼任中国佛教艺术研究所所长、中国美术家协会

理论委员会副主任等。代表作有《陈传席文集》《中国山水画史》《中国绘画美学史》等。

J0137947

紫砂赏玩　良治著

台北　艺术图书公司　1993 年　119 页　有图 21cm（32 开）ISBN：957-672-177-6

定价：TWD280.00

（精致生活丛书 22）

J0137948

初梨藏砂　吴艺等编

北京　文物出版社　1994 年　41 页　有彩图 26cm（16 开）ISBN：7-5010-0791-8

定价：CNY15.00

　　李初梨老人是原中共中央对外联络部副部长，本书收他捐献给国家的 28 件紫砂器的图片。作者吴艺，重庆市博物馆任职。

J0137949

漆器制作技法　张连生，单德林著

北京　北京工艺美术出版社　1994 年　132 页 20cm（32 开）ISBN：7-80526-134-2

定价：CNY5.50

（中国传统手工技艺丛书）

J0137950

上好紫砂器　（千件宜陶书展）张东兴主编

台北　上好社　1994 年　320 页　有图 30cm（10 开）

精装　定价：TWD2000.00

J0137951

台湾银器艺术　（图集）简荣聪编著

台中县　文献委员会　1994 年

2 册（203；112 页）30cm（16 开）精装

定价：TWD600.00（全 2 册）

（台湾民俗文物研究探赏 1）

J0137952

陶瓷　述鼎著

台北　艺术图书公司　1994 年　119 页　有照片 31cm（10 开）精装　ISBN：957-672-159-8

定价：TWD600.00

（民间艺术 6）

J0137953

五色土 （中国宜兴紫砂名家报告文学集）陆浦东著

上海 学林出版社 1994 年 183 页 有彩照

19cm（小 32 开）ISBN：7-80616-001-9

定价：CNY9.50

J0137954

寻找未来 （吴光荣、许艳春紫砂陶艺作品集）吴光荣，许艳春编著

北京 文物出版社 1994 年 51+48 页 有图

21cm（32 开）精装 ISBN：7-5010-0780-2

J0137955

中国彩陶图案的艺术形式探寻 贾荣建，刘凤琴编著

石家庄 河北美术出版社 1994 年 248 页

26cm（16 开）ISBN：7-5310-0608-1

定价：CNY24.00

　　全书从形式分析的角度入手，着重从构成规律上探寻了彩陶图案的艺术形式和表现手法。

J0137956

中国当代漆艺文集 林佑主编；《中国当代漆艺文集》编辑委员会编

北京 中国物资出版社 1994 年 385 页 有彩图

20cm（32 开）ISBN：7-5047-1043-1

定价：CNY19.00

J0137957

紫砂壶制作技法 王建中等著

北京 北京工艺美术出版社 1994 年 134 页

有图 20cm（32 开）ISBN：7-80526-122-9

定价：CNY5.50

（中国传统手工技艺丛书）

　　本书分紫砂陶技艺、紫砂成型工艺及陶刻装饰、紫砂壶制作范例等 6 章。作者王建中（1933—2016），教授、作曲家。生于上海，祖籍江苏江阴。就读于上海音乐学院，留校任教，曾任教授、副院长。代表作品《山丹丹开花红艳艳》《浏阳河》《诙谐曲》《变奏曲》《小奏鸣曲》等。

J0137958

当代中国陶瓷精品选 梁任生主编

合肥 安徽教育出版社 1995 年 91 页 有照片

25×26cm 精装 ISBN：7-5336-1757-6

定价：CNY150.00

　　本书从一个侧面，映照出四十年来我国陶瓷美术的光辉篇章与艺术历程。书中收录《缠枝葡萄盘》《三彩戏曲人物罐》《鹦鹉石榴盘》《郑成功》《诗圣杜甫》等陶瓷作品。

J0137959

民俗器物图录 （徽章篇）

台北 1995 年 2 册 28cm（大 16 开）精装

ISBN：957-9067-86-4 定价：TWD1800.00

J0137960

台中县立文化中心典藏目录 （漆器类）嵇若昕撰稿

台中县 台中县立文化中心 1995 年 159 页

有彩图 26cm（16 开）精装 ISBN：957-00-5132-9

定价：TWD420.00

J0137961

谭畅陶艺 （图集）谭畅著

广州 岭南美术出版社 1995 年 44+157 页

25×26cm ISBN：7-5362-1155-4

定价：CNY175.00，CNY200.00（精装）

　　作者谭畅（1921—1998），教授，广西贵县人，毕业于广东省艺术学院美术科。历任华南文化团美术队队长，广州美术学院陶瓷美术系教师、副教授，石湾园林陶瓷厂任职。作品有《春天里》《渴望光明》《鹿回头的情思》等。

J0137962

选壶养壶与赏壶 张丰荣编著

台北 冠伦文化事业公司 1995 年 112 页 有照片

26cm（16 开）ISBN：957-8629-34-6

定价：TWD300.00

（艺术之旅 3）

J0137963

艺术铸件的制作技术 方正春等编著

北京 国防工业出版社 1995 年 176 页

19cm（小 32 开）ISBN：7-118-01302-1

定价：CNY6.45

J0137964

中国流通纪念币 （1984—1994）夏立平主编

北京 中国金融出版社 1995 年 38 页 26cm（16 开）
ISBN：7-5049-1421-5 定价：CNY35.00

J0137965
中国民间青花瓷画　左汉中，李智勇编著
长沙 湖南美术出版社 1995 年 237 页 25×26cm
ISBN：7-5356-0716-0 定价：CNY48.00
（中国民间美术丛书）

　　作者左汉中（1947—　），湖南双峰人。湖
南美术出版社年画编辑室主任，中国美术家协
会会员、中国民间美术学会会员、中国民俗学会
会员。

J0137966
第六届陶艺双年展　高玉珍总编辑
台北 历史博物馆 1995 年 143 页
29cm（16 开）ISBN：957-00-6135-9

J0137967
南投陶二百年专辑　（迈向现代陶之路）南投
县立文化中心编
南投县 南投县立文化中心 1996 年 2 版
291 页 26cm（16 开）精装 定价：TWD1000.00

J0137968
漆器艺术　邱坚著
长春 吉林美术出版社 1996 年 64 页 26cm（16 开）
ISBN：7-5386-0567-3 定价：CNY22.50
（现代艺术设计丛书）

J0137969
秦锡麟陶瓷艺术文集　秦锡麟著
南昌 江西美术出版社 1996 年 174 页 有照片
20cm（32 开）ISBN：7-80580-377-3
定价：CNY13.00

J0137970
石壶的艺术　季崇建著
台北 渡假出版社 1996 年 215 页 有照片
31cm（10 开）精装 ISBN：957-623-172-8
定价：TWD1500.00
　　外文书名：The Art of Stone Teapots.

J0137971
台湾现代陶艺之父——林葆家先生纪念集

王正雄［等］主编；宋龙飞［等］撰稿
台中县 台中县立文化中心 1996 年 290 页
有照片 32cm（10 开）精装 定价：TWD880.00

J0137972
陶瓷艺术　陈进海著
长春 吉林美术出版社 1996 年 100 页
26cm（16 开）ISBN：7-5386-0576-2
定价：CNY25.50
（现代艺术设计丛书）

　　作者陈进海（1946—　），教授。北京人，毕
业于中央工艺美术学院。历任中央工艺美术学
院陶瓷艺术设计系副教授、副主任，曾在山东济
南瓷用花纸厂设计室工作。著作有《世界陶瓷艺
术史》《陶艺观念谈》《世界陶瓷通鉴》等。

J0137973
陶艺撷英　（景德镇陶瓷学院师生作品选　图
集）景德镇陶瓷学院编
南昌 江西美术出版社 1996 年 100 页 26×24cm
精装 ISBN：7-80580-302-1 定价：CNY118.00
　　外文书名：Gems from Pottery and Porcelain.

J0137974
鹰　（曾良陶艺作品集）曾良著
广州 岭南美术出版社 1996 年 40 页 29cm（18 开）
ISBN：7-5362-1488-X
定价：CNY78.00，CNY98.00（精装）

　　作者曾良（1957—　），江苏江阴人，中国书
法家协会江苏分会会员，日中青年艺术交流协会
会员。

J0137975
中国景德镇艺术陶瓷精品鉴赏　李菊生等
主编
北京 人民日报出版社 1996 年 446 页
29cm（16 开）精装 ISBN：7-80002-834-8
定价：CNY698.00
　　外文书名：An Appreciation of Fine Ceramic
Art of Jingdezhen China.

J0137976
中国陶瓷漫话　华文达编
北京 中国少年儿童出版社 1996 年 92 页
19cm（32 开）ISBN：7-5007-2983-9

定价：CNY79.80（全套），CNY84.00（全套盒装）
（祖国知识文库丛书）

J0137977
中国紫砂　熊寥著；沙志明收藏
台北　艺术图书公司　1996 年　127 页　有图
26cm（16 开）ISBN：957-672-227-6
定价：TWD680.00
（文物鉴赏丛书 3）
　　作者熊寥（1943—　），著名陶瓷学家、教授。江西景德镇人。中国美术学院教授。撰有《中国陶瓷美术史》《欧洲瓷器史》等。

J0137978
中国紫砂艺术　陈传席著
台北　书泉出版社　1996 年　220 页　有图
22cm（30 开）精装　ISBN：957-648-505-3
定价：TWD480.00
（艺术现场 13）
　　作者陈传席（1950—　），教授。江苏睢宁人，毕业于南京师范大学美术学院，获博士学位。中国人民大学艺术学院教授、博士生导师，中国美术家协会会员，中国美术学院客座教授。兼任中国佛教艺术研究所所长、中国美术家协会理论委员会副主任等。代表作有《陈传席文集》《中国山水画史》《中国绘画美学史》等。

J0137979
'97 香港回归中国百家艺术瓷画大展作品集　杨志鹏主编
北京　新华出版社　1997 年　205 页　12×12cm
精装　ISBN：7-5011-3579-7 定价：CNY970.00

J0137980
戴荣华瓷画艺术　戴荣华绘；毛翼，吴江南摄；王松林，张慧荣译
南昌　江西美术出版社　1997 年　25cm（小 16 开）
精装　ISBN：7-80580-401-X 定价：CNY128.00

J0137981
德化名家名瓷　李建国主编；德化县对外文化交流协会编
福州　海潮摄影艺术出版社　1997 年　55 页
29cm（16 开）ISBN：7-80562-458-5
定价：CNY58.00

中国现代工艺美术品摄影集，中英文本。外文书名：Reputed Artist ＆ Reputed Porcelains.

J0137982
赖德全陶瓷艺术　赖德全绘
北京　解放军出版社　1997 年　80 页　26cm（16 开）
ISBN：7-5065-3312-X 定价：CNY98.00

J0137983
马海陶艺选集　马海著
广州　岭南美术出版社　1997 年　48 页　29cm（16 开）
ISBN：7-5362-1704-8 定价：CNY68.00

J0137984
毛泽东像章收藏与鉴赏　华光静编
北京　中国档案出版社　1997 年　150 页
20cm（32 开）ISBN：7-80019-720-4
定价：CNY35.00

J0137985
宁钢陶瓷艺术　宁钢［作］
广州　岭南美术出版社　1997 年　59 页　25×26cm
ISBN：7-5362-1546-0 定价：CNY80.00
　　外文书名：Ning Gang's Ceramic Art.

J0137986
女性艺术饰物　（赏析及制作）沈蔚主编
合肥　安徽科学技术出版社　1997 年　83 页
21×19cm ISBN：7-5337-1538-1 定价：CNY29.80

J0137987
秦锡麟陶瓷艺术　秦锡麟著
南昌　江西美术出版社　1997 年　40 页　25×23cm
精装　ISBN：7-80580-446-X 定价：CNY98.00

J0137988
晓港窑作品集　（高永坚先生陶瓷艺术）广州美术学院编著
广州　广东高等教育出版社　1997 年　88 页
25×26cm ISBN：7-5361-2084-2 定价：CNY80.00

J0137989
艺术铸造欣赏　吴春苗主编
广州　华南理工大学出版社　1997 年　68 页
有照片及图　29cm（16 开）ISBN：7-5623-1194-3

定价：CNY30.00

J0137990

玉凤泥韵　邱含等著

上海　上海人民美术出版社　1997年　48页

29cm（16开）精装　ISBN：7-5322-1843-0

定价：CNY98.00

　　本书选入《下老人》《小景》《林趣》《瑞雪》《春雨》《松韵》《月夜》《生命的力量》等陶瓷作品。

J0137991

中国当代大铜章　陈坚，姚家齐主编；上海造币厂钱币研究会编著

上海　上海科学技术出版社　1997年　208页

有图　29cm（16开）精装　ISBN：7-5323-4330-8

定价：CNY85.00

　　本书内容分两部分：第一部分为大铜章照片，共集180枚，界定规格为直径60毫米以上，制作时间跨度为1979年至1995年；第二部分为征集的有关文章8篇。

J0137992

中国景德镇陶瓷艺术　陈雨前编著

北京　中国和平出版社　1997年　104页

28cm（16开）ISBN：7-80101-696-3

定价：CNY110.00，CNY150.00（精装）

J0137993

中国人民革命军事博物馆馆藏证章图录

中国人民革命军事博物馆［编］

济南　山东画报出版社　1997年　132页

29cm（16开）精装　ISBN：7-80603-104-9

定价：CNY190.00

　　外 文 书 名：Illustrated Collection of Badges in the Chinese People's Revolutionary Military Museum.

J0137994

紫泥清韵　（陈鸣远陶艺研究）黎淑仪，谢瑞华编辑；汪庆正［等］撰文

［香港］香港中文大学文物馆　1997年　218页

有彩图　28cm（大16开）精装

ISBN：962-7101-38-9

　　外文书名：Themes and Variations, The Zisha

Pottery of Chen Mingyuan. 本书与上海博物馆合作出版。

J0137995

瓷苑新葩　秦锡麟主编

上海　上海辞书出版社　1998年　124页

26cm（16开）精装　ISBN：7-5326-0549-3

定价：CNY120.00

J0137996

古月轩名瓷　施德之编著

上海　上海书店出版社　1998年　102页

28cm（大16开）精装　ISBN：7-80622-365-7

定价：CNY88.00

J0137997

徽章及其收藏　李焱胜著

武汉　湖北人民出版社　1998年　365页　有图

20cm（32开）ISBN：7-216-02382-X

定价：CNY17.00

（收藏系列）

J0137998

李国章陶瓷艺术　李国章［作］

厦门　鹭江出版社　1998年　42页　25×26cm

ISBN：7-80610-623-5　定价：CNY38.00

J0137999

上海钱币十五年纵横　陆祖成主编

上海　学林出版社　1998年　93页　有照片

29cm（16开）精装　ISBN：7-80616-672-6

定价：CNY100.00

J0138000

首饰　（图集）庆晓编

天津　天津人民美术出版社　1998年　186页

12×13cm　精装　ISBN：7-5305-0906-3

定价：CNY39.80

（国际艺术微型视窗）

J0138001

陶瓷的现代设计　陈进海，李正安著

长沙　湖南美术出版社　1998年　140页

26cm（16开）ISBN：7-5356-1190-7

定价：CNY36.80

作者陈进海(1946—　)，教授。北京人，毕业于中央工艺美术学院。历任中央工艺美术学院陶瓷艺术设计系副教授、副主任，曾在山东济南瓷用花纸厂设计室工作。著作有《世界陶瓷艺术史》《陶艺观念谈》《世界陶瓷通鉴》等。

J0138002

陶瓷艺术文化审美　　陈雨前著

北京　人民日报出版社　1998 年　243 页　有照片

20cm（32 开）ISBN：7-80002-911-5

定价：CNY11.80

（世纪风文丛）

J0138003

陶艺奇葩　（赖德全陶瓷艺术）邹元国摄影

上海　上海书画出版社　1998 年　52 页　25×23cm

ISBN：7-80635-305-4　定价：CNY78.00

J0138004

陶艺入门　　景德镇陶瓷上海艺术中心编

上海　上海科学技术出版社　1998 年　44 页

有插图　19cm（小 32 开）ISBN：7-5323-5019-3

定价：CNY9.80

J0138005

宜兴艺萃现代彩陶集　　蔡力武编

南京　南京师范大学出版社　1998 年　69 页

29cm（16 开）ISBN：7-81047-211-9

定价：CNY88.00

J0138006

宜兴紫砂　　潘春芳著

上海　上海人民美术出版社　1998 年　76 页

19cm（小 32 开）ISBN：7-5322-1896-1

定价：CNY28.00

（艺林撷珍丛书）

J0138007

宜兴紫砂壶艺术　　吴山著

台北　艺术家出版社　1998 年　301 页　有图

21cm（32 开）ISBN：957-8273-10-X

定价：TWD480.00

（文物生活系列 2）

J0138008

中国当代金银币图录　　李瑞麟编著

杭州　浙江大学出版社　1998 年　244 页

29cm（16 开）精装　ISBN：7-308-01999-3

定价：CNY188.00

J0138009

中国金银纪念币图说　　王刚，王崇皓著

西安　陕西人民美术出版社　1998 年　403 页

20cm（32 开）ISBN：7-5368-1021-0

定价：CNY43.80

作者王刚(1958—　)，笔名秋适，江苏南京人。江苏省硬笔书法协会副主席兼秘书长，南京市硬笔书法协会主席。作品有《中国钢笔书法十家》《中国硬笔书法二十一家》《中国当代硬笔书法大师集——王刚卷》等。

J0138010

中国民间粉彩瓷画　　查良峰编著

长沙　湖南美术出版社　1998 年　142 页　25×26cm

ISBN：7-5356-1044-7　定价：CNY85.00

（中国民间美术丛书）

J0138011

中国现代民间陶器　　梁任生主编

合肥　安徽教育出版社　1998 年　115 页　21×23cm

ISBN：7-5336-2171-9　定价：CNY42.00

J0138012

中国现代陶瓷艺术　（1 陶器）邓白等主编

南昌　江西美术出版社　1998 年　40+199+66 页

29cm（16 开）精装　ISBN：7-80580-520-2

定价：CNY1900.00（全 5 册）

本书收集 1911—1996 年不同时期、不同地区的陶瓷艺术家和民间陶瓷艺人各种品种、各种风格的作品，本卷是陶器。作者邓白(1906—2003)，画家，美术教育家。号白叟，别字曙光。广东东莞人，就读于广州市立美术学校和中央大学艺术系。历任中央美术学院华东分院工艺美术系副教授，浙江美术学院院长，中国美术家协会理事等。代表作品有《和平春色》《岭南丹荔》《罗岗香雪》等。出版有《中国画论初探》《图画见闻志注释》《徐熙与黄筌》等。

J0138013

中国现代陶瓷艺术 （2-3 瓷器）邓白等主编
南昌 江西美术出版社 1998年 2册 29cm（15开）
精装 ISBN：7-80580-520-2
定价：CNY1900.00（全5册）
　　本书收集1911—1996年不同时期、不同地区的陶瓷艺术家和民间陶瓷艺人各种品种、各种风格的作品，本2卷是瓷器。

J0138014

中国现代陶瓷艺术 （4 陶瓷雕塑）邓白等主编
南昌 江西美术出版社 1998年 18+212+69 页
29cm（15开）精装 ISBN：7-80580-520-2
定价：CNY1900.00（全5册）
　　本书收集1911—1996年不同时期、不同地区的陶瓷艺术家和民间陶瓷艺人各种品种、各种风格的作品，本卷是陶瓷雕塑。

J0138015

中国现代陶瓷艺术 （5 民间陶瓷）邓白等主编
南昌 江西美术出版社 1998年 18+210+70 页
有图版 29cm（15开）精装 ISBN：7-80580-520-2
定价：CNY1900.00（全5册）
　　本书收集1911—1996年不同时期、不同地区的陶瓷艺术家和民间陶瓷艺人各种品种、各种风格的作品，本卷是民间陶瓷。

J0138016

中国现代陶艺家 颜新元主编
长沙 湖南美术出版社 1998年 78页 26cm（16开）
ISBN：7-5356-1069-2 定价：CNY40.00
　　主编颜新元（1952— ），民间美术家。生于湖南桃江，毕业于中央美术学院。历任北京航空航天大学新媒体艺术与设计学院教授，中国艺术研究院博士生导师。著作有《湖湘文库：湖湘民间绘画》《中国当代新民间艺术》等。

J0138017

第七届陶艺双年展 高玉珍主编
台北 历史博物馆 1998年 125页 有图
30cm（10开）ISBN：957-02-0751-5

J0138018

竹堑玻璃艺术展 徐天福主编
台北 历史博物馆 1998年 111页 有彩图
30cm（10开）ISBN：957-02-2896-2
定价：［TWD400.00］

J0138019

紫砂 曹者祉编撰；汪清，季倩翻译；郭群等摄影
上海 上海古籍出版社 1998年 52页 26cm（16开）
ISBN：7-5325-2456-6 定价：CNY50.00
（南京博物院珍藏系列）
　　外文书名：Red Clay Teapot.

J0138020

紫砂壶艺 方勤，杨燕著
武汉 湖北人民出版社 1998年 301页
19cm（小32开）ISBN：7-216-02427-3
定价：CNY12.50
（小小珍玩系列）

J0138021

2000：中国瓷器 （摄影挂历）上海书画出版社编
上海 上海书画出版社 1999年 26×38cm
ISBN：7-80635-381-X 定价：CNY28.00

J0138022

彩陶 （汉英对照）徐湖平主编
上海 上海古籍出版社 1999年 52页 26cm（16开）
ISBN：7-5325-2562-7 定价：CNY50.00
（南京博物院珍藏系列）

J0138023

潮汕美术陶瓷与刺绣抽纱 郭马风，魏影秋编著
广州 花城出版社 1999年 90页 有照片
19cm（小32开）ISBN：7-5360-2983-7
定价：CNY6.80
（潮汕历史文化小丛书 第二辑）

J0138024

瓷板画珍赏 赵荣华主编
上海 上海科学技术出版社 1999年 248页
29cm（16开）精装 ISBN：7-5323-5285-4
定价：CNY300.00

J0138025

瓷魂 （景德镇赴京参加中华人民共和国建国
50周年成就展陶瓷精品）刘景生主编
上海　上海人民美术出版社　1999年　112页
29cm（16开）ISBN：7-5322-2274-8
定价：CNY198.00

J0138026

吉州窑与吉州窑陶瓷艺术　王国本等编著
南昌　江西教育出版社　1999年　116页
27cm（大16开）精装　ISBN：7-5392-3151-3
定价：CNY38.00

J0138027

雷山银饰　杨帆等编；杨帆等摄影
长沙　湖南美术出版社　1999年　40页　26cm（16开）
ISBN：7-5356-1204-0　定价：CNY16.00
（中国民间美术丛书　绝活儿　第一辑）

J0138028

漆艺概要　王琥著
南京　江苏美术出版社　1999年　188页
28cm（大16开）ISBN：7-5344-0947-0
定价：CNY53.00
（美术技法大全）

J0138029

深圳市古今来陶瓷世界艺术品图录　（一
中国当代工艺美术大师作品）马穗来主编
北京　中国文联出版社　1999年　118页
29cm（16开）精装　ISBN：7-5059-3369-8
定价：CNY420.00（全套）

J0138030

深圳市古今来陶瓷世界艺术品图录　（二
卢伟陶艺）马穗来主编；卢伟作
北京　中国文联出版社　1999年　111页
29cm（16开）精装　ISBN：7-5059-3369-8
定价：CNY420.00（全套）

J0138031

陶瓷彩绘艺术　陈应钦，陈湛［著］
武汉　华中理工大学出版社　1999年　293页
有图　20cm（32开）ISBN：7-5609-1562-0
定价：CNY12.80

J0138032

陶瓷设计专业·设计　刘正编
杭州　浙江摄影出版社　1999年　26cm（16开）
ISBN：7-80536-574-1　定价：CNY36.00
（美术院校高考示范作品选）

J0138033

王中年瓷器绘画作品选　王中年绘
福州　福建美术出版社　1999年　29页　27×28cm
ISBN：7-5393-0766-8　定价：CNY48.00
　　作者王中年（1943—　　），满族，画家。辽宁
凤城人，曾用名王忠年，毕业于鲁迅美术学院附
中，进修于广州美术学院。曾任本溪市平山区文
化馆美术组长、代馆长。作品有《飞流直下》《秋》
《初春》《林海雪原》《峡江图》等。

J0138034

釉陶与瓷器　张广立编
北京　人民美术出版社　1999年　27+225页
18cm（小32开）ISBN：7-102-01804-5
定价：CNY27.00
　　本书资料共计600余幅，依照年代排列，虽
以图样为主，也适当地描绘了器形。绝大部分是
单线的器物图，少部分是彩色图。为了便于工艺
美术工作者的参考，一部分图样细部加以放大，
或加入展开图。

J0138035

中国少数民族陶瓷装饰图选　邵大地，江贞
编绘
北京　人民美术出版社　1999年　146页
26cm（16开）ISBN：7-102-01977-7
定价：CNY20.00
　　本书内容广收北方长城内外、新疆、宁夏、
甘青藏、浙闽粤台、云黔川桂等地区少数民族陶
瓷装饰（古代及现代），既有平面装饰也有浮雕装
饰、立体装饰。

J0138036

中国陶瓷　（中英文本）赵少华主编
北京　五洲传播出版社　1999年　97页　19×22cm
精装　ISBN：7-80113-633-0　定价：CNY120.00
（中国民间工艺）
　　本书以图文并茂的形式介绍中国的陶瓷
艺术，从古代中国注重器具实用性的瓷器、具

有装饰、艺术特点的瓷器及瓷器艺术品等进行
介绍。

J0138037
中国陶瓷艺术图典　李正安编著
长沙　湖南美术出版社　1999 年　620 页
14cm（64 开）精装　ISBN：7-5356-1245-8
定价：CNY78.00
　　本书选编了有 600 余幅图例以及概要文字
提示组成的中国陶瓷艺术图典。本图典共分为
陶之殷实、瓷之璀璨和陶艺今日 3 部分。

J0138038
珠宝首饰　（图册）蔡悦林，方宁译编
长沙　湖南美术出版社　1999 年　116 页　15×15cm
精装　ISBN：7-5356-1325-X　定价：CNY24.00
（时尚丛书）
　　外文书名：Jewelry Ornaments.

中国民间工艺美术

J0138039
续折纸图说　施咏湘编
上海　商务印书馆　1919 年　66 页　有图
19cm（32 开）
（手工丛书）
　　本书介绍折纸的制作方法，有图 72 种。

J0138040
续折纸图说　施咏湘编纂
上海　商务印书馆　1921 年　再版　66 页　有图
19cm（32 开）定价：大洋二角五分
（手工丛书）

J0138041
剪纸图说　施咏湘编
上海　商务印书馆　1921 年　3 版　94 页　有图
19cm（32 开）定价：大洋三角
（手工丛书）
　　本书介绍剪纸的制作方法，有图例 103 种。

J0138042
剪纸图说　施咏湘编

上海　商务印书馆　1931 年　7 版　94 页　有图
19cm（32 开）定价：大洋三角
（手工丛书）

J0138043
剪纸图说　施咏湘编
上海　商务印书馆　1934 年　国难后 1 版　94 页
有图　19cm（32 开）定价：大洋三角
（手工丛书）

J0138044
工艺新教材　须戒己编
上海　商务印书馆　1928 年　29 页　有图　13×19cm
　　本书介绍用纸剪折制作 25 种动物的方法。
书前有说明。

J0138045
最新绉纸造花法　马育麟编
上海　美术用品社　1933 年　96 页　有图
21cm（32 开）

J0138046
纸折成的东西　宗亮晨编
上海　商务印书馆　1934 年　石印本　18 页　有图
19cm（32 开）
（幼童文库　第 1 集）

J0138047
剪影图案集　徐一苍，黄文清编著
南京　正中书局　1937 年　40 页［19×26cm］
　　本书有剪纸图案 20 页，每页有一至数幅黑
影图案画。

J0138048
刻纸图案集　（儿童新艺术）雷驾先编著
南京　正中书局　1937 年　40 页　有图　13×19cm
定价：国币四角
　　本书为儿童读物，选入《葡萄松鼠》《鹦鹉》
《兔子》《荷花》《秦淮夜渡》等刻纸图案 40 幅，
前 12 幅为彩色版。书前有编辑大意及制作法说
明等。

J0138049
窗花　（民间剪纸艺术）陈叔亮编
高原书店　1947 年［196］页　有图　18cm（15 开）

定价：旧币 14,000 元

本书内容包括：人物、走兽、翎毛、鱼虫花卉 4 部分，共收窗花 98 幅。作者陈叔亮（1901—1991），工艺美术教育家、书画家。浙江黄岩人，名寿颐。毕业于上海美术专科学校。曾在延安鲁迅艺术学院任教，历任华东文化部艺术处副处长、中央工艺美术学院院长、中国美术家协会理事、中国书法家协会副主席。有剪纸艺术专著《窗花》《新美术运动及其他》。

J0138050

剪纸艺术　（兄妹开荒及其他）李元，旺亲拉西作

上海　上海杂志公司　1949 年　有图　18cm（15 开）

定价：三元

（华中文工团文艺丛书）

J0138051

剪纸艺术　（兄妹开荒及其他）李元，旺亲拉西作

上海　上海杂志公司　1950 年　2 版　有图 18cm（15 开）定价：3.00

（中南文工团文艺丛书）

本书共选入民间工艺剪纸作品 20 幅。

J0138052

翦画选胜　徐蔚南编

上海　华夏图书出版印铸公司　1949 年 11+108 叶　28cm（16 开）

J0138053

西北剪纸集　延安鲁迅艺术学院艺术系搜集；艾青，江丰编选

上海　晨光出版公司　1949 年　209 页　21cm（32 开）

定价：旧币十五元

本书分上、下卷。上卷"民间剪纸"，选入《福禄寿》《白菜》《蔓青》《柘榴》等 80 个图案；下卷"木刻窗花"，选入力群、古元、夏风等人的作品 20 幅。

J0138054

窗花　（华北民间剪纸艺术）陈叔亮编

上海　新群出版社　1950 年　再版　增订本 [196]页 有图　18cm（32 开）

J0138055

民间刻纸集　古塞，钱君匋编；察哈尔文联收集

上海　万叶书店　1950 年　影印本　123 页　有图 26cm（16 开）定价：十八元

作者钱君匋（1907—1998），书画家。浙江桐乡人。名玉堂、锦堂，字君陶，号豫堂、禹堂。毕业于上海艺术师范学校。曾任西泠印社副社长、上海文艺出版社编审、上海市政协委员等职。代表作品《长征印谱》《君匋跋巨印选》《鲁迅印谱》《钱君陶印存》。

J0138056

绥远剪纸窗花　绥远省剪贴艺人学习会编

归绥　绥远省文联筹委会［195—？年］影印本 38cm（6 开）

J0138057

新的剪贴　夏意超编制

上海　东南书局　1950 年　3 版　4 册　有图 10×15cm（50 开）定价：旧币二元（每册）

本书为民间工艺儿童彩色剪纸集。

J0138058

新的剪贴　（2）夏意超编制

上海　东南书局　1951 年　4 版　1 册　有图 10×14cm（64 开）定价：旧币 2,000 元

J0138059

新的剪贴　（3）夏意超编制

上海　东南书局　1951 年　5 版　1 册　有图 10×14cm（64 开）定价：旧币 2,000 元

J0138060

新的剪贴　（4）夏意超编制

上海　东南书局　1950 年　再版　有图 10×14cm（64 开）定价：旧币 2,000 元

本书为中国民间工艺儿童彩色剪纸图案集。

J0138061

渤海窗花剪贴选　渤海人民文工团编

上海　新华书店华东总分店　1951 年　石印本 195 页　18cm（15 开）定价：8.00

版权页书号：沪 244（22-4）

J0138062
河南窗花选　李树滋，张潭辑
郑州　河南省文联筹委会　1951 年　40 页　有图
18cm（15 开）定价：旧币 5,000 元
（翻身文艺丛书）

J0138063
剪纸艺术　（农村集）王镜明作
济南　山东人民出版社　1951 年　93 页　13×18cm
定价：旧币 4,500 元

J0138064
民间剪纸选　张仃收藏编选
上海　大东书局　1951 年　影印本　123 页
21cm（32 开）定价：旧币 10,000 元
（新美术丛刊　2）
　　作者张仃（1917—2010），国画家、美术教育家、美术理论家。号它山，辽宁黑山人。曾任黄宾虹研究会会长，中央工艺美术学院教授、院长等。中国人民政治协商会议会徽的设计者，中华人民共和国国徽设计提议者之一。代表作品有《张仃水墨写生》《张仃画室》。

J0138065
新窗花　张学廉著
上海　大东书局　1951年　70页　有图　21cm（32开）
定价：旧币 10,000 元

J0138066
新剪纸　冯稼作
北京　人民美术出版社　1951 年　影印本　34 页
15cm（40 开）定价：旧币 2,900 元

J0138067
民间剪纸　张仃编
北京　人民美术出版社　1952 年　100 叶　有图
24cm（16 开）散叶盒装　定价：CNY14.00
　　本书由"荣宝斋新记"印刷。书内收民间剪纸图样100幅，加厚宣纸托裱，散叶，装于一布面书匣中，另附解说目录册（线装）。本书所收剪纸图样均为木版水印，是新中国建国初期木版水印技艺最高水平的精品。

J0138068
新美工　（第 3 册）姜贤等编绘
上海　大陆书店　1952年　20页　12×18cm（36开）
定价：旧币 2,800 元

J0138069
甘肃民间剪纸　甘肃省文联筹委会编辑
兰州　甘肃省文联筹委会　1953 年　影印本　66 页
21cm（32 开）

J0138070
广东民间剪纸集　广东省美术工作室，广州人民美术社编
广州　华南人民出版社　1953 年　影印本　84 页
19cm（32 开）
定价：旧币 10,000 元，旧币 23,000 元（精装）

J0138071
湖北民间雕花艺术　湖北省美术工作室编选
汉口　中南人民文学艺术出版社　1953 年　影印本
72 页　19cm（28 开）定价：旧币 7,000 元

J0138072
剪纸集　朱枫作；严光有，高亢撰词
南京　江苏人民出版社　1953 年　影印本　38 页
14×20cm　定价：旧币 5,500 元
　　本书有38幅图，剪纸是中国民间艺术，在江苏农村很流行，本书作者利用这种艺术形式，从农民的生产过程和日常生活中吸取题材，创作编制成剪纸选集。

J0138073
四川民间剪纸刻纸集　成都艺术专科学校研究室，四川人民出版社编辑部辑
成都　四川人民出版社　1953 年　影印本　131 页
19cm（32 开）定价：旧币 9,000 元

J0138074
丛琳窗花集　丛琳作
北京　朝华美术出版社　1954 年　影印本　26 页
19cm（32 开）定价：旧币 5,000 元

J0138075
华东民间艺术　华东人民美术出版社辑
上海　华东人民美术出版社　1954 年　影印本
21cm（32 开）定价：旧币 28,000 元

J0138076
剪纸的应用与作法　施于人作
上海　四联出版社 1954 年　影印本　78 页　有图
14×18cm　定价：旧币 4,500 元

J0138077
民间窗花　佟坡等编
北京　人民美术出版社 1954 年　影印本　52 页
26cm（16 开）定价：旧币 31,000 元

J0138078
农村剪纸集　张候光作
上海　华东人民美术出版社 1954 年　影印本
45 页　15×19cm　定价：旧币 7,200 元

J0138079
王老赏的窗花艺术　傅扬编
北京　人民美术出版社 1954 年　影印本　30 页
21cm（32 开）定价：旧币 6,600 元

J0138080
张永寿剪纸集　张永寿剪纸
南京　江苏人民出版社 1954 年 52 叶 21cm（32 开）
精装　定价：30,000 元
　　本书有 96 幅图。收入张永寿的近百幅剪纸，
都是出色的作品，具有精致柔媚而有力的独特风
格。有几十种不同的菊花和各种花卉，有草品和
飞禽走兽，还有古色古香和富有创造性的图案，
生动地表现各种事物的艺术形象和特征。

J0138081
浙东戏曲窗花　蒋风编
北京　朝花美术出版社 1954 年　影印本　53 页
18cm（15 开）定价：旧币 7,500 元

J0138082
浙江民间剪纸集　浙江省文化局美术组辑
上海　华东人民美术出版社 1954 年　影印本
72 页　19cm（32 开）定价：旧币 12,000 元

J0138083
剪纸图案集　余曼白作
成都　四川人民出版社 1955 年　影印本　26 页
21cm（32 开）定价：CNY1.20

J0138084
胶东窗花　叶又新编
济南　山东人民出版社 1955 年　影印本　85 页
20cm（32 开）定价：CNY2.00
　　本书介绍了不同地区、不同内容和不同风格
的窗花 85 幅。

J0138085
金华民间剪纸选　蒋风编
上海　上海出版公司 1955 年　影印本　70 页
21cm（20 开）定价：人民币 9,800 元

J0138086
农村新窗花　林曦明作
上海　新艺术出版社 1955 年　影印本　28 页
15×19cm　定价：CNY0.48

J0138087
热河窗花集　热河省文学艺术工作者联合会
编辑
承德　热河省文学艺术工作者联合会　1955 年
影印本　58 页　18cm（15 开）定价：CNY2.50

J0138088
芮金富刻纸集　江苏美术工作室，江苏人民
出版社编
南京　江苏人民出版社 1955 年　影印本　35 页
26cm（16 开）定价：CNY1.20
　　本书收集他的作品 35 幅。有龙凤狮子等
动物形象，民间象征吉祥的"八结"和"牡丹"等
花草所组成的花框；有从《水浒传》《三国演义》
《西厢记》等古典名著里取材创作的如狮子楼、张
飞怒打督邮等故事。还有一幅表现农民生活的
《罱泥》。刻纸是民间流行的一种装饰艺术。

J0138089
山西民间剪纸集　山西省文化局美术工作室
编选
太原　山西人民出版社 1955 年　影印本　43 页
22cm（16 开）定价：CNY2.50

J0138090
我们来折纸　周曼金编绘
上海　少年儿童出版社 1955 年　影印本　58 页
有图　12×18cm（36 开）定价：CNY0.23

J0138091

西北剪纸　立德辑

北京　朝花美术出版社　1955 年　影印本

17cm（32 开）定价：CNY0.16

（群众美术画库）

J0138092

中国民间剪纸　人民美术出版社辑

北京　人民美术出版社　1955 年　影印本　116 页

19cm（32 开）定价：CNY2.00

J0138093

宝宝的游戏　朱枫作；袁鹰著词

北京　朝花美术出版社　1956 年　影印本　24 页

15cm（40 开）统一书号：T8028.942

定价：CNY0.17

J0138094

福建剪纸　福建省文化局，福建人民出版社美

编室编辑

福州　福建人民出版社　1956 年　影印本　74 页

26cm（16 开）定价：CNY0.21

　　本书选收福建民间剪纸作品 122 幅，分为吉

庆喜花装饰图案、动物花并、人物故事 3 大类。

前言详细评介了福建各地民间剪纸艺术的特色。

J0138095

甘肃民间剪纸　甘肃省文联，甘肃画报社编

兰州　甘肃人民出版社　1956 年　影印本　98 页

19cm（32 开）统一书号：T8096.27

定价：CNY0.80

J0138096

剪纸　张道一作

南京　江苏人民出版社　1956 年　53 页　20cm（32 开）

统一书号：8100.34　定价：CNY0.60

J0138097

李尧宝刻纸集　李尧宝作；福建人民出版社

美术编辑室编辑

福州　福建人民出版社　1956 年　65 页　26cm（16 开）

统一书号：T8104.19　定价：CNY1.40

　　本书收入作者各类刻纸 65 幅，书前有《李

尧宝和他的刻纸》一文，评介作者的刻纸艺术。

J0138098

南京剪纸　何燕明，张道一编

上海　上海人民美术出版社　1956 年　影印本

28 页　19cm（32 开）统一书号：T8081.1721

定价：CNY0.32

（华东民间艺术小丛书）

J0138099

汤子博面塑选　阿维编

北京　朝花美术出版社　1956 年　20 页　有图

17cm（32 开）统一书号：8028.967　定价：CNY0.16

（群众美术画库）

J0138100

鞋花剪纸　杨琦辑

上海　新美术出版社　1956 年　影印本　140 页

15cm（40 开）定价：CNY0.44

　　作者杨琦（1921—　　），音乐理论家、美学

家、诗人、教授。本名杨其庄，云南丽江人。

J0138101

英勇的小射手　（民间故事剪纸集）兵煊整

理；张侯光编剪

北京　朝花美术出版社　1956 年　影印本　57 页

12cm（60 开）统一书号：T8028.1131

定价：CNY0.19

J0138102

折纸集　万以信编著；陶敏荣绘图

南京　江苏人民出版社　1956 年　58 页　12×19cm

统一书号：8100.43　定价：CNY0.16

J0138103

浙江的戏曲窗花　陈鹏，苏曼莎编

北京　朝花美术出版社　1956 年　影印本

17cm（40 开）统一书号：T8028.878

定价：CNY0.16

（群众美术画库）

J0138104

浙江民间剪纸　浙江群众艺术馆编

杭州　浙江人民出版社　1956 年　影印本　72 页

17cm（35 开）统一书号：8103.17　定价：CNY0.65

　　本书选编 70 多幅有代表性的作品，题材有

水果、动物、花卉类，收有桃子、石榴、猫、鸡、

猪、菊花、盆花等；人物、戏曲故事类，并收有提篮仙女、闹湖船、孙悟空借扇、三戏白牡丹、西厢记、唐伯虎点秋香等。

J0138105
浙江民间美术选集　浙江群众艺术馆编
杭州　浙江人民出版社　1956年　有图
22cm（30开）定价：CNY3.20
　　本书收集泥塑、石雕、木雕、竹编、翻簧、砖雕等9类有代表性的民间作品70幅。

J0138106
中国民间剪纸　（南京剪纸）中国美术家协会美术服务部编
北京　国际书店　1956年　散页盒装　26cm（16开）

J0138107
中国民间剪纸　（新型剪纸）中国美术家协会美术服务部编
北京　国际书店　1956年　散页盒装　26cm（16开）

J0138108
中国民间剪纸　（浙江剪纸）中国美术家协会美术服务部编
北京　国际书店　1956年　散页盒装　29cm（16开）

J0138109
中国民间剪纸　（广东、福建的剪纸）北京工艺美术服务部编
北京　国际书店　1957年　散页盒装　26cm（16开）

J0138110
中国民间艺术漫谈　林欢著
香港　长城画报社　1956年　136页　有图
19cm（32开）定价：HKD1.40

J0138111
编纸手工　鲍叔良编绘
上海　上海少年儿童出版社　1957年　影印本
84页　12×18cm　统一书号：R7024.106
定价：CNY0.26

J0138112
潮州的民间剪纸　潮州市文化馆编
北京　朝花美术出版社　1957年　20页　18cm（15开）

统一书号：T8028.1632　定价：CNY0.16
（群众美术画库）

J0138113
儿童折纸　青萍编绘
天津　天津人民出版社　1957年　65页　有图
12×18cm　统一书号：7072.12　定价：CNY0.36

J0138114
风俗刻纸　徐飞鸿作
上海　上海人民美术出版社　1957年　影印本
27页　15cm（40开）统一书号：T8081.2113
定价：CNY0.19
　　作者徐飞鸿（1918—2000），年画家、剪纸艺术家。浙江鄞县人。曾任《晋察冀画报》社记者、上海人民出版社年画、宣传画编辑室副主任等职。代表作品有《双鱼吉庆新年好》《万象更新喜迎春》《戏曲窗花十二幅》等。

J0138115
剪贴布置　沈平一编制
杭州　浙江人民出版社　1957年　48页　有插图
15×17cm　统一书号：8103.28　定价：CNY0.28

J0138116
剪折　余国智编著
广州　广东人民出版社　1957年　33页　有插图
12×18cm　统一书号：T7111.36　定价：CNY0.10

J0138117
泉州戏曲纸扎工艺　吴庠铸编
北京　朝花美术出版社　1957年　影印本　20页
有图　17cm（16开）统一书号：T8028.1601
定价：CNY0.16
（群众美术画库）

J0138118
石姑岭　韩伟改编
天津　天津美术出版社　1957年　影印本　16页
13×19cm　统一书号：T8073.473　定价：CNY0.20
　　本书是中国民间工艺剪纸图集。

J0138119
烟台刻花　王鼎编
济南　山东人民出版社　1957年　影印本　54页

21cm（32 开）统一书号：T8099.106
定价：CNY0.95

J0138120
怎样剪窗花　曲兆亭编
上海 少年儿童出版社 1957 年 影印本 54 页
有图 12×18cm 统一书号：R7024.130
定价：CNY0.18

J0138121
折纸手工　吴巨义编著
长春 吉林人民出版社 1957 年 53 页 有插图
19cm（32 开）统一书号：7091.25 定价：CNY0.18

J0138122
儿童纸工　虞哲光编绘
上海 少年儿童出版社 1958 年 108 页 19×26cm
统一书号：R7024.11 定价：CNY0.60

J0138123
广东民间剪纸　中国美术家协会广州分会编
广州 广东人民出版社 1958 年 75 页 24cm（26 开）
统一书号：8111.54 定价：CNY2.00

J0138124
吉林民间剪纸　吉林省群众艺术馆编
长春 吉林人民出版社 1958 年 影印本 96 页
17cm（40 开）统一书号：8091.28 定价：CNY0.48

J0138125
剪剪贴贴　（2）少年儿童出版社编绘
上海 少年儿童出版社 1958 年 ［38］页
19cm（32 开）

J0138126
剪剪贴贴　（3）少年儿童出版社编绘
上海 少年儿童出版社 1958 年 19cm（32 开）
定价：CNY0.18

J0138127
剪剪贴贴　（4）少年儿童出版社编绘
上海 少年儿童出版社 1958 年 13×19cm
定价：CNY0.18

J0138128
剪剪贴贴　（低）黄正伦编画
上海 少年儿童出版社 1981 年 19cm（32 开）
统一书号：R8024.6 定价：CNY0.27
　　本书内容包括：生梨、西瓜、蔬菜、小鸡、熊
猫、白兔、青蛙、静物和雪景的图案。

J0138129
剪纸　刘子秀等作
合肥 安徽人民出版社 1958 年 定价：CNY0.25

J0138130
陕西皮影　陕西省群众艺术馆编
北京 人民美术出版社 1958 年 23 页 18cm（32 开）
统一书号：T8027.1644 定价：CNY0.16
（群众美术画库）

J0138131
"百花齐放"剪纸　郭沫若作诗；张永寿剪纸
扬州 江苏扬州人民出版社 1959 年 ［202］页
21cm（32 开）精装 统一书号：8100（扬）.73
定价：CNY3.00

J0138132
百花齐放图集　张吉根等创作
南京 江苏文艺出版社 1959 年 35cm（15 开）

J0138133
百花齐放图集　郭沫若作诗；百花齐放图集
创作组剪纸
南京 江苏文艺出版社 1959 年 影印本 ［101］幅
30cm（15 开）精装 统一书号：8141.602
定价：CNY25.00
　　本书是配诗剪纸艺术作品集。由南京剪纸
艺人和美术工作者根据郭沫若"百花齐放"诗集
用剪纸形式创作而成，共收集郭沫若所写的"百
花齐放"诗篇 101 首。剪纸艺术作品技艺精巧，
立体衬影印刷，更显出了剪纸艺术的特色。作者
郭沫若(1892—1978 年)，文学家、历史学家。原
名开贞，字鼎堂，号尚武，乳名文豹，笔名沫若、
麦克昂、郭鼎堂，四川乐山人，毕业于日本九州
帝国大学。历任中国科学院首任院长、中国科学
技术大学首任校长、苏联科学院外籍院士。代
表作《郭沫若全集》《甲骨文字研究》《中国史
稿》等。

J0138134
北京剪纸集　北京群众艺术馆编
北京　北京出版社　1959 年　50 幅　22cm（32 开）
统一书号：8071.74　定价：CNY0.70

J0138135
部队剪纸选　中国人民解放军沈阳部队政治
部编
沈阳　辽宁画报社　1959 年　32 页　13×19cm
统一书号：T8117.997　定价：CNY0.30

J0138136
福建制花与彩扎　吴敏等编辑
福州　福建人民出版社　1959 年　18 页　18cm（15 开）
统一书号：8104.155　定价：CNY0.25
（福建省工艺美术丛书）
　　作者吴敏（1931—　　），画家。擅长宣传画。
浙江平湖人。1949 年参军，海军政治部创作室
创作员。1983 年获全国宣传画创作荣誉奖。作
品有《敌人磨刀我们也要磨刀》《神圣的使命》
（在全国宣传画展览中获奖）、《光荣：万里海疆的
保卫者》等。

J0138137
贵州苗族民间剪纸　贵州省群众艺术馆编
贵阳　贵州人民出版社　1959 年　影印本　67 页
20cm（32 开）统一书号：8115.136　定价：CNY0.90

J0138138
河南剪纸选集　河南省群众艺术馆编
郑州　河南人民出版社　1959 年　43 页　26cm（16 开）
统一书号：T8105.96　定价：CNY0.75

J0138139
黑龙江民间剪纸选　黑龙江省艺术馆编
哈尔滨　黑龙江人民出版社　1959 年　64 帧
15×19cm　统一书号：T8093.35　定价：CNY1.40

J0138140
剪折纸工　伟龙编；克文，单仃制图
武汉　湖北人民出版社　1959 年　100 页　有插图
13×18cm　统一书号：T8106.345　定价：CNY0.44

J0138141
剪纸　湖南群众艺术馆编

长沙　湖南人民出版社　1959 年　20 页　19cm（24 开）
统一书号：8109.294　定价：CNY0.28
（湖南民间工艺美术选集）

J0138142
剪纸辅导资料　杭泽编
北京　中国少年儿童出版社　1959 年　30 页
有图　13×19cm　统一书号：7056.22
定价：CNY0.13

J0138143
美术锯术　杨青著
上海　上海少年儿童出版社　1959 年　21 页
有图　19cm（32 开）统一书号：R7024.142
定价：CNY0.14

J0138144
皮影　上海人民美术出版社编辑
上海　上海人民美术出版社　1959 年　影印本 21 幅
39cm（4 开）活页精装　统一书号：8081.2769
定价：CNY22.00
　　本书有 21 幅图。选收陕西、青海、河北、山
东、山西、湖北、宁夏等地的皮影作品。

J0138145
山东民间剪纸　山东省群众艺术馆编
济南　山东人民出版社　1959 年　94 幅　30cm（16 开）
精装　统一书号：8099.270　定价：CNY13.50
　　本书精选山东各地不同内容和不同形式的
民间剪纸 100 幅。

J0138146
山东民间剪纸　山东省群众艺术馆编
济南　山东人民出版社　1960 年　2 版　100 幅
29cm（16 开）精装　统一书号：8099.270
定价：CNY20.00

J0138147
山西民间剪纸　山西省首届民间剪纸展览会
供稿；山西人民出版社编
太原　山西人民出版社　1959 年　影印本
[118] 页　26cm（16 开）统一书号：8088.40
定价：CNY1.40

J0138148
山西民间剪纸选集　山西省美协筹委会编
太原　山西人民出版社 1959 年 48 页 26cm（16 开）
精装　统一书号：8088.60

J0138149
陕西民间剪纸　陕西省群众艺术馆编
北京　人民美术出版社 1959 年 75 页 19cm（32 开）
统一书号：8027.2819 定价：CNY0.28

J0138150
时刻守卫着　（第三辑　歌与画）林作襄等剪
纸；马春琛等作歌
上海　上海人民美术出版社 1959 年［77］页
13cm（60 开）统一书号：T8081.4591
定价：CNY0.15

J0138151
撕纸图案　梁宝罗作
广州　广东人民出版社 1959 年 40 页 17cm（32 开）
统一书号：T8111.276 定价：CNY0.20

J0138152
银色的道路　司徒园原著；韩伟改编并剪纸
昆明　云南人民出版社 1959 年　影印本 37 页
17cm（32 开）统一书号：8116.329 定价：CNY0.09

J0138153
怎样剪纸　（工具书）高学敏编著
西安　长安书店 1959 年 46 页 有图 19cm（32 开）
统一书号：T10095.501 定价：CNY0.15

J0138154
怎样做纸花　夏文辉编绘
上海　少年儿童出版社 1959 年 38 页 有图
19×26cm 统一书号：R8024.105 定价：CNY0.22

J0138155
怎样做纸花　夏文辉编绘
上海　少年儿童出版社 1960 年　重印本 38 页
有图 21×28cm 统一书号：R8024.105
定价：CNY1.70

J0138156
"百花齐放"剪纸　郭沫若作诗；张永寿剪纸

扬州　江苏扬州人民出版社 1960 年 2 版
［101］页 25cm（15 开）精装
统一书号：8100（扬）.73 定价：CNY20.00
　　作者郭沫若（1892—1978 年），文学家、历
史学家。原名开贞，字鼎堂，号尚武，乳名文豹，
笔名沫若、麦克昂、郭鼎堂，四川乐山人，毕业
于日本九州帝国大学。历任中国科学院首任院
长、中国科学技术大学首任校长、苏联科学院外
籍院士。代表作《郭沫若全集》《甲骨文字研究》
《中国史稿》等。

J0138157
儿歌剪纸　（月儿弯弯）赵尖兵等作
福州　福建人民出版社 1960 年 50 页 有图
15cm（40 开）统一书号：R8104.294
定价：CNY0.33

J0138158
儿童剪贴画　青萍编绘
北京　中国少年儿童出版社 1960 年 68 页
13cm（60 开）统一书号：R7056.23 定价：CNY0.35

J0138159
儿童生活剪纸　河南人民出版社编辑
郑州　河南人民出版社 1960 年　影印本 63 页
有图 19cm（32 开）精装　统一书号：T8105.329
定价：CNY1.20

J0138160
甘肃民间剪纸　甘肃省群众艺术馆编
兰州　敦煌文艺出版社 1960 年 59 页 35cm（18 开）
精装　统一书号：8148.10

J0138161
沟渠纵横成河网　（1-4）阜阳专区文学艺术
工作者联合会美术组设计；胡集人民公社剪纸
创作组，坟台人民公社剪纸创作组刻
合肥　安徽人民出版社 1960 年 13cm（64 开）
定价：CNY0.20

J0138162
剪纸图案　沈平一编著
上海　少年儿童出版社 1960 年 56 页 有图
19×26cm 统一书号：R10024.151 定价：CNY0.36
（灵巧的手丛书）

J0138163
揭阳剪纸　广东省群众艺术馆，揭阳县文化馆合编
广州 广东人民出版社 1960年 28幅 19cm（32开）
统一书号：T8111.362 定价：CNY0.22

J0138164
毛主席万岁　阜阳专区文学艺术工作者联合会美术组设计；胡集人民公社剪纸创作组，坟台人民公社剪纸创作组刻
合肥 安徽人民出版社 1960年 1张
定价：CNY0.12

J0138165
毛主席万岁　（剪纸）
［合肥］［安徽人民出版社］1968年［1张］
30cm（12开）定价：CNY0.04

J0138166
毛主席万岁　（剪纸）
［合肥］安徽人民出版社 1968年［1张］
25cm（15开）定价：CNY0.02（25cm）

J0138167
美术人形　吴庠铸编
北京 人民美术出版社 1960年［24］页
有图 17cm（40开）统一书号：8027.3285
定价：CNY0.16
（群众美术画库）

J0138168
民间剪纸　王子淦作
北京 轻工业出版社 1960年 81页 18cm（15开）
统一书号：8042.1007 定价：CNY0.50

J0138169
内蒙古剪纸选集　（第一集）内蒙古自治区文化局编
呼和浩特 内蒙古人民出版社 1960年 影印本 87页 26cm（16开）精装 统一书号：8089.29
定价：CNY3.20

J0138170
浦江民间剪纸集　陈元作
北京 轻工业出版社 1960年 95幅 21cm（32开）

统一书号：8042.1078 定价：CNY1.20

J0138171
太原剪纸　太原市文化局编
太原 太原市文化局 1960年 影印本 47页
19×26cm

J0138172
小星星　（剪纸）孙受军作
兰州 敦煌文艺出版社 1960年 37页 有图
15×21cm（25开）统一书号：R8148.Z
定价：CNY0.13

J0138173
佛山秋色　余成先著
香港 中华书局 1961年 37页 有图 19cm（32开）
定价：HKD0.40
（中华通俗文库）
　　　佛山秋色是广东省佛山市的传统民俗文化。指秋季农业丰收之时，当地民间举行庆祝丰收游行，俗称"秋色赛会"或"秋色提灯会"，亦统称为"出秋色"。秋色活动具有严格的形式和内容，包括表演艺术和手工艺术两大类，分成车色、马色、飘色、地色、水色、灯色、景色共七色之多。内容有起马、开路队、大灯笼、唢呐队、马色、头牌幡旗、罗伞、耍龙灯、灯色、合面、担头、车心、陆地行行舟、十番、锣鼓柜、扮演戏剧、大头佛、踩高跷、狮子队等。

J0138174
贵州侗族剪纸选集　贵州省文化局艺术研究室编
贵阳 贵州人民出版社 1962年 44页 15×21cm
统一书号：8115.193 定价：CNY0.32

J0138175
剪纸研究　沈之瑜著
上海 上海人民美术出版社 1962年 44页
有图 21cm（32开）统一书号：8081.5089
定价：CNY0.76

J0138176
宁夏民间剪纸　宁夏回族自治区文学艺术工作者联合会编
银川 宁夏回族自治区人民出版社 1962年 70页

22cm（30 开）统一书号：8157.34 定价：CNY1.20

J0138177
陕北剪纸 （第 2 辑）陕西省群众艺术馆编
西安 长安美术出版社 1962 年 8 张（套）
定价：CNY0.36
（陕西民间美术小画片）

J0138178
四川民间剪纸 四川人民出版社编辑
成都 四川人民出版社 1962 年 42 页 22cm（24 开）
统一书号：8118.404 定价：CNY1.30

J0138179
安徽阜阳剪纸集 阜阳专区文学艺术工作者
联合会编
合肥 安徽人民出版社 1963 年 87 页 26×26cm
精装 统一书号：8102.181 定价：CNY7.00
　　本书选收图片 87 幅。作品有反映浓厚生活
气息的现实题材的；有歌颂祖国和伟大领袖题材
的。这些剪纸艺术创作在装饰上和构图上具有
严谨、对称与均衡的特点。

J0138180
喜报写不完 （歌与画 第 4 辑）章伟文等诗；
黄勤娥等剪纸
上海 上海人民美术出版社 1963 年
定价：CNY0.10

J0138181
烟台专区民间剪纸选集 烟台专区群众艺术
馆编
济南 山东人民出版社 1963 年 52 页 21cm（32 开）
统一书号：8099.451 定价：CNY2.00

J0138182
安徽阜阳剪纸集 阜阳专区文学艺术工作者
联合会编
合肥 安徽人民出版社 1964 年 87 页 26cm（16 开）
精装 统一书号：8102.181 定价：CNY7.00

J0138183
幼儿剪贴 少年儿童出版社编绘
上海 少年儿童出版社 1965 年 2 册 18cm（15 开）
统一书号：R7024.179 定价：CNY0.25

J0138184
怎样剪纸 林曦明编著
上海 上海人民美术出版社 1965 年 ［39］页
有图 18cm（15 开）统一书号：T8081.5499
定价：CNY0.22
（工农兵业余美术自学丛书）
　　作者林曦明（1925— ），画家。原名正熙，
号乌牛。浙江永嘉人。历任上海戏剧学院美术
系教师。上海中国画院一级画师，中国美术家协
会会员，现代书画研究会会长。代表作品有《红
梅时节》《水满鱼肥》《太湖之歌》《漓江雨后》
《故乡》等。

J0138185
柱子 （剪纸组画）贺艺民等作
上海 上海人民美术出版社 1966 年 16 张
76cm（2 开）定价：CNY0.15

J0138186
柱子 （剪纸组画）
上海 上海人民美术出版社 1966 年 16 张
19cm（小 32 开）定价：CNY0.16

J0138187
"枪杆子里面出政权"剪纸集
［北京］人民美术出版社门市部 1968 年 8 张
38cm（6 开）

J0138188
大海航行靠舵手　干革命靠毛泽东思想
（剪纸）
［合肥］安徽人民出版社 1968 年 ［1 张］
25cm（15 开）定价：CNY0.02

J0138189
大海航行靠舵手　干革命靠毛泽东思想
（剪纸）
［合肥］安徽人民出版社 1968 年 ［1 张］
53cm（4 开）定价：CNY0.04

J0138190
红太阳公颂 （工农兵"三忠于"剪纸）
［成都］四川东方红出版社 1968 年 11 张
38cm（6 开）定价：CNY0.22

J0138191
敬祝毛主席万寿无疆 （剪纸）
［合肥］安徽人民出版社 1968 年［1 张］
53cm（4 开）定价：CNY0.05

J0138192
敬祝毛主席万寿无疆 （剪纸）南京工人大联
委美术兵团作
［南京］江苏人民出版社 1968 年［1 张］
53cm（4 开）定价：CNY0.03

J0138193
**伟大的导师伟大的领袖伟大的统帅伟大的
舵手毛主席万岁！** （剪纸）
［合肥］安徽人民出版社 1968 年［1 张］
19cm（小 32 开）定价：CNY0.14

J0138194
无限忠于伟大的领袖毛主席！…… （剪纸）
［福州］福建人民出版社 1968 年［1 张］
53cm（4 开）定价：CNY0.03
　　题名全称：无限忠于伟大的领袖毛主席！无
限忠于伟大的毛泽东思想！无限忠于毛主席的
革命路线！中国民间工艺剪纸作品。

J0138195
一切想着毛主席　一切服从毛主席……
（剪纸）江苏人民出版社编稿
［南京］江苏人民出版社 1968 年［1 张］
53cm（4 开）定价：CNY0.03
　　题名全称：一切想着毛主席　一切服从毛主
席　一切紧跟毛主席　一切为着毛主席。中国民
间工艺剪纸作品。

J0138196
**忠于毛主席　忠于毛泽东思想　忠于毛主
席的革命路线** 江苏人民出版社稿
［南京］江苏人民出版社 1968 年［1 张］
53cm（4 开）定价：CNY0.03
　　中国民间工艺剪纸作品。

J0138197
忠 （剪纸）江苏人民出版社编稿
［南京］江苏人民出版社 1968 年［1 张］
53cm（8 开）定价：CNY0.03

J0138198
忠 （剪纸）
［合肥］安徽人民出版社 1968 年［1 张］
25cm（15 开）定价：CNY0.02

J0138199
忠 （剪纸）
［合肥］安徽人民出版社 1969 年［1 张］
53cm（4 开）定价：CNY0.05

J0138200
忠 （剪纸）
［合肥］安徽人民出版社 1969 年［1 张］
25cm（15 开）定价：CNY0.01

J0138201
忠 （剪纸）
［福州］福建人民出版社 1969 年［1 张］
53cm（4 开）定价：CNY0.03（乙）

J0138202
忠 （剪纸）
［福州］福建人民出版社 1969 年［1 张］
38cm（8 开）定价：CNY0.02

J0138203
忠 （剪纸）
［福州］福建人民出版社 1969 年［1 张］
25cm（15 开）定价：CNY0.01

J0138204
忠 （剪纸）
［福州］福建人民出版社 1969 年［1 张］
53cm（4 开）定价：CNY0.05（甲）

J0138205
跟着毛泽东　世界一片红 （剪纸）
［合肥］安徽人民出版社 1969 年［1 张］
25cm（小 16 开）定价：CNY0.01

J0138206
敬爱的毛主席我们永远忠于您 （剪纸）
［西安］陕西省工农兵艺术馆 "革命委员会"
［编印］1969 年［1 张］

J0138207

毛主席是世界人民心中的红太阳 （剪纸）
［西安］陕西省工农兵艺术馆"革命委员会"
［编印］1969 年［1 张］76cm（2 开）

J0138208

伟大、光荣、正确的中国共产党万岁！
（剪纸）
［合肥］安徽人民出版社 1969 年［1 张］
53cm（4 开）定价：CNY0.03

J0138209

天津绢花　　中国轻工业进出口公司天津工艺
品分公司编
天津　中国轻工业进出口公司天津工艺品分公司
［1970—1979 年］19×21cm
　　外文书名：Tientsin Silk Flowers.

J0138210

台湾民间艺术　　席德进著
台北　雄狮图书公司 1971 年 200 页　有图
21cm（32 开）定价：TWD16.20

J0138211

台湾民间艺术　　席德进著
台北　雄狮图书公司 1974 年 200 页　有图
20cm（32 开）定价：TWD125.00，TWD160.00（精装）
　　外文书名：Taiwan Folk Art.

J0138212

台湾民间艺术　　席德进著
台北　雄狮图书公司 1984 年 8 版 200 页　有图
21cm（32 开）定价：TWD160.00

J0138213

上海彩灯　（中、英文对照）上海创新工艺品
一厂等作；上海人民出版社编辑
上海　上海人民出版社 1972 年 12 张（套）
15cm（64 开）定价：CNY0.53

J0138214

扶余剪纸　　扶余县文化馆集体创作
长春　吉林人民出版社 1973 年 59 页 24cm（26 开）
统一书号：8091.609 定价：CNY0.25

J0138215

新窗花剪纸　（一）段吉庆，段改芳作
太原　山西人民出版社 1973 年 1 册 13cm（60 开）
定价：CNY0.03

J0138216

新窗花剪纸　（二）柳文杜，王建明作
太原　山西人民出版社 1973 年 1 册 13cm（60 开）
定价：CNY0.03

J0138217

剪纸图样　（一）天津五十九中美术组等设计
天津　天津人民美术出版社 1974 年　有图
13×15cm 统一书号：8073.50031 定价：CNY0.09

J0138218

怎样剪纸　　林曦明编著
上海　上海人民出版社 1974 年　修订本　41 页
有图 19cm（32 开）统一书号：T8171.781
定价：CNY0.16
（工农兵美术技法丛书）

J0138219

中国剪纸艺术
台北　东方文化书局 1974 年　影印本　有图
20cm（32 开）精装
（北京大学中国民俗学会民俗丛书 140）

J0138220

剪纸图样　（二）仉凤皋等设计
天津　天津人民美术出版社 1975 年　有图
13×15cm 统一书号：8073.50054 定价：CNY0.09
　　作者仉凤皋（1937—　　），美术家、教授。山
东宁津人，毕业于中央工艺美术学院。天津美术
学院教授，中国美术家协会会员，中国剪纸学会
会长。出版有《动物图案资料》《日本冲绳版画》
《谈剪纸创作》《中国剪纸论文选》《中国剪纸藏
书票》等。

J0138221

欢度节日　（木偶摄影　1976 年〈农历丙辰年〉
年历）
［太原］山西人民出版社 1975 年 53cm（4 开）
定价：CNY0.05

J0138222
剪纸图案集　贵州人民出版社编辑
贵阳 贵州人民出版社 1975年 89页 19cm（32开）
统一书号：8115.594 定价：CNY0.45

J0138223
剪纸图案集　贵州人民出版社编辑
贵阳 贵州人民出版社 1979年 35页 19cm（32开）
统一书号：8115.713 定价：CNY0.23

J0138224
小小饲养员
昆明 云南人民出版社 1975年 40页 20cm（32开）
定价：CNY0.36

J0138225
剪影画典　陈安编绘
香港 万里书店 1976年 78页 有图 14×19cm
定价：HKD1.40
　　外文书名：Handbook of Shadow Design.

J0138226
天津草织品　中国轻工业进出口公司天津工
艺品分公司编
天津 中国轻工业进出口公司天津工艺品分公司
［1976年］25×25cm
　　外文书名：Tientsin Straw Products.

J0138227
新生事物赞　（刻纸专辑）
沈阳 辽宁人民出版社 1976年［32页］
20cm（32开）统一书号：8090.873 定价：CNY0.25

J0138228
剪刻纸技法　慈旭编绘
天津 天津人民美术出版社 1977年 66页
20cm（32开）统一书号：8073.50071
定价：CNY0.50

J0138229
社会主义春满园　（剪纸选辑）
上海 上海人民出版社 1977年 28幅 19cm（32开）
统一书号：8171.1830 定价：CNY0.22

J0138230
浅谈剪纸艺术　朱晨光编写
南宁 广西人民出版社 1978年 60页 19cm（32开）
ISBN：8113.428 定价：CNY0.49

J0138231
学科学　（剪纸图样辑）
长春 吉林人民出版社 1978年 16页 13×18cm
统一书号：8091.939 定价：CNY0.14

J0138232
阜阳剪纸　上海人民美术出版社编辑
上海 上海人民美术出版社 1979年 19张
18cm（15开）统一书号：8081.11681
定价：CNY0.94

J0138233
人物剪纸　仇凤皋编
石家庄 河北人民出版社 1979年 68页
20cm（32开）统一书号：8086.1018
定价：CNY0.76
　　作者仇凤皋（1937—　），美术家、教授。山
东宁津人，毕业于中央工艺美术学院。天津美术
学院教授，中国美术家协会会员，中国剪纸学会
会长。出版有《动物图案资料》《日本冲绳版画》
《谈剪纸创作》《中国剪纸论文选》《中国剪纸藏
书票》等。

J0138234
寓言故事　吴树敬等改编、剪纸
昆明 云南人民出版社 1979年 24cm（26开）
统一书号：R7116.677 定价：CNY0.50
　　中国现代剪纸作品。

J0138235
风筝　盛锡珊编绘
北京 人民美术出版社 1980年 27页
19cm（小32开）统一书号：8027.7196
定价：CNY1.80
　　作者盛锡珊（1925—2015），画家，北京人。
历任中国美术家协会、中国戏剧家协会会员，中
国国家话剧院、中国青年艺术剧院一级舞美设计
师等。舞美设计作品有《东方红》《文成公主》《红
色娘子军》。出版有《中国历史故事》《风筝》《晴
雯》《紧箍咒》《老北京市井风情画集》等。

J0138236

阜阳剪纸集　阜阳地区文化局编
合肥　安徽人民出版社　1980 年　105 页
22cm（32 开）统一书号：7102.1075 定价：CNY1.30

J0138237

蒋在谱剪纸集　蒋在谱著；武汉市工艺美术
研究所编
武汉　湖北人民出版社　1980 年　76 页　22cm（30 开）
精装　统一书号：8106.1961 定价：CNY1.20

J0138238

民间美术巡礼　庄伯和著
台北　雄狮图书股份有限公司　1980 年　168 页
20cm（32 开）

　　作者庄伯和，台湾民俗研究专家。著有《年
画仕女的戏味与造形美》《民俗美术探访录》《台
湾民艺造型》等。

J0138239

天津柳织品　中国轻工业进出口公司天津工
艺品分公司编
天津　中国轻工业进出口公司天津工艺品分公司
1980 年　25 × 26cm

　　外文书名：Tientsin Willow Products.

J0138240

戏曲窗花刻纸集锦　徐飞鸿作
上海　上海人民美术出版社　1980 年　76cm（2 开）
ISBN：8081.11954 定价：CNY0.14

　　作者徐飞鸿（1918—2000），年画家、剪纸艺
术家。浙江鄞县人。曾任《晋察冀画报》社记者、
上海人民出版社年画、宣传画编辑室副主任等
职。代表作品有《双鱼吉庆新年好》《万象更新
喜迎春》《戏曲窗花十二幅》等。

J0138241

烟台剪纸　山东省烟台地区文化馆编
北京　人民美术出版社　1980 年　54 页 20cm（32 开）
统一书号：8027.7342 定价：CNY1.30

　　本书选编山东烟台地区民间剪纸作品近 70
幅，包括民间传统剪纸和新创作剪纸。作品表达
了朴实的情感和乡土特色。

J0138242

云南民族民间美术文集　云南省民族民间美
术展览办公室编
［昆明］［云南省民族民间美术展览办公室］
［1980—1989 年］139 页 19cm（32 开）

J0138243

中国民间剪纸　（介绍与欣赏）张道一编
南京　金陵书画社　1980 年　224 页 19cm（32 开）
定价：CNY2.00

　　本书介绍剪纸的历史和艺术知识及各地
区民间剪纸，选有 200 多幅剪纸。作者张道一
（1932—　），教授。生于山东齐东县，就读于华
东大学文艺系和山东大学艺术系学习。历任东
南大学艺术学教授、博士生导师，苏州大学艺术
学院院长。出版有《张道一文集》。

J0138244

绢人"天女散花"　（1982　农历壬戌年年历）
顾棣摄
太原　山西人民出版社　1981 年　54cm（4 开）
定价：CNY0.12

　　作者顾棣（1929—　），摄影家。生于河北阜
平。《山西画报》原总编辑、山西省摄影家协会原
副主席。合作编著的图书有《中国解放区摄影史
料》《崇高美的历史再现》《中国摄影史》《沙飞
纪念集》等。

J0138245

延安剪纸　江丰编
北京　人民美术出版社　1981 年　205 页
19cm（32 开）统一书号：8027.7726 定价：CNY2.80

　　本书有 190 幅图。分两部分，第一部分延安
地区传统的民间剪纸，共有 158 幅；第二部分抗
日战争时期古元、夏风、力群等艺术家在延安所
做的剪纸作品，共收集 32 幅。剪纸是延安人民
喜爱的一种民间艺术，散发着民间文化的泥土芳
香，保存着古朴的文化传统和民间风貌。

J0138246

动物折纸　张祉浩，孙龙德编绘
南昌　江西人民出版社　1982 年　59 页
19cm（小 32 开）统一书号：8110.584
定价：CNY0.20
（儿童智力游戏丛书）

J0138247
黄靠天剪纸技法　胡万卿编著
长沙 湖南美术出版社 1982年 60页 19cm（32开）
统一书号：8233.254 定价：CNY0.30
　　本书是收集整理湘西民间剪纸老艺人黄靠
天几十年的实践经验编写而成的。重点分析了
湘西剪纸的特点，介绍了剪纸工艺工程，并附有
图解。书中有黄靠天代表作品60余幅。

J0138248
剪纸图案集　蔡千音著；熊崇荣制作
上海 上海人民美术出版社 1982年 104页
19cm（32开）统一书号：8081.12983
定价：CNY0.39

J0138249
谈剪纸创作　仉凤皋编
太原 山西人民出版社 1982年 105页
19cm（32开）统一书号：8088.1468 定价：CNY0.35
（群众文艺辅导丛书）
　　本书介绍剪纸艺术的源流、特点和基本创作
方法。附有图例106幅。

J0138250
折纸游戏　伦伟等编绘
北京 人民体育出版社 1982年 94页 20cm（32开）
统一书号：7015.2022 定价：CNY0.62

J0138251
中国乡土艺术　艺术家杂志主编
台北 艺术家出版社 1982年 176页 有照片
19cm（32开）定价：TWD220.00
（艺术家丛刊 20）

J0138252
工艺变形人物　徐华铠等编绘
北京 轻工业出版社 1983年 132页 25cm（15开）
统一书号：15042.1808 定价：CNY0.86
　　本书以活泼生动的语言，深入浅出、饶有兴
味地阐述了对工艺变形人物的观点。书中绘了
500幅形象生动活泼、内容丰富多彩、风格迥然
不同的工艺变形人物。

J0138253
工艺变形人物　（续集）柳成荫等编绘

北京 轻工业出版社 1987年 159页 有图
26cm（16开）定价：CNY2.35

J0138254
湖南民间美术　湖南省大众艺术馆，湖南美
术出版社编
长沙 湖南美术出版社 1983年 61页 27cm（16开）
精装 统一书号：8233.413 定价：CNY10.70
　　本书内容涉及民间棉织、民间刺绣和桃花、
民间印染、民间雕刻、民间年画、民间陶瓷等。
有95幅图。

J0138255
捏面人　（基础篇）封德屏主编；施教镛作
桃园 礼来出版社 1983年 96页 有图
29cm（16开）精装 定价：TWD288.00

J0138256
捏面人　（应用篇）封德屏主编；施教镛作
桃园 礼来出版社 1983年 96页 有图
30cm（10开）精装 定价：TWD288.00
（中华传统民俗技艺 民俗系列）

J0138257
四川皮影　刘丹桂收集整理
成都 四川人民出版社 1983年 51页 25cm（16开）
统一书号：8118.976 定价：CNY3.00

J0138258
安塞剪纸　陕西省延安地区安塞县文化文物
局，陕西省延安地区安塞县文化馆编
［延安］［陕西省延安地区安塞县文化文物局］
1984年 314+10页 17×18cm

J0138259
常春——扬州绢花　（摄影 1985年年历）群
扬摄影
南京 江苏美术出版社［1984年］54cm（4开）
定价：CNY0.20

J0138260
富县民间剪纸选　富县县委宣传部，富县文
化文物局编
富县 富县县委宣传部，富县文化文物局 1984年
140页 20cm（32开）

J0138261

洛川民间美术 （英汉对照）洛川县文化馆、延安地区群众艺术馆编；郝长河，魏至善摄影

西安 陕西人民美术出版社 1984年 19cm（32开）

精装 统一书号：8199.744 定价：CNY4.00

　　本书为洛川县文化馆、延安地区群众艺术馆编辑的洛川县民间工艺。选编民间美术作品计172种。其中有些作品是国家美术博物馆的藏品。

J0138262

美丽的折纸 郭金洲编绘

西安 陕西少年儿童出版社 1984年 86页

有图 19cm（32开）定价：CNY0.95

J0138263

张林召剪纸选 富县文化馆编

富县 富县文化馆 1984年 100页 20cm（32开）

J0138264

摺纸入门 袁美范等编辑

台北 业强出版社 1984年 150页 有彩照

13cm（60开）定价：TWD85.00

（彩色文库 13）

J0138265

百喜图 廖荣华收集整理

成都 四川美术出版社 1985年 100页 有样图

17cm（40开）统一书号：8373.6 定价：CNY1.50

　　本书是中国现代剪纸图集。

J0138266

剪纸·刻纸 董雨萍，薛延翔编

北京 人民美术出版社 1985年 145页 有样图

18cm（15开）统一书号：8027.9381 定价：CNY1.65

　　本书是从1984年春节《北京海淀区民间剪纸展览》近500幅作品中编选出来的，同时还编入部分海淀区儿童刻纸作品。

J0138267

剪纸画 都一兵，姜中雄编

杭州 浙江人民美术出版社 1985年 32页

26cm（16开）统一书号：8156.1056 定价：CNY0.54

　　本书所收作品简练、明快，并通过黑白、疏密、线条的对比，将画面美化。

J0138268

立体剪纸画 习嘉编

香港 万里书店 1985年 2版 101页 有图

26cm（16开）定价：HKD20.00

（工商美术丛书）

　　外文书名：Paper Illustration.

J0138269

民间美术 （丛刊 1985.1）

南京 江苏美术出版社 1985年 48页 26cm（16开）

统一书号：CN8353 定价：CNY0.85

J0138270

民间美术 （丛刊 1986.2）

南京 江苏美术出版社 1986年 48页 26×19cm

统一书号：8353.045 定价：CNY1.00

J0138271

民间美术 （丛刊 1986.4 山东民间美术专辑）

南京 江苏美术出版社 1986年 47页 26cm（16开）

定价：CNY1.00

J0138272

民间美术 （丛刊 1987.5 中国民间美术博物馆藏品专辑）

南京 江苏美术出版社 1987年 48页 26cm（16开）

统一书号：83536.045 定价：CNY1.00

J0138273

民间美术 （丛刊 1988.3）

南京 江苏美术出版社 1988年 48页 26cm（16开）

定价：CNY1.00

J0138274

民间美术 （丛刊 1990.6）

南京 江苏美术出版社 1990年 48页 26cm（16开）

定价：CNY2.00

　　外文书名：Chinese Folk Art.

J0138275

民间美术 （丛刊 1992.1 民间木版画专辑）

卢浩主编

南京 江苏美术出版社 1992年 48页 26cm（16开）

ISBN：7-5344-0156-9 定价：CNY2.60

J0138276
民间美术　（丛刊　1992.2　鄂西民间美术专辑）
卢浩主编
南京　江苏美术出版社 1992 年 48 页 26cm（16 开）
ISBN：7–5344–0156–9 定价：CNY2.60
　　外文书名：Chinese Folk Arts.

J0138277
民间美术　（丛刊　1992.3　南京民俗博物馆藏
品专辑）卢浩，孙长茂责编
南京　江苏美术出版社 1992 年 48 页 26cm（16 开）
ISBN：7–5344–0156–9 定价：CNY3.20

J0138278
王子淦剪纸选　王子淦作
上海　上海人民美术出版社 1985 年 67 页
有照片 20cm（32 开）统一书号：8081.14343
定价：CNY1.60
　　本书选收 67 幅图。

J0138279
中国剪纸艺术　（花鸟、人物、山水之传统文
样）蔡佳琦编著
台北　武陵出版社 1985 年 173 页 20cm（32 开）

J0138280
1987：花灯艺术　（摄影挂历）毛枝庭摄影
武汉　长江文艺出版社 1986 年 78cm（2 开）
定价：CNY5.50

J0138281
剪纸艺术　谢文富编著
永和［台湾］谢文富 1986 年 185 页 有图
30cm（10 开）精装 定价：TWD500.00
（中华传统民俗艺术丛书）
　　外文书名：Chinese Paper Cutting.

J0138282
简易纸花与剪折　王绥之，陈小鹤编绘
上海　上海科技教育出版社 1986 年 新 1 版
20cm（32 开）
（小学科技丛书）

J0138283
邳县民间剪纸　颜廷芳编

南京　江苏美术出版社 1986 年 176 页
18cm（15 开）统一书号：8353.6.055
定价：CNY3.80
　　本书收集邳县民间剪纸作品 171 幅。邳县
古称邳州，历史悠久，文化丰厚，民间艺术尤其
是民间剪纸具有浓郁的乡土气息，这些古朴、稚
拙然想象力丰富、别具一格的民间剪纸，是中国
丰富的民间美术的宝贵组成部分。

J0138284
巧制作　荣景牲，宁绪庚编著
北京　轻工业出版社 1986 年 107 页 20cm（32 开）
统一书号：13042.067 定价：CNY1.05
（实用美术小丛书）
　　本书包括纸花、厚纸制品、工艺装饰画、利
用废物制作小摆设、绢人和编穿工艺品等。

J0138285
山西民间剪纸　张宗载，段改芳编
北京　轻工业出版社 1986 年 92 页 19×17cm
统一书号：8042.006 定价：CNY0.84

J0138286
水浒一百零八将　田旭红剪纸；丁履瑞等配诗
济南　明天出版社 1986 年 206 页 19cm（32 开）
统一书号：8333.102 定价：CNY1.40
　　本书有 108 幅图。以北方民间剪纸的形式
再现了《水浒》一百零八将的艺术形象。每一形
象配以诗歌。

J0138287
文化宫灯　（摄影　1987 年年历）毛枝庭，李燕
江摄影
武汉　长江文艺出版社 1986 年 1 张 78cm（2 开）
定价：CNY0.32

J0138288
延安地区剪纸艺术　延安地区群众艺术馆编
西安　陕西人民美术出版社 1986 年 167 页
19cm（32 开）统一书号：8199.1178 定价：CNY3.50
　　本书选用陕西省延安地区各种风格的民间
剪纸艺术作品 200 余件。

J0138289
怎样学剪纸　张琮编

兰州 甘肃人民出版社 1986年 70页 20cm（32开）
统一书号：8096.4166 定价：CNY0.95

J0138290
高学敏剪纸艺术 （生肖双年月历 1988—
1989）高学敏编
西安 陕西科学技术出版社 1987年 14页
26cm（16开）ISBN：17202.43 定价：CNY2.40

J0138291
花灯 刘益容著
桂林 漓江出版社 1987年 232页 19cm（32开）
ISBN：7-5407-0104-8 定价：CNY2.30
（中国民间艺术丛书）

J0138292
陇东民俗剪纸 王光普收集
沈阳 辽宁美术出版社 1987年 166页 有肖像
17cm（40开）ISBN：7-5314-0002-2
定价：CNY2.28
本书选入166幅图。所收作品题材极其广泛，
有表达作者对劳动果实深厚感情的；有反映传统
民俗吉祥喜庆的；有反映美好爱情生活的；有保
护娃娃平安成长和全家康乐的；有反映传统民间
故事传说的。不仅保存了极其丰富的原始图腾
文化和古老民俗，而且较完整地保存了中国民间
传统哲学美学体系、艺术体系和造型体系。

J0138293
美在民间 （民间美术文集）张道一，廉晓春著
北京 北京工艺美术出版社 1987年 376页
有图 20cm（32开）ISBN：7-80526-000-1
定价：CNY3.80

J0138294
蒙古族民间美术 阿木尔巴图编著
呼和浩特 内蒙古人民出版社 1987年 159+12页
有图，照片 19cm（32开）定价：CNY1.10

J0138295
苗族民间剪纸 黔东南苗族侗族自治州文学
艺术研究室编
贵阳 贵州美术出版社 1987年 118页 19×18cm
ISBN：7-5413-0001-2 定价：CNY2.30
本书收集贵州黔东南地区的苗族民间剪纸

100余幅，是苗族群众用于各种刺绣的纸样。本
书将黔东南民间剪纸分施洞形和舌拱形两种类
型。以动物为中心是施洞形和舌拱形剪纸的特
色。描绘有龙、虎、象、狮、狗、猫、猴、鹿、鱼、
锦鸡、鹤、喜鹊等飞禽、走兽，形象生动活泼。
舌拱形剪纸细微图案性强，施洞形粗犷而多传说
故事。施洞形剪纸中，人物活动占很大比重，内
容有征战、狩猎、巫教礼仪、生活习俗、神话、传
说故事等。剪纸中的人物，骑龙骑虎，驾驭动物
或与动物戏耍，人处于主宰地位。人物多为女性，
仍保留了渔猎时代的痕迹。

J0138296
民间工艺 李秀忠主编
沈阳 辽宁美术出版社 1987年 59页 24×26cm
统一书号：8161.1139 定价：CNY5.40
本书从"辽宁省民间美术作品展览"中精选
59件有代表性的作品。其中包含枕顶、荷包、眼
镜盒、兜肚、围裙、门帘、皮影、耳包、娃面、棚
花、窗花、民间绘画及农民画等。

J0138297
铜梁龙灯欣赏与制作 王星富编著
成都 四川美术出版社 1987年 74页 19cm（32开）
定价：CNY2.90

J0138298
延安民间工艺美术 （汉英对照）蒙紫，吕大
千编辑；张德祥摄影
北京 中国旅游出版社 1987年 10张
定价：CNY1.20
作者蒙紫（1933— ），摄影家。历任解放军
画报记者，中国摄影家协会理事，中国旅游出版
社编辑室主任、编委会副主任、高级记者、编审
等。出版了《美丽的桂林》《故宫》《紫禁城》《炎
黄故里》等画册。

J0138299
原色现代押花 （基础应用篇）袁美云著
台北 号角出版社 1987年 128页 有图
26cm（16开）定价：TWD320.00

J0138300
折纸创作 业强编辑室编辑
台北 业强出版社 1987年 150页 14cm（64开）

（彩色文库 47）

J0138301
纸的造型　张福昌编
杭州 浙江人民美术出版社 1987 年 32 页
有图 26cm（16 开）统一书号：CN8156.1322
定价：CNY0.95
　　本书选入 13 幅制作图样及部分步骤图。作者张福昌（1943— ），教授。江苏无锡人，毕业于无锡轻工业学院。历任无锡轻工业学院工业设计系主任、教授，中国室内装饰协会常务理事。出版《视错觉在设计上的应用》《设计概论》《工业设计全书》等。

J0138302
智力折纸　郭金洲，宋翠英编绘
西安 未来出版社 1987 年 170 页
19cm（32 开）ISBN：7-5417-0006-1
定价：CNY1.05

J0138303
中国民间剪纸　陈宝玉编著
台北 武陵出版社 1987 年 284 页 有图
21cm（32 开）定价：TWD150.00
（美术陶艺丛书 45）

J0138304
中国民间剪纸　吕胜中编著
长沙 湖南美术出版社 1987 年 274 页
17cm（40 开）ISBN：7-5356-0041-7
定价：CNY7.70
　　本书汇集全国近 20 个省、自治区的优秀民间剪纸作品 300 余件。前有编著者的论文《民间剪纸概说》，论述了民间剪纸的基本概念、历史沿革、基本特征、题材内容及其在民俗应用中的分类；介绍了民间剪纸艺术家以及民间剪纸的造型规律和艺术手法；阐述了学习民间剪纸的意义。作品既有陕西、山西、甘肃、山东等黄河流域文化粗犷质朴风格，也有南方地区清秀纤细的风格，并有苗族、满族等少数民族的优秀剪纸作品，风格纷呈，各具特色。

J0138305
中国民间剪纸　（上卷）吕胜中编著
长沙 湖南美术出版社 1994 年 216 页 25×26cm

ISBN：7-5356-0653-9 定价：CNY29.50
（中国民间美术丛书）
　　本卷包括：民间剪纸概况和陕西、新疆、河南、四川、广东等民间剪纸。作者吕胜中（1952— ），教师、画家。生于山东平度县，硕士毕业于中央美术学院。中央美术学院民间美术系教师。主要作品《生命－瞬间与永恒》《行》等。著作有《中国民间剪纸》《中国木刻版画》。

J0138306
中国民间剪纸　（下卷）吕胜中著
长沙 湖南美术出版社 1994 年 216 页 25×26cm
ISBN：7-5356-0654-7 定价：CNY29.50
（中国民间美术丛书）
　　本书包括：山东、黑龙江、湖北、江苏、贵州等民间剪纸等。

J0138307
竹趣　南通工艺美术研究所，中国民间文艺家协会南通分会编
北京 中国民间文艺出版社 1987 年 50 页
有图 21cm（32 开）统一书号：8229.0347
定价：CNY3.90，CNY6.00（出国本）
　　本书介绍中国民间工艺竹编艺术。

J0138308
滨州民间剪纸　张洪庆编
南京 江苏美术出版社 1988 年 150 页
15cm（40 开）ISBN：7-5344-0040-6
　　本书选收滨州地方民间剪纸 212 幅。

J0138309
面人　（汉日英对照）何晓铮制作
北京 外文出版社 1988 年 10 张 15cm（64 开）
定价：CNY1.70
　　本书介绍中国民间工艺面塑艺术。

J0138310
民间艺术瑰宝　王光普编著
西安 陕西人民美术出版社 1988 年 58 页
有图 19cm（32 开）ISBN：7-5368-0087-8
定价：CNY3.40

J0138311
魔纸　（一）吕祖光设计；熊惠明绘画

香港 香港龙源出版公司 1988年 19cm（小32开）
定价：CNY0.65
（儿童纸工画页）
　　本书由香港龙源出版公司和福建少年儿童
出版社联合出版。

J0138312
魔纸 （二）吕祖光设计；熊惠明绘画
香港 香港龙源出版公司 1988年 19cm（小32开）
定价：CNY0.65
（儿童纸工画页）
　　本书由香港龙源出版公司和福建少年儿童
出版社联合出版。

J0138313
陕西民间美术研究 （第一卷）陕西省群众艺
术馆主编；宁宇，荣华编
西安 陕西人民美术出版社 1988年
472页+[16]页图版 有图 21cm（32开）
统一书号：10199.49 定价：CNY5.50
　　本书分民族文化探源、采风记、专辑、本版
年画、皮影、比较与反思等5个部分，共收录滕
风谦等 22位作者的论文19篇。论文内容涉及
陕西民间的剪纸、窗花、陶瓷、年画、皮影、刺
绣、石雕、泥塑等。

J0138314
申沛农剪纸艺术 陈得骅编
北京 华夏出版社 1988年 21×19cm
精装 ISBN：7-80053-097-3 定价：CNY16.00
　　本书收集申沛农剪纸精品440幅。作品细
腻精巧，单纯洗练，寓雅于俗，寓美于甜，将民
间传统剪纸加以变化，融进绘画风格，形成浓厚
的"申氏"趣味和装饰性。

J0138315
实用剪纸图案 杨一鸿，蔡沧洲作
福州 福建美术出版社 1988年 88页 17cm（32开）
ISBN：7-5393-0021-3 定价：CNY2.50

J0138316
实用双喜图 廖艳作
石家庄 河北美术出版社 1988年 94页
13×19cm ISBN：7-5310-0081-4 定价：CNY1.50

J0138317
潍坊民间艺术史话 郑金兰等著
济南 山东友谊书社 1988年 180页+[4]页图版
19cm（32开）ISBN：7-80551-154-3
定价：CNY2.50

J0138318
乡土瑰宝 （潍坊民间艺术文集）
山东 山东省出版总社潍坊分社 1988年
249页+[4]页图版 21cm（32开）
定价：CNY2.50

J0138319
小朋友折纸 （二）诸品娟，朱锦衣编
上海 上海书画出版社 1988年 60页
19cm（小32开）定价：CNY0.45
（大世界画库 儿童美术编）

J0138320
云南民间艺术 （第一辑 汉英对照）邹永琼，
郭净摄；李伟卿撰文
昆明 云南少年儿童出版社 [1988年] 10张
13cm（60开）
　　作者李伟卿(1919—2011)，水彩画家、美术
评论家。广东汕头人，毕业于广东省立艺术院。
曾任《云南文物》《云南民族美术史》等主编，中
国美术家协会会员，云南美协顾问。作品有《玉
龙风景》等，出版有《李伟卿水彩画》。

J0138321
云南民间艺术 （第二辑 汉英对照）邹永琼，
郭净摄；李伟卿撰文
昆明 云南少年儿童出版社 [1988年] 10张
13cm（60开）

J0138322
怎样做小工艺品 苍彦紫慕著
北京 工人出版社 1988年 142页 19cm（32开）
定价：CNY1.15
（工余丛书）

J0138323
折纸入门 （日）笠原邦彦著；徐义鸣译
北京 中国广播电视出版社 1988年 157页
有图 19cm（32开）ISBN：7-5043-0030-6

定价：CNY1.95

J0138324
自贡民间艺术、民特产品　《自贡市历史文化名城保护研究》课题组［编］
自贡《自贡市历史文化名城保护研究》课题组
1988 年 油印本 10 叶 26cm（16 开）

J0138325
动物彩色折纸　施国富，陈志明编绘
上海 上海科学普及出版社 1989 年 80 页
18×19cm ISBN：7-5427-0140-1 定价：CNY2.00

J0138326
风筝的学问　郑金兰主编
上海 学林出版社 1989 年 212 页＋［4］页图版
有图 21cm（32 开）ISBN：7-80510-479-4
定价：CNY4.50

J0138327
甘肃民间剪纸　张宗编
北京 农村读物出版社 1989 年 114 页 20×19cm
ISBN：7-5048-0918-7 定价：CNY5.50

J0138328
工艺制作　徐荣贵等编
广州 广东高等教育出版社 1989 年 68 页
19cm（32 开）定价：CNY2.80

J0138329
贵州安顺地戏面具　沈福馨编
北京 民族出版社 1989 年 20 页
26cm（16 开）ISBN：7-105-00216-6
定价：CNY3.50

J0138330
贵州傩面具艺术　贵州省艺术研究室，上海人民美术出版社编
上海 上海人民美术出版社 1989 年 147 页
26cm（16 开）精装 ISBN：7-5322-0561-4
定价：CNY76.00
　　本书详细介绍了傩戏及傩面具在傩戏中的作用，收入 227 幅图。书中介绍了傩戏面具、阳戏面具、地戏面具 3 种傩面具，有共性也有个性，代表着不同的层次与不同的艺术风格。从傩面

具发展线索可以看到，傩戏及手法由写意走向写实；傩面具造型由粗犷走向精细；色彩由单一走向鲜丽；风格由猴相、鬼气向人性发展。在长期流传过程中互相影响和渗透，共同构成了丰富多彩的贵州傩面具系列。

J0138331
胡家芝喜花剪纸集　袁宇编
南京 江苏美术出版社 1989 年 110 页
17cm（40 开）ISBN：7-5344-0092-9
定价：CNY4.00
　　本集收录女剪纸艺人胡家芝的喜花剪纸作品 94 幅。作者 1897 年出生于浙江桐庐一书香世家，自幼受家庭影响喜爱艺术，尤精于剪纸。其剪纸不同于乡村艺人随手剪来，而是处处透出独具匠心和传统文化伦理观念的特征。她精心创作独具特色的喜花剪纸艺术品，构思精妙、含意深邃、造型生动，充满喜气洋洋的神韵，为广大群众所喜爱，还多次出国表演展览。

J0138332
吉祥剪纸　杨力民等编著
西安 陕西人民美术出版社 1989 年 102 页
19cm（32 开）ISBN：7-5368-0090-8
定价：CNY2.85
　　外文书名：Lucky Paper-cut.

J0138333
康巴藏族民间美术　（汉藏对照）
成都 四川民族出版社 1989 年 175 页 39cm（4开）
定价：CNY23.00
　　本书概述了康巴藏族民间工艺美术制品的基本状况和艺术特质，着重介绍金银制品，主要分宗教、乐器、日用器皿、装饰用品 4 大类。收录"吉祥八宝"（吉祥佶、妙莲、宝伞、右旋海螺、法轮、胜利幢、宝瓶、金鱼）、曼陀罗、妙翅鸟、命命鸟、龙、凤、雄狮、怪兽、祥云、宝焰等实物彩色图片 36 幅，并有根据其他实物绘制的图谱600 多幅。

J0138334
李知非剪纸选集　广东民间工艺馆编辑
广州 花城出版社 1989 年 72 页 有彩照
19×22cm ISBN：7-5360-0397-8 定价：CNY17.50
　　中国剪纸艺人李知非的作品选集。她巧手

剪出的花鸟虫鱼、戏曲人物、博古图案，以及表达现实生活的作品，无不构图饱满，形象优美，风格细腻，体现了作者艺术上的追求、探索和淳朴的感情。外文书名：Selected Works of Papercut by Li Zhifei.

J0138335
少儿趣味剪纸　吴昊等著
沈阳　辽宁少年儿童出版社　1989年　170页
19×26cm ISBN：7-5315-0567-3 定价：CNY3.95

J0138336
新绛剪纸　山西新绛县文化馆编
重庆　重庆出版社　1989年　261页 20cm（32开）
精装 ISBN：7-5366-1015-7 定价：CNY14.40
（中国民间美术丛书 2）

J0138337
艺术折纸　（花鸟鱼虫）朱信编著
北京　科学普及出版社　1989年 32页 26cm（16开）
ISBN：7-110-01206-9 定价：CNY3.80

J0138338
艺术折纸　（书法构图）朱信编著
北京　科学普及出版社　1989年 32页 26cm（16开）
ISBN：7-110-01207-7 定价：CNY3.80

J0138339
艺术折纸　（亭台楼阁）朱信编著
北京　科学普及出版社　1989年 32页 26cm（16开）
ISBN：7-110-01208-5 定价：CNY3.80

J0138340
有趣的纸手工　江维等编著
北京　海洋出版社　1989年　194页 19cm（32开）
ISBN：7-5027-0602-X 定价：CNY2.00

J0138341
折纸工一百例　张佩琳编
石家庄　河北教育出版社　1989年　新1版
292页 19cm（32开）定价：CNY2.85
　　作者张佩琳（1919—　），美术教师。河北满城人。河北美术协会会员，曾任沧县、正定、石家庄和保定师范学校美工讲师

J0138342
纸的立体艺术　贺云编著
长沙　湖南美术出版社　1989年 有图 17cm（40开）
ISBN：7-5356-0270-3 定价：CNY3.40

J0138343
中国民艺学　（理论研讨会论文集）中国社会文化编辑委员会编
北京　北京工艺美术出版社　1989年　343页
20cm（32开）ISBN：7-80526-026-5
定价：CNY6.00

J0138344
中国陕西社火脸谱　李继友绘；上海人民美术出版社编
上海　上海人民美术出版社　1989年　69页
有图 26cm（16开）ISBN：7-5322-0511-8
定价：CNY22.50
　　本书收入320幅图。陕西社火脸谱是中国最古老的脸谱，内容以表现中国古代神话、民间传说和历史上著名人物为主。本书选印李继友整理绘制的脸谱和一些民间珍藏的粉本。社火脸谱有各种流派，同一个人物有多种表现方法，本画册挑选了一些同一个人物而不同艺术表现的脸谱，供读者比较、欣赏。

J0138345
中华民族的保护神与繁衍之神——抓髻娃娃　（图册）靳之林著
北京　中国社会科学出版社　1989年　392页
26cm（16开）精装 ISBN：7-5004-0519-7

J0138346
百鸡图　刘启谋绘
南宁　接力出版社　1990年　75页 19cm（32开）
ISBN：7-80581-009-5 定价：CNY1.30

J0138347
彩色剪纸艺术　王或华著
台北　美劳教育出版公司　1990年　190页
26cm（16开）
（才艺世界 1）

J0138348
动物王国折纸　张维，杜桂英编

太原 山西教育出版社 1990 年 92 页
19cm（小 32 开）定价：CNY3.80

J0138349
儿童手工折纸造型 （可爱的小动物 1）李书
英设计绘制
北京 教育科学出版社 1990 年 14 张
19cm（小 32 开）定价：CNY1.60
（儿童手工丛书）

J0138350
儿童手工折纸造型 （可爱的小动物 2）李书
英设计绘制
北京 教育科学出版社 1990 年 14 张
19cm（小 32 开）定价：CNY1.60
（儿童手工丛书）

J0138351
儿童手工折纸造型 （可爱的小动物 3）李书
英设计绘制
北京 教育科学出版社 1990 年 14 张
19cm（小 32 开）定价：CNY1.60
（儿童手工丛书）

J0138352
风筝 中国山东画报社编辑
济南 中国山东友谊书社 1990 年 113 页
29cm（30 开）精装 ISBN：7-80551-254-X
定价：CNY54.00
　　本书系中国民间工艺制品风筝图集。外文
书名：Kites. 作者刘锡诚（1935—　），山东昌乐
人。毕业于北京大学。先后在中国民间文艺研
究会、新华通讯社、中国作家协会、中国文学艺
术界联合会任职。代表作品有《小说创作漫谈》
《刘锡诚文学评论选》，编有《俄国作家论民间文
学》，译有《苏联民间文学论文集》。

J0138353
浮山民俗与剪纸 郑洪峨编著；邰锡硅译
太原 山西人民出版社 1990 年 44+125 页
21cm（32 开）ISBN：7-203-00995-5
定价：CNY3.80
　　浮山剪纸曾多次参加全国美术展览，从 1979
年起，它被引进到日本、美国、法国、意大利、香
港等 12 个国家和地区。本书介绍了浮山县民习

民俗活动和剪纸作品，阐明了民俗产生剪纸，剪
纸又丰富了民俗这一哲理。外文书名：The Folk
Customs and the Paper-cuts of Fushan County. 作
者郑洪峨（1943—　），中国美术家协会山西分会
会员。

J0138354
姑娘们的手工活 蔡洁，刘莎编
武汉 武汉出版社 1990 年 112 页 27cm（大 16 开）
定价：CNY7.50

J0138355
剪影乐 李建国编著
上海 上海画报出版社 1990 年 96 页 17×19cm
ISBN：7-80530-030-5 定价：CNY2.60
（知识画库）

J0138356
剪纸学习辅导 王子淦著
上海 少年儿童出版社 1990 年 50 页 19×26cm
ISBN：7-5324-1090-0 定价：CNY1.70

J0138357
立体纸调艺术 野田亚人著
台北 美工出版社 1990 年 117+50 页 有部分彩图
26cm（16 开）定价：TWD400.00

J0138358
林曦明剪纸选集 林曦明著
上海 三联书店上海分店 1990 年
26×25cm（12 开）ISBN：7-5426-0360-4
定价：CNY49.00
　　作者林曦明（1925—　），画家。原名正熙，
号乌牛。浙江永嘉人。历任上海戏剧学院美术
系教师。上海中国画院一级画师，中国美术家协
会会员，现代剪纸研究会会长。代表作品有《红
梅时节》《水满鱼肥》《太湖之歌》《漓江雨后》
《故乡》等。

J0138359
林曦明剪纸选集 林曦明著
上海 三联书店上海分店 1991 年 30cm（10 开）
ISBN：7-5426-0360-4 定价：CNY49.00

J0138360

陆海空纸模型 （第二辑）李连营等编

上海　上海科技教育出版社　1990 年　7 张

27cm（大 16 开）定价：CNY1.00

J0138361

论中国民间美术　潘鲁生著

北京　北京工艺美术出版社　1990 年　283 页

有照片及图　20cm（32 开）ISBN：7-80526-047-8

定价：CNY8.40

　　作者潘鲁生（1962—　　），艺术学博士，教授，博士生导师。山东曹县人。毕业于南京艺术学院。任中国文联副主席、山东省文联主席、山东工艺美术学院院长、中国民间文艺家协会主席、中国艺术研究院中国设计艺术院院长、中国美术家协会工艺美术艺委会主任等。代表作品《零的突破》《匠心独运》等。主要著述有《论中国民间美术》《中国民间美术工艺学》等。

J0138362

吕梁地区中阳民俗剪纸　武一生主编

北京　北京美术摄影出版社　1990 年　19cm（32 开）

ISBN：7-80501-110-9　定价：CNY6.00

J0138363

民间美术概论　杨学芹，安琪著

北京　北京工艺美术出版社　1990 年　251 页

有彩图　20cm（32 开）ISBN：7-80526-034-6

定价：CNY6.00

　　本书为中央美术学院的使用教材，论述了民间美术的文化根源，审美形态及其独特的美学体系等问题。作者杨学芹（1931—　　），西安美术学院副教授。安琪（1942—　　），副研究员，陕西省文联理论研究部副主任。

J0138364

民俗与民间美术　陈瑞林编

长沙　湖南美术出版社　1990 年　289 页

有照片及图　19cm（32 开）ISBN：7-5356-0331-9

定价：CNY4.50

　　本书收录《民俗学与民间美术》《古龙觅踪》《民间剪纸中的"抓髻娃娃"》《民间年画与民俗》《傩面具与巫文化》《民间戏曲与民间美术》《民俗与民间服饰》等 10 篇文章。作者陈瑞林（1944—　　），教授。笔名楚水，湖南人，毕业

于中央美术学院美术史系。历任清华大学美术学院教授，澳门艺术博物馆客座研究员，南京艺术学院客座教授等职。主要有《中国西画五十年 1898—1949 年》《民俗与民间美术》《当代中国油画》《东西方美术交流》《21 世纪装饰艺术》等。

J0138365

青海皮影　赵继光等主编；青海省群众艺术馆编

西宁　青海人民出版社　1990 年　84 页　有图

17×19cm　ISBN：7-225-00407-7　定价：CNY8.00

　　本书汇集了青海各地著名雕刻艺人的作品，包括已故的艺人散失在民间的许多雕刻珍品，按头饰、脸谱、服饰、衬景道具、剧目选场几部分编辑而成。

J0138366

趣味折画　大海，海芳设计；娄玮绘

郑州　海燕出版社　1990 年　27cm（大 16 开）

定价：CNY0.55

（儿童动手动脑丛书）

J0138367

台湾早期民艺　刘文三著

台北　雄狮图书股份有限公司　1990 年　6 版　256 页

有图　21cm（32 开）ISBN：957-9420-44-0

定价：TWD180.00

（雄狮丛书 2 003）

　　外文书名：Traditional Taiwanese Folk Crafts.

J0138368

西藏面具艺术　叶星生编

重庆　重庆出版社　1990 年　1 册

21×19cm（20 开）精装　ISBN：7-5366-1321-0

定价：CNY19.80

（中国民间美术丛书 3）

　　本书介绍西藏面具艺术的专集。分为西藏面具艺术概论和面具图片两部分（1992 年 4 月再版时加英文译文）。西藏面具艺术概论对面具的起源、各类面具的功用、面具的艺术特色作了论述。图片部分按面具功用分为：悬挂面具、羌姆跳神面具、藏戏面具、尼瓦尔木刻面具，最后介绍了对西藏面具产生直接影响的西藏佛教艺术。全书共选图片 340 幅，包括西藏境内几乎所有能见到的面具品种。每张图片下注有该面具名称、产生地点，有关此面具的传说和解释。

J0138369
亚运会场馆造型折纸　刘凤喻设计
北京　中国民族摄影艺术出版社［1990年］
22张　27cm（大16开）定价：CNY3.90
（小小建筑师1）

J0138370
艺术折纸　（挂饰）王家琦设计绘画
上海　少年儿童出版社　1990年　8张
27cm（大16开）定价：CNY1.50

J0138371
幼儿折纸100例　陈秀华，付元钰编绘
北京　中国广播电视出版社　1990年　重印本
111页　有图　19cm（32开）ISBN：7-5043-0232-5
定价：CNY1.85

J0138372
张坤纸造型艺术　（1）张坤编绘
北京　中国和平出版社　1990年　46页
27cm（大16开）定价：CNY2.90

J0138373
折纸大全　朱仰慈，郑菡萍编著
上海　上海文化出版社　1990年　143页
26cm（16开）ISBN：7-80511-371-8
定价：CNY3.80

J0138374
折纸大全　朱仰慈，郑菡萍编著
上海　上海文化出版社　1994年　增订本　221页
26cm（16开）ISBN：7-80511-371-8
定价：CNY10.40

J0138375
折纸艺术　肖晓阳编著
福州　福建教育出版社　1990年　138页　19×17cm
ISBN：7-5334-0611-7　定价：CNY2.50
　　本书系统地叙述折纸的基本原理和创作
方法。

J0138376
折纸艺术　郭金洲编著
西安　陕西人民美术出版社　1990年　124页
19cm（32开）ISBN：7-5368-0118-1

定价：CNY1.65
　　本书作者对已出版的《智力折纸》《美丽折
纸》提炼后创作的适应少儿　学习的读物。分为
人物、动物、其他等3部分，对折纸艺术进行了
概括。

J0138377
折纸游戏　（一）彻子译；芳子，悠悠绘
北京　中国少年儿童出版社　1990年　36页
19cm（小32开）定价：CNY0.90

J0138378
折纸游戏　（二）彻子译；周颖绘
北京　中国少年儿童出版社　1990年　36页
19cm（小32开）定价：CNY0.90
　　作者周颖，又名阿颖，画家，一级美术师。
历任中欧书画家友好联盟常务理事，香港东方文
化交流中心世界名人编委会顾问，中日友好金
杯，中国书画艺术研究院研究员，文化艺术报特
约记者，文化部中国艺术研究院文研中心理事。

J0138379
折纸游戏　（三）王骚译；菲菲绘
北京　中国少年儿童出版社　1990年　36页
19cm（小32开）定价：CNY0.90

J0138380
纸藤艺术　杨贤英编著
台北　雷鼓出版社　1990年　95页　有彩图
26cm（16开）定价：TWD250.00
（美化人生系列）

J0138381
中国民间工艺　廉晓春，许平著
杭州　浙江教育出版社　1990年　246页　有图版
19cm（32开）ISBN：7-5338-0688-3
定价：CNY3.00
（中国民间文化丛书）
　　本书以随笔的形式介绍中国的民间工艺美
术。行文穿插民间传说、民俗风情等。附有数十
幅彩色或黑白插图。

J0138382
中国民间工艺　廉晓春，许平著
杭州　浙江教育出版社　1995年　2版　10+216页

有照片 21cm（32 开）精装 ISBN：7-5338-2168-8
定价：CNY10.05
（中国民间文化丛书）

　　作者廉晓春（1932—1987），女，曾任中国工
艺美术学会民间工艺委员会秘书长、中国剪纸学
会名誉会长。作者许平（1953—　　），南京艺术学
院教授，《中国民间工艺》杂志副主编，中国民俗
学会会员。

J0138383
儿童趣味折纸　　康世华，王亚珍编著
北京 中国轻工业出版社 1991 年 2 版 142 页
27cm（大 16 开）ISBN：7-5019-0678-5
定价：CNY5.60

J0138384
挂历先生　　杨嘉栋著
太原 希望出版社 1991 年 96 页 19×26cm
ISBN：7-5379-0852-4 定价：CNY2.98

　　本书内容是介绍中国现代少年纸工，中央电
视台广播节目。

J0138385
贵州民间工艺研究　　贵州民间文艺家协会主
编；潘光华，龙从汉编
北京 中国民族摄影艺术出版社 1991 年 421 页
有彩照 20cm（32 开）ISBN：7-80069-023-7
定价：CNY8.50

　　本书收录文章近 50 篇，内容涉及居民建筑、
服饰艺术、画蜡剪纸、挑花刺绣、木石雕刻、鼓
笙文化以及竹漆藤编等民间工艺的方方面面。

J0138386
花灯　　狄煌著；北京儿童玩具协会编
昆明 云南少年儿童出版社 1991 年 92 页
有图 20cm（32 开）ISBN：7-5414-0612-0
定价：CNY2.75
（中国玩具丛书 第一批）

J0138387
剪贴构成　　郭茂来著
石家庄 河北美术出版社 1991 年 82 页 有图
19cm（小 32 开）ISBN：7-5310-0417-8
定价：CNY3.60

　　作者郭茂来（1956—　　），教师。出生于河北

张家口。历任嘉兴学院设计学院工业设计专业
教授，《装饰》杂志社特约撰稿人，中国机械工业
教育协会工业设计学科教学委员会委员等。代
表作品《视觉艺术概论》《屠夫毕加索》《水禽动
物图案集》等。

J0138388
剪纸　　杨阳编著
石家庄 河北少年儿童出版社 1991 年 229 页
26×27cm 精装 ISBN：7-5376-0721-4
定价：CNY55.00
（中国民间艺术丛书）

　　本书选入西北地区和黄河流域的传统剪
纸作品，以及全国其他省区的代表性作品共
470 件。

J0138389
结构化学模型与折纸技术　　何福城，李象远著
成都 四川教育出版社 1991 年 188 页 有图
20cm（32 开）ISBN：7-5408-1493-4
定价：CNY2.40

　　本书介绍了各种折纸化学模型的制作技术，
同时也介绍了一些结构化学知识。作者何福城
（1929—　　），教授。四川忠县人。毕业于重庆大
学化工系。四川大学应用化学系教授，《分子科
学学报》编委。编著《逸度及活度》《结构化学》
《结构化学模型与折纸技术》。

J0138390
面粉花手艺　　谢月娥编著
香港 香港得利书局 1991 年 31 页 有彩图
19cm（小 32 开）ISBN：962-15-0208-X
定价：HKD15.00
　　外文书名：How to Make Flour Flowers.

J0138391
闽台民间艺术散论　　福建省艺术研究所，厦
门市台湾艺术研究室编
厦门 鹭江出版社 1991 年 368 页 20cm（32 开）
ISBN：7-80533-408-0 定价：CNY5.50
（台湾研究丛书 艺术）

　　本书收入首届台湾艺术研讨会、闽台地方
戏曲艺术研讨会及两次"福建闽南语民间音乐学
术研讨会"两岸学者的论文 27 篇。论述了闽台
民间艺术不可分割的血缘关系及台湾戏剧的历

史与现状，并分专题论述了闽台歌仔戏、闽台弦管、闽台傀儡戏、梨园戏、台湾民间剧场活动、台湾民俗歌谣、台湾狮子舞、台湾早期汉族服饰等各种民间艺术的特点、历史演变及发展倾向。

J0138392

奇妙的染纸　吴树勋编制

北京　北京少年儿童出版社　1991 年　23 页

19×26cm　ISBN：7-5301-0287-7　定价：CNY2.80

　　本书内容包括染纸的材料与方法，窗花折法，剪窗花的方法，染纸剪贴画，水墨流动染纸。

J0138393

奇妙的折纸　赵玉著

西安　陕西人民出版社　1991 年　128 页

19cm（32 开）　ISBN：7-224-01634-9

定价：CNY2.40

（家教丛书）

　　本书以各种动物、物体、人物等造型为例，介绍多种折纸法。

J0138394

趣味动物剪纸　李文斌，严琪设计

天津　天津教育出版社　1991 年　27cm（大 16 开）

ISBN：7-5309-1032-9　定价：CNY1.40

J0138395

趣味折纸与剪纸　广西美术出版社编

南宁　广西美术出版社　1991 年　8 页

27cm（大 16 开）　ISBN：7-80582-163-1

定价：CNY1.60

（少儿利废小设计）

J0138396

山西民间艺术　李玉明主编

太原　山西人民出版社　1991 年　180 页

26cm（16 开）　ISBN：7-203-01879-2

定价：CNY160.00

　　本书分 12 章介绍山西民间艺术，内容包括彩灯、刺绣、面塑、皮影、现代民间绘画等。

J0138397

纸的立体设计　刘国余编著

合肥　安徽美术出版社　1991 年　74 页　26cm（16 开）

ISBN：7-5398-0086-0　定价：CNY5.50

J0138398

中国民间艺术　顾森，龚继先主编

台北　艺术家出版社　1991 年　2 册　有照片

38cm（6 开）精装　ISBN：957-9500-17-7

定价：TWD2400.00

（艺术家丛刊）

　　外文书名：Chinese Folk Art.

J0138399

中国造型　庄伯和著

台北　光华画报杂志社　1991 年　4 版

有照片有图　22cm（32 开）精装

定价：TWD240.00（USD9.00）

（光华丛书 11）

　　作者庄伯和，台湾民俗研究专家，著有《年画仕女的戏味与造形美》《民俗美术探访录》《台湾民艺造型》等。

J0138400

中华剪纸藏书票　傅作仁，吴国言编

哈尔滨　北方文艺出版社　1991 年　124 页

18×17cm　ISBN：7-5317-0524-9　定价：CNY5.50

　　本书选入全国 20 省市 200 多名作者的千余枚书票。外文书名：Chinese Collect Books Picture with Paper-cut. 作者傅作仁（1935—　），满族，美术教师。中国美协会员、中国民协剪纸委员会委员、中国民间工艺美术委员会委员、黑龙江省美协剪纸专业委员会主任等。代表作品《大庆赞歌》《开渠引水》《春到农家》《农乐图》。

J0138401

陈民布贴画集　陈民著

合肥　安徽美术出版社　1992 年　34 页　19×20cm

ISBN：7-5398-0222-7　定价：CNY8.00

　　外文书名：Selected Works of Chen Ming's Cloth-Collage. 作者陈民（1947—　），安徽当涂人，从事装饰美术的设计和研究，中国美术家协会安徽分会会员。

J0138402

儿童叠纸艺术　刘应予编著

北京　北京师范大学出版社　1992 年　160 页

26cm（16 开）　ISBN：7-303-01663-5

定价：CNY6.50

J0138403

儿童立体手工　张冰编译

北京　科学普及出版社　1992年　32页　26cm（16开）

ISBN：7-110-02280-3　定价：CNY1.70

J0138404

贵州少数民族民间美术　安正康等编著

贵阳　贵州人民出版社　1992年　242页　有图

20cm（32开）ISBN：7-221-02555-X

定价：CNY6.80

本书共12章，分别介绍了贵州少数民族的服饰艺术、刺绣、挑花、蜡染、剪纸、建筑、泥陶、石砚、竹刻等民间美术。

J0138405

绢花艺术　（1993年年历）

上海　上海人民美术出版社［1992年］4张

77×53cm　定价：CNY6.80

J0138406

立体卡片造型艺术　谢燕淞编著

上海　上海教育出版社　1992年　74页　有彩图

26cm（16开）ISBN：7-5320-3024-5

定价：CNY10.00

本书汇集了立体卡片造型50余例，主要内容有立体卡片造型彩色图例，立体卡片的制作方法，立体卡片造型的基本原理，立体卡片造型图例及制作图4部分，并就立体卡片的制作程序、制作方法以及设计原理等内容作深入浅出地介绍。本书还附有制作图纸。作者谢燕淞（1956—　），女，教师。毕业于南京艺术学院装潢设计专业，留校任教。现为设计艺术系副教授。出版有《立体卡片造型艺术》《高考美术指南丛书——图案·设计》。

J0138407

立体纸雕　（2）李密玲编辑

台北　巧集出版社　1992年　2版　131页　有图

21cm（32开）ISBN：957-662-058-9

定价：TWD90.00

（美术丛书 33）

J0138408

民俗美术与儒学文化　李辛儒著

北京　中央民族学院出版社　1992年　233页

有图　19cm（小32开）ISBN：7-81001-249-5

定价：CNY9.80

本书探讨民俗美术与儒学文化的关系，内容包括儒学生殖思想与民俗美术的发展、儒学伦理思想与民俗美学的道德宣教等5章。作者李辛儒（1938—　），版画家。陕西岐山县人。社会文化副研究员，中国美术家协会会员。

J0138409

内蒙古剪纸集　阿木尔巴图等主编

呼和浩特　内蒙古人民出版社　1992年　186页

14×16cm　ISBN：7-204-01783-8　定价：CNY7.50

本书收集近300幅剪纸作品。从形式、风格、内容都带有丰富的思想内涵和质朴的民间色彩。将蒙古族传统文化融入作品之中，体现丰厚的文化基础，有强烈的民族特色和时代特色，表现出奔腾进取的民族精神。

J0138410

泥人　王连海著；北京儿童玩具协会编

昆明　云南少年儿童出版社　1992年　117页

有照片　20cm（32开）ISBN：7-5414-0667-8

定价：CNY3.00

（中国玩具丛书）

本书介绍了民间工艺美术品泥人的溯源、古代泥玩具的特点、种类、分布、生产、销售等情况。作者王连海（1952—　），研究员。北京人。中央工艺美术学院副研究员、图书馆常务副馆长。著有《中国民间玩具简史》《泥人》《外国民间玩具集》等。

J0138411

世界童话名著填色剪贴画册　艾鸣等改编；

黄穗中等绘画

广州　新世纪出版社　1992年　3册　14×16cm

ISBN：7-5405-0570-2　定价：CNY3.60

J0138412

手工艺术　（儿童益智篇）石升等编著

哈尔滨　黑龙江美术出版社　1992年　88页

26cm（16开）ISBN：7-5318-0164-7

定价：CNY10.50

（家庭美化丛书 2）

本书收入160幅图。分家庭艺术篇和儿童益智篇2册。《儿童益智篇》讲解利用橡皮泥、厚纸、瓶盖、易拉罐盒等制作蔬菜、人物、动物的造型以及利用染纸及折纸做玩具的多种方法。《家庭艺术篇》讲解制作布玩具、挂件、插件、坐靠垫、立体纸工、壁饰等经济、实用、美观的家庭手工工艺品的方法。收入"家庭美化丛书"。

J0138413
手工艺术 （家庭艺术篇）石升等编著
哈尔滨　黑龙江美术出版社 1992 年 108 页
26cm（16 开）ISBN：7-5318-0163-9
定价：CNY12.50
（家庭美化丛书 2）

J0138414
现代剪纸　宋昕，侯东航作
北京　今日中国出版社 1992 年 190 页
19cm（小 32 开）ISBN：7-5072-0498-7
定价：CNY7.15

J0138415
一剪生花儿童剪纸法　林淑芝等著
北京　科学普及出版社 1992 年 44 页 26cm（16 开）
ISBN：7-110-02403-2 定价：CNY1.90

J0138416
幼儿立体纸工 （2）易木编绘
长沙　湖南少年儿童出版社 1992 年 24 页
14×16cm ISBN：7-5358-0751-8 定价：CNY1.40

J0138417
幼儿趣味剪纸　何倩编写；易木绘
长沙　湖南少年儿童出版社 1992 年 24 张
14×16cm ISBN：7-5353-0748-8 定价：CNY1.40

J0138418
幼儿趣味撕纸　聂红英编；易木绘
长沙　湖南少年儿童出版社 1992 年 48 页
14×16cm ISBN：7-5358-0750-X 定价：CNY2.40

J0138419
幼儿趣味折纸 （1）娄玛编绘
长沙　湖南少年儿童出版社 1992 年 24 页
14×16cm ISBN：7-5358-0752-6 定价：CNY1.40

J0138420
幼儿趣味折纸 （2）娄玛编绘
长沙　湖南少年儿童出版社 1992 年 24 页
14×16cm ISBN：7-5358-0752-6 定价：CNY1.40

J0138421
云南民族剪纸　沐正戈编
昆明　云南人民出版社 1992 年 116 页 有彩图
19×20cm ISBN：7-222-00855-1 定价：CNY4.15
　　本书收入 200 余幅图。反映云南民族剪纸艺术的特色：纯朴、乐观、随意、生气勃勃、异彩纷呈。滇池一带的汉族剪纸多牡丹、凤鸟、花草之类，构图丰满；滇南的民族剪纸以衣着服饰为主，喜用火纹、器轮纹、太阳纹作装饰，线条错落有致，曲走有序；滇西北的纳西族剪纸，以福寿花最有特色，对剪、折剪，为对称放射图形；滇西南傣族剪纸，用于宗教活动的较多，挂灯、佛龛、桨房供品等，题材广泛，艺术风格跨度大；佤族、德昂族、布朗族的民族剪纸，追求人与自然万物可化合同一，相生交感的原始艺术境界。

J0138422
纸雕艺术入门 （精致、美观、立体实用的纸品手工艺）何锦云等编辑
台中　广成出版社 1992 年 112 页 有图
26cm（16 开）ISBN：957-9142-85-8
定价：TWD200.00
（现代手工艺 1）

J0138423
中国吉祥图案剪纸　黄泽煊著
长沙　湖南文艺出版社 1992 年 201 页 20×19cm
ISBN：7-5404-0858-8 定价：CNY5.80
　　本书分上、下两篇，上篇展示了中国传统吉祥图案 158 幅，分为 9 类：一、龙凤龟麟；二、福禄寿喜；三、吉庆富贵；四、连年有余；五、四季平安；六、合和长寿；七、吉祥如意；八、其他；九、组画。下篇着重介绍剪纸的各种技法要点，附说明图 70 余幅，图文并茂地阐述各种基本图形的制作法。作者黄泽煊，流杯池公园美工。

J0138424
中国面具文化　郭净著
上海　上海人民出版社 1992 年 565 页 有彩图
20cm（32 开）ISBN：7-208-01270-9

定价: CNY11.15

本书论述了中国面具文化的历史和中国面具的类型,以及面具与中国文化的联系。

J0138425

中国民间剪纸艺术研究　陈竟主编

北京 北京工艺美术出版社 1992年 439页

20cm(32开) ISBN: 7-80526-083-4

定价: CNY12.50

全书由53篇中外专家、学者所撰写的论文、研究文章组成,对我国民间剪纸的历史发展及各种类剪纸的产生、形式内涵的概念及纹饰特征等,从多方面、多角度进行了分析、评价。作者陈竟(1940—　),教授。江苏泰州人,南京东方艺术院副院长兼民艺部主任,中华剪纸函授中心负责人,《剪纸报》主编,二级美术师。主要著作有《中国民间剪纸艺术研究》等。

J0138426

中国民间美术造型　左汉中著

长沙 湖南美术出版社 1992年 432页

有照片及图 20cm(32开) ISBN: 7-5356-0505-2

定价: CNY19.50

本书论述了民间美术造型与原始文化、民俗文化的渊源关系,剖析了民间美术造型的基本特征和造型方法。外文书名: The Folk Art Mould-making of the China.

J0138427

中国民间图形艺术　颜鸿蜀,王珠珍编绘

上海 上海书店 1992年 195页 有彩图

26cm(16开) ISBN: 7-80569-489-3

定价: CNY12.00

本书内容包括中国民间剪纸、民间玩具、中国民间印染、中国民间刺绣等民间图形艺术。

J0138428

中国民间艺术　顾森,龚继先主编

上海 上海人民美术出版社 1992年 2册(363页)

37cm 精装 ISBN: 7-5322-0628-9

定价: CNY320.00

本书收入1089幅图。分上、下两册。注重发掘古代、近代具有宽广深厚生活基础和文化积淀的民间工艺品,以品种进行分门别类。上册由织绣、画绘、剪刻3个门类组成,下册由塑作、

编扎、挺烧、雕镂4个门类组成。书中详尽描述了民间陶瓷由粗糙的低温陶到瓷,从素胎直至彩绘的经过。雕镂则表达了材质和技巧的完美结合。作者龚继先(1939—　),画家。北京人,毕业于中央美术学院。历任上海人民美术出版社总编辑,上海中国画院兼职画师,中国美术家协会会员等。代表作品有《指墨瓶花图》等。

J0138429

中国民俗剪纸图集　潘鲁生编著

北京 北京工艺美术出版社 1992年 391页

26cm(16开) ISBN: 7-80526-082-6

定价: CNY26.00

本画册选入民俗剪纸精品近1000幅,均出自民间艺人之手。按民俗事象、春节窗花、立春门笺、元宵灯花、喜庆礼花、丧俗祭花、生肖纪岁剪纸、人日剪纸、绣鞋花样、服饰花样、宅居贴饰11类编排。每幅剪纸均标明名称、用途、产生地点。作者潘鲁生(1962—　),艺术学博士,教授,博士生导师。山东曹县人。毕业于南京艺术学院。任中国文联副主席、山东省文联主席、山东工艺美术学院院长、中国民间文艺家协会主席、中国艺术研究院中国设计艺术院院长、中国美术家协会工艺美术艺委会主任等。代表作品《零的突破》《匠心独运》等。主要著述有《论中国民间美术》《中国民间美术工艺学》等。

J0138430

中国民俗剪纸图集　潘鲁生编著

北京 北京工艺美术出版社 1999年 3版

14+391页 29cm(16开) ISBN: 7-80526-302-7

定价: CNY55.00

J0138431

中国少儿剪纸艺术　岳义义编著

北京 今日中国出版社 1992年 176页 18×18cm

ISBN: 7-5072-0384-0 定价: CNY7.20

本书按植物、鸟禽、鱼类、昆虫、动物、风景、人物和其他等8个方面刻制了500多幅剪纸图谱。

J0138432

草编条编技艺　李志超等编著

北京 金盾出版社 1993年 124页 19cm(小32开)

ISBN: 7-80022-691-3 定价: CNY2.20

J0138433
儿童折纸　许鸿编
北京 人民美术出版社 1993 年 32 页 有彩照
26cm（16 开）ISBN：7-102-01191-1
定价：CNY3.00
（儿童美术自学与辅导系列丛书）

J0138434
佛山秋色　林明体著
北京 北京工艺美术出版社 1993 年 203 页
有彩照 20cm（32 开）ISBN：7-80526-116-4
定价：CNY18.00
　　本书介绍了佛山民间工艺美术的盛衰、演变
和发展。作者林明体（1935—　　），工艺美术师。
广东新会人。中国工艺美术学会会员，民间工
艺美术专业委员会副主任委员等。著有《广东工
艺美术史料》《岭南民间百艺》《石湾陶雕艺术》
《佛山秋色》《佛山工艺美术品志》等。

J0138435
福建民间美术　陈秋平［编］
福州 福建教育出版社 1993 年 172 页
34cm（10 开）精装 ISBN：7-5334-1611-2
定价：CNY268.00
　　外文书名：The Folk Fine Arts in Fujian.

J0138436
湖北民间美术　张朗主编
武汉 湖北科学技术 1993 年 119 页 有彩图
26cm（16 开）ISBN：7-5352-1162-3
定价：CNY10.00
　　本书介绍了湖北民间年画、挑花、布贴、蜡
染、木雕、陶器等。

J0138437
剪纸　陈竟著
石家庄 河北美术出版社 1993 年 82 页
13×19cm ISBN：7-5310-0567-0 定价：CNY4.40
（儿童美术大全）
　　作者陈竟（1940—　　），教授。江苏泰州人，
南京东方艺术院副院长兼民艺部主任，中华剪纸
函授中心负责人，《剪纸报》主编，二级美术师。
主要著作有《中国民间剪纸艺术研究》等。

J0138438
剪纸技法　柴京津著
北京 解放军文艺出版社 1993 年 188 页
17×18cm ISBN：7-5033-0318-2 定价：CNY7.00
（军旅知识文库）
　　作者柴京津（1955—　　），画家。山西大同
人，毕业于解放军艺术学院美术系。解放军后勤
学院俱乐部主任，总后勤部政治部创作室专职画
家，一级美术师。画作有《长啸图》《处暑图》《康
宫佳丽》等。著作有《中国民间剪纸艺术》《剪纸
技法》。

J0138439
老鼠嫁女　（中英文本）于平，任凭编文并剪
纸；喻璠琴英文翻译
北京 华语教学出版社 1993 年 100 页 有图
18×21cm ISBN：7-80052-257-1 定价：CNY18.00
　　本书以中国民间故事为题材的现代剪纸图
集，外文书名：The Marriage of Miss Mouse.

J0138440
岭南民间百艺　林明体著；岭南文库编辑委
员会，广东中华民族文化促进会编
广州 广东人民出版社 1993 年 412 页 有图
20cm（32 开）ISBN：7-218-01329-5
定价：CNY12.00
（岭南文库）
　　本书记述了岭南民间美术中的 200 多个品
目，介绍了它的萌生、发展演变过程、工艺水平、
表现方法、代表作品和艺人以及现状。作者林明
体（1935—　　），工艺美术师。广东新会人。中国
工艺美术学会会员，民间工艺美术专业委员会副
主任委员等。著有《广东工艺美术史料》《岭南
民间百艺》《石湾陶雕艺术》《佛山秋色》《佛山
工艺美术品志》等。

J0138441
流行折纸 100 例　欧阳林声，华佑荣编绘
乌鲁木齐 新疆青少年出版社 1993 年 105 页
17×19cm ISBN：7-5371-1298-3 定价：CNY2.95

J0138442
吕梁民间剪纸　刘静望主编
太原 山西人民出版社 1993 年 276 页 18×18cm
ISBN：7-203-02910-7 定价：CNY9.80

本书选收吕梁民间剪纸作品 267 件。

J0138443

美的源泉 （中国民间工艺美术学术论文集）

孙长林主编；中国工艺美术学会民间工艺美术委员会编

北京 中国旅游出版社 1993 年 640 页

20cm（32 开）ISBN：7-5032-0891-0

定价：CNY16.80

本书主要从中国工艺美术学会民间工艺美术委员会第 1-9 届年会的论文中遴选，共 67 篇。

J0138444

民间剪纸精品鉴赏 吕胜中著

北京 中国电影出版社 1993 年 100 页 35×26cm

线装 ISBN：7-106-00897-4 定价：CNY52.00

作者吕胜中（1952—　），教师、画家。生于山东平度县，硕士毕业于中央美术学院。中央美术学院民间美术系教师。主要作品《生命－瞬间与永恒》《行》等。著作有《中国民间剪纸》《中国木刻版画》。

J0138445

奇异的折纸 宝山，曙光编译

北京 中国国际广播出版社 1993 年 167 页

20cm（32 开）ISBN：7-5078-0425-9

定价：CNY4.65

本书包括各种脸型、水生动物、陆地动物、古代动物、花鸟等百余种折纸。

J0138446

趣味儿童折纸大全 （第一集）臧藏译

南宁 广西民族出版社 1993 年 160 页 有彩图

19cm（小 32 开）ISBN：7-5363-2285-2

定价：CNY4.50

J0138447

山东曹县戏曲纸扎艺术 潘鲁生编

重庆 重庆出版社 1993 年 151 页 19×21cm

精装 ISBN：7-5366-2424-7 定价：CNY32.00

（中国民间美术丛书 6）

作者潘鲁生（1962—　），艺术学博士，教授，博士生导师。山东曹县人。毕业于南京艺术学院。任中国文联副主席、山东省文联主席、山东工艺美术学院院长、中国民间文艺家协会主席、中国艺术研究院中国设计艺术院院长、中国美术家协会工艺美术艺委会主任等。代表作品《零的突破》《匠心独运》等。主要著述有《论中国民间美术》《中国民间美术工艺学》等。

J0138448

生肖编折 叶朔苓，谭永健编著

广州 广东科技出版社 1993 年 61 页 有彩图

19cm（小 32 开）ISBN：7-5359-1093-9

定价：CNY4.00

J0138449

图案剪纸技法 苏桂林编著

天津 百花文艺出版社 1993 年 78 页 19×26cm

ISBN：7-5306-1306-5 定价：CNY4.10

J0138450

益智美劳立体卡 （1 奇妙的季节）香港现代教育联合出版社策划设计

广州 新世纪出版社 1993 年 8 张 29cm（16 开）

ISBN：7-5405-00991-0 定价：CNY5.80

J0138451

益智美劳立体卡 （2 趣怪动物国：5-10 岁）现代教育联合出版社策划设计

广州 新世纪出版社 1993 年 8 张 29cm（16 开）

ISBN：7-5405-0992-9 定价：CNY5.80

J0138452

益智美劳立体卡 （3 亲亲小家庭：5-10 岁）现代教育联合出版社策划设计

广州 新世纪出版社 1993 年 8 张 29cm（16 开）

ISBN：7-5405-0993-7 定价：CNY5.80

J0138453

益智美劳立体卡 （4 交通乐穿梭：5-10 岁）现代教育联合出版社策划设计

广州 新世纪出版社 1993 年 8 张 29cm（16 开）

ISBN：7-5405-0994-5 定价：CNY5.80

J0138454

益智美劳立体卡 （5 乐在读书天：5-10 岁）现代教育联合出版社策划设计

广州 新世纪出版社 1993 年 8 张 29cm（16 开）

ISBN：7-5405-0995-3 定价：CNY5.80

J0138455

益智美劳立体卡 （6 欢乐的节日：5-10 岁）
现代教育联合出版社策划设计
广州 新世纪出版社 1993 年 8 张 29cm（16 开）
ISBN：7-5405-0996-1 定价：CNY5.80

J0138456

益智美劳立体卡 （7 淘气小发明：5-10 岁）
现代教育联合出版社策划设计
广州 新世纪出版社 1993 年 8 张 29cm（16 开）
ISBN：7-5405-0997-X 定价：CNY5.80

J0138457

赵澄襄剪纸集 赵澄襄剪
广州 岭南美术出版社 1993 年 60 页 有彩图
28cm（大 16 开） ISBN：7-5362-0947-9
定价：CNY25.00

　　作者赵澄襄（1953—　　），女，广东汕头人，汕头特区报美术编辑部副主任，中国剪纸学会理事等。

J0138458

折纸 张佩琳著
石家庄 河北美术出版社 1993 年 75 页
14×20cm ISBN：7-5310-0576-X 定价：CNY3.40
（儿童美术大全）

　　作者张佩琳（1919—　　），美术教师。河北满城人。河北美术协会会员，曾任沧县、正定、石家庄和保定师范学校美工讲师

J0138459

折纸 （从民俗到教育）刘伟唐著
香港 中华书局 1993 年 107 页 有图
19cm（小 32 开） ISBN：962-231-803-7
定价：HKD40.00

J0138460

纸艺传情 洪新富著
台北 培根文化事业公司 1993 年 91 页
21cm（32 开） ISBN：957-9149-78-X
定价：TWD160.00
（缤纷出击 10）

J0138461

中国当代剪纸家 刘继成主编
北京 今日中国出版社［1993 年］244 页 有图
19cm（32 开） ISBN：7-5072-0730-7
定价：CNY28.00，CNY35.00（精装）

　　本书介绍了 400 余位剪纸家、民间艺人的简历与作品。

J0138462

中国剪纸藏书票 仉凤皋编著
北京 今日中国出版社 1993 年 114 页 20×19cm
ISBN：7-5072-0489-8 定价：CNY24.00

　　本书介绍了藏书票的产生、发展，剪附藏书票的设计，并精选了部分藏书票作品。作者仉凤皋（1937—　　），美术家、教授。山东宁津人，毕业于中央工艺美术学院。天津美术学院教授，中国美术家协会会员，中国剪纸学会会长。出版有《动物图案资料》《日本冲绳版画》《谈剪纸创作》《中国剪纸论文选》《中国剪纸藏书票》等。

J0138463

中国民间美术全集 （4 山西）薄松年，段改芳主编
北京 人民美术出版社 1993 年 215+37 页
28cm（16 开）精装 ISBN：7-102-01166-0
（中国美术分类全集）

　　本卷突出刺绣、雕刻、面塑、年画、剪纸、皮影、玩具等 7 类品种。作者薄松年（1932—2019），著名美术史论家。河北保定人。毕业于中央美术学院绘画系。中央美术学院教授，中国美术家协会会员等。代表作品《中国绘画》。作者段改芳（1941—　　），女，研究员。别名方言，山西祁县人，毕业于山西艺术学院美术系。山西省群众艺术馆研究馆员。主编《中国民间美术全集》（山西卷），出版有《中国民间玩具》《山西民间剪纸》《山西剪纸大观》等。

J0138464

中国民间美术全集 （1 祭祀编 神像卷）王朝闻，潘鲁生主编
济南 山东教育出版社 1993 年 293 页
26cm（16 开）精装 ISBN：7-80551-449-6
定价：CNY500.00

　　本书由山东教育出版社和山东友谊出版社联合出版。主编王朝闻（1909—2004），雕塑家、文艺理论家、美学家。生于四川合江。别名王昭文，更名王朝闻，笔名汶石、廖化、席斯珂。就

读于成都艺专、杭州国立艺专。历任中央美术学院副教务长、中国美术家协会副主席、中国艺术研究院副院长等。代表作品《浮雕毛泽东像》《圆雕刘胡兰像》等。主编潘鲁生（1962—　），艺术学博士，教授，博士生导师。山东曹县人。毕业于南京艺术学院。任中国文联副主席、山东省文联主席、山东工艺美术学院院长、中国民间文艺家协会主席、中国艺术研究院中国设计艺术院院长、中国美术家协会工艺美术艺委会主任等。代表作品《零的突破》《匠心独运》等。主要著述有《论中国民间美术》《中国民间美术工艺学》等。

J0138465

中国民间美术全集 （2 祭祀编·供品卷）潘鲁生主编

济南 山东教育出版社 1993 年 306 页 有彩图

26cm（16 开）精装 ISBN：7-5328-1777-6

定价：CNY500.00

　　本书由山东教育出版社和山东友谊出版社联合出版。作者潘鲁生，山东工艺美术学院副教授，中国民间美术学会副秘书长。

J0138466

中国民间美术全集 （3 起居编 民居卷）王朝闻，陈绶祥主编

济南 山东教育出版社 1993 年 306 页

26cm（16 开）精装 ISBN：7-5328-1775-X

定价：CNY500.00

　　本书由山东教育出版社和山东友谊出版社联合出版。主编陈绶祥（1944—　），文化学者，美术史家，文物鉴定家及书画家。别名晓三，字大隐，号老饕，斋名无禅堂。广西桂林人，毕业于中国艺术研究院。历任中国美术家协会会员，中国艺术研究院博士生导师、聊城大学兼职。著作有《发展的素描》《中国彩陶研究》《遮蔽的文明》《文心万象》《中国民间美术全集民居卷》等。主编王朝闻（1909—2004），雕塑家、文艺理论家、美学家。生于四川合江。别名王昭文，更名王朝闻，笔名汶石、廖化、席斯珂。就读于成都艺专、杭州国立艺专。历任中央美术学院副教务长、中国美术家协会副主席、中国艺术研究院副院长等。代表作品《浮雕毛泽东像》《圆雕刘胡兰像》等。

J0138467

中国民间美术全集 （4 起居编 陈设卷）王朝闻，陈绶祥主编

济南 山东教育出版社 1993 年 307 页

26cm（16 开）精装 ISBN：7-5328-1779-2

定价：CNY500.00

　　本书由山东教育出版社和山东友谊出版社联合出版。

J0138468

中国民间美术全集 （5 穿戴编 服饰卷 上）王朝闻，张晓凌主编

济南 山东教育出版社 1993 年 309 页

26cm（16 开）精装 ISBN：7-5328-1772-5

定价：CNY500.00

　　本书由山东教育出版社和山东友谊出版社联合出版。作者张晓凌（1956—　），教授。生于安徽。毕业于安徽阜阳师范学院艺术系和中国艺术研究院。曾任中国艺术研究院美术研究所副所长，中国艺术研究院院长助理、研究生院院长，中国国家画院院长等。著有《中国原始艺术精神》《中国原始雕塑》《观念艺术：解构与重建的诗学》等。

J0138469

中国民间美术全集 （6 穿戴编 服饰卷 下）王朝闻，张晓凌主编

济南 山东教育出版社 1994 年 307 页

26cm（16 开）精装 ISBN：7-5328-1773-3

定价：CNY500.00

　　本书由山东教育出版社和山东友谊出版社联合出版。

J0138470

中国民间美术全集 （7 器用编 用品卷）王朝闻总主编；徐艺乙主编

济南 山东教育出版社 1995 年 305 页

34cm（10 开）精装 ISBN：7-5328-2144-7

定价：CNY500.00

　　本书由山东教育出版社和山东友谊出版社联合出版。

J0138471

中国民间美术全集 （8 器用编 工具卷）王朝闻总主编；徐艺乙主编

济南　山东教育出版社　1994 年　306 页
34cm（10 开）精装　ISBN：7-5328-2106-4
定价：CNY500.00

　　本书由山东教育出版社和山东友谊出版社
联合出版。

J0138472

中国民间美术全集　（9　装饰编　年画卷）王
朝闻总主编；邓福星主编
济南　山东教育出版社　1995 年　306 页
34cm（10 开）精装　ISBN：7-5328-2149-8
定价：CNY500.00

　　本书由山东教育出版社和山东友谊出版社
联合出版。主编邓福星（1945—　），书画家，美
术教育家。河北固安人，毕业于中国艺术研究院
研究生班，获博士学位。任中国艺术研究院研究
员，博士生导师，中国画学会副会长。绘画作品
《周总理永远和我们在一起》《梅花欢喜漫天雪》
《五体千字文》，论著《美术概论》等。主编王朝
闻（1909—2004），雕塑家、文艺理论家、美学家。
生于四川合江。别名王昭文，更名王朝闻，笔名
汶石、廖化、席斯珂。就读于成都艺专、杭州国
立艺专。历任中央美术学院副教务长、中国美术
家协会副主席、中国艺术研究院副院长等。代表
作品《浮雕毛泽东像》《圆雕刘胡兰像》等。

J0138473

中国民间美术全集　（10　装饰编　剪纸卷）王
朝闻，邓福星主编
济南　山东教育出版社　1993 年　303 页
26cm（16 开）精装　ISBN：7-5328-1776-8
定价：CNY500.00

　　本书由山东教育出版社和山东友谊出版社
联合出版。

J0138474

中国民间美术全集　（11　游艺编　面具脸谱
卷）王朝闻，孙建君主编
济南　山东教育出版社　1993 年　307 页
34cm（10 开）精装　ISBN：7-5328-1771-7
定价：CNY500.00

　　本书由山东教育出版社和山东友谊出版社
联合出版。主编孙建君（1951—　），教授。山
东广饶县人。历任中央工艺美术学院《装饰》编
辑，中国工艺美术学会民间工艺美术委员会副秘

书长。著有《当代中国的工艺美术》《中国现代
美术全集·陶瓷卷》《中国民间美术》。主编王朝
闻（1909—2004），雕塑家、文艺理论家、美学家。
生于四川合江。别名王昭文，更名王朝闻，笔名
汶石、廖化、席斯珂。就读于成都艺专、杭州国
立艺专。历任中央美术学院副教务长、中国美术
家协会副主席、中国艺术研究院副院长等。代表
作品《浮雕毛泽东像》《圆雕刘胡兰像》等。

J0138475

中国民间美术全集　（12　游艺编　木偶皮影
卷）王朝闻总主编；孙建君主编
济南　山东教育出版社　1995 年　306 页
34cm（10 开）精装　ISBN：7-5328-2148-X
定价：CNY500.00

　　本书由山东教育出版社和山东友谊出版社
联合出版。

J0138476

中国民间美术全集　（13　游艺编　玩具卷）王
朝闻，吕品田主编
济南　山东教育出版社　1993 年　302 页
34cm（10 开）精装　ISBN：7-5328-1774-1
定价：CNY500.00

　　本书由山东教育出版社和山东友谊出版社
联合出版。主编吕品田（1959—　），江西丰城
人，毕业于景德镇陶瓷学院美术系和中国艺术研
究院研究生部美术系。中国艺术研究院美术研
究所助理研究员。著作有《中国民间美术观念》
《中国民间美术全集·玩具卷》《社火卷》《中国传
统工艺》等。主编王朝闻（1909—2004），雕塑家、
文艺理论家、美学家。生于四川合江。别名王昭
文，更名王朝闻，笔名汶石、廖化、席斯珂。就
读于成都艺专、杭州国立艺专。历任中央美术学
院副教务长、中国美术家协会副主席、中国艺术
研究院副院长等。代表作品《浮雕毛泽东像》《圆
雕刘胡兰像》等。

J0138477

中国民间美术全集　（14　游艺编　社火卷）王
朝闻，吕品田主编
济南　山东教育出版社　1993 年　307 页
26cm（16 开）精装　ISBN：7-5328-1778-4
定价：CNY500.00

　　本书由山东教育出版社和山东友谊出版社

联合出版。

J0138478

中国竹艺术　徐华铛著

北京　高等教育出版社　1993 年　150 页　有彩照

26cm（16 开）ISBN：7-04-004342-4

定价：CNY8.60

　　本书论述了竹丝篾片的天地和竹筒竹节的世界两个竹艺术大类。作者徐华铛（1944—　），工艺美术师。生于浙江嵊县。历任工艺竹编厂研究所，中国民间文艺家协会，中国工艺美术研究会会员。著有《中国竹艺术》《中国的龙》《佛国造像艺术》《中国古塔》等。

J0138479

最新儿童工艺技巧　（1 折剪纸造型 80 例）

黄庆芳主编

哈尔滨　北方文艺出版社　1993 年　80 页

26cm（16 开）ISBN：7-5317-0766-7

定价：CNY7.00

J0138480

最新儿童工艺技巧　（2 折纸剪纸·因材巧做）

王树彦主编

哈尔滨　北方文艺出版社　1993 年　80 页

26cm（16 开）ISBN：7-5317-0766-7

定价：CNY7.00

J0138481

安顺地戏面具　沈福馨编

台北　淑馨出版社　1994 年　282 页　26×27cm

精装　ISBN：957-531-356-9　定价：TWD1200.00

J0138482

儿童剪纸　马慎毅编绘

上海　上海教育出版社　1994 年　60 页　13×26cm

ISBN：7-5320-3649-9　定价：CNY3.80

J0138483

儿童折纸入门　应艺等编绘

南宁　广西人民出版社　1994 年　101 页

19cm（小 32 开）ISBN：7-219-02844-X

定价：CNY3.80

J0138484

甘肃民间民俗美术　张正杰主编；甘肃省群众艺术馆编

兰州　甘肃人民美术出版社　1994 年　87 页

19cm（小 32 开）ISBN：7-80588-072-7

定价：CNY14.20

　　本书内容有：多姿多彩的甘肃民间民俗美术、浅谈甘肃民间民俗美术的流布、甘肃民间民俗美术展览等。作者张正杰，甘肃省文化厅副厅长。

J0138485

黑白门　何婷剪纸；柯文辉择诗

北京　外文出版社　1994 年　140 页　17×19cm

ISBN：7-119-01657-1　定价：CNY4.50

　　本书是中国民间工艺美术剪纸集。

J0138486

湖南民间美术全集　（民间刺绣挑花）左汉中主编

长沙　湖南美术出版社　1994 年　187 页

26cm（16 开）精装　ISBN：7-5356-0689-X

定价：CNY256.00

　　本书选收了湖南省范围内自清代以来的民间刺绣、挑花作品 210 余件。作者左汉中（1947—　），湖南双峰人。湖南美术出版社年画编辑室主任，中国美术家协会会员、中国民间美术学会会员，中国民俗学会会员。

J0138487

湖南民间美术全集　（民间雕刻）左汉中主编

长沙　湖南美术出版社　1994 年　184 页

29cm（16 开）精装　ISBN：7-5356-0743-8

定价：CNY256.00

J0138488

湖南民间美术全集　（民间绘画）左汉中主编

长沙　湖南美术出版社　1994 年　175 页

29cm（16 开）精装　ISBN：7-5356-0713-6

定价：CNY245.00

J0138489

湖南民间美术全集　（民间美术拾零）左汉中主编

长沙　湖南美术出版社　1994 年　182 页

29cm（16 开）精装 ISBN：7-5356-0744-6
定价：CNY245.00

J0138490
湖南民间美术全集 （民间陶瓷）左汉中主编
长沙 湖南美术出版社 1994 年 171 页
29cm（16 开）精装 ISBN：7-5356-0741-1
定价：CNY245.00

J0138491
湖南民间美术全集 （民间印染花布）左汉中主编
长沙 湖南美术出版社 1994 年 178 页
26cm（16 开）精装 ISBN：7-5356-0646-6
定价：CNY245.00
　　本卷选入湖南省范围内清末民初以来的民间印染花布 150 余种，有被面、床单、门帘、桌布、方巾以及其他种类。

J0138492
湖南民间美术全集 （民间织锦）左汉中主编
长沙 湖南美术出版社 1994 年 177 页
26cm（16 开）精装 ISBN：7-5356-0703-9
定价：CNY245.00
　　本卷收湖南省民间织锦作品 180 余件，按土家锦、苗锦、织锦花带、侗锦、瑶锦 5 大类排列。

J0138493
湖南民间美术全集 （民间剪纸木版画）左汉中主编
长沙 湖南美术出版社 1995 年 190 页
29cm（16 开）精装 ISBN：7-5356-0713-6
定价：CNY256.00

J0138494
剪纸 李修举编著
青岛 青岛海洋大学出版社 1994 年 44 页
26cm（16 开）ISBN：7-81026-675-6
定价：CNY5.80

J0138495
剪纸 述鼎著
台北 艺术图书公司 1994 年 135 页 有照片有图
31cm（10 开）精装 ISBN：957-672-160-1
定价：TWD600.00

（民间艺术 5）

J0138496
金晓枫剪纸艺术 金晓枫著
北京 新华出版社 1994 年 95 页 19×18cm
ISBN：7-5011-2554-6 定价：CNY28.00

J0138497
立体纸雕 简福龙著
台北 迅通文化事业公司 1994 年 143 页
26cm（16 开）ISBN：957-8549-04-0
定价：TWD380.00
（讯通纸艺丛书 2）

J0138498
美化生活　纸藤艺术 日贩编辑部编辑
台北 日贩公司 1994 年 90 页 有照片
26cm（16 开）ISBN：957-8800-14-2
定价：TWD250.00

J0138499
启智折纸 郭金洲编著；宋秉武等绘图
西安 未来出版社 1994 年 154 页 有彩图
19cm（32 开）ISBN：7-5417-0982-4
定价：CNY4.40

J0138500
巧巧手 （儿童学剪纸）星金标著
北京 中国书籍出版社 1994 年 72 页 19×26cm
ISBN：7-5068-0193-0 定价：CNY5.00

J0138501
趣味编折 叶朔芩，谭永健制作；莫英摄影
广州 广东科技出版社 1994 年 61 页 有图册
19cm（小 32 开）ISBN：7-5359-1286-9
定价：CNY5.60

J0138502
趣味剪纸 （上）周泓编绘
上海 上海教育出版社 1994 年 26cm（16 开）
ISBN：7-5320-3796-7 定价：CNY7.95
（幼儿智能开发丛书）

J0138503
趣味剪纸 （下）周泓编绘

上海　上海教育出版社　1994年　26cm（16开）
ISBN：7-5320-3797-5　定价：CNY7.95
（幼儿智能开发丛书）

J0138504

趣味折纸　（上）毛永谦编；胡国义绘
上海　上海教育出版社　1994年　26cm（16开）
ISBN：7-5320-3676-6　定价：CNY4.50
（幼儿智能开发丛书）

J0138505

趣味折纸　（下）毛永谦编；钟德华绘
上海　上海教育出版社　1994年　26cm（16开）
ISBN：7-5320-3677-4　定价：CNY4.50
（幼儿智能开发丛书）

J0138506

生命之树常青　（黄泰柏剪纸作品集）李露蓉
主编
昆明　云南美术出版社　1994年　108页
17cm（40开）ISBN：7-80586-079-3
定价：CNY15.00

J0138507

世界超级轿车　曹珉设计绘图
天津　新蕾出版社　1994年　8张　19×26cm
ISBN：7-5307-1478-3　定价：CNY2.50

J0138508

世界著名景观折纸：埃菲尔铁塔（法国）
巩平编绘
北京　人民美术出版社　1994年　1张　77×53cm
定价：CNY2.60

J0138509

世界著名景观折纸：德国古城堡　巩平编绘
北京　人民美术出版社　1994年　1张　77×53cm
定价：CNY2.60

J0138510

**世界著名景观折纸：华盛顿国会大厦（美
国）**　季华编绘
北京　人民美术出版社　1994年　1张　77×53cm
定价：CNY2.60

J0138511

**世界著名景观折纸：泰姬·玛哈尔陵（印
度）**　吴京红编绘
北京　人民美术出版社　1994年　1张　77×53cm
定价：CNY2.60

J0138512

**世界著名景观折纸：特洛伊木马·荷兰风
车**　季华编绘
北京　人民美术出版社　1994年　1张　77×53cm
定价：CNY2.60

J0138513

**世界著名景观折纸：悉尼歌剧院（澳大利
亚）**　吴京红编绘
北京　人民美术出版社　1994年　1张　77×53cm
定价：CNY2.60

J0138514

世界著名战车　曹珉，卞宝强设计绘图
天津　新蕾出版社　1994年　8张　19×26cm
ISBN：7-5307-1479-1　定价：CNY2.50

J0138515

台湾民艺造型　庄伯和著
台北　艺术家出版社　1994年　127页　有照片
26cm（16开）ISBN：957-9500-70-3
定价：TWD280.00
　　作者庄伯和，台湾民俗研究专家，著有《年
画仕女的戏味与造形美》《民俗美术探访录》《台
湾民艺造型》等。

J0138516

王敏剪纸　王敏著
长春　北方妇女儿童出版社　1994年　159页
21×19cm　ISBN：7-5385-0931-3　定价：CNY15.00

J0138517

橡皮泥趣味制作　陈葵姑作
广州　广东科技出版社　1994年　61页
19cm（小32开）ISBN：7-5359-1287-7
定价：CNY5.60

J0138518

徐州民间艺术荟萃　李怀林主编；徐州民间

美术学会, 徐州中国天地艺术公司编
北京 中国商业出版社 1994年 85页 23×25cm
ISBN: 7-5044-2190-1 定价: CNY51.80

J0138519
徐竹初木偶雕刻艺术 徐竹初作
上海 上海人民美术出版社 1994年 85页
29cm (16开) 精装 ISBN: 7-5322-1340-4
定价: CNY80.00

J0138520
云南民族民间艺术 (上册) 云南省群众艺术
馆主编
昆明 云南人民出版社 1994年 283页 有彩照
35cm (15开) 精装 ISBN: 7-222-01458-6
定价: CNY338.00
　　本画册包括: 摩崖岩画、金铜古器、寺室壁
画、民间绘画、民间木雕、石刻玉雕、彩绘泥塑、
民间剪纸、吞口面具、建筑装饰等。

J0138521
云南民族民间艺术 (下册) 云南省群众艺术
馆主编
昆明 云南人民出版社 1994年 254页
34cm (10开) 精装 ISBN: 7-222-01459-4
定价: CNY328.00

J0138522
长条纸趣味折纸 章启凡, 章彦编绘
北京 中国书籍出版社 1994年 202页 19×26cm
ISBN: 7-5068-0379-8 定价: CNY10.00

J0138523
纸花 丁家寿编绘
昆明 云南教育出版社 1994年 35页 有图
19×26cm ISBN: 7-5415-0871-3 定价: CNY2.30
　　作者丁家寿, 教师, 画家。云南腾冲人。历
任云南保山师范学校美术讲师, 中国书画家协会
会员, 保山市美术家协会会员, 高黎贡山书画院
画家。

J0138524
纸扎制作技法 潘鲁生著
北京 北京工艺美术出版社 1994年 102页
有图 20cm (32开) ISBN: 7-80526-131-8

定价: CNY4.50
(中国传统手工技艺丛书)
　　本书分5章: 绪论、纸扎的品类、纸扎工具
与材料、扎制方法与步骤、纸扎技法图例。作者
潘鲁生 (1962—), 艺术学博士, 教授, 博士生
导师。山东曹县人。毕业于南京艺术学院。任
中国文联副主席、山东省文联主席、山东工艺美
术学院院长、中国民间文艺家协会主席、中国艺
术研究院中国设计艺术院院长、中国美术家协会
工艺美术艺委会主任等。代表作品《零的突破》
《匠心独运》等。主要著述有《论中国民间美术》
《中国民间美术工艺学》等。

J0138525
中国风筝 王鸿勋, 徐淑燕著
哈尔滨 黑龙江美术出版社 1994年 132页
29cm (15开) 精装 ISBN: 7-5318-0268-6
定价: CNY98.00

J0138526
中国折纸大全 杨达三主编
长沙 湖南科学技术 1994年 1081页 有彩图
20cm (32开) 精装 ISBN: 7-5357-1445-5
定价: CNY46.00
　　外文书名: Collection of Paper Folding of China.

J0138527
SAP 民间美术图集 安正中等编绘
西安 陕西人民美术出版社 1995年 235页
26cm (16开) ISBN: 7-5368-0555-1
定价: CNY19.50
(造型丛书)
　　作者安正中 (1934—2003), 河南镇平人。毕
业于西安美术学院油画系, 擅长油画、版画。中
国美术家协会会员, 中国版画家协会会员, 陕西
美术家协会常务理事。代表作品有《源远流长》
《山夜》《西望太白峰》等。

J0138528
不要妈妈教 (折纸) 胡劲锋折; 黄继功制图
杭州 浙江人民美术出版社 1995年 19×26cm
ISBN: 7-5340-0646-5 定价: CNY7.50

J0138529
大河风 (河南民间美术文集) 倪宝诚主编

郑州 河南人民出版社 1995 年 696 页 有图
20cm（32 开）ISBN：7-215-03492-5
定价：CNY23.00

　　作者倪宝诚（1935—　　），画家。山东临朐人。
历任河南省群众艺术馆研究员、中国美术家协会
会员、中国民间工艺学术委员会委员、河南人民
出版社美术编辑室主任、河南省群众艺术馆研究
员，河南省民间美术学会会长等职。作品有连环
画《红心》《跳轿》《大地回春》《保家卫国》等。
主编有《大河风——河南民间美术文集》《朱仙
镇门神》《玩具》《民间美术与现代美术》等著作。

J0138530
东北民族民间美术总集　（刺绣卷）胡蓉，周
卫主编
沈阳 辽宁美术出版社 1995 年 206 页 有彩图
30cm（10 开）精装 ISBN：7-5314-1050-8
定价：CNY260.00

　　外文书名：A Complete Collection of Folk Art
in East-Northern Nationality, Volume Embroidery.
作者胡蓉（1956—　　），女，油画家。生于辽宁大
连，祖籍安徽凤阳。毕业于鲁迅美术学院。任职
于辽宁美术出版社美编室，中国民间美术学会会
员，中国民间美术学会辽宁分会秘书长。油画作
品有《诞生》《敖包树》《村戏》等。

J0138531
东北民族民间美术总集　（剪纸卷）胡蓉，周
卫编著
沈阳 辽宁美术出版社 1995 年 213 页
30cm（10 开）精装 ISBN：7-5314-0929-1
定价：CNY240.00

　　外文书名：A Complete Collection of Folk Art
in East-Northern Nationality, Volume Paper-Cut.

J0138532
东北民族民间美术总集　（皮影卷）胡蓉，周
卫主编
沈阳 辽宁美术出版社 1996 年 235 页
30cm（10 开）精装 ISBN：7-5314-1252-7
定价：CNY290.00

　　外文书名：A Complete Collection of Folk Art
in East-Northern Nationality, Volume Leather-
Silhouette.

J0138533
海南省民族民间工艺作品选　张业琳主编；
海南省民族宗教事务委员会编
海口 海南出版社 1995 年 102 页 29cm（12 开）
ISBN：7-80617-108-8
定价：CNY168.00，CNY198.00（精装）

　　外文书名：Selections of National ＆ Folk
Handicraft Works of Hainan Province. 作者张业琳，
海南省民委副主任。

J0138534
花儿朵朵　（叶呈基 张侯光剪纸选）叶呈基，
张侯光［作］
北京 中国世界语出版社 1995 年 42 页
17×18cm ISBN：7-5052-0253-7 定价：CNY5.00

J0138535
剪纸世界　戴立德等编著
广州 新世纪出版社 1995 年 60 页 19×26cm
ISBN：7-5405-1243-1 定价：CNY9.00

　　作者戴立德（1948—　　），女，广州市教育委
员会美术教学研究员、中学高级教师。

J0138536
建筑模型纸折　傅凯等编著
南京 江苏美术出版社 1995 年 120 页
26cm（16 开）ISBN：7-5344-0504-1
定价：CNY38.00
（设计系列丛书 3）

　　外文书名：Model of A Building Paper Folding
＆ Artistic Skill Design. 作者傅凯，南京建筑工程
学院建筑系任教。

J0138537
面塑　刘效义，刘春蕾著
北京 中国农业出版社 1995 年 58 页 26cm（16 开）
精装 ISBN：7-109-04157-3 定价：CNY41.00
（青少年巧制作丛书）

J0138538
巧手夺天工　（吴圣宗竹艺遗作专辑）南投县
文化基金会编
南投县 南投县文化基金会 1995 年
2 版 100 页 有照片 26cm（16 开）
定价：TWD300.00

J0138539

陕北剪纸 （艺术篇　上　黄土高原十九位老大娘的剪纸）党荣华, 杨宏明图片提供

台北　汉声杂志社　1995 年　443 页　有图

18×19cm　精装　定价: TWD720.00

（汉声杂志　失传系列 82）

J0138540

陕北剪纸 （艺术篇　下　黄土高原十九位老大娘的剪纸）党荣华, 杨宏明图片提供

台北　汉声杂志社　1995 年　444-719 页　有图

18×19cm　精装　定价: TWD630.00

（汉声杂志　失传系列 83）

J0138541

陕北剪纸 （论述篇　母亲的艺术）党荣华, 杨

宏明图片提供; 党荣华文

台北　汉声杂志社　1995 年　201 页　18×19cm

精装　定价: TWD540.00

（汉声杂志　失传系列 81）

J0138542

陕北四婆姨剪纸　　周路编

合肥　安徽美术出版社　1995 年　210 页　17×19cm

ISBN: 7-5398-0423-8　定价: CNY18.00

　　作者周路, 中国合肥市群众艺术馆馆员, 中国美术家协会、中国版画家协会会员。

J0138543

鼠年的礼物　　于平, 任凭编绘

济南　明天出版社　1995 年　4 册　25×26cm

ISBN: 7-5335-2278-4　定价: CNY30.00